여러분의 합격을 응원하는
해커스공무원의 특별 혜택

FREE 공무원 국제법 동영상강의

해커스공무원(gosi.Hackers.com) 접속 후 로그인 ▶ 상단의 [무료강좌] 클릭 ▶
[교재 무료특강] 클릭

해커스공무원 온라인 단과강의 20% 할인쿠폰

E6F9F8FCF4C3DB28

해커스공무원(gosi.Hackers.com) 접속 후 로그인 ▶ 상단의 [나의 강의실] 클릭 ▶
좌측의 [쿠폰등록] 클릭 ▶ 위 쿠폰번호 입력 후 이용

* 등록 후 7일간 사용 가능(ID당 1회에 한해 등록 가능)

합격예측 모의고사 응시권 + 해설강의 수강권

486E86BF76A9FC5N

해커스공무원(gosi.Hackers.com) 접속 후 로그인 ▶ 상단의 [나의 강의실] 클릭 ▶
좌측의 [쿠폰등록] 클릭 ▶ 위 쿠폰번호 입력 후 이용

* ID당 1회에 한해 등록 가능

쿠폰 이용 관련 문의 **1588-4055**

단기 합격을 위한 해커스 커리큘럼

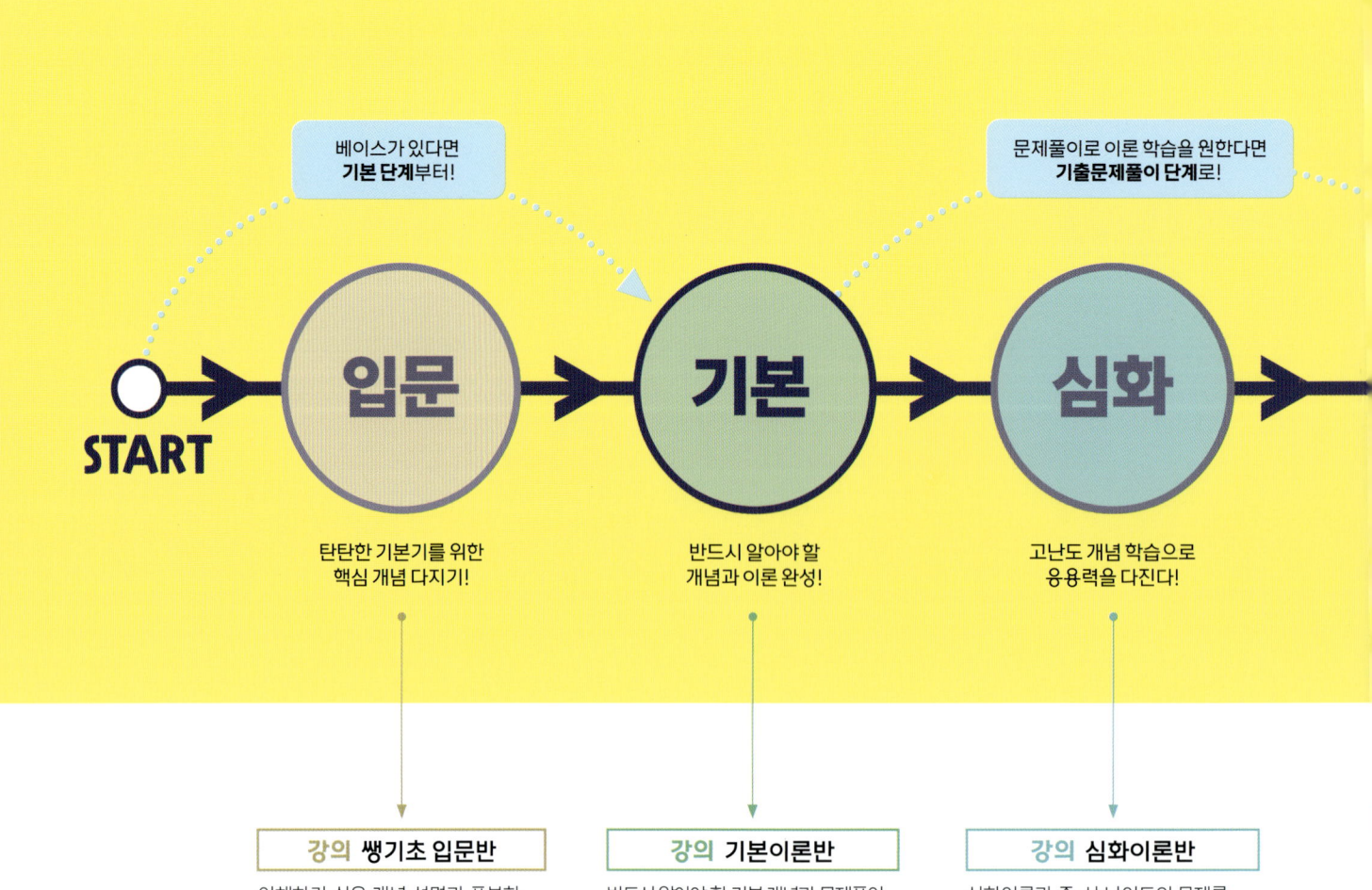

단계별 교재 확인 및
수강신청은 여기서!

gosi.Hackers.com

* 커리큘럼은 과목별·선생님별로 상이할 수 있으며, 자세한 내용은 해커스공무원 사이트에서 확인하세요.

기출문제 → 예상문제 → 마무리 → PASS

기출문제풀이 훈련으로 취약영역을 보완한다!

예상문제풀이로 실전력을 강화한다!

시험 직전 반드시 확인할 내용만 엄선한다!

강의 기출문제 풀이반
기출문제의 유형과 출제 의도를 이해하고, 본인의 취약영역을 파악 및 보완하는 강의

강의 예상문제 풀이반
최신 출제경향을 반영한 예상 문제들을 풀어보며 실전력을 강화하는 강의

강의 실전동형모의고사반
최신 출제경향을 완벽하게 반영한 모의고사를 풀어보며 실전 감각을 극대화하는 강의

강의 봉투모의고사반
시험 직전에 실제 시험과 동일한 형태의 모의고사를 풀어보며 실전력을 완성하는 강의

한국사능력검정시험 1위* 해커스!

해커스 한국사능력검정시험 교재 시리즈

* 주간동아 선정 2022 올해의 교육 브랜드 파워 온·오프라인 한국사능력검정시험 부문 1위

**빈출 개념과 기출 분석으로
기초부터 문제 해결력까지
꽉 잡는 기본서**

해커스 한국사능력검정시험
한권합격 심화 [1·2·3급]

**스토리와 마인드맵으로 개념잡고!
기출문제로 점수잡고!**

해커스 한국사능력검정시험
2주 합격 심화 [1·2·3급] 기본 [4·5·6급]

 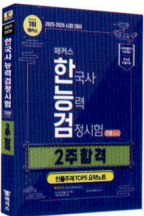

**시대별/회차별 기출문제로
한 번에 합격 달성!**

해커스 한국사능력검정시험
시대별/회차별 기출문제집 심화 [1·2·3급]

**개념 정리부터 실전까지!
한권완성 기출문제집**

해커스 한국사능력검정시험
한권완성 기출 500제 기본 [4·5·6급]

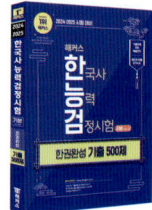

**빈출 개념과 기출 선택지로
빠르게 합격 달성!**

해커스 한국사능력검정시험
초단기 5일 합격 심화 [1·2·3급]
기선제압 막판 3일 합격 심화 [1·2·3급]

해커스공무원 패권 국제법 조약집

이상구

약력

성균관대학교 졸업
서울대학교 대학원 졸업

현 | 해커스공무원 국제법·국제정치학 강의
현 | 해커스 국립외교원 대비 국제법·국제정치학 강의
현 | 해커스 변호사시험 대비 국제법 강의
전 | 베리타스법학원 국제법·국제정치학 강의
전 | 합격의 법학원 국제법 강의

저서

해커스공무원 패권 국제법 기본서 일반국제법, 해커스패스
해커스공무원 패권 국제법 기본서 국제경제법, 해커스패스
해커스공무원 패권 국제법 조약집, 해커스패스
해커스공무원 패권 국제법 판례집, 해커스패스
해커스공무원 패권 국제법 핵심요약집, 해커스패스
해커스공무원 패권 국제법 단원별 핵심지문 OX, 해커스패스
해커스공무원 패권 국제법 단원별 기출문제집, 해커스패스
해커스공무원 패권 국제법 단원별 적중 1000제, 해커스패스
해커스공무원 패권 국제법 실전동형모의고사, 해커스패스
해커스공무원 패권 국제법 실전동형모의고사, 해커스패스
해커스공무원 패권 국제법개론 실전동형모의고사, 해커스패스
해커스공무원 패권 국제정치학 기본서 사상 및 이론, 해커스패스
해커스공무원 패권 국제정치학 기본서 외교사, 해커스패스
해커스공무원 패권 국제정치학 기본서 이슈, 해커스패스
해커스공무원 패권 국제정치학 핵심요약집, 해커스패스
해커스공무원 패권 국제정치학 단원별 핵심지문 OX, 해커스패스
해커스공무원 패권 국제정치학 기출 + 적중 1900제, 해커스패스
해커스공무원 패권 국제정치학 실전동형모의고사, 해커스패스

공무원 시험 합격을 위한 필수 조약집!

공무원 공부, 어떻게 시작해야 할까

『해커스공무원 패권 국제법 조약집』은 객관식 국제법 시험을 준비하는 분들을 위한 교재입니다. 최근 출제경향을 살펴보면 조약원문을 그대로 인용하는 문제의 출제가 강화되고 있으므로 조약원문을 공부하는 것은 매우 중요한 과정입니다. 조약원문이 그대로 선지에 들어감에 따라 요점 위주로만 학습한 경우 정답을 고르는 데 당황할 수 있으므로 조문 중심의 학습이 강화되어야 합니다.

이에 『해커스공무원 패권 국제법 조약집』은 다음과 같은 특징을 가지고 있습니다.

첫째, 최신 출제경향과 개정 조약을 빠짐없이 반영하였습니다.
공무원 국제법 시험을 철저히 분석하여 최신 출제 경향을 반영하였으며, 정확한 조약을 학습할 수 있도록 최신 개정 사항을 꼼꼼히 반영하였습니다.

둘째, 수험 목적에 맞는 조약을 수록하였습니다.
본서는 수험서이므로 모든 다자조약을 수록한 것이 아니라, 반드시 공부해야 하는 주요 다자조약과 최근까지 출제된 모든 조약을 수록하였습니다.

셋째, 각 조약마다 지금까지 출제되었거나, 출제될 가능성이 높은 조문에 대해서는 밑줄을 부가하였습니다.
조약은 전반적으로 공부해야 하지만, 마무리 정리 단계에서는 주요 조항 위주로 보시면서 정리하는 것이 좋다고 봅니다.

더불어, 공무원 시험 전문 사이트 해커스공무원(gosi.Hackers.com)에서 교재 학습 중 궁금한 점을 나누고 다양한 무료학습 자료를 함께 이용하여 학습 효과를 극대화할 수 있습니다.

『해커스공무원 패권 국제법 조약집』을 통해 시험을 준비하시는 모든 분들께 합격의 영광이 있기를 소망합니다.

저자 **이상구**

목차

이 책의 구성 및 학습방법   6
학습 플랜   8

Ⅰ | 국제법의 연원

01 　조약법에 관한 비엔나협약   12
02 　법적 의무를 창설할 수 있는 국가의 일방적 선언에
　　　적용되는 제지도원칙   32

Ⅱ | 국가

01 　외교관계에 관한 비엔나협약   36
02 　영사관계에 관한 비엔나협약   46
03 　위법행위책임에 관한 ILC 초안   65
04 　ILC 외교보호 초안   74
05 　국가 및 그 재산의 관할권 면제에 관한 국제연합협약   78

Ⅲ | 국제기구

01 　UN헌장   90
02 　국제연합의 특권과 면제에 관한 협약   111
03 　전문기구의 특권과 면제에 관한 협약   117
04 　ICJ규정   126

Ⅳ | 국제인권법

01 　세계인권선언   140
02 　경제적·사회적·문화적 권리에 관한 국제규약   144
03 　경제적·사회적·문화적 권리에 관한 국제규약 선택의정서   152
04 　시민적·정치적 권리에 관한 국제규약   158
05 　시민적·정치적 권리에 관한 국제규약 제1선택의정서   172
06 　제노사이드방지 및 처벌에 관한 협약   175
07 　고문과 기타 잔혹하거나, 비인도적이거나 모욕적인 대우
　　　혹은 처벌에 반대하는 협약   178
08 　모든 형태의 인종차별 철폐에 관한 국제협약   187
09 　여성에 대한 모든 형태의 차별철폐에 관한 협약   195
10 　아동의 권리에 관한 협약   203
11 　장애인의 권리에 관한 협약   217
12 　ICC에 관한 로마협약   234
13 　난민의 지위에 관한 협약   288
14 　난민의 지위에 관한 의정서(Protocol Relating to the
　　　Status of Refugees)   299

Ⅴ | 해양

01 　UN해양법협약   304
02 　대한민국 정부와 중화인민공화국 정부 간의 어업에
　　　관한 협정   394
03 　대한민국과 일본국 간의 어업에 관한 협정   399
04 　국제해양법재판소 규정   405
05 　중재재판소 규정(해양법협약 제7부속서)   413
06 　기후변화에 관한 국제연합 기본협약   416
07 　파리협정   429

VI | 국제환경법

01	생물다양성에 관한 협약	444
02	바이오안전성에 관한 생물다양성협약의 카르타헤나 의정서	459
03	유전자원에 대한 접근 및 그 이용으로부터 발생하는 이익의 공정하고 공평한 공유에 관한 생물다양성에 관한 협약 나고야 의정서	474
04	오존층 보호를 위한 비엔나협약	489
05	오존층 파괴물질에 관한 몬트리올 의정서	496
06	폐기물 및 그 밖의 물질의 투기에 의한 해양오염방지에 관한 협약	505
07	폐기물 및 그 밖의 물질의 투기에 의한 해양오염방지에 관한 1972년 협약에 대한 1996년 의정서	518
08	멸종위기에 처한 야생동식물종의 국제거래에 관한 협약 (CITES)	534
09	핵사고의 조기통보에 관한 협약	546
10	핵사고 또는 방사능 긴급사태시 지원에 관한 협약	551

VII | 영공/우주공간/극지방

01	국제민간항공협약	560
02	달과 기타 천체를 포함한 외기권의 탐색과 이용에 있어서의 국가 활동을 규율하는 원칙에 관한 조약	580
03	우주물체에 의하여 발생한 손해에 대한 국제책임에 관한 협약	585
04	외기권에 발사된 물체의 등록에 관한 협약	591
05	우주항공사의 구조, 우주항공사의 귀환 및 외기권에 발사된 물체의 회수에 관한 협정	595
06	남극협약	598
07	남극해양생물자원보존에 관한 협약	602

VIII | 국제범죄 및 국제안보

01	항공기 내에서 범한 범죄 및 기타 행위에 관한 협약 (동경협약)	614
02	항공기 불법납치 억제를 위한 헤이그협약	621
03	민간항공의 안전에 대한 불법적 행위의 억제를 위한 협약 (몬트리올협약)	625
04	국제민간항공 관련 불법행위의 억제에 관한 협약 (베이징협약)	630
05	핵무기의 비확산에 관한 조약(NPT)	639

IX | 국제경제법

01	WTO설립협정	644
02	분쟁해결절차 및 규칙에 관한 양해(DSU)	652
03	GATT 1994	669

X | 우리나라 관련 규범

01	한미상호방위조약	706
02	영해 및 접속수역법	708
03	범죄인 인도법	710
04	배타적 경제수역 및 대륙붕에 관한 법률	722
05	난민법	724
06	국제연합 평화유지활동 참여에 관한 법률	734
07	공공외교법	738
08	국제개발협력기본법	741

이 책의 구성 및 학습방법

『해커스공무원 패권 국제법 조약집』은 수험생 여러분들이 국제법 조약을 효율적으로 정확하게 학습하실 수 있도록 상세한 내용과 다양한 학습장치를 수록·구성하였습니다. 아래 내용을 참고하여 본인의 학습 과정에 맞게 체계적으로 학습 전략을 세워 학습하기 바랍니다.

01 판례의 내용을 정확하게 이해하기

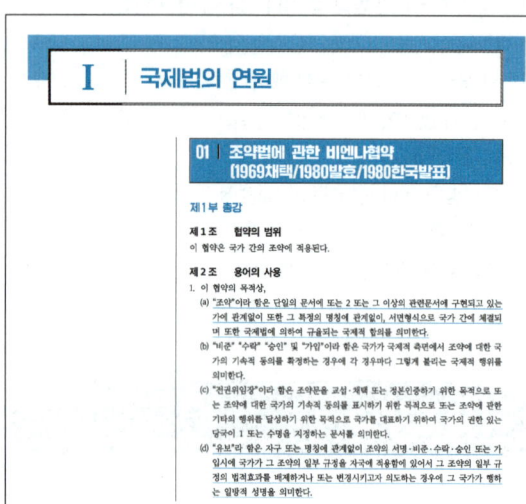

최신 출제경향 및 개정 조약 반영

1. 최신 출제경향 반영
철저한 기출분석으로 도출한 최신 출제경향을 바탕으로 자주 출제되거나 출제가 예상되는 조약을 엄선하여 수록하였습니다. 이를 통해 공무원 국제법 시험에 나오는 조약만을 효과적으로 학습할 수 있습니다.

2. 개정 조약 반영
개정 조약을 교재 내 모든 부분에 반영하였습니다. 이를 통해 개정된 조약을 빠짐없이 학습하여 시험에 빈틈없이 대비할 수 있습니다.

02 학습장치를 활용하여 학습하기

효율적인 학습을 위한 학습장치
광범위한 조약의 내용 중 출제 가능성이 높은 부분에 밑줄을 추가하여 학습에 강약을 조절할 수 있도록 하였습니다. 이를 적극적으로 활용한다면 더 중점을 두어 학습하여야 할 부분을 쉽게 파악하여 효율적으로 학습할 수 있습니다.

해커스공무원
패권 국제법 조약집

 **커리큘럼**

* 학습 기간은 개인의 학습 수준과 상황 및 시험 일정에 따라 조절하기 바랍니다.

기본이론 2개월

탄탄한 기본 다지기

국제법의 기초를 잡고 큰 골격을 세운다는 느낌으로 접근하여, 국제법 이론의 주요 개념들과 익숙해지면서 탄탄하게 기본기를 다지는 단계입니다.

💎 **TIP** 모든 개념을 암기하려고 하기보다는 국제법의 전체적인 흐름을 파악하고 이해하는 것을 목표로 삼고 학습하는 것이 좋습니다.

심화이론 2개월

깊이 있는 이론 정립

탄탄한 기본기를 토대로 한층 깊이 있는 심화이론을 학습하여 고득점을 위한 발판을 마련하고, 이론에 대한 이해도를 높임으로써 실력을 확장시키는 단계입니다.

💎 **TIP** 기본이 되는 주요 개념의 복습과 함께 조약집·판례집까지 연계하여 학습해보고 기본서를 단권화하는 등 스스로 정리하며 효과적인 회독을 통해 반복 학습하는 것이 좋습니다.

문제풀이 2개월

단원별 기출문제 및 예상문제 풀이

이론을 응용하여 문제를 푸는 방법을 학습하는 단계입니다. 다양한 형태의 기출·예상문제들을 풀어봄으로써 취약한 단원을 집중적으로 보완하고, 기본 및 심화이론 단계에서 다루었던 문제들보다 더 복잡하고 까다로운 문제들을 통해 응용력과 이해력을 높이는 연습이 필요합니다.

💎 **TIP** 학습한 이론이 어떻게 문제화되는지 확인하고, 부족한 부분과 자주 출제되는 부분을 확인하여 확실하게 정리하는 것이 좋습니다.

실전동형 2개월

실전과 동일한 형태의 전 범위 모의고사 풀이

출제 가능성이 높은 개념과 유형의 문제만을 엄선한 예상문제를 실제와 가장 유사한 형태로 풀어보고, 마지막까지 부족한 부분을 점검하고 확인하여 효율적으로 실전감각을 기르는 단계입니다.

💎 **TIP** 전 범위 기출문제와 유사한 형태의 문제로 빠르게 점검하고, 실전처럼 시간 배분까지 연습합니다. 모의고사를 통해 본인의 실력을 마지막까지 확인하여, 자주 틀리거나 취약한 부분은 기본서와 조약집, 판례집으로 보충하여 대비하는 것이 좋습니다.

학습 플랜

효율적인 학습을 위하여 DAY별로 권장 학습 분량을 제시하였으며, 이를 바탕으로 본인의 학습 진도나 수준에 따라 조절하여 학습하기 바랍니다. 또한 학습한 날은 표 우측의 각 회독 부분에 형광펜이나 색연필 등으로 표시하며 채워나가기 바랍니다.

* 1, 2회독 때에는 60일 학습 플랜을, 3회독 때에는 30일 학습 플랜을 활용하면 좋습니다.

* 학습플랜은 개인의 학습 수준과 상황 및 시험 일정에 따라 조절하기 바랍니다.

60일 플랜	30일 플랜	학습 플랜		1회독	2회독	3회독
DAY 1	DAY 1	Ⅰ 국제법의 연원	01	DAY 1	DAY 1	DAY 1
DAY 2			02	DAY 2	DAY 2	
DAY 3	DAY 2	Ⅰ 복습		DAY 3	DAY 3	DAY 2
DAY 4		Ⅱ 국가	01	DAY 4	DAY 4	
DAY 5	DAY 3		02	DAY 5	DAY 5	DAY 3
DAY 6			03~05	DAY 6	DAY 6	
DAY 7	DAY 4	Ⅱ 복습		DAY 7	DAY 7	DAY 4
DAY 8		Ⅲ 국제기구	01 제1장~제12장	DAY 8	DAY 8	
DAY 9	DAY 5		01 제13장~03	DAY 9	DAY 9	DAY 5
DAY 10			04	DAY 10	DAY 10	
DAY 11	DAY 6	Ⅲ 복습		DAY 11	DAY 11	DAY 6
DAY 12			01~03	DAY 12	DAY 12	
DAY 13	DAY 7		04	DAY 13	DAY 13	DAY 7
DAY 14			05~08	DAY 14	DAY 14	
DAY 15	DAY 8		09~10	DAY 15	DAY 15	DAY 8
DAY 16			01~10 복습	DAY 16	DAY 16	
DAY 17	DAY 9	Ⅳ 국제인권법	11	DAY 17	DAY 17	DAY 9
DAY 18			12 제1부~제3부	DAY 18	DAY 18	
DAY 19	DAY 10		12 제4부~5부	DAY 19	DAY 19	DAY 10
DAY 20			12 제6부~제8부	DAY 20	DAY 20	
DAY 21	DAY 11		12 제9부~제13부	DAY 21	DAY 21	DAY 11
DAY 22			13~14	DAY 22	DAY 22	
DAY 23	DAY 12		11~14 복습	DAY 23	DAY 23	DAY 12
DAY 24		Ⅳ 복습		DAY 24	DAY 24	
DAY 25	DAY 13	V 해양	01 제1부~제4부	DAY 25	DAY 25	DAY 13
DAY 26			01 제5부~제7부	DAY 26	DAY 26	
DAY 27	DAY 14		01 제8부~제11부	DAY 27	DAY 27	DAY 14
DAY 28			01 제12부~제13부	DAY 28	DAY 28	
DAY 29	DAY 15		01 제14부~제17부	DAY 29	DAY 29	DAY 15
DAY 30			01 복습	DAY 30	DAY 30	

해커스공무원
패권 국제법 조약집

- 1회독 때에는 처음부터 완벽하게 학습하려고 욕심을 내는 것보다는 전체적인 내용을 가볍게 익힌다는 생각으로 교재를 읽는 것이 좋습니다.
- 2회독 때에는 1회독 때 확실히 학습하지 못한 부분을 정독하면서 꼼꼼히 교재의 내용을 익힙니다.
- 3회독 때에는 기출 또는 예상 문제를 함께 풀어보며 본인의 취약점을 찾아 보완하면 좋습니다.

60일 플랜	30일 플랜	학습 플랜		1회독	2회독	3회독
DAY 31	DAY 16	Ⅴ 해양	02~04	DAY 31	DAY 31	DAY 16
DAY 32			05~06	DAY 32	DAY 32	
DAY 33	DAY 17		07	DAY 33	DAY 33	DAY 17
DAY 34			02~07 복습	DAY 34	DAY 34	
DAY 35	DAY 18	Ⅴ 복습		DAY 35	DAY 35	DAY 18
DAY 36		Ⅵ 국제환경법	01	DAY 36	DAY 36	
DAY 37	DAY 19		02	DAY 37	DAY 37	DAY 19
DAY 38			03	DAY 38	DAY 38	
DAY 39	DAY 20		04~05	DAY 39	DAY 39	DAY 20
DAY 40			01~05 복습	DAY 40	DAY 40	
DAY 41	DAY 21		06	DAY 41	DAY 41	DAY 21
DAY 42			07	DAY 42	DAY 42	
DAY 43	DAY 22		08~10	DAY 43	DAY 43	DAY 22
DAY 44			06~10 복습	DAY 44	DAY 44	
DAY 45	DAY 23	Ⅵ 복습		DAY 45	DAY 45	DAY 23
DAY 46		Ⅶ 영공/우주공간/극지방	01	DAY 46	DAY 46	
DAY 47	DAY 24		02~04	DAY 47	DAY 47	DAY 24
DAY 48			05~07	DAY 48	DAY 48	
DAY 49	DAY 25	Ⅶ 복습		DAY 49	DAY 49	DAY 25
DAY 50		Ⅷ 국제범죄 및 국제안보	01~03	DAY 50	DAY 50	
DAY 51	DAY 26		04~05	DAY 51	DAY 51	DAY 26
DAY 52		Ⅷ 복습		DAY 52	DAY 52	
DAY 53	DAY 27	Ⅸ 국제경제법	01~02	DAY 53	DAY 53	DAY 27
DAY 54			03 제1부~제2부	DAY 54	DAY 54	
DAY 55	DAY 28		03 제3부~제4부	DAY 55	DAY 55	DAY 28
DAY 56		Ⅸ 복습		DAY 56	DAY 56	
DAY 57	DAY 29	Ⅹ 우리나라 관련 규범	01~04	DAY 57	DAY 57	DAY 29
DAY 58			05~08	DAY 58	DAY 58	
DAY 59	DAY 30	Ⅹ 복습		DAY 59	DAY 59	DAY 30
DAY 60		총 복습		DAY 60	DAY 60	

해커스공무원 학원·인강
gosi.Hackers.com

I

국제법의 연원

01 | 조약법에 관한 비엔나협약
02 | 법적 의무를 창설할 수 있는 국가의 일방적 선언에 적용되는 제지도원칙

I. 국제법의 연원

01 | 조약법에 관한 비엔나협약
(1969채택/1980발효/1980한국발효)

제1부 총강

제1조   협약의 범위

이 협약은 국가 간의 조약에 적용된다.

제2조   용어의 사용

1. 이 협약의 목적상,
   (a) "조약"이라 함은 단일의 문서에 또는 2 또는 그 이상의 관련문서에 구현되고 있는 가에 관계없이 또한 그 특정의 명칭에 관계없이, 서면형식으로 국가 간에 체결되며 또한 국제법에 의하여 규율되는 국제적 합의를 의미한다.
   (b) "비준" "수락" "승인" 및 "가입"이라 함은 국가가 국제적 측면에서 조약에 대한 국가의 기속적 동의를 확정하는 경우에 각 경우마다 그렇게 불리는 국제적 행위를 의미한다.
   (c) "전권위임장"이라 함은 조약문을 교섭·채택 또는 정본인증하기 위한 목적으로 또는 조약에 대한 국가의 기속적 동의를 표시하기 위한 목적으로 또는 조약에 관한 기타의 행위를 달성하기 위한 목적으로 국가를 대표하기 위하여 국가의 권한 있는 당국이 1 또는 수명을 지정하는 문서를 의미한다.
   (d) "유보"라 함은 자구 또는 명칭에 관계없이 조약의 서명·비준·수락·승인 또는 가입시에 국가가 그 조약의 일부 규정을 자국에 적용함에 있어서 그 조약의 일부 규정의 법적효과를 배제하거나 또는 변경시키고자 의도하는 경우에 그 국가가 행하는 일방적 성명을 의미한다.
   (e) "교섭국"이라 함은 조약문의 작성 및 채택에 참가한 국가를 의미한다.
   (f) "체약국"이라 함은 조약이 효력을 발생하였는지의 여부에 관계없이 그 조약에 대한 기속적 동의를 부여한 국가를 의미한다.
   (g) "당사국"이라 함은 조약에 대한 기속적 동의를 부여하였으며 또한 그에 대하여 그 조약이 발효하고 있는 국가를 의미한다.
   (h) "제3국"이라 함은 조약의 당사국이 아닌 국가를 의미한다.
   (i) "국제기구"라 함은 정부 간 기구를 의미한다.
2. 이 협약에 있어서 용어의 사용에 관한 상기 1항의 규정은 어느 국가의 국내법상 그러한 용어의 사용 또는 그러한 용어에 부여될 수 있는 의미를 침해하지 아니한다.

제 3 조　이 협약의 범위에 속하지 아니하는 국제적 합의

국가와 국제법의 다른 주체 간 또는 국제법의 그러한 다른 주체 간에 체결되는 국제적 합의 또는 서면형식에 의하지 아니한 국제적 합의에 대하여 이 협약이 적용되지 아니한다는 사실은 다음의 것에 영향을 주지 아니한다.
(a) 그러한 합의의 법적 효력
(b) 이 협약과는 별도로 국제법에 따라 그러한 합의가 복종해야 하는 이 협약상의 규칙을 그러한 합의에 적용하는 것
(c) 다른 국제법 주체도 당사자인 국제적 합의에 따라 그러한 국가 간에서 그들의 관계에 이 협약을 적용하는 것

제 4 조　협약의 불소급

이 협약과는 별도로 국제법에 따라 조약이 복종해야 하는 이 협약상의 규칙의 적용을 침해함이 없이, 이 협약은 그 발효 후에 국가에 의하여 체결되는 조약에 대해서만 그 국가에 대하여 적용된다.

제 5 조　국제기구를 성립시키는 조약 및 국제기구 내에서 채택되는 조약

이 협약은 국제기구의 관계규칙을 침해함이 없이 국제기구의 성립 문서가 되는 조약과 국제기구 내에서 채택되는 조약에 적용된다.

제 2 부 조약의 체결 및 발효

제 1 절　조약의 체결

제 6 조　국가의 조약체결능력

모든 국가는 조약을 체결하는 능력을 가진다.

제 7 조　전권위임장

1. 누구나 다음의 경우에는 조약문의 채택 또는 정본인증을 위한 목적으로 또는 조약에 대한 국가의 기속적 동의를 표시하기 위한 목적으로 국가를 대표하는 것으로 간주된다.
    (a) 적절한 전권위임장을 제시하는 경우 또는
    (b) 관계 국가의 관행 또는 기타의 사정으로 보아 상기의 목적을 위하여 그 자가 그 국가를 대표하는 것으로 간주되었으며 또한 전권위임장을 필요로 하지 아니하였던 것이 관계 국가의 의사에서 나타나는 경우
2. 다음의 자는 그의 직무상 또한 전권위임장을 제시하지 않아도 자국을 대표하는 것으로 간주된다.
    (a) 조약의 체결에 관련된 모든 행위를 수행할 목적으로서는 국가원수·정부수반 및 외무부장관
    (b) 파견국과 접수국 간의 조약문을 채택할 목적으로서는 외교공관장
    (c) 국제회의·국제기구 또는 그 국제기구의 어느 한 기관 내에서 조약문을 채택할 목적으로서는 국가에 의하여 그 국제회의, 그 국제기구 또는 그 기구의 그 기관에 파견된 대표

제 8 조　권한없이 행한 행위의 추인

제7조에 따라 조약체결의 목적으로 국가를 대표하기 위하여 권한을 부여받은 것으로 간주될 수 없는 자가 행한 조약체결에 관한 행위는 그 국가에 의하여 추후 확인되지 아니하는 한 법적 효과를 가지지 아니한다.

제 9 조　조약문의 채택

1. 조약문의 채택은 하기 2항에 규정된 경우를 제외하고 그 작성에 참가한 모든 국가의 동의에 의하여 이루어진다.
2. 국제회의에서의 조약문의 채택은 출석하여 투표하는 국가의 3분의 2의 찬성에 의하여 그 국가들이 다른 규칙을 적용하기로 결정하지 아니하는 한 3분의 2의 다수결에 의하여 이루어진다.

제 10 조　조약문의 정본인증

조약문은 다음의 것에 의하여 정본으로 또한 최종적으로 확정된다.
(a) 조약문에 규정되어 있거나 또는 조약문의 작성에 참가한 국가가 합의하는 절차 또는
(b) 그러한 절차가 없는 경우에는 조약문의 작성에 참가한 국가의 대표에 의한 조약문 또는 조약문을 포함하는 회의의 최종의정서에의 서명, '조건부서명' 또는 가서명

제 11 조　조약에 대한 기속적 동의의 표시방법

조약에 대한 국가의 기속적 동의는 서명, 조약을 구성하는 문서의 교환, 비준·수락·승인 또는 가입에 의하여 또는 기타의 방법에 관하여 합의하는 경우에 그러한 기타의 방법으로 표시된다.

제 12 조　서명에 의하여 표시되는 조약에 대한 기속적 동의

1. 조약에 대한 국가의 기속적 동의는 다음의 경우에 국가대표에 의한 서명에 의하여 표시된다.
   (a) 서명의 그러한 효과를 가지는 것으로 그 조약이 규정하고 있는 경우
   (b) 서명이 그러한 효과를 가져야 하는 것으로 교섭국 간에 합의되었음이 달리 확정되는 경우 또는
   (c) 서명에 그러한 효과를 부여하고자 하는 국가의 의사가 그 대표의 전권위임장으로부터 나타나는 경우 또는 교섭 중에 표시된 경우
2. 상기 1항의 목적상
   (a) 조약문의 가서명이 그 조약의 서명을 구성하는 것으로 교섭국 간에 합의되었음이 확정되는 경우에 그 가서명은 그 조약문의 서명을 구성한다.
   (b) 대표에 의한 조약의 '조건부 서명'은 대표의 본국에 의하여 확인되는 경우에 그 조약의 완전한 서명을 구성한다.

제 13 조   조약을 구성하는 문서의 교환에 의하여 표시되는 조약에 대한 기속적 동의

국가 간에 교환된 문서에 의하여 구성되는 조약에 대한 국가의 기속적 동의는 다음의 경우에 그 교환에 의하여 표시된다.
(a) 그 교환이 그러한 효과를 가지는 것으로 그 문서가 규정하고 있는 경우 또는
(b) 문서의 그러한 교환이 그러한 효과를 가져야 하는 것으로 관계국 간에 합의되었음이 달리 확정되는 경우

제 14 조   비준·수락 또는 승인에 의하여 표시되는 조약에 대한 기속적 동의

1. 조약에 대한 국가의 기속적 동의는 다음의 경우에 비준에 의하여 표시된다.
   (a) 그러한 동의가 비준에 의하여 표시될 것을 그 조약이 규정하고 있는 경우
   (b) 비준이 필요한 것으로 교섭국 간에 합의되었음이 달리 확정되는 경우
   (c) 그 국가의 대표가 비준되어야 할 것으로 하여 그 조약에 서명한 경우 또는
   (d) 비준되어야 할 것으로 하여 그 조약에 서명하고자 하는 그 국가의 의사가 그 대표의 전권위임장으로부터 나타나거나 또는 교섭 중에 표시된 경우
2. 조약에 대한 국가의 기속적 동의는 비준에 적용되는 것과 유사한 조건으로 수락 또는 승인에 의하여 표시된다.

제 15 조   가입에 의하여 표시되는 조약에 대한 기속적 동의

조약에 대한 국가의 기속적 동의는 다음의 경우에 가입에 의하여 표시된다.
(a) 그러한 동의가 가입의 방법으로 그 국가에 의하여 표시될 수 있음을 그 조약이 규정하고 있는 경우
(b) 그러한 동의가 가입의 방법으로 그 국가에 의하여 표시될 수 있음을 교섭국 간에 합의하였음이 달리 확정되는 경우
(c) 그러한 동의가 가입의 방법으로 그 국가에 의하여 표시될 수 있음을 모든 당사국이 추후 동의한 경우

제 16 조   비준서·수락서·승인서 또는 가입서의 교환 또는 기탁

조약이 달리 규정하지 아니하는 한 비준서·수락서·승인서 또는 가입서는 다음의 경우에 조약에 대한 국가의 기속적 동의를 확정한다.
(a) 체약국 간의 그 교환
(b) 수락자에의 그 기탁 또는
(c) 합의되는 경우 체약국 또는 수락자에의 그 통고

제 17 조   조약의 일부에 대한 기속적 동의 및 상이한 제 규정의 선택

1. 제19조 내지 제23조를 침해함이 없이 조약의 일부에 대한 국가의 기속적 동의는 그 조약이 이를 인정하거나 또는 다른 체약국이 이에 동의하는 경우에만 유효하다.
2. 상이한 제 규정의 선택을 허용하는 조약에 대한 국가의 기속적 동의는 그 동의가 어느 규정에 관련되는 것인가에 관하여 명백해지는 경우에만 유효하다.

제 18 조 조약의 발효 전에 그 조약의 대상과 목적을 저해하지 아니한 의무

국가는 다음의 경우에 조약의 대상과 목적을 저해하게 되는 행위를 삼가해야 하는 의무를 진다.
(a) 비준·수락 또는 승인되어야 하는 조약에 서명하였거나 또는 그 조약을 구성하는 문서를 교환한 경우에는 그 조약의 당사국이 되지 아니하고자 하는 의사를 명백히 표시할 때까지 또는
(b) 그 조약에 대한 그 국가의 기속적 동의를 표시한 경우에는 그 조약이 발효 시까지 그리고 그 발효가 부당하게 지연되지 아니할 것을 조건으로 함

제 2 절 유보

제 19 조 유보의 형성

국가는 다음의 경우에 해당하지 아니하는 한 조약에 서명·비준·수락승인 또는 가입할 때에 유보를 형성할 수 있다.
(a) 그 조약에 의하여 유보가 금지된 경우
(b) 문제의 유보를 포함하지 아니하는 특정의 유보만을 행할 수 있음을 그 조약이 규정하는 경우 또는
(c) 상기 세항 (a) 및 (b)에 해당되지 아니하는 경우에는 그 유보가 그 조약의 대상 및 목적과 양립하지 아니하는 경우

제 20 조 유보의 수락 및 유보에 대한 이의

1. 조약에 의하여 명시적으로 인정된 유보는 다른 체약국에 의한 추후의 수락이 필요한 것으로 그 조약이 규정하지 아니하는 한 그러한 추후의 수락을 필요로 하지 아니한다.
2. 교섭국의 한정된 수와 또한 조약의 대상과 목적으로 보아 그 조약의 전체를 모든 당사국 간에 적용하는 것이 조약에 대한 각 당사국의 기속적 동의의 필수적 조건으로 보이는 경우에 유보는 모든 당사국에 의한 수락을 필요로 한다.
3. 조약이 국제기구의 성립문서인 경우로서 그 조약이 달리 규정하지 아니하는 한 유보는 그 기구의 권한 있는 기관에 의한 수락을 필요로 한다.
4. 상기 제 조항에 해당되지 아니하는 경우로서 조약이 달리 규정하지 아니하는 한 다음의 규칙이 적용된다.
   (a) 다른 체약국에 의한 유보의 수락은 그 조약이 유보국과 다른 유보 수락국에 대하여 유효한 경우에 또한 유효한 기간 동안 유보국이 그 다른 유보 수락국과의 관계에 있어서 조약의 당사국이 되도록 한다.
   (b) 유보에 다른 체약국의 이의는 이의 제기국이 확정적으로 반대의사를 표시하지 아니하는 한 이의 제기국과 유보국 간에 있어서의 조약의 발효를 배제하지 아니한다.
   (c) 조약에 대한 국가의 기속적 동의를 표시하며 또한 유보를 포함하는 행위는 적어도 하나의 다른 체약국이 그 유보를 수락한 경우에 유효하다.
5. 상기 2항 및 4항의 목적상 또는 조약이 달리 규정하지 아니하는 한 국가가 유보의 통고를 받은 후 12개월의 기간이 끝날 때까지나 또는 그 조약에 대한 그 국가의 기속적 동의를 표시한 일자까지 중 어느 것이든 나중의 시기까지 그 유보에 대하여 이의를 제기하지 아니한 경우에는 유보가 그 국가에 의하여 수락된 것으로 간주된다.

제21조   유보 및 유보에 대한 이의의 법적 효과

1. 제19조, 제20조 및 제23조에 따라 다른 당사국에 대하여 성립된 유보는 다음의 법적 효과를 가진다.
   (a) 유보국과 그 다른 당사국과의 관계에 있어서 유보국에 대해서는 그 유보에 관련되는 조약규정을 그 유보의 범위 내에서 변경한다.
   (b) 다른 당사국과 유보국과의 관계에 있어서 그 다른 당사국에 대해서는 그러한 조약규정을 동일한 범위 내에서 변경한다.
2. 유보는 '일정 국가 간의' 조약에 대한 다른 당사국에 대하여 그 조약규정을 수정하지 아니한다.
3. 유보에 대하여 이의를 제기하는 국가가 동 이의 제기국과 유보국 간의 조약의 발효에 반대하지 아니하는 경우에 유보에 관련되는 규정은 그 유보의 범위 내에서 양국 간에 적용되지 아니한다.

제22조   유보 및 유보에 대한 이의의 철회

1. 조약이 달리 규정하지 아니하는 한 유보는 언제든지 철회될 수 있으며 또한 그 철회를 위해서는 동 유보를 수락한 국가의 동의가 필요하지 아니다.
2. 조약이 달리 규정하지 아니하는 한 유보에 대한 이의는 언제든지 철회될 수 있다.
3. 조약이 달리 규정하지 아니하는 한 또는 달리 합의되지 아니하는 한 다음의 규칙이 적용된다.
   (a) 유보의 철회는 다른 체약국이 그 통고를 접수한 때에만 그 체약국에 관하여 시행된다.
   (b) 유보에 대한 이의의 철회는 동 유보를 형성한 국가가 그 통고를 접수한 때에만 시행된다.

제23조   유보에 관한 절차

1. 유보, 유보의 명시적 수락 및 유보에 대한 이의는 서면으로 형성되어야 하며 또한 체약국 및 조약의 당사국이 될 수 있는 권리를 가진 국가에 통고되어야 한다.
2. 유보가 비준·수락 또는 승인에 따를 것으로 하여 조약에 서명한 때에 형성된 경우에는 유보국이 그 조약에 대한 기속적 동의를 표시하는 때에 유보국에 의하여 정식으로 확인되어야 한다. 그러한 경우에 유보는 그 확인일자에 형성된 것으로 간주된다.
3. 유보의 확인 이전에 형성된 유보의 명시적 수락 또는 유보에 대한 이의는 그 자체 확인을 필요로 하지 아니한다.
4. 유보 또는 유보에 대한 이의의 철회는 서면으로 형성되어야 한다.

제3절 조약의 발효 및 잠정적 적용

제24조   발효

1. 조약은 그 조약이 규정하거나 또는 교섭국이 합의하는 방법으로 또한 그 일자에 발효한다.
2. 그러한 규정 또는 합의가 없는 경우에는 조약에 대한 기속적 동의가 모든 교섭국에 대하여 확정되는 대로 그 조약이 발효한다.

3. 조약에 대한 국가의 기속적 동의가 그 조약이 발효한 후의 일자에 확정되는 경우에는 그 조약이 달리 규정하지 아니하는 한 그 동의가 확정되는 일자에 그 조약은 그 국가에 대하여 발효한다.
4. 조약문의 정본인증, 조약에 대한 국가의 기속적 동의의 확정, 조약의 발효방법 또는 일자, 유보, 수락자의 기능 및 조약의 발효 전에 필연적으로 발생하는 기타의 사항을 규율하는 조약규정은 조약문의 채택 시로부터 적용된다.

제 25 조 잠정적 적용
1. 다음의 경우에 조약 또는 조약의 일부는 그 발효 시까지 잠정적으로 적용된다.
   (a) 조약 자체가 그렇게 규정하는 경우 또는
   (b) 교섭국이 다른 방법으로 그렇게 합의한 경우
2. 조약이 달리 규정하지 아니하거나 또는 교섭국이 달리 합의하지 아니한 경우에는 어느 국가가 조약이 잠정적으로 적용되고 있는 다른 국가에 대하여 그 조약의 당사국이 되지 아니하고자 하는 의사를 통고한 경우에 그 국가에 대한 그 조약 또는 그 조약의 일부의 잠정적 적용이 종료된다.

제 3 부 조약의 준수·적용 및 해석

제 1 절 조약의 준수

제 26 조 약속은 준수하여야 한다.
유효한 모든 조약은 그 당사국을 구속하며 또한 당사국에 의하여 성실하게 이행되어야 한다.

제 27 조 국내법과 조약의 준수
어느 당사국도 조약의 불이행에 대한 정당화의 방법으로 그 국내법 규정을 원용해서는 아니된다. 이 규칙은 제46조를 침해하지 아니한다.

제 2 절 조약의 적용

제 28 조 조약의 불소급
별도의 의사가 조약으로부터 나타나지 아니하거나 또는 달리 확정되지 아니하는 한 그 조약 규정은 그 발효 이전에 당사국에 관련하여 발생한 행위나 사실 또는 없어진 사태에 관하여 그 당사국을 구속하지 아니한다.

제 29 조 조약의 영토적 범위
별도의 의사가 조약으로부터 나타나지 아니하거나 또는 달리 확정되지 아니하는 한 조약은 각 당사국의 전체 영역에 관하여 각 당사국을 구속한다.

제 30 조 동일한 주제에 관한 계승적 조약의 적용

1. 국제연합헌장 제103조에 따를 것으로 하여 동일한 주제에 관한 계승적 조약의 당사국의 권리와 의무는 아래의 조항에 의거하여 결정된다.
2. 조약이 전조약 또는 후조약에 따를 것을 명시하고 있거나 또는 전조약 또는 후조약과 양립하지 아니하는 것으로 간주되지 아니함을 명시하고 있는 경우에는 그 다른 조약의 규정이 우선한다.
3. 전조약의 모든 당사국이 동시에 후조약의 당사국이나 전조약이 제59조에 따라 종료되지 아니하거나 또는 시행 정지되지 아니하는 경우에 전조약은 그 규정이 후조약의 규정과 양립하는 범위 내에서만 적용된다.
4. 후조약의 당사국이 전조약의 모든 당사국을 포함하지 아니하는 경우에는 다음의 규칙이 적용된다.
    (a) 양 조약의 당사국 간에는 상기 3항과 같은 동일한 규칙이 적용된다.
    (b) 양 조약의 당사국과 어느 한 조약의 당사국 간에는 그 양국이 다 같이 당사국인 조약이 그들 상호간의 권리와 의무를 규율한다.
5. 상기 4항은 제41조에 대하여 또는 제60조의 규정에 따른 조약의 종료 또는 시행정지에 관한 문제에 대하여 또는 다른 조약에 따른 국가에 대한 어느 국가의 의무와 조약규정이 양립하지 아니하는 조약의 체결 또는 적용으로부터 그 어느 국가에 대하여 야기될 수 있는 책임문제를 침해하지 아니한다.

제 3 절 조약의 해석

제 31 조 해석의 일반규칙

1. 조약은 조약문의 문맥 및 조약의 대상과 목적으로 보아 그 조약의 문맥에 부여되는 통상적 의미에 따라 성실하게 해석되어야 한다.
2. 조약의 해석 목적상 문맥은 조약문에 추가하여 조약의 전문 및 부속서와 함께 다음의 것을 포함한다.
    (a) 조약의 체결에 관련하여 모든 당사국 간에 이루어진 그 조약에 관한 협의
    (b) 조약의 체결에 관련하여 하나 또는 그 이상의 당사국이 작성하고 또한 다른 당사국이 그 조약이 관련되는 문서로서 수락한 문서
3. 문맥과 함께 다음의 것이 참작되어야 한다.
    (a) 조약의 해석 또는 그 조약규정의 적용에 관한 당사국 간의 추후의 합의
    (b) 조약의 해석에 관한 당사국의 합의를 확정하는 그 조약 적용에 있어서의 추후의 관행
    (c) 당사국 간의 관계에 적용될 수 있는 국제법의 관계규칙
4. 당사국의 특별한 의미를 특정용어에 부여하기로 의도하였음이 확정되는 경우에는 그러한 의미가 부여된다.

제 32 조　해석의 보충적 수단

제31조의 적용으로부터 나오는 의미를 확인하기 위하여 또는 제31조에 따라 해석하면 다음과 같이 되는 경우에 그 의미를 결정하기 위하여 조약의 교섭 기록 및 그 체결 시의 사정을 포함한 해석의 보충적 수단에 의존할 수 있다.
(a) 의미가 모호해지거나 또는 애매하게 되는 경우 또는
(b) 명백히 불투명하거나 또는 불합리한 결과를 초래하는 경우

제 33 조　2 또는 그 이상의 언어가 정본인 조약의 해석

1. 조약이 2 또는 그 이상의 언어에 의하여 정본으로 확정된 때에는 상위가 있을 경우에 특정의 조약문이 우선함을 그 조약이 규정하지 아니하거나 또는 당사국이 합의하지 아니하는 한 각 언어로 작성된 조약문은 동등히 유효하다.
2. 조약의 정본으로 사용된 언어 중의 어느 하나 이외의 다른 언어로 작성된 조약의 번역문은 이를 정본으로 간주함을 조약이 규정하거나 또는 당사국이 이에 합의하는 경우에만 정본으로 간주된다.
3. 조약의 용어는 각 정본상 동일한 의미를 가지는 것으로 추정된다.
4. 상기 1항에 의거하여 특정의 조약문이 우선하는 경우를 제외하고, 제31조 및 제32조의 적용으로 제거되지 아니하는 의미의 차이가 정본의 비교에서 노정되는 경우에는 조약의 대상과 목적을 고려하여 최선으로 조약문과 조화되는 의미를 채택한다.

제 4 절　조약과 제3국

제 34 조　제3국에 관한 일반 규칙

조약은 제3국에 대하여 그 동의 없이는 의무 또는 권리를 창설하지 아니한다.

제 35 조　제3국에 대하여 의무를 규정하는 조약

조약의 당사국이 조약규정을 제3국에 대하여 의무를 설정하는 수단으로 의도하며 또한 그 제3국이 서면으로 그 의무를 명시적으로 수락하는 경우에는 그 조약의 규정으로부터 그 제3국에 대하여 의무가 발생한다.

제 36 조　제3국에 대하여 권리를 규정하는 조약

1. 조약의 당사국이 제3국 또는 제3국이 속하는 국가의 그룹 또는 모든 국가에 대하여 권리를 부여하는 조약규정을 의도하며 또한 그 제3국이 이에 동의하는 경우에는 그 조약의 규정으로부터 그 제3국에 대하여 권리가 발생한다. 조약이 달리 규정하지 아니하는 한 제3국의 동의는 반대의 표시가 없는 동안 있은 것으로 추정된다.
2. 상기 1항에 의거하여 권리를 행사하는 국가는 조약에 규정되어 있거나 또는 조약에 의거하여 확정되는 그 권리행사의 조건에 따라야 한다.

제 37 조 제3국의 의무 또는 권리의 취소 또는 변경
1. 제35조에 따라 제3국에 대하여 의무가 발생한 때에는 조약의 당사국과 제3국이 달리 합의하였음이 확정되지 아니하는 한 그 의무는 조약의 당사국과 제3국의 동의를 얻는 경우에만 취소 또는 변경될 수 있다.
2. 제36조에 따라 제3국에 대하여 권리가 발생한 때에는 그 권리가 제3국의 동의없이 취소 또는 변경되어서는 아니되는 것으로 의도되었음이 확정되는 경우에 그 권리는 당사국에 의하여 취소 또는 변경될 수 없다.

제 38 조 국제 관습을 통하여 제3국을 구속하게 되는 조약상의 규칙
제34조 내지 제37조의 어느 규정도 조약에 규정된 규칙이 관습 국제법의 규칙으로 인정된 그러한 규칙으로서 제3국을 구속하게 되는 것을 배제하지 아니한다.

제 4 부 조약의 개정 및 변경

제 39 조 조약의 개정에 관한 일반규칙
조약은 당사국 간의 합의에 의하여 개정될 수 있다. 제2부에 규정된 규칙은 조약이 달리 규정하는 경우를 제외하고 그러한 합의에 적용된다.

제 40 조 다자조약의 개정
1. 조약이 달리 규정하지 아니하는 한 다자조약의 개정은 아래의 조항에 의하여 규율된다.
2. 모든 당사국 간에서 다자조약을 개정하기 위한 제의는 모든 체약국에 통고되어야 하며 각 체약국은 다음의 것에 참여할 권리를 가진다.
   (a) 그러한 제의에 관하여 취하여질 조치에 관한 결정
   (b) 그 조약의 개정을 위한 합의의 교섭 및 성립
3. 조약의 당사국이 될 수 있는 권리를 가진 모든 국가는 개정되는 조약의 당사국이 될 수 있는 권리를 또한 가진다.
4. 개정하는 합의는 개정하는 합의의 당사국이 되지 아니하는 조약의 기존 당사국인 어느 국가도 구속하지 아니한다. 그러한 국가에 관해서는 제30조 4항(b)가 적용된다.
5. 개정하는 합의의 발효 후에 조약의 당사국이 되는 국가는 그 국가에 의한 별도 의사의 표시가 없는 경우에 다음과 같이 간주된다.
   (a) 개정되는 조약의 당사국으로 간주된다.
   (b) 개정하는 합의에 의하여 구속되지 아니하는 조약의 당사국과의 관계에 있어서는 개정되지 아니한 조약의 당사국으로 간주된다.

제 41 조 일부 당사국에서만 다자조약을 변경하는 합의
1. 다자조약의 2 또는 그 이상의 당사국은 다음의 경우에 그 당사국 간에서만 조약을 변경하는 합의를 성립시킬 수 있다.
   (a) 그러한 변경의 가능성이 그 조약에 의하여 규정된 경우 또는
   (b) 문제의 변경이 그 조약에 의하여 금지되지 아니하고 또한
      (ⅰ) 다른 당사국이 그 조약에 따라 권리를 향유하며 또는 의무를 이행하는 것에 영향을 주지 아니하며

(ⅱ) 전체로서의 그 조약의 대상과 목적의 효과적 수행과 일부 변경이 양립하지 아니하는 규정에 관련되지 아니하는 경우
2. 상기 1항 (a)에 해당하는 경우에 조약이 달리 규정하지 아니하는 한 문제의 당사국은 그 합의를 성립시키고자 하는 의사와 그 합의가 규정하는 그 조약의 변경을 타방당사국에 통고하여야 한다.

제5부 조약의 부적법·종료 또는 시행정지

제1절 일반 규정

제42조 조약의 적법성 및 효력의 계속
1. 조약의 적법성 또는 조약에 대한 국가의 기속적 동의의 적법성은 이 협약의 적용을 통해서만 부정될 수 있다.
2. 조약의 종료, 그 폐기 또는 당사국의 탈퇴는 그 조약의 규정 또는 이 협약의 적용의 결과로서만 행하여질 수 있다. 동일한 규칙이 조약의 시행정지에 적용된다.

제43조 조약과는 별도로 국제법에 의하여 부과되는 의무
이 협약 또는 조약규정의 적용의 결과로서 조약의 부적법·종료 또는 폐기, 조약으로부터의 당사국의 탈퇴 또는 그 시행정지는 그 조약과는 별도로 국제법에 따라 복종해야 하는 의무로서 그 조약에 구현된 것을 이행해야 하는 국가의 책무를 어떠한 방법으로도 경감시키지 아니한다.

제44조 조약 규정의 가분성
1. 조약에 규정되어 있거나 또는 제56조에 따라 발생하는 조약의 폐기·탈퇴 또는 시행정지시킬 수 있는 당사국의 권리는 조약이 달리 규정하지 아니하거나 또는 당사국이 달리 합의하지 아니하는 한 조약 전체에 관해서만 행사될 수 있다.
2. 이 협약에서 인정되는 조약의 부적법화·종료·탈퇴 또는 시행정지의 사유는 아래의 제 조항 또는 제60조에 규정되어 있는 것을 제외하고 조약 전체에 관해서만 원용될 수 있다.
3. 그 사유가 특정의 조항에만 관련되는 경우에는 다음의 경우에 그러한 조항에 관해서만 원용될 수 있다.
   (a) 당해 조항이 그 적용에 관련하여 그 조약의 잔여 부분으로부터 분리될 수 있으며
   (b) 당해 조항의 수락이 전체로서의 조약에 대한 1 또는 그 이상의 다른 당사국의 기속적 동의의 필수적 기초가 아니었던 것이 그 조약으로부터 나타나거나 또는 달리 확정되며 또한
   (c) 그 조약의 잔여부분의 계속적 이행이 부당하지 아니한 경우
4. 제49조 및 제50조에 해당하는 경우에 기만 또는 부정을 원용하는 권리를 가진 국가는 조약 전체에 관하여 또는 상기 3항에 따를 것으로 하여 특정의 조항에 관해서만 그렇게 원용할 수 있다.
5. 제51조, 제52조 및 제53조에 해당하는 경우에는 조약규정의 분리가 허용되지 아니한다.

제 45 조　조약의 부적법화·종료·탈퇴 또는 그 시행정지의 사유를 원용하는 권리의 상실

국가는 다음의 경우에 사실을 알게 된 후에는 제46조 내지 제50조 또는 제60조 및 제62조에 따라 조약의 부적법화·종료·탈퇴 또는 시행정지의 사유를 원용할 수 없다.
(a) 경우에 따라 그 조약이 적법하다는 것 또는 계속 유효하다는 것 또는 계속 시행된다는 것에 그 국가가 명시적으로 동의한 경우 또는
(b) 그 국가의 행동으로 보아 조약의 적법성 또는 그 효력이나 시행의 존속을 묵인한 것으로 간주되어야 하는 경우

제 2 절　조약의 부적법

제 46 조　조약 체결권에 관한 국내법 규정
1. 조약 체결권에 관한 국내법 규정의 위반이 명백하며 또한 근본적으로 중요한 국내법 규칙에 관련되지 아니하는 한 국가는 조약에 대한 그 기속적 동의를 부적법화하기 위한 것으로 그 동의가 그 국내법 규정에 위반하여 표시되었다는 사실을 원용할 수 없다.
2. 통상의 관행에 의거하고 또한 성실하게 행동하는 어느 국가에 대해서도 위반이 객관적으로 분명한 경우에는 그 위반은 명백한 것이 된다.

제 47 조　국가의 동의 표시 권한에 대한 특정의 제한
어느 조약에 대한 국가의 기속적 동의를 표시하는 대표의 권한이 특정의 제한에 따를 것으로 하여 부여된 경우에 그 대표가 그 제한을 준수하지 아니한 것은 그러한 동의를 표시하기 전에 그 제한을 다른 교섭국에 통고하지 아니하는 한 그 대표가 표시한 동의를 부적법화하는 것으로 원용될 수 없다.

제 48 조　착오
1. 조약상의 착오는 그 조약이 체결된 당시에 존재한 것으로 국가가 추정한 사실 또는 사태로서, 그 조약에 대한 국가의 기속적 동의의 본질적 기초를 구성한 것에 관한 경우에 국가는 그 조약에 대한 그 기속적 동의를 부적법화하는 것으로 그 착오를 원용할 수 있다.
2. 문제의 국가가 자신의 행동에 의하여 착오를 유발하였거나 또는 그 국가가 있을 수 있는 착오를 감지할 수 있는 등의 사정하에 있는 경우에는 상기 1항이 적용되지 아니한다.
3. 조약문의 자구에만 관련되는 착오는 조약의 적법성에 영향을 주지 아니한다. 그 경우에는 제79조가 적용된다.

제 49 조　기만
국가가 다른 교섭국의 기만적 행위에 의하여 조약을 체결하도록 유인된 경우에 그 국가는 조약에 대한 자신의 기속적 동의를 부적법화하는 것으로 그 기만을 원용할 수 있다.

제 50 조 국가 대표의 부정

조약에 대한 국가의 기속적 동의의 표시가 직접적으로 또는 간접적으로 다른 교섭국에 의한 그 대표의 부정을 통하여 감행된 경우에 그 국가는 조약에 대한 자신의 기속적 동의를 부적법화하는 것으로 그 부정을 원용할 수 있다.

제 51 조 국가 대표의 강제

국가 대표에게 정면으로 향한 행동 또는 위협을 통하여 그 대표에 대한 강제에 의하여 감행된 조약에 대한 국가의 기속적 동의표시는 법적 효력을 가지지 아니한다.

제 52 조 힘의 위협 또는 사용에 의한 국가의 강제

국제연합 헌장에 구현된 국제법의 제 원칙을 위반하여 힘의 위협 또는 사용에 의하여 조약의 체결이 감행된 경우에 그 조약은 무효이다.

제 53 조 일반국제법의 절대규범(강행규범)과 충돌하는 조약

조약은 그 체결 당시에 일반국제법의 절대규범과 충돌하는 경우에 무효이다. 이 협약의 목적상 일반국제법의 절대 규범은 그 이탈이 허용되지 아니하며 또한 동일한 성질을 가진 일반국제법의 추후의 규범에 의해서만 변경될 수 있는 규범으로 전체로서의 국제 공동사회가 수락하며 또한 인정하는 규범이다.

제 3 절 | 조약의 종료 및 시행정지

제 54 조 조약규정 또는 당사국의 동의에 따른 조약의 종료 또는 조약으로부터의 탈퇴

조약의 종료 또는 당사국의 탈퇴는 다음의 경우에 행하여질 수 있다.
(a) 그 조약의 규정에 의거하는 경우 또는
(b) 다른 체약국과 협의한 후에 언제든지 모든 당사국의 동의를 얻는 경우

제 55 조 다자조약의 발효에 필요한 수 이하로의 그 당사국 수의 감소

조약이 달리 규정하지 아니하는 한 다자조약은 그 당사국 수가 그 발효에 필요한 수 이하로 감소하는 사실만을 이유로 종료하지 아니한다.

제 56 조 종료·폐기 또는 탈퇴에 관한 규정을 포함하지 아니하는 조약의 폐기 또는 탈퇴

1. 종료에 관한 규정을 포함하지 아니하며 또한 폐기 또는 탈퇴를 규정하고 있지 아니하는 조약은 다음의 경우에 해당되지 아니하는 한 폐기 또는 탈퇴가 인정되지 아니한다.
   (a) 당사국이 폐기 또는 탈퇴의 가능성을 인정하고자 하였음이 확정되는 경우 또는
   (b) 폐기 또는 탈퇴의 권리가 조약의 성질상 묵시되는 경우
2. 당사국은 상기 1항에 따라 조약의 폐기 또는 탈퇴 의사를 적어도 12개월 전에 통고하여야 한다.

제 57 조   조약 규정 또는 당사국의 동의에 의한 조약의 시행정지

모든 당사국 또는 특정의 당사국에 대하여 조약의 시행이 다음의 경우에 정지될 수 있다.
(a) 그 조약의 규정에 의거하는 경우 또는
(b) 다른 체약국과 협의한 후에 언제든지 모든 당사국의 동의를 얻는 경우

제 58 조   일부 당사국가만의 합의에 의한 다자조약의 시행정지

1. 다자조약의 2 또는 그 이상의 당사국은 다음의 경우에 일시적으로 또한 그 당사국 간에서만 조약 규정의 시행을 정지시키기 위한 합의를 성립시킬 수 있다.
   (a) 그러한 정지의 가능성이 그 조약에 의하여 규정되어 있는 경우 또는
   (b) 문제의 정지가 조약에 의하여 금지되지 아니하고 또한
      (ⅰ) 다른 당사국에 의한 조약상의 권리 향유 또는 의무의 이행에 영향을 주지 아니하며
      (ⅱ) 그 조약의 대상 및 목적과 양립할 수 없는 것이 아닌 경우
2. 상기 1항 (a)에 해당하는 경우에 조약이 달리 규정하지 아니하는 한 문제의 당사국은 합의를 성립시키고자 하는 그 의사 및 시행을 정지시키고자 하는 조약규정을 타방 당사국에 통고하여야 한다.

제 59 조   후조약의 체결에 의하여 묵시되는 조약의 종료 또는 시행정지

1. 조약의 모든 당사국이 동일한 사항에 관한 후조약을 체결하고 또한 아래의 것에 해당하는 경우에 그 조약은 종료한 것으로 간주된다.
   (a) 후조약에 의하여 그 사항이 규율되어야 함을 당사국이 의도하였음이 그 후소약으로부터 나타나거나 또는 달리 확정되는 경우 또는
   (b) 후조약의 규정이 전조약의 규정과 근본적으로 양립하지 아니하여 양 조약이 동시에 적용될 수 없는 경우
2. 전조약을 시행 정지시킨 것만이 당사국의 의사이었음이 후조약으로부터 나타나거나 또는 달리 확정되는 경우에 전조약은 그 시행이 정지된 것만으로 간주된다.

제 60 조   조약 위반의 결과로서의 조약의 종료 또는 시행정지

1. 양자조약의 일방당사국에 의한 실질적 위반은 그 조약의 종료 또는 시행의 전부 또는 일부의 정지를 위한 사유로서 그 위반을 원용하는 권리를 타방당사국에 부여한다.
2. 다자조약의 어느 당사국에 의한 실질적 위반은 관계 당사국이 다음의 조치를 취할 수 있는 권리를 부여한다.
   (a) 다른 당사국이 전원일치의 협의에 의하여
      (ⅰ) 그 다른 당사국과 위반국 간의 관계에서 또는
      (ⅱ) 모든 당사국 간에서 그 조약의 전부 또는 일부를 시행정지시키거나 또는 그 조약을 종료시키는 권리
   (b) 위반에 의하여 특별히 영향을 받는 당사국이, 그 자신과 위반국 간의 관계에 있어서 그 조약의 전부 또는 일부의 시행을 정지시키기 위한 사유로서 그 위반을 원용하는 권리

(c) 어느 당사국에 의한 조약규정의 실질적 위반으로 그 조약상의 의무의 추후의 이행에 관한 모든 당사국의 입장을 근본적으로 변경시키는 성질의 조약인 경우에, 위반국 이외의 다른 당사국에 관하여 그 조약의 전부 또는 일부의 시행정지를 위한 사유로서 그 다른 당사국에 그 위반을 원용하는 권리
3. 본 조의 목적상, 조약의 실질적 위반은 다음의 경우에 해당한다.
   (a) 이 협약에 의하여 원용되지 아니하는 조약의 이행 거부 또는
   (b) 조약의 대상과 목적의 달성에 필수적인 규정의 위반
4. 상기의 제 규정은 위반의 경우에 적용할 수 있는 조약상의 규정을 침해하지 아니한다.
5. 상기 1항 내지 3항은 인도적 성질의 조약에 포함된 인신의 보호에 관한 규정 특히 그러한 조약에 의하여 보호를 받는 자에 대한 여하한 형태의 복구를 금지하는 규정에 적용되지 아니한다.

제 61 조 후발적 이행불능

1. 조약의 이행불능이 그 조약의 시행에 불가결한 대상의 영구적 소멸 또는 파괴로 인한 경우에 당사국은 그 조약을 종료시키거나 또는 탈퇴하기 위한 사유로서 그 이행불능을 원용할 수 있다. 그 이행불능이 일시적인 경우에는 조약의 시행정지를 위한 사유로서만 원용될 수 있다.
2. 이행불능이 이를 원용하는 당사국에 의한 조약상의 의무나 또는 그 조약의 다른 당사국에 대하여 지고 있는 기타의 국제적 의무의 위반의 결과인 경우에 그 이행불능은 그 조약을 종료시키거나 또는 탈퇴하거나 또는 그 시행을 정지시키기 위한 사유로서 그 당사국에 의하여 원용될 수 없다.

제 62 조 사정의 근본적 변경

1. 조약의 체결 당시에 존재한 사정에 관하여 발생하였으며 또한 당사국에 의하여 예견되지 아니한 사정의 근본적 변경은 다음 경우에 해당되지 아니하는 한 조약을 종료시키거나 또는 탈퇴하기 위한 사유로서 원용될 수 없다.
   (a) 그러한 사정의 존재가 그 조약에 대한 당사국의 기속적 동의의 본질적 기초를 구성하였으며 또한
   (b) 그 조약에 따라 계속 이행되어야 할 의무의 범위를 그 변경의 효과가 급격하게 변환시키는 경우
2. 사정의 근본적 변경은 다음의 경우에는 조약을 종료시키거나 또는 탈퇴하는 사유로서 원용될 수 없다.
   (a) 그 조약이 경계선을 확정하는 경우 또는
   (b) 근본적 변경이 이를 원용하는 당사국에 의한 조약상의 의무나 또는 그 조약의 다른 당사국에 대하여 지고 있는 기타의 국제적 의무의 위반의 결과인 경우
3. 상기의 제 조항에 따라 당사국이 조약을 종료시키거나 또는 탈퇴하기 위한 사유로서 사정의 근본적 변경을 원용할 수 있는 경우에 그 당사국은 그 조약의 시행을 정지시키기 위한 사유로서 그 변경을 또한 원용할 수 있다.

제 63 조 외교 또는 영사 관계의 단절

조약 당사국 간의 외교 또는 영사 관계의 단절은 외교 또는 영사 관계의 존재가 그 조약의 적용에 불가결한 경우를 제외하고 그 조약에 의하여 그 당사국 간에 확립된 법적 관계에 영향을 주지 아니한다.

제 64 조　일반국제법의 새 절대규범(강행규범)의 출현
일반국제법의 새 절대규범이 출현하는 경우에 그 규범과 충돌하는 현행 조약은 무효로 되어 종료한다.

제 4 절　절차

제 65 조　조약의 부적법·종료·탈퇴 또는 시행정지에 관하여 취해지는 절차
1. 이 협약의 규정에 따라 조약에 대한 국가의 기속적 동의상의 허가를 원용하거나 또는 조약의 적법성을 부정하거나 조약을 종료시키거나 조약으로부터 탈퇴하거나 또는 그 시행을 정지시키기 위한 사유를 원용하는 당사국은 다른 당사국에 대하여 그 주장을 통고하여야 한다. 그 통고에는 그 조약에 관하여 취하고자 제의하는 조치 및 그 이유를 표시하여야 한다.
2. 특별히 긴급한 경우를 제외하고 그 통고의 접수 후 3개월 이상의 기간이 경과한 후에 어느 당사국도 이의를 제기하지 아니한 경우에는 그 통고를 행한 당사국은 제67조에 규정된 방법으로 그 당사국이 제의한 조치를 실행할 수 있다.
3. 다만, 다른 당사국에 의하여 이의가 제기된 경우에 당사국은 국제연합헌장 제33조에 열거되어 있는 수단을 통한 해결을 도모하여야 한다.
4. 상기 제 조항의 어느 규정도 분쟁의 해결에 관하여 당사국을 구속하는 유효한 규정에 따른 당사국의 권리 또는 의무에 영향을 주지 아니한다.
5. 제45조를 침해함이 없이 어느 국가가 상기 1항에 규정된 통고를 사전에 행하지 아니한 사실은 조약의 이행을 요구하거나 또는 조약의 위반을 주장하는 다른 당사국에 대한 회답으로서 그 국가가 그러한 통고를 행하는 것을 막지 아니한다.

제 66 조　사법적 해결·중재 재판 및 조정을 위한 절차
이의가 제기된 일자로부터 12개월의 기간 내에 제65조 3항에 따라 해결에 도달하지 못한 경우에는 다음의 절차를 진행하여야 한다.
(a) 제53조 또는 제64조의 적용 또는 해석에 관한 분쟁의 어느 한 당사국은 제 당사국이 공동의 동의에 의하여 분쟁을 중재 재판에 부탁하기로 합의하지 아니하는 한 분쟁을 국제사법재판소에 결정을 위하여 서면 신청으로써 부탁할 수 있다.
(b) 이 협약 제5부의 다른 제 조항의 적용 또는 해석에 관한 분쟁의 어느 한 당사국은 협약의 부속서에 명시된 절차의 취지로 요구서를 국제연합 사무총장에게 제출함으로써 그러한 절차를 개시할 수 있다.

제 67 조　조약의 부적법선언·종료·탈퇴 또는 시행정지를 위한 문서
1. 제65조 1항에 따라 규정된 통고는 서면으로 행하여져야 한다.
2. 조약의 규정 또는 제65조 2항 또는 3항의 규정에 따른 그 조약의 부적법선언·종료·탈퇴 또는 시행정지에 관한 행위는 다른 당사국에 전달되는 문서를 통하여 이행하여야 한다. 동 문서가 국가원수·정부수반 또는 외무부장관에 의하여 서명되지 아니한 경우에는 이를 전달하는 국가의 대표에게 전권위임장을 제시하도록 요구할 수 있다.

제 68 조 제65조 및 제67조에 규정된 통고와 문서의 철회

제65조 또는 제67조에 규정된 통고 또는 문서는 그 효력을 발생하기 전에 언제든지 철회될 수 있다.

제 5 절 조약의 부적법·종료 또는 시행정지의 효과

제 69 조 조약의 부적법의 효과

1. 이 협약에 의거하여 그 부적법이 확정되는 조약은 무효이다. 무효인 조약의 규정은 법적 효력을 가지지 아니한다.
2. 다만, 그러한 조약에 의존하여 행위가 실행된 경우에는 다음의 규칙이 적용된다.
    (a) 각 당사국은 그 행위가 실행되지 아니하였더라면 존재하였을 상태를 당사국의 상호관계에 있어서 가능한 한 확립하도록 다른 당사국에 요구할 수 있다.
    (b) 부적법이 원용되기 전에 성실히 실행된 행위는 그 조약의 부적법만을 이유로 불법화되지 아니한다.
3. 제49조, 제50조, 제51조 또는 제52조에 해당하는 경우에는 기만·부정행위 또는 강제의 책임이 귀속되는 당사국에 관하여 상기 2항이 적용되지 아니한다.
4. 다자조약에 대한 특정 국가의 기속적 동의의 부적법의 경우에 상기의 제 규칙은 그 국가와 그 조약의 당사국 간의 관계에 있어서 적용된다.

제 70 조 조약의 종료 효과

1. 조약이 달리 규정하지 아니하거나 또는 당사국이 달리 합의하지 아니하는 한 조약의 규정에 따르거나 또는 이 협약에 의거한 그 조약의 종료는 다음의 효과를 가져온다.
    (a) 당사국에 대하여 추후 그 조약을 이행할 의무를 해제한다.
    (b) 조약의 종료 전에 그 조약의 시행을 통하여 생긴 당사국의 권리·의무 또는 법적 상태에 영향을 주지 아니한다.
2. 국가가 다자조약을 폐기하거나 또는 탈퇴하는 경우에는 그 폐기 또는 탈퇴가 효력을 발생하는 일자로부터 그 국가와 그 조약의 다른 각 당사국 간의 관계에 있어서 상기 1항이 적용된다.

제 71 조 일반국제법의 절대규범과 충돌하는 조약의 부적법의 효과

1. 제53조에 따라 무효인 조약의 경우에 당사국은 다음의 조치를 취한다.
    (a) 일반국제법의 절대규범과 충돌하는 규정에 의존하여 행하여진 행위의 결과를 가능한 한 제거하며 또한
    (b) 당사국의 상호관계를 일반국제법의 절대규범과 일치시키도록 한다.
2. 제64조에 따라 무효로 되어 종료하는 조약의 경우에 그 조약의 종료는 다음의 효과를 가져온다.
    (a) 당사국에 대하여 추후 그 조약을 이행할 의무를 해제한다.
    (b) 조약의 종료 전에 그 조약의 시행을 통하여 생긴 당사국의 권리·의무 또는 법적 상태에 영향을 주지 아니한다. 다만, 그러한 권리·의무 또는 상태는 그 유지 자체가 일반국제법의 새 절대규범과 충돌하지 아니하는 범위 내에서만 그 이후 유지될 수 있을 것을 조건으로 한다.

제72조 조약의 시행정지 효과

1. 조약이 달리 규정하지 아니하거나 또는 당사국이 달리 합의하지 아니하는 한 조약의 규정에 따르거나 또는 이 협약에 의거한 그 조약의 시행정지는 다음의 효과를 가져온다.
   (a) 조약의 시행이 정지되어 있는 당사국에 대해서는 동 정지기간 동안 그 상호관계에 있어서 그 조약을 이행할 의무를 해제한다.
   (b) 그 조약에 의하여 확립된 당사국 간의 법적 관계에 달리 영향을 주지 아니한다.
2. 시행정지기간 동안 당사국은 그 조약의 시행 재개를 방해하게 되는 행위를 삼가하여야 한다.

제6부 잡칙

제73조 국가의 계승·국가 책임 및 적대행위 발발의 경우

이 협약의 규정은 국가의 계승·국가의 국제 책임 또는 국가 간의 적대 행위의 발발로부터 조약에 관하여 발생될 수 있는 문제를 예단하지 아니한다.

제74조 외교 및 영사관계와 조약의 체결

2 또는 그 이상의 국가 간의 외교 또는 영사관계의 단절 또는 부재는 그러한 국가 간의 조약체결을 막지 아니한다. 조약의 체결은 그 자체 외교 또는 영사관계에 관련된 상태에 영향을 주지 아니한다.

제75조 침략국의 경우

이 협약의 규정은 국제연합헌장에 의거하여 침략국의 침략에 관하여 취해진 조치의 결과로서 그 침략국에 대하여 발생될 수 있는 조약상의 의무를 침해하지 아니한다.

제7부 수탁자·통고·정정 및 등록

제76조 조약의 수탁자

1. 조약의 수탁자는 조약 그 자체 속에 또는 기타의 방법으로 교섭국에 의하여 지정될 수 있다. 수탁자는 1 또는 그 이상의 국가·국제기구 또는 국제기구의 수석 행정관이 될 수 있다.
2. 조약의 수탁자의 기능은 성질상 국제적이며 또한 수탁자는 그 기능을 수행함에 있어서 공평하게 행동할 의무를 진다. 특히, 조약이 일부 당사국 간에 발효하지 아니하였거나 또는 수탁자의 기능의 수행에 관하여 국가와 수탁자 간에 의견의 차이가 발생한 사실은 그러한 의무에 영향을 주지 아니한다.

제77조 수탁자의 기능

1. 달리 조약에 규정되어 있지 아니하거나 또는 체약국이 합의하지 아니하는 한 수탁자의 기능은 특히 다음의 것을 포함한다.
   (a) 수탁자에 송달된 조약 및 전권 위임장의 원본 보관
   (b) 원본의 인증등본 작성, 조약에 의하여 요구될 수 있는 추가의 언어에 의한 조약문 작성 및 조약의 당사국과 당사국이 될 수 있는 권리를 가진 국가에의 그 전달

(c) 조약에 대한 서명의 접수 및 조약에 관련된 문서·통고 및 통첩의 접수와 보관
(d) 서명 또는 조약에 관련된 문서·통고 또는 통첩이 정당하고 또한 적절한 형식으로 된 것인가의 검토 및 필요한 경우에 문제점에 대하여 당해 국가의 주의 환기
(e) 조약의 당사국 및 당사국이 될 수 있는 권리를 가진 국가에 대한 그 조약에 관련된 행위의 통고 및 통첩의 통보
(f) 조약의 발효에 필요한 수의 서명 또는 비준서·수락서·승인서 또는 가입서가 접수되거나 또는 기탁되는 경우에 조약의 당사국이 될 수 있는 권리를 가진 국가에의 통보
(g) 국제연합사무국에의 조약의 등록
(h) 이 협약의 다른 규정에 명시된 기능의 수행

2. 수탁자의 기능의 수행에 관하여 국가와 수탁자 간에 발생하는 의견의 차이의 경우에 수탁자는 그 문제에 대하여 서명국과 체약국 또는 적절한 경우에는 관계 국제기구의 권한 있는 기관의 주의를 환기시킨다.

제 78 조 통고 및 통첩

조약 또는 이 협약이 달리 규정하는 경우를 제외하고 이 협약에 따라 국가가 행하는 통고 또는 통첩은 다음과 같이 취급된다.
(a) 수탁자가 없는 경우에는 통고 또는 통첩은 받을 국가에 직접 전달되며 수탁자가 있는 경우에는 수탁자에게 전달된다.
(b) 전달 대상 국가가 통고 또는 통첩을 접수한 때에만 또는 경우에 따라 수탁자가 접수한 때에만 문제의 국가가 그 통고 또는 통첩을 행한 것으로 간주된다.
(c) 수탁자에게 전달된 경우에는 전달 대상 국가가 제77조 1항 (e)에 의거하여 수탁자로부터 통보받은 경우에만 그 국가가 접수한 것으로 간주된다.

제 79 조 조약문 또는 인증등본상의 착오 정정

1. 조약문의 정본인증 후 그 속에 착오가 있다는 것에 서명국 및 체약국이 합의하는 경우에는 그들이 다른 정정방법에 관하여 결정하지 아니하는 한 착오는 다음과 같이 정정된다.
   (a) 착오문에 적당한 정정을 가하고 정당히 권한을 위임받은 대표가 그 정정에 가서명하는 것
   (b) 합의된 정정을 기재한 1 또는 그 이상의 문서에 효력을 부여하거나 또는 이를 교환하는 것
   (c) 원본의 경우와 동일한 절차에 의하여 조약 전체의 정정본을 작성하는 것
2. 수탁자가 있는 조약의 경우에 수탁자는 서명국 및 체약국에 대하여 착오와 그 정정 제안을 통보하며 또한 제안된 정정에 대하여 이의를 제기할 수 있는 적절한 기한을 명시한다. 그 기한이 만료되면 다음의 조치가 취하여 진다.
   (a) 이의가 제기되지 아니한 경우에 수탁자는 착오문에 정정을 가하고 이에 가서명하며 또한 착오문의 정정 「경위서」를 작성하여 그 사본을 조약의 당사국 및 조약의 당사국이 될 수 있는 권리를 가진 국가에 송부한다.
   (b) 이의가 제기된 경우에 수탁자는 그 이의를 서명국 및 체약국에 송부한다.

3. 조약문이 2 또는 그 이상의 언어로 정본인증되고 또한 서명국 및 체약국 간의 합의로써 정정되어야 할 합치의 결여가 있다고 보이는 경우에는 상기 1항 및 2항의 규칙이 또한 적용된다.
4. 정정본은 서명국 및 체약국이 달리 결정하지 아니하는 한 '처음부터' 흠결본을 대치한다.
5. 등록된 조약문의 정정은 국제연합사무국에 통고된다.
6. 조약의 인증등본에서 착오가 발견되는 경우에 수탁자는 정정을 명시하는 '경위서'를 작성하며 또한 그 사본을 서명국 및 체약국에 송부한다.

제 80 조   조약의 등록 및 발간
1. 조약은 그 발효 후에 경우에 따라 등록 또는 편철과 기록을 위하여 또한 발간을 위하여 국제연합사무국에 송부된다.
2. 수탁자의 지정은 상기 전항에 명시된 행위를 수탁자가 수행할 수 있는 권한을 부여하게 된다.

제 8 부 최종조항

제 81 조   서명
이 협약은 국제연합 또는 전문기구 중의 어느 하나 또는 국제원자력기구의 모든 회원국 또는 국제사법재판소 규정의 당사국 및 국제연합총회에 의하여 이 협약의 당사국이 되도록 초청된 기타의 국가에 의한 서명을 위하여 다음과 같이 개방된다. 즉 1969년 1월 30일까지는 오스트리아 공화국의 연방외무부에서 개방되며 또한 그 이후 1970년 4월 30일까지는 뉴욕의 국제연합본부에서 개방된다.

제 82 조   비준
이 협약은 비준되어야 한다. 비준서는 국제연합사무총장에게 기탁된다.

제 83 조   가입
이 협약은 제81조에 언급된 카테고리의 어느 하나에 속하는 국가에 의한 가입을 위하여 계속 개방된다. 가입서는 국제연합사무총장에게 기탁된다.

제 84 조   발효
1. 이 협약은 35번째의 비준서 또는 가입서가 기탁된 날로부터 30일 후에 발효한다.
2. 35번째의 비준서 또는 가입서가 기탁된 후 이 협약에 비준하거나 또는 가입하는 각 국가에 대하여 이 협약은 그 국가에 의한 비준서 또는 가입서의 기탁으로부터 30일 후에 발효한다.

제 85 조   정본
중국어·영어·불어·노어 및 서반아어본이 동등히 정본인 이 협약의 원본은 국제연합사무총장에게 기탁된다.
이상의 증거로, 하기 전권대표는 각자의 정부에 의하여 정당히 권한을 위임받아 이 협약에 서명하였다.
일천구백육십구년 오월 이십삼일 비엔나에서 작성되었다.

02 | 법적 의무를 창설할 수 있는 국가의 일방적 선언에 적용되는 제지도원칙(2006)

1. Declarations publicly made and manifesting the will to be bound may have the effect of creating legal obligations. When the conditions for this are met, the binding character of such declarations is based on good faith; States concerned may then take them into consideration and rely on them; such States are entitled to require that such obligations be respected.
2. Any State possesses capacity to undertake legal obligations through unilateral declarations.
3. To determine the legal effects of such declarations, it is necessary to take account of their content, of all the factual circumstances in which they were made, and of the reactions to which they gave rise.
4. A unilateral declaration binds the State internationally only if it is made by an authority vested with the power to do so. By virtue of their functions, heads of State, heads of Government and ministers for foreign affairs are competent to formulate such declarations. Other persons representing the State in specified areas may be authorized to bind it, through their declarations, in areas falling within their competence.
5. Unilateral declarations may be formulated orally or in writing.
6. Unilateral declarations may be addressed to the international community as a whole, to one or several States or to other entities.
7. A unilateral declaration entails obligations for the formulating State only if it is stated in clear and specific terms. In the case of doubt as to the scope of the obligations resulting from such a declaration, such obligations must be interpreted in a restrictive manner. In inter- preting the content of such obli- gations, weight shall be given first and foremost to the text of the declaration, together with the context and the circumstances in which it was formulated.
8. A unilateral declaration which is in conflict with a peremptory norm of general international law is void.
9. No obligation may result for other States from the unilateral declaration of a State. However, the other State or States concerned may incur obligations in relation to such a unilateral declaration to the extent that they clearly accepted such a declaration.

10. A unilateral declaration that has created legal obligations for the State making the declaration cannot be revoked arbitrarily. In assessing whether a revocation would be arbitrary, consideration should be given to:
  (ⅰ) Any specific terms of the declaration relating to revocation;
  (ⅱ) The extent to which those to whom the obligations are owed have relied on such obligations;
  (ⅲ) The extent to which there has been a fundamental change in the circumstances.

해커스공무원 학원·인강
gosi.Hackers.com

II

국가

01 | 외교관계에 관한 비엔나협약
02 | 영사관계에 관한 비엔나협약
03 | 위법행위책임에 관한 ILC 초안
04 | ILC 외교보호 초안
05 | 국가 및 그 재산의 관할권 면제에 관한 국제연합협약

Ⅱ 국가

01 | 외교관계에 관한 비엔나협약 (1961채택/1964발효/1971한국발효)

제 1 조
본 협약의 적용상 하기 표현은 다음에서 정한 의미를 가진다.
(a) "공관장"이라 함은 파견국이 그러한 자격으로 행동할 임무를 부여한 자를 말한다.
(b) "공관원"이라 함은 공관장과 공관직원을 말한다.
(c) "공관직원"이라 함은 공관의 외교직원, 행정 및 기능직원 그리고 노무직원을 말한다.
(d) "외교직원"은 외교관의 직급을 가진 공관직원을 말한다.
(e) "외교관"이라 함은 공관장이나 공관의 외교직원을 말한다.
(f) "행정 및 기능직원"이라 함은 공관의 행정 및 기능업무에 고용된 공관직원을 말한다.
(g) "노무직원"이라 함은 공관의 관내역무에 종사하는 공관직원을 말한다.
(h) "개인 사용인"이라 함은 공관직원의 가사에 종사하며 파견국의 피고용인이 아닌 자를 말한다.
(i) "공관지역"이라 함은 소유자 여하를 불문하고, 공관장의 주거를 포함하여 공관의 목적으로 사용되는 건물과 건물의 부분 및 부속토지를 말한다.

제 2 조
국가 간의 외교관계의 수립 및 상설 외교공관의 설치는 상호 합의에 의하여 이루어진다.

제 3 조
1. 외교공관의 직무는 특히 아래와 같은 것을 포함한다.
   (a) 접수국에서의 파견국의 대표
   (b) 접수국에 있어서, 국제법이 허용하는 한도 내에서, 파견국과 파견국 국민의 이익 보호
   (c) 접수국 정부와의 교섭
   (d) 모든 합법적인 방법에 의한 접수국의 사정과 발전의 확인 및 파견국 정부에 대한 상기 사항의 보고
   (e) 접수국과 파견국 간의 우호관계 증진 및 양국 간의 경제, 문화 및 과학관계의 발전
2. 본 협약의 어떠한 규정도 외교공관에 의한 영사업무의 수행을 방해하는 것으로 해석되지 아니한다.

제 4 조
1. 파견국은 공관장으로 파견하고자 제의한 자에 대하여 접수국의 "아그레망(agreement)"이 부여되었음을 확인하여야 한다.
2. 접수국은 "아그레망"을 거절한 이유를 파견국에 제시할 의무를 지지 아니한다.

제 5 조

1. 파견국은 관계 접수국들에 적절한 통고를 행한 후 접수국 중 어느 국가의 명백한 반대가 없는 한 사정에 따라서 1개국 이상의 국가에 1인의 공관장을 파견하거나 외교직원을 임명할 수 있다.
2. 파견국이 1개국 또는 그 이상의 국가에 1인의 공관장을 파견하는 경우, 파견국은 공관장이 상주하지 아니하는 각국에 대사대리를 장으로 하는 외교공관을 설치할 수 있다.
3. 공관장이나 공관의 외교직원은 어떠한 국제기구에 대하여서도 파견국의 대표로서 행동할 수 있다.

제 6 조

2개국 또는 그 이상의 국가는, 접수국의 반대가 없는 한, 동일한 자를 공관장으로 타국에 파견할 수 있다.

제 7 조

제5조, 제8조, 제9조 및 제11조의 규정에 따를 것을 조건으로, 파견국은 자유로이 공관직원을 임명할 수 있다. 육·해·공군의 무관인 경우에는 접수국은 그의 승인을 위하여 사전에 그들의 명단 제출을 요구할 수 있다.

제 8 조

1. 공관의 외교직원은 원칙적으로 파견국의 국적을 가진 자이어야 한다.
2. 공관의 외교직원은 언제라도 철회될 수 있는 접수국측의 동의가 있는 경우를 제외하고는 접수국의 국적을 가진 자중에서 임명하여서는 아니된다.
3. 접수국은 파견국의 국민이 아닌 제3국의 국민에 관하여서도 동일한 권리를 유보할 수 있다.

제 9 조

1. 접수국은, 언제든지 그리고 그 결정을 설명할 필요 없이 공관장이나 또는 기타 공관의 외교직원이 기피 인물(PERSONA NON GRATA)이며, 또는 기타의 공관직원을 받아들일 수 없는 인물이라고 파견국에 통고할 수 있다. 이와 같은 경우에, 파견국은 적절히 관계자를 소환하거나 또는 그의 공관직무를 종료시켜야 한다. 접수국은 누구라도 접수국의 영역에 도착하기 전에 불만한 인물 또는 받아들일 수 없는 인물로 선언할 수 있다.
2. 파견국이 본 조 제1항에 의한 의무의 이행을 거절하거나 또는 상당한 기일 내에 이행하지 못하는 경우에는, 접수국은 관계자를 공관원으로 인정함을 거부할 수 있다.

제 10 조

1. 접수국의 외무부 또는 합의되는 기타 부처는 다음과 같은 통고를 받는다.
   (a) 공관원의 임명, 그들의 도착과 최종출발 또는 그들의 공관 직무의 종료
   (b) 공관원의 가족에 속하는 자의 도착 및 최종출발, 그리고 적당한 경우, 어떤 사람이 공관원의 가족의 일원이 되거나 또는 되지 않게 되는 사실
   (c) 본 항 (a)에 언급된 자에게 고용된 개인 사용인의 도착과 최종출발 그리고, 적당한 경우, 그들의 고용인과 해약을 하게 되는 사실

	(d) 특권 및 면제를 받을 권리를 가진 공관원이나 개인 사용인으로서 접수국에 거주하는 자의 고용 및 해고
2. 가능하면, 도착과 최종출발의 사전 통고도 하여야 한다.

제 11 조

1. 공관의 규모에 관한 특별한 합의가 없는 경우에는, 접수국은 자국의 사정과 조건 및 당해 공관의 필요성을 감안하여 합리적이며 정상적이라고 인정되는 범위 내에서 공관의 규모를 유지할 것을 요구할 수 있다.
2. 접수국은 또한 유사한 범위 내에서 그리고 무차별의 기초 위에서 특정 범주에 속하는 직원의 접수를 거부할 수 있다.

제 12 조

파견국은 접수국의 명시적인 사전 동의가 없이는 공관이 설립된 이외의 다른 장소에 공관의 일부를 구성하는 사무소를 설치할 수 없다.

제 13 조

1. 공관장은 일률적으로 적용되는 접수국의 일반적 관행에 따라 자기의 신임장을 제정하였을 때 또는 그의 도착을 통고하고 신임장의 진정등본을 접수국의 외무부 또는 합의된 기타 부처에 제출하였을 때에 접수국에서 그의 직무를 개시한 것으로 간주된다.
2. 신임장이나 또는 신임장의 진정등본 제출순서는 공관장의 도착 일자와 시간에 의하여 결정한다.

제 14 조

1. 공관장은 다음의 3가지 계급으로 구분된다.
    (a) 국가원수에게 파견된 대사 또는 교황청대사, 그리고 동등한 계급을 가진 기타의 공관장
    (b) 국가원수에게 파견된 공사 또는 교황청 공사
    (c) 외무부장관에게 파견된 대리공사
2. 서열 및 의례에 관계되는 것을 제외하고는, 그들의 계급으로 인한 공관장 간의 차별이 있어서는 아니된다.

제 15 조

공관장에게 부여되는 계급은 국가 간의 합의로 정한다.

제 16 조

1. 공관장은 제13조의 규정에 의거하여 그 직무를 개시한 일자와 시간의 순서로 각자의 해당계급 내의 서열이 정하여진다.
2. 계급의 변동에 관련되지 아니한 공관장의 신임장 변경은 그의 서열에 영향을 미치지 아니한다.
3. 본 조는 교황청 대표의 서열에 관하여 접수국에 의하여 승인된 어떠한 관행도 침해하지 아니한다.

제 17 조

공관장은 공관의 외교직원의 서열을 외무부 또는 합의되는 기타 부처에 통고한다.

제 18 조
공관장의 접수를 위하여 각국에서 준수되는 절차는 각 계급에 관하여 일률적이어야 한다.

제 19 조
1. 공관장이 공석이거나 또는 공관장이 그의 직무를 수행할 수 없을 경우에는 대사대리가 잠정적으로 공관장으로서 행동한다. 대사대리의 성명은, 공관장이나 또는 공관장이 할 수 없는 경우에는, 파견국의 외무부가 접수국의 외무부 또는 합의된 기타 부처에 통고한다.
2. 접수국에 공관의 외교직원이 없는 경우에는, 파견국은 접수국의 동의를 얻어 행정 및 기능직원을, 공관의 일상관리사무를 담당하도록 지명할 수 있다.

제 20 조
공관과 공관장은 공관장의 주거를 포함한 공관지역 및 공관장의 수송수단에 파견국의 국기 및 문장을 사용할 권리를 가진다.

제 21 조
1. 접수국은 그 법률에 따라 파견국이 공관을 위하여 필요로 하는 공관지역을 접수국의 영토에서 취득함을 용이하게 하거나 또는 기타 방법으로 파견국이 시설을 획득하는데 있어서 이를 원조하여야 한다.
2. 접수국은 또한 필요한 경우, 공관이 그들의 관원을 위하여 적당한 시설을 획득하는데 있어서 이를 원조하여야 한다.

제 22 조
1. 공관지역은 불가침이다. 접수국의 관헌은 공관장의 동의없이는 공관지역에 들어가지 못한다.
2. 접수국은 어떠한 침입이나 손해에 대하여도 공관지역을 보호하며, 공관의 안녕을 교란시키거나 품위의 손상을 방지하기 위하여 모든 적절한 조치를 취할 특별한 의무를 가진다.
3. 공관지역과 동 지역 내에 있는 비품류 및 기타 재산과 공관의 수송수단은 수색, 징발, 차압 또는 강제집행으로부터 면제된다.

제 23 조
1. 파견국 및 공관장은 특정 용역의 제공에 대한 지불의 성격을 가진 것을 제외하고는, 소유 또는 임차여하를 불문하고 공관지역에 대한 국가, 지방 또는 지방자치단체의 모든 조세와 부과금으로부터 면제된다.
2. 본 조에 규정된 조세의 면제는, 파견국 또는 공관장과 계약을 체결하는 자가 접수국의 법률에 따라 납부하여야 하는 조세나 부과금에는 적용되지 아니한다.

제 24 조
공관의 문서 및 서류는 어느때나 그리고 어느 곳에서나 불가침이다.

제 25 조
접수국은 공관의 직무수행을 위하여 충분한 편의를 제공하여야 한다.

제 26 조

접수국은 국가안전을 이유로 출입이 금지되어 있거나 또는 규제된 지역에 관한 법령에 따를 것을 조건으로 하여 모든 공관원에게 대하여 접수국 영토 내에서의 이동과 여행의 자유를 보장하여야 한다.

제 27 조

1. 접수국은 공용을 위한 공관의 자유로운 통신을 허용하며 보호하여야 한다. 공관은 자국 정부 및 소재여하를 불문한 기타의 자국 공관이나 영사관과 통신을 함에 있어서, 외교신서사 및 암호 또는 부호로 된 통신문을 포함한 모든 적절한 방법을 사용할 수 있다. 다만, 공관은 접수국의 동의를 얻어야만 무선송신기를 설치하고 사용할 수 있다.
2. 공관의 공용통신문은 불가침이다. 공용통신문이라 함은 공관 및 그 직무에 관련된 모든 통신문을 의미한다.
3. 외교행낭은 개봉되거나 유치되지 아니한다.
4. 외교행낭을 구성하는 포장물은 그 특성을 외부에서 식별할 수 있는 표지를 달아야 하며 공용을 목적으로 한 외교문서나 물품만을 넣을 수 있다.
5. 외교신서사는 그의 신분 및 외교행낭을 구성하는 포장물의 수를 표시하는 공문서를 소지하여야 하며, 그의 직무를 수행함에 있어서 접수국의 보호를 받는다. 외교신서사는 신체의 불가침을 향유하며 어떠한 형태의 체포나 구금도 당하지 아니한다.
6. 파견국 또는 공관은 임시 외교신서사를 지정할 수 있다. 이러한 경우에는 본 조 제5항의 규정이 또한 적용된다. 다만, 동 신서사가 자신의 책임하에 있는 외교행낭을 수취인에게 인도하였을 때에는 제5항에 규정된 면제가 적용되지 아니한다.
7. 외교행낭은 공인된 입국항에 착륙하게 되어 있는 상업용 항공기의 기장에게 위탁할 수 있다. 동 기장은 행낭을 구성하는 포장물의 수를 표시하는 공문서를 소지하여야 하나 외교신서사로 간주되지는 아니한다. 공관은 항공기 기장으로부터 직접으로 또는 자유롭게 외교행낭을 수령하기 위하여 공관직원을 파견할 수 있다.

제 28 조

공관이 자신의 공무를 수행함에 있어서 부과한 수수료와 요금은 모든 부과금과 조세로부터 면제된다.

제 29 조

외교관의 신체는 불가침이다. 외교관은 어떠한 형태의 체포 또는 구금도 당하지 아니한다. 접수국은 상당한 경의로서 외교관을 대우하여야 하며 또한 그의 신체, 자유 또는 품위에 대한 여하한 침해에 대하여도 이를 방지하기 위하여 모든 적절한 조치를 취하여야 한다.

제 30 조

1. 외교관의 개인주거는 공관지역과 동일한 불가침과 보호를 향유한다.
2. 외교관의 서류, 통신문 그리고 제31조 제3항에 규정된 경우를 제외한 그의 재산도 동일하게 불가침권을 향유한다.

제 31 조

1. 외교관은 접수국의 형사재판관할권으로부터의 면제를 향유한다. 외교관은 또한, 다음 경우를 제외하고는 접수국의 민사 및 행정재판 관할권으로부터의 면제를 향유한다.
    (a) 접수국의 영역 내에 있는 개인부동산에 관한 부동산 소송. 단, 외교관이 공관의 목적을 위하여 파견국을 대신하여 소유하는 경우는 예외이다.
    (b) 외교관이 파견국을 대신하지 아니하고 개인으로서 유언집행인, 유산관리인, 상속인 또는 유산수취인으로서 관련된 상속에 관한 소송
    (c) 접수국에서 외교관이 그의 공적직무 이외로 행한 직업적 또는 상업적 활동에 관한 소송
2. 외교관은 증인으로서 증언을 행할 의무를 지지 아니한다.
3. 본 조 제1항 (a), (b) 및 (c)에 해당되는 경우를 제외하고는, 외교관에 대하여 여하한 강제 집행조치도 취할 수 없다. 전기의 강제 집행조치는 외교관의 신체나 주거의 불가침을 침해하지 않는 경우에 취할 수 있다.
4. 접수국의 재판관할권으로부터 외교관을 면제하는 것은 파견국의 재판관할권으로부터 외교관을 면제하는 것은 아니다.

제 32 조

1. 파견국은 외교관 및 제37조에 따라 면제를 향유하는 자에 대한 재판관할권의 면제를 포기할 수 있다.
2. 포기는 언제나 명시적이어야 한다.
3. 외교관과 제37조에 따라 재판관할권의 면제를 향유하는 자가 소송을 제기한 경우에는 본소에 직접 관련된 반소에 관하여 재판관할권의 면제를 원용할 수 없다.
4. 민사 또는 행정소송에 관한 재판관할권으로부터의 면제의 포기는 동 판결의 집행에 관한 면제의 포기를 의미하는 것으로 간주되지 아니한다. 판결의 집행으로부터의 면제를 포기하기 위하여서는 별도의 포기를 필요로 한다.

제 33 조

1. 본 조 제3항의 규정에 따를 것을 조건으로 외교관은 파견국을 위하여 제공된 역무에 관하여 접수국에서 시행되는 사회보장의 제규정으로부터 면제된다.
2. 본 조 제1항에 규정된 면제는, 아래의 조건으로 외교관에게 전적으로 고용된 개인사용인에게도 적용된다.
    (a) 개인사용인이 접수국의 국민이거나 또는 영주자가 아닐 것
    (b) 개인사용인이 파견국이나 또는 제3국에서 시행되는 사회보장규정의 적용을 받고 있을 것
3. 본 조 제2항에 규정된 면제가 적용되지 아니하는 자를 고용하는 외교관은 접수국의 사회보장규정이 고용주에게 부과하는 제 의무를 준수하여야 한다.
4. 본 조 제1항 및 제2항에 규정된 면제는, 접수국의 승인을 받는다는 조건으로 접수국의 사회보장제도에 자발적으로 참여함을 방해하지 아니한다.
5. 본 조의 규정은 사회보장에 관하여 이미 체결된 양자 또는 다자협정에 영향을 주지 아니하며, 또한 장차의 이러한 협정의 체결도 방해하지 아니한다.

제 34 조

외교관은 다음의 경우를 제외하고는 국가, 지방 또는 지방자치단체의 모든 인적 또는 물적 부과금과 조세로부터 면제된다.
(a) 상품 또는 용역의 가격에 통상 포함되는 종류의 간접세
(b) 접수국의 영역 내에 있는 사유 부동산에 대한 부과금 및 조세. 단, 공관의 목적을 위하여 파견국을 대신하여 소유하는 경우는 예외이다.
(c) 제39조 제4항의 규정에 따를 것을 조건으로, 접수국이 부과하는 재산세, 상속세 또는 유산세
(d) 접수국에 원천을 둔 개인소득에 대한 부과금과 조세 및 접수국에서 상업상의 사업에 행한 투자에 대한 자본세
(e) 특별한 용역의 제공에 부과된 요금
(f) 제23조의 규정에 따를 것을 조건으로 부동산에 관하여 부과되는 등기세, 법원의 수수료 또는 기록수수료, 담보세 및 인지세

제 35 조

접수국은 외교관에 대하여 모든 인적역무와 종류여하를 불문한 일체의 공공역무 및 징발, 군사상의 기부 그리고 숙사제공 명령에 관련된 군사상의 의무로부터 면제하여야 한다.

제 36 조

1. 접수국은, 동국이 제정하는 법령에 따라서, 하기 물품의 반입을 허용하며 모든 관세 및 조세와 기타 관련되는 과징금을 면제한다. 단, 보관, 운반 및 이와 유사한 역무에 대한 과징금은 그러하지 아니하다.
   (a) 공관의 공용을 위한 물품
   (b) 외교관의 거주용 물품을 포함하여 외교관이나 또는 그의 세대를 구성하는 가족의 개인사용을 위한 물품
2. 외교관의 개인수하물은 검열에서 면제된다. 단, 본 조 제1항에서 언급한 면제에 포함되지 아니하는 물품이 있거나, 또는 접수국의 법률로서 수출입이 금지되어 있거나, 접수국의 검역규정에 의하여 통제된 물품을 포함하고 있다고 추정할만한 중대한 이유가 있는 경우에는 그러하지 아니하다. 전기의 검열은 외교관이나 또는 그가 권한을 위임한 대리인의 입회하에서만 행하여야 한다.

제 37 조

1. 외교관의 세대를 구성하는 그의 가족은, 접수국의 국민이 아닌 경우, 제29조에서 제36조까지 명시된 특권과 면제를 향유한다.
2. 공관의 행정 및 기능직원은 그들의 각 세대를 구성하는 가족과 더불어, 접수국의 국민이나 영주자가 아닌 경우, 제29조에서 제35조까지 명시된 특권과 면제를 향유한다. 단, 제31조 제1항에 명시된 접수국의 민사 및 행정재판관할권으로부터의 면제는 그들의 직무 이외에 행한 행위에는 적용되지 아니한다. 그들은 또한 처음 부임할 때에 수입한 물품에 관하여 제36조 제1항에 명시된 특권을 향유한다.
3. 접수국의 국민이나 영주자가 아닌 공관의 노무직원은, 그들의 직무 중에 행한 행위에 관하여 면제를 향유하며 그들이 취업으로 인하여 받는 보수에 대한 부과금이나 조세로부터 면제되고, 제33조에 포함된 면제를 향유한다.

4. 공관원의 개인사용인은, 접수국의 국민이나 영주자가 아닌 경우, 그들이 취업으로 인하여 받는 보수에 대한 부과금이나 조세로부터 면제된다. 그 이외의 점에 대하여, 그들은 접수국이 인정하는 범위에서만 특권과 면제를 향유할 수 있다. 단, 접수국은 공관의 직무수행을 부당하게 간섭하지 않는 방법으로 이러한 자에 대한 관할권을 행사하여야 한다.

제 38 조

1. 접수국이 추가로 특권과 면제를 부여하는 경우를 제외하고는 접수국의 국민이나 영주자인 외교관은 그의 직무수행 중에 행한 공적 행위에 대하여서만 재판관할권 면제 및 불가침권을 향유한다.
2. 접수국의 국민이나 영주자인 기타의 공관직원과 개인사용인은 접수국이 인정하는 범위에서만 특권과 면제를 향유한다. 단, 접수국은 공관의 직무수행을 부당하게 간섭하지 않는 방법으로 이러한 자에 대한 관할권을 행사하여야 한다.

제 39 조

1. 특권 및 면제를 받을 권리가 있는 자는, 그가 부임차 접수국의 영역에 들어간 순간부터, 또는 이미 접수국의 영역내에 있을 경우에는, 그의 임명을 외무부나 또는 합의되는 기타 부처에 통고한 순간부터 특권과 면제를 향유한다.
2. 특권과 면제를 향유하는 자의 직무가 종료하게 되면, 여하한 특권과 면제는 통상 그가 접수국에서 퇴거하거나 또는 퇴거에 요하는 상당한 기간이 만료하였을 때에 소멸하나, 무력분쟁의 경우일시라도 그 시기까지는 존속한다. 단, 공관원으로시의 직무 수행 중에 그가 행한 행위에 관하여는 재판관할권으로부터의 면제가 계속 존속한다.
3. 공관원이 사망하는 경우에, 그의 가족은 접수국을 퇴거하는데 요하는 상당한 기간이 만료할 때까지 그들의 권리인 특권과 면제를 계속 향유한다.
4. 접수국의 국민이나 영주자가 아닌 공관원이나 또는 그의 세대를 구성하는 가족이 사망하는 경우에, 접수국은 자국에서 취득한 재산으로서 그 수출이 그의 사망시에 금지된 재산을 제외하고는 사망인의 동산의 반출을 허용하여야 한다. 사망자가 공관원 또는 공관원의 가족으로서 접수국에 체재하였음에 전적으로 연유하여 동국에 존재하는 동산에는 재산세, 상속세 및 유산세는 부과되지 아니한다.

제 40 조

1. 외교관이 부임, 귀임 또는 본국으로 귀국하는 도중, 여권사증이 필요한 경우 그에게 여권사증을 부여한 제3국을 통과하거나 또는 제3국의 영역 내에 있을 경우에, 제3국은 그에게 불가침권과 그의 통과나 귀국을 보장함에 필요한 기타 면제를 부여하여야 한다. 동 규정은 특권이나 면제를 향유하는 외교관의 가족이 동 외교관을 동반하거나 그와 합류하거나 자국에 귀국하기 위하여 별도로 여행하는 경우에도 적용된다.
2. 본 조 제1항에 명시된 것과 유사한 사정하에서 제3국은, 공관의 행정 및 기능직원 또는 노무직원과 그들 가족이 그 영토를 통과함을 방해하여서는 아니된다.
3. 제3국은 암호 또는 부호로 된 통신문을 포함하여 통과 중인 공문서와 기타 공용통신에 대하여 접수국이 허여하는 동일한 자유와 보호를 부여하여야 한다. 제3국은, 사증이 필요한 경우 여권사증이 부여된 외교신서사와 통과 중인 외교 행낭에 대하여 접수국이 부여하여야 하는 동일한 불가침권과 보호를 부여하여야 한다.

4. 본 조 제1항, 제2항, 및 제3항에 따른 제3국의 의무는 전기 각항에서 언급한 자와 공용통신 및 외교행낭이 불가항력으로 제3국의 영역 내에 들어간 경우에도 적용된다.

제 41 조

1. 그들의 특권과 면제를 침해하지 아니하는 한, 접수국의 법령을 존중하는 것은 이와 같은 특권과 면제를 향유하는 모든 자의 의무이다. 그들은 또한 접수국의 내정에 개입하여서는 아니될 의무를 진다.
2. 파견국이 공관에 위임한 접수국과의 모든 공적 사무는 접수국의 외무부 또는 합의되는 기타 부처를 통해서 행하여진다.
3. 공관지역은 본 협약, 일반국제법상의 기타 규칙 또는 파견국과 접수국 간에 유효한 특별 협정에 규정된 공관의 직무와 양립할 수 없는 여하한 방법으로도 사용되어서는 아니된다.

제 42 조

외교관은 접수국에서 개인적 영리를 위한 어떠한 직업적 또는 상업적 활동도 하여서는 아니된다.

제 43 조

외교관의 직무는 특히 다음의 경우에 종료한다.
(a) 파견국이 당해 외교관의 직무가 종료되었음을 접수국에 통고한 때
(b) 접수국이 제9조 제2항에 따라 당해 외교관을 공관원으로서 인정하기를 거부함을 파견국에 통고한 때

제 44 조

접수국은, 무력충돌의 경우에라도, 접수국의 국민이 아닌 자로서 특권과 면제를 향유하는 자와 국적에 관계없이 이러한 자의 가족이 가능한 한 조속히 퇴거할 수 있도록 편의를 제공하여야 한다. 특히 필요한 경우에는, 그들 자신과 그들의 재산을 위하여 필요한 수송수단을 수의로 사용할 수 있도록 제공하여야 한다.

제 45 조

2개국 간의 외교관계가 단절되거나, 또는 공관이 영구적으로 또는 잠정적으로 소환되는 경우에,
(a) 접수국은, 무력충돌의 경우에라도, 공관의 재산 및 문서와 더불어 공관지역을 존중하고 보호하여야 한다.
(b) 파견국은 공관의 재산 및 문서와 더불어 공관지역의 보관을 접수국이 수락할 수 있는 제3국에 위탁할 수 있다.
(c) 파견국은 자국 및 자국민의 이익보호를, 접수국이 수락할 수 있는 제3국에 위탁할 수 있다.

제 46 조

파견국은 접수국의 사전 동의를 얻고, 또한 그 접수국에 공관을 가지지 아니한 제3국의 요청에 따라 제3국과 그 국민의 이익을 잠정적으로 보호할 수 있다.

제 47 조

1. 접수국은 본 협약의 조항을 적용함에 있어서 국가 간에 차별을 두어서는 아니된다.
2. 다만, 다음의 경우에는 차별을 두는 것으로 간주되지 아니한다.
    (a) 파견국이 본 협약의 어느 조항을 파견국 내에 있는 접수국의 공관에 제한적으로 적용한다는 것을 이유로, 접수국이 동 조항을 제한적으로 적용하는 경우
    (b) 관습이나 합의에 의하여 각 국이 본 협약의 조항이 요구하는 것보다 더욱 유리한 대우를 상호 부여하는 경우

제 48 조

본 협약은, 모든 국제연합 회원국 또는 국제연합 전문기구의 회원국과 국제사법재판소 규정의 당사국, 그리고 국제연합총회가 본 협약의 당사국이 되도록 초청한 기타 국가에 의한 서명을 위하여 다음과 같이 즉, 1961년 10월 31일까지는 오스트리아외무성에서 그리고 그후 1962년 3월 31일까지는 뉴욕에 있는 국제연합본부에서 개방된다.

제 49 조

본 협약은 비준되어야 한다. 비준서는 국제연합 사무총장에게 기탁된다.

제 50 조

본 협약은 제48조에 언급된 4개의 범주 중 어느 하나에 속하는 국가의 가입을 위하여 개방된다. 가입서는 국제연합 사무총장에게 기탁된다.

제 51 조

1. 본 협약은 22번째 국가의 비준서 또는 가입서가 국제연합 사무총장에게 기탁된 일자로부터 30일이 되는 날에 발효한다.
2. 22번째 국가의 비준서 또는 가입서가 기탁된 후에 본 협약을 비준하거나 이에 가입하는 각 국가에 대하여는, 본 협약은 이러한 국가가 비준서나 가입서를 기탁한 일자로부터 30일이 되는 날에 발효한다.

제 52 조

국제연합 사무총장은 제48조에 언급된 4개의 범주 중 어느 하나에 속하는 모든 국가에 대하여 다음 사항을 통고하여야 한다.
(a) 제48조, 제49조 및 제50조에 따른 본 협약에 대한 서명과 비준서 또는 가입서의 기탁
(b) 제51조에 따른 본 협약의 발효 일자

제 53 조

중국어, 영어, 프랑스어, 러시아어 및 스페인어본이 동등히 정본인 본 협약의 원본은 국제연합 사무총장에게 기탁되어야 하며, 국제연합 사무총장은 본 협약의 인증등본을 제48조에 언급된 4개의 범주 중 어느 하나에 속하는 모든 국가에 송부하여야 한다.
이상의 증거로서 각기 자국정부에 의하여 정당한 권한을 위임받은 하기 전권위원은 본 협약에 서명하였다.
1961년 4월 18일 비엔나에서 작성하였다.

02 | 영사관계에 관한 비엔나협약 (1963채택/1967발효/1977한국발효)

제 1 조 정의
1. 이 협약의 목적상 하기의 표현은 아래에서 정한 의미를 가진다.
   (a) "영사기관"이라 함은 총영사관, 영사관, 부영사관, 또는 영사대리사무소를 의미한다.
   (b) "영사관할구역"이라 함은 영사기능의 수행을 위하여 영사기관에 지정된 지역을 의미한다.
   (c) "영사기관장"이라 함은 그러한 자격으로 행동하는 임무를 맡은 자를 의미한다.
   (d) "영사관원"이라 함은 영사기관장을 포함하여 그러한 자격으로 영사직무의 수행을 위임받은 자를 의미한다.
   (e) "사무직원"이라 함은 영사기관의 행정 또는 기술업무에 종사하는 자를 의미한다.
   (f) "업무직원"이라 함은 영사기관의 관내 업무에 종사하는 자를 의미한다.
   (g) "영사기관원"이라 함은 영사관원, 사무직원 및 업무직원을 의미한다.
   (h) "영사직원"이라 함은 영사기관장 이외의 영사관원, 사무직원 및 업무직원을 의미한다.
   (i) "개인사용인"이라 함은 영사기관원의 사용노무에만 종사하는 자를 의미한다.
   (j) "영사관사"라 함은 소유권에 관계없이 영사기관의 목적에만 사용되는 건물 또는 그 일부와 그에 부속된 토지를 의미한다.
   (k) "영사문서"라 함은 영사기관의 모든 문건서류, 서한, 서적, 필름, 녹음테이프, 등록대장, 전신암호와 기호 색인카드 및 이들을 보존하거나 또는 보관하기 위한 용기를 포함한다.
2. 영사관원은 직업영사관원과 명예영사관원의 두 가지 카테고리로 구분된다. 이 협약 제2장의 규정은 직업영사관원을 장으로 하는 영사기관에 적용되며, 또한 제3장의 규정은 명예 영사관원을 장으로 하는 영사기관을 규율한다.
3. 접수국의 국민 또는 영주자인 영사기관원의 특별한 지위는 이 협약 제71조에 의하여 규율된다.

제1장 영사관계 일반

제1절 영사관계의 수립 및 수행

제 2 조 영사관계의 수립
1. 국가 간의 영사관계의 수립은 상호동의에 의하여 이루어진다.
2. 양국 간의 외교관계의 수립에 부여된 동의는, 달리 의사를 표시하지 아니하는 한 영사관계의 수립에 대한 동의를 포함한다.
3. 외교관계의 단절은 영사관계의 단절을 당연히 포함하지 아니한다.

제 3 조 영사기능의 수행
영사기능은 영사기관에 의하여 수행된다. 영사기능은 또한 이 협약의 규정에 따라 외교공관에 의하여 수행된다.

제 4 조   영사기관의 설치

1. 영사기관은 접수국의 동의를 받는 경우에만 접수국의 영역 내에 설치될 수 있다.
2. 영사기관의 소재지, 그 등급 및 영사관할구역은 파견국에 의하여 결정되며 또한 접수국의 승인을 받아야 한다.
3. 영사기관의 소재지, 그 등급 또는 영사관할구역은 접수국의 동의를 받는 경우에만 파견국에 의하여 추후 변경될 수 있다.
4. 총영사관 또는 영사관이, 그 총영사관 또는 영사관이 설치되어 있는 지방 이외의 다른 지방에, 부영사관 또는 영사대리사무소의 개설을 원하는 경우에는 접수국의 동의가 필요하다.
5. 영사기관의 소재지 이외의 다른 장소에 기존 영사기관의 일부를 이루는 사무소를 개설하기 위해서도 접수국의 명시적 사전 동의가 필요하다.

제 5 조   영사기능

영사기능은 다음과 같다.
(a) 국제법이 인정하는 범위 내에서 파견국의 이익과 개인 및 법인을 포함한 그 국민의 이익을 접수국 내에서 보호하는 것
(b) 파견국과 접수국 간의 통상, 경제, 문화 및 과학관계의 발전을 증진하며 또한 기타의 방법으로 이 협약의 규정에 따라 그들 간의 우호관계를 촉진하는 것
(c) 모든 합법적 수단에 의하여 접수국의 통상, 경제, 문화 및 과학적 생활의 제조건 및 발전을 조사하고, 이에 관하여 파견국 정부에 보고하며 또한 이해 관계자에게 정보를 제공하는 것
(d) 파견국의 국민에게 여권과 여행증서를 발급하며, 또한 파견국에 여행하기를 원하는 자에게 사증 또는 적당한 증서를 발급하는 것
(e) 개인과 법인을 포함한 파견국 국민을 도와주며 협조하는 것
(f) 접수국의 법령에 위배되지 아니할 것을 조건으로 공증인 및 민사업무 서기로서 또한 유사한 종류의 자격으로 행동하며, 또한 행정적 성질의 일정한 기능을 수행하는 것
(g) 접수국의 영역 내에서의 사망에 의한 상속의 경우에 접수국의 법령에 의거하여 개인과 법인을 포함한 파견국 국민의 이익을 보호하는 것
(h) 파견국의 국민으로서 미성년자와 완전한 능력을 결하고 있는 기타의 자들 특히 후견 또는 재산관리가 필요한 경우에, 접수국의 법령에 정해진 범위 내에서, 그들의 이익을 보호하는 것
(i) 접수국 내의 관행과 절차에 따를 것을 조건으로 하여, 파견국의 국민이 부재 또는 기타의 사유로 적절한 시기에 그 권리와 이익의 방어를 맡을 수 없는 경우에 접수국의 법령에 따라, 그러한 국민의 권리와 이익의 보전을 위한 가처분을 받을 목적으로 접수국의 재판소 및 기타의 당국에서 파견국의 국민을 위하여 적당한 대리행위를 행하거나 또는 동 대리행위를 주선하는 것
(j) 유효한 국제협정에 의거하여 또는 그러한 국제협정이 없는 경우에는 접수국의 법령과 양립하는 기타의 방법으로, 파견국의 법원을 위하여 소송서류 또는 소송 이외의 서류를 송달하거나 또는 증거조사 의뢰서 또는 증거조사 위임장을 집행하는 것
(k) 파견국의 국적을 가진 선박과 파견국에 등록된 항공기 및 그 승무원에 대하여 파견국의 법령에 규정된 감독 및 검사권을 행사하는 것

(l) 본 조 세항 (k)에 언급된 선박과 항공기 및 그 승무원에게 협조를 제공하는 것, 선박의 항행에 관하여 진술을 받는 것, 선박의 서류를 검사하고 이에 날인하는 것, 접수국 당국의 권한을 침해함이 없이 항해 중에 발생한 사고에 대하여 조사하는 것, 또는 파견국의 법령에 의하여 인정되는 경우에 선장, 직원 및 소속원 간의 여하한 종류의 분쟁을 해결하는 것

(m) 파견국이 영사기관에 위임한 기타의 기능으로서 접수국의 법령에 의하여 금지되지 아니하거나 또는 접수국이 이의를 제기하지 아니하거나 또는 접수국과 파견국 간의 유효한 국제협정에 언급된 기능을 수행하는 것

제 6 조　영사관할구역 외에서의 영사직무의 수행

영사관원은 특별한 사정하에서 접수국의 동의를 받아 그의 영사관할구역 외에서 그의 직무를 수행할 수 있다.

제 7 조　제3국에서의 영사기능의 수행

파견국은, 관계국가 중 어느 한 국가의 명시적 반대가 없는 한, 관계 국가에 통고한 후, 특정국가 내에 설치된 영사기관에 대하여 제3국 내에서의 영사기능의 수행을 위임할 수 있다.

제 8 조　제3국을 대표하는 영사기능의 수행

파견국의 영사기관은, 접수국이 반대하지 아니하는 한 접수국에 적절히 통고한 후, 제3국을 대표하여 접수국 내에서 영사기능을 수행할 수 있다.

제 9 조　영사기관장의 계급

1. 영사기관장은 다음의 네가지 계급으로 구분된다.
    (a) 총영사
    (b) 영사
    (c) 부영사
    (d) 영사대리
2. 본 조 1항의 규정은 영사기관장 이외의 기타의 영사관원의 직명을 지정할 수 있는 체약당사국의 권리를 여하한 방법으로도 제한하지 아니한다.

제 10 조　영사기관장의 임명과 승인

1. 영사기관장은 파견국에 의하여 임명되며 또한 접수국에 의하여 그 직무의 수행이 인정된다.
2. 이 협약의 제규정에 따를 것으로 하여, 영사기관장의 임명 및 인정에 관한 방식은 각기 파견국과 접수국의 법령과 관례에 의하여 결정된다.

제 11 조　영사위임장 또는 임명통고

1. 영사기관장은, 임명될 때마다 작성되는 위임장 또는 유사한 증서의 형식으로, 그의 자격을 증명하고 또한 그의 성명, 카테고리, 계급, 영사관할구역 및 영사기관의 소재지를 일반적으로 표시하는 문서를 파견국으로부터 받는다.
2. 파견국은, 외교경로 또는 기타의 적절한 경로를 통하여, 영사기관장이 그 영역 내에서 그 직무를 수행할 국가의 정부에 위임장 또는 이와 유사한 증서를 전달한다.

3. 파견국은, 접수국이 동의하는 경우에, 위임장 또는 유사한 증서 대신에 본 조 1항에 의하여 요구되는 세부사항을 포함하는 통고를 접수국에 송부할 수 있다.

제 12 조 영사인가장
1. 영사기관장은, 그 인가양식에 관계없이, 영사인가장으로 불리는 접수국의 인가에 의하여 그 직무의 수행이 인정된다.
2. 영사인가장의 부여를 거부하는 국가는 그 거부 이유를 파견국에 제시할 의무를 지지 않는다.
3. 제13조 및 제15조의 제규정에 따를 것으로 하여, 영사기관장은 영사인가장을 접수할 때까지 그 임무를 개시하여서는 아니된다.

제 13 조 영사기관장의 잠정적 인정
영사기관장은, 영사인가장을 접수할 때까지, 잠정적으로 그 직무의 수행이 인정될 수 있다. 그 경우에는 이 협약의 규정이 적용된다.

제 14 조 당국에 대한 영사관할구역의 통고
영사기관장이 잠정적으로 그 직무의 수행을 인정받는 경우에도, 접수국은 즉시 권한 있는 당국에 대하여 영사관할구역을 통고하여야 한다. 접수국은 영사기관장이 그 임무를 수행할 수 있게 하며 또한 이 협약의 제규정상의 이익을 향유할 수 있도록 필요한 조치를 취하는 것을 또한 보장하여야 한다.

제 15 조 영사기관장의 직무의 일시적 수행
1. 영사기관장이 그 직무를 수행할 수 없거나 또는 영사기관장의 직이 공석인 경우에는 기관장대리가 잠정적으로 영사기관장으로서 행동할 수 있다.
2. 기관장대리의 명단은 파견국의 외교공관에 의하여, 또는 접수국 내에 외교공관을 두지 아니한 경우에는 영사기관장에 의하여 또는 영사기관장이 통고할 수 없는 경우에는 파견국의 권한 있는 당국에 의하여, 접수국의 외무부 또는 외무부가 지정하는 당국에 통고된다. 이 통고는 일반적으로 사전에 행하여져야 한다. 접수국은 접수국 내에 있는 파견국의 외교관도 아니며 또한 영사관원도 아닌 자를, 접수국의 동의에 따를 것을 조건으로, 기관장대리로서 인정할 수 있다.
3. 접수국의 권한 있는 당국은 기관장 대리에 대하여 협조와 보호를 부여하여야 한다. 기관장 대리가 영사기관의 책임을 맡고 있는 동안 이 협약의 제규정은 관계 영사기관장에게 적용되는 것과 동일한 기초 위에서 동 대리에게 적용된다. 다만, 접수국은 기관장대리가 충족시키지 못하는 조건에 따를 것만으로 하여 영사기관장이 향유하는 편의, 특권 또는 면제를 기관장대리에게 부여할 의무를 지지 아니한다.
4. 본 조 1항에 언급된 사정하에서, 접수국 내에 있는 파견국의 외교공관의 외교직원이 파견국에 의하여 기관장대리로 지정된 경우에, 동 외교직원은 접수국이 반대하지 아니하는 한 외교특권과 면제를 계속 향유한다.

제 16 조 영사기관장 간의 석차

1. 영사기관장은 영사인가장의 부여 일자에 따라 각 계급 내에서 그 석차가 정하여진다.
2. 다만, 영사인가장을 받기 전에 잠정적으로 영사기관장의 직무의 수행이 인정된 경우에, 그 석차는 동 잠정적 인정일자에 따라 결정된다. 이 석차는 영사인가장의 발급 후에도 유지된다.
3. 동일한 일자에 영사인가장 또는 잠정적 인정을 받은 2인 이상의 영사기관장 간의 석차순위는 위임장 또는 유사한 증서 또는 제11조 3항에 언급된 통고가 접수국에 제출된 일자에 따라 결정된다.
4. 기관장대리는 모든 영사기관장의 다음에 그 석차를 가지며 또한 기관장대리 상호간에는 제15조 2항에 따른 통고에 표시되어 있는 기관장대리로서 그 직무를 맡은 일자에 따라 그 석차가 정하여 진다.
5. 영사기관장으로서의 명예영사관원은 상기 각항에 규정된 순위와 규칙에 따라 직업 영사기관장의 다음에 각 계급내에서 그 석차가 정하여 진다.
6. 영사기관장은 기관장의 지위를 가지지 아니하는 영사관원에 대하여 상위의 석차를 보유한다.

제 17 조 영사관원에 의한 외교활동의 수행

1. 파견국이 외교공관을 가지지 아니하고 또한 제3국의 외교공관에 의하여 대표되지 아니하는 국가 내에서 영사관원은, 접수국의 동의를 받아 또한 그의 영사지위에 영향을 미침이 없이, 외교활동을 수행하는 것이 허용될 수 있다. 영사관원에 의한 그러한 활동의 수행은 동 영사관원에게 외교특권과 면제를 요구할 수 있는 권리를 부여하는 것이 아니다.
2. 영사관원은, 접수국에 통고한 후, 정부 간 국제기구에 대한 파견국의 대표로서 활동할 수 있다. 영사관원이 그러한 활동을 수행하는 경우에 동 영사관원은 국제관습법 또는 국제협정에 의하여 그러한 대표에게 부여되는 특권과 면제를 향유할 수 있는 권리가 부여된다. 다만, 동 영사관원에 의한 영사직무의 수행에 대하여 그는 이 협약에 따라 영사관원이 부여받을 권리가 있는 것보다 더 큰 관할권의 면제를 부여받지 아니한다.

제 18 조 2개국 이상에 의한 동일인의 영사관원 임명

2개 이상의 국가는 접수국의 동의를 받아 동일인을 동 접수국 내의 영사관원으로 임명할 수 있다.

제 19 조 영사직원의 임명

1. 제20조, 제22조 및 제23조의 제규정에 따를 것으로 하여, 파견국은 영사직원을 자유로이 임명할 수 있다.
2. 영사기관장을 제외한 기타의 모든 영사관원의 명단, 카테고리 및 계급은, 접수국이 원하는 경우에, 제23조 3항에 따른 접수국의 권리를 행사할 수 있는 충분한 시간적 여유를 두고, 파견국에 의하여 접수국에 통고되어야 한다.
3. 파견국은 그 법령상 필요한 경우에 영사기관장을 제외한 기타의 영사관원에게 영사인가장을 부여하도록 접수국에 요청할 수 있다.
4. 접수국은 그 법령상 필요한 경우에 영사기관장을 제외한 기타의 영사관원에게 영사인가장을 부여할 수 있다.

제 20 조 영사직원의 수
영사직원의 수에 관한 명시적 합의가 없을 경우에 접수국은, 영사관할구역 내의 사정과 조건 및 특정 영사기관의 필요성을 고려하여, 동 접수국이 합리적이며 정상적이라고 간주하는 범위 내에서 직원의 수를 유지하도록 요구할 수 있다.

제 21 조 영사기관의 영사기관원 간의 석차
영사기관의 영사관원 간의 석차 순위 및 그 변경은 파견국의 외교공관에 의하여, 또는 파견국이 접수국 내에 외교공관을 두지 아니하는 경우에는 그 영사기관장에 의하여, 접수국의 외무부 또는 동 외무부가 지정하는 당국에 통고되어야 한다.

제 22 조 영사관원의 국적
1. 영사관원은 원칙적으로 파견국의 국적을 가져야 한다.
2. 영사관원은, 언제든지 철회될 수 있는 접수국의 명시적 동의를 받는 경우를 제외하고, 접수국의 국적을 가진 자 중에서 임명되어서는 아니된다.
3. 접수국은 또한 파견국의 국민이 아닌 제3국의 국민에 대하여 동일한 권리를 유보할 수 있다.

제 23 조 기피인물선언
1. 접수국은 영사관원이 기피 인물이거나 또는 기타의 영사직원이 수락할 수 없는 자임을 언제든지 파견국에 통고할 수 있다. 그러한 통고가 있는 경우에 파견국은 사정에 따라 관계자를 소환하거나 또는 영사기관에서의 그의 직무를 종료시켜야 한다.
2. 파견국이 본 조 1항에 따른 의무의 이행을 적당한 기간 내에 거부하거나 또는 이행하지 아니하는 경우에, 접수국은 사정에 따라 관계자로부터 영사인가장을 철회하거나 또는 그를 영사직원으로 간주하지 아니할 수 있다.
3. 영사기관원으로 임명된 자는 접수국의 영역에 도착하기 전에, 또는 이미 접수국 내에 있을 경우에는 영사기관에서의 그의 임무를 개시하기 전에, 수락할 수 없는 인물로 선언될 수 있다. 그러한 경우에 파견국은 그의 임명을 철회하여야 한다.
4. 본 조 제1항 및 제3항에 언급된 경우에 있어서 접수국은 파견국에 대하여 그 결정의 이유를 제시해야 할 의무를 지지 아니한다.

제 24 조 접수국에 대한 임명 도착 및 퇴거통고
1. 접수국의 외무부 또는 동 외무부가 지정하는 당국은 다음의 사항에 관하여 통고를 받는다.
   (a) 영사기관원의 임명, 영사기관에 임명된 후의 그 도착, 그 최종퇴거, 그 직무의 종료 및 영사기관에서의 근무 중에 발생할 수 있는 기타의 그 지위에 영향을 미치는 변동
   (b) 영사기관원의 가족으로서 그 세대의 일부를 이루는 자의 도착 및 최종퇴거, 또는 적절한 경우에, 특정인이 그 가족구성원이 되거나 또는 되지 아니하는 사실
   (c) 개인사용인의 도착 및 최종퇴거, 또한 적절한 경우에, 동 개인사용인으로서의 노무 종료
   (d) 특권과 면제를 부여받을 권리가 있는 영사기관원으로서 또는 개인사용인으로서의 접수국 내 거주자의 고용 및 해고
2. 가능한 경우에 도착 및 최종퇴거의 사전통고가 또한 행하여져야 한다.

제 2 절 영사직무의 종료

제 25 조 영사기관원의 직무의 종료
영사기관원의 직무는 특히 다음의 경우에 종료한다.
(a) 그의 직무가 종료하였음을 파견국이 접수국에 통고한 때
(b) 영사인가장의 철회 시
(c) 접수국이 그를 영사직원으로 간주하지 아니함을 파견국에 통고한 때

제 26 조 접수국의 영역으로부터의 퇴거
접수국은, 무력충돌의 경우에도, 접수국의 국민이 아닌 영사기관원과 개인사용인 및 국적에 관계없이 그 세대의 일부를 이루는 그 가족구성원에 대하여, 그들이 퇴거를 준비하고 또한 관계직원의 직무가 종료한 후 가능한 한 조속한 시일 내에 퇴거할 수 있도록, 필요한 시간과 편의를 제공하여야 한다. 특히, 접수국은 필요한 경우 그들 및 그 재산으로서 접수국 내에서 취득하여 퇴거시에 그 반출이 금지되는 것을 제외한 재산에 대한 필요한 수송 수단을 그들이 이용할 수 있도록 하여야 한다.

제 27 조 파견국의 영사관사와 문서 및 이익에 대한 비상시의 보호
1. 양국 간의 영사관계가 단절되는 경우에 다음의 규정이 적용된다.
    (a) 접수국은, 무력충돌의 경우에도, 영사관사와 영사기관의 재산 및 영사문서를 존중하며 또한 보호하여야 한다.
    (b) 파견국은 접수국이 수락하는 제3국에 대하여 영사관사와 그 재산 및 영사문서의 보관을 위탁할 수 있다.
    (c) 파견국은 접수국이 수락하는 제3국에 대하여 그 이익과 그 국민의 이익에 대한 보호를 위탁할 수 있다.
2. 영사기관이 일시적으로 또는 영구적으로 폐쇄되는 경우에는 본 조 1항의 세항 (a)의 규정이 적용되며, 추가적으로 다음의 규정이 적용된다.
    (a) 접수국에서 외교공관에 의하여 대표되지 아니하더라도 파견국이 동 접수국의 영역 내에 다른 영사기관을 두고 있는 경우에, 동 영사기관은 폐쇄된 영사기관의 관사와 그 재산 및 영사문서의 보관을 위임받을 수 있으며, 또한 접수국의 동의를 받아 그 영사기관의 관할구역 내에서의 영사기능의 수행을 위임받을 수 있다.
    (b) 파견국이 접수국 내에 외교공관을 두지 아니하며 또한 기타의 영사기관을 두지 아니하는 경우에는 본 조 1항의 세항 (b) 및 (c)의 규정이 적용된다.

제 2 장 영사기관, 직업영사관원 및 기타의 영사기관원에 관한 편의, 특권 및 면제

제 1 절 영사기관에 관한 편의, 특권 및 면제

제 28 조 영사기관의 활동에 대한 편의
접수국은 영사기관의 기능의 수행을 위하여 충분한 편의를 제공하여야 한다.

제 29 조 국기와 문장의 사용
1. 파견국은 본 조의 규정에 의거하여 접수국 내에서 자국의 국기와 문장의 사용권을 가진다.
2. 파견국의 국기와 그 문장은 영사기관이 점유하는 건물과 그 현관 및 영사기관장의 관저와 공용시의 그 교통수단에 게양될 수 있고 또한 부착될 수 있다.
3. 본 조에 의하여 부여되는 권리를 행사함에 있어서는 접수국의 법령과 관례를 고려하여야 한다.

제 30 조 주거시설
1. 접수국은 그 법령에 의거하여 동 파견국이 그 영사기관에 필요한 관사를 접수국의 영역 내에서 취득하는 것에 편의를 제공하거나 또는 다른 방법으로 파견국이 주거시설을 구하는 것에 협조하여야 한다.
2. 접수국은, 필요한 경우에, 영사기관이 그 직원을 위한 적당한 주거시설을 구하는 것에 또한 협조하여야 한다.

제 31 조 영사관사의 불가침
1. 영사관사는 본 조에 규정된 범위 내에서 불가침이다.
2. 접수국의 당국은, 영사기관장 또는 그가 지정한 자 또는 파견국의 외교공관장의 동의를 받는 경우를 제외하고, 전적으로 영사기관의 활동을 위하여 사용되는 영사관사의 부분에 들어가서는 아니된다. 다만, 화재 또는 신속한 보호조치를 필요로 하는 기타 재난의 경우에는 영사기관장의 동의가 있은 것으로 추정될 수 있다.
3. 본 조 2항의 규정에 따를 것으로 하여, 접수국은 침입 또는 손괴로부터 영사관사를 보호하고 또한 영사기관의 평온에 대한 교란 또는 그 위엄의 손상을 방지하기 위한 모든 적절한 조치를 취해야 하는 특별한 의무를 진다.
4. 영사관사와 그 비품 및 영사기관의 재산과 그 교통수단은 국방상 또는 공익상의 목적을 위한 어떠한 형태의 징발로부터 면제된다. 그러한 목적을 위하여 수용이 필요한 경우에는 영사기능의 수행에 대한 방해를 회피하도록 모든 가능한 조치를 취하여야 하며, 또한 신속하고 적정하며 효과적인 보상이 파견국에 지불되어야 한다.

제 32 조 영사관사에 대한 과세 면제
1. 파견국 또는 파견국을 대표하여 행동하는 자가 소유자이거나 또는 임차인으로 되어 있는 영사관사 및 직업 영사기관장의 관저는, 제공된 특별의 역무에 대한 급부로서의 성질을 가지는 것을 제외한 기타의 모든 형태의 국가 지역 또는 지방의 부과금과 조세로부터 면제된다.

2. 본 조 1항에 언급된 과세의 면제는, 파견국 또는 파견국을 대표하여 행동하는 자와 계약을 체결한 자가 접수국의 법에 따라 동 부과금과 조세를 납부해야 하는 경우에는, 동 부과금과 조세에 적용되지 아니한다.

제33조　영사문서와 서류의 불가침

영사문서와 서류는 언제 어디서나 불가침이다.

제34조　이전의 자유

국가안보상의 이유에서 그 출입이 금지되거나 또는 규제되고 있는 지역에 관한 접수국의 법령에 따를 것으로 하여, 접수국은 모든 영사기관원에 대하여 접수국 영역 내의 이전 및 여행의 자유를 보장한다.

제35조　통신의 자유

1. 접수국은 영사기관에 대하여 모든 공용 목적을 위한 통신의 자유를 허용하며 또한 보호하여야 한다. 영사기관은, 파견국 정부 및 그 소재지에 관계없이 파견국의 외교공관 및 다른 그 영사기관과 통신함에 있어서 외교 또는 영사신서사 외교 또는 영사행낭 및 기호 또는 전신암호에 의한 통신물을 포함한 모든 적절한 수단을 사용할 수 있다. 다만, 영사기관은 접수국의 동의를 받는 경우에만 무선 송신기를 설치하여 사용할 수 있다.
2. 영사기관의 공용서한은 불가침이다. 공용서한이라 함은 영사기관과 그 기능에 관한 모든 서한을 의미한다.
3. 영사행낭은 개방되거나 또는 억류되지 아니한다. 다만, 영사행낭 속에 본 조 4항에 언급된 서한, 서류 또는 물품을 제외한 기타의 것이 포함되어 있다고 믿을만한 중대한 이유를 접수국의 권한 있는 당국이 가지고 있는 경우에, 동 당국은 그 입회하에 파견국이 인정한 대표가 동 행낭을 개방하도록 요청할 수 있다. 동 요청을 파견국의 당국이 거부하는 경우에 동 행낭은 발송지로 반송된다.
4. 영사행낭을 구성하는 포장용기에는 그 성질을 나타내는 명백한 외부의 표지를 부착하여야 하며 또한 공용 서한과 서류 또는 전적으로 공용을 위한 물품만이 포함될 수 있다.
5. 영사신서사는 그 신분 및 영사행낭을 구성하는 포장용기의 수를 표시하는 공문서를 지참하여야 한다. 영사신서사는 접수국의 동의를 받는 경우를 제외하고, 접수국의 국민이어서는 아니되고 또한 그가 파견국의 국민이 아닌 경우에는 접수국의 영주자이어서는 아니된다. 영사신서사는 그 직무를 수행함에 있어서 접수국에 의하여 보호를 받는다. 영사신서사는 신체의 불가침을 향유하며 또한 어떠한 형태로도 체포 또는 구속되지 아니한다.
6. 파견국과 그 외교공관 및 영사기관은 임시 영사신서사를 임명할 수 있다. 그러한 경우에는, 동 임시 신서사가 맡은 영사행낭을 수취인에게 전달하였을 때 본 조 5항에 언급된 면제가 적용되지 아니하는 것을 제외하고, 동 조항의 제규정이 또한 적용된다.
7. 영사행낭은 공인 입국항에 기착되는 선박 또는 민간항공기의 기장에게 위탁될 수 있다. 동 기장은 행낭을 구성하는 포장용기의 수를 표시하는 공문서를 지참하여야 하나, 영사신서사로 간주되지 아니한다. 영사기관은 관계 지방당국과의 약정에 의하여 선박 또는 항공기의 기장으로부터 직접 자유로이 행낭을 수령하기 위하여 그 직원을 파견할 수 있다.

제 36 조 파견국 국민과의 통신 및 접촉
1. 파견국의 국민에 관련되는 영사기능의 수행을 용이하게 할 목적으로 다음의 규정이 적용된다.
   (a) 영사관원은 파견국의 국민과 자유로이 통신할 수 있으며 또한 접촉할 수 있다. 파견국의 국민은 파견국 영사관원과의 통신 및 접촉에 관하여 동일한 자유를 가진다.
   (b) 파견국의 영사관할구역 내에서 파견국의 국민이, 체포되는 경우, 또는 재판에 회부되기 전에 구금 또는 유치되는 경우, 또는 기타의 방법으로 구속되는 경우에, 그 국민이 파견국의 영사기관에 통보할 것을 요청하면, 접수국의 권한 있는 당국은 지체 없이 통보하여야 한다. 체포, 구금, 유치 또는 구속되어있는 자가 영사기관에 보내는 어떠한 통신도 동 당국에 의하여 지체 없이 전달되어야 한다. 동 당국은 관계자에게 본 세항에 따를 그의 권리를 지체없이 통보하여야 한다.
   (c) 영사관원은 구금, 유치 또는 구속되어 있는 파견국의 국민을 방문하며 또한 동 국민과 면담하고 교신하며 또한 그의 법적대리를 주선하는 권리를 가진다. 영사관원은 판결에 따라 그 관할구역 내에 구금, 유치 또는 구속되어 있는 파견국의 국민을 방문하는 권리를 또한 가진다. 다만, 구금, 유치 또는 구속되어 있는 국민을 대신하여 영사관원이 조치를 취하는 것을 동 국민이 명시적으로 반대하는 경우에, 동 영사관원은 그러한 조치를 삼가하여야 한다.
2. 동조 1항에 언급된 권리는 접수국의 법령에 의거하여 행사되어야 한다. 다만, 동 법령은 본 조에 따라 부여된 권리가 의도하는 목적을 충분히 실현할 수 있어야 한다는 조건에 따라야 한다.

제 37 조 사망, 후견, 재산관리, 난파 및 항공사고의 경우에 있어서 통보
접수국의 권한 있는 당국이 관계 정보를 입수하는 경우에 동 당국은 다음과 같은 의무를 진다.
(a) 파견국 국민의 사망의 경우에는 그 사망이 발생한 영사관할구역 내의 영사기관에 지체 없이 통보하는 것
(b) 파견국의 국민으로서 미성년자 또는 충분한 능력을 결하고 있는 기타의 자의 이익을 위하여, 후견인 또는 재산관리인을 지정하는 것이 필요하다고 생각되는 경우에는, 권한 있는 영사기관에 지체 없이 통보하는 것. 다만, 이러한 통보는 상기 지정에 관한 접수국의 법정의 시행을 침해해서는 아니된다.
(c) 파견국의 국적을 보유한 선박이 접수국의 영해 또는 내수에서 난파하거나 또는 좌초하는 경우, 또는 파견국에 등록된 항공기가 접수국의 영역에서 사고를 당하는 경우에는, 사고발생 현장에서 가장 가까운 영사기관에 지체 없이 통보하는 것

제 38 조 접수국 당국과의 통신
영사관원은 그 직무를 수행함에 있어서 아래의 당국과 통신할 수 있다.
(a) 그 영사관할구역 내의 권한 있는 지방당국
(b) 접수국의 권한 있는 중앙당국. 다만, 이 경우에는 접수국의 법령과 관례 또는 관계 국제협정에 의하여 허용되며 또한 허용되는 범위에 한한다.

제 39 조　영사 수수료와 요금

1. 영사기관은 접수국의 영역 내에서 영사활동에 관한 파견국의 법령이 규정하는 수수료와 요금을 부과할 수 있다.
2. 본 조 1항에 언급된 수수료와 요금의 형식으로 징수한 총액과 동 수수료 및 요금의 수령액은 접수국의 모든 부과금과 조세로부터 면제된다.

제 2 절　직업영사관원과 기타의 영사기관원에 관한 편의, 특권 및 면제

제 40 조　영사관원의 보호

접수국은 상당한 경의로써 영사관원을 대우하여야 하며 또한 영사관원의 신체자유 또는 위엄에 대한 침해를 방지하기 위한 모든 적절한 조치를 취하여야 한다.

제 41 조　영사관원의 신체의 불가침

1. 영사관원은, 중대한 범죄의 경우에 권한 있는 사법당국에 의한 결정에 따르는 것을 제외하고, 재판에 회부되기 전에 체포되거나 또는 구속되지 아니한다.
2. 본 조 1항에 명시된 경우를 제외하고 영사관원은 구금되지 아니하며 또한 그의 신체의 자유에 대한 기타 어떠한 형태의 제한도 받지 아니한다. 다만, 확정적 효력을 가진 사법상의 결정을 집행하는 경우는 제외된다.
3. 영사관원에 대하여 형사소송절차가 개시된 경우에 그는 권한 있는 당국에 출두하여야 한다. 그러나 그 소송절차는, 그의 공적 직책상의 이유에서 그가 받아야 할 경의를 표하면서 또한, 본 조 1항에 명시된 경우를 제외하고는, 영사직무의 수행에 가능한 최소한의 지장을 주는 방법으로 진행되어야 한다. 본 조 1항에 언급된 사정하에서 영사관원을 구속하는 것이 필요하게 되었을 경우에 그에 대한 소송절차는 지체를 최소한으로 하여 개시되어야 한다.

제 42 조　체포, 구속 또는 소추의 통고

재판에 회부되기 전에 영사직원을 체포하거나 또는 구속하는 경우 또는 동 영사직원에 대하여 형사소송절차가 개시되는 경우에, 접수국은 즉시 영사기관장에게 통고하여야 한다. 영사기관장 그 자신이 그러한 조치의 대상이 되는 경우에 접수국은 외교경로를 통하여 파견국에 통고하여야 한다.

제 43 조　관할권으로부터의 면제

1. 영사관원과 사무직원은 영사직무의 수행 중에 행한 행위에 대하여 접수국의 사법 또는 행정당국의 관할권에 복종할 의무를 지지 아니한다.
2. 다만, 본 조 1항의 규정은 다음과 같은 민사소송에 관하여 적용되지 아니한다.
    (a) 영사관원 또는 사무직원이 체결한 계약으로서 그가 파견국의 대리인으로서 명시적으로 또는 묵시적으로 체결하지 아니한 계약으로부터 제기되는 민사소송
    (b) 접수국 내의 차량, 선박 또는 항공기에 의한 사고로부터 발생하는 손해에 대하여 제 3자가 제기하는 민사소송

제 44 조 증언의 의무

1. 영사기관원은 사법 또는 행정소송절차의 과정에서 증인 출두의 요청을 받을 수 있다. 사무직원 또는 업무직원은 본 조 3항에 언급된 경우를 제외하고 증언을 거부해서는 아니된다. 영사관원이 증언을 거부하는 경우에 그에 대하여 강제적 조치 또는 형벌이 적용되어서는 아니된다.
2. 영사관원의 증언을 요구하는 당국은 그 직무의 수행에 대한 간섭을 회피하여야 한다. 동 당국은 가능한 경우에 영사관원의 주거 또는 영사기관 내에서 증거를 수집하거나 또는 서면에 의한 그의 진술을 받을 수 있다.
3. 영사기관원은 그 직무의 수행에 관련되는 사항에 관하여 증언을 행하거나 또는 그에 관련되는 공용 서한과 서류를 제출할 의무를 지지 아니한다. 영사기관원은 파견국의 법에 관하여 감정인으로서 증언하는 것을 거부하는 권리를 또한 가진다.

제 45 조 특권 및 면제의 포기

1. 파견국은 영사기관원에 관련하여 제41조, 제43조 및 제44조에 규정된 특권과 면제를 포기할 수 있다.
2. 동포기는 본 조 3항에 규정된 경우를 제외하고 모든 경우에 명시적이어야 하며 또한 서면으로 접수국에 전달되어야 한다.
3. 영사관원 또는 사무직원이, 제43조에 따라 관할권으로부터의 면제를 향유할 수 있는 사항에 관하여 그 자신이 소송절차를 개시하는 경우에는, 본소에 직접적으로 관련되는 반소에 대하여 관할권으로부터의 면제를 원용하지 못한다.
4. 민사 또는 행정소송절차의 복적상 관할권으로부터의 면제의 포기는 사법적 결정에서 나오는 집행조치로부터의 면제의 포기를 의미하는 것으로 간주되지 아니한다. 그러한 조치에 관해서는 별도의 포기가 필요하다.

제 46 조 외국인등록과 거주허가로부터의 면제

1. 영사관원과 사무직원 및 그 세대의 일부를 이루는 가족은 외국인등록 및 거주허가에 관하여 접수국의 법령에 따른 모든 의무로부터 면제된다.
2. 다만, 본 조 1항의 규정은 파견국의 고정된 고용원이 아니거나 또는 접수국 내에서 영리적인 사적직업에 종사하는 사무직원 또는 그 가족 구성원에 대하여 적용되지 아니한다.

제 47 조 취업허가로부터의 면제

1. 영사기관원은, 파견국을 위하여 제공하는 역무에 관하여, 외국노동의 고용에 관한 접수국의 법령에 의하여 부과되는 취업허가에 관한 의무로부터 면제된다.
2. 영사관원과 사무직원의 개인 사용인은, 접수국 내에서 다른 영리적 직업에 종사하지 아니하는 경우에, 본 조 1항에 언급된 의무로부터 면제된다.

제 48 조 사회보장상의 면제

1. 본 조 3항의 규정에 따를 것으로 하여, 영사기관원은 파견국을 위하여 제공하는 무역에 관해서 또한 그 세대의 일부를 이루는 가족 구성원은 접수국 내에서 시행되는 사회보장상의 제규정으로부터 면제된다.
2. 본 조 1항에 규정된 면제는 다음의 조건하에서 영사기관원에게 전적으로 고용되어 있는 개인사용인에게도 적용된다.
    (a) 그 사용인이 접수국의 국민이 아니거나 또는 접수국 내의 영주자가 아닐 것
    (b) 그 사용인이 파견국 또는 제3국에서 시행되는 사회보장 규정의 적용을 받을 것
3. 본 조 2항에 규정된 면제의 적용을 받지 아니하는 자를 고용하는 영사기관원은 접수국의 사회보장 규정이 고용주에게 부과하는 의무를 준수하여야 한다.
4. 본 조 1항 및 2항에 규정된 면제는, 접수국의 사회보장 제도에의 참여가 동 접수국에 의하여 허용될 것을 조건으로, 동 제도에의 자발적 참여를 배제하는 것이 아니다.

제 49 조 과세로부터의 면제

1. 영사관원과 사무직원 및 그 세대의 일부를 이루는 가족구성원은, 다음의 것을 제외하고, 인적 또는 물적, 국가, 지역 또는 지방의 부과금과 조세로부터 면제된다.
    (a) 상품 또는 용역의 가격 속에 정상적으로 포함되어 있는 성질의 간접세
    (b) 제32조의 규정에 따를 것으로 하여, 접수국의 영역 내에 소재하는 개인의 부동산에 대한 부과금 또는 조세
    (c) 제51조 (b)항의 규정에 따를 것으로 하여, 접수국에 의하여 부과되는 재산세, 상속 또는 유산세 및 권리 이전에 대한 조세
    (d) 자본이득을 포함하여 접수국 내에 원천을 둔 개인소득에 대한 부과금 및 조세와 접수국 내의 상업적 또는 금융사업에의 투자에 대한 자본세
    (e) 제공된 특정 역무에 대한 과징금
    (f) 제32조의 규정에 따를 것으로 하여, 등록수수료, 재산 또는 기록수수료, 담보세 및 인지세
2. 업무직원은 그 역무에 대하여 받는 임금에 대한 부과금과 조세로부터 면제된다.
3. 임금 또는 급료에 대하여 접수국에서 소득세의 면제를 받지 아니하는 자를 고용하는 영사기관원은 동 소득세의 과세에 관하여 접수국의 법령이 고용주에게 부과하는 의무를 준수하여야 한다.

제 50 조 관세 및 검사로부터의 면제

1. 접수국은 자국이 채택하는 법령에 의거하여 다음의 물품에 대하여 그 반입을 허가하며 또한 그에 대한 모든 관세 및 조세와, 보관, 운반 및 유사한 역무에 대한 것을 제외한, 기타의 과징금을 면제하여야 한다.
    (a) 영사기관의 공용물품
    (b) 영사관원의 주거용 물품을 포함하여 영사관원 또는 그 세대의 일부를 이루는 가족 구성원의 사용물품 소비용 물품은 당해자의 직접 사용에 필요한 양을 초과하여서는 아니된다.
2. 사무직원은 최초의 부임시에 수입하는 물품에 관하여 본 조 1항에 명시된 특권과 면제를 향유한다.

3. 영사관원과 그 시대의 일부를 이루는 가족 구성원이 휴대하는 수하물은 검사로부터 면제된다. 그 수하물 중에 본 조 1항의 세항 (b)에 언급된 것을 제외한 기타의 물품 또는 그 수출입이 접수국의 법령에 의하여 금지되거나 또는 그 검역에 관한 법령에 따라야 하는 물품이 포함되어 있다고 믿을 만한 중대한 이유가 있는 경우에만 검사할 수 있다. 그러한 경우의 검사는 그 영사관원 또는 당해 가족 구성원의 입회하에 행하여져야 한다.

제 51 조 영사기관원 또는 그 가족 구성원의 유산

영사기관원 또는 그 세대의 일부를 이루는 가족구성원의 사망의 경우에 접수국은 다음의 의무를 진다.
(a) 사망자가 접수국 내에서 취득한 재산으로서 그의 사망 시에 반출이 금지된 것을 제외하고는 그의 동산의 반출을 허가하여야 한다는 것
(b) 사망자가 영사기관원으로서 또는 영사기관원의 가족구성원으로서 접수국 내에 있게 된 이유만으로 동 접수국 내에 소재하는 그의 동산에 대하여 국가, 지역 또는 지방의 재산세 및 상속 또는 유산세와 권리이전에 대한 조세를 부과하여서는 아니된다는 것

제 52 조 인적 역무 및 부담금으로부터의 면제

접수국은 영사기관원과 그 세대의 일부를 이루는 가족 구성원에 대하여 모든 인적역무 및 여하한 종류의 모든 공공 역무와 징발군사적 부담금 및 숙사지정에 관련되는 것 등의 군사적 의무를 면제하여야 한다.

제 53 조 영사특권 및 면제의 개시와 종료

1. 영사기관원은 부임하기 위하여 접수국의 영역에 입국하는 때부터, 또는 이미 접수국의 영역 내에 있을 경우에는, 영사기관에서 그의 직무를 개시하는 때부터 이 협약에 규정된 특권과 면제를 향유한다.
2. 영사기관원의 세대의 일부를 이루는 그 가족 구성원과 그 개인 사용인은, 그 영사기관원이 본 조 1항에 의거하여 특권과 면제를 향유하는 일자로부터, 또는 그들이 접수국의 영역에 입국하는 일자로부터, 또는 그 가족 구성원 또는 사용인이 되는 일자 중, 어느 것이든 최종 일자로부터 이 협약에 규정된 특권과 면제를 받는다.
3. 영사기관원의 직무가 종료한 경우에, 그의 특권과 면제 및 그 세대의 일부를 이루는 가족 구성원 또는 그 개인사용인의 특권과 면제는 당해인들이 접수국을 떠나는 때 또는 접수국을 떠나기 위하여 필요한 상당한 기간이 만료한 때 중에서, 어느 것이든 더 이른 시기부터 정상적으로 종료하나, 무력충돌의 경우에도 그때까지는 존속한다. 본 조 2항에 언급된 자의 경우에, 그들의 특권과 면제는 그들이 영사기관원의 세대에 속하지 아니하는 때 또는 영사기관원의 역무에 종사하지 아니하는 때에 종료한다. 다만, 당해인들이 그 후 상당한 기간 내에 접수국을 떠나고자 하는 경우에 그들의 특권과 면제는 그들의 퇴거시까지 존속할 것을 조건으로 한다.
4. 그러나 영사관원 또는 사무직원이 그 직무를 수행함에 있어서 행한 행위에 관해서는 관할권으로부터의 면제가 기한의 제한 없이 계속 존속된다.
5. 영사기관원의 사망의 경우에 그 세대의 일부를 이루는 가족 구성원은, 그들이 접수국을 떠날 때까지 또는 그들이 접수국을 떠날 수 있도록 상당한 기간이 만료할 때까지 중, 어느 것이든 더 이른 시기까지 그들에게 부여된 특권과 면제를 계속 향유한다.

제 54 조   제3국의 의무

1. 영사관원의 부임 또는 귀임도중 또는 귀국의 도중에, 사증이 필요한 경우 그에게 사증을 부여한 제3국을 통과하거나 또는 그 제3국의 영역 내에 체재하는 경우에, 그 제3국은 그의 통과 또는 귀국을 보장하기 위하여 필요한 것으로서 이 협약의 다른 제조항에 규정된 모든 면제를 그에게 부여하여야 한다. 영사관원의 세대의 일부를 이루는 가족 구성원으로서 그러한 특권과 면제를 향유하는 자가, 그 영사관원을 동행하거나 또는 그 영사관원과 합류하기 위하여 또는 파견국에 귀국하기 위하여 개별적으로 여행하는 경우에도 동일하게 적용된다.
2. 본 조 1항에 명시된 것과 유사한 사정하에서, 제3국은 다른 영사기관원 또는 그 세대의 일부를 이루는 가족 구성원의 당해 제3국 영역에의 통과를 방해하여서는 아니된다.
3. 제3국은, 기호 또는 전신암호에 의한 통신물을 포함하여 통과 중인 공용 서한 및 기타의 공용 통신에 대하여, 접수국이 이 협약에 따라 부여할 의무를 지는 동일한 자유와 보호를 부여하여야 한다. 제3국은, 사증이 필요한 경우에 사증을 부여받은 영사신서사와 통과 중인 영사행낭에 대하여, 접수국이 이 협약에 따라 부여할 의무를 지는 동일한 불가침 및 보호를 부여하여야 한다.
4. 본 조 1항, 2항 및 3항에 따른 제3국의 의무는 각기 그러한 제조항에 언급된 자 및 공용 통신과 영사행낭이 불가항력으로 제3국의 영역 내에 있게 되는 경우에도 적용된다.

제 55 조   접수국의 법령에 대한 존중

1. 특권과 면제를 향유하는 모든 자는, 그들의 특권과 면제를 침해함이 없이, 접수국의 법령을 존중할 의무를 진다. 그들은 또한 접수국의 국내문제에 간여해서는 아니되는 의무를 진다.
2. 영사관사는 영사기능의 수행과 양립하지 아니하는 방법으로 사용되어서는 아니된다.
3. 본 조 2항의 규정은 영사관사가 수용되어 있는 건물의 일부에 다른 기구 또는 기관의 사무소가 설치될 수 있는 가능성을 배제하지 아니한다. 다만, 다른 기관에 배정된 사무실은 영사기관이 사용하는 사무실과 구분된 것을 조건으로 한다. 그러한 경우엔 상기 사무소는 이 협약의 목적상 영사관사의 일부를 이루는 것으로 간주되지 아니한다.

제 56 조   제3자의 위험에 대한 보험

영사기관인은 차량, 선박 또는 항공기의 사용에서 야기되는 제3자의 위험에 대한 보험에 관하여 접수국의 법령이 부과하는 요건에 따라야 한다.

제 57 조   영리적인 사적직업에 관한 특별규정

1. 직업영사관원은 접수국 내에서 개인적 이득을 목적으로 전문직업적 또는 상업적 활동에 종사해서는 아니된다.
2. 본장에 규정된 특권과 면제는 하기인에게 부여되지 아니한다.
    (a) 접수국 내에서 영리적인 사적 직업에 종사하는 사무직원 또는 업무직원
    (b) 본 항의 세항 (a)에 언급된 자의 가족 구성원 또는 그 개인사용인
    (c) 영사기관원의 가족 구성원으로 접수국 내에서 영리적인 사적 직업에 종사하는 자

제3장 명예영사관원과 명예영사관원을 장으로 하는 영사기관에 관한 제도

제58조 편의, 특권 및 면제에 관한 일반규정

1. 제28조, 제29조, 제30조, 제34조, 제35조, 제36조, 제37조, 제38조, 제39조, 제54조 3항 및 제55조 2항과 3항은 명예영사관원을 장으로 하는 영사기관에 적용된다. 또한 이러한 영사기관의 편의, 특권 및 면제는 제59조, 제60조, 제61조 및 제62조에 의하여 규율된다.
2. 제42조, 제43조, 제44조 3항, 제45조, 제53조 및 제55조 1항은 명예영사관원에게 적용된다. 또한 이러한 영사관원의 편의, 특권 및 면제는 제63조, 제64조, 제65조 및 제67조에 의하여 규율된다.
3. 이 협약에 규정된 특권과 면제는 명예영사관원의 가족 구성원 또는 명예영사관원을 장으로 하는 영사기관에 고용되어 있는 사무직원에게 부여되지 아니한다.
4. 명예영사관을 장으로 하는 상이한 국가 내의 2개의 영사기관 간의 영사행낭의 교환은 당해 2개 접수국의 동의 없이 허용되지 아니한다.

제59조 영사관사의 보호

접수국은 침입 또는 손괴로부터 명예영사관원을 장으로 하는 영사기관의 영사관사를 보호하며 또한 영사기관의 평온에 대한 교란 또는 그 위엄의 손상을 방지하기 위하여 필요한 조치를 취하여야 한다.

제60조 영사관사의 과세로부터의 면제

1. 명예영사관원을 장으로 하는 영사기관의 영사관사의 소유자 또는 임차자가 파견국인 경우에, 동 영사관사는 제공된 특정역무에 대한 급부로서의 성질을 가지는 것을 제외한 다른 여하한 형태의 모든 국가, 지역 또는 지방의 부과금과 조세로부터 면제된다.
2. 본 조 1항에 언급된 과세로부터의 면제는, 파견국과 계약을 체결한자가 접수국의 법령에 따라 납부해야 하는 경우에는, 동 부과금과 조세에 대하여 적용되지 아니한다.

제61조 영사문서와 서류의 불가침

명예영사관원을 장으로 하는 영사기관의 영사문서와 서류는 언제 어디서나 불가침이다. 다만, 이들 문서와 서류는 다른 문서 및 서류와 구분되며, 특히 영사기관장과 그와 같이 근무하는 자의 사용 서한과 구분되며, 또한 그들의 전문 직업 또는 거래에 관계되는 자료, 서적 및 서류와 구분되어야 한다.

제62조 관세로부터의 면제

접수국은 자국이 채택하는 법령에 의거하여 다음의 물품에 대하여 그 반입을 허가하며 또한 모든 관세 및 조세와, 창고료, 운송료 및 유사한 역무에 대한 것을 제외한, 기타의 관계 과징금으로부터의 면제를 부여한다. 다만, 그 물품은 명예영사관원을 장으로 하는 영사기관의 공적용도를 위한 것일 것을 조건으로 한다. 즉 문장, 국기, 간판, 인장과, 인지, 서적, 공용인쇄물, 사무실가구, 사무실 비품 및 파견국이 영사기관에 공급하거나 또는 파견국의 의뢰에 따라 영사기관에 공급되는 유사한 물품

제 63 조　형사소송절차

명예영사관원에 대하여 형사소송절차가 개시되는 경우에 그는 권한 있는 당국에 출두하여야 한다, 그러나 그 소송절차는 그의 공적 직책상의 이유에서 그가 받아야 할 경의를 표하면서 집행되어야 하며, 또한 그가 체포 또는 구속된 경우를 제외하고 영사직무의 수행에 최소한의 지장을 주는 방법으로 행하여 져야 한다. 명예영사관원을 구속하는 것이 필요하게 되었을 경우에 그에 대한 소송절차는 지체를 최소한으로 하여 개시되어야 한다.

제 64 조　명예영사관원의 보호

접수국은 명예영사관원에 대하여 그의 공적 직책상의 이유에서 필요로 하는 보호를 부여할 의무를 진다.

제 65 조　외국인등록 및 거주허가로부터의 면제

명예영사관원은, 사적 이득을 위하여 접수국에서 전문직업적 또는 상업적 활동에 종사하는 자를 제외하고, 외국인 등록 및 거주 허가에 관하여 접수국의 법령에 따른 모든 의무로부터 면제된다.

제 66 조　과세로부터의 면제

명예영사관원은 영사직무의 수행에 관하여 그가 파견국으로부터 받는 보수와 급료에 대한 모든 부과금과 조세로부터 면제된다.

제 67 조　인적 역무 및 부담금으로부터의 면제

접수국은 명예영사관원에 대하여 모든 인적 역무 및 여하한 성질의 모든 공공 역무와 징발 군사적 부담금 및 숙사지정에 관련되는 것 등의 군사적 의무를 면제하여야 한다.

제 68 조　명예영사관원 제도의 임의성

각국은 명예영사관원을 임명하거나 또는 접수하는 것을 결정하는 자유를 가진다.

제 4 장　일반조항

제 69 조　영사기관장이 아닌 영사대리

1. 각국은 파견국에 의하여 영사기관장으로 지정되지 아니한 영사대리에 의하여 수행되는 영사대리사무소를 설치하거나 또는 인정하는 것을 결정하는 자유를 가진다.
2. 본 조 1항에 언급된 영사대리사무소가 그 활동을 수행하는 조건 및 동 사무소를 관장하는 영사대리가 향유하는 특권 및 면제는 파견국과 접수국 간의 합의에 의하여 결정된다.

제 70 조　외교공관에 의한 영사기능의 수행

1. 이 협약의 제 규정은, 문맥이 허용하는 한, 외교공관에의 영사기능의 수행에도 적용된다.
2. 외교공관원으로서 영사부서에 배속되거나 또는 동 공관의 영사기능의 수행을 달리 맡은 자의 명단은 접수국의 외무부 또는 동 외무부가 지정하는 당국에 통고되어야 한다.

3. 외교공관은 영사기능을 수행함에 있어서 아래의 당국과 통신을 가질 수 있다.
   (a) 영사관할구역 내의 지방당국
   (b) 접수국의 법령 및 관례 또는 관계 국제협정에 의해 허용되는 경우에 접수국의 중앙당국
4. 본 조 2항에 언급된 외교공관원의 특권과 면제는 외교관계에 관한 국제법의 규칙에 의하여 계속 규율된다.

제 71 조 접수국의 국민 또는 영주자
1. 접수국에 의하여 추가의 편의, 특권 및 면제가 부여되는 경우를 제외하고, 접수국의 국민 또는 영주자인 영사관원은 그 직무 수행에서 행한 공적 행동에 관하여 관할권으로부터의 면제와 신체의 불가침만을 향유하며, 또한 제44조 3항에 규정된 특권만을 향유한다.
   접수국은 이들 영사관원에 관한 한 제42조에 규정된 의무에 의하여 또한 기속된다. 상기 영사관원에 대하여 형사소송 절차가 제기되는 경우에 그 소송절차는, 그가 체포 또는 구속되는 경우를 제외하고, 영사직무의 수행에 가능한 최소한의 지장을 주는 방법으로 진행되어야 한다.
2. 접수국의 국민 또는 영주자인 다른 영사기관원과 그 가족 구성원 및 본 조 1항에 언급된 영사관원의 가족 구성원은 접수국이 그들에게 부여하는 경우에 있어서만 동 편의, 특권 및 면제를 향유한다. 접수국의 국민 또는 영주자인 영사기관원의 가족 구성원 및 그 개인 사용인은 접수국이 그들에게 부여하는 경우에 있어서만 편의, 특권 및 면제를 또한 향유한다. 다만, 접수국은 영사기관의 기능의 수행을 부당하게 방해하지 아니하는 방법으로 상기자들에 대한 관할권을 행사하여야 한다.

제 72 조 비차별
1. 접수국은 이 협약의 제 규정을 적용함에 있어서 국가 간에 차별을 두어서는 아니된다.
2. 그러나 다음의 경우에는 차별이 있는 것으로 간주되지 아니한다.
   (a) 이 협약의 어느 규정이 파견국 내의 접수국 영사기관에 제한적으로 적용되고 있음을 이유로 그 접수국이 이 협약의 그 규정을 제한적으로 적용하는 경우
   (b) 제국이 관습 또는 협정에 의하여 이 협약의 제 규정에 의하여 요구되는 것 보다 더 유리한 대우를 상호 부여하는 경우

제 73 조 이 협약과 다른 국제협정과의 관계
1. 이 협약의 제 규정은 다른 국제협정의 당사국 간에 유효한 그 국제협정에 영향을 주지 아니한다.
2. 이 협약의 어떠한 규정도 제국이 이 협약의 제 규정을 확인, 보충, 확대 또는 확장하는 국제협정을 체결하는 것을 배제하지 아니한다.

제 5 장 최종 조항

제 74 조 서명
이 협약은 국제연합 또는 전문기구 중의 어느 하나의 모든 회원국 또는 국제사법재판소 규정의 당사국 및 국제연합총회에 의하여 이 협약의 당사국이 되도록 초청된 기타의 국가에 의한 서명을 위하여 다음과 같이 개방된다. 즉 1963년 10월 31일까지는 오스트리아 공화국의 연방외무부에서 개방되며 또한 그 이후 1964년 3월 31일까지는 뉴욕의 국제연합 본부에서 개방된다.

제 75 조 비준
이 협약은 비준되어야 한다.
비준서는 국제연합 사무총장에게 기탁된다.

제 76 조 가입
이 협약은 제74조에 언급된 네가지 카테고리의 어느 하나에 속하는 국가에 의한 가입을 위하여 계속 개방된다. 가입서는 국제연합 사무총장에게 기탁된다.

제 77 조 발효
1. 이 협약은 스물두 번째의 비준서 또는 가입서가 국제연합 사무총장에게 기탁된 날로부터 30일 후에 발효한다.
2. 스물두 번째의 비준서 또는 가입서가 기탁된 후 이 협약에 비준하거나 또는 가입하는 각 국가에 대하여, 이 협약은 그 국가에 의한 비준서 또는 가입서의 기탁으로부터 30일 후에 발효한다.

제 78 조 사무총장에 의한 통고
국제연합사무총장은 제74조에 언급된 네 가지 카테고리의 어느 하나에 속하는 모든 국가에 대하여 다음의 것을 통고한다.
(a) 제74조, 제75조 및 제76조에 의거한 이 협약의 서명 및 비준서 또는 가입서의 기탁
(b) 제77조에 의거하여 이 협약이 발효하는 일자

제 79 조 정본
중국어, 영어, 불어, 노어 및 서반아어본이 동등히 정본인 이 협약의 원본은 국제연합 사무총장에게 기탁되며, 사무총장은 동 원본의 인증등본을 제74조에 언급된 네 가지 카테고리의 어느 하나에 속하는 모든 국가에 송부한다.
이상의 증거로, 하기 전권대표는 각자의 정부에 의하여 정당히 권한을 위임받아 이 협약에 서명하였다.
1963년 4월 24일 비엔나에서 작성되었다.

03 | 위법행위책임에 관한 ILC 초안(2001)

제1부 국제위법행위

제1장 일반원칙

제1조   국제위법행위에 대한 국가책임
국가의 모든 국제위법행위는 그 국가의 국제책임을 발생시킨다.

제2조   국가의 국제위법행위의 요건
작위 또는 부작위를 구성하는 행위가 다음과 같은 경우 국가의 국제위법행위가 존재한다.
(a) 국제법에 따라 국가에 귀속될 수 있으며,
(b) 그 국가의 국제의무 위반을 구성하는 경우

제3조   국가행위의 국제위법행위로의 결정
국가행위의 국제위법성은 국제법에 의하여 결정된다. 그러한 결정은 그 행위의 국내법상 적법성에 의하여 영향받지 않는다.

제2장 행위의 국가로의 귀속

제4조   국가기관의 행위
1. 모든 국가기관의 행위는 국제법상 그 국가의 행위로 간주된다. 이는 그 기관이 입법, 행정, 사법 또는 기타 다른 기능을 수행하는지 여부, 그 기관이 국가조직상 어떠한 위치를 차지하고 있는지 여부, 그 기관의 성격이 중앙정부기관 또는 지방정부기관인지를 불문한다.
2. 기관은 당해 국가의 국내법에 따라 그같은 지위를 가진 모든 개인 또는 단체를 포함한다.

제5조   정부권한(공권력)을 행사하는 개인 또는 단체의 행위
제4조에 따른 국가기관은 아니지만 당해 국가의 법에 의하여 정부권한(공권력)을 행사할 권한을 부여받은 개인 또는 단체의 행위는 국제법상 당해 국가의 행위로 간주된다. 단, 이는 그 개인 또는 단체가 구체적 경우에 있어서 그러한 자격으로 행동하는 경우에 한한다.

제6조   타국에 의하여 한 국가의 처분에 맡겨진 기관의 행위
타국에 의하여 한 국가의 처분에 맡겨진 기관의 행위는, 그 기관이 자신이 그 처분에 맡겨진 국가의 정부권한(공권력)의 행사로서 행동하는 경우, 국제법상 처분국의 행위로 간주된다.

제 7 조　월권 또는 지시위반
국가기관 또는 정부권한(공권력)을 행사하도록 권한을 위임받은 개인 또는 단체의 행위는 그 기관, 개인 또는 단체가 그 자격으로 행동하는 경우, 그 행위자가 자신의 권한을 넘어서거나 또는 지시를 위반한다 하더라도, 국제법상 그 국가의 행위로 간주된다.

제 8 조　국가에 의하여 지시 또는 통제된 행위
사인 또는 사인단체의 행위는 그들이 그 행위를 수행함에 있어서 사실상 한 국가의 지시를 받거나 그 지시 또는 통제 하에서 행동하는 경우 국제법상 그 국가의 행위로 간주된다.

제 9 조　공적기관의 부재 또는 직무이행이 불가능한 상태에서 수행된 행위
사인 또는 사인단체가 공적기관의 부재 또는 직무이행이 불가능한 때, 정부권한(공권력)의 행사가 요구되는 상황에서 사실상 그러한 권한을 행사하는 경우, 그러한 사인 또는 사인단체의 행위는 국제법상 국가의 행위로 간주된다.

제 10 조　반란단체 또는 다른 단체의 행위
1. 한 국가의 신정부를 구성하게 되는 반란단체의 행위는 국제법상 그 국가의 행위로 본다.
2. 기존 국가의 영토의 일부 또는 그 국가의 관할하의 영토에서 신생국 수립에 성공한 반란단체 또는 기타 단체의 행위는 국제법상 그 신생국의 행위로 본다.
3. 본 조는 문제된 단체의 행위와 어떻게 관련되었든, 제4조 내지 제9조에 의하여 그 국가의 행위로 간주될 수 있는 모든 행위가 국가로 귀속되는 것에 영향을 미치지 않는다.

제 11 조　국가에 의하여 자국의 행위로 인정되고 수락된 행위
위 조항들에 의하여 국가로 귀속될 수 없는 행위라도 국가가 문제의 행위를 자국의 행위로 인정하고 수락하는 경우, 그 범위 내에서는 국제법상 그 국가의 행위로 본다.

제 3 장　국제의무의 위반

제 12 조　국제의무 위반의 존재
국가의 행위가 국제의무에 의하여 요구되는 바와 합치되지 않는 경우, 그 의무의 연원 또는 성격과는 관계없이, 그 국가의 국제의무 위반이 존재한다.

제 13 조　국가에게 구속력 있는 국제의무
행위의 발생시 국가가 당해 의무에 구속되지 아니한다면, 국가의 행위는 국제의무 위반에 해당하지 아니한다.

제 14 조　국제의무 위반의 시간적 연장
1. 지속적 성격을 갖지 않는 국가행위로 인한 국제의무의 위반은, 그 효과가 지속된다 할지라도 그 행위가 수행된 시점에 발생한다.
2. 지속적 성격을 갖는 국가행위로 인한 국제의무의 위반은, 그 행위가 지속되고 국제의무와 합치하지 않는 상태로 남아있는 전 기간 동안에 걸쳐 연장된다.
3. 국가에게 일정한 사건을 방지할 것을 요구하는 국제의무의 위반은 그러한 사건이 발생하는 때에 발생하며, 그러한 사건이 계속되어 그 의무와 불합치하는 상태로 남아있는 전 기간 동안에 걸쳐 연장된다.

제15조 복합적 행위에 의한 위반
1. 총체적으로 위법한 것으로 정의되는 일련의 작위 또는 부작위를 통한 국가의 국제의무 위반은 다른 작위 또는 부작위와 함께 위법행위를 구성하기에 충분한 작위 또는 부작위가 발생하였을 때 성립한다.
2. 이와 같은 경우, 위반은 일련의 작위 또는 부작위가 처음 발생한 시기부터 그러한 작위 또는 부작위가 반복되고 국제의무에 불합치하는 상태로 남아 있는 전 기간 동안 계속된다.

제 4 장 타국의 행위와 관련된 국가책임

제16조 국제위법행위의 실행에 대한 지원 또는 원조
국제위법행위를 실행하는 타국을 지원하거나 원조하는 국가는 다음의 경우 그같이 행동하는 데 대하여 국제적으로 책임을 진다.
(a) 당해 국가가 그 국제위법행위의 상황을 인식하고 그같이 행동하며,
(b) 당해 국가가 실행하였더라도 그 행위는 국제적으로 위법할 경우

제17조 국제위법행위를 실행하는 데 행사한 지시 및 통제
타국이 국제위법행위를 실행하도록 타국을 지시하고 통제한 국가는 다음의 경우 그 행위에 대하여 국제적으로 책임을 진다.
(a) 당해 국가가 그 국제위법행위의 상황을 인식하고 그같이 행동하며,
(b) 당해 국가가 실행하였더라도 그 행위는 국제적으로 위법할 경우

제18조 타국에 대한 강제
타국으로 하여금 어떠한 행위를 실행하도록 강제한 국가는 다음의 경우 그 행위에 대하여 국제적으로 책임을 진다.
(a) 그러한 강제가 없었다면 그 행위는 피강제국의 국제위법행위가 될 것이며,
(b) 강제국은 그 행위의 상황을 인식하고 강제하였을 것

제19조 본 장의 효과
본 장은 문제의 행위를 실행한 국가 또는 기타 국가들에게 본 조항들의 타 규정에 의하여 부과되는 국제책임에 영향을 미치지 않는다.

제 5 장 위법성 조각사유

제20조 동의
한 국가가 타국의 행위실행에 대해서 한 유효한 동의는 그 행위가 그 동의의 범위 내에서 실행되는 한, 전자의 국가와 관련하여 그 행위의 위법성이 조각된다.

제21조 자위
국가의 행위가 국제연합헌장과 합치되는 합법적 자위조치에 해당한다면, 그 국가행위의 위법성이 조각된다.

제 22 조　국제위법행위에 대한 대응조치

국가의 행위가 제3부 제2장에 따른 타국에 대한 대응조치에 해당하는 경우, 그 범위 내에서는 타국에 대한 국제의무와 합치되지 않는 국가행위의 위법성이 조각된다.

제 23 조　불가항력

1. 행위가 불가항력, 즉 그 상황에서의 의무 이행을 실질적으로 불가능하게 만드는 국가의 통제를 넘어서는 저항할 수 없는 힘 또는 예상하지 못한 사건의 발생에 기인한 경우에는 국제의무와 합치되지 않는 국가행위의 위법성이 조각된다.
2. 제1항은 다음의 경우에는 적용되지 아니한다.
   (a) 불가항력의 상황이 이를 원용하는 국가의 행위에만 의하거나 또는 다른 요소와 결합된 행위에서 기인하는 경우,
   (b) 당해 국가가 그같은 상황발생의 위험을 수락한 경우

제 24 조　조난

1. 행위자가 위난 상황에 처하여 자신이나 그의 보호하에 맡겨진 다른 사람들의 생명을 구하기 위한 다른 합리적 방법이 없는 경우, 당해 국가의 국제의무와 합치되지 아니하는 국가행위의 위법성이 조각된다.
2. 다음의 경우에는 제1항이 적용되지 아니한다.
   (a) 위난상황이 이를 원용하는 국가의 행위에만 의하거나 또는 다른 요소와 결합된 행위에서 기인하는 경우,
   (b) 문제된 행위가 그에 상당하거나 또는 더욱 커다란 위험을 발생시킬 우려가 있는 경우

제 25 조　필요성(긴급피난)

1. 필요성은 다음의 경우를 제외하고는 국가의 국제의무에 합치되지는 행위의 위법성을 조각시키기 위한 사유로 원용될 수 없다.
   (a) 그 행위가 중대하고 급박한 위험으로부터 국가의 본질적 이익을 보호하기 위한 유일한 방법일 경우, 그리고
   (b) 그 행위가 의무이행의 상대국(들) 또는 국제공동체 전체의 본질적 이익을 심각하게 훼손하지 않는 경우
2. 어떠한 상황에서도, 필요성은 다음의 경우에는 국가의 위법성을 조각시키기 위한 사유로 원용될 수 없다.
   (a) 문제된 국제의무가 필요성의 원용 가능성을 배제하는 경우, 또는
   (b) 그 국가가 필요성 상황의 발생에 기여한 경우

제 26 조　강행규범의 준수

본 장의 어느 부분도 일반 국제법상의 강행규범에 따라 발생하는 의무와 합치되지 않는 어떠한 국가행위에 대해서도 위법성을 조각시키지 않는다.

제 27 조　위법성 조각사유 원용의 결과

본 장에 따른 위법성 조각사유의 원용은 다음 사항에 영향을 미치지 않는다.
(a) 위법성 조각사유가 더 이상 존재하지 않는 경우, 그 범위 내에서 문제된 의무의 준수
(b) 문제된 행위로 인하여 야기된 모든 실질적 손실에 대한 보상문제

제2부 국가의 국제책임의 내용

제1장 일반원칙

제28조 국제위법행위의 법적 결과
제1부의 규정들에 따라 국제위법행위에 의하여 발생된 국가의 국제책임은 본 부에 규정된 법적 결과를 수반한다.

제29조 이행의무의 존속
본 부에 의한 국제위법행위의 법적 결과는 위반된 의무를 이행해야 할 책임국의 계속적 의무에 영향을 주지 않는다.

제30조 중지 및 재발방지
국제위법행위에 책임이 있는 국가는 다음의 의무를 진다.
(a) 행위가 계속되고 있다면, 이를 중지할 것
(b) 상황에 따라 필요한 경우에는, 재발방지에 관한 적절한 보증 및 보장을 제공할 것

제31조 손해배상
1. 책임국은 국제위법행위로 인한 피해에 대하여 완전한 배상의무를 진다.
2. 피해는 국가의 국제위법행위로 인한 물질적 또는 정신적 손해를 모두 포괄한다.

제32조 국내법과의 무관성
책임국은 본 부에 따른 의무를 준수하지 못한 것을 정당화하기 위하여 국내법 규정에 의존할 수 없다.

제33조 본 부에 규정된 국제의무의 범위
1. 본 부에 규정된 책임국의 의무는 특히 국제의무의 성격과 내용 및 위반상황에 따라 다른 한 국가나 복수의 국가들 또는 국제공동체 전체를 상대로 부과된다.
2. 본 부는 국가의 국제책임에 따라 국가가 아닌 개인이나 단체에 대하여 직접 부여될 수 있는 어떠한 권리에 영향을 미치지 않는다.

제2장 피해에 대한 손해배상

제34조 배상의 유형
국제위법행위로 인한 피해에 대한 완전한 배상은 본 장의 규정에 따라 원상회복, 금전배상, 만족의 형식을 단독적으로 또는 복합적으로 취한다.

제35조 원상회복
국제위법행위에 책임이 있는 국가는 원상회복, 즉 그 위법행위가 실행되기 전에 존재하던 상황을 복구할 의무를 부담한다. 단, 이는 다음과 같은 경우에 한한다.

(a) 원상회복이 실질적으로 불가능하지 않은 경우,
(b) 금전배상 대신 원상회복에 따른 이익에 비하여 원상회복이 현저히 불균형한 부담을 수반하지 않는 경우

제 36 조 금전배상

1. 국제위법행위에 책임이 있는 국가는 그로 인한 손해가 원상회복에 의하여 전보되지 않는 범위 내에서는, 금전배상을 해야 할 의무를 부담한다.
2. 금전배상은 확정될 수 있는 범위 내의 상실이익을 포함하여 금전적으로 산정될 수 있는 모든 손해를 포괄한다.

제 37 조 만족

1. 국제위법행위에 책임이 있는 국가는 그 행위로 인한 피해가 원상회복 또는 금전배상으로 전보될 수 없는 경우, 이에 대하여 만족을 제공할 의무를 진다.
2. 만족은 위반의 인정, 유감의 표시, 공식사과 또는 기타 적절한 방식으로 행해질 수 있다.
3. 만족은 피해와 불균형을 이루어서는 아니되며, 책임국에게 모욕이 되는 형태를 취해서는 아니된다.

제 38 조 이자

1. 완전한 배상을 확보하기 위하여 필요한 경우에는 본 장에 의하여 지급되어야 하는 원금에 대한 이자를 지급하여야 한다. 이율 및 계산방법은 그러한 결과를 달성시킬 수 있도록 정하여야 한다.
2. 이자는 원금이 지급되었어야 할 일자로부터 지불의무가 이행된 날까지 부과한다.

제 39 조 피해에 대한 기여

손해배상을 결정함에 있어서는, 피해국 또는 손해배상 요구와 관련된 모든 개인 또는 단체의 고의 또는 과실에 의한 작위 또는 부작위가 피해에 기여한 바를 참작하여야 한다.

제 3 장 일반 국제법상의 강행규범 의무의 중대한 위반

제 40 조 본 장의 적용

1. 본 장은 일반 국제법상의 강행규범에 의하여 부과된 의무에 대한 국가의 중대한 위반에 따른 국제책임에 적용된다.
2. 그러한 의무의 위반은 그것이 책임국에 그 의무의 총체적 또는 조직적인 불이행이 수반되는 경우에 중대한 것으로 본다.

제 41 조 본 장상의 의무의 중대한 위반의 특별한 결과

1. 국가들은 제40조상의 의미에 해당하는 모든 중대한 위반을 합법적 수단을 통하여 종료시키기 위해 협력하여야 한다.
2. 어떠한 국가도 제40조상의 의미에 해당하는 중대한 위반에 의하여 발생한 상황을 적법한 것으로 인정한다거나 또는 그러한 상황의 유지를 위한 원조나 지원을 하여서는 아니된다.
3. 본 조는 본 부에서 언급된 다른 결과 및 본 장이 적용되는 위반이 발생시키는 결과에 영향을 미치지 않는다.

제3부 국가의 국제책임의 이행

제1장 국가책임의 추궁

제42조 피해국에 의한 책임추궁

국가는 다음의 경우 피해국으로서 타국의 책임을 추궁할 수 있다.
(a) 위반된 의무가 개별적으로 그 국가를 상대로 하는 것이거나, 또는
(b) 위반된 의무가 당해 국가를 포함하는 일단의 국가들 또는 국제공동체 전체를 상대로 하는 것이며, 그 의무의 위반이
  (ⅰ) 당해 국가에 특별히 영향을 주거나, 또는
  (ⅱ) 그 의무가 상대로 하는 모든 다른 국가들의 입장을 그 의무의 추후 이행과 관련하여 급격하게 변경시키는 성질을 지닌 경우

제43조 피해국에 의한 청구권의 통지

1. 타국의 책임을 추궁하는 피해국은 그 국가에게 자국의 청구권을 통지하여야 한다.
2. 피해국은 특히 다음 사항을 적시할 수 있다.
  (a) 위법행위가 계속되고 있는 경우, 그 중지를 위하여 책임국이 취하여야 할 행위,
  (b) 제2부의 규정에 따라 취하여져야 할 손해배상의 형태

제44조 청구의 수리가능성

다음의 경우에는 국가책임이 추궁될 수 없다.
(a) 당해 청구가 청구의 국적성과 관련하여 적용되는 원칙에 따라 제기되지 아니한 경우,
(b) 당해 청구가 국내적 구제완료의 원칙의 적용되고, 이용가능하고 효과적인 모든 국내적 구제가 완료되지 않은 경우

제45조 책임을 추궁할 권리의 상실

(a) 피해국이 유효하게 청구를 포기한 경우,
(b) 피해국이 자신의 행위에 의하여 청구권의 소멸에 유효하게 묵인한 것으로 간주되는 경우

제46조 복수의 피해국

동일한 국제위법행위에 의하여 복수의 국가가 피해를 입었을 경우, 각 피해국은 개별적으로 국제위법행위를 실행한 국가의 책임을 개별적으로 추궁할 수 있다.

제47조 복수의 책임국

1. 복수의 국가가 동일한 국제위법행위에 책임이 있을 경우, 그 행위에 관하여는 각 국가의 책임이 추궁될 수 있다.
2. 제1항은
  (a) 어떠한 피해국도 금전배상을 통하여 자신이 입은 손해 이상으로 배상받는 것을 허용하지 아니한다.
  (b) 다른 책임국에게 구상할 권리에 영향을 미치지 않는다.

제 48 조 피해국 이외의 국가에 의한 책임 추궁

1. 다음과 같은 경우, 피해국 이외의 어떠한 국가도 제2항에 따라 타국의 책임을 추궁할 수 있다.
   (a) 위반된 의무가 당해 국가를 포함한 국가집단에 대하여 부담하는 것이고, 그 의무는 그 국가들의 집단적 이익의 보호를 위하여 수립된 경우, 또는
   (b) 위반된 의무가 국제공동체 전체에 대하여 부담하는 것일 경우
2. 제1항에 따라 책임을 추궁할 수 있는 국가는 책임국에 대하여 다음을 청구할 수 있다.
   (a) 제30조에 따른 국제위법행위의 중지와 재발방지의 보증 및 보장, 그리고
   (b) 위의 조항들에 따라 피해국이나 위반된 의무의 수혜자를 위한 배상의무의 이행
3. 제43조, 제44조, 제45조에 의한 피해국의 책임추궁 요건들은 제1항에 따라 권리가 부여된 국가의 책임추궁에도 적용된다.

제 2 장 대응조치

제 49 조   대응조치의 목적과 한계

1. 피해국은 오직 국제위법행위에 책임있는 국가가 제2부에 따른 의무를 준수하도록 하기 위하여 당해국가에 대한 대응조치를 취할 수 있다.
2. 대응조치는 조치를 취하는 국가가 책임국에 대한 국제의무를 당분간 이행하지 않는 것에 한정된다.
3. 대응조치는 가능한 한 문제된 의무의 이행을 재개시킬 수 있는 방법으로 취해져야 한다.

제 50 조   대응조치에 의하여 영향받지 않는 의무

1. 대응조치는 다음에 대하여 영향을 주어서는 안 된다.
   (a) 국제연합헌장에 구현되어 있는 무력의 위협 또는 무력의 행사를 삼갈 의무,
   (b) 기본적 인권을 보호할 의무,
   (c) 복구가 금지되는 인도적 성격의 의무,
   (d) 일반국제법상의 강행규범에 따른 기타 의무
2. 대응조치를 취하는 국가는 다음 의무의 이행으로부터 면제되지 아니한다.
   (a) 자국과 책임국 간에 적용되는 분쟁해결절차에 따를 의무,
   (b) 외교사절 또는 영사, 공관지역, 문서 및 서류의 불가침을 존중할 의무

제 51 조   비례성

대응조치는 국제위법행위의 심각성과 문제되는 권리를 고려하여, 입은 피해에 비례하여야 한다.

제 52 조   대응조치에의 호소를 위한 요건

1. 대응조치를 취하기에 앞서 피해국은
   (a) 제43조에 따라 책임국에게 제2부상의 의무를 이행할 것을 요구하여야 하고,
   (b) 대응조치를 취하기로 한 모든 결정을 책임국에게 통고하고, 당해 국가에 협상을 제안하여야 한다.
2. 제1항 (b)호에도 불구하고 피해국은 자국의 권리를 보호하기 위하여 필요한 긴급대응조치를 취할 수 있다.

3. 다음의 경우에는 대응조치가 취하여질 수 없고, 이미 취해진 경우라면 지체 없이 중단되어야 한다.
   (a) 국제위법행위가 중지되었고,
   (b) 분쟁이 당사자에게 구속력 있는 결정을 내릴 수 있는 권한을 가진 법원 또는 재판소에 계속 중인 경우
4. 제3항은 책임국이 분쟁해결절차를 신의성실하게 이행하지 않는 경우에는 적용되지 않는다.

제 53 조 대응조치의 종료
책임국이 국제위법행위와 관련하여 제2부상의 의무를 이행한다면, 대응조치는 즉시 종료되어야 한다.

제 54 조 피해국 이외의 국가에 의하여 취하여지는 조치
본 장은 위반행위의 중지 및 피해국 또는 위반의무의 수혜자를 위한 배상을 확보하기 위하여 제48조 제1항에 따라 타국의 책임을 추궁할 권리가 있는 모든 국가가 그 타국에 대하여 합법적 조치를 취할 권리에 영향을 미치지 않는다.

제 4 부 일반조항

제 55 조 특별법
본 조항들은 국제위법행위의 성립요건과 국가의 국제책임의 내용이나 이행이 국제법상의 특별원칙의 지배를 받는 경우, 그 범위 내에서는 적용되지 아니한다.

제 56 조 본 조항들에 의하여 규율되지 않는 국가책임의 문제
본 조항들에 의하여 규율되지 않은 범위에서는 국제법의 적용가능한 원칙들이 국제위법행위에 관한 국가책임상의 문제들을 계속하여 지배한다.

제 57 조 국제기구의 책임
본 조항들은 국제기구 또는 국제기구의 행위에 관한 국가의 국제법상의 어떠한 책임문제에도 영향을 미치지 않는다.

제 58 조 개인의 책임
본 조항들은 국가를 대표하여 행동하는 개인의 국제법상 개인적 책임과 관련된 여하한 문제에도 영향을 미치지 않는다.

제 59 조 국제연합헌장
본 조항들은 국제연합헌장에 영향을 미치지 않는다.

04 | ILC 외교보호 초안(2006)

제 1 조 정의와 범위
이 초안규정의 목적을 위하여, 외교적 보호는 한 국가가 다른 국가의 국제위법행위로 인하여 초래된 자국 국적의 자연인 또는 법인에 대한 피해에 대하여 외교적 조치 또는 다른 평화적 해결 수단을 통하여 그 국가의 책임을, 이행의 목적으로 추궁하는 것이다.

제 2 조 외교적 보호를 행사할 권리
국가는 이 초안 규정에 따라 외교적 보호를 행사할 권리를 갖는다.

제 3 조 국적국에 의한 보호
1. 외교적 보호를 행사할 권리를 갖는 국가는 국적국이다.
2. 제1항에도 불구하고, 초안 규정 제8조에 따라 국가는 자국민이 아닌 사람에 대하여 외교적 보호를 행사할 수 있다.

제 4 조 자연인의 국적국
자연인에 대한 외교적 보호의 목적상, 국적국은 그 자연인이 국제법에 불합치하지 않는 방법으로 그 국가의 법에 따라 출생, 혈통, 귀화, 국가승계 또는 다른 방법으로 취득한 국적의 국가를 의미한다.

제 5 조 자연인의 계속적인 국적
1. 국가는 피해 일자로부터 공식 청구 제기 일자까지 계속하여 그 국가의 국적자인 사람에 대하여 외교적 보호를 행사할 권리를 갖는다. 국적이 양 일자에 모두 존재하는 경우, 계속성은 추정된다.
2. 제1항에도 불구하고, 국가는 피해 일자에는 자국민이 아니었으나, 공식 청구 제기 일자에는 자국민인 개인에 대하여 외교적 보호를 행사할 수 있다. 단, 그 개인이 전임국의 국적을 보유하고 있었거나, 이전 국적을 상실하고 청구 제기와 관련이 없는 이유로 국제법에 불합치하지 않는 방법으로 국적국의 국적을 취득한 경우에 한한다.
3. 개인의 현재 국적국은 그 개인이 이전 국적국의 국민이고 현재 국적국의 국민이 아닌 때에 입은 피해에 대하여 이전 국적국에 대하여 외교적 보호권을 행사할 수 없다.
4. 국가는 공식 청구 제기 일자 후에 피청구국의 국적을 취득한 자에 대하여 외교적 보호를 행사할 권리가 더 이상 없다.

제 6 조 복수국적 및 제3국에 대한 청구
1. 이중 또는 복수국적자의 국적국은 그 국적자와 관련하여 국적국이 아닌 국가에 대하여 외교적 보호를 행사할 수 있다.
2. 이중 또는 복수국적자와 관련하여 둘 또는 그 이상의 국적국이 공동으로 외교적 보호를 행사할 수 있다.

제 7 조   복수국적 및 국적국에 대한 청구
국적국은 자국의 국적이 피해 일자와 공식청구 제기 일자 양일에 우세하지 않다면 그 개인이 국적자인 다른 국가에 대하여 그 개인과 관련하여 외교적 보호를 행사할 수 없다.

제 8 조   무국적자와 난민
1. 국가는 피해 일자와 공식청구 제기 일자에 그 국가에서 합법적이고 상시적으로 거주 중인 무국적자에 대하여 외교적 보호를 행사할 수 있다.
2. 국가는 국제적으로 승인된 기준에 따라 그 국가에 의하여 난민으로 인정되고, 피해 일자와 공식청구 제기 일자에 그 국가에서 합법적이고 상시적으로 거주 중인 자에 대하여 외교적 보호를 행사할 수 있다.
3. 난민의 국적국의 국제위법행위로 인한 피해와 관련하여서는 제2항은 적용되지 않는다.

제 9 조   회사의 국적국
회사에 대한 외교적 보호의 목적상, 국적국은 회사가 그 국내법에 따라 설립된 국가를 의미한다. 그러나 회사가 다른 국가 또는 국가들의 국적인에 의해 지배되고 있고 설립지국에 실질적인 사업활동이 없는 경우, 그리고 그 회사의 본점소재지 및 재무지배소재지가 모두 다른 국가에 위치하는 경우 그 국가가 국적국으로 간주된다.

제 10 조   회사의 계속적인 국적
1. 국가는 피해 일자로부터 공식청구 제기 일자까지 계속하여 자국 또는 전임국의 국적인 회사와 관련하여 외교직 보호를 행사할 권리를 갖는다. 그 국적이 양 일자에 모두 존재하는 경우 계속성은 추정된다.
2. 국가는 공식청구 제기 일자 후에 피청구국의 국적을 취득한 회사에 대하여 외교적 보호를 행사할 권리가 더 이상 없다.
3. 제1항에도 불구하고, 국가는 피해 일자에 자국 국적이었고, 그 피해의 결과로 설립지국의 법에 따라 더 이상 존재하지 않는 회사에 대하여는 계속적으로 외교적 보호를 행사할 권리를 갖는다.

제 11 조   주주의 보호
다음에 해당하지 않는 경우, 회사의 주주의 국적국은 회사의 피해와 관련하여 주주에 대하여 외교적 보호를 행사할 권리가 없다.
(a) 회사가 피해와 관련 없는 이유로 설립지국의 법에 따라 더 이상 존재하지 않는 경우 또는
(b) 회사가 피해일자에 피해를 야기한 책임이 있다고 주장되는 국가의 국적을 갖고 있었고, 그 국가에서의 사업 수행을 위한 전제조건으로서 그 국가에서의 설립이 요구된 경우

제 12 조   주주에 대한 직접 피해
국가의 국제위법행위가 회사 자체의 권리와 별개로 주주의 권리에 직접적인 피해를 야기하는 경우, 그 주주의 국적국은 그 자국민에 대하여 외교적 보호를 행사할 권리를 갖는다.

제 13 조 기타 법인

이 장에 포함된 원칙들은 회사가 아닌 법인의 외교적 보호에 대하여 적절하게 적용할 수 있다.

제 14 조 국내 구제의 완료

1. 국가는 자국 국적인 또는 초안 규정 제8조에 언급된 다른 사람에 대한 피해와 관련하여 그 피해를 입은 자가 초안 규정 제15조를 조건으로 모든 국내 구제를 완료하기 전에는 국제청구를 제기할 수 없다.
2. "국내 구제"란 피해를 야기한 책임이 있다고 주장되는 국가의 사법적 또는 행정적 법원이나 기관 앞에서 그 피해를 입은 자에게 개방된 법적 구제를 의미한다. 그 법원 또는 기관이 일반적인지 특별한지 여부를 불문한다.
3. 국제 청구 또는 그 청구에 관한 선언적 판결에 대한 요청이 자국 국적인 또는 초안 규정 제8조에 언급된 다른 사람의 피해에 우세하게 기초하여 제기되는 경우, 국내 구제는 완료되어야 한다.

제 15 조 국내 구제의 원칙의 예외

아래의 경우 국내 구제는 완료될 필요가 없다.
(a) 실효적 보상을 제공하는 합리적으로 이용가능한 국내 구제 수단이 없거나 국내 구제 수단이 실효적 보상의 합리적인 가능성을 제공하지 않는 경우
(b) 구제절차에 부당한 지연이 있으며, 이것이 책임이 있다고 주장되는 국가에 귀속되는 경우
(c) 피해 일자에 피해자와 책임이 있다고 주장되는 국가 사이에 관련성 있는 연결고리가 존재하지 않는 경우
(d) 피해자가 국내 구제 수단에서 명백히 배제된 경우
(e) 책임이 있다고 주장되는 국가가 국내 구제완료의 요건을 포기한 경우

제 16 조 외교적 보호 이외의 조치 또는 절차

국제위법행위의 결과로서 발생한 피해에 대한 보상을 확보하기 위해 국제법에 따라 외교적 보호 이외의 조치 또는 절차를 이용할 수 있는 국가, 자연인, 법인 또는 다른 실체의 권리는 이 초안 규정의 영향을 받지 않는다.

제 17 조 국제법의 특별 규칙

이 초안 규정은 투자보호를 위한 조약 규정과 같은 국제법의 특별규칙과 양립하지 않는 범위에서는 적용되지 않는다.

제 18 조 선원의 보호

선원이 국제위법행위로 인해 선박에 발생한 피해와 연관되어 피해를 입은 경우, 선원의 국적국이 외교적 보호권을 행사할 권리는 국적과 상관없이 그 선원을 대신하여 보상을 구할 선박의 국적국의 권리에 의해 영향을 받지 않는다.

제 19 조　권고적 관행

이 초안 규정에 따라 외교적 보호를 행사할 권리를 갖는 국가는,

(a) 특히 중대한 피해가 발생한 경우, 외교적 보호를 행사하는 가능성을 충분히 고려해야 한다.

(b) 외교적 보호 행사여부 및 청구할 손해배상에 관하여 가능한 한 피해자의 의견을 고려해야 한다.

(c) 피해에 대하여 책임국으로부터 받은 배상금은 합리적인 공제를 조건으로 피해자에게 양도해야 한다.

05 | 국가 및 그 재산의 관할권 면제에 관한 국제연합협약(2004)

제1부 서칙(序則)

제 1 조   본 협약의 적용범위
본 협약은 국가 및 그 재산의 타국 법정으로부터의 관할권 면제에 대해 적용된다.

제 2 조   용어의 사용
1. 본 협약의 목적상,
   (a) "법정"이라 함은 그 명칭이 무엇이든 간에 사법적 기능의 수행을 위임받은 모든 국가기관을 의미한다.
   (b) "국가"라 함은,
      (i) 국가 및 각종 정부기관,
      (ii) 연방국가의 구성단위 또는 국가의 주권적 권위의 행사를 위임받아 그 자격으로 행동하는 국가의 정치적 하부조직,
      (iii) 국가의 주권적 권위의 행사를 위임받아 실제로 이를 수행하는 국가의 기관 또는 조직 및 기타 주체, 그리고
      (iv) 직무상으로 행동하는 국가의 대리인을 의미한다.
   (c) "상업적 거래"라 함은,
      (i) 상품의 판매 또는 용역의 공급을 위한 모든 상업적 계약 및 거래
      (ii) 차관 및 기타 금전적 성격의 거래를 위한 모든 계약(이는 그러한 차관 및 거래에 관한 보증 또는 배상의 채무를 포함한다)
      (iii) 기타 상업적, 산업상의, 무역상의 또는 직업적 성격의 계약 및 거래(단, 사람의 고용을 위한 계약은 제외함)를 의미한다.
2. 계약 또는 거래가 제1항 (c)에서 언급한 "상업적 거래"인가의 여부를 결정함에 있어서 그 계약 및 거래의 성격이 우선적으로 고려되어야 한다. 그러나, 그러한 계약 또는 거래의 당사자들이 그같이 합의하거나 또는 법정지국의 실행상 그 계약 또는 거래의 목적이 그 비상업적 성격을 결정하는 데 관련이 있는 경우에는 그 목적도 아울러 고려되어야 한다.
3. 본 협약에서의 용어의 사용에 관한 제1항 및 제2항의 규정은 다른 국제문서 또는 여하한 국가의 국내법에서의 이들 용어의 사용 또는 그 부여된 의미들을 저해하지 아니한다.

제 3 조   본 협약에 의해 영향 받지 않는 특권 및 면제
1. 본 협약은 국가가 다음 사람들의 직무수행과 관련하여 국제법상 향유하는 특권과 면제를 저해하지 아니한다.
   (a) 외교사절, 영사, 특별사절, 국제기구주재 사절, 국제기구 기관 또는 국제회의에 파견된 대표, 그리고
   (b) 이들의 수행인들

2. 마찬가지로 본 협약은 국제법상 국가원수들에게 부여된 인적 특권과 면제를 저해하지 아니한다.
3. 본 협약은 국가에 의하여 소유되거나 운영되는 항공기 또는 우주물체와 관련하여 국제법에 의하여 국가가 향유하는 면제를 저해하지 않는다.

제 4 조   본 협약의 불소급

본 협약은 본 협약이 관계국들에 대하여 발효되기 이전에 그 국가를 상대로 제기된 소송에 있어서 야기되는 국가 및 그 재산의 관할권 면제와 관련된 여하한 문제에 대해서도 적용되지 아니한다. 단, 이는 본 협약에서 언급된 규칙으로서 본 협약과는 관계없이 국제법상 국가 및 그 재산의 관할권 면제를 규율하는 여하한 규칙들의 적용도 방해하지 않는다.

제 2 부 일반원칙

제 5 조   국가면제

국가는 본 협약의 규정에 따르는 것을 조건으로 그 스스로 또는 그 재산과 관련하여 타국 법정의 관할권으로부터 면제를 향유한다.

제 6 조   국가면제를 인정하는 방법

1. 국가는 타국을 상대로 자국 법정에 제기된 소송에서 관할권 행사를 삼감으로써 제5조에 규정된 국가면제를 인정하여야 하며, 이를 위해 자국 법정이 자발적으로 제5조에 규정된 타국의 면제를 존중하도록 확보해야 한다.
2. 다음의 경우 국가의 법정에 제기된 소송은 타국을 상대로 제기된 것으로 간주한다.
   (a) 타국이 소송의 당사자로 거명된 경우 또는
   (b) 타국이 소송의 당사자로 거명되지 않았으나 실제에 있어서 그 소송이 그 타국의 재산, 권리, 이익 또는 활동에 영향을 줄 목적을 가지는 경우

제 7 조   관할권 행사에 대한 명시적 동의

1. 국가는 어떠한 사항 또는 사건과 관련하여 타국의 법정이 관할권을 행사하는 데에 다음과 같은 방법을 통해 명시적으로 동의한 경우, 그 사항 또는 사건과 관련하여 타국의 법정에 제기된 소송에서 관할권 면제를 원용할 수 없다.
   (a) 국제협정,
   (b) 서면상의 계약,
   (c) 특정 소송에서 법정에서의 선언 또는 서면상의 통고
2. 타국 법의 적용에 대한 국가의 동의는 그 타국 법정에 의한 관할권 행사에 대한 동의로 간주될 수 없다.

제 8 조   법정에서의 소송 참가의 효과

1. 국가는 다음의 경우 타국 법정에서의 소송에 있어서 관할권 면제를 주장할 수 없다.
   (a) 그 국가 스스로 소를 제기한 경우 또는
   (b) 그 국가 스스로 소송에 참가하거나 본안과 관련하여 여타의 행동을 취한 경우. 그러나, 국가가 그러한 행동을 취할 때까지 면제의 주장의 근거가 될 수 있는 사실들을 근거로 면제를 주장할 수 있다. 단, 이는 그 같은 면제의 주장이 가능한 한 최단시일 내에 이루어지는 경우에 한한다.

2. 국가는 오로지 다음의 목적을 위하여 소송에 참가하거나 여타의 행동을 취한 경우, 타국 법정의 관할권 행사에 동의한 것으로 간주될 수 없다.
   (a) 면제를 주장하거나
   (b) 소송에서 문제되는 재산과 관련한 권리 또는 이익을 주장하는 것
3. 국가의 대리인이 타국의 법정에 증인으로서 출석하는 경우, 이는 전자의 국가가 그 법정의 관할권 행사에 동의하는 것으로 해석될 수 없다.
4. 국가가 타국 법정에서의 소송에 출석하지 않는 경우, 이는 전자의 국가가 그 법정의 관할권 행사에 동의하는 것으로 해석될 수 없다.

제 9 조   반소(反訴)

1. 타국 법정에서의 소송을 제기하는 국가는 그 주된 청구와 동일한 법적 관계 또는 사실로부터 제기되는 여하한 반소와 관련하여 그 법정의 관할권으로부터의 면제를 주장할 수 없다.
2. 타국 법정에서의 소송에서 청구를 제기하기 위해 참가하는 국가는 그 국가에 의해 제기된 청구와 동일한 법적 관계 또는 사실로부터 제기되는 여하한 반소와 관련하여 그 법정의 관할권으로부터의 면제를 주장할 수 없다.
3. 타국 법정에서 자기를 상대로 제기된 소송에서 반소를 제기하는 국가는 그 주된 청구와 관련하여 그 법정의 관할권으로부터의 면제를 주장할 수 없다.

제 3 부 국가면제가 원용될 수 없는 소송

제 10 조   상업적 거래

1. 국가가 외국의 자연인 또는 법인과의 상업적 거래에 참가하고 있고 적용 가능한 국제 사법의 원칙에 의해 그 상업적 거래에 관련된 분쟁이 타국 법정의 관할권에 속하는 경우, 그 국가는 그 상업적 거래로부터 제기되는 소송에서 그 관할권으로부터의 면제를 주장할 수 없다.
2. 제1항은 다음의 경우에는 적용되지 아니한다.
   (a) 국가 간의 상업적 거래의 경우 또는
   (b) 그 상업적 거래의 당사자들이 명시적으로 별도의 합의를 하는 경우
3. 국영기업 또는 국가에 의해 설립되어 독립된 법인격을 가지며 다음의 능력이 있는 주체가 그 스스로 참가하고 있는 상업적 거래에 연루되는 경우, 그 국가가 향유하는 재판관할권의 면제는 영향 받지 않는다.
   (a) 원고 또는 피고 자격, 그리고
   (b) 국가가 그 운영 또는 관리를 허가한 재산을 포함한 재산의 취득, 소유 및 처분의 능력

제 11 조   고용계약

1. 관계국들 간에 별도의 합의가 없는 경우, 국가는 타국의 영토상에서 전체적으로 또는 부분적으로 수행되었거나 또는 수행될 사업을 위해 그 국가와 개인 간에 체결된 고용계약과 관련된 소송에 있어서 권한 있는 그 타국의 법정에서 관할권 면제를 주장할 수 없다.

2. 제1항은 다음과 같은 경우에 적용되지 아니한다.
    (a) 피고용자가 공권력행사에 있어 특별한 기능의 수행을 위하여 고용된 경우
    (b) 피고용자가 다음에 해당되는 경우
        (ⅰ) 1961년 외교관계에 관한 비엔나협약에서 정의된 외교관
        (ⅱ) 1963년 외교관계에 관한 비엔나협약에서 정의된 영사관
        (ⅲ) 국제기구에 파견된 상주사절 또는 특별사절의 외교직원이거나, 또는 국제회의에서 국가를 대표하기 위하여 고용된 자
        (ⅳ) 기타 외교면제를 향유하는 사람
    (c) 소송의 대상이 개인의 채용, 고용의 갱신 또는 복직에 관련된 경우
    (d) 소송의 대상이 개인의 해고 또는 고용의 종료이며, 고용국의 국가원수, 정부수반, 또는 외무부장관에 의하여 그러한 소송이 그 국가의 안보상의 이익과 관련된 것임이 확인되는 경우
    (e) 피고용자가 소송 개시 당시 고용국의 국민이면서 법정지국에 상주주소를 갖지 않고 있는 경우
    (f) 고용국과 피고용자가 서면상으로 달리 합의한 경우, 이는 소송의 대상을 이유로 법정지국의 법정에 대하여 배타적 관할권을 부여하는 공공정책의 고려에 따를 것을 조건으로 한다.

제 12 조 인적 피해 및 재산상의 손해

관계국들 간에 별도의 합의가 없는 한, 국가는 타국의 권한 있는 법정에서 자국에게 귀속되는 것으로 주장되는 작위 또는 부작위로 인한 사망 기타 인적 피해 또는 유형의 재산상의 피해에 대한 금전적 배상에 관한 소송에 있어서 관할권 면제를 원용할 수 없다. 단, 이는 그 작위 또는 부작위가 전체적으로 또는 부분적으로 그 타국의 영토상에서 발생하였으며 그 작위 또는 부작위의 주체가 그 작위 또는 부작위의 발생 당시에 그 영토상에 있는 경우에 한한다.

제 13 조 재산의 소유·점유 및 사용

관계국들 간에 별도의 합의가 없는 한, 국가는 타국의 권한 있는 법정에서 다음 사안들에 대한 결정과 관계된 소송에 있어서 관할권 면제를 원용할 수 없다.
(a) 법정지국에 소재하는 부동산에 대한 국가의 여하한 권리 또는 이익, 그 소유 또는 사용, 혹은 그러한 이익 또는 그 소유 또는 사용으로부터 발생되는 국가의 여하한 의무
(b) 상속, 증여 또는 무주물 정부귀속(bona vacantia)으로서 취득한 동산 또는 부동산에 대한 국가의 여하한 권리 또는 이익
(c) 신탁재산, 파산자의 재산, 해산기업의 재산 등과 같은 재산의 관리에 대한 국가의 여하한 권리 또는 이익

제 14 조 지적 및 산업소유권

관계국들 간에 별도의 합의가 없는 한, 국가는 타국의 권한 있는 법정에서 다음 사항들에 대한 소송에 있어서 관할권 면제를 원용할 수 없다.
(a) 법정지국 내에서 잠정적이라 하더라도 법적 보호 조치를 향유하는 특허, 공업의장, 상품 또는 기업의 명칭, 상표, 저작권 또는 기타 형태의 지적 또는 산업소유권에 대한 그 국가의 여하한 권리의 결정,

(b) 위의 (a)에 언급된 성질의 권리로서 제3자에게 속하고 법정지국에서 보호받는 권리가 그 국가에 의하여 침해되었다는 주장

제 15 조　기업 또는 기타 공동체에의 참여

1. 국가는 타국의 권한 있는 법정에서 유한회사이든 무한회사이든 기업 또는 기타 법인체에의 참여에 관한 소송으로서 그 국가와 그 법인 또는 다른 참여자들과의 관계에 대한 소송에 있어 관할권 면제를 원용할 수 없다. 이는 그 법인체가 다음과 같은 요건을 갖춘 경우에 한한다.
   (a) 국가 또는 국제기구 이외의 주체들을 그 참여자로 하며,
   (b) 법정지국의 법에 근거하여 조직 또는 설립되었거나 또는 그 국가 내에 소재하고 있거나 주된 활동장소를 갖고 있는 경우
2. 그러나 국가는 관계국들 간에 특별한 합의가 있거나 또는 분쟁당사자들이 서면상으로 별도의 합의를 하는 경우 또는 그 법인의 설립문서 또는 규칙이 그 같은 규정을 포함하고 있는 경우, 상기의 소송에서 관할권면제를 원용할 수 있다.

제 16 조　국가에 의해 소유 또는 운영되는 선박

1. 관계국들 간에 별도의 합의가 없는 한, 선박을 소유하거나 운영하는 국가는 그 선박의 운영과 관련된 소송에 있어서 그 소송원인의 발생시 선박이 비상업적 공무 목적 이외의 용도로 사용된 경우, 타국의 권한 있는 법정에서 관할권면제를 원용할 수 없다.
2. 제1항은 군함 및 해군보조함들에 대해서는 적용되지 않으며, 국가에 의해 소유 또는 운영되고 당분간 오로지 비상업적 공무를 위해 사용되는 기타 선박들에 대해 적용되지 않는다.
3. 관계국 간에 별도의 합의가 없는 한, 국가는 자국에 의해 소유되거나 운영되는 선박에 의한 화물운송과 관련된 소송에 있어 그 소송원인의 발생시 그 선박이 비상업적 공무 목적 이외의 용도로 사용된 경우, 타국의 권한 있는 법정에서 관할권 면제를 원용할 수 없다.
4. 제3항은 제2항에 언급된 선박에 의해 수송되는 여하한 화물에 대해서도 적용되지 않으며, 국가에 의해 소유되거나 또는 오로지 비상업적 공무 목적을 위해 사용되거나 그 같이 의도된 여하한 화물에 대해서도 적용되지 않는다.
5. 국가는 사유의 선박 및 화물 그리고 그 소유주들이 향유하는 모든 방어수단, 시효 및 책임의 한계를 주장할 수 있다.
6. 소송에서 국가에 의하여 소유되거나 운영되는 선박 또는 국가소유 화물의 비상업적 공무 성격과 관련하여 문제가 제기되는 경우, 해당국가의 외교대표 또는 기타 권한 있는 당국에 의해 서명되고 그 법정에 제출된 증명서가 그 선박 또는 화물의 성격에 대한 증거로 인정된다.

제 17 조　중재협정의 효과

국가가 외국의 자연인 또는 법인과 상업적 거래에 관한 분쟁을 중재재판에 부탁하기로 명시적 합의를 하는 경우 이 중재협정에서 별도로 규정하지 않는 한, 그 국가는 다음 사항들에 관련된 소송에 있어 타국의 권한 있는 법정에서 관할권 면제를 원용할 수 없다.
(a) 중재협정의 효력, 해석 또는 적용
(b) 중재절차 또는
(c) 중재결정의 확인 또는 파기

제4부 법정에서의 소송과 관련된 강제조치로부터의 국가면제

제18조 판결 전 강제조치로부터의 국가면제

타국 법정에서의 소송과 관련하여 국가의 재산에 대해서는 압류 또는 억류와 같은 여하한 판결 전 강제조치도 취해질 수 없다. 단, 그러한 조치는 다음과 같은 예외적인 경우 그 범위 내에서 취해질 수 있다.

(a) 그 국가가 그러한 조치의 집행에 대하여 다음과 같은 방법에 의해 명시적으로 동의한 경우
  (i) 국제협정에 의하여,
  (ii) 중재협정에 의하여 또는 서면상의 계약에서, 또는
  (iii) 법정에서의 선언에 의하여 또는 당사자 간 분쟁 발생 후 서면상의 통고에 의하여 또는
(b) 국가가 소송의 대상이 되는 청구의 만족을 위하여 재산을 할당하거나 특정한 경우

제19조 판결 후 강제조치로부터의 국가면제

타국 법정에서의 소송과 관련하여 국가의 재산에 대해서는 압류, 억류 또는 집행과 같은 여하한 판결 후 강제조치라도 취하여질 수 없다. 단, 그러한 조치는 다음과 같은 예외적인 경우 그 범위 내에서 취해질 수 있다.

(a) 그 국가가 그러한 조치의 집행에 대하여 다음과 같은 방법에 의해 명시적으로 동의한 경우
  (i) 국제협정에 의하여,
  (ii) 중재협정에 의하여 또는 서면상의 계약에서, 또는
  (iii) 법정에서의 선언에 의하여 또는 당사자 간의 분쟁 발생 후 서면상의 통고에 의하여, 또는
(b) 그 국가가 소송의 대상이 되는 청구의 만족을 위하여 재산을 할당하였거나 특정한 경우, 또는
(c) 그 판결 후 강제조치가 오로지 그 소송이 상대로 하고 있는 단체와 관련을 가지는 재산에 대해서만 취하여질 수 있는 경우로서, 그 재산이 특별히 비상업적 공무 목적 이외의 용도를 위해 국가에 의해 사용되거나 그 같이 의도되었고 법정지국의 영토상에 존재하는 것이 확인된 경우

제20조 관할권에 대한 동의가 강제조치에 미치는 효과

제18조 및 제19조에 따라 강제조치에 대한 동의가 요구되는 경우, 제7조에 의한 관할권 행사에 대한 동의는 강제조치를 취하는 데 대한 동의를 포함하지 않는다.

제21조 특별한 범주의 재산

1. 특히 다음의 범주에 속하는 국가의 재산은 제19조 (c)에서 언급된 특별히 비상업적 공무 목적 이외의 용도를 위해 국가에 의해 사용되거나 그같이 의도된 재산으로 간주되지 않는다.
  (a) 그 국가의 외교사절 또는 영사관, 특별사절, 국제기구에 파견된 사절 또는 국제기구의 기관 또는 국제회의에 파견된 대표들의 직무 수행에 사용되거나 그같이 의도된 은행계좌를 포함한 재산,

(b) 군사적 성격의 재산 또는 군사적 기능의 수행에 사용되거나 그같이 의도된 재산,
(c) 그 국가의 중앙은행 또는 기타 금융당국의 재산,
(d) 그 국가의 문화유산 또는 공문서의 일부를 구성하며 판매를 목적으로 배치되거나 그같이 의도되지 않은 재산,
(e) 과학적, 문화적 또는 역사적 성격의 전시품의 일부를 구성하며 판매를 목적으로 배치되거나 그같이 의도되지 않은 재산
2. 제1항은 제18조와 제19조 (a) 및 (b)를 저해하지 않는다.

제5부 잡칙

제 22 조 소송서류의 송달
1. 소환장 또는 기타 국가를 상대로 하는 소송서류의 송달은 다음과 같이 이루어진다.
   (a) 법정지국과 관계국을 구속하는 현행의 국제협약에 따라, 또는
   (b) 법정지국의 법에 반하지 않는 범위 내에서, 청구인과 관계국 간에 체결된 송달 관련 특별협정에 따라, 또는
   (c) 그러한 협약 또는 특별협정이 존재하지 않는 경우,
      (ⅰ) 외교경로를 통해 관계국 외무장관에게 송부되거나,
      (ⅱ) 법정지국의 법에 반하지 않는 범위 내에서, 해당국가에 의해 수락되는 기타의 방법에 의해
2. 제1항 (c) (ⅰ)에 언급된 소송서류의 송달은 외무장관에 의해 서류가 수령됨으로써 완료된 것으로 간주한다.
3. 이들 서류에는 필요한 경우 관계국의 공식 언어 또는 공식 언어가 복수일 경우 이 중 하나로 된 번역본이 첨부되어야 한다.
4. 자국을 상대로 제기된 소의 본안절차에 출두하는 여하한 국가도 이 이후부터는 소송서류의 송달이 제1항과 제3항의 규정에 반하여 이루어졌음을 주장할 수 없다.

제 23 조 결석판결
1. 결석판결은 법정이 다음 사항들을 확인한 경우가 아니면 국가에 대해 부여될 수 없다.
   (a) 제20조 제1항 및 제3항에서 언급된 요건이 충족되었다는 것
   (b) 제20조 제1항 및 제2항에 따라 소환장 기타 소송서류가 송달되었거나 그같이 간주되는 날로부터 4개월 이상이 경과되었다는 것
   (c) 본 협약이 관할권 행사를 배제하지 않는다는 것
2. 국가를 상대로 부여되는 모든 결석판결의 사본은 필요한 경우 관계국의 공식언어 또는 공식언어가 복수일 경우 이 중 하나로 된 번역본과 함께 제22조 제1항에 규정된 방법들 중 하나를 통하여 그리고 동항의 규정에 따라 그 국가에 송부되어야 한다.
3. 결석판결의 파기를 신청하기 위한 기한은 판결의 사본이 관계국에 의해 수령되었거나 그같이 간주되는 날로부터 4개월 이내로 할 수 없다.

제24조 법정절차 중의 특권 및 면제

1. 국가가 특정의 행위를 하거나 삼가도록 또는 소송목적상 서류를 작성하거나 정보를 공개하도록 지시하는 타국의 법정의 명령을 이행하지 않았거나 이를 거부하는 경우, 이는 해당 사건의 본안과 관련하여 그러한 행위로부터 나올 수 있는 결과 이외에 여하한 다른 결과도 발생시키지 않는다. 특히, 그러한 불이행 또는 거부를 이유로 국가에 대해 여하한 벌금 또는 처벌도 부과될 수 없다.
2. 국가는 타국 법정에서 스스로가 피고로 되는 여하한 소송에서도 소송비용 또는 경비의 지불을 보장하기 위해 그 명칭 여하를 막론하고 여하한 담보, 보증금 또는 공탁의 제공도 요구받지 아니한다.

제6부 최종조항

제25조 부속서

본 협약의 부속서는 협약과 불가분의 일체를 구성한다.

제26조 타 국제협정

본 협약의 여하한 부분도 당사국들이 본 협약에서 다루어지는 사항과 관련하여, 그들 스스로가 당사자로 되어 있는 현행 국제협정들에 의하여 가지는 권리와 의무에 대하여 영향을 주지 않는다.

제27조 분쟁해결

1. 당사국들은 본 협약의 해석 또는 적용과 관련된 분쟁들을 교섭에 의하여 해결하도록 노력하여야 한다.
2. 본 협약의 해석 또는 적용과 관련된 둘 또는 그 이상의 당사국들 간의 분쟁으로서 교섭에 의하여 6개월 이내에 해결될 수 없는 여하한 분쟁도 이들 당사국 중 여하한 국가의 요청에 의해서도 중재재판에 부탁되어야 한다. 중재재판 요청일로부터 6개월이 경과한 후에도 이들 당사국들이 중재재판의 구성에 대하여 합의하지 못하는 경우, 이들 당사국 중 여하한 국가도 국제사법재판소 규정에 따른 재판신청에 의하여 그 분쟁을 동 재판소에 부탁할 수 있다.
3. 각 당사국은 본 협약의 서명, 비준, 수락 또는 승인, 또는 가입시에 제2항에 구속받지 않음을 선언할 수 있다. 그러한 선언을 한 여하한 당사국과의 관계에서도 다른 당사국들은 제2항에 구속받지 않는다.
4. 제3항에 따라 선언을 한 여하한 당사국도 언제든지 국제연합 사무총장에게 통고함으로써 그 선언을 철회할 수 있다.

제28조 서명

본 협약은 모든 국가들의 서명을 위하여 2007년 1월 17일까지 뉴욕의 국제연합 본부에서 개방된다.

제 29 조 비준, 수락, 승인 또는 가입

1. 본 협약은 비준, 수락 또는 승인되어야 한다.
2. 본 협약은 여하한 국가의 가입을 위해서도 개방된다.
3. 비준, 수락, 승인 또는 가입의 문서는 국제연합사무총장에게 기탁되어야 한다.

제 30 조 발효

1. 본 협약은 국제연합 사무총장에게 30번째의 비준, 수락, 승인 또는 가입서류가 기탁된 날로부터 30일째 되는 날에 발효한다.
2. 30번째의 비준, 수락, 인준 또는 가입 서류가 기탁된 후 본 협약을 비준, 수락, 승인 또는 가입하는 각국에 대하여, 본 협약은 그러한 국가가 비준, 수락, 승인 또는 가입 서류를 제출한 후 30일째 되는 날에 발효한다.

제 31 조 폐기

1. 여하한 당사국도 국제연합 사무총장에게 서면통고를 함으로써 본 협약을 폐기할 수 있다.
2. 폐기는 국제연합 사무총장에 의하여 통고가 접수된 후 일년 후에 발효한다. 그러나, 폐기가 관계국들 중 어느 한 국가에 대하여 발효하기 전에는, 본 협약은 한 국가를 상대로 타국의 법정에서 제기된 소송에 있어서 문제되는 국가 또는 그 재산의 관할권 면제에 관한 여하한 문제에 대해서도 적용된다.
3. 폐기는 본 협약에서 구현된 의무로서 본 협약과 관계없이 국제법에 의하여 부과되는 의무를 이행할 여하한 당사국의 책무에 대하여도 영향을 주지 않는다.

제 32 조 기탁 및 통고

1. 국제연합 사무총장은 본 협약의 기탁기관이다.
2. 국제연합 사무총장은 본 협약의 기탁기관으로서, 다음 사항들을 모든 국가들에게 통보한다.
   (a) 본 협약의 서명 및 제29조 및 31조에 따르는 비준, 수락, 승인 또는 가입 문서 또는 폐기의 통고
   (b) 제30조에 따르는 본 협약의 발효일자
   (c) 본 협약과 관련된 여하한 행위, 통고 또는 통지

제 33 조 정본

본 협약의 아랍어, 중국어, 영어, 불어, 러시아어 및 스페인어 본들은 동등하게 정본이다. 이상의 증거로서, 아래 서명자들은 각각 그들의 정부로부터 정당하게 권한을 위임받아 2005년 1월 17일 뉴욕의 국제연합본부에서 서명을 위하여 개방된 본 협약에 서명하였다.

협약에 대한 부속서 본 협약의 일부 규정에 관한 양해

본 부속서는 관련 규정들에 관한 이해를 명확히 하는 목적을 가진다.

제10조와 관련하여,
제10조의 "면제"라는 용어는 본 협약 전체의 문맥 속에서 이해되어야 한다. 제10조 3항은 "법인의 진상 규명" 문제, 국가적 단체가 청구의 만족을 피하기 위하여 그 재정상황을 의도적으로 은폐하였거나 또는 사후에 그 자산을 감소시킨 상황과 관련된 문제들 또는 기타 관련된 사항들을 선결하지 않는다.

제11조와 관련하여,
제11조 제2항 (d)의 고용국의 "안전상의 이익" 이라고 언급한 것은 무엇보다도 국가안보 및 외교사절과 영사관들의 안전을 가리키는 것으로 의도되었다. 1961년 외교관계에 관한 비엔나협약 제41조와 1963년 영사관계에 관한 비엔나협약 제55조에 따라, 이들 조항에서 언급된 모든 사람들은 접수국의 노동법을 포함한 법규들을 준수할 의무를 가진다. 동시에, 1961년 외교관계에 관한 비엔나협약 제38조 및 1963년 영사관계에 관한 비엔나협약 제71조에 따라, 접수국은 사절 및 영사관의 직무 수행에 대하여 부당하게 간섭하지 않는 방법으로 관할권을 행사하여야 한다.

제13조 및 제14조와 관련하여,
"결정"이라는 표현은 보호되는 권리들의 존재의 확인 또는 입증뿐만 아니라 그러한 권리들의 내용, 범위 및 정도를 포함한 그 실체의 평가 또는 산정을 가리키기 위하여 사용된다.

제17조와 관련하여,
"상업적 거래"라는 표현은 투자 문제들도 포함한다.

제19조와 관련하여,
(c)의 "단체"라 함은 독립된 법인격으로서의 국가, 연방국가의 구성요소, 국가의 하부조직, 독립된 법인격을 향유하는 국가 또는 다른 단체의 기관 또는 조직을 가리킨다.
(c)의 "단체와 관련을 가지는 재산"이라는 말은 소유권 또는 재산권보다 넓은 의미로 이해되어야 한다.
제19조는 "법인의 실체 규명" 문제, 국가적 단체가 청구의 만족을 피하기 위하여 그 재정상황을 의도적으로 은폐하였거나 또는 사후에 그 자산을 감소시킨 상황과 관련된 문제들 또는 기타 관련된 사항들을 선결하지 않는다.

해커스공무원 학원·인강
gosi.Hackers.com

III

국제기구

01 | UN헌장
02 | 국제연합의 특권과 면제에 관한 협약
03 | 전문기구의 특권과 면제에 관한 협약
04 | ICJ규정

Ⅲ 국제기구

01 | UN헌장(1945채택/1945발효/1991한국발효)

제1장 목적과 원칙

제 1 조

국제연합의 목적은 다음과 같다.
1. 국제평화와 안전을 유지하고, 이를 위하여 평화에 대한 위협의 방지, 제거 그리고 침략행위 또는 기타 평화의 파괴를 진압하기 위한 유효한 집단적 조치를 취하고 평화의 파괴로 이를 우려가 있는 국제적 분쟁이나 사태의 조정·해결을 평화적 수단에 의하여 또한 정의와 국제법의 원칙에 따라 실현한다.
2. 사람들의 평등권 및 자결의 원칙의 존중에 기초하여 국가 간의 우호관계를 발전시키며, 세계평화를 강화하기 위한 기타 적절한 조치를 취한다.
3. 경제적·사회적·문화적 또는 인도적 성격의 국제문제를 해결하고 또한 인종·성별·언어 또는 종교에 따른 차별없이 모든 사람의 인권 및 기본적 자유에 대한 존중을 촉진하고 장려함에 있어 국제적 협력을 달성한다.
4. 이러한 공동의 목적을 달성함에 있어서 각국의 활동을 조화시키는 중심이 된다.

제 2 조

이 기구 및 그 회원국은 제1조에 명시한 목적을 추구함에 있어서 다음의 원칙에 따라 행동한다.
1. 기구는 모든 회원국의 주권평등 원칙에 기초한다.
2. 모든 회원국은 회원국의 지위에서 발생하는 권리와 이익을 그들 모두에 보장하기 위하여, 이 헌장에 따라 부과되는 의무를 성실히 이행한다.
3. 모든 회원국은 그들의 국제분쟁을 국제평화와 안전 그리고 정의를 위태롭게 하지 아니하는 방식으로 평화적 수단에 의하여 해결한다.
4. 모든 회원국은 그 국제관계에 있어서 다른 국가의 영토보전이나 정치적 독립에 대하여 또는 국제연합의 목적과 양립하지 아니하는 어떠한 기타 방식으로도 무력의 위협이나 무력행사를 삼간다.
5. 모든 회원국은 국제연합이 이 헌장에 따라 취하는 어떠한 조치에 있어서도 모든 원조를 다하며, 국제연합이 방지조치 또는 강제조치를 취하는 대상이 되는 어떠한 국가에 대하여도 원조를 삼간다.
6. 기구는 국제연합의 회원국이 아닌 국가가, 국제평화와 안전을 유지하는데 필요한 한, 이러한 원칙에 따라 행동하도록 확보한다.

7. 이 헌장의 어떠한 규정도 본질상 어떤 국가의 국내 관할권 안에 있는 사항에 간섭할 권한을 국제연합에 부여하지 아니하며, 또는 그러한 사항을 이 헌장에 의한 해결에 맡기도록 회원국에 요구하지 아니한다. 다만, 이 원칙은 제7장에 의한 강제조치의 적용을 해하지 아니한다.

제2장 회원국의 지위

제3조
국제연합의 원회원국은, 샌프란시스코에서 국제기구에 관한 연합국 회의에 참가한 국가 또는 1942년 1월 1일의 연합국 선언에 서명한 국가로서, 이 헌장에 서명하고 제110조에 따라 이를 비준한 국가이다.

제4조
1. 국제연합의 회원국 지위는 이 헌장에 규정된 의무를 수락하고, 이러한 의무를 이행할 능력과 의사가 있다고 기구가 판단하는 그 밖의 평화 애호국 모두에 개방된다.
2. 그러한 국가의 국제연합회원국으로의 승인은 안전보장이사회의 권고에 따라 총회의 결정에 의하여 이루어진다.

제5조
안전보장이사회에 의하여 취하여지는 방지조치 또는 강제조치의 대상이 되는 국제연합회원국에 대하여는 총회가 안전보장이사회의 권고에 따라 회원국으로서의 권리와 특권의 행사를 정지시킬 수 있다. 이러한 권리와 특권의 행사는 안전보장이사회에 의하여 회복될 수 있다.

제6조
이 헌장에 규정된 원칙을 끈질기게 위반하는 국제연합회원국은 총회가 안전보장이사회의 권고에 따라 기구로부터 제명할 수 있다.

제3장 기관

제7조
1. 국제연합의 주요기관으로서 총회·안전보장이사회·경제사회 이사회·신탁통치이사회·국제사법재판소 및 사무국을 설치한다.
2. 필요하다고 인정되는 보조기관은 이 헌장에 따라 설치될 수 있다.

제8조
국제연합은 남녀가 어떠한 능력으로서든 그리고 평등의 조건으로 그 주요기관 및 보조기관에 참가할 자격이 있음에 대하여 어떠한 제한도 두어서는 아니된다.

제 4 장 총회

☐ 구성

제 9 조
1. 총회는 모든 국제연합회원국으로 구성된다.
2. 각 회원국은 총회에 5인 이하의 대표를 가진다.

☐ 임무 및 권한

제 10 조
총회는 이 헌장의 범위 안에 있거나 또는 이 헌장에 규정된 어떠한 기관의 권한 및 임무에 관한 어떠한 문제 또는 어떠한 사항도 토의할 수 있으며, 그리고 제12조에 규정된 경우를 제외하고는, 그러한 문제 또는 사항에 관하여 국제연합회원국 또는 안전보장이사회 또는 이 양자에 대하여 권고할 수 있다.

제 11 조
1. 총회는 국제평화와 안전의 유지에 있어서의 협력의 일반원칙을, 군비축소 및 군비규제를 규율하는 원칙을 포함하여 심의하고, 그러한 원칙과 관련하여 회원국이나 안전보장이사회 또는 이 양자에 대하여 권고할 수 있다.
2. 총회는 국제연합회원국이나 안전보장이사회 또는 제35조 제2항에 따라 국제연합회원국이 아닌 국가에 의하여 총회에 회부된 국제평화와 안전의 유지에 관한 어떠한 문제도 토의할 수 있으며, 제12조에 규정된 경우를 제외하고는 그러한 문제와 관련하여 1 또는 그 이상의 관계국이나 안전보장이사회 또는 이 양자에 대하여 권고할 수 있다. 그러한 문제로서 조치를 필요로 하는 것은 토의의 전 또는 후에 총회에 의하여 안전보장 이사회에 회부된다.
3. 총회는 국제평화와 안전을 위태롭게 할 우려가 있는 사태에 대하여 안전보장이사회의 주의를 환기할 수 있다.
4. 이 조에 규정된 총회의 권한은 제10조의 일반적 범위를 제한하지 아니한다.

제 12 조
1. 안전보장이사회가 어떠한 분쟁 또는 사태와 관련하여 이 헌장에서 부여된 임무를 수행하고 있는 동안에는 총회는 이 분쟁 또는 사태에 관하여 안전보장이사회가 요청하지 아니하는 한 어떠한 권고도 하지 아니한다.
2. 사무총장은 안전보장이사회가 다루고 있는 국제평화와 안전의 유지에 관한 어떠한 사항도 안전보장이사회의 동의를 얻어 매 회기 중 총회에 통고하며, 또한 사무총장은, 안전보장이사회가 그러한 사항을 다루는 것을 중지한 경우, 즉시 총회 또는 총회가 회기 중이 아닐 경우에는 국제연합회원국에 마찬가지로 통고한다.

제 13 조

1. 총회는 다음의 목적을 위하여 연구를 발의하고 권고한다.
   (가) 정치적 분야에 있어서 국제협력을 촉진하고, 국제법의 점진적 발달 및 그 법전화를 장려하는 것
   (나) 경제, 사회, 문화, 교육 및 보건분야에 있어서 국제협력을 촉진하며 그리고 인종, 성별, 언어 또는 종교에 관한 차별 없이 모든 사람을 위하여 인권 및 기본적 자유를 실현하는데 있어 원조하는 것
2. 전기 제1항 나호에 규정된 사항에 관한 총회의 추가적 책임, 임무 및 권한은 제9장과 제10장에 규정된다.

제 14 조

제12조 규정에 따를 것을 조건으로 총회는 그 원인에 관계없이 일반적 복지 또는 국가간의 우호관계를 해할 우려가 있다고 인정되는 어떠한 사태도 이의 평화적 조정을 위한 조치를 권고할 수 있다. 이 사태는 국제연합의 목적 및 원칙을 정한 이 헌장규정의 위반으로부터 발생하는 사태를 포함한다.

제 15 조

1. 총회는 안전보장이사회로부터 연례보고와 특별보고를 받아 심의한다. 이 보고는 안전보장이사회가 국제평화와 안전을 유지하기 위하여 결정하거나 또는 취한 조치의 설명을 포함한다.
2. 총회는 국제연합의 다른 기관으로부터 보고를 받아 심의한다.

제 16 조

총회는 제12장과 제13장에 의하여 부과된 국제신탁통치제도에 관한 임무를 수행한다. 이 임무는 전략지역으로 지정되지 아니한 지역에 관한 신탁통치협정의 승인을 포함한다.

제 17 조

1. 총회는 기구의 예산을 심의하고 승인한다.
2. 기구의 경비는 총회에서 배정한 바에 따라 회원국이 부담한다.
3. 총회는 제57조에 규정된 전문기구와의 어떠한 재정약정 및 예산약정도 심의하고 승인하며, 당해 전문기구에 권고할 목적으로 그러한 전문기구의 행정적 예산을 검사한다.

☐ 표결

제 18 조

1. 총회의 각 구성국은 1개의 투표권을 가진다.
2. 중요문제에 관한 총회의 결정은 출석하여 투표하는 구성국의 3분의 2의 다수로 한다. 이러한 문제는 국제평화와 안전의 유지에 관한 권고, 안전보장이사회의 비상임이사국의 선출, 경제사회이사회의 이사국의 선출, 제86조 제1항 다호에 의한 신탁통치이사회의 이사국의 선출, 신회원국의 국제연합 가입의 승인, 회원국으로서의 권리 및 특권의 정지, 회원국의 제명, 신탁통치제도의 운영에 관한 문제 및 예산문제를 포함한다.
3. 기타 문제에 관한 결정은 3분의 2의 다수로 결정될 문제의 추가적 부문의 결정을 포함하여 출석하여 투표하는 구성국의 과반수로 한다.

제 19 조

기구에 대한 재정적 분담금의 지불을 연체한 국제연합회원국은 그 연체금액이 그때까지의 만 2년간 그 나라가 지불하였어야 할 분담금의 금액과 같거나 또는 초과하는 경우 총회에서 투표권을 가지지 못한다. 그럼에도 총회는 지불의 불이행이 그 회원국이 제어할 수 없는 사정에 의한 것임이 인정되는 경우 그 회원국의 투표를 허용할 수 있다.

☐ 절차

제 20 조

총회는 연례정기회기 및 필요한 경우에는 특별회기로서 모인다. 특별회기는 안전보장이사회의 요청 또는 국제연합회원국의 과반수의 요청에 따라 사무총장이 소집한다.

제 21 조

총회는 그 자체의 의사규칙을 채택한다. 총회는 매회기마다 의장을 선출한다.

제 22 조

총회는 그 임무의 수행에 필요하다고 인정되는 보조기관을 설치할 수 있다.

제 5 장 안전보장이사회

☐ 구성

제 23 조

1. 안전보장이사회는 15개 국제연합회원국으로 구성된다. 중화민국, 불란서, 소비에트사회주의공화국연방, 영국 및 미합중국은 안전보장이사회의 상임이사국이다. 총회는 먼저 국제평화와 안전의 유지 및 기구의 기타 목적에 대한 국제연합회원국의 공헌과 또한 공평한 지리적 배분을 특별히 고려하여 그외 10개의 국제연합회원국을 안전보장이사회의 비상임이사국으로 선출한다.
2. 안전보장이사회의 비상임이사국은 2년의 임기로 선출된다. 안전보장이사회의 이사국이 11개국에서 15개국으로 증가된 후 최초의 비상임이사국 선출에서는, 추가된 4개 이사국 중 2개 이사국은 1년의 임기로 선출된다. 퇴임이사국은 연이어 재선될 자격을 가지지 아니한다.
3. 안전보장이사회의 각 이사국은 1인의 대표를 가진다.

☐ 임무와 권한

제 24 조

1. 국제연합의 신속하고 효과적인 조치를 확보하기 위하여, 국제연합회원국은 국제평화와 안전의 유지를 위한 일차적 책임을 안전보장이사회에 부여하며, 또한 안전보장이사회가 그 책임하에 의무를 이행함에 있어 회원국을 대신하여 활동하는 것에 동의한다.
2. 이러한 의무를 이행함에 있어 안전보장이사회는 국제연합의 목적과 원칙에 따라 활동한다. 이러한 의무를 이행하기 위하여 안전보장이사회에 부여된 특정한 권한은 제6장, 제7장, 제8장 및 제12장에 규정된다.
3. 안전보장이사회는 연례보고 및 필요한 경우 특별보고를 총회에 심의하도록 제출한다.

제 25 조

국제연합회원국은 안전보장이사회의 결정을 이 헌장에 따라 수락하고 이행할 것을 동의한다.

제 26 조

세계의 인적 및 경제적 자원을 군비를 위하여 최소한으로 전용함으로써 국제평화와 안전의 확립 및 유지를 촉진하기 위하여, 안전보장이사회는 군비규제체제의 확립을 위하여 국제연합회원국에 제출되는 계획을 제47조에 규정된 군사참모위원회의 원조를 받아 작성할 책임을 진다.

☐ 표결

제 27 조

1. 안전보장이사회의 각 이사국은 1개의 투표권을 가진다.
2. 절차사항에 관한 안전보장이사회의 결정은 9개 이사국의 찬성투표로써 한다.
3. 그외 모든 사항에 관한 안전보장이사회의 결정은 상임이사국의 동의 투표를 포함한 9개 이사국의 찬성투표로써 한다. 다만, 제6장 및 제52조 제3항에 의한 결정에 있어서는 분쟁당사국은 투표를 기권한다.

☐ 절차

제 28 조

1. 안전보장이사회는 계속적으로 임무를 수행할 수 있도록 조직된다. 이를 위하여 안전보장이사회의 각 이사국은 기구의 소재지에 항상 대표를 둔다.
2. 안전보장이사회는 정기회의를 개최한다. 이 회의에 각 이사국은 희망하는 경우, 각료 또는 특별히 지명된 다른 대표에 의하여 대표될 수 있다.
3. 안전보장이사회는 그 사업을 가장 쉽게 할 수 있다고 판단되는 기구의 소재지 외의 장소에서 회의를 개최할 수 있다.

제 29 조

안전보장이사회는 그 임무의 수행에 필요하다고 인정되는 보조기관을 설치할 수 있다.

제 30 조

안전보장이사회는 의장선출방식을 포함한 그 자체의 의사규칙을 채택한다.

제 31 조

안전보장이사회의 이사국이 아닌 어떠한 국제연합회원국도 안전보장이사회가 그 회원국의 이해에 특히 영향이 있다고 인정하는 때에는 언제든지 안전보장이사회에 회부된 어떠한 문제의 토의에도 투표권 없이 참가할 수 있다.

제 32 조

안전보장이사회의 이사국이 아닌 국제연합회원국 또는 국제연합회원국이 아닌 어떠한 국가도 안전보장이사회에서 심의 중인 분쟁의 당사자인 경우에는 이 분쟁에 관한 토의에 투표권 없이 참가하도록 초청된다. 안전보장이사회는 국제연합회원국이 아닌 국가의 참가에 공정하다고 인정되는 조건을 정한다.

제 6 장 분쟁의 평화적 해결

제 33 조

1. 어떠한 분쟁도 그의 계속이 국제평화와 안전의 유지를 위태롭게 할 우려가 있는 것일 경우, 그 분쟁의 당사자는 우선 교섭, 심사, 중개, 조정, 중재재판, 사법적 해결, 지역적 기관 또는 지역적 약정의 이용 또는 당사자가 선택하는 다른 평화적 수단에 의한 해결을 구한다.
2. 안전보장이사회는 필요하다고 인정하는 경우 당사자에 대하여 그 분쟁을 그러한 수단에 의하여 해결하도록 요청한다.

제 34 조

안전보장이사회는 어떠한 분쟁에 관하여도, 또는 국제적 마찰이 되거나 분쟁을 발생하게 할 우려가 있는 어떠한 사태에 관하여도, 그 분쟁 또는 사태의 계속이 국제평화와 안전의 유지를 위태롭게 할 우려가 있는지 여부를 결정하기 위하여 조사할 수 있다.

제 35 조

1. 국제연합회원국은 어떠한 분쟁에 관하여도, 또는 제34조에 규정된 성격의 어떠한 사태에 관하여도, 안전보장이사회 또는 총회의 주의를 환기할 수 있다.
2. 국제연합회원국이 아닌 국가는 자국이 당사자인 어떠한 분쟁에 관하여도, 이 헌장에 규정된 평화적 해결의 의무를 그 분쟁에 관하여 미리 수락하는 경우에는 안전보장이사회 또는 총회의 주의를 환기할 수 있다.
3. 이 조에 의하여 주의가 환기된 사항에 관한 총회의 절차는 제11조 및 제12조의 규정에 따른다.

제 36 조

1. 안전보장이사회는 제33조에 규정된 성격의 분쟁 또는 유사한 성격의 사태의 어떠한 단계에 있어서도 적절한 조정절차 또는 조정방법을 권고할 수 있다.
2. 안전보장이사회는 당사자가 이미 채택한 분쟁해결절차를 고려하여야 한다.
3. 안전보장이사회는, 이 조에 의하여 권고를 함에 있어서, 일반적으로 법률적 분쟁이 국제사법재판소규정의 규정에 따라 당사자에 의하여 동 재판소에 회부되어야 한다는 점도 또한 고려하여야 한다.

제 37 조

1. 제33조에 규정된 성격의 분쟁당사자는, 동조에 규정된 수단에 의하여 분쟁을 해결하지 못하는 경우, 이를 안전보장이사회에 회부한다.
2. 안전보장이사회는 분쟁의 계속이 국제평화와 안전의 유지를 위태롭게 할 우려가 실제로 있다고 인정하는 경우 제36조에 의하여 조치를 취할 것인지 또는 적절하다고 인정되는 해결조건을 권고할 것인지를 결정한다.

제 38 조

제33조 내지 제37조의 규정을 해하지 아니하고, 안전보장이사회는 어떠한 분쟁에 관하여도 모든 당사자가 요청하는 경우 그 분쟁의 평화적 해결을 위하여 그 당사자에게 권고할 수 있다.

제 7 장 평화에 대한 위협, 평화의 파괴 및 침략행위에 관한 조치

제 39 조

안전보장이사회는 평화에 대한 위협, 평화의 파괴 또는 침략행위의 존재를 결정하고, 국제평화와 안전을 유지하거나 이를 회복하기 위하여 권고하거나, 또는 제41조 및 제42조에 따라 어떠한 조치를 취할 것인지를 결정한다.

제 40 조

사태의 악화를 방지하기 위하여 안전보장이사회는 제39조에 규정된 권고를 하거나 조치를 결정하기 전에 필요하거나 바람직하다고 인정되는 잠정조치에 따르도록 관계당사자에게 요청할 수 있다. 이 잠정조치는 관계당사자의 권리, 청구권 또는 지위를 해하지 아니한다. 안전보장이사회는 그러한 잠정조치의 불이행을 적절히 고려한다.

제 41 조

안전보장이사회는 그의 결정을 집행하기 위하여 병력의 사용을 수반하지 아니하는 어떠한 조치를 취하여야 할 것인지를 결정할 수 있으며, 또한 국제연합회원국에 대하여 그러한 조치를 적용하도록 요청할 수 있다. 이 조치는 경제관계 및 철도, 항해, 항공, 우편, 전신, 무선통신 및 다른 교통통신수단의 전부 또는 일부의 중단과 외교관계의 단절을 포함할 수 있다.

제 42 조

안전보장이사회는 제41조에 규정된 조치가 불충분할 것으로 인정하거나 또는 불충분한 것으로 판명되었다고 인정하는 경우에는, 국제평화와 안전의 유지 또는 회복에 필요한 공군, 해군 또는 육군에 의한 조치를 취할 수 있다. 그러한 조치는 국제연합회원국의 공군, 해군 또는 육군에 의한 시위, 봉쇄 및 다른 작전을 포함할 수 있다.

제 43 조

1. 국제평화와 안전의 유지에 공헌하기 위하여 모든 국제연합회원국은 안전보장이사회의 요청에 의하여 그리고 1 또는 그 이상의 특별협정에 따라, 국제평화와 안전의 유지 목적상 필요한 병력, 원조 및 통과권을 포함한 편의를 안전보장이사회에 이용하게 할 것을 약속한다.
2. 그러한 협정은 병력의 수 및 종류, 그 준비정도 및 일반적 배치와 제공될 편의 및 원조의 성격을 규율한다.
3. 그 협정은 안전보장이사회의 발의에 의하여 가능한 한 신속히 교섭되어야 한다. 이 협정은 안전보장이사회와 회원국 간에 또는 안전보장이사회와 회원국집단 간에 체결되며, 서명국 각자의 헌법상의 절차에 따라 동 서명국에 의하여 비준되어야 한다.

제 44 조

안전보장이사회는 무력을 사용하기로 결정한 경우 이사회에서 대표되지 아니하는 회원국에게 제43조에 따라 부과된 의무의 이행으로서 병력의 제공을 요청하기 전에 그 회원국이 희망한다면 그 회원국 병력 중 파견부대의 사용에 관한 안전보장이사회의 결정에 참여하도록 그 회원국을 초청한다.

제 45 조

국제연합이 긴급한 군사조치를 취할 수 있도록 하기 위하여, 회원국은 합동의 국제적 강제조치를 위하여 자국의 공군파견부대를 즉시 이용할 수 있도록 유지한다. 이러한 파견부대의 전력과 준비정도 및 합동조치를 위한 계획은 제43조에 규정된 1 또는 그 이상의 특별협정에 규정된 범위 안에서 군사참모위원회의 도움을 얻어 안전보장이사회가 결정한다.

제 46 조

병력사용계획은 군사참모위원회의 도움을 얻어 안전보장이사회가 작성한다.

제 47 조

1. 국제평화와 안전의 유지를 위한 안전보장이사회의 군사적 필요, 안전보장이사회의 재량에 맡기어진 병력의 사용 및 지휘, 군비규제 그리고 가능한 군비축소에 관한 모든 문제에 관하여 안전보장이사회에 조언하고 도움을 주기 위하여 군사참모위원회를 설치한다.
2. 군사참모위원회는 안전보장이사회 상임이사국의 참모총장 또는 그의 대표로 구성된다. 이 위원회에 상임위원으로서 대표되지 아니하는 국제연합회원국은 위원회의 책임의 효과적인 수행을 위하여 위원회의 사업에 동 회원국의 참여가 필요한 경우에는 위원회에 의하여 그와 제휴하도록 초청된다.

3. 군사참모위원회는 안전보장이사회하에 안전보장이사회의 재량에 맡기어진 병력의 전략적 지도에 대하여 책임을 진다. 그러한 병력의 지휘에 관한 문제는 추후에 해결한다.
4. 군사참모위원회는 안전보장이사회의 허가를 얻어 그리고 적절한 지역기구와 협의한 후 지역소위원회를 설치할 수 있다.

제 48 조
1. 국제평화와 안전의 유지를 위한 안전보장이사회의 결정을 이행하는데 필요한 조치는 안전보장이사회가 정하는 바에 따라 국제연합 회원국의 전부 또는 일부에 의하여 취하여진다.
2. 그러한 결정은 국제연합회원국에 의하여 직접적으로 또한 국제연합회원국이 그 구성국인 적절한 국제기관에 있어서의 이들 회원국의 조치를 통하여 이행된다.

제 49 조
국제연합회원국은 안전보장이사회가 결정한 조치를 이행함에 있어 상호원조를 제공하는데에 참여한다.

제 50 조
안전보장이사회가 어느 국가에 대하여 방지조치 또는 강제조치를 취하는 경우, 국제연합회원국인지 아닌지를 불문하고 어떠한 다른 국가도 자국이 이 조치의 이행으로부터 발생하는 특별한 경제문제에 직면한 것으로 인정하는 경우, 동 문제의 해결에 관하여 안전보장이사회와 협의할 권리를 가진다.

제 51 조
이 헌장의 어떠한 규정도 국제연합회원국에 대하여 무력공격이 발생한 경우, 안전보장이사회가 국제평화와 안전을 유지하기 위하여 필요한 조치를 취할 때까지 개별적 또는 집단적 자위의 고유한 권리를 침해하지 아니한다. 자위권을 행사함에 있어 회원국이 취한 조치는 즉시 안전보장이사회에 보고된다. 또한 이 조치는, 안전보장이사회가 국제평화와 안전의 유지 또는 회복을 위하여 필요하다고 인정하는 조치를 언제든지 취한다는, 이 헌장에 의한 안전보장이사회의 권한과 책임에 어떠한 영향도 미치지 아니한다.

제 8 장 지역적 약정

제 52 조
1. 이 헌장의 어떠한 규정도, 국제평화와 안전의 유지에 관한 사항으로서 지역적 조치에 적합한 사항을 처리하기 위하여 지역적 약정 또는 지역적 기관이 존재하는 것을 배제하지 아니한다. 다만, 이 약정 또는 기관 및 그 활동이 국제연합의 목적과 원칙에 일치하는 것을 조건으로 한다.
2. 그러한 약정을 체결하거나 그러한 기관을 구성하는 국제연합회원국은 지역적 분쟁을 안전보장이사회에 회부하기 전에 이 지역적 약정 또는 지역적 기관에 의하여 그 분쟁의 평화적 해결을 성취하기 위하여 모든 노력을 다한다.

3. 안전보장이사회는 관계국의 발의에 의하거나 안전보장이사회의 회부에 의하여 그러한 지역적 약정 또는 지역적 기관에 의한 지역적 분쟁의 평화적 해결의 발달을 장려한다.
4. 이 조는 제34조 및 제35조의 적용을 결코 해하지 아니한다.

제 53 조

1. 안전보장이사회는 그 권위하에 취하여지는 강제조치를 위하여 적절한 경우에는 그러한 지역적 약정 또는 지역적 기관을 이용한다. 다만, 안전보장이사회의 허가 없이는 어떠한 강제조치도 지역적 약정 또는 지역적 기관에 의하여 취하여져서는 아니된다. 그러나 이 조 제2항에 규정된 어떠한 적국에 대한 조치이든지 제107조에 따라 규정된 것 또는 적국에 의한 침략 정책의 재현에 대비한 지역적 약정에 규정된 것은, 관계정부의 요청에 따라 기구가 그 적국에 의한 새로운 침략을 방지할 책임을 질 때까지는 예외로 한다.
2. 이 조 제1항에서 사용된 적국이라는 용어는 제2차 세계대전 중에 이 헌장 서명국의 적국이었던 어떠한 국가에도 적용된다.

제 54 조

안전보장이사회는 국제평화와 안전의 유지를 위하여 지역적 약정 또는 지역적 기관에 의하여 착수되었거나 또는 계획되고 있는 활동에 대하여 항상 충분히 통보받는다.

제 9 장 경제적 및 사회적 국제협력

제 55 조

사람의 평등권 및 자결원칙의 존중에 기초한 국가 간의 평화롭고 우호적인 관계에 필요한 안정과 복지의 조건을 창조하기 위하여, 국제연합은 다음을 촉진한다.
㈎ 보다 높은 생활수준, 완전고용 그리고 경제적 및 사회적 진보와 발전의 조건
㈏ 경제, 사회, 보건 및 관련국제문제의 해결 그리고 문화 및 교육상의 국제협력
㈐ 인종, 성별, 언어 또는 종교에 관한 차별이 없는 모든 사람을 위한 인권 및 기본적 자유의 보편적 존중과 준수

제 56 조

모든 회원국은 제55조에 규정된 목적의 달성을 위하여 기구와 협력하여 공동의 조치 및 개별적 조치를 취할 것을 약속한다.

제 57 조

1. 정부 간 협정에 의하여 설치되고 경제, 사회, 문화, 교육, 보건분야 및 관련분야에 있어서 기본적 문서에 정한대로 광범위한 국제적 책임을 지는 각종 전문기구는 제63조의 규정에 따라 국제연합과 제휴관계를 설정한다.
2. 이와 같이 국제연합과 제휴관계를 설정한 기구는 이하 전문기구라 한다.

제 58 조

기구는 전문기구의 정책과 활동을 조정하기 위하여 권고한다.

제 59 조

기구는 적절한 경우 제55조에 규정된 목적의 달성에 필요한 새로운 전문기구를 창설하기 위하여 관계국 간의 교섭을 발의한다.

제 60 조

이 장에서 규정된 기구의 임무를 수행할 책임은 총회와 총회의 권위하에 경제사회이사회에 부과된다. 경제사회이사회는 이 목적을 위하여 제10장에 규정된 권한을 가진다.

제 10 장 경제사회이사회

구성

제 61 조

1. 경제사회이사회는 총회에 의하여 선출된 54개 국제연합회원국으로 구성된다.
2. 제3항의 규정에 따를 것을 조건으로, 경제사회이사회의 18개 이사국은 3년의 임기로 매년 선출된다. 퇴임이사국은 연이어 재선될 자격이 있다.
3. 경제사회이사회의 이사국이 27개국에서 54개국으로 증가된 후 최초의 선거에서는, 그 해 말에 임기가 종료되는 9개 이사국을 대신하여 선출되는 이사국에 더하여, 27개 이사국이 추가로 선출된다. 총회가 정한 약정에 따라, 이러한 추가의 27개 이사국 중 그렇게 선출된 9개 이사국의 임기는 1년의 말에 종료되고, 다른 9개 이사국의 임기는 2년의 말에 종료된다.
4. 경제사회이사회의 각 이사국은 1인의 대표를 가진다.

임무와 권한

제 62 조

1. 경제사회이사회는 경제, 사회, 문화, 교육, 보건 및 관련국제사항에 관한 연구 및 보고를 하거나 또는 발의할 수 있으며, 아울러 그러한 사항에 관하여 총회, 국제연합회원국 및 관계전문기구에 권고할 수 있다.
2. 이사회는 모든 사람을 위한 인권 및 기본적 자유의 존중과 준수를 촉진하기 위하여 권고할 수 있다.
3. 이사회는 그 권한에 속하는 사항에 관하여 총회에 제출하기 위한 협약안을 작성할 수 있다.
4. 이사회는 국제연합이 정한 규칙에 따라 그 권한에 속하는 사항에 관하여 국제회의를 소집할 수 있다.

제 63 조

1. 경제사회이사회는 제57조에 규정된 어떠한 기구와도, 동 기구가 국제연합과 제휴관계를 설정하는 조건을 규정하는 협정을 체결할 수 있다. 그러한 협정은 총회의 승인을 받아야 한다.
2. 이사회는 전문기구와의 협의, 전문기구에 대한 권고 및 총회와 국제연합회원국에 대한 권고를 통하여 전문기구의 활동을 조정할 수 있다.

제 64 조

1. 경제사회이사회는 전문기구로부터 정기보고를 받기 위한 적절한 조치를 취할 수 있다. 이사회는, 이사회의 권고와 이사회의 권한에 속하는 사항에 관한 총회의 권고를 실시하기 위하여 취하여진 조치에 관하여 보고를 받기 위하여, 국제연합회원국 및 전문기구와 약정을 체결할 수 있다.
2. 이사회는 이러한 보고에 관한 의견을 총회에 통보할 수 있다.

제 65 조

경제사회이사회는 안전보장이사회에 정보를 제공할 수 있으며, 안전보장이사회의 요청이 있을 때에는 이를 원조한다.

제 66 조

1. 경제사회이사회는 총회의 권고의 이행과 관련하여 그 권한에 속하는 임무를 수행한다.
2. 이사회는 국제연합회원국의 요청이 있을 때와 전문기구의 요청이 있을 때에는 총회의 승인을 얻어 용역을 제공할 수 있다.
3. 이사회는 이 헌장의 다른 곳에 규정되거나 총회에 의하여 이사회에 부과된 다른 임무를 수행한다.

☐ 표결

제 67 조

1. 경제사회이사회의 각 이사국은 1개의 투표권을 가진다.
2. 경제사회이사회의 결정은 출석하여 투표하는 이사국의 과반수에 의한다.

☐ 절차

제 68 조

경제사회이사회는 경제적 및 사회적 분야의 위원회, 인권의 신장을 위한 위원회 및 이사회의 임무수행에 필요한 다른 위원회를 설치한다.

제 69 조

경제사회이사회는 어떠한 국제연합회원국에 대하여도, 그 회원국과 특히 관계가 있는 사항에 관한 심의에 투표권 없이 참가하도록 초청한다.

제 70 조
경제사회이사회는 전문기구의 대표가 이사회의 심의 및 이사회가 설치한 위원회의 심의에 투표권 없이 참가하기 위한 약정과 이사회의 대표가 전문기구의 심의에 참가하기 위한 약정을 체결할 수 있다.

제 71 조
경제사회이사회는 그 권한 내에 있는 사항과 관련이 있는 비정부 간 기구와의 협의를 위하여 적절한 약정을 체결할 수 있다. 그러한 약정은 국제기구와 체결할 수 있으며 적절한 경우에는 관련 국제연합회원국과의 협의 후에 국내기구와도 체결할 수 있다.

제 72 조
1. 경제사회이사회는 의장의 선정방법을 포함한 그 자체의 의사규칙을 채택한다.
2. 경제사회이사회는 그 규칙에 따라 필요한 때에 회합하며, 동 규칙은 이사국 과반수의 요청에 의한 회의소집의 규정을 포함한다.

제 11 장 비자치지역에 관한 선언

제 73 조
주민이 아직 완전한 자치를 행할 수 있는 상태에 이르지 못한 지역의 시정(施政)의 책임을 지거나 또는 그 책임을 맡는 국제연합회원국은, 그 지역 주민의 이익이 가장 중요하다는 원칙을 승인하고, 그 지역주민의 복지를 이 헌장에 의하여 확립된 국제평화와 안전의 체제 안에서 최고도로 증진시킬 의무와 이를 위하여 다음을 행할 의무를 신성한 신탁으로서 수락한다.
㈎ 관계주민의 문화를 적절히 존중함과 아울러 그들의 정치적, 경제적, 사회적 및 교육적 발전, 공정한 대우, 그리고 학대로부터의 보호를 확보한다.
㈏ 각 지역 및 그 주민의 특수사정과 그들의 서로 다른 발전단계에 따라 자치를 발달시키고, 주민의 정치적 소망을 적절히 고려하며, 또한 주민의 자유로운 정치제도의 점진적 발달을 위하여 지원한다.
㈐ 국제평화와 안전을 증진한다.
㈑ 이 조에 규정된 사회적, 경제적 및 과학적 목적을 실제적으로 달성하기 위하여 건설적인 발전조치를 촉진하고 연구를 장려하며 상호간 및 적절한 경우에는 전문적 국제단체와 협력한다.
㈒ 제12장과 제13장이 적용되는 지역 외의 위의 회원국이 각각 책임을 지는 지역에서의 경제적, 사회적 및 교육적 조건에 관한 기술적 성격의 통계 및 다른 정보를, 안전보장과 헌법상의 고려에 따라 필요한 제한을 조건으로 하여, 정보용으로 사무총장에 정기적으로 송부한다.

제 74 조
국제연합회원국은 이 장이 적용되는 지역에 관한 정책이, 그 본국 지역에 관한 정책과 마찬가지로 세계의 다른 지역의 이익과 복지가 적절히 고려되는 가운데에, 사회적, 경제적 및 상업적 사항에 관하여 선린주의의 일반원칙에 기초하여야 한다는 점에 또한 동의한다.

제 12 장 국제신탁통치제도

제 75 조
국제연합은 금후의 개별적 협정에 의하여 이 제도하에 두게 될 수 있는 지역의 시정 및 감독을 위하여 그 권위하에 국제신탁통치제도를 확립한다. 이 지역은 이하 신탁통치지역이라 한다.

제 76 조
신탁통치제도의 기본적 목적은 이 헌장 제1조에 규정된 국제연합의 목적에 따라 다음과 같다.
㈎ 국제평화와 안전을 증진하는 것
㈏ 신탁통치지역 주민의 정치적, 경제적, 사회적 및 교육적 발전을 촉진하고, 각 지역 및 그 주민의 특수사정과 관계주민이 자유롭게 표명한 소망에 적합하도록, 그리고 각 신탁통치협정의 조항이 규정하는 바에 따라 자치 또는 독립을 향한 주민의 점진적 발달을 촉진하는 것
㈐ 인종, 성별, 언어 또는 종교에 관한 차별없이 모든 사람을 위한 인권과 기본적 자유에 대한 존중을 장려하고, 전세계 사람들의 상호의존의 인식을 장려하는 것
㈑ 위의 목적의 달성에 영향을 미치지 아니하고 제80조의 규정에 따를 것을 조건으로, 모든 국제연합회원국 및 그 국민을 위하여 사회적, 경제적 및 상업적 사항에 대한 평등한 대우 그리고 또한 그 국민을 위한 사법상의 평등한 대우를 확보하는 것

제 77 조
1. 신탁통치제도는 신탁통치협정에 의하여 이 제도하에 두게 될 수 있는 다음과 같은 범주의 지역에 적용된다.
   ㈎ 현재 위임통치하에 있는 지역
   ㈏ 제2차 세계대전의 결과로서 적국으로부터 분리될 수 있는 지역
   ㈐ 시정에 책임을 지는 국가가 자발적으로 그 제도하에 두는 지역
2. 위의 범주 안의 어떠한 지역을 어떠한 조건으로 신탁통치제도하에 두게 될 것인가에 관하여는 금후의 협정에서 정한다.

제 78 조
국제연합회원국 간의 관계는 주권평등원칙의 존중에 기초하므로 신탁통치제도는 국제연합회원국이 된 지역에 대하여는 적용하지 아니한다.

제 79 조
신탁통치제도하에 두게 되는 각 지역에 관한 신탁통치의 조항은, 어떤 변경 또는 개정을 포함하여 직접 관계국에 의하여 합의되며, 제83조 및 제85조에 규정된 바에 따라 승인된다. 이 직접 관계국은 국제연합회원국의 위임통치하에 있는 지역의 경우, 수임국을 포함한다.

제 80 조

1. 제77조, 제79조 및 제81조에 의하여 체결되고, 각 지역을 신탁통치제도하에 두는 개별적인 신탁통치협정에서 합의되는 경우를 제외하고 그리고 그러한 협정이 체결될 때까지, 이 헌장의 어떠한 규정도 어느 국가 또는 국민의 어떠한 권리, 또는 국제연합회원국이 각기 당사국으로 되는 기존의 국제문서의 조항도 어떠한 방법으로도 변경하는 것으로 직접 또는 간접으로 해석되지 아니한다.
2. 이 조 제1항은 제77조에 규정한 바에 따라 위임통치지역 및 기타지역을 신탁통치제도하에 두기 위한 협정의 교섭 및 체결의 지체 또는 연기를 위한 근거를 부여하는 것으로 해석되지 아니한다.

제 81 조

신탁통치협정은 각 경우에 있어 신탁통치지역을 시정하는 조건을 포함하며, 신탁통치지역의 시정을 행할 당국을 지정한다. 그러한 당국은 이하 시정권자라 하며 1 또는 그 이상의 국가, 또는 기구 자체일 수 있다.

제 82 조

어떠한 신탁통치협정에 있어서도 제43조에 의하여 체결되는 특별 협정을 해하지 아니하고 협정이 적용되는 신탁통치지역의 일부 또는 전부를 포함하는 1 또는 그 이상의 전략지역을 지정할 수 있다.

제 83 조

1. 전략지역에 관한 국제연합의 모든 임무는 신탁통치협정의 조항과 그 변경 또는 개정의 승인을 포함하여 안전보장이사회가 행한다.
2. 제76조에 규정된 기본목적은 각 전략지역의 주민에 적용된다.
3. 안전보장이사회는, 신탁통치협정의 규정에 따를 것을 조건으로 또한 안전보장에 대한 고려에 영향을 미치지 아니하고, 전략지역에서의 정치적, 경제적, 사회적 및 교육적 사항에 관한 신탁통치제도하의 국제연합의 임무를 수행하기 위하여 신탁통치이사회의 원조를 이용한다.

제 84 조

신탁통치지역이 국제평화와 안전유지에 있어 그 역할을 하는 것을 보장하는 것이 시정권자의 의무이다. 이 목적을 위하여, 시정권자는 이점에 관하여 시정권자가 안전보장이사회에 대하여 부담하는 의무를 이행함에 있어서 또한 지역적 방위 및 신탁통치지역 안에서의 법과 질서의 유지를 위하여 신탁통치지역의 의용군, 편의 및 원조를 이용할 수 있다.

제 85 조

1. 전략지역으로 지정되지 아니한 모든 지역에 대한 신탁통치협정과 관련하여 국제연합의 임무는, 신탁통치협정의 조항과 그 변경 또는 개정의 승인을 포함하여, 총회가 수행한다.
2. 총회의 권위하에 운영되는 신탁통치이사회는 이러한 임무의 수행에 있어 총회를 원조한다.

제 13 장 신탁통치이사회

구성

제 86 조

1. 신탁통치이사회는 다음의 국제연합회원국으로 구성한다.
   - (개) 신탁통치지역을 시정하는 회원국
   - (내) 신탁통치지역을 시정하지 아니하나 제23조에 국명이 언급된 회원국
   - (대) 총회에 의하여 3년의 임기로 선출된 다른 회원국. 그 수는 신탁통치이사회의 이사국의 총수를 신탁통치지역을 시정하는 국제연합회원국과 시정하지 아니하는 회원국 간에 균분하도록 확보하는 데 필요한 수로 한다.
2. 신탁통치이사회의 각 이사국은 이사회에서 자국을 대표하도록 특별한 자격을 가지는 1인을 지명한다.

임무와 권한

제 87 조

총회와, 그 권위하의 신탁통치이사회는 그 임무를 수행함에 있어 다음을 할 수 있다.
- (개) 시정권자가 제출하는 보고서를 심의하는 것
- (내) 청원의 수리 및 시정권자와 협의하여 이를 심사하는 것
- (대) 시정권자와 합의한 때에 각 신탁통치지역을 정기적으로 방문하는 것
- (래) 신탁통치협정의 조항에 따라 이러한 조치 및 다른 조치를 취하는 것

제 88 조

신탁통치이사회는 각 신탁통치지역 주민의 정치적, 경제적, 사회적 및 교육적 발전에 질문서를 작성하며, 또한 총회의 권능 안에 있는 각 신탁통치 지역의 시정권자는 그러한 질문서에 기초하여 총회에 연례보고를 행한다.

표결

제 89 조

1. 신탁통치이사회의 각 이사국은 1개의 투표권을 가진다.
2. 신탁통치이사회의 결정은 출석하여 투표하는 이사국의 과반수로 한다.

절차

제 90 조

1. 신탁통치이사회는 의장 선출방식을 포함한 그 자체의 의사규칙을 채택한다.
2. 신탁통치이사회는 그 규칙에 따라 필요한 경우 회합하며, 그 규칙은 이사국 과반수의 요청에 의한 회의의 소집에 관한 규정을 포함한다.

제 91 조
신탁통치이사회는 적절한 경우 경제사회이사회 그리고 전문기구가 각각 관련된 사항에 관하여 전문기구의 원조를 이용한다.

제 14 장 국제사법재판소

제 92 조
국제사법재판소는 국제연합의 주요한 사법기관이다. 재판소는 부속된 규정에 따라 임무를 수행한다. 이 규정은 상설국제사법재판소 규정에 기초하며, 이 헌장의 불가분의 일부를 이룬다.

제 93 조
1. 모든 국제연합회원국은 국제사법재판소 규정의 당연 당사국이다.
2. 국제연합회원국이 아닌 국가는 안전보장이사회의 권고에 의하여 총회가 각 경우에 결정하는 조건으로 국제사법재판소 규정의 당사국이 될 수 있다.

제 94 조
1. 국제연합의 각 회원국은 자국이 당사자가 되는 어떤 사건에 있어서도 국제사법재판소의 결정에 따를 것을 약속한다.
2. 사건의 당사자가 재판소가 내린 판결에 따라 자국이 부담하는 의무를 이행하지 아니하는 경우에는 타방의 당사자는 안전보장이사회에 제소할 수 있다. 안전보장이사회는 필요하다고 인정하는 경우 판결을 집행하기 위하여 권고하거나 취하여야 할 조치를 결정할 수 있다.

제 95 조
이 헌장의 어떠한 규정도 국제연합회원국이 그들 간의 분쟁의 해결을 이미 존재하거나 장래에 체결될 협정에 의하여 다른 법원에 의뢰하는 것을 방해하지 아니한다.

제 96 조
1. 총회 또는 안전보장이사회는 어떠한 법적 문제에 관하여도 권고적 의견을 줄 것을 국제사법재판소에 요청할 수 있다.
2. 총회에 의하여 그러한 권한이 부여될 수 있는 국제연합의 다른 기관 및 전문기구도 언제든지 그 활동범위 안에서 발생하는 법적 문제에 관하여 재판소의 권고적 의견을 또한 요청할 수 있다.

제 15 장 사무국

제 97 조
사무국은 1인의 사무총장과 기구가 필요로 하는 직원으로 구성한다. 사무총장은 안전보장이사회의 권고로 총회가 임명한다. 사무총장은 기구의 수석행정직원이다.

제 98 조
사무총장은 총회, 안전보장이사회, 경제사회이사회 및 신탁통치 이사회의 모든 회의에 사무총장의 자격으로 활동하며, 이러한 기관에 의하여 그에게 위임된 다른 임무를 수행한다. 사무총장은 기구의 사업에 관하여 총회에 연례보고를 한다.

제 99 조
사무총장은 국제평화와 안전의 유지를 위협한다고 그 자신이 인정하는 어떠한 사항에도 안전보장이사회의 주의를 환기할 수 있다.

제 100 조
1. 사무총장과 직원은 그들의 임무수행에 있어서 어떠한 정부 또는 기구 외의 어떠한 다른 당국으로부터도 지시를 구하거나 받지 아니한다. 사무총장과 직원은 기구에 대하여만 책임을 지는 국제공무원으로서의 지위를 손상할 우려가 있는 어떠한 행동도 삼간다.
2. 각 국제연합회원국은 사무총장 및 직원의 책임의 전적으로 국제적인 성격을 존중할 것과 그들의 책임수행에 있어서 그들에게 영향을 행사하려 하지 아니할 것을 약속한다.

제 101 조
1. 직원은 총회가 정한 규칙에 따라 사무총장에 의하여 임명된다.
2. 경제사회이사회, 신탁통치이사회 그리고 필요한 경우에는 국제연합의 다른 기관에 적절한 직원이 상임으로 배속된다. 이 직원은 사무국의 일부를 구성한다.
3. 직원의 고용과 근무조건의 결정에 있어서 가장 중요한 고려사항은 최고수준의 능률, 능력 및 성실성을 확보할 필요성이다. 가능한 한 광범위한 지리적 기초에 근거하여 직원을 채용하는 것의 중요성에 관하여 적절히 고려한다.

제 16 장 잡칙

제 102 조
1. 이 헌장이 발효한 후 국제연합회원국이 체결하는 모든 조약과 모든 국제협정은 가능한 한 신속히 사무국에 등록되고 사무국에 의하여 공표된다.
2. 이 조 제1항의 규정에 따라 등록되지 아니한 조약 또는 국제협정의 당사국은 국제연합의 어떠한 기관에 대하여도 그 조약 또는 협정을 원용할 수 없다.

제 103 조
국제연합회원국의 헌장상의 의무와 다른 국제협정상의 의무가 상충되는 경우에는 이 헌장상의 의무가 우선한다.

제 104 조
기구는 그 임무의 수행과 그 목적의 달성을 위하여 필요한 법적 능력을 각 회원국의 영역 안에서 향유한다.

제 105 조

1. 기구는 그 목적의 달성에 필요한 특권 및 면제를 각 회원국의 영역 안에서 향유한다.
2. 국제연합회원국의 대표 및 기구의 직원은 기구와 관련된 그들의 임무를 독립적으로 수행하기 위하여 필요한 특권과 면제를 마찬가지로 향유한다.
3. 총회는 이 조 제1항 및 제2항의 적용세칙을 결정하기 위하여 권고하거나 이 목적을 위하여 국제연합회원국에게 협약을 제안할 수 있다.

제 17 장 과도적 안전보장조치

제 106 조

안전보장이사회가 제42조상의 책임의 수행을 개시할 수 있다고 인정하는 제43조에 규정된 특별협정이 발효할 때까지, 1943년 10월 30일에 모스크바에서 서명된 4개국 선언의 당사국 및 불란서는 그 선언 제5항의 규정에 따라 국제평화와 안전의 유지를 위하여 필요한 공동조치를 기구를 대신하여 취하기 위하여 상호간 및 필요한 경우 다른 국제연합회원국과 협의한다.

제 107 조

이 헌장의 어떠한 규정도 제2차 세계대전 중 이 헌장 서명국의 적이었던 국가에 관한 조치로서, 그러한 조치에 대하여 책임을 지는 정부가 그 전쟁의 결과로서 취하였거나 허가한 것을 무효로 하거나 배제하지 아니한다.

제 18 장 개정

제 108 조

이 헌장의 개정은 총회 구성국의 3분의 2의 투표에 의하여 채택되고, 안전보장이사회의 모든 상임이사국을 포함한 국제연합회원국의 3분의 2에 의하여 각자의 헌법상 절차에 따라 비준되었을 때, 모든 국제연합회원국에 대하여 발효한다.

제 109 조

1. 이 헌장을 재심의하기 위한 국제연합회원국 전체회의는 총회 구성국의 3분의 2의 투표와 안전보장이사회의 9개 이사국의 투표에 의하여 결정되는 일자 및 장소에서 개최될 수 있다. 각 국제연합회원국은 이 회의에서 1개의 투표권을 가진다.
2. 이 회의의 3분의 2의 투표에 의하여 권고된 이 헌장의 어떠한 변경도, 안전보장이사회의 모든 상임이사국을 포함한 국제연합회원국의 3분의 2에 의하여 그들 각자의 헌법상 절차에 따라 비준되었을 때 발효한다.
3. 그러한 회의가 이 헌장의 발효 후 총회의 제10차 연례회기까지 개최되지 아니하는 경우에는 그러한 회의를 소집하는 제안이 총회의 동 회기의 의제에 포함되어야 하며, 회의는 총회 구성국의 과반수의 투표와 안전보장이사회의 7개 이사국의 투표에 의하여 결정되는 경우에 개최된다.

제19장 비준 및 서명

제110조
1. 이 헌장은 서명국에 의하여 그들 각자의 헌법상 절차에 따라 비준된다.
2. 비준서는 미합중국 정부에 기탁되며, 동 정부는 모든 서명국과 기구의 사무총장이 임명된 경우에는 사무총장에게 각 기탁을 통고한다.
3. 이 헌장은 중화민국, 불란서, 소비에트사회주의공화국연방, 영국과 미합중국 및 다른 서명국의 과반수가 비준서를 기탁한 때에 발효한다. 비준서 기탁 의정서는 발효시 미합중국 정부가 작성하여 그 등본을 모든 서명국에 송부한다.
4. 이 헌장이 발효한 후에 이를 비준하는 이 헌장의 서명국은 각자의 비준서 기탁일에 국제연합의 원회원국이 된다.

제111조
중국어, 불어, 러시아어, 영어 및 스페인어본이 동등하게 정본인 이 헌장은 미합중국 정부의 문서보관소에 기탁된다. 이 헌장의 인증등본은 동 정부가 다른 서명국 정부에 송부한다.

이상의 증거로서, 연합국 정부의 대표들은 이 헌장에 서명하였다.

1945년 6월 26일 샌프란시스코시에서 작성하였다.

02 | 국제연합의 특권과 면제에 관한 협약
(1946채택/1946발효/1992한국발효)

국제연합헌장 제104조는 국제연합이 그 기능의 수행과 목적의 달성을 위하여 필요한 법적 능력을 각 회원국의 영역에서 누린다고 규정하고 있으며,

국제연합헌장 제105조는 국제연합이 그 목적의 달성을 위하여 필요한 특권과 면제를 각 회원국의 영역에서 누리며, 국제연합 회원국 대표와 국제연합의 직원은 국제연합과 관련된 그들의 직무를 독립적으로 수행하기 위하여 필요한 특권과 면제를 그와 유사하게 누린다고 규정하고 있다.

이에 따라 국제연합 총회는 1946년 2월 13일 채택된 결의로 다음 협약을 승인하였으며, 각 회원국이 이에 가입할 것을 제의하였다.

제1조 법인격

제1절

국제연합은 법인격을 가진다. 국제연합은
가. 계약을 체결하고,
나. 부동산 및 동산을 취득·처분하며,
다. 법적 절차를 개시할 수 있는 능력을 가진다.

제2조 재산, 기금 및 자산

제2절

국제연합, 그 재산 및 자산은 소재지 및 보유주체에 관계없이 모든 형태의 법적 절차로부터의 면제를 누린다. 다만, 국제연합이 명시적으로 그 면제를 포기한 특정한 경우는 예외로 한다. 그러나 어떤 면제의 포기도 강제집행조치에까지 적용되지는 아니하는 것으로 양해된다.

제3절

국제연합의 공관은 불가침이다. 국제연합의 재산 및 자산은 소재지 및 보유주체에 관계없이 집행적·행정적·사법적 또는 입법적 조치를 통한 수색·징발·몰수·수용 및 그 밖의 모든 형태의 간섭으로부터 면제된다.

제4절

국제연합의 기록물, 그리고 일반적으로, 국제연합이 소유 또는 보유하는 모든 서류는 소재지에 관계없이 불가침이다.

제 5 절

국제연합은 어떤 종류의 재정적 통제·규제 또는 지불유예에 의해서도 제약을 받지 아니하고,

가. 기금·금 또는 모든 종류의 통화를 보유할 수 있으며, 또한 어떤 통화로도 계정을 운영할 수 있다.
나. 자신의 기금·금 또는 통화를 한 국가에서 다른 국가로 또는 한 국가 안에서 자유롭게 송금할 수 있으며, 보유하고 있는 통화를 다른 어떤 통화로도 자유롭게 환전할 수 있다.

제 6 절

위 제5절에 따른 자신의 권리를 행사할 때, 국제연합은 회원국 정부가 제시한 의견이 국제연합의 이익을 해함이 없이 실행될 수 있다고 판단되는 경우 이를 적절히 고려한다.

제 7 절

국제연합, 그 자산·소득 및 그 밖의 재산은,

가. 모든 직접세로부터 면제된다. 다만, 국제연합은 사실상 공공요금에 불과한 조세로부터의 면제는 주장하지 아니할 것으로 양해된다.
나. 국제연합이 그 공적 사용을 위하여 수입 또는 수출하는 물품의 경우 관세 및 수출입상의 금지와 제한으로부터 면제된다. 다만, 그러한 면제를 받아 수입된 물품은 수입한 국가의 정부와 합의한 조건에 따른 경우를 제외하고는 그 국가에서 판매되지 아니할 것으로 양해된다.
다. 국제연합의 출판물의 경우 관세 및 수출입상의 금지와 제한으로부터 면제된다.

제 8 절

일반적으로 국제연합은 물품세와 지불될 가격의 일부를 이루는 것으로서 동산 및 부동산의 판매에 부과되는 조세로부터의 면제를 주장하지 아니할 것이다. 그럼에도 불구하고, 국제연합이 이러한 조세가 부과되었거나 부과될 수 있는 재산을 공적 사용을 위하여 긴요하게 구매하는 경우, 회원국은 가능한 경우에는 언제든지 조세액의 감면 또는 상환을 위한 적절한 행정조치를 한다.

제 3 조 통신에 관한 편의

제 9 절

국제연합은 각 회원국의 영역에서 그 공적 통신을 위하여 우편·전신·전보·무선전보·사진전보·전화 및 그 밖의 통신에 대한 우선권·요금 및 조세 그리고 신문 및 라디오에 대한 정보제공요금에 있어서 그 회원국의 정부가 외교공관을 포함하여 다른 정부에 부여하는 것보다 불리하지 아니한 대우를 누린다. 국제연합의 공적 서한과 그 밖의 공적 통신은 검열대상이 되지 아니한다.

제 10 절

국제연합은 암호를 사용하고, 외교신서사 및 외교행낭과 동일한 면제와 특권을 가지는 신서사 또는 봉인행낭에 의하여 그 서한을 발송하고 접수할 권리를 가진다.

제4조 회원국 대표

제11절
국제연합의 주요기관 및 보조기관에 파견되는 회원국 대표와 국제연합이 소집하는 회의에 참석하는 회원국 대표는 그들의 직무를 수행하는 동안 및 회의 장소로 그리고 회의 장소로부터 여행하는 동안 다음의 특권과 면제를 누린다.
가. 체포 또는 구속 및 그들의 개인수하물의 압수로부터의 면제와 그들이 대표의 자격으로 행한 구두 또는 서면진술 및 모든 행위에 대하여 모든 종류의 법적 절차로부터의 면제
나. 모든 문서 및 서류의 불가침
다. 암호를 사용하고, 신서사 또는 봉인행낭에 의하여 문서 또는 서한을 접수할 권리
라. 직무 수행상 방문 또는 경유하는 국가에서 대표 자신 및 그 배우자에 대한 출입국 제한, 외국인 등록 또는 국민적 역무상 의무로부터의 면제
마. 통화 또는 외환통제와 관련하여, 일시적 공무를 수행하는 외국 정부 대표에게 부여되는 것과 동일한 편의
바. 그들의 개인수하물과 관련하여, 외교사절에게 부여되는 것과 동일한 면제 및 편의, 그리고 또한
사. 위에 규정된 사항과 불합치하지 아니하는 것으로서 외교사절이 누리는 그 밖의 특권·면제 및 편의. 다만 회원국 대표는 수입되는 물품(개인수하물의 일부가 아닌 경우)에 대한 관세, 또는 물품세 또는 판매세로부터의 면제를 주장할 권리를 가지지 아니한다.

제12절
국제연합의 주요기관 및 보조기관에 파견되는 회원국대표와 국제연합이 소집하는 회의에 참석하는 회원국 대표에게 그 직무수행상 완전한 표현의 자유 및 독립성을 보장하기 위하여, 직무수행상 그들이 행한 구두 또는 서면진술 및 모든 행위에 대한 법적 절차로부터의 면제는 해당 사람이 회원국 대표자격을 상실한 후에도 계속 부여된다.

제13절
거주를 이유로 어떤 형태이든 조세를 부과하는 경우, 국제연합의 주요기관 및 보조 기관에 파견되는 회원국 대표와 국제연합이 소집하는 회의에 참석하는 회원국 대표가 그 직무를 수행하기 위하여 어느 국가에 체류하는 기간은 거주기간으로 인정하지 아니한다.

제14절
특권과 면제는 개인의 사적 이익을 위해서가 아니라, 국제연합과 관련된 직무의 독립적 수행을 보장하기 위하여 회원국 대표에게 부여된다. 따라서 회원국은 자국 대표에 대한 면제가 사법절차를 방해한다고 판단하는 경우, 그리고 그 면제가 부여된 목적을 저해함이 없이 포기될 수 있는 경우 그 면제를 포기할 권리뿐만 아니라 의무도 있다.

제15절
제11절, 제12절 및 제13절의 규정은 대표와 그 대표가 국민인 국가 또는 그가 대표하고 있거나 대표하였던 국가의 당국 사이에는 적용되지 아니한다.

제 16 절

이 조에서 "대표"란 모든 대표·교체대표·자문위원·기술전문가 및 대표단의 비서를 포함하는 것으로 간주된다.

제 5 조 직원

제 17 절

사무총장은 이 조 및 제7조의 규정이 적용되는 직원의 범주를 명시할 것이다. 사무총장은 이 범주를 총회에 제출한다. 그 후 이 범주는 모든 회원국 정부에 통고된다. 이 범주에 포함되는 직원의 명단은 수시로 회원국 정부에 통보된다.

제 18 절

국제연합의 직원은,
가. 그들이 공적 자격으로 행한 구두 또는 서면진술 및 모든 행위에 대한 법적 절차로부터 면제된다.
나. 국제연합이 그들에게 지급하는 봉급 및 수당에 대한 조세로부터 면제된다.
다. 국민적 역무상 의무로부터 면제된다.
라. 그 배우자 및 부양가족과 더불어 출입국 제한과 외국인 등록으로부터 면제된다.
마. 외환편의와 관련하여, 해당 정부 주재 외교공관의 상응하는 직급의 직원에게 부여되는 것과 동일한 특권이 부여된다.
바. 국제적 위기 시에 배우자 및 부양가족과 더불어 외교 사절과 동일한 귀환편의가 부여된다.
사. 최초로 해당 국가에 부임할 때에 그 가구 및 소유물을 면세로 수입할 권리를 가진다.

제 19 절

제18절에 명시된 면제와 특권에 추가하여 사무총장과 모든 사무차장보 본인, 이들의 배우자 및 미성년 자녀에 대해서는 국제법에 따라 외교 사절에게 부여되는 특권과 면제, 면책 및 편의가 부여된다.

제 20 절

특권과 면제는 국제연합의 이익을 위하여 직원에게 부여되며, 그들 개인의 사적 이익을 위하여 부여되지 아니한다. 사무총장은 직원에 대한 면제가 사법절차를 방해하고, 국제연합의 이익을 저해함이 없이 포기될 수 있다고 판단하는 경우 그 면제를 포기할 권리와 의무가 있다. 사무총장의 경우에는 안전보장이사회가 면제를 포기할 권리를 가진다.

제 21 절

국제연합은 합당한 법집행을 원활히 하고, 경찰규정의 준수를 보장하며, 이 조에 언급된 특권·면제 및 편의와 관련된 남용의 발생을 방지하기 위하여 회원국의 적절한 당국과 항상 협력한다.

제 6 조 국제연합을 위하여 임무를 수행하는 전문가

제 22 절

국제연합을 위하여 임무를 수행하는 전문가(제5조의 범위 안에 속하는 직원은 제외한다)는 그들의 임무와 관련된 여행시간을 포함한 임무수행 기간 동안 그들의 직무를 독립적으로 수행하기 위하여 필요한 특권과 면제가 부여된다. 특히 다음의 특권과 면제가 부여된다.

가. 체포 또는 구속 및 그들의 개인수하물의 압수로부터의 면제
나. 임무수행 중에 행한 구두 또는 서면진술 및 행위에 대한 모든 종류의 법적 절차로부터의 면제. 법적 절차로부터의 이러한 면제는 해당 사람이 국제연합을 위한 임무에 더 이상 고용되어 있지 아니한 경우에도 계속 부여된다.
다. 모든 문서 및 서류의 불가침
라. 국제연합과의 통신을 위하여, 암호를 사용하고, 신서사 또는 봉인행낭에 의하여 문서 또는 서한을 접수할 권리
마. 통화 또는 외환통제와 관련하여, 일시적 공무를 수행하는 외국 정부 대표에게 부여되는 것과 동일한 편의
바. 그들의 개인수하물과 관련하여, 외교 사절에게 부여되는 것과 동일한 면제 및 편의

제 23 절

특권과 면제는 국제연합의 이익을 위하여 전문가에게 부여되며, 그들 개인의 사적 이익을 위하여 부여되지 아니한다. 사무총장은 전문가에 대한 면제가 사법절차를 방해한다고 판단하는 경우, 그리고 그 면제가 국제연합의 이익을 저해함이 없이 포기될 수 있는 경우 그 면제를 포기할 권리와 의무가 있다.

제 7 조 국제연합 통행증

제 24 절

국제연합은 그 직원에게 국제연합 통행증을 발급할 수 있다. 이 통행증은 제25절의 규정을 고려하여 회원국의 당국에 의하여 유효한 여행문서로서 인정되고 수락된다.

제 25 절

사증이 요구되는 경우 국제연합 통행증 소지자로부터의 사증신청은 그들이 국제연합의 업무로 여행 중이라는 증명서가 구비되어 있을 경우 가능한 한 신속히 처리된다. 또한, 그러한 사람에게는 신속한 여행을 위한 편의가 부여된다.

제 26 절

국제연합 통행증의 소지자는 아니지만, 국제연합의 업무로 여행 중이라는 증명서를 소지한 전문가 및 그 밖의 사람에게는 제25절에 명시된 것과 유사한 편의가 부여된다.

제 27 절

국제연합의 업무로 국제연합 통행증을 소지하고 여행하는 사무총장·사무차장보 및 국장에게는 외교사절에게 부여되는 것과 동일한 편의가 부여된다.

제 28 절
이 조의 규정은 헌장 제63조에 따라 체결된 전문기구와의 제휴관계설정 협정이 그렇게 규정하는 경우 전문기구의 상응하는 직원에게 적용될 수 있다.

제 8 조 분쟁의 해결

제 29 절
국제연합은 다음과 같은 분쟁의 적절한 해결방식에 관한 규정을 정한다.
가. 계약으로부터 발생하는 분쟁 또는 국제연합이 당사자인 사법적 성격의 그 밖의 분쟁
나. 면제가 사무총장에 의하여 포기되지 아니한 경우, 공적 지위상 면제를 누리는 국제연합 직원이 관련된 분쟁

제 30 절
당사자가 다른 해결방식에 부탁하기로 합의하지 아니하는 한, 이 협약의 해석 또는 적용으로부터 발생하는 모든 불일치는 국제사법재판소에 회부된다. 국제연합과 한 회원국 사이에 불일치가 발생하는 경우에는 헌장 제96조 및 재판소규정 제65조에 따라 관련된 모든 법적 문제에 대하여 권고적 의견을 요청한다. 양 당사자는 재판소의 의견을 확정적인 것으로 수락한다.

최종 조항

제 31 절
이 협약은 가입을 위하여 모든 국제연합 회원국에 제출된다.

제 32 절
가입은 국제연합 사무총장에게 가입서를 기탁함으로써 이루어지며, 협약은 각 가입서의 기탁일에 각 회원국에 대하여 효력을 발생한다.

제 33 절
사무총장은 모든 국제연합 회원국에 각 가입서의 기탁사실을 통지한다.

제 34 절
회원국의 가입서가 기탁되었을 때 그 회원국은 자국법에 따라 이 협약의 규정을 시행할 수 있는 것으로 양해된다.

제 35 절
회원국이 국제연합의 회원국으로 남아있는 한, 또는 개정된 협약이 총회에 의하여 승인되고 회원국이 이 개정된 협약의 당사국이 될 때까지, 이 협약은 국제연합과 가입서를 기탁한 모든 회원국 사이에 계속해서 유효하다.

제 36 절
사무총장은 회원국과 관련이 있는 경우 이 협약의 규정을 조정하는 보충협정을 그 회원국과 체결할 수 있다. 이 보충협정은 각각의 경우 총회 승인의 대상이 된다.

03 | 전문기구의 특권과 면제에 관한 협약 (1947채택/1948발효/1977한국발효)

국제연합 총회는 1946년 2월 13일, 국제연합과 전문기구가 누리는 특권과 면제의 통일을 가능한 한 기하기 위한 결의를 채택하였으며,
위의 결의의 이행에 관한 협의가 국제연합과 전문기구 간에 이루어졌으므로,
이에 따라 총회는, 1974년 11월 21일 채택된 결의 제179(Ⅱ)호에 의하여, 전문기구에 대해서는 수락을 위하여, 그리고 국제연합의 모든 회원국과 하나 이상의 전문기구의 다른 모든 회원국에 대해서는 가입을 위하여 제출된 아래의 협약을 승인하였다.

제1조 정의 및 범위

제 1 절

이 협약에서
1) "표준조항"이란 제2조부터 제9조까지의 규정을 말한다.
2) "전문기구"란 다음의 기구를 의미한다.
   - 가) 국제노동기구
   - 나) 국제연합 식량농업기구
   - 다) 국제연합 교육과학문화기구
   - 라) 국제민간항공기구
   - 마) 국제통화기금
   - 바) 국제부흥개발은행
   - 사) 세계보건기구
   - 아) 만국우편연합
   - 자) 국제전기통신연합, 그리고
   - 차) 헌장 제57조 및 제63조에 따라 국제연합과 제휴관계를 설정한 그 밖의 기관
3) "협약"이란 어느 특정 전문기구와의 관계에 있어서, 제36절 및 제38절에 따라 그 전문기구가 송부한 부속서의 최종(또는 개정)본에 의하여 수정된 표준조항을 의미한다.
4) 제3조의 목적상 "재산과 자산"이란 전문기구가 그 헌장상의 기능을 촉진하기 위하여 관리하고 있는 재산과 자산을 또한 포함한다.
5) 제5조와 제7조의 목적상 "회원국 대표"란 모든 대표 즉 교체대표·자문위원·기술전문가 및 대표단의 비서를 포함하는 것으로 간주된다.
6) 제13절·제14절·제15절 및 제25절에서 "전문기구가 소집하는 회의"란 다음의 것을 의미한다.
   - ① 전문기구의 총회 및 집행기관(그 명칭 여하를 불문함)의 회의
   - ② 전문기구헌장에 규정된 모든 위원회의 회의
   - ③ 전문기구가 소집하는 모든 국제회의, 그리고
   - ④ 이러한 기관의 모든 위원회의 회의
7) "사무장"이란 사무총장 또는 그 밖의 다른 명칭으로 호칭되는지에 관계없이 해당 전문기구의 수석행정관을 의미한다.

제 2 절

제37절에 따라 이 협약이 적용가능하게 된 어느 전문기구와 관계를 가진 이 협약의 각 당사국은, 표준조항에 명시된 조건에 따라 동 표준조항에 규정된 특권과 면제를 그 전문기구에 또는 그 전문기구와 관련하여 부여한다. 다만, 그 전문기구에 관한 것으로서 제 36절 또는 제38절에 따라 송부된 최종(또는 개정)부속서의 규정에 포함된 표준조항의 수정에 따를 것을 조건으로 한다.

제 2 조 법인격

제 3 절

전문기구는 법인격을 가진다. 전문기구는, 가) 계약을 체결하고, 나) 부동산 및 동산을 취득·처분하며, 다) 법적 절차를 개시할 수 있는 능력을 가진다.

제 3 조 재산·기금 및 자산

제 4 절

전문기구, 그 재산 및 자산은 소재지 및 보유주체에 관계없이, 전문기구가 명시적으로 그 면제를 포기한 특정한 경우는 제외하고 모든 형태의 법적 절차로부터의 면제를 누린다. 그러나 어떤 면제의 포기도 강제집행조치에까지 적용되지는 아니하는 것으로 양해된다.

제 5 절

전문기구의 공관은 불가침이다. 전문기구의 재산 및 자산은 소재지 및 보유주체에 관계없이 집행적·행정적·사법적 또는 입법적 조치를 통한 수색·징발·몰수·수용 및 그 밖의 모든 형태의 간섭으로부터 면제된다.

제 6 절

전문기구의 기록물, 그리고 일반적으로, 전문기구가 소유 또는 보유하는 모든 서류는 소재지에 관계없이 불가침이다.

제 7 절

전문기구는 어떤 종류의 재정적 통제·규제 또는 지불유예에 의해서도 제약을 받지 아니하고,
가) 기금·금 또는 모든 종류의 통화를 보유할 수 있으며, 또한 어떤 통화로도 계정을 운영할 수 있다.
나) 자유로이 자신의 기금·금 또는 통화를 한 국가에서 다른 국가로 또는 한 국가 안에서 송금할 수 있으며, 보유하고 있는 통화를 다른 어떤 통화로도 환전할 수 있다.

제 8 절

각 전문기구는 위의 제7절에 따른 자신의 권리를 행사할 때, 이 협정 당사국 정부가 제시한 의견이 전문기구의 이익을 해함이 없이 실행될 수 있다고 판단되는 경우 이를 적절히 고려한다.

제 9 절

전문기구, 그 자산·소득 및 그 밖의 재산은,

가) 모든 직접세로부터 면제된다. 다만, 전문기구는 사실상 공공요금에 불과한 조세로부터의 면제는 주장하지 아니할 것으로 양해된다.

나) 전문기구가 그 공적 사용을 위하여 수입 또는 수출하는 물품의 경우 관세 및 수출입상의 금지와 제한으로부터 면제된다. 다만, 그러한 면제를 받아 수입된 물품은 수입한 국가의 정부와 합의한 조건에 따른 경우는 제외하고 그 국가에서 판매되지 아니할 것으로 양해된다.

다) 전문기구의 출판물의 경우 관세 및 수출입상의 금지와 제한으로부터 면제된다.

제 10 절

일반적으로 전문기구는 물품세와 지불될 가격의 일부를 이루는 것으로서 동산 및 부동산의 판매에 부과되는 조세로부터의 면제를 주장하지 아니할 것이다. 그럼에도 불구하고, 전문기구가 이러한 조세가 부과되었거나 부과될 수 있는 재산을 공적 사용을 위하여 긴요하게 구매하는 경우, 이 협약 당사국은 가능한 경우에는 언제든지 조세액의 감면 또는 상환을 위한 적절한 행정조치를 한다.

제 4 조 통신에 관한 편의

제 11 절

각 전문기구는 그 전문기구와 관계를 가진 이 협약의 각 당사국의 영역에서 그 공적 통신을 위하여 우편·전신·전보·무선전보·사진전보·전화 및 그 밖의 통신에 대한 우선권·요금 및 조세 그리고 신문 및 라디오에 대한 정보제공요금에 있어서 그 국가의 정부가 외교공관을 포함하여 다른 정부에 부여하는 것보다 불리하지 아니한 대우를 누린다.

제 12 절

전문기구의 공적 서한과 그 밖의 공적 통신은 검열대상이 되지 아니한다. 전문기구는 암호를 사용하고, 외교신서사 및 외교행낭과 동일한 면제와 특권을 가지는 신서사 또는 봉인행낭에 의하여 서한을 발송하고 접수할 권리를 가진다. 이 절의 어떤 규정도 이 협약 당사국과 전문기구 간의 합의에 의하여 정하여질 적절한 보안 예방조치의 채택을 방해하는 것으로 해석되지 아니한다.

제 5 조 회원국 대표

제 13 절

전문기구가 소집하는 회의에 참석하는 회원국 대표는 그들의 직무를 수행하는 동안 및 회의 장소로 그리고 회의 장소로부터 여행하는 동안 다음의 특권과 면제를 누린다.

가) 체포 또는 구속 및 그들의 개인수하물의 압수로부터의 면제와 그들이 공적 자격으로 행한 구두 또는 서면진술 및 모든 행위에 관한 모든 종류의 법적 절차로부터의 면제

나) 모든 문서 및 서류의 불가침

- 다) 암호를 사용하고, 신서사 또는 봉인행낭에 의하여 문서 또는 서한을 접수할 권리
- 라) 직무수행상 방문 또는 경유하는 국가에서 대표 자신 및 그 배우자에 대한 출입국 제한이나 외국인 등록 또는 국민적 역무상 의무로부터의 면제
- 마) 통화 또는 외환통제와 관련하여, 일시적 공무를 수행하는 외국 정부 대표에게 부여되는 것과 동일한 편의
- 바) 그들의 개인수하물과 관련하여, 상응하는 직급의 외교공관 구성원에게 부여되는 것과 동일한 면제 및 편의

제 14 절

전문기구가 소집하는 회의에 참석하는 전문기구 회원국 대표에게, 그 직무수행상 완전한 표현의 자유 및 독립성을 보장하기 위하여, 직무수행상 그들이 행한 구두 또는 서면진술 및 모든 행위에 관한 법적 절차로부터의 면제는 해당 사람이 더 이상 그러한 직무의 수행에 종사하지 아니하더라도 계속 부여된다.

제 15 절

거주를 이유로 어떤 형태이든 조세를 부과하는 경우, 전문기구가 소집하는 회의에 참석하는 전문기구 회원국 대표가 그 직무를 수행하기 위하여 어느 회원국에 체류하는 기간은 거주기간으로 인정하지 아니한다.

제 16 절

관련된 직무의 독립적 수행을 보장하기 위하여 회원국 대표에게 부여된다. 따라서 회원국은 자국 대표에 대한 면제가 사법절차를 방해한다고 판단하는 경우, 그리고 그 면제가 부여된 목적을 저해함이 없이 포기될 수 있는 경우 그 면제를 포기할 권리뿐만 아니라 의무도 있다.

제 17 절

제13절, 제14절 및 제15절의 규정은 해당 사람이 국민인 국가 또는 그가 대표하고 있거나 대표하였던 국가의 당국에 관해서는 적용되지 아니한다.

제 6 조 직원

제 18 절

각 전문기구는 이 조 및 제8조의 규정이 적용되는 직원의 범주를 명시할 것이다. 각 전문기구는 그 전문기구와 관계를 가진 이 협약의 모든 당사국 정부와 국제연합 사무총장에게 이 범주를 통고한다. 이 범주에 포함되는 직원의 명단은 수시로 위의 정부에 통보된다.

제 19 절

전문기구의 직원은,
- 가) 그들이 공적 자격으로 행한 구두 또는 서면진술 및 모든 행위에 관한 법적 절차로부터 면제된다.
- 나) 전문기구가 그들에게 지급하는 봉급 및 수당에 대하여, 국제연합의 직원이 누리는 것과 동일한 조건으로, 조세로부터의 동일한 면제를 누린다.

다) 그 배우자 및 부양가족과 더불어 출입국 제한과 외국인 등록으로부터 면제된다.
라) 외환편의와 관련하여, 외교공관의 상응하는 직급의 직원에게 부여되는 것과 동일한 특권이 부여된다.
마) 국제적 위기 시에 배우자 및 부양가족과 더불어 외교공관의 상응하는 직급의 직원과 동일한 귀환편의가 부여된다.
바) 최초로 해당 국가에 부임할 때에 그 가구 및 소유물을 면세로 수입할 권리를 가진다.

제 20 절
전문기구의 직원은 국민적 역무상 의무로부터 면제된다. 다만, 그들이 국민인 국가와의 관계에 있어서 그러한 면제는 전문기구의 사무장에 의하여 작성되고 해당 국가에 의하여 승인된 명단에 직무를 이유로 이름이 기재된 전문기구의 직원에 한한다. 전문기구의 그 밖의 직원이 국민적 역무를 위하여 소집되는 경우에 해당 전문기구의 요청에 따라 해당 국가는 긴요한 업무가 중단되는 것을 피하기 위하여 필요한 경우 그러한 직원의 소집을 잠정적으로 연기한다.

제 21 절
제19절 및 제20절에 명시된 면제와 특권에 추가하여 각 전문기구의 사무장, 그가 직무로부터 부재중일 때 그를 대행하는 직원, 이들의 배우자 및 미성년 자녀에 대해서는 국제법에 따라 외교사절에게 부여되는 특권과 면제, 면책 및 편의가 부여된다.

제 22 절
특권과 면제는 전문기구만의 이익을 위하여 직원에게 부여되며, 그들 개인의 사적 이익을 위하여 부여되지 아니한다. 각 전문기구는 직원에 대한 면제가 사법절차를 방해하고, 전문기구의 이익을 저해함이 없이 포기될 수 있다고 판단하는 경우 그 면제를 포기할 권리와 의무가 있다.

제 23 절
각 전문기구는 합당한 법집행을 원활히 하고, 경찰규정의 준수를 보장하며, 이 조에 언급된 특권·면제 및 편의와 관련된 남용의 발생을 방지하기 위하여 회원국의 적절한 당국과 항상 협력한다.

제 7 조 특권의 남용

제 24 절
이 협약 당사국이 이 협약에 의하여 부여된 특권 또는 면제의 남용이 있었다고 판단하는 경우, 그 국가와 해당 전문기구는 그러한 남용이 발생하였는지 여부를 결정하기 위하여 그리고 만일 그러한 남용이 발생하였을 경우에는 그러한 남용의 재발방지를 도모하기 위하여 협의한다. 그러한 협의가 그 국가와 해당 전문기구에 만족스러운 결과를 가져오지 못하는 경우, 특권 또는 면제의 남용이 발생하였는지 여부에 관한 문제는 제32절에 따라 국제사법재판소에 제소된다. 국제사법재판소가 그러한 남용이 발생하였다고 판결하는 경우, 그러한 남용으로 인하여 영향을 받은 이 협약 당사국은 해당 전문기구에 통고한 후, 그와 같이 남용된 특권 또는 면제의 혜택을 그 전문기구에 대하여 보류할 권리를 가진다.

제 25 절

1. 전문기구가 소집하는 회의에 참석하는 회원국의 대표는 그들의 직무를 수행하는 동안 및 회의 장소로 그리고 회의 장소로부터 여행하는 동안, 그리고 제18절의 의미 내에 속하는 직원은 공적 자격으로 그들이 행한 활동으로 인하여 영역 당국으로부터 그들이 직무를 수행하고 있는 국가를 떠나도록 요구받지 아니한다. 다만, 그 국가에서 공적 직무 이외의 활동으로 위의 사람이 범한 거주특권의 남용의 경우에는 그는 아래의 사항을 조건으로 하여 그 국가의 정부로부터 출국을 요구받을 수 있다.

2. (1) 회원국 대표 또는 제21절에 따라 외교적 면제를 누릴 권리를 가진 사람은 그 국가에 파견된 외교사절에게 적용되는 외교적 절차에 따른 경우는 제외하고, 그 국가로부터의 출국을 요구받지 아니한다.

   (2) 제21절이 적용되지 아니하는 직원의 경우에는 해당 국가 외무부장관의 승인이 없이는 출국명령이 발부되지 아니하며, 그러한 승인은 해당 전문기구의 사무장과 협의한 이후에만 부여된다. 그리고 어느 직원에 대한 추방절차가 진행되는 경우, 전문기구의 사무장은 그러한 절차의 대상이 되는 사람을 위하여 그러한 절차에 출두할 권리를 가진다.

제 8 조 통행증

제 26 절

전문기구의 직원은 국제연합 사무총장과 통행증을 발급할 특별권한을 위임받을 수 있는 전문기구의 권한 있는 당국 간에 체결되는 행정적 약정에 따라서 국제연합 통행증을 사용할 권리를 가진다. 국제연합 사무총장은 이 협약의 각 당사국에 그와 같이 체결된 개개의 행정적 약정을 통고한다.

제 27 절

이 협약 당사국은 전문기구 직원에게 발급된 국제연합 통행증을 유효한 여행문서로서 인정하고 수락한다.

제 28 절

사증이 요구되는 경우 국제연합 통행증을 소지한 전문기구의 직원으로부터의 사증신청은 그들이 전문기구의 업무로 여행 중이라는 증명서가 구비되어 있을 경우 가능한 한 신속히 처리된다. 또한, 그러한 사람에게는 신속한 여행을 위한 편의가 부여된다.

제 29 절

국제연합 통행증의 소지자는 아니지만, 전문기구의 업무로 여행 중이라는 증명서를 소지한 전문가 및 그 밖의 사람에게는 제28절에 명시된 것과 유사한 편의가 부여된다.

제 30 절

전문기구의 업무로 국제연합 통행증을 소지하고 여행하는 전문기구의 사무장, 각 국의 사무장보 및 국장급 이상의 그 밖의 직원에게는 외교공관의 상응하는 직급의 직원에게 부여되는 것과 동일한 여행상의 편의가 부여된다.

제9조 분쟁의 해결

제31절
각 전문기구는 다음과 같은 분쟁의 적절한 해결방식에 관한 규정을 정한다.
가) 계약으로부터 발생하는 분쟁 또는 전문기구가 당사자인 사법적 성격의 그 밖의 분쟁
나) 면제가 제22절의 규정에 따라 포기되지 아니한 경우, 공적 지위상 면제를 누리는 전문기구 직원이 관련된 분쟁

제32절
당사자가 다른 해결방식에 부탁하기로 합의하지 아니하는 한, 이 협약의 해석 또는 적용으로부터 발생하는 모든 불일치는 국제사법재판소에 회부된다. 한 전문기구와 한 회원국 사이에 불일치가 발생하는 경우에는 헌장 제96조와 재판소규정 제65조 및 국제연합과 해당 전문기구 간에 체결된 협정의 관련 규정에 따라, 관련된 모든 법적 문제에 대한 권고적 의견을 요청한다. 양 당사자는 재판소의 의견을 확정적인 것으로 수락한다.

제10조 부속서 및 개별전문기구에 대한 적용

제33절
표준조항은 각 전문기구에 적용됨에 있어서, 제36절 및 제38절에 규정된 바와 같이, 그 기구에 관련된 부속서의 최종(또는 개정)본에 규정된 수정에 따를 것을 조건으로 하여 적용된다.

제34절
협약의 규정은 특정 전문기구와의 관계에 있어서, 그 전문기구가 그 설립문서에 의하여 위임받은 기능에 비추어 해석되어야 한다.

제35절
부속서 1부터 부속서 9까지의 초안은 그 속에 표시된 전문기구에 권고된다. 제1절에서 그 명칭이 언급되지 아니한 전문기구의 경우에는, 국제연합 사무총장이 경제사회이사회가 권고한 부속서 초안을 그 기구에 송부한다.

제36절
각 부속서의 최종본은 그 헌장상의 절차에 따라 해당 전문기구가 승인한 것이다. 각 전문기구가 승인한 부속서의 사본은 해당 전문기구에 의하여 국제연합 사무총장에게 송부되며, 그 즉시 제35절에 언급된 초안을 대체한다.

제37절
이 협약은, 각 전문기구가 국제연합 사무총장에게 관련 부속서의 최종본을 송부하고 또한 전문기구가 이 부속서에 의하여 수정된 표준조항을 수락하며, 제8절·제18절·제22절·제23절·제24절·제31절·제32절·제42절 및 제45절(부속서의 최종본과 기구의 설립문서의 일치를 기하기 위하여 필요할 수 있는 제32절의 수정에 따를 것을 조건으로 함)과 기구에 의무를 부과하는 부속서의 모든 규정을 이행하기로 약속함을 국제연합 사

무총장에게 통보한 때에, 각 전문기구에 적용된다. 사무총장은 이 절에 따라 그에게 송부된 모든 부속서 및 제38절에 따라 송부된 개정 부속서의 인증등본을 국제연합의 모든 회원국 및 전문기구의 그 밖의 회원국에 송부한다.

제 38 절
제36절에 따라 최종 부속서를 송부한 후, 전문기구가 그 헌장상의 절차에 따라 그 부속서에 대한 개정을 승인할 경우 그 전문기구는 개정 부속서를 국제연합 사무총장에게 송부한다.

제 39 절
이 협약의 규정은 어느 전문기구의 본부나 지역사무소가 어느 국가의 영역에 소재한다는 이유로 그 국가가 그 전문기구에 부여하였거나 이후에 부여할 수 있는 특권과 면제를 어떤 방법으로도 제한하거나 저해하지 아니한다. 이 협약은 이 협약 당사국과 어느 전문기구 간에 이 협약의 규정을 조정하거나 또는 이 협약에 의하여 부여된 특권과 면제를 확장하거나 제한하는 보충 협정의 체결을 방해하는 것으로 간주되지 아니한다.

제 40 절
제36절에 따라 전문기구에 의하여 국제연합 사무총장에게 송부된 부속서의 최종본(또는 제38절에 따라 송부된 개정 부속서)에 의하여 수정된 표준조항은 해당 기구의 당시 발효 중인 설립문서의 규정과 일치할 것으로 양해되며, 만일 그 설립문서를 그와 같이 일치하도록 하기 위하여 설립문서의 개정이 필요하다면, 그러한 개정은 최종(또는 개정) 부속서가 송부되기 전에 그 전문기구의 헌장상의 절차에 따라 발효할 것으로 양해된다. 이 협약은, 전문기구의 설립문서의 규정 또는 기구가 달리 보유·취득 또는 부담할 수 있는 권리 또는 의무를 폐기하거나 훼손시키기 위하여 적용되지 아니한다.

제 11 조 최종 규정

제 41 절
국제연합 회원국과 전문기구의 회원국(제42절에 따를 것을 조건으로 함)에 의한 이 협약에의 가입은 국제연합 사무총장에게 가입서를 기탁함으로써 이루어지며, 그 가입서는 기탁되는 날에 발효한다.

제 42 절
각 해당 전문기구는 국제연합 회원국이 아닌 그 기구의 회원국에 관련 부속서와 함께 이 협약문을 송부하고, 그 전문기구에 관한 이 협약의 가입서를 국제연합 사무총장 또는 그 전문기구의 사무장에게 기탁함으로써 그 기구에 관하여 이 협약에 가입할 것을 요청한다.

제 43 절
이 협약의 각 당사국은 자국이 이 협약의 규정을 적용할 것을 약속하는 전문기구 또는 전문기구들을 그 가입서에 적시한다. 이 협약의 각 당사국은 국제연합 사무총장에 대한 추후의 서면통고로써 추가로 하나 이상의 전문기구에 이 협약의 규정을 적용할 것을 약속할 수 있다. 이러한 통고는 사무총장에 의하여 접수된 날에 발효한다.

제 44 절

제37절에 따라 이 협약이 어느 전문기구에 대하여 적용가능하게 되었고 이 협약 당사국이 제43절에 따라 그 전문기구에 이 협약의 규정을 적용할 것을 약속한 때에, 이 협약은 그 전문기구와 관계를 가진 이 협약의 각 당사국에 대하여 발효한다.

제 45 절

국제연합 사무총장은 국제연합의 모든 회원국, 전문기구의 모든 회원국 및 전문기구의 사무장에게 제41절에 따라 접수한 각 가입서의 기탁 사실과 제43절에 따라 접수한 추후의 통고사실을 통보한다. 전문기구의 사무장은 국제연합 사무총장과 해당 전문기구의 회원국에 제42절에 따라 그에게 기탁된 가입서의 기탁 사실을 통보한다.

제 46 절

어느 국가의 가입서 또는 추후의 통고서가 기탁되었을 때 이 국가는 자국법에 따라, 그러한 가입서나 통고서의 적용대상이 되는 전문기구에 관련된 부속서의 최종본에 의하여 수정된 이 협약의 규정을 시행할 수 있는 것으로 양해된다.

제 47 절

1. 이 절의 제2항 및 제3항의 규정에 따를 것을 조건으로 하여 이 협약의 각 당사국은, 개정된 협약 또는 부속서가 그 전문기구에 대하여 적용가능하게 되었고 그 당사국이 개정된 협약 또는 부속서를 수락할 때까지, 각 당사국의 가입 또는 추후의 통고의 적용대상이 되는 각 전문기구에 관하여 이 협약을 적용하기로 약속한다. 개정된 부속서의 경우, 국가에 의한 수락은 국제연합 사무총장에 대한 통고로써 이루어지며, 그러한 통고는 사무총장에 의하여 접수되는 날에 발효한다.
2. 그러나 전문기구의 회원국이 아닌 또는 전문기구의 회원국의 지위를 상실한 이 협약의 각 당사국은 통고를 접수한 날부터 3개월 이후 어느 특정일부터 해당 전문기구에 대하여 이 협약상의 혜택을 보류하려 한다는 취지로 국제연합 사무총장 및 그 전문기구의 사무장에게 서면통고를 할 수 있다.
3. 이 협약의 각 당사국은 국제연합과 더 이상 제휴관계를 가지지 아니하는 전문기구에 대하여 이 협약상의 혜택을 보류할 수 있다.
4. 국제연합 사무총장은 이 절의 규정에 따라 그에게 송부된 통고를 이 협약의 모든 당사국에 통보한다.

제 48 절

이 협약 당사국의 3분의 1의 요청에 의하여, 국제연합 사무총장은 협약의 개정을 위하여 회의를 소집할 것이다.

제 49 절

국제연합 사무총장은 이 협약의 사본을 각 전문기구 및 국제연합의 각 회원국 정부에 송부한다.

[부속서 생략]

04 | ICJ규정

제 1 조
국제연합의 주요한 사법기관으로서 국제연합헌장에 의하여 설립되는 국제사법재판소는 재판소규정의 규정들에 따라 조직되며 임무를 수행한다.

제1장 재판소의 조직

제 2 조
재판소는 덕망이 높은 자로서 각 국가에서 최고법관으로 임명되는데 필요한 자격을 가진 자 또는 국제법에 정통하다고 인정된 법률가 중에서 국적에 관계없이 선출되는 독립적 재판관의 일단으로 구성된다.

제 3 조
1. 재판소는 15인의 재판관으로 구성된다. 다만, 2인 이상이 동일국의 국민이어서는 아니된다.
2. 재판소에서 재판관의 자격을 정함에 있어서 2 이상의 국가의 국민으로 인정될 수 있는 자는 그가 통상적으로 시민적 및 정치적 권리를 행사하는 국가의 국민으로 본다.

제 4 조
1. 재판소의 재판관은 상설중재재판소의 국별재판관단이 지명한 자의 명부 중에서 다음의 규정들에 따라 총회 및 안전보장이사회가 선출한다.
2. 상설중재재판소에서 대표되지 아니하는 국제연합회원국의 경우에는, 재판관 후보자는 상설중재재판소 재판관에 관하여 국제분쟁의 평화적 해결을 위한 1907년 헤이그협약 제44조에 규정된 조건과 동일한 조건에 따라 각국 정부가 임명하는 국별재판관단이 지명한다.
3. 재판소규정의 당사국이지만 국제연합의 비회원국인 국가가 재판소의 재판관 선거에 참가할 수 있는 조건은, 특별한 협정이 없는 경우에는, 안전보장이사회의 권고에 따라 총회가 정한다.

제 5 조
1. 선거일부터 적어도 3월 전에 국제연합사무총장은, 재판소규정의 당사국인 국가에 속하는 상설중재재판소 재판관 및 제4조 제2항에 의하여 임명되는 국별재판관단의 구성원에게, 재판소의 재판관의 직무를 수락할 지위에 있는 자의 지명을 일정한 기간 내에 각 국별재판관단마다 행할 것을 서면으로 요청한다.
2. 어떠한 국별재판관단도 4인을 초과하여 후보자를 지명할 수 없으며, 그 중 3인 이상이 자국국적의 소유자이어서도 아니된다. 어떠한 경우에도 하나의 국별재판관단이 지명하는 후보자의 수는 충원할 재판관석 수의 2배를 초과하여서는 아니된다.

제 6 조
이러한 지명을 하기 전에 각 국별재판관단은 자국의 최고법원·법과대학·법률학교 및 법률연구에 종사하는 학술원 및 국제학술원의 자국지부와 협의하도록 권고받는다.

제 7 조
1. 사무총장은 이와 같이 지명된 모든 후보자의 명부를 알파벳순으로 작성한다. 제12조 제2항에 규정된 경우를 제외하고 이 후보자들만이 피선될 자격을 가진다.
2. 사무총장은 이 명부를 총회 및 안전보장이사회에 제출한다.

제 8 조
총회 및 안전보장이사회는 각각 독자적으로 재판소의 재판관을 선출한다.

제 9 조
모든 선거에 있어서 선거인은 피선거인이 개인적으로 필요한 자격을 가져야 할 뿐만 아니라 전체적으로 재판관단이 세계의 주요문명형태 및 주요법체계를 대표하여야 함에 유념한다.

제 10 조
1. 총회 및 안전보장이사회에서 절대다수표를 얻은 후보자는 당선된 것으로 본다.
2. 안전보장이사회의 투표는, 재판관의 선거를 위한 것이든지 또는 제12조에 규정된 협의회의 구성원 임명을 위한 것이든지, 안전보장이사회의 상임이사국과 비상임이사국 간에 구별없이 이루어진다.
3. 2인 이상의 동일국가 국민이 총회 및 안전보장이사회의 투표에서 모두 절대다수표를 얻은 경우에는 그 중 최연장자만이 당선된 것으로 본다.

제 11 조
선거를 위하여 개최된 제1차 회의 후에도 충원되어야 할 1 또는 그 이상의 재판관석이 남는 경우에는 제2차 회의가, 또한 필요한 경우 제3차 회의가 개최된다.

제 12 조
1. 제3차 회의 후에도 충원되지 아니한 1 또는 그 이상의 재판관석이 여전히 남는 경우에는, 3인은 총회가, 3인은 안전보장이사회가 임명하는 6명으로 구성되는 합동협의회가 각공석당 1인을 절대다수표로써 선정하여 총회 및 안전보장이사회가 각각 수락하도록 하기 위하여 총회 또는 안전보장이사회 중 어느 일방의 요청에 의하여 언제든지 설치될 수 있다.
2. 요구되는 조건을 충족한 자에 대하여 합동협의회가 전원일치로 동의한 경우에는, 제7조에 규정된 지명명부 중에 기재되지 아니한 자라도 협의회의 명부에 기재될 수 있다.
3. 합동협의회가 당선자를 확보할 수 없다고 인정하는 경우에는 이미 선출된 재판소의 재판관들은 총회 또는 안전보장이사회 중 어느 일방에서라도 득표한 후보자 중에서 안전보장이사회가 정하는 기간 내에 선정하여 공석을 충원한다.
4. 재판관 간의 투표가 동수인 경우에는 최연장재판관이 결정투표권을 가진다.

제 13 조

1. 재판소의 재판관은 9년의 임기로 선출되며 재선될 수 있다. 다만, 제1회 선거에서 선출된 재판관 중 5인의 재판관의 임기는 3년 후에 종료되며, 다른 5인의 재판관의 임기는 6년 후에 종료된다.
2. 위에 규정된 최초의 3년 및 6년의 기간 후에 임기가 종료되는 재판관은 제1회 선거가 완료된 직후 사무총장이 추첨으로 선정한다.
3. 재판소의 재판관은 후임자가 충원될 때까지 계속 직무를 수행한다. 충원 후에도 재판관은 이미 착수한 사건을 완결한다.
4. 재판소의 재판관이 사임하는 경우 사표는 재판소장에게 제출되며, 사무총장에게 전달된다. 이러한 최후의 통고에 의하여 공석이 생긴다.

제 14 조

공석은 후단의 규정에 따를 것을 조건으로 제1회 선거에 관하여 정한 방법과 동일한 방법으로 충원된다. 사무총장은 공석이 발생한 후 1월 이내에 제5조에 규정된 초청장을 발송하며, 선거일은 안전보장이사회가 정한다.

제 15 조

임기가 종료되지 아니한 재판관을 교체하기 위하여 선출된 재판소의 재판관은 전임자의 잔임기간 동안 재직한다.

제 16 조

1. 재판소의 재판관은 정치적 또는 행정적인 어떠한 임무도 수행할 수 없으며, 또는 전문적 성질을 가지는 다른 어떠한 직업에도 종사할 수 없다.
2. 이 점에 관하여 의문이 있는 경우에는 재판소의 결정에 의하여 해결한다.

제 17 조

1. 재판소의 재판관은 어떠한 사건에 있어서도 대리인·법률고문 또는 변호인으로서 행동할 수 없다.
2. 재판소의 재판관은 일방당사자의 대리인·법률고문 또는 변호인으로서, 국내법원 또는 국제법원이 법관으로서, 조사위원회의 위원으로서, 또는 다른 어떠한 자격으로서도, 이전에 그가 관여하였던 사건의 판결에 참여할 수 없다.
3. 이 점에 관하여 의문이 있는 경우에는 재판소의 결정에 의하여 해결한다.

제 18 조

1. 재판소의 재판관은, 다른 재판관들이 전원일치의 의견으로써 그가 요구되는 조건을 충족하지 못하게 되었다고 인정하는 경우를 제외하고는, 해임될 수 없다.
2. 해임의 정식통고는 재판소서기가 사무총장에게 한다.
3. 이러한 통고에 의하여 공석이 생긴다.

제 19 조

재판소의 재판관은 재판소의 업무에 종사하는 동안 외교특권 및 면제를 향유한다.

제 20 조
재판소의 모든 재판관은 직무를 개시하기 전에 자기의 직권을 공평하고 양심적으로 행사할 것을 공개된 법정에서 엄숙히 선언한다.

제 21 조
1. 재판소는 3년 임기로 재판소장 및 재판소부소장을 선출한다. 그들은 재선될 수 있다.
2. 재판소는 재판소서기를 임명하며 필요한 다른 직원의 임명에 관하여 규정할 수 있다.

제 22 조
1. 재판소의 소재지는 헤이그로 한다. 다만, 재판소가 바람직하다고 인정하는 때에는 다른 장소에서 개정하여 그 임무를 수행할 수 있다.
2. 재판소장 및 재판소서기는 재판소의 소재지에 거주한다.

제 23 조
1. 재판소는 재판소가 휴가 중인 경우를 제외하고는 항상 개정하며, 휴가의 시기 및 기간은 재판소가 정한다.
2. 재판소의 재판관은 정기휴가의 권리를 가진다. 휴가의 시기 및 기간은 헤이그와 각 재판관의 가정간의 거리를 고려하여 재판소가 정한다.
3. 재판소의 재판관은 휴가 중에 있는 경우이거나 질병 또는 재판소장에 대하여 정당하게 해명할 수 있는 다른 중대한 사유로 인하여 출석할 수 없는 경우를 제외하고는 항상 재판소의 명에 따라야 힐 의무를 진다.

제 24 조
1. 재판소의 재판관은 특별한 사유로 인하여 특정사건의 결정에 자신이 참여하여서는 아니된다고 인정하는 경우에는 재판소장에게 그 점에 관하여 통보한다.
2. 재판소장은 재판소의 재판관 중의 한 사람이 특별한 사유로 인하여 특정 사건에 참여하여서는 아니된다고 인정하는 경우에는 그에게 그 점에 관하여 통보한다.
3. 그러한 모든 경우에 있어서 재판소의 재판관과 재판소장의 의견이 일치하지 아니하는 때에는 그 문제는 재판소의 결정에 의하여 해결한다.

제 25 조
1. 재판소규정에 달리 명문의 규정이 있는 경우를 제외하고는 재판소는 전원이 출석하여 개정한다.
2. 재판소를 구성하기 위하여 응할 수 있는 재판관의 수가 11인 미만으로 감소되지 아니할 것을 조건으로, 재판소규칙은 상황에 따라서 또한 윤번으로 1인 또는 그 이상의 재판관의 출석을 면제할 수 있음을 규정할 수 있다.
3. 재판소를 구성하는데 충분한 재판관의 정족수는 9인으로 한다.

제 26 조
1. 재판소는 특정한 부류의 사건, 예컨대 노동사건과 통과 및 운수 통신에 관한 사건을 처리하기 위하여 재판소가 결정하는 바에 따라 3인 또는 그 이상의 재판관으로 구성되는 1 또는 그 이상의 소재판부를 수시로 설치할 수 있다.

2. 재판소는 특정사건을 처리하기 위한 소재판부를 언제든지 설치할 수 있다. 그러한 소재판부를 구성하는 재판관의 수는 당사자의 승인을 얻어 재판소가 결정한다.
3. 당사자가 요청하는 경우에는 이 조에서 규정된 소재판부가 사건을 심리하고 결정한다.

제 27 조
제26조 및 제29조에 규정된 소재판부가 선고한 판결은 재판소가 선고한 것으로 본다.

제 28 조
제26조 및 제29조에 규정된 소재판부는 당사자의 동의를 얻어 헤이그 외의 장소에서 개정하여, 그 임무를 수행할 수 있다.

제 29 조
업무의 신속한 처리를 위하여 재판소는, 당사자의 요청이 있는 경우 간이소송절차로 사건을 심리하고 결정할 수 있는, 5인의 재판관으로 구성되는 소재판부를 매년 설치한다. 또한 출석할 수 없는 재판관을 교체하기 위하여 2인의 재판관을 선정한다.

제 30 조
1. 재판소는 그 임무를 수행하기 위하여 규칙을 정한다. 재판소는 특히 소송절차규칙을 정한다.
2. 재판소규칙은 재판소 또는 그 소재판부에 투표권없이 출석하는 보좌인에 관하여 규정할 수 있다.

제 31 조
1. 각 당사자의 국적재판관은 재판소에 제기된 사건에 출석할 권리를 가진다.
2. 재판소가 그 재판관석에 당사자 중 1국의 국적재판관을 포함시키는 경우에는 다른 어느 당사자도 재판관으로서 출석할 1인을 선정할 수 있다. 다만, 그러한 자는 되도록이면 제4조 및 제5조에 규정된 바에 따라 후보자로 지명된 자 중에서 선정된다.
3. 재판소가 그 재판관석에 당사자의 국적재판관을 포함시키지 아니한 경우에는 각 당사자는 제2항에 규정된 바에 따라 재판관을 선정할 수 있다.
4. 이 조의 규정은 제26조 및 제29조의 경우에 적용된다. 그러한 경우에 재판소장은 소재판부를 구성하고 있는 재판관 중 1인 또는 필요한 때에는 2인에 대하여, 관계당사자의 국적재판관에게 또한 그러한 국적재판관이 없거나 출석할 수 없는 때에는 당사자가 특별히 선정하는 재판관에게, 재판관석을 양보할 것을 요청한다.
5. 동일한 이해관계를 가진 수개의 당사자가 있는 경우에, 그 수개의 당사자는 위 규정들의 목적상 단일당사자로 본다. 이 점에 관하여 의문이 있는 경우에는 재판소의 결정에 의하여 해결한다.
6. 제2항·제3항 및 제4항에 규정된 바에 따라 선정되는 재판관은 재판소 규정의 제2조·제17조(제2항)·제20조 및 제24조가 요구하는 조건을 충족하여야 한다. 그러한 재판관은 자기의 동료와 완전히 평등한 조건으로 결정에 참여한다.

제 32 조
1. 재판소의 각 재판관은 연봉을 받는다.
2. 재판소장은 특별년차수당을 받는다.

3. 재판소부소장은 재판소장으로서 활동하는 모든 날짜에 대하여 특별수당을 받는다.
4. 제31조에 의하여 선정된 재판관으로서 재판소의 재판관이 아닌 자는 자기의 임무를 수행하는 각 날짜에 대하여 보상을 받는다.
5. 이러한 봉급·수당 및 보상은 총회가 정하며 임기 중 감액될 수 없다.
6. 재판소서기의 봉급은 재판소의 제의에 따라 총회가 정한다.
7. 재판소의 재판관 및 재판소서기에 대하여 퇴직연금이 지급되는 조건과 재판소의 재판관 및 재판소서기가 그 여비를 상환받는 조건은 총회가 제정하는 규칙에서 정하여진다.
8. 위의 봉급·수당 및 보상은 모든 과세로부터 면제된다.

제 33 조
재판소의 경비는 총회가 정하는 방식에 따라 국제연합이 부담한다.

제 2 장 재판소의 관할

제 34 조
1. 국가만이 재판소에 제기되는 사건의 당사자가 될 수 있다.
2. 재판소는 재판소규칙이 정하는 조건에 따라 공공 국제기구에게 재판소에 제기된 사건과 관련된 정보를 요청할 수 있으며, 또한 그 국제기구가 자발적으로 제공하는 정보를 수령한다.
3. 공공 국제기구의 설립문서 또는 그 문서에 의하여 채택된 국제협약의 해석이 재판소에 제기된 사건에서 문제로 된 때에는 재판소서기는 당해 공공 국제기구에 그 점에 관하여 통고하며, 소송절차상의 모든 서류의 사본을 송부한다.

제 35 조
1. 재판소는 재판소규정의 당사국에 대하여 개방된다.
2. 재판소를 다른 국가에 대하여 개방하기 위한 조건은 현행 제조약의 특별한 규정에 따를 것을 조건으로 안전보장이사회가 정한다. 다만, 어떠한 경우에도 그러한 조건은 당사자들을 재판소에 있어서 불평등한 지위에 두게 하는 것이어서는 아니된다.
3. 국제연합의 회원국이 아닌 국가가 사건의 당사자인 경우에는 재판소는 그 당사자가 재판소의 경비에 대하여 부담할 금액을 정한다. 그러한 국가가 재판소의 경비를 분담하고 있는 경우에는 적용되지 아니한다.

제 36 조
1. 재판소의 관할은 당사자가 재판소에 회부하는 모든 사건과 국제연합헌장 또는 현행의 제조약 및 협약에서 특별히 규정된 모든 사항에 미친다.
2. 재판소규정의 당사국은 다음 사항에 관한 모든 법률적 분쟁에 대하여 재판소의 관할을, 동일한 의무를 수락하는 모든 다른 국가와의 관계에 있어서 당연히 또한 특별한 합의 없이도, 강제적인 것으로 인정한다는 것을 언제든지 선언할 수 있다.
    (가) 조약의 해석
    (나) 국제법상의 문제
    (다) 확인되는 경우, 국제의무의 위반에 해당하는 사실의 존재
    (라) 국제의무의 위반에 대하여 이루어지는 배상의 성질 또는 범위

3. 위에 규정된 선언은 무조건으로, 수개 국가 또는 일정 국가와의 상호주의의 조건으로, 또는 일정한 기간을 정하여 할 수 있다.
4. 그러한 선언서는 국제연합사무총장에게 기탁되며, 사무총장은 그 사본을 재판소규정의 당사국과 국제사법재판소서기에게 송부한다.
5. 상설국제사법재판소규정 제36조에 의하여 이루어진 선언으로서 계속 효력을 가지는 것은, 재판소규정의 당사국 사이에서는, 이 선언이 금후 존속하여야 할 기간 동안 그리고 이 선언의 조건에 따라 재판소의 강제적 관할을 수락한 것으로 본다.
6. 재판소가 관할권을 가지는지의 여부에 관하여 분쟁이 있는 경우에는, 그 문제는 재판소의 결정에 의하여 해결된다.

제 37 조

현행의 조약 또는 협약이 국제연맹이 설치한 재판소 또는 상설국제사법 재판소에 어떤 사항을 회부하는 것을 규정하고 있는 경우에 그 사항은 재판소규정의 당사국 사이에서는 국제사법재판소에 회부된다.

제 38 조

1. 재판소는 재판소에 회부된 분쟁을 국제법에 따라 재판하는 것을 임무로 하며, 다음을 적용한다.
   (개) 분쟁국에 의하여 명백히 인정된 규칙을 확립하고 있는 일반적인 또는 특별한 국제협약
   (내) 법으로 수락된 일반관행의 증거로서의 국제관습
   (대) 문명국에 의하여 인정된 법의 일반원칙
   (래) 법칙결정의 보조수단으로서의 사법판결 및 제국의 가장 우수한 국제법 학자의 학설. 다만, 제59조의 규정에 따를 것을 조건으로 한다.
2. 이 규정은 당사자가 합의하는 경우에 재판소가 형평과 선에 따라 재판하는 권한을 해하지 아니한다.

제 3 장 소송절차

제 39 조

1. 재판소의 공용어는 불어 및 영어로 한다. 당사자가 사건을 불어로 처리하는 것에 동의하는 경우 판결은 불어로 한다. 당사자가 사건을 영어로 처리하는 것에 동의하는 경우 판결은 영어로 한다.
2. 어떤 공용어를 사용할 것인지에 대한 합의가 없는 경우에, 각 당사자는 자국이 선택하는 공용어를 변론절차에서 사용할 수 있으며, 재판소의 판결은 불어 및 영어로 한다. 이러한 경우에 재판소는 두 개의 본문 중 어느 것을 정본으로 할 것인가를 아울러 결정한다.
3. 재판소는 당사자의 요청이 있는 경우 그 당사자가 불어 또는 영어 외의 언어를 사용하도록 허가한다.

제 40 조

1. 재판소에 대한 사건의 제기는 각 경우에 따라 재판소서기에게 하는 특별한 합의의 통고에 의하여 또는 서면신청에 의하여 이루어진다. 어느 경우에도 분쟁의 주제 및 당사자가 표시된다.
2. 재판소서기는 즉시 그 신청을 모든 이해관계자에게 통보한다.
3. 재판소서기는 사무총장을 통하여 국제연합회원국에게도 통고하며, 또한 재판소에 출석할 자격이 있는 어떠한 다른 국가에게도 통고한다.

제 41 조

1. 재판소는 사정에 의하여 필요하다고 인정하는 때에는 각 당사자의 각각의 권리를 보전하기 위하여 취하여져야 할 잠정조치를 제시할 권한을 가진다.
2. 종국판결이 있을 때까지, 제시되는 조치는 즉시 당사자 및 안전보장이사회에 통지된다.

제 42 조

1. 당사자는 대리인에 의하여 대표된다.
2. 당사자는 재판소에서 법률고문 또는 변호인의 조력을 받을 수 있다.
3. 재판소에서 당사자의 대리인·법률고문 및 변호인은 자기의 직무를 독립적으로 수행하는데 필요한 특권 및 면제를 향유한다.

제 43 조

1. 소송절차는 서면소송절차 및 구두소송절차의 두 부분으로 구성된다.
2. 서면소송절차는 준비서면·답변서 및 필요한 경우 항변서와 원용할 수 있는 모든 문서 및 서류를 재판소와 당사자에게 송부하는 것으로 이루어진다.
3. 이러한 송부는 재판소가 정하는 순서에 따라 재판소가 정하는 기간 내에 재판소서기를 통하여 이루어진다.
4. 일방당사자가 제출한 모든 서류의 인증사본 1통은 타방당사자에게 송부된다.
5. 구두소송절차는 재판소가 증인·감정인·대리인·법률고문 및 변호인에 대하여 심문하는 것으로 이루어진다.

제 44 조

1. 재판소는 대리인·법률고문 및 변호인 외의 자에 대한 모든 통지의 송달을, 그 통지가 송달될 지역이 속하는 국가의 정부에게 직접 한다.
2. 위의 규정은 현장에서 증거를 수집하기 위한 조치를 취하여야 할 경우에도 동일하게 적용된다.

제 45 조

심리는 재판소장 또는 재판소장이 주재할 수 없는 경우에는 재판소부소장이 지휘한다. 그들 모두가 주재할 수 없을 때에는 출석한 선임재판관이 주재한다.

제 46 조

재판소에서의 심리는 공개된다. 다만, 재판소가 달리 결정하는 경우 또는 당사자들이 공개하지 아니할 것을 요구하는 경우에는 그러하지 아니한다.

제 47 조

1. 매 심리마다 조서를 작성하고 재판소서기 및 재판소장이 서명한다.
2. 이 조서만이 정본이다.

제 48 조

재판소는 사건의 진행을 위한 명령을 발하고, 각 당사자가 각각의 진술을 종결하여야 할 방식 및 시기를 결정하며, 증거조사에 관련되는 모든 조치를 취한다.

제 49 조

재판소는 심리의 개시 전에도 서류를 제출하거나 설명을 할 것을 대리인에게 요청할 수 있다. 거절하는 경우에는 정식으로 이를 기록하여 둔다.

제 50 조

재판소는 재판소가 선정하는 개인·단체·관공서·위원회 또는 다른 조직에게 조사의 수행 또는 감정의견의 제출을 언제든지 위탁할 수 있다.

제 51 조

심리 중에는 제30조에 규정된 소송절차규칙에서 재판소가 정한 조건에 따라 증인 및 감정인에게 관련된 모든 질문을 한다.

제 52 조

재판소는 그 목적을 위하여 정하여진 기간 내에 증거 및 증언을 수령한 후에는, 타방당사자가 동의하지 아니하는 한, 일방당사자가 제출하고자 하는 어떠한 새로운 인증 또는 서증도 그 수리를 거부할 수 있다.

제 53 조

1. 일방당사자가 재판소에 출석하지 아니하거나 또는 그 사건을 방어하지 아니하는 때에는 타방당사자는 자기의 청구에 유리하게 결정할 것을 재판소에 요청할 수 있다.
2. 재판소는, 그렇게 결정하기 전에, 제36조 및 제37조에 따라 재판소가 관할권을 가지고 있을 뿐만 아니라 그 청구가 사실 및 법에 충분히 근거하고 있음을 확인하여야 한다.

제 54 조

1. 재판소의 지휘에 따라 대리인·법률고문 및 변호인이 사건에 관한 진술을 완료한 때에는 재판소장은 심리가 종결되었음을 선언한다.
2. 재판소는 판결을 심의하기 위하여 퇴정한다.
3. 재판소의 평의는 비공개로 이루어지며 비밀로 한다.

제 55 조

1. 모든 문제는 출석한 재판관의 과반수로 결정된다.
2. 가부동수인 경우에는 재판소장 또는 재판소장을 대리하는 재판관이 결정투표권을 가진다.

제 56 조

1. 판결에는 판결이 기초하고 있는 이유를 기재한다.
2. 판결에는 결정에 참여한 재판관의 성명이 포함된다.

제 57 조

판결이 전부 또는 부분적으로 재판관 전원일치의 의견을 나타내지 아니한 때에는 어떠한 재판관도 개별의견을 제시할 권리를 가진다.

제 58 조

판결에는 재판소장 및 재판소서기가 서명한다. 판결은 대리인에게 적절히 통지된 후 공개된 법정에서 낭독된다.

제 59 조

재판소의 결정은 당사자사이와 그 특정사건에 관하여서만 구속력을 가진다.

제 60 조

판결은 종국적이며 상소할 수 없다. 판결의 의미 또는 범위에 관하여 분쟁이 있는 경우에는 재판소는 당사자의 요청에 의하여 이를 해석한다.

제 61 조

1. 판결의 재심청구는 재판소 및 재심을 청구하는 당사자가 판결이 선고되었을 당시에는 알지 못하였던 결정적 요소로 될 성질을 가진 어떤 사실의 발견에 근거하는 때에 한하여 할 수 있다. 다만, 그러한 사실을 알지 못한 것이 과실에 의한 것이 아니었어야 한다.
2. 재심의 소송절차는 새로운 사실이 존재함을 명기하고, 그 새로운 사실이 사건을 재심할 성질의 것임을 인정하고, 또한 재심청구가 이러한 이유로 허용될 수 있음을 선언하고 있는 재판소의 판결에 의하여 개시된다.
3. 재판소는 재심의 소송절차를 허가하기 전에 원판결의 내용을 먼저 준수하도록 요청할 수 있다.
4. 재심청구는 새로운 사실을 발견한 때부터 늦어도 6월 이내에 이루어져야 한다.
5. 판결일부터 10년이 지난 후에는 재심청구를 할 수 없다.

제 62 조

1. 사건의 결정에 의하여 영향을 받을 수 있는 법률적 성질의 이해관계가 있다고 인정하는 국가는 재판소에 그 소송에 참가하는 것을 허락하여 주도록 요청할 수 있다.
2. 재판소는 이 요청에 대하여 결정한다.

제 63 조

1. 사건에 관련된 국가 이외의 다른 국가가 당사국으로 있는 협약의 해석이 문제가 된 경우에는 재판소서기는 즉시 그러한 모든 국가에게 통고한다.
2. 그렇게 통고를 받은 모든 국가는 그 소송절차에 참가할 권리를 가진다. 다만, 이 권리를 행사한 경우에는 판결에 의하여 부여된 해석은 그 국가에 대하여도 동일한 구속력을 가진다.

제 64 조

재판소가 달리 결정하지 아니하는 한 각 당사자는 각자의 비용을 부담한다.

제 4 장 권고적 의견

제 65 조

1. 재판소는 국제연합헌장에 의하여 또는 이 헌장에 따라 권고적 의견을 요청하는 것을 허가받은 기관이 그러한 요청을 하는 경우에 어떠한 법률문제에 관하여도 권고적 의견을 부여할 수 있다.
2. 재판소의 권고적 의견을 구하는 문제는, 그 의견을 구하는 문제에 대하여 정확하게 기술하고 있는 요청서에 의하여 재판소에 제기된다. 이 요청서에는 그 문제를 명확하게 할 수 있는 모든 서류를 첨부한다.

제 66 조

1. 재판소서기는 권고적 의견이 요청된 사실을 재판소에 출석할 자격이 있는 모든 국가에게 즉시 통지한다.
2. 재판소서기는 또한, 재판소에 출석할 자격이 있는 모든 국가에게, 또는 그 문제에 관한 정보를 제공할 수 있다고 재판소 또는 재판소가 개정 중이 아닌 때에는 재판소장이 인정하는 국제기구에게, 재판소장이 정하는 기간 내에, 재판소가 그 문제에 관한 진술서를 수령하거나 또는 그 목적을 위하여 열리는 공개법정에서 그 문제에 관한 구두진술을 청취할 준비가 되어 있음을 특별하고도 직접적인 통신수단에 의하여 통고한다.
3. 재판소에 출석할 자격이 있는 그러한 어떠한 국가도 제2항에 규정된 특별통지를 받지 아니하였을 때에는 진술서를 제출하거나 또는 구두로 진술하기를 희망한다는 것을 표명할 수 있다. 재판소는 이에 관하여 결정한다.
4. 서면 또는 구두진술 또는 양자 모두를 제출한 국가 및 기구는, 재판소 또는 재판소가 개정 중이 아닌 때에는 재판소장이 각 특정사건에 있어서 정하는 형식·범위 및 기간 내에 다른 국가 또는 기구가 한 진술에 관하여 의견을 개진하는 것이 허용된다. 따라서 재판소서기는 그러한 진술서를 이와 유사한 진술서를 제출한 국가 및 기구에게 적절한 시기에 송부한다.

제 67 조

재판소는 사무총장 및 직접 관계가 있는 국제연합회원국·다른 국가 및 국제기구의 대표에게 통지한 후 공개된 법정에서 그 권고적 의견을 발표한다.

제 68 조

권고적 임무를 수행함에 있어서 재판소는 재판소가 적용할 수 있다고 인정하는 범위 안에서 쟁송사건에 적용되는 재판소규정의 규정들에 또한 따른다.

제 5 장 개정

제 69 조
재판소규정의 개정은 국제연합헌장이 그 헌장의 개정에 관하여 규정한 절차와 동일한 절차에 의하여 이루어진다. 다만, 재판소규정의 당사국이면서 국제연합 회원국이 아닌 국가의 참가에 관하여는 안전보장이사회의 권고에 의하여 총회가 채택한 규정에 따른다.

제 70 조
재판소는 제69조의 규정에 따른 심의를 위하여 재판소가 필요하다고 인정하는 재판소규정의 개정을, 사무총장에 대한 서면통보로써, 제안할 권한을 가진다.

해커스공무원 학원·인강
gosi.Hackers.com

IV

국제인권법

01 | 세계인권선언
02 | 경제적·사회적·문화적 권리에 관한 국제규약
03 | 경제적·사회적·문화적 권리에 관한 국제규약 선택의정서
04 | 시민적·정치적 권리에 관한 국제규약
05 | 시민적·정치적 권리에 관한 국제규약 제1선택의정서
06 | 제노사이드방지 및 처벌에 관한 협약
07 | 고문과 기타 잔혹하거나, 비인도적이거나 모욕적인 대우 혹은 처벌에 반대하는 협약
08 | 모든 형태의 인종차별 철폐에 관한 국제협약
09 | 여성에 대한 모든 형태의 차별철폐에 관한 협약
10 | 아동의 권리에 관한 협약
11 | 장애인의 권리에 관한 협약
12 | ICC에 관한 로마협약
13 | 난민의 지위에 관한 협약
14 | 난민의 지위에 관한 의정서(Protocol Relating to the Status of Refugees)

Ⅳ 국제인권법

01 | 세계인권선언(1948)

제 1 조
모든 사람은 태어날 때부터 자유롭고, 존엄성과 권리에 있어서 평등하다. 사람은 이성과 양심을 부여받았으며 서로에게 형제의 정신으로 대하여야 한다.

제 2 조
모든 사람은 인종, 피부색, 성, 언어, 종교, 정치적 또는 그 밖의 견해, 민족적 또는 사회적 출신, 재산, 출생, 기타의 지위 등에 따른 어떠한 종류의 구별도 없이, 이 선언에 제시된 모든 권리와 자유를 누릴 자격이 있다. 나아가 개인이 속한 나라나 영역이 독립국이든 신탁통치지역이든, 비자치지역이든 또는 그 밖의 다른 주권상의 제한을 받고 있는 지역이든, 그 나라나 영역의 정치적, 사법적, 국제적 지위를 근거로 차별이 행하여져서는 아니된다.

제 3 조
모든 사람은 생명권과 신체의 자유와 안전을 누릴 권리가 있다.

제 4 조
어느 누구도 노예나 예속상태에 놓여지지 아니한다. 모든 형태의 노예제도 및 노예매매는 금지된다.

제 5 조
어느 누구도 고문이나, 잔혹하거나, 비인도적이거나, 모욕적인 취급 또는 형벌을 받지 아니한다.

제 6 조
모든 사람은 어디에서나 법 앞에 인간으로서 인정받을 권리를 가진다.

제 7 조
모든 사람은 법 앞에 평등하고, 어떠한 차별도 없이 법의 평등한 보호를 받을 권리를 가진다. 모든 사람은 이 선언을 위반하는 어떠한 차별에 대하여도, 또한 어떠한 차별의 선동에 대하여도 평등한 보호를 받을 권리를 가진다.

제 8 조
모든 사람은 헌법 또는 법률이 부여하는 기본권을 침해하는 행위에 대하여 담당 국가법원에 의하여 효과적인 구제를 받을 권리를 가진다.

제 9 조
어느 누구도 자의적인 체포, 구금 또는 추방을 당하지 아니한다.

제 10 조
모든 사람은 자신의 권리와 의무, 그리고 자신에 대한 형사상의 혐의를 결정함에 있어서, 독립적이고 편견 없는 법정에서 공정하고도 공개적인 심문을 전적으로 평등하게 받을 권리를 가진다.

제 11 조
1. 형사범죄로 소추당한 모든 사람은 자신의 변호를 위하여 필요한 모든 장치를 갖춘 공개된 재판에서 법률에 따라 유죄로 입증될 때까지 무죄로 추정받을 권리를 가진다.
2. 어느 누구도 행위시의 국내법 또는 국제법상으로 범죄를 구성하지 아니하는 작위 또는 부작위를 이유로 유죄로 되지 아니한다. 또한 범죄가 행하여진 때에 적용될 수 있는 형벌보다 무거운 형벌이 부과되지 아니한다.

제 12 조
어느 누구도 자신의 사생활, 가정, 주거 또는 통신에 대하여 자의적인 간섭을 받지 않으며, 자신의 명예와 신용에 대하여 공격을 받지 아니한다. 모든 사람은 그러한 간섭과 공격에 대하여 법률의 보호를 받을 권리를 가진다.

제 13 조
1. 모든 사람은 각국의 영역 내에서 이전과 거주의 자유에 관한 권리를 가진다.
2. 모든 사람은 자국을 포함한 어떤 나라로부터도 출국할 권리가 있으며, 또한 자국으로 돌아올 권리를 가진다.

제 14 조
1. 모든 사람은 박해를 피하여 타국에서 피난처를 구하고 비호를 향유할 권리를 가진다.
2. 이 권리는 비정치적인 범죄 또는 국제연합의 목적과 원칙에 반하는 행위만으로 인하여 제기된 소추의 경우에는 활용될 수 없다.

제 15 조
1. 모든 사람은 국적을 가질 권리를 가진다.
2. 어느 누구도 자의적으로 자신의 국적을 박탈당하거나 그의 국적을 바꿀 권리를 부인당하지 아니한다.

제 16 조
1. 성년에 이른 남녀는 인종, 국적 또는 종교에 따른 어떠한 제한도 받지 않고 혼인하여 가정을 이룰 권리를 가진다. 이들은 혼인 기간 중 및 그 해소시 혼인에 관하여 동등한 권리를 가진다.
2. 결혼은 양당사자의 자유롭고도 완전한 합의에 의하여만 성립된다.
3. 가정은 사회의 자연적이며 기초적인 구성 단위이며, 사회와 국가의 보호를 받을 권리를 가진다.

제 17 조
1. 모든 사람은 단독으로는 물론 타인과 공동으로 자신의 재산을 소유할 권리를 가진다.
2. 어느 누구도 자신의 재산을 자의적으로 박탈당하지 아니한다.

제 18 조
모든 사람은 사상, 양심 및 종교의 자유에 대한 권리를 가진다. 이러한 권리는 자신의 종교 또는 신념을 바꿀 자유와 선교, 행사, 예배, 의식에 있어서 단독으로 또는 다른 사람과 공동으로, 공적으로 또는 사적으로 자신의 종교나 신념을 표명하는 자유를 포함한다.

제 19 조
모든 사람은 의견과 표현의 자유에 관한 권리를 가진다. 이 권리는 간섭받지 않고 의견을 가질 자유와 모든 매체를 통하여 국경에 관계없이 정보와 사상을 추구하고, 접수하고, 전달하는 자유를 포함한다.

제 20 조
1. 모든 사람은 평화적 집회와 결사의 자유에 관한 권리를 가진다.
2. 어느 누구도 어떤 결사에 소속될 것을 강요받지 아니한다.

제 21 조
1. 모든 사람은 직접 또는 자유롭게 선출된 대표를 통하여 자국의 통치에 참여할 권리를 가진다.
2. 모든 사람은 자국의 공무에 취임할 동등한 권리를 가진다.
3. 국민의 의사는 정부의 권위의 기초가 된다. 이 의사는 보통 및 평등 선거권에 의거하며, 또한 비밀투표 또는 이와 동등한 자유로운 투표 절차에 따라 실시되는 정기적이고 진정한 선거를 통하여 표현된다.

제 22 조
모든 사람은 사회의 일원으로서 사회보장제도에 관한 권리를 가지며, 국가적 노력과 국제적 협력을 통하여 그리고 각국의 조직과 자원에 따라 자신의 존엄성과 인격의 자유로운 발전을 위하여 불가결한 경제적, 사회적 및 문화적 권리의 실현에 관한 권리를 가진다.

제 23 조
1. 모든 사람은 근로의 권리, 자유로운 직업 선택권, 공정하고 유리한 근로조건에 관한 권리 및 실업으로부터 보호받을 권리를 가진다.
2. 모든 사람은 어떠한 차별도 받지 않고 동등한 노동에 대하여 동등한 보수를 받을 권리를 가진다.
3. 모든 근로자는 자신과 가족에게 인간적 존엄에 합당한 생활을 보장하여 주며, 필요할 경우 다른 사회적 보호의 수단에 의하여 보완되는, 정당하고 유리한 보수를 받을 권리를 가진다.
4. 모든 사람은 자신의 이익을 보호하기 위하여 노동조합을 결성하고, 가입할 권리를 가진다.

제 24 조

모든 사람은 근로시간의 합리적 제한과 정기적인 유급휴일을 포함한 휴식과 여가에 관한 권리를 가진다.

제 25 조

1. 모든 사람은 식량, 의복, 주택, 의료, 필수적인 사회역무를 포함하여 자신과 가족의 건강과 안녕에 적합한 생활수준을 누릴 권리를 가지며, 실업, 질병, 불구, 배우자와의 사별, 노령, 그 밖의 자신이 통제할 수 없는 상황에서의 다른 생계 결핍의 경우 사회보장을 누릴 권리를 가진다.
2. 모자는 특별한 보살핌과 도움을 받을 권리를 가진다. 모든 어린이는 부모의 혼인 여부에 관계없이 동등한 사회적 보호를 향유한다.

제 26 조

1. 모든 사람은 교육을 받을 권리를 가진다. 교육은 최소한 초등기초단계에서는 무상이어야 한다. 초등교육은 의무적이어야 한다. 기술교육과 직업교육은 일반적으로 이용할 수 있어야 하며, 고등교육도 능력에 따라 모든 사람에게 평등하게 개방되어야 한다.
2. 교육은 인격의 완전한 발전과 인권 및 기본적 자유에 대한 존중의 강화를 목표로 하여야 한다. 교육은 모든 국가들과 인종적 또는 종교적 집단 간에 있어서 이해, 관용 및 친선을 증진시키고 평화를 유지하기 위한 국제연합의 활동을 촉진시켜야 한다.
3. 부모는 자녀에게 제공되는 교육의 종류를 선택함에 있어서 우선권을 가진다.

제 27 조

1. 모든 사람은 공동체의 문화생활에 자유롭게 참여하고, 예술을 감상하며, 과학의 진보와 그 혜택을 향유할 권리를 가진다.
2. 모든 사람은 자신이 창조한 모든 과학적, 문학적, 예술적 창작물에서 생기는 정신적, 물질적 이익을 보호받을 권리를 가진다.

제 28 조

모든 사람은 이 선언에 제시된 권리와 자유가 완전히 실현될 수 있는 사회적 및 국제적 질서에 대한 권리를 가진다.

제 29 조

1. 모든 사람은 그 안에서만 자신의 인격을 자유롭고 완전하게 발전시킬 수 있는 공동체에 대하여 의무를 부담한다.
2. 모든 사람은 자신의 권리와 자유를 행사함에 있어서, 타인의 권리와 자유에 대한 적절한 인정과 존중을 보장하고, 민주사회에서의 도덕심, 공공질서, 일반의 복지를 위하여 정당한 필요를 충족시키기 위한 목적에서만 법률에 규정된 제한을 받는다.
3. 이러한 권리와 자유는 어떤 경우에도 국제연합의 목적과 원칙에 반하여 행사될 수 없다.

제 30 조

이 선언의 그 어떠한 조항도 특정 국가, 집단 또는 개인이 이 선언에 규정된 어떠한 권리와 자유를 파괴할 목적의 활동에 종사하거나, 또는 그와 같은 행위를 행할 어떠한 권리도 가지는 것으로 해석되지 아니한다.

02 | 경제적·사회적·문화적 권리에 관한 국제규약(1966채택/1976발효/1990한국발효)

제1부

제1조

1. 모든 인민은 자결권을 가진다. 이 권리에 기초하여 모든 인민은 그들의 정치적 지위를 자유로이 결정하고, 또한 그들의 경제적, 사회적 및 문화적 발전을 자유로이 추구한다.
2. 모든 인민은, 호혜의 원칙에 입각한 국제경제협력으로부터 발생하는 의무 및 국제법상의 의무에 위반하지 아니하는 한, 그들 자신의 목적을 위하여 그들의 천연의 부와 자원을 자유로이 처분할 수 있다. 어떠한 경우에도 인민은 그들의 생존수단을 박탈당하지 아니한다.
3. 비자치지역 및 신탁통치지역의 행정책임을 맡고 있는 국가들을 포함하여 이 규약의 당사국은 국제연합헌장의 규정에 따라 자결권의 실현을 촉진하고 동 권리를 존중하여야 한다.

제2부

제2조

1. 이 규약의 각 당사국은 특히 입법조치의 채택을 포함한 모든 적절한 수단에 의하여 이 규약에서 인정된 권리의 완전한 실현을 점진적으로 달성하기 위하여, 개별적으로 또한 특히 경제적, 기술적인 국제지원과 국제협력을 통하여, 자국의 가용 자원이 허용하는 최대한도까지 조치를 취할 것을 약속한다.
2. 이 규약의 당사국은 이 규약에서 선언된 권리들이 인종, 피부색, 성, 언어, 종교, 정치적 또는 기타의 의견, 민족적 또는 사회적 출신, 재산, 출생 또는 기타의 신분 등에 의한 어떠한 종류의 차별도 없이 행사되도록 보장할 것을 약속한다.
3. 개발도상국은, 인권과 국가 경제를 충분히 고려하여 이 규약에서 인정된 경제적 권리를 어느 정도까지 자국의 국민이 아닌 자에게 보장할 것인가를 결정할 수 있다.

제3조

이 규약의 당사국은 이 규약에 규정된 모든 경제적, 사회적 및 문화적 권리를 향유함에 있어서 남녀에게 동등한 권리를 확보할 것을 약속한다.

제4조

이 규약의 당사국은, 국가가 이 규약에 따라 부여하는 권리를 향유함에 있어서, 그러한 권리의 본질과 양립할 수 있는 한도 내에서, 또한 오직 민주 사회에서의 공공복리증진의 목적으로 반드시 법률에 의하여 정하여지는 제한에 의해서만, 그러한 권리를 제한할 수 있음을 인정한다.

제 5 조

1. 이 규약의 어떠한 규정도 국가, 집단 또는 개인이 이 규약에서 인정되는 권리 및 자유를 파괴하거나, 또는 이 규약에서 규정된 제한의 범위를 넘어 제한하는 것을 목적으로 하는 활동에 종사하거나 또는 그와 같은 것을 목적으로 하는 행위를 행할 권리를 가지는 것으로 해석되지 아니한다.
2. 이 규약의 어떠한 당사국에서 법률, 협정, 규칙 또는 관습에 의하여 인정되거나 또는 현존하고 있는 기본적 인권에 대하여는, 이 규약이 그러한 권리를 인정하지 아니하거나 또는 그 인정의 범위가 보다 협소하다는 것을 구실로 동 권리를 제한하거나 또는 훼손하는 것이 허용되지 아니한다.

제 3 부

제 6 조

1. 이 규약의 당사국은, 모든 사람이 자유로이 선택하거나 수락하는 노동에 의하여 생계를 영위할 권리를 포함하는 근로의 권리를 인정하며, 동 권리를 보호하기 위하여 적절한 조치를 취한다.
2. 이 규약의 당사국이 근로권의 완전한 실현을 달성하기 위하여 취하는 제반조치에는 개인에게 기본적인 정치적, 경제적 자유를 보장하는 조건하에서 착실한 경제적, 사회적, 문화적 발전과 생산적인 완전고용을 달성하기 위한 기술 및 직업의 지도, 훈련계획, 정책 및 기술이 포함되어야 한다.

제 7 조

이 규약의 당사국은 특히 다음 사항이 확보되는 공정하고 유리한 근로조건을 모든 사람이 향유할 권리를 가지는 것을 인정한다.
(a) 모든 근로자에게 최소한 다음의 것을 제공하는 보수
　(ⅰ) 공정한 임금과 어떠한 종류의 차별도 없는 동등한 가치의 노동에 대한 동등한 보수, 특히 여성에 대하여는 동등한 노동에 대한 동등한 보수와 함께 남성이 향유하는 것보다 열등하지 아니한 근로조건의 보장
　(ⅱ) 이 규약의 규정에 따른 근로자 자신과 그 가족의 품위 있는 생활
(b) 안전하고 건강한 근로조건
(c) 연공서열 및 능력 이외의 다른 고려에 의하지 아니하고, 모든 사람이 자기의 직장에서 적절한 상위직으로 승진할 수 있는 동등한 기회
(d) 휴식, 여가 및 근로시간의 합리적 제한, 공휴일에 대한 보수와 정기적인 유급휴일

제 8 조

1. 이 규약의 당사국은 다음의 권리를 확보할 것을 약속한다.
　(a) 모든 사람은 그의 경제적, 사회적 이익을 증진하고 보호하기 위하여 관계단체의 규칙에만 따를 것을 조건으로 노동조합을 결성하고, 그가 선택한 노동조합에 가입하는 권리. 그러한 권리의 행사에 대하여는 법률로 정하여진 것 이외의 또한 국가안보 또는 공공질서를 위하여 또는 타인의 권리와 자유를 보호하기 위하여 민주사회에서 필요한 것 이외의 어떠한 제한도 과할 수 없다.

(b) 노동조합이 전국적인 연합 또는 총연합을 설립하는 권리 및 총연합이 국제노동조합조직을 결성하거나 또는 가입하는 권리
  (c) 노동조합은 법률로 정하여진 것 이외의 또한 국가안보, 공공질서를 위하거나 또는 타인의 권리와 자유를 보호하기 위하여 민주사회에서 필요한 제한 이외의 어떠한 제한도 받지 아니하고 자유로이 활동할 권리
  (d) 특정국가의 법률에 따라 행사될 것을 조건으로 파업을 할 수 있는 권리
2. 이 조는 군인, 경찰 구성원 또는 행정관리가 전기한 권리들을 행사하는 것에 대하여 합법적인 제한을 부과하는 것을 방해하지 아니한다.
3. 이 조의 어떠한 규정도 결사의 자유 및 단결권의 보호에 관한 1948년의 국제노동기구협약의 당사국이 동 협약에 규정된 보장을 저해하려는 입법조치를 취하도록 하거나, 또는 이를 저해하려는 방법으로 법률을 적용할 것을 허용하지 아니한다.

제 9 조
이 규약의 당사국은 모든 사람이 사회보험을 포함한 사회보장에 대한 권리를 가지는 것을 인정한다.

제 10 조
이 규약의 당사국은 다음 사항을 인정한다.
1. 사회의 자연적이고 기초적인 단위인 가정에 대하여는, 특히 가정의 성립을 위하여 그리고 가정이 부양 어린이의 양육과 교육에 책임을 맡고 있는 동안에는 가능한 한 광범위한 보호와 지원이 부여된다. 혼인은 혼인의사를 가진 양 당사자의 자유로운 동의하에 성립된다.
2. 임산부에게는 분만 전후의 적당한 기간 동안 특별한 보호가 부여된다. 동 기간 중의 근로 임산부에게는 유급휴가 또는 적당한 사회보장의 혜택이 있는 휴가가 부여된다.
3. 가문 또는 기타 조건에 의한 어떠한 차별도 없이, 모든 어린이와 연소자를 위하여 특별한 보호와 원조의 조치가 취하여 진다. 어린이와 연소자는 경제적, 사회적 착취로부터 보호된다. 어린이와 연소자를 도덕 또는 건강에 유해하거나 또는 생명에 위험하거나 또는 정상적 발육을 저해할 우려가 있는 노동에 고용하는 것은 법률에 의하여 처벌할 수 있다. 당사국은 또한 연령제한을 정하여 그 연령에 달하지 않은 어린이에 대한 유급노동에의 고용이 법률로 금지되고 처벌될 수 있도록 한다.

제 11 조
1. 이 규약의 당사국은 모든 사람이 적당한 식량, 의복 및 주택을 포함하여 자기자신과 가정을 위한 적당한 생활수준을 누릴 권리와 생활조건을 지속적으로 개선할 권리를 가지는 것을 인정한다. 당사국은 그러한 취지에서 자유로운 동의에 입각한 국제적 협력의 본질적인 중요성을 인정하고, 그 권리의 실현을 확보하기 위한 적당한 조치를 취한다.
2. 이 규약의 당사국은 기아로부터의 해방이라는 모든 사람의 기본적인 권리를 인정하고, 개별적으로 또는 국제협력을 통하여 아래 사항을 위하여 구체적 계획을 포함하는 필요한 조치를 취한다.
   (a) 과학·기술 지식을 충분히 활용하고, 영양에 관한 원칙에 대한 지식을 보급하고, 천연자원을 가장 효율적으로 개발하고 이용할 수 있도록 농지제도를 발전시키거나 개혁함으로써 식량의 생산, 보존 및 분배의 방법을 개선할 것

(b) 식량수입국 및 식량수출국 쌍방의 문제를 고려하여 필요에 따라 세계식량공급의 공평한 분배를 확보할 것

제 12 조

1. 이 규약의 당사국은 모든 사람이 도달 가능한 최고 수준의 신체적·정신적 건강을 향유할 권리를 가지는 것을 인정한다.
2. 이 규약의 당사국이 동 권리의 완전한 실현을 달성하기 위하여 취할 조치에는 다음 사항을 위하여 필요한 조치가 포함된다.
   (a) 사산율과 유아사망율의 감소 및 어린이의 건강한 발육
   (b) 환경 및 산업위생의 모든 부문의 개선
   (c) 전염병, 풍토병, 직업병 및 기타 질병의 예방, 치료 및 통제
   (d) 질병 발생시 모든 사람에게 의료와 간호를 확보할 여건의 조성

제 13 조

1. 이 규약의 당사국은 모든 사람이 교육에 대한 권리를 가지는 것을 인정한다. 당사국은 교육이 인격과 인격의 존엄성에 대한 의식이 완전히 발전되는 방향으로 나아가야 하며, 교육이 인권과 기본적 자유를 더욱 존중하여야 한다는 것에 동의한다. 당사국은 나아가서 교육에 의하여 모든 사람이 자유사회에 효율적으로 참여하며, 민족 간에 있어서나 모든 인종적, 종족적 또는 종교적 집단 간에 있어서 이해, 관용 및 친선을 증진시키고, 평화유지를 위한 국제연합의 활동을 증진시킬 수 있도록 하는 것에 동의한다.
2. 이 규약의 당사국은 동 권리의 완전한 실현을 달성하기 위하여 다음 사항을 인정한다.
   (a) 초등교육은 모든 사람에게 무상의무교육으로 실시된다.
   (b) 기술 및 직업 중등교육을 포함하여 여러 가지 형태의 중등교육은, 모든 적당한 수단에 의하여, 특히 무상교육의 점진적 도입에 의하여 모든 사람이 일반적으로 이용할 수 있도록 하고, 또한 모든 사람에게 개방된다.
   (c) 고등교육은, 모든 적당한 수단에 의하여, 특히 무상교육의 점진적 도입에 의하여, 능력에 기초하여 모든 사람에게 동등하게 개방된다.
   (d) 기본교육은 초등교육을 받지 못하였거나 또는 초등교육의 전기간을 이수하지 못한 사람들을 위하여 가능한 한 장려되고 강화된다.
   (e) 모든 단계에 있어서 학교제도의 발전이 적극적으로 추구되고, 적당한 연구·장학제도가 수립되며, 교직원의 물질적 처우는 계속적으로 개선된다.
3. 이 규약의 당사국은 부모 또는 경우에 따라서 법정후견인이 그들 자녀를 위하여 공공기관에 의하여 설립된 학교 이외의 학교로서 국가가 정하거나 승인하는 최소한도의 교육수준에 부합하는 학교를 선택하는 자유 및 그들의 신념에 따라 자녀의 종교적, 도덕적 교육을 확보할 수 있는 자유를 존중할 것을 약속한다.
4. 이 조의 어떠한 부분도 항상 이 조 제1항에 규정된 원칙을 준수하고, 그 교육기관에서의 교육이 국가가 결정하는 최소한의 기준에 일치한다는 요건하에서, 개인과 단체가 교육기관을 설립, 운영할 수 있는 자유를 간섭하는 것으로 해석되지 아니한다.

제 14 조

이 규약의 당사국이 되는 때 그 본토나 자국 관할 내에 있는 기타 영토에서 무상으로 초등의무교육을 확보할 수 없는 각 당사국은 계획상에 정해질 합리적인 연한 이내에 모든 사람에 대한 무상의무교육 원칙을 점진적으로 시행하기 위한 세부실천계획을 2년 이내에 입안, 채택할 것을 약속한다.

제 15 조

1. 이 규약의 당사국은 모든 사람의 다음 권리를 인정한다.
    (a) 문화생활에 참여할 권리
    (b) 과학의 진보 및 응용으로부터 이익을 향유할 권리
    (c) 자기가 저작한 모든 과학적, 문학적 또는 예술적 창작품으로부터 생기는 정신적, 물질적 이익의 보호로부터 이익을 받을 권리
2. 이 규약의 당사국이 그러한 권리의 완전한 실현을 달성하기 위하여 취하는 조치에는 과학과 문화의 보존, 발전 및 보급에 필요한 제반조치가 포함된다.
3. 이 규약의 당사국은 과학적 연구와 창조적 활동에 필수불가결한 자유를 존중할 것을 약속한다.
4. 이 규약의 당사국은 국제적 접촉의 장려와 발전 및 과학과 문화분야에서의 협력으로부터 이익이 초래됨을 인정한다.

제 4 부

제 16 조

1. 이 규약의 당사국은 규약에서 인정된 권리의 준수를 실현하기 위하여 취한 조치와 성취된 진전사항에 관한 보고서를 이 부의 규정에 따라 제출할 것을 약속한다.
2. (a) 모든 보고서는 국제연합사무총장에게 제출된다. 사무총장은 이 규약의 규정에 따라, 경제사회이사회가 심의할 수 있도록 보고서 사본을 동 이사회에 송부한다.
    (b) 국제연합사무총장은 이 규약의 당사국으로서 국제연합전문기구의 회원국인 국가가 제출한 보고서 또는 보고서 내용의 일부가 전문기구의 창설규정에 따라 동 전문기구의 책임에 속하는 문제와 관계가 있는 경우, 동 보고서 사본 또는 그 내용 중의 관련 부분의 사본을 동 전문기구에 송부한다.

제 17 조

1. 이 규약의 당사국은 경제사회이사회가 규약당사국 및 관련 전문기구와 협의한 후, 이 규약의 발효 후 1년 이내에 수립하는 계획에 따라, 자국의 보고서를 각 단계별로 제출한다.
2. 동 보고서는 이 규약상의 의무의 이행정도에 영향을 미치는 요소 및 장애를 지적할 수 있다.
3. 이 규약의 당사국이 이미 국제연합 또는 전문기구에 관련 정보를 제출한 경우에는, 동일한 정보를 다시 작성하지 않고 동 정보에 대한 정확한 언급으로서 족하다.

제 18 조

경제사회이사회는 인권과 기본적 자유의 분야에서의 국제연합헌장상의 책임에 따라, 전문기구가 동 기구의 활동영역에 속하는 이 규약 규정의 준수를 달성하기 위하여 성취된 진전사항을 이사회에 보고하는 것과 관련하여, 당해 전문기구와 협정을 체결할 수 있다. 그러한 보고서에는 전문기구의 권한 있는 기관이 채택한 규정의 행에 관한 결정 및 권고의 상세를 포함할 수 있다.

제 19 조

경제사회이사회는 제16조 및 제17조에 따라 각국이 제출하는 인권에 관한 보고서 및 제18조에 따라 전문기구가 제출하는 인권에 관한 보고서 중 국제연합 인권위원회의 검토, 일반적 권고, 또는 정보를 위하여 적당한 보고서를 인권위원회에 송부할 수 있다.

제 20 조

이 규약의 당사국과 관련 전문기구는 제19조에 의한 일반적 권고에 대한 의견 또는 국제연합인권위원회의 보고서 또는 보고서에서 언급된 어떠한 문서에서도 그와 같은 일반적 권고에 대하여 언급하고 있는 부분에 관한 의견을 경제사회이사회에 제출할 수 있다.

제 21 조

경제사회이사회는 일반적 성격의 권고를 포함하는 보고서와 이 규약에서 인정된 권리의 일반적 준수를 달성하기 위하여 취한 조치 및 성취된 진전사항에 관하여 이 규약의 당사국 및 전문기구로부터 입수한 정보의 개요를 수시로 총회에 제출할 수 있다.

제 22 조

경제사회이사회는 이 규약의 제4부에서 언급된 보고서에서 생기는 문제로서, 국제연합의 타기관, 그 보조기관 및 기술원조의 제공에 관여하는 전문기구가 각기 그 권한 내에서 이 규약의 효과적, 점진적 실시에 기여할 수 있는 국제적 조치의 타당성을 결정하는데 도움이 될 수 있는 문제에 대하여 그들의 주의를 환기시킬 수 있다.

제 23 조

이 규약의 당사국은 이 규약에서 인정된 권리의 실현을 위한 국제적 조치에는 협약의 체결, 권고의 채택, 기술원조의 제공 및 관계정부와 협력하여 조직된 협의와 연구를 목적으로 하는 지역별 회의 및 기술적 회의의 개최와 같은 방안이 포함된다는 것에 동의한다.

제 24 조

이 규약의 어떠한 규정도 이 규약에서 취급되는 문제에 관하여 국제연합의 여러기관과 전문기구의 책임을 각각 명시하고 있는 국제연합헌장 및 전문기구헌장의 규정을 침해하는 것으로 해석되지 아니한다.

제 25 조

이 규약의 어떠한 규정도 모든 사람이 그들의 천연적 부와 자원을 충분히, 자유로이 향유하고, 이용할 수 있는 고유의 권리를 침해하는 것으로 해석되지 아니한다.

제5부

제 26 조

1. 이 규약은 국제연합의 모든 회원국, 전문기구의 모든 회원국, 국제사법재판소 규정의 모든 당사국 또한 국제연합총회가 이 규약에 가입하도록 초청한 기타 모든 국가들의 서명을 위하여 개방된다.
2. 이 규약은 비준되어야 한다. 비준서는 국제연합사무총장에게 기탁된다.
3. 이 규약은 이 조 제1항에서 언급된 모든 국가들의 가입을 위하여 개방된다.
4. 가입은 가입서를 국제연합사무총장에게 기탁함으로써 이루어진다.
5. 국제연합사무총장은 이 규약에 서명 또는 가입한 모든 국가들에게 각 비준서 또는 가입서의 기탁을 통보한다.

제 27 조

1. 이 규약은 35번째의 비준서 또는 가입서가 국제연합사무총장에게 기탁된 날로부터 3개월 후에 발효한다.
2. 35번째 비준서 또는 가입서의 기탁후에 이 규약을 비준하거나 또는 이 규약에 가입하는 국가에 대하여는, 이 규약은 그 국가의 비준서 또는 가입서가 기탁된 날로부터 3개월 후에 발효한다.

제 28 조

이 규약의 규정은 어떠한 제한이나 예외없이 연방국가의 모든 지역에 적용된다.

제 29 조

1. 이 규약의 당사국은 개정안을 제안하고 이를 국제연합사무총장에게 제출할 수 있다. 사무총장은 개정안을 접수하는 대로, 각 당사국에게 동 제안을 심의하고 표결에 회부하기 위한 당사국회의 개최에 찬성하는지에 관한 의견을 사무총장에게 통보하여 줄 것을 요청하는 것과 함께, 개정안을 이 규약의 각 당사국에게 송부한다. 당사국 중 최소 3분의 1이 당사국회의 개최에 찬성하는 경우, 사무총장은 국제연합의 주관하에 동 회의를 소집한다. 동 회의에 출석하고 표결한 당사국의 과반수에 의하여 채택된 개정안은 그 승인을 위하여 국제연합총회에 제출된다.
2. 개정안은 국제연합총회의 승인을 얻고, 각기 자국의 헌법절차에 따라 이 규약당사국의 3분의 2의 다수가 수락하는때 발효한다.
3. 개정안은 발효 시 이를 수락한 당사국을 구속하며, 여타 당사국은 계속하여 이 규약의 규정 및 이미 수락한 그 이전의 모든 개정에 의하여 구속된다.

제 30 조

제26조 제5항에 의한 통보에 관계없이, 국제연합사무총장은 동 조 제1항에서 언급된 모든 국가에 다음을 통보한다.
(a) 제26조에 의한 서명, 비준 및 가입
(b) 제27조에 의한 이 규약의 발효일자 및 제29조에 의한 모든 개정의 발효일자

제 31 조

1. 이 규약은 중국어, 영어, 불어, 러시아어 및 서반아어본이 동등히 정본이며, 국제연합 문서보존소에 기탁된다.
2. 국제연합사무총장은 제26조에서 언급된 모든 국가들에게 이 규약의 인증등본을 송부한다.

    이상의 증거로, 하기 서명자들은 각자의 정부에 의하여 정당히 권한을 위임받아 일천구백육십육년 십이월 십구일 뉴욕에서 서명을 위하여 개방된 이 규약에 서명하였다.

03 | 경제적·사회적·문화적 권리에 관한 국제규약 선택의정서(2008채택/2013발효/한국미가입)

이 의정서의 당사국은,

국제연합 헌장에서 선언된 원칙에 따라, 모든 인류가족 구성원의 천부적 존엄성 및 평등하고 양도 불가능한 권리에 대한 인정이 세계의 자유, 정의, 평화의 기초임을 고려하고,

세계 인권선언이[1] 모든 사람은 태어날 때부터 자유롭고 존엄성과 권리에 있어서 평등하다는 점, 그리고 모든 사람은 인종, 피부색, 성별, 언어, 종교, 정치적 또는 여타의 견해, 민족적 또는 사회적 출신, 재산, 출생 또는 여타의 신분 등에 따른 어떠한 종류의 차별도 없이 동 선언에 명시된 모든 권리와 자유를 누릴 자격이 있다는 점을 천명하고 있음을 주목하며,

세계인권선언 및 국제 인권규약이[2] 공포와 궁핍으로부터의 자유를 향유하는 자유로운 인류의 이상은 모든 사람이 시민적, 문화적, 경제적, 정치적, 사회적 권리를 향유할 수 있도록 제반 조건이 창조될 때에만 달성될 수 있다는 점을 인정하고 있음을 상기하고,

모든 인권과 기본적 자유의 보편성, 불가분성, 상호의존성 및 상호관련성을 재확인하며,

경제적·사회적 및 문화적 권리에 관한 국제규약(이하 "규약"이라 칭함)의 각 당사국이 특히 입법조치의 채택을 포함하는 모든 적절한 수단에 의해 규약에서 인정된 권리의 완전한 실현을 점진적으로 달성하기 위해 단독으로, 그리고 특히 경제적, 기술적 원조와 협력을 포함하는 국제적 원조와 협력을 통해 자국의 가용자원의 최대한도까지 조치를 취할 것을 약속하고 있음을 상기하고,

규약의 목적 및 제반 규정의 이행을 더욱 잘 달성하기 위하여, 경제적·사회적 및 문화적 권리위원회(이하 "위원회"라 칭함)로 하여금 이 의정서에 규정된 기능을 수행하도록 하는 것이 적절함을 고려하면서,

다음과 같이 합의하였다.

제 1 조 위원회의 통보 접수·심리 권한

1. 이 의정서의 당사국이 되는 규약 당사국은 이 의정서의 조항에 의해 규정되는 바와 같이 통보를 접수하고 심리할 위원회의 권한을 인정한다.
2. 위원회는 이 의정서의 당사국이 아닌 규약 당사국과 관련된 어떠한 통보도 접수하지 아니한다.

제 2 조 통보

당사국의 관할 하에 있는 자로서, 규약에 명시된 경제적, 사회적, 문화적 권리에 대한 동 당사국의 침해의 피해자임을 주장하는 개인이나 일단의 개인들은 직접 또는 대리인을 통해 통보를 제출할 수 있다. 대리인이 개인이나 일단의 개인들을 대신해서 통보를 제출할 경우, [통보] 저작자가 되는 그 대리인이 그(들)의 동의 없이 그(들)을 대신해서 행동함을 정당화할 수 없는 한, 그(들)의 동의가 있어야 한다.

---

[1] Resolution 217A (III).
[2] Resolution 2200A (XXI), annex.

제 3 조　　허용성

1. 위원회는 이용 가능한 모든 국내적 구제방법이 소진되었음을 확인한 경우가 아닌 한 통보를 심리하지 아니한다. 단, 그러한 구제방법의 적용이 부당하게 지연되는 경우에는 예외이다.
2. 위원회는 다음과 같은 경우에 통보를 허용할 수 없다고 선언한다.
    (a) 국내적 구제방법이 소진된 후 1년 이내에 통보가 제출되지 않은 경우. 단, 저작자가 그 시한 내에 통보를 제출하는 것이 불가능했음을 증명할 수 있는 경우에는 예외이다.
    (b) 통보의 주제가 되는 사실들이 관련 당사국에서 이 의정서가 발효되기 이전에 발생했으며, 발효일 이후에 지속되지 않은 경우
    (c) 동일한 문제가 위원회에 의해 이미 심사되었거나, 다른 국제적 조사 또는 해결 절차에 따라 심사되었거나 심사 중일 경우
    (d) 규약의 규정과 양립할 수 없는 경우
    (e) 명백히 근거가 없거나 충분히 입증되지 않는 경우, 또는 대중매체의 보도에 전적으로 기초한 경우
    (f) 통보 제출권의 남용일 경우
    (g) 익명으로 제출된 경우, 또는 서면으로 제출되지 않은 경우

제 4 조　　명백한 불이익을 나타내지 않는 통보

저작자가 명백한 불이익을 당했음을 나타내지 않는 통보의 경우, 위원회는 그것이 일반적 중요성을 갖는 중대한 문제를 제기한다고 판단되지 않는 한, 필요하다면 그것에 대한 심리를 거부할 수 있다.

제 5 조　　잠정조치

1. 위원회는 통보를 접수한 후 본안판결 이전에 언제라도, 침해를 받았다고 주장하는 피해자(들)에 대한 돌이킬 수 없는 피해를 회피하기 위해, 예외적인 상황에서 필요할 수도 있는 잠정조치의 채택을 긴급히 고려할 것을 관련 당사국에 요청할 수 있다.
2. 위원회가 이 조 제1항에 따라 재량권을 행사하는 것은 통보의 허용 여부나 본안에 대한 판결을 의미하지 아니한다.

제 6 조　　통보의 송부

1. 위원회는 관련 당사국과 무관하게 통보를 허용할 수 없다고 판단하지 않는 한, 이 의정서에 따라 비밀리에 제출받은 통보에 대해 관련 당사국의 주의를 환기시킨다.
2. 통보를 송부 받은 당사국은 문제 및 동 당사국이 제공했을 수도 있는 구제방법을 해명하는 설명서 또는 진술서를 6개월 이내에 위원회에 제출한다.

제 7 조　　우호적 해결

1. 위원회는 규약에 명시된 제반 의무에 대한 존중에 기초하여 문제를 우호적으로 해결하기 위하여 관련 당사자들을 중재한다.
2. 우호적 해결에 대한 합의는 이 의정서에 의거한 통보의 심리를 종결한다.

제 8 조　통보의 심사

1. 위원회는 제출받은 모든 증거서류에 입각하여 이 의정서 제2조에 따라 접수된 통보를 심사한다. 단, 그 증거서류는 관련 당사국에도 송부되어야 한다.
2. 위원회는 이 의정서에 의거한 통보를 심사할 때 비공개 회의를 개최한다.
3. 이 의정서에 의거한 통보를 심사할 때, 위원회는 적절한 경우 다른 국제연합 기관·전문기구·기금·프로그램·기제 및 다른 국제기구(지역 인권기구 포함)에서 발행한 관련 서류, 그리고 관련 당사국의 견해 또는 논평을 참조할 수 있다.
4. 이 의정서에 의거한 통보를 심사할 때, 위원회는 당사국이 규약 제2부에 따라 취한 조치의 합리성을 검토한다. 그럴 경우, 위원회는 당사국이 규약에 명시된 권리의 이행을 위해 다양한 정책조치를 채택할 수도 있다는 점에 유의한다.

제 9 조　위원회의 견해에 대한 후속조치

1. 통보를 심사한 후, 위원회는 통보에 대한 위원회의 견해, 그리고 권고사항이 있다면 이것을 관련 당사국에 송부한다.
2. 당사국은 위원회의 견해, 그리고 권고사항이 있다면 이것을 충분히 고려하며, 위원회의 견해와 권고를 감안하여 취한 조치에 관한 정보를 포함하는 답서를 6개월 이내에 위원회에 제출한다.
3. 위원회는 위원회가 적절하다고 판단하는 정보를 포함하여, 위원회의 견해 또는 권고에 응하여 당사국이 취한 조치에 관한 추가 정보를 규약 제16조 및 제17조에 따른 당사국의 차후 보고서를 통해 제출하도록 당사국에 요청할 수 있다.

제 10 조　국가 간 통보

1. 이 의정서의 당사국은 규약상의 의무 불이행에 관한 당사국 간의 통보를 접수하고 심리할 위원회의 권한을 인정한다는 것을 이 조에 의거하여 언제라도 선언할 수 있다. 이 조에 의거한 통보는 자국과 관련하여 위원회의 권한을 인정하는 선언을 한 당사국에 의해서 제출될 경우에만 접수되고 심리될 수 있다. 그러한 선언을 하지 않은 당사국과 관련된 통보는 위원회에 의해 접수되지 아니한다. 이 조에 의거하여 접수된 통보는 다음의 절차에 따라 처리된다.
    (a) 이 의정서의 다른 당사국이 규약상의 의무를 이행하지 않는다고 판단하는 당사국은 서면 통보에 의해 해당 문제에 대해 그 당사국의 주의를 환기시킬 수 있으며, 또한 위원회에 그 문제를 고지할 수 있다. 통보 접수국은 통보를 접수한 후 3개월 이내에 해당 문제를 해명하는 설명서 또는 여타의 진술서를 통보를 보낸 국가에 제공하며, 그러한 설명서 또는 진술서는 해당 문제와 관련하여 진행 중이거나 이용이 가능한 국내적 절차와 구제방법에 대한 언급을 가능하고 적절한 정도까지 포함해야 한다.
    (b) 통보 접수국이 최초의 통보를 접수한 후 6개월 이내에 관련 두 당사국을 만족시킬 만큼 해당 문제가 해결되지 않을 경우, 어느 한 국가는 위원회 및 상대방 국가에 대한 통지를 통해 해당 문제를 위원회에 이첩할 권리를 가진다.
    (c) 위원회는 해당 문제와 관련하여 가용한 모든 국내적 절차와 구제방법이 사용되고 소진되었음을 확인한 후에만 이첩 받은 문제를 처리한다. 단, 구제방법의 적용이 부당하게 지연되는 경우에는 예외이다.

(d) 이 항 (c)호의 규정에 따라, 위원회는 규약에 명시된 제반 의무에 대한 존중에 기초해서 문제를 우호적으로 해결하기 위하여 관련 당사국들을 중재한다.
(e) 위원회는 이 조에 의거한 통보를 심사할 때 비공개 회의를 개최한다.
(f) 이 항 (b)호에 따라 이첩된 문제가 어떠한 것이든, 위원회는 (b)호에서 언급된 관련 당사국들에 대하여 어떠한 관련정보도 제공할 것을 요청할 수 있다.
(g) 위원회에서 문제가 심리 중일 때, 이 항 (b)호에서 언급된 관련 당사국들은 대표를 파견하고 구두 및/또는 서면으로 의견을 개진할 권리를 가진다.
(h) 위원회는 이 항 (b)호에 의거한 통지의 접수일 이후에 모든 적절한 편의에 따라 다음과 같은 보고서를 제출한다.
 (ⅰ) 만약 이 항 (d)호의 조건에 부합하는 해법이 강구되었다면, 위원회는 보고서의 내용을 제반 사실 및 강구된 해법에 관한 간략한 진술로 제한한다.
 (ⅱ) 만약 (d)호의 조건에 부합하는 해법이 강구되지 않았다면, 위원회는 관련 당사국 간의 쟁점에 관련된 사실들을 보고서에 명시한다. 관련 당사국들의 의견서 및 구술기록은 보고서에 첨부된다. 위원회는 또한 관련 당사국 간의 쟁점에 대해 적절하다고 판단되는 견해를 관련 당사국들에만 전달할 수 있다.
모든 문제에 있어서, 보고서는 관련 당사국들에 전달된다.

2. 당사국은 이 조 제1항에 따른 선언서를 국제연합 사무총장에게 기탁하며, 사무총장은 그 선언서의 사본을 다른 당사국들에 송부한다. 선언은 언제라도 사무총장에게 통지함으로써 철회될 수 있다. 그러한 철회는 이 조에 의거하여 이미 제출된 통보의 주제가 되는 문제의 심리를 저해하지 아니한다. 그리고 관련 당사국이 새로운 선언을 하지 않은 한, 사무총장에게 선언의 철회가 통지된 이후에는 동 당사국에 의한 추후의 통보는 이 조에 의거하여 접수되지 아니한다.

제 11 조 조사절차

1. 이 의정서의 당사국은 이 조에서 규정된 위원회의 권한을 인정한다는 것을 언제라도 선언할 수 있다.
2. 규약에 명시된 경제적, 사회적, 문화적 권리에 대한 당사국의 중대하거나 조직적인 침해를 나타내는 신빙성 있는 정보를 접수할 경우, 위원회는 그 정보의 심사에 협조할 것 및 이를 위해 관련 정보에 대한 견해를 제출할 것을 동 당사국에 요청한다.
3. 관련 당사국이 제출한 견해 및 이용 가능한 여타 신빙성 있는 정보를 고려하여, 위원회는 조사를 실시하고 위원회에 긴급히 보고하도록 한 명 또는 그 이상의 위원회 위원을 임명할 수 있다. 조사가 정당한 것이고 관련 당사국의 동의가 있을 경우, 조사는 동 당사국 영토에 대한 방문을 포함할 수 있다.
4. 그러한 조사는 비밀리에 실시하며, 모든 진행단계에서 관련 당사국의 협조를 구한다.
5. 그러한 조사의 결과를 심사한 후, 위원회는 논평 및 권고와 함께 그 조사결과를 관련 당사국에 송부한다.
6. 관련 당사국은 위원회가 송부한 조사결과와 논평 및 권고를 접수한 후 6개월 이내에 자국의 견해를 위원회에 제출한다.
7. 이 조 제2항에 따라 실시된 조사와 관련하여 그러한 절차가 완료된 후, 위원회는 관련 당사국과의 협의를 거쳐 이 의정서 제15조에 규정된 연례보고서에 그 절차의 결과에 대한 간략한 설명을 포함시키는 것을 결정할 수 있다.

8. 이 조 제1항에 따라 선언을 한 당사국은 언제라도 사무총장에게 통지함으로써 그 선언을 철회할 수 있다.

제 12 조 조사절차에 대한 후속조치

1. 위원회는 이 의정서 제11조에 따라 실시된 조사에 응하여 취해진 조치의 세부내용을 규약 제16조 및 제17조에 따른 자국의 보고서에 포함시킬 것을 관련 당사국에 요청할 수 있다.
2. 위원회는 제11조 제6항에서 언급된 6개월의 기간이 만료된 후, 필요하다면 그러한 조사에 응하여 취한 조치를 위원회에 고지할 것을 관련 당사국에 요청할 수 있다.

제 13 조 보호조치

당사국은 자국의 관할 하에 있는 개인이 이 의정서에 따라 위원회에 통보한 결과로 어떠한 형태의 학대나 위협도 받지 않도록 보장하기 위해 모든 적절한 조치를 취한다.

제 14 조 국제적 원조와 협력

1. 위원회는 적절하다고 판단되는 경우에 관련 당사국의 동의를 얻어, 기술적 조언이나 원조의 필요성을 나타내는 통보와 조사에 대한 위원회의 견해 또는 권고, 그리고 이 견해 또는 권고에 대해 당사국의 견해와 제안이 있을 경우 이것을 국제연합 전문기구·기금·프로그램 및 여타 유관기관에 송부한다.
2. 위원회는 또한 관련 당사국의 동의를 얻어, 이 의정서에 따라 심리된 통보로부터 제기되는 문제들 가운데, 규약에서 인정된 권리의 이행에 진척을 이루도록 당사국들을 지원할 가능성이 있는 국제적 조치의 가부를 그러한 기관들이 각자의 권한 내에서 결정하는 것을 도와줄 수 있는 문제에 대해 그 기관들의 주의를 환기시킬 수 있다.
3. 규약에 포함된 권리의 이행을 촉진하고, 그럼으로써 이 의정서와 관련하여 경제적, 사회적, 문화적 권리 분야에서 국가적 역량의 구축에 기여할 목적으로, 관련 당사국의 동의하에 당사국들에 전문가와 기술원조를 제공하기 위해, 총회의 관련 절차에 따라 신탁기금이 조성되어 국제연합 재무 규칙과 규정에 따라 관리된다.
4. 이 조의 규정은 규약상의 의무를 이행할 각 당사국의 의무를 손상시키지 아니한다.

제 15 조 연례보고서

위원회는 이 의정서에 의거한 활동의 개요를 연례보고서에 포함시킨다.

제 16 조 유포 및 정보

각 당사국은 규약 및 이 의정서를 널리 알리고 유포하며, 특히 당사국이 관여된 문제에 대한 위원회의 견해와 권고에 관한 정보의 획득을 촉진하고, 이러한 활동을 장애인이 접근할 수 있는 형식으로 할 것을 약속한다.

제 17 조 서명, 비준, 가입

1. 이 의정서는 규약에 서명, 비준 또는 가입한 국가의 서명을 위하여 개방된다.
2. 이 의정서는 규약을 비준하였거나 이에 가입한 국가에 의하여 비준되어야 한다. 비준서는 국제연합 사무총장에게 기탁된다.
3. 이 의정서는 규약을 비준하였거나 이에 가입한 국가의 가입을 위하여 개방된다.
4. 가입은 국제연합 사무총장에게 가입서가 기탁됨으로써 발효된다.

제 18 조 발효

1. 이 의정서는 10번째 비준서 또는 가입서가 국제연합 사무총장에게 기탁된 날로부터 3개월 후에 발효된다.
2. 10번째 비준서 또는 가입서가 기탁된 후에 이 의정서를 비준하거나 이에 가입하는 국가의 경우, 이 의정서는 동 국가의 비준서 또는 가입서가 기탁된 날로부터 3개월 후에 발효된다.

제 19 조 개정

1. 당사국은 이 의정서의 개정을 제안하고 국제연합 사무총장에게 개정안을 제출할 수 있다. 사무총장은 제안된 개정안을 당사국들에 송부하고, 동 개정안을 검토하고 결정하기 위한 당사국 회의에 찬성하는지 여부를 통지해줄 것을 요청한다. 송부일로부터 4개월 이내에 최소한 당사국의 1/3이 그러한 회의에 찬성하는 경우, 사무총장은 국제연합의 후원 하에 그 회의를 소집한다. 당사국 회의에 출석하여 투표한 당사국의 2/3 이상의 과반수에 의해 채택된 개정안은 승인을 위하여 사무총장에 의해 총회에 제출되며, 그 후 모든 당사국에 수락을 위하여 송부된다.
2. 이 조 제1항에 따라 채택되고 승인된 개정안은 기탁된 수락서의 숫자가 개정안 채택일 당시의 당사국 숫자의 2/3에 달한 후 30일째 되는 날에 발효된다. 그 후, 개정안은 당사국이 자국의 수락서를 기탁한 후 30일째 되는 날에 동 당사국에서 발효된다. 개정안은 이를 수락한 당사국에 대해서만 구속력을 가진다.

제 20 조 폐기

1. 당사국은 언제라도 국제연합 사무총장에게 서면 통지함으로써 이 의정서를 폐기할 수 있다. 폐기는 사무총장이 통지를 접수한 날로부터 6개월 후에 효력을 발생한다.
2. 폐기의 발효일 전까지, 폐기는 제2조와 제10조에 따라 제출된 통보 또는 제11조에 따라 시작된 절차에 대해 이 의정서의 규정이 계속적으로 적용되는 것을 저해하지 아니한다.

제 21 조 사무총장에 의한 통지

국제연합 사무총장은 규약 제26조 제1항에서 언급된 모든 국가에 다음 사항을 통지한다.
(a) 이 의정서에 의거한 서명, 비준 및 가입
(b) 이 의정서의 발효일 및 제19조에 의거한 개정안의 발효일
(c) 제20조에 의거한 폐기

제 22 조 공용어

1. 이 의정서는 아라비아어, 중국어, 영어, 프랑스어, 러시아어 및 스페인어본이 동등하게 정본이며 국제연합 문서보존소에 기탁된다.
2. 국제연합 사무총장은 규약 제26조에서 언급된 모든 국가에 이 의정서의 인증등본을 송부한다.

04 | 시민적·정치적 권리에 관한 국제규약 (1966채택/1976발효/1990한국발효)

제1부

제1조

1. 모든 사람은 자결권을 가진다. 이 권리에 기초하여 모든 사람은 그들의 정치적 지위를 자유로이 결정하고, 또한 그들의 경제적, 사회적 및 문화적 발전을 자유로이 추구한다.
2. 모든 사람은, 호혜의 원칙에 입각한 국제적 경제협력으로부터 발생하는 의무 및 국제법상의 의무에 위반하지 아니하는 한, 그들 자신의 목적을 위하여 그들의 천연의 부와 자원을 자유로이 처분할 수 있다. 어떠한 경우에도 사람은 그들의 생존수단을 박탈당하지 아니한다.
3. 비자치지역 및 신탁통치지역의 행정책임을 맡고 있는 국가들을 포함하여 이 규약의 당사국은 국제연합헌장의 규정에 따라 자결권의 실현을 촉진하고 동 권리를 존중하여야 한다.

제2부

제2조

1. 이 규약의 각 당사국은 자국의 영토 내에 있으며, 그 관할권하에 있는 모든 개인에 대하여 인종, 피부색, 성, 언어, 종교, 정치적 또는 기타의 의견, 민족적 또는 사회적 출신, 재산, 출생 또는 기타의 신분 등에 의한 어떠한 종류의 차별도 없이 이 규약에서 인정되는 권리들을 존중하고 확보할 것을 약속한다.
2. 이 규약의 각 당사국은 현행의 입법조치 또는 기타 조치에 의하여 아직 규정되어 있지 아니한 경우, 이 규약에서 인정되는 권리들을 실현하기 위하여 필요한 입법조치 또는 기타 조치를 취하기 위하여 자국의 헌법상의 절차 및 이 규약의 규정에 따라 필요한 조치를 취할 것을 약속한다.
3. 이 규약의 각 당사국은 다음의 조치를 취할 것을 약속한다.
   (a) 이 규약에서 인정되는 권리 또는 자유를 침해당한 사람에 대하여, 그러한 침해가 공무집행 중인 자에 의하여 자행된 것이라 할지라도 효과적인 구제조치를 받도록 확보할 것
   (b) 그러한 구제조치를 청구하는 개인에 대하여, 권한 있는 사법, 행정 또는 입법 당국 또는 당해 국가의 법률제도가 정하는 기타 권한 있는 당국에 의하여 그 권리가 결정될 것을 확보하고, 또한 사법적 구제조치의 가능성을 발전시킬 것
   (c) 그러한 구제조치가 허용되는 경우, 권한 있는 당국이 이를 집행할 것을 확보할 것

제3조

이 규약의 당사국은 이 규약에서 규정된 모든 시민적 및 정치적 권리를 향유함에 있어서 남녀에게 동등한 권리를 확보할 것을 약속한다.

제 4 조

1. 국민의 생존을 위협하는 공공의 비상사태의 경우에 있어서 그러한 비상사태의 존재가 공식으로 선포되어 있을 때에는 이 규약의 당사국은 당해 사태의 긴급성에 의하여 엄격히 요구되는 한도 내에서 이 규약상의 의무를 위반하는 조치를 취할 수 있다. 다만, 그러한 조치는 당해국의 국제법상의 여타 의무에 저촉되어서는 아니되며, 또한 인종, 피부색, 성, 언어, 종교 또는 사회적 출신만을 이유로 하는 차별을 포함하여서는 아니된다.
2. 전항의 규정은 제6조, 제7조, 제8조(제1항 및 제2항), 제11조, 제15조, 제16조 및 제18조에 대한 위반을 허용하지 아니한다.
3. 의무를 위반하는 조치를 취할 권리를 행사하는 이 규약의 당사국은, 위반하는 규정 및 위반하게 된 이유를, 국제연합사무총장을 통하여 이 규약의 타 당사국들에게 즉시 통지한다. 또한 당사국은 그러한 위반이 종료되는 날에 동일한 경로를 통하여 그 내용을 통지한다.

제 5 조

1. 이 규약의 어떠한 규정도 국가, 집단 또는 개인이 이 규약에서 인정되는 권리 및 자유를 파괴하거나, 또는 이 규약에서 규정된 제한의 범위를 넘어 제한하는 것을 목적으로 하는 활동에 종사하거나 또는 그와 같은 것을 목적으로 하는 행위를 행할 권리를 가지는 것으로 해석되지 아니한다.
2. 이 규약의 어떠한 당사국에서 법률, 협정, 규칙 또는 관습에 의하여 인정되거나 또는 현존하고 있는 기본적 인권에 대하여는, 이 규약이 그러한 권리를 인정하지 아니하거나 또는 그 인정의 범위가 보다 협소하다는 것을 구실로 동 권리를 제한하거나 또는 훼손하여서는 아니된다.

제 3 부

제 6 조

1. 모든 인간은 고유한 생명권을 가진다. 이 권리는 법률에 의하여 보호된다. 어느 누구도 자의적으로 자신의 생명을 박탈당하지 아니한다.
2. 사형을 폐지하지 아니하고 있는 국가에 있어서 사형은 범죄 당시의 현행법에 따라서 또한 이 규약의 규정과 집단살해죄의 방지 및 처벌에 관한 협약에 저촉되지 아니하는 법률에 의하여 가장 중한 범죄에 대해서만 선고될 수 있다. 이 형벌은 권한 있는 법원이 내린 최종판결에 의하여서만 집행될 수 있다.
3. 생명의 박탈이 집단살해죄를 구성하는 경우에는 이 조의 어떠한 규정도 이 규약의 당사국이 집단살해죄의 방지 및 처벌에 관한 협약의 규정에 따라 지고 있는 의무를 어떠한 방법으로도 위반하는 것을 허용하는 것은 아니라고 이해한다.
4. 사형을 선고받은 사람은 누구나 사면 또는 감형을 청구할 권리를 가진다. 사형선고에 대한 일반사면, 특별사면 또는 감형은 모든 경우에 부여될 수 있다.
5. 사형선고는 18세 미만의 자가 범한 범죄에 대하여 과하여져서는 아니되며, 또한 임산부에 대하여 집행되어서는 아니된다.
6. 이 규약의 어떠한 규정도 이 규약의 당사국에 의하여 사형의 폐지를 지연시키거나 또는 방해하기 위하여 원용되어서는 아니된다.

제 7 조

어느 누구도 고문 또는 잔혹한, 비인도적인 또는 굴욕적인 취급 또는 형벌을 받지 아니한다. 특히 누구든지 자신의 자유로운 동의없이 의학적 또는 과학적 실험을 받지 아니한다.

제 8 조

1. 어느 누구도 노예상태에 놓여지지 아니한다. 모든 형태의 노예제도 및 노예매매는 금지된다.
2. 어느 누구도 예속상태에 놓여지지 아니한다.
3. (a) 어느 누구도 강제노동을 하도록 요구되지 아니한다.
   (b) 제3항 "(a)"의 규정은 범죄에 대한 형벌로 중노동을 수반한 구금형을 부과할 수 있는 국가에서, 권한 있는 법원에 의하여 그러한 형의 선고에 따른 중노동을 시키는 것을 금지하는 것으로 해석되지 아니한다.
   (c) 이 항의 적용상 "강제노동"이라는 용어는 다음 사항을 포함하지 아니한다.
   (i) "(b)"에서 언급되지 아니한 작업 또는 역무로서 법원의 합법적 명령에 의하여 억류되어 있는 자 또는 그러한 억류로부터 조건부 석방 중에 있는 자에게 통상적으로 요구되는 것
   (ii) 군사적 성격의 역무 및 양심적 병역거부가 인정되고 있는 국가에 있어서는 양심적 병역거부자에게 법률에 의하여 요구되는 국민적 역무
   (iii) 공동사회의 존립 또는 복지를 위협하는 긴급사태 또는 재난시에 요구되는 역무
   (iv) 시민으로서 통상적인 의무를 구성하는 작업 또는 역무

제 9 조

1. 모든 사람은 신체의 자유와 안전에 대한 권리를 가진다. 누구든지 자의적으로 체포되거나 또는 억류되지 아니한다. 어느 누구도 법률로 정한 이유 및 절차에 따르지 아니하고는 그 자유를 박탈당하지 아니한다.
2. 체포된 사람은 누구든지 체포시에 체포이유를 통고받으며, 또한 그에 대한 피의 사실을 신속히 통고받는다.
3. 형사상의 죄의 혐의로 체포되거나 또는 억류된 사람은 법관 또는 법률에 의하여 사법권을 행사할 권한을 부여받은 기타 관헌에게 신속히 회부되어야 하며, 또한 그는 합리적인 기간 내에 재판을 받거나 또는 석방될 권리를 가진다. 재판에 회부되는 사람을 억류하는 것이 일반적인 원칙이 되어서는 아니되며, 석방은 재판 기타 사법적 절차의 모든 단계에서 출두 및 필요한 경우 판결의 집행을 위하여 출두할 것이라는 보증을 조건으로 이루어질 수 있다.
4. 체포 또는 억류에 의하여 자유를 박탈당한 사람은 누구든지, 법원이 그의 억류의 합법성을 지체 없이 결정하고, 그의 억류가 합법적이 아닌 경우에는 그의 석방을 명령할 수 있도록 하기 위하여, 법원에 절차를 취할 권리를 가진다.
5. 불법적인 체포 또는 억류의 희생이 된 사람은 누구든지 보상을 받을 권리를 가진다.

제 10 조

1. 자유를 박탈당한 모든 사람은 인도적으로 또한 인간의 고유한 존엄성을 존중하여 취급된다.
2. (a) 피고인은 예외적인 사정이 있는 경우를 제외하고는 기결수와 격리되며, 또한 유죄의 판결을 받고 있지 아니한 자로서의 지위에 상응하는 별도의 취급을 받는다.
   (b) 미성년 피고인은 성인과 격리되며 또한 가능한 한 신속히 재판에 회부된다.
3. 교도소 수감제도는 재소자들의 교정과 사회복귀를 기본적인 목적으로 하는 처우를 포함한다. 미성년 범죄자는 성인과 격리되며 또한 그들의 연령 및 법적 지위에 상응하는 대우가 부여된다.

제 11 조

어느 누구도 계약상 의무의 이행불능만을 이유로 구금되지 아니한다.

제 12 조

1. 합법적으로 어느 국가의 영역 내에 있는 모든 사람은, 그 영역 내에서 이동의 자유 및 거주의 자유에 관한 권리를 가진다.
2. 모든 사람은 자국을 포함하여 어떠한 나라로부터도 자유로이 퇴거할 수 있다.
3. 상기 권리는 법률에 의하여 규정되고, 국가안보, 공공질서, 공중보건 또는 도덕 또는 타인의 권리와 자유를 보호하기 위하여 필요하고, 또한 이 규약에서 인정되는 기타 권리와 양립되는 것을 제외하고는 어떠한 제한도 받지 아니한다.
4. 어느 누구도 자국에 돌아올 권리를 자의적으로 박탈당하지 아니한다.

제 13 조

합법적으로 이 규약의 당사국의 영역 내에 있는 외국인은, 법률에 따라 이루어진 결정에 의하여서만 그 영역으로부터 추방될 수 있으며, 또한 국가안보상 불가피하게 달리 요구되는 경우를 제외하고는 자기의 추방에 반대하는 이유를 제시할 수 있고 또한 권한 있는 당국 또는 동 당국에 의하여 특별히 지명된 자에 의하여 자기의 사안이 심사되는 것이 인정되며, 또한 이를 위하여 그 당국 또는 사람앞에서 다른 사람이 그를 대리하는 것이 인정된다.

제 14 조

1. 모든 사람은 재판에 있어서 평등하다. 모든 사람은 그에 대한 형사상의 죄의 결정 또는 민사상의 권리 및 의무의 다툼에 관한 결정을 위하여 법률에 의하여 설치된 권한 있는 독립적이고 공평한 법원에 의한 공정한 공개심리를 받을 권리를 가진다. 보도기관 및 공중에 대하여서는, 민주 사회에 있어서 도덕, 공공질서 또는 국가안보를 이유로 하거나 또는 당사자들의 사생활의 이익을 위하여 필요한 경우, 또는 공개가 사법상 이익을 해할 특별한 사정이 있는 경우 법원의 견해로 엄격히 필요하다고 판단되는 한도에서 재판의 전부 또는 일부를 공개하지 않을 수 있다. 다만, 형사소송 기타 소송에서 선고되는 판결은 미성년자의 이익을 위하여 필요한 경우 또는 당해 절차가 혼인관계의 분쟁이나 아동의 후견문제에 관한 경우를 제외하고는 공개된다.
2. 모든 형사피의자는 법률에 따라 유죄가 입증될 때까지 무죄로 추정받을 권리를 가진다.

3. 모든 사람은 그에 대한 형사상의 죄를 결정함에 있어서 적어도 다음과 같은 보장을 완전 평등하게 받을 권리를 가진다.
   (a) 그에 대한 죄의 성질 및 이유에 관하여 그가 이해하는 언어로 신속하고 상세하게 통고받을 것
   (b) 변호의 준비를 위하여 충분한 시간과 편의를 가질 것과 본인이 선임한 변호인과 연락을 취할 것
   (c) 부당하게 지체됨이 없이 재판을 받을 것
   (d) 본인의 출석하에 재판을 받으며, 또한 직접 또는 본인이 선임하는 자의 법적 조력을 통하여 변호할 것. 만약 법적 조력을 받지 못하는 경우 변호인의 조력을 받을 권리에 대하여 통지를 받을 것. 사법상의 이익을 위하여 필요한 경우 및 충분한 지불수단을 가지고 있지 못하는 경우 본인이 그 비용을 부담하지 아니하고 법적 조력이 그에게 주어지도록 할 것
   (e) 자기에게 불리한 증인을 신문하거나 또는 신문 받도록 할 것과 자기에게 불리한 증인과 동일한 조건으로 자기를 위한 증인을 출석시키도록 하고 또한 신문 받도록 할 것
   (f) 법정에서 사용되는 언어를 이해하지 못하거나 또는 말할 수 없는 경우에는 무료로 통역의 조력을 받을 것
   (g) 자기에게 불리한 진술 또는 유죄의 자백을 강요당하지 아니할 것
4. 미성년자의 경우에는 그 절차가 그들의 연령을 고려하고 또한 그들의 갱생을 촉진하고자 하는 요망을 고려한 것이어야 한다.
5. 유죄판결을 받은 모든 사람은 법률에 따라 그 판결 및 형벌에 대하여 상급 법원에서 재심을 받을 권리를 가진다.
6. 어떤 사람이 확정판결에 의하여 유죄판결을 받았으나, 그 후 새로운 사실 또는 새로 발견된 사실에 의하여 오심이 있었음을 결정적으로 입증함으로써 그에 대한 유죄판결이 파기되었거나 또는 사면을 받았을 경우에는 유죄판결의 결과 형벌을 받은 자는 법률에 따라 보상을 받는다. 다만, 그 알지 못한 사실이 적시에 밝혀지지 않은 것이 전체적으로 또는 부분적으로 그에게 책임이 있었다는 것이 증명된 경우에는 그러하지 아니한다.
7. 어느 누구도 각국의 법률 및 형사절차에 따라 이미 확정적으로 유죄 또는 무죄선고를 받은 행위에 관하여서는 다시 재판 또는 처벌을 받지 아니한다.

제 15 조

1. 어느 누구도 행위시의 국내법 또는 국제법에 의하여 범죄를 구성하지 아니하는 작위 또는 부작위를 이유로 유죄로 되지 아니한다. 또한 어느 누구도 범죄가 행하여진 때에 적용될 수 있는 형벌보다도 중한 형벌을 받지 아니한다. 범죄인은 범죄가 행하여진 후에 보다 가벼운 형을 부과하도록 하는 규정이 법률에 정해진 경우에는 그 혜택을 받는다.
2. 이 조의 어떠한 규정도 국제사회에 의하여 인정된 법의 일반원칙에 따라 그 행위시에 범죄를 구성하는 작위 또는 부작위를 이유로 당해인을 재판하고 처벌하는 것을 방해하지 아니한다.

제 16 조

모든 사람은 어디에서나 법 앞에 인간으로서 인정받을 권리를 가진다.

제 17 조

1. 어느 누구도 그의 사생활, 가정. 주거 또는 통신에 대하여 자의적이거나 불법적인 간섭을 받거나 또는 그의 명예와 신용에 대한 불법적인 비난을 받지 아니한다.
2. 모든 사람은 그러한 간섭 또는 비난에 대하여 법의 보호를 받을 권리를 가진다.

제 18 조

1. 모든 사람은 사상, 양심 및 종교의 자유에 대한 권리를 가진다. 이러한 권리는 스스로 선택하는 종교나 신념을 가지거나 받아들일 자유와 단독으로 또는 다른 사람과 공동으로, 공적 또는 사적으로 예배, 의식, 행사 및 선교에 의하여 그의 종교나 신념을 표명하는 자유를 포함한다.
2. 어느 누구도 스스로 선택하는 종교나 신념을 가지거나 받아들일 자유를 침해하게 될 강제를 받지 아니한다.
3. 자신의 종교나 신념을 표명하는 자유는, 법률에 규정되고 공공의 안전, 질서, 공중보건, 도덕 또는 타인의 기본적 권리 및 자유를 보호하기 위하여 필요한 경우에만 제한받을 수 있다.
4. 이 규약의 당사국은 부모 또는 경우에 따라 법정후견인이 그들의 신념에 따라 자녀의 종교적, 도덕적 교육을 확보할 자유를 존중할 것을 약속한다.

제 19 조

1. 모든 사람은 간섭받지 아니하고 의견을 가질 권리를 가진다.
2. 모든 사람은 표현의 자유에 대한 권리를 가진다. 이 권리는 구두, 서면 또는 인쇄, 예술의 형태 또는 스스로 선택하는 기타의 방법을 통하여 국경에 관계없이 모든 종류의 정보와 사상을 추구하고 접수하며 전달하는 자유를 포함한다.
3. 이 조 제2항에 규정된 권리의 행사에는 특별한 의무와 책임이 따른다. 따라서 그러한 권리의 행사는 일정한 제한을 받을 수 있다. 다만, 그 제한은 법률에 의하여 규정되고 또한 다음 사항을 위하여 필요한 경우에만 한정된다.
   (a) 타인의 권리 또는 신용의 존중
   (b) 국가안보 또는 공공질서 또는 공중보건 또는 도덕의 보호

제 20 조

1. 전쟁을 위한 어떠한 선전도 법률에 의하여 금지된다.
2. 차별, 적의 또는 폭력의 선동이 될 민족적, 인종적 또는 종교적 증오의 고취는 법률에 의하여 금지된다.

제 21 조

평화적인 집회의 권리가 인정된다. 이 권리의 행사에 대하여는 법률에 따라 부과되고, 또한 국가안보 또는 공공의 안전, 공공질서, 공중보건 또는 도덕의 보호 또는 타인의 권리 및 자유의 보호를 위하여 민주사회에서 필요한 것 이외의 어떠한 제한도 과하여져서는 아니된다.

제 22 조

1. 모든 사람은 자기의 이익을 보호하기 위하여 노동조합을 결성하고 이에 가입하는 권리를 포함하여 다른 사람과의 결사의 자유에 대한 권리를 갖는다.
2. 이 권리의 행사에 대하여는 법률에 의하여 규정되고, 국가안보 또는 공공의 안전, 공공질서, 공중보건 또는 도덕의 보호 또는 타인의 권리 및 자유의 보호를 위하여 민주사회에서 필요한 것 이외의 어떠한 제한도 과하여져서는 아니된다. 이 조는 군대와 경찰의 구성원이 이 권리를 행사하는 데 대하여 합법적인 제한을 부과하는 것을 방해하지 아니한다.
3. 이 조의 어떠한 규정도 결사의 자유 및 단결권의 보호에 관한 1948년의 국제노동기구협약의 당사국이 동 협약에 규정하는 보장을 저해하려는 입법조치를 취하도록 하거나 또는 이를 저해하려는 방법으로 법률을 적용할 것을 허용하는 것은 아니다.

제 23 조

1. 가정은 사회의 자연적이며 기초적인 단위이고, 사회와 국가의 보호를 받을 권리를 가진다.
2. 혼인적령의 남녀가 혼인을 하고, 가정을 구성할 권리가 인정된다.
3. 혼인은 양당사자의 자유롭고 완전한 합의 없이는 성립되지 아니한다.
4. 이 규약의 당사국은 혼인기간 중 및 혼인해소 시에 혼인에 대한 배우자의 권리 및 책임의 평등을 확보하기 위하여 적절한 조치를 취한다. 혼인해소의 경우에는 자녀에 대한 필요한 보호를 위한 조치를 취한다.

제 24 조

1. 모든 어린이는 인종, 피부색, 성, 언어, 종교, 민족적 또는 사회적 출신, 재산 또는 출생에 관하여 어떠한 차별도 받지 아니하고 자신의 가족, 사회 및 국가에 대하여 미성년자로서의 지위로 인하여 요구되는 보호조치를 받을 권리를 가진다.
2. 모든 어린이는 출생 후 즉시 등록되고, 성명을 가진다.
3. 모든 어린이는 국적을 취득할 권리를 가진다.

제 25 조

모든 시민은 제2조에 규정하는 어떠한 차별이나 또는 불합리한 제한도 받지 아니하고 다음의 권리 및 기회를 가진다.
(a) 직접 또는 자유로이 선출한 대표자를 통하여 정치에 참여하는 것
(b) 보통, 평등 선거권에 따라 비밀투표에 의하여 행하여지고, 선거인의 의사의 자유로운 표명을 보장하는 진정한 정기적 선거에서 투표하거나 피선되는 것
(c) 일반적인 평등 조건하에 자국의 공무에 취임하는 것

제 26 조

모든 사람은 법 앞에 평등하고 어떠한 차별도 없이 법의 평등한 보호를 받을 권리를 가진다. 이를 위하여 법률은 모든 차별을 금지하고, 인종, 피부색, 성, 언어, 종교, 정치적, 또는 기타의 의견, 민족적 또는 사회적 출신, 재산, 출생 또는 기타의 신분 등의 어떠한 이유에 의한 차별에 대하여도 평등하고 효과적인 보호를 모든 사람에게 보장한다.

제 27 조

종족적, 종교적 또는 언어적 소수민족이 존재하는 국가에 있어서는 그러한 소수민족에 속하는 사람들에게 그 집단의 다른 구성원들과 함께 그들 자신의 문화를 향유하고, 그들 자신의 종교를 표명하고 실행하거나 또는 그들 자신의 언어를 사용할 권리가 부인되지 아니한다.

제 4 부

제 28 조

1. 인권이사회(이하 이 규약에서 이사회라 한다)를 설치한다. 이사회는 18인의 위원으로 구성되며 이하에 규정된 임무를 행한다.
2. 이사회는 고매한 인격을 가지고 인권분야에서 능력이 인정된 이 규약의 당사국의 국민들로 구성하고, 법률적 경험을 가진 약간명의 인사의 참여가 유익할 것이라는 점을 고려한다.
3. 이사회의 위원은 개인적 자격으로 선출되고, 직무를 수행한다.

제 29 조

1. 이사회의 위원은 제28조에 규정된 자격을 가지고 이 규약의 당사국에 의하여 선거를 위하여 지명된 자의 명단 중에서 비밀투표에 의하여 선출된다.
2. 이 규약의 각 당사국은 2인 이하의 자를 지명할 수 있다. 이러한 자는 지명하는 국가의 국민이어야 한다.
3. 동일인이 재지명 받을 수 있다.

제 30 조

1. 최초의 선거는 이 규약의 발효일로부터 6개월 이내에 실시된다.
2. 국제연합사무총장은, 제34조에 따라 선언된 결원의 보충선거를 제외하고는, 이사회의 구성을 위한 각 선거일의 최소 4개월 전에, 이 규약당사국이 3개월 이내에 위원회의 위원후보 지명을 제출하도록 하기 위하여 당사국에 서면 초청장을 발송한다.
3. 국제연합사무총장은, 이와 같이 지명된 후보들을 지명국 이름의 명시와 함께 알파벳순으로 명단을 작성하여 늦어도 선거일 1개월 전에 동 명단을 이 규약당사국에게 송부한다.
4. 이사회 위원의 선거는 국제연합사무총장이 국제연합본부에서 소집한 이 규약당사국 회합에서 실시된다. 이 회합은 이 규약당사국의 3분의 2를 정족수로 하고, 출석하여 투표하는 당사국 대표의 최대다수표 및 절대다수표를 획득하는 후보가 위원으로 선출된다.

제 31 조

1. 이사회는 동일국가의 국민을 2인 이상 포함할 수 없다.
2. 이사회의 선거에 있어서는 위원의 공평한 지리적 안배와 상이한 문명형태 및 주요한 법률체계가 대표되도록 고려한다.

제 32 조

1. 이사회의 위원은 4년 임기로 선출된다. 모든 위원은 재지명된 경우에 재선될 수 있다. 다만, 최초의 선거에서 선출된 위원 중 9인의 임기는 2년 후에 종료된다. 이들 9인 위원의 명단은 최초 선거후 즉시 제30조 제4항에 언급된 회합의 의장에 의하여 추첨으로 선정된다.
2. 임기 만료시의 선거는 이 규약 제4부의 전기 조문들의 규정에 따라 실시된다.

제 33 조

1. 이사회의 어느 한 위원이 그의 임무를 수행할 수 없는 것이 일시적 성격의 결석이 아닌 다른 이유로 인한 것이라고 다른 위원 전원이 생각할 경우, 이사회의 의장은 국제연합사무총장에게 이를 통보하며, 사무총장은 이때 동 위원의 궐석을 선언한다.
2. 이사회의 위원이 사망 또는 사임한 경우, 의장은 국제연합사무총장에게 이를 즉시 통보하여야 하며, 사무총장은 사망일 또는 사임의 효력발생일로부터 그 좌석의 궐석을 선언한다.

제 34 조

1. 제33조에 의해 궐석이 선언되고, 교체될 궐석위원의 잔여임기가 궐석 선언일로부터 6개월 이내에 종료되지 아니할 때에는, 국제연합사무총장은 이 규약의 각 당사국에게 이를 통보하며, 각 당사국은 궐석을 충원하기 위하여 제29조에 따라서 2개월 이내에 후보자의 지명서를 제출할 수 있다.
2. 국제연합사무총장은 이와 같이 지명된 후보들의 명단을 알파벳순으로 작성, 이를 이 규약의 당사국에게 송부한다. 보궐선거는 이 규약 제4부의 관계규정에 따라 실시된다.
3. 제33조에 따라 선언되는 궐석을 충원하기 위하여 선출되는 위원은 동조의 규정에 따라 궐석위원의 잔여임기 동안 재직한다.

제 35 조

이사회의 위원들은 국제연합총회가 이사회의 책임의 중요성을 고려하여 결정하게 될 조건에 따라, 국제연합의 재원에서 동 총회의 승인을 얻어 보수를 받는다.

제 36 조

국제연합사무총장은 이 규정상 이사회의 효과적인 기능수행을 위하여 필요한 직원과 편의를 제공한다.

제 37 조

1. 국제연합사무총장은 이사회의 최초 회의를 국제연합본부에서 소집한다.
2. 최초 회의 이후에는, 이사회는 이사회의 절차규칙이 정하는 시기에 회합한다.
3. 이사회는 통상 국제연합본부나 제네바 소재 국제연합사무소에서 회합을 가진다.

제 38 조

이사회의 각 위원은 취임에 앞서 이사회의 공개석상에서 자기의 직무를 공평하고 양심적으로 수행할 것을 엄숙히 선언한다.

제 39 조

1. 이사회는 임기 2년의 임원을 선출한다. 임원은 재선될 수 있다.
2. 이사회는 자체의 절차규칙을 제정하며 이 규칙은 특히 다음 사항을 규정한다.
   (a) 의사정족수는 위원 12인으로 한다.
   (b) 이사회의 의결은 출석위원 과반수의 투표로 한다.

제 40 조

1. 이 규약의 당사국은 규약에서 인정된 권리를 실현하기 위하여 취한 조치와 그러한 권리를 향유함에 있어서 성취된 진전사항에 관한 보고서를 다음과 같이 제출할 것을 약속한다.
   (a) 관계당사국에 대하여는 이 규약의 발효 후 1년 이내
   (b) 그 이후에는 이사회가 요청하는 때
2. 모든 보고서는 국제연합사무총장에게 제출되며 사무총장은 이를 이사회가 심의할 수 있도록 이사회에 송부한다. 동 보고서에는 이 규약의 이행에 영향을 미치는 요소와 장애가 있을 경우, 이를 기재한다.
3. 국제연합사무총장은 이사회와의 협의 후 해당전문기구에 그 전문기구의 권한의 분야에 속하는 보고서 관련 부분의 사본을 송부한다.
4. 이사회는 이 규약의 당사국에 의하여 제출된 보고서를 검토한다. 이사회는 이사회 자체의 보고서와 이사회가 적당하다고 간주하는 일반적 의견을 당사국에게 송부한다. 이사회는 또한 이 규약의 당사국으로부터 접수한 보고서 사본과 함께 동 일반적 의견을 경제사회이사회에 제출할 수 있다.
5. 이 규약의 당사국은 본 조 제4항에 따라 표명된 의견에 대한 견해를 이사회에 제출할 수 있다.

제 41 조

1. 이 규약의 당사국은 타 당사국이 이 규약상의 의무를 이행하지 아니하고 있다고 주장하는 일 당사국의 통보를 접수, 심리하는 이사회의 권한을 인정한다는 것을 이 조에 의하여 언제든지 선언할 수 있다. 이 조의 통보는 이 규약의 당사국 중 자국에 대한 이사회의 그러한 권한의 인정을 선언한 당사국에 의하여 제출될 경우에만 접수, 심리될 수 있다. 이사회는 그러한 선언을 행하지 아니한 당사국에 관한 통보는 접수하지 아니한다. 이 조에 따라 접수된 통보는 다음의 절차에 따라 처리된다.
   (a) 이 규약의 당사국은 타 당사국이 이 규약의 규정을 이행하고 있지 아니하다고 생각할 경우에는, 서면통보에 의하여 이 문제에 관하여 그 당사국의 주의를 환기시킬 수 있다. 통보를 접수한 국가는 통보를 접수한 후 3개월 이내에 당해문제를 해명하는 설명서 또는 기타 진술을 서면으로 통보한 국가에 송부한다. 그러한 해명서에는 가능하고 적절한 범위 내에서, 동 국가가 당해문제와 관련하여 이미 취하였든가, 현재 취하고 있든가 또는 취할 국내절차와 구제수단에 관한 언급이 포함된다.
   (b) 통보를 접수한 국가가 최초의 통보를 접수한 후 6개월 이내에 당해 문제가 관련당사국 쌍방에게 만족스럽게 조정되지 아니할 경우에는, 양 당사국 중 일방에 의한 이사회와 타 당사국에 대한 통고로 당해문제를 이사회에 회부할 권리를 가진다.

(c) 이사회는, 이사회에 회부된 문제의 처리에 있어서, 일반적으로 승인된 국제법의 원칙에 따라 모든 가능한 국내적 구제절차가 원용되고 완료되었음을 확인한 다음에만 그 문제를 처리한다. 다만, 구제수단의 적용이 부당하게 지연되고 있을 경우에는 그러하지 아니한다.
(d) 이사회가 이 조에 의한 통보를 심사할 경우에는 비공개 토의를 가진다.
(e) "(c)"의 규정에 따를 것을 조건으로, 이사회는 이 규약에서 인정된 인권과 기본적 자유에 대한 존중의 기초 위에서 문제를 우호적으로 해결하기 위하여 관계당사국에게 주선을 제공한다.
(f) 이사회는 회부받은 어떠한 문제에 관하여도 "(b)"에 언급된 관계당사국들에게 모든 관련정보를 제출할 것을 요청할 수 있다.
(g) "(b)"에서 언급된 관계당사국은 당해문제가 이사회에서 심의되고 있는 동안 자국의 대표를 참석시키고 구두 또는 서면으로 의견을 제출할 권리를 가진다.
(h) 이사회는 "(b)"에 의한 통보의 접수일로부터 12개월 이내에 보고서를 제출한다.
  (i) "(e)"의 규정에 따라 해결에 도달한 경우에는 이사회는 보고서를 사실과 도달된 해결에 관한 간략한 설명에만 국한시킨다.
  (ii) "(e)"의 규정에 따라 해결에 도달하지 못한 경우에는 이사회는 보고서를 사실에 관한 간략한 설명에만 국한시키고 관계당사국이 제출한 서면 의견과 구두 의견의 기록을 동 보고서에 첨부시킨다. 모든 경우에 보고서는 관계당사국에 통보된다.
2. 이 조의 제규정은 이 규약의 10개 당사국이 이 조 제1항에 따른 선언을 하였을 때 발효된다. 당사국은 동 선언문을 국제연합사무총장에게 기탁하며, 사무총장은 선언문의 사본을 타 당사국에 송부한다. 이와 같은 선언은 사무총장에 대한 통고에 의하여 언제든지 철회될 수 있다. 이 철회는 이 조에 의하여 이미 송부된 통보에 따른 어떠한 문제의 심의도 방해하지 아니한다. 어떠한 당사국에 의한 추후의 통보는 사무총장이 선언 철회의 통고를 접수한 후에는 관계당사국이 새로운 선언을 하지 아니하는 한 접수되지 아니한다.

제 42 조

1. (a) 제41조에 따라 이사회에 회부된 문제가 관계당사국들에 만족스럽게 타결되지 못하는 경우에는 이사회는 관계당사국의 사전 동의를 얻어 특별조정위원회(이하 조정위원회라 한다)를 임명할 수 있다. 조정위원회는 이 규약의 존중에 기초하여 당해문제를 우호적으로 해결하기 위하여 관계당사국에게 주선을 제공한다.
   (b) 조정위원회는 관계당사국에게 모두 수락될 수 있는 5인의 위원으로 구성된다. 관계당사국이 3개월 이내에 조정위원회의 전부 또는 일부의 구성에 관하여 합의에 이르지 못하는 경우에는, 합의를 보지 못하는 조정위원회의 위원은 비밀투표에 의하여 인권이사회 위원 중에서 인권이사회 위원 3분의 2의 다수결투표로 선출된다.
2. 조정위원회의 위원은 개인자격으로 직무를 수행한다. 동 위원은 관계당사국, 이 규약의 비당사국 또는 제41조에 의한 선언을 행하지 아니한 당사국의 국민이어서는 아니 된다.
3. 조정위원회는 자체의 의장을 선출하고 또한 자체의 절차규칙을 채택한다.

4. 조정위원회의 회의는 통상 국제연합본부 또는 제네바 소재 국제연합사무소에서 개최된다. 그러나, 동 회의는 조정위원회가 국제연합사무총장 및 관계당사국과 협의하여 결정하는 기타 편리한 장소에서도 개최될 수 있다.
5. 제36조에 따라 설치된 사무국은 이 조에서 임명된 조정위원회에 대하여도 역무를 제공한다.
6. 이사회가 접수하여 정리한 정보는 조정위원회가 이용할 수 있으며, 조정위원회는 관계당사국에게 기타 관련자료의 제출을 요구할 수 있다.
7. <u>조정위원회는 문제를 충분히 검토한 후, 또는 당해문제를 접수한 후, 어떠한 경우에도 12개월 이내에, 관계당사국에 통보하기 위하여 인권이사회의 위원장에게 보고서를 제출한다.</u>
    (a) 조정위원회가 12개월 이내에 당해문제에 대한 심의를 종료할 수 없을 경우, 조정위원회는 보고서를 당해문제의 심의현황에 관한 간략한 설명에 국한시킨다.
    (b) 조정위원회가 이 규약에서 인정된 인권의 존중에 기초하여 당해문제에 대한 우호적인 해결에 도달한 경우, 조정위원회는 보고서를 사실과 도달한 해결에 관한 간략한 설명에 국한시킨다.
    (c) 조정위원회가 "(b)"의 규정에 의한 해결에 도달하지 못한 경우, 조정위원회의 보고서는 관계당국 간의 쟁점에 관계되는 모든 사실문제에 대한 자체의 조사결과 및 문제의 우호적인 해결 가능성에 관한 견해를 기술한다. 동 보고서는 또한 관계당사국이 제출한 서면 의견 및 구두의견의 기록을 포함한다.
    (d) "(c)"에 의하여 조정위원회의 보고서가 제출되는 경우, 관계당사국은 동 보고서의 접수로부터 3개월 이내에 인권이사회의 위원장에게 조정위원회의 보고서 내용의 수락여부를 통고한다.
8. 이 조의 규정은 제41조에 의한 이사회의 책임을 침해하지 아니한다.
9. 관계당사국은 국제연합사무총장이 제출하는 견적에 따라 조정위원회의 모든 경비를 균등히 분담한다.
10. 국제연합사무총장은 필요한 경우, 이 조 제9항에 의하여 관계당사국이 분담금을 납입하기 전에 조정위원회의 위원의 경비를 지급할 수 있는 권한을 가진다.

제 43 조

이사회의 위원과 제42조에 의하여 임명되는 특별조정위원회의 위원은 국제연합의 특권 및 면제에 관한 협약의 관계 조항에 규정된 바에 따라 국제연합을 위한 직무를 행하는 전문가로서의 편의, 특권 및 면제를 향유한다.

제 44 조

이 규약의 이행에 관한 규정은 국제연합과 그 전문기구의 설립헌장 및 협약에 의하여 또는 헌장 및 협약하에서의 인권분야에 규정된 절차의 적용을 방해하지 아니하고, 이 규약 당사국이 당사국 간에 발효 중인 일반적인 또는 특별한 국제협정에 따라 분쟁의 해결을 위하여 다른 절차를 이용하는 것을 방해하지 아니한다.

제 45 조

이사회는 그 활동에 관한 연례보고서를 경제사회이사회를 통하여 국제연합총회에 제출한다.

제5부

제 46 조

이 규약의 어떠한 규정도 이 규약에서 취급되는 문제에 관하여 국제연합의 여러 기관과 전문기구의 책임을 각각 명시하고 있는 국제연합헌장 및 전문기구헌장의 규정을 침해하는 것으로 해석되지 아니한다.

제 47 조

이 규약의 어떠한 규정도 모든 사람이 그들의 천연적 부와 자원을 충분히 자유로이 향유하고, 이용할 수 있는 고유의 권리를 침해하는 것으로 해석되지 아니한다.

제6부

제 48 조

1. 이 규약은 국제연합의 모든 회원국, 전문기구의 모든 회원국, 국제사법재판소 규정의 모든 당사국 또한 국제연합총회가 이 규약에 가입하도록 초청한 기타 모든 국가들의 서명을 위하여 개방된다.
2. 이 규약은 비준되어야 한다. 비준서는 국제연합사무총장에게 기탁된다.
3. 이 규약은 이 조 제1항에서 언급된 모든 국가들의 가입을 위하여 개방된다.
4. 가입은 가입서를 국제연합사무총장에게 기탁함으로써 이루어진다.
5. 국제연합사무총장은 이 규약에 서명 또는 가입한 모든 국가들에게 각 비준서 또는 가입서의 기탁을 통보한다.

제 49 조

1. 이 규약은 35번째의 비준서 또는 가입서가 국제연합사무총장에게 기탁되는 날로부터 3개월 후에 발효한다.
2. 35번째의 비준서 또는 가입서의 기탁 후에 이 규약을 비준하거나 또는 이 조약에 가입하는 국가에 대하여는, 이 규약은 그 국가의 비준서 또는 가입서가 기탁된 날로부터 3개월 후에 발효한다.

제 50 조

이 규약의 규정은 어떠한 제한이나 예외없이 연방국가의 모든 지역에 적용된다.

제 51 조

1. 이 규약의 당사국은 개정안을 제안하고 이를 국제연합사무총장에게 제출할 수 있다. 사무총장은 개정안을 접수하는대로, 각 당사국에게 동 제안을 심의하고 표결에 회부하기 위한 당사국회의 개최에 찬성하는지에 관한 의견을 사무총장에게 통보하여 줄것을 요청하는 것과 함께, 개정안을 이 규약의 각 당사국에게 송부한다. 당사국 중 최소 3분의 1이 당사국회의 개최에 찬성하는 경우, 사무총장은 국제연합의 주관하에 동 회의를 소집한다. 동 회의에 출석하고 표결한 당사국의 과반수에 의하여 채택된 개정안은 그 승인을 위하여 국제연합총회에 제출된다.

2. 개정안은 국제연합총회의 승인을 얻고, 각기 자국의 헌법상 절차에 따라 이 규약당사국의 3분의 2의 다수가 수락하는 때 발효한다.
3. 개정안은 발효시 이를 수락한 당사국을 구속하고, 여타 당사국은 계속하여 이 규약의 규정 및 이미 수락한 그 이전의 모든 개정에 의하여 구속된다.

제 52 조

제48조 제5항에 의한 통보에 관계없이, 국제연합사무총장은 동조 제1항에서 언급된 모든 국가에 다음을 통보한다.
(a) 제48조에 의한 서명, 비준 및 가입
(b) 제49조에 의한 이 규약의 발효일자 및 제51조에 의한 모든 개정의 발효일자

제 53 조

1. 이 규약은 중국어, 영어, 불어, 러시아어 및 서반아어본이 동등히 정본이며 국제연합 문서보존소에 기탁된다.
2. 국제연합사무총장은 제48조에서 언급된 모든 국가들에게 이 규약의 인증등본을 송부한다.

이상의 증거로, 하기서명자들은 각자의 정부에 의하여 정당히 권한을 위임받아 일천구백육십육년 십이월 십구일 뉴욕에서 서명을 위하여 개방된 이 규약에 서명하였다.

05 | 시민적·정치적 권리에 관한 국제규약 제1선택의정서(1966채택/1976발효/1990한국발효)

제 1 조
이 의정서의 당사국이 된 규약당사국은 그 관할권에 속하는 자로서 동 국에 의한 규약에 규정된 권리에 대한 침해의 희생자임을 주장하는 개인으로부터의 통보를 접수하고 심리하는 이사회의 권한을 인정한다. 이사회는 이 의정서의 당사국이 아닌 규약당사국에 관한 어떠한 통보도 접수하지 아니한다.

제 2 조
제1조에 따를 것을 조건으로, 규약에 열거된 어떤 권리가 침해되었다고 주장하는 개인들은 모든 이용가능한 국내적 구제조치를 완료하였을 경우, 이사회에 심리를 위한 서면통보를 제출할 수 있다.

제 3 조
이사회는 이 의정서에 따른 통보가 익명이거나, 통보제출권의 남용 또는 규약규정과 양립할 수 없는 것으로 간주될 경우에는 그러한 통보를 허용할 수 없는 것으로 간주한다.

제 4 조
1. 제3조에 따를 것을 조건으로, 이사회는 이 의정서에 따라 제출된 통보에 대하여 규약규정을 위반하고 있는 것으로 주장되는 당사국의 주의를 환기한다.
2. 이 당사국은 6개월 이내에 그 문제 및 취하여진 구제조치가 있는 경우 이를 설명하는 서면 설명서 또는 진술서를 이사회에 제출한다.

제 5 조
1. 이사회는 개인 및 관련당사국으로부터 입수된 모든 서면정보를 참고하여, 이 의정서에 따라 접수된 통보를 심리한다.
2. 이사회는 다음 사항을 확인한 경우가 아니면 개인으로부터의 어떠한 통보도 심리하지 않는다.
   (a) 동일 문제가 다른 국제적 조사 또는 해결절차에 따라 심사되고 있지 않을 것
   (b) 개인이 모든 이용가능한 국내적 구제조치를 완료하였을 것. 다만, 이 규칙은 구제조치의 적용이 불합리하게 지연되는 경우에는 적용되지 않는다.
3. 이사회는 이 의정서에 따라 통보를 심사할 때에는 비공개 회의를 갖는다.
4. 이사회는 관련당사국과 개인에게 이사회의 견해를 송부한다.

제 6 조
이사회는 규약 제45조에 의한 연례보고서에 이 의정서에 따른 활동의 개요를 포함한다.

제 7 조

이 의정서의 규정은 1960년 12월 14일 국제연합총회에 의하여 채택된 식민지와 그 인민에 대한 독립부여 선언에 관한 결의 1514(XV)의 목적이 달성될 때까지 국제연합헌장과 국제연합 및 그 전문기관 하에서 체결된 여타 국제협약과 문서에 의하여 이들에게 부여된 청원권을 어떤 경우에도 제한하지 않는다.

제 8 조

1. 이 의정서는 규약에 서명한 모든 국가들의 서명을 위하여 개방된다.
2. 이 의정서는 규약을 비준하였거나 이에 가입한 국가들에 의하여 비준되어야 한다. 비준서는 국제연합사무총장에게 기탁된다.
3. 이 의정서는 규약을 비준하였거나 이에 가입한 모든 국가들의 가입을 위하여 개방된다.
4. 가입은 가입서를 국제연합사무총장에게 기탁함으로써 발효한다.
5. 국제연합사무총장은 이 의정서에 서명 또는 가입한 모든 국가들에게 각 비준서 또는 가입서의 기탁을 통보한다.

제 9 조

1. 규약의 효력발생을 조건으로, 이 의정서는 10번째 비준서 또는 가입서가 국제연합사무총장에게 기탁된 날로부터 3개월 후에 발효한다.
2. 10번째 비준서 또는 가입서 기탁 후에 이 의정서를 비준하거나 또는 이에 가입하는 국가에 대하여, 이 의정서는 그 국가의 비준서 또는 가입서가 기탁된 날로부터 3개월 후에 발효한다.

제 10 조

이 의정서의 규정은 어떠한 제한이나 예외없이 연방국가의 모든 지역에 적용된다.

제 11 조

1. 이 의정서 당사국은 개정안을 제안하고 이를 국제연합사무총장에게 제출할 수 있다. 사무총장은 개정안을 접수하는 대로, 각 당사국에게 동 제안을 심의하고 표결에 회부하기 위한 당사국회의 개최에 찬성하는지에 관한 의견을 사무총장에게 통보하여 줄 것을 요청하는 것과 함께 개정안을 이 규약의 각 당사국에게 송부한다. 당사국 중 최소한 3분의 1이 당사국회의 개최에 찬성하는 경우에, 사무총장은 국제연합의 주관하에 이 회의를 소집한다. 이 회의에 출석하여 표결하는 당사국의 과반수에 의하여 채택된 개정안은 그 승인을 위하여 국제연합총회에 제출된다.
2. 개정안은 국제연합총회의 승인을 얻고, 각기 자국의 헌법상 절차에 따라 이 의정서 당사국의 3분의 2 다수가 수락하는 때 발효한다.
3. 개정안은 발효 시 이를 수락한 당사국을 구속하고, 여타 당사국은 계속하여 이 의정서의 규정 및 이미 수락한 그 이전의 모든 개정에 의하여 구속된다.

제 12 조

1. 당사국은 언제든지 국제연합사무총장에 대한 서면통보에 의하여 이 의정서를 폐기할 수 있다. 폐기는 사무총장이 통보를 접수한 날로부터 3개월 후에 효력을 발생한다.
2. 폐기는 동 폐기가 발효하기 전에는 제2조에 의해 제출된 통보에 대하여 이 의정서의 규정이 계속적으로 적용하는 것을 침해하지 않는다.

제 13 조

제8조 제5항에 의한 통보에 관계없이, 국제연합사무총장은 규약 제48조 제1항에서 언급된 모든 국가에 다음을 통보한다.

(a) 제8조에 따른 서명, 비준 및 가입
(b) 제9조에 따른 이 의정서의 발효일자 및 제11조에 의한 모든 개정의 발효일자
(c) 제12조에 따른 폐기

제 14 조

1. 이 의정서는 중국어, 영어, 불어, 러시아어 및 서반아어본이 동등히 정본이며 국제연합 문서보존소에 기탁된다.
2. 국제연합사무총장은 규약 제48조에서 언급된 모든 국가들에게 이 의정서의 인증등본을 송부한다.

06 | 제노사이드방지 및 처벌에 관한 협약
(1948채택/1951발효/1951한국발효)

제 1 조
체약국은, 집단살해가 평시에 행해졌는지 전시에 행해졌는지를 불문하고 이를 방지하고 처벌할 것을 약속하는 국제법상의 범죄임을 확인한다.

제 2 조
본 협약에서 집단살해라 함은 국민적, 인종적, 민족적 또는 종교적 집단의 전체 또는 일부를 파괴할 의도로 행하여진 이하의 행위를 말한다.
⑺ 집단의 구성원을 살해하는 것
⑻ 집단의 구성원에 대하여 중대한 육체적 또는 정신적 위해를 가하는 것
⑼ 전체적 또는 부분적으로 육체적 파괴를 초래할 목적으로 의도된 생활조건을 집단에게 고의로 부과하는 것
⑽ 집단 내 출생을 방지하기 위하여 의도된 조치를 부과하는 것
⑾ 집단 내의 아동을 강제적으로 타 집단으로 이동시키는 것

제 3 조
다음의 제 행위를 처벌한다.
⑺ 집단살해
⑻ 집단살해를 범하기 위한 공모
⑼ 집단살해를 범하기 위한 직접 또는 공연한 교사
⑽ 집단살해의 미수
⑾ 집단살해의 공범

제 4 조
헌법상으로 책임 있는 통치권자, 공무원 및 사인을 불문하고, 집단살해를 비롯하여 제3조에 열거된 행위를 범하는 자는 처벌한다.

제 5 조
체약국은 각국의 헌법에 따라서 본 협약의 규정을 실시하고, 특히 집단살해 또는 제3조에 열거된 기타 행위에 대하여 죄가 있는 자에 대해 유효한 형벌을 마련하기 위하여 필요한 법률을 제정한다.

제 6 조
집단살해 또는 제3조에 열거된 기타 행위에 대해 혐의가 있는 자는 그러한 행위가 영토 내에서 행해진 국가의 권한 있는 재판소에 의하거나 또는 국제형사재판소의 관할권을 수락한 체약국에 관해서는 관할권을 가지는 동 재판소에 의하여 심리된다.

제 7 조
집단살해 또는 제3조에 열거된 기타 행위는 범죄인 인도의 목적으로 정치적 범죄로 인정치 않는다. 체약국은 이러한 경우에 실시 중인 법률 또는 조약에 따라서 범죄인 인도를 허가할 것을 서약한다.

제 8 조

체약국은 국제연합의 권한 있는 기관에 대해 그러한 기관이 집단살해 또는 제3조에 열거된 기타 행위의 어떤 것이라도 이를 방지 또는 억압하기 위하여 적당하다고 인정하는 국제연합헌장에 의한 조치를 취하도록 요구할 수 있다.

제 9 조

본 협약의 해석, 적용 또는 이행에 관한 체약국 간의 분쟁은 집단살해 또는 제3조에 열거된 기타 행위의 어떤 것이라도 이에 대한 국가책임에 관한 분쟁을 포함하여 분쟁 당사국의 요구에 의하여 국제사법재판소에 부탁한다.

제 10 조

본 협약은 중국어, 영어, 불어, 노어, 서반아어의 원문을 동등히 정문으로 하며 1948년 12월 9일자로 한다.

제 11 조

본 협약은 국제연합의 회원국과 총회로부터 서명 초청을 받은 비회원국을 위하여 1949년 12월 31일까지 개방된다.
본 협약은 비준을 받아야 하며, 비준서는 국제연합 사무총장에게 기탁한다.
국제연합의 회원국과 전기한 초청을 받은 비회원국은 1950년 1월 1일 이후 본 협약에 가입할 수 있다.
가입서는 국제연합 사무총장에게 기탁한다.

제 12 조

체약국은 국제연합 사무총장에 대한 통고로 자국이 외교관계의 수행에 책임을 지고 있는 지역의 전부 또는 일부에 대하여 언제라도 본 협약의 적용을 확대할 수 있다.

제 13 조

최초의 20통의 비준서 또는 가입서가 기탁된 일자에 사무총장은 경위서를 작성하여 그 사본을 국제연합의 각 회원국과 제11조에 규정된 비회원국 각국에 송부한다.
본 협약은 20통째의 비준서 또는 가입서가 기탁된 때로부터 90일 후에 발효한다.
전기일 이후에 행하여진 비준이나 가입은 비준서 또는 가입서가 기탁된 때로부터 90일 후에 효력을 발생한다.

제 14 조

본 협약은 발효일로부터 10년간 계속하여 효력을 갖는다.
전기 기간이 만료되기 적어도 6개월 전에 본 조약을 폐기하지 아니한 체약국에 대하여는 본 협약은 그 후 5년간 계속하여 효력을 가진다.
폐기는 국제연합 사무총장에 대한 통고에 의하여 발효한다.

제 15 조

폐기의 결과 본 협약의 회원국 수가 16개국 미만일 때에는 본 협약은 그 중 최후의 폐기가 효력을 발생하는 날로부터 효력이 중지된다.

제 16 조

본 협약의 개정에 대한 요청은 체약국이 사무총장에 대한 통고에 의하여 언제나 행할 수 있다.

총회는 전기 요청에 관하여 취할 조치가 있을 때에는 이를 결정한다.

제 17 조

국제연합 사무총장은 국제연합의 모든 회원국과 제11조에 규정된 비회원국에 대하여 다음 사항을 통고한다.

㈎ 제11조에 따라 수령한 서명, 비준 및 가입
㈏ 제12조에 따라 수령한 통고
㈐ 제13조에 따라 본 협약이 발효하는 일자
㈑ 제14조에 따라 수령한 폐기
㈒ 제15조에 따른 협약의 폐지
㈓ 제16조에 따라 수령한 통고

제 18 조

본 협약의 정본은 국제연합 문서보관소에 기탁한다.
본 협약의 인증등본은 국제연합의 모든 회원국과 제11조에 규정된 비회원국에 송부한다.

제 19 조

본 협약은 발효일사에 국세언합 사무총장이 등록한다.

07 | 고문과 기타 잔혹하거나, 비인도적이거나 모욕적인 대우 혹은 처벌에 반대하는 협약 (1984채택/1987발효/1995한국발효)

제 1 장

제 1 조

1. 이 협약의 목적상 "고문"이라 함은 공무원이나 그 밖의 공무 수행자가 직접 또는 이러한 자의 교사·동의·묵인 아래, 어떤 개인이나 제3자로부터 정보나 자백을 얻어내기 위한 목적으로, 개인이나 제3자가 실행하였거나 실행한 혐의가 있는 행위에 대하여 처벌을 하기 위한 목적으로, 개인이나 제3자를 협박·강요할 목적으로, 또는 모든 종류의 차별에 기초한 이유로, 개인에게 고의로 극심한 신체적·정신적 고통을 가하는 행위를 말한다. 다만, 합법적 제재조치로부터 초래되거나, 이에 내재하거나 이에 부수되는 고통은 고문에 포함되지 아니한다.
2. 이 조는 더 광범위하게 적용되는 규정을 포함하고 있거나 포함하게 될 국제문서나 국내입법을 해하지 아니한다.

제 2 조

1. 당사국은 자기나라 관할하의 영토 내에서 고문행위를 방지하기 위하여 실효적인 입법·행정·사법 또는 그 밖의 조치를 취한다.
2. 전쟁상태, 전쟁의 위협, 국내의 정치불안정 또는 그 밖의 사회적 긴급상황 등 어떠한 예외적인 상황도 고문을 정당화하기 위하여 원용될 수 없다.
3. 상관 또는 당국의 명령은 고문을 정당화하기 위하여 원용될 수 없다.

제 3 조

1. 어떠한 당사국도 고문받을 위험이 있다고 믿을 만한 상당한 근거가 있는 다른 나라로 개인을 추방·송환 또는 인도하여서는 아니된다.
2. 위와 같이 믿을만한 근거가 있는지 여부를 결정하기 위하여, 권한 있는 당국은 가능한 경우 관련국가에서 현저하며 극악한 또는 대규모 인권침해 사례가 꾸준하게 존재하여 왔는지 여부를 포함하여 모든 관련사항을 고려한다.

제 4 조

1. 당사국은 모든 고문행위가 자기나라의 형법에 따라 범죄가 되도록 보장하며, 고문 미수, 고문 공모 또는 가담에 해당하는 행위도 마찬가지로 다룬다.
2. 당사국은 이러한 범죄가 그 심각성이 고려된 적절한 형벌로 처벌될 수 있도록 한다.

제 5 조

1. 당사국은 다음의 경우에 제4조에 규정된 범죄에 대한 관할권을 확립하기 위하여 필요한 조치를 취한다.
    (가) 범죄가 자기나라 관할하의 영토 내에서 또는 자기나라에 등록된 선박이나 항공기에서 실행된 경우
    (나) 범죄혐의자가 자기나라의 국민인 경우

(다) 피해자가 자기나라의 국민이며 자기나라의 관할권 행사가 적절하다고 인정하는 경우
2. 당사국은 범죄혐의자가 자기나라 관할하의 영토 내에 소재하나 이러한 범죄혐의자를 제1항에 규정된 어느 국가에도 제8조에 따라 인도하지 아니하는 경우에는 위와 마찬가지로 이러한 범죄에 대한 관할권을 확립하기 위하여 필요한 조치를 취한다.
3. 이 협약은 국내법에 따라 행사되는 어떠한 형사관할권도 배제하지 아니한다.

제 6 조

1. 당사국은 제4조에 규정된 범죄를 실행한 것으로 추정되는 혐의자가 자기나라 영토 안에 소재하는 경우에, 입수된 정보를 검토한 후 상황에 비추어 정당하다고 판단하게 되면, 즉시 범죄혐의자를 구금하거나 또는 그의 신병을 확보하기 위한 그 밖의 법적 조치를 취한다. 구금 또는 그 밖의 법적 조치는 당사국의 법에 따르나, 형사절차나 범죄인 인도 절차를 개시하는 데 필요한 기간만 지속될 수 있다.
2. 위의 조치를 취한 국가는 즉시 예비 사실조사를 실시한다.
3. 제1항에 따라 구금된 개인은 가장 인근에 소재하는 국적국의 적절한 대표, 무국적자인 경우에는 자신이 상주하고 있는 국가의 대표와 즉각적으로 연락을 취할 수 있도록 지원을 받는다.
4. 어느 국가가 이 조에 따라 개인을 구금하는 경우, 제5조 제1항에 규정된 국가에 그 개인의 구금사실 및 구금을 정당화하는 상황을 즉시 통고한다. 제2항에 규정된 예비조사를 실시하는 국가는 조사결과를 제5조 제1항에 규정된 국가에 신속히 통보하며, 관할권을 행사할 의도가 있는지 여부를 알린다.

제 7 조

1. 당사국은 제4조에 규정된 범죄를 실행한 것으로 추정되는 혐의자가 자기나라 영토 안에 소재하나, 제5조에 규정된 사건과 관련 이러한 범죄혐의자를 인도하지 아니하는 경우에는, 기소를 위하여 사건을 권한 있는 당국에 회부한다.
2. 이러한 당국은 자기나라 법에 따라 통상적인 중범죄의 경우와 같은 방식으로 결정을 내린다. 제5조 제2항에 해당하는 경우, 기소 및 유죄판결에 필요한 증거의 수준은 제5조 제1항에 해당되는 경우에 적용되는 증거의 수준만큼 엄격하여야 된다.
3. 제4조에 규정된 범죄와 관련하여 제기된 소송에 관련된 자는 소송의 모든 단계에서 공정한 대우를 보장받는다.

제 8 조

1. 제4조에 규정된 범죄는 당사국 사이의 현행 범죄인 인도조약상 인도대상 범죄에 포함된 것으로 본다. 당사국은 향후 그들 사이에 체결될 모든 범죄인 인도조약에 이러한 범죄를 인도대상 범죄로 포함시킨다.
2. 조약의 존재를 범죄인 인도의 조건으로 하고 있는 당사국이 범죄인 인도조약을 체결하고 있지 아니한 다른 당사국으로부터 범죄인 인도 요청을 받는 경우, 당사국은 이 협약을 이러한 범죄에 대한 범죄인 인도의 법적 근거로 인정할 수 있다. 범죄인 인도는 피요청국의 법에 규정된 그 밖의 조건에 따른다.
3. 조약의 존재를 범죄인 인도의 조건으로 하지 아니하는 당사국은 피요청국의 법이 규정한 조건에 따라 위의 범죄를 그들 사이의 인도대상 범죄로 인정한다.

4. 당사국 사이의 범죄인 인도 목적상 위의 범죄는 범죄 발생지에서는 물론 제5조 제1항에 따라 관할권을 확립하여야 하는 국가의 영토에서도 실행된 것으로 취급된다.

제 9 조

1. 제4조에 규정된 범죄에 대하여 제기된 형사절차와 관련하여, 당사국은 서로 최대한의 지원을 제공하며, 이러한 지원에는 당사국이 보유한 형사절차상 필요한 모든 증거의 제공이 포함된다.
2. 당사국은 당사국 사이에 체결된 사법공조 조약이 있을 경우 이에 따라 제1항에 따른 의무를 수행한다.

제 10 조

1. 당사국은 여하한 형태의 체포·구금 또는 징역의 대상이 된 개인의 구금·심문 또는 처리에 관여할 수 있는 민간이나 군의 법집행 요원·의료인·공무원 및 그 밖의 요원들의 훈련과정에 고문방지에 관한 교육 및 정보가 충실하게 포함되도록 보장한다.
2. 당사국은 위 요원들의 임무 및 기능에 관한 규칙이나 지침에 고문금지 내용을 포함시킨다.

제 11 조

고문사례를 방지하기 위하여 당사국은 자기나라 관할하의 영토 내에서 여하한 형태의 체포·구금 또는 징역의 대상이 된 개인을 구금·처리하는 각종 제도는 물론 심문 규칙·지침·방법 및 관행을 체계적으로 검토한다.

제 12 조

당사국은 자기나라 관할하의 영토 내에서 고문이 자행되었다고 믿을만한 타당한 근거가 있는 경우에는 권한 있는 당국이 신속하고 공평한 조사를 진행하도록 보장한다.

제 13 조

당사국은 자기나라 관할하의 영토 내에서 고문을 받았다고 주장하는 개인이 권한 있는 당국에 고소하여 신속하고 공평하게 조사를 받을 수 있는 권리를 보장하며, 고소인과 증인이 고소 또는 증거제공으로 인하여 부당한 취급이나 협박을 받지 아니하도록 보장조치를 취한다.

제 14 조

1. 당사국은 자기나라의 법체계 안에서 고문행위의 피해자가 구제를 받고, 또한 가능한 한 완전한 재활수단을 포함하여 공정하고 적절한 배상을 받을 수 있는 실효적인 권리를 보장한다. 고문행위의 결과로 피해자가 사망한 경우, 피해자의 부양가족이 배상받을 권리를 가진다.
2. 이 조의 어떠한 규정도 피해자나 그 밖의 개인들이 국내법에 따라 배상을 받을 수 있는 권리에 영향을 미치지 아니한다.

제 15 조

당사국은 고문의 결과 행해진 것으로 입증된 진술이 모든 소송에서 증거로 원용되지 아니하도록 보장한다. 다만, 위의 진술사실이 고문 혐의자에 대한 소송에서 그 진술이 행하여졌다는 증거로 원용되는 경우에는 제외한다.

제 16 조

1. 당사국은 자기나라 관할하의 영토 내에서 제1조에 규정된 고문에 미치지 아니하는 그 밖의 잔혹한·비인도적인 또는 굴욕적인 대우나 처벌이 공무원이나 그 밖의 공무수행자에 의하여 직접 또는 이들의 교사·동의·묵인 아래 이루어지는 것을 방지한다. 특히 제10조·제11조·제12조 및 제13조에 규정된 의무는 "고문"이라는 표현 대신에 그 밖의 형태의 잔혹한·비인도적인 또는 굴욕적인 대우나 처벌이라는 표현으로 대체하여 그대로 적용한다.
2. 이 협약의 규정은 잔혹한·비인도적인 또는 굴욕적인 대우나 처벌을 금지하거나 범죄인 인도·추방과 관련된 그 밖의 국제문서나 국내법의 규정을 해하지 아니한다.

제 2 장

제 17 조

1. 다음에 규정된 기능을 수행하는 고문방지위원회(이하 "위원회"라 한다)를 설치한다. 위원회는 고매한 인격을 지니고 인권분야에서 능력이 인정된 10명의 전문가로 구성하며, 이들은 개인자격으로 직무를 수행한다. 이들 전문가는 당사국이 선출하며, 선출시에는 공평한 지역적 안배 및 법률적 경험을 가진 인사가 일부 포함되는 것이 유익하다는 점을 함께 고려한다.
2. 위원회의 위원은 당사국이 지명한 후보자 명부에서 비밀투표로 선출한다. 각 당사국은 자기나라 국민 중에서 후보자 1명을 지명할 수 있다. 당사국은 후보자 지명시 시민적및정치적권리에관한국제규약에 따라 설치된 인권이사회의 위원 중 고문방지위원회에 재임하고자 하는 인사를 지명하는 것이 유익하다는 점을 유념한다.
3. 위원회의 위원은 국제연합 사무총장이 2년마다 소집하는 당사국회의에서 선출된다. 당사국의 3분의 2가 의사정족수를 구성하는 이 회의에서 위원회 위원은 출석하여 투표한 당사국 대표로부터 절대 다수표를 획득한 자 중 최다득표자 순으로 선출된다.
4. 최초 선거는 이 협약 발효일로부터 6월 안에 실시한다. 국제연합 사무총장은 최소한 각 선거일 4월 전에 모든 당사국에 서한을 발송하여, 3월 안에 후보자 명단을 제출해 주도록 요청한다. 국제연합 사무총장은 이와 같이 지명된 모든 후보자의 명부를 지명국을 표시하여 알파벳 순으로 작성하며, 이 명부를 모든 당사국에 송부한다.
5. 위원회의 위원은 4년 임기로 선출된다. 위원은 후보로 재지명되는 경우 재선될 수 있다. 다만, 최초 선거에서 선출된 위원 중 5명의 임기는 2년 만에 종료한다. 이들 위원 5명은 최초 선거 직후 제3항에 규정된 회의의 의장이 추첨으로 선정한다.
6. 위원회의 위원이 사망·사임하거나 또는 그 밖의 사유로 위원회의 임무를 더 이상 수행할 수 없는 경우, 이 위원을 지명한 당사국은 전체 당사국 과반수의 승인을 조건으로 이 위원의 잔여 임기 동안 재임할 다른 전문가를 자기나라 국민 중에서 지명한다. 국제연합 사무총장이 지명안을 당사국에 통지한 후 6주 안에 전체 당사국의 반 또는 그 이상이 반대를 표명하지 아니하는 한 이 지명안은 승인된 것으로 간주된다.
7. 당사국은 위원회 위원들의 임무수행 중 발생하는 위원들의 경비를 부담한다.

제 18 조

1. 위원회는 2년 임기의 임원을 선출한다. 임원은 재선될 수 있다.
2. 위원회는 자체 의사규칙을 제정한다. 다만, 이 규칙은 특히 다음 사항을 규정한다.
   ㈎ 의사정족수는 위원 6인으로 한다.
   ㈏ 위원회의 결정은 출석위원 과반수의 찬성으로 한다.
3. 국제연합 사무총장은 위원회가 이 협약에 따른 기능을 효과적으로 수행하는 데 필요한 직원과 시설을 제공한다.
4. 국제연합 사무총장은 위원회의 제1차 회의를 소집한다. 제1차 회의 이후 위원회는 의사규칙에 규정되는 시기에 회합한다.
5. 당사국은 당사국회의 및 위원회의 개최와 관련하여 발생하는 경비를 부담하며, 이러한 경비에는 제3항에 따라 국제연합이 부담한 인건비·시설비 등과 같은 제반경비로서 국제연합에 상환되는 비용이 포함된다.

제 19 조

1. 당사국은 이 협약에 따른 의무를 이행하기 위하여 취한 조치에 관하여 이 협약이 자기나라에 대하여 발효한 후 1년 안에 보고서를 작성하여 국제연합 사무총장을 통하여 위원회에 제출한다. 그 이후에 당사국은 새로이 취한 조치에 관하여 매 4년마다 추가 보고서를 제출하며, 위원회가 요청하는 그 밖의 보고서를 제출한다.
2. 국제연합 사무총장은 보고서를 모든 당사국에 송부한다.
3. 위원회는 각 보고서를 검토하고, 보고서에 관하여 적절하다고 판단되는 일반적인 의견제시를 할 수 있으며, 이러한 의견제시를 관련당사국에 송부한다. 관련당사국은 이에 대한 견해를 위원회에 제시할 수 있다.
4. 위원회는 제3항에 따라 행한 의견제시를 관련당사국으로부터 접수한 견해와 함께 제24조에 따라 작성되는 위원회의 연례보고서에 포함시키도록 재량으로 결정할 수 있다. 관련당사국이 요청하는 경우, 위원회는 또한 제1항에 따라 제출된 보고서의 사본을 포함시킬 수 있다.

제 20 조

1. 위원회가 어떤 당사국의 영토 내에서 고문이 조직적으로 자행되고 있다는 근거있는 내용을 포함하고 있는 것으로 추정되는 신뢰할 만한 정보를 접수하는 경우, 위원회는 그 당사국에 대하여 그러한 정보를 조사하는 데 협조할 것과, 또한 이를 위하여 관련 정보에 대한 의견을 제출하도록 요청한다.
2. 위원회는 관련당사국이 제출한 의견 및 그 밖에 입수 가능한 모든 관련 정보를 고려하여 정당하다고 결정하는 경우, 위원 중 1명 또는 그 이상을 지명하여 비공개 조사를 실시하고 이를 위원회에 긴급히 보고하게 할 수 있다.
3. 제2항에 따라 조사가 실시되는 경우, 위원회는 관련당사국에 협력을 요청한다. 관련당사국과 합의하는 경우 이러한 조사에는 관련당사국의 영토 방문이 포함될 수 있다.
4. 제2항에 따라 제출된 위원의 조사결과를 검토한 후, 위원회는 이러한 조사결과를 상황에 비추어 적절하다고 판단되는 의견제시 및 제안과 함께 관련당사국에 송부한다.

5. 제1항에서 제4항까지 규정된 위원회의 절차는 비공개로 진행되며, 절차의 모든 단계에서 당사국의 협력을 요청한다. 제2항에 따라 실시된 조사절차가 완료된 후, 위원회는 관련당사국과의 협의를 거쳐 조사결과 요지를 제24조에 따라 작성되는 연례보고서에 포함시키도록 결정할 수 있다.

제 21 조

1. 이 협약의 당사국은, 어떤 당사국이 이 협약에 따른 의무를 다른 당사국이 이행하지 아니하고 있다고 통보하는 경우에 위원회가 이러한 통보를 수리하여 심리할 권능을 가지고 있음을 인정한다는 선언을 이 조에 따라 언제든지 할 수 있다. 이러한 통보는, 위원회의 권능을 자기나라에 대하여 인정한다는 선언을 한 당사국이 제출한 경우에 한하여, 이 조에 규정된 절차에 따라 수리되어 심리될 수 있다. 위원회는 이러한 선언을 하지 아니한 당사국과 관련된 통보를 이 조에 따라 처리할 수 없다. 이 조에 따라 수리된 통보는 다음의 절차에 따라 처리된다.
    (가) 당사국은 다른 당사국이 이 협약의 규정을 이행하지 아니 한다고 판단하는 경우에, 서면통보로 이 문제에 관하여 그 당사국의 주의를 환기시킬 수 있다. 통보접수국은 통보접수 3월 안에 통보국에 대하여 관련문제를 설명하는 설명서나 그 밖의 해명서를 제공한다. 이 설명서나 해명서는 가능하고 적절한 범위 안에서 국내절차 및 이미 취해졌거나 계류 중이거나 이용 가능한 구제수단에 관한 설명을 포함하여야 한다.
    (나) 접수국이 최초 통보를 접수한 후 6월 안에 두 관련당사국 사이에 문제가 만족스럽게 조정되지 아니하는 경우, 일방 당사국은 위원회와 타방 당사국에 대한 통고를 통해, 위원회에 문제를 회부할 권리를 가진다.
    (다) 위원회는 모든 국내적 구제조치가 일반적으로 승인된 국제법의 원칙에 따라 시도되어 완료되었음을 확인한 후에 이 조에 따라 회부된 문제를 처리한다. 다만, 구제수단의 적용이 부당하게 지연되거나, 이 협약 위반으로 피해를 받은 자에게 효과적인 구제를 기대할 수 없는 경우에 이 규정은 적용되지 아니한다.
    (라) 위원회는 이 조에 따른 통보를 비공개 회의를 개최하여 검토한다.
    (마) 다호의 규정에 따를 것을 조건으로, 위원회는 이 협약에 규정된 의무에 대한 존중에 기초하여 문제를 우호적으로 해결토록하기 위하여 관련당사국에 주선을 제공한다. 이를 위하여 위원회는 적절한 경우 임시조정위원회를 설치할 수 있다.
    (바) 이 조에 따라 위원회에 회부된 모든 문제와 관련하여, 위원회는 나호에 규정된 관련당사국에게 모든 관련정보를 제공하도록 요청할 수 있다.
    (사) 나호에 규정된 관련당사국은 위원회에서 문제가 심리되는 동안 대표를 참석시킬 권리와 구두 및 서면진술권을 가진다.
    (아) 위원회는 나호에 따른 통고 접수일부터 12월 안에 다음과 같은 보고서를 제출한다.
        (i) 마호의 규정에 따라 해결에 도달하는 경우, 위원회의 보고내용은 사실관계 및 해결내용에 관한 약술로 한정된다.
        (ii) 마호의 규정에 따라 해결에 도달하지 못한 경우, 위원회의 보고내용은 사실관계에 관한 약술로 한정되며, 관련당사국이 제출한 서면진술 및 구두진술 기록이 보고서에 첨부된다. 어떤 문제와 관련된 것이든 보고서는 관련당사국에게 통보된다.

2. 이 조의 규정은 이 협약의 5개 당사국이 제1항에 따라 선언을 하는 때에 발효한다. 당사국은 이러한 선언을 국제연합 사무총장에게 기탁하며, 국제연합 사무총장은 선언의 사본을 그 밖의 당사국에게 송부한다. 선언은 언제든지 국제연합 사무총장에 대한 통고로 철회될 수 있다. 철회는 이 조에 따라 이미 송부되어 통보의 대상이 된 문제의 심리를 해하지 아니한다. 국제연합 사무총장이 선언철회에 관한 통고를 접수한 후에는, 관련당사국이 새로이 선언을 하지 아니하는 한, 이러한 당사국의 통보는 더 이상 이 조에 따라 수리되지 아니한다.

제 22 조

1. 이 협약의 당사국은, 자기나라의 관할권 내에 소재하는 개인이 당사국의 협약 규정 위반 때문에 피해를 받았다고 주장하는 경우에 위원회가 그 개인으로부터 직접 또는 그의 대리인으로부터 통보를 수리하고 심리할 권능을 가지고 있음을 인정한다는 선언을 이 조에 따라 언제든지 할 수 있다. 위원회는 이러한 선언을 하지 아니한 당사국과 관련된 통보는 수리하지 아니한다.
2. 위원회는 익명의 통보, 통보제출권의 남용 또는 이 협약의 규정과 양립되지 아니하는 것으로 판단되는 통보에 대하여는 이를 이 조에 따라 수리될 수 없는 통보로 간주한다.
3. 제2항의 규정에 따를 것을 조건으로, 위원회는 이 조에 따라 위원회에 제출된 통보에 대하여 제1항에 따라 선언을 하였으며 협약 규정을 위반한 혐의당사국에게 주의를 환기시킨다. 6월 안에 접수국은 사건의 내용과 스스로 취한 구제조치를 설명하는 설명서나 해명서를 위원회에 제출한다.
4. 위원회는 개인이 직접 또는 그의 대리인 및 관련당사국이 제공한 모든 정보를 고려하여, 이 조에 따라 수리된 통보를 심리한다.
5. 위원회는 다음 사항을 확인하기 전에는 이 조에 따른 개인의 통보를 심리하지 아니한다.
    - (가) 동일한 문제가 다른 국제적인 조사 또는 해결절차에 따라 심리되었거나 현재 심리되고 있지 아니할 것
    - (나) 개인이 이용할 수 있는 모든 국내적 구제조치를 완료하였을 것. 다만, 구제수단의 적용이 부당하게 지연되거나 또는 이 협약 위반으로 피해를 받은 자에게 효과적인 구제를 기대할 수 없는 경우에는 이 규정이 적용되지 아니함
6. 위원회는 이 조에 따른 통보를 비공개 회의를 개최하여 검토한다.
7. 위원회는 위원회의 의견을 관련당사국과 개인에게 송부한다.
8. 이 조의 규정은 이 협약의 5개 당사국이 제1항에 따라 선언을 하는 때에 발효한다. 당사국은 이러한 선언을 국제연합 사무총장에게 기탁하며, 국제연합 사무총장은 선언의 사본을 그 밖의 당사국에게 송부한다. 선언은 언제든지 국제연합 사무총장에 대한 통고로 철회될 수 있다. 철회는 이 조에 따라 이미 송부되어 통보의 대상이 된 문제의 심리를 해하지 아니한다. 국제연합 사무총장이 선언철회에 관한 통고를 접수한 후에는, 당사국이 새로이 선언을 하지 아니하는 한, 개인 또는 그의 대리인의 통보는 더 이상 이 조에 따라 수리되지 아니한다.

제 23 조

위원회의 위원 및 제21조 제1항 마호에 따라 임명되는 임시조정위원회의 위원은, 국제연합의 특권, 면제에 관한 협약의 관련 부분에 규정된 바에 따라, 국제연합을 위하여 임무를 수행 중인 전문가의 편의와 특권·면제를 향유한다.

제 24 조

위원회는 이 협약에 따른 활동에 관한 연례보고서를 모든 당사국과 국제연합 총회에 제출한다.

제 3 장

제 25 조

1. 이 협약은 모든 국가의 서명을 위하여 개방된다.
2. 이 협약은 비준되어야 한다. 비준서는 국제연합 사무총장에게 기탁된다.

제 26 조

이 협약은 모든 국가의 가입을 위하여 개방된다. 가입은 국제연합 사무총장에게 가입서를 기탁함으로써 이루어진다.

제 27 조

1. 이 협약은 스무 번째의 비준서나 가입서가 국제연합 사무총장에게 기탁된 날부터 30일째 되는 날 발효한다.
2. 스무 번째의 비준서나 가입서가 기탁된 후에 비준하거나 가입하는 국가에 대하여, 이 협약은 비준서나 가입서가 기탁된 날부터 30일째 되는 날 발효한다.

제 28 조

1. 당사국은 이 협약의 서명·비준 또는 가입시에 제20조에 규정된 위원회의 권능을 인정하지 아니한다고 선언할 수 있다.
2. 제1항에 따라 유보를 한 당사국은 국제연합 사무총장에 대한 통고로 언제든지 이러한 유보를 철회할 수 있다.

제 29 조

1. 이 협약의 당사국은 개정안을 제안할 수 있으며, 개정안을 국제연합 사무총장에게 제출할 수 있다. 국제연합 사무총장은 이러한 개정안을 즉시 모든 당사국에게 통보하며, 당사국들이 개정안의 심의·표결을 위하여 당사국회의 개최를 지지하는지 여부를 자신에게 통고하여 주도록 요청한다. 위의 통보일부터 4월 안에 최소한 당사국 3분의 1이 회의 개최에 찬성하는 경우, 국제연합 사무총장은 국제연합의 주관으로 회의를 소집한다. 개정안이 이 회의에 출석하여 투표한 당사국의 과반수로 채택되는 경우, 국제연합 사무총장은 채택된 개정안의 수락을 위해 모든 당사국에 송부한다.
2. 제1항에 따라 채택된 개정안은 이 협약의 당사국 3분의 2가 각자의 헌법절차에 따라 이를 수락하였다고 국제연합 사무총장에게 통보하는 때에 발효한다.
3. 개정안이 발효하는 경우 개정안은 이를 수락한 당사국을 구속하며, 그 밖의 당사국은 과거에 수락한 이 협약의 규정 및 개정안에 계속 구속된다.

제 30 조

1. 이 협약의 해석이나 적용과 관련하여 2개 또는 그 이상의 당사국 사이의 분쟁이 교섭에 의하여 해결될 수 없는 경우, 이러한 분쟁은 당사국 중 1국의 요청에 따라 중재재판에 회부된다. 당사국이 중재재판 요청일부터 6월 안에 중재재판부 구성에 합의하지 못하는 경우, 일방당사국은 이 분쟁을 국제사법재판소의 규정에 따라 국제사법재판소에 회부할 수 있다.
2. 각국은 이 협약의 서명·비준 또는 가입시에 자기나라는 제1항에 구속받지 아니하는 것으로 간주한다고 선언할 수 있다. 그 밖의 당사국은 이러한 유보를 행한 당사국과의 관계에서 제1항에 구속받지 아니한다.
3. 제2항에 따라 유보를 행한 당사국은 언제든지 국제연합 사무총장에 대한 통고로 유보를 철회할 수 있다.

제 31 조

1. 당사국은 국제연합 사무총장에 대한 서면통고로 이 협약을 탈퇴할 수 있다. 탈퇴는 국제연합 사무총장이 통고를 접수한 날부터 1년 후에 발효한다.
2. 이러한 탈퇴는 탈퇴 발효일 이전에 발생한 작위 또는 부작위와 관련된 당사국의 협약상 의무를 면제시키지 아니하며, 또한 탈퇴 발효일 이전에 위원회가 이미 심리 중인 문제에 대한 계속적인 심리를 해하지 아니한다.
3. 위원회는 당사국의 탈퇴가 발효한 날 이후에 이러한 당사국과 관련된 새로운 문제의 심리를 개시하지 아니한다.

제 32 조

국제연합 사무총장은 국제연합의 모든 회원국 및 이 협약에 서명 또는 가입한 모든 국가에게 다음 사항을 통지한다.
㈎ 제25조와 제26조에 따른 서명·비준 및 가입
㈏ 제27조에 따른 이 협약의 발효일 및 제29조에 따른 개정의 발효일
㈐ 제31조에 따른 탈퇴

제 33 조

1. 아랍어·중국어·영어·불어·러시아어 및 서반아어본이 동등하게 정본인 이 협약은 국제연합 사무총장에게 기탁된다.
2. 국제연합 사무총장은 이 협약의 인증등본을 모든 국가에 송부한다.

08 | 모든 형태의 인종차별 철폐에 관한 국제협약(1965채택/1969발효/1979한국발효)

전문 생략

제1부

제1조

1. 이 협약에서 "인종차별"이라 함은 인종, 피부색, 가문 또는 민족이나 종족의 기원에 근거를 둔 어떠한 구별, 배척, 제한 또는 우선권을 말하며 이는 정치, 경제, 사회, 문화 또는 기타 어떠한 공공생활의 분야에 있어서든 평등하게 인권과 기본적 자유의 인정, 향유 또는 행사를 무효화시키거나 침해하는 목적 또는 효과를 가지고 있는 경우이다.
2. 이 협약은 체약국이 자국의 시민과 비시민을 구별하여 어느 한쪽에의 배척, 제한 또는 우선권을 부여하는 행위에는 적용되지 아니한다.
3. 이 협약의 어느 규정도 국적, 시민권 또는 귀화에 관한 체약국의 법규정에 어떠한 영향도 주는 것으로 해석될 수 없다. 단, 이러한 규정은 어느 특정 국적에 대하여 차별을 하지 아니한다.
4. 어느 특정 인종 또는 종족의 집단이나 개인의 적절한 진보를 확보하기 위한 유일한 목적으로 취해진 특별한 조치는 그러한 집단이나 개인이 인권과 기본적 자유의 동등한 향유와 행사를 확보하는 데 필요한 보호를 요청할 때에는 인종차별로 간주되지 않는다. 단, 그러한 조치가 결과적으로 상이한 인종집단에게 별개의 권리를 존속시키는 결과를 초래하여서는 아니되며 또한 이러한 조치는 소기의 목적이 달성된 후에는 계속되어서는 아니된다.

제2조

1. 체약국은 인종차별을 규탄하며 모든 형태의 인종차별 철폐와 인종간의 이해증진 정책을 적절한 방법으로 지체없이 추구할 책임을 지며 이 목적을 위하여
   (a) 각 체약국은 인간이나 인간의 집단 또는 단체에 대한 인종차별 행위를 하지 않을 의무 또는 인종차별을 실시하지 않을 의무를 지며 또한 모든 국가 및 지방공공기관과 공공단체가 그러한 의무에 따라 행동하도록 보증할 의무를 지고
   (b) 각 체약국은 인간이나 또는 조직에 의한 인종차별을 후원, 옹호 또는 지지하지 않을 의무를 지며
   (c) 각 체약국은 어디에 존재하든 간에 인종차별을 야기시키거나 또는 영구화시키는 효과를 가진 정부, 국가 및 지방정책을 면밀히 조사하고 또한 상기 효과를 가진 법규를 개정, 폐기 또는 무효화시키는 효율적 조치를 취하며
   (d) 각 체약국은 어느 인간, 집단 또는 조직에 의한 인종차별을 해당 사정에 따라 입법을 포함한 모든 적절한 수단으로써 금지하고 종결시키며
   (e) 각 체약국은 적절한 경우 다종족 통합주의자단체와 인종 간의 장벽을 폐지하는 운동 및 기타 방법을 장려하고 또한 인종분열을 강화할 성향이 있는 어떠한 것도 막아야 한다.

2. 체약국은 상황이 적절한 경우 사회적, 경제적, 문화적 그리고 기타 분야에 있어서 특정 인종집단 또는 개인의 적절한 발전과 보호를 보증하는 특수하고 구체적인 조치를 취하여 이들에게 완전하고 평등한 인권과 기본적 자유의 향유를 보장토록 한다. 이와 같은 조치는 어떠한 경우에도 소기의 목적이 달성된 후 별개의 상이한 인종집단에 대한 불평등 또는 별개의 권리를 존속시키는 일을 초래하여서는 아니된다.

제 3 조
체약국은 특히 인종분리와 "남아프리카의 인종차별정책"을 규탄하고 그들 관할권 내의 영역에서 이런 부류의 관행을 방지, 금지 및 근절시킬 의무를 진다.

제 4 조
체약국은 어떤 인종이나 특정 피부색 또는 특정 종족의 기원을 가진 인간의 집단이 우수하다는 관념이나 이론에 근거를 두고 있거나 또는 어떠한 형태로든 인종적 증오와 차별을 정당화하거나 증진시키려고 시도하는 모든 선전과 모든 조직을 규탄하며 또한 체약국은 이같은 차별을 위한 모든 고무 또는 행위를 근절시키기 위한 즉각적이고 적극적인 조치를 취할 의무를 지며 이 목적을 위하여 세계인권선언에 구현된 제 원칙 및 이 협약 제5조에 명시적으로 언급된 제 권리와 관련하여 특히 체약국은

(a) 인종적 우월성이나 증오, 인종차별에 대한 고무에 근거를 둔 모든 관념의 보급 그리고 피부색이나 또는 종족의 기원이 상이한 인종이나 또는 인간의 집단에 대한 폭력행위나 폭력행위에 대한 고무를 의법처벌해야 하는 범죄로 선언하고 또한 재정적 지원을 포함하여 인종주의자의 활동에 대한 어떠한 원조의 제공도 의법처벌해야 하는 범죄로 선언한다.
(b) 인종차별을 촉진하고 고무하는 조직과 조직적 및 기타 모든 선전활동을 불법으로 선언하고 금지시킨다. 그리고 이러한 조직이나 활동에의 참여를 의법처벌하는 범죄로 인정한다.
(c) 국가 또는 지방의 공공기관이나 또는 공공단체가 인종차별을 촉진시키거나 또는 고무하는 것을 허용하지 아니한다.

제 5 조
제2조에 규정된 기본적 의무에 따라 체약국은 특히 아래의 제 권리를 향유함에 있어서 인종, 피부색 또는 민족이나 종족의 기원에 구별 없이 만인의 권리를 법 앞에 평등하게 보장하고 모든 형태의 인종차별을 금지하고 폐지할 의무를 진다.

(a) 법원 및 기타 모든 사법기관 앞에서 평등한 대우를 받을 권리
(b) 정부 관리에 의해 자행되거나 또는 개인, 집단 또는 단체에 의해 자행되거나 간에 폭행 또는 신체적 피해에 대하여 국가가 부여하는 인간의 안전 및 보호를 받을 권리
(c) 정치적 권리 특히 선거에 참가하는 권리, 보통·평등 선거의 기초 위에서 투표하고 입후보하는 권리, 각급 공공업무의 행사는 물론 정부에 참여하는 권리 그리고 공공업무에의 평등한 접근을 할 권리
(d) 기타의 민권 특히
  (ⅰ) 당해 체약국 국경 이내에서의 거주이전의 자유에 대한 권리
  (ⅱ) 자국을 포함 모든 국가로부터 출국하고 자국으로 귀국하는 권리
  (ⅲ) 국적 취득권
  (ⅳ) 혼인 및 배우자 선택권

    (ⅴ) 단독 및 공공재산 소유권
    (ⅵ) 상속권
    (ⅶ) 사상, 양심 및 종교의 자유에 대한 권리
    (ⅷ) 의견과 표현의 자유에 대한 권리
    (ⅸ) 평화적인 집회와 결사의 자유에 대한 권리
(e) 경제적, 사회적 및 문화적 권리 특히
    (ⅰ) 근로, 직업 선택의 자유, 공정하고 알맞는 근로조건, 실업에 대한 보호, 동일노동, 동일임금, 정당하고 알맞는 보수 등에 대한 권리
    (ⅱ) 노동조합 결성 및 가입권
    (ⅲ) 주거에 대한 권리
    (ⅳ) 공중보건, 의료, 사회보장 및 사회봉사에 대한 권리
    (ⅴ) 교육과 훈련에 대한 권리
    (ⅵ) 문화적 활동에의 균등 참여에 대한 권리
(f) 운송, 호텔, 음식점, 카페, 극장 및 공원과 같은 공중이 사용하는 모든 장소 또는 시설에 접근하는 권리

제 6 조

체약국은 권한 있는 국가법원 및 기타 기관을 통하여 본 협약에 반하여 인권 및 기본적 자유를 침해하는 인종차별행위로부터 만인을 효과적으로 보호하고 구제하며 또한 그러한 차별의 결과로 입은 피해에 대하여 법원으로부터 공정하고 적절한 보상 또는 변제를 구하는 권리를 만인에게 보증한다.

제 7 조

체약국은 특히 수업, 교육, 문화 및 공보 분야에 있어서 인종차별을 초래하는 편견에 대항하기 위하여 민족과 인종 또는 종족 집단간의 이해, 관용과 우호를 증진시키기 위하여 그리고 국제연합 헌장, 세계인권선언, 모든 형태의 인종차별 철폐에 관한 국제연합 선언 및 이 협약의 제 목적과 원칙을 전파시키기 위하여 즉각적이고 효과적인 조치를 취할 의무를 진다.

제 2 부

제 8 조

1. 인종차별 철폐에 관한 위원회(이후 "위원회"라 함)를 설치한다. 이 위원회는 체약국이 자국 국민 중에서 선정한 덕망이 높고 공평성이 인정된 18명의 전문가로 구성된다. 상기 전문가는 개인자격으로 집무하며, 이들의 선정에는 공정한 지역적 배분이 이루어지고 주요 법체계 및 상이한 문명 형태를 대표하도록 고려한다.
2. 위원회의 위원은 체약국이 지명한 후보자 명단에서 비밀투표로 선출된다. 각 체약국은 자국 국민 중에서 후보자 1명을 지명할 수 있다.
3. 제1차 선출은 이 협약 발효일로부터 6개월 후에 실시된다. 최소한 선출일 3개월 전에 국제연합 사무총장은 체약국에 서한을 송부, 체약국들로 하여금 2개월 이내에 후보자 명단을 제출하도록 요청한다. 국제연합 사무총장은 후보자를 지명한 체약국명을 명기, 피지명된 전후보자 명부를 알파벳 순으로 작성하여 동 명부를 체약국에게 제시한다.

4. 동 위원회 위원의 선출은 국제연합 본부에서 사무총장이 소집한 체약국회의에서 실시된다. 체약국의 2/3가 정족수를 이루는 이 회의에서 출석하고 투표한 체약국 대표의 최대다수표 및 절대다수표를 얻는 후보자가 위원회 위원으로 선출된다.
5. (a) 이 위원회의 위원은 4년 임기로 선출된다. 그러나 제1차 선출에서 선출된 위원 중 9명의 임기는 2년만에 만료된다. 이 위원 9명의 성명은 제1차 위원 선출 직후 위원회 위원장이 추첨으로 선택한다.
   (b) 부정기적인 공석의 충원에 있어서 자국 전문가가 위원회 위원직을 상실한 당해 체약국은 위원회의 승인을 받아 자국 국민 중에서 다른 전문가를 지명한다.
6. 체약국은 위원회 위원들이 위원회의 제반 임무를 수행하는 동안 이들의 비용을 책임진다.

제 9 조

1. 체약국은 이 협정의 제 규정을 시행하도록 채택한 입법적, 사법적, 행정적 또는 기타 제반 조치에 관한 보고서를 아래와 같이 국제연합 사무총장에게 제출하여 위원회의 심의에 회부되도록 한다.
   (a) 당해 체약국에 대하여 협약의 발효 후 1년 이내
   (b) 그 후 매 2년마다 그리고 위원회가 요청할 때 위원회는 체약국으로부터 더 이상의 정보를 요청할 수 있다.
2. 위원회는 사무총장을 통하여 자신의 활동에 관하여 매년 국제연합 총회에 보고하며, 체약국으로부터 접수된 보고와 정보를 검토하고, 이를 근거로 제의와 일반적인 권고를 행할 수 있다. 이러한 제의와 일반적인 권고는 체약국의 논평이 있을 경우 이 논평과 함께 총회에 보고된다.

제 10 조

1. 위원회는 자체의 절차 규칙을 채택한다.
2. 위원회는 자체의 임원을 2년 임기로 선출한다.
3. 위원회의 사무국은 국제연합 사무총장에 의하여 마련된다.
4. 위원회의 회합은 통상 국제연합 본부에서 개최된다.

제 11 조

1. 체약국이 이 협약의 규정을 시행하지 않는 기타 체약국이 있다고 간주할 때는 이 문제를 위원회에 회부할 수 있다. 위원회는 이 사실을 당해 체약국에 전달한다. 3개월 이내에 당해 체약국은 이 문제를 명확히 하는 문서로 된 해명서 또는 성명서와 더불어 동 국이 구제조치를 취한 것이 있으면 그 구제조치를 위원회에 제출한다.
2. 만약 이 문제를 당해 국가에서 1차 통보를 받은 후 6개월 이내에 쌍무 교섭이나 또는 양자에게 가능한 다른 절차 중 어느 한 수단에 의하여 양측에 동등히 납득되도록 해결되지 않을 경우 양측 중 어느 일방은 위원회와 상대방 국가에 통고함으로써 위원회에 재차 이 문제를 회부할 권리를 보유하고 있다.
3. 위원회는 어느 문제에 있어서 모든 가능한 국내적 구제조치가 취하여져 완료되었음을 확인한 후 본조 2항에 따라 위원회에 회부된 그 문제를 일반적으로 승인된 국제법 원칙에 따라 처리한다. 이것은 구제조치의 적용이 부당하게 지연되는 데 대한 규칙이 될 수 없다.

4. 위원회는 자신에게 회부된 어떠한 문제에 있어서도 당해 체약국에게 관련 정보의 제공을 요청할 수 있다.
5. 본조에서 언급된 문제가 위원회에 의하여 심의되고 있을 때에는 당해 체약국은 동 문제가 심의되는 동안 대표를 파견하여 투표권 없이 위원회의 의사 절차에 참여하도록 할 수 있다.

제 12 조

1. (a) 위원회가 자신이 생각하기에 필요하다고 보는 모든 정보를 획득하여 비교 대조한 후에 위원장은 5명으로 구성되는 임시 조정위원단(이후 "위원단"이라 함)을 임명한다. 이 위원단의 구성원은 위원회의 위원일 수도 있으며 또 위원이 아닐 수도 있다. 이 위원단의 구성원은 분쟁당사국 전원의 동의를 얻어 임명되며 위원단의 주선은 이 협약에 대한 존중을 기초로 하여 문제를 호의적으로 해결하기 위하여 당해 체약국에서 이용 가능하여야 한다.
   (b) 분쟁에 관련된 체약국이 3개월 이내에 위원단 구성의 전부 또는 일부에 대하여 합의에 도달하지 못할 경우, 분쟁에 관련된 체약국에 의하여 합의되지 못한 위원단의 구성원은 위원회의 비밀투표에 의해 2/3 다수표로 위원회 위원 중에서 선출된다.
2. 위원단의 구성원은 개인자격으로 집무한다. 이들은 분쟁당사국의 국민이 되어서는 안되며 이 협약의 비체약국 국민이 되어서도 안된다.
3. 위원단은 의장을 선출하며 자체의 의사규칙을 채택한다.
4. 위원단의 회합은 통상 국제연합 본부 또는 위원단이 정하는 기타 편리한 장소에서 개최된다.
5. 이 협약 제10조 3항에 따라 마련된 사무국은 체약국 간 분쟁으로 인하여 위원단이 구성될 때 동 위원단의 사무국으로 이용된다.
6. 분쟁에 관련된 체약국은 국제연합 사무총장에 의해 제공되는 추계에 따라 위원단 구성원의 모든 경비를 균등하게 부담한다.
7. 사무총장은 위원단 구성원의 경비를 본조 6항에 따라 필요하다면 분쟁에 대한 체약국이 지급하기 전에 지급할 수 있는 권한이 있다.
8. 위원회가 획득하여 비교 대조한 정보는 위원단에서 이용 가능하며 위원단은 당해 체약국에게 기타 관련정보를 공급해 줄 것을 요구할 수 있다.

제 13 조

1. 위원단은 문제를 충분히 심의하였을 때 위원회의 위원장에게 보고서를 작성 제출한다. 이 보고서는 당사국간 쟁점에 관련된 사실의 모든 문제에 관한 조사 결과와 분쟁의 호의적 해결을 위해서 적절하다고 생각하는 권고를 내포하고 있다.
2. 위원회의 위원장은 위원단의 보고서는 분쟁에 관련된 각 체약국에게 전달한다. 이 당사국은 3개월 이내에 위원회 위원장에게 위원단의 보고서에 내포된 권고의 수락 여부를 통고한다.
3. 본조 2항에 규정된 기간이 경과한 후 위원단의 의장은 위원회의 보고서와 당해 체약국의 선언을 이 협약 타 체약국에게 전달한다.

제 14 조

1. 체약국은 어느 때라도 동 체약국에 의한 이 협약에 규정된 권리 위반의 피해자임을 주장하고 있는 개인이나 또는 개인의 집단으로부터 그 관할권 내에서 통보를 접수하여 심사할 권능을 위원회가 보유하고 있다는 것을 승인한다고 선언할 수 있다. 이러한 선언을 하지 않은 체약국에 관련되는 통보는 위원회가 접수하지 아니한다.

2. 본조 1항에 규정된 것과 같은 선언을 한 체약국은 자국 법질서 범위 내에서 어느 기관을 설치하거나 또는 지정하여 이 기관이 이 협약에 규정된 권리 위반의 피해자임을 주장하고 가능한 국내 구제조치를 완료한 개인과 개인의 집단으로부터 그 관할권 내에서 청원을 접수하여 심사할 권능을 가지도록 한다.

3. 본조 1항에 따라 취해진 선언과 본조 2항에 따라 설치되거나 또는 지정된 기관의 명칭은 당해 체약국에 의하여 국제연합 사무총장에게 기탁되고 국제연합 사무총장은 이들의 사본을 타 체약국에게 전달한다. 선언은 어느 때라도 사무총장에 대한 통고로써 철회될 수 있으나 이러한 철회가 위원회 앞으로 계류되어 있는 전달에는 영향을 주지 않는다.

4. 청원의 등록은 본조 2항에 따라 설치되거나 또는 지정된 기관에 의해 보관되며 이 등록의 인증등본은 내용이 공표되지 않는다는 양해 아래 적절한 경로를 통하여 매년 사무총장에게 보관된다.

5. 본조 2항에 따라 설치되었거나 또는 지정된 기관으로부터 만족스러운 구제조치를 받지 못하는 경우 청원자는 6개월 이내에 이 문제를 위원회에 전달할 권리를 보유한다.

6. (a) 위원회는 자신이 받은 통보사항에 대하여 본 협정의 규정을 위반하고 있다는 혐의를 받고 있는 체약국의 주의를 은밀히 환기시킨다. 그러나 해당개인이나 또는 개인집단의 신원이 자신들의 명시적인 동의 없이 밝혀져서는 아니된다. 위원회는 익명으로 된 통보를 접수하지 아니한다.

   (b) 3개월 이내에 접수국은 동 문제를 해명하는 설명이나 혹은 성명을 서면으로 위원회에 제출하며 또한 자국이 취한 구제조치가 있으면 그 구제조치를 위원회에 제출한다.

7. (a) 위원회는 당해 체약국과 청원자에 의해 제공된 모든 정보를 감안하여 통보를 받은 사항을 심의한다. 위원회는 청원자가 모든 가능한 국내 구제조치를 완료하였음을 확인하지 않는 한 청원자로부터 어떠한 통보도 심의하지 않는다. 그러나 이것은 구제조치의 적용이 부당하게 지연되는 데 대한 규칙이 될 수는 없다.

   (b) 위원회는 당해 체약국과 청원자에게 제의와 권고를 할 사항이 있을 경우 이러한 제의와 권고를 한다.

8. 위원회는 그 연차보고서 속에 이러한 통보의 개요와 적절한 경우 당해 체약 당사국의 설명 및 성명과 위원회 자신의 제의와 권고의 개요를 포함시켜야 한다.

9. 위원회는 이 협약 체약국 중 최소한 10개국이 본조 1항에 따른 선언을 하였을 때에만 본조에 규정된 기능을 행사할 권능을 가진다.

제 15 조

1. 1960년 12월 14일자 총회결의 1514(XV)에 포함된 식민지 및 그 인민에 대한 독립 부여 선언의 제 목적을 달성할 때까지 이 협약의 규정은 타 국제기관이나 또는 국제연합 및 그 전문기구에 의하여 이 민족들에게 허용된 청원권을 결코 제한하지 아니한다.
2. (a) 이 협약 제8조 1항에 의거 설치된 위원회는 다음 국제연합 소속기관으로부터의 청원의 사본을 접수하고 또한 동 기관에 이러한 청원에 대한 명시적인 의견과 권한을 제출한다. 여기의 국제연합 소속기관은 자신 앞에 회부되어 있고 이 협약에 포괄된 문제와 관련하여 총회결의 1514(XV)가 적용되는 신탁통치 및 비자치영역과 모든 기타 영역의 주민들로부터의 청원을 심사함에 있어서 이 협약의 제 원칙과 목적에 관한 사항을 직접 취급한다.
   (b) 위원회는 본항 (a)에 언급된 영역 내에서 행정권에 의해 적용되는 이 협약의 제 원칙과 목적에 직접 관련된 입법적, 사법적, 행정적 또는 기타 조치에 관한 보고서의 사본을 국제연합의 권한 있는 기관으로부터 접수하여 명시적인 의견을 표명하고 이러한 기관에 대하여 권고를 한다.
3. 위원회는 총회에 대한 보고서 속에 국제연합 기관으로부터 접수한 청원과 보고서의 개요를 포함시키고 또한 동 청원과 보고서에 관한 위원회의 명시적인 의견과 권고를 포함시킨다.
4. 위원회는 국제연합 사무총장으로부터 이 협약의 제 목적과 관련된 모든 정보와 본조 2항 (a)에 언급된 영역에 관하여 사무총장이 이용 가능한 모든 정보를 요청한다.

제 16 조

분쟁이나 이외의 해결에 관한 이 협약의 제 규정은 국제연합과 그 전문기구의 조직 법규 속이나 또는 국제연합과 그 전문기구에 의해 채택된 협약 속에 규정된 차별에 관련된 분쟁이나 또는 이의를 해결하는 다른 절차를 침해함이 없이 적용되며 또한 체약국이 자기들 사이에 유효한 일반 또는 특별 국제협정에 따라 분쟁을 해결하는 다른 절차를 채택함을 막지 아니한다.

제 3 부

제 17 조

1. 이 협약은 국제연합 회원국 또는 국제연합 전문기구의 회원국, 국제사법재판소 규정 당사국 및 국제연합 총회로부터 이 협약의 당사국이 되도록 권유를 받은 국가의 서명을 위하여 개방된다.
2. 이 협약은 비준을 받아야 한다. 비준서는 국제연합 사무총장에게 기탁된다.

제 18 조

1. 이 협약은 협약 제17조 1항에 언급된 어떠한 국가의 가입에도 개방된다.
2. 가입은 국제연합 사무총장에게 가입서를 기탁함으로써 발효한다.

제 19 조

1. 이 협약은 27번째 비준서 또는 가입서를 국제연합 사무총장에게 기탁한 후 30일만에 효력을 발생한다.

2. 27번째 비준서 또는 가입서 기탁 후 이 협약을 비준하거나 또는 가입하는 각국에 대하여서는 이 협약은 동 비준서 또는 가입서 기탁일 후 30일 만에 효력을 발생한다.

제 20 조
1. 국제연합 사무총장은 비준이나 또는 가입시 당사국이 행한 유보를 접수하여 이 협약의 기존 체약국이나 또는 체약국이 되는 모든 국가에 회람한다. 이러한 유보에 반대하는 국가는 동 통보일로부터 90일 이내에 자국이 이를 수락하지 않는다는 것을 사무총장에게 통고한다.
2. 이 협약의 목적 및 취지에 용납될 수 없는 유보는 허용되지 않으며 또한 이 협약에 의해 설립된 기관의 운영을 저해하는 효력을 가진 유보는 허용되지 않는다. 최소한 이 협약의 체약국 중 2/3가 유보를 반대할 경우 동 유보는 용납될 수 없거나 또는 저해되는 것으로 간주된다.
3. 유보의 철회는 그 뜻을 사무총장에게 통고함으로써 어느 때라도 행할 수 있다. 이러한 통고는 접수된 날짜에 효력을 발생한다.

제 21 조
체약국은 국제연합 사무총장에 대한 서면통고로써 이 협약을 폐기할 수 있다. 폐기는 사무총장이 통고를 접수한 일자로부터 1년 후에 발생한다.

제 22 조
이 협약의 해석이나 또는 적용에 대하여 2개 또는 그 이상의 체약국 간 분쟁이 교섭이나 또는 이 협약에 명시적으로 규정된 절차에 의하여 해결되지 않을 때 이 분쟁은 분쟁당사국이 이 해결 방법에 합의하지 않는 한 분쟁당사국 어느 일방의 요청에 따라 국제사법재판소에 회부하여 판결토록 한다.

제 23 조
1. 이 협약의 개정은 국제연합 사무총장에 대한 통고로써 체약국이 어느 때든지 요청할 수 있다.
2. 국제연합 총회는 이러한 개정 요청에 대하여 필요한 경우 취할 조치를 결정한다.

제 24 조
국제연합 사무총장은 이 협약 제17조 1항에 언급된 모든 국가에게 특히 다음사항을 통보한다.
(a) 제17조 및 제18조하의 서명, 비준 및 가입
(b) 제19조하의 이 협정 발효일
(c) 제14조, 20조 및 23조하의 접수된 통보 및 선언
(d) 제21조하의 폐기

제 25 조
1. 이 협약은 중국어, 영어, 불어, 노어 및 서반아어본이 동등히 정본이며 국제연합 문서 보존소에 기탁된다.
2. 국제연합 사무총장은 이 협약의 인증등본을 협약 제17조 1항에 언급된 부류에 해당되는 모든 국가에 전달한다.

09 | 여성에 대한 모든 형태의 차별철폐에 관한 협약(1979채택/1981발효/1985한국발효)

전문 생략

제1부

제1조
본 협약의 목적을 위하여 "여성에 대한 차별"이라 함은 정치적, 경제적, 사회적, 문화적, 시민적 또는 기타 분야에 있어서 결혼 여부에 관계없이 남녀 동등의 기초 위에서 인권과 기본적 자유를 인식, 향유 또는 행사하는 것을 저해하거나 무효화하는 효과 또는 목적을 가지는 성에 근거한 모든 구별, 배제 또는 제한을 의미한다.

제2조
당사국은 여성에 대한 모든 형태의 차별을 규탄하고 여성에 대한 차별을 철폐하기 위한 정책을 모든 적절한 수단을 통해 지체없이 추진하기로 합의하며 이러한 목적으로 다음을 약속한다.
(a) 남녀평등의 원칙이 헌법 또는 기타 적절한 입법에 아직 규정되지 않았다면 이를 구현하며 법 또는 기타 적절한 수단을 통해 동 원칙의 실제적 실현을 확보할 것
(b) 여성에 대한 모든 차별을 금지하는 적절한 입법 및 기타 조치를 채택하고 필요한 경우 제재를 포함시킬 것
(c) 남성과 동등한 기초 위에서 여성의 권리에 대한 법적 보호를 확립하며 권한 있는 국내 법정과 기타 공공기관을 통하여 여성을 여하한 차별행위로부터 효과적으로 보호하도록 확보할 것
(d) 여성에 대한 여하한 차별행위 또는 관행에 따르는 것을 삼가며 공공 당국과 기관이 동 의무와 부합되게 행동하도록 확보할 것
(e) 여하한 개인, 조직 또는 기업에 의한 여성 차별도 철폐되도록 모든 적절한 조치를 취할 것
(f) 여성에 대한 차별을 구성하는 현행 법률, 규칙, 관습 및 관행을 수정 또는 폐지하도록 입법을 포함한 모든 적절한 조치를 취할 것
(g) 여성에 대한 차별을 구성하는 모든 국내형사법 규정을 폐지할 것

제3조
당사국은 여성이 남성과 동등하게 인권과 기본적 자유를 행사하고 향유하는 것을 보장하기 위한 목적으로 모든 분야, 특히 정치적, 사회적, 경제적 및 문화적 분야에서 여성의 완전한 발전 및 진보를 확보해 줄 수 있는 입법을 포함한 모든 적절한 조치를 취하여야 한다.

제 4 조

1. 남성과 여성 사이의 사실상의 평등을 촉진할 목적으로 당사국이 채택한 잠정적 특별조치는 본 협약에서 정의한 차별로 보지 아니하나, 그 결과 불평등한 또는 별도의 기준이 유지되어서는 결코 아니된다. 기회와 대우의 평등이라는 목적이 달성되었을 때 이러한 조치는 중지되어야 한다.
2. 당사국이 모성을 보호할 목적으로 본 협약에 수록된 제 조치를 포함한 특별조치를 채택하는 것은 차별적인 것으로 보아서는 아니된다.

제 5 조

당사국은 다음을 위하여 모든 적절한 조치를 취하여야 한다.
(a) 일방의 성이 열등 또는 우수하다는 관념 또는 남성과 여성의 고정적 역할에 근거한 편견, 관습 및 기타 모든 관행을 없앨 목적으로, 남성과 여성의 사회적 및 문화적 행동양식을 수정할 것
(b) 사회적 기능의 하나로서의 모성에 대한 적절한 이해와 자녀의 양육과 발전에 있어서 남녀의 공동책임에 대한 인식이 가정교육에 포함되도록 확보하되, 모든 경우에 있어서 자녀의 이익이 최우선적으로 고려되도록 할 것

제 6 조

당사국은 여성에 대한 모든 형태의 인신매매 및 매춘에 의한 착취를 금지하기 위하여 입법을 포함한 모든 적절한 조치를 취하여야 한다.

제 2 부

제 7 조

당사국은 국가의 정치적 및 공적 생활에서 여성에 대한 차별을 철폐하기 위하여 모든 적절한 조치를 취하여야 하며 특히 남성과 동등한 조건으로 다음의 권리를 여성에게 확보하여야 한다.
(a) 모든 선거 및 국민투표에서의 투표권 및 선거에 의해 선출되는 모든 공공기구에의 피선거권
(b) 정부정책의 입안 및 동 정책의 시행에 참여하며 공직에 봉직하여 정부의 모든 직급에서 공공직능을 수행할 권리
(c) 국가의 공적, 정치적 생활과 관련된 비정부기구 및 단체에 참여할 권리

제 8 조

당사국은 여성이 남성과 동등한 조건으로 또한 아무런 차별 없이 국제적 수준에서 그들 정부를 대표하며 국제기구의 업무에 참여할 기회를 확보하기 위한 모든 적절한 조치를 취하여야 한다.

제 9 조

1. 당사국은 여성이 국적을 취득, 변경 또는 보유함에 있어 남성과 동등한 권리를 부여하여야 한다. 당사국은 특히 외국인과의 결혼 또는 혼인 중 부에 의한 국적의 변경으로 처의 국적이 자동적으로 변경되거나, 처가 무국적으로 되거나 또는 부의 국적이 처에게 강제되지 아니하도록 확보하여야 한다.
2. 당사국은 자녀의 국적에 관하여 남성과 동등한 권리를 여성에게 부여하여야 한다.

제 3 부

제 10 조

당사국은 교육 분야에서 여성에게 남성과 동등한 권리를 확보하기 위하여 특히 남녀평등의 기초 위에 다음을 확보할 목적으로 여성에 대한 차별을 철폐하기 위한 모든 적절한 조치를 취하여야 한다.

(a) 도시 및 시골의 각종 교육기관에서 취업과 직업 보도, 학문의 혜택 및 학위취득에 있어서의 동등한 조건; 이러한 평등은 취학전 교육, 일반교육, 기술교육, 전문교육 및 고등기술 교육에서 뿐만 아니라 모든 형태의 직업훈련에서 확보되어야 함
(b) 동일한 교과과정, 동일한 시험, 동일 수준의 자격요건을 가진 교수진, 동질의 학교건물 및 장비의 수혜
(c) 모든 수준 및 모든 형태의 교육에 있어서 남성과 여성의 역할에 관한 고정관념을 제거하기 위해 본 목적을 달성하는 데 기여할 수 있는 남녀공학 및 기타 형태의 교육을 장려하며 특히 교과서와 교과과정의 개편 및 교수방법의 개선을 기함
(d) 장학금 기타 연구장려금의 혜택을 받을 수 있는 동일한 기회
(e) 성인용 및 문맹자용 교과과정을 포함한 계속교육과정 특히 교육에 있어서의 남녀 간의 격차를 가능한 한 조속히 감소시키기 위한 교과과정의 혜택을 받을 수 있는 동일한 기회
(f) 여학생 중퇴율의 감소 및 일찍이 학업을 포기한 소녀 및 여성을 위한 교과과정의 마련
(g) 스포츠와 체육교육에 적극적으로 참여할 수 있는 동일한 기회
(h) 가족계획에 관한 정보 및 조언을 포함하여 가족의 건강과 복지를 확보하는 데 도움을 주는 구체적인 교육정보의 수혜

제 11 조

1. 당사국은 고용 분야에서 남녀평등의 기초 위에 동일한 권리 특히 다음의 권리를 확보할 목적으로 여성에 대한 차별을 철폐하기 위한 모든 적절한 조치를 취하여야 한다.
   (a) 모든 인간의 불가침의 권리로서의 근로의 권리
   (b) 동일한 채용기준의 적용을 포함한 동일한 고용기회를 보장받을 권리
   (c) 직업과 고용의 자유로운 선택권, 승진, 직장안정 및 역무에 관련된 모든 혜택과 조건을 누릴 권리, 그리고 고습, 고등직업훈련 및 반복훈련을 포함한 직업훈련 및 재훈련을 받을 권리
   (d) 수당을 포함하여 동등한 보수를 받을 권리 및 노동의 질의 평가에 있어 동등한 처우와 동등한 가치의 노동에 대한 동등한 처우를 받을 권리
   (e) 유급휴가를 받을 권리 및 사회보장, 특히 퇴직, 실업, 질병, 병약, 노령 및 기타 노동 무능력의 경우에 사회보장에 대한 권리
   (f) 건강보호에 대한 권리 및 생식기능의 보호조치를 포함한 노동조건의 안전에 대한 권리

2. 당사국은 결혼 또는 모성을 이유로 한 여성에 대한 차별을 방지하며 여성의 근로에 대한 유효한 권리를 확보하기 위하여 다음을 위한 적절한 조치를 취하여야 한다.
   (a) 임신 또는 출산휴가를 이유로 한 해고 및 혼인 여부를 근거로 한 해고에 있어서의 차별을 금지하고 위반시 제재를 가하도록 하는 것
   (b) 종전의 직업, 선임순위 또는 사회보장 수당을 상실함이 없이 유급 또는 이에 상당하는 사회보장급부를 포함하는 출산휴가제를 도입하는 것
   (c) 특히 아동 보육시설망의 확립과 발전의 촉진을 통하여 부모가 직장에서의 책임 및 사회생활에의 참여를 가사의 의무와 병행시키는 데 도움이 될 필요한 사회보장 혜택의 제공을 장려하는 것
   (d) 임신 중의 여성에게 유해한 것이 증명된 유형의 작업에는 동 여성에 대한 특별한 보호를 제공하는 것
3. 본 조에 취급된 문제와 관련한 보호적 입법은 과학적 및 기술적 지식에 비추어 정기적으로 검토되어야 하며, 필요하다면 개정, 폐기 또는 연장되어야 한다.

제 12 조

1. 당사국은 남녀평등의 기초 위에 가족계획에 관련된 것을 포함한 보건 사업의 혜택을 확보하기 위하여 보건 분야에서의 여성에 대한 차별을 철폐하기 위한 모든 적절한 조치를 취하여야 한다.
2. 본조 제1항의 규정에도 불구하고 당사국은 여성에 대해 임신 및 수유기 동안의 적절한 영양 섭취를 확보하고 임신, 해산 및 산후조리 기간과 관련하여 적절한 역무제공을 확보하여야 하며, 필요한 경우에는 무상으로 이를 제공하여야 한다.

제 13 조

당사국은 경제적, 사회적 생활의 다른 영역에 있어 남녀평등의 기초 위에 동일한 권리, 특히 다음의 권리를 확보할 목적으로 여성에 대한 차별을 철폐하기 위한 모든 적절한 조치를 취하여야 한다.
(a) 가족급부금에 대한 권리
(b) 은행대부, 저당 및 기타 형태의 금융대부에 대한 권리
(c) 레크리에이션 활동, 체육과 각종 문화생활에 참여할 권리

제 14 조

1. 당사국은 시골여성이 직면하고 있는 특수한 문제와 화폐로 표시되지 않는 경제 부문에서의 노동을 포함하여 시골여성이 가족의 경제적 생존을 위하여 수행하는 중요한 역할을 고려하여야 하며, 시골여성에게 본 협약의 제 조항의 적용을 확보하도록 모든 적절한 조치를 취하여야 한다.
2. 당사국은 남녀평등의 기초 위에 시골여성이 지역개발에 참여하며 그 개발에 따른 이익을 향유할 수 있도록 보장하기 위하여 시골여성에 대한 차별을 철폐하기 위한 모든 적절한 조치를 취하여야 하며, 특히 시골여성에 대하여 다음의 권리를 확보하여야 한다.
   (a) 모든 수준에서 개발계획의 작성 및 실시에 참여하는 것
   (b) 가족계획에 대한 정보, 상담 및 서비스를 포함한 적절한 보건시설의 혜택을 받는 것
   (c) 사회보장 계획으로부터 직접적인 혜택을 받는 것

(d) 기술적 능력을 향상시키기 위하여 기능적 문자 해독능력에 관한 것을 포함한 모든 형태의 공식, 비공식 훈련 및 교육과, 특히 지역사회교육 및 특별교육의 혜택을 받는 것
(e) 취업 또는 자가경영을 통한 경제적 기회에 있어 평등한 혜택을 받을 수 있도록 자조집단 및 협동조합을 결성하는 것
(f) 모든 지역사회활동에 참여하는 것
(g) 농업신용 및 대부, 매매시설, 적절한 공업기술의 혜택을 받으며, 토지 및 농지개혁과 재정착 계획에 있어 동등한 대우를 받는 것
(h) 적절한 생활조건, 특히 주거, 위생시설, 전력 및 용수공급, 운송 및 통신 등과 관련한 생활조건을 향유하는 것

제4부

제 15 조
1. 당사국은 여성에 대하여 법 앞에서의 남성과의 평등을 부여하여야 한다.
2. 당사국은 민사문제에 있어서, 여성에게 남성과 동등한 법적 능력 및 동 능력을 행사할 동일한 기회를 부여하여야 한다. 특히, 당사국은 계약을 체결하고 재산을 관리할 동등권을 여성에게 부여하여야 하며 법원과 법정의 절차상 모든 단계에서 여성을 동등히 취급하여야 한다.
3. 당사국은 여성의 법적 능력을 제한하는 법적 효과를 가지는 모든 계약과 기타 모든 종류의 사적 문서를 무효로 간주하는 데 동의한다.
4. 당사국은 사람의 이전에 관한 법과 그들의 주거 및 주소 선택의 자유와 관련하여 남성과 여성에게 동일한 권리를 부여하여야 한다.

제 16 조
1. 당사국은 혼인과 가족관계에 관한 모든 문제에 있어 여성에 대한 차별을 철폐하기 위한 모든 적절한 조치를 취하여야 하며, 특히 남녀평등의 기초 위에 다음을 보장하여야 한다.
   (a) 혼인을 할 동일한 권리
   (b) 자유로이 배우자를 선택하고 상호간의 자유롭고 완전한 동의에 의해서만 혼인을 할 동일한 권리
   (c) 혼인 중 및 혼인을 해소할 때의 동일한 권리와 책임
   (d) 부모의 혼인상태를 불문하고 자녀에 관한 문제에 있어 부모로서의 동일한 권리와 책임: 모든 경우에 있어서 자녀의 이익이 최우선적으로 고려되어야 함
   (e) 자녀의 수 및 출산 간격을 자유롭고 책임감 있게 결정할 동일한 권리와 이 권리를 행사할 수 있게 하는 정보, 교육 및 제 수단의 혜택을 받을 동일한 권리
   (f) 아동에 대한 보호, 후견, 재산관리 및 자녀입양 또는 국내법제상 존재하는 개념 중에 유사한 제도와 관련하여 동일한 권리와 책임: 모든 경우에 있어서 아동의 이익이 최우선적으로 고려되어야 함
   (g) 가족성(姓) 및 직업을 선택할 권리를 포함하여 부부로서의 동일한 개인적 권리
   (h) 무상이든 혹은 유상이든 간에 재산의 소유, 취득, 운영, 관리, 향유 및 처분에 관한 양 배우자의 동일한 권리

2. 아동의 약혼과 혼인은 아무런 법적 효과가 없으며 혼인을 위한 최저 연령을 정하고 공공등기소에 혼인등록을 의무화하기 위하여 입법을 포함한 모든 필요한 조치를 취하여야 한다.

제5부

제 17 조

1. 본 협약의 이행상 행하여진 진전을 심의할 목적으로 여성에 대한 차별 철폐위원회(이하 위원회라 함)를 설치하며, 위원회는 협약의 발효시에는 18인, 그리고 35번째 당사국이 비준 또는 가입한 후에는 23인의 본 협약의 규율 분야에서 높은 도덕적 명성과 능력을 갖춘 전문가로서 구성한다. 동 전문가는 당사국에 의해 그들의 국민 중에서 선출되어 개인 자격으로 봉사하여야 하며, 선출에 있어서는 공평한 지리적 배분과 주요 법체계 및 상이한 문명형태가 대표될 수 있도록 고려되어야 한다.
2. 위원회의 구성원은 당사국에 의해 지명된 자의 명부 중에서 비밀투표로 선출한다. 각 당사국은 그 국민 중에서 1인을 지명할 수 있다.
3. 최초선거는 본 협약의 발효일로부터 6개월 후에 행한다. 국제연합 사무총장은 최소한 각 선거 3개월 이전에 당사국에 서한을 발송하여 2개월 이내에 그들의 지명자를 제출해 줄 것을 요청하여야 한다. 사무총장은 이렇게 지명된 전원의 명단을 알파벳 순으로, 그들을 지명한 당사국을 명시하여, 작성하여 당사국에 송부하여야 한다.
4. 위원회 구성원의 선거는 사무총장에 의해 소집되어 국제연합본부에서 열리는 당사국회의에서 행한다. 당사국의 3분의 2가 정족수를 구성하는 동 회의에서 참석 및 투표한 당사국 대표의 최다수표 및 절대다수표를 획득한 피지명자가 위원회 구성원으로 선출된다.
5. 위원회의 구성원은 4년 임기로 선출된다. 그러나 최초선거에서 선출된 구성원 중 9인의 임기는 2년으로 만료되며 최초 선거 후 즉시 동 9인 구성원의 명단을 위원회 의장이 추첨으로 선정한다.
6. 위원회는 추가 구성원 5인의 선거는 35번째 비준 또는 가입 후 본 조 제2항, 제3항 및 제4항의 규정에 따라 행한다. 동 기회에 선출된 추가 구성원 중 위원회 의장이 추첨으로 선정한 2인의 임기는 2년으로 만료된다.
7. 불시의 공석을 보충하기 위하여 자국의 전문가 위원회 구성원으로서의 기능을 종료한 당사국은 위원회의 승인을 조건으로 그 국민 중에서 다른 전문가를 임명하여야 한다.
8. 위원회 구성원은 위원회 책무의 중요성을 고려하여 총회가 승인하고 결정하는 조건에 따라 국제연합 재원으로부터 보수를 받는다.
9. 국제연합 사무총장은 본 협약에 따른 위원회 임무의 효율적 수행을 위하여 필요한 직원 및 시설을 제공한다.

제 18 조

1. 당사국은 그들이 본 협약의 규정을 실시하기 위하여 채택한 입법, 사법, 행정 또는 기타 조치와 이와 관련하여 이루어진 진전에 대한 보고서를 위원회가 심의하도록 국제연합 사무총장에게 제출할 의무를 진다. 즉,
   (a) 관계국에 대하여 발효한 후 1년 이내에 제출하며
   (b) 그 이후에는 최소한 매 4년마다 제출하며 위원회가 요구하는 때는 언제든지 제출한다.
2. 보고서에는 본 협약상 의무의 이행 정도에 영향을 주는 요인 및 애로점을 지적할 수 있다.

제 19 조

1. 위원회는 자체의 의사규칙을 채택하여야 한다.
2. 위원회는 2년 임기의 자체직원을 선출하여야 한다.

제 20 조

1. 위원회는 본 협약 제18조에 따라 제출되는 보고서를 심의하기 위하여 매년 2주를 넘지 않는 기간 동안 정규로 회합한다.
2. 위원회 회의는 국제연합 본부 또는 위원회가 정하는 다른 편리한 장소에서 정규로 개최된다.

제 21 조

1. 위원회는 경제사회이사회를 통하여 그 활동에 관한 보고서를 매년 국제연합 총회에 제출하며, 당사국으로부터 접수한 보고서 및 정보에 대한 심사를 기초로 하여 제안 및 일반적 권고를 할 수 있다. 동 제안 및 일반적 권고는 당사국으로부터의 논평이 있는 경우 이와 함께 위원회의 보고서에 수록하여야 한다.
2. 사무총장은 위원회의 보고서를 참고용으로 여성지위위원회에 송부하여야 한다.

제 22 조

전문기구는 본 협약 규정 중 그 활동 범위에 속하는 규정의 시행에 대한 심의에 참가할 권한이 있다. 위원회는 전문기구에 그 활동 범위에 속하는 분야에서의 협약의 시행에 관한 보고서를 제출하도록 권유할 수 있다.

제 6 부

제 23 조

본 협약상 어떠한 것도 아래에 포함될 수 있는 남녀평등의 달성에 더욱 이바지하는 규정에 영향을 미치지 아니한다.
(a) 당사국의 법령 또는
(b) 동 국에 대하여 발효 중인 여하한 기타 국제협약, 조약 또는 협정

제 24 조

당사국은 본 협약상 인정된 권리의 완전한 실현을 달성할 목적으로 국가적 수준에서 모든 필요한 조치를 취할 의무를 진다.

제 25 조

1. 본 협약은 모든 국가의 서명을 위하여 개방된다.
2. 국제연합 사무총장은 본 협약의 수탁자로 지정된다.
3. 본 협약은 비준되어야 한다. 비준서는 국제연합 사무총장에게 기탁되어야 한다.
4. 본 협약은 모든 국가의 가입을 위하여 개방된다. 가입은 국제연합 사무총장에게 가입서를 기탁함으로써 이루어진다.

제 26 조

1. 본 협약의 개정요구는 국제연합 사무총장에 대한 서면통고의 방법으로 당사국이 언제든지 행할 수 있다.
2. 국제연합 총회는 동 요구가 있으면 이에 대하여 취할 조치를 결정한다.

제 27 조

1. 본 협약은 국제연합 사무총장에게 20번째의 비준서 또는 가입서가 기탁된 날로부터 30일 후에 발효한다.
2. 본 협약은 20번째의 비준서 또는 가입서가 기탁된 후에 본 협약을 비준하거나 가입한 각 국가에 대하여는 비준서 또는 가입서가 기탁된 날로부터 30일 후에 발효한다.

제 28 조

1. 국제연합 사무총장은 비준 또는 가입 시에 각국이 행한 유보문을 접수하고 이를 모든 국가에 회람시켜야 한다.
2. 본 협약의 대상 및 목적과 양립하지 아니하는 유보는 허용되지 아니한다.
3. 유보는 국제연합 사무총장에 대한 통고로서 언제든지 철회할 수 있으며, 사무총장은 이를 모든 국가에 회람시켜야 한다. 그러한 통고는 접수된 날에 발효한다.

제 29 조

1. 본 협약의 해석 또는 적용에 관한 둘 또는 그 이상 당사국 간의 분쟁이 직접교섭에 의해 해결되지 아니하는 경우 그들 중 하나의 요구가 있으면 중재재판에 회부되어야 한다. 중재재판 요구일로부터 6개월 이내 당사국이 중재재판 구성에 합의하지 못하면 동 당사국 중 일방은 국제사법재판소 규정에 부합하는 요청에 의해 동 분쟁을 국제사법재판소에 회부할 수 있다.
2. 각 당사국은 이 협약의 서명, 비준 또는 가입시에 동 국이 본조 제1항에 기속되는 것으로 보지 않는다고 선언할 수 있다. 타 당사국은 그러한 유보를 행한 당사국에 대하여는 전항에 기속되지 아니한다.
3. 본조 제2항에 따라 유보를 행한 당사국은 국제연합 사무총장에 대한 통고로서 언제든지 동 유보를 철회할 수 있다.

제 30 조

본 협약은 아랍어, 중국어, 영어, 불어, 노어 및 서반아어본이 동등히 정본이며 국제연합 사무총장에게 기탁된다.

10 | 아동의 권리에 관한 협약
(1989채택/1990발효/1991한국발효)

전문 생략

제1부

제1조
이 협약의 목적상, "아동"이라 함은 아동에게 적용되는 법에 의하여 보다 조기에 성인 연령에 달하지 아니하는 한 18세 미만의 모든 사람을 말한다.

제2조
1. 당사국은 자국의 관할권 안에서 아동 또는 그의 부모나 후견인의 인종, 피부색, 성별, 언어, 종교, 정치적 또는 기타의 의견, 민족적, 인종적 또는 사회적 출신, 재산, 무능력, 출생 또는 기타의 신분에 관계없이 그리고 어떠한 종류의 차별을 함이 없이 이 협약에 규정된 권리를 존중하고, 각 아동에게 보장하여야 한다.
2. 당사국은 아동이 그의 부모나 후견인 또는 가족 구성원의 신분, 활동, 표명된 의견 또는 신념을 이유로 하는 모든 형태의 차별이나 처벌로부터 보호되도록 보장하는 모든 적절한 조치를 취하여야 한다.

제3조
1. 공공 또는 민간 사회복지기관, 법원, 행정당국, 또는 입법기관 등에 의하여 실시되는 아동에 관한 모든 활동에 있어서 아동의 최선의 이익이 최우선적으로 고려되어야 한다.
2. 당사국은 아동의 부모, 후견인, 기타 아동에 대하여 법적 책임이 있는 자의 권리와 의무를 고려하여, 아동복지에 필요한 보호와 배려를 아동에게 보장하고, 이를 위하여 모든 적절한 입법적·행정적 조치를 취하여야 한다.
3. 당사국은 아동에 대한 배려와 보호에 책임 있는 기관, 편의 및 시설이 관계당국이 설정한 기준, 특히 안전과 위생 분야 그리고 직원의 수 및 적격성은 물론 충분한 감독면에서 기준에 따를 것을 보장하여야 한다.

제4조
당사국은 이 협약에서 인정된 권리를 실현하기 위하여 모든 적절한 입법적·행정적 및 여타의 조치를 취하여야 한다. 경제적·사회적 및 문화적 권리에 관하여 당사국은 가용자원의 최대한도까지 그리고 필요한 경우에는 국제협력의 테두리 안에서 이러한 조치를 취하여야 한다.

제5조
아동이 이 협약에서 인정된 권리를 행사함에 있어서 당사국은 부모 또는 적용가능한 경우 현지 관습에 의하여 인정되는 확대가족이나 공동체의 구성원, 후견인 기타 아동에 대한 법적 책임자들이 아동의 능력발달에 상응하는 방법으로 적절한 감독과 지도를 행할 책임과 권리 및 의무를 가지고 있음을 존중하여야 한다.

제 6 조

1. 당사국은 모든 아동이 생명에 관한 고유의 권리를 가지고 있음을 인정한다.
2. 당사국은 가능한 한 최대한도로 아동의 생존과 발전을 보장하여야 한다.

제 7 조

1. <u>아동은 출생 후 즉시 등록되어야 하며, 출생시부터 성명권과 국적취득권을 가지며, 가능한 한 자신의 부모를 알고 부모에 의하여 양육받을 권리를 가진다.</u>
2. 당사국은 이 분야의 국내법 및 관련 국제문서상의 의무에 따라 이러한 권리가 실행되도록 보장하여야 하며, 권리가 실행되지 아니하여 아동이 무국적으로 되는 경우에는 특히 그러하다.

제 8 조

1. 당사국은 위법한 간섭을 받지 아니하고, 국적, 성명 및 가족관계를 포함하여 법률에 의하여 인정된 신분을 보존할 수 있는 아동의 권리를 존중한다.
2. 아동이 그의 신분요소 중 일부 또는 전부를 불법적으로 박탈당한 경우, 당사국은 그의 신분을 신속하게 회복하기 위하여 적절한 원조와 보호를 제공하여야 한다.

제 9 조

1. 당사국은 사법적 심사의 구속을 받는 관계당국이 적용 가능한 법률 및 절차에 따라서 분리가 아동의 최상의 이익을 위하여 필요하다고 결정하는 경우 외에는, 아동이 그의 의사에 반하여 부모로부터 분리되지 아니하도록 보장하여야 한다. 위의 결정은 부모에 의한 아동 학대 또는 유기의 경우나 부모의 별거로 인하여 아동의 거소에 관한 결정이 내려져야 하는 등 특별한 경우에 필요할 수 있다.
2. 제1항의 규정에 의한 어떠한 절차에서도 모든 이해당사자는 그 절차에 참가하여 자신의 견해를 표시할 기회가 부여되어야 한다.
3. 당사국은 아동의 최선의 이익에 반하는 경우 외에는, 부모의 일방 또는 쌍방으로부터 분리된 아동이 정기적으로 부모와 개인적 관계 및 직접적인 면접교섭을 유지할 권리를 가짐을 존중하여야 한다.
4. 그러한 분리가 부모의 일방이나 쌍방 또는 아동의 감금, 투옥, 망명, 강제퇴거 또는 사망(국가가 억류하고 있는 동안 어떠한 원인에 기인한 사망을 포함한다) 등과 같이 당사국에 의하여 취하여진 어떠한 조치의 결과인 경우에는, 당사국은 그 정보의 제공이 아동의 복지에 해롭지 아니하는 한, 요청이 있는 경우, 부모, 아동 또는 적절한 경우 다른 가족구성원에게 부재 중인 가족구성원의 소재에 관한 필수적인 정보를 제공하여야 한다. 또한 당사국은 그러한 요청의 제출이 그 자체로 관계인에게 불리한 결과를 초래하지 아니하도록 보장하여야 한다.

제 10 조

1. 제9조 제1항에 규정된 당사국의 의무에 따라서, 가족의 재결합을 위하여 아동 또는 그 부모가 당사국에 입국하거나 출국하기 위한 신청은 당사국에 의하여 긍정적이며 인도적인 방법으로 그리고 신속하게 취급되어야 한다. 또한 당사국은 이러한 요청의 제출이 신청자와 그의 가족 구성원들에게 불리한 결과를 수반하지 아니하도록 보장하여야 한다.

2. 부모가 타국에 거주하는 아동은 예외적 상황 외에는 정기적으로 부모와 개인적 관계 및 직접적인 면접교섭을 유지할 권리를 가진다. 이러한 목적에 비추어 그리고 제9조 제2항에 규정된 당사국의 의무에 따라서, 당사국은 아동과 그의 부모가 본국을 포함하여 어떠한 국가로부터 출국할 수 있고 또한 본국으로 입국할 수 있는 권리를 존중하여야 한다. 어떠한 국가로부터 출국할 수 있는 권리는 법률에 의하여 규정되고, 국가안보, 공공질서, 공중보건이나 도덕 또는 타인의 권리와 자유를 보호하기 위하여 필요하며 이 협약에서 인정된 그 밖의 권리에 부합되는 제한에 의하여만 구속된다.

제 11 조
1. 당사국은 아동의 불법 해외이송 및 미귀환을 퇴치하기 위한 조치를 취하여야 한다.
2. 이 목적을 위하여 당사국은 양자 또는 다자협정의 체결이나 기존 협정에의 가입을 촉진하여야 한다.

제 12 조
1. 당사국은 자신의 견해를 형성할 능력이 있는 아동에 대하여 본인에게 영향을 미치는 모든 문제에 있어서 자신의 견해를 자유스럽게 표시할 권리를 보장하며, 아동의 견해에 대하여는 아동의 연령과 성숙도에 따라 정당한 비중이 부여되어야 한다.
2. 이러한 목적을 위하여, 아동에게는 특히 아동에게 영향을 미치는 어떠한 사법적·행정적 절차에 있어서도 직접 또는 대표자나 적절한 기관을 통하여 진술할 기회가 국내법적 절차에 합치되는 방법으로 주어져야 한다.

제 13 조
1. 아동은 표현에 대한 자유권을 가진다. 이 권리는 구두, 필기 또는 인쇄, 예술의 형태 또는 아동이 선택하는 기타의 매체를 통하여 모든 종류의 정보와 사상을 국경에 관계없이 추구하고 접수하며 전달하는 자유를 포함한다.
2. 이 권리의 행사는 일정한 제한을 받을 수 있다. 다만 이 제한은 오직 법률에 의하여 규정되고 또한 다음 사항을 위하여 필요한 것이어야 한다.
   (a) 타인의 권리 또는 신망의 존중
   (b) 국가안보, 공공질서, 공중보건 또는 도덕의 보호

제 14 조
1. 당사국은 아동의 사상·양심 및 종교의 자유에 대한 권리를 존중하여야 한다.
2. 당사국은 아동이 권리를 행사함에 있어 부모 및 경우에 따라서는, 후견인이 아동의 능력발달에 부합하는 방식으로 그를 감독할 수 있는 권리와 의무를 존중하여야 한다.
3. 종교와 신념을 표현하는 자유는 오직 법률에 의하여 규정되고 공공의 안전, 질서, 보건이나 도덕 또는 타인의 기본권적 권리와 자유를 보호하기 위하여 필요한 경우에만 제한될 수 있다.

제 15 조
1. 당사국은 아동의 결사의 자유와 평화적 집회의 자유에 대한 권리를 인정한다.
2. 이 권리의 행사에 대하여는 법률에 따라 부과되고 국가안보 또는 공공의 안전, 공공질서, 공중보건이나 도덕의 보호 또는 타인의 권리와 자유의 보호를 위하여 민주사회에서 필요한 것 외의 어떠한 제한도 과하여져서는 아니된다.

제 16 조

1. 어떠한 아동도 사생활, 가족, 가정 또는 통신에 대하여 자의적이거나 위법적인 간섭을 받지 아니하며 또한 명예나 신망에 대한 위법적인 공격을 받지 아니한다.
2. 아동은 이러한 간섭 또는 비난으로부터 법의 보호를 받을 권리를 가진다.

제 17 조

당사국은 대중매체가 수행하는 중요한 기능을 인정하며, 아동이 다양한 국내적 및 국제적 정보원으로부터의 정보와 자료, 특히 아동의 사회적·정신적·도덕적 복지와 신체적·정신적 건강의 향상을 목적으로 하는 정보와 자료에 대한 접근권을 가짐을 보장하여야 한다. 이 목적을 위하여 당사국은,

(a) 대중매체가 아동에게 사회적·문화적으로 유익하고 제29조의 정신에 부합되는 정보와 자료를 보급하도록 장려하여야 한다.
(b) 다양한 문화적·국내적 및 국제적 정보원으로부터의 정보와 자료를 제작·교환 및 보급하는 데 있어서의 국제협력을 장려하여야 한다.
(c) 아동도서의 제작과 보급을 장려하여야 한다.
(d) 대중매체로 하여금 소수집단에 속하거나 원주민인 아동의 언어상의 곤란에 특별한 관심을 기울이도록 장려하여야 한다.
(e) 제13조와 제18조의 규정을 유념하며 아동 복지에 해로운 정보와 자료로부터 아동을 보호하기 위한 적절한 지침의 개발을 장려하여야 한다.

제 18 조

1. 당사국은 부모 쌍방이 아동의 양육과 발전에 공동책임을 진다는 원칙이 인정받을 수 있도록 최선의 노력을 기울여야 한다. 부모 또는 경우에 따라서 후견인은 아동의 양육과 발달에 일차적 책임을 진다. 아동의 최선의 이익이 그들의 기본적 관심이 된다.
2. 이 협약에 규정된 권리를 보장하고 촉진시키기 위하여, 당사국은 아동의 양육책임 이행에 있어서 부모와 후견인에게 적절한 지원을 제공하여야 하며, 아동 보호를 위한 기관·시설 및 편의의 개발을 보장하여야 한다.
3. 당사국은 취업부모의 아동들이 이용할 자격이 있는 아동보호를 위한 편의 및 시설로부터 이익을 향유할 수 있는 권리가 있음을 보장하기 위하여 모든 적절한 조치를 취하여야 한다.

제 19 조

1. 당사국은 아동이 부모·후견인 기타 아동양육자의 양육을 받고 있는 동안 모든 형태의 신체적·정신적 폭력, 상해나 학대, 유기나 유기적 대우, 성적 학대를 포함한 혹사나 착취로부터 아동을 보호하기 위하여 모든 적절한 입법적·행정적·사회적 및 교육적 조치를 취하여야 한다.
2. 이러한 보호조치는 아동 및 아동양육자에게 필요한 지원을 제공하기 위한 사회계획의 수립은 물론, 제1항에 규정된 바와 같은 아동학대 사례를 다른 형태로 방지하거나 확인·보고·조회·조사·처리 및 추적하고 또한 적절한 경우에는 사법적 개입을 가능하게 하는 효과적 절차를 적절히 포함하여야 한다.

제 20 조

1. 일시적 또는 항구적으로 가정환경을 박탈당하거나 가정환경에 있는 것이 스스로의 최선의 이익을 위하여 허용될 수 없는 아동은 국가로부터 특별한 보호와 원조를 부여받을 권리가 있다.
2. 당사국은 자국의 국내법에 따라 이러한 아동을 위한 보호의 대안을 확보하여야 한다.
3. 이러한 보호는 특히 양육위탁, 회교법의 카팔라, 입양, 또는 필요한 경우 적절한 아동 양육기관에 두는 것을 포함한다. 해결책을 모색하는 경우에는 아동 양육에 있어 계속성의 보장이 바람직하다는 점과 아동의 인종적·종교적·문화적 및 언어적 배경에 대하여 정당한 고려가 베풀어져야 한다.

제 21 조

입양제도를 인정하거나 허용하는 당사국은 아동의 최선의 이익이 최우선적으로 고려되도록 보장하여야 하며, 또한 당사국은,
(a) 아동의 입양은, 적용 가능한 법률과 절차에 따라서 그리고 적절하고 신빙성 있는 모든 정보에 기초하여, 입양이 부모·친척 및 후견인에 대한 아동의 신분에 비추어 허용될 수 있음을, 그리고 요구되는 경우 관계자들이 필요한 협의에 의하여 입양에 대한 분별 있는 승낙을 하였음을 결정하는 관계당국에 의하여만 허가되도록 보장하여야 한다.
(b) 국제입양은, 아동이 위탁양육자나 입양가족에 두어질 수 없거나 또는 어떠한 적절한 방법으로도 출신국에서 양육되어질 수 없는 경우, 아동 양육의 대체수단으로서 고려될 수 있음을 인정하여야 한다.
(c) 국제입양에 관계되는 아동이 국내입양의 경우와 대등한 보호와 기준을 향유하도록 보장하여야 한다.
(d) 국제입양에 있어서 양육지정이 관계자들에게 부당한 재정적 이익을 주는 결과가 되지 아니하도록 모든 적절한 조치를 취하여야 한다.
(e) 적절한 경우에는 양자 또는 다자약정이나 협정을 체결함으로써 이 조의 목적을 촉진시키며, 이러한 테두리 안에서 아동의 타국 내 양육지정이 관계당국이나 기관에 의하여 실시되는 것을 확보하기 위하여 노력하여야 한다.

제 22 조

1. 당사국은 난민으로서의 지위를 구하거나 또는 적용가능한 국제법 및 국내법과 절차에 따라 난민으로 취급되는 아동이, 부모나 기타 다른 사람과의 동반 여부에 관계없이, 이 협약 및 당해 국가가 당사국인 다른 국제인권 또는 인도주의 관련 문서에 규정된 적용 가능한 권리를 향유함에 있어서 적절한 보호와 인도적 지원을 받을 수 있도록 하기 위하여 적절한 조치를 취하여야 한다.
2. 이 목적을 위하여, 당사국은 국제연합 및 국제연합과 협력하는 그 밖의 권한 있는 정부간 또는 비정부간 기구들이 그러한 아동을 보호, 원조하고 가족재결합에 필요한 정보를 얻기 위하여 난민 아동의 부모나 다른 가족 구성원을 추적하는 데 기울이는 모든 노력에 대하여도 적절하다고 판단되는 협조를 제공하여야 한다. 부모나 다른 가족 구성원을 발견할 수 없는 경우, 그 아동은 어떠한 이유로 인하여 영구적 또는 일시적으로 가정환경을 박탈당한 다른 아동과 마찬가지로 이 협약에 규정된 바와 같은 보호를 부여받아야 한다.

제 23 조

1. 당사국은 정신적 또는 신체적 장애아동이 존엄성이 보장되고 자립이 촉진되며 적극적 사회참여가 조장되는 여건 속에서 충분히 품위있는 생활을 누려야 함을 인정한다.
2. 당사국은 장애아동의 특별한 보호를 받을 권리를 인정하며, 신청에 의하여 그리고 아동의 여건과 부모나 다른 아동양육자의 사정에 적합한 지원이, 활용 가능한 재원의 범위 안에서, 이를 받을 만한 아동과 그의 양육 책임자에게 제공될 것을 장려하고 보장하여야 한다.
3. 장애아동의 특별한 어려움을 인식하며, 제2항에 따라 제공된 지원은 부모나 다른 아동양육자의 재산을 고려하여 가능한 한 무상으로 제공되어야 하며, 장애아동의 가능한 한 전면적인 사회참여와 문화적·정신적 발전을 포함한 개인적 발전의 달성에 이바지하는 방법으로 그 아동이 교육, 훈련, 건강관리지원, 재활지원, 취업준비 및 오락 기회를 효과적으로 이용하고 제공받을 수 있도록 계획되어야 한다.
4. 당사국은 국제협력의 정신에 입각하여, 그리고 당해 분야에서의 능력과 기술을 향상시키고 경험을 확대하기 위하여 재활, 교육 및 직업보도 방법에 관한 정보의 보급 및 이용을 포함하여, 예방의학 분야 및 장애아동에 대한 의학적·심리적·기능적 처치 분야에 있어서의 적절한 정보의 교환을 촉진하여야 한다. 이 문제에 있어서 개발도상국의 필요에 대하여 특별한 고려가 베풀어져야 한다.

제 24 조

1. 당사국은 도달 가능한 최상의 건강수준을 향유하고, 질병의 치료와 건강의 회복을 위한 시설을 사용할 수 있는 아동의 권리를 인정한다. 당사국은 건강관리지원의 이용에 관한 아동의 권리가 박탈되지 아니하도록 노력하여야 한다.
2. 당사국은 이 권리의 완전한 이행을 추구하여야 하며, 특히 다음과 같은 적절한 조치를 취하여야 한다.
   (a) 유아와 아동의 사망률을 감소시키기 위한 조치
   (b) 기초건강관리의 발전에 중점을 두면서 모든 아동에게 필요한 의료지원과 건강관리의 제공을 보장하는 조치
   (c) 환경오염의 위험과 손해를 감안하면서, 기초건강관리 체계 안에서 무엇보다도 쉽게 이용 가능한 기술의 적용과 충분한 영양식 및 깨끗한 음료수의 제공 등을 통하여 질병과 영양실조를 퇴치하기 위한 조치
   (d) 산모를 위하여 출산 전후의 적절한 건강관리를 보장하는 조치
   (e) 모든 사회구성원 특히 부모와 아동은 아동의 건강과 영양, 모유·수유의 이익, 위생 및 환경정화 그리고 사고예방에 관한 기초 지식의 활용에 있어서 정보를 제공받고 교육을 받으며 지원을 받을 것을 확보하는 조치
   (f) 예방적 건강관리, 부모를 위한 지도 및 가족계획에 관한 교육과 편의를 발전시키는 조치
3. 당사국은 아동의 건강을 해치는 전통관습을 폐지하기 위하여 모든 효과적이고 적절한 조치를 취하여야 한다.
4. 당사국은 이 조에서 인정된 권리의 완전한 실현을 점진적으로 달성하기 위하여 국제협력을 촉진하고 장려하여야 한다. 이 문제에 있어서 개발도상국의 필요에 대하여 특별한 고려가 베풀어져야 한다.

제 25 조

당사국은 신체적·정신적 건강의 관리, 보호 또는 치료의 목적으로 관계당국에 의하여 양육지정 조치된 아동이, 제공되는 치료 및 양육지정과 관련된 그 밖의 모든 사정을 정기적으로 심사받을 권리를 가짐을 인정한다.

제 26 조

1. 당사국은 모든 아동이 사회보험을 포함한 사회보장제도의 혜택을 받을 권리를 가짐을 인정하며, 자국의 국내법에 따라 이 권리의 완전한 실현을 달성하기 위하여 필요한 조치를 취하여야 한다.
2. 이러한 혜택은 아동 및 아동에 대한 부양책임자의 자력과 주변 사정은 물론 아동에 의하여 직접 행하여지거나 또는 아동을 대신하여 행하여지는 혜택의 신청과 관련된 그 밖의 사정을 참작하여 적절한 경우에 부여되어야 한다.

제 27 조

1. 당사국은 모든 아동이 신체적·지적·정신적·도덕적 및 사회적 발달에 적합한 생활수준을 누릴 권리를 가짐을 인정한다.
2. 부모 또는 기타 아동에 대하여 책임이 있는 자는 능력과 재산의 범위 안에서 아동 발달에 필요한 생활여건을 확보할 일차적 책임을 진다.
3. 당사국은 국내 여건과 재정의 범위 안에서 부모 또는 기타 아동에 대하여 책임 있는 자가 이 권리를 실현하는 것을 지원하기 위한 적절한 조치를 취하여야 하며, 필요한 경우에는 특히 영양, 의복 및 주거에 대하여 물질적 보조 및 지원계획을 제공하여야 한다.
4. 당사국은 국내외에 거주하는 부모 또는 기타 아동에 대하여 재정적으로 책임 있는 자로부터 아동양육비의 회부를 확보하기 위한 모든 적절한 조치를 취하여야 한다. 특히 아동에 대하여 재정적으로 책임 있는 자가 아동이 거주하는 국가와 다른 국가에 거주하는 경우, 당사국은 국제협약의 가입이나 그러한 협약의 체결은 물론 다른 적절한 조치의 강구를 촉진하여야 한다.

제 28 조

1. 당사국은 아동의 교육에 대한 권리를 인정하며, 점진적으로 그리고 기회 균등의 기초 위에서 이 권리를 달성하기 위하여 특히 다음의 조치를 취하여야 한다.
   (a) 초등교육은 의무적이며, 모든 사람에게 무료로 제공되어야 한다.
   (b) 일반교육 및 직업교육을 포함한 여러 형태의 중등교육의 발전을 장려하고, 이에 대한 모든 아동의 이용 및 접근이 가능하도록 하며, 무료교육의 도입 및 필요한 경우 재정적 지원을 제공하는 등의 적절한 조치를 취하여야 한다.
   (c) 고등교육의 기회가 모든 사람에게 능력에 입각하여 개방될 수 있도록 모든 적절한 조치를 취하여야 한다.
   (d) 교육 및 직업에 관한 정보와 지도를 모든 아동이 이용하고 접근할 수 있도록 조치하여야 한다.
   (e) 학교에의 정기적 출석과 탈락률 감소를 장려하기 위한 조치를 취하여야 한다.
2. 당사국은 학교 규율이 아동의 인간적 존엄성과 합치하고 이 협약에 부합하도록 운영되는 것을 보장하기 위한 모든 적절한 조치를 취하여야 한다.

3. 당사국은, 특히 전세계의 무지와 문맹의 퇴치에 이바지하고, 과학적·기술적 지식과 현대적 교육방법에의 접근을 쉽게 하기 위하여, 교육에 관련되는 사항에 있어서 국제협력을 촉진하고 장려하여야 한다. 이 문제에 있어서 개발도상국의 필요에 대하여 특별한 고려가 베풀어져야 한다.

제 29 조

당사국은 아동교육이 다음의 목표를 지향하여야 한다는 데 동의한다.
(a) 아동의 인격, 재능 및 정신적·신체적 능력의 최대한의 계발
(b) 인권과 기본적 자유 및 국제연합 헌장에 규정된 원칙에 대한 존중의 진전
(c) 자신의 부모, 문화적 주체성, 언어 및 가치 그리고 현거주국과 출신국의 국가적 가치 및 이질문명에 대한 존중의 진전
(d) 아동이 인종적·민족적·종교적 집단 및 원주민 등 모든 사람과의 관계에 있어서 이해, 평화, 관용, 성(性)의 평등 및 우정의 정신에 입각하여 자유사회에서 책임 있는 삶을 영위하도록 하는 준비
(e) 자연환경에 대한 존중의 진전
2. 이 조 또는 제28조의 어떠한 부분도 개인 및 단체가, 언제나 제1항에 규정된 원칙들을 준수하고 당해 교육기관에서 실시되는 교육이 국가에 의하여 설정된 최소한의 기준에 부합하여야 한다는 조건하에, 교육기관을 설립하여 운영할 수 있는 자유를 침해하는 것으로 해석되어서는 아니된다.

제 30 조

인종적·종교적 또는 언어적 소수자나 원주민이 존재하는 국가에서 이러한 소수자에 속하거나 원주민인 아동은 자기 집단의 다른 구성원과 함께 고유 문화를 향유하고, 고유의 종교를 신앙하고 실천하며, 고유의 언어를 사용할 권리를 부인당하지 아니한다.

제 31 조

1. 당사국은 휴식과 여가를 즐기고, 자신의 연령에 적합한 놀이와 오락활동에 참여하며, 문화생활과 예술에 자유롭게 참여할 수 있는 아동의 권리를 인정한다.
2. 당사국은 문화적·예술적 생활에 완전하게 참여할 수 있는 아동의 권리를 존중하고 촉진하며, 문화, 예술, 오락 및 여가활동을 위한 적절하고 균등한 기회의 제공을 장려하여야 한다.

제 32 조

1. 당사국은 경제적 착취 및 위험하거나, 아동의 교육에 방해되거나, 아동의 건강이나 신체적·지적·정신적·도덕적 또는 사회적 발전에 유해한 여하한 노동의 수행으로부터 보호받을 아동의 권리를 인정한다.
2. 당사국은 이 조의 이행을 보장하기 위한 입법적·행정적·사회적 및 교육적 조치를 강구하여야 한다. 이 목적을 위하여 그리고 그 밖의 국제 문서의 관련 규정을 고려하여 당사국은 특히 다음의 조치를 취하여야 한다.
   (a) 단일 또는 복수의 최저 고용연령의 규정
   (b) 고용시간 및 조건에 관한 적절한 규정의 마련
   (c) 이 조의 효과적인 실시를 확보하기 위한 적절한 처벌 또는 기타 제재수단의 규정

제 33 조

당사국은 관련 국제조약에서 규정하고 있는 마약과 향정신성 물질의 불법적 사용으로부터 아동을 보호하고 이러한 물질의 불법적 생산과 거래에 아동이 이용되는 것을 방지하기 위하여 입법적·행정적·사회적·교육적 조치를 포함한 모든 적절한 조치를 취하여야 한다.

제 34 조

당사국은 모든 형태의 성적 착취와 성적 학대로부터 아동을 보호할 의무를 진다. 이 목적을 달성하기 위하여 당사국은 특히 다음의 사항을 방지하기 위한 모든 적절한 국내적·양국간·다국간 조치를 취하여야 한다.
(a) 아동을 모든 위법한 성적 활동에 종사하도록 유인하거나 강제하는 행위
(b) 아동을 매음이나 기타 위법한 성적 활동에 착취적으로 이용하는 행위
(c) 아동을 외설스러운 공연 및 자료에 착취적으로 이용하는 행위

제 35 조

당사국은 모든 목적과 형태의 아동의 약취유인이나 매매 또는 거래를 방지하기 위한 모든 적절한 국내적, 양국간, 다국간 조치를 취하여야 한다.

제 36 조

당사국은 아동복지의 어떠한 측면에 대하여라도 해로운 기타 모든 형태의 착취로부터 아동을 보호하여야 한다.

제 37 조

당사국은 다음의 사항을 보장하여야 한다.
(a) 어떠한 아동도 고문 또는 기타 잔혹하거나 비인간적이거나 굴욕적인 대우나 처벌을 받지 아니한다. 사형 또는 석방의 가능성이 없는 종신형은 18세 미만의 사람이 범한 범죄에 대하여 과하여져서는 아니된다.
(b) 어떠한 아동도 위법적 또는 자의적으로 자유를 박탈당하지 아니한다. 아동의 체포, 억류 또는 구금은 법률에 따라 행하여져야 하며, 오직 최후의 수단으로서 또한 적절한 최단기간 동안만 사용되어야 한다.
(c) 자유를 박탈당한 모든 아동은 인도주의와 인간 고유의 존엄성에 대한 존중에 입각하여 그리고 그들의 연령상의 필요를 고려하여 처우되어야 한다. 특히 자유를 박탈당한 모든 아동은, 성인으로부터 격리되지 아니하는 것이 아동의 최선의 이익에 합치된다고 생각되는 경우를 제외하고는 성인으로부터 격리되어야 하며, 예외적인 경우를 제외하고는 서신과 방문을 통하여 자기 가족과의 접촉을 유지할 권리를 가진다.
(d) 자유를 박탈당한 모든 아동은 법률적 및 기타 적절한 구조에 신속하게 접근할 권리를 가짐은 물론 법원이나 기타 권한 있고 독립적이며 공정한 당국 앞에서 자신에 대한 자유박탈의 합법성에 이의를 제기하고 이러한 소송에 대하여 신속한 결정을 받을 권리를 가진다.

제 38 조

1. 당사국은 아동과 관련이 있는 무력분쟁에 있어서, 당사국에 적용 가능한 국제인도법의 규칙을 존중하고 동 존중을 보장할 의무를 진다.
2. 당사국은 15세에 달하지 아니한 자가 적대행위에 직접 참여하지 아니할 것을 보장하기 위하여 실행 가능한 모든 조치를 취하여야 한다.
3. 당사국은 15세에 달하지 아니한 자의 징병을 삼가야 한다. 15세에 달하였으나 18세에 달하지 아니한 자 중에서 징병하는 경우, 당사국은 최연장자에게 우선순위를 두도록 노력하여야 한다.
4. 무력분쟁에 있어서 민간인 보호를 위한 국제인도법상의 의무에 따라서, 당사국은 무력분쟁의 영향을 받는 아동의 보호 및 배려를 확보하기 위하여 실행 가능한 모든 조치를 취하여야 한다.

제 39 조

당사국은 모든 형태의 유기, 착취, 학대, 또는 고문이나 기타 모든 형태의 잔혹하거나 비인간적이거나 굴욕적인 대우나 처벌, 또는 무력분쟁으로 인하여 희생이 된 아동의 신체적·심리적 회복 및 사회복귀를 촉진시키기 위한 모든 적절한 조치를 취하여야 한다.

제 40 조

1. 당사국은 형사피의자나 형사피고인 또는 유죄로 인정받은 모든 아동에 대하여, 아동의 연령 그리고 아동의 사회복귀 및 사회에서의 건설적 역할 담당을 촉진하는 것이 바람직스럽다는 점을 고려하고, 인권과 타인의 기본적 자유에 대한 아동의 존중심을 강화시키며, 존엄과 가치에 대한 아동의 지각을 촉진시키는 데 부합하도록 처우받을 권리를 가짐을 인정한다.
2. 이 목적을 위하여 그리고 국제문서의 관련 규정을 고려하며, 당사국은 특히 다음 사항을 보장하여야 한다.
    (a) 모든 아동은 행위시의 국내법 또는 국제법에 의하여 금지되지 아니한 작위 또는 부작위를 이유로 하여 형사피의자가 되거나 형사기소되거나 유죄로 인정받지 아니한다.
    (b) 형사피의자 또는 형사피고인인 모든 아동은 최소한 다음 사항을 보장받는다.
        (ⅰ) 법률에 따라 유죄가 입증될 때까지는 무죄로 추정받는다.
        (ⅱ) 피의사실을 신속하게 그리고 직접 또는 적절한 경우, 부모나 후견인을 통하여 통지받으며, 변론의 준비 및 제출시 법률적 또는 기타 적절한 지원을 받는다.
        (ⅲ) 권한 있고 독립적이며 공평한 기관 또는 사법기관에 의하여 법률적 또는 기타 적당한 지원하에 법률에 따른 공정한 심리를 받아 지체없이 사건이 판결되어야 하며, 아동의 최선의 이익에 반한다고 판단되지 아니하는 경우, 특히 그의 연령이나 주변환경, 부모 또는 후견인 등을 고려하여야 한다.
        (ⅳ) 증언이나 유죄의 자백을 강요당하지 아니하며, 자신에게 불리한 증인을 신문하거나 또는 신문받도록 하며, 대등한 조건하에 자신을 위한 증인의 출석과 신문을 확보한다.
        (ⅴ) 형법위반으로 간주되는 경우, 그 판결 및 그에 따라 부과된 여하한 조치는 법률에 따라 권한 있고 독립적이며 공평한 상급당국이나 사법기관에 의하여 심사되어야 한다.

(vi) 아동이 사용되는 언어를 이해하지 못하거나 말하지 못하는 경우, 무료로 통역원의 지원을 받는다.
(vii) 사법절차의 모든 단계에서 아동의 사생활은 충분히 존중되어야 한다.
3. 당사국은 형사피의자, 형사피고인 또는 유죄로 인정받은 아동에게 특별히 적용될 수 있는 법률, 절차, 기관 및 기구의 설립을 촉진하도록 노력하며, 특히 다음 사항에 노력하여야 한다.
   (a) 형법위반능력이 없다고 추정되는 최저 연령의 설정
   (b) 적절하고 바람직스러운 경우, 인권과 법적 보장이 완전히 존중된다는 조건하에 이러한 아동을 사법절차에 의하지 아니하고 다루기 위한 조치
4. 아동이 그들의 복지에 적절하고 그들의 여건 및 범행에 비례하여 취급될 것을 보장하기 위하여 보호, 지도 및 감독명령, 상담, 보호관찰, 보호양육, 교육과 직업훈련계획 및 제도적 보호에 대한 그 밖의 대체방안 등 여러 가지 처분이 이용 가능하여야 한다.

제 41 조
이 협약의 규정은 다음 사항에 포함되어 있는 아동권리의 실현에 보다 공헌할 수 있는 어떠한 규정에도 영향을 미치지 아니한다.
(a) 당사국의 법; (b) 당사국에 대하여 효력을 가지는 국제법

제 2 부

제 42 조
당사국은 이 협약의 원칙과 규정을 적절하고 적극적인 수단을 통하여 성인과 아동 모두에게 널리 알릴 의무를 진다.

제 43 조
1. 이 협약상의 의무이행을 달성함에 있어서 당사국이 이룩한 진전 상황을 심사하기 위하여 이하에 규정된 기능을 수행하는 아동권리위원회를 설립한다.
2. 위원회는 고매한 인격을 가지고 이 협약이 대상으로 하는 분야에서 능력이 인정된 18[3])명의 전문가로 구성된다. 위원회의 위원은 형평한 지리적 배분과 주요 법체계를 고려하여 당사국의 국민 중에서 선출되며, 개인적 자격으로 임무를 수행한다.
3. 위원회의 위원은 당사국에 의하여 지명된 자의 명단 중에서 비밀투표에 의하여 선출된다. 각 당사국은 자국민 중에서 1인을 지명할 수 있다.
4. 위원회의 최초의 선거는 이 협약의 발효일부터 6월 이내에 실시되며, 그 이후는 매 2년마다 실시된다. 각 선거일의 최소 4월 이전에 국제연합 사무총장은 당사국에 대하여 2월 이내에 후보자 지명을 제출하라는 서한을 발송하여야 한다. 사무총장은 지명한 당사국의 표시와 함께 알파벳 순으로 지명된 후보들의 명단을 작성하여, 이를 이 협약의 당사국에게 제시하여야 한다.
5. 선거는 국제연합 본부에서 사무총장에 의하여 소집된 당사국회의에서 실시된다. 이 회의는 당사국의 3분의 2를 의사정족수로 하고, 출석하고 투표한 당사국 대표의 최대다수표 및 절대다수표를 얻는 자가 위원으로 선출된다.

---

3) "10"을 "18"로 대체하는 동 협약 제43조 제2항 개정 결의안이 1995년 12월 21일 국제연합 총회에서 채택됨(50/155). 191개 당사국 중 128개국이 수락하면서 2002년 11월 18일 효력이 발효됨.

6. 위원회의 위원은 4년 임기로 선출된다. 위원은 재지명된 경우에는 재선될 수 있다. 최초의 선거에서 선출된 위원 중 5인의 임기는 2년 후에 종료된다. 이들 5인 위원의 명단은 최초선거 후 즉시 동 회의의 의장에 의하여 추첨으로 선정된다.
7. 위원회 위원이 사망, 사퇴 또는 본인이 어떠한 이유로 인하여 위원회의 임무를 더 이상 수행할 수 없다고 선언하는 경우, 그 위원을 지명한 당사국은 위원회의 승인을 조건으로 자국민 중에서 잔여 임기를 수행할 다른 전문가를 임명한다.
8. 위원회는 자체의 절차규정을 제정한다.
9. 위원회는 2년 임기의 임원을 선출한다.
10. 위원회의 회의는 통상 국제연합 본부나 위원회가 결정하는 그 밖의 편리한 장소에서 개최된다. 위원회는 통상 매년 회의를 한다. 위원회의 회의 기간은 필요한 경우 총회의 승인을 조건으로 이 협약 당사국회의에 의하여 결정되고 재검토된다.
11. 국제연합 사무총장은 이 협약에 의하여 설립된 위원회의 효과적인 기능수행을 위하여 필요한 직원과 편의를 제공한다.
12. 이 협약에 의하여 설립된 위원회의 위원은 총회의 승인을 얻고 총회가 결정하는 기간과 조건에 따라 국제연합의 재원으로부터 보수를 받는다.

제 44 조

1. 당사국은 이 협약에서 인정된 권리를 실행하기 위하여 그들이 채택한 조치와 동 권리의 향유와 관련하여 이룩한 진전상황에 관한 보고서를 다음과 같이 국제연합 사무총장을 통하여 위원회에 제출한다.
    (a) 관계 당사국에 대하여 이 협약이 발효한 후 2년 이내; (b) 그 후 5년마다
2. 이 조에 따라 제출되는 보고서는 이 협약상 의무의 이행 정도에 영향을 미치는 요소와 장애가 있을 경우 이를 적시하여야 한다. 보고서는 또한 관계국에서의 협약이행에 관한 포괄적인 이해를 위원회에 제공하기 위한 충분한 정보를 포함하여야 한다.
3. 위원회에 포괄적인 최초의 보고서를 제출한 당사국은, 제1항 (b)호에 의하여 제출하는 후속보고서에 이미 제출된 기초적 정보를 반복할 필요는 없다.
4. 위원회는 당사국으로부터 이 협약의 이행과 관련이 있는 추가정보를 요청할 수 있다.
5. 위원회는 위원회의 활동에 관한 보고서를 2년마다 경제사회이사회를 통하여 총회에 제출한다.
6. 당사국은 자국의 활동에 관한 보고서를 자국 내 일반에게 널리 활용 가능하도록 하여야 한다.

제 45 조

이 협약의 효과적인 이행을 촉진하고 이 협약이 대상으로 하는 분야에서의 국제협력을 장려하기 위하여,
(a) 전문기구, 국제연합아동기금 및 국제연합의 그 밖의 기관은 이 협약 중 그들의 권한 범위 안에 속하는 규정의 이행에 관한 논의에 대표를 파견할 권리를 가진다. 위원회는 전문기구, 국제연합 아동기금 및 위원회가 적절하다고 판단하는 그 밖의 권한 있는 기구에 대하여 각 기구의 권한 범위에 속하는 분야에 있어서 이 협약의 이행에 관한 전문적인 자문을 제공하여 줄 것을 요청할 수 있다. 위원회는 전문기구, 국제연합 아동기금 및 국제연합의 그 밖의 기관에게 그들의 활동 범위에 속하는 분야에서의 이 협약의 이행에 관한 보고서를 제출할 것을 요청할 수 있다.

(b) 위원회는 적절하다고 판단되는 경우 기술적 자문이나 지원을 요청하거나 그 필요성을 지적하고 있는 당사국의 모든 보고서를 그러한 요청이나 지적에 대한 위원회의 의견이나 제안이 있으면 동 의견이나 제안과 함께 전문기구, 국제연합아동기금 및 그 밖의 권한 있는 기구에 전달하여야 한다.
(c) 위원회는 사무총장이 위원회를 대신하여 아동권리와 관련이 있는 특정 문제를 조사하도록 요청할 것을 총회에 대하여 권고할 수 있다.
(d) 위원회는 이 협약 제44조 및 제45조에 의하여 접수한 정보에 기초하여 제안과 일반적 권고를 할 수 있다. 이러한 제안과 일반적 권고는 당사국의 논평이 있으면 그 논평과 함께 모든 관계 당사국에 전달되고 총회에 보고되어야 한다.

제3부

제 46 조
이 협약은 모든 국가에 의한 서명을 위하여 개방된다.

제 47 조
이 협약은 비준되어야 한다. 비준서는 국제연합 사무총장에게 기탁되어야 한다.

제 48 조
이 협약은 모든 국가에 의한 가입을 위하여 개방된다. 가입서는 국제연합 사무총장에게 기탁되어야 한다.

제 49 조
1. 이 협약은 20번째의 비준서 또는 가입서가 국제연합 사무총장에게 기탁되는 날부터 30일째 되는 날 발효한다.
2. 20번째의 비준서 또는 가입서의 기탁 이후에 이 협약을 비준하거나 가입하는 각 국가에 대하여, 이 협약은 그 국가의 비준서 또는 가입서 기탁 후 30일째 되는 날 발효한다.

제 50 조
1. 모든 당사국은 개정안을 제안하고 이를 국제연합 사무총장에게 제출할 수 있다. 동 제출에 의하여 사무총장은 당사국에게 동 제안을 심의하고 표결에 부치기 위한 당사국회의 개최에 대한 찬성 여부에 관한 의견을 표시하여 줄 것을 요청하는 것과 함께 개정안을 당사국에게 송부하여야 한다. 이러한 통보일부터 4월 이내에 당사국 중 최소 3분의 1이 회의 개최에 찬성하는 경우 사무총장은 국제연합 주관하에 동 회의를 소집하여야 한다. 동 회의에 출석하고 표결한 당사국의 과반수에 의하여 채택된 개정안은 그 승인을 위하여 국제연합 총회에 제출된다.
2. 제1항에 따라서 채택된 개정안은 국제연합 총회에 의하여 승인되고, 당사국의 3분의 2 이상의 다수가 수락하는 때에 발효한다.
3. 개정안은 발효한 때에 이를 수락한 당사국을 구속하며, 그 밖의 당사국은 계속하여 이 협약의 규정 및 이미 수락한 그 이전의 모든 개정에 구속된다.

제 51 조

1. 국제연합 사무총장은 비준 또는 가입시 각국이 행한 유보문을 접수하고 모든 국가에게 이를 배포하여야 한다.
2. 이 협약의 대상 및 목적과 양립할 수 없는 유보는 허용되지 아니한다.
3. 유보는 국제연합 사무총장에게 발송된 통고를 통하여 언제든지 철회될 수 있으며, 사무총장은 이를 모든 국가에게 통보하여야 한다. 그러한 통고는 사무총장에게 접수된 날부터 발효한다.

제 52 조

당사국은 국제연합 사무총장에 대한 서면통고를 통하여 이 협약을 폐기할 수 있다. 폐기는 사무총장이 통고를 접수한 날부터 1년 후에 발효한다.

제 53 조

국제연합 사무총장은 이 협약의 수탁자로 지명된다.

제 54 조

아랍어·중국어·영어·불어·러시아어 및 서반아어본이 동등하게 정본인 이 협약의 원본은 국제연합 사무총장에게 기탁된다.

11 | 장애인의 권리에 관한 협약 (2006채택/2008발효/2009한국발효)

전문 생략

제 1 조   목적
이 협약의 목적은 장애인이 모든 인권과 기본적인 자유를 완전하고 동등하게 향유하도록 증진, 보호 및 보장하고, 장애인의 천부적 존엄성에 대한 존중을 증진하는 것이다.
장애인은 다양한 장벽과의 상호 작용으로 인하여 다른 사람과 동등한 완전하고 효과적인 사회 참여를 저해하는 장기간의 신체적, 정신적, 지적, 또는 감각적인 손상을 가진 사람을 포함한다.

제 2 조   정의
이 협약의 목적상,
"의사소통"이란 문어·음성언어·단순언어, 낭독자 및 접근 가능한 정보통신 기술을 포함한 보완 대체적인 의사소통의 방식, 수단 및 형식뿐만 아니라 언어, 글자표시, 점자, 촉각을 통한 의사소통, 확대 인쇄물, 접근 가능한 멀티미디어를 포함한다.
"언어"란 음성언어와 기호화된 언어 및 다른 형태의 비음성 언어를 포함한다.
"장애로 인한 차별"이란 정치적, 경제적, 사회적, 문화적, 민간 또는 다른 분야에서 다른 사람과 동등하게 모든 인권과 기본적인 자유를 인정받거나 향유 또는 행사하는 것을 저해하거나 무효화하는 목적 또는 효과를 갖는, 장애를 이유로 한 모든 구별, 배제 또는 제한을 의미한다. 이는 합리적인 편의제공에 대한 거부를 포함한 모든 형태의 차별을 포함한다.
"합리적인 편의제공"이라 함은, 다른 사람과 동등하게 장애인에게 모든 인권과 기본적인 자유의 향유 또는 행사를 보장하기 위하여, 그것이 요구되는 특별한 경우, 과도하거나 부당한 부담을 지우지 아니하는 필요하고 적절한 변경과 조정을 의미한다.
"보편적인 디자인"이란 개조 또는 특별한 디자인을 할 필요 없이 최대한 가능한 범위 내에서, 모든 사람이 사용할 수 있는 제품, 환경, 프로그램 및 서비스를 디자인하는 것을 의미한다. 필요한 경우, "보편적인 디자인"은 특정 장애인 집단을 위한 보조기구를 배제하지 아니한다.

제 3 조   일반 원칙
이 협약의 원칙은 다음과 같다.
가. 천부적인 존엄성, 선택의 자유를 포함한 개인의 자율성 및 자립에 대한 존중
나. 비차별
다. 완전하고 효과적인 사회 참여 및 통합
라. 장애가 갖는 차이에 대한 존중과 인간의 다양성 및 인류의 한 부분으로서의 장애인의 인정
마. 기회의 균등
바. 접근성
사. 남녀의 평등
아. 장애아동의 점진적 발달능력 및 정체성 유지 권리에 대한 존중

제 4 조 일반 의무

1. 당사국은 장애를 이유로 한 어떠한 형태의 차별 없이 장애인의 모든 인권과 기본적인 자유의 완전한 실현을 보장하고 촉진하기 위한 의무를 부담한다. 이를 위하여 당사국은 다음의 사항을 약속한다.
   가. 이 협약에서 인정된 권리의 이행을 위하여 모든 적절한 입법적, 행정적 및 기타 조치를 채택할 것
   나. 장애인에 대한 차별을 구성하는 기존의 법률, 규칙, 관습 및 관행을 개정 또는 폐지하기 위하여 입법을 포함한 모든 적절한 조치를 취할 것
   다. 모든 정책과 프로그램에서 장애인의 인권 보호와 증진을 고려할 것
   라. 이 협약과 일치하지 아니하는 일체의 행위나 관행을 행하는 것을 삼가고, 정부당국과 공공기관이 이 협약과 일치되도록 업무를 수행할 것을 보장할 것
   마. 모든 개인, 기관 또는 사기업에 의해 행해지는 장애를 이유로 한 차별을 철폐하기 위하여 모든 적절한 조치를 취할 것
   바. 이 협약 제2조가 규정하는 바와 같이, 장애인의 특별한 욕구를 충족시키는데 가능한 최소한의 개조 및 비용만을 요하도록 보편적인 디자인의 제품, 서비스, 장비와 시설에 대한 연구 및 개발을 착수 또는 촉진하며, 이들의 이용가능성과 사용을 촉진하고, 표준 및 지침의 개발 시 보편적인 디자인을 촉진할 것
   사. 적정한 비용의 기술에 우선순위를 두어, 장애인에게 적합한 정보 통신기술, 이동 보조기, 장치 및 보조기술을 포함한 신기술의 연구와 개발을 착수 또는 촉진하고, 그 이용가능성과 사용을 촉진할 것
   아. 신기술을 포함한 이동 보조기, 장치 및 보조기술과 그 밖의 다른 형태의 보조, 지원 서비스 및 시설에 관하여 접근 가능한 정보를 장애인에게 제공할 것
   자. 이 협약에서 인정하는 권리에 의해 보장되는 지원과 서비스를 보다 잘 제공하기 위하여, 장애인과 함께 일하는 전문가와 직원의 훈련을 촉진할 것
2. 각 당사국은 경제적, 사회적 및 문화적 권리와 관련하여, 국제법에 따라 즉시 적용가능한 이 협약에 규정된 의무를 손상하지 아니하면서 이러한 권리의 완전한 실현을 점진적으로 달성하기 위하여, 필요한 경우 국제적 협력의 틀 내에서, 가용자원이 허용하는 최대한도까지 조치를 취할 것을 약속한다.
3. 당사국은 이 협약을 이행하기 위한 법률과 정책의 개발 및 이행, 그리고 장애인과 관련된 문제에 관한 그 밖의 의사결정절차에서 장애인을 대표하는 단체를 통하여 장애아동을 포함한 장애인과 긴밀히 협의하고 이들을 적극적으로 참가시킨다.
4. 이 협약의 어떠한 조항도 당사국의 법률 또는 그 당사국에서 시행되고 있는 국제법에 포함되어 있는 장애인 권리 실현에 보다 기여하는 규정에 영향을 미치지 아니한다. 이 협약이 그러한 권리 또는 자유를 인정하지 아니하거나 보다 협소한 범위에서 인정하고 있음을 이유로 하여 법률, 협약, 규정 또는 관습에 따라 당사국에서 인정되고 있거나 당사국에 존재하는 일체의 인권과 기본적인 자유에 대하여 제약이나 침해가 있어서는 아니 된다.
5. 이 협약의 규정은 일체의 제한이나 예외 없이 연방국가의 모든 지역에 적용된다.

제5조 평등 및 비차별

1. 당사국은 모든 인간은 법 앞에서 그리고 법 아래 평등하며, 법이 인정한 동등한 보호 및 동등한 혜택을 차별 없이 받을 자격이 있음을 인정한다.
2. 당사국은 장애를 이유로 한 모든 차별을 금지하고, 모든 이유에 근거한 차별에 대하여 장애인에게 평등하고 효과적인 법적 보호를 보장한다.
3. 당사국은 평등을 증진하고 차별을 철폐하기 위하여, 합리적인 편의 제공을 보장하기 위한 모든 적절한 절차를 취한다.
4. 장애인의 사실상 평등을 촉진하고 달성하기 위하여 필요한 구체적인 조치는 이 협약의 조건 하에서 차별로 간주되지 아니한다.

제6조 장애여성

1. 당사국은 장애여성과 장애소녀가 다중적 차별의 대상이 되고 있음을 인정하고, 이러한 측면에서 장애여성과 장애소녀가 모든 인권과 기본적인 자유를 완전하고 동등하게 향유하도록 보장하기 위한 조치를 취한다.
2. 당사국은 여성이 이 협약에서 정한 인권과 기본적인 자유를 행사하고 향유하는 것을 보장하기 위한 목적으로, 여성의 완전한 발전, 진보 및 권한강화를 보장하는 모든 적절한 조치를 취한다.

제7조 장애아동

1. 당사국은 장애아동이 다른 아동과 동등하게 모든 인권과 기본적인 자유를 완전히 향유하도록 보장하기 위하여 필요한 모든 조치를 취한다.
2. 장애아동과 관련된 모든 조치에 있어서는 장애아동의 최대 이익을 최우선적으로 고려한다.
3. 당사국은 장애아동이 자신에게 영향을 미치는 모든 문제에 대하여 다른 아동과 동등하게 자신의 견해(이 견해에 대하여는 연령과 성숙도에 따라 정당한 비중이 부여된다)를 자유로이 표현할 권리를 갖고, 이 권리를 실현하기 위하여 장애 및 연령에 따라 적절한 지원을 받을 권리가 있음을 보장한다.

제8조 인식 제고

1. 당사국은 다음의 목적을 위하여 즉각적이고, 효과적이며, 적절한 조치를 채택할 것을 약속한다.
    가. 가족 단위를 포함하여 사회 전반에서 장애인에 관한 인식을 제고하고, 장애인의 권리와 존엄성에 대한 존중심을 고취할 것
    나. 성별과 연령을 이유로 하는 것을 포함하여 삶의 모든 영역에서 장애인에 대한 고정관념, 편견 및 유해한 관행을 근절할 것
    다. 장애인의 능력과 이들의 기여에 대한 인식을 증진할 것
2. 이러한 목적을 달성하기 위한 조치는 다음을 포함한다.
    가. 다음의 목적을 위하여 기획된 효과적인 대중인식 캠페인을 추진하고 지속할 것
        1) 장애인의 권리에 대한 수용성을 함양할 것
        2) 장애인에 대한 긍정적인 인식과 사회적 인식의 증대를 촉진할 것
        3) 장애인의 기술, 장점 및 능력과 직장 및 고용시장에의 기여에 대한 인식을 증진할 것

나. 유아기부터의 모든 아동을 포함하여 교육제도의 모든 단계에서 장애인의 권리를 존중하는 태도를 양성할 것
다. 이 협약의 목적에 합치하는 방식으로 장애인을 묘사하도록 모든 언론 기관에 대해 권장할 것
라. 장애인과 장애인의 권리에 관한 인식 훈련 프로그램을 장려할 것

제9조　접근성

1. 당사국은 장애인이 자립적으로 생활하고 삶의 모든 영역에 완전히 참여할 수 있도록 하기 위하여, 장애인이 다른 사람과 동등하게 도시 및 농촌지역 모두에서 물리적 환경, 교통, 정보통신 기술 및 체계를 포함한 정보통신, 그리고 대중에게 개방 또는 제공된 기타 시설 및 서비스에 대한 접근을 보장하는 적절한 조치를 취한다. 접근성에 대한 장애와 장벽을 식별하고 철폐하는 것을 포함하는 이러한 조치는 특히 다음의 사항에 적용된다.
    가. 건물, 도로, 교통 및 학교, 주택, 의료시설 및 직장을 포함한 기타 실내·외 시설
    나. 정보, 통신 및 전자서비스와 응급서비스를 포함한 기타 서비스
2. 당사국은 또한 다음을 위하여 적절한 조치를 취한다.
    가. 대중에게 개방되거나 제공되는 시설과 서비스에 대한 접근성과 관련된 최소한의 기준과 지침을 개발, 공표하고 그 이행을 감시할 것
    나. 대중에게 개방되거나 제공되는 시설과 서비스를 제공하는 민간주체가 장애인의 접근성의 모든 측면을 고려하도록 보장할 것
    다. 장애인이 직면한 접근성 문제에 대하여 이해관계자에게 훈련을 제공할 것
    라. 대중에게 개방된 건물과 기타 시설에 점자 및 읽고 이해하기 쉬운 형태의 공공표지판을 설치할 것
    마. 대중에게 개방된 건물과 기타 시설에 대한 접근성을 촉진하기 위하여 안내인, 낭독자, 전문수화통역사를 포함한 사람과 동물에 의한 보조 및 매개자를 제공할 것
    바. 장애인의 정보에 대한 접근성을 보장하기 위하여 기타 적절한 형태의 지원과 보조를 촉진할 것
    사. 인터넷을 포함한 새로운 정보 통신 기술 및 체계에 대한 장애인의 접근을 촉진할 것
    아. 최소한의 비용으로 접근이 가능하도록 접근 가능한 정보통신 기술 및 체계의 고안, 개발, 생산 및 보급을 초기 단계에서 촉진할 것

제10조　생명권

당사국은 모든 인간이 천부적인 생명권을 부여받았음을 재확인하고, 장애인이 다른 사람과 동등하게 이러한 권리를 효과적으로 향유할 수 있도록 보장하기 위하여 모든 필요한 조치를 취한다.

제11조　위험상황과 인도적 차원의 긴급사태

당사국은 국제인도법과 국제인권법을 포함한 국제법적 의무에 따라 무력충돌, 인도적 차원의 긴급사태 및 자연재해의 발생을 포함하는 위험상황의 발생 시 장애인을 보호하고 안전을 보장하기 위하여 모든 필요한 조치를 취한다.

제12조 법 앞의 동등한 인정

1. 당사국은 장애인이 모든 영역에서 법 앞에 인간으로서 인정받을 권리가 있음을 재확인한다.
2. 당사국은 장애인이 모든 생활 영역에서 다른 사람과 동등하게 법적 능력을 향유함을 인정한다.
3. 당사국은 장애인이 법적 능력을 행사하기 위하여 필요한 지원에 접근할 수 있도록 적절한 조치를 취한 다.
4. 당사국은 법적 능력의 행사와 관련된 조치를 취할 때 이것이 남용되지 아니하도록 국제인권법에 따라 적절하고 효과적인 안전장치를 제공하도록 보장한다. 그러한 안전장치는 법적 능력 행사와 관련된 조치가 개인의 권리, 의지 및 선호도를 존중하고, 이익의 충돌 및 부당한 영향이 없고, 개인이 처한 환경에 비례하고 적합하며, 가능한 빠른 시일 내에 적용되고, 권한 있고 독립적이며 공정한 당국 또는 사법기관의 정기적인 검토를 받도록 보장한다. 안전장치는 그러한 조치들이 개인의 권리와 이익에 영향을 미치는 정도에 비례한다.
5. 이 조항 규정에 따라, 당사국은 장애인이 재산을 소유 또는 상속할 수 있는 동등한 권리를 보장하고, 자신의 재정 상황을 관리하고, 은행대출, 담보 및 다른 형태의 재무신용에 대하여 동등하게 접근할 수 있도록 모든 적절하고 효과적인 조치를 취하며, 장애인의 재산이 임의적으로 박탈당하지 아니하도록 보장한다.

제13조 사법에 대한 접근

1. 당사국은 장애인이 조사와 기타 예비적 단계를 포함한 모든 법적 절차에서 증인을 포함한 직·간접적 참여자로서의 효과적인 역할을 촉진하기 위하여, 절차적 편의 및 연령에 적합한 편의의 제공을 포함하여 다른 사람과 동등하게 사법에 효과적으로 접근할 수 있도록 보장한다.
2. 장애인이 효과적으로 사법에 접근할 수 있도록 보장하기 위하여, 당사국은 경찰과 교도관을 포함하여 사법 행정 분야에서 근무하는 직원을 위한 적절한 훈련을 장려한다.

제14조 신체의 자유 및 안전

1. 당사국은 다른 사람과 동등하게 장애인에 대해 다음의 사항을 보장한다.
    가. 신체의 자유 및 안전에 관한 권리를 향유한다.
    나. 장애인의 자유는 불법적 또는 임의적으로 박탈당하지 아니하고, 자유에 대한 일체의 제한은 법에 합치하여야 하며, 어떠한 경우에도 장애의 존재가 자유의 박탈을 정당화하지 아니한다.
2. 당사국은, 장애인이 어떠한 절차를 통하여 자유를 박탈당하는 경우, 모든 사람과 동등하게 국제인권법에 따라 보장받을 자격이 있고, 합리적인 편의제공을 비롯하여 이 협약의 목적과 원칙에 따라 대우받도록 보장한다.

제 15 조 고문 또는 잔혹한, 비인도적이거나 굴욕적인 대우나 처벌로부터의 자유

1. 그 누구도 고문 또는 잔혹한, 비인도적이거나 굴욕적인 대우나 처벌의 대상이 되지 아니한다. 특히, 그 누구도 자발적인 동의 없이 의학적 또는 과학적 실험의 대상이 되지 아니한다.
2. 당사국은 다른 사람과 동등하게 장애인이 고문 또는 잔혹한, 비인도적 또는 굴욕적인 대우를 받거나 처벌당하지 않도록 하기 위하여 모든 효과적인 입법적, 행정적, 사법적 또는 그 밖의 조치를 취한다.

제 16 조 착취, 폭력 및 학대로부터의 자유

1. <u>당사국은 가정 내외에서 성별을 이유로 한 유형을 포함하여 모든 형태의 착취, 폭력 및 학대로부터 장애인을 보호하기 위하여 모든 적절한 입법적, 행정적, 사회적, 교육적 및 그 밖의 조치를 취한다.</u>
2. 당사국은 특히 장애인과 그 가족 및 보호자를 위하여 착취, 폭력 및 학대를 방지하고 인지하며 신고하는 방법에 대한 정보 및 교육의 제공을 포함하여 성별과 연령을 고려한 적절한 형태의 지원 및 보조를 보장함으로써 모든 형태의 착취, 폭력 및 학대를 방지하기 위한 모든 적절한 조치를 취한다. 당사국은 연령, 성별 및 장애를 고려하여 이러한 보호서비스를 제공한다.
3. 당사국은 모든 형태의 착취, 폭력 및 학대의 발생을 방지하기 위하여 독립적인 기관이 장애인에게 제공되도록 고안된 모든 시설과 프로그램을 효과적으로 감시할 것을 보장한다.
4. 당사국은 보호서비스의 제공을 포함하여 모든 형태의 착취, 폭력 및 학대의 피해자가 된 장애인의 신체적, 인지적 및 심리적 회복, 재활 및 사회적 재통합을 촉진하기 위한 모든 적절한 조치를 취한다. 그러한 회복 및 재통합은 피해자의 건강, 복지, 자아존중, 존엄성 및 자율성을 증진하는 환경에서 이루어지며, 성별과 연령에 따른 특수한 욕구를 반영한다.
5. 당사국은 장애인에 대한 착취, 폭력 및 학대 사례를 확인하고 조사하며 적절한 경우에는 기소하기 위하여, 여성과 아동에 중점을 둔 법률과 정책을 포함하여 효율적인 법률과 정책을 마련한다.

제 17 조 개인의 완전함 보호

<u>모든 장애인은 다른 사람과 동등하게 신체적 및 정신적 완전함을 존중받을 권리를 가진다.</u>

제 18 조 이주 및 국적의 자유

1. 당사국은 다른 사람과 동등하게 장애인의 이주의 자유, 거주지 선택 및 국적의 자유에 대한 권리를 인정한다. 여기에는 다음의 사항을 보장하는 것이 포함된다.
    가. 국적을 취득 및 변경할 권리를 가지며, 임의로 또는 장애를 이유로 국적을 박탈당하지 아니한다.
    나. 장애를 이유로 국적 관련 서류 또는 기타 신분증명서류를 취득, 소유 및 사용하거나 또는 이주의 자유와 관련된 권리의 행사를 용이하게 하는 데 필요할 수 있는 이민절차와 같은 관련 절차를 이용할 능력을 박탈당하지 아니한다.
    다. 모국을 포함하여 모든 국가로부터 출국할 자유가 있다.
    라. 임의적으로 또는 장애를 이유로 모국에 입국할 권리를 박탈당하지 아니한다.

2. 장애아동은 출생 즉시 등록되며, 출생 시부터 이름을 가질 권리, 국적을 취득할 권리 및 가능한 한 자신의 부모가 누구인지 알고 그 부모에 의하여 양육될 권리를 갖는다.

제 19 조   자립적 생활 및 지역사회에의 동참

이 협약의 당사국은 모든 장애인이 다른 사람과 동등한 선택을 통하여 지역 사회에서 살 수 있는 동등한 권리를 가짐을 인정하며, 장애인이 이러한 권리를 완전히 향유하고 지역사회로의 완전한 통합과 참여를 촉진하기 위하여, 효과적이고 적절한 조치를 취한다. 여기에는 다음의 사항을 보장하는 것이 포함된다.
가. 장애인은 다른 사람과 동등하게 자신의 거주지 및 동거인을 선택할 기회를 가지며, 특정한 주거 형태를 취할 것을 강요받지 아니한다.
나. 장애인의 지역사회에서의 생활과 통합을 지원하고 지역사회로부터 소외되거나 분리되는 것을 방지하기 위하여 필요한 활동 보조를 포함하여, 장애인은 가정 내 지원서비스, 주거 지원서비스 및 그 밖의 지역사회 지원 서비스에 접근할 수 있다.
다. 일반인을 위한 지역사회 서비스와 시설은 동등하게 장애인에게 제공되고, 그들의 욕구를 수용한다.

제 20 조   개인의 이동성

<u>당사국은 장애인에 대하여 가능한 최대한의 독립적인 개인적 이동성을 보장하기 위하여 효과적인 조치를 취한다.</u> 여기에는 다음의 사항이 포함된다.
가. 장애인이 선택한 방식과 시기에, 그리고 감당할 수 있는 비용으로 장애인이 개인적으로 이동하는 것을 촉진할 것
나. 장애인이 감당할 수 있는 비용으로 이용하게 하는 것을 포함하여 양질의 이동 보조기, 장치 및 보조기술 그리고 사람 및 동물에 의한 보조 및 매개자에 대한 장애인의 접근을 촉진할 것
다. 장애인 및 장애인과 함께 근무하는 전문직원에게 이동기술에 관한 훈련을 제공할 것
라. 이동 보조기구, 장비 및 보조기술을 생산하는 주체가 장애인 이동의 모든 측면을 고려하도록 장려할 것

제 21 조   의사 및 표현의 자유와 정보 접근권

당사국은 이 협약 제2조에 따라, 장애인이 선택한 모든 의사소통 수단을 통하여 장애인이 다른 사람과 동등하게 정보와 사상을 구하고, 얻고 전파하는 자유를 포함한 의사 및 표현의 자유를 행사할 수 있도록 보장하기 위하여 모든 적절한 조치를 취한다. 여기에는 다음의 사항이 포함된다.
가. 일반 대중을 위한 정보를 다양한 장애유형에 적합하고 접근 가능한 형식과 기술로 장애인에게 시의적절하고 추가 비용 없이 제공할 것
나. 장애인의 공식적인 교류에 있어 수화, 점자, 보완대체 의사소통, 그리고 장애인의 선택의 따른 의사소통의 기타 모든 접근 가능한 수단, 방식 및 형식의 사용을 수용하고 촉진할 것
다. 인터넷 경로를 포함하여 일반 대중에게 서비스를 제공하는 민간 주체가 장애인에게 접근 및 이용 가능한 형식으로 정보와 서비스를 제공하도록 촉구할 것
라. 언론 매체의 서비스가 장애인에게 접근 가능하도록 인터넷을 통한 정보제공자를 포함한 언론 매체를 장려할 것
마. 수화의 사용을 인정하고 증진할 것

제22조 사생활의 존중

1. 장애인은 거주지 또는 거주형태와 무관하게 자신의 사생활, 가족, 가정, 통신 및 다른 형태의 의사소통에 관하여 임의적 또는 불법적인 간섭을 받거나 자신의 명예와 명성에 대하여 불법적인 침해를 받지 아니한다. 장애인은 그러한 간섭 또는 침해에 대하여 법의 보호를 받을 권리를 갖는다.
2. 당사국은 장애인의 개인정보 및 건강과 재활에 관한 사적 정보를 다른 사람과 동등하게 보호한다.

제23조 가정과 가족에 대한 존중

1. 당사국은 다음의 사항을 보장하기 위하여, 다른 사람과 동등하게 혼인, 가족, 부모자식 관계 및 친척관계와 관련한 모든 문제에 있어 장애인에 대한 차별을 근절하기 위한 효과적이고 적절한 조치를 취한다.
   가. 결혼적령기에 있는 모든 장애인이 장래 배우자의 자유롭고 완전한 동의 아래 결혼을 하고 가정을 이룰 수 있는 권리가 인정된다.
   나. 장애인이 자녀의 수와 터울을 자유롭고 책임 있게 선택할 권리와 연령에 적합한 정보 및 출산과 가족계획 교육에 대해 접근할 권리를 인정하고, 장애인이 이러한 권리를 행사하는데 필요한 수단을 제공한다.
   다. 장애아동을 포함한 장애인은 다른 사람과 동등하게 생식능력을 유지한다.
2. 당사국은 그러한 개념이 국내법에 존재하는 경우, 후견, 피후견, 위탁, 입양 또는 유사한 제도와 관련한 장애인의 권리와 책임을 보장한다. 모든 경우에 아동의 최선의 이익이 가장 중요시된다. 당사국은 장애인이 자녀에 대한 양육 책임을 수행하는데 있어 적절한 지원을 제공한다.
3. 당사국은 장애아동이 가정생활에 있어서 동등한 권리를 가질 것을 보장한다. 이러한 권리를 실현하고 장애아동의 은닉, 유기, 방임 및 격리를 방지하기 위하여 당사국은 장애아동과 그 가족에 대해 조기에 종합적인 정보, 서비스 및 지원의 제공을 약속한다.
4. 당사국은 관계당국이 사법적 검토를 조건으로 적용 가능한 법률과 절차에 따라 부모와의 격리가 아동의 최선의 이익을 위하여 필요하다고 결정하는 경우를 제외하고, 부모의 의사에 반하여 아동이 부모로부터 격리되지 아니하도록 보장한다. 어떠한 경우에도 아동은 아동 자신 또는 부모의 장애를 이유로 부모로부터 분리되지 아니한다.
5. 당사국은 직계 가족이 장애아동을 돌볼 수 없는 경우에 확대가족 내에서 대체 보살핌을 제공하고, 이것마저 불가능한 경우에는 지역사회에서 가족의 형태로 이를 제공하기 위한 노력을 다할 것을 약속한다.

제24조 교육

1. 당사국은 장애인의 교육을 받을 권리를 인정한다. 당사국은 이러한 권리를 균등한 기회에 기초하여 차별 없이 실현하기 위하여, 모든 수준에서의 통합적인 교육제도와 평생교육을 보장한다. 이는 다음과 같은 목적을 지향한다.
   가. 인간의 잠재력, 존엄성 및 자기 존중감의 완전한 계발과, 인권, 기본적인 자유 및 인간의 다양성에 대한 존중의 강화
   나. 장애인의 정신적, 신체적 능력뿐만 아니라 인성, 재능 및 창의성의 계발 극대화
   다. 장애인의 자유사회에 대한 효과적인 참여의 증진

2. 당사국은 이러한 권리를 실현함에 있어 다음의 사항을 보장한다.
   가. 장애인은 장애를 이유로 일반 교육제도에서 배제되지 아니하며, 장애아동은 장애를 이유로 무상 의무초등교육이나 중등교육으로부터 배제되지 아니한다.
   나. 장애인은 자신이 속한 지역사회에서 다른 사람과 동등하게 통합적인 양질의 무상 초등교육 및 중등교육에 접근할 수 있다.
   다. 개인의 요구에 의한 합리적인 편의가 제공된다.
   라. 장애인은 일반 교육제도 내에서 효과적인 교육을 촉진하기 위하여 필요한 지원을 제공받는다.
   마. 학업과 사회성 발달을 극대화하는 환경 내에서 완전한 통합이라는 목표에 합치하는 효과적이고 개별화된 지원 조치가 제공된다.
3. 당사국은 장애인의 교육에 대한 참여 그리고 지역사회의 구성원으로서 완전하고 평등한 참여를 촉진하기 위하여 생활 및 사회성 발달 능력을 학습할 수 있도록 한다. 이를 위하여, 당사국은 다음의 사항을 포함한 적절한 조치를 취한다.
   가. 점자, 대체문자, 보완대체 의사소통의 방식, 수단 및 형식, 방향정위 및 이동기술의 학습을 촉진하고, 동료집단의 지원과 조언 및 조력을 촉진할 것
   나. 수화 학습 및 청각 장애인 집단의 언어 정체성 증진을 촉진할 것
   다. 특히 시각, 청각 또는 시청각 장애를 가진 아동을 포함하여 이러한 장애를 가진 장애인의 교육이 개인의 의사소통에 있어 가장 적절한 언어, 의사소통 방식 및 수단으로 학업과 사회성 발달을 극대화하는 환경에서 이루어지도록 보장할 것
4. 이러한 권리 실현의 보장을 돕기 위하여, 당사국은 장애인 교사를 포함하여 수화 그리고/또는 점자언어 활용이 가능한 교사를 채용하고 각 교육 단계별 전문가와 담당자를 훈련하기 위한 적절한 조치를 취한다. 그러한 훈련은 장애에 대한 인식과 더불어, 장애인을 지원하기 위하여 적절한 보완대체 의사소통의 방식, 수단 및 형태, 교육기법 및 교재의 사용을 통합한다.
5. 당사국은 장애인이 차별 없고 다른 사람과 동등하게 일반적인 고등교육, 직업훈련, 성인교육 및 평생교육에 접근할 수 있도록 보장한다. 이를 위하여 당사국은 장애인에 대하여 합리적인 편의 제공을 보장한다.

제 25 조 건강

당사국은 장애인이 장애를 이유로 한 차별 없이 달성할 수 있는 최고 수준의 건강을 향유할 권리가 있음을 인정한다. 당사국은 보건 관련 재활을 포함하여 성별을 고려한 보건서비스에 대한 장애인의 접근을 보장하는 모든 적절한 조치를 취한다. 특히, 당사국은 다음의 사항을 이행한다.
가. 성적, 생식적 보건 및 인구에 기초한 공공 보건 프로그램을 포함하여 다른 사람에게 제공되는 것과 동일한 범위, 수준 및 기준의 무상 또는 감당할 수 있는 비용의 건강관리 및 프로그램을 장애인에게 제공한다.
나. 적절한 조기 발견과 개입을 포함하여, 장애인이 특히 장애에 기인하여 필요로 하는 보건서비스와 아동 및 노인에게 발생하는 장애를 포함하여 추가적인 장애를 최소화하고 예방하기 위하여 고안된 서비스를 제공한다.
다. 농촌지역을 포함하여, 장애인이 속한 지역사회와 가능한 한 인접한 곳에서 이러한 건강서비스를 제공한다.

라. 특히 공공 및 민간 보건 관리의 윤리적 기준에 대한 훈련과 홍보를 통하여, 장애인의 인권, 존엄성, 자율성 및 필요에 대한 인식 증진에 따른 자유롭고 사전고지에 근거한 동의에 기초할 것을 포함하여 보건전문가로 하여금 장애인에게 다른 사람과 동등한 질의 서비스를 제공하도록 요구한다.
마. 건강보험 및 국내법에 따라 허용되는 생명보험의 제공 시 장애인에 대한 차별을 금지하며, 이러한 보험은 공평하고 합리적인 방식으로 제공된다.
바. 장애를 이유로 한 보건 관리, 보건 서비스 또는 식량과 음료의 차별적 거부를 금지한다.

제 26 조 가활 및 재활

1. 당사국은 장애인이 최대한의 독립성, 완전한 신체적·정신적·사회적 및 직업적 능력 그리고 삶의 전 분야에서 완전한 통합과 참여를 달성하고 유지할 수 있도록 동료집단의 지원을 포함하여 효과적이고 적절한 조치를 취한다. 이를 위하여, 당사국은 특히 보건, 고용, 교육 및 사회 서비스 분야에서 다음의 방법으로 종합적인 가활·재활 서비스 및 프로그램을 구성·강화 및 확대한다.
    가. 재활 서비스와 프로그램은 가능한 초기 단계에서 개시하고, 개인의 욕구와 강점에 대한 다양한 분야별 평가에 기초한다.
    나. 재활 서비스와 프로그램은 지역사회 및 사회 모든 분야로의 참여와 통합을 지원하고, 자발적이며, 농촌지역을 포함한 장애인 자신의 지역사회에서 가능한 근접한 곳에서 이용이 가능하도록 제공된다.
2. 당사국은 가활과 재활 서비스를 담당하는 전문가와 실무담당자를 위한 초기 및 지속적인 교육의 개발을 증진한다.
3. 당사국은 가활과 재활에 관련되고 장애인을 위하여 고안된 보조기구와 기술의 이용가능성, 숙지 및 그 사용을 촉진한다.

제 27 조 근로 및 고용

1. 당사국은 다른 사람과 동등하게 장애인의 노동권을 인정한다. 이는 장애인이 장애인에게 개방적이고 통합적이며 접근 가능한 노동시장과 근로환경 내에서 자유로이 선택하거나 수용한 직업을 통하여 삶을 영위할 기회를 가질 권리를 포함한다. 당사국은 고용기간동안 장애를 입은 사람을 포함하여, 특히 다음의 사항을 위하여 입법을 포함한 적절한 조치를 취하여 노동권의 실현을 보호하고 증진한다.
    가. 모집, 채용 및 고용, 고용연장, 승진, 안전하고 위생적인 근무환경의 조건을 포함하여 고용관련 제반 사항에 관하여 장애를 이유로 한 차별을 금지한다.
    나. 동등한 가치를 갖는 업무에 대한 동등한 기회와 보수를 포함한 공정하고 우호적인 근무 환경, 괴롭힘으로부터의 보호를 포함한 안전하고 위생적인 근무요건, 그리고 고충처리에 대한 장애인의 권리를 다른 사람과 동등하게 보호한다.
    다. 다른 사람과 동등하게 장애인이 노동조합권을 행사할 수 있도록 보장한다.
    라. 일반적인 기술 및 직업 지도 프로그램, 직업소개 서비스, 직업훈련 및 지속적인 훈련에 대하여 장애인이 효과적으로 접근할 수 있도록 한다.
    마. 구직, 취업, 직업유지 및 복직에 대하여 지원할 뿐만 아니라, 노동시장에서 장애인의 고용기회와 승진을 촉진한다.
    바. 자영업, 기업경영, 협동조합의 개발 및 창업의 기회를 촉진한다.

- 사. 공공부문에 장애인을 고용한다.
- 아. 적극적 고용개선조치 프로그램, 장려금 및 그 밖의 조치를 포함한 적절한 정책과 조치를 통하여 민간부문에서 장애인의 고용을 촉진한다.
- 자. 작업장에서 장애인에게 합리적인 편의가 제공되도록 보장한다.
- 차. 공개 노동시장에서 장애인이 근로경력을 습득하도록 촉진한다.
- 카. 장애인을 위한 직업적 재활 및 전문적 재활, 직업유지 및 복직 프로그램을 촉진한다.

2. 당사국은 장애인이 노예상태 또는 강제노역에 처하지 아니하고, 강요되거나 강제된 노동으로부터 다른 사람과 동등하게 보호되도록 보장한다.

제28조 적절한 생활수준과 사회적 보호

1. 당사국은 적정한 수준의 의식주를 포함하여 장애인 자신과 그 가족이 적정한 생활수준을 유지하고 생활조건을 지속적으로 개선시킬 장애인의 권리를 인정하며, 장애를 이유로 한 차별 없이 이러한 권리의 실현을 보호하고 증진하는 적절한 조치를 취한다.
2. 당사국은 장애를 이유로 한 차별 없이 장애인이 사회적 보호에 대한 권리를 가진다는 점과 이러한 권리의 향유를 인정하며, 다음의 조치를 포함하여 이러한 권리의 실현을 보호하고 증진하는 적절한 조치를 취한다.
    - 가. 정수(淨水) 서비스에 대하여 장애인에게 동등한 접근을 보장하고, 장애와 관련된 욕구를 위한 적절하고 감당할 수 있는 비용의 서비스, 장치 및 그 밖의 지원에 대한 접근을 보장할 것
    - 나. 장애인, 특히 장애여성, 장애소녀 및 장애노인에 대하여 사회보호 프로그램과 빈곤감소 프로그램에 대한 접근을 보장할 것
    - 다. 빈곤상태에 있는 장애인과 그 가족에게 적절한 훈련, 상담, 재정지원 및 일시적인 보살핌을 포함하여 장애 관련 비용이 수반되는 국가 지원에 대한 접근을 보장할 것
    - 라. 공공주택 프로그램에 대한 장애인의 접근을 보장할 것
    - 마. 퇴직연금과 프로그램에 대한 장애인의 동등한 접근을 보장할 것

제29조 정치 및 공적 생활에 대한 참여

당사국은 장애인이 다른 사람과 동등하게 정치적 권리와 기회를 향유할 수 있도록 보장하며, 다음의 사항을 약속한다.

- 가. 장애인이 투표하고 선출될 수 있는 권리와 기회를 포함하여, 다른 사람과 동등하게, 직접 또는 자유롭게 선택한 대표를 통한 정치 및 공적생활에 효과적이고 완전하게 참여할 수 있도록 특히 다음의 사항을 통하여 보장할 것
    1) 투표절차, 시설 및 용구가 적절하고, 접근가능하며, 그 이해와 사용이 용이하도록 보장할 것
    2) 적절한 경우 보조기술 및 새로운 기술의 사용을 촉진하여, 장애인이 위협당하지 아니하고 선거 및 국민투표에서 비밀투표를 할 권리와, 선거에 출마하고 효과적으로 취임하여 정부의 모든 단계에서 모든 공적 기능을 수행할 장애인의 권리를 보호할 것
    3) 유권자로서 장애인의 자유로운 의사 표현을 보장하고, 이를 위하여 필요한 경우, 투표에 있어 장애인의 요청에 따라 그가 선택한 사람에 의하여 도움을 받도록 인정할 것

나. 장애인이 차별 없이 다른 사람과 동등하게 공적 활동 수행에 효과적이고 완전하게 참여할 수 있는 환경을 적극적으로 조성하고, 다음을 포함한 장애인의 공적 활동에의 참여를 장려할 것
   1) 국가의 공적·정치적 활동과 관련된 비정부기구 및 비정부단체와 정당 활동 및 운영에의 참여
   2) 국제적, 국내적, 지역적 및 지방적 차원에서 장애인을 대표하는 장애인 단체의 결성과 가입

제 30 조 문화생활, 레크리에이션, 여가생활 및 체육활동에 대한 참여

1. 당사국은 다른 사람과 동등하게 문화생활에 참여할 수 있는 장애인의 권리를 인정하며, 장애인에게 다음의 사항을 보장하기 위하여 모든 적절한 조치를 취한다.
   가. 접근 가능한 형태로 된 문화자료에 대한 접근을 향유한다.
   나. 텔레비전 프로그램, 영화, 연극 및 다른 문화 활동에 대한 접근을, 접근 가능한 형태로 향유한다.
   다. 공연장, 박물관, 영화관, 도서관, 관광서비스와 같은 문화 활동 또는 서비스를 위한 장소에 대한 접근과, 국가적으로 문화적 중요성을 가진 기념물과 명소에 대한 접근을 가능한 한 향유한다.
2. 당사국은 장애인 자신의 이익뿐만 아니라 풍요로운 사회를 위하여 장애인의 창조적, 예술적, 지적 잠재력을 계발하고 활용할 수 있는 기회를 보장하기 위하여 적절한 조치를 취한다.
3. 당사국은 지적재산권을 보호하는 법이 문화자료에 대한 장애인의 접근에 불합리하거나 차별적인 장벽을 구성하지 아니하도록 국제법에 따라 모든 적절한 조치를 취한다.
4. 장애인은 수화와 청각장애인의 문화를 포함하여 그들의 특정한 문화적·언어적 정체성을 다른 사람과 동등하게 인정받고 지원받을 자격이 있다.
5. 당사국은 장애인이 다른 사람과 동등하게 레크리에이션, 여가생활 및 체육활동에 참여할 수 있도록 하기 위하여 다음의 적절한 조치를 취한다.
   가. 주류 체육활동의 모든 단계에서 장애인이 가능한 최대한 참여할 수 있도록 장려하고 증진할 것
   나. 장애인이 장애특화 체육과 레크리에이션 활동을 조직, 개발하고 이에 참여할 수 있는 기회를 보장하고, 이를 위하여 다른 사람과 동등하게 적절한 교육, 훈련 및 자원의 제공을 장려할 것
   다. 체육활동, 레크리에이션 및 관광지에 대한 장애인의 접근을 보장할 것
   라. 장애아동이 교내에서의 그러한 활동을 포함하여 놀이, 레크리에이션, 여가활동 및 체육활동의 참여에 대하여 다른 아동과 동등하게 접근할 수 있도록 보장할 것
   마. 장애인이 레크리에이션, 관광, 여가활동 및 체육활동 종사자들로부터 서비스를 받을 수 있도록 보장할 것

제 31 조 통계와 자료 수집

1. 당사국은 이 협약의 이행을 위한 정책을 수립하고 시행하기 위하여 통계 자료와 연구 자료를 포함한 적절한 정보를 수집할 것을 약속한다. 이러한 정보의 수집 및 유지 절차는 다음에 따른다.

가. 장애인의 사생활에 대한 비밀과 존중을 보장하기 위하여 자료 보호와 관련된 입법을 포함하여 법적으로 확립된 보호조치를 준수한다.
　　나. 인권과 기본적인 자유를 보호하는 국제적으로 승인된 규범과 통계의 수집과 사용에 관한 윤리원칙을 준수한다.
2. 이 조항에 따라 수집된 정보는 적절한 경우 구성요소별로 분류되어, 이 협약에 따른 당사국의 의무 이행을 평가하고 장애인이 권리를 행사함에 있어 직면하는 장벽을 규명하고 해결하는 데에 사용된다.
3. 당사국은 이러한 통계의 보급에 책임을 지고, 이에 대한 장애인과 비장애인의 접근가능성을 보장한다.

제 32 조　　국제협력

1. 당사국은 이 협약의 목적과 목표의 실현을 위한 국가차원의 노력을 지원함에 있어 국제협력과 그에 대한 증진의 중요성을 인정하고, 이러한 관점에서 당사국 간 그리고 적절한 경우에는 관련 국제기구 및 지역기구와 시민단체, 특히 장애인 단체와의 협력을 통하여 적절하고 효과적인 조치를 취할 것이다. 이러한 조치는 특히 다음의 사항을 포함할 수 있다.
　　가. 국제개발 프로그램을 포함하여, 국제협력이 장애인을 포함시키고 장애인에게 접근 가능하도록 보장할 것
　　나. 정보, 경험, 훈련 프로그램 및 모범사례의 교류 및 공유 등을 통하여 역량구축을 촉진하고 지원할 것
　　다. 연구 협력과 과학적 및 기술적 지식에 대한 접근을 촉진할 것
　　라. 적절한 경우, 접근 가능하고 보조적인 기술에 대한 접근과 공유를 촉진하는 것과, 기술이전을 포함하여 기술적 및 경제적 지원을 제공할 것
2. 이 조항의 규정은 이 협약하에서 각 당사국이 이행하여야 하는 의무를 저해하지 아니한다.

제 33 조　　국내적 이행 및 감독

1. 당사국은 이 협약의 이행과 관련된 사항을 위하여 국내조직의 체계에 맞춰 정부 내에 하나 또는 그 이상의 전담부서를 지정하고, 다양한 부문과 다양한 수준에서 관련 활동을 용이하게 하기 위하여 정부 내에 조정기구를 설치하거나 지정하는 것을 충분히 고려한다.
2. 당사국은 자국의 입법과 행정 체계에 따라 이 협약의 이행을 증진, 보호 및 감독하기 위하여 적절한 경우 당사국 내에 하나 또는 그 이상의 독립적 기구를 포함한 체제를 유지, 강화, 지정 또는 설치한다. 이러한 체제를 지정 또는 설치할 경우, 당사국은 인권보장과 증진을 위한 국가기구의 지위 및 역할과 관련된 원칙을 고려한다.
3. 시민단체, 특히 장애인과 이들을 대표하는 단체들은 감독 절차에 충분히 개입하고 참여한다.

제 34 조　　장애인권리위원회

1. 이하에서 규정하는 기능을 수행하는 장애인권리위원회(이하 "위원회"라 한다)를 설치한다.
2. 위원회는 이 협약 발효 시 12명의 전문가로 구성한다. 추가로 60개국이 비준 또는 가입한 이후에 위원회의 위원은 6명까지 추가되어 최대 18명이 된다.

3. 위원회의 위원은 개인 자격으로 직무를 수행하고 높은 도덕성을 가지며, 이 협약이 다루는 분야에서 능력과 경험을 인정받아야 한다. 당사국은 후보자 지명 시, 이 협약 제4조 제3항의 규정을 충분히 고려하도록 요청된다.
4. 당사국은 공평한 지리적 배분, 다양한 문명형태와 주요 법체계의 대표성, 균형 있는 성별 대표성 및 장애인 당사자인 전문가의 참여를 고려하여 위원회의 위원을 선출한다.
5. 위원회의 위원은 당사국회의에서 각 당사국이 자국민 중에서 지명한 후보자 명부에서 비밀투표로 선출한다. 당사국의 3분의 2가 의사정족수를 구성하는 이 회의에서 출석하여 투표한 당사국 대표로부터 절대 다수표를 획득한 자 중 최다득표자 순으로 선출된다.
6. 최초의 선거는 이 협약의 발효일로부터 6월 안에 실시된다. 국제연합 사무총장은 최소한 각 선거일 4월 전에 모든 당사국에게 서한을 발송하여 2월 안에 후보자 명단을 제출해 주도록 요청한다. 국제연합 사무총장은 이와 같이 지명된 후보자의 명부를 지명한 당사국을 명시하여 알파벳순으로 작성하며, 이 명부를 모든 당사국에게 송부한다.
7. 위원회의 위원은 4년 임기로 선출된다. 위원은 1회 재임 가능하다. 그러나 최초의 선거에서 선출된 위원 중 6명의 임기는 2년 후에 종료되며, 이 6명은 최초 선거 후 즉시 이 조 제5항에 규정된 회의의 의장이 추첨으로 선정한다.
8. 6명의 추가 위원회 위원의 선출은 이 조의 관련 규정에 따라 정규 선거시에 이루어진다.
9. 위원회의 위원이 사망, 사임하거나 또는 그 밖의 사유로 인하여 임무를 더 이상 수행할 수 없다고 선언한 경우, 이 위원을 지명한 당사국은 이 조항의 관련 규정에 명시된 자격을 갖추고 요건에 부합하는 다른 전문가를 임명하여 잔여임기를 수행하도록 한다.
10. 위원회는 자체의 의사규칙을 제정한다.
11. 국제연합 사무총장은 이 협약에 의하여 설립된 위원회가 효과적으로 기능을 수행하는데 필요한 직원과 시설을 제공하고, 제1차 회의를 소집한다.
12. 이 협약에 의하여 설립된 위원회의 위원은 위원회 책무의 중요성을 고려하여 국제연합 총회의 승인을 얻고 총회가 결정하는 조건에 따라 국제연합 재원으로부터 보수를 받는다.
13. 위원회의 위원은 국제연합의 특권과 면제에 관한 협약의 관련 부분에 규정된 바에 따라, 국제연합을 위하여 임무를 수행 중인 전문가를 위한 편의, 특권 및 면제를 향유한다.

제 35 조 당사국 보고서

1. 각 당사국은 이 협약에 따른 의무를 이행하기 위하여 취한 조치 및 진전사항에 관하여 이 협약이 자국에 대하여 발효한 후 2년 안에 종합적인 보고서를 국제연합 사무총장을 통하여 위원회에 제출한다.
2. 그 이후 당사국은 최소한 4년마다 후속 보고서를 제출하며 위원회가 요구하는 경우에는 언제든지 제출한다.
3. 위원회는 이 보고서의 내용에 적용 가능한 지침을 결정한다.

4. 위원회에 제1차 종합보고서를 제출한 당사국은 후속보고서에 이전에 제출한 정보를 반복할 필요는 없다. 당사국은 위원회에 제출할 보고서를 준비하는 경우, 공개적이고 투명한 과정에 따라 이를 준비하고 이 협약의 제4조 제3항의 규정을 적절히 고려하도록 요청된다.
5. 보고서는 이 협약상 의무 이행정도에 영향을 미치는 요인과 애로점을 명시할 수 있다.

제 36 조　보고서의 검토

1. 위원회는 각 보고서를 검토하고 보고서에 관하여 적절하다고 판단되는 제안과 일반적인 권고를 하며, 이를 관련 당사국에 송부한다. 당사국은 당사국이 선택한 정보와 함께 위원회에 답변할 수 있다. 위원회는 이 협약의 이행과 관련된 추가 정보를 당사국에 요청할 수 있다.
2. 당사국의 보고서 제출이 상당히 지체될 경우, 위원회는 통지 이후 3개월 이내에 관련 보고서가 제출되지 아니하면 위원회가 이용가능한 신뢰할 만한 정보를 기초로 협약 이행을 심사할 필요성이 있음을 관련 당사국에 통지할 수 있다. 위원회는 관련 당사국에게 이러한 심사에 참여하도록 요청한다. 당사국이 관련 보고서를 제출함으로써 이에 응한다면, 이 조 제1항의 규정이 적용된다.
3. 국제연합 사무총장은 보고서를 모든 당사국에게 이용 가능하도록 한다.
4. 당사국은 보고서가 자국 국민에게 널리 활용 가능하도록 하여야 하며, 이 보고서에 관한 제안 및 일반 권고에 대한 접근을 증진한다.
5. 위원회는 적절하다고 판단되는 경우, 기술적 자문 또는 지원을 요청하거나 그 필요성을 지적하고 있는 당사국의 보고서를 그러한 요청 또는 지적에 대한 위원회의 소견과 권고가 있다면 그 소견 및 권고와 함께 국제연합의 전문기구, 기금 및 프로그램과 기타 관련기구에게 전달한다.

제 37 조　당사국과 위원회 간의 협력

1. 각 당사국은 위원회와 협력하고, 위원회 위원들이 임무를 수행할 수 있도록 지원한다.
2. 위원회는 당사국과의 관계에 있어서 국제협력을 포함하여 이 협약의 이행을 위한 국가역량을 증진시킬 수 있는 수단과 방법을 적절히 고려한다.

제 38 조　위원회와 기타 기구와의 관계

이 협약의 효과적인 이행을 촉진하고, 이 협약이 대상으로 하는 분야에서의 국제협력을 장려하기 위하여,

가. 전문기구와 국제연합의 기타 기관은 이 협약 중 그 권한 범위에 속하는 규정의 이행에 관한 논의에 대표를 파견할 자격이 있다. 위원회는 전문기구와 기타 권한 있는 기구에 대하여 적절하다고 판단될 경우 각 기구의 권한 범위에 속하는 분야에 있어서 이 협약의 이행에 관한 전문적인 자문을 제공하여 줄 것을 요청할 수 있다. 위원회는 전문기구와 기타 국제연합의 기관에 대하여 그 활동범위에 속하는 분야에서 이 협약의 이행에 관한 보고서를 제출할 것을 요청할 수 있다.
나. 위원회는 직무 수행 시 각 기구들의 보고서 지침, 제안 및 일반 권고의 일관성을 보장하고 기능 수행에 있어 중복을 피하기 위한 목적으로, 적절한 경우, 국제인권조약에 따라 설립된 기타 관련 기구와 협의한다.

제 39 조 위원회 보고서

위원회는 위원회의 활동에 대한 보고서를 2년마다 총회와 경제사회이사회에 제출하며, 당사국으로부터 접수한 보고서와 정보에 대한 심사를 기초로 하여 제안 및 일반적 권고를 할 수 있다. 이러한 제안 및 일반적 권고는 당사국으로부터의 논평이 있는 경우에는 이와 함께 위원회의 보고서에 수록되어야 한다.

제 40 조 당사국회의

1. 당사국은 이 협약의 이행과 관련된 사항을 검토하기 위하여 당사국회의에서 정기적으로 회합한다.
2. 국제연합 사무총장은 이 협약이 발효된 후 6월 안에 당사국회의를 소집한다. 또한 국제연합 사무총장은 2년마다 또는 당사국회의의 결정에 따라 차기 회의를 소집한다.

제 41 조 수탁자

국제연합 사무총장은 이 협약의 수탁자이다.

제 42 조 서명

이 협약은 2007년 3월 30일 뉴욕 국제연합 본부에서 모든 국가와 지역통합기구의 서명을 위하여 개방된다.

제 43 조 기속적 동의

이 협약은 서명국에 의한 비준 및 서명한 지역통합기구에 의한 정식 확인의 대상이다. 이 협약은 이 협약에 서명하지 아니한 국가 또는 지역통합기구의 가입을 위하여 개방된다.

제 44 조 지역통합기구

1. "지역통합기구"란 특정지역의 주권 국가에 의하여 구성된 기구로서, 그 회원국들이 이 협약의 관장 사항에 대한 권한을 위임한 기구를 의미한다. 이러한 기구는 정식확인서 또는 가입서에서 이 협약의 관장 사항에 관한 자신의 권한 범위를 선언한다. 이후에, 이 기구는 자신의 권한 범위에 대한 중요한 변경에 대하여 수탁자에게 통보한다.
2. 이 협약의 "당사국"에 대한 언급은 지역통합기구의 권한 범위 내에서 이러한 기구에 적용된다.
3. 제45조 제1항, 제47조 제2항 및 제3항의 목적상, 지역통합기구에 의하여 기탁된 문서는 포함되지 아니한다.
4. 지역통합기구는 그 권한 내의 사항에 관하여 당사국회의에서 이 협약 당사국인 회원국 수와 동일한 투표수로 투표권을 행사할 수 있다. 기구의 회원국 중 어느 국가라도 투표권을 행사한다면 그 기구는 투표권을 행사할 수 없으며, 반대로 기구가 투표권을 행사한다면 그 기구의 회원국은 투표권을 행사할 수 없다.

제 45 조 발효

1. 이 협약은 20번째 비준서 또는 가입서가 국제연합 사무총장에게 기탁된 날부터 30일째 되는 날 발효한다.
2. 20번째의 비준서, 정식확인서 또는 가입서가 기탁된 후 이 협약을 비준, 정식확인 또는 가입하는 국가 또는 지역통합기구에 대하여 이 협약은 이러한 문서의 기탁된 날로부터 30일째 되는 날 발효한다.

제 46 조 유보
1. 이 협약의 대상 및 목적과 양립하지 아니하는 유보는 허용되지 아니한다.
2. 유보는 언제든지 철회할 수 있다.

제 47 조 개정
1. 모든 당사국은 이 협약의 개정안을 제안하고 이를 국제연합 사무총장에게 제출할 수 있다. 사무총장은 동 제안을 검토하고 결정하기 위한 당사국회의의 개최에 대한 찬성 여부에 관한 의견을 표시하여 줄 것을 요청하면서 제안된 개정안을 당사국에게 송부한다. 송부일로부터 4월 안에 최소한 협약 당사국 3분의 1이 회의 개최에 찬성하는 경우, 사무총장은 국제연합의 주관 하에 이 회의를 소집한다. 회의에 출석하고 표결하는 당사국 중 3분의 2 다수결에 의하여 채택된 개정안은 그 승인을 위하여 사무총장을 통하여 국제연합 총회에 제출되고, 이후 모든 당사국에 수락을 위하여 제출된다.
2. 이 조 제1항에 따라 채택되고 승인된 개정안은 기탁된 수락서의 수가 개정안 채택일 당시 당사국 수의 3분의 2를 충족한 후 30일째 되는 날 발효한다. 이후부터는, 당사국들이 자국의 수락서를 기탁한 후 30일째 되는 날부터 해당 당사국에 대하여 발효한다. 개정안은 이를 수락한 당사국에 대해서만 구속력을 가진다.
3. 당사국회의에서 총의로 결정되면 제34조, 제38조, 제39조 및 제40조와 배타적으로 관련되고 이 조의 제1항에 따라 채택되고 승인된 개정안은 기탁된 수락서의 수가 개정안 채택일 당시 당사국 수의 3분의 2를 충족한 후 30일째 되는 날 모든 당사국에 대하여 발효한다.

제 48 조 폐기
당사국은 국제연합 사무총장에 대한 서면통보에 의하여 이 협약을 폐기할 수 있다. 폐기는 사무총장이 통보를 접수한 날로부터 1년 후에 효력을 발생한다.

제 49 조 접근 가능한 형식
이 협약문은 접근 가능한 형식으로 제공된다.

제 50 조 정본
이 협약문은 아랍어, 중국어, 영어, 불어, 노어 및 서반아어본이 동등하게 정본이다.

12 | ICC에 관한 로마협약 (1998채택/2002발효/2003한국발효)

제1부 재판소의 설립

제 1 조   재판소

국제형사재판소(이하 "재판소"라 한다)를 이에 설립한다. 재판소는 상설적 기구이며, 이 규정에 정한 바와 같이 국제적 관심사인 가장 중대한 범죄를 범한 자에 대하여 관할권을 행사하는 권한을 가지며, 국가의 형사관할권을 보충한다. 재판소의 관할권과 기능은 이 규정에 정한 바에 의하여 규율된다.

제 2 조   재판소와 국제연합과의 관계

재판소는 이 규정의 당사국총회가 승인하고 그 후 재판소를 대표하여 재판소장이 체결하는 협정을 통하여 국제연합과 관계를 맺는다.

제 3 조   재판소의 소재지

1. 재판소의 소재지는 네덜란드(이하 "소재지국"이라 한다)의 헤이그로 한다.
2. 재판소는 당사국총회가 승인하고 그 후 재판소를 대표하여 재판소장이 체결하는 본부 협정을 소재지국과 맺는다.
3. 재판소는 이 규정에 정한 바에 따라 재판소가 바람직하다고 인정하는 때에는 다른 장소에서 개정할 수 있다.

제 4 조   재판소의 법적 지위와 권한

1. 재판소는 국제적 법인격을 가진다. 또한 재판소는 그 기능의 행사와 목적 달성에 필요한 법적 능력을 가진다.
2. 재판소는 모든 당사국의 영역에서는 이 규정에 정한 바와 같이, 그리고 다른 여하한 국가의 영역에서는 특별협정에 의하여 자신의 기능과 권한을 행사할 수 있다.

제2부 관할권, 재판적격성 및 적용법규

제 5 조   재판소의 관할범죄

1. 재판소의 관할권은 국제공동체 전체의 관심사인 가장 중대한 범죄에 한정된다. 재판소는 이 규정에 따라 다음의 범죄에 대하여 관할권을 가진다.
    ㈎ 집단살해죄
    ㈏ 인도에 반한 죄
    ㈐ 전쟁범죄
    ㈑ 침략범죄
2. 제121조 및 제123조에 따라 침략범죄를 정의하고 재판소의 관할권 행사 조건을 정하는 조항이 채택된 후, 재판소는 침략범죄에 대한 관할권을 행사한다. 그러한 조항은 국제연합헌장의 관련 규정과 부합되어야 한다.

제 6 조   집단살해죄

이 규정의 목적상 "집단살해죄"라 함은 국민적, 민족적, 인종적 또는 종교적 집단의 전부 또는 일부를 그 자체로서 파괴할 의도를 가지고 범하여진 다음의 행위를 말한다.

㈎ 집단 구성원의 살해
㈏ 집단 구성원에 대한 중대한 신체적 또는 정신적 위해의 야기
㈐ 전부 또는 부분적인 육체적 파괴를 초래할 목적으로 계산된 생활조건을 집단에게 고의적으로 부과
㈑ 집단 내의 출생을 방지하기 위하여 의도된 조치의 부과
㈒ 집단의 아동을 타집단으로 강제 이주

제 7 조   인도에 반한 죄

1. 이 규정의 목적상 "인도에 반한 죄"라 함은 민간인 주민에 대한 광범위하거나 체계적인 공격의 일부로서 그 공격에 대한 인식을 가지고 범하여진 다음의 행위를 말한다.
   ㈎ 살해
   ㈏ 절멸
   ㈐ 노예화
   ㈑ 주민의 추방 또는 강제이주
   ㈒ 국제법의 근본원칙을 위반한 구금 또는 신체적 자유의 따른 심각한 박탈
   ㈓ 고문
   ㈔ 강간, 성적 노예화, 강제매춘, 강제임신, 강제불임, 또는 이에 상당하는 기타 중대한 성폭력
   ㈕ 이 항에 규정된 어떠한 행위나 재판소 관할범죄와 관련하여, 정치적·인종적·국민적·민족적·문화적 및 종교적 사유, 제3항에 정의된 성별 또는 국제법상 허용되지 않는 것으로 보편적으로 인정되는 다른 사유에 근거하여 어떠한 동일시될 수 있는 집단이나 집합체에 대한 박해
   ㈖ 사람들의 강제실종
   ㈗ 인종차별범죄
   ㈘ 신체 또는 정신적·육체적 건강에 대하여 중대한 고통이나 심각한 피해를 고의적으로 야기하는 유사한 성격의 다른 비인도적 행위

2. 제1항의 목적상,
   ㈎ "민간인 주민에 대한 공격"이라 함은 그러한 공격을 행하려는 국가나 조직의 정책에 따르거나 이를 조장하기 위하여 민간인 주민에 대하여 제1항에 규정된 행위를 다수 범하는 것에 관련된 일련의 행위를 말한다.
   ㈏ "절멸"이라 함은 주민의 일부를 말살하기 위하여 계산된, 식량과 의약품에 대한 접근 박탈과 같이 생활조건에 대한 고의적 타격을 말한다.
   ㈐ "노예화"라 함은 사람에 대한 소유권에 부속된 어떠한 또는 모든 권한의 행사를 말하며, 사람 특히 여성과 아동을 거래하는 과정에서 그러한 권한을 행사하는 것을 포함한다.
   ㈑ "주민의 추방 또는 강제이주"라 함은 국제법상 허용되는 근거없이 주민을 추방하거나 또는 다른 강요적 행위에 의하여 그들이 합법적으로 거주하는 지역으로부터 강제적으로 퇴거시키는 것을 말한다.

㈤ "고문"이라 함은 자신의 구금하에 있거나 통제하에 있는 자에게 고의적으로 신체적 또는 정신적으로 고통이나 괴로움을 가하는 것을 말한다. 다만, 오로지 합법적 제재로부터 발생하거나, 이에 내재되어 있거나 또는 이에 부수하는 고통이나 괴로움은 포함되지 아니한다.

㈏ "강제임신"이라 함은 주민의 민족적 구성에 영향을 미치거나 또는 국제법의 다른 중대한 위반을 실행할 의도로 강제적으로 임신시킨 여성의 불법적 감금을 말한다. 이러한 정의는 임신과 관련된 각 국의 국내법에 어떠한 영향을 미치는 것으로 해석되지 아니한다.

㈐ "박해"라 함은 집단 또는 집합체와의 동일성을 이유로 국제법에 반하는 기본권의 의도적이고 심각한 박탈을 말한다.

㈑ "인종차별범죄"라 함은 한 인종집단의 다른 인종집단에 대한 조직적 억압과 지배의 제도화된 체제의 맥락에서 그러한 체제를 유지시킬 의도로 범하여진, 제1항에서 언급된 행위들과 유사한 성격의 비인도적인 행위를 말한다.

㈒ "사람들의 강제실종"이라 함은 국가 또는 정치조직에 의하여 또는 이들의 허가·지원 또는 묵인을 받아 사람들을 체포·구금 또는 유괴한 후, 그들을 법의 보호로부터 장기간 배제시키려는 의도하에 그러한 자유의 박탈을 인정하기를 거절하거나 또는 그들의 운명이나 행방에 대한 정보의 제공을 거절하는 것을 말한다.

3. 이 규정의 목적상, "성별"이라는 용어는 사회적 상황에서 남성과 여성의 양성을 지칭하는 것으로 이해된다. "성별"이라는 용어는 위와 다른 어떠한 의미도 표시하지 아니한다.

제 8 조 전쟁범죄

1. 재판소는 특히 계획이나 정책의 일부로서 또는 그러한 범죄의 대규모 실행의 일부로서 범하여진 전쟁범죄에 대하여 관할권을 가진다.
2. 이 규정의 목적상 "전쟁범죄"라 함은 다음을 말한다.
   ㈎ 1949년 8월 12일자 제네바협약의 중대한 위반, 즉 관련 제네바협약의 규정하에서 보호되는 사람 또는 재산에 대한 다음의 행위 중 어느 하나
      (ⅰ) 고의적 살해
      (ⅱ) 고문 또는 생물학적 실험을 포함한 비인도적인 대우
      (ⅲ) 고의로 신체 또는 건강에 커다란 괴로움이나 심각한 위해의 야기
      (ⅳ) 군사적 필요에 의하여 정당화되지 아니하며 불법적이고 무분별하게 수행된 재산의 광범위한 파괴 또는 징수
      (ⅴ) 포로 또는 다른 보호인물을 적국의 군대에 복무하도록 강요하는 행위
      (ⅵ) 포로 또는 다른 보호인물로부터 공정한 정식 재판을 받을 권리를 고의적으로 박탈
      (ⅶ) 불법적인 추방이나 이송 또는 불법적인 감금
      (ⅷ) 인질행위
   ㈏ 확립된 국제법 체제 내에서 국제적 무력충돌에 적용되는 법과 관습에 대한 기타 중대한 위반, 즉 다음 행위 중 어느 하나
      (ⅰ) 민간인 주민 자체 또는 적대행위에 직접 참여하지 아니하는 민간인 개인에 대한 고의적 공격
      (ⅱ) 민간 대상물, 즉 군사 목표물이 아닌 대상물에 대한 고의적 공격

(iii) 국제연합헌장에 따른 인도적 원조나 평화유지임무와 관련된 요원, 시설, 자재, 부대 또는 차량이 무력충돌에 관한 국제법에 따라 민간인 또는 민간 대상물에게 부여되는 보호를 받을 자격이 있는 한도에서 그들에 대한 고의적 공격
(iv) 예상되는 구체적이고 직접적인 제반 군사적 이익과의 관계에 있어서 명백히 과도하게 민간인에 대하여 부수적으로 인명의 살상이나 상해를, 민간 대상물에 대하여 손해를, 또는 자연환경에 대하여 광범위하고 장기간의 중대한 피해를 야기한다는 것을 인식하고서도 의도적인 공격의 개시
(v) 어떤 수단에 의하든, 방어되지 않고 군사 목표물이 아닌 마을·촌락·거주지 또는 건물에 대한 공격이나 폭격
(vi) 무기를 내려놓았거나 더 이상 방어수단이 없이 항복한 전투원을 살해하거나 부상시키는 행위
(vii) 사망 또는 심각한 신체적 상해를 가져오는, 제네바협약상의 식별표장뿐만 아니라 휴전 깃발, 적이나 국제연합의 깃발 또는 군사표식 및 제복의 부적절한 사용
(viii) 점령국이 자국의 민간인 주민의 일부를 직접적 또는 간접적으로 점령지역으로 이주시키거나, 피점령지 주민의 전부 또는 일부를 피점령지 내 또는 밖으로 추방시키거나 이주시키는 행위
(ix) 군사 목표물이 아닌 것을 조건으로, 종교·교육·예술·과학 또는 자선 목적의 건물, 역사적 기념물, 병원, 병자와 부상자를 수용하는 장소에 대한 고의적 공격
(x) 적대 당사자의 지배하에 있는 자를 당해인의 의학적·치과적 또는 병원적 치료로서 정당화되지 아니하며 그의 이익을 위하여 수행되지 않는 것으로서, 당해인의 사망을 초래하거나 건강을 심각하게 위태롭게 하는 신체의 절단 또는 여하한 종류의 의학적 또는 과학적 실험을 받게 하는 행위
(xi) 적대국 국가나 군대에 속한 개인을 배신적으로 살해하거나 부상시키는 행위
(xii) 항복한 적에 대하여 구명을 허락하지 않겠다는 선언
(xiii) 전쟁의 필요에 의하여 반드시 요구되지 아니하는 적의 재산의 파괴 또는 몰수
(xiv) 적대 당사국 국민의 권리나 소송행위가 법정에서 폐지, 정지 또는 불허된다는 선언
(xv) 비록 적대 당사국 국민이 전쟁개시 전 교전국에서 복무하였을지라도, 그를 자신의 국가에 대한 전쟁 수행에 참여하도록 강요하는 행위
(xvi) 습격에 의하여 점령되었을 때라도, 도시 또는 지역의 약탈
(xvii) 독이나 독성 무기의 사용
(xviii) 질식가스, 유독가스 또는 기타 가스와 이와 유사한 모든 액체·물질 또는 장치의 사용
(xix) 총탄의 핵심부를 완전히 감싸지 않았거나 또는 절개되어 구멍이 뚫린 단단한 외피를 가진 총탄과 같이, 인체 내에서 쉽게 확장되거나 펼쳐지는 총탄의 사용
(xx) 과도한 상해나 불필요한 괴로움을 야기하는 성질을 가지거나 또는 무력충돌에 관한 국제법에 위반되는 무차별적 성질의 무기, 발사체, 장비 및 전투방식의 사용. 다만, 그러한 무기, 발사체, 장비 및 전투방식은 포괄적 금지의 대상이어야 하며, 제121조와 제123조에 규정된 관련 조항에 따른 개정에 의하여 이 규정의 부속서에 포함되어야 한다.

- (xxi) 인간의 존엄성에 대한 유린행위, 특히 모욕적이고 품위를 손상시키는 대우
- (xxii) 강간, 성적 노예화, 강제매춘, 제7조 제2항 바호에 정의된 강제임신, 강제불임 또는 제네바협약의 중대한 위반에 해당하는 여하한 다른 형태의 성폭력
- (xxiii) 특정한 지점, 지역 또는 군대를 군사작전으로부터 면하도록 하기 위하여 민간인 또는 기타 보호인물의 존재를 이용하는 행위
- (xxiv) 국제법에 따라 제네바협약의 식별표장을 사용하는 건물, 장비, 의무부대와 그 수송수단 및 요원에 대한 고의적 공격
- (xxv) 제네바협약에 규정된 구호품 공급의 고의적 방해를 포함하여, 민간인들의 생존에 불가결한 물건을 박탈함으로써 기아를 전투수단으로 이용하는 행위
- (xxvi) 15세 미만의 아동을 군대에 징집 또는 모병하거나 그들을 적대행위에 적극적으로 참여하도록 이용하는 행위

㈐ 비국제적 성격의 무력충돌의 경우 1949년 8월 12일자 제네바 4개 협약 공통 제3조의 중대한 위반, 즉 무기를 버린 군대 구성원과 질병·부상·억류 또는 기타 사유로 전투능력을 상실한 자를 포함하여 적대행위에 적극적으로 가담하지 않은 자에 대하여 범하여진 다음의 행위 중 어느 하나

- (i) 생명 및 신체에 대한 폭행, 특히 모든 종류의 살인, 신체절단, 잔혹한 대우 및 고문
- (ii) 인간의 존엄성에 대한 유린행위, 특히 모욕적이고 품위를 손상키는 대우
- (iii) 인질행위
- (iv) 일반적으로 불가결하다고 인정되는 모든 사법적 보장을 부여하는 정규로 구성된 법원의 판결없는 형의 선고 및 형의 집행

㈑ 제2항 다호는 비국제적 성격의 무력충돌에 적용되며, 따라서 폭동이나 국지적이고 산발적인 폭력행위 또는 이와 유사한 성격의 다른 행위와 같은 국내적 소요나 긴장사태에는 적용되지 아니한다.

㈒ 확립된 국제법 체제 내에서 비국제적 성격의 무력충돌에 적용되는 법과 관습에 대한 여타의 중대한 위반으로 다음의 행위 중 어느 하나

- (i) 민간인 주민 자체 또는 적대행위에 직접 참여하지 않는 민간인 개인에 대한 고의적 공격
- (ii) 국제법에 따라 제네바협약의 식별표장을 사용하는 건물, 장비, 의무부대와 그 수송수단 및 요원에 대한 고의적 공격
- (iii) 국제연합헌장에 따른 인도적 원조나 평화유지임무와 관련된 요원, 시설, 자재, 부대 또는 차량이 무력충돌에 관한 국제법에 따라 민간인 또는 민간 대상물에 대하여 부여되는 보호를 받을 자격이 있는 한도에서 그들에 대한 고의적 공격
- (iv) 군사 목표물이 아닌 것을 조건으로 종교·교육·예술·과학 또는 자선 목적의 건물, 역사적 기념물, 병원, 병자와 부상자를 수용하는 장소에 대한 고의적 공격
- (v) 습격에 의하여 점령되었을 때라도, 도시 또는 지역의 약탈
- (vi) 강간, 성적 노예화, 강제매춘, 제7조 제2항 바호에서 정의된 강제임신, 강제불임 또는 제네바 4개 협약 공통 제3조의 중대한 위반에 해당하는 여하한 다른 형태의 성폭력

(vii) 15세 미만의 아동을 군대 또는 무장집단에 징집 또는 모병하거나 그들을 적대행위에 적극적으로 참여하도록 이용하는 행위
(viii) 관련 민간인의 안전이나 긴요한 군사적 이유상 요구되지 않음에도 불구하고, 충돌과 관련된 이유로 민간인 주민의 퇴거를 명령하는 행위
(ix) 상대방 전투원을 배신적으로 살해하거나 부상시키는 행위
(x) 항복한 적에 대하여 구명을 허락하지 않겠다는 선언
(xi) 충돌의 타방당사자의 지배하에 있는 자를 당해인의 의학적·치과적 또는 병원적 치료로서 정당화되지 아니하며 그의 이익을 위하여 수행되지도 않는 것으로서, 당해인의 사망을 초래하거나 건강을 심각하게 위태롭게 하는 신체의 절단이나 또는 여하한 종류의 의학적 또는 과학적 실험을 받게 하는 행위
(xii) 충돌의 필요에 의하여 반드시 요구되지 않는 적의 재산의 파괴 또는 몰수
(바) 제2항 마호는 비국제적 성격의 무력충돌에 적용되며, 따라서 폭동이나 국지적이고 산발적인 폭력행위 또는 이와 유사한 성격의 다른 행위와 같은 국내적 소요나 긴장사태에는 적용되지 아니한다. 제2항 마호는 정부당국과 조직화된 무장집단 간 또는 무장집단들 간에 장기적인 무력충돌이 존재할 때, 그 국가의 영역에서 발생하는 무력충돌에 적용된다.
3. 제2항 다호와 마호의 어떠한 조항도 모든 합법적 수단에 의하여 그 국가 내에서 법과 질서를 유지 또는 재확립하거나 또는 그 국가의 통일과 영토적 일체성을 보호하려는 정부의 책임에 영향을 미치지 아니한다.

제 9 조 범죄구성요건

1. 범죄구성요건은 재판소가 제6조, 제7조 및 제8조를 해석하고 적용하는 것을 보조한다. 이는 당사국총회 회원국의 3분의 2의 다수결에 의하여 채택된다.
2. 범죄구성요건에 대한 개정은 다음에 의하여 제안될 수 있다.
   (가) 당사국
   (나) 절대과반수의 재판관
   (다) 소추관
   그러한 개정은 당사국총회 회원국의 3분의 2의 다수결에 의하여 채택된다.
3. 범죄구성요건과 그 개정은 이 규정에 부합되어야 한다.

제 10 조

이 부의 어느 조항도 이 규정과 다른 목적을 위한 기존의 또는 발전 중인 국제법 원칙을 결코 제한하거나 침해하는 것으로 해석되지 아니한다.

제 11 조 시간적 관할권

1. 재판소는 이 규정의 발효 후에 범하여진 범죄에 대하여만 관할권을 가진다.
2. 어느 국가가 이 규정의 발효 후에 규정의 당사국이 되는 경우, 그 국가가 제12조 제3항에 따른 선언을 하지 않는 한, 재판소는 이 규정이 당해 국가에 대하여 발효된 이후에 범하여진 범죄에 대하여만 관할권을 행사할 수 있다.

제 12 조 관할권 행사의 전제조건
1. 이 규정의 당사국이 된 국가는 이에 의하여 제5조에 규정된 범죄에 대하여 재판소의 관할권을 수락한다.
2. 제13조 가호 또는 다호의 경우, 다음 중 1개국 또는 그 이상의 국가가 이 규정의 당사국이거나 또는 제3항에 따라 재판소의 관할권을 수락하였다면 재판소는 관할권을 행사할 수 있다.
   - (가) 당해 행위가 발생한 영역국, 또는 범죄가 선박이나 항공기에서 범하여진 경우에는 그 선박이나 항공기의 등록국
   - (나) 그 범죄혐의자의 국적국
3. 제2항에 따라 이 규정의 당사국이 아닌 국가의 수락이 요구되는 경우, 그 국가는 사무국장에게 제출되는 선언에 의하여 당해 범죄에 대한 재판소의 관할권 행사를 수락할 수 있다. 그 수락국은 제9부에 따라 어떠한 지체나 예외도 없이 재판소와 협력한다.

제 13 조 관할권의 행사
재판소는 다음의 경우 이 규정이 정한 바에 따라 제5조에 규정된 범죄에 대하여 관할권을 행사할 수 있다.
- (가) 1개 또는 그 이상의 범죄가 범하여진 것으로 보이는 사태가 제14조에 따라 당사국에 의하여 소추관에게 회부된 경우
- (나) 1개 또는 그 이상의 범죄가 범하여진 것으로 보이는 사태가 국제연합헌장 제7장에 따라 행동하는 안전보장이사회에 의하여 소추관에게 회부된 경우
- (다) 소추관이 제15조에 따라 그러한 범죄에 대하여 수사를 개시한 경우

제 14 조 당사국에 의한 사태의 회부
1. 당사국은 재판소 관할권에 속하는 하나 또는 그 이상의 범죄의 범행에 대하여 1인 또는 그 이상의 특정인이 책임이 있는지 여부를 결정하기 위하여 그러한 범죄가 범하여진 것으로 보이는 사태를 수사하도록 소추관에게 요청하여, 재판소 관할권에 속하는 하나 또는 그 이상의 범죄가 범하여진 것으로 보이는 사태를 소추관에게 회부할 수 있다.
2. 회부시에는 가능한 한 관련 정황을 명시하고 그 사태를 회부한 국가가 입수할 수 있는 증빙문서를 첨부한다.

제 15 조 소추관
1. 소추관은 재판소 관할범죄에 관한 정보에 근거하여 독자적으로 수사를 개시할 수 있다.
2. 소추관은 접수된 정보의 중대성을 분석한다. 이러한 목적을 위하여 소추관은 국가, 국제연합의 기관, 정부 간 또는 비정부 간 기구, 또는 소추관이 적절하다고 여기는 다른 믿을 만한 출처로부터 추가 정보를 구할 수 있으며, 재판소의 소재지에서 서면 또는 구두의 증언을 접수할 수 있다.
3. 소추관이 수사를 진행시킬 만한 합리적인 근거가 있다고 판단하는 경우, 수집된 증빙자료와 함께 수사허가요청서를 전심재판부에 제출한다. 피해자는 절차 및 증거규칙에 따라 전심재판부에서 진술할 수 있다.

4. 전심재판부가 수사허가요청서와 증빙자료를 검토한 후, 수사를 진행시킬만한 합리적인 근거가 있고 당해 사건이 재판소의 관할권에 속한다고 판단하는 경우, 동 재판부는 수사의 개시를 허가한다. 다만, 이 허가는 사건의 관할권과 재판적격성에 관한 재판소의 추후 결정에 영향을 미치지 아니한다.
5. 전심재판부의 수사허가 거부는 소추관이 동일한 사태에 관한 새로운 사실이나 증거에 근거하여 추후 요청서를 제출하는 것을 배제하지 아니한다.
6. 제1항과 제2항에 규정된 예비조사 후 제공된 정보가 수사를 위한 합리적인 근거를 구성하지 않는다고 결론짓는 경우, 소추관은 정보를 제공한 자에게 이를 통지한다. 이는 소추관이 동일한 사태에 관하여 자신에게 제출된 추가 정보를 새로운 사실이나 증거로 검토하는 것을 배제하지 아니한다.

제 16 조   수사 또는 기소의 연기

안전보장이사회가 국제연합헌장 제7장에 따라 채택하는 결의로 재판소에 수사 또는 기소의 연기를 요청하는 경우 12개월의 기간 동안은 이 규정에 따른 어떠한 수사나 기소도 개시되거나 진행되지 아니한다. 그러한 요청은 동일한 조건하에서 안전보장이사회에 의하여 갱신될 수 있다.

제 17 조   재판적격성의 문제

1. 전문 제10항과 제1조를 고려하여 재판소는 다음의 경우 사건의 재판적격성이 없다고 결정한다.
   (가) 사건이 그 사건에 대하여 관할권을 가지는 국가에 의하여 수사되고 있거나 또는 기소된 경우. 단, 그 국가가 진정으로 수사 또는 기소를 할 의사가 없거나 능력이 없는 경우에는 그러하지 아니하다.
   (나) 사건이 그 사건에 대하여 관할권을 가지는 국가에 의하여 수사되었고, 그 국가가 당해인을 기소하지 아니하기로 결정한 경우. 단, 그 결정이 진정으로 기소하려는 의사 또는 능력의 부재에 따른 결과인 경우에는 그러하지 아니하다.
   (다) 당해인이 제소의 대상인 행위에 대하여 이미 재판을 받았고, 제20조 제3항에 따라 재판소의 재판이 허용되지 않는 경우
   (라) 사건이 재판소의 추가적 조치를 정당화하기에 충분한 중대성이 없는 경우
2. 특정 사건에서의 의사부재를 결정하기 위하여, 재판소는 국제법에 의하여 인정되는 적법절차의 원칙에 비추어 적용 가능한 다음 중 어느 하나 또는 그 이상의 경우가 존재하는지 여부를 고려한다.
   (가) 제5조에 규정된 재판소 관할범죄에 대한 형사책임으로부터 당해인을 보호할 목적으로 절차가 취해졌거나, 진행 중이거나 또는 국내적 결정이 내려진 경우
   (나) 상황에 비추어, 당해인을 처벌하려는 의도와 부합되지 않게 절차의 부당한 지연이 있었던 경우
   (다) 절차가 독립적이거나 공정하게 수행되지 않았거나 수행되지 않고 있으며, 상황에 비추어 당해인을 처벌하려는 의도와 부합되지 않는 방식으로 절차가 진행되었거나 또는 진행 중인 경우
3. 특정 사건에서의 능력부재를 결정하기 위하여, 재판소는 당해 국가가 그 국가의 사법제도의 전반적 또는 실질적 붕괴나 이용불능으로 인하여 피의자나 필요한 증거 및 증언을 확보할 수 없는지 여부 또는 달리 절차를 진행할 수 없는지 여부를 고려한다.

제 18 조 재판적격성에 관한 예비결정

1. 사태가 제13조 가호에 따라 재판소에 회부되어 소추관이 수사를 개시할 합리적인 근거가 있다고 결정하였거나 소추관이 제13조 다호와 제15조에 따라 수사를 개시한 경우, 소추관은 모든 당사국과 이용 가능한 정보에 비추어 당해 범죄에 대하여 통상적으로 관할권을 행사할 국가에게 이를 통지한다. 소추관은 그러한 국가에게 비밀리에 통지할 수 있으며 또한 소추관이 어느 자를 보호하거나 증거의 인멸을 방지하거나 또는 어느 자의 도주를 방지하기 위하여 필요하다고 믿는 경우, 국가에게 제공되는 정보의 범위를 제한할 수 있다.
2. 그러한 통지를 접수한 후 1개월 내에, 국가는 제5조에 규정된 범죄를 구성하며 자국에 대한 통지에서 제공된 정보와 관련된 범죄행위에 대하여, 자국의 관할권 내에 있는 자국민 또는 기타의 자를 수사하고 있다거나 수사하였음을 재판소에 통지할 수 있다. 전심재판부가 소추관의 신청에 따라 수사를 허가하기로 결정하지 아니하는 한, 소추관은 당해 국가의 요청이 있으면 당해인에 대한 그 국가의 수사를 존중한다.
3. 국가의 수사 존중에 따른 소추관의 보류는 보류일로부터 6개월 후 또는 그 국가의 수사를 수행할 의사 또는 능력의 부재에 근거한 중대한 사정변경이 있는 때에는 언제든지 소추관에 의하여 재검토된다.
4. 당해 국가 또는 소추관은 전심재판부의 결정에 대하여 제82조에 따라 상소심재판부에 상소할 수 있다. 상소는 신속하게 심리될 수 있다.
5. 소추관이 제2항에 따라 수사를 보류한 경우, 소추관은 당해 국가가 정기적으로 수사 및 후속 기소의 진전상황에 대하여 통지하여 줄 것을 요청할 수 있다. 당사국은 부당한 지체 없이 그 요청에 응하여야 한다.
6. 전심재판부의 결정이 계류 중이거나 또는 소추관이 이 조에 따라 수사를 보류한 때에는 언제든지, 소추관은 중요한 증거를 확보할 유일한 기회가 있는 경우 또는 그러한 증거를 이후에는 입수할 수 없게 될 중대한 위험이 있는 경우에는 예외적으로 증거를 보전하기 위하여 필요한 수사상의 조치를 취하기 위한 허가를 전심재판부에 요청할 수 있다.
7. 이 조에 따른 전심재판부의 결정에 이의를 제기한 국가는 추가적인 중대한 사실 또는 중대한 사정변경을 근거로 제19조에 따라 사건의 재판적격성에 대한 이의를 제기할 수 있다.

제 19 조 재판소의 관할권 또는 사건의 재판적격성에 대한 이의제기

1. 재판소는 자신에게 회부된 모든 사건에 대하여 재판소가 관할권을 가지고 있음을 확인하여야 한다. 재판소는 직권으로 제17조에 따라 사건의 재판적격성을 결정할 수 있다.
2. 제17조의 규정에 근거한 사건의 재판적격성에 대한 이의제기 또는 재판소의 관할권에 대한 이의제기는 다음에 의하여 이루어질 수 있다.
   (가) 피의자 또는 제58조에 따라 체포영장이나 소환장이 발부된 자
   (나) 사건을 수사 또는 기소하고 있거나 또는 수사 또는 기소하였음을 근거로 그 사건에 대하여 관할권을 갖는 국가
   (다) 제12조에 따라 관할권의 수락이 요구되는 국가
3. 소추관은 관할권 또는 재판적격성의 문제에 관하여 재판소의 결정을 구할 수 있다. 관할권 또는 재판적격성에 관한 절차에 있어서는 피해자 뿐만 아니라 제13조에 따라 사태를 회부한 자도 재판소에 의견을 제출할 수 있다.

4. 사건의 재판적격성 또는 재판소의 관할권에 대한 이의는 제2항에 규정된 자 또는 국가에 의하여 1회에 한하여 제기될 수 있다. 이의제기는 재판이 시작되기 전 또는 시작되는 시점에 이루어져야 한다. 예외적인 상황에서 재판소는 1회 이상 또는 재판시작 이후의 이의제기를 허가할 수 있다. 재판이 시작되는 시점에서 또는 재판소의 허가를 받아 그 후에 행하는 사건의 재판적격성에 대한 이의제기는 오직 제17조 제1항 다호에 근거하여 할 수 있다.
5. 제2항 나호와 다호에 규정된 국가는 가능한 한 신속하게 이의제기를 한다.
6. 공소사실의 확인 이전에는 사건의 재판적격성 또는 재판소의 관할권에 대한 이의제기는 전심재판부에 회부된다. 공소사실의 확인 이후에는 이의제기가 1심재판부에 회부된다. 관할권 또는 재판적격성에 관한 결정에 대하여 제82조에 따라 상소심재판부에 상소할 수 있다.
7. 제2항 나호 또는 다호에 규정된 국가가 이의제기를 한 경우, 소추관은 재판소가 제17조에 따라 결정을 내릴 때까지 수사를 정지한다.
8. 재판소의 결정이 계류 중인 동안, 소추관은 재판소로부터 다음의 허가를 구할 수 있다.
    (가) 제18조 제6항에 규정된 종류의 필요한 수사 조치의 수행
    (나) 증인으로부터의 진술이나 증언의 취득 또는 이의제기를 하기 전에 시작된 증거의 수집 또는 조사의 완료
    (다) 관련 국가들과 협력하여, 소추관이 제58조에 따라 이미 체포영장을 신청한 자의 도주 방지 조치
9. 이의제기는 이의제기 이전에 소추관이 수행한 여하한 행위 또는 재판소가 발부한 여하한 명령이나 영장의 효력에 영향을 미치지 아니한다.
10. 재판소가 제17조에 따라 사건의 재판적격성이 없다고 결정하였더라도, 소추관은 그 사건이 제17조에 따라 재판적격성이 없다고 판단되었던 근거를 부정하는 새로운 사실이 발생하였음을 충분히 확인한 때에는 그 결정에 대한 재검토 요청서를 제출할 수 있다.
11. 소추관이 제17조에 규정된 사항을 고려하여 수사를 보류하는 경우, 소추관은 관련국이 절차 진행에 관한 정보를 제공하여 줄 것을 요청할 수 있다. 그 정보는 관련 국가의 요청이 있으면 비밀로 한다. 소추관이 그 후 수사를 진행하기로 결정하는 경우, 소추관은 자신이 보류하였던 절차에 관하여 해당 국가에게 통지 한다.

제 20 조 일사부재리

1. 이 규정에 정한 바를 제외하고, 누구도 재판소에 의하여 유죄 또는 무죄판결을 받은 범죄의 기초를 구성하는 행위에 대하여 재판소에서 재판받지 아니한다.
2. 누구도 재판소에 의하여 이미 유죄 또는 무죄판결을 받은 제5조에 규정된 범죄에 대하여 다른 재판소에서 재판받지 아니한다.
3. 제6조, 제7조 또는 제8조상의 금지된 행위에 대하여 다른 재판소에 의하여 재판을 받은 자는 누구도, 그 다른 재판소에서의 절차가 다음에 해당하지 않는다면 동일한 행위에 대하여 재판소에 의하여 재판받지 아니한다.
    (가) 재판소 관할범죄에 대한 형사책임으로부터 당해인을 보호할 목적이었던 경우
    (나) 그 밖에 국제법에 의하여 인정된 적법절차의 규범에 따라 독립적이거나 공정하게 수행되지 않았으며, 상황에 비추어 당해인을 처벌하려는 의도와 부합하지 않는 방식으로 수행된 경우

제 21 조 적용법규

1. 재판소는 다음을 적용한다.
   - (가) 첫째, 이 규정, 범죄구성요건 및 절차 및 증거규칙
   - (나) 둘째, 적절한 경우 무력충돌에 관한 확립된 국제법 원칙을 포함하여 적용 가능한 조약과 국제법상의 원칙 및 규칙
   - (다) 이상이 없는 경우 적절하다면 범죄에 대하여 통상적으로 관할권을 행사하는 국가의 국내법을 포함하여 세계의 법체제의 국내법들로부터 재판소가 도출한 법의 일반원칙. 다만, 그러한 원칙은 이 규정, 국제법 및 국제적으로 승인된 규범 및 기준과 저촉되어서는 아니된다.
2. 재판소는 재판소의 기존 결정속에서 해석된 법의 원칙과 규칙을 적용할 수 있다.
3. 이 조에 따른 법의 적용과 해석은 국제적으로 승인된 인권과 부합되어야 하며, 제7조 제3항에서 정의된 성별, 연령, 인종, 피부색, 언어, 종교 또는 신념, 정치적 또는 기타 견해, 국민적·민족적 또는 사회적 출신, 부, 출생 또는 기타 지위와 같은 사유에 근거한 어떠한 불리한 차별도 없어야 한다.

제 3 부 형법의 일반원칙

제 22 조 범죄법정주의

1. 누구도 문제된 행위가 그것이 발생한 시점에 재판소 관할범죄를 구성하지 않는 경우에는 이 규정에 따른 형사책임을 지지 아니한다.
2. 범죄의 정의는 엄격히 해석되어야 하며 유추에 의하여 확장되어서는 아니된다. 범죄의 정의가 분명하지 않은 경우, 정의는 수사·기소 또는 유죄판결을 받는 자에게 유리하게 해석되어야 한다.
3. 이 조는 이 규정과는 별도로 어떠한 행위를 국제법상 범죄로 성격지우는 데 영향을 미치지 아니한다.

제 23 조 형벌법정주의

재판소에 의하여 유죄판결을 받은 자는 이 규정에 따라서만 처벌될 수 있다.

제 24 조 소급효 금지

1. 누구도 이 규정이 발효하기 전의 행위에 대하여 이 규정에 따른 형사책임을 지지 아니한다.
2. 확정판결 전에 당해 사건에 적용되는 법에 변경이 있는 경우, 수사 중이거나 기소 중인 자 또는 유죄판결을 받은 자에게 보다 유리한 법이 적용된다.

제 25 조 개인의 형사책임

1. 재판소는 이 규정에 따라 자연인에 대하여 관할권을 갖는다.
2. 재판소의 관할범죄를 범한 자는 이 규정에 따라 개인적으로 책임을 지며 처벌을 받는다.
3. 다음의 경우에 해당하는 자는 재판소의 관할범죄에 대하여 이 규정에 따른 형사책임을 지며 처벌을 받는다.
   - (가) 개인적으로, 또는 다른 사람이 형사책임이 있는지 여부와는 관계없이 다른 사람과 공동으로 또는 다른 사람을 통하여 범죄를 범한 경우

㈏ 실제로 일어났거나 착수된 범죄의 실행을 명령·권유 또는 유인한 경우
㈐ 범죄의 실행을 용이하게 할 목적으로 범행수단의 제공을 포함하여 범죄의 실행이나 실행의 착수를 방조, 교사 또는 달리 조력한 경우
㈑ 공동의 목적을 가지고 활동하는 집단에 의한 범죄의 실행 또는 실행의 착수에 기타 여하한 방식으로 기여한 경우. 그러한 기여는 고의적이어야 하며, 다음 중 어느 하나에 해당하여야 한다.
  (ⅰ) 집단의 범죄활동 또는 범죄목적이 재판소 관할범죄의 실행과 관련되는 경우, 그러한 활동 또는 목적을 촉진시키기 위하여 이루어진 것
  (ⅱ) 집단이 그 범죄를 범하려는 의도를 인식하고서 이루어진 것
㈒ 집단살해죄와 관련하여 집단살해죄를 범하도록 직접적으로 그리고 공공연하게 타인을 선동한 경우
㈓ 실질적인 조치에 의하여 범죄의 실행에 착수하는 행위를 함으로써 범죄의 실행을 기도하였으나 본인의 의도와는 무관한 사정으로 범죄가 발생하지 아니한 경우. 그러나 범행의 실시를 포기하거나 또는 달리 범죄의 완성을 방지한 자는 자신이 범죄 목적을 완전히 그리고 자발적으로 포기하였다면 범죄미수에 대하여 이 규정에 따른 처벌을 받지 아니한다.
4. 개인의 형사책임과 관련된 이 규정의 어떠한 조항도 국제법상의 국가책임에 영향을 미치지 아니한다.

제26조 18세 미만자에 대한 관할권 배제
재판소는 범행 당시 18세 미만자에 대하여 관할권을 가지지 아니한다.

제27조 공적 지위의 무관련성
1. 이 규정은 공적 지위에 근거한 어떠한 차별없이 모든 자에게 평등하게 적용되어야 한다. 특히 국가 원수 또는 정부 수반, 정부 또는 의회의 구성원, 선출된 대표자 또는 정부 공무원으로서의 공적 지위는 어떠한 경우에도 그 개인을 이 규정에 따른 형사책임으로부터 면제시켜 주지 아니하며, 또한 그 자체로서 자동적인 감형사유를 구성하지 아니한다.
2. 국내법 또는 국제법상으로 개인의 공적 지위에 따르는 면제나 특별한 절차규칙은 그 자에 대한 재판소의 관할권 행사를 방해하지 아니한다.

제28조 지휘관 및 기타 상급자의 책임
재판소의 관할범죄에 대하여 이 규정에 따른 형사책임의 다른 근거에 추가하여,
㈎ 다음과 같은 경우, 군지휘관 또는 사실상 군지휘관으로서 행동하는 자는 자신의 실효적인 지휘와 통제하에 있거나 또는 경우에 따라서는 실효적인 권위와 통제하에 있는 군대가 범한 재판소 관할범죄에 대하여 그 군대를 적절하게 통제하지 못한 결과로서의 형사책임을 진다.
  (ⅰ) 군지휘관 또는 사실상 군지휘관으로서 행동하는 자가 군대가 그러한 범죄를 범하고 있거나 또는 범하려 한다는 사실을 알았거나 또는 당시 정황상 알았어야 하고,
  (ⅱ) 군지휘관 또는 사실상 군지휘관으로서 역할을 하는 자가 그들의 범행을 방지하거나 억제하기 위하여 또는 그 사항을 수사 및 기소의 목적으로 권한 있는 당국에 회부하기 위하여 자신의 권한 내의 모든 필요하고 합리적인 조치를 취하지 아니한 경우

㈏ 가호에 기술되지 않은 상급자와 하급자의 관계와 관련하여 다음의 경우 상급자는 자신의 실효적인 권위와 통제하에 있는 하급자가 범한 재판소 관할범죄에 대하여 하급자를 적절하게 통제하지 못한 결과로서의 형사책임을 진다.
  (ⅰ) 하급자가 그러한 범죄를 범하고 있거나 또는 범하려 한다는 사실을 상급자가 알았거나 또는 이를 명백히 보여주는 정보를 의식적으로 무시하였고,
  (ⅱ) 범죄가 상급자의 실효적인 책임과 통제 범위 내의 활동과 관련된 것이었으며,
  (ⅲ) 상급자가 하급자의 범행을 방지하거나 억제하기 위하여 또는 그 문제를 수사 및 기소의 목적으로 권한 있는 당국에 회부하기 위하여 자신의 권한 내의 모든 필요하고 합리적인 조치를 취하지 아니한 경우

제 29 조 시효의 부적용
재판소의 관할범죄에 대하여는 어떠한 시효도 적용되지 아니한다.

제 30 조 주관적 요소
1. 달리 규정되지 않는 한, 사람은 고의와 인식을 가지고 범죄의 객관적 요소를 범한 경우에만 재판소 관할범죄에 대하여 형사책임을 지며 처벌을 받는다.
2. 이 조의 목적상 다음의 경우 고의를 가진 것이다.
  ㈎ 행위와 관련하여, 사람이 그 행위에 관여하려고 의도한 경우
  ㈏ 결과와 관련하여, 사람이 그 결과를 야기하려고 의도하였거나 또는 사건의 통상적인 경과에 따라 그러한 결과가 발생할 것을 알고 있는 경우
3. 이 조의 목적상 "인식"이라 함은 어떠한 상황이 존재한다는 것 또는 사건의 통상적인 경과에 따라 어떠한 결과가 발생할 것이라는 것을 알고 있음을 말한다. "인식하다" 및 "인식하고서"는 이에 따라 해석된다.

제 31 조 형사책임 조각사유
1. 이 규정에서 정한 여타의 형사책임 조각사유에 더하여, 행위시 다음의 경우에 해당되면 형사책임을 지지 아니한다.
  ㈎ 사람이 자신의 행위의 불법성이나 성격을 평가할 수 있는 능력이나 자신의 행위를 법의 요건에 따르도록 통제할 수 있는 능력을 훼손시키는 정신적 질환 또는 결함을 겪고 있는 경우
  ㈏ 사람이 자신의 행위의 불법성이나 성격을 평가할 수 있는 능력이나 자신의 행위를 법의 요건에 따르도록 통제할 수 있는 능력을 훼손시키는 중독 상태에 있는 경우. 다만, 중독의 결과로서 자신이 재판소 관할범죄를 구성하는 행위에 관여하게 될 것임을 인식하였거나 또는 그 위험을 무시하고 자발적으로 중독된 경우는 그러하지 아니하다.
  ㈐ 사람이 급박하고 불법적인 무력사용으로부터 자신이나 다른 사람을 방어하기 위하여 또는 전쟁범죄의 경우 자신이나 다른 사람의 생존을 위하여 필수적인 재산이나 군사적 임무를 달성하는데 필수적인 재산을 방어하기 위하여 자신이나 다른 사람 또는 보호되는 재산에 대한 위험의 정도에 비례하는 방식으로 합리적으로 행동한 경우. 군대가 수행하는 방어작전에 그 자가 관여되었다는 사실 자체만으로는 이 호에 따른 형사책임 조각사유를 구성하지 아니한다.

㈑ 재판소의 관할범죄를 구성하는 것으로 주장된 행위가 자신 또는 다른 사람에 대한 급박한 사망 또는 계속적이거나 급박한 중대한 신체적 위해의 위협으로부터 비롯된 강박에 의하여 야기되었고, 그러한 위협을 피하기 위하여 합리적으로 행동한 경우. 다만, 그 자가 피하고자 하는 것보다 더 큰 위해를 초래하려고 의도하지 않아야 한다. 그러한 위협은,
  (ⅰ) 다른 사람에 의한 것이거나, 또는
  (ⅱ) 그 사람의 통제범위를 넘어서는 기타 상황에 의하여 형성된 것일 수도 있다.
2. 재판소는 이 규정에 정한 형사책임 조각사유가 재판소에 제기된 사건에 적용되는지 여부를 결정한다.
3. 재판소는 제1항에 규정된 것 이외의 형사책임 조각사유라도 그 사유가 제21조에 규정된 적용 가능한 법에 의하여 도출된 경우, 재판에서 이를 고려할 수 있다. 그러한 사유의 고려에 관한 절차는 절차 및 증거규칙에 규정된다.

제32조 사실의 착오 또는 법률의 착오

1. 사실의 착오는 그것이 범죄성립에 요구되는 주관적 요소를 흠결시키는 경우에만 형사책임 조각사유가 된다.
2. 특정 유형의 행위가 재판소의 관할범죄인지 여부에 관한 법률의 착오는 형사책임 조각사유가 되지 아니한다. 그러나 법률의 착오가 범죄성립에 요구되는 주관적 요소를 흠결시키는 경우나 제33조에 규정된 바와 같은 경우에는 형사책임 조각사유가 될 수 있다.

제33조 상급자의 명령과 법률의 규정

1. 어떠한 자가 정부의 명령이나 군대 또는 민간인 상급자의 명령에 따라 재판소 관할범죄를 범하였다는 사실은, 다음의 경우를 제외하고는 그 자의 형사책임을 면제시켜 주지 아니한다.
  ㈎ 그 자가 정부 또는 관련 상급자의 명령에 따라야 할 법적 의무하에 있었고,
  ㈏ 그 자가 명령이 불법임을 알지 못하였으며,
  ㈐ 명령이 명백하게 불법적이지는 않았던 경우
2. 이 조의 목적상, 집단살해죄 또는 인도에 반한 죄를 범하도록 하는 명령은 명백하게 불법이다.

제4부 재판소의 구성과 행정

제34조 재판소의 기관

재판소는 다음 기관으로 구성된다.
㈎ 소장단
㈏ 상소심부, 1심부 및 전심부
㈐ 소추부
㈑ 사무국

제35조 재판관의 복무

1. 모든 재판관은 재판소의 전임 구성원으로 선출되며, 그들의 임기가 개시되는 때로부터 그러한 방식으로 근무할 수 있어야 한다.

2. 소장단을 구성하는 재판관들은 선출된 때로부터 전임으로 근무한다.
3. 소장단은 재판소의 업무량을 기초로 구성원들과의 협의를 거쳐, 수시로 나머지 재판관들의 어느 정도를 전임으로 근무하도록 할 것인가를 결정할 수 있다. 그러한 조치는 제40조의 규정을 해하지 아니한다.
4. 전임으로 근무할 필요가 없는 재판관에 대한 재정적 조치는 제49조에 따라 이루어진다.

제 36 조 재판관의 자격요건, 추천 및 선거

1. 제2항의 규정을 조건으로 재판소에는 18인의 재판관을 둔다.
2. (가) 재판소를 대표하여 행동하는 소장단은 증원이 필요하고 적절하다는 사유를 적시하여 제1항에 명시된 재판관의 증원을 제안할 수 있다. 사무국장은 이러한 제안을 신속히 모든 당사국에 회람한다.
   (나) 그러한 제안은 제112조에 따라 소집되는 당사국총회의 회의에서 심의된다. 제안은 당사국총회 회원국의 3분의 2의 투표에 의하여 승인되면 채택된 것으로 간주하며, 당사국총회가 결정하는 시점에 발효한다.
   (다) (ⅰ) 나호에 따라 재판관의 증원을 위한 제안이 채택된 경우, 추가되는 재판관의 선거는 제3항 내지 제8항 및 제37조 제2항에 따라 당사국총회의 다음 회기에서 실시된다.
        (ⅱ) 나호와 다호(ⅰ)에 따라 재판관의 증원을 위한 제안이 채택되고 발효한 경우, 소장단은 재판소의 업무량이 이를 정당화할 경우 그 후 언제든지 재판관의 감원을 제안할 수 있다. 다만, 재판관의 수는 제1항에 명시된 수 미만으로 감원되어서는 아니된다. 제안은 가호 및 나호에 정하여진 절차에 따라 처리된다. 제안이 채택된 경우, 재판관의 수는 필요한 수에 도달될 때까지 재직 중인 재판관의 임기가 만료됨에 맞추어 점진적으로 감소시킨다.
3. (가) 재판관은 각 국에서 최고 사법직에 임명되기 위해 필요한 자격을 갖추고, 높은 도덕성과 공정성 및 성실성을 가진 자 중에서 선출된다.
   (나) 재판관 선거 후보자는 다음을 갖추어야 한다.
        (ⅰ) 형법과 형사절차에서의 인정된 능력과 판사, 검사, 변호사 또는 이와 유사한 다른 자격으로서 형사소송에서의 필요한 관련 경력. 또는,
        (ⅱ) 국제인도법 및 인권법과 같은 국제법 관련 분야에서의 인정된 능력과 재판소의 사법업무와 관련되는 전문적인 법률 직위에서의 풍부한 경험
   (다) 재판관 선거 후보자는 재판소의 실무언어 중 최소한 하나의 언어에 탁월한 지식을 갖고 이를 유창하게 구사하여야 한다.
4. (가) 재판관 선거 후보자의 추천은 이 규정의 어떠한 당사국도 할 수 있으며, 다음 중 어느 절차에 따라야 한다.
        (ⅰ) 당해 국가에서 최고 사법직의 임명을 위한 후보자 추천 절차
        (ⅱ) 국제사법재판소규정상 국제사법재판소에 대한 후보 추천을 정한 절차
        추천에는 후보자가 제3항의 요건을 어떻게 충족하는지를 반드시 상세하게 명시하는 설명이 첨부되어야 한다.
   (나) 각 당사국은 모든 선거에서 꼭 자국민일 필요는 없으나 반드시 당사국의 국민인 1인의 후보자를 추천할 수 있다.
   (다) 당사국총회는 적절한 경우 추천에 관한 자문위원회를 설치하기로 결정할 수 있다. 그러한 경우 위원회의 구성과 임무는 당사국총회가 정한다.

5. 선거의 목적상 다음과 같은 두 가지 후보자명부를 둔다.
   제3항 나호(ⅰ)에 명시된 자격요건을 갖춘 후보자의 명단을 포함하는 A명부
   제3항 나호(ⅱ)에 명시된 자격요건을 갖춘 후보자의 명단을 포함하는 B명부
   두 개 명부 모두에 해당하는 충분한 자격요건을 갖춘 후보자는 등재될 명부를 선택할 수 있다. 최초의 재판관 선거 시 A명부로부터는 최소한 9인의 재판관이, 그리고 B명부로부터는 최소 5인의 재판관이 선출되어야 한다. 그 후의 선거는 양 명부상의 자격요건을 갖춘 재판관들이 재판소에서 상응하는 비율을 유지하도록 이루어져야 한다.
6. ㈎ 재판관은 제112조에 따라 재판관 선거를 위하여 소집되는 당사국총회의 회의에서 비밀투표로 선출된다. 제7항을 조건으로, 재판관으로 선출되는 자는 출석하여 투표한 당사국의 3분의 2 이상의 최다득표를 한 18인의 후보자로 한다.
   ㈏ 제1차 투표에서 충분한 수의 재판관이 선출되지 아니한 경우, 충원될 때까지 가호에 정해진 절차에 따라 계속 투표를 실시한다.
7. 어떠한 2인의 재판관도 동일한 국가의 국민이어서는 아니된다. 재판소 구성의 목적상 2개 이상의 국가의 국민으로 인정될 수 있는 자는 그가 통상적으로 시민적 및 정치적 권리를 행사하는 국가의 국민으로 간주된다.
8. ㈎ 당사국들은 재판관의 선출에 있어서 재판소 구성원 내에서 다음의 필요성을 고려한다.
   (ⅰ) 세계의 주요 법체계의 대표성
   (ⅱ) 공평한 지역적 대표성
   (ⅲ) 여성 및 남성 재판관의 공정한 대표성
   ㈏ 당사국들은 여성이나 아동에 대한 폭력을 포함하되 이에 국한되지 아니하는 특수한 문제에 대하여 법률 전문지식을 가진 재판관을 포함시킬 필요성도 고려한다.
9. ㈎ 재판관은 나호를 조건으로 9년간 재직하며, 다호 및 제37조 제2항을 조건으로 재선될 수 없다.
   ㈏ 첫 번째 선거에서, 선출된 재판관의 3분의 1은 추첨으로 3년의 임기 동안 복무하도록 선정되며, 또 다른 3분의 1의 재판관은 추첨으로 6년의 임기 동안 복무하도록 선정되며, 나머지 재판관은 9년의 임기 동안 복무한다.
   ㈐ 나호에 따라 3년의 임기 동안 복무하도록 선정된 재판관은 완전한 임기로 재선될 수 있다.
10. 제9항의 규정에도 불구하고 제39조에 따라 1심부 또는 상소심부에 배정된 재판관은 그 재판부에서 이미 심리가 개시된 1심 또는 상소심이 종결될 때까지 계속 재직하여야 한다.

제 37 조 재판관의 결원

1. 결원이 발생한 경우 제36조에 따라 결원을 채우기 위한 선거를 실시한다.
2. 결원을 채우기 위하여 선출된 재판관은 전임자의 잔여임기 동안 재직하며, 그 기간이 3년 이하일 경우에는 제36조에 따라 완전한 임기로 재선될 수 있다.

제 38 조 소장단

1. 재판소장과 제1부소장 및 제2부소장은 재판관들의 절대다수결에 의하여 선출된다. 그들은 각각 3년의 임기 또는 그들 각자의 재판관 임기의 종료 중 먼저 만료되는 때까지 재직한다. 그들은 한 번 재선될 수 있다.

2. 제1부소장은 재판소장이 직무를 수행할 수 없거나 자격을 상실한 경우 재판소장의 직무를 대리한다. 제2부소장은 재판소장과 제1부소장 모두 직무를 수행할 수 없거나 자격을 상실한 경우 재판소장의 직무를 대리한다.
3. 재판소장은 제1부소장 및 제2부소장과 함께 소장단을 구성하며, 소장단은 다음에 대하여 책임을 진다.
   ㈎ 소추부를 제외한 재판소의 적절한 운영
   ㈏ 이 규정에 따라 소장단에 부여된 다른 기능
4. 제3항 가호에 따른 책임을 수행함에 있어서 소장단은 상호 관심사인 모든 사항에 대하여 소추관과 조정하고 동의를 구한다.

제 39 조 재판부

1. 재판관 선거 후 가능한 한 신속히, 재판소는 제34조 나호에 명시된 담당부를 구성한다. 상소심부는 재판소장과 4인의 다른 재판관으로, 1심부는 6인 이상의 재판관으로, 그리고 전심부는 6인 이상의 재판관으로 구성된다. 재판관의 담당부 배정은 각 부가 수행할 기능의 성격과 선출된 재판관의 자격과 경력에 기초하여 각 부에 형법 및 형사절차와 국제법에서의 전문지식이 적절히 배합되는 방식으로 이루어져야 한다. 1심부와 전심부는 형사소송의 경력이 있는 재판관들을 위주로 구성된다.
2. ㈎ 재판소의 사법적 기능은 각 부의 재판부에 의하여 수행된다.
   ㈏ (ⅰ) 상소심재판부는 상소심부의 모든 재판관들로 구성된다.
       (ⅱ) 1심재판부의 기능은 1심부의 3인의 재판관에 의하여 수행된다.
       (ⅲ) 전심재판부의 기능은 전심부의 3인의 재판관 또는 이 규정과 절차 및 증거규칙에 따라 전심부의 단독 재판관에 의하여 수행된다.
   ㈐ 이 항의 어떠한 규정도 재판소 업무량의 효율적인 관리상 필요한 경우에 2개 이상의 1심재판부 또는 전심재판부를 동시에 구성하는 것을 배제하지 아니한다.
3. ㈎ 1심부와 전심부에 배정된 재판관은 그 부에서 3년간 복무하며, 그 후에도 해당부에서 이미 심리가 개시된 사건에 대하여는 그 사건 종결시까지 복무한다.
   ㈏ 상소심부에 배정된 재판관은 그들의 전체 임기 동안 그 부에서 복무한다.
4. 상소심부에 배정된 재판관은 오직 그 부에서만 근무한다. 그러나 이 조의 어떠한 규정도 소장단이 재판소 업무량의 효율적 관리상 필요하다고 판단하는 경우, 1심부에서 전심부로 또는 그 반대로 재판관을 잠정적으로 배정하는 것을 배제하지 아니한다. 다만, 어떠한 상황에서도 사건의 전심재판 단계에 참여하였던 재판관은 당해 사건을 심리하는 1심재판부에 참여할 수 없다.

제 40 조 재판관의 독립

1. 재판관은 그 직무를 수행함에 있어서 독립적이다.
2. 재판관은 자신의 사법적 기능에 방해가 될 수 있거나 또는 자신의 독립성에 대한 신뢰에 영향을 미칠 수 있는 어떠한 활동에도 종사하여서는 아니된다.
3. 재판소의 소재지에서 전임으로 복무하는 재판관은 다른 영리적 성격의 직업에 종사하여서는 아니된다.
4. 제2항과 제3항의 적용에 관한 문제는 재판관의 절대다수결에 의하여 결정된다. 그러한 문제가 재판관 개인에 관한 것인 경우 당해 재판관은 결정에 참여하지 아니한다.

제41조 재판관의 회피와 제척

1. 소장단은 재판관의 요청이 있으면 절차 및 증거규칙에 따라 당해 재판관이 이 규정상의 직무 수행을 회피하도록 할 수 있다.
2. ㈎ 재판관은 어떠한 사유에서든 자신의 공정성이 합리적으로 의심받을 수 있는 어떠한 사건에도 참여하지 아니한다. 특히 재판관이 전에 어떤 자격으로든 재판소에 제기된 사건에 관여하였거나 또는 현재 수사 중이거나 기소중인 자가 연루된 국내 형사사건에 관여한 경우, 재판관은 이 항에 따라 그 사건으로부터 제척된다. 재판관은 절차 및 증거규칙에 규정된 다른 사유로도 제척된다.
   ㈏ 소추관 또는 수사 중이거나 기소 중인 자는 이 항에 따라 재판관의 제척을 요청할 수 있다.
   ㈐ 재판관의 제척에 관한 모든 문제는 재판관의 절대다수결에 의하여 결정된다. 이의가 제기된 재판관은 이 문제에 관한 자신의 의견을 진술할 권리가 있으나 결정에는 참여하지 아니한다.

제42조 소추부

1. 소추부는 재판소의 별개 기관으로서 독립적으로 활동한다. 소추부는 재판소에 회부되는 관할범죄와 그 범죄에 관한 구체적 정보를 접수하며, 이를 조사하고 수사하여 재판소에 기소를 제기하는데 대한 책임을 진다. 소추부의 구성원은 외부로부터 지시를 구하거나 지시에 따라 활동하여서는 아니된다.
2. 소추부의 장은 소추관으로 한다. 소추관은 직원, 시설 및 다른 자원을 포함하여 소추부의 관리 및 행정에 전권을 가진다. 소추관은 이 규정에 따라 소추관에게 요구되는 모든 활동을 수행할 권한을 가지는 1인 이상의 부소추관의 조력을 받는다. 소추관과 부소추관은 서로 다른 국적을 가져야 한다. 그들은 전임으로 근무한다.
3. 소추관과 부소추관은 높은 도덕성과 형사사건의 기소와 재판에 있어 고도의 능력과 풍부한 실무경력을 갖춘 자이어야 한다. 그들은 재판소의 실무언어 중 최소한 하나의 언어에 탁월한 지식을 갖고 이를 유창하게 구사하여야 한다.
4. 소추관은 당사국총회 회원국의 비밀투표에 의하여 절대다수결로 선출된다. 부소추관은 소추관이 제시한 후보자 명부로부터 동일한 방식으로 선출된다. 소추관은 충원될 부소추관의 각 직에 대하여 각각 3인의 후보자를 추천한다. 선출시 더 짧은 임기로 결정되지 아니하는 한, 소추관과 부소추관은 9년의 임기 동안 재직하며 재선될 수 없다.
5. 소추관과 부소추관은 자신의 소추기능에 방해가 될 수 있거나 자신의 독립성에 대한 신뢰에 영향을 미칠 수 있는 어떠한 활동에도 종사하지 아니한다. 그들은 다른 영리적 성격의 직업에도 종사하지 아니한다.
6. 소장단은 소추관 또는 부소추관의 요청에 따라 특정 사건을 다루는 것을 회피하도록 할 수 있다.
7. 소추관과 부소추관은 어떠한 사유에서든 자신의 공정성이 합리적으로 의심받을 수 있는 어떠한 사건에도 참여하지 아니한다. 특히 그들이 전에 어떠한 자격으로든 재판소에 제기된 사건에 관여하였거나 또는 현재 수사 중이거나 기소 중인 자가 연루된 국내 형사사건에 관여한 경우, 그들은 이 항에 따라 그 사건으로부터 제척된다.

8. 소추관과 부소추관의 제척에 관한 모든 문제는 상소심재판부가 결정한다.
    (가) 수사 중이거나 기소 중인 자는 언제든지 이 조에 규정된 사유에 근거하여 소추관과 부소추관의 제척을 요청할 수 있다.
    (나) 소추관과 부소추관은 적절한 경우 이 사안에 대하여 자신의 의견을 진술할 권리가 있다.
9. 소추관은 성폭력 또는 성별 폭력 및 아동에 대한 폭력을 포함하되 이에 국한되지 아니하는 특수한 문제에 대하여 법률 전문지식을 가진 자문관을 임명한다.

제 43 조 사무국

1. 사무국은 제42조에 따른 소추관의 직무와 권한을 침해함이 없이 재판소의 행정과 사무의 비사법적 측면에 대하여 책임을 진다.
2. 사무국은 재판소의 수석행정관인 사무국장이 이끈다. 사무국장은 재판소장의 권위하에서 자신의 직무를 수행한다.
3. 사무국장과 사무차장은 높은 도덕성을 가진 탁월한 능력의 소유자이어야 하며, 재판소의 실무언어 중 최소한 하나의 언어에 탁월한 지식을 갖고 이를 유창하게 구사하여야 한다.
4. 재판관들은 당사국총회의 추천을 고려하여 비밀투표에 의하여 절대다수결로 사무국장을 선출한다. 필요한 경우 사무국장의 추천에 따라, 재판관들은 동일한 방식으로 사무차장을 선출한다.
5. 사무국장은 5년 임기 동안 재직하며 한번 재선될 수 있고, 전임으로 근무한다. 사무차장의 임기는 5년 또는 재판관들의 절대다수결로 결정하는 더 짧은 기간으로 하며, 사무차장의 근무가 필요하다고 요구되는 경우 선출될 수 있다.
6. 사무국장은 사무국 내에 피해자·증인 담당부를 둔다. 이 담당부는 소추부와 협의하여 증인, 재판소에 출석한 피해자, 그리고 그러한 증인이 행한 증언으로 인하여 위험에 처한 다른 자들을 위한 보호조치와 안전조치, 상담 및 기타 적절한 지원을 제공한다. 이 부에 성폭력 범죄와 관련된 정신장애를 포함하여 정신장애에 전문지식을 가진 직원을 포함한다.

제 44 조 직원

1. 소추관과 사무국장은 각각의 업무에 필요한 자격을 가진 직원을 임명한다. 소추관의 경우에는 수사관의 임명을 포함한다.
2. 직원을 채용함에 있어서, 소추관과 사무국장은 최고 수준의 효율성·능력 및 성실성을 확보하여야 하며, 제36조제8항에 규정된 기준을 준용한다.
3. 사무국장은 소장단 및 소추관의 합의를 얻어 재판소 직원의 임명, 보수 및 해고에 관한 조건들을 포함하는 직원규칙을 제안한다. 직원규칙은 당사국총회의 승인을 받아야 한다.
4. 재판소는 예외적인 경우 재판소의 각 기관의 업무를 보조하기 위하여 당사국, 정부 간 또는 비정부 간 기구가 제공하는 무보수 요원의 전문지식을 활용할 수 있다. 소추관은 소추부를 대표하여 그러한 제공을 수락할 수 있다. 그러한 무보수 요원은 당사국총회가 제정한 지침에 따라 채용된다.

제 45 조 선서

재판관, 소추관, 부소추관, 사무국장 및 사무차장은 이 규정에 따른 각자의 임무를 맡기 전에 공개된 법정에서 자신의 직무를 공정하고 양심적으로 수행할 것을 각자 엄숙히 선서한다.

제 46 조 직의 상실

1. 재판관, 소추관, 부소추관, 사무국장 또는 사무차장은 다음의 경우에 해당하여 제2항에 따른 결정이 내려지면 그 직을 상실한다.
    (가) 절차 및 증거규칙에 규정되어 있는 바와 같이 중대한 부정행위 또는 이 규정에 따른 의무의 중대한 위반을 범한 것으로 밝혀진 경우
    (나) 이 규정이 요구하는 직무를 수행할 수 없는 경우
2. 제1항에 따른 재판관, 소추관 또는 부소추관의 직의 상실에 관한 결정은 당사국총회에서 비밀투표로 다음과 같이 이루어진다.
    (가) 재판관의 경우, 다른 재판관들의 3분의 2의 다수결에 의하여 채택된 권고에 대하여 당사국의 3분의 2의 다수결
    (나) 소추관의 경우, 당사국의 절대다수결
    (다) 부소추관의 경우, 소추관의 권고에 따른 당사국의 절대다수결
3. 사무국장 또는 사무차장의 직의 상실에 관한 결정은 재판관들의 절대다수결에 의하여 이루어진다.
4. 재판관, 소추관, 부소추관, 사무국장 또는 사무차장은 자신의 행동 또는 이 규정이 요구하는 직무를 수행할 능력에 대하여 이 조에 따른 이의제기가 있는 경우, 절차 및 증거규칙에 따라 증거를 제출하거나 접수하고 의견을 개진할 충분한 기회를 가진다. 그 외에는 본인은 이 사안에 대한 심의에 참여하지 아니한다.

제 47 조 징계처분

제46조 제1항에 규정된 것보다 덜 중대한 성격의 부정행위를 범한 재판관, 소추관, 부소추관, 사무국장 또는 사무차장은 절차 및 증거규칙에 따라 징계처분을 받는다.

제 48 조 특권과 면제

1. 재판소는 각 당사국의 영역에서 재판소의 목적 달성을 위하여 필요한 특권과 면제를 향유한다.
2. 재판관, 소추관, 부소추관 및 사무국장은 재판소의 업무나 그와 관련된 업무를 수행하는 경우, 외교사절의 장에게 부여되는 것과 동일한 특권과 면제를 향유하며, 임기가 만료된 후에도 그들이 공적 지위에서 행한 구두 또는 서면의 진술과 행위에 대하여 모든 종류의 법적 절차로부터 계속 면제를 부여받는다.
3. 사무차장, 소추부의 직원 및 사무국의 직원은 재판소의 특권 및 면제에 관한 협정에 따라 자신의 직무수행에 필요한 특권·면제와 편의를 향유한다.
4. 변호인, 전문가, 증인 또는 재판소에 출석이 요구되는 다른 자는 재판소의 특권 및 면제에 관한 협정에 따라 재판소의 적절한 기능수행을 위하여 필요한 대우를 부여받는다.
5. (가) 재판관 또는 소추관의 특권과 면제는 재판관들의 절대다수결에 의하여 포기될 수 있다.
    (나) 사무국장의 특권과 면제는 소장단에 의하여 포기될 수 있다.

㈐ 부소추관과 소추부 직원의 특권과 면제는 소추관에 의하여 포기될 수 있다.
㈑ 사무차장과 사무국 직원의 특권과 면제는 사무국장에 의하여 포기될 수 있다.

제 49 조 급여·수당 및 비용

재판관, 소추관, 부소추관, 사무국장 및 사무차장은 당사국총회에서 결정되는 급여·수당 및 비용을 받는다. 이러한 급여와 수당은 그들의 재직기간 동안 삭감되지 아니한다.

제 50 조 공식언어 및 실무언어

1. 재판소의 공식언어는 아랍어, 중국어, 영어, 프랑스어, 러시아어 및 스페인어로 한다. 재판소의 판결과 재판소에 제기된 중대한 문제를 해결하는 기타 결정은 공식언어로 공표된다. 소장단은 절차 및 증거규칙이 정한 기준에 따라 이 항의 목적상 어떠한 결정이 근본적 문제를 해결하는 것으로 되는지를 결정한다.
2. 재판소의 실무언어는 영어와 프랑스어로 한다. 절차 및 증거규칙은 다른 공식언어가 실무언어로 사용될 수 있는 경우를 결정한다.
3. 절차의 당사자 또는 절차에 참가가 허용된 국가의 요청이 있으면, 재판소는 그러한 허가가 충분히 정당화될 수 있다고 판단하는 경우에, 그 당사자나 국가가 영어 또는 프랑스어 이외의 언어를 사용할 수 있도록 허가한다.

제 51 조 절차 및 증거규칙

1. 절차 및 증거규칙은 당사국총회 회원국의 3분의 2의 다수결에 의한 채택으로 발효한다.
2. 절차 및 증거규칙의 개정은 다음에 의하여 제안될 수 있다.
    ㈎ 당사국
    ㈏ 절대과반수의 재판관
    ㈐ 소추관
    그러한 개정은 당사국총회 회원국의 3분의 2의 다수결에 의한 채택으로 발효한다.
3. 절차 및 증거규칙의 채택 후, 그 규칙에 재판소에 제기된 특정한 사태를 다룰 규정이 없는 긴급한 경우, 재판관들은 당사국총회의 차기 정기회기 또는 특별회기에서 채택·개정 또는 거부될 때까지 적용될 임시규칙을 3분의 2의 다수결로 제정할 수 있다.
4. 절차 및 증거규칙, 그 개정 및 모든 임시규칙은 이 규정에 부합되어야 한다. 임시규칙뿐만 아니라 절차 및 증거규칙의 개정은 수사 중이거나 기소 중인 자 또는 유죄판결을 받은 자에게 불리하게 소급 적용되지 아니한다.
5. 이 규정과 절차 및 증거규칙이 충돌할 경우, 이 규정이 우선한다.

제 52 조 재판소 규칙

1. 이 규정과 절차 및 증거규칙에 따라 재판관들은 재판소의 일상적인 기능수행에 필요한 재판소 규칙들을 절대다수결로 채택한다.
2. 재판소 규칙을 제정하거나 개정하는데 있어서 소추관 및 사무국장과 협의한다.
3. 재판소 규칙이나 그 개정은 재판관들이 달리 결정하지 아니하는 한, 채택시에 발효한다. 재판소 규칙이나 그 개정은 채택 즉시 당사국의 의견수렴을 위하여 당사국에게 회람된다. 6개월 이내에 당사국의 과반수로부터 반대가 없는 한, 재판소 규칙이나 그 개정은 계속하여 효력을 가진다.

제5부 수사 및 기소

제53조 수사의 개시

1. 소추관은 자신에게 이용 가능한 정보를 평가한 후, 이 규정에 따른 절차를 진행할 합리적 근거가 없다고 판단하지 않는 한 수사를 개시하여야 한다. 수사 개시 여부를 결정함에 있어 소추관은 다음을 고려한다.
   - (가) 소추관에게 이용 가능한 정보가 재판소 관할범죄가 범하여졌거나 범하여지고 있다고 믿을 만한 합리적 근거를 제공하는지 여부
   - (나) 사건이 제17조에 따른 재판적격성이 있는지 또는 있게 될지 여부
   - (다) 범죄의 중대성 및 피해자의 이익을 고려하더라도, 수사가 정의에 도움이 되지 않을 것이라고 믿을 만한 상당한 이유가 있는지 여부

   소추관이 절차를 진행할 합리적 근거가 없다고 결정하고 그 결정이 오직 다호만을 근거로 한 경우, 소추관은 이를 전심재판부에 통지한다.

2. 수사 후 소추관이 다음과 같은 이유로 기소할 충분한 근거가 없다고 결정하는 경우, 소추관은 전심재판부 및 제14조에 따라 회부한 국가 또는 제13조 나호에 따른 사건의 경우 안전보장이사회에 자신의 결정과 그 이유를 통지한다.
   - (가) 제58조에 따른 영장 또는 소환장을 청구할 법적 또는 사실적 근거가 충분하지 않은 경우
   - (나) 사건이 제17조에 따라 재판적격성이 없는 경우
   - (다) 범죄의 중대성, 피해자의 이익, 피의자의 연령 또는 쇠약 정도 및 범죄에 있어서 피의자의 역할을 포함한 모든 정황을 고려할 때, 기소가 정의에 부합하지 아니하는 경우

3. (가) 제14조에 따른 사건 회부국 또는 제13조 나호에 따른 안전보장이사회의 요청이 있으면, 전심재판부는 제1항 또는 제2항에 따른 소추관의 절차종결 결정을 재검토할 수 있으며, 소추관에게 그 결정을 재고할 것을 요청할 수 있다.
   - (나) 또한 소추관의 절차종결 결정이 오직 제1항 다호 또는 제2항 다호만을 근거로 한 경우, 전심재판부는 직권으로 그 결정을 재검토할 수 있다. 그러한 경우 소추관의 결정은 전심재판부의 확인을 받아야만 유효하다.

4. 소추관은 새로운 사실이나 정보를 근거로 수사 또는 기소의 개시 여부에 대한 결정을 언제든지 재고할 수 있다.

제54조 수사에 관한 소추관의 의무 및 권한

1. 소추관은,
   - (가) 진실을 규명하기 위하여 이 규정에 따른 형사책임이 있는지 여부를 평가하는데 관계되는 모든 사실과 증거를 수사하며, 그렇게 함에 있어서 유죄 및 무죄의 정황을 동등하게 수사한다.
   - (나) 재판소 관할범죄의 효과적인 수사 및 기소를 보장하기 위하여 적절한 조치를 취하며, 그렇게 함에 있어서 연령, 제7조 제3항에 정의된 바와 같은 성별, 건강을 포함하여 피해자 및 증인의 이익과 개인적인 정황을 존중하고, 특히 성폭력, 성별 폭력 또는 아동에 대한 폭력이 관련된 경우에는 범죄의 성격을 고려한다.
   - (다) 이 규정에 따른 개인의 권리를 충분히 존중한다.

2. 소추관은 국가의 영역에서 다음과 같이 수사를 행할 수 있다.
   (가) 제9부의 규정에 따라,
   (나) 제57조 제3항 라호에 따른 전심재판부의 허가를 받아
3. 소추관은,
   (가) 증거를 수집하고 조사할 수 있다.
   (나) 수사 중인 자, 피해자 및 증인의 출석을 요구하고 그들을 신문할 수 있다.
   (다) 국가 또는 정부 간 기구나 조직의 협조를 그들 각각의 권한 및/또는 임무에 따라 구할 수 있다.
   (라) 국가, 정부 간 기구 또는 개인의 협조를 촉진하는데 필요한 약정 또는 협정을 맺을 수 있다. 단, 그러한 약정 또는 협정은 이 규정에 저촉되어서는 아니된다.
   (마) 소추관이 비밀을 조건으로 그리고 오로지 새로운 증거를 산출할 목적으로 취득한 문서 또는 정보를, 정보제공자가 동의하지 아니하는 한 절차의 어떠한 단계에서도 공개하지 않기로 합의할 수 있다.
   (바) 정보의 비밀, 개인의 보호 또는 증거의 보전을 확보하기 위하여 필요한 조치를 취하거나 또는 필요한 조치가 취해지도록 요청할 수 있다.

제 55 조 수사 중 개인의 권리

1. 이 규정에 따른 수사와 관련하여 개인은,
   (가) 스스로 복죄하거나 자신의 유죄를 시인하도록 강요받지 아니한다.
   (나) 어떠한 형태의 강요, 강박 또는 위협, 고문, 또는 다른 어떠한 형태의 잔혹하거나 비인도적이거나 굴욕적인 대우나 처벌을 받지 아니한다.
   (다) 자신이 충분히 이해하고 말하는 언어 이외의 언어로 신문받는 경우, 무료로 유능한 통역과 공정성의 요건을 충족시키는데 필요한 번역의 도움을 받는다.
   (라) 자의적인 체포 또는 구금을 당하지 아니하며, 이 규정에서 정한 근거와 절차에 따른 경우를 제외하고는 자유를 박탈당하지 아니한다.
2. 개인이 재판소 관할범죄를 범하였다고 믿을 만한 근거가 있고, 그 자가 소추관 또는 이 규정 제9부에 의한 요청에 따라 국가 당국의 신문을 받게 될 경우, 그는 신문에 앞서 자신에게 고지되어야 할 다음의 권리를 가진다.
   (가) 신문에 앞서 그가 재판소 관할범죄를 범하였다고 믿을 만한 근거가 있음을 고지받을 권리
   (나) 침묵이 유죄 또는 무죄를 결정함에 있어서 참작됨이 없이 진술을 거부할 권리
   (다) 자신이 선택하는 법적 조력을 받을 권리, 또는 자신이 법적 조력을 받지 못하고 있다면 정의를 위하여 요구되는 경우에 자신에게 지정된 법적 조력을 받을 권리, 그리고 자신이 비용을 지불할 충분한 수단이 없는 경우에는 이를 무료로 제공받을 권리
   (라) 자신이 자발적으로 변호인의 조력을 받을 권리를 포기하지 아니하는 한 변호인의 참석하에 신문을 받을 권리

제 56 조 유일한 수사기회에 관한 전심재판부의 역할

1. (가) 소추관이 수사가 증인으로부터 증언이나 진술을 얻거나 증거를 조사·수집 또는 검사하기 위한 유일한 기회를 제공하며 재판을 위하여 추후에는 확보할 수 없다고 판단하는 경우, 소추관은 이를 전심재판부에 통지한다.

㈏ 이 경우 전심재판부는 소추관의 청구가 있으면 절차의 효율성과 일체성을 보장하고, 특히 피의자의 권리를 보호하는데 필요한 조치를 취할 수 있다.

㈐ 전심재판부가 달리 명하지 않는 한, 소추관은 가호에 규정된 수사와 관련하여 체포된 자 또는 소환에 응하여 출석한 자에게 자신이 관련된 사항에 관하여 진술할 수 있도록 관련 정보를 제공한다.

2. 제1항 나호에 언급된 조치는 다음을 포함할 수 있다.
    ㈎ 취하여야 할 절차에 관한 권고 또는 명령
    ㈏ 절차에 대한 기록의 작성 지시
    ㈐ 보조할 전문가의 임명
    ㈑ 체포된 자 또는 소환에 응하여 재판소에 출석한 자를 위한 변호인의 참여 허가 또는 그러한 체포나 출석이 아직 없었거나 변호인이 선정되지 아니한 경우에 참석하여 피의자측의 이익을 대변할 변호인의 임명
    ㈒ 증거의 수집 및 보전과 신문을 관찰하고 그에 관한 권고 또는 명령을 하도록 전심재판부의 구성원 중의 한 명 또는 필요한 경우에는 전심부 또는 1심부의 활용 가능한 다른 재판관의 지명
    ㈓ 증거를 수집하거나 보전하는데 필요한 기타의 조치들

3. ㈎ 소추관이 이 조에 따른 조치를 구하지는 않았으나 전심재판부가 재판에서 피고인에게 필수적이라고 여기는 증거를 보전하기 위하여 그러한 조치가 필요하다고 판단하는 경우, 전심재판부는 소추관이 그러한 조치를 요청하지 않은데 상당한 이유가 있는지 여부에 관하여 소추관과 협의한다. 협의 후 소추관이 그러한 조치를 요청하지 않은 것이 부당하다고 판단하는 경우, 전심재판부는 직권으로 그러한 조치를 취할 수 있다.
    ㈏ 이 항에 따른 전심재판부의 직권 조치 결정에 대하여 소추관은 상소할 수 있다. 상소는 신속하게 심리된다.

4. 이 조에 따라 재판을 위하여 보전되거나 수집된 증거 또는 그에 대한 기록의 증거능력은 재판시 제69조에 의해 결정되며, 1심재판부가 정하는 증명력이 부여된다.

제 57 조　전심재판부의 기능 및 권한

1. 이 규정에서 달리 정하지 않는 한, 전심재판부는 이 조의 규정에 따라 기능을 행사한다.
2. ㈎ 제15조, 제18조, 제19조, 제54조 제2항, 제61조 제7항 및 제72조에 따른 전심재판부의 명령 또는 결정은 그 재판부 재판관들의 과반수의 동의가 있어야 한다.
    ㈏ 그 외의 모든 경우에 절차 및 증거규칙에 달리 규정되어 있거나 또는 전심재판부의 과반수에 의하여 달리 결정되지 않는 한, 전심재판부의 단독 재판관이 이 규정에 따른 기능을 행사할 수 있다.
3. 전심재판부는 이 규정에 따른 다른 기능 외에도,
    ㈎ 소추관의 요청에 따라, 수사를 위하여 필요한 명령을 하고 영장을 발부할 수 있다.
    ㈏ 체포된 자 또는 제58조에 따른 소환에 응하여 출석한 자의 요청이 있는 경우, 제56조에 규정된 것과 같은 조치를 포함하는 명령을 하거나 또는 자신의 방어준비를 하는 자를 지원하는데 필요한 협력을 제9부에 따라 구할 수 있다.
    ㈐ 필요한 경우, 피해자 및 증인의 보호와 그들의 사생활 보호, 증거 보전, 체포된 자 또는 소환에 응하여 출석한 자의 보호 그리고 국가안보 정보의 보호를 제공할 수 있다.

㈐ 전심재판부는 가능한 경우 언제나 당해국의 의견을 고려한 후, 당해국이 제9부에 따른 협력 요청을 이행할 권한 있는 사법당국이나 그 구성기관을 이용할 수 없음으로 인하여 협력 요청을 이행할 수 없음이 그 사건의 경우에 명백하다고 결정하는 경우, 소추관으로 하여금 제9부에 따른 당해국의 협력을 확보함이 없이 그 국가의 영역 안에서 특정한 수사조치를 취하도록 권한을 줄 수 있다.

㈑ 제58조에 따라 체포영장 또는 소환장이 발부된 경우, 이 규정과 절차 및 증거규칙에서 정한 바와 같이 증거가치 및 당해 당사자의 권리를 적절히 고려하여, 피해자의 궁극적 이익을 위하여 몰수 목적의 보호조치를 취하도록 제93조 제1항 카호에 따라 당해국의 협조를 구할 수 있다.

제 58 조 전심재판부의 체포영장 또는 소환장 발부

1. 전심재판부는 수사 개시 후 언제라도 소추관의 신청에 따라 소추관이 제출한 신청서 및 증거 또는 기타 정보를 검토한 후 다음이 확인되면 체포영장을 발부한다.
   ㈎ 당해인이 재판소 관할범죄를 범하였다고 믿을 만한 합리적 근거가 있으며,
   ㈏ 당해인의 체포가 다음을 위하여 필요하다고 판단되는 경우
      (ⅰ) 재판 출석을 보장하기 위한 경우
      (ⅱ) 수사 또는 재판소 절차를 방해하거나 위태롭게 하지 못하도록 보장하기 위한 경우
      (ⅲ) 적용 가능한 경우, 당해 범행의 계속 또는 그와 동일한 상황에서 발생하는 재판소의 관할권 내에 속하는 관련범행의 계속을 방지하기 위한 경우

2. 소추관의 신청서는 다음을 포함한다.
   ㈎ 당해인의 성명 및 기타 관련 신원 정보
   ㈏ 당해인이 범행의 혐의를 받는 재판소 관할범죄에 대한 구체적 언급
   ㈐ 그러한 범죄를 구성하는 것으로 주장되는 사실에 대한 간결한 설명
   ㈑ 당해인이 그러한 범죄를 범하였다고 믿을 만한 합리적 근거를 형성하는 증거 및 기타 정보의 요약
   ㈒ 소추관이 당해인의 체포가 필요하다고 믿는 이유

3. 체포영장은 다음을 포함한다.
   ㈎ 당해인의 성명 및 기타 관련 신원 정보
   ㈏ 당해인의 체포사유가 되는 재판소 관할범죄에 대한 구체적 언급
   ㈐ 그러한 범죄를 구성하는 것으로 주장되는 사실에 대한 간결한 설명

4. 체포영장은 재판소가 달리 명령할 때까지 효력을 지속한다.

5. 체포영장을 근거로 재판소는 제9부에 따라 당해인의 긴급인도구속 또는 체포 및 인도를 청구할 수 있다.

6. 소추관은 전심재판부에 대하여 체포영장에 명시된 범죄를 수정하거나 그에 추가함으로써 체포영장을 수정할 것을 요청할 수 있다. 전심재판부는 당해인이 수정되거나 추가된 범죄를 범하였다고 믿을 만한 합리적 근거가 있다고 확인되는 경우 체포영장을 그와 같이 수정한다.

7. 체포영장 신청에 대한 대안으로 소추관은 당해인에 대해 소환장을 발부하도록 요청하는 신청서를 전심재판부에 제출할 수 있다. 전심재판부는 당해인이 범행의 혐의를 받는 범죄를 범하였다고 믿을 만한 합리적 근거가 있으며 소환장이 그의 출석을 확보하는데 충분하다고 확인하는 경우, 국내법에 규정된 (구금 이외의) 자유를 제한하는 조건을 부가하거나 부가하지 않으면서 당해인이 출석하도록 소환장을 발부한다. 소환장은 다음을 포함한다.
   (가) 당해인의 성명 및 기타 관련 신원 정보
   (나) 당해인이 출석하여야 하는 구체적 일자
   (다) 당해인이 범행의 혐의를 받는 재판소 관할범죄에 대한 구체적 언급
   (라) 그러한 범죄를 구성하는 것으로 주장되는 사실에 대한 간결한 설명 소환장은 당해인에게 송달된다.

제 59 조   구금국에서의 체포절차

1. 긴급인도구속 또는 체포 및 인도 요청을 접수한 당사국은 즉시 자국법 및 제9부의 규정에 따라 당해인을 체포하기 위한 조치를 취한다.
2. 체포된 자는 신속히 구금국의 권한 있는 사법당국에 인치되어야 하며, 그 사법당국은 자국법에 따라 다음을 결정한다.
   (가) 영장이 당해인에 적용되는지 여부
   (나) 당해인이 적절한 절차에 따라 체포되었는지 여부
   (다) 당해인의 권리가 존중되었는지 여부
3. 체포된 자는 인도될 때까지 구금국의 권한 있는 당국에 임시석방을 신청할 권리를 가진다.
4. 그러한 신청에 대하여 결정함에 있어 구금국의 권한 있는 당국은 범행의 혐의를 받는 범죄의 중대성에 비추어 임시석방을 정당화하는 긴급하고 예외적인 상황이 있는지 여부 및 구금국이 그를 재판소에 인도할 의무를 이행할 수 있도록 보장하는 필요한 안전장치가 존재하는지 여부를 검토한다. 구금국의 권한 있는 당국은 체포영장이 제58조제1항 가호 및 나호에 따라 적절하게 발부되었는지 여부를 검토할 수 없다.
5. 여하한 임시석방 신청도 전심재판부에 통지되어야 하며, 전심재판부는 구금국의 권한 있는 당국에 권고를 행한다. 구금국의 권한 있는 당국은 결정을 내리기 전에 당해인의 도주를 방지하기 위한 조치에 관한 권고를 포함한 전심재판부의 권고를 충분히 고려한다.
6. 당해인에 대한 임시석방이 허가된 경우, 전심재판부는 임시석방의 상황에 대한 정기적인 보고를 요청할 수 있다.
7. 구금국의 인도명령이 내려지면 당해인은 가능한 한 신속히 재판소로 인도되어야 한다.

제 60 조   재판소에서의 최초 절차

1. 당해인이 재판소로 인도되거나 또는 자발적이거나 소환에 따라 재판소에 출석하였을 때, 전심재판부는 그 자가 범행의 혐의를 받는 범죄에 대하여 통지를 받았는지, 그리고 재판계속 중 임시석방을 신청할 권리 등 이 규정에 따른 자신의 권리에 관하여 통지를 받았는지 확인한다.

2. 체포영장의 적용을 받는 자는 재판계속 중 임시석방을 신청할 수 있다. 전심재판부가 제58조 제1항에 규정된 조건들이 충족됨을 확인한 경우, 그는 계속 구금된다. 그와 같이 확인되지 않는 경우, 전심재판부는 조건부로 또는 조건없이 당해인을 석방한다.
3. 전심재판부는 석방 또는 구금에 관한 결정을 정기적으로 재검토하며, 소추관 또는 당해인의 신청이 있으면 언제든지 재검토할 수 있다. 재검토에 따라 사정변경으로 필요하다고 인정되는 경우, 전심재판부는 구금·석방 또는 석방조건에 대한 결정을 변경할 수 있다.
4. 전심재판부는 누구도 소추관의 변명할 수 없는 지체로 인하여 재판 전에 불합리하게 장기간 구금되지 않도록 보장한다. 그러한 지체가 발생한 경우, 재판소는 조건부로 또는 조건없이 당해인의 석방을 고려한다.
5. 필요한 경우 전심재판부는 석방된 자의 출석을 확보하기 위하여 체포영장을 발부할 수 있다.

제 61 조   재판전 공소사실의 확인

1. 제2항의 규정을 조건으로, 당해인의 인도 또는 자발적 재판소 출석 후 합리적인 기간 내에 전심재판부는 소추관이 재판을 구하고자 하는 공소사실을 확인하기 위한 심리를 행한다. 심리는 소추관과 피의자 및 피의자 변호인의 출석하에 이루어진다.
2. 전심재판부는 다음의 경우 소추관의 요청에 따라 또는 직권으로 피의자가 출석하지 않은 상태에서 소추관이 재판을 구하고자 하는 공소사실을 확인하기 위한 심리를 할 수 있다.
   (가) 당해인이 출석할 권리를 포기한 경우
   (나) 당해인이 도주하였거나 소재를 알 수 없고, 그의 재판소 출석을 확보하고 그에게 공소사실 및 그 공소사실을 확인하기 위한 심리의 개시를 통지하기 위해 모든 합리적인 조치를 취한 경우
   그러한 경우, 전심재판부가 정의에 합당하다고 결정하는 경우, 변호인이 당해인을 대리한다.
3. 당해인은 심리 전 합리적인 기간 내에,
   (가) 소추관이 그를 재판에 회부하려는 공소사실을 기재한 문서의 사본을 제공받는다.
   (나) 소추관이 심리에서 근거로 삼고자 하는 증거를 통지받는다.
   전심재판부는 심리 목적으로 정보의 공개에 관하여 명령을 내릴 수 있다.
4. 심리가 시작되기 전에 소추관은 수사를 계속할 수 있으며 공소사실을 수정 또는 철회할 수 있다. 당해인은 심리 전에 여하한 공소사실의 변경 또는 철회에 대하여 합리적인 통지를 받는다. 공소사실 철회의 경우, 소추관은 전심재판부에 철회의 사유를 통지한다.
5. 심리 시 소추관은 당해인이 기소대상인 범죄를 범하였다고 믿을 만한 상당한 근거를 형성하는 충분한 증거로써 각 공소사실을 증빙하여야 한다. 소추관은 서면 증거 또는 약식 증거에 의존할 수 있으며, 재판에서 증언할 것으로 예상되는 증인을 소환할 필요는 없다.
6. 심리 시 당해인은,
   (가) 공소사실을 부인할 수 있다.
   (나) 소추관이 제출한 증거에 대하여 이의를 제기할 수 있다.
   (다) 증거를 제출할 수 있다.

7. 전심재판부는 심리를 근거로 당해인이 기소대상인 각각의 범죄를 범하였다고 믿을 만한 상당한 근거를 형성하는 충분한 증거가 있는지를 결정한다. 그 결정에 근거하여 전심재판부는,
   (가) 충분한 증거가 있다고 결정한 관련 공소사실을 확인하고, 확인된 공소사실에 대한 재판을 위하여 당해인을 1심재판부에 회부한다.
   (나) 증거가 불충분하다고 결정한 공소사실에 대하여는 확인을 거절한다.
   (다) 심리를 연기하고 소추관에게 다음을 고려하도록 요청한다.
      (i) 특정한 공소사실과 관련하여 추가 증거를 제공하거나 또는 추가 수사를 행할 것, 또는
      (ii) 제출된 증거가 재판소의 다른 관할범죄를 구성하는 것으로 보이므로 공소사실을 수정할 것
8. 전심재판부가 공소사실의 확인을 거절하는 경우에도, 추가 증거가 보강되면 소추관이 추후 다시 확인을 요청함에는 지장이 없다.
9. 공소사실이 확인된 후 재판이 시작되기 전, 소추관은 전심재판부의 허가를 받고 또한 피의자에게 통지한 후 공소사실을 수정할 수 있다. 소추관이 공소사실을 추가하려고 하거나 보다 중한 공소사실로 대체하려고 하는 경우, 이 조에 따라 공소사실을 확인하기 위한 심리를 열어야 한다. 재판이 시작된 후에는, 소추관은 1심재판부의 허가를 얻어 공소사실을 철회할 수 있다.
10. 전심재판부에 의하여 확인되지 아니한 공소사실이나 소추관이 철회한 공소사실에 대하여 전에 발부된 영장은 효력을 상실한다.
11. 이 조에 따라 공소사실이 확인되면 소장단은 1심재판부를 구성한다. 동 재판부는 제9항 및 제64조 제4항을 조건으로 그 후의 절차에 책임을 지며, 그 절차와 관련되는 적용 가능한 전심재판부의 모든 기능을 행사할 수 있다.

제6부 재판

제62조 재판 장소
달리 결정되지 않는 한, 재판 장소는 재판소의 소재지로 한다.

제63조 피고인 출석하의 재판
1. 피고인은 재판하는 동안 출석하여야 한다.
2. 재판소에 출석한 피고인이 계속하여 재판을 방해하는 경우, 1심재판부는 그를 퇴정시킬 수 있으며 필요한 경우 통신기술을 이용하여 피고인이 재판정 밖에서 재판을 관찰하고 변호인에게 지시할 수 있도록 피고인을 위하여 조치를 취한다. 그러한 조치는 다른 합리적인 대안이 부적절한 것으로 확인된 후, 오직 예외적인 상황에서 엄격히 필요한 기간 동안만 취해져야 한다.

제64조 1심재판부의 기능과 권한
1. 이 조에 규정된 1심재판부의 기능과 권한은 이 규정과 절차 및 증거규칙에 따라 행사된다.
2. 1심재판부는 재판이 공정하고 신속하게, 그리고 피고인의 권리를 충분히 존중하고 피해자와 증인의 보호에 적절히 유의하여 진행되도록 보장한다.

3. 이 규정에 따라 재판을 위해 사건이 배당되면 그 사건을 처리하도록 배정된 1심재판부는 다음을 행한다.
    (가) 당사자들과 협의하여 공정하고 신속한 소송진행을 촉진하기 위하여 필요한 절차의 채택
    (나) 재판에서 사용될 언어의 결정
    (다) 이 규정의 기타 관련 조항에 따라, 적절한 재판준비가 가능하도록 재판이 시작되기에 충분히 앞서 전에 공개되지 않았던 문서 또는 정보의 공개 조치
4. 1심재판부는 효율적이고 공정한 운영을 위하여 필요한 경우, 예비적인 문제를 전심재판부에 회부하거나, 필요한 경우 전심부의 다른 재판관에게 회부할 수 있다.
5. 당사자들에 대한 통지 후 1심재판부는 2인 이상의 피고인들에 대한 공소사실들에 관하여 적절한 대로 병합 또는 분리를 지시할 수 있다.
6. 재판 전 또는 재판이 진행되는 동안 그 기능을 수행함에 있어, 1심재판부는 필요한 대로 다음을 행할 수 있다.
    (가) 제61조 제11항에 규정된 전심재판부의 기능 행사
    (나) 필요한 경우 이 규정이 정하는 바에 따라 국가의 지원을 받음으로써 증인의 출석 및 증언, 그리고 문서 및 기타 증거의 제공 요구
    (다) 비밀 정보의 보호 제공
    (라) 재판 전에 이미 수집되었거나 재판 중에 당사자가 제출한 증거 외의 추가 증거의 제출 명령
    (마) 피고인, 증인 및 피해자의 보호 조치
    (바) 기타 관련 문제에 대한 어떠한 결정
7. <u>재판은 공개로 진행된다. 그러나 1심재판부는 제68조에 기술된 목적을 위하여 또는 증거로 제출될 비밀정보나 민감한 정보를 보호하기 위한 특수상황으로 인하여 특정 절차를 비공개로 진행할 것이 요구된다고 결정할 수 있다.</u>
8. (가) 재판이 시작되면 1심재판부는 전심재판부가 확인한 공소사실을 피고인에게 낭독한다. 1심재판부는 피고인이 공소사실의 성격을 이해하고 있음을 확인한다. 재판부는 피고인에게 제65조에 따라 유죄를 인정하거나 무죄를 주장할 기회를 부여한다.
    (나) 재판에서 재판장은 절차가 공정하고 공평한 방식으로 진행되도록 보장하는 것을 포함하여 절차의 진행을 위한 지시를 할 수 있다. 재판장의 지시를 조건으로, 당사자는 이 규정에 정한 바에 따라 증거를 제출할 수 있다.
9. 1심재판부는 당사자의 신청에 따라 또는 직권으로, 특히 다음 권한을 가진다.
    (가) 증거능력 또는 증거의 관련성을 결정할 권한
    (나) 심리 중 질서를 유지하는데 필요한 모든 조치를 취할 권한
10. 1심재판부는 절차를 정확하게 반영하는 완벽한 재판기록이 작성되고 사무국장이 이를 유지·보존할 것을 보장한다.

제 65 조 유죄인정에 관한 절차

1. 피고인이 제64조 제8항 가호에 따라 유죄를 인정하는 경우, 1심재판부는 다음을 결정한다.
   (가) 피고인이 유죄인정의 성격 및 결과를 이해하고 있는지 여부
   (나) 피고인이 변호인과의 충분한 협의를 거쳐 자발적으로 유죄를 인정한 것인지 여부
   (다) 유죄의 인정이 다음에 포함된 사건의 사실관계에 의하여 뒷받침되고 있는지 여부
      (i) 소추관이 제기하고 피고인이 인정한 공소사실
      (ii) 소추관이 제출하여 공소사실을 보충하고 피고인이 인정한 자료
      (iii) 증인의 증언 등 소추관 또는 피고인이 제출한 기타 증거
2. 제1항에 규정된 사항들이 갖추어졌다고 인정하는 경우, 1심재판부는 피고인의 유죄인정이 추가 제출 증거와 함께 당해 범죄를 입증하는데 요구되는 필수적인 모든 사실을 형성하는 것으로 간주하고, 피고인에게 그 범죄에 대한 유죄판결을 내릴 수 있다.
3. 제1항에 규정된 사항들이 갖추어졌다고 인정하지 않는 경우, 1심재판부는 유죄인정이 이루어지지 아니한 것으로 간주하며, 재판이 이 규정에 정한 일반 재판절차에 따라 계속되도록 명령한다. 또한 사건을 다른 1심재판부로 이송할 수도 있다.
4. 1심재판부가 정의, 특히 피해자의 이익을 위하여 사건의 사실관계가 보다 완벽하게 밝혀질 필요가 있다고 판단하는 경우, 1심재판부는,
   (가) 소추관에게 증인의 증언을 포함한 추가 증거의 제출을 요구할 수 있다.
   (나) 재판이 이 규정에 정한 일반 재판절차에 따라 계속되도록 명령할 수 있으며, 이 경우 유죄인정이 이루어지지 않은 것으로 간주한다. 또한 사건을 다른 1심재판부로 이송할 수도 있다.
5. 공소사실의 변경, 유죄의 인정 또는 부과될 형량에 관한 소추관과 피고인측 사이의 어떠한 협의도 재판소를 기속하지 아니한다.

제 66 조 무죄의 추정

1. 모든 사람은 적용법규에 따라 재판소에서 유죄가 입증되기 전까지는 무죄로 추정된다.
2. 피고인의 유죄를 입증할 책임은 소추관에게 있다.
3. 피고인을 유죄판결하기 위하여는, 재판소가 피고인의 유죄를 합리적인 의심의 여지가 없이 확신하여야 한다.

제 67 조 피고인의 권리

1. 공소사실의 확인에 있어서 피고인은 이 규정에 정한 바에 따른 공개 심리, 공평하게 진행되는 공정한 심리 그리고 완전히 평등하게 다음과 같은 최소한의 보장을 받을 권리를 가진다.
   (가) 공소사실의 성격, 근거 및 내용에 대하여 피고인이 완전히 이해하고 말하는 언어로 신속하고 상세하게 통지받는다.
   (나) 방어 준비를 위하여 적절한 시간과 편의를 받으며, 피고인이 선택한 변호인과 비공개로 자유로이 통신한다.
   (다) 부당한 지체 없이 재판을 받는다.

㈑ 제63조 제2항을 조건으로 재판에 출석하고 스스로 또는 자신이 선택하는 법적 조력을 통하여 변호하며, 피고인이 법적 조력을 받지 못하고 있다면 정의를 위하여 요구되는 경우에 재판소가 지정한 법적 조력을 받으며 자신의 비용을 지불할 충분한 수단이 없는 경우에는 이를 무료로 제공받는다는 것을 통지받고 이러한 조력을 제공받는다.

㈒ 자신에게 불리한 증인을 신문하거나 또는 신문받게 하고, 자신에게 불리한 증인과 동등한 조건하에 자신에게 유리한 증인의 출석 및 신문을 확보한다. 피고인은 또한 항변을 제기하고 이 규정에 따라 증거능력이 있는 다른 증거를 제출할 권리를 가진다.

㈓ 재판소의 절차나 재판소에 제출된 문서가 피고인이 완전히 이해하고 말하는 언어로 되어 있지 않은 경우, 유능한 통역자의 조력이나 그러한 번역을 무상으로 제공받는다.

㈔ 증언하거나 또는 유죄를 시인하도록 강요받지 아니하며, 침묵이 유죄 또는 무죄의 결정에 참작됨이 없이 진술을 거부할 수 있다.

㈕ 자신의 변호를 위하여 선서 없이 구두 또는 서면으로 진술한다.

㈖ 입증책임의 전환이나 반증 책임을 부과받지 아니한다.

2. 이 규정에 정한 다른 공개에 추가하여, 소추관은 자신이 보유하거나 통제하고 있는 증거로서 피고인이 무죄임을 보여주거나 보일 수 있다고 믿는 증거, 피고인의 죄를 감경시킬 수 있는 증거, 또는 소추관측 증거의 신빙성에 영향을 미칠 수 있는 증거를 가능한 한 신속히 피고인측에 공개한다. 이 항의 적용에 관하여 의문이 있는 경우 재판소가 결정한다.

제 68 조 피해자 및 증인의 보호와 절차 참여

1. 재판소는 피해자와 증인의 안전, 신체적·정신적 안녕, 존엄성 및 사생활을 보호하기 위한 적절한 조치를 취한다. 그렇게 함에 있어서 연령, 제7조 제3항에 정의된 바와 같은 성별, 건강 및 범죄의 성격을 포함한 모든 관련 요소를 고려하며, 범죄의 성격을 고려함에 있어서는 성폭력, 성별 폭력 또는 아동에 대한 폭력이 관련된 범죄의 경우에 유의하되, 이에 한정되는 것은 아니다. 소추관은 특히 이러한 범죄를 수사하고 기소하는 동안에 이러한 조치를 취한다. 이 조치들은 피고인의 권리와 공정하고 공평한 재판을 침해하거나 이에 저촉되어서는 아니된다.

2. 제67조에 규정된 공개 심리의 원칙에 대한 예외로서, 재판부는 피해자와 증인 또는 피고인을 보호하기 위하여 절차의 일정 부분을 비공개로 진행하거나 전자적 또는 기타 특수한 수단에 의한 증거 제출을 허용할 수 있다. 특히 이러한 조치는 재판소가 모든 상황 특히 피해자나 증인의 의견을 고려하여 달리 명령하지 않는 한, 성폭력의 피해자 또는 아동이 피해자나 증인인 경우에 실행된다.

3. 피해자의 개인적 이해가 영향을 받는 경우, 재판소는 재판소가 적절하다고 결정하는 절차의 단계에서 피고인의 권리와 공정하고 공평한 재판을 침해하거나 이에 저촉되지 않는 방식으로 피해자의 견해와 관심이 제시될 수 있도록 허용한다. 그러한 견해와 관심은 재판소가 적절하다고 판단하는 경우 절차 및 증거규칙에 따라 피해자의 법적 대리인에 의하여 제시될 수 있다.

4. 피해자·증인 담당부는 제43조 제6항에 규정된 적절한 보호조치, 안전조치, 상담 및 지원에 관하여 소추관 및 재판소에 조언할 수 있다.

5. 이 규정에 따른 증거 또는 정보의 공개가 증인이나 그 가족의 안전에 중대한 위험을 초래할 수 있는 경우, 소추관은 재판이 시작되기 전에 진행되는 절차에서는 그러한 증거 또는 정보를 공개하지 아니하고 대신 그 요약을 제출할 수 있다. 이러한 조치는 피고인의 권리와 공정하고 공평한 재판을 침해하거나 이와 저촉되지 않는 방식으로 실행된다.
6. 국가는 자국의 공무원 또는 고용인의 보호와 비밀 또는 민감한 정보의 보호에 관하여 필요한 조치가 취해지도록 신청할 수 있다.

제 69 조 증거

1. 증언하기 전, 증인은 절차 및 증거규칙에 따라 자신이 제공할 증거의 진실성에 대하여 선서한다.
2. 재판에서 증인의 증언은 제68조 또는 절차 및 증거규칙에 열거된 조치에 정하여진 범위를 제외하고는 자신이 직접 하여야 한다. 재판소는 이 규정을 조건으로 절차 및 증거규칙에 따라 비디오 또는 오디오 기술에 의한 증인의 구두 또는 녹음 증언 및 문서나 녹취록의 제출을 허용할 수 있다. 이 조치들이 피고인의 권리를 침해하거나 이에 저촉되어서는 아니된다.
3. 당사자는 제64조에 따라 사건에 관련된 증거를 제출할 수 있다. 재판소는 진실의 결정을 위하여 필요하다고 판단하는 모든 증거의 제출을 요구할 권한을 가진다.
4. 재판소는 절차 및 증거규칙에 따라, 특히 증거의 증명력 및 그 증거가 공정한 재판이나 증인의 증언에 대한 공정한 평가에 미칠 수 있는 모든 침해를 고려하여 증거의 관련성 또는 증거능력에 대하여 결정할 수 있다.
5. 재판소는 절차 및 증거규칙에 규정된 비밀유지에 관한 특권을 존중하고 준수한다.
6. 재판소는 공지의 사실에 대한 입증을 필요로 하지 않으며, 그 사실의 존재를 바로 인정할 수 있다.
7. 이 규정 또는 국제적으로 승인된 인권을 위반하여 취득된 증거는 다음의 경우 증거능력이 없다.
    (가) 그 위반이 증거의 신빙성에 대하여 상당한 의심을 야기시키는 경우
    (나) 그 증거의 인정이 절차의 일체성에 반하거나 또는 이를 중대하게 침해하는 경우
8. 국가가 수집한 증거의 관련성 또는 증거능력을 판단함에 있어, 재판소는 그 국가의 국내법의 적용에 관하여 판단하지 아니한다.

제 70 조 사법운영을 침해하는 범죄

1. 재판소는 사법운영을 침해하는 다음 범죄들이 고의적으로 범하여진 경우 이에 대하여 관할권을 가진다.
    (가) 제69조 제1항에 따라 진실을 말할 의무가 있는 경우의 허위 증언
    (나) 허위 또는 위조된 것임을 아는 증거의 제출
    (다) 증인에게 부정하게 영향을 미치거나, 증인의 출석이나 증언을 저지 또는 방해하거나, 증인의 증언에 대하여 보복하거나 또는 증거를 인멸·조작하거나 증거의 수집 방해
    (라) 재판소의 직원이 자신의 임무를 수행하지 않도록 하거나 부적절하게 수행하도록 강제하거나 설득할 목적으로, 그 직원을 방해하거나 협박하거나 또는 부정하게 영향을 행사

㉤ 재판소의 직원 또는 다른 직원이 수행한 임무를 이유로 한 재판소 직원에 대한 보복
㉥ 재판소의 직원으로서 자신의 공적 임무와 관련하여 뇌물의 요구 또는 수령
2. 이 조의 범죄에 대한 재판소의 관할권 행사에 적용되는 원칙과 절차는 절차 및 증거규칙에 규정된다. 이 조에 따른 재판소의 절차와 관련하여 재판소에 국제협력을 제공하는 조건에 관하여는 피요청국의 국내법에 따른다.
3. 유죄판결의 경우, 재판소는 절차 및 증거규칙에 따라 5년 이하의 징역 또는 벌금을 부과하거나 이를 병과할 수 있다.
4. ㈎ 각 당사국은 이 조에 규정된 사법운영을 침해하는 범죄가 자국의 영역 안에서 또는 자국민에 의하여 범하여진 경우, 자국의 수사 또는 사법절차의 일체성을 침해하는 범죄행위를 처벌하는 자국의 형법을 동 범죄행위에 확장·적용한다.
㈏ 당사국은 재판소의 요청에 따라 적절하다고 판단하는 경우 언제든지 당해 사건을 소추하기 위하여 자국의 권한있는 당국에 회부한다. 권한 있는 당국은 그 사건을 성실하게 취급하며, 그 사건을 효과적으로 처리하기에 충분한 자원을 투입한다.

제 71 조 재판소에서의 부정행위에 대한 제재

1. 재판소는 재판소에 출석한 자가 절차를 방해하거나 재판소의 명령을 고의적으로 거부하는 등 부정행위를 하는 경우, 법정에서 일시적 또는 영구적 퇴정, 벌금, 증거 및 절차규칙이 규정하는 기타 유사조치 등 구금 이외의 행정조치로 제재할 수 있다.
2. 제1항에 기술된 조치의 부과에 관한 절차는 절차 및 증거규칙의 규정에 따른다.

제 72 조 국가안보 정보의 보호

1. 이 조는 국가의 정보 또는 문서의 공개가 당해국의 판단으로 자국의 국가안보 이익을 침해할 수 있는 모든 경우에 적용된다. 이러한 경우에는 제56조 제2항 및 제3항, 제61조 제3항, 제64조 제3항, 제67조 제2항, 제68조 제6항, 제87조 제6항 및 제93조의 범위에 해당하는 경우뿐만 아니라 절차의 기타 어느 단계에서 발생하는 경우이건 위와 같은 공개가 쟁점이 되는 때를 포함한다.
2. 이 조는 또한 정보 또는 증거를 제출하도록 요청받은 자가 정보의 공개가 국가안보이익을 침해할 수 있다는 이유로 이를 거절하거나 또는 그 사항을 당해 국가로 회부하고, 당해 국가도 정보의 공개가 자국의 국가안보 이익을 침해할 수 있다는 의견임을 확인한 경우에도 적용된다.
3. 이 조의 어떠한 규정도 제54조 제3항 마호 및 바호에 따라 적용 가능한 비밀유지의 요건이나 제73조의 적용을 침해하지 아니한다.
4. 국가가 자국의 정보 또는 문서가 절차의 어느 단계에서 공개되고 있거나 공개될 것 같다는 사실을 알고 그 공개가 자국의 국가안보 이익을 침해할 수 있다고 판단하는 경우, 당해 국가는 이 조에 따라 그 문제의 해결을 위하여 개입할 권리를 가진다.
5. 어느 국가가 정보의 공개로 자국의 국가안보 이익이 침해될 수 있다고 판단하는 경우, 그 국가는 협력적 방식에 의한 문제의 해결을 모색하기 위하여 경우에 따라 소추관, 피고인측 또는 전심재판부나 1심재판부와 협력하여 모든 합리적인 조치를 취한다. 이러한 조치는 다음을 포함할 수 있다.

㈎ 요청의 변경 또는 명료화
㈏ 요청된 정보 또는 증거의 관련성에 관한 재판소의 결정, 또는 그 증거가 관련성이 있더라도 피요청국 이외의 출처로부터 취득될 수 있거나 또는 이미 취득되었는지 여부에 대한 결정
㈐ 다른 출처로부터 또는 다른 형태의 정보 또는 증거의 취득
㈑ 요약 또는 편집본의 제공, 공개의 제한, 비공개 또는 일방적 참가 절차의 활용 또는 이 규정 및 절차 및 증거규칙상 허용되는 기타의 보호조치 등을 포함하여 조력이 제공될 수 있는 조건에 관한 합의

6. 협력적 방식으로 문제를 해결하기 위한 모든 합리적인 조치를 취하였고, 국가가 자국의 국가안보 이익을 침해함이 없이 정보 또는 문서를 제공하거나 공개할 수 있는 수단이나 조건이 없다고 판단하는 경우, 당해 국가는 그 이유를 구체적으로 설명하는 것 자체가 필연적으로 자국의 국가안보 이익을 침해하게 되는 경우를 제외하고는 소추관 또는 재판소에 자국의 결정의 구체적 이유를 통지한다.

7. 그 후 재판소는 증거가 피고인의 유죄 또는 무죄를 입증하는데 관련되고 필요하다고 판단하는 경우, 다음 조치를 취할 수 있다.
㈎ 정보 또는 문서의 공개가 제9부의 협력요청 또는 제2항에 규정된 상황에 따라 요청되었으며, 당해 국가가 제93조 제4항에 규정된 거절사유를 원용한 경우,
  (ⅰ) 재판소는 제7항 가호(ⅱ)에 규정된 결정을 내리기 전 그 국가의 주장을 검토하기 위한 목적으로 추가 협의를 요청할 수 있으며, 이는 적절한 경우 비공개 및 일방적 참가방식의 심리를 포함할 수 있다.
  (ⅱ) 피요청국이 당해 사건의 상황에서 제93조 제4항의 거절사유를 원용함으로써 이 규정상의 의무에 따라 행동하지 않는다고 재판소가 판단하는 경우, 재판소는 판단의 이유를 명시하여 제87조 제7항에 따라 그 문제를 회부할 수 있다.
  (ⅲ) 재판소는 경우에 따라 적절하게 피고인에 대한 재판에서 사실의 존재 또는 부존재에 관하여 추정할 수 있다.
㈏ 기타의 모든 경우,
  (ⅰ) 공개를 명령할 수 있다.
  (ⅱ) 공개를 명령하지 않는 한도에서는 피고인에 대한 재판에서 상황에 따라 적절한 대로 사실의 존재 또는 부존재에 관하여 추정할 수 있다.

제 73 조 제3자의 정보 또는 문서

국가, 정부 간 기구 또는 국제기구가 당사국에게 비밀리에 제공하여 당사국이 보관·소유 또는 관리하고 있는 문서나 정보를 제공할 것을 재판소가 요청하는 경우, 당사국은 문서나 정보를 공개하기 위하여 원제공자의 동의를 구한다. 원제공자가 당사국인 경우, 그 국가는 정보 또는 문서의 공개에 동의하거나 또는 제72조의 규정에 따를 것을 조건으로 재판소와 공개 문제를 해결하기 위한 조치를 취한다. 원제공자가 당사국이 아니고 공개 동의를 거부하는 경우, 피요청국은 원제공자에 대한 기존의 비밀유지 의무로 인하여 문서 또는 정보를 제공할 수 없음을 재판소에 통지한다.

제 74 조 판결의 요건

1. 1심재판부의 모든 재판관은 재판의 각 단계 및 심의의 전 과정에 출석한다. 소장단은 1심재판부의 구성원이 계속 출석할 수 없게 된 경우, 사건별로 재판의 각 단계에 참석하여 그를 대체하도록 가능한 대로 1인 또는 그 이상의 교체재판관을 지정할 수 있다.
2. 1심재판부의 판결은 증거 및 전체 절차에 대한 평가에 근거하여야 한다. 판결은 공소사실 및 변경된 공소사실에 기재된 사실과 정황을 초과하여서는 아니된다. 재판소는 재판에서 재판소에 제출되어 검토된 증거만을 근거로 판결할 수 있다.
3. 재판관들은 판결에 있어서 전원합의를 이루도록 노력하되, 전원합의를 이루지 못한 경우, 판결은 재판관의 과반수에 의한다.
4. 1심재판부의 심의는 비밀로 유지된다.
5. 판결은 서면으로 작성되며, 1심재판부의 증거에 대한 판단과 결론에 관한 충분하고도 이유있는 서술을 포함한다. 1심재판부는 하나의 판결을 내린다. 전원합의를 이루지 못한 경우, 1심재판부의 판결은 다수의견과 소수의견을 포함한다. 판결 또는 그 요지는 공개된 법정에서 선고된다.

제 75 조 피해자에 대한 배상

1. 재판소는 원상회복, 보상 및 사회복귀를 포함하여 피해자에 대한 또는 피해자에 관한 배상의 원칙을 수립한다. 이를 근거로 재판소는 그 판결에서 피해자에 관한 또는 피해자에 대한 손해·손실 및 피해의 범위와 정도를 신청에 의하여 또는 예외적인 상황에서는 직권으로 결정할 수 있으며, 이때 재판소가 근거로 삼은 원칙을 명시한다.
2. 재판소는 원상회복, 보상 및 사회복귀 등을 포함하여 피해자에 대한 또는 피해자에 관한 적절한 배상을 명시하는 명령을 유죄판결을 받은 자에게 직접 내릴 수 있다. 적절한 경우, 재판소는 제79조에 규정된 신탁기금을 통하여 배상이 이루어지도록 명령할 수 있다.
3. 이 조에 따른 명령을 내리기 전에 재판소는 유죄판결을 받은 자, 피해자, 기타 이해관계자 또는 이해관계국으로부터의 또는 이들을 대리한 의견 제시를 요청할 수 있으며 제시된 의견들을 참작한다.
4. 이 조에 따른 권한을 행사함에 있어 재판소는, 재판소의 관할범죄에 대한 유죄판결 후에, 이 조에 따라 재판소가 내린 명령을 실행하기 위하여 제93조 제1항에 따른 조치를 요구하는 것이 필요한지 여부를 결정할 수 있다.
5. 당사국은 이 조에 따른 결정을 제109조의 규정이 이 조에 적용되는 것처럼 이행한다.
6. 이 조의 어떠한 규정도 국내법 또는 국제법에 따른 피해자의 권리를 침해하는 것으로 해석되지 아니한다.

제 76 조 양형

1. 유죄판결의 경우, 1심재판부는 부과할 적절한 형을 검토하며 재판과정에서 제출된 증거 및 개진된 의견 중 양형과 관련된 것을 참작한다.
2. 제65조가 적용되는 경우를 제외하고 1심재판부는 재판이 종결되기 전, 양형과 관련된 추가 증거 또는 의견을 심리하기 위하여 절차 및 증거규칙에 따라 직권으로 추가 심리를 실시할 수 있으며, 소추관 또는 피고인의 요청이 있으면 반드시 실시한다.

3. 제2항이 적용되는 경우, 제75조에 따른 어떠한 의견제시도 제2항에 규정된 추가 심리 중에 개진되며, 필요한 경우 별도의 추가 심리 중에 개진된다.
4. 형은 공개적으로 그리고 가능한 한 피고인이 출석한 가운데 선고한다.

제7부 형벌

제77조   적용 가능한 형벌

1. 제110조를 조건으로, 재판소는 이 규정 제5조에 규정된 범죄로 유죄판결을 받은 자에 대하여 다음의 형 중 하나를 부과할 수 있다.
   (가) 최고 30년을 초과하지 아니하는 유기징역
   (나) 범죄의 극도의 중대성과 유죄판결을 받은 자의 개별적 정황에 의하여 정당화될 경우에는 무기징역
2. 징역에 추가하여 재판소는 다음을 명할 수 있다.
   (가) 절차 및 증거규칙에 규정된 기준에 따른 벌금
   (나) 선의의 제3자의 권리를 침해함이 없이, 당해 범죄로부터 직접적 또는 간접적으로 발생한 수익·재산 및 자산의 몰수

제78조   형의 결정

1. 형을 결정함에 있어 재판소는 절차 및 증거규칙에 따라 범죄의 중대성 및 유죄판결을 받은 자의 개별적 정황 등의 요소를 고려한다.
2. 징역형을 부과함에 있어, 재판소는 재판소의 명령에 따라 전에 구금되었던 기간이 있을 경우 이를 공제한다. 재판소는 그 당해 범죄의 기초를 이루는 행위와 관련하여 구금되었던 기간도 공제할 수 있다.
3. 어떠한 자가 2개 이상의 범죄에 대하여 유죄판결을 받은 경우, 재판소는 각각의 범죄에 대한 형과 총 징역기간을 명시하는 합산형을 선고한다. 이 기간은 선고된 개별형 중 가장 중한 형보다 짧아서는 아니되며, 또한 30년의 징역 또는 제77조 제1항 나호에 따른 무기징역을 초과하여서는 아니된다.

제79조   신탁기금

1. 재판소 관할범죄의 피해자와 그 가족을 위하여 당사국총회의 결정으로 신탁기금을 설립한다.
2. 재판소는 벌금 또는 몰수를 통하여 징수한 현금 및 기타 재산을 재판소의 명령에 따라 신탁기금으로 귀속되도록 명령할 수 있다.
3. 신탁기금은 당사국총회가 결정하는 기준에 따라 운영된다.

제80조   국가의 형벌 적용과 국내법에 대한 불침해

이 부의 어떠한 규정도 국가가 자국법에 규정된 형을 적용하는데 영향을 미치지 아니하며, 또한 이 부에 규정된 형을 규정하고 있지 아니한 국가의 법에 영향을 미치지 아니한다.

제8부 상소 및 재심

제81조   유·무죄 판결이나 양형에 대한 상소

1. 제74조에 따른 판결에 대하여 절차 및 증거규칙에 따라 다음과 같이 상소할 수 있다.
   (가) 소추관은 다음 이유를 근거로 상소할 수 있다.
      (ⅰ) 절차상의 하자
      (ⅱ) 사실의 오인
      (ⅲ) 법령 위반
   (나) 유죄판결을 받은 자 또는 그 자를 대신한 소추관은 다음 이유를 근거로 상소할 수 있다.
      (ⅰ) 절차상의 하자
      (ⅱ) 사실의 오인
      (ⅲ) 법령 위반
      (ⅳ) 절차 또는 판결의 공정성 또는 신뢰성에 영향을 주는 기타 여하한 근거
2. (가) 소추관 또는 유죄판결을 받은 자는 범죄와 양형 사이의 불균형을 이유로 절차 및 증거규칙에 따라 양형에 대하여 상소할 수 있다.
   (나) 양형에 대한 상소에서 재판소가 유죄판결의 전부 또는 일부를 파기하여야 할 근거가 있다고 판단하는 경우, 재판소는 소추관 또는 유죄판결을 받은 자에게 제81조 제1항 가호 또는 나호에 따른 근거를 제출하도록 요청하고, 제83조에 따라 유죄판결을 내릴 수 있다.
   (다) 재판소가 오직 유죄판결에 대한 상소에서 제2항 가호에 따라 형을 감경할 근거가 있다고 판단하는 경우에 동일한 절차가 적용된다.
3. (가) 1심재판부가 달리 명령하지 아니하는 한, 유죄판결을 받은 자는 상소심 계류 중 계속 구금된다.
   (나) 유죄판결을 받은 자의 구금기간이 부과된 징역형기를 초과하는 경우, 그 자는 소추관 역시 상소하여 아래 다호의 조건이 적용되는 경우를 제외하고는 석방된다.
   (다) 무죄판결시 피고인은 다음을 조건으로 즉시 석방된다.
      (ⅰ) 예외적인 상황에서 구체적인 도주의 위험, 기소된 범죄의 중대성 및 상소심의 성공 가능성을 고려하여, 1심재판부는 소추관의 요청에 따라 상소심 계류 중 그 자의 구금을 유지할 수 있다.
      (ⅱ) 다호(ⅰ)에 따른 1심재판부의 결정에 대하여 절차 및 증거규칙에 따라 상소할 수 있다.
4. 제3항 가호 및 나호의 규정을 조건으로, 판결 또는 형의 집행은 상소를 위하여 허용된 기간 및 상소절차 동안 정지된다.

제82조   기타 결정에 대한 상소

1. 어느 당사자도 절차 및 증거규칙에 따라 다음 결정에 대하여 상소할 수 있다.
   (가) 관할권 또는 재판적격성에 관한 결정
   (나) 수사 중이거나 기소 중인 자의 석방을 허가 또는 거부하는 결정
   (다) 제56조 제3항에 따른 전심재판부의 직권에 의한 결정

㈐ 절차의 공정하고 신속한 진행 또는 재판의 결과에 중대한 영향을 미치게 될 문제와 관련되며 상소심재판부의 신속한 결정이 절차를 현저히 촉진시킬 수 있다고 전심재판부 또는 1심재판부가 판단하는 결정
2. 제57조 제3항 라호에 따른 전심재판부의 결정에 대하여는 전심재판부의 허가를 얻어 관련국 또는 소추관이 상소할 수 있다. 이 상소는 신속히 심리된다.
3. 상소는 상소심재판부가 요청을 받아 절차 및 증거규칙에 따라 그와 같이 명령하지 않는 한 그 자체로 정지적 효력을 가지지 아니한다.
4. 피해자, 유죄판결을 받은 자 또는 제75조의 명령에 의하여 불리하게 영향을 받은 선의의 재산 소유자의 법적 대리인은 절차 및 증거규칙에 규정된 바에 따라 배상 명령에 대하여 상소할 수 있다.

제83조　상소심 절차

1. 제81조 및 이 조에 따른 절차의 목적상 상소심재판부는 1심재판부의 모든 권한을 가진다.
2. 상소심재판부가 상소된 절차가 판결 또는 양형의 신뢰성에 영향을 주는 방식으로 불공정하였다고 판단하는 경우 또는 상소된 판결 또는 양형이 사실의 오인, 법령 위반 또는 절차상의 하자에 의하여 실질적으로 영향을 받았다고 판단하는 경우, 재판부는 다음 조치를 취할 수 있다.
    ㈎ 판결 또는 양형의 파기 또는 변경
    ㈏ 다른 1심재판부에서의 새로운 재판의 명령
    이 목적상 상소심재판부는 원심재판부가 사실에 관한 쟁점을 판단하고 이에 따라 다시 보고하도록 원심재판부로 환송하거나, 또는 스스로 그 쟁점을 판단하기 위하여 증거를 요구할 수 있다. 유죄판결을 받은 자 또는 그를 대신하여 소추관이 판결 또는 양형에 대하여 상소한 경우에만, 그 판결 또는 양형은 유죄판결을 받은 자에게 불리하게 변경될 수 없다.
3. 양형에 대한 상소에서 상소심재판부는 형이 범죄에 비례하지 않는다고 판단하는 경우, 제7부에 따라 형을 변경할 수 있다.
4. 상소심재판부의 판결은 재판관들의 과반수로 결정되며, 공개된 법정에서 선고된다. 판결은 판결이 근거한 이유를 명시한다. 전원합의가 이루어지지 않는 경우, 상소심재판부의 판결은 다수의견과 소수의견 모두를 포함하며 재판관은 법률 문제에 관하여 개별의견 또는 반대의견을 표시할 수 있다.
5. 상소심재판부는 무죄 또는 유죄판결을 받은 자가 출석하지 않더라도 판결을 선고할 수 있다.

제84조　유죄판결 또는 양형의 재심

1. 유죄판결을 받은 자, 또는 그의 사망 후에는 배우자·자녀·부모 또는 피고인의 사망 당시의 생존자로 피고인으로부터 청구를 제기하도록 명시적인 서면 위임을 받은 자, 또는 피고인을 대신한 소추관은 다음을 근거로 유죄 또는 형의 확정판결에 대하여 상소심재판부에 재심을 청구할 수 있다.

(가) 다음과 같은 새로운 증거가 발견된 경우
  (i) 재판 당시에는 입수할 수 없었던 증거로서 그 입수불능에 대하여 전적으로든 부분적으로든 신청 당사자에게 귀책사유가 없었고,
  (ii) 재판 당시 입증되었다면 다른 판결을 가져 왔을 충분히 중요한 증거
(나) 재판에서 고려되었고 유죄판결의 근거가 된 결정적 증거가 허위, 위조 또는 변조 되었음이 새로이 판명된 경우
(다) 유죄판결 또는 공소사실의 확인에 참여하였던 1인 이상의 재판관이 당해 사건에서 제46조에 따라 그들의 직의 상실을 정당화할 정도로 충분히 중대한 부정행위 또는 심각한 의무위반을 범한 경우

2. 상소심재판부는 신청이 근거없다고 판단되는 경우 이를 기각한다. 신청이 이유있다고 판단되는 경우, 상소심재판부는 절차 및 증거규칙에 규정된 방식으로 각 당사자들을 심리한 후 판결이 수정되어야 할지 여부에 대한 결정에 이르기 위하여, 적절한 대로 다음 중 하나의 조치를 취할 수 있다.
  (가) 원래의 1심재판부의 재소집
  (나) 새로운 1심재판부의 구성
  (다) 그 사건에 대한 관할권의 유지

제 85 조 체포 또는 유죄판결을 받은 자에 대한 보상

1. 불법 체포 또는 구금의 피해자였던 자는 강제적인 보상을 받을 권리를 가진다.
2. 종국판결로 형사범죄의 유죄판결을 받았으나 그 후 새로운 사실 또는 새롭게 발견된 사실로 재판의 오류가 있었음이 결정적으로 밝혀짐으로써 유죄판결이 파기된 경우, 그러한 유죄판결의 결과로 처벌을 받았던 자는 법에 따른 보상을 받는다. 단, 알려지지 않은 사실이 적시에 공개되지 못한 것이 전적으로든 부분적으로든 자신의 귀책사유에 의한 경우는 그러하지 아니하다.
3. 예외적인 경우로서, 중대하고 명백한 재판의 오류가 있었음을 보여주는 결정적인 사실을 재판소가 확인한 경우, 재판소는 무죄의 종국판결 또는 그에 의한 절차의 종결에 따라 구금으로부터 석방된 자에게 절차 및 증거규칙에 규정된 기준에 따른 보상을 재량으로 명할 수 있다.

제 9 부 국제적 협력과 사법공조

제 86 조 일반적 협력의무

당사국은 이 규정에 정한 바에 따라 재판소 관할범죄의 수사 및 기소에 있어서 재판소에 최대한 협력한다.

제 87 조 협력요청: 일반규정

1. (가) 재판소는 당사국에 협력을 요청할 권한을 가진다. 요청은 외교경로 또는 각 당사국이 비준, 수락, 승인 또는 가입시 지정한 기타 적절한 경로를 통하여 전달된다. 그 지정에 대한 당사국의 추후의 변경은 절차 및 증거규칙에 따라 이루어진다.
  (나) 적절한 경우 가호의 규정을 침해함이 없이 요청은 국제형사경찰기구 또는 적절한 지역기구를 통하여도 전달될 수 있다.

2. 협력요청 및 이를 증빙하는 문서는 피요청국이 비준, 수락, 승인 또는 가입시 행한 선택에 따라 피요청국의 공식언어로 작성되거나, 공식언어의 번역본이 첨부되거나 또는 재판소의 실무언어 중의 하나로 작성되어야 한다. 이 선택에 대한 추후의 변경은 절차 및 증거규칙에 따라 이루어진다.
3. 피요청국은 공개가 협력요청의 이행에 필요한 정도 외에는 협력요청과 이를 증빙하는 문서를 비밀로 유지한다.
4. 이 부에 따라 제출된 협력요청과 관련, 재판소는 정보의 보호와 관련된 조치를 포함하여 피해자, 잠재적 증인 및 그 가족의 안전 또는 신체적·정신적 안녕을 보장하는데 필요한 조치를 취할 수 있다. 재판소는 이 부에 따라 입수된 모든 정보를 피해자, 잠재적 증인과 그 가족의 안전 및 신체적·정신적 안녕을 보호하는 방식으로 제공되고 처리되도록 요청할 수 있다.
5. (가) 재판소는 이 규정의 당사국이 아닌 국가에게 그 국가와의 특별약정, 협정 또는 기타 적절한 근거에 기초하여 이 부에 따른 조력을 제공하도록 요청할 수 있다.
   (나) 재판소와 특별약정 또는 협정을 체결한 이 규정의 당사국이 아닌 국가가 그러한 약정 또는 협정에 따른 요청에 협력하지 않는 경우, 재판소는 이를 당사국총회에 또는 안전보장이사회가 그 사태를 재판소에 회부한 경우에는 안전보장이사회에 통지할 수 있다.
6. 재판소는 정부 간 기구에 정보나 문서의 제공을 요청할 수 있다. 또한 재판소는 그러한 기구와 합의되는 그 기구의 권한과 임무에 따른 기타 형태의 협력과 지원을 요청할 수 있다.
7. 당사국이 이 규정에 정한 바에 반하여 재판소의 협력요청을 이행하지 않고 이로 인하여 재판소가 이 규정에 따른 기능과 권한을 행사하지 못하게 된 경우, 재판소는 그러한 취지의 결정을 하고 그 사안을 당사국총회에 회부하거나 또는 안전보장이사회가 그 사태를 재판소에 회부한 경우에는 안전보장이사회에 회부할 수 있다.

제 88 조 국내법상 절차의 이용가능성

당사국은 이 부에 명시된 모든 형태의 협력에 이용 가능한 절차가 국내법에 포함되도록 한다.

제 89 조 재판소에의 인도

1. 재판소는 어떤 자에 대한 체포 및 인도청구서를 제91조에 기재된 증빙자료와 함께 그 영역 안에서 그 자가 발견될 수 있는 국가에 송부할 수 있으며, 그 자의 체포 및 인도에 관하여 그 국가의 협력을 요청한다. 당사국은 이 부의 규정과 자국 국내법상의 절차에 따라 체포 및 인도청구를 이행한다.
2. 인도청구된 자가 제20조에 규정된 일사부재리의 원칙에 근거하여 국내법원에 이의를 제기한 경우, 피청구국은 재판적격성에 대한 관련 결정이 있었는지 여부를 확정하기 위하여 재판소와 즉시 협의한다. 그 사건이 재판적격성이 있는 경우, 피청구국은 그 요청을 이행한다. 재판적격성에 관한 결정이 계류 중인 경우, 피청구국은 재판소가 재판적격성에 대한 결정을 내릴 때까지 인도청구의 이행을 연기할 수 있다.
3. (가) 자국을 통한 통과가 인도를 방해하거나 지연시키게 될 경우를 제외하고, 당사국은 다른 국가가 재판소로 인도중인 자가 자국의 영역을 통하여 이송되는 것을 자국의 국내절차법에 따라 허가한다.

    (나) 재판소의 통과요청서는 제87조에 따라 전달된다. 통과요청서는 다음을 포함한다.
        (ⅰ) 이송될 자에 대한 설명
        (ⅱ) 사건의 사실 및 그 법적 성격에 대한 간략한 서술
        (ⅲ) 체포 및 인도영장
    (다) 이송되는 자는 통과기간 동안 구금된다.
    (라) 항공편으로 이송되고 통과국의 영역에 착륙이 예정되지 아니한 경우, 허가를 받도록 요구되지 아니한다.
    (마) 통과국의 영역에서 예정되지 아니한 착륙이 이루어지는 경우, 통과국은 나호에 규정된 통과요청서를 재판소에 요구할 수 있다. 통과국은 통과요청서가 접수되고 통과가 이루어질 때까지 이송 중인 자를 구금한다. 다만 이 호의 목적을 위한 구금은 96시간 내에 요청서가 접수되는 경우를 제외하고는, 예정되지 아니한 착륙으로부터 96시간을 초과하여 연장될 수 없다.
4. 인도청구된 자가 재판소가 인도를 구하는 범죄와 다른 범죄로 피청구국에서 절차가 진행 중이거나 형을 복역하고 있는 경우, 그 청구를 허가하기로 결정한 피청구국은 재판소와 협의한다.

제 90 조 청구의 경합

1. 제89조에 따라 재판소로부터 인도청구를 접수한 당사국이 재판소가 인도를 구하는 자의 범죄의 기초를 구성하는 것과 동일한 행위에 대하여 다른 국가로부터 범죄인인도 청구를 접수한 경우, 그 당사국은 재판소와 그 청구국에 그 사실을 통지한다.
2. 청구국이 당사국인 경우, 피청구국은 다음의 경우에 재판소의 청구에 우선권을 준다.
    (가) 재판소가 제18조 또는 제19조에 따라 인도가 청구된 사건에 대하여 재판적격성이 있다는 결정을 내렸고, 그 결정이 청구국이 범죄인인도 청구와 관련하여 수행한 수사 또는 기소를 고려한 경우
    (나) 재판소가 제1항에 따른 피청구국의 통지에 따라 가호에 기술된 결정을 내린 경우
3. 제2항 가호에 따른 결정이 내려지지 아니한 경우, 피청구국은 제2항 나호에 따른 재판소의 결정이 계류 중인 동안 재량에 따라 청구국의 범죄인인도 청구의 처리를 진행할 수는 있으나, 재판소가 그 사건에 재판적격성이 없다고 결정할 때까지 범죄인인도를 하여서는 아니된다. 재판소의 결정은 신속히 이루어져야 한다.
4. 청구국이 이 규정의 당사국이 아닌 경우, 피청구국은 자신이 청구국에 범죄인인도를 하여야 할 국제적 의무를 부담하지 않는다면, 재판소가 그 사건이 재판적격성이 있다고 결정한 경우 재판소의 인도청구에 우선권을 준다.
5. 제4항에서 재판소가 사건에 재판적격성이 있다고 결정하지 아니한 경우, 피청구국은 재량으로 청구국으로부터의 범죄인인도 청구에 대한 처리를 진행할 수 있다.
6. 피청구국이 이 규정의 당사국이 아닌 청구국에 범죄인인도를 하여야 할 기존의 국제적 의무를 부담하고 있다는 점을 제외하고는 제4항이 적용되는 경우, 피청구국은 그 자를 재판소에 인도할 것인지 또는 청구국에 인도할 것인지를 결정한다. 결정을 함에 있어서 피청구국은 다음 사항을 포함하나 이에 국한되지 않는 모든 관련 요소를 고려한다.

㈎ 각 청구일자
㈏ 관련되는 경우, 범죄가 청구국의 영역 안에서 범하여졌는지 여부 및 피해자와 인도청구된 자의 국적을 포함한 청구국의 이해관계
㈐ 재판소와 청구국 간의 추후 인도 가능성
7. 재판소로부터 인도청구를 받은 당사국이 다른 국가로부터 재판소가 인도를 구하는 범죄를 구성하는 행위 이외의 행위로 동일한 자에 대한 범죄인인도 청구를 받는 경우,
㈎ 피청구국이 청구국에 범죄인인도를 하여야 할 기존의 국제적 의무를 부담하지 않는 경우, 재판소의 청구에 우선권을 준다.
㈏ 피청구국이 청구국에 범죄인인도를 하여야 할 기존의 국제적 의무를 부담하고 있는 경우, 재판소에 인도할 것인지 또는 청구국에 범죄인인도를 할 것인지를 결정한다. 그 결정을 함에 있어서 피청구국은 제6항에 열거된 사항을 포함하나 이에 국한되지 않는 모든 관련 요소를 고려하되, 관련 행위의 상대적 성격과 중대성을 특별히 고려한다.
8. 이 조에 따른 통지로 재판소가 사건이 재판적격성이 없다는 결정을 내리고 그 후 청구국에 대한 범죄인인도가 거절된 경우, 피청구국은 그 결정을 재판소에 통지한다.

제91조 체포 및 인도청구의 내용

1. 체포 및 인도의 청구는 서면으로 한다. 긴급한 경우, 청구는 문자기록을 전달할 수 있는 어떠한 매체에 의하여도 이루어질 수 있으나 제87조 제1항 가호에 규정된 경로를 통하여 확인되어야 한다.
2. 전심재판부가 제58조에 따라 체포영장을 발부한 자의 체포 및 인도청구의 경우, 그 청구는 다음을 포함하거나 또는 이에 의하여 증빙되어야 한다.
㈎ 인도청구된 자의 신원 확인에 충분하게 기술된 정보 및 인도청구된 자의 개연적 소재지에 관한 정보
㈏ 체포영장의 사본
㈐ 피청구국에서의 인도절차상의 요건을 충족시키는데 필요한 문서, 진술 또는 정보. 다만 그 요건은 피청구국과 다른 국가 간의 조약 또는 약정에 따른 범죄인인도 청구에 적용할 수 있는 것보다 부담이 더 커서는 아니되며, 가능한 경우 재판소의 특성을 고려하여 부담이 덜 되어야 한다.
3. 이미 유죄판결을 받은 자에 대한 체포 및 인도청구의 경우, 청구는 다음을 포함하거나 또는 이에 의하여 증빙되어야 한다.
㈎ 인도청구된 자에 대한 체포영장 사본
㈏ 유죄판결문 사본
㈐ 인도청구된 자가 유죄판결문에서 언급된 자임을 증명하는 정보
㈑ 인도청구된 자가 형을 선고받은 경우, 부과된 선고형량문의 사본과 징역형인 경우에는 이미 복역한 기간과 잔여형기에 대한 서술
4. 재판소의 청구가 있으면 당사국은 일반적 또는 특정한 사안에 대하여 제2항 다호에 따라 적용될 수 있는 자국 국내법상의 요건에 관하여 재판소와 협의한다. 협의 중에 당사국은 자국 국내법상의 특별한 요건에 관하여 재판소에 조언한다.

제 92 조 긴급인도구속

1. 긴급한 경우, 재판소는 인도청구서 및 제91조에 명시된 청구증빙서류가 제출되기 전에 피청구자의 긴급인도구속을 청구할 수 있다.
2. 긴급인도구속에 대한 청구는 문자기록을 전달할 수 있는 어떠한 매체에 의하여도 이루어질 수 있으며 다음을 포함한다.
    (가) 긴급인도구속이 청구된 자의 신원확인에 충분하게 기술된 정보 및 그 자의 개연적 소재지에 관한 정보
    (나) 가능한 경우 범죄의 일시 및 장소를 포함하여 긴급인도구속이 청구된 자의 청구가 요청된 범죄와 그 범죄를 구성하는 것으로 주장되는 사실에 대한 간결한 서술
    (다) 긴급인도구속이 청구된 자에 대한 체포영장 또는 유죄판결문의 존재에 관한 서술
    (라) 긴급인도구속이 청구된 자에 대한 인도청구가 뒤따를 것이라는 서술
3. 피청구국이 절차 및 증거규칙에 명시된 시한 내에 인도청구서 및 제91조에 명시된 청구증빙서류를 접수받지 못하는 경우, 긴급인도구속된 자는 석방될 수 있다. 그러나 피청구국의 국내법상 허용되는 경우, 그 자는 이 기간의 만료 전에 인도에 동의할 수 있다. 이 경우 피청구국은 가능한 한 신속히 그 자를 재판소에 인도하기 위하여 절차를 취한다.
4. 긴급인도구속이 청구된 자가 제3항에 따라 구금으로부터 석방되었다는 사실은 인도청구서와 청구증빙서류가 뒤늦게 전달되더라도 그 자에 대한 추후의 체포와 인도를 저해하지 아니한다.

제 93 조 기타 형태의 협력

1. 당사국은 이 부의 규정과 국내법상의 절차에 따라 수사 또는 기소와 관련하여 다음 지원을 제공하도록 하는 재판소의 요청을 이행한다.
    (가) 사람의 신원과 소재지 또는 물건의 소재지
    (나) 선서된 증언을 포함한 증거의 수집과 재판소에 필요한 감정인의 의견 및 보고서를 포함한 증거의 제출
    (다) 수사 또는 기소 중인 자의 신문
    (라) 재판서류를 포함한 서류의 송달
    (마) 증인 또는 감정인으로서의 자발적 재판소 출석에 대한 편의 제공
    (바) 제7항에 규정된 자의 일시적 이송
    (사) 매장장소의 발굴과 조사를 포함하여 장소나 현장의 조사
    (아) 수색 및 압수의 집행
    (자) 공적 기록 및 공문서를 포함한 기록과 서류의 제공
    (차) 피해자 또는 증인의 보호 및 증거의 보전
    (카) 선의의 제3자의 권리를 침해함이 없이, 궁극적으로 몰수를 위한 수익·재산·자산 및 범행도구의 확인, 추적 및 동결 또는 압수
    (타) 재판소 관할범죄의 수사와 기소를 용이하게 하기 위한 것으로서 피요청국의 법에 금지되지 아니한 기타 형태의 지원
2. 재판소는 재판소에 출석하는 증인 또는 감정인이 피요청국을 떠나기 전에 행한 작위 또는 부작위에 관하여 재판소에 의하여 기소되거나 구금되거나 또는 어떠한 개인적 자유를 제한받지 않는다는 점을 보증할 권한을 가진다.

3. 제1항에 따라 제출된 요청에 기술된 특별한 지원조치의 이행이 피요청국에서 일반적으로 적용되는 기존의 근본적 법원칙상 금지되는 경우, 피요청국은 그 문제를 해결하기 위하여 신속히 재판소와 협의한다.

   협의 시 그 지원이 다른 방식으로 또는 조건부로 제공될 수 있는지를 검토한다. 협의 후에도 그 문제가 해결될 수 없는 경우, 재판소는 필요한 만큼 그 요청을 수정한다.

4. 당사국은 요청이 당사국의 국가안보와 관련된 문서의 제출 또는 증거의 공개와 관련되는 경우에만 제72조에 따라 요청의 전부 또는 일부를 거절할 수 있다.

5. 제1항 타호에 따른 지원요청을 거절하기 전, 피요청국은 지원이 특정한 조건부로 제공될 수 있는지 또는 지원이 추후에 또는 대체적인 방식으로 제공될 수 있는지를 검토한다. 단, 재판소 또는 소추관이 조건부 지원을 수락하는 경우, 재판소 또는 소추관은 그 조건을 준수한다.

6. 지원요청이 거절된 경우, 피요청국은 신속히 재판소 또는 소추관에게 그 이유를 통지한다.

7. (가) 재판소는 신원확인을 목적으로 또는 증언이나 기타 지원을 얻기 위하여 구금 중인 자의 일시적 이송을 요청할 수 있다. 그 자는 다음 조건이 충족되는 경우 이송될 수 있다.
   (ⅰ) 그 자가 내용을 알고 자유로이 이송에 대하여 동의하고,
   (ⅱ) 피요청국과 재판소가 합의하는 조건에 따라 피요청국이 이송에 동의한 경우
   (나) 이송되는 자는 이송 중 구금된다. 이송의 목적이 달성된 경우, 재판소는 그 자를 지체 없이 피요청국으로 송환한다.

8. (가) 재판소는 요청에 기재된 수사 및 절차에 필요한 경우를 제외하고는 문서 및 정보의 비밀을 보장한다.
   (나) 피요청국은 필요한 경우 문서 또는 정보를 비공개를 조건으로 소추관에게 전달할 수 있다. 이 경우 소추관은 오직 새로운 증거를 산출할 목적으로만 그것을 사용할 수 있다.
   (다) 피요청국은 스스로 또는 소추관의 요청에 따라 추후 그러한 문서나 정보의 공개에 동의할 수 있다. 이 경우 그것은 제5부 및 제6부의 규정과 절차 및 증거규칙에 따라 증거로 사용될 수 있다.

9. (가) (ⅰ) 당사국이 인도청구나 범죄인인도 청구가 아닌 다른 경합되는 요청을 재판소와 자신의 국제적 의무에 따라 다른 국가로부터 받는 경우, 당사국은 재판소 및 다른 국가와 협의하여 필요한 경우 그 중 하나의 요청을 연기시키거나 또는 그 요청에 조건을 첨부함으로써 두 요청 모두를 충족시키도록 노력한다.
   (ⅱ) 그렇게 할 수 없는 경우, 경합되는 요청은 제90조에 규정된 원칙에 따라 해결한다.
   (나) 그러나 재판소의 요청이 국제협정에 의하여 제3국 또는 국제기구의 통제하에 있는 정보·재산 또는 사람과 관계된 경우, 피요청국은 재판소에 이를 통지하며 재판소는 그 제3국 또는 국제기구에 요청을 행한다.

10. (가) 재판소는 요청이 있는 경우, 재판소 관할범죄를 구성하는 행위 또는 요청국의 국내법상 중대한 범죄를 구성하는 행위에 대하여 수사 또는 재판을 수행하는 당사국에 협력하거나 지원을 제공할 수 있다.

(나) (i) 가호에 따라 수행하는 지원은 특히 다음을 포함한다.
  a. 재판소가 수행하는 수사 또는 재판 과정에서 얻은 진술, 문서 또는 다른 형태의 증거의 송부
  b. 재판소의 명령으로 구금된 자에 대한 신문
(ii) 나호(i) a에 따른 지원의 경우,
  a. 문서 또는 다른 형태의 증거가 국가의 지원으로 획득된 경우, 송부는 그 국가의 동의를 필요로 한다.
  b. 진술, 문서 또는 다른 형태의 증거가 증인 또는 감정인에 의하여 제공된 경우, 송부는 제68조의 규정에 따른다.
(다) 재판소는 규정 비당사국으로부터의 이 항에 따른 지원요청을 이 항에 열거된 조건으로 허가할 수 있다.

제 94 조   진행 중인 수사 또는 기소와 관련된 요청의 이행 연기

1. 요청의 즉각적인 이행이 요청과 관련된 사건 이외의 다른 사건에 대하여 진행 중인 수사나 기소를 방해하게 될 경우, 피요청국은 재판소와 합의한 기간 동안 요청의 이행을 연기할 수 있다. 그러나 연기는 피요청국이 관련 수사나 기소를 완료하는데 필요한 기간보다 더 길어서는 아니된다. 연기 결정을 내리기 전, 피요청국은 지원이 일정한 조건부로 즉시 제공될 수 있는지 여부를 고려한다.
2. 제1항에 따라 연기결정이 내려진 경우, 소추관은 제93조 제1항 차호에 따라 증거를 보전하기 위한 조치를 구할 수 있다.

제 95 조   재판적격성에 대한 이의제기와 관련된 요청의 이행 연기

재판소가 제18조 또는 제19조에 따라 재판적격성에 대한 이의제기를 심의 중인 경우, 소추관이 제18조 또는 제19조에 따라 그러한 증거의 수집을 계속할 수 있다고 재판소가 명시적으로 명령하지 않는 한, 피요청국은 재판소의 결정이 계류 중인 동안 이 부에 따른 요청의 이행을 연기할 수 있다.

제 96 조   제93조에 따른 기타 형태의 지원요청의 내용

1. 제93조에 규정된 기타 형태의 지원 요청은 서면으로 한다. 긴급한 경우, 요청은 문자기록을 전달할 수 있는 어떠한 매체에 의하여도 이루어질 수 있으나 제87조 제1항 가호에 규정된 경로를 통하여 확인되어야 한다.
2. 요청은 해당하는 대로 다음을 포함하거나 또는 이에 의하여 증빙되어야 한다.
  (가) 요청의 법적 근거 및 이유를 포함하여 요청의 목적과 요청되는 지원에 대한 간결한 서술
  (나) 요청되는 지원이 제공되기 위하여 발견되거나 확인되어야 할 사람이나 장소의 소재 또는 신원에 대한 가능한 상세한 정보
  (다) 요청의 기초를 이루는 필수적인 사실에 대한 간결한 서술
  (라) 추후의 절차 또는 요건의 이유와 상세
  (마) 요청을 이행하기 위하여 피요청국의 법률에 따라 요구되는 정보
  (바) 요청되는 지원을 제공하는데 관련된 기타 정보

3. 재판소의 요청이 있는 경우 당사국은 일반적 또는 특정한 문제에 대하여, 제2항 마호에 따라 적용될 수 있는 자국 국내법상의 특별한 요건에 관하여 재판소와 협의한다. 협의 중에 당사국은 자국 국내법상 특별한 요건에 관하여 재판소에 조언한다.
4. 이 조의 규정은 적용 가능한 경우 재판소에 대한 지원요청에 관하여 적용된다.

제 97 조   협의

당사국이 이 부에 따라 받은 요청에 관하여 요청의 이행을 방해하거나 저지시킬 수 있는 문제점을 확인하는 경우, 당사국은 그 사안을 해결하기 위하여 지체 없이 재판소와 협의한다. 그러한 문제점은 특히 다음을 포함할 수 있다.

㈎ 요청을 이행하기에 불충분한 정보
㈏ 인도청구의 경우, 최선의 노력에도 불구하고 인도청구된 자의 소재를 파악할 수 없거나 또는 수행된 수사 결과 피청구국 내에 있는 자는 영장에서 거명된 자가 명백히 아닌 것으로 판정된 사실
㈐ 현재 형태의 요청 이행은 피요청국이 다른 국가에 대하여 부담하는 기존의 조약상 의무를 위반하도록 요구한다는 사실

제 98 조   면제의 포기 및 인도 동의에 관한 협력

1. 재판소가 먼저 제3국으로부터 면제의 포기를 위한 협력을 얻을 수 없는 한, 재판소는 피요청국이 제3국의 사람 또는 재산에 대하여 국가면제 또는 외교면제에 관한 국제법상의 의무에 부합되지 않게 행동하도록 하는 인도청구 또는 지원요청을 진행시켜서는 아니된다.
2. 재판소가 먼저 파견국으로부터 인도동의를 주기 위한 협력을 얻을 수 없는 한, 재판소는 피청구국이 파견국의 사람을 재판소에 인도하기 위하여는 파견국의 동의를 요하는 국제협정상의 의무에 부합되지 않게 행동하도록 하는 인도청구를 진행시켜서는 아니된다.

제 99 조   제93조와 제96조에 따른 요청의 이행

1. 지원 요청은 피요청국 법상의 관련절차에 따라, 그리고 피요청국에서 금지되지 않는 한, 요청서에 약술된 절차에 따르거나 또는 요청서에 명시된 자가 이행과정에 출석하고 협력하도록 허용하는 것을 포함하여 요청서에 명시된 방식으로 이행한다.
2. 긴급한 요청의 경우, 그에 응하여 제공되는 문서 또는 증거는 재판소의 요청이 있으면 신속히 전달한다.
3. 피요청국의 회신은 그 국가의 언어와 양식으로 작성·송부한다.
4. 이 부의 다른 규정을 침해함이 없이, 요청의 이행에 필수적이라면 피요청국 당국의 입회없이 수사를 수행하는 것을 포함하여, 특정인과의 자발적인 면담 또는 그 자로부터의 증거 수집 및 공개된 장소 또는 기타 공공장소의 변형없는 조사 등 강제조치 없이 이행될 수 있는 요청을 성공적으로 이행하는데 필요한 경우, 소추관은 그러한 요청을 다음과 같이 국가의 영역에서 직접 이행할 수 있다.
    ㈎ 피요청국이 그 영역 안에서 범죄가 범하여졌다는 혐의를 받는 국가이고 또한 제18조 또는 제19조에 따라 재판적격성이 있다고 결정된 경우, 소추관은 피요청국과 가능한 모든 협의를 거쳐 요청을 직접 이행할 수 있다.

(나) 기타의 경우, 소추관은 피요청국과 협의를 거쳐 피요청국이 제기한 모든 합리적 조건이나 우려에 따를 것을 조건으로 요청을 이행할 수 있다. 피요청국이 이 호에 따른 요청의 이행에 대한 문제를 확인하는 경우, 피요청국은 그 문제를 해결하기 위하여 지체 없이 재판소와 협의한다.

5. 재판소에 의하여 심리되거나 조사받는 자가 제72조에 따라 국방 또는 국가안보와 관련된 비밀정보의 공개를 방지하기 위한 제한규정을 원용하도록 허용하는 규정은 이 조에 따른 지원 요청의 이행에도 적용된다.

제 100 조 비용

1. 피요청국의 영역에서 요청을 이행하기 위한 일상적 비용은 재판소가 부담하는 다음 비용을 제외하고는 피요청국이 부담한다.
    (가) 증인 및 감정인의 여행 및 안전, 또는 구금 중인 자의 제93조에 따른 이송과 관련된 비용
    (나) 번역비, 통역비 및 복사비
    (다) 재판관, 소추관, 부소추관, 사무국장, 사무차장 및 재판소의 다른 기관 직원의 여비와 수당
    (라) 재판소가 요청한 감정인의 견해나 보고서의 비용
    (마) 구금국이 재판소로 인도하는 자의 이송 관련 비용
    (바) 협의에 따라, 요청의 이행으로부터 발생할 수 있는 특별 비용
2. 제1항의 규정은 적절한 대로 당사국의 재판소에 대한 요청에 적용된다. 그 경우 재판소는 일상적인 이행비용을 부담한다.

제 101 조 특정성의 원칙

1. 이 규정에 따라 재판소에 인도된 자는 인도되게 된 범죄의 기초를 이루는 행위 또는 행위의 과정이 아닌, 인도 전에 범한 행위에 대하여 절차가 취해지거나 처벌 또는 구금되지 아니한다.
2. 재판소는 재판소에 인도를 행한 국가에 대해 제1항의 요건을 포기하도록 요청할 수 있으며, 필요한 경우 제91조에 따라 추가 정보를 제공할 수 있다. 당사국은 위 요건에 관하여 재판소에 포기할 권한을 가지며, 그렇게 하도록 노력한다.

제 102 조 용어의 사용

이 규정의 목적상,
(가) "인도"라 함은 이 규정에 따라 국가가 어떠한 사람을 재판소에 넘겨 주는 것을 말한다.
(나) "범죄인인도"라 함은 조약, 협약 또는 국내법에 규정된 바에 따라 어떠한 사람을 한 국가에서 다른 국가로 넘겨 주는 것을 말한다.

제10부 집행

제103조 징역형 집행에서 국가의 역할

1. ㈎ 징역형은 재판소가 재판소에 대하여 수형자 인수 의사를 표시한 국가의 명단 중에서 지정된 국가에서 집행된다.
   ㈏ 수형자 인수 의사를 표시할 때, 국가는 재판소가 동의하고 이 부에 부합되는 인수 조건을 첨부할 수 있다.
   ㈐ 특정 사건에서 지정된 국가는 재판소의 지정을 수락하는지 여부를 신속히 재판소에 통지한다.
2. ㈎ 집행국은 제1항에 따라 합의된 조건의 시행을 포함하여 징역형의 조건 또는 정도에 현저히 영향을 줄 수 있는 모든 상황을 재판소에 통지한다. 재판소는 그러한 알려지거나 예측 가능한 상황을 최소한 45일 전에 통지받는다. 그 기간 동안 집행국은 제110조에 따른 의무를 저해할 수 있는 어떠한 조치도 취하지 아니한다.
   ㈏ 재판소가 가호에 규정된 상황에 합의할 수 없는 경우, 재판소는 이를 집행국에 통보하고 제104조 제1항에 따라 처리한다.
3. 재판소는 제1항에 따른 지정의 재량을 행사함에 있어서 다음을 고려한다.
   ㈎ 절차 및 증거규칙에 규정된 바와 같이, 형평한 분배의 원칙에 따라 당사국들이 징역형의 집행 책임을 분담한다는 원칙
   ㈏ 수형자의 처우에 관하여 광범위하게 수락된 국제조약상의 기준 적용
   ㈐ 수형자의 의견
   ㈑ 수형자의 국적
   ㈒ 범죄 및 수형자의 정황 또는 형의 효율적 집행에 관한 집행국의 지정에 적절한 기타 요소
4. 제1항에 따라 지정된 국가가 없는 경우, 징역형은 제3조 제2항에 기술된 본부협정에 규정된 조건에 따라 소재지국이 제공하는 수형시설에서 집행된다. 이 경우 징역형의 집행에서 발생하는 비용은 재판소가 부담한다.

제104조 집행국 지정의 변경

1. 재판소는 언제든지 수형자를 다른 국가의 교도소로 이송할 것을 결정할 수 있다.
2. 수형자는 언제든지 집행국으로부터의 이송을 재판소에 신청할 수 있다.

제105조 형의 집행

1. 징역형은 제103조 제1항 나호에 따라 국가가 명시한 조건의 적용을 받고 당사국을 기속하며, 당사국은 어떠한 경우에도 이를 변경하지 아니한다.
2. 재판소만이 상소 및 재심의 신청에 대하여 결정할 권리를 가진다. 집행국은 수형자의 이러한 신청을 방해하지 아니한다.

제106조 형의 집행과 징역의 조건에 대한 감독
1. 징역형의 집행은 재판소의 감독에 따르며, 수형자의 처우에 관하여 광범위하게 수락된 국제조약상의 기준과 부합하여야 한다.
2. 징역의 조건은 집행국의 법에 의하여 규율되며 수형자의 처우에 관하여 광범위하게 수락된 국제조약상의 기준에 부합하여야 한다. 어떠한 경우에도 그러한 조건들이 집행국에서 유사한 범죄로 유죄판결을 받은 수형자에게 적용되는 조건들보다 유리하거나 불리하여서는 아니된다.
3. 수형자와 재판소 간의 통신은 방해받지 않으며, 비밀이 유지되어야 한다.

제107조 형 집행 만료자의 이송
1. 형 집행 만료 후 집행국의 국민이 아닌 자는 집행국이 그를 자국에 체류하도록 허가하지 않는 한, 그를 접수할 의무가 있는 국가 또는 이송될 자의 희망을 고려하여 그를 접수하기로 합의한 다른 국가로 집행국의 법률에 따라 이송될 수 있다.
2. 어느 국가도 제1항에 따라 다른 국가로 이송하는데 발생하는 비용을 부담하지 않는 경우, 그 비용은 재판소가 부담한다.
3. 제108조의 규정을 조건으로, 집행국은 재판 또는 형 집행을 위하여 범죄인인도 또는 인도를 청구한 국가로 그 자를 자국법에 따라 범죄인인도를 하거나 또는 달리 인도할 수 있다.

제108조 다른 범죄의 기소 또는 처벌의 제한
1. 집행국의 구금하에 있는 수형자는, 재판소가 집행국의 요청을 받아 기소·처벌 또는 범죄인인도를 행하는 것을 허가하지 않는 한, 그 자가 집행국으로 이송되기 전에 행한 어떠한 행위에 대하여도 기소·처벌되거나 또는 제3국으로 범죄인인도 되지 아니한다.
2. 재판소는 수형자의 의견을 들은 후 그 문제를 결정한다.
3. 수형자가 재판소가 부과한 형을 완전히 복역한 후 집행국의 영역에서 자발적으로 30일을 초과하여 머무르거나 또는 집행국에서 출국한 후 그 국가의 영역으로 다시 돌아온 경우, 제1항은 적용되지 아니한다.

제109조 벌금 및 몰수조치의 집행
1. 당사국은 선의의 제3자의 권리를 침해함이 없이 그리고 자국의 국내법 절차에 따라, 재판소가 제7부에 따라 명령한 벌금 또는 몰수 명령을 집행한다.
2. 당사국이 몰수명령을 집행할 수 없는 경우, 당사국은 선의의 제3자의 권리를 침해함이 없이, 재판소가 몰수를 명한 수익·재산 또는 자산의 가액을 회수하기 위한 조치를 취한다.
3. 당사국이 재판소의 판결을 집행한 결과로 취득한 재산 또는 부동산의 매매 수익 또는 적절한 경우 기타 재산의 매매 수익은 재판소로 이전된다.

제110조 감형에 대한 재판소의 재검토
1. 집행국은 재판소가 선고한 형기가 만료되기 전에는 당해인을 석방하지 아니한다.
2. 재판소만이 감형을 결정할 권한을 가지며, 당해인을 심문한 후 그 문제를 결정한다.
3. 형의 3분의 2 또는 무기징역의 경우 25년을 복역한 경우, 재판소는 감형여부를 결정하기 위하여 형을 재검토한다. 그 전에는 재검토가 이루어져서는 아니된다.

4. 제3항에 따른 재검토에 있어서, 재판소는 1개 이상의 다음 요소가 존재한다고 판단할 경우 형을 감경할 수 있다.
   ㈎ 재판소의 수사 및 기소에 있어서 초기부터 지속적으로 협력하려는 의사
   ㈏ 다른 사건에 있어서의 재판소의 판결 및 명령의 집행을 가능하게 하는 그 자의 자발적인 조력과 특히 피해자의 이익을 위하여 사용될 수 있는 벌금, 몰수 또는 배상 명령의 대상이 되는 자산을 찾는 것을 지원하는 자발적 조력
   ㈐ 절차 및 증거규칙에 규정된 바와 같이, 감형을 정당화하기에 충분한 명백하고 중요한 사정변경을 형성하는 기타 요소
5. 재판소가 제3항에 따른 최초의 검토에서 감형이 적절하지 않다고 결정하는 경우, 재판소는 그 후 절차 및 증거규칙에 규정된 기간마다 그리고 그에 규정된 기준을 적용하여 감형 문제를 검토한다.

제111조 도주

유죄판결을 받은 자가 구금에서 탈출하여 집행국으로부터 도주한 경우, 집행국은 재판소와 협의를 거쳐 기존의 양자 또는 다자간 약정에 따라 그 자가 소재한 국가에 인도를 청구하거나 또는 제9부에 따라 재판소가 당해인의 인도를 구하도록 요청할 수 있다. 재판소는 그 자가 형을 복역하고 있던 국가 또는 재판소가 지정한 다른 국가로 그 자의 이송을 명할 수 있다.

제11부 당사국총회

제112조 당사국총회

1. 이 규정의 당사국총회가 이에 설치된다. 각 당사국은 총회에서 교체대표와 자문을 동반할 수 있는 1인의 대표를 가진다. 이 규정 또는 최종의정서에 서명한 기타 국가는 총회에서 옵저버가 될 수 있다.
2. 당사국총회는,
   ㈎ 적절한 대로, 준비위원회의 권고를 심의하고 채택한다.
   ㈏ 재판소의 행정에 관하여 소장단, 소추관 및 사무국장의 운영을 감독한다.
   ㈐ 제3항에 따라 설치된 이사회의 보고서와 활동을 심의하고, 이에 관하여 적절한 조치를 취한다.
   ㈑ 재판소 예산을 심의하고 결정한다.
   ㈒ 제36조에 따라 재판관 수의 변경 여부를 결정한다.
   ㈓ 제87조 제5항과 제7항에 따라 협력불응과 관련된 모든 문제를 심의한다.
   ㈔ 이 규정 또는 절차 및 증거규칙과 부합하는 다른 모든 기능을 수행한다.
3. ㈎ 총회는 총회에서 3년 임기로 선출된 1인의 의장, 2인의 부의장 및 18인의 위원으로 구성되는 이사회를 둔다.
   ㈏ 이사회는 특히 공평한 지역적 배분과 세계의 주요한 법체계의 적절한 대표성을 고려한 대의적 성격을 가진다.
   ㈐ 이사회는 최소한 1년에 1회 이상, 필요할 때마다 회합한다. 이사회는 총회가 책임을 이행하는데 조력한다.
4. 총회는 재판소의 효율성과 경제성을 제고하기 위하여, 재판소의 감사·평가 및 조사를 위한 독립적인 감독장치를 포함하여 필요한 보조기관을 둘 수 있다.

5. 재판소장, 소추관 및 사무국장 또는 그 대리인들은 적절한 대로 총회 및 이사회의 회의에 참석할 수 있다.
6. 총회는 재판소 소재지 또는 국제연합 본부에서 1년에 1회 회합하며, 필요한 경우 특별회기를 가진다. 이 규정에 달리 정한 경우를 제외하고, 특별회기는 이사회가 스스로 발의하거나 당사국 3분의 1의 요청에 따라 소집된다.
7. 각 당사국은 1표의 투표권을 가진다. 총회와 이사회는 컨센서스로 결정에 도달하기 위하여 모든 노력을 다하여야 한다. 컨센서스에 도달할 수 없는 경우, 이 규정에 달리 정한 경우를 제외하고 다음과 같이 결정한다.
    (가) 실질문제에 대한 결정은 당사국의 절대과반수를 투표정족수로 하여, 출석하여 투표한 당사국의 3분의 2의 다수결로 승인되어야 한다.
    (나) 절차문제에 대한 결정은 출석하여 투표한 당사국들의 단순다수결로 행한다.
8. 재판소 비용에 대한 재정적 분담금의 지불을 연체한 당사국은 연체금액이 연체 이전의 만 2년 동안 부담해야 할 분담금액과 같거나 이를 초과하는 경우, 총회 및 이사회에서 투표권을 가지지 못한다. 그럼에도 불구하고 총회는 연체가 그 당사국이 통제할 수 없는 사정에 기인한다고 판단하는 경우, 그 당사국의 총회 및 이사회에서의 투표를 허용할 수 있다.
9. 총회는 그 자체의 절차규칙을 채택한다.
10. 총회의 공식언어 및 실무언어는 국제연합 총회의 언어로 한다.

제 12 부 재정

제 113 조 재정규칙

달리 특별히 규정된 경우를 제외하고, 재판소와 이사회 및 보조기관을 포함하는 당사국총회의 회의와 관련된 모든 재정적 문제는 이 규정과 당사국총회에서 채택된 재정규칙에 의하여 규율된다.

제 114 조 비용의 지출

재판소와 이사회 및 보조기관을 포함한 당사국총회의 비용은 재판소의 기금에서 지출된다.

제 115 조 재판소 및 당사국총회의 기금

재판소와 이사회 및 보조기관을 포함한 당사국총회의 비용은 당사국총회가 결정한 예산에 규정된 바에 따라 다음 수입원에 의하여 충당된다.
(가) 당사국이 납부한 산정된 분담금
(나) 특히 안전보장이사회에 의한 회부로 인하여 발생된 비용에 관하여는 국제연합 총회의 승인을 조건으로 국제연합이 제공한 기금

제 116 조 자발적 기여금

제115조를 침해함이 없이, 재판소는 당사국총회가 채택한 관련 기준에 따라 정부·국제기구·개인·기업 및 기타 단체로부터의 자발적 기여금을 추가기금으로 받아 사용할 수 있다.

제 117 조 분담금의 산정
당사국의 분담금은 국제연합이 정규예산을 위하여 채택한 산정기준을 기초로 하고, 그 산정기준의 기초가 된 원칙에 따라 조정되어 합의된 산정기준에 따라 산정된다.

제 118 조 연례감사
재판소의 연례 재정보고서를 포함하여 재판소의 기록, 회계장부 및 회계계정은 매년 독립된 감사관에 의하여 감사를 받는다.

제 13 부 최종조항

제 119 조 분쟁의 해결
1. 재판소의 사법적 기능에 관한 모든 분쟁은 재판소의 결정에 의하여 해결된다.
2. 이 규정의 해석과 적용에 관하여 분쟁 개시 후 3개월 내에 교섭을 통하여 해결되지 아니하는 2개국 이상의 당사국 간의 기타 모든 분쟁은 당사국총회에 회부된다. 총회는 스스로 그 분쟁을 해결하려고 노력하거나 또는 국제사법재판소규정에 따라 동 재판소에 회부를 포함하는 추가적 분쟁해결수단에 관하여 권고할 수 있다.

제 120 조 유보
이 규정에 대하여 어떠한 유보도 할 수 없다.

제 121 조 개정
1. 이 규정의 발효로부터 7년 후 당사국은 이 규정의 개정을 제안할 수 있다. 제안된 모든 개정안은 국제연합 사무총장에게 제출되며, 국제연합 사무총장은 이를 신속히 모든 당사국에 회람한다.
2. 통보일로부터 최소한 3개월 이후의 차기회의에서 당사국총회는 참석하여 투표한 당사국의 과반수로 그 제안을 다룰 것인지 여부를 결정한다. 총회는 그 제안을 직접 다루거나, 관련 쟁점상 필요한 경우 검토회의를 소집할 수 있다.
3. 당사국총회의 회의 또는 검토회의에서 컨센서스에 도달할 수 없는 경우, 개정안의 채택은 당사국의 3분의 2의 다수결을 요한다.
4. 제5항에 규정된 경우를 제외하고, 개정은 당사국의 8분의 7의 비준서 또는 수락서가 국제연합 사무총장에게 기탁된 때로부터 1년 후에 모든 당사국에 대하여 발효한다.
5. 이 규정 제5조, 제6조, 제7조 및 제8조에 대한 개정은 그 개정을 수락한 당사국에 대하여 비준서 또는 수락서가 기탁된 지 1년 후에 발효한다. 개정을 수락하지 아니한 당사국의 국민에 의하여 또는 그 국가의 영역에서 개정으로 포함된 범죄가 범해진 경우, 재판소는 그 범죄에 대하여 관할권을 행사하지 아니한다.
6. 제4항에 따라 개정이 당사국의 8분의 7에 의하여 수락된 경우, 그 개정을 수락하지 아니한 모든 당사국은 제127조 제1항에도 불구하고 그러나 제127조 제2항을 조건으로, 개정의 발효 후 1년 이내에 통보함으로써, 이 규정에서 탈퇴할 수 있으며 탈퇴는 통보 즉시 효력을 발생한다.
7. 국제연합 사무총장은 당사국총회의 회의 또는 검토회의에서 채택된 모든 개정을 전 당사국에 회람한다.

제 122 조 제도적 성격의 규정에 대한 개정

1. 오로지 제도적 성격만을 지닌 이 규정의 조항, 즉 제35조, 제36조 제8항과 제9항, 제37조, 제38조, 제39조 제1항(처음 2문), 제2항과 제4항, 제42조 제4항 내지 제9항, 제43조 제2항과 제3항, 제44조, 제46조, 제47조 및 제49조의 개정은 제121조 제1항에도 불구하고 모든 당사국이 언제든지 제안할 수 있다. 제안된 개정안은 국제연합 사무총장이나 당사국총회가 지정한 자에게 제출되며, 이들은 이를 모든 당사국과 당사국총회에 참석한 다른 자들에게 신속히 회람한다.
2. 컨센서스에 도달할 수 없는 이 조에 따른 개정은 당사국총회 또는 검토회의에서 당사국의 3분의 2의 다수결로 채택된다. 그러한 개정은 당사국총회 또는 경우에 따라서는 검토회의에서 채택된 지 6개월 후 모든 당사국에 대하여 발효한다.

제 123 조 규정의 재검토

1. 이 규정이 발효한 지 7년 후, 국제연합 사무총장은 이 규정에 대한 개정을 심의하기 위한 재검토회의를 소집한다. 그러한 재검토는 제5조에 포함된 범죄목록을 포함할 수 있으나 이에 국한되지 아니한다. 재검토회의는 당사국총회에 참석하는 자에게 동일한 조건하에 개방된다.
2. 그 후 언제라도 국제연합 사무총장은 당사국의 요청에 따라 제1항에 규정된 목적을 위하여 당사국 과반수의 승인으로 재검토회의를 소집한다.
3. 제121조 제3항 내지 제7항의 규정은 재검토회의에서 심의된 이 규정에 대한 개정의 채택 및 발효에 적용된다.

제 124 조 경과규정

제12조 제1항 및 제2항에도 불구하고, 국가는 이 규정의 당사국이 될 때 이 규정이 당해 국가에 대하여 발효한 후 7년 동안, 자국민에 의하여 또는 자국 영역에서 범해진 것으로 혐의를 받는 제8조에 규정된 범죄의 범주에 관하여 재판소의 관할권을 수락하지 아니한다고 선언할 수 있다. 이 조에 따른 선언은 언제든지 철회될 수 있다. 이 조의 규정은 제123조 제1항에 따라 소집되는 재검토회의에서 재검토된다.

제 125 조 서명·비준·수락·승인 또는 가입

1. 이 규정은 1998년 7월 17일 로마에 있는 국제연합 식량농업기구 본부에서 모든 국가에 대하여 서명을 위하여 개방된다. 그 이후 1998년 10월 17일까지 로마의 이탈리아 외무부에서 서명을 위하여 개방된다. 그 날 이후 이 규정은 2000년 12월 31일까지 뉴욕에 있는 국제연합 본부에서 서명을 위하여 개방된다.
2. 이 규정은 서명국의 비준, 수락 또는 승인을 받아야 한다. 비준서, 수락서 또는 승인서는 국제연합 사무총장에게 기탁된다.
3. 이 규정은 모든 국가의 가입을 위하여 개방된다. 가입서는 국제연합 사무총장에게 기탁된다.

제 126 조 발효

1. 이 규정은 60번째의 비준서, 수락서, 승인서 또는 가입서가 국제연합 사무총장에게 기탁된 날로부터 60일이 경과한 다음 달의 첫째 날에 발효한다.
2. 60번째의 비준서, 수락서, 승인서 또는 가입서가 기탁된 후 이 규정을 비준·수락·승인 또는 가입하는 각 국가에 대하여, 이 규정은 그러한 국가가 비준서, 수락서, 승인서 또는 가입서를 기탁한 후 60일이 경과한 다음 달의 첫째 날에 발효한다.

제 127 조 탈퇴

1. 당사국은 국제연합 사무총장에 대한 서면통보에 의하여 이 규정에서 탈퇴할 수 있다. 탈퇴는 통보서에 보다 늦은 날짜가 명시되지 않는 한, 통보서 접수일로부터 1년 후에 효력을 발생한다.
2. 국가는 탈퇴를 이유로 이미 발생한 모든 재정적 의무를 포함하여 그 국가가 이 규정의 당사자이었던 동안 이 규정에 따라 발생한 의무로부터 면제되지 아니한다. 국가의 탈퇴는 탈퇴국이 협력할 의무가 있었던 탈퇴 발효일 전에 개시된 범죄수사 및 절차와 관련된 재판소와의 여하한 협력에도 영향을 미치지 아니하며, 또한 탈퇴 발효일 전에 재판소가 이미 심의 중에 있던 사안의 계속적인 심의를 어떠한 방식으로도 저해하지 아니한다.

제 128 조 정본

아랍어·중국어·영어·프랑스어·러시아어 및 스페인어본이 동등하게 정본인 이 규정의 원본은 국제연합 사무총장에게 기탁되며, 국제연합 사무총장은 그 인증등본을 모든 국가에 송부한다.

이상의 증거로, 아래 서명자들은 그들 각자의 정부로부터 정당하게 권한을 위임받아 이 규정에 서명하였다.

1998년 7월 17일 로마에서 작성되었다.

13 | 난민의 지위에 관한 협약
(1951채택/1954발효/1993한국발효)

제1장 일반규정

제1조 "난민"이라는 용어의 정의

A. 이 협약의 적용상, "난민"이라는 용어는 다음과 같은 자에게 적용된다.
  (1) 1926년 5월 12일 및 1928년 6월 30일의 약정 또는 1933년 10월 28일 및 2월 10일의 협약, 1939년 9월 14일의 의정서 또는 국제난민기구헌장에 의하여 난민으로 인정되고 있는 자. 국제난민기구가 그 활동기간 중에 행한 부적격 결정은 당해 자가 (2)의 조건을 충족시키는 경우 당해자가 난민의 지위를 부여하는 것을 방해하지 아니한다.
  (2) 1951년 1월 1일 이전에 발생한 사건의 결과로서, 또한 인종, 종교, 국적 또는 특정 사회집단의 구성원 신분 또는 정치적 의견을 이유로 박해를 받을 우려가 있다는 충분한 이유가 있는 공포로 인하여 국적국 밖에 있는 자로서 그 국적국의 보호를 받을 수 없거나 또는 그러한 공포로 인하여 그 국적국의 보호를 받는 것을 원하지 아니하는 자 및 이들 사건의 결과로서 상주국가 밖에 있는 무국적자로서 종전의 상주 국가로 돌아갈 수 없거나 또는 그러한 공포로 인하여 종전의 상주국가로 돌아가는 것을 원하지 아니하는 자.
  둘 이상의 국적을 가진 자의 경우에, "국적국"이라 함은 그가 국적을 가지고 있는 국가 각각을 말하며, 충분한 이유가 있는 공포에 기초한 정당한 이유 없이 어느 하나의 국적국의 보호를 받지 않았다면 당해자에게 국적국의 보호가 없는 것으로 인정되지 아니한다.

B. (1) 이 협약의 적용상 제1조 A의 "1951년 1월 1일 이전에 발생한 사건"이라는 용어는 다음 중 어느 하나를 의미하는 것으로 이해된다.
    (a) "1951년 1월 1일 이전에 유럽에서 발생한 사건" 또는
    (b) "1951년 1월 1일 이전에 유럽 또는 기타 지역에서 발생한 사건" 각 체약국은 서명, 비준 또는 가입 시에 이 협약상의 의무를 이행함에 있어서 상기 중 어느 규정을 적용할 것인가를 선택하는 선언을 행한다.
  (2) (a) 규정을 적용할 것을 선택한 체약국은 언제든지 (b) 규정을 적용할 것을 선택한다는 것을 국제연합 사무총장에게 통고함으로써 그 의무를 확대할 수 있다.

C. 이 협약은 A의 요건에 해당하는 자에게 다음의 어느 것에 해당하는 경우 적용이 종지된다.
  (1) 임의로 국적국의 보호를 다시 받고 있는 경우, 또는
  (2) 국적을 상실한 후 임의로 국적을 회복한 경우, 또는
  (3) 새로운 국적을 취득하고, 또한 새로운 국적국의 보호를 받고 있는 경우, 또는
  (4) 박해를 받을 우려가 있다고 하는 공포 때문에 정주하고 있는 국가를 떠나거나 또는 그 국가밖에 체류하고 있었으나 그 국가에서 임의로 다시 정주하게 된 경우, 또는

(5) 난민으로 인정되어온 근거사유가 소멸되었기 때문에 국적국의 보호를 받는 것을 거부할 수 없게 된 경우. 다만, 이 조항은 이 조 A (1)에 해당하는 난민으로서 국적국의 보호를 받는 것을 거부한 이유로서 과거의 박해에 기인하는 어쩔 수 없는 사정을 원용할 수 있는 자에게는 적용하지 아니한다.

(6) 국적이 없는 자로서, 난민으로 인정되어온 근거사유가 소멸되었기 때문에 종전의 상주 국가에 되돌아올 수 있을 경우. 다만 이 조항은 이 조 A (1)에 해당하는 난민으로서 종전의 상주국가에 돌아오기를 거부한 이유로서 과거의 박해에 기인하는 어쩔 수 없는 사정을 원용할 수 있는 자에게는 적용하지 아니한다.

D. 이 협약은 국제연합 난민고등판무관 외에 국제연합의 기관이나 또는 기구로부터 보호 또는 원조를 현재 받고 있는 자에게는 적용하지 아니한다.

그러한 보호 또는 원조를 현재 받고 있는 자의 지위에 관한 문제가 국제연합총회에 의하여 채택된 관련 결의에 따라 최종적으로 해결됨이 없이 그러한 보호 또는 원조의 부여가 종지되는 경우 그 자는 그 사실에 의하여 이 협약에 의하여 부여되는 이익을 받을 자격이 있다.

E. 이 협약은 거주국의 권한 있는 기관에 의하여 그 국가의 국적을 보유하는 데에 따른 권리 및 의무를 가진 것으로 인정되는 자에게는 적용하지 아니한다.

F. 이 협약의 규정은 다음의 어느 것에 해당한다고 간주될 상당한 이유가 있는 자에게는 적용하지 아니한다.
 (a) 평화에 대한 범죄, 전쟁범죄 또는 인도에 대한 범죄에 관하여 규정하는 국제문서에 정하여진 그러한 범죄를 범한 자
 (b) 난민으로서 피난국에 입국하는 것이 허가되기 전에 그 국가 밖에서 중대한 비정치적 범죄를 범한 자
 (c) 국제연합의 목적과 원칙에 반하는 행위를 행한 자

제 2 조 일반적 의무
모든 난민은 자신이 체재하는 국가에 대하여 특히 그 국가의 법령을 준수할 의무 및 공공질서를 유지하기 위한 조치에 따를 의무를 진다.

제 3 조 비차별
체약국은 난민에게 인종, 종교 또는 출신국에 의한 차별없이 이 협약의 규정을 적용한다.

제 4 조 종교
체약국은 그 영역 내의 난민에게 종교를 실천하는 자유 및 자녀의 종교적 교육에 관한 자유에 대하여 적어도 자국민에게 부여하는 대우와 동등한 호의적 대우를 부여한다.

제 5 조 이 협약과는 관계없이 부여되는 권리
이 협약의 어떠한 규정도 체약국이 이 협약과는 관계없이 난민에게 부여하는 권리와 이익을 저해하는 것으로 해석되지 아니한다.

제 6 조 "동일한 사정하에서"라는 용어

이 협약의 적용상, "동일한 사정하에서"라는 용어는, 그 성격상 난민이 충족시킬 수 없는 요건을 제외하고, 특정 개인이 그가 난민이 아니라고 할 경우에 특정 권리를 향유하기 위하여 충족시켜야 하는 요건(체재 또는 거주의 기간과 조건에 관한 요건을 포함한다)이 충족되어야 한다는 것을 의미한다.

제 7 조 상호주의로부터의 면제

1. 체약국은 난민에게 이 협약이 더 유리한 규정을 두고 있는 경우를 제외하고, 일반적으로 외국인에게 부여하는 대우와 동등한 대우를 부여한다.
2. 모든 난민은 어떠한 체약국의 영역 내에서 3년간 거주한 후 그 체약국의 영역 내에서 입법상의 상호주의로부터의 면제를 받는다.
3. 각 체약국은 자국에 관하여 이 협약이 발효하는 날에 상호주의의 적용없이 난민에게 이미 인정되고 있는 권리와 이익이 존재하는 경우 그 권리와 이익을 계속 부여한다.
4. 체약국은 제2항 및 제3항에 따라 인정되고 있는 권리와 이익 이외의 권리와 이익을 상호주의의 적용없이 난민에게 부여할 가능성과 제2항에 규정하는 거주의 조건을 충족시키지 못하고 있는 난민과 제3항에 규정하는 권리와 이익이 인정되고 있지 아니한 난민에게도 상호주의로 부터의 면제를 적용할 가능성을 호의적으로 고려한다.
5. 제2항 및 3항의 규정은 이 협약의 제13조, 제18조, 제19조, 제21조 및 제22조에 규정하는 권리와 이익 및 이 협약에서 규정하고 있지 아니하는 권리와 이익에 관하여서도 적용한다.

제 8 조 예외적 조치의 면제

체약국은 특정한 외국 국민의 신체, 재산 또는 이익에 대하여 취하여지는 예외적 조치에 관하여, 형식상 당해 외국의 국민인 난민에 대하여 단순히 그의 국적만을 이유로 그 조치를 적용하여서는 아니된다. 법제상 이 조에 명시된 일반원칙을 적용할 수 없는 체약국은 적당한 경우 그러한 난민을 위하여 그 예외적 조치를 한다.

제 9 조 잠정조치

이 협약의 어떠한 규정도 체약국이 전시 또는 기타 중대하고 예외적인 상황에 처하여, 특정 개인에 관하여 국가안보를 위하여 불가결하다고 인정되는 조치를 잠정적으로 취하는 것을 방해하는 것은 아니다. 다만, 그 조치는 특정 개인이 사실상 난민인가의 여부, 또한 그 특정 개인에 관하여 불가결하다고 인정되는 조치를 계속 적용하는 것이 국가안보를 위하여 필요한 것인가의 여부를 체약국이 결정할 때까지에 한한다.

제 10 조 거주의 계속

1. 제2차 세계대전 중에 강제로 퇴거되어 어느 체약국의 영역으로 이동되어서 그 영역 내에 거주하고 있는 난민은 그러한 강제체류기간은 합법적으로 그 영역 내에서 거주한 것으로 본다.
2. 난민이 제2차 세계대전 중에 어느 체약국의 영역으로부터 강제로 퇴거되었다가 이 협약의 발효일 이전에 거주를 위하여 그 영역 내로 귀환한 경우 그러한 강제퇴거 전후의 거주기간은 계속적인 거주가 요건이 되는 어떠한 경우에 있어서도 계속된 하나의 기간으로 본다.

제 11 조 난민선원

체약국은 자국을 기국으로 하는 선박에 승선하고 있는 선원으로서 정규적으로 근무 중인 난민에 관하여서는 자국의 영역에서 정주하는 것에 관하여 호의적으로 고려하고, 특히 타국에서의 정주를 용이하게 하기 위한 여행증명서를 발급하거나 또는 자국의 영역에 일시적으로 입국하는 것을 허락하는 것에 관하여 호의적으로 고려한다.

제 2 장 법적지위

제 12 조 개인적 지위

1. 난민의 개인적 지위는 주소지 국가의 법률에 의하거나 또는 주소가 없는 경우에는 거소지 국가의 법률에 의하여 규율된다.
2. 난민이 이미 취득한 권리로서 개인적 지위에 따르는 것, 특히 혼인에 따르는 권리는 난민이 체약국의 법률에 정하여진 절차에 따르는 것이 필요한 경우 이들에 따를 것을 조건으로 하여 그 체약국에 의하여 존중된다. 다만, 문제의 권리는 난민이 난민이 되지 않았을 경우일지라도 그 체약국의 법률에 의하여 인정된 것이어야 한다.

제 13 조 동산 및 부동산

체약국은 난민에게 동산 및 부동산의 소유권과 이에 관한 기타 권리의 취득 및 동산과 부동산에 관한 임대차 및 기타의 계약에 관하여 가능한 한 유리한 대우를 부여하고, 어떠한 경우에 있어서도, 동일한 사정하에서 일반적으로 외국인에게 부여되는 대우보다 불리하지 아니한 대우를 부여한다.

제 14 조 저작권 및 공업소유권

난민은 발명, 의장, 상표, 상호 등의 공업소유권의 보호 및 문학적 예술적 및 학술적 저작물에 대한 권리의 보호에 관하여, 상거소를 가지는 국가에서 그 국가의 국민에게 부여되는 보호와 동일한 보호를 부여받는다. 기타 체약국의 영역에 있어서도 그 난민이 상거소를 가지는 국가의 국민에게 그 체약국의 영역에서 부여되는 보호와 동일한 보호를 부여받는다.

제 15 조 결사의 권리

체약국은 합법적으로 그 영역 내에 체재하는 난민에게 비정치적이고 비영리적인 단체와 노동조합에 관한 사항에 관하여 동일한 사정하에서 외국 국민에게 부여하는 대우 중 가장 유리한 대우를 부여한다.

제 16 조 재판을 받을 권리

1. 난민은 모든 체약국의 영역에서 자유로이 재판을 받을 권리를 가진다.
2. 난민은 상거소를 가지는 체약국에서 법률구조와 소송비용의 담보 면제를 포함하여 재판을 받을 권리에 관한 사항에 있어서 그 체약국의 국민에게 부여되는 대우와 동일한 대우를 부여받는다.
3. 난민은 상거소를 가지는 체약국 이외의 체약국에서 제2항에 규정하는 사항에 관하여 그 상거소를 가지는 체약국의 국민에게 부여되는 대우와 동일한 대우를 부여받는다.

제 3 장 유급직업

제 17 조 임금이 지급되는 직업
1. 체약국은 합법적으로 그 영역 내에 체재하는 난민에게, 임금이 지급되는 직업에 종사할 권리에 관하여, 동일한 사정하에서 외국 국민에게 부여되는 대우 중 가장 유리한 대우를 부여한다.
2. 어떠한 경우에 있어서도, 체약국이 국내 노동시장의 보호를 위하여 외국인 또는 외국인의 고용에 관하여 취하는 제한적 조치는 그 체약국에 대하여 이 협약이 발효하는 날에 이미 그 조치로부터 면제된 난민이나, 또는 다음의 조건 중 어느 하나를 충족시키는 난민에게는 적용되지 아니한다.
    (a) 그 체약국에서 3년 이상 거주하고 있는 자
    (b) 그 난민이 거주하고 있는 체약국의 국적을 가진 배우자가 있는 자
        난민이 그 배우자를 유기한 경우에는 이 조항에 의한 이익을 원용하지 못한다.
    (c) 그 난민이 거주하고 있는 체약국의 국적을 가진 1명 또는 그 이상의 자녀를 가진 자
3. 체약국은 임금이 지급되는 직업에 관하여 모든 난민, 특히 노동자 모집계획 또는 이주민계획에 따라 그 영역 내에 입국한 난민의 권리를 자국민의 권리와 동일하게 할 것을 호의적으로 고려한다.

제 18 조 자영업
체약국은 합법적으로 그 영역 내에 있는 난민에게 독립하여 농업, 공업, 수공업 및 상업에 종사하는 권리 및 상업상, 산업상 회사를 설립할 권리에 관하여 가능한 한 유리한 대우를 부여하고, 어떠한 경우에 있어서도 동일한 사정하에서 일반적으로 외국인에게 부여하는 대우보다 불리하지 아니한 대우를 부여한다.

제 19 조 자유업
1. 각 체약국은 합법적으로 그 영역 내에 체재하는 난민으로서 그 체약국의 권한 있는 기관이 승인한 자격증서를 가지고 자유업에 종사할 것을 희망하는 자에게 가능한 한 유리한 대우를 부여하고, 어떠한 경우에 있어서도 동일한 사정하에서 일반적으로 외국인에게 부여하는 대우보다 불리하지 아니한 대우를 부여한다.
2. 체약국은 본토 지역 이외에 자국이 국제관계에서 책임을 가지는 영역 내에서 상기한 난민이 정주하는 것을 확보하기 위하여 자국의 헌법과 법률에 따라 최선의 노력을 한다.

제 4 장 복지

제 20 조 배급
공급이 부족한 물자의 분배를 규제하는 것으로서 주민전체에 적용되는 배급제도가 존재하는 경우, 난민은 그 배급제도의 적용에 있어서 내국민에게 부여되는 대우와 동일한 대우를 부여받는다.

제 21 조 주거

체약국은 주거에 관한 사항이 법령의 규제를 받거나 또는 공공기관의 관리하에 있는 경우 합법적으로 그 영역 내에 체재하는 난민에게 주거에 관하여 가능한 한 유리한 대우를 부여하고, 어떠한 경우에 있어서도 동일한 사정하에서 일반적으로 외국인에게 부여하는 대우보다 불리하지 아니한 대우를 부여한다.

제 22 조 공공교육

1. 체약국은 난민에게 초등교육에 대하여 자국민에게 부여하는 대우와 동일한 대우를 부여한다.
2. 체약국은 난민에게 초등교육 이외의 교육, 특히 수학의 기회, 학업에 관한 증명서, 자격증서 및 학위로서 외국에서 수여된 것의 승인, 수업료 기타 납부금의 감면 및 장학금의 급여에 관하여 가능한 한 유리한 대우를 부여하고, 어떠한 경우에 있어서도 동일한 사정하에서 일반적으로 외국인에게 부여하는 대우보다 불리하지 아니한 대우를 부여한다.

제 23 조 공공구제

체약국은 합법적으로 그 영역 내에 체재하는 난민에게, 공공구제와 공적원조에 관하여 자국민에게 부여하는 대우와 동일한 대우를 부여한다.

제 24 조 노동법제와 사회보장

1. 체약국은 합법적으로 그 영역 내에 체재하는 난민에게, 다음 사항에 관하여 자국민에게 부여하는 대우와 동일한 대우를 부여한다.
   (a) 보수의 일부를 구성하는 가족수당을 포함한 보수, 노동시간, 시간외 노동, 유급휴가, 가내노동에 관한 제한, 최저고용연령, 견습과 훈련, 여성과 연소자의 노동 및 단체교섭의 이익향유에 관한 사항으로서 법령의 규율을 받거나 또는 행정기관의 관리하에 있는 것
   (b) 사회보장(산업재해, 직업병, 출산, 질병, 폐질, 노령, 사망, 실업, 가족부양 기타 국내법령에 따라 사회보장제도의 대상이 되는 급부사유에 관한 법규). 다만, 다음의 조치를 취하는 것을 방해하지 아니한다.
      (ⅰ) 취득한 권리와 취득과정 중에 있는 권리의 유지를 위하여 적절한 조치를 취하는 것
      (ⅱ) 거주하고 있는 체약국의 국내법령이 공공자금에서 전액 지급되는 급부의 전부 또는 일부에 관하여, 또한 통상의 연금의 수급을 위하여 필요한 기여조건을 충족시키지 못하는 자에게 지급되는 수당에 관하여 특별한 조치를 정하는 것
2. 산업재해 또는 직업병에서 기인하는 난민의 사망에 대한 보상을 받을 권리는 그의 권리를 취득하는 자가 체약국의 영역 밖에 거주하고 있다는 사실로 인하여 영향을 받지 아니한다.
3. 체약국은 취득되거나 또는 취득의 과정 중에 있는 사회보장에 관한 권리의 유지에 관하여 다른 체약국 간에 이미 체결한 협정 또는 장차 체결할 문제의 협정의 서명국의 국민에게 적용될 조건을 난민이 충족시키고 있는 한 그 협정에 의한 이익과 동일한 이익을 그 난민에게 부여한다.

4. 체약국은 상기한 체약국과 비체약국 간에 현재 유효하거나 장래 유효하게 될 유사한 협정에 의한 이익과 동일한 이익을 가능한 한 난민에게 부여하는 것을 호의적으로 고려한다.

제 5 장 행정적 조치

제 25 조 행정적 원조

1. 난민이 그의 권리를 행사함에 있어서 통상적으로 외국기관의 원조를 필요로 하는 경우 그 기관의 원조를 구할 수 없을 때에는 그 난민이 거주하고 있는 체약국은 자국의 기관 또는 국제기관에 의하여 그러한 원조가 난민에게 부여되도록 조치한다.
2. 제1항에서 말하는 자국의 기관 또는 국제기관은 난민에게 외국인이 통상적으로 본국의 기관으로부터 또는 이를 통하여 발급받은 문서 또는 증명서를 발급하거나 또는 그 감독하에 이들 문서 또는 증명서를 발급받도록 한다.
3. 상기와 같이 발급된 문서 또는 증명서는 외국인이 본국의 기관으로부터 또는 이를 통하여 발급받은 공문서에 대신하는 것으로 하고, 반증이 없는 한 신빙성을 가진다.
4. 궁핍한 자에 대한 예외적인 대우를 하는 경우 이에 따를 것을 조건으로 하여, 이 조에 규정하는 사무에 대하여 수수료를 징수할 수 있다. 그러나 그러한 수수료는 타당하고 또한 동종의 사무에 대하여 자국민에게 징수하는 수수료에 상응하는 것이어야 한다.
5. 이 조의 규정은 제27조 및 제28조의 적용을 방해하지 아니한다.

제 26 조 이동의 자유

각 체약국은 합법적으로 그 영역 내에 있는 난민에게 그 난민이 동일한 사정하에서 일반적으로 외국인에게 적용되는 규제에 따를 것을 조건으로 하여 거주지를 선택할 권리 및 그 체약국의 영역 내에서 자유로이 이동할 권리를 부여한다.

제 27 조 신분증명서

체약국은 그 영역 내에 있는 난민으로서 유효한 여행증명서를 소지하고 있지 아니한 자에게 신분증명서를 발급한다.

제 28 조 여행증명서

1. 체약국은 합법적으로 그 영역 내에 체재하는 난민에게 국가안보 또는 공공질서를 위하여 어쩔 수 없는 이유가 있는 경우를 제외하고는, 그 영역 외로의 여행을 위한 여행증명서를 발급하고, 이 여행증명서에 관하여서는 이 협정 부속서의 규정을 적용한다. 체약국은 그 영역 내에 있는 다른 난민에게도 이러한 여행증명서를 발급할 수 있으며, 또한 체약국은 특히 그 영역 내에 있는 난민으로서 합법적으로 거주하고 있는 국가로부터 여행증명서를 받을 수 없는 자에게 이러한 여행증명서의 발급에 관하여 호의적으로 고려한다.
2. 종전의 국제협정의 체약국이 국제협정이 정한 바에 따라 난민에게 발급한 여행증명서는 이 협약의 체약국에 의하여 유효한 것으로 인정되고 또한 이 조에 따라 발급된 것으로 취급된다.

제 29 조 　 재정상의 부과금

1. 체약국은 난민에게 유사한 상태에 있는 자국민에게 과하고 있거나 또는 과해질 조세 기타 공과금(명칭 여하를 불문한다) 이외의 공과금을 과하지 아니한다. 또한 조세 기타 공과금에 대하여 유사한 상태에 있는 자국민에게 과하는 금액보다도 고액의 것을 과하지 아니한다.
2. 전항의 규정은 행정기관이 외국인에게 발급하는 신분증명서를 포함한 문서의 발급에 대한 수수료에 관한 법령을 난민에게 적용하는 것을 방해하지 아니한다.

제 30 조 　 자산의 이전

1. 체약국은 자국의 법령에 따라 난민이 그 영역 내로 반입한 자산을 정주하기 위하여 입국허가를 받은 다른 국가로 이전하는 것을 허가한다.
2. 체약국은 난민이 입국 허가된 타국에서 정주하기 위하여 필요한 자산에 대하여 그 소재지를 불문하고 그 난민으로부터 그 자산의 이전허가 신청이 있는 경우 그 신청을 호의적으로 고려한다.

제 31 조 　 피난국에 불법으로 있는 난민

1. 체약국은 그 생명 또는 자유가 제1조의 의미에 있어서 위협되고 있는 영역으로부터 직접 온 난민으로서 허가없이 그 영역에 입국하거나 또는 그 영역 내에 있는 자에 대하여 불법으로 입국하거나 또는 불법으로 있는 것을 이유로 형벌을 과하여서는 아니된다.
다만, 그 난민이 지체 없이 당국에 출두하고 또한 불법으로 입국하거나 또는 불법으로 있는 것에 대한 상당한 이유를 제시할 것을 조건으로 한다.
2. 체약국은 상기한 난민의 이동에 대하여 필요한 제한 이외의 제한을 과하지 아니하며 또한 그러한 제한은 그 난민의 체약국에 있어서의 체재가 합법적인 것이 될 때까지 또는 그 난민이 타국에의 입국허가를 획득할 때까지만 적용된다. 체약국은 그러한 난민에게 타국에의 입국허가를 획득하기 위하여 타당하다고 인정되는 기간과 이를 위하여 필요한 모든 편의를 부여한다.

제 32 조 　 추방

1. 체약국은 국가안보 또는 공공질서를 이유로 하는 경우를 제외하고 합법적으로 그 영역에 있는 난민을 추방하여서는 아니된다.
2. 이러한 난민의 추방은 법률에 정하여진 절차에 따라 이루어진 결정에 의하여서만 행하여진다. 국가안보를 위하여 불가피한 이유가 있는 경우를 제외하고 그 난민은 추방될 이유가 없다는 것을 밝히는 증거를 제출하고, 또한 권한있는 기관 또는 그 기관이 특별히 지명하는 자에게 이의를 신청하고 이 목적을 위한 대리인을 세우는 것이 인정된다.
3. 체약국은 상기 난민에게 타국가에의 합법적인 입국허가를 구하기 위하여 타당하다고 인정되는 기간을 부여한다. 체약국은 그 기간 동안 동국이 필요하다고 인정하는 국내 조치를 취할 권리를 유보한다.

제 33 조　추방 또는 송환의 금지

1. 체약국은 난민을 어떠한 방법으로도 인종, 종교, 국적, 특정사회 집단의 구성원신분 또는 정치적 의견을 이유로 그 생명이나 자유가 위협받을 우려가 있는 영역의 국경으로 추방하거나 송환하여서는 아니된다.
2. 체약국에 있는 난민으로서 그 국가의 안보에 위험하다고 인정되기에 충분한 상당한 이유가 있는 자 또는 특히 중대한 범죄에 관하여 유죄의 판결이 확정되고 그 국가공동체에 대하여 위험한 존재가 된 자는 이 규정의 이익을 요구하지 못한다.

제 34 조　귀화

체약국은 난민의 동화 및 귀화를 가능한 한 장려한다. 체약국은 특히 귀화 절차를 신속히 행하기 위하여 또한 이러한 절차에 따른 수수료 및 비용을 가능한 한 경감시키기 위하여 모든 노력을 다한다.

제 6 장　실시 및 경과규정

제 35 조　국내당국과 국제연합과의 협력

1. 체약국은 국제연합 난민고등판무관 사무국 또는 그를 승계하는 국제연합의 다른 기관의 임무의 수행에 있어서 이들 기관과 협력할 것을 약속하고, 특히 이들 기관이 이 협약의 규정을 적용하는 것을 감독하는 책무의 수행에 있어서 이들 기관에게 편의를 제공한다.
2. 체약국은 국제연합 난민고등판무관 사무국 또는 그를 승계하는 국제연합의 다른 기관이 국제연합의 관할기관에 보고하는 것을 용이하게 하기 위하여 요청에 따라 다음 사항에 관한 정보와 통계를 적당한 양식으로 제공할 것을 약속한다.
    (a) 난민의 상태
    (b) 이 협약의 실시상황
    (c) 난민에 관한 현행법령 및 장차 시행될 법령

제 36 조　국내법령에 관한 정보

체약국은 국제연합 사무총장에게 이 협약의 적용을 확보하기 위하여 제정하는 법령을 송부한다.

제 37 조　종전의 협약과의 관계

이 협약의 제28조 제2항을 침해함이 없이, 이 협약은 체약국 사이에서 1922년 7월 5일, 1924년 5월 31일, 1926년 5월 12일, 1928년 6월 30일 및 1935년 7월 30일의 협약, 1933년 10월 28일 및 1938년 2월 10일의 협약, 1939년 9월 14일의 의정서 및 1946년 10월 15일의 협약을 대신한다.

제 7 장 최종조항

제 38 조　분쟁의 해결
이 협약의 해석 또는 적용에 관한 협약 당사국 간의 분쟁으로서 다른 방법에 의하여 해결될 수 없는 것은 분쟁당사국 중 어느 일당사국의 요청에 의하여 국제사법재판소에 부탁된다.

제 39 조　서명, 비준 및 가입
1. 이 협약은 1951년 7월 28일에 제네바에서 서명을 위하여 개방되고, 그 후 국제연합 사무총장에게 기탁된다. 이 협약은 1951년 7월 28일부터 동년 8월 31일까지 국제연합 구주사무국에서, 동년 9월 17일부터 1952년 12월 31일까지 국제연합본부에서 서명을 위하여 다시 개방된다.
2. 이 협약은 국제연합의 모든 회원국과 난민 및 무국적자의 지위에 관한 전권회의에 참석하도록 초청된 국가 또는 총회에 의하여 서명하도록 초청받은 국가의 서명을 위하여 개방된다. 이 협약은 비준되어야 하고, 비준서는 국제연합 사무총장에게 기탁된다.
3. 이 협약은 본 조 제2항에 언급된 국가들의 가입을 위해 1951년 7월 28일부터 개방된다. 가입은 국제연합 사무총장에게 가입서를 기탁함으로써 효력을 발생한다.

제 40 조　적용지역조항
1. 어떠한 국가도 서명, 비준 또는 가입시에 자국이 국제관계에 책임을 지는 영역의 전부 또는 일부에 관하여 이 협약을 적용한다는 것을 선언할 수 있다. 이러한 선언은 이 협약이 그 국가에 대하여 발효할 때 효력을 발생한다.
2. 그후에는 국제연합 사무총장에게 언제든지 통고함으로써 그러한 적용을 행하고 또한 그 적용은 국제연합 사무총장이 통고를 수령한 날로부터 90일 후 또는 그 국가에 대하여 이 협약이 발효하는 날의 양자 중 늦은 날로부터 효력을 발생한다.
3. 관계국가는 서명, 비준 또는 가입시에 이 협약이 적용되지 아니하는 영역에 관하여 이 협약을 적용시키기 위하여 헌법상의 이유로 필요한 경우 그러한 영역의 정부의 동의를 조건으로 하여 필요한 조치를 취할 가능성을 검토한다.

제 41 조　연방조항
체약국이 연방제 또는 비단일제 국가인 경우에는 다음 규정을 적용한다.
(a) 이 협약의 규정으로서 그 실시가 연방의 입법기관의 입법권의 범위 내에 속하는 것에 관하여서는, 연방정부의 의무는 연방제 국가가 아닌 체약국의 의무와 동일한 것으로 한다.
(b) 이 협약의 규정으로서 그 실시가 연방구성국, 주 또는 현의 입법권의 범위 내에 속하고 또한 연방의 헌법제도상 구성국, 주 또는 현이 입법조치를 취할 의무가 없는 것에 관하여서는 연방 정부는 구성국, 주 또는 현의 적당한 기관에 대하여 가능한 한 빨리 호의적인 권고와 함께 그 규정을 통보한다.
(c) 이 협약의 체약국인 연방제국가는 국제연합 사무총장을 통하여 이 협약의 다른 체약국으로부터 요청이 있는 경우, 이 협약의 규정의 실시에 관한 연방과 그 구성단위의 법령 및 관행에 관한 설명을 제시하고, 또한 입법 기타의 조치에 의하여 이 협약의 규정이 실시되고 있는 정도를 보여준다.

제 42 조 유보

1. 어떠한 국가도 서명, 비준 또는 가입시에 이 협약의 제1조, 제3조, 제16조(1), 제33조, 제36조 내지 제46조 규정 외에는 협약규정의 적용에 관하여 유보할 수 있다.
2. 이 조 제1항에 따라 유보를 행한 국가는 국제연합 사무총장에 대한 통고로써 당해 유보를 언제든지 철회할 수 있다.

제 43 조 발효

1. 이 협약은 여섯 번째의 비준서 또는 가입서가 기탁된 날로부터 90일 후에 발효한다.
2. 이 협약은 여섯 번째의 비준서 또는 가입서가 기탁된 후 비준 또는 가입하는 국가에 대하여는 그 비준서 또는 가입서가 기탁된 날로부터 90일 후에 발효한다.

제 44 조 폐기

1. 어떠한 체약국도 국제연합 사무총장에 대한 통고로써 이 협약을 언제든지 폐기할 수 있다.
2. 폐기는 국제연합 사무총장이 통고를 접수한 날로부터 1년 후에 당해체약국에 대하여 효력을 발생한다.
3. 제40조에 따라 선언 또는 통고를 행한 국가는 그후 언제든지 국제연합 사무총장에 대한 통고로써 상기한 영역에 이 협약의 적용을 종지한다는 선언을 할 수 있다. 그 선언은 국제연합 사무총장이 통고를 접수한 날로부터 1년 후에 효력을 발생한다.

제 45 조 개정

1. 어떠한 체약국도 국제연합 사무총장에 대한 통고로써 언제든지 이 협약의 개정을 요청할 수 있다.
2. 국제연합총회는 상기 요청에 관하여 조치가 필요한 경우 이를 권고한다.

제 46 조 국제연합 사무총장에 의한 통보

국제연합 사무총장은 국제연합의 모든 회원국과 제39조에 규정한 비회원국에 대하여 다음 사항을 통보한다.
(a) 제1조 B에 의한 선언 및 통고
(b) 제39조에 의한 서명, 비준 및 가입
(c) 제40조에 의한 선언 및 통고
(d) 제42조에 의한 유보 및 철회
(e) 제43조에 의한 이 협약의 발효일
(f) 제44조에 의한 폐기 및 통고
(g) 제45조에 의한 개정의 요청

이상의 증거로서 하기 서명자는 각자의 정부로부터 정당하게 위임을 받아 이 협약에 서명하였다.

일천구백오십일년 칠월 이십팔일 제네바에서 모두 정본인 영어, 불란서어로 본서 1통을 작성하였다. 본서는 국제연합 문서보존소에 기탁되고, 그 인증등본은 국제연합의 모든 회원국과 제39조에 규정된 비회원국에 송부된다.

14 | 난민의 지위에 관한 의정서(Protocol Relating to the Status of Refugees) (1967채택/1967발효/1992한국발효)

제 1 조   총칙
1. 이 의정서의 당사국은 이하에서 정의된 난민에 대하여 협약의 제2조에서 제34조까지를 적용할 것을 약속한다.
2. 이 의정서의 적용상, "난민"이라는 용어는, 이 조 제3항의 적용에 관한 것을 제외하고, 협약 제1조 A(2)에서 "1951년 1월 1일 전에 발생한 사건의 결과로서 또한 …"이라는 표현과 "… 그러한 사건의 결과로서"라는 표현이 생략되어 있는 것으로 볼 경우 협약 제1조의 정의에 해당하는 모든 자를 말한다.
3. 이 의정서는 이 의정서의 당사국에 의하여 어떠한 지리적 제한도 없이 적용된다. 다만, 이미 협약의 당사국이 된 국가로서 협약 제1조 B(1) (a)를 적용한다는 선언을 행하고 있는 경우에 그 선언은 동 조 B(2)에 따라 그 국가의 의무가 확대되지 아니하는 한, 이 의정서하에서도 적용된다.

제 2 조   국내당국과 국제연합과의 협력
1. 이 의정서의 당사국은 국제연합 난민고등판무관 사무국 또는 이를 승계하는 국제연합의 다른 기관의 임무 수행에 있어서 이들 기관과 협력할 것을 약속하고, 특히 이들 기관이 이 의정서 규정의 적용을 감독하는 책무의 수행에 있어서 이들 기관에 편의를 제공한다.
2. 이 의정서의 당사국은 국제연합 난민고등판무관 사무국 또는 이를 승계하는 국제연합의 다른 기관이 국제연합의 관할기관에 보고하는 것을 용이하게 하기 위하여 요청에 따라 다음 사항에 관한 정보와 통계자료를 적당한 양식으로 제공할 것을 약속한다.
    (a) 난민의 상태
    (b) 이 의정서의 실시상황
    (c) 난민에 관한 현행법령 및 장래 시행될 법령

제 3 조   국내법령에 관한 정보
이 의정서의 당사국은 국제연합 사무총장에게 이 의정서의 적용을 확보하기 위하여 제정하는 법령을 송부한다.

제 4 조   분쟁의 해결
이 의정서의 해석 또는 적용에 관한 이 의정서 당사국 간의 분쟁으로서 다른 방법에 의하여 해결될 수 없는 것은 분쟁당사국 중 어느 일 당사국의 요청에 의하여 국제사법재판소에 부탁된다.

제 5 조   가입
이 의정서는 협약의 모든 당사국과 이들 당사국 이외의 국가로서 국제 연합 또는 국제연합 전문기구의 회원국 또는 국제연합 총회에 의하여 이 의정서에 가입하도록 초청받은 국가에 의한 가입을 위하여 개방된다. 가입은 가입서를 국제연합 사무총장에게 기탁함으로써 이루어진다.

제 6 조   연방조항

연방제 또는 비단일제 국가인 경우에는 다음 규정을 적용한다.

(a) 이 의정서의 제1조 제1항에 따라 적용되는 협약의 규정으로서 이들 규정의 실시가 연방의 입법기관의 입법권의 범위 내에 속하는 것에 관하여는, 연방 정부의 의무는 연방제를 취하고 있지 아니하고 있는 이 의정서의 당사국의 의무와 동일한 것으로 한다.

(b) 이 의정서의 제1조 제1항에 따라 적용되는 협약의 규정으로서 이들 규정의 실시가 구성국, 주 또는 현의 입법권의 범위 내에 속하고 또한 연방의 헌법제도상 구성국, 주 또는 현이 입법조치를 취할 의무가 없는 것에 관하여, 연방정부는 구성국, 주 또는 현의 적당한 기관에 대하여 가능한 한 빠른 시기에 호의적인 권고와 함께 그 규정을 통보한다.

(c) 이 의정서의 당사국인 연방제 국가는, 이 의정서의 기타 당사국으로부터 국제연합 사무총장을 통한 요청이 있는 경우, 제1조 제1항에 따라 적용되는 협약 규정의 실시에 관한 연방과 그 구성단위의 법령 및 관행에 관한 설명을 제공하고, 입법 기타의 조치에 의하여 이들 규정이 실시되고 있는 정도를 제시한다.

제 7 조   유보와 선언

1. 어떠한 국가도 이 의정서에 가입시 이 의정서 제4조에 관하여, 또한 협약의 제1조, 제3조, 제4조, 제16조 제1항 및 제33조 규정을 제외하고 이 의정서의 제1조에 따를 협약 규정의 적용에 관하여 유보할 수 있다. 다만, 협약의 당사국이 이 조에 따라 행한 유보는 협약의 적용을 받는 난민에게는 미치지 아니한다.
2. 협약 제42조에 따라 협약의 당사국이 협약에 대하여 행한 유보는 철회되지 아니하는 한 이 의정서에 따른 의무에 관하여서도 적용된다.
3. 이 조 제1항에 따라 유보를 행한 국가는 국제연합 사무총장에 대한 통고로써 당해 유보를 언제든지 철회할 수 있다.
4. 협약의 당사국으로서 이 의정서에 가입한 국가가 협약 제40조 제1항 또는 제2항에 따라 행한 선언은, 가입 시 당해당사국이 국제연합 사무 총장에게 반대의 통고를 하지 아니하는 한, 이 의정서에 관하여도 적용되는 것으로 간주된다. 협약 제40조 제2항과 제3항 및 제44조 제3항의 규정은 이 의정서에 준용된다.

제 8 조   발효

1. 이 의정서는 여섯번째의 가입서가 기탁된 날에 발효한다.
2. 이 의정서는 여섯번째의 가입서가 기탁된 후 가입하는 국가에 대하여는 그 가입서가 기탁된 날에 발효한다.

제 9 조   폐기

1. 이 의정서의 어떠한 당사국도 국제연합 사무총장에 대한 통고로써 이 의정서를 언제든지 폐기할 수 있다.
2. 폐기는 국제연합 사무총장이 통고를 접수한 날로부터 1년 후에 관계당사국에 대하여 효력을 발생한다.

제 10 조 국제연합 사무총장에 의한 통보
국제연합 사무총장은 상기 제5조에 규정하는 국가에 대하여 이 의정서의 발효일자, 가입, 유보, 유보의 철회, 폐기 및 이에 관계된 선언 및 통고를 통보한다.

제 11 조 국제연합 사무국 문서보존소에의 기탁
중국어, 영어, 불란서어, 러시아어 및 서반아어본이 동등히 정본인 이 의정서의 본서는, 국제연합총회의장과 사무총장이 서명한 후 국제연합 사무국 문서보존소에 기탁된다. 사무총장은 그 인증등본을 국제연합의 모든 회원국과 상기 제5조에 규정하는 기타 국가들에게 송부한다.

해커스공무원 학원·인강
gosi.Hackers.com

V

해양

01 | UN해양법협약
02 | 대한민국 정부와 중화인민공화국 정부 간의 어업에 관한 협정
03 | 대한민국과 일본국 간의 어업에 관한 협정
04 | 국제해양법재판소 규정
05 | 중재재판소 규정(해양법협약 제7부속서)
06 | 기후변화에 관한 국제연합 기본협약
07 | 파리협정

V 해양

01 | UN해양법협약 (1982채택/1994발효/1996한국발효)

제1부 총칙

제 1 조 용어의 사용과 적용범위

1. 이 협약에서,
   (1) "심해저"라 함은 국가관할권 한계 밖의 해저·해상 및 그 하층토를 말한다.
   (2) "해저기구"라 함은 국제해저기구를 말한다.
   (3) "심해저활동"이라 함은 심해저자원을 탐사하고 개발하는 모든 활동을 말한다.
   (4) "해양환경오염"이라 함은 생물자원과 해양생물에 대한 손상, 인간의 건강에 대한 위험, 어업과 그 밖의 적법한 해양이용을 포함한 해양활동에 대한 장애, 해수이용에 의한 수질악화 및 쾌적도 감소 등과 같은 해로운 결과를 가져오거나 가져올 가능성이 있는 물질이나 에너지를 인간이 직접적으로 또는 간접적으로 강어귀를 포함한 해양환경에 들여오는 것을 말한다.
   (5) (a) "투기"라 함은 다음을 말한다.
      (ⅰ) 선박·항공기·플랫폼 또는 그 밖의 인공해양구조물로부터 폐기물이나 그 밖의 물질을 고의로 버리는 행위
      (ⅱ) 선박·항공기·플랫폼 또는 그 밖의 인공해양구조물을 고의로 버리는 행위
   (b) "투기"에는 다음이 포함되지 아니한다.
      (ⅰ) 선박·항공기·플랫폼 또는 그 밖의 인공해양구조물 및 이들 장비의 통상적인 운용에 따라 발생되는 폐기물이나 그 밖의 물질의 폐기. 단, 폐기물이나 그 밖의 물질을 버릴 목적으로 운용되는 선박·항공기·플랫폼 또는 그 밖의 인공해양구조물에 의하여 운송되거나 이들에게 운송된 폐기물이나 그 밖의 물질, 이러한 선박·항공기·플랫폼 또는 그 밖의 인공해양구조물에서 이러한 폐기물 또는 그 밖의 물질을 처리함에 따라 발생되는 폐기물이나 그 밖의 물질은 제외
      (ⅱ) 이 협약의 목적에 어긋나지 아니하는 단순한 폐기를 목적으로 하지 아니하는 물질의 유치
2. (1) "당사국"이라 함은 이 협약에 기속받기로 동의하고 이 협약이 발효하고 있는 국가를 말한다.
   (2) 이 협약은 제305조 제1항 (b), (c), (d), (e) 및 (f)에 해당하는 주체로서 각기 관련되는 조건에 따라 이 협약의 당사자가 된 주체에 대하여 준용되며, 그러한 경우 "당사국"이라 함은 이러한 주체를 포함한다.

제2부 영해와 접속수역

제1절 총칙

제2조 영해, 영해의 상공·해저 및 하층토의 법적지위

1. 연안국의 주권은 영토와 내수 밖의 영해라고 하는 인접해역, 군도국가의 경우에는 군도수역 밖의 영해라고 하는 인접해역에까지 미친다.
2. 이러한 주권은 영해의 상공·해저 및 하층토에까지 미친다.
3. 영해에 대한 주권은 이 협약과 그 밖의 국제법규칙에 따라 행사된다.

제2절 영해의 한계

제3조 영해의 폭

모든 국가는 이 협약에 따라 결정된 기선으로부터 12해리를 넘지 아니하는 범위에서 영해의 폭을 설정할 권리를 가진다.

제4조 영해의 바깥한계

영해의 바깥한계는 기선상의 가장 가까운 점으로부터 영해의 폭과 같은 거리에 있는 모든 점을 연결한 선으로 한다.

제5조 통상기선

영해의 폭을 측정하기 위한 통상기선은 이 협약에 달리 규정된 경우를 제외하고는 연안국이 공인한 대축척해도에 표시된 해안의 저조선으로 한다.

제6조 암초

환초상에 위치한 섬 또는 가장자리에 암초를 가진 섬의 경우, 영해의 폭을 측정하기 위한 기선(이하 "영해기선"이라 함)은 연안국이 공인한 해도상에 적절한 기호로 표시된 암초의 바다쪽 저조선으로 한다.

제7조 직선기선

1. 해안선이 깊게 굴곡이 지거나 잘려들어간 지역, 또는 해안을 따라 아주 가까이 섬이 흩어져 있는 지역에서는 영해기선을 설정함에 있어서 적절한 지점을 연결하는 직선기선의 방법이 사용될 수 있다.
2. 삼각주가 있거나 그 밖의 자연조건으로 인하여 해안선이 매우 불안정한 곳에서는, 바다쪽 가장 바깥 저조선을 따라 적절한 지점을 선택할 수 있으며, 그 후 저조선이 후퇴하더라도 직선기선은 이 협약에 따라 연안국에 의하여 수정될 때까지 유효하다.
3. 직선기선은 해안의 일반적 방향으로부터 현저히 벗어나게 설정할 수 없으며, 직선기선 안에 있는 해역은 내수제도에 의하여 규율될 수 있을 만큼 육지와 충분히 밀접하게 관련되어야 한다.
4. 직선기선은 간조노출지까지 또는 간조노출지로부터 설정할 수 없다. 다만, 영구적으로 해면위에 있는 등대나 이와 유사한 시설이 간조노출지에 세워진 경우 또는 간조노출지 사이의 기선설정이 일반적으로 국제적인 승인을 받은 경우에는 그러하지 아니하다.

5. 제1항의 직선기선의 방법을 적용하는 경우, 특정한 기선을 결정함에 있어서 그 지역에 특유한 경제적 이익이 있다는 사실과 그 중요성이 오랜 관행에 의하여 명백히 증명된 경우 그 경제적 이익을 고려할 수 있다.
6. 어떠한 국가도 다른 국가의 영해를 공해나 배타적경제수역으로부터 격리시키는 방식으로 직선기선제도를 적용할 수 없다.

제 8 조　내수

1. 제4부에 규정된 경우를 제외하고는 영해기선의 육지쪽 수역은 그 국가의 내수의 일부를 구성한다.
2. 제7조에 규정된 방법에 따라 직선기선을 설정함으로써 종전에 내수가 아니었던 수역이 내수에 포함되는 경우, 이 협약에 규정된 무해통항권이 그 수역에서 계속 인정된다.

제 9 조　하구

강이 직접 바다로 유입하는 경우, 기선은 양쪽 강둑의 저조선상의 지점을 하구를 가로질러 연결한 직선으로 한다.

제 10 조　만

1. 이 조는 그 해안이 한 국가에 속하는 만에 한하여 적용한다.
2. 이 협약에서 만이라 함은 그 들어간 정도가 입구의 폭에 비하여 현저하여 육지로 둘러싸인 수역을 형성하고, 해안의 단순한 굴곡 이상인 뚜렷한 만입을 말한다. 그러나 만입 면적이 만입의 입구를 가로질러 연결한 선을 지름으로 하는 반원의 넓이에 미치지 못하는 경우, 그러한 만입은 만으로 보지 아니한다.
3. 측량의 목적상 만입면적이라 함은 만입해안의 저조선과 만입의 자연적 입구의 양쪽 저조지점을 연결하는 선 사이에 위치한 수역의 넓이를 말한다. 섬이 있어서 만이 둘 이상의 입구를 가지는 경우에는 각각의 입구를 가로질러 연결하는 선의 길이의 합계와 같은 길이인 선상에 반원을 그려야 한다. 만입의 안에 있는 섬은 만입수역의 일부로 본다.
4. 만의 자연적 입구 양쪽의 저조지점간의 거리가 24해리를 넘지 아니하는 경우, 폐쇄선을 두 저조지점간에 그을 수 있으며, 이 안에 포함된 수역은 내수로 본다.
5. 만의 자연적 입구 양쪽의 저조지점간의 거리가 24해리를 넘는 경우, 24해리의 직선으로서 가능한 한 최대의 수역을 둘러싸는 방식으로 만안에 24해리 직선기선을 그어야 한다.
6. 전항의 규정들은 이른바 "역사적" 만에 대하여 또는 제7조에 규정된 직선기선제도가 적용되는 경우에는 적용하지 아니한다.

제 11 조　항구

영해의 경계를 획정함에 있어서, 항만체계의 불가분의 일부를 구성하는 가장 바깥의 영구적인 항만시설은 해안의 일부를 구성하는 것으로 본다. 근해시설과 인공섬은 영구적인 항만시설로 보지 아니한다.

제 12 조　정박지

선박이 화물을 싣고, 내리고, 닻을 내리기 위하여 통상적으로 사용되는 정박지는 전부 또는 일부가 영해의 바깥한계 밖에 있는 경우에도 영해에 포함된다.

제 13 조 간조노출지

1. 간조노출지는 썰물일 때에는 물로 둘러싸여 물위에 노출되나 밀물일 때에는 물에 잠기는 자연적으로 형성된 육지지역을 말한다. 간조노출지의 전부 또는 일부가 본토나 섬으로부터 영해의 폭을 넘지 아니하는 거리에 위치하는 경우, 그 간조노출지의 저조선을 영해기선으로 사용할 수 있다.
2. 간조노출지 전부가 본토나 섬으로부터 영해의 폭을 넘는 거리에 위치하는 경우, 그 간조노출지는 자체의 영해를 가지지 아니한다.

제 14 조 기선결정 방법의 혼합

연안국은 서로 다른 조건에 적합하도록 앞의 각 조에 규정된 방법을 교대로 사용하여 기선을 결정할 수 있다.

제 15 조 대향국 간 또는 인접국 간의 영해의 경계획정

두 국가의 해안이 서로 마주보고 있거나 인접하고 있는 경우, 양국 간 달리 합의하지 않는 한 양국의 각각의 영해 기선상의 가장 가까운 점으로부터 같은 거리에 있는 모든 점을 연결한 중간선 밖으로 영해를 확장할 수 없다. 다만, 위의 규정은 역사적 권원이나 그 밖의 특별한 사정에 의하여 이와 다른 방법으로 양국의 영해의 경계를 획정할 필요가 있는 경우에는 적용하지 아니한다.

제 16 조 해도와 지리적 좌표목록

1. 제7조, 제9조 및 제10조에 따라 결정되는 영해기선 또는 그로부터 도출된 한계, 그리고 제12조 및 제15조에 따라 그어진 경계선은 그 위치를 확인하기에 적합한 축척의 해도에 표시되어야 한다. 또는 측지자료를 명기한 각 지점의 지리적 좌표목록으로 이를 대체할 수 있다.
2. 연안국은 이러한 해도나 지리적 좌표목록을 적절히 공표하고, 그 사본을 국제연합 사무총장에게 기탁한다.

제 3 절 영해에서의 무해통항

제 1 관 모든 선박에 적용되는 규칙

제 17 조 무해통항권

연안국이거나 내륙국이거나 관계없이 모든 국가의 선박은 이 협약에 따라, 영해에서 무해통항권을 향유한다.

제 18 조 통항의 의미

1. 통항이라 함은 다음의 목적을 위하여 영해를 지나서 항행함을 말한다.
   (a) 내수에 들어가지 아니하거나 내수 밖의 정박지나 항구시설에 기항하지 아니하고 영해를 횡단하는 것, 또는
   (b) 내수를 향하여 또는 내수로부터 항진하거나 또는 이러한 정박지나 항구시설에 기항하는 것

2. 통항은 계속적이고 신속하여야 한다. 다만, 정선이나 닻을 내리는 행위가 통상적인 항행에 부수되는 경우, 불가항력이나 조난으로 인하여 필요한 경우, 또는 위험하거나 조난상태에 있는 인명·선박 또는 항공기를 구조하기 위한 경우에는 통항에 포함된다.

제19조 무해통항의 의미

1. 통항은 연안국의 평화, 공공질서 또는 안전을 해치지 아니하는 한 무해하다. 이러한 통항은 이 협약과 그 밖의 국제법규칙에 따라 이루어진다.
2. 외국선박이 영해에서 다음의 어느 활동에 종사하는 경우, 외국선박의 통항은 연안국의 평화, 공공질서 또는 안전을 해치는 것으로 본다.
   (a) 연안국의 주권, 영토보전 또는 정치적 독립에 반하거나, 또는 국제연합헌장에 구현된 국제법의 원칙에 위반되는 그 밖의 방식에 의한 무력의 위협이나 무력의 행사
   (b) 무기를 사용하는 훈련이나 연습
   (c) 연안국의 국방이나 안전에 해가 되는 정보수집을 목적으로 하는 행위
   (d) 연안국의 국방이나 안전에 해로운 영향을 미칠 것을 목적으로 하는 선전행위
   (e) 항공기의 선상 발진·착륙 또는 탑재
   (f) 군사기기의 선상 발진·착륙 또는 탑재
   (g) 연안국의 관세·재정·출입국관리 또는 위생에 관한 법령에 위반되는 물품이나 통화를 싣고 내리는 행위 또는 사람의 승선이나 하선
   (h) 이 협약에 위배되는 고의적이고도 중대한 오염행위
   (i) 어로활동
   (j) 조사활동이나 측량활동의 수행
   (k) 연안국의 통신체계 또는 그 밖의 설비·시설물에 대한 방해를 목적으로 하는 행위
   (l) 통항과 직접 관련이 없는 그 밖의 활동

제20조 잠수함과 그 밖의 잠수항행기기

잠수함과 그 밖의 잠수항행기기는 영해에서 해면 위로 국기를 게양하고 항행한다.

제21조 무해통항에 관한 연안국의 법령

1. 연안국은 이 협약의 규정과 그 밖의 국제법규칙에 따라 다음 각호의 전부 또는 일부에 대하여 영해에서의 무해통항에 관한 법령을 제정할 수 있다.
   (a) 항행의 안전과 해상교통의 규제
   (b) 항행보조수단과 설비 및 그 밖의 설비나 시설의 보호
   (c) 해저전선과 관선의 보호
   (d) 해양생물자원의 보존
   (e) 연안국의 어업법령 위반방지
   (f) 연안국의 환경보전과 연안국 환경오염의 방지, 경감 및 통제
   (g) 해양과학조사와 수로측량
   (h) 연안국의 관세·재정·출입국관리 또는 위생에 관한 법령의 위반방지
2. 이러한 법령이 일반적으로 수락된 국제규칙이나 기준을 시행하는 것이 아닌 한 외국선박의 설계, 구조, 인원배치 또는 장비에 대하여 적용하지 아니한다.
3. 연안국은 이러한 모든 법령을 적절히 공표하여야 한다.
4. 외국선박이 영해에서 무해통항권을 행사하는 경우, 이러한 모든 법령과 해상충돌방지에 관하여 일반적으로 수락된 모든 국제규칙을 준수하여야 한다.

제22조 영해 내의 항로대와 통항분리방식

1. 연안국은 항행의 안전을 위하여 필요한 경우 자국의 영해에서 무해통항권을 행사하는 외국선박에 대하여 선박통항을 규제하기 위하여 지정된 항로대와 규정된 통항분리방식을 이용하도록 요구할 수 있다.
2. 특히 유조선, 핵추진선박 및 핵물질 또는 본래 위험하거나 유독한 그 밖의 물질이나 재료를 운반 중인 선박에 대하여서는 이러한 항로대만을 통항하도록 요구할 수 있다.
3. 연안국은 이 조에 따라 항로대를 지정하고 통항분리방식을 규정함에 있어서 다음 사항을 고려한다.
   (a) 권한 있는 국제기구의 권고
   (b) 국제항행에 관습적으로 이용되고 있는 수로
   (c) 특정한 선박과 수로의 특성
   (d) 선박교통량
4. 연안국은 이러한 항로대와 통항분리방식을 해도에 명시하고 이를 적절히 공표한다.

제23조 외국의 핵추진선박과 핵물질 또는 본래 위험하거나 유독한 그 밖의 물질을 운반하는 선박

외국의 핵추진선박과 핵물질 또는 본래 위험하거나 유독한 그 밖의 물질을 운반 중인 선박은 영해에서 무해통항권을 행사하는 경우, 이러한 선박에 대하여 국제협정이 정한 서류를 휴대하고 또한 국제협정에 의하여 확립된 특별예방조치를 준수한다.

제24조 연안국의 의무

1. 연안국은 이 협약에 의하지 아니하고는 영해에서 외국선박의 무해통항을 방해하지 아니한다. 특히, 연안국은 이 협약이나 이 협약에 따라 제정된 법령을 적용함에 있어 다음 사항을 행하지 아니한다.
   (a) 외국선박에 대하여 실질적으로 무해통항권을 부인하거나 침해하는 효과를 가져오는 요건의 부과
   (b) 특정국의 선박, 또는 특정국으로 화물을 반입·반출하거나 특정국을 위하여 화물을 운반하는 선박에 대한 형식상 또는 실질상의 차별
2. 연안국은 자국이 인지하고 있는 자국 영해에서의 통항에 관한 위험을 적절히 공표한다.

제25조 연안국의 보호권

1. 연안국은 무해하지 아니한 통항을 방지하기 위하여 필요한 조치를 자국 영해에서 취할 수 있다.
2. 연안국은 선박이 내수를 향하여 항행하거나 내수 밖의 항구시설에 기항하고자 하는 경우, 그 선박이 내수로 들어가기 위하여 또는 그러한 항구시설에 기항하기 위하여 따라야 할 허가조건을 위반하는 것을 방지하기 위하여 필요한 조치를 취할 권리를 가진다.
3. 연안국은 무기를 사용하는 훈련을 포함하여 자국의 안전보호상 긴요한 경우에는 영해의 지정된 수역에서 외국선박을 형식상 또는 실질상 차별하지 아니하고 무해통항을 일시적으로 정지시킬 수 있다. 이러한 정지조치는 적절히 공표한 후에만 효력을 가진다.

제 26 조 　 외국선박에 부과할 수 있는 수수료
1. 외국선박에 대하여 영해의 통항만을 이유로 어떠한 수수료도 부과할 수 없다.
2. 수수료는 영해를 통항하는 외국선박에 제공된 특별한 용역에 대한 대가로서만 그 선박에 대하여 부과할 수 있다. 이러한 수수료는 차별없이 부과된다.

제 2 관 ｜ 상선과 상업용 정부선박에 적용되는 규칙

제 27 조 　 외국선박 내에서의 형사관할권
1. 연안국의 형사관할권은 오직 다음의 각호의 경우를 제외하고는 영해를 통항하고 있는 외국선박의 선박 내에서 통항 중에 발생한 어떠한 범죄와 관련하여 사람을 체포하거나 수사를 수행하기 위하여 그 선박 내에서 행사될 수 없다.
    (a) 범죄의 결과가 연안국에 미치는 경우
    (b) 범죄가 연안국의 평화나 영해의 공공질서를 교란하는 종류인 경우
    (c) 그 선박의 선장이나 기국의 외교관 또는 영사가 현지 당국에 지원을 요청한 경우
    (d) 마약이나 향정신성물질의 불법거래를 진압하기 위하여 필요한 경우
2. 위의 규정은 내수를 떠나 영해를 통항 중인 외국선박 내에서의 체포나 수사를 목적으로 자국법이 허용한 조치를 취할 수 있는 연안국의 권리에 영향을 미치지 아니한다.
3. 제1항 및 제2항에 규정된 경우, 연안국은 선장이 요청하면 어떠한 조치라도 이를 취하기 전에 선박기국의 외교관이나 영사에게 통고하고, 이들과 승무원 간의 연락이 용이하도록 한다. 긴급한 경우 이러한 통고는 조치를 취하는 동안에 이루어질 수도 있다.
4. 현지당국은 체포여부나 체포방식을 고려함에 있어 통항의 이익을 적절히 고려한다.
5. 제12부에 규정된 경우나 제5부에 따라 제정된 법령위반의 경우를 제외하고는, 연안국은 외국선박이 외국의 항구로부터 내수에 들어오지 아니하고 단순히 영해를 통과하는 경우, 그 선박이 영해에 들어오기 전에 발생한 범죄와 관련하여 사람을 체포하거나 수사를 하기 위하여 영해를 통항 중인 외국선박 내에서 어떠한 조치도 취할 수 없다.

제 28 조 　 외국선박과 관련한 민사관할권
1. 연안국은 영해를 통항 중인 외국선박 내에 있는 사람에 대한 민사관할권을 행사하기 위하여 그 선박을 정지시키거나 항로를 변경시킬 수 없다.
2. 연안국은 외국선박이 연안국 수역을 항행하는 동안이나 그 수역을 항행하기 위하여 선박 스스로 부담하거나 초래한 의무 또는 책임에 관한 경우를 제외하고는 민사소송절차를 위하여 그 선박에 대한 강제집행이나 나포를 할 수 없다.
3. 제2항의 규정은 영해에 정박하고 있거나 내수를 떠나 영해를 통항 중인 외국선박에 대하여 자국법에 따라 민사소송절차를 위하여 강제집행이나 나포를 할 수 있는 연안국의 권리를 침해하지 아니한다.

제3관 군함과 그 밖의 비상업용 정부선박에 적용되는 규칙

제29조 군함의 정의
이 협약에서 "군함"이라 함은 어느 한 국가의 군대에 속한 선박으로서, 그 국가의 국적을 구별할 수 있는 외부표지가 있으며, 그 국가의 정부에 의하여 정식으로 임명되고 그 성명이 그 국가의 적절한 군적부나 이와 동등한 명부에 등재되어 있는 장교의 지휘 아래 있으며 정규군 군율에 따르는 승무원이 배치된 선박을 말한다.

제30조 군함의 연안국 법령위반
군함이 영해통항에 관한 연안국의 법령을 준수하지 아니하고 그 군함에 대한 연안국의 법령준수 요구를 무시하는 경우, 연안국은 그 군함에 대하여 영해에서 즉시 퇴거할 것을 요구할 수 있다.

제31조 군함이나 그 밖의 비상업용 정부선박에 의한 손해에 대한 기국의 책임
기국은 군함이나 그 밖의 비상업용 정부선박이 영해통항에 관한 연안국의 법령 또는 이 협약이나 그 밖의 국제법규칙을 준수하지 아니함으로써 연안국에게 입힌 어떠한 손실이나 손해에 대하여도 국제책임을 진다.

제32조 군함과 그 밖의 비상업용 정부선박의 면제
제1관, 제30조 및 제31조에 규정된 경우를 제외하고는 이 협약의 어떠한 규정도 군함과 그 밖의 비상업용 정부선박의 면제에 영향을 미치지 아니한다.

제4절 접속수역

제33조 접속수역
1. 연안국은 영해에 접속해 있는 수역으로서 접속수역이라고 불리는 수역에서 다음을 위하여 필요한 통제를 할 수 있다.
   (a) 연안국의 영토나 영해에서의 관세·재정·출입국관리 또는 위생에 관한 법령의 위반방지
   (b) 연안국의 영토나 영해에서 발생한 위의 법령 위반에 대한 처벌
2. 접속수역은 영해기선으로부터 24해리 밖으로 확장할 수 없다.

제3부 국제항행에 이용되는 해협

제1절 총칙

제34조 국제항행에 이용되는 해협을 형성하는 수역의 법적지위
1. 이 부에서 수립된 국제항행에 이용되는 해협의 통항제도는 이러한 해협을 형성하는 수역의 법적지위 또는 그 수역과 그 수역의 상공·해저 및 하층토에 대한 해협연안국의 주권이나 관할권의 행사에 영향을 미치지 아니한다.
2. 해협연안국의 주권이나 관할권은 이 부와 그 밖의 국제법규칙에 따라 행사된다.

제 35 조 이 부의 적용범위

이 부의 어떠한 규정도 다음에 영향을 미치지 아니한다.
(a) 제7조에 규정된 방법에 따라 직선기선을 설정함으로써 종전에는 내수가 아니었던 수역이 내수에 포함되는 곳을 제외한 해협 안의 내수의 모든 수역
(b) 해협연안국의 영해 바깥수역이 배타적경제수역 또는 공해로서 가지는 법적 지위
(c) 특정해협에 관하여 장기간에 걸쳐 유효한 국제협약에 따라 통항이 전체적 또는 부분적으로 규제되고 있는 해협의 법제도

제 36 조 국제항행에 이용되는 해협을 통한 공해 통과항로 또는 배타적경제수역 통과항로

항행상 및 수로상 특성에서 유사한 편의가 있는 공해 통과항로나 배타적경제수역 통과항로가 국제항행에 이용되는 해협 안에 있는 경우, 이 부를 그 해협에 적용하지 아니한다. 이러한 항로에 있어서는 통항 및 상공비행의 자유에 관한 규정을 포함한 이 협약의 다른 관련 부를 적용한다.

제 2 절 통과통항

제 37 조 이 절의 적용범위

이 절은 공해나 배타적경제수역의 일부와 공해나 배타적경제수역의 다른 부분간의 국제항행에 이용되는 해협에 적용한다.

제 38 조 통과통항권

1. 제37조에 언급된 해협 내에서, 모든 선박과 항공기는 방해받지 아니하는 통과통항권을 향유한다. 다만, 해협이 해협연안국의 섬과 본토에 의하여 형성되어 있는 경우, 항행상 및 수로상 특성에서 유사한 편의가 있는 공해 통과항로나 배타적경제수역 통과항로가 그 섬의 바다쪽에 있으면 통과통항을 적용하지 아니한다.
2. 통과통항이라 함은 공해 또는 배타적경제수역의 일부와 공해 또는 배타적 경제수역의 다른 부분간의 해협을 오직 계속적으로 신속히 통과할 목적으로 이 부에 따라 항행과 상공비행의 자유를 행사함을 말한다. 다만, 계속적이고 신속한 통과의 요건은 해협연안국의 입국조건에 따라서 그 국가에 들어가거나 그 국가로부터 나오거나 되돌아가는 것을 목적으로 하는 해협통항을 배제하지 아니한다.
3. 해협의 통과통항권의 행사가 아닌 활동은 이 협약의 다른 적용가능한 규정에 따른다.

제 39 조 통과통항 중인 선박과 항공기의 의무

1. 선박과 항공기는 통과통항권을 행사함에 있어서 다음과 같이 하여야 한다.
   (a) 해협 또는 그 상공의 지체없는 항진
   (b) 해협연안국의 주권, 영토보전 또는 정치적 독립에 반하거나, 또는 국제연합헌장에 구현된 국제법의 원칙에 위반되는 그 밖의 방식에 의한 무력의 위협이나 무력의 행사의 자제
   (c) 불가항력 또는 조난으로 인하여 필요한 경우를 제외하고는 계속적이고 신속한 통과의 통상적인 방식에 따르지 아니하는 활동의 자제
   (d) 이 부의 그 밖의 관련규정 준수

2. 통과통항 중인 선박은 다음과 같이 하여야 한다.
   (a) 해상충돌방지를 위한 국제규칙을 포함하여 해상안전을 위하여 일반적으로 수락된 국제규칙, 절차 및 관행의 준수
   (b) 선박에 의한 오염의 방지, 경감 및 통제를 위하여 일반적으로 수락된 국제규칙, 절차 및 관행의 준수
3. 통과통항 중인 항공기는 다음과 같이 하여야 한다.
   (a) 국제민간항공기구가 제정한 민간항공기에 적용되는 항공규칙 준수. 국가 항공기도 통상적으로 이러한 안전조치를 준수하고 항상 비행의 안전을 적절히 고려하여 운항
   (b) 국제적으로 지정된 권한 있는 항공교통통제기구가 배정한 무선주파수나 적절한 국제조난 무선주파수의 상시 청취

제 40 조   조사 및 측량활동

해양과학조사선과 수로측량선을 포함한 외국선박은 통과통항 중 해협연안국의 사전허가 없이 어떠한 조사활동이나 측량활동도 수행할 수 없다.

제 41 조   국제항행에 이용되는 해협의 항로대와 통항분리방식

1. 해협연안국은 선박의 안전통항을 촉진하기 위하여 필요한 경우, 이 부에 따라 해협 내 항행을 위하여 항로대를 지정하고 통항분리방식을 설정할 수 있다.
2. 해협연안국은 필요한 경우, 적절히 공표한 후, 이미 지정되거나 설정되어 있는 항로대나 통항분리방식을 다른 항로대나 통항분리방식으로 대체할 수 있다.
3. 이러한 항로대와 통항분리방식은 일반적으로 수락된 국제규칙에 따른다.
4. 해협연안국은 항로대를 지정·대체하거나 통항분리방식을 설정·대체하기에 앞서 권한 있는 국제기구가 이를 채택하도록 제안한다. 국제기구는 해협연안국과 합의된 항로대와 통항분리방식만을 채택할 수 있으며, 그 후 해협연안국은 이를 지정, 설정 또는 대체할 수 있다.
5. 2개국 이상의 해협연안국의 수역을 통과하는 항로대나 통항분리방식이 제안된 해협에 대하여는, 관계국은 권한 있는 국제기구와의 협의하에 제안을 작성하기 위하여 협력한다.
6. 해협연안국은 자국이 지정하거나 설정한 모든 항로대와 통항분리방식을 해도에 명시하고 이 해도를 적절히 공표한다.
7. 통과통항 중인 선박은 이 조에 따라 설정되어 적용되는 항로대와 통항분리방식을 준수한다.

제 42 조   통과통항에 관한 해협연안국의 법령

1. 이 절의 규정에 따라 해협연안국은 다음의 전부 또는 일부에 관하여 해협의 통과통항에 관한 법령을 제정할 수 있다.
   (a) 제41조에 규정된 항행의 안전과 해상교통의 규제
   (b) 해협에서의 유류, 유류폐기물 및 그 밖의 유독성물질의 배출에 관하여 적용하는 국제규칙을 시행함으로써 오염의 방지·경감 및 통제
   (c) 어선에 관하여서는 어로의 금지(어구의 적재에 관한 규제 포함)
   (d) 해협연안국의 관세·재정·출입국관리 또는 위생에 관한 법령에 위반되는 상품이나 화폐를 싣고 내리는 행위 또는 사람의 승선과 하선

2. 이러한 법령은 외국선박을 형식상 또는 실질상으로 차별하지 아니하며, 그 적용에 있어서 이 절에 규정된 통과통항권을 부정, 방해 또는 침해하는 실질적인 효과를 가져오지 아니한다.
3. 해협연안국은 이러한 모든 법령을 적절히 공표한다.
4. 통과통항권을 행사하는 외국선박은 이러한 법령을 준수한다.
5. 주권면제를 향유하는 선박의 기국 또는 항공기의 등록국은 그 선박이나 항공기가 이러한 법령이나 이 부의 다른 규정에 위배되는 방식으로 행동한 경우 그로 인하여 해협연안국이 입은 손실 또는 손해에 대하여 국제책임을 진다.

제 43 조 항행 및 안전보조시설, 그 밖의 개선시설과 오염의 방지·경감 및 통제

해협이용국과 해협연안국은 합의에 의하여 다음을 위하여 서로 협력한다.
(a) 항행 및 안전보조시설 또는 국제항행에 유용한 그 밖의 개선시설의 해협 내 설치와 유지
(b) 선박에 의한 오염의 방지·경감 및 통제

제 44 조 해협연안국의 의무

해협연안국은 통과통항권을 방해할 수 없으며 자국이 인지하고 있는 해협 내 또는 해협 상공에 있어서의 항행이나 비행에 관한 위험을 적절히 공표한다. 통과통항은 정지될 수 없다.

제 3 절 무해통항

제 45 조 무해통항

1. 제2부 제3절에 규정된 무해통항제도는 국제항행에 이용되는 다음 해협에 적용된다.
    (a) 제38조 제1항에 규정된 통과통항제도가 적용되지 아니하는 해협
    (b) 공해 또는 배타적경제수역의 일부와 외국의 영해와의 사이에 있는 해협
2. 이러한 해협을 통한 무해통항은 정지될 수 없다.

제 4 부 군도국가

제 46 조 용어의 사용

이 협약에서,
(a) "군도국가"라 함은 전체적으로 하나 또는 둘 이상의 군도로 구성된 국가를 말하며, 그 밖의 섬을 포함할 수 있다.
(b) "군도"라 함은 섬의 무리(섬들의 일부를 포함), 연결된 수역 및 그 밖의 자연지형으로서, 이들이 서로 밀접하게 관련되어 있어 그러한 섬, 수역 및 그 밖의 자연지형이 고유한 지리적·경제적 또는 정치적 단일체를 이루고 있거나 또는 역사적으로 그러한 단일체로 인정되어 온 것을 말한다.

제 47 조 군도기선

1. 군도국가는 군도의 가장 바깥쪽 섬의 가장 바깥점과 드러난 암초의 가장 바깥점을 연결한 직선군도기선을 그을 수 있다. 다만, 이러한 기선 안에는 주요한 섬을 포함하며 수역의 면적과 육지면적(환초 포함)의 비율이 1대1에서 9대1 사이어야 한다.

2. 이러한 기선의 길이는 100해리를 넘을 수 없다. 다만, 군도를 둘러싼 기선 총 수의 3퍼센트까지는 그 길이가 100해리를 넘어 최장 125해리까지 될 수 있다.
3. 이러한 기선은 군도의 일반적 윤곽으로부터 현저히 벗어날 수 없다.
4. 이러한 기선은 간조노출지와 연결하여 설정할 수 없다. 다만, 영구적으로 해면위에 있는 등대나 이와 유사한 시설이 간조노출지에 설치되어 있거나, 전체적 또는 부분적으로 간조노출지가 가장 가까운 섬으로부터 영해폭을 넘지 아니하는 거리에 있는 경우에는 그러하지 아니하다.
5. 군도국가는 다른 국가의 영해를 공해나 배타적경제수역으로부터 격리시키는 방식으로 이러한 기선제도를 적용할 수 없다.
6. 군도국가의 군도수역의 어느 일부가 바로 이웃한 국가의 두 부분 사이에 있는 경우, 이웃한 국가가 이러한 수역에서 전통적으로 행사하여 온 기존의 권리와 그 밖의 모든 합법적인 이익 및 관련국 간의 합의에 의하여 규정된 모든 권리는 계속하여 존중된다.
7. 제1항에 규정된 수역과 육지의 비율을 산정함에 있어서 육지면적은 섬을 둘러싸고 있는 암초와 환초 안쪽에 있는 수역을 포함할 수 있으며, 또한 급경사가 있는 해양 고원에 있어서는 그 주변에 있는 일련의 석회암 섬과 드러난 암초에 의하여 둘러싸여 있거나 거의 둘러싸인 수역도 포함할 수 있다.
8. 이 조에 따라 그은 기선은 그 위치를 확인하기에 적절한 축척의 해도에 표시한다. 이는 측지자료를 명기한 각 지점의 지리적 좌표목록으로 대체할 수 있다.
9. 군도국가는 이러한 해도나 지리적 좌표목록을 적절히 공표하고, 그 사본을 국제연합 사무총장에게 기탁한다.

제 48 조　영해, 접속수역, 배타적경제수역과 대륙붕의 폭의 측정

영해, 접속수역, 배타적경제수역과 대륙붕의 폭은 제47조에 따라 그은 군도기선으로부터 측정한다.

제 49 조　군도수역과 그 상공·해저 및 하층토의 법적지위

1. 군도국가의 주권은 군도수역의 깊이나 해안으로부터의 거리에 관계없이 제47조에 따라 그은 군도기선에 의하여 둘러싸인 군도수역이라고 불리는 수역에 미친다.
2. 이러한 주권은 군도수역의 상공·해저와 하층토 및 이에 포함된 자원에까지 미친다.
3. 이러한 주권은 이 부에 따라 행사된다.
4. 이 부에 따라서 설정된 군도항로대 통항제도는 다른 면에 있어서 군도항로를 포함한 군도수역의 지위 또는 군도수역, 군도수역의 상공·해저 및 하층토와 이에 포함된 자원에 대한 군도국가의 주권행사에 영향을 미치지 아니한다.

제 50 조　내수의 경계획정

군도수역에서 군도국가는 제9조, 제10조 및 제11조에 따라 내수의 경계를 획정하기 위한 폐쇄선을 그을 수 있다.

제 51 조 현행협정, 전통적 어업권과 기존해저전선

1. 제49조를 침해하지 아니하고, 군도국가는 다른 국가와의 현행협정을 존중하고 군도수역의 일정한 수역에 있어서 바로 이웃한 국가의 전통적 어업권과 그 밖의 적법한 활동을 인정한다. 이러한 권리와 활동의 성질·범위와 적용지역 뿐만 아니라 그 행사의 조건은 관련국의 요청에 따라 그들 서로간의 양자협정으로 규율한다. 이러한 권리는 제3국이나 제3국의 국민에게 이전되거나 공유되지 아니한다.
2. 군도국가는 다른 국가가 부설한 기존 해저전선이 육지에 닿지 아니하고 자국수역을 통과하는 경우 이를 존중한다. 군도국가는 이러한 전선의 위치 및 이에 대한 수리 또는 교체 의사를 적절히 통지받은 경우, 그 전선의 유지와 교체를 허용한다.

제 52 조 무해통항권

1. 제53조에 따르고 제50조를 침해하지 아니할 것을 조건으로, 모든 국가의 선박은 제2부 제3절에 따라 군도수역에서 무해통항권을 향유한다.
2. 군도국가는 자국의 안전을 보장하기 위하여 불가피한 경우에는 외국선박 간에 형식상 또는 실질상 차별하지 아니하고 군도수역의 특정수역에서 외국선박의 무해통항을 일시적으로 정지시킬 수 있다. 이러한 정지조치는 적절히 공표한 후에만 효력을 가진다.

제 53 조 군도항로대 통항권

1. 군도국가는 자국의 군도수역과 이와 인접한 영해나 그 상공을 통과하는 외국선박과 항공기의 계속적이고 신속한 통항에 적합한 항로대와 항공로를 지정할 수 있다.
2. 모든 선박과 항공기는 이러한 항로대와 항공로에서 군도항로대 통항권을 향유한다.
3. 군도항로대 통항이라 함은 공해나 배타적경제수역의 어느 한 부분과 공해나 배타적경제수역의 다른 부분과의 사이에서 오로지 계속적이고 신속하게 방해받지 아니하고 통과하기 위한 목적으로 통상적 방식의 항행권과 비행권을 이 협약에 따라 행사함을 말한다.
4. 이러한 항로대와 항공로는 군도수역 및 이와 인접한 영해를 횡단하는 것으로서 군도수역의 국제항행로 또는 그 상공비행로로 사용되는 모든 통상적인 통항로를 포함하며, 선박에 관하여서는 이러한 통항로 안의 모든 통상적인 항행수로를 포함한다. 다만, 동일한 입구지점과 출구지점 사이에 유사한 편의가 있는 통로를 중복하여 둘 필요는 없다.
5. 이러한 항로대와 항공로는 통항로의 입구지점으로부터 출구지점까지의 일련의 연속 축선에 의하여 정한다. 군도항로대를 통항 중인 선박과 항공기는 통항 중 이러한 축선의 어느쪽으로나 25해리 이상을 벗어날 수 없다. 다만, 이러한 선박과 항공기는 항로대에 접하고 있는 섬과 섬 사이의 가장 가까운 지점을 연결한 거리의 10퍼센트 지점보다 해안에 접근하여 항행할 수 없다.
6. 이 조에 따라 항로대를 지정하는 군도국가는 그러한 항로대 안의 좁은 수로에서 선박의 안전통항을 위하여 통항분리방식을 설정할 수 있다.
7. 군도국가는 필요한 경우, 적절히 공표한 후 이미 지정되거나 설정된 항로대나 통항분리방식을 다른 항로대나 통항분리방식으로 대체할 수 있다.
8. 이러한 항로대와 통항분리방식은 일반적으로 수락된 국제규칙을 따른다.
9. 항로대를 지정·대체하거나 통항분리방식을 설정·대체함에 있어 군도국가는 권한 있는 국제기구에 제안을 회부하여 채택되도록 한다. 그 국제기구는 군도국가가 동의한 항로대와 통항분리방식만을 채택할 수 있으며, 그 후 군도국가는 이를 지정·설정 또는 대체할 수 있다.

10. 군도국가는 자국이 지정하거나 설정한 항로대와 통항분리방식의 축을 해도에 명시하고 이를 적절히 공표한다.
11. 군도항로대를 통항 중인 선박은 이 조에 따라 수립되고 적용되는 항로대와 통항분리방식을 존중한다.
12. 군도국가가 항로대나 항공로를 지정하지 아니한 경우, 군도항로대 통항권은 국제항행에 통상적으로 사용되는 통로를 통하여 행사될 수 있다.

제 54 조 통항·조사측량활동 중인 선박과 항공기의 의무, 군도국가의 의무 및 군도항로대 통항에 관한 군도국가의 법령

제39조, 제40조, 제42조 및 제44조는 군도항로대 통항에 준용한다.

제 5 부 배타적경제수역

제 55 조 배타적경제수역의 특별한 법제도

배타적경제수역은 영해 밖에 인접한 수역으로서, 연안국의 권리와 관할권 및 다른 국가의 권리와 자유가 이 협약의 관련규정에 의하여 규율되도록 이 부에서 수립된 특별한 법제도에 따른다.

제 56 조 배타적경제수역에서의 연안국의 권리, 관할권 및 의무

1. 배타적경제수역에서 연안국은 다음의 권리와 의무를 갖는다.
   (a) 해저의 상부수역, 해저 및 그 하층토의 생물이나 무생물 등 천연자원의 탐사, 개발, 보존 및 관리를 목적으로 하는 주권적 권리와, 해수·해류 및 해풍을 이용한 에너지생산과 같은 이 수역의 경제적 개발과 탐사를 위한 그 밖의 활동에 관한 주권적 권리
   (b) 이 협약의 관련규정에 규정된 다음 사항에 관한 관할권
      (ⅰ) 인공섬, 시설 및 구조물의 설치와 사용
      (ⅱ) 해양과학조사
      (ⅲ) 해양환경의 보호와 보전
   (c) 이 협약에 규정된 그 밖의 권리와 의무
2. 이 협약상 배타적경제수역에서의 권리행사와 의무이행에 있어서, 연안국은 다른 국가의 권리와 의무를 적절히 고려하고, 이 협약의 규정에 따르는 방식으로 행동한다.
3. 해저와 하층토에 관하여 이 조에 규정된 권리는 제6부에 따라 행사된다.

제 57 조 배타적경제수역의 폭

배타적경제수역은 영해기선으로부터 200해리를 넘을 수 없다.

제 58 조 배타적경제수역에서의 다른 국가의 권리와 의무

1. 연안국이거나 내륙국이거나 관계없이, 모든 국가는, 이 협약의 관련규정에 따를 것을 조건으로, 배타적경제수역에서 제87조에 규정된 항행·상공비행의 자유, 해저전선·관선부설의 자유 및 선박·항공기·해저전선·관선의 운용 등과 같이 이러한 자유와 관련되는 것으로서 이 협약의 다른 규정과 양립하는 그 밖의 국제적으로 적법한 해양이용의 자유를 향유한다.

2. 제88조부터 제115조까지의 규정과 그 밖의 국제법의 적절한 규칙은 이 부에 배치되지 아니하는 한 배타적경제수역에 적용된다.
3. 이 협약상 배타적경제수역에서 권리행사와 의무를 이행함에 있어서, 각국은 연안국의 권리와 의무를 적절하게 고려하고, 이 부의 규정과 배치되지 아니하는 한 이 협약의 규정과 그 밖의 국제법규칙에 따라 연안국이 채택한 법령을 준수한다.

제 59 조 배타적경제수역에서의 권리와 관할권의 귀속에 관한 마찰 해결의 기초

이 협약에 의하여 배타적경제수역에서의 권리나 관할권이 연안국이나 다른 국가에 귀속되지 아니하고 또한 연안국과 다른 국가 간 이해관계를 둘러싼 마찰이 발생한 경우, 그 마찰은 당사자의 이익과 국제사회 전체의 이익의 중요성을 각각 고려하면서 형평에 입각하여 모든 관련상황에 비추어 해결한다.

제 60 조 배타적경제수역에서의 인공섬, 시설 및 구조물

1. 배타적경제수역에서 연안국은 다음을 건설하고, 이에 관한 건설·운용 및 사용을 허가하고 규제하는 배타적 권리를 가진다.
   (a) 인공섬
   (b) 제56조에 규정된 목적과 그 밖의 경제적 목적을 위한 시설과 구조물
   (c) 배타적경제수역에서 연안국의 권리행사를 방해할 수 있는 시설과 구조물
2. 연안국은 이러한 인공섬, 시설 및 구조물에 대하여 관세·재정·위생·안전 및 출입국 관리 법령에 관한 관할권을 포함한 배타적 관할권을 가진다.
3. 이러한 인공섬·시설 또는 구조물의 건설은 적절히 공시하고, 이러한 것이 있다는 사실을 경고하기 위한 영구적 수단을 유지한다. 버려졌거나 사용되지 아니하는 시설이나 구조물은 항행의 안전을 보장하기 위하여 제거하며, 이 경우 이와 관련하여 권한 있는 국제기구에 의하여 수립되어 일반적으로 수락된 국제기준을 고려한다. 이러한 제거작업을 수행함에 있어서 어로·해양환경 보호 및 다른 국가의 권리와 의무를 적절히 고려한다. 완전히 제거되지 아니한 시설 또는 구조물의 깊이, 위치 및 규모는 적절히 공표한다.
4. 연안국은 필요한 경우 항행의 안전과 인공섬·시설 및 구조물의 안전을 보장하기 위하여 이러한 인공섬·시설 및 구조물의 주위에 적절한 조치를 취할 수 있는 합리적인 안전수역을 설치할 수 있다.
5. 연안국은 적용가능한 국제기준을 고려하여 안전수역의 폭을 결정한다. 이러한 수역은 인공섬·시설 또는 구조물의 성격 및 기능과 합리적으로 연관되도록 설정되고, 일반적으로 수락된 국제기준에 의하여 허용되거나 권한 있는 국제기구가 권고한 경우를 제외하고는 그 바깥쪽 끝의 각 점으로부터 측정하여 500미터를 넘을 수 없다. 안전수역의 범위는 적절히 공시한다.
6. 모든 선박은 이러한 안전수역을 존중하며 인공섬·시설·구조물 및 안전수역 주변에서 일반적으로 수락된 항행에 관한 국제기준을 준수한다.
7. 인공섬·시설·구조물 및 그 주위의 안전수역은 승인된 국제항행에 필수적인 항로대 이용을 방해할 수 있는 곳에 설치할 수 없다.
8. 인공섬·시설 및 구조물은 섬의 지위를 가지지 아니한다. 이들은 자체의 영해를 가지지 아니하며 이들의 존재가 영해, 배타적경제수역 또는 대륙붕의 경계획정에 영향을 미치지 아니한다.

제 61 조 생물자원의 보존

1. 연안국은 자국의 배타적경제수역에서의 생물자원의 허용어획량을 결정한다.
2. 연안국은 자국이 이용가능한 최선의 과학적 증거를 고려하여, 남획으로 인하여 배타적경제수역에서 생물자원의 유지가 위태롭게 되지 아니하도록 적절한 보존·관리조치를 통하여 보장한다. 적절한 경우, 연안국과 권한 있는 소지역적·지역적 또는 지구적 국제기구는 이를 위하여 협력한다.
3. 이러한 조치는 최대지속생산량을 가져올 수 있는 수준으로 어획대상 어종의 자원량이 유지·회복되도록 계획한다. 이러한 조치를 취함에 있어서 연안어업지역의 경제적 필요와 개발도상국의 특별한 요구를 포함한 환경적·경제적 관련 요인에 의하여 입증되고 또한 어로방식·어족 간의 상호의존성 및 소지역적·지역적 또는 지구적 기준 등 어느 기준에서 보나 일반적으로 권고된 국제적 최소기준을 고려한다.
4. 이러한 조치를 취함에 있어서 연안국은 어획되는 어종에 연관되거나 종속되는 어종의 자원량의 생산량이 중대하게 위태롭게 되지 아니할 수준 이상으로 유지·회복하기 위하여 연관어종이나 종속어종에 미치는 영향을 고려한다.
5. 이용가능한 과학적 정보, 어획량과 어업활동 통계 및 수산자원의 보존과 관련된 그 밖의 자료는 배타적경제수역에서 그 국민의 입어가 허용된 국가를 포함한 모든 관련국의 참여아래 적절히 권한 있는 소지역적·지역적 또는 지구적 국제기구를 통하여 정기적으로 제공되고 교환된다.

제 62 조 생물자원의 이용

1. 연안국은 제61조의 규정을 침해하지 아니하고 배타적경제수역에서 생물자원의 최적 이용목표를 달성한다.
2. 연안국은 배타적경제수역의 생물자원에 관한 자국의 어획능력을 결정한다. 연안국이 전체 허용어획량을 어획할 능력이 없는 경우, 협정이나 그 밖의 약정을 통하여 제4항에 언급된 조건과 법령에 따라 허용어획량의 잉여량에 관한 다른 국가의 입어를 허용한다. 이 경우 연안국은 제69조 및 제70조의 규정, 특히 이러한 규정이 언급한 개발도상국에 대해 특별히 고려한다.
3. 이 조에 따라 배타적경제수역에서 다른 국가의 입어를 허용함에 있어서, 연안국은 모든 관련 요소를 고려한다. 특히 그 수역의 생물자원이 연안국의 경제와 그 밖의 국가 이익에 미치는 중요성, 제69조 및 제70조의 규정, 잉여자원 어획에 관한 소지역 내 또는 지역 내 개발도상국의 요구 및 소속 국민이 그 수역에서 관습적으로 어로행위를 하여 왔거나 어족의 조사와 식별을 위하여 실질적인 노력을 기울여 온 국가의 경제적 혼란을 극소화할 필요성을 고려한다.
4. 배타적경제수역에서 어로행위를 하는 다른 국가의 국민은 연안국의 법령에 의하여 수립된 보존조치와 그 밖의 조건을 준수한다. 이러한 법령은 이 협약에 부합하여야 하며 특히 다음 사항에 관련될 수 있다.
   (a) 어부에 대한 조업허가, 어선과 조업장비의 허가(이러한 허가조치에는 수수료나 다른 형태의 보상금 지급이 포함되며, 개발도상연안국의 경우 수산업에 관한 금융·장비 및 기술분야에 있어서 적절한 보상으로 이루어질 수 있다.)
   (b) 어획가능한 어종의 결정 및 어획할당량의 결정(특정한 어족, 어족의 무리, 또는 특정기간 동안 어선당 어획량 또는 특정기간 동안 어느 국가의 국민에 의한 어획량으로 산정되는 어획할당량)

(c) 어로기, 어로수역, 어구의 종류·크기 및 수량, 그리고 사용가능한 어선의 종류·크기 및 척수의 규제
(d) 어획가능한 어류와 그 밖의 어종의 연령과 크기의 결정
(e) 어선에 대하여 요구되는 정보(어획량과 어업활동 통계 및 어선위치 보고 포함)
(f) 연안국의 허가와 통제에 따른 특정한 어업조사계획의 실시요구와 이러한 조사(어획물의 견본작성, 견본의 처리 및 관련 과학조사자료 보고를 포함)실시의 규제
(g) 연안국에 의한 감시원이나 훈련원의 어선에의 승선배치
(h) 이러한 어선에 의한 어획물의 전부나 일부를 연안국의 항구에 내리는 행위
(i) 합작사업이나 그 밖의 협력약정에 관한 조건
(j) 연안국의 어로조사 수행능력 강화를 포함한 인원훈련과 어로기술의 이전조건
(k) 시행절차

5. 연안국은 보존과 관리에 관한 법령을 적절히 공시한다.

제 63 조 2개국 이상 연안국의 배타적경제수역에 걸쳐 출현하거나 배타적경제수역과 그 바깥의 인접수역에 걸쳐 출현하는 어족

1. 동일어족이나 이와 연관된 어종의 어족이 2개국 이상 연안국의 배타적경제수역에 걸쳐 출현하는 경우, 이러한 연안국들은, 이 부의 다른 규정을 침해하지 아니하고, 직접 또는 적절한 소지역기구나 지역기구를 통하여 이러한 어족의 보존과 개발을 조정하고 보장하는 데 필요한 조치에 합의하도록 노력한다.
2. 동일어족 또는 이와 연관된 어종의 어족이 배타적경제수역과 그 바깥의 인접수역에 걸쳐 출현하는 경우, 연안국과 인접수역에서 이러한 어족을 어획하는 국가는 직접 또는 적절한 소지역기구나 지역기구를 통하여 인접수역에서 이러한 어족의 보존에 필요한 조치에 합의하도록 노력한다.

제 64 조 고도회유성어종

1. 연안국과 제1부속서에 열거된 고도회유성어종을 어획하는 국민이 있는 그 밖의 국가는 배타적경제수역과 그 바깥의 인접수역에서 그러한 어종의 보존을 보장하고 최적이용목표를 달성하기 위하여 직접 또는 적절한 국제기구를 통하여 협력한다. 적절한 국제기구가 없는 지역에서는 연안국과 같은 수역에서 이러한 어종을 어획하는 국민이 있는 그 밖의 국가는 이러한 기구를 설립하고 그 사업에 참여하도록 노력한다.
2. 제1항의 규정은 이 부의 다른 규정과 함께 적용한다.

제 65 조 해양포유동물

이 부의 어떠한 규정도, 적절한 경우, 이 부에 규정된 것보다 더 엄격하게 해양포유동물의 포획을 금지·제한 또는 규제할 수 있는 연안국의 권리나 국제기구의 권한을 제한하지 아니한다. 각국은 해양포유동물의 보존을 위하여 노력하며, 특히 고래류의 경우 그 보존·관리 및 연구를 위하여 적절한 국제기구를 통하여 노력한다.

제 66 조   소하성어족

1. 소하성어족이 기원하는 하천의 국가는 이 어족에 대한 일차적 이익과 책임을 가진다.
2. 소하성어족의 기원국은 자국의 배타적경제수역 바깥한계의 육지쪽 모든 수역에서의 어로와 제3항 (b)에 규정된 어로에 관하여 적절한 규제조치를 수립함으로써 그 어족의 보존을 보장한다. 기원국은 이러한 어족을 어획하는 제3항과 제4항에 언급된 다른 국가와 협의한 후 자국 하천에서 기원하는 어족에 대한 총허용어획량을 결정할 수 있다.
3. (a) 이 규정으로 인하여 기원국 이외의 국가에 경제적 혼란이 초래되는 경우를 제외하고는, 소하성어족의 어획은 배타적경제수역 바깥한계의 육지쪽 수역에서만 행하여진다. 배타적경제수역 바깥한계 밖의 어획에 관하여 관련국은 그 어족에 관한 기원국의 보존요건 및 필요를 적절히 고려하여 어로조건에 관한 합의에 도달하기 위한 협의를 유지한다.
   (b) 기원국은 소하성어족을 어획하는 다른 국가의 통상적인 어획량, 조업방법 및 모든 조업실시지역을 고려하여 이들 국가의 경제적 혼란을 최소화하도록 협력한다.
   (c) (b)에 언급된 국가가 기원국과의 합의에 의하여, 특히 그 경비분담 등 소하성 어족을 재생산시키는 조치에 참여하는 경우, 이러한 국가에 대하여 기원국은 자국의 하천에서 기원한 그 어족의 어획에 있어서 특별한 고려를 한다.
   (d) 배타적경제수역 바깥의 소하성어족에 관한 규칙은 기원국과 다른 관련국과의 합의에 의하여 시행한다.
4. 소하성어족이 기원국이 아닌 국가의 배타적경제수역 바깥한계의 육지쪽 수역을 통하여 회유하는 경우 이러한 국가는 그 어족의 보존과 관리에 관하여 기원국과 협력한다.
5. 소하성어족의 기원국과 이를 어획하는 그 밖의 국가는 이 조의 규정을 이행하기 위하여 적절한 경우 지역기구를 통하여 약정을 체결한다.

제 67 조   강하성어종

1. 강하성어종이 그 생존기간의 대부분을 보내는 수역의 연안국은 그 어종의 관리에 대한 책임을 지며 회유어의 출입을 보장한다.
2. 강하성어종의 어획은 배타적경제수역 바깥한계의 육지쪽 수역에서만 행하여 진다. 배타적경제수역에서 어획이 행하여지는 경우 이 조의 규정 및 배타적경제수역 내 어획에 관한 이 협약의 그 밖의 규정에 따른다.
3. 강하성어종이 치어로서 또는 성어로서 다른 국가의 배타적경제수역을 회유하는 경우, 어획을 포함한 그 어종에 대한 관리는 제1항에 언급된 국가와 그 밖의 관련국 간의 합의에 따라 규제된다. 이러한 합의는 강하성어종의 합리적 관리를 보장하고 이의 유지를 위하여 제1항에 언급된 국가의 책임을 고려한다.

제 68 조   정착성어종

이 부는 제77조 제4항에서 정의한 정착성어종에는 적용하지 아니한다.

제 69 조   내륙국의 권리

1. 내륙국은 모든 관련국의 경제적·지리적 관련상황을 고려하고 이 조 및 제61조, 제62조의 규정에 따라 형평에 입각하여 동일한 소지역이나 지역 내 연안국의 배타적경제수역의 생물자원 잉여량 중 적절한 양의 개발에 참여할 권리를 가진다.

2. 이러한 참여조건과 방식은 특히 아래 사항을 고려하여 양자협정, 소지역 또는 지역협정을 통하여 관련국에 의하여 수립된다.
   (a) 연안국의 지역어업사회 및 수산업에 해로운 영향을 회피할 필요
   (b) 이 조의 규정에 따라 내륙국이 기존의 양자협정, 소지역 또는 지역협정에 따라 다른 연안국의 배타적경제수역의 생물자원 개발에 참여하고 있는 정도 또는 참여할 수 있는 자격의 정도
   (c) 다른 내륙국과 지리적불리국이 연안국의 배타적경제수역의 생물자원개발에 참여하고 있는 정도 및 그 결과로 단일 연안국이 특별한 부담 또는 그 일부를 지게 되는 것을 회피할 필요
   (d) 각국 주민의 영양상 필요
3. 연안국의 어획능력이 자국 배타적경제수역 내에 있는 생물자원의 허용어획량 전체를 어획할 수 있는 수준에 도달한 경우, 연안국과 그 밖의 관련국은 양국 간, 소지역적 또는 지역적 기초에 입각하여 상황에 적절하고 모든 당사국이 만족하는 조건으로 동일한 소지역 또는 지역 내에 있는 개발도상내륙국이 그 소지역 또는 지역 내 연안국의 배타적경제수역의 생물자원개발에 참여하는 것을 허용하는 공평한 약정을 체결하도록 협력한다. 이 규정을 이행함에 있어서 제2항에 규정한 사항도 함께 고려한다.
4. 이 조의 규정에 따라 선진내륙국은 동일한 소지역 또는 지역 내 선진연안국의 배타적경제수역에 한하여 생물자원 개발에 참여할 수 있다. 이 때 그 선진내륙국은 그 선진연안국이 자국의 배타적경제수역의 생물자원에 대한 다른 국가의 접근을 허용함에 있어서, 관습적으로 그 수역에서 조업하여 온 국민이 있는 국가의 지역어업사회에 미칠 해로운 영향과 경제적 혼란을 최소화할 필요를 고려하여 온 정도를 참작한다.
5. 위의 규정은 연안국이 배타적경제수역의 생물자원개발을 위한 평등한 권리나 우선적 권리를 동일한 소지역 또는 지역 내의 내륙국에 부여하는 소지역 또는 지역 내에서 합의된 약정을 적용하는 것을 침해하지 아니한다.

제 70 조 지리적불리국의 권리

1. 지리적불리국은 모든 관련국의 경제적·지리적 상황을 고려하고 이 조 및 제61조, 제62조의 규정에 따라 동일한 소지역 또는 지역 내에 있는 연안국의 배타적경제수역의 생물자원 잉여량 중 적절한 양의 개발에 공평하게 참여할 권리를 가진다.
2. 이 부에서 "지리적불리국"이라 함은 폐쇄해나 반폐쇄해에 접한 국가를 포함한 연안국으로서, 그 지리적 여건으로 인하여 자국주민 또는 그 일부의 영양상 목적을 위하여 충분한 어류공급을 소지역 또는 지역 내에 있는 다른 국가의 배타적경제수역 내 생물자원의 개발에 의존하여야 하거나, 자국의 배타적경제수역을 주장할 수 없는 연안국을 말한다.
3. 이러한 참여의 조건과 방식은 특히 아래 사항을 고려하여 양자협정, 소지역 또는 지역협정을 통하여 관련국에 의하여 확립된다.
   (a) 연안국의 지역어업사회 및 수산업에 해로운 영향을 회피할 필요
   (b) 이 조의 규정에 따라 지리적불리국이 기존의 양자협정, 소지역 또는 지역협정에 따라 다른 연안국의 배타적경제수역의 생물자원개발에 참여하고 있는 정도 또는 참여할 수 있는 자격의 정도

(c) 다른 지리적불리국과 내륙국이 연안국의 배타적경제수역의 생물자원의 개발에 참여하고 있는 정도 및 그 결과로 단일 연안국이 특별한 부담 또는 그 일부를 지게 되는 것을 회피할 필요
(d) 각국 주민의 영양상 필요

4. 연안국의 어획능력이 자국의 배타적경제수역 생물자원의 허용어획량 전체를 어획할 수 있는 수준에 도달한 경우, 연안국과 그 밖의 관련국은 양국 간, 소지역적 또는 지역적 기초에 입각하여 상황에 적절하고 모든 당사국이 만족하는 조건으로, 동일한 소지역이나 지역 내에 있는 연안국의 배타적경제수역 생물자원 개발에 참여를 허용하는 공평한 약정을 체결하도록 협력한다. 이 규정을 이행함에 있어서 제3항에 규정한 사항도 함께 고려한다.
5. 이 조의 규정에 따라 선진지리적불리국은 동일한 소지역 또는 지역 내에 있는 선진연안국의 배타적경제수역에 한하여 생물자원의 개발에 참여할 수 있다. 이 때 그 선진지리적불리국은 그 선진연안국이 자국의 배타적경제수역의 생물자원에 대하여 다른 국가의 입어를 허용함에 있어서, 소속국민이 오랫동안 그 수역에서 조업하여 온 국가의 지역어업사회에 미칠 해로운 영향과 경제적 혼란을 최소화할 필요를 고려하여 온 정도를 참작한다.
6. 위의 규정은 연안국이 배타적경제수역의 생물자원 개발을 위한 평등한 권리나 우선적 권리를 동일한 소지역 또는 지역 내의 지리적불리국에 부여하는 소지역 또는 지역 내에서 합의된 약정을 적용하는 것을 침해하지 아니한다.

제 71 조   제69조와 제70조 적용의 배제

제69조와 제70조의 규정은 연안국의 경제가 배타적경제수역의 생물자원개발에 크게 의존하고 있는 경우에는 적용하지 아니한다.

제 72 조   권리이전의 제한

1. 제69조와 제70조에 규정한 생물자원개발 권리는 관계국이 달리 합의하지 아니하는 한, 임대차나 면허, 합작사업의 설립 또는 권리 이전의 효과를 가지는 그 밖의 방법에 의하여 제3국이나 그 국민에게 직접적으로 또는 간접적으로 이전될 수 없다.
2. 제1항의 규정은 동항에서 언급된 효과를 가지지 아니하는 한, 관련국이 제69조와 제70조의 규정에 따른 권리의 행사를 용이하게 하기 위하여 제3국이나 국제기구로부터 기술적·재정적 원조를 받는 것을 방해하지 아니한다.

제 73 조   연안국법령의 시행

1. 연안국은 배타적경제수역의 생물자원을 탐사·개발·보존 및 관리하는 주권적 권리를 행사함에 있어서, 이 협약에 부합되게 채택한 자국법령을 준수하도록 보장하기 위하여 승선, 검색, 나포 및 사법절차를 포함하여 필요한 조치를 취할 수 있다.
2. 나포된 선박과 승무원은 적절한 보석금이나 그 밖의 보증금을 예치한 뒤에는 즉시 석방된다.
3. 배타적경제수역에서 어업법령 위반에 대한 연안국의 처벌에는, 관련국 간 달리 합의하지 아니하는 한, 금고 또는 다른 형태의 체형이 포함되지 아니한다.
4. 외국선박을 나포하거나 억류한 경우, 그 연안국은 적절한 경로를 통하여 취하여진 조치와 그 후에 부과된 처벌에 관하여 기국에 신속히 통고한다.

제 74 조 대향국 간 또는 인접국 간의 배타적경제수역의 경계획정

1. 서로 마주보고 있거나 인접한 연안을 가진 국가 간의 배타적경제수역 경계획정은 공평한 해결에 이르기 위하여, 국제사법재판소규정 제38조에 언급된 국제법을 기초로 하는 합의에 의하여 이루어진다.
2. 상당한 기간 내에 합의에 이르지 못할 경우 관련국은 제15부에 규정된 절차에 회부한다.
3. 제1항에 규정된 합의에 이르는 동안, 관련국은 이해와 상호협력의 정신으로 실질적인 잠정약정을 체결할 수 있도록 모든 노력을 다하며, 과도적인 기간 동안 최종 합의에 이르는 것을 위태롭게 하거나 방해하지 아니한다. 이러한 약정은 최종적인 경계획정에 영향을 미치지 아니한다.
4. 관련국 간에 발효 중인 협정이 있는 경우, 배타적경제수역의 경계획정에 관련된 사항은 그 협정의 규정에 따라 결정된다.

제 75 조 해도와 지리적 좌표목록

1. 이 부에 따라 배타적경제수역의 바깥한계선 및 제75조에 따라 그은 경계획정선은 그 위치를 확인하기에 적합한 축척의 해도에 표시된다. 적절한 경우 이러한 바깥한계선이나 경계획정선은 측지자료를 명기한 각 지점의 지리적 좌표목록으로 대체할 수 있다.
2. 연안국은 이러한 해도나 지리적 좌표목록을 적절히 공표하고 그 사본을 국제연합 사무총장에게 기탁한다.

제 6 부 대륙붕

제 76 조 대륙붕의 정의

1. 연안국의 대륙붕은 영해 밖으로 영토의 자연적 연장에 따라 대륙변계의 바깥끝까지, 또는 대륙변계의 바깥끝이 200해리에 미치지 아니하는 경우, 영해기선으로부터 200해리까지의 해저지역의 해저와 하층토로 이루어진다.
2. 연안국의 대륙붕은 제4항부터 제6항까지 규정한 한계 밖으로 확장될 수 없다.
3. 대륙변계는 연안국 육지의 해면 아래쪽 연장으로서, 대륙붕·대륙사면·대륙융기의 해저와 하층토로 이루어진다. 대륙변계는 해양산맥을 포함한 심해대양저나 그 하층토를 포함하지 아니한다.
4. (a) 이 협약의 목적상 연안국은 대륙변계가 영해기선으로부터 200해리 밖까지 확장되는 곳에서는 아래 선 중 어느 하나로 대륙변계의 바깥끝을 정한다.
    (ⅰ) 퇴적암의 두께가 그 가장 바깥 고정점으로부터 대륙사면의 끝까지를 연결한 가장 가까운 거리의 최소한 1퍼센트인 가장 바깥 고정점을 제7항에 따라 연결한 선
    (ⅱ) 대륙사면의 끝으로부터 60해리를 넘지 아니하는 고정점을 제7항에 따라 연결한 선
  (b) 반대의 증거가 없는 경우, 대륙사면의 끝은 그 기저에서 경사도의 최대변경점으로 결정된다.

5. 제4항 (a) (i)과 (ii)의 규정에 따라 그은 해저에 있는 대륙붕의 바깥한계선을 이루는 고정점은 영해기선으로부터 350해리를 넘거나 2500미터 수심을 연결하는 선인 2500미터 등심선으로부터 100해리를 넘을 수 없다.
6. 제5항의 규정에도 불구하고 해저산맥에서는 대륙붕의 바깥한계는 영해기선으로부터 350해리를 넘을 수 없다. 이 항은 해양고원·융기·캡·해퇴 및 해저돌출부와 같은 대륙변계의 자연적 구성요소인 해저고지에는 적용하지 아니한다.
7. 대륙붕이 영해기선으로부터 200해리 밖으로 확장되는 경우, 연안국은 경도와 위도 좌표로 표시된 고정점을 연결하여 그 길이가 60해리를 넘지 아니하는 직선으로 대륙붕의 바깥한계를 그어야 한다.
8. 연안국은 영해기선으로부터 200해리를 넘는 대륙붕의 한계에 관한 정보를 공평한 지리적 배분의 원칙에 입각하여 제2부속서에 따라 설립된 대륙붕한계위원회에 제출한다. 위원회는 대륙붕의 바깥한계 설정에 관련된 사항에 관하여 연안국에 권고를 행한다. 이러한 권고를 기초로 연안국이 확정한 대륙붕의 한계는 최종적이며 구속력을 가진다.
9. 연안국은 측지자료를 비롯하여 항구적으로 자국 대륙붕의 바깥한계를 표시하는 해도와 관련정보를 국제연합사무총장에게 기탁한다. 국제연합사무총장은 이를 적절히 공표한다.
10. 이 조의 규정은 서로 마주보고 있거나 이웃한 연안국의 대륙붕경계 획정문제에 영향을 미치지 아니한다.

제77조 대륙붕에 대한 연안국의 권리

1. 연안국은 대륙붕을 탐사하고 그 천연자원을 개발할 수 있는 대륙붕에 대한 주권적 권리를 행사한다.
2. 제1항에 언급된 권리는 연안국이 대륙붕을 탐사하지 아니하거나 그 천연자원을 개발하지 아니하더라도 다른 국가는 연안국의 명시적인 동의없이는 이러한 활동을 할 수 없다는 의미에서 배타적 권리이다.
3. 대륙붕에 대한 연안국의 권리는 실효적이거나 관념적인 점유 또는 명시적 선언에 의존하지 아니한다.
4. 이 부에서 규정한 천연자원은 해저와 하층토의 광물, 그 밖의 무생물자원 및 정착성 어종에 속하는 생물체, 즉 수확가능단계에서 해저표면 또는 그 아래에서 움직이지 아니하거나 또는 해저나 하층토에 항상 밀착하지 아니하고는 움직일 수 없는 생물체로 구성된다.

제78조 상부수역과 상공의 법적지위 및 다른 국가의 권리와 자유

1. 대륙붕에 대한 연안국의 권리는 그 상부수역이나 수역 상공의 법적지위에 영향을 미치지 아니한다.
2. 대륙붕에 대한 연안국의 권리행사는 다른 국가의 항행의 권리 및 이 협약에 규정한 다른 권리와 자유를 침해하거나 부당한 방해를 초래하지 아니한다.

제 79 조 대륙붕에서의 해저전선과 관선

1. 모든 국가는 이 조의 규정에 따라 대륙붕에서 해저전선과 관선을 부설할 자격을 가진다.
2. 연안국은 대륙붕의 탐사와 대륙붕의 천연자원 개발, 그리고 관선에 의한 오염의 방지, 경감 및 통제를 위한 합리적 조치를 취할 권리에 따라 이러한 전선이나 관선의 부설이나 유지를 방해할 수 없다.
3. 대륙붕에서 위의 관선 부설경로의 설정은 연안국의 동의를 받아야 한다.
4. 이 부의 어떠한 규정도 자국 영토나 영해를 거쳐가는 전선이나 관선에 대한 조건을 설정하는 연안국의 권리, 대륙붕의 탐사나 그 자원의 개발 또는 자국 관할권 아래에 있는 인공섬·시설 및 구조물의 운용과 관련하여 부설하거나 사용하는 전선과 관선에 대한 연안국의 관할권에 영향을 미치지 아니한다.
5. 각국은 해저전선이나 관선을 부설함에 있어서 이미 설치된 전선이나 관선을 적절히 고려한다. 특히 기존전선이나 관선을 수리할 가능성을 방해하지 아니한다.

제 80 조 대륙붕상의 인공섬·시설 및 구조물

제60조의 규정은 대륙붕상의 인공섬·시설 및 구조물에 준용한다.

제 81 조 대륙붕시추

연안국은 대륙붕에서 모든 목적의 시추를 허가하고 규제할 배타적 권리를 가진다.

제 82 조 200해리 밖의 대륙붕개발에 따른 금전지급 및 현물공여

1. 연안국은 영해기선으로부터 200해리 밖에 있는 대륙붕의 무생물 자원 개발에 관하여 금전을 지급하거나 현물을 공여한다.
2. 금전지급과 현물공여는 생산개시 5년 후부터 그 광구에서 생산되는 모든 생산물에 대하여 매년 납부된다. 6년째의 금전지급이나 현물공여의 비율은 생산물의 가격이나 물량의 1퍼센트로 유지한다. 그 비율은 12년째까지 매년 1퍼센트씩 증가시키고 그 이후에는 7퍼센트로 한다. 생산물의 개발을 위하여 사용한 자원은 포함하지 아니한다.
3. 자국의 대륙붕에서 생산되는 광물자원의 순수입국인 개발도상국은 그 광물자원에 대한 금전지급이나 현물공여로부터 면제된다.
4. 금전지급과 현물공여는 해저기구를 통하여 이루어지며, 해저기구는 이를 개발도상국 특히 개발도상국 중 최저개발국 및 내륙국의 이익과 필요를 고려하고 공평분배의 기준에 입각하여 이 협약의 당사국에게 분배한다.

제 83 조 대향국 간 또는 인접국 간의 대륙붕의 경계획정

1. 서로 마주보고 있거나 인접한 연안국 간의 대륙붕 경계획정은 공평한 해결에 이르기 위하여, 국제사법재판소규정 제38조에 언급된 국제법을 기초로 하여 합의에 의하여 이루어진다.
2. 상당한 기간 내에 합의에 이르지 못할 경우, 관련국은 제15부에 규정된 절차에 회부한다.
3. 제1항에 규정된 합의에 이르는 동안 관련국은, 이해와 상호협력의 정신으로, 실질적인 잠정약정을 체결할 수 있도록 모든 노력을 다하며, 과도적인 기간 동안 최종 합의에 이르는 것을 위태롭게 하거나 방해하지 아니한다. 이러한 약정은 최종적 경계획정에 영향을 미치지 아니한다.

4. 관련국 간에 발효 중인 협정이 있는 경우, 대륙붕의 경계획정에 관련된 문제는 그 협정의 규정에 따라 결정된다.

제 84 조 해도와 지리적 좌표목록
1. 이 부에 따라 대륙붕의 바깥한계선과 제83조에 따라 그은 경계획정선은 그 위치를 확인하기에 적합한 축척의 해도에 표시한다. 적절한 경우 이러한 바깥한계선이나 경계획정선은 측지자료를 명기한 각 지점의 지리적 좌표목록으로 대체할 수 있다.
2. 연안국은 이러한 해도나 지리적 좌표목록을 적절히 공표하고 그 사본을 국제연합 사무총장에게 기탁하며, 대륙붕의 바깥한계선을 표시하는 해도나 좌표목록의 경우에는 이를 해저기구 사무총장에게 기탁한다.

제 85 조 굴착
이 부의 규정은 하층토 상부의 수심에 관계없이 굴착에 의하여 하층토를 개발하는 연안국의 권리를 침해하지 아니한다.

제 7 부 공해

제 1 절 총칙

제 86 조 이 부 규정의 적용
이 부의 규정은 어느 한 국가의 배타적경제수역·영해·내수 또는 군도국가의 군도 수역에 속하지 아니하는 바다의 모든 부분에 적용된다. 이 조는 제58조에 따라 배타적경제수역에서 모든 국가가 향유하는 자유에 제약을 가져오지 아니한다.

제 87 조 공해의 자유
1. 공해는 연안국이거나 내륙국이거나 관계없이 모든 국가에 개방된다. 공해의 자유는 이 협약과 그 밖의 국제법규칙이 정하는 조건에 따라 행사된다. 연안국과 내륙국이 향유하는 공해의 자유는 특히 다음의 자유를 포함한다.
   (a) 항행의 자유
   (b) 상공비행의 자유
   (c) 제6부에 따른 해저전선과 관선 부설의 자유
   (d) 제6부에 따라 국제법상 허용되는 인공섬과 그 밖의 시설 건설의 자유
   (e) 제2절에 정하여진 조건에 따른 어로의 자유
   (f) 제6부와 제13부에 따른 과학조사의 자유
2. 모든 국가는 이러한 자유를 행사함에 있어서 공해의 자유의 행사에 관한 다른 국가의 이익 및 심해저활동과 관련된 이 협약상의 다른 국가의 권리를 적절히 고려한다.

제 88 조 평화적 목적을 위한 공해의 보존
공해는 평화적 목적을 위하여 보존된다.

제 89 조 공해에 대한 주권주장의 무효
어떠한 국가라도 유효하게 공해의 어느 부분을 자국의 주권아래 둘 수 없다.

제 90 조 항행의 권리
연안국이거나 내륙국이거나 관계없이 모든 국가는 공해에서 자국기를 게양한 선박을 항행시킬 권리를 가진다.

제 91 조 선박의 국적
1. 모든 국가는 선박에 대한 자국국적의 부여, 자국영토에서의 선박의 등록 및 자국기를 게양할 권리에 관한 조건을 정한다. 어느 국기를 게양할 자격이 있는 선박은 그 국가의 국적을 가진다. 그 국가와 선박 간에는 진정한 관련이 있어야 한다.
2. 모든 국가는 그 국기를 게양할 권리를 부여한 선박에 대하여 그러한 취지의 서류를 발급한다.

제 92 조 선박의 지위
1. 국제조약이나 이 협약에 명시적으로 규정된 예외적인 경우를 제외하고는 선박은 어느 한 국가의 국기만을 게양하고 항행하며 공해에서 그 국가의 배타적인 관할권에 속한다. 선박은 진정한 소유권 이전 또는 등록변경의 경우를 제외하고는 항행 중이나 기항 중에 그 국기를 바꿀 수 없다.
2. 2개국 이상의 국기를 편의에 따라 게양하고 항행하는 선박은 다른 국가에 대하여 그 어느 국적도 주장할 수 없으며 무국적선으로 취급될 수 있다.

제 93 조 국제연합, 국제연합전문기구와 국제원자력기구의 기를 게양한 선박
앞의 조항들은 국제연합, 국제연합 전문기구 또는 국제원자력기구의 기를 게양하고 그 기구의 공무에 사용되는 선박에 관련된 문제에는 영향을 미치지 아니한다.

제 94 조 기국의 의무
1. 모든 국가는 자국기를 게양한 선박에 대하여 행정적·기술적·사회적 사항에 관하여 유효하게 자국의 관할권을 행사하고 통제한다.
2. 모든 국가는 특히,
   (a) 일반적으로 수락된 국제규칙이 적용되지 아니하는 소형 선박을 제외하고는 자국기를 게양한 선명과 세부사항을 포함하는 선박등록대장을 유지한다.
   (b) 선박에 관련된 행정적·기술적·사회적 사항과 관련하여 자국기를 게양한 선박, 그 선박의 선장, 사관과 선원에 대한 관할권을 자국의 국내법에 따라 행사한다.
3. 모든 국가는 자국기를 게양한 선박에 대하여 해상안전을 확보하기 위하여 필요한 조치로서 특히 다음 사항에 관한 조치를 취한다.
   (a) 선박의 건조, 장비 및 감항성
   (b) 적용가능한 국제문서를 고려한 선박의 인원배치, 선원의 근로조건 및 훈련
   (c) 신호의 사용, 통신의 유지 및 충돌의 방지

4. 이러한 조치는 다음을 보장하기 위하여 필요한 사항을 포함한다.
   (a) 각 선박은 등록 전과 등록 후 적당한 기간마다 자격있는 선박검사원에 의한 검사를 받아야하며, 선박의 안전항행에 적합한 해도·항행간행물과 항행장비 및 항행도구를 선상에 보유한다.
   (b) 각 선박은 적합한 자격, 특히 선박조종술·항행·통신·선박공학에 관한 적합한 자격을 가지고 있는 선장과 사관의 책임아래 있고, 선원은 그 자격과 인원수가 선박의 형태·크기·기관 및 장비에 비추어 적합하여야 한다.
   (c) 선장·사관 및 적합한 범위의 선원은 해상에서의 인명안전, 충돌의 방지, 해양오염의 방지·경감·통제 및 무선통신의 유지와 관련하여 적용가능한 국제규칙에 완전히 정통하고 또한 이를 준수한다.
5. 제3항과 제4항에서 요구되는 조치를 취함에 있어서, 각국은 일반적으로 수락된 국제적인 규제 조치, 절차 및 관행을 따르고, 이를 준수하기 위하여 필요한 조치를 취한다.
6. 선박에 관한 적절한 관할권이나 통제가 행하여지지 않았다고 믿을 만한 충분한 근거를 가지고 있는 국가는 기국에 그러한 사실을 통보할 수 있다. 기국은 이러한 통보를 접수한 즉시 그 사실을 조사하고, 적절한 경우, 상황을 개선하기 위하여 필요한 조치를 취한다.
7. 각국은 다른 국가의 국민에 대한 인명손실이나 중대한 상해, 다른 국가의 선박이나 시설, 또는 해양환경에 대한 중대한 손해를 일으킨 공해상의 해난이나 항행사고에 관하여 자국기를 게양한 선박이 관계되는 모든 경우, 적절한 자격을 갖춘 사람에 의하여 또는 그 입회 아래 조사가 실시되도록 한다. 기국 및 다른 관련국은 이러한 해난이나 항행사고에 관한 그 다른 관련국의 조사실시에 서로 협력한다.

제 95 조 공해상 군함의 면제
공해에 있는 군함은 기국 외의 어떠한 국가의 관할권으로부터도 완전히 면제된다.

제 96 조 정부의 비상업적 업무에만 사용되는 선박의 면제
국가가 소유하거나 운용하는 선박으로서 정부의 비상업적 업무에만 사용되는 선박은 공해에서 기국 외의 어떠한 국가의 관할권으로부터도 완전히 면제된다.

제 97 조 충돌 또는 그 밖의 항행사고에 관한 형사관할권
1. 공해에서 발생한 선박의 충돌 또는 선박에 관련된 그 밖의 항행사고로 인하여 선장 또는 그 선박에서 근무하는 그 밖의 사람의 형사책임이나 징계책임이 발생하는 경우, 관련자에 대한 형사 또는 징계 절차는 그 선박의 기국이나 그 관련자의 국적국의 사법 또는 행정당국 외에서는 제기될 수 없다.
2. 징계문제와 관련, 선장증명서, 자격증 또는 면허증을 발급한 국가만이 적법절차를 거친 후, 이러한 증명서의 소지자가 자국국민이 아니더라도, 이러한 증명서를 무효화할 권한이 있다.
3. 선박의 나포나 억류는 비록 조사를 위한 조치이더라도 기국이 아닌 국가의 당국은 이를 명령할 수 없다.

제 98 조 지원제공의무

1. 모든 국가는 자국국기를 게양한 선박의 선장에 대하여 선박·선원 또는 승객에 대한 중대한 위험이 없는 한 다음 사항을 행하도록 요구한다.
   (a) 바다에서 발견된 실종위험이 있는 사람에 대한 지원제공
   (b) 지원할 필요가 있다고 통보받은 경우 선장이 그러한 행동을 하리라고 합리적으로 기대되는 한도 내에서 가능한 전속력 항진하여 조난자를 구조하는 것
   (c) 충돌 후 상대선박·선원·승객에 대한 지원제공 및 가능한 경우 자기선박의 명칭·등록항 그리고 가장 가까운 기항예정지를 상대선박에 통보
2. 모든 연안국은 해상안전에 관한 적절하고도 실효적인 수색·구조기관의 설치·운영 및 유지를 촉진시키고, 필요한 경우 이를 위하여 지역약정의 형태로 인접국과 서로 협력한다.

제 99 조 노예수송금지

모든 국가는 자국기 게양이 허가된 선박에 의한 노예수송을 방지하고 처벌하며 자국기가 그러한 목적으로 불법사용되는 것을 방지하기 위하여 실효적인 조치를 취한다. 선박에 피난한 노예는 그 선박의 기국이 어느 나라이건 피난사실 자체로써 자유이다.

제 100 조 해적행위 진압을 위한 협력의무

모든 국가는 공해나 국가 관할권 밖의 어떠한 곳에서라도 해적행위를 진압하는데 최대한 협력한다.

제 101 조 해적행위의 정의

해적행위라 함은 다음 행위를 말한다.
(a) 민간선박 또는 민간항공기의 승무원이나 승객이 사적 목적으로 다음에 대하여 범하는 불법적 폭력행위, 억류 또는 약탈 행위
   (ⅰ) 공해상의 다른 선박이나 항공기 또는 그 선박이나 항공기 내의 사람이나 재산
   (ⅱ) 국가 관할권에 속하지 아니하는 곳에 있는 선박·항공기·사람이나 재산
(b) 어느 선박 또는 항공기가 해적선 또는 해적항공기가 되는 활동을 하고 있다는 사실을 알고서도 자발적으로 그러한 활동에 참여하는 모든 행위
(c) (a) 와 (b)에 규정된 행위를 교사하거나 고의적으로 방조하는 모든 행위

제 102 조 승무원이 반란을 일으킨 군함·정부선박·정부항공기에 의한 해적행위

승무원이 반란을 일으켜 그 지배하에 있는 군함·정부선박·정부항공기가 제101조에 정의된 해적행위를 하는 경우, 그러한 행위는 민간선박 또는 민간항공기에 의한 행위로 본다.

제 103 조 해적선·해적항공기의 정의

선박 또는 항공기를 실효적으로 통제하고 있는 자가 제101조에 언급된 어느 한 행위를 목적으로 그 선박이나 항공기를 사용하려는 경우, 그 선박 또는 항공기는 해적선이나 해적항공기로 본다. 선박이나 항공기가 이러한 행위를 위하여 사용된 경우로서 그 선박이나 항공기가 그러한 행위에 대해 책임있는 자의 지배하에 있는 한 또한 같다.

제 104 조 해적선·해적항공기의 국적 보유 또는 상실
선박 또는 항공기가 해적선 또는 해적항공기가 된 경우에도 그 국적을 보유할 수 있다. 국적의 보유나 상실은 그 국적을 부여한 국가의 법률에 의하여 결정된다.

제 105 조 해적선·해적항공기의 나포
모든 국가는 공해 또는 국가 관할권 밖의 어떠한 곳에서라도, 해적선·해적항공기 또는 해적행위에 의하여 탈취되어 해적의 지배하에 있는 선박·항공기를 나포하고, 그 선박과 항공기 내에 있는 사람을 체포하고, 재산을 압수할 수 있다. 나포를 행한 국가의 법원은 부과될 형벌을 결정하며, 선의의 제3자의 권리를 존중할 것을 조건으로 그 선박·항공기 또는 재산에 대하여 취할 조치를 결정할 수 있다.

제 106 조 충분한 근거없는 나포에 따르는 책임
해적행위의 혐의가 있는 선박이나 항공기의 나포가 충분한 근거가 없이 행하여진 경우, 나포를 행한 국가는 그 선박이나 항공기의 국적국에 대하여 나포로 인하여 발생한 손실 또는 손해에 대한 책임을 진다.

제 107 조 해적행위를 이유로 나포할 권한이 있는 선박과 항공기
해적행위를 이유로 한 나포는 군함·군용항공기 또는 정부업무를 수행 중인 것으로 명백히 표시되고 식별이 가능하며 그러한 권한이 부여된 그 밖의 선박이나 항공기만이 행할 수 있다.

제 108 조 마약이나 향정신성물질의 불법거래
1. 모든 국가는 공해에서 선박에 의하여 국제협약을 위반하여 행하여지는 마약과 향정신성물질의 불법거래를 진압하기 위하여 협력한다.
2. 자국기를 게양한 선박이 마약이나 향정신성물질의 불법거래에 종사하고 있다고 믿을 만한 합리적인 근거를 가지고 있는 국가는 다른 국가에 대하여 이러한 거래의 진압을 위한 협력을 요청할 수 있다.

제 109 조 공해로부터의 무허가방송
1. 모든 국가는 공해로부터의 무허가방송을 진압하는데 협력한다.
2. 이 협약에서 "무허가방송"이라 함은 국제규정을 위배하여 일반대중의 수신을 목적으로 공해상의 선박이나 시설로부터 음성무선방송이나 텔레비젼방송을 송신함을 말한다. 다만, 조난신호의 송신은 제외한다.
3. 무허가방송에 종사하는 자는 다음 국가의 법원에 기소될 수 있다.
    (a) 선박의 기국
    (b) 시설의 등록국
    (c) 종사자의 국적국
    (d) 송신이 수신될 수 있는 국가
    (e) 허가된 무선통신이 방해받는 국가
4. 제3항에 따라 관할권을 가지는 국가는 무허가방송에 종사하는 사람이나 선박을 제110조의 규정에 따라 공해에서 체포하거나 나포하고 방송기기를 압수할 수 있다.

제110조 임검권

1. 제95조와 제96조에 따라 완전한 면제를 가지는 선박을 제외한 외국선박을 공해에서 만난 군함은 다음과 같은 혐의를 가지고 있다는 합리적 근거가 없는 한 그 선박을 임검하는 것은 정당화되지 아니한다. 다만, 간섭행위가 조약에 따라 부여된 권한에 의한 경우는 제외한다.
   (a) 그 선박의 해적행위에의 종사
   (b) 그 선박의 노예거래에의 종사
   (c) 그 선박의 무허가방송에의 종사 및 군함 기국이 제109조에 따른 관할권 보유
   (d) 무국적선
   (e) 선박이 외국기를 게양하고 있거나 국기제시를 거절하였음에도 불구하고 실질적으로 군함과 같은 국적 보유

2. 제1항에 규정된 경우에 있어서 군함은 그 선박이 그 국기를 게양할 권리를 가지는가를 확인할 수 있다. 이러한 목적을 위하여 군함은 혐의선박에 대하여 장교의 지휘아래 보조선을 파견할 수 있다. 서류를 검열한 후에도 혐의가 남아있는 경우, 가능한 한 신중하게 그 선박 내에서 계속하여 검사를 진행할 수 있다.

3. 혐의가 근거없는 것으로 밝혀지고 또한 임검을 받은 선박이 그 혐의를 입증할 어떠한 행위도 행하지 아니한 경우에는 그 선박이 입은 모든 손실이나 피해에 대하여 보상을 받는다.

4. 이러한 규정은 군용항공기에 준용한다.

5. 이러한 규정은 또한 정부 업무에 사용 중인 것으로 명백히 표시되어 식별이 가능하며 정당하게 권한이 부여된 그 밖의 모든 선박이나 항공기에도 적용한다.

제111조 추적권

1. 외국선박에 대한 추적은 연안국의 권한 있는 당국이 그 선박이 자국의 법령을 위반한 것으로 믿을 만한 충분한 이유가 있을 때 행사할 수 있다. 이러한 추적은 외국선박이나 그 선박의 보조선이 추적국의 내수·군도수역·영해 또는 접속수역에 있을 때 시작되고 또한 추적이 중단되지 아니한 경우에 한하여 영해나 접속수역 밖으로 계속될 수 있다. 영해나 접속수역에 있는 외국선박이 정선명령을 받았을 때 정선명령을 한 선박은 반드시 영해나 접속수역에 있어야 할 필요는 없다. 외국선박이 제33조에 정의된 접속수역에 있을 경우 추적은 그 수역을 설정함으로써 보호하려는 권리가 침해되는 경우에 한하여 행할 수 있다.

2. 추적권은 배타적경제수역이나 대륙붕(대륙붕시설 주변의 안전수역 포함)에서 이 협약에 따라 배타적경제수역이나 대륙붕(이러한 안전수역 포함)에 적용될 수 있는 연안국의 법령을 위반한 경우에 준용한다.

3. 추적권은 추적당하는 선박이 그 국적국 또는 제3국의 영해에 들어감과 동시에 소멸한다.

4. 추적당하는 선박이나 그 선박의 보조선이 또는 추적당하는 선박을 모선으로 사용하면서 한 선단을 형성하여 활동하는 그 밖의 보조선이 영해의 한계 내에 있거나, 경우에 따라서는, 접속수역·배타적경제수역 한계 내에 또는 대륙붕 상부에 있다는 사실을 추적선박이 이용가능한 실제적인 방법으로 확인하지 아니하는 한, 추적은 시작된 것으로 인정되지 아니한다. 추적은 시각이나 음향 정선신호가 외국선박이 보거나 들을 수 있는 거리에서 발신된 후 비로소 이를 시작할 수 있다.

5. 추적권은 군함·군용항공기 또는 정부업무에 사용 중인 것으로 명백히 표시되어 식별이 가능하며 그러한 권한이 부여된 그 밖의 선박이나 항공기에 의하여서만 행사될 수 있다.
6. 추적이 항공기에 의하여 행하여지는 경우
   (a) 제1항부터 제4항까지의 규정을 준용한다.
   (b) 정선명령을 한 항공기는 선박을 직접 나포할 수 있는 경우를 제외하고는 그 항공기가 요청한 연안국의 선박이나 다른 항공기가 도착하여 추적을 인수할 때까지 그 선박을 스스로 적극적으로 추적한다. 선박의 범법사실 또는 범법혐의가 항공기에 의하여 발견되었더라도, 그 항공기에 의하여 또는 중단없이 계속하여 그 추적을 행한 다른 항공기나 선박에 의하여 정선명령을 받고 추적당하지 아니하는 한, 영해 밖에서의 나포를 정당화시킬 수 없다.
7. 어느 국가의 관할권 내에서 나포되어 권한 있는 당국의 심리를 받기 위하여 그 국가의 항구에 호송된 선박은 부득이한 사정에 의하여 그 항행도중에 배타적경제수역의 어느 한 부분이나 공해의 어느 한 부분을 통하여 호송되었다는 이유만으로 그 석방을 주장할 수 없다.
8. 추적권의 행사가 정당화되지 아니하는 상황에서 선박이 영해 밖에서 정지되거나 나포된 경우, 그 선박은 이로 인하여 받은 모든 손실이나 피해를 보상받는다.

제 112 조 해저전선·관선의 부설권
1. 모든 국가는 대륙붕 밖의 공해 해저에서 해저전선과 관선을 부설할 수 있다.
2. 제79조 제5항은 이러한 전선과 관선에 적용된다.

제 113 조 해저전선·관선의 파괴 및 훼손
모든 국가는 자국기를 게양한 선박이나 자국의 관할권에 속하는 사람이 전신이나 전화통신을 차단하거나 방해할 우려가 있는 방법으로 공해 밑에 있는 해저전선을 고의나 과실로 파괴하거나 훼손하는 행위와 이와 유사한 방식으로 해저관선이나 고압전선을 파괴하거나 훼손하는 행위는 처벌가능한 범죄를 구성한다는 사실을 규정하기 위하여 필요한 법령을 제정한다. 또한 이 조의 규정은 이러한 파괴 및 훼손을 기도하였거나 초래할 가능성이 있는 행위에도 적용한다. 다만, 이 조의 규정은 이러한 파괴 및 훼손을 피하기 위하여 필요한 모든 예방조치를 취한 후 자신의 생명이나 선박을 구하기 위하여 오직 적법한 목적으로 행동한 사람에 의하여 발생한 파괴 및 훼손에 대하여는 적용하지 아니한다.

제 114 조 해저전선·관선 소유자에 의한 다른 해저전선·관선의 파괴 및 훼손
모든 국가는 자국의 관할권에 속하는 사람으로서 공해 밑에 있는 해저전선이나 관선의 소유자가 전선이나 관선을 부설·수리 도중 다른 전선이나 관선을 파괴하거나 훼손한 경우, 수리비용을 부담하도록 규정하기 위하여 필요한 법령을 제정한다.

제 115 조 해저전선·관선 훼손을 피하는 데 따르는 손실의 보상
모든 국가는 선박의 소유자가 해저전선이나 관선의 훼손을 회피하기 위하여 닻, 어망 또는 그 밖의 어구를 멸실하였음을 입증할 수 있을 때에는 그 선박소유자가 사전에 모든 합리적인 예방조치를 취하였음을 조건으로 하여 그 전선이나 관선의 소유자로부터 보상을 받을 수 있도록 보장하기 위하여 필요한 법령을 제정한다.

제 2 절 공해생물자원의 관리 및 보존

제 116 조 공해어업권
모든 국가는 다음의 규정을 지킬 것을 조건으로 자국민이 공해에서 어업에 종사하도록 할 권리를 가진다.
(a) 자국의 조약상의 의무
(b) 특히 제63조 제2항과 제64조부터 제67조까지의 규정된 연안국의 권리, 의무 및 이익
(c) 이 절의 규정

제 117 조 자국민을 대상으로 공해생물자원 보존조치를 취할 국가의 의무
모든 국가는 자국민을 대상으로 공해생물자원 보존에 필요한 조치를 취하거나, 그러한 조치를 취하기 위하여 다른 국가와 협력할 의무가 있다.

제 118 조 생물자원의 보존·관리를 위한 국가 간 협력
모든 국가는 공해수역에서 생물자원의 보존·관리를 위하여 서로 협력한다. 동일한 생물자원이나 동일수역에서의 다른 생물자원을 이용하는 국민이 있는 모든 국가는 관련생물자원의 보존에 필요한 조치를 취하기 위한 교섭을 시작한다. 이를 위하여 적절한 경우 그 국가는 소지역 또는 지역어업기구를 설립하는 데 서로 협력한다.

제 119 조 공해생물자원 보존
1. 공해생물자원의 허용어획량을 결정하고 그 밖의 보존조치를 수립함에 있어서 국가는 다음 사항을 행한다.
   (a) 개발도상국의 특별한 요구를 포함한 환경적·경제적 관련요소에 따라 제한되고 어업형태·어족 간 서로 의존하고 있는 정도 및 소지역적·지역적 또는 지구적이거나에 관계없이 일반적으로 권고된 국제최저기준을 고려하여 최대지속 생산량을 실현시킬 수 있는 수준으로, 어획하는 어종의 자원량을 유지·회복하도록 관계국이 이용가능한 최선의 과학적 증거를 기초로 하여 계획된 조치를 취한다.
   (b) 어획하는 어종과 관련되거나 이에 부수되는 어종의 자원량의 재생산이 뚜렷하게 위태롭게 되지 아니할 수준이상으로 유지·회복시키기 위하여 연관어종이나 종속어종에 미치는 영향을 고려한다.
2. 이용가능한 과학적 정보, 어획량 및 어업활동 통계와 수산자원보존에 관련된 그 밖의 자료는 적절한 경우 모든 관련국이 참여한 가운데 권한 있는 소지역적·지역적 또는 지구적 국제기구를 통하여 정기적으로 제공되고 교환된다.
3. 관계국은 보존조치와 그 시행에 있어서 어떠한 국가의 어민에 대하여서도 형식상 또는 실질상의 차별이 없도록 보장한다.

제 120 조 해양포유동물
제65조는 공해의 해양포유동물의 보존과 관리에도 적용한다.

제 8 부 섬제도

제 121 조 섬제도
1. 섬이라 함은 바닷물로 둘러싸여 있으며, 밀물일 때에도 수면 위에 있는, 자연적으로 형성된 육지지역을 말한다.
2. 제3항에 규정된 경우를 제외하고는 섬의 영해, 접속수역, 배타적경제수역 및 대륙붕은 다른 영토에 적용가능한 이 협약의 규정에 따라 결정한다.
3. 인간이 거주할 수 없거나 독자적인 경제활동을 유지할 수 없는 암석은 배타적경제수역이나 대륙붕을 가지지 아니한다.

제 9 부 폐쇄해·반폐쇄해

제 122 조 정의
이 협약에서 "폐쇄해 또는 반폐쇄해"라 함은 2개국 이상에 의하여 둘러싸이고 좁은 출구에 의하여 다른 바다나 대양에 연결되거나, 또는 전체나 그 대부분이 2개국 이상 연안국의 영해와 배타적경제수역으로 이루어진 만, 내만 또는 바다를 말한다.

제 123 조 폐쇄해·반폐쇄해 연안국 간 협력
폐쇄해 또는 반폐쇄해 연안국은 이 협약에 따른 권리행사와 의무이행에 있어서 서로 협력한다. 이러한 목적을 위하여 이들 국가는 직접적으로 또는 적절한 지역기구를 통하여 다음을 위하여 노력한다.
(a) 해양생물자원의 관리·보존·탐사 및 이용 조정
(b) 해양환경보호·보전에 관한 권리의무 이행의 조정
(c) 과학조사정책의 조정 및 적절한 경우 해역에서의 공동과학조사계획의 실시
(d) 이 조의 규정을 시행함에 있어서 적절한 경우 서로 협력하기 위한 다른 이해 관계국이나 국제기구의 초청

제 10 부 내륙국의 해양출입권과 통과의 자유

제 124 조 용어의 사용
1. 이 협약에서,
   (a) "내륙국"이라 함은 해안이 없는 국가를 말한다.
   (b) "통과국"이라 함은 해안이 있고 없음에 관계없이 내륙국과 바다 사이에 위치하여 그 영토를 통하여 통과교통이 이루어지는 국가를 말한다.
   (c) "통과교통"이라 함은 물건을 옮겨 싣거나, 창고에 넣거나, 짐을 분할하거나, 또는 운송방식을 바꾸거나 관계없이, 내륙국의 영토에서 시작하거나 끝나는 전체 운송과정의 한 부분으로서 1개국 이상의 통과국의 영토를 지나는 사람, 화물, 상품 및 운송수단의 통과를 말한다.
   (d) "운송수단"이라 함은 다음을 말한다.
       (ⅰ) 철도차량, 해양용·호수용·하천용 선박 및 육로차량
       (ⅱ) 현지사정에 따라서는 운반인이나 운반용 동물

2. 내륙국과 통과국은 상호 합의에 의하여 운송수단으로 관선·가스관 및 제1항에 포함된 것 이외의 다른 운송수단을 포함시킬 수 있다.

제 125 조 해양출입권과 통과의 자유
1. 내륙국은 공해의 자유와 인류의 공동유산에 관한 권리를 비롯하여 이 협약에 규정된 권리를 행사하기 위한 해양출입권을 가진다. 이를 위하여 내륙국은 모든 수송수단에 의하여 통과국의 영토를 지나는 통과의 자유를 향유한다.
2. 통과의 자유를 행사하기 위한 조건과 방식은 내륙국과 관련통과국 사이의 양자협정이나 소지역적·지역적 협정을 통하여 합의된다.
3. 통과국은 자국영토에 대한 완전한 주권을 행사함에 있어서 이 부에서 내륙국을 위하여 규정된 권리와 편의가 어떠한 방법으로든 통과국의 적법한 이익을 침해하지 아니하도록 보장하기 위하여 필요한 모든 조치를 취할 권리를 가진다.

제 126 조 최혜국대우조항의 적용제외
특수한 지리적 위치를 이유로 하여 내륙국의 권리와 편의를 설정하고 있는 이 협약의 규정과 해양출입권의 행사에 관한 특별협정은 최혜국대우조항의 적용으로부터 제외된다.

제 127 조 관세·조세와 그 밖의 부과금
1. 통과교통에 대하여는 이와 관련하여 제공된 특별한 용역에 대하여 징수되는 부과금을 제외하고는 어떠한 관세·조세 또는 그 밖의 부과금도 징수되지 아니한다.
2. 내륙국을 위하여 제공되고 또한 내륙국에 의하여 사용되는 통과운송수단과 그 밖의 시설에 대하여서는 통과국의 운송수단의 사용에 따라 징수되는 것보다 높은 조세나 부과금이 징수되지 아니한다.

제 128 조 자유지역과 그 밖의 세관시설
통과교통의 편의를 위하여 자유지역이나 그 밖의 세관시설을 통과국과 내륙국 간 협정에 따라 그러한 통과국 내의 출입항에 설치할 수 있다.

제 129 조 운송수단의 건조·개선을 위한 협력
통과국에 통과의 자유를 실행할 수 있는 운송수단이 없거나 항구시설과 장비를 비롯한 기존 수단이 어느 면에서든 불충분한 경우, 통과국과 관련내륙국은 이를 건조하고 개선하는 데 서로 협력할 수 있다.

제 130 조 통과교통에 있어서 기술상의 지연·곤란을 회피·제거하기 위한 조치
1. 통과국은 통과교통에 있어서 지연 또는 그 밖의 기술상의 곤란을 피하기 위하여 적절한 모든 조치를 취한다.
2. 이러한 지연이나 곤란이 발생한 경우 관련통과국과 내륙국의 권한 있는 당국은 이를 신속히 제거하기 위하여 서로 협력한다.

제 131 조 해항에 있어서 동등대우
내륙국의 국기를 게양한 선박은 해항에서 다른 외국선박에 부여된 것과 동등한 대우를 받는다.

제132조 통과편의 확대허용

이 협약은 어떠한 경우에도 이 협약당사국 간의 합의에 의하여 또는 어느 한 당사국에 의하여 부여된 통과편의로서 이 협약에 규정된 것 이상의 통과편의를 철회하는 결과를 초래하지 아니한다. 또한 이 협약은 장래에 더 많은 통과편의를 부여하는 것을 방해하지 아니한다.

제11부 심해저

제1절 총칙

제133조 용어의 사용

이 부에서,
(a) "자원"이라 함은 복합금속단괴를 비롯하여, 심해저의 해저나 해저 아래에 있는 자연상태의 모든 고체성, 액체성 또는 기체성 광물자원을 말한다.
(b) 자원이 심해저로부터 채취된 경우 이를 "광물"이라 한다.

제134조 이 부의 적용범위

1. 이 부는 심해저에 적용된다.
2. 심해저활동은 이 부의 규정에 의하여 규율된다.
3. 제1조 제1항 (1)에 언급된 한계를 표시하는 해도나 지리적 좌표목록의 기탁과 공표에 관한 요건은 제6부에 규정한다.
4. 이 조의 규정은 제6부에 따른 대륙붕의 바깥한계 설정이나 해안을 마주하거나 해안이 인접한 국가 간의 경계획정에 관한 협정의 효력에 영향을 미치지 아니한다.

제135조 상부수역과 상공의 법적지위

이 부 또는 이 부에 따라 부여되거나 행사되는 어떠한 권리도 심해저 상부수역이나 상공의 법적지위에 영향을 미치지 아니한다.

제2절 심해저를 규율하는 원칙

제136조 인류의 공동유산

심해저와 그 자원은 인류의 공동유산이다.

제137조 심해저와 그 자원의 법적지위

1. 어떠한 국가도 심해저나 그 자원의 어떠한 부분에 대하여 주권이나 주권적 권리를 주장하거나 행사할 수 없으며, 어떠한 국가·자연인·법인도 이를 자신의 것으로 독점할 수 없다. 이와 같은 주권, 주권적 권리의 주장·행사 또는 독점은 인정되지 아니한다.
2. 심해저 자원에 대한 모든 권리는 인류 전체에게 부여된 것이며, 해저기구는 인류 전체를 위하여 활동한다. 이러한 자원은 양도의 대상이 될 수 없다. 다만, 심해저로부터 채취된 광물은 이 부와 해저기구의 규칙, 규정 및 절차에 의하여서만 양도할 수 있다.

3. 국가, 자연인 또는 법인은 이 부에 의하지 아니하고는 심해저로부터 채취된 광물에 대하여 권리를 주장, 취득 또는 행사할 수 없다. 이 부에 의하지 아니한 권리의 주장, 취득 및 행사는 인정되지 아니한다.

제138조 심해저에 관한 국가의 일반적 행위

심해저에 관한 국가의 일반적 행위는 이 부의 규정, 국제연합헌장에 구현된 원칙 및 그 밖의 국제법 규칙에 따라 평화와 안전의 유지 및 국제협력과 상호이해의 증진을 위하여 수행되어야 한다.

제139조 협약준수의무 및 손해배상책임

1. 당사국은 당사국이나 국영기업에 의하여 수행되거나, 당사국의 국적을 가지거나 당사국 또는 그 국민에 의하여 실효적으로 지배되는 자연인 또는 법인에 의하여 수행되는 심해저활동이 이 부에 따라 수행되도록 보장할 의무를 진다. 국제기구가 수행하는 심해저활동에 있어서는 그 국제기구가 동일한 의무를 진다.
2. 국제법의 규칙과 제3부속서 제22조를 침해하지 아니하고, 당사국이나 국제기구는 이 부에 따른 의무를 이행하지 아니함으로써 발생한 손해에 대한 책임을 지며, 이와 함께 활동하는 당사국이나 국제기구는 연대책임 및 개별책임을 진다. 다만, 당사국이 제153조 제4항과 제3부속서 제4조 제4항의 규정에 따라 실효적인 준수를 보장하기 위하여 필요하고 적절한 모든 조치를 취한 경우에는, 그 당사국이 제153조 제2항 (b)의 규정에 따라 보증한 자가 이 부의 규정을 준수하지 아니하여 발생한 손해에 대하여는 책임을 지지 아니한다.
3. 국제기구의 회원국인 당사국은 그 국제기구와 관련하여 이 조의 이행을 보장하기 위한 적절한 조치를 취한다.

제140조 인류의 이익

1. 심해저활동은 이 부에 특별히 규정된 바와 같이 연안국이나 내륙국 등 국가의 지리적 위치에 관계없이 인류전체의 이익을 위하여 수행하며, 개발도상국의 이익과 필요 및 국제연합총회 결의 제1514(XV)호와 그 밖의 국제연합총회의 관련결의에 따라 국제연합에 의하여 승인된 완전독립 또는 그 밖의 자치적 지위를 획득하지 못한 주민의 이익과 필요를 특별히 고려한다.
2. 해저기구는 심해저활동으로부터 나오는 재정적 이익과 그 밖의 경제적 이익이 제160조 제2항 (f), (ⅰ)의 규정에 따라 적절한 제도를 통하여 차별없이 공평하게 배분되도록 한다.

제141조 심해저의 평화적 이용

심해저는 연안국이거나 내륙국이거나 관계없이 모든 국가가 차별없이, 이 부의 다른 규정을 침해하지 아니하고, 오로지 평화적 목적을 위하여 이용하도록 개방된다.

제142조 연안국의 권리와 적법한 이익

1. 국가관할권 한계에 걸쳐 존재하는 심해저 자원의 광상에 대한 심해저활동은 이러한 광상이 그 관할권에 걸쳐 존재하는 모든 연안국의 권리와 정당한 이익을 적절히 고려하여 수행된다.

2. 이러한 권리와 이익의 침해를 방지하기 위하여 관련국 사이에 사전통고제도를 포함한 협의를 유지한다. 심해저활동이 국가관할권 내에 있는 자원의 개발을 초래할 경우에는 관련 연안국의 사전동의를 필요로 한다.
3. 이 부 및 이 부에 따라 부여되거나 행사되는 어떠한 권리도 심해저활동으로부터 초래되거나 야기되는 오염이나 오염발생의 위험, 그 밖의 위험한 사태로부터 자국의 연안이나 관련 이익에 대한 중대하고도 급박한 위험을 방지, 경감 및 제거하기 위하여 제12부의 관련규정에 따라 필요한 조치를 취할 연안국의 권리에 영향을 미치지 아니한다.

제143조 해양과학조사

1. 심해저에서의 해양과학조사는 제13부에 따라 오로지 평화적 목적과 인류전체의 이익을 위하여 수행된다.
2. 해저기구는 심해저와 그 자원에 관한 해양과학조사를 수행할 수 있고 이 목적을 위한 계약을 체결할 수 있다. 해저기구는 심해저에서 해양과학조사의 수행을 증진하고 장려하며, 이용 가능한 경우 이러한 조사와 분석의 결과를 조정하고 보급한다.
3. 당사국은 심해저에서 해양과학조사를 수행할 수 있다. 당사국은 아래 방법에 따라 심해저에서의 해양과학조사를 위한 국제협력을 증진한다.
   (a) 국제계획 참여 및 여러 국가와 해저기구 직원에 의하여 수행되는 해양과학조사를 위한 협력의 장려
   (b) 다음의 목적을 위하여 해저기구 또는 그 밖의 적절한 국제기구를 통하여 개발도상국과 기술후진국의 이익을 위한 계획이 개발되도록 보장
      (ⅰ) 이러한 국가의 조사능력 강화
      (ⅱ) 조사기술과 응용분야에 있어서 이러한 국가와 해저기구 직원의 훈련
      (ⅲ) 심해저조사분야에 있어서 이러한 국가의 자격있는 인원의 고용 촉진
   (c) 해저기구나 그 밖의 국제경로를 통하여 적절한 시기에 이용 가능한 조사·분석결과를 효과적으로 보급

제144조 기술이전

1. 해저기구는 이 협약에 따라 다음을 위한 조치를 취한다.
   (a) 심해저활동과 관련된 기술과 과학지식 획득
   (b) 모든 당사국이 이익을 얻도록 개발도상국에 대한 그러한 기술과 과학지식의 이전의 증진 및 장려
2. 이러한 목적을 위하여 해저기구와 당사국은 심해저공사와 모든 당사국이 이익을 얻도록 심해저활동과 관련된 기술과 과학지식의 이전을 증진하기 위하여 상호 협력한다. 특히 다음 사항을 제안하고 증진한다.
   (a) 심해저공사와 개발도상국에 대한 심해저활동 관련 기술이전계획(특히 심해저공사와 개발도상국이 공평하고 합리적인 조건 아래 관련 기술을 획득할 수 있도록 돕는 것을 포함)
   (b) 심해저공사의 기술과 개발도상국의 국내기술 향상을 목적으로 한 조치(특히 심해저공사와 개발도상국의 인원에 대하여 해양과학기술에 관한 훈련과 심해저활동에 전면적으로 참여하는 기회 제공)

제145조 해양환경보호

심해저활동에 따라 초래될 수 있는 해로운 영향으로부터 해양환경을 효과적으로 보호하기 위하여 이 협약에 따라 심해저활동에 관하여 필요한 조치를 취한다. 이를 위하여 해저기구는 특히 다음의 목적을 위한 적절한 규칙, 규정 및 절차를 채택한다.

(a) 해안을 포함한 해양환경에 대한 오염과 그 밖의 위험 및 해양환경의 생태학적 균형에 대한 영향의 방지·경감 및 통제(시추·준설·굴착 및 폐기물투기, 이러한 활동에 관련된 시설, 관선과 그 밖의 장비의 건설·운용·유지와 같은 활동에 의한 해로운 영향으로부터 해양을 보호할 필요성에 특별히 유의함)

(b) 심해저 천연자원의 보호, 보존 및 해양환경의 동식물군에 대한 피해 방지

제146조 인명보호

심해저활동과 관련하여 인명을 효과적으로 보호하기 위하여 필요한 조치를 취한다. 이를 위하여 해저기구는 관련 조약에 구현된 기존 국제법을 보충할 적절한 규칙, 규정 및 절차를 채택한다.

제147조 심해저와 해양환경에서의 활동조정

1. 심해저활동은 해양환경에서의 다른 활동을 합리적으로 고려하여 수행된다.
2. 심해저활동에 사용되는 시설은 다음의 조건을 충족하여야 한다.
   (a) 이러한 시설은 이 부의 규정과 해저기구의 규칙, 규정 및 절차에 따라서만 건조·설치·제거되며, 이러한 시설의 건조·설치·제거는 적절하게 통지되고, 또한 그 존재에 관한 항구적 경고수단이 유지되어야 한다.
   (b) 이러한 시설은 국제항행에 필수적인 것으로 인정된 항로대의 사용을 방해할 수 있는 해역이나 어로활동이 집중되는 해역에는 설치할 수 없다.
   (c) 이러한 시설 주위에는 항행과 설비의 안전을 보장하기 위하여 적절한 표지를 갖춘 안전수역을 설정한다. 이러한 안전수역의 형태와 위치는 특정 해역으로 향하는 합법적인 해운이나 국제항로대를 통한 항행을 방해하는 띠를 형성하는 방식으로 설정될 수 없다.
   (d) 이러한 시설은 오로지 평화적 목적을 위하여 사용된다.
   (e) 이러한 시설은 섬의 지위를 가지지 아니한다. 이러한 시설은 자체의 영해를 가지지 아니하며, 그 존재가 영해·배타적경제수역 또는 대륙붕의 경계획정에 영향을 미치지 아니한다.
3. 해양환경에서의 다른 활동은 심해저활동을 합리적으로 고려하여 수행된다.

제148조 개발도상국의 심해저활동 참여

개발도상국의 특수한 이익과 필요, 특히 개발도상국 중 내륙국이나 지리적불리국이 심해저로부터의 원격성 또는 접근의 어려움 등 불리한 위치로 인한 장애를 극복하여야 하는 특별한 필요를 적절히 고려하여, 이 부에서 특별히 정한 바에 따라 개발도상국이 심해저활동에 효과적으로 참여하도록 조장한다.

제149조 고고학적·역사적 유물

심해저에서 발견된 고고학적·역사적 성격을 가진 모든 물건은 인류전체의 이익을 위하여 보존하거나 처분하며, 특히, 기원국, 문화적 기원국 또는 역사적·고고학적 기원국의 우선적 권리를 특별히 고려한다.

제 3 절 심해저자원

제 150 조 심해저활동 관련 정책

심해저활동은 이 부에 특별히 규정된 바에 따라 세계경제의 건전한 발전과 국제무역의 균형된 성장을 촉진하고, 모든 국가, 특히 개발도상국의 전반적인 발전을 위한 국제협력을 촉진하는 방식으로 다음이 보장되도록 수행된다.

(a) 심해저자원 개발
(b) 심해저자원의 질서있고 안전하고 합리적인 관리(심해저활동의 능률적 수행, 건전한 보존원칙의 준수 및 불필요한 낭비의 방지 포함)
(c) 특히 제144조와 제148조의 규정에 부합되게 심해저활동 참여 기회 확대
(d) 이 협약에 규정된 해저기구의 수익 참여와 심해저공사와 개발도상국에 대한 기술이전
(e) 이러한 광물의 소비자에 대한 공급을 보장하기 위하여 다른 곳에서 생산된 광물과 관련하여 필요한 심해저 생산광물의 공급증대
(f) 심해저와 다른 곳으로부터 생산된 광물이 생산자에게 수익성이 있고 소비자에게 공정한 적정하고 안정된 가격을 유지하도록 조장하고 수요공급의 장기적 균형을 조장
(g) 사회적·경제적 체제나 지리적 위치에 관계없이 모든 당사국이 심해저자원의 개발에 참여할 수 있는 기회의 증대 및 심해저활동 독점의 방지
(h) 심해저활동에 의하여 가격하락이나 수출량 감소로 인하여 개발도상국의 경제나 수출소득에 초래되는 부정적 영향으로부터 개발도상국을 보호(그러한 광물가격 하락이나 수출량 감소가 제151조에 규정된 바에 따라 수행된 심해저활동에 의하여 초래된 범위내에서)
(i) 인류전체의 이익을 위한 공동유산 개발
(j) 심해저자원으로부터 생산된 광물과 이러한 광물로부터 생산된 상품의 수입을 위한 시장접근조건은 다른 곳으로부터의 수입에 적용되는 최혜조건보다 더 유리하지 아니하여야 한다.

제 151 조 생산정책

1. 〈이행협정에 의하여 삭제〉
   (a) 제150조에 규정된 목적을 침해하지 아니하고 제150조 (h)를 이행하기 위하여, 해저기구는 생산자와 소비자를 포함한 모든 이해당사자가 참여하는 기존회의를 통하여 또는 적절한 경우 새로운 약정이나 협정을 통하여 활동함으로써 심해저에서 나오는 광물로부터 생산된 상품 시장의 성장·효율성 및 안정성이 생산자에게 수익성이 있고 소비자에게 공정한 가격에서 유지되도록 조장하기 위하여 필요한 조치를 취한다. 모든 당사국은 이러한 목적을 위하여 서로 협력한다.
   (b) 해저기구는 이러한 상품을 다루고 생산자와 소비자를 비롯한 모든 이해당사자가 참여하는 모든 상품회의에 참여할 권리를 가진다. 해저기구는 이러한 회의로부터 도출되는 모든 약정이나 협정의 당사자가 될 권리를 가진다. 이러한 약정이나 협정에 따라 설립되는 모든 기관에 대한 해저기구의 참여는 심해저에서의 생산에 관한 것이어야 하며 그 기관의 관련규칙에 따른다.
   (c) 해저기구는, 심해저에서의 모든 관련 광물의 생산에 관한 통일적이고 차별없는 시행을 보장하는 방식으로, 이 항에 언급된 약정이나 협정에 따른 의무를 이행한다. 이와 같이 함에 있어서 해저기구는 심해저공사의 기존약정 및 승인된 사업계획의 조건과 합치되는 방식으로 행동한다.

2. 〈이행협정에 의하여 삭제〉
    (a) 제3항에 명시된 잠정기간 동안 상업생산은 조업자가 신청하고 해저기구에 의하여 생산인가가 발급될 때까지, 승인된 사업계획에 따라 수행되지 아니한다. 이러한 생산인가는 개발사업의 성격과 시기를 고려하여 해저기구의 규칙, 규정 및 절차가 다른 기간을 규정하지 아니하는 한, 사업계획에 따른 상업생산의 개시시점 보다 5년 이전에 신청되거나 발급될 수 없다.
    (b) 생산인가의 신청에 있어서 조업자는 승인된 사업계획서상 연간 채취예상 니켈량을 명시한다. 신청서에는 조업자가 인가를 받은 후 지출할 경비계획서가 포함되어야 하며, 그 경비는 조업자가 계획된 날짜에 상업생산을 시작할 수 있도록 합리적으로 계산된다.
    (c) (a)와 (b)의 목적을 위하여 해저기구는 제3부속서 제17조에 따른 적절한 이행요건을 설정한다.
    (d) 해저기구는 잠정기간중 생산이 계획되어 있는 각 연도에 있어서 신청된 생산수준과 이미 인가된 수준의 합계가 인가발급연도에 제4항에 따라 계산된 니켈 생산량 한도를 넘지 아니하는 한, 신청된 생산수준에 대한 생산인가를 발급한다.
    (e) 생산인가가 발급된 경우, 생산인가와 승인된 신청은 승인된 사업계획의 일부가 된다.
    (f) 조업자의 생산인가 신청이 (d)에 따라 거부된 경우, 조업자는 언제라도 해저기구에 다시 신청할 수 있다.

3. 〈이행협정에 의하여 삭제〉 잠정기간은 승인된 사업계획서상 최초의 상업생산이 시작될 것으로 계획된 연도 1월 1일의 5년 전에 개시된다. 최초의 상업생산이 원래 계획연도 이후로 연기되는 경우, 잠정기간의 시작과 원래 계산된 생산연도는 이에 따라 조정된다. 잠정기간은 25년이 되는 시점, 제155조에 언급된 재검토회의의 종료 시점, 또는 제1항에 언급된 새로운 약정이나 협정이 발효되는 시점 중에서 가장 빠른 시점까지 계속된다. 이러한 약정이나 협정이 소멸하거나 어떠한 이유로든 효력을 상실하는 경우, 해저기구는 잠정기간의 남은 기간 동안 이 조에 규정된 권한을 갖는다.

4. 〈이행협정에 의하여 삭제〉
    (a) 잠정기간의 각 연도의 생산한도는 다음의 합계로 한다.
        (i) (b)의 규정에 따라 계산된, 최초상업 생산연도의 직전년도와 잠정기간 개시 직전년도의 니켈소비량에 대한 추세치 차이
        (ii) (b)의 규정에 따라 계산된, 생산인가가 신청된 연도와 최초 상업생산연도 직전연도의 니켈소비량에 대한 추세치의 차이의 60퍼센트
    (b) (a)는 다음과 같이 적용한다.
        (i) 니켈생산한도를 계산하는 데 사용되는 추세치는 생산인가 발급연도에 계산된 추세선상의 연간 니켈소비량으로 한다. 추세선은 시간을 독립변수로 하여 자료를 구할 수 있는 최근 15년간의 실제 니켈소비량에 관한 선형대수 회귀선으로부터 도출된다. 이 추세선을 원추세선이라고 한다.
        (ii) 원추세선의 연증가율이 3퍼센트 미만인 경우, (a)에 규정된 생산량의 결정에 사용된 추세선은 원추세선상의 최근 15년간의 최초년도값을 지나서 매년 3퍼센트씩 증가하는 추세선으로 대신한다. 다만, 잠정기간중 어떠한 연도에 대하여 설정된 생산연도는 어떠한 경우에도 그 해의 원추세치와 잠정기간 시작 직전년도의 원추세치의 차이를 넘지 아니한다.

5. 〈이행협정에 의하여 삭제〉 심해저공사의 최초생산을 위하여 해저기구는 제4항에 따라 계산된 이용가능한 생산한도 중에서 심해저공사에 38,000톤의 니켈을 유보한다.
6. 〈이행협정에 의하여 삭제〉
   (a) 조업자는 생산총량이 생산인가에 명시된 양을 넘지 아니하는 경우에는 어느 해의 생산인가에 명시된 복합금속단괴로부터 광물의 연간생산수준의 8퍼센트까지 초과하여 생산할 수 있다. 어느 해에 8퍼센트 이상 20퍼센트 이하인 생산초과, 또는 생산초과가 2년 연속된 후 직후년도와 그 후 계속되는 연도의 생산초과는 해저기구와 협의되고, 해저기구는 조업자에게 추가생산에 관한 보충생산인가를 획득하도록 요구할 수 있다.
   (b) 이러한 보충생산 인가신청은 아직 생산인가를 얻지 못한 조업자에 의한 모든 계류된 신청이 처리되고, 예상되는 다른 신청자에 대하여 적절히 고려한 후 해저기구에 의하여 심사된다. 해저기구는 잠정기간의 어떠한 연도의 생산한도에 따라 허용된 총생산량을 넘지 아니한다는 원칙에 따른다. 해저기구는 어떠한 사업계획 아래에서도 연간 46,500톤을 넘게 니켈생산을 인가할 수 없다.
7. 〈이행협정에 의하여 삭제〉 생산인가에 따라 채취된 복합금속단괴로부터 추출된 구리, 코발트 및 망간등 그 밖의 광물 생산수준은 조업자가 이 조의 규정에 따라 그 단괴로부터 니켈을 최대한 생산할 경우에 생산될 수준보다 높지 아니하여야 한다. 해저기구는 이 항을 이행하기 위하여 제3부속서 제17조에 따라 규칙, 규정 및 절차를 제정한다.
8. 불공정한 경제적 관행에 관한 관련 다자무역협정상의 권리와 의무는 심해지광물의 탐사와 개발에 적용된다. 이 규정에 관하여 발생하는 분쟁의 해결에 있어서 그러한 다자무역협정의 당사자인 당사국은 그러한 협정의 분쟁해결절차에 따른다.
9. 〈이행협정에 의하여 삭제〉 해저기구는 제161조 제8항에 따른 규칙을 채택함으로써 적절한 조건하에서 적절한 방법을 적용하여, 복합금속단괴로부터 생산되는 광물 이외에 심해저로부터 생산되는 광물의 생산수준을 제한할 권한을 가진다.
10. 경제기획위원회의 권고를 기초로 한 이사회의 권고에 따라 총회는 영향받은 광물의 가격 하락 또는 수출량 감소로 인하여 수출소득이나 경제에 심각한 부정적 영향을 받은 개발도상국을 그러한 가격 하락과 수출량 감소가 심해저활동에 의하여 야기된 한도 내에서 원조하기 위하여 보상제도를 수립하거나 전문기구와 다른 국제기구와의 협력을 비롯한 경제조정 지원조치를 취한다. 해저기구는 요청이 있는 경우, 가장 중대한 영향을 받을 것으로 예상되는 국가들의 문제에 관하여 그 곤란을 최소화하고 그 국가의 경제조정을 지원하기 위한 연구를 추진한다.

제 152 조 해저기구의 권한행사와 임무수행
1. 해저기구는 심해저활동에 관한 기회의 제공을 비롯한 그 권한의 행사와 임무의 수행에 있어서 차별을 피한다.
2. 그러나, 이 부에 특별히 규정된 개발도상국에 대한 특별한 고려(개발도상국중 내륙국과 지리적불리국에 대한 특별고려 포함)는 허용된다.

제 153 조 탐사·개발제도
1. 심해저활동은 이 조의 규정, 이 부의 그 밖의 관련규정, 관련 부속서와 해저기구의 규칙·규정 및 절차에 따라 해저기구에 의하여 인류전체를 위하여 조직·수행·통제된다.
2. 심해저활동은 제3항의 규정에 따라 다음의 주체에 의하여 수행된다.

		(a) 심해저공사
		(b) 해저기구와 제휴한 당사국 또는 당사국이 보증하는 경우 당사국의 국적을 가지거나 당사국이나 그 국민에 의하여 실효적으로 지배되는 국영기업·자연인·법인 또는 제3부속서와 이 부에 규정된 요건을 충족하는 앞의 주체의 모든 집합체
	3. 심해저활동은 제3부속서에 따라 작성되고 법률·기술위원회에 의하여 검토된 후 이사회가 승인한 공식 서면사업계획에 따라 수행된다. 해저기구가 인가한 바에 따라 제2항 (b)의 규정에 명시된 주체에 의하여 수행되는 심해저활동의 경우, 사업계획은 제3부속서 제3조에 따른 계약의 형태를 취한다. 이러한 계약에는 제3부속서 제11조의 규정에 따라 공동약정이 포함될 수 있다.〈이행협정부속서 제2절 4항 참조〉
	4. 해저기구는 이 부의 관련규정, 관련 부속서 및 해저기구의 규칙, 규정 및 절차와 제3항에 따라 승인된 사업계획의 준수를 보장하는데 필요한 심해저활동에 대한 통제를 한다. 당사국은 제139조에 따른 준수를 보장하기 위하여 필요한 모든 조치를 취함으로써 해저기구를 지원한다.
	5. 해저기구는 이 부의 규정의 준수를 보장하고 이 부 또는 계약에 따라 해저기구에 부여된 통제와 규제기능을 수행하기 위하여 언제라도 이 부에 규정된 모든 조치를 취할 권리를 가진다. 해저기구는 심해저활동과 관련하여 사용되는 모든 심해저시설을 검사할 권리를 가진다.
	6. 제3항에 따른 계약은 계약기간에 대한 보장을 규정한다. 이러한 계약은 제3부속서 제18조와 제19조에 의한 경우를 제외하고는 개정, 정지 또는 종료되지 아니한다.

제 154 조 정기적 재검토

총회는 이 협약이 발효한 후 5년마다 이 협약에 의하여 수립된 국제심해저제도의 실제 운영상황에 대하여 전반적이고 조직적인 재검토를 한다. 이러한 재검토에 비추어 총회는 이 부 및 이 부와 관련된 부속서의 규정과 절차에 따라서 제도운용의 개선을 가져올 조치를 취하거나 다른 기관이 그러한 조치를 취하도록 권고할 수 있다.

제 155 조 재검토회의

1. 〈이행협정에 의하여 삭제〉 승인된 사업계획에 따른 최초의 상업생산이 시작된 연도의 1월 1일로부터 15년 후에 총회는 심해저자원의 탐사·개발제도를 규율하는 이 부 및 관련 부속서의 규정을 재검토하기 위한 회의를 소집한다. 재검토회의는 그 기간중 얻어진 경험에 비추어 다음을 상세히 검토한다.
	(a) 심해저자원의 탐사·개발제도를 규율하는 이 부의 규정이 인류전체에게 이익을 주었는지 여부를 비롯하여 모든 면에서 그 목적을 달성하였는지 여부
	(b) 15년 기간동안 유보지역이 비유보지역과 비교하여 효과적이고 균형된 방식으로 개발되었는지 여부
	(c) 심해저와 심해저자원의 개발과 이용이 세계경제의 건전한 발전과 국제무역의 균형적인 성장을 촉진하는 방식으로 수행되었는지 여부
	(d) 심해저활동의 독점이 방지되었는지 여부
	(e) 제150조와 제151조에 규정된 정책이 수행되었는지 여부
	(f) 특히 개발도상국의 이익과 필요를 고려하여 그 제도가 심해저활동으로부터 나오는 이익의 공평한 분배를 가져왔는지 여부

2. 재검토회의는 인류공동유산원칙, 모든 국가, 특히 개발도상국의 이익을 고려하여 심해저자원의 공평한 개발을 보장하기 위한 국제제도 및 심해저활동을 조직·수행 및 통제하는 해저기구를 유지할 수 있도록 보장한다. 재검토회의는 심해저의 어떠한 부분에 대한 주권의 주장·행사의 배제, 심해저와 관련한 국가의 권리와 일반적인 행위, 이 협약에 따른 국가의 심해저활동 참여, 심해저활동 독점 방지, 평화적 목적만을 위한 심해저이용, 심해저활동의 경제적 측면, 해양과학조사, 기술이전, 해양환경보호, 인명보호, 연안국의 권리, 심해저의 상부수역과 상공의 법적지위 및 심해저활동과 해양환경에서의 그 밖의 활동과의 조정 등에 관하여 이 부에 규정된 원칙이 유지되도록 보장한다.
3. <이행협정에 의하여 삭제> 재검토회의에서 적용하는 의사결정절차는 제3차 국제연합해양법회의에서 적용된 절차와 같다. 회의는 어떠한 개정이라도 컨센서스에 의하여 합의에 이르도록 모든 노력을 기울여야 하며 컨센서스에 이르기 위한 모든 노력을 다 할 때까지 이러한 사항에 관하여 표결하지 아니한다.
4. <이행협정에 의하여 삭제> 재검토회의 시작으로부터 5년이 지난 후에도 심해저자원의 탐사·개발제도에 관하여 합의가 이루어지지 못하는 경우, 재검토 회의는 그로부터 12개월 이내에 당사국 3/4의 다수에 의하여 그 회의가 필요하고 적절하다고 결정하는, 기존의 제도를 변경하거나 수정하는 개정안을 채택하고 이를 비준·가입하도록 당사국에게 제시할 것을 결정할 수 있다. 이러한 개정안은 당사국의 3/4이 비준서나 가입서를 기탁한 12개월 후 모든 당사국에 대하여 발효한다.
5. 이 조의 규정에 따라 재검토회의가 채택한 개정안은 기존의 계약에 따라 획득한 권리에 영향을 미치지 아니한다.

제4절 해저기구

제1관 총칙

제156조 해저기구의 설립
1. 이 부에 따라 임무를 수행하는 국제해저기구를 설립한다.
2. 모든 당사국은 당연히 해저기구의 회원국이 된다.
3. 최종의정서에 서명하고 제305조 제1항 (c), (d), (e) 또는 (f)에 언급되지 아니한 제3차 국제연합해양법회의의 옵서버는 해저기구의 규칙, 규정 및 절차에 따라 옵서버로 해저기구에 참여할 권리를 가진다.
4. 해저기구의 소재지는 자메이카에 둔다.
5. 해저기구는 그 임무를 수행하는 데 필요하다고 인정되는 지역사무소를 설치할 수 있다.

제157조 해저기구의 성격과 기본원칙
1. 해저기구는 당사국이 특히 심해저자원을 관리할 목적으로 이 부에 따라 이를 통하여, 심해저활동을 주관하고 통제하는 기구이다.
2. 해저기구의 권한과 임무는 이 협약에 의하여 명시적으로 부여된다. 해저기구는 심해저활동에 관한 그 권한의 행사와 임무의 수행에 내재하고 필요하며 이 협약에 부합하는 부수적 권한을 가진다.

3. 해저기구는 모든 회원국의 주권평등원칙에 기초를 둔다.
4. 해저기구의 모든 회원국은 회원자격으로부터 발생하는 권리와 이익을 모든 회원국에게 보장하기 위하여 이 부에 따라 스스로 진 의무를 성실히 이행한다.

제 158 조 해저기구의 기관
1. 해저기구의 주요기관으로서 총회, 이사회 및 사무국을 둔다.
2. 해저기구는 제170조제1항에 규정된 임무를 수행하기 위한 기관으로서 심해저공사를 설치한다.
3. 필요하다고 인정하는 보조기관을 이 부의 규정에 따라 설치할 수 있다.
4. 해저기구와 심해저공사의 주요기관은 그에 부여된 권한을 행사하고 임무를 수행할 책임을 진다. 이러한 권한을 행사하거나 임무를 수행함에 있어서 각 기관은 다른 기관에게 부여된 특정한 권한의 행사와 임무의 수행을 손상하거나 방해하는 행동을 취하지 아니한다.

제 2 관 총회

제 159 조 구성·절차 및 표결〈이행협정부속서 제3절 참조〉
1. 총회는 해저기구의 모든 회원국으로 구성된다. 각 회원국은 총회에 1인의 대표를 파견하며, 대표는 교체대표와 고문을 대동할 수 있다.
2. 총회는 연례 정기회기 및 총회의 결정에 의하여 소집되거나 이사회의 요청, 또는 해저기구의 회원국 과반수의 요청에 따라 사무총장에 의하여 소집되는 특별회기에 회합한다.
3. 회기는 총회에서 달리 결정되지 아니하는 한, 해저기구의 소재지에서 개최된다.
4. 총회는 의사규칙을 채택한다. 총회는 각 정기회기 초에 의장과 그 밖의 필요한 임원을 선출한다. 이들은 다음 정기회의에서 새로운 의장과 그 밖의 임원이 선출될 때까지 재임한다.
5. 총회의 의사정족수는 회원국의 과반수로 한다.
6. 총회에서 각 회원국은 한 표의 표결권을 가진다.
7. 총회의 특별회기를 소집하는 결정을 포함한 절차문제에 관한 결정은 출석하여 투표한 회원국 과반수에 의하여 내려진다.
8. 실질문제에 관한 결정은 출석하여 투표하는 회원국의 2/3 이상의 다수에 의하여 내려지며 이러한 다수에는 그 회기에 참가한 회원국의 과반수가 포함되어야 한다. 어떠한 문제가 실질문제인지의 여부가 문제된 경우, 총회에서 실질문제의 표결에 요구되는 다수결에 의하여 달리 결정되지 아니하는 한 실질문제로 취급된다.
9. 실질문제가 처음 표결에 회부되는 경우, 의장은 5일을 넘지 아니하는 기간 동안 그 문제에 관한 표결을 연기할 수 있으며, 총회 회원국중 최소 1/5 이상의 요구가 있을 때에는 이를 연기한다. 이 규칙은 어느 문제에 관하여 1회만 적용하되, 회기종료일 이후까지 그 문제를 연기할 목적으로 적용할 수 없다.

10. 해저기구의 회원국중 1/4 이상이 어떠한 사항에 관하여 총회에 제출된 제안이 이 협약에 합치하는 지에 관한 권고적 의견을 의장에게 서면으로 요청한 경우, 총회는 국제해양법재판소 해저분쟁재판부에 그에 대한 권고적 의견을 요청하고 재판부에 의한 권고적 의견을 접수할 때까지 그 제안에 대한 표결을 연기한다. 권고적 의견을 요청한 회기의 마지막 주까지 권고적 의견을 접수하지 못한 경우, 총회는 연기된 제안에 관하여 표결을 하기 위한 회합시기를 결정한다.

제 160 조 권한과 임무

1. 총회는 모든 회원국으로 구성되는 해저기구의 유일한 기관으로서, 이 협약에 특별히 규정된 바에 따라 다른 주요기관이 이에 대하여 책임을 지는 해저기구의 최고기관으로 본다. 총회는 해저기구의 권한에 속하는 모든 문제나 사항에 관하여 이 협약의 관련 규정에 따라 일반적인 정책을 수립할 권한을 가진다.
2. 또한 총회의 권한과 임무는 다음 사항을 포함한다.
   (a) 제161조의 규정에 따라 이사회 회원국 선출
   (b) 이사회가 제청한 후보자중에서 사무총장 선출
   (c) 이사회의 추천을 받아 심해저공사 관리위원회의 임원과 심해저공사의 사무국장 선출
   (d) 총회가 이 부의 규정에 따른 임무의 수행에 필요하다고 인정하는 보조기관의 설치. 이러한 보조기관의 구성에 있어서 공평한 지리적 배분원칙 및 그 보조기관이 취급하는 관련 기술사항에 있어서 자격과 능력을 갖춘 회원국의 특수한 이익 및 필요를 적절하게 고려한다.
   (e) 해저기구가 다른 재원으로부터 행정경비에 충당하기에 충분한 수입을 얻을 때까지 국제연합의 정규예산 분담금 비율에 기초하여 합의된 분담금 비율에 따라 해저기구의 행정예산을 위한 회원국의 분담금 배정
   (f) (ⅰ) 개발도상국 및 완전한 독립이나 자치적 지위를 얻지 못한 주민의 이익과 필요를 특별히 고려하여, 이사회의 권고에 따라 심해저활동으로부터 나오는 재정적 이익과 그 밖의 경제적 이익, 제82조의 규정에 따라 행하여진 금전지급과 현물공여의 공평한 배분에 관한 규칙, 규정 및 절차의 심의와 승인. 총회가 이사회의 권고를 승인하지 아니하는 경우 총회는 총회가 표명한 의견에 비추어 재심의하도록 그 권고를 이사회에 회송한다.
   (ⅱ) 제162조제2항 (o) (ⅱ)의 규정에 따라 이사회가 잠정적으로 채택한 해저기구의 규칙, 규정 및 절차와 이에 관한 개정의 심의와 승인. 이러한 규칙, 규정 및 절차는 심해저의 개괄탐사, 탐사 및 개발, 해저기구의 재정관리와 내부행정, 그리고 심해저공사 관리위원회의 권고가 있는 경우 심해저공사로부터 해저기구로의 자금의 이전 등에 관련된 것이어야 한다.
   (g) 심해저활동으로부터 나오는 재정적 이익과 그 밖의 경제적 이익을 이 협약과 해저기구의 규칙, 규정 및 절차에 따라 공평하게 배분하기 위한 결정
   (h) 이사회가 제출한 해저기구 연례예산안의 심의와 승인
   (i) 이사회와 심해저공사가 제출한 정기보고서, 이사회와 해저기구의 다른 기관이 요구에 따라 제출한 특별보고서의 심사
   (j) 심해저활동에 관한 국제적 협력을 증진하고 이에 관한 국제법의 점진적 발전과 법전화를 장려하기 위한 연구의 추진과 권고의 채택

(k) 심해저활동과 관련하여, 특히 개발도상국에 관한 일반적 성격의 문제 및 각국의 지리적 위치에 기인하는 심해저활동과 관련한 문제, 특히 내륙국과 지리적 불리국에 관한 문제 심의
(l) 경제기획위원회의 조언을 기초로 한 이사회의 권고에 따라서 제151조제10항에 규정된 보상제도나 그 밖의 경제조정지원 조치의 수립
(m) 제185조에 따라 회원국으로서의 권리와 특권 행사를 정지시키는 조치
(n) 해저기구의 권한에 속하는 모든 문제나 사항에 대한 토의 및 해저기구의 특정한 기관에 명시적으로 위임되지 아니한 문제나 사항을 해저기구 기관사이의 권한과 임무의 배분에 따라 해저기구의 어느 기관이 다룰 것인가에 관한 결정

제3관 이사회

제161조 구성·절차 및 표결 〈이행협정부속서 제3절 참조〉

1. 〈이행협정에 의하여 삭제〉 이사회는 다음 순서에 따라 총회에서 선출된 해저기구의 36개 회원국으로 구성된다.
    (a) 통계를 이용할 수 있는 최근 5년간 심해저에서 채취되는 종류의 광물로부터 생산된 상품의 세계 총소비량의 2퍼센트 이상을 소비하는 당사국이나 세계 총수입량의 2퍼센트 이상을 순수입하는 당사국중 4개국. 어떠한 경우에도 최대 소비국과 동구(사회주의)지역의 1개국을 포함한다.
    (b) 직접 또는 그 국민을 통하여 심해저활동의 준비와 수행에 가장 많이 투자한 8개 당사국중 4개국. 적어도 동구(사회주의)국가중 1개국을 포함한다.
    (c) 그 관할권 아래에 있는 지역에서의 생산을 기초로 하여 심해저로부터 채취되는 종류의 광물의 주요 순수출국인 당사국중에서 4개국. 적어도 이러한 광물의 수출이 그 경제에 중대한 관계를 가지는 개발도상국 2개국을 포함한다.
    (d) 개발도상국인 당사국중에서 특별이익을 대표하는 6개국. 대표되는 특별이익은 인구 다수국, 내륙국이나 지리적 불리국, 심해저로부터 채취되는 종류의 광물의 주요수입국, 이러한 광물의 잠재적 생산국 및 최저개발국을 포함한다.
    (e) 이사회 전체의석의 공평한 지리적배분 보장원칙에 따라 선출되는 18개국. 다만, 이 규정에 따라 선출된 이사국이 각 지역마다 최소 1개국은 있어야 한다. 이 규정을 적용함에 있어서 지리적 지역은 아프리카·아시아·동구(사회주의)·중남미·서구 및 기타 지역을 말한다.
2. 제1항의 규정에 따라 이사국을 선출함에 있어서 총회는 다음을 보장한다.
    (a) 내륙국과 지리적 불리국은 그들이 총회에서 대표되는 정도에 합리적으로 비례하여 대표된다.
    (b) 제1항 (a), (b), (c) 또는 (d)에 따른 자격을 갖추지 아니한 연안국, 특히 개발도상국은 총회에서 그들이 대표되는 정도에 합리적으로 비례하여 대표된다.
    (c) 이사회에서 대표되는 각 당사국그룹은 그 그룹에 의하여 지명된 이사국이 있는 경우 지명된 이사국에 의하여 대표된다.
3. 선거는 총회 정기회기에서 행하여지고 이사회의 각 이사국은 4년 임기로 선출된다. 다만, 최초의 선거에 있어서는 제1항에 규정된 각 그룹에 속하는 이사국 반수의 임기는 2년으로 한다.

4. 이사국은 재선될 수 있으나 바람직한 의석 순환의 필요성을 적절히 고려한다.
5. 이사회는 해저기구의 소재지에서 임무를 수행하고, 해저기구의 업무상 필요한 횟수만큼 회합하나 최소한 연 3회 이상 회합한다.
6. 이사회의 의사정족수는 이사국의 과반수로 한다.
7. 각 이사국은 한 표의 투표권을 가진다.
8. (a) 절차문제에 관한 결정은 출석하여 투표하는 이사국 과반수에 의하여 내려진다.
   (b) 〈이행협정에 의하여 삭제〉 다음 규정에 따라 일어나는 실질문제에 관한 결정은 출석하여 투표하는 이사국 2/3 이상의 다수결로 내리며, 이에는 이사국의 과반수가 포함되어야 한다: 제162조제2항 (f), (g), (h), (i), (n), (p), (v) 및 제191조
   (c) 〈이행협정에 의하여 삭제〉 다음 규정에 따라 일어나는 실질문제에 관한 결정은 출석하여 투표하는 이사국 3/4 이상의 다수결로 내리며, 이에는 이사국의 과반수가 포함되어야 한다: 제162조제1항, 제162조제2항 (a), (b), (c), (d), (e), (l), (q), (r), (s), (t). 계약자나 보증인에 의한 불이행의 경우에는 (u), (w) (d)에 따라 취하여진 결정에 의하여 추인되지 아니하는 한, 이에 따른 명령은 30일 이상의 구속력을 가지지 아니한다. 제162조제2항 (x), (y), (z), 제163조제2항, 제174조제3항 및 제4부속서 제11조
   (d) 다음 규정에 따라 발생하는 실질문제에 관한 결정은 컨센서스에 의한다: 제162조제2항 (m), (o) 및 제11부의 개정안의 채택
   (e) (d), (f), (g)의 규정을 적용함에 있어서 "컨센서스"라 함은 공식적인 반대가 없는 것을 말한다. 제안이 이사회에 제출된후 14일 이내에 이사회의 의장은 제안의 채택에 공식적인 반대가 있는지 여부를 결정한다. 이사회의 의장이 이러한 반대가 있다고 결정한 경우, 이사회의 의장은 이러한 결정후 3일 이내에 이견을 조정하고 컨센서스에 의하여 채택될 수 있는 제안을 작성하기 위하여 9개국 이하의 이사국으로 구성되고 자신을 의장으로 하는 조정위원회를 설치하고 소집한다. 위원회는 신속히 작업하여 설치후 14일 이내에 이사회에 보고한다. 위원회가 컨센서스로 채택될 수 있는 제안을 권고하지 못할 경우, 위원회는 보고서에 그 제안이 반대되는 이유를 밝힌다.
   (f) 해저기구의 규칙, 규정 및 절차에 의하거나 다른 방법에 의하여 이사회가 결정할 권한을 부여받았으나 위에 열거되지 아니한 문제에 대한 결정은, 규칙, 규정 및 절차에 명시된 이 항 각 호의 규정에 따라 내려지며, 그러한 규정이 명시되어 있지 아니한 경우에는 가능하면 사전에 이사회가 컨센서스로 결정한 어느 한 호의 규정에 따른다.
   (g) 어떠한 문제가 (a), (b), (c) 또는 (d)의 규정에 해당되는지 여부에 관하여 문제가 제기된 때에는 경우에 따라 보다 많거나 또는 가장 많은 다수의 의결이나 컨센서스를 요하는 어느 한 호의 규정에 해당하는 것으로 취급한다. 다만, 이사회가 앞의 다수결이나 컨센서스로 달리 결정하는 경우에는 그러하지 아니하다.
9. 이사회는 이사국이 아닌 해저기구의 회원국이 요청하였을 경우나 특히 그 회원국에 영향을 미치는 문제가 심의중에 있을 경우에는 그 회원국이 이사회의 회의에 참석할 대표를 파견할 수 있도록 하는 절차를 수립한다. 그러한 대표는 심의에 참여할 수 있으나 투표할 수 없다.

제162조 권한과 임무

1. 이사회는 해저기구의 집행기관이다. 이사회는 이 협약 및 총회가 수립한 일반적인 정책에 따라 해저기구의 권한에 속하는 모든 문제나 사항에 관하여 해저기구가 수행하여야 할 개별정책을 수립할 권한을 가진다.
2. 또한 이사회는 다음을 행한다.
   (a) 해저기구의 권한에 속하는 모든 문제와 사항에 관하여 이 부의 규정의 이행을 감독하고 조정하며, 불이행의 사례가 있을 경우 총회의 주의를 환기시킨다.
   (b) 사무총장을 선출하기 위하여 후보자 명부를 총회에 제출한다.
   (c) 심해저공사 관리위원회의 위원과 심해저공사의 사무국장을 선출하기 위하여 후보자를 총회에 추천한다.
   (d) 적절한 경우 경제성과 효율성을 적정하게 고려하여 이 부에 따른 임무 수행에 필요한 보조기관을 설치한다. 보조기관의 구성에 있어서는 그 기관이 다루는 관련 기술사항에 있어서 자격과 능력을 갖춘 위원이 선정되어야 하는 필요성에 역점을 두되, 공평한 지리적 배분원칙과 특별이익과 원칙을 적절히 고려한다.
   (e) 이사회의 의장 선출방식을 포함한 이사회 의사규칙을 채택한다.
   (f) 총회의 승인을 받을 것을 조건으로 하여, 해저기구를 대표하여 해저기구의 권한내에서 국제연합이나 다른 국제기구와 협정을 체결한다.
   (g) 심해저공사의 보고서를 심의하고 권고와 함께 이를 총회에 송부한다.
   (h) 연례보고서 및 총회가 요구하는 특별보고서를 총회에 제출한다.
   (i) 제170조에 따라 심해저공사에 지시를 한다.
   (j) 〈이행협정에 의하여 삭제〉 제3부속서 제6조에 따라 사업계획을 승인한다. 이사회는 이사회 회기중에 법률·기술위원회가 사업계획을 제출한 후 60일 안에 다음 절차에 따라 각 사업계획을 처리한다.
      (ⅰ) 위원회가 사업계획을 승인하도록 권고한 경우, 어떠한 이사국도 14일 안에 의장에게 제3부속서 제6조의 요건을 갖추고 있지 못하다고 주장하는 명시적인 반대를 서면으로 제출하지 아니하면 그 사업계획이 이사회에 의하여 승인된 것으로 본다. 반대가 있는 경우, 제161조 제8항 (e)에 규정된 조정절차가 적용된다. 조정절차가 끝난 후에도 반대가 있는 경우, 그 사업계획은 신청국이나 신청자 보증국을 제외한 이사국의 컨센서스로 이사회가 승인을 거부하지 아니하는 한 이사회에 의하여 승인된 것으로 본다.
      (ⅱ) 위원회가 사업계획을 승인하지 아니하도록 권고하거나 권고 자체를 하지 아니하는 경우, 이사회는 출석하여 투표하는 이사국의 3/4 이상의 다수에 의하여 그 사업계획을 승인할 수 있다. 다만, 이에는 회기에 출석한 이사국의 과반수가 포함되어야 한다.
   (k) (j)에 규정된 절차를 준용하여 제4부속서 제12조에 따라 심해저공사가 제출한 사업계획서를 승인한다.
   (l) 제153조 제4항과 해저기구의 규칙, 규정과 절차에 따라 심해저활동을 통제한다.
   (m) 경제기획위원회의 권고에 따라서 제150조 (h)에 명시된 부정적인 경제적 영향으로부터의 보호를 위하여 그 규정에 따라 필요하고도 적절한 조치를 취한다.
   (n) 경제기획위원회의 권고를 기초로 하여 제151조제10항에 규정된 보상제도나 그밖의 경제조정 지원조치에 관하여 총회에 권고한다.

(o) (i) 개발도상국 및 완전한 독립이나 그 밖의 자치적 지위를 얻지 못한 주민의 이익과 필요를 특별히 고려하여, 심해저활동으로부터 나오는 재정적 이익과 그 밖의 경제적 이익, 제82조에 따라 행하여진 금전지급과 부담 공여의 공평한 배분에 관한 규칙, 규정 및 절차를 총회에 권고한다.
 (ii) 총회의 승인이 있을 때까지 법률·기술위원회나 그 밖의 하부 관련기관의 권고를 고려하여 해저기구의 규칙, 규정 및 절차 및 이에 대한 개정안을 잠정적으로 채택하고 적용한다. 이러한 규칙, 규정 및 절차는 심해저의 개괄탐사, 탐사 및 개발과 해저기구의 재정관리와 내부행정에 관련된 것이어야 한다. 복합금속단괴의 탐사와 개발에 대한 규칙, 규정 및 절차는 우선적으로 채택된다. 복합금속단괴 이외의 자원의 탐사와 개발을 위한 규칙, 규정 및 절차는 해저기구의 회원국이 해저기구에 이러한 자원에 대한 규칙, 규정 및 절차의 채택을 요청한 날로부터 3년안에 채택된다. 모든 규칙, 규정 및 절차는 총회가 승인할 때까지 또는, 총회가 표명한 견해에 비추어 이사회가 이를 개정할 때까지 잠정적으로 효력을 가진다.
(p) 이 부의 규정에 따른 조업과 관련하여 해저기구가 행하거나 해저기구에 대하여 행하여진 모든 지불액의 징수를 심사한다.
(q) 〈이행협정에 의하여 삭제〉 제3부속서 제7조에 따라 선정이 필요한 경우에는 생산인가 신청자중에서 선정한다.
(r) 해저기구 연간예산안을 총회에 제출하여 승인을 받는다.
(s) 해저기구의 권한에 속하는 모든 문제나 사항에 대한 정책에 관하여 총회에 권고한다.
(t) <u>제185조에 따라 회원국으로서의 권리와 특권 행사의 정지에 관하여 총회에 권고한다.</u>
(u) 협약 불이행이 있는 경우, 해저기구를 대표하여 해저분쟁재판부에 소송을 제기한다.
(v) (u)에 따라 제기된 소송에 있어서 해저분쟁재판부의 결정을 총회에 통보하고 취하여야 할 조치에 관하여 적절하다고 판단하는 권고를 한다.
(w) 심해저활동으로부터 발생하는 해양환경에 대한 중대한 피해를 방지하기 위하여 조업정지명령이나 조업조정명령을 포함한 비상명령을 내린다.
(x) 해양환경에 대한 중대한 피해위험이 있다는 구체적인 증거가 있는 경우, 계약자나 심해저공사의 개발지역을 승인하지 아니한다.
(y) 아래와 관련된 재정에 관한 규칙, 규정 및 절차의 초안을 작성할 보조기관을 설치한다. 〈이행협정부속서 제9절 9항 참조〉
 (i) 제171조부터 제175조까지에 따른 재정관리
 (ii) 제3부속서 제13조와 제17조 제1항 (c)에 따른 재정약정
(z) 이 부의 규정, 해저기구의 규칙, 규정 및 절차와 해저기구와의 계약조건이 준수되고 있는지의 여부를 결정하기 위하여 심해저활동을 검사할 검사관을 지시하고 감독하기 위한 적절한 제도를 수립한다.

제 163 조 이사회의 기관

1. 이사회에 다음 기관을 설치한다.
 (i) 경제기획위원회
 (ii) 법률·기술위원회

2. 각 위원회는 당사국이 지명한 후보자중에서 이사회가 선출한 15인의 위원으로 구성한다. 다만, 필요한 경우에 이사회는 경제성과 효율성을 적정하게 고려하여 각 위원회의 규모를 확대할 것을 결정할 수 있다.
3. 위원회의 위원은 그 위원회의 권한에 속하는 분야에서 적절한 자격을 갖추어야 한다. 당사국은 위원회가 임무를 효과적으로 수행하도록 보장하기 위하여 관련 분야에서 자격이 있고 최고수준의 능력과 성실성을 갖춘 후보자를 지명한다.
4. 위원회의 위원을 선출함에 있어서 공평한 지리적배분과 특별이익이 대표되도록 적절히 고려한다.
5. 어느 당사국도 같은 위원회에서 2인 이상의 후보자를 지명할 수 없다. 누구도 2개 이상의 위원회에서 근무하도록 선출될 수 없다.
6. 위원회의 위원은 5년 임기로 재직한다. 위원은 1회에 한하여 재선될 수 있다.
7. 임기만료전 위원회의 위원의 사망, 무자격 또는 해직의 경우, 이사회는 잔여임기 동안 재직할 위원을 동일한 지리적 지역이나 이해분야로부터 선출한다.
8. 위원회의 위원은 심해저에서의 탐사와 개발과 관련된 모든 활동에 관하여 어떠한 재정상의 이해관계도 가질 수 없다. 위원은 자신이 근무하는 위원회에 대한 책임에 따를 것을 조건으로 직무종료 후에도 산업상의 비밀이나 제3부속서 제14조에 따라 해저기구에 이전된 재산권 자료 또는 해저기구 임무수행중 알게 된 그 밖의 비밀정보를 누설하지 아니한다.
9. 각 위원회는 이사회가 채택하는 지침과 지시에 따라 임무를 수행한다.
10. 각 위원회는 위원회의 임무를 효율적으로 수행하기 위하여 필요한 규칙과 규정을 작성하고 승인을 얻기 위하여 이를 이사회에 제출한다.
11. 위원회의 의사결정절차는 해저기구의 규칙, 규정 및 절차에 따라 정한다. 필요한 경우 이사회에 대한 권고에 위원회내의 서로 다른 의견을 요약하여 첨부한다.
12. 각 위원회는 통상적으로 해저기구의 소재지에서 활동하며 임무를 효율적으로 수행하기 위하여 필요한 횟수만큼 회합한다.
13. 각 위원회는 그 임무를 수행함에 있어서 적절한 경우, 다른 위원회, 국제연합과 그 전문기구의 권한있는 기관 또는 이러한 협의의 주제에 관하여 권한있는 어떠한 국제기구와도 협의할 수 있다.

제 164 조 경제기획위원회

1. 경제기획위원회의 위원은 광업, 광물자원 활동의 관리, 국제무역이나 국제경제학 등과 관련된 적절한 자격을 갖춘다. 이사회는 위원회를 구성함에 있어 모든 적절한 자격이 반영되도록 보장하기 위하여 노력한다. 위원회는 심해저에서 채취되는 종류의 광물의 수출이 자국경제에 실질적인 관계가 있는 개발도상국 출신 위원을 적어도 2인 이상 포함한다.
2. 경제기획위원회는 다음 사항을 행한다.
   (a) 이사회의 요청에 따라, 심해저활동과 관련하여 이 협약에 따라 내려진 결정을 이행하기 위한 조치를 제안한다.
   (b) 수입국과 수출국 양쪽의 이익 특히 그 중에서도 개발도상국의 이익에 유의하여 심해저광물의 공급, 수요, 가격 동향 및 이에 영향을 미치는 요인을 검토한다.
   (c) 관계당사국이 주의를 환기시킨 제150조 (h)에 언급된 부정적인 영향을 초래할 수 있는 상황을 검토하여 이사회에 적절한 권고를 행한다.

(d) 제151조제10항에 규정된 바와 같이 심해저활동으로 인하여 부정적인 영향을 받은 개발도상국을 위한 보상제도나 그 밖의 경제조정지원 조치를 총회에 제출하도록 이사회에 제안한다. 위원회는 총회가 채택한 이러한 보상제도나 그 밖의 조치를 구체적으로 적용하기 위하여 이사회에 필요한 권고를 한다.

제 165 조 법률·기술위원회

1. 법률·기술위원회의 위원은 광물자원의 탐사, 개발 및 가공, 해양학, 해양환경보호, 또는 해양광업 및 기타 관련 전문분야에 관한 경제적·법률적 사항등에 관한 적절한 자격을 갖추어야 한다. 이사회는 위원회를 구성하는데 적합한 모든 자격이 반영되도록 보장하기 위하여 노력한다.
2. 법률·기술위원회는 다음을 행한다.
   (a) 이사회의 요청에 따라 해저기구의 임무수행에 관한 권고를 한다.
   (b) 제153조 제3항에 따라 심해저활동을 위한 공식문서로 된 사업계획을 심사하고 이사회에 적절한 권고를 한다. 위원회는 오로지 제3부속서에 규정된 근거에 기초하여 이러한 권고를 하고 이에 관하여 이사회에 충분히 보고한다.
   (c) 이사회의 요청에 의하여, 적절한 경우, 심해저활동을 수행하는 주체나 관계국과 협의, 협력하여 심해저활동을 감독하고 이사회에 보고한다.
   (d) 심해저활동이 환경에 미치는 영향에 관한 평가서를 작성한다.
   (e) 해양환경보호에 관한 분야에서 인정된 전문가의 견해를 고려하여 이사회에 해양환경보호에 관한 권고를 한다.
   (f) 심해저활동이 환경에 미치는 영향평가를 비롯한 모든 관련요소를 고려하여 제162조제2항 (o)에 규정된 규칙, 규정 및 절차를 작성하여 이사회에 제출한다.
   (g) 이러한 규칙, 규정 및 절차를 항상 검토하여 필요하거나 바람직하다고 판단되는 개정안을 수시로 이사회에 제출한다.
   (h) 인정된 과학적 방법에 의하여 심해저활동으로 인한 해양환경오염의 위험이나 효과를 정기적으로 관찰, 측정, 평가 및 분석하는 감시계획의 수립에 관하여 이사회에 권고하고, 기존의 규칙이 적절히 이행되도록 보장하고 또한 이사회가 승인한 감시계획의 시행을 조정한다.
   (i) 이 부 및 관련 부속서에 따라, 특히 제187조를 고려하여 해저기구를 대표하여 해저분쟁재판부에 소송을 제기할 것을 이사회에 권고한다.
   (j) (i)에 따라 제기된 소송에서 해저분쟁재판부가 내린 결정에 근거하여 취하여야 할 조치에 대하여 이사회에 권고한다.
   (k) 심해저활동으로부터 발생하는 해양환경에 대한 중대한 피해를 방지하기 위하여 조업정지명령이나 조업조정명령을 포함한 비상명령을 내릴 것을 이사회에 권고한다. 이사회는 이러한 권고를 우선적으로 취급한다.
   (l) 해양환경에 대한 중대한 피해의 위험이 있다는 구체적인 증거가 있는 경우, 계약자 또는 심해저공사의 개발지역을 승인하지 아니할 것을 이사회에 권고한다.
   (m) 이 부의 규정, 해저기구의 규칙, 규정 및 절차와 해저기구와의 계약조건이 준수되고 있는지 여부를 결정하기 위하여 심해저활동을 검사하는 검사관의 지휘와 감독에 관하여 이사회에 권고한다.

(n) 〈이행협정에 의하여 삭제〉 이사회가 제3부속서 제7조에 따라 생산인가 신청자중에서 필요한 자를 선정한 후 제151조제2항부터 제7항까지에 따라 해저기구를 대표하여 생산한도를 계산하고 생산인가서를 발급한다.
3. 위원회의 위원은 감독과 검사 임무를 수행함에 있어서 당사국이나 다른 관련자의 요청이 있을 때에는 당사국이나 다른 관련자의 대표를 대동한다.

제4관 │ 사무국

제166조 사무국
1. 해저기구의 사무국은 사무총장 및 해저기구가 필요로 하는 직원으로 구성된다.
2. 사무총장은 이사회가 제안한 후보자중에서 총회에 의하여 4년 임기로 선출되며 재선될 수 있다.
3. 사무총장은 해저기구의 수석행정직원이며, 그러한 자격으로 총회, 이사회 및 보조기관의 모든 회합에 참석하고 이들 기관에 의하여 위임된 다른 행정상의 임무를 수행한다.
4. 사무총장은 해저기구의 활동에 관한 연례보고서를 총회에 제출한다.

제167조 해저기구 직원
1. 해저기구의 직원은 해저기구의 행정상 임무를 수행하기 위하여 요구되는 과학적·기술적 자격과 그 밖의 자격을 갖춘 인원으로 구성된다.
2. 직원을 채용·고용하고 그 근무조건을 정함에 있어서 최고수준의 효율성, 능력 및 성실성을 확보할 필요성을 최우선적으로 고려한다. 이러한 고려를 할 것을 조건으로, 가능한 한 광범위한 지리적 기초위에서 직원을 채용하는 것이 중요하다는 점을 적절히 고려한다.
3. 직원은 사무총장이 임명한다. 직원의 임명, 보수 및 해고조건은 해저기구의 규칙, 규정 및 절차에 따른다.

제168조 사무국의 국제적 성격
1. 사무총장과 직원은 그 직무를 수행함에 있어서 어떠한 정부나 해저기구 밖의 어떠한 출처로부터도 지시를 구하거나 받지 아니한다. 이들은 오직 해저기구에 대하여서만 책임을 지는 국제공무원으로서의 지위에 영향을 미치는 어떠한 행위도 삼간다. 각 당사국은 사무총장과 직원의 책임이 전적으로 국제적인 성격을 가진다는 것을 존중하며, 그들의 책임 수행에 영향을 미치려고 하지 아니할 것을 약속한다. 직원에 의한 책임 불이행은 해저기구의 규칙, 규정 및 절차에 규정된 적절한 행정재판소에 회부된다.
2. 사무총장과 직원은 심해저 탐사, 개발과 관련된 모든 활동에 있어서 어떠한 재정적 이해도 가질 수 없다. 그들은 해저기구에 대한 책임에 따를 것을 조건으로 직무가 종료한 이후에도 산업비밀이나 제3부속서 제14조에 따라 해저기구에 이전된 재산권 자료나 해저기구에 근무함으로써 알게 된 그 밖의 비밀정보를 누설하지 아니한다.

3. 제2항에 규정한 해저기구 직원에 의한 의무위반은, 그러한 위반에 의하여 피해를 입은 당사국의 요청이 있거나, 또는 제153조제2항 (b)에 규정에 의거하여 당사국이 보증하고 그러한 위반에 의하여 피해를 입은 자연인이나 법인의 요청이 있으면 해저기구는 관련 직원을 해저기구의 규칙, 규정 및 절차에 지정된 재판소에 회부한다. 피해를 입은 당사국은 그 소송에 참가할 권리를 가진다. 재판소가 권고하는 경우 사무총장은 관련 직원을 해고한다.
4. 해저기구의 규칙, 규정 및 절차는 이 조를 이행하는 데 필요한 규정을 포함한다.

제 169 조 국제기구·비정부간기구와의 협의·협력

1. 사무총장은 해저기구의 권한내 사항에 관하여 국제연합 경제사회이사회가 인정한 국제기구, 비정부간기구와의 협의 및 협력을 위하여 이사회의 승인을 받아 적절한 약정을 체결한다.
2. 제1항의 규정에 의하여 사무총장과 약정을 체결한 기구는 해저기구의 기관의 의사규칙에 따라 그러한 기관의 회합에 옵서버로 참석할 대표를 지정할 수 있다. 적절한 경우 그러한 기구의 의견을 얻기 위한 절차를 확립한다.
3. 사무총장은 제1항에 언급된 비정부간기구가 특별한 권한을 가지는 사항으로서 해저기구의 활동과 관련된 사항에 관하여 제출한 서면보고서를 당사국에 배포할 수 있다.

제 5 관 심해저공사

제 170 조 심해저공사

1. 심해저공사는 제153조제2항 (a)에 따라 심해저활동을 직접 수행하며 심해저로부터 채취된 광물의 수송, 가공 및 판매를 수행하는 해저기구의 기관이다.
2. 심해저공사는 해저기구의 국제법인격의 테두리 안에서 제4부속서에 규정된 정관에 따른 법적 능력을 가진다. 심해저공사는 이 협약, 해저기구의 규칙, 규정 및 절차, 또한 총회가 확립한 일반정책에 따라 행동하여야 하며 이사회의 지시와 통제에 따른다.
3. 심해저공사는 해저기구의 소재지에 주사무소를 둔다.
4. 심해저공사는 제173조제2항과 제4부속서 제11조에 따라 그 직무를 수행하기 위하여 필요한 자금을 제공받으며 제144조와 그 밖의 이 협약 관련규정에 따라 기술을 인수한다. 〈이행협정부속서 제2절 6항 참조〉

제 6 관 해저기구의 재정

제 171 조 해저기구의 자금

해저기구의 자금은 다음을 포함한다.
(a) 제160조제2항 (e)의 규정에 따라 해저기구의 회원국이 납부한 분담금
(b) 제3부속서 제13조의 규정에 따라 심해저활동과 관련하여 해저기구가 받은 자금
(c) 제4부속서 제10조의 규정에 따라 심해저공사로부터 이전된 자금
(d) 제174조의 규정에 따라 차입한 자금
(e) 회원국이나 다른 주체가 납부한 자발적 기부금
(f) 제151조제10항에 따라 경제기획위원회가 권고하는 재원으로부터의 보상기금에 대한 납입금

제 172 조 해저기구의 연간예산

사무총장은 해저기구의 연간예산안을 작성하여 이사회에 제출한다. 이사회는 연간예산안을 심의하여 이에 대한 권고와 함께 총회에 제출한다. 총회는 제160조제2항 (h)에 따라 연간예산안을 심의하고 승인한다.

제 173 조 해저기구의 경비

1. 제171조 (a)에 언급된 분담금은 해저기구가 다른 재원으로부터 해저기구의 행정경비를 충당하기에 충분한 자금을 가질 때까지 이러한 경비를 충당하기 위한 특별계정에 불입된다.
2. 해저기구의 행정경비는 해저기구의 자금에서 우선적으로 지급된다. 제171조 (a)에 규정된 분담금을 제외하고, 행정경비 지급후 남은 자금은 특히 다음과 같이 배분하거나 사용한다.
   (a) 제140조 및 제160조제2항 (g)에 따라 배분한다.
   (b) 제170조제4항에 따라 심해저공사에 자금을 제공하기 위하여 사용한다.
   (c) 제151조제10항 및 제160조제2항 (l)에 따라 개발도상국에 보상하기 위하여 사용한다.

제 174 조 해저기구의 차입권한

1. 해저기구는 자금을 차입할 권한을 가진다. 〈이행협정부속서 제1절 14항 참조〉
2. 총회는 제160조제2항 (f)에 따라 채택된 재정규칙내에 해저기구의 차입권한에 대한 제한을 규정한다.
3. 이사회는 해저기구의 차입권한을 행사한다.
4. 당사국은 해저기구의 채무에 대하여 책임을 지지 아니한다.

제 175 조 연례감사

연차재무제표를 비롯한 해저기구의 기록, 장부와 계산서류는 총회가 임명하는 독립된 감사관에 의하여 매년 감사를 받는다.

제 7 관 법적지위, 특권·면제

제 176 조 법적지위

해저기구는 국제법인격 및 그 임무의 수행과 목적의 달성에 필요한 법적 능력을 가진다.

제 177 조 특권·면제

해저기구가 그 임무를 수행할 수 있도록 하기 위하여 해저기구는 각 당사국의 영토안에서 이 관에서 규정된 특권·면제를 향유한다. 심해저공사에 관한 특권·면제는 제4부속서 제13조에 규정된 특권·면제와 같다.

제 178 조 법절차로부터의 면제

해저기구가 특별한 사건에 대하여 명시적으로 면제를 포기한 경우 이외에는 해저기구와 해저기구의 재산과 자산은 법절차로부터 면제된다.

제 179 조 수색·압수로부터의 면제

해저기구의 재산과 자산은 그 소재지와 점유자에 관계없이 행정 또는 입법조치에 의한 수색, 징발, 몰수, 수용 또는 그 밖의 형태의 압수로부터 면제된다.

제 180 조 제한·규제·통제·동결로부터의 면제

해저기구의 재산과 자산은 어떠한 성격의 제한, 규제, 통제 및 동결조치로부터도 면제된다.

제 181 조 해저기구의 문서보관소와 공용통신

1. 해저기구의 문서보관소는 어디에 있든 불가침이다.
2. 재산권 자료·산업비밀 또는 이와 유사한 정보 및 인사기록은 공공에 개방되는 문서보관소에 비치될 수 없다.
3. 해저기구는 공용통신에 관하여 각 당사국이 다른 국제기구에 부여한 것보다 불리하지 아니한 대우를 각 당사국으로부터 부여받는다.

제 182 조 해저기구 관련인사의 특권·면제

총회나 이사회의 회합 또는 총회나 이사회 기관의 회합에 출석하는 회원국 대표, 해저기구의 사무총장 및 직원은 가 당사국의 영토안에서 다음 사항을 향유한다.
(a) 직무수행중에 행한 행위에 관한 법절차로부터의 면제(단, 이들이 대표하는 국가 또는 적절한 경우 해저기구가 특정한 사건에 대하여 명시적으로 면제를 포기한 경우를 제외)
(b) 이들이 그 당사국의 국민이 아닌 경우, 그 당사국이 이들과 동등한 지위에 있는 다른 당사국의 대표 및 공무원과 고용인에게 부여하는 것과 동일한 출입국제한, 외국인 등록요건 및 국민으로서의 의무로부터의 동등한 면제 및 외환제한에 관한 동일한 편의와 여행편의에 관한 동일한 대우

제 183 조 조세·관세의 면제

1. 해저기구, 그 재산과 자산, 수입 그리고 이 협약에 의하여 인정된 해저기구의 운영과 거래는 해저기구의 공적활동 범위안에서 모든 직접세로부터 면제되고, 또한 해저기구 공용으로 수입되거나 수출되는 물품은 모든 관세로부터 면제된다. 해저기구는 제공된 용역에 대하여 부과되는 수수료로부터의 면제를 주장할 수 없다.
2. 해저기구의 공적활동에 필요한 실질적 가치가 있는 상품과 용역의 구입이 해저기구에 의하여 또는 해저기구를 대리하여 이루어지고 또한 이러한 상품과 용역의 가격에 조세나 관세가 포함되어 있는 경우, 실행가능한 범위 안에서 당사국은 이러한 조세나 관세로부터의 면제를 부여하거나 이를 환급하기 위한 적절한 조치를 취한다. 이 조의 규정에 따른 면제하에 수입되거나 구입된 물품은, 면제를 부여한 당사국과 합의한 조건에 따르는 경우를 제외하고는, 그 당사국의 영토안에서 매각되거나 또는 달리 처분되지 아니한다.
3. 해저기구의 사무총장과 직원, 해저기구를 위하여 임무를 수행하는 자로서 당사국의 국민이 아닌 전문가에게 해저기구가 지급한 봉급, 수당이나 다른 형태의 지급에 대하여 그 당사국은 조세를 부과할 수 없다.

제8관 회원국의 권리·특권 행사의 정지

제184조 표결권 행사의 정지

해저기구에 대한 재정분담금 납부를 지체하고 있는 당사국은 그 체납액이 과거 2년 동안 납부하여야 할 분담금액과 동일하거나 이를 넘는 경우에는 표결권을 가지지 아니한다. 분담금을 납부하지 못한 것이 회원국이 통제할 수 없는 상황 때문이라는 점이 납득될 경우 총회는 이러한 회원국이 투표하도록 허가할 수 있다.

제185조 회원국의 권리·특권행사의 정지

1. 총회는 중대하고도 계속적으로 이 부의 규정을 위반한 당사국에 대하여는 이사회의 권고에 따라 회원국으로서의 권리와 특권의 행사를 정지시킬 수 있다.
2. 당사국이 중대하고도 계속적으로 이 부의 규정을 위반하였다는 것을 해저분쟁재판부가 결정할 때까지는 제1항에 따른 어떠한 조치도 취할 수 없다.

제5절 분쟁해결과 권고적 의견

제186조 국제해양법재판소의 해저분쟁재판부

해저분쟁재판부의 설치와 그 관할권 행사방식은 이 부, 제15부 및 제6부속서의 규정에 의하여 규율된다.

제187조 해저분쟁재판부의 관할권

해저분쟁재판부는 이 부 및 이 부와 관련된 부속서에 따라 다음 범주에 속하는 심해저활동 관련 분쟁에 대한 관할권을 가진다.
(a) 이 부 및 이 부와 관련된 부속서의 해석 또는 적용에 관한 당사국 사이의 분쟁
(b) 다음 사항에 관한 당사국과 해저기구 사이의 분쟁
　(i) 이 부 또는 이 부와 관련된 부속서 또는 이에 따라 채택된 해저기구의 규칙, 규정 및 절차를 위반한 것으로 주장되는 해저기구나 당사국의 작위나 부작위
　(ii) 관할권의 일탈 또는 권한남용이라고 주장되는 해저기구의 행위
(c) 당사국, 해저기구 또는 심해저공사, 국영기업 및 제153조 제2항 (b)에 규정된 자연인이나 법인 등 계약당사자 사이의 다음 사항에 관한 분쟁
　(i) 관련 계약이나 사업계획의 해석 또는 적용
　(ii) 다른 계약당사자를 대상으로 하거나 또는 그의 적법한 이익에 직접적으로 영향을 미치는 심해저활동에 관한 계약당사자의 작위나 부작위
(d) 제153조 제2항 (b)의 규정에 따라 국가가 보증하고 제3부속서 제4조 제6항 및 제13조 제2항에 규정된 조건을 적절하게 이행한 계약예정자와 해저기구 사이의 분쟁으로서 계약의 거부 또는 계약의 협상 중에 발생하는 법적 문제에 관한 분쟁
(e) 해저기구가 제3부속서 제22조에 규정된 책임을 지게 되었다고 주장되는 경우, 해저기구와 당사국, 국영기업 또는 제153조 제2항 (b)의 규정에 따라 당사국이 보증한 자연인이나 법인 사이의 분쟁
(f) 해저분쟁재판부의 관할권에 속하는 것으로 이 협약에 특별히 규정된 그 밖의 분쟁

제 188 조 국제해양법재판소 특별재판부나 해저분쟁재판부 임시재판정 또는 구속력이 있는 상사중재에의 분쟁 회부

1. 제187조 (a)에 언급된 당사국 사이의 분쟁은 다음 재판부에 회부될 수 있다.
   (a) 분쟁당사자의 요청이 있을 경우 제6부속서 제15조 및 제17조에 따라 구성되는 국제해양법재판소 특별재판부
   (b) 어느 한 분쟁당사자의 요청이 있을 경우 제6부속서 제36조에 따라 구성되는 해저분쟁재판부 임시재판정
2. (a) 제187조 (c) (i)에 언급된 계약의 해석·적용에 관한 분쟁은 당사자가 달리 합의하지 아니하는 한, 어느 한 분쟁당사자의 요청이 있으면 구속력 있는 상사중재에 회부된다. 분쟁이 회부되는 상사중재재판소는 이 협약의 해석문제를 결정할 관할권을 가지지 아니한다. 분쟁이 심해저활동에 관하여 제11부 및 이와 관련된 부속서의 해석문제를 포함하는 경우, 이러한 문제는 해저분쟁 재판부에 회부하여 재정되도록 한다.
   (b) 이러한 중재를 시작할 때 또는 도중에 중재재판소가 분쟁의 어느 한 당사자의 요청에 의하여 또는 재판소의 직권으로 재판소의 결정이 해저분쟁재판부의 재정에 의존한다고 판정한 경우, 중재재판소는 재정을 위하여 이 문제를 해저분쟁재판부에 회부한다. 중재재판소는 해저분쟁재판부의 재정에 합치되게 결정을 내린다.
   (c) 분쟁에 적용할 중재절차에 관한 규정이 계약서에 없는 경우, 중재는 두 당사자가 달리 합의하지 아니하는 한, 국제연합상거래위원회의 중재규칙이나 해저기구의 규칙, 규정 및 절차에 규정된 중재규칙에 따라 이루어진다.

제 189 조 해저기구의 결정에 대한 재판관할권의 제한

해저분쟁재판부는 이 부에 따른 해저기구의 재량권행사에 관하여는 관할권을 가지지 아니한다. 어떠한 경우에도 해저분쟁재판부는 자신의 재량으로 해저기구의 재량을 대체할 수 없다. 해저분쟁재판부는 제191조를 침해하지 아니하고 제187조에 따라 관할권을 행사함에 있어 해저기구의 규칙, 규정 및 절차가 이 협약과 합치하는지 여부에 대한 문제에 관하여 판단하지 아니하여야 하며 이러한 규칙, 규정 및 절차가 무효임을 선언하지 아니한다. 다만, 해저분쟁재판부의 관할권은 개별사건에 있어서 해저기구의 규칙, 규정 및 절차를 적용하는 것이 분쟁 당사자의 계약상 의무나 이 협약상의 의무와 충돌된다는 주장, 관할권의 일탈 또는 권한남용에 관한 주장, 다른 당사자의 계약상 의무 또는 이 협약상의 의무 불이행에 대하여 관련 당사자에게 지불되어야 할 손해배상 또는 그 밖의 구제의 주장을 결정하는데 국한된다.

제 190 조 보증당사국의 소송절차 참가와 출석

1. 자연인이나 법인이 제187조에 언급된 분쟁당사자인 경우 보증국은 이에 관하여 통지를 받고 서면진술 또는 구두진술을 통하여 소송절차에 참가할 권리를 가진다.
2. 제187조 (c)에 언급된 분쟁에 있어서 어느 한 당사국을 상대로 다른 당사국이 보증하는 자연인이나 법인이 소송을 제기할 경우, 피소국은 그 보증국에 대하여 자연인이나 법인을 대리하여 소송에 출석하도록 요청할 수 있다. 그러한 불출석의 경우, 피소국은 자국 국적의 법인을 대리로 내보낼 수 있다.

제191조 권고적 의견

해저분쟁재판부는 총회나 이사회의 활동범위 안에서 발생하는 법률문제에 관하여 총회나 이사회의 요청에 따라 권고적 의견을 제시한다. 그러한 권고적 의견은 긴급사항으로 제시된다.

제12부 해양환경의 보호와 보전

제1절 총칙

제192조 일반적 의무
각국은 해양환경을 보호하고 보전할 의무를 진다.

제193조 천연자원의 개발에 관한 국가의 주권적 권리
각국은 자국의 환경정책과 해양환경을 보호하고 보전할 의무에 따라 자국의 천연자원을 개발할 주권적 권리를 가진다.

제194조 해양환경 오염의 방지, 경감 및 통제를 위한 조치

1. 각국은 개별적으로 또는 적절한 경우 공동으로, 자국이 가지고 있는 실제적인 최선의 수단을 사용하여 또한 자국의 능력에 따라 모든 오염원으로부터 해양환경 오염을 방지, 경감 및 통제하는 데 필요한 이 협약과 부합하는 모든 조치를 취하고, 또한 이와 관련한 자국의 정책을 조화시키도록 노력한다.
2. 각국은 자국의 관할권이나 통제하의 활동이 다른 국가와 자국의 환경에 대하여 오염으로 인한 손해를 주지 않게 수행되도록 보장하고, 또한 자국의 관할권이나 통제하의 사고나 활동으로부터 발생하는 오염이 이 협약에 따라 자국이 주권적 권리를 행사하는 지역 밖으로 확산되지 아니하도록 보장하는 데 필요한 모든 조치를 취한다.
3. 이 부에 따라 취하여진 조치는 해양환경의 모든 오염원을 다룬다. 이러한 조치는 특히 다음의 사항을 가능한 한 가장 극소화시키기 위한 조치를 포함한다.
   (a) 육상오염원으로부터, 대기로부터, 대기를 통하여 또는 투기에 의하여 특히 지속성 있는 유독·유해하거나 해로운 물질의 배출
   (b) 선박으로부터의 오염, 특히 사고방지, 긴급사태의 처리, 해상작업의 안전확보, 고의적 및 비고의적 배출의 방지, 선박의 설계·건조·장비·운용 및 인원배치의 규제를 위한 조치
   (c) 해저와 하층토의 천연자원의 탐사나 개발에 사용되는 설비나 장치로부터의 오염, 특히 사고방지, 긴급사태의 처리, 해상작업의 안전확보, 또한 이러한 설비나 장치의 설계·구조·장비·운용 및 인원배치의 규제를 위한 조치
   (d) 해양환경에서 운용되는 그 밖의 설비나 장치로부터의 오염. 특히 사고방지, 긴급사태의 처리, 해상작업의 안전확보, 또한 이러한 설비나 장치의 설계·구조·장비·운용 및 인원배치를 규제하기 위한 조치
4. 각국은 해양환경 오염을 방지, 경감 및 통제하기 위한 조치를 취함에 있어서 다른 국가가 이 협약에 따른 권리 행사나 의무 이행상 수행하는 활동을 부당하게 방해하지 아니한다.

5. 이 부에 따라 취하여진 조치는 매우 희귀하거나 손상되기 쉬운 생태계, 고갈되거나 멸종의 위협을 받거나 위험에 처한 생물종 및 그 밖의 해양생물체 서식지의 보호와 보존에 필요한 조치를 포함한다.

제 195 조 피해나 위험을 전가시키거나 오염형태를 변형시키지 아니할 의무
각국은 해양환경 오염을 방지, 경감 및 통제하기 위한 조치를 취함에 있어서 직접·간접적으로 피해나 위험을 어느 한 지역에서 다른 지역에 전가시키거나 어떤 형태의 오염을 다른 형태의 오염으로 변형시키지 아니하도록 행동한다.

제 196 조 기술의 사용 또는 외래종이나 새로운 종의 도입
1. 각국은 해양환경에 중대하고도 해로운 변화를 초래할 우려가 있는 자국의 관할권이나 통제하에 있는 기술의 사용으로부터 또는 해양환경의 특정한 부분에 대한 외래의 종이나 새로운 종의 고의적, 우발적인 도입으로부터 발생하는 해양환경 오염을 방지, 경감 및 통제하기 위하여 필요한 조치를 취한다.
2. 이 조는 해양환경 오염의 방지, 경감 및 통제에 관한 이 협약의 적용에 영향을 미치지 아니한다.

제 2 절 지구적·지역적 협력

제 197 조 지구적·지역적 차원의 협력
각국은 지구적 차원에서 그리고 적절한 경우 지역적 차원에서 특수한 지역특성을 고려하여 직접 또는 권한있는 국제기구를 통하여 해양환경을 보호하고 보존하기 위하여 이 협약과 합치하는 국제규칙, 기준, 권고관행 및 절차의 수립 및 발전에 협력한다.

제 198 조 급박한 피해나 현실적 피해의 통고
어느 국가가 해양환경이 오염에 의하여 피해를 입을 급박한 위험에 처하거나 피해를 입은 것을 알게된 경우, 그 국가는 그러한 피해에 의하여 영향을 받을 것으로 생각되는 다른 국가와 권한있는 국제기구에 신속히 통고한다.

제 199 조 오염대비 비상계획
제198조에 언급된 경우, 피해지역에 있는 국가는 자국의 능력에 따라서 권한있는 국제기구와 함께 가능한 한 오염의 영향을 제거하고 피해를 방지하거나 최소화하도록 협력한다. 이러한 목적을 위하여 각국은 공동으로 해양환경내의 오염사고에 대처하기 위한 비상계획을 개발하고 촉진시킨다.

제 200 조 연구·조사계획과 정보·자료교환
각국은 과학조사연구를 촉진시키고 과학조사계획을 실시하며 또한 해양환경오염에 관하여 획득된 정보와 자료의 교환을 장려하기 위하여 직접 또는 권한있는 국제기구를 통하여 협력한다. 각국은 오염의 성격과 범위의 평가, 오염에의 노출, 그 경로, 위험 및 구제조치에 관한 지식을 얻기 위하여 지역적·세계적 계획에 적극적으로 참여하도록 노력한다.

제 201 조 규칙제정을 위한 과학적 기준

제200조에 따라 획득된 정보와 자료를 고려하여 각국은 직접적으로 또는 권한있는 국제기구를 통하여 해양환경오염의 방지, 경감 및 통제에 관한 규칙, 기준, 권고관행 및 절차를 수립하고 발전시키기 위한 적절한 과학적 기준을 설정하도록 협력한다.

제 3 절 기술지원

제 202 조 개발도상국에 대한 과학·기술지원

각국은 직접 또는 권한있는 국제기구를 통하여 다음을 행한다.
- (a) 해양환경의 보호 및 보존과 해양오염의 방지, 경감 및 통제를 위하여 개발도상국에 대한 과학적·교육적·기술적 지원 및 그 밖의 지원계획을 촉진시킨다. 이러한 지원에는 특히 다음 사항이 포함된다.
  - (i) 개발도상국의 과학·기술요원의 훈련
  - (ii) 관련있는 국제계획에 개발도상국 요원의 참여 촉진
  - (iii) 개발도상국에 대한 필요장비와 시설의 제공
  - (iv) 개발도상국의 이러한 장비의 생산능력 제고
  - (v) 연구·감시·교육 및 그 밖의 계획을 위한 시설의 개발과 조언
- (b) 해양환경에 심각한 오염을 가져올 수 있는 심각한 사고의 영향을 최소화하기 위하여 특히 개발도상국에 적절한 지원을 제공한다.
- (c) 환경평가 준비에 관하여 특히 개발도상국에 적절한 지원을 제공한다.

제 203 조 개발도상국에 대한 우선적 대우

개발도상국은 해양환경오염의 방지, 경감 및 통제 또는 그 영향의 최소화를 위하여 국제기구로부터 다음 사항에 관한 우선권을 부여받는다.
- (a) 적절한 자금과 기술원조의 할당
- (b) 국제기구의 전문적 용역의 이용

제 4 절 감시와 환경평가

제 204 조 오염의 위험이나 영향의 감시

1. 각국은 다른 국가의 권리와 양립하는 범위내에서 직접적 또는 권한있는 국제기구를 통하여 해양환경 오염의 위험이나 영향을 인정된 과학적 방법에 의하여 관찰, 측정, 평가 및 분석하기 위하여 실행가능한 한 노력한다.
2. 특히 각국은 자국이 허가하거나 참여하는 모든 활동이 해양환경을 오염시킬 가능성이 있는지의 여부를 결정하기 위하여 그 활동의 영향을 계속 감시한다.

제 205 조 보고서 발간

각국은 제204조에 따라 획득한 결과에 대한 보고서를 발간하거나 적절한 시간 간격을 두고 권한있는 국제기구에 이러한 보고서를 제출하며, 그 국제기구는 이를 모든 국가가 이용할 수 있도록 한다.

제 206 조 활동의 잠재적 영향평가

각국은 자국의 관할권이나 통제하에 계획된 활동이 해양환경에 실질적인 오염이나 중대하고 해로운 변화를 가져올 것이라고 믿을만한 합리적인 근거가 있는 경우, 해양환경에 대한 이러한 활동의 잠재적 영향을 실행가능한 한 평가하고 제205조가 규정한 방식에 따라 이러한 평가의 결과에 관한 보고서를 송부한다.

제 5 절 해양환경 오염의 방지, 경감, 통제를 위한 국제규칙과 국내입법

제 207 조 육상오염원에 의한 오염

1. 각국은 국제적으로 합의된 규칙, 기준 및 권고관행과 절차를 고려하여 강, 하구, 관선 및 배출시설을 비롯한 육상오염원에 의한 해양환경오염을 방지, 경감 및 통제하기 위하여 법령을 제정한다.
2. 각국은 이러한 오염을 방지, 경감 및 통제하기 위하여 필요한 그 밖의 조치를 취한다.
3. 각국은 이와 관련하여 적절한 지역차원에서 각국의 정책을 조화시키도록 노력한다.
4. 각국은 개발도상국의 지역적 특성, 경제적 능력 및 경제개발의 필요성을 고려하여 권한있는 국제기구나 외교회의를 통하여 육상오염원에 의한 해양환경 오염을 방지, 경감 및 통제하기 위한 세계적·지역적 규칙, 기준 및 권고관행과 절차를 확립하기 위하여 노력한다. 이러한 규칙, 기준 및 권고관행과 절차는 필요에 따라 수시로 재검토된다.
5. 제1항, 제2항 및 제4항에 언급된 법령, 조치, 규칙, 기준 및 권고관행과 절차는 특히 지속성이 있는 유독·유해한 물질의 해양환경으로의 배출을 가능한 한 최소화시키기 위한 것을 포함한다.

제 208 조 국가관할권하의 해저활동에 의한 오염

1. 연안국은 자국의 관할권 아래에 있는 해저활동으로 부터 또는 이와 관련하여 발생하는 해양환경의 오염 및 제60조와 제80조에 자국 관할권내에 건설된 인공섬, 설비 및 구조물로부터 발생하는 해양환경의 오염을 방지, 경감 및 통제하기 위한 법령을 제정한다.
2. 각국은 이러한 오염을 방지, 경감 및 통제하기 위하여 필요한 그 밖의 조치를 취한다.
3. 이러한 법령과 조치는 적어도 국제규칙, 기준 및 권고관행과 절차와 동등한 효력을 갖도록 한다.
4. 각국은 이와 관련하여 적절한 지역적 차원에서 각국의 정책을 조화시키도록 노력한다.
5. 각국은 특히 권한있는 국제기구나 외교회의를 통하여 제1항에 언급된 해양환경의 오염을 방지, 경감 및 통제하기 위한 세계적·지역적 규칙, 기준 및 권고관행과 절차를 확립한다. 이러한 규칙, 기준 및 권고관행과 절차는 필요에 따라 수시로 재검토된다.

제 209 조 심해저활동에 의한 오염

1. 심해저활동으로 인한 해양환경 오염을 방지, 경감 및 통제하기 위하여 제11부에 따라 국제규칙, 규정 및 절차를 수립한다. 이러한 규칙, 규정 및 절차는 필요에 따라 수시로 재검토한다.

2. 이 절의 관계규정에 따를 것을 조건으로, 각국은 자국기를 게양하거나 자국에 등록되었거나 또는 자국의 권한 아래 운영되는 선박, 설비, 구조물 및 그 밖의 장비에 의하여 수행되는 심해저활동으로 인한 해양환경의 오염을 방지, 경감 및 통제하기 위한 법령을 경우에 따라 제정한다. <u>이러한 법령의 요건은 적어도 제1항에 언급된 국제규칙, 규정 및 절차와 동등한 효력을 가져야 한다.</u>

제210조 투기에 의한 오염

1. <u>각국은 투기에 의한 해양환경 오염을 방지, 경감 및 통제하기 위하여 법령을 제정한다.</u>
2. 각국은 이러한 오염의 방지, 경감 및 통제에 필요한 그 밖의 조치를 취한다.
3. 이러한 법령과 조치는 권한있는 당국의 허가없이는 투기가 이루어지지 아니하도록 보장한다.
4. 각국은 특히 권한있는 국제기구나 외교회의를 통하여 이러한 오염을 방지, 경감 및 통제하기 위한 세계적·지역적 규칙, 기준 및 권고관행과 절차를 수립하기 위하여 노력한다. 이러한 규칙, 기준 및 권고관행과 절차는 필요에 따라 수시로 재검토된다.
5. <u>영해와 배타적경제수역에서의 투기 또는 대륙붕상의 투기는 연안국의 명시적인 사전승인 없이는 행할 수 없으며, 연안국은 지리적 여건으로 인하여 불리한 영향을 받을 다른 국가와 함께 그 문제를 적절히 검토한 후 이러한 투기를 허용, 규제 및 통제할 권리를 가진다.</u>
6. 국내법령과 조치는 이러한 오염을 방지, 경감 및 통제하는 데 있어서 적어도 세계적 규칙 및 기준과 동등한 효력을 가져야 한다.

제211조 선박에 의한 오염

1. 각국은 권한있는 국제기구나 외교회의를 통하여 선박에 의한 해양환경 오염을 방지, 경감 및 통제하기 위한 국제적 규칙과 기준을 수립하여야 하며, 적절한 경우, 동일한 방식으로 연안을 포함한 해양환경을 오염시킬 수 있는 사고의 위협 및 연안국의 관련 이익에 대한 오염피해를 최소화하기 위한 항로제도의 채택을 촉진한다. 이러한 원칙과 기준은, 동일한 방식으로, 필요에 따라 수시로 재검토된다.
2. <u>각국은 자국기를 게양하고 있거나 자국에 등록된 선박으로부터의 해양환경 오염을 방지, 경감 및 통제하기 위하여 법령을 제정한다. 이러한 법령은 권한있는 국제기구나 일반외교회의를 통하여 수립되어 일반적으로 수락된 국제규칙 및 기준과 적어도 동등한 효력을 가져야 한다.</u>
3. 해양환경 오염의 방지, 경감 및 통제를 위하여 외국선박의 자국 항구와 내수로의 진입이나 연안정박시설 방문에 대해 특별한 조건을 규정한 국가는 이러한 요건을 적절히 공표하고 권한있는 국제기구에 통보한다. 2개국 이상의 연안국이 정책을 조화시키기 위하여 이러한 요건을 동일하게 규정한 경우, 이러한 협력약정에 참가하는 국가를 명시하여 통보한다. 모든 국가는 자국기를 게양하거나 자국에 등록된 선박이 이러한 협력약정에 참여하고 있는 국가의 영해를 항행할 경우, 그 국가의 요청이 있으면 그 선박이 이러한 협력약정에 참여하고 있는 동일 지역의 국가로 항진하고 있는지 여부에 관한 정보를 제공할 것과 또한 그러한 항진이 있을 경우 그 국가의 입항조건을 준수하고 있는지 여부를 밝히도록 선장에게 요구한다. 이 조는 선박의 계속적인 무해통항권 행사나 제25조제2항의 적용에 영향을 미치지 아니한다.

4. 연안국은 자국 영해에서 주권을 행사함에 있어서 무해통항권을 행사하는 선박을 포함한 외국선박으로부터의 해양오염을 방지, 경감 및 통제하기 위하여 국내법령을 제정할 수 있다. 제2부 제3절에 따라 이러한 법령은 외국선박의 무해통항을 방해하지 아니한다.
5. 연안국은 제6절에 규정된 법령을 집행하기 위하여 자국의 배타적경제수역에서 선박으로부터의 오염을 방지, 경감 및 통제하기 위하여 권한있는 국제기구나 일반 외교회의를 통하여 확립된 일반적으로 수락된 국제규칙과 기준에 합치하고 또한 이에 대하여 효력을 부여하는 법령을 제정할 수 있다.
6. (a) 제1항에 언급된 국제규칙과 기준이 특별한 상황에 대처하기 부적당하고, 연안국이 자국의 배타적경제수역중 명확히 지정된 특정수역이 그 수역의 이용, 그 자원의 보호 및 교통상의 특수성과 그 수역의 해양학적·생태학적 조건과 관련하여 인정된 기술적 이유에 비추어 선박으로부터의 오염을 방지하기 위한 특별강제조치를 채택할 필요가 있는 수역이라고 믿을 만한 합리적인 근거가 있는 경우, 연안국은 권한있는 국제기구를 통하여 모든 관계국과 적절히 협의한 후, 그 국제기구에 수역을 통보하고 이를 뒷받침하는 과학기술적인 증거와 필요한 수용시설에 관한 정보를 제출할 수 있다. 국제기구는 이러한 통보를 접수한 후 12개월 이내에 통보된 수역이 위 요건에 부합하는지 여부를 결정한다. 국제기구가 이러한 요건에 적합하다고 결정한 경우, 연안국은 그 수역에 있어서 선박으로부터의 오염의 방지, 경감 및 통제를 위한 법령을 제정하여, 국세기구가 특별수역에 직용되는 국제규칙과 기준, 또는 항행상의 관행을 시행할 수 있다. 이러한 법령은 권한있는 국제기구에 통보한 후 15개월동안 외국선박에 대하여 적용하지 아니한다.
    (b) 연안국은 명확히 획정된 이러한 특별수역의 한계를 공표한다.
    (c) 연안국이 선박으로부터의 오염의 방지, 경감 및 규제를 위하여 특정해역에 대한 법령을 추가로 채택하고자 하는 경우, 전술한 통보를 제출함과 동시에 이를 국제기구에 통고한다. 이러한 추가법령은 배출 또는 항행상의 관행과 관련될 수 있으나, 외국선박에 대하여 일반적으로 수락된 국제규칙과 기준 이외에 설계·구조·인원배치 또는 장비에 관한 기준을 준수하도록 요구하지 아니한다. 이러한 법령은 통보를 제출한 후 12개월내에 위의 국제기구가 동의할 것을 조건으로, 통보를 제출한 후 15개월 이후에 외국선박에 적용된다.
7. 이 조에 언급된 국제규칙과 기준은 특히 배출 또는 배출가능성이 있는 해난을 비롯한 사고에 의하여 연안이나 관련이익이 영향을 받을 수 있는 연안국에 대한 신속한 통보에 관한 규칙과 기준을 포함한다.

제212조 대기에 의한 또는 대기를 통한 오염

1. 각국은 대기로부터 또는 대기를 통한 해양환경 오염을 방지, 경감 및 통제하기 위하여 국제적으로 합의된 규칙, 기준, 권고관행과 절차 및 항공의 안전을 고려하여 자국의 주권아래 있는 영공과 자국기를 게양하고 있는 선박 또는 자국에 등록된 선박과 항공기에 적용되는 법령을 채택한다.
2. 각국은 이러한 오염의 방지, 경감 및 통제에 필요한 그 밖의 조치를 취한다.
3. 각국은 특히 권한있는 국제기구나 외교회의를 통하여 이러한 오염을 방지, 경감 및 통제하기 위한 세계적·지역적 규칙과 기준 및 권고관행과 절차를 확립하도록 노력한다.

제 6 절 　 법령집행

제 213 조 　 육상오염원에 의한 오염관련 법령집행
각국은 제207조에 따라 제정된 자국의 법령을 집행하고 육상오염에 의한 해양환경 오염을 방지, 경감 및 통제하기 위하여 권한있는 국제기구나 외교회의를 통하여 수립된 적용가능한 국제규칙과 기준을 시행하는 데 필요한 법령을 제정하고 그 밖의 조치를 취한다.

제 214 조 　 해저활동에 의한 오염관련 법령집행
각국은 제208조에 따라 제정된 자국의 법령을 집행하며 자국관할권하의 해저활동으로부터 또는 이와 관련하여 발생하는 해양환경 오염과 제60조 및 제80조에 따라 자국의 관할권하에 설치한 인공섬, 설비 및 구조물로부터 발생하는 해양환경오염을 방지, 경감 및 통제하기 위하여 권한있는 국제기구나 외교회의를 통하여 수립된 적용가능한 국제규칙과 기준을 시행하는 데 필요한 법령을 제정하고 그 밖의 조치를 취한다.

제 215 조 　 심해저활동으로 인한 오염관련 법령집행
심해저활동으로 인한 해양환경 오염을 방지, 경감 및 통제하기 위하여 제11부에 의거하여 수립된 국제규칙, 규정 및 절차의 집행은 제11부에 따라 규율된다.

제 216 조 　 투기에 의한 오염관련 법령집행
1. 투기에 의한 해양환경의 오염을 방지, 경감 및 통제하기 위하여 이 협약에 따라 제정된 법령과 권한있는 국제기구나 외교회의를 통하여 수립된 적용가능한 국제규칙과 기준은 다음에 의하여 집행된다.
    (a) 영해, 배타적경제수역내 또는 대륙붕상의 투기에 관하여는 연안국
    (b) 자국기를 게양하고 있는 선박이나 자국에 등록된 선박, 항공기에 관하여는 기국
    (c) 자국의 영토나 연안정박시설에서 폐기물이나 그 밖의 물질을 싣는 행위에 대하여서는 그 국가
2. 다른 국가가 이 조에 의거하여 이미 소송을 제기한 경우에는 어떠한 국가도 이 조의 규정에 따라 소송을 제기할 의무를 지지 아니한다.

제 217 조 　 기국에 의한 법령집행
1. 각국은 자국기를 게양하고 있거나 자국에 등록된 선박이 선박으로부터의 해양환경 오염을 방지, 경감 및 통제하기 위하여 권한있는 국제기구나 일반외교회의를 통하여 수립된 적용가능한 국제규칙과 기준 및 이 협약에 따라 제정된 자국의 법령을 준수하도록 보장하고, 그 시행에 필요한 법령을 제정하며 그 밖의 조치를 취한다. 기국은 위반행위의 발생장소에 관계없이 이러한 규칙, 기준 및 법령을 실효적으로 집행한다.
2. 각국은 특히 자국기를 게양하고 있거나 자국에 등록된 선박이 설계, 구조, 장비 및 인원배치에 관한 요건을 비롯하여 제1항에 규정된 국제규칙과 기준의 요건을 준수하며 항행할 수 있을 때까지 그 항행이 금지되도록 보장하기 위하여 적절한 조치를 취한다.

3. 각국은 자국기를 게양하고 있거나 자국에 등록된 선박이 제1항에 언급된 국제규칙과 기준에 따라 요구되며 이에 따라 발급된 증명서를 선상에 비치하도록 한다. 각국은 이러한 증명서가 선박의 실제상태와 부합하는지 여부를 확인하기 위하여 자국기를 게양한 선박이 정기적으로 검사되도록 보장한다. 다른 국가는 선박의 상태가 증명서의 기재사항과 실질적으로 부합되지 아니한다고 믿을 만한 명백한 근거가 있지 아니하는 한, 이러한 증명서를 선박의 상태에 관한 증거로 인정하고 그 증명서가 자국이 발급한 증명서와 동일한 효력을 갖는 것으로 본다.
4. 선박이 권한있는 국제기구나 일반외교회의를 통하여 수립된 규칙과 기준을 위반한 경우, 제218조, 제220조 및 제228조의 적용을 침해함이 없이 기국은 위반 발생장소나 이러한 위반으로 인한 오염이 발생하거나 발견된 장소에 관계없이 주장된 위반에 관하여 신속히 조사하고 적절한 경우 소송을 제기한다.
5. 위반을 조사하는 기국은 사건의 상황을 명백히 밝히기 위하여 다른 국가와의 협력이 유용한 경우에는 어떠한 국가에라도 조력을 요청할 수 있다. 각국은 기국의 적절한 요청에 응하도록 노력한다.
6. 각국은 다른 국가의 서면요청이 있을 경우, 자국기를 게양한 선박이 범하였다고 주장되는 위반을 조사한다. 기국은 위반주장에 대하여 소송이 제기될 수 있는 충분한 증거가 있다고 판단되는 경우 지체없이 자국의 법률에 따라 이러한 소송절차를 개시한다.
7. 기국은 취하여진 조치와 그 결과를 요청한 국가 및 권한있는 국제기구에 신속히 통보한다. 이러한 정보는 모든 국가가 이용할 수 있도록 한다.
8. 자국기를 게양한 선박에 대하여 각국이 법령으로 규정한 형벌은 위반이 발생한 장소에 관계없이 그 위반을 억제하기에 충분할 만큼 엄격하여야 한다.

제 218 조 기항국에 의한 법령집행

1. 선박이 어느 국가의 항구나 연안정박시설에 자발적으로 들어온 경우 그 국가는 권한있는 국제기구나 일반외교회의를 통하여 수립된 적용가능한 국제규칙과 기준에 위반하여 자국의 내수, 영해 또는 배타적경제수역 밖에서 행하여진 그 선박으로부터의 배출에 관하여 조사를 행하고 증거가 허용하는 경우에는 소송을 제기할 수 있다.
2. 제1항에 따른 소송은, 자국의 내수, 영해나 배타적경제수역에서 배출 위반이 발생한 국가나 기국 또는 배출 위반으로 인하여 피해를 입었거나 위협을 받는 국가에 의하여 요청되거나 또는 위반이 소송을 제기하는 국가의 내수, 영해나 배타적경제수역에서 오염을 초래하거나 오염을 초래할 위험이 있는 경우를 제외하고는, 다른 국가의 내수, 영해나 배타적경제수역에서의 배출 위반에 관하여 제기될 수 없다.
3. 선박이 어느 국가의 항구나 연안정박시설에 자발적으로 들어온 경우 그 국가는 어떤 국가가 자국의 내수, 영해나 배타적경제수역에서 발생하였거나 이들 수역에 대하여 피해를 입히거나 피해의 위협을 주었다고 판단되는 제1항에 언급된 배출 위반에 관한 조사요청을 할 경우, 실행가능한 한 이에 응한다. 그 국가는 위반이 발생한 장소에 관계없이 기국이 배출 위반에 관한 조사요청을 하는 경우에도 마찬가지로 실행가능한 한 응한다.

4. 이 조에 따라 기항국이 수행한 조사기록은 기국이나 연안국이 있으면 기국이나 연안국에 전달된다. 위반이 연안국의 내수, 영해나 배타적경제수역에서 발생한 경우 이러한 조사를 기초로 하여 기항국이 제기한 소송은 제7절에 따를 것을 조건으로, 연안국의 요청에 따라 중단될 수 있다. 이러한 경우 사건의 증거와 기록은 기항국의 당국에 제공된 보석금이나 그 밖의 재정적 담보와 함께 연안국에 이송된다. 이러한 이송이 행하여지는 경우 기항국에서의 소송은 계속되지 아니한다.

제 219 조 오염방지를 위한 선박감항성 관련조치

제7절에 따를 것을 조건으로, 각국은 요청에 의하거나 자발적으로 자국 항구나 연안정박시설에 있는 어떠한 선박이 선박의 감항성에 관하여 적용되는 국제규칙과 기준을 위반함으로써 해양환경에 대해 피해를 입힐 위험이 있다고 확인한 경우, 실행가능한 한 그 선박의 항행을 금지시키기 위한 행정조치를 취한다. 각국은 그 선박이 가장 가까이 있는 적절한 수리장소까지만 운항하도록 허가할 수 있고 또한 위반원인이 제거되는 즉시 항행을 계속하도록 허가한다.

제 220 조 연안국에 의한 법령집행

1. 선박이 어느 국가의 항구나 연안정박시설에 자발적으로 들어온 경우, 그 국가는 위반이 자국의 영해나 배타적경제수역에서 발생한 때에는 선박으로부터의 오염을 방지, 경감 및 통제하기 위하여 이 협약이나 적용가능한 국제규칙 또는 기준에 따라 제정된 자국 법령위반에 관하여 제7절에 따를 것을 조건으로 소송을 제기할 수 있다.
2. 어느 국가의 영해를 항행하는 선박이 운항중에 선박으로부터의 오염을 방지, 경감 및 통제하기 위하여 이 협약 또는 적용가능한 국제규칙과 기준에 따라 제정된 국내법령을 위반하였다고 믿을만한 명백한 근거가 있는 경우, 그 국가는 제2부 제3절의 관련 규정의 적용을 침해함이 없이 위반 관련 선박의 물리적 조사를 행할 수 있고, 증거가 허락하는 경우 제7절에 따를 것을 조건으로 자국 법률에 따라 선박의 억류를 포함한 소송을 제기할 수 있다.
3. 어느 국가의 배타적경제수역이나 영해를 항행중인 선박이 배타적경제수역에서 선박으로 부터의 오염의 방지, 경감 및 통제를 위하여 적용가능한 국제규칙과 기준 또는 이에 합치하고 또한 이를 시행하기 위한 그 국가의 법령을 위반하였다고 믿을 만한 명백한 증거가 있는 경우, 그 국가는 그 선박에 대하여 선박식별, 등록항, 직전 및 다음 기항지에 관한 정보와 위반발생 여부를 확인하는 데 필요한 그 밖의 관련 정보를 요구할 수 있다.
4. 각국은 자국기를 게양한 선박이 제3항에 따른 정보제공 요구에 따르도록 법령을 제정하고 그 밖의 조치를 취한다.
5. 어느 국가의 배타적경제수역이나 영해를 항행중인 선박이 그 국가의 배타적경제수역에서 제3항에 언급된 위반을 하여 해양환경의 중대한 오염을 야기하거나 야기할 위험이 있는 실질적인 배출이 발생하였다고 믿을 만한 명백한 근거가 있는 경우, 그 국가는 그 선박이 정보제공을 거부하거나 또는 제공한 정보가 명백히 실제상황과 어긋나는 경우 및 사건의 상황이 이러한 조사를 정당화하는 경우에는 그 선박에 대한 물리적 조사를 행할 수 있다.

6. 어느 국가의 배타적경제수역이나 영해를 항행하는 선박이 그 국가의 배타적경제수역에서 제3항에 언급된 위반을 하여 연안국의 해안이나 관련이익, 또는 영해나 배타적경제수역의 자원에 중대한 피해를 야기하거나 야기할 위험이 있는 배출을 행하였다는 명백하고 객관적인 증거가 있는 경우, 그 국가는 제7절에 따를 것을 조건으로 증거가 허락하는 경우, 자국 법률에 따라 선박의 억류를 포함한 소송을 제기할 수 있다.
7. 제6항에도 불구하고 권한있는 국제기구를 통하여 또는 달리 합의된 바에 따라 보석금이나 그 밖의 적절한 금융 담보요건을 충족할 수 있는 적절한 절차가 수립되고, 연안국은 이러한 절차의 적용을 받는 경우, 연안국은 그 선박의 출항을 허용한다.
8. 제3항, 제4항, 제5항, 제6항 및 제7항은 제211조 제6항에 따라 제정된 국내법령에도 적용된다.

제 221 조 해난사고에 의한 오염을 방지하기 위한 조치

1. 이 부의 어떠한 규정도, 각국이 관습국제법이나 성문국제법에 따라, 중대한 해로운 결과를 초래할 것이 합리적으로 예측되는 해난사고나 이러한 사고에 관련된 행위로 인한 오염, 또는 오염의 위험으로부터 자국의 해안이나 어로를 포함한 관계이익을 보호하기 위하여, 실제상의 피해 또는 발생할 위험이 있는 피해에 상응하는 조치를 영해 밖까지 취하고 집행할 권리를 침해하지 아니한다.
2. 이 조를 적용함에 있어서 "해난사고"라 함은 선박의 충돌, 좌초, 그 밖의 항행상의 사고 또는 그 밖에 선상이나 선외에서 사건으로서 선박이나 화물에 실질적인 피해나 급박한 피해의 위협을 초래하는 그 밖의 사건을 말한다.

제 222 조 대기에 의한 또는 대기를 통한 오염관련 법령집행

각국은 자국의 관할권하의 영공에서, 또는 자국기를 게양하고 있거나 자국에 등록된 선박이나 항공기에 관하여, 제212조 제1항과 그 밖의 이 협약 규정에 따라 제정된 자국의 법령을 집행하며, 항공의 안전에 관한 모든 관련 국제규칙과 기준에 따라 대기에 의한 또는 대기를 통한 해양환경의 오염을 방지, 경감 및 통제하기 위하여 권한있는 국제기구나 외교회의를 통하여 수립된 적용가능한 국제규칙과 기준을 시행하는 데 필요한 국내법령을 제정하고 그 밖의 조치를 취한다.

제 7 절 보장제도

제 223 조 소송을 용이하게 하기 위한 조치

각국은 이 부에 따라 제기된 소송에 있어 증인심문 및 다른 국가의 당국이나 권한있는 국제기구가 제출한 증거의 채택을 용이하게 할 조치를 취하고, 권한있는 국제기구, 기국 및 위반으로 발생한 오염에 의하여 영향을 받는 국가의 공식대표가 소송에 용이하게 출석할 수 있도록 한다. 이러한 소송절차에 출석하는 공식대표는 국내법령이나 국제법에 규정된 권리와 의무를 가진다.

제 224 조 법령집행권한 행사

이 부에 따른 외국선박에 대한 집행권한은 공무원이나 군함, 군용항공기나 정부업무에 사용되는 것이 명백하게 표시되고 식별가능한 그 밖의 선박이나 항공기에 의하여서만 행사될 수 있다.

제225조 법령집행권한 행사상의 부정적 영향 방지의무

각국은 이 협약에 따라 외국선박에 대한 집행권한을 행사함에 있어서 항행의 안전을 위태롭게 하거나 그 밖에 선박에 어떠한 위험을 초래하거나 또는 선박을 안전하지 못한 항구나 정박지로 이동시키거나 또는 해양환경을 불합리한 위험에 노출시키지 아니한다.

제226조 외국선박조사

1. (a) 각국은 제216조, 제218조 및 제220조에 규정된 조사의 목적을 위하여 긴요한 기간 이상 외국선박을 지체시키지 아니한다. 외국선박에 대한 어떠한 물리적 검사도 일반적으로 수락된 국제규칙과 기준에 따라 그 선박에 비치하도록 요구된 증명서, 기록 및 그 밖의 서류나 그 선박이 비치하고 있는 유사한 서류심사에 국한된다. 선박에 대한 추가적인 물리적 조사는 오직 그러한 심사가 수행된 후 다음의 경우에 한하여 실시할 수 있다.
    - (ⅰ) 선박이나 장비의 상태가 서류의 기재내용과 실질적으로 부합되지 아니하다고 믿을만한 명백한 근거가 있는 경우
    - (ⅱ) 이러한 서류의 내용이 위반혐의를 확인하거나 입증하기에 충분하지 아니한 경우
    - (ⅲ) 선박이 유효한 증명서와 기록을 비치하지 아니한 경우
   (b) 조사에 의하여 해양환경의 보호, 보존을 위하여 적용되는 법령이나 국제규칙과 기준의 위반이 밝혀지는 경우 보석금이나 그 밖의 적절한 금융 보증과 같은 합리적 절차에 따를 것을 조건으로 신속히 석방된다.
   (c) 선박의 감항성에 관한 적용가능한 국제규칙과 기준의 적용을 침해하지 아니하고 선박의 석방으로 해양환경에 불합리한 피해가 초래될 위험이 되는 경우 선박의 석방을 거부하거나 가장 가까이 있는 적절한 수리소로 항진할 것을 조건으로 석방할 수 있다. 석방이 거부되거나 조건부로 된 경우, 선박의 기국에 신속히 통보하고, 기국은 제15부에 따라 선박의 석방을 요구할 수 있다.
2. 각국은 해상에서 선박에 대한 불필요한 물리적 조사를 피하기 위한 절차를 발전시키도록 노력한다.

제227조 외국선박 차별금지

이 부의 규정에 따른 권리를 행사하고 의무를 이행함에 있어서 각국은 다른 국가의 선박을 형식상 또는 실질상으로 차별하지 아니한다.

제228조 소송의 정지·제한

1. 소송을 제기한 국가의 영해 밖에서 외국선박이 선박으로부터의 오염의 방지, 경감 및 통제에 관하여 적용되는 법령이나 국제규칙과 기준을 위반한 데 대하여 처벌하는 소송은, 그 소송이 연안국에 대하여 중대한 피해를 발생시킨 경우와 관련되었거나 문제된 기국이 자국선박이 행한 위반에 대하여 적용가능한 국제규칙과 기준을 실효적으로 집행할 의무를 반복하여 무시하지 아니하는 한 소송이 시작된 날로부터 6개월 이내에 기국이 동일한 혐의에 대하여 처벌하는 소송을 시작한 경우 정지된다. 기국이 이 조에 따라 소송의 중지를 요청한 경우, 그 기국은 이전에 소송을 제기한 국가에게 적절한 시기에 따라 사건의 모든 서류와 소송기록을 제공한다. 기국이 제기한 소송이 종결되었을 때 정지된 소송은 종료된다. 이러한 소송에 관하여 발생한 비용이 지급된 경우 연안국은 정지된 절차와 관련하여 제공된 보석금과 그 밖의 금융보증을 반환한다.

2. 외국선박에 형벌을 부과하는 소송은 위반발생일로부터 3년이 지난 후에는 제기될 수 없으며, 제1항의 규정에 따를 것을 조건으로 어느 한 국가가 소송을 제기한 경우에는 어떠한 다른 국가도 소송을 제기할 수 없다.
3. 이 조는 다른 국가에 의한 이전의 소송제기에 관계없이 기국이 자국법률에 따라 처벌하기 위하여 소송을 포함한 조치를 취할 권리를 침해하지 아니한다.

제 229 조 민사소송 제기
이 협약의 어떠한 규정도 해양환경 오염으로 인한 손실이나 피해의 청구를 위한 민사소송의 제기에 영향을 미치지 아니한다.

제 230 조 벌금과 피고인의 인정된 권리의 존중
1. 외국선박이 영해밖에서 해양환경오염의 방지, 경감 및 통제를 위한 국내법령이나 적용가능한 국제규칙과 기준을 위반한 데 대하여는 벌금만 부과할 수 있다.
2. 영해에서 고의적으로 중대한 오염행위를 한 경우를 제외하고는 외국선박이 영해에서 해양환경 오염의 방지, 경감 및 통제를 위한 국내법령이나 적용가능한 국제규칙과 기준을 위반한 데 대하여는 벌금만 부과할 수 있다.
3. 외국선박이 형벌의 부과를 초래할 수 있는 위반을 한 데 대한 소송의 진행에 있어서 형사피고인에게 인정된 권리는 존중된다.

제 231 조 기국과 관련국에 대한 통지
각국은 제6절에 따라 외국선박에 대하여 취한 조치를 기국과 그 밖의 모든 관련국에 신속히 통고하고, 이러한 조치에 관한 모든 공식보고서를 기국에 제출한다. 다만, 영해에서 행하여진 위반에 관하여는 연안국의 이러한 의무는 소송에서 취한 조치에만 적용된다. 기국의 외교관이나 영사관원 및 가능한 경우 해양당국은 제6절에 따라 외국선박에 대하여 취하여진 조치에 관하여 신속히 통보받는다.

제 232 조 집행조치로 인한 국가책임
각국은 제6절에 따라 취하여진 조치가 불법적이거나 또는 이용 가능한 정보에 비추어 합리적으로 요구되는 한도를 넘을 경우, 이러한 조치 때문에 자국에게 귀책되는 손해나 손실에 대하여 책임을 진다. 각국은 자국 법원에서 이러한 손해나 손실의 구제를 청구하는 절차를 규정한다.

제 233 조 국제항행에 이용되는 해협관련 보장제도
제5절, 제6절 및 제7절의 어떠한 규정도 국제항행에 사용되는 해협의 법제도에 영향을 미치지 아니한다. 다만, 제10절에 언급된 선박이외의 외국선박이 제42조 제1항 (a)와 (b)에 언급된 법령을 위반하여 해협의 해양환경에 중대한 피해를 초래하거나 초래할 위험을 야기한 경우, 해협연안국은 적절한 집행조치를 취할 수 있고, 이 경우 이 절의 규정이 준용된다.

제 8 절 | 결빙해역

제 234 조 결빙해역
연안국은 특별히 가혹한 기후조건과 연중 대부분 그 지역을 덮고 있는 얼음의 존재가 항해에 대한 장애나 특별한 위험이 되고 해양환경오염이 생태학적 균형에 중대한 피해를 초래하거나 돌이킬 수 없는 혼란을 가져올 수 있는 경우, 배타적경제수역에 있는 결빙해역에서 선박으로부터의 해양오염을 방지, 경감 및 통제하기 위한 차별없는 법령을 제정하고 집행할 권리를 가진다. 이러한 법령은 항행과 이용 가능한 최선의 과학적 증거에 근거하여 해양환경의 보호와 보존을 적절하게 고려한다.

제 9 절 | 책임

제 235 조 책임
1. 각국은 해양환경의 보호와 보전을 위한 국제적 의무를 이행할 의무를 진다. 각국은 국제법에 따라 책임을 진다.
2. 각국은 자국 관할권하에 있는 자연인이나 법인에 의한 해양환경 오염으로 인한 손해에 관하여 자국의 법제도에 따라 신속하고 적절한 보상이나 그 밖의 구제를 위한 수단이 이용될 수 있도록 보장한다.
3. 각국은 해양환경의 오염으로 인한 모든 손해에 대한 신속하고 적절한 보상을 보장할 목적으로 손해평가와 손해보상 및 분쟁해결을 위한 책임에 관한 현행 국제법의 이행과 국제법의 점진적 발전을 위하여 협력하고, 또한 적절한 경우, 강제보험이나 보상기금 등 적절한 보상지급에 관한 기준과 절차의 발전을 위하여 협력한다.

제 10 절 | 주권면제

제 236 조 주권면제
해양환경의 보호·보존에 관한 이 협약의 규정은 군함, 해군보조함 및 국가가 소유하거나 운영하며 당분간 정부의 비상업용 업무에만 사용되는 그 밖의 선박이나 항공기에는 적용되지 아니한다. 다만, 각국은 자국이 소유하거나 운영하고 있는 이러한 선박이나 항공기의 운항 또는 운항능력에 손상을 주지 아니하는 적절한 조치를 취함으로써 이러한 선박이나 항공기가 합리적이고 실행가능한 범위내에서 이 협약에 합치하는 방식으로 행동하도록 보장한다.

제 11 절 | 해양환경 보호·보전을 위한 다른 협약상의 의무

제 237 조 해양환경 보호·보전을 위한 다른 협약상의 의무
1. 이 부의 규정은 해양환경의 보호·보전과 관련하여 이미 체결된 특별 협약과 협정에 따라 국가가 지는 특정한 의무 및 이 협약에 규정된 일반원칙의 증진을 위한 협정의 체결에 영향을 미치지 아니한다.

2. 해양환경의 보호·보전에 관하여 특별 협약에 따라 국가가 지는 특정한 의무는 이 협약의 일반원칙과 목적에 합치하는 방식으로 이행된다.

제13부 해양과학조사

제1절 총칙

제238조 해양과학조사권
그 지리적 위치에 관계없이 모든 국가와 권한있는 국제기구는 이 협약에 규정된 다른 국가의 권리와 의무를 존중할 것을 조건으로 해양과학조사를 수행할 권리를 가진다.

제239조 해양과학조사 촉진
각국 및 권한있는 국제기구는 이 협약에 따라 해양과학조사의 발전과 수행을 촉진하고 용이하게 한다.

제240조 해양과학조사의 일반원칙
해양과학조사 수행에 있어서 다음 원칙을 적용한다.
 (a) 해양과학조사는 오로지 평화적 목적을 위하여 수행한다.
 (b) 해양과학조사는 이 협약에 합치하는 적절한 과학적 수단과 방법에 따라 수행한다.
 (c) 해양과학조사는 이 협약에 합치하는 다른 적법한 해양의 이용을 부당하게 방해하지 아니하며, 이러한 이용과정에서 적절히 존중된다.
 (d) 해양과학조사는 해양환경의 보호·보전을 위한 규칙을 비롯하여 이 협약에 따라 제정된 모든 관련 규칙을 준수하여 수행된다.

제241조 권리주장의 법적 근거로서의 해양과학조사활동 불인정
해양과학조사활동은 해양환경이나 그 자원의 어느 한 부분에 대한 어떠한 권리 주장의 법적 근거도 될 수 없다.

제2절 국제협력

제242조 국제협력 증진
1. 각국 및 권한있는 국제기구는 주권 및 관할권 존중 원칙에 따라, 상호 이익의 바탕위에 평화적 목적을 위한 해양과학조사에 있어서 국제협력을 증진한다.
2. 이와 관련하여, 각국은 이 부를 적용함에 있어서 이 협약상의 국가의 권리와 의무를 침해하지 아니하고, 적절한 경우, 인간의 건강과 안전 및 환경에 대한 손상을 방지하고 통제하는 데 필요한 정보를 자국으로부터, 또는 자국과 협력하여 얻을 수 있는 합리적인 기회를 다른 국가에 제공한다.

제 243 조 유리한 여건 조성

각국 및 권한있는 국제기구는, 양자협정 또는 다자협정 체결을 통하여, 해양환경에서의 해양과학조사 수행을 위한 유리한 여건을 조성하고 해양환경에서 발생하는 현상과 과정의 본질 및 그 상호관계를 연구함에 있어서 과학자들의 노력을 결집하기 위하여 서로 협력한다.

제 244 조 정보·지식의 출판·보급

1. 국가와 권한있는 국제기구는 이 협약에 따라 주요 제안사업과 그 사업의 목적에 관한 정보 및 해양과학조사로부터 얻은 지식을 이용할 수 있도록 적절한 경로를 통하여 공표, 보급한다.
2. 이를 위하여 각국은 개별적으로 그리고 다른 국가나 권한있는 국제기구와 협력하여 과학자료 및 정보의 교류와 해양과학조사로부터 얻은 지식의 이전, 특히 개발도상국에 대한 이전을 적극적으로 증진하고, 특히 개발도상국의 기술·과학분야의 직원에 대한 적절한 교육과 훈련을 제공하기 위한 계획을 통하여 개발도상국의 독자적인 해양과학조사능력의 강화를 적극적으로 증진한다.

제 3 절 해양과학조사의 수행과 촉진

제 245 조 영해에서의 해양과학조사

연안국은 그 주권을 행사함에 있어서 자국 영해에서의 해양과학조사를 규제, 허가 및 수행할 배타적 권리를 가진다. 영해에서의 해양과학조사는 연안국의 명시적 동의와 연안국이 정한 조건에 따라서만 수행된다.

제 246 조 배타적경제수역과 대륙붕에서의 해양과학조사

1. 연안국은 그 관할권을 행사함에 있어서 이 협약의 관련 규정에 따라 자국의 배타적경제수역과 대륙붕에서의 해양과학조사를 규제, 허가 및 수행할 권리를 가진다.
2. 배타적경제수역과 대륙붕에서의 해양과학조사는 연안국의 동의를 얻어 수행한다.
3. 연안국은, 통상적 상황에서, 다른 국가 또는 권한있는 국제기구가 오로지 평화적인 목적을 위하여, 또한 모든 인류에 유익한 해양환경에 대한 과학지식을 증진시키기 위하여 이 협약에 따라 자국의 배타적경제수역과 대륙붕에서 수행하는 해양과학조사 사업에 동의한다. 이를 위하여 연안국은 이러한 동의가 부당하게 지연되거나 거부되지 아니하도록 보장하는 규칙이나 절차를 확립한다.
4. 제3항을 적용함에 있어서, 연안국과 조사국간에 외교관계가 없는 경우에도 통상적 상황은 있을 수 있다.
5. 그러나 연안국은 자국의 배타적경제수역과 대륙붕에서 다른 국가 또는 권한있는 국제기구에 의한 해양과학조사 실시사업이 다음과 같을 경우에는 동의를 거부할 수 있는 재량권을 가진다.
    (a) 생물 또는 무생물 천연자원의 탐사와 개발에 직접적인 영향을 미치는 경우
    (b) 대륙붕의 굴착, 폭발물의 사용 또는 해양환경에 해로운 물질의 반입을 수반하는 경우
    (c) 제60조와 제80조에 언급된 인공섬, 시설 및 구조물의 건조, 운용 또는 사용을 수반하는 경우

(d) 제248조에 따라 조사사업의 성질과 목적에 관하여 전달된 정보가 부정확한 경우나 조사국이나 권한있는 국제기구가 이전에 실시된 조사사업과 관련하여 연안국에 대한 의무를 이행하지 아니한 경우
6. 제5항의 규정에도 불구하고 영해기선으로부터 200해리 밖의 대륙붕 중 연안국이 개발이나 세부적인 탐사작업이 수행되고 있거나 또한 상당한 기간내에 수행될 지역으로 언제라도 공적으로 지정할 수 있는 특정 지역을 제외한 곳에서 이 부의 규정에 따라 실시되는 해양과학조사사업에 대하여서는 제5항 (a)의 동의를 유보할 수 있는 재량권을 행사할 수 없다. 연안국은 이러한 지역의 지정 및 변경을 합리적으로 통지하여야 하나, 그러한 지역안에서의 세부활동내용을 통지할 의무는 없다.
7. 제6항의 규정은 제77조에서 수립된 대륙붕에 관한 연안국의 권리를 침해하지 아니한다.
8. 이 조에 언급된 해양과학조사활동은 이 협약에 규정된 연안국의 주권적 권리와 관할권의 행사로서 연안국이 실시하는 활동을 부당하게 방해하지 아니한다.

제 247 조 국제기구에 의하여 또는 국제기구의 후원하에 실시되는 해양과학조사사업

국제기구의 회원국이거나 국제기구와 양자협정을 체결한 연안국의 배타적경제수역이나 대륙붕에서 그 기구가 직접 또는 그 후원하에 해양과학조사사업을 수행하는 경우, 그 국제기구가 사업의 실시를 결정할 때 연안국이 세부사업을 승인하거나, 사업에 참여할 의사를 가지거나, 그 국제기구가 연안국에 대하여 사업을 통보한 후 4개월내에 연안국이 반대의사를 표명하지 아니한 경우에는 그 연안국이 합의된 내역에 따라 그러한 조사사업이 시행되도록 인가한 것으로 본다.

제 248 조 연안국에 대한 정보제공의무

연안국의 배타적경제수역과 대륙붕에서 해양과학조사를 수행하려는 국가와 권한있는 국제기구는 적어도 해양과학조사사업 개시예정일 6개월 이전에 관계연안국에게 다음 사항에 관한 완전한 내역을 제공한다.
(a) 사업의 성질과 목적
(b) 사용될 수단과 방법 및 과학장비의 설명서(선박의 명칭, 톤수, 형태 및 선급을 포함)
(c) 사업이 수행될 정확한 지리적 위치
(d) 조사선박의 최초 도착예정일과 최종 철수예정일, 또는 적절한 경우 장비의 설치 및 제거예정일
(e) 후원기관 명칭과 기관장, 사업책임자의 성명
(f) 연안국이 그 사업에 참여하거나 대표를 파견할 수 있다고 고려되는 범위

제 249 조 특정조건 준수의무

1. 각국과 권한있는 국제기구는 연안국의 배타적경제수역이나 대륙붕에서 해양과학조사를 수행함에 있어 다음 조건을 준수한다.
   (a) 연안국이 희망할 경우, 해양과학조사사업에 참여하고 그 대표를 파견할 연안국의 권리, 특히 실행가능한 경우 연안국 과학자에 대한 보수지급이나 조사사업 비용을 분담할 의무없이 조사선박과 그 밖의 선박 또는 과학조사 시설에 탑승하여 사업에 참여하고 대표를 파견할 연안국의 권리를 보장한다.

- (b) 연안국의 요청이 있는 경우 가능한 한 신속히 예비보고서 및 조사 완료후 최종적인 결과와 결론을 연안국에 제공한다.
- (c) 연안국의 요청이 있는 경우 해양과학조사사업으로부터 얻어진 모든 자료와 견본을 연안국이 이용할 수 있도록 하고, 또한 복사될 수 있는 자료와 과학적 가치의 손상없이 분할될 수 있는 견본을 연안국에게 제공한다.
- (d) 연안국의 요청이 있는 경우 이러한 자료, 견본 및 조사결과의 평가를 연안국에 제공하거나 연안국이 이를 평가 또는 해석하는 것을 지원한다.
- (e) 제2항에 따를 것을 조건으로, 조사결과가 가능한 한 신속히 적절한 국내적·국제적 경로를 통하여 국제적으로 이용될 수 있도록 보장한다.
- (f) 조사사업에 주요 변경이 있는 경우 즉시 연안국에 통보한다.
- (g) 달리 합의되지 아니하는 한, 조사가 완료되면 과학조사를 위한 설비나 장비를 철거한다.

2. 이 조는 천연자원의 탐사와 개발에 직접적인 관련이 있는 사업의 조사결과를 국제적으로 이용가능하도록 하기 위한 사전합의 요구를 비롯하여, 제246조 제5항에 따라 동의를 부여하거나 거부할 수 있는 연안국의 재량권 행사를 위하여 연안국의 법령에 정한 조건을 침해하지 아니한다.

제 250 조 해양과학조사사업 관련 통보

달리 합의되지 아니하는 한, 해양과학조사사업에 관한 통보는 적절한 공식경로를 통하여 이루어진다.

제 251 조 일반적 기준과 지침

각국이 해양과학조사의 성질과 의미를 확인하는 것을 돕기 위한 일반적인 기준과 지침 수립을 촉진하기 위하여 각국은 권한있는 국제기구를 통하여 노력한다.

제 252 조 묵시적 동의

각국과 권한있는 국제기구는 연안국이 제248조에 따라 요청되는 정보가 연안국에 제공된 날로부터 6개월이 경과한 때에는 해양과학조사사업을 시작할 수 있다. 다만, 연안국이 그러한 정보를 포함한 통보를 수령한 후 4개월내에 조사를 행하는 국가나 국제기구에 다음 중의 어느 하나를 통보하는 경우에는 그러하지 아니하다.
- (a) 연안국이 제246조의 규정에 따라 동의를 거부하였다는 것
- (b) 사업의 성질과 목적에 관하여 조사를 행하는 국가나 권한있는 국제기구가 제공한 정보가 명백히 사실과 합치하지 아니한다는 것
- (c) 연안국이 제248조와 제249조에 언급된 조건과 정보에 관련된 보충적인 정보를 요구한다는 것
- (d) 국가나 국제기구가 이전에 실시한 해양과학조사사업과 관련하여 제249조에 수립된 조건에 비추어 이행되지 아니한 의무가 있다는 것

제 253 조 해양과학조사의 정지나 중지

1. 연안국은 다음의 경우 자국의 배타적경제수역이나 대륙붕에서 수행되고 있는 해양과학조사활동의 정지를 요구할 권리를 가진다.
   - (a) 조사활동이 제248조의 규정에 따라 통보된 정보로서 연안국 동의의 기초가 되었던 정보에 따라 수행되고 있지 아니한 경우

(b) 조사활동을 수행하고 있는 국가나 권한있는 국제기구가 해양과학조사사업에 관한 연안국의 권리에 관한 제249조의 규정을 이행하지 아니한 경우
2. 제248조 규정이 이행되지 아니하고 또 이러한 불이행이 조사사업이나 조사활동의 중대한 변경에 해당하는 경우, 연안국은 해양과학조사활동의 중지를 요구할 권리를 가진다.
3. 연안국은 또한 제1항에 해당하는 상황이 합리적인 기간내에 시정되지 아니하는 경우 해양과학조사활동의 중지를 요구할 수 있다.
4. 해양과학조사활동 수행을 허가받은 국가나 권한있는 국제기구는 연안국에 의한 정지나 중지결정 통보가 있으면 이러한 통고의 대상이 되는 조사활동을 종료한다.
5. 조사를 수행하는 국가나 권한있는 국제기구가 제248조와 제249조에 따른 요구 조건을 이행하는 경우, 연안국은 제1항에 의한 정지명령을 해제하고 해양과학조사활동이 계속되도록 허용한다.

제 254 조 인접내륙국과 지리적불리국의 권리

1. 제246조 제3항에 언급된 해양과학조사 사업계획을 연안국에 제출한 국가나 권한있는 국제기구는 제안된 조사사업계획을 인접내륙국과 지리적불리국에 통보하고 또한 연안국에도 통보한다.
2. 제246조와 그 밖의 이 협약 관련 규정에 따라 관계 연안국이 제안된 해양과학조사사업에 동의한 후, 이러한 사업을 수행하는 국가와 권한있는 국제기구는 인접내륙국과 지리적불리국에 대하여 이들 국가의 요청에 따라, 또한 적절한 경우, 제248조와 제249조 제1항 (f)에 명시된 관련정보를 제공한다.
3. 앞에 언급된 인접내륙국과 지리적 불리국은 이들이 임명하고 연안국이 반대하지 아니하는 자격있는 전문가를 통하여 관계 연안국과 해양과학조사를 실시하는 국가 또는 권한있는 국제기구간에 이 협약의 규정에 부합되게 합의된 사업조건에 따라 제안된 해양과학조사사업에 실행 가능한 경우 참여할 수 있는 기회를 요청하여 부여받는다.
4. 제1항에 언급된 국가와 권한있는 국제기구는 앞에 언급된 인접내륙국과 지리적 불리국이 요청하는 경우 제249조 제2항에 따를 것을 조건으로 제249조 제1항 (d)에 명시된 정보와 지원을 제공한다.

제 255 조 해양과학조사촉진 및 조사선지원을 위한 조치

각국은 자국의 영해 밖에서 이 협약에 따라 수행되는 해양과학조사를 촉진하고 용이하게 하기 위한 합리적 규칙, 규정 및 절차를 채택하기 위하여 노력하고, 적절한 경우, 자국의 법령에 따를 것을 조건으로, 이 부의 관련규정을 준수하는 해양과학조사선의 자국 항구 출입을 용이하게 하고 그에 대한 지원을 촉진한다.

제 256 조 심해저에서의 해양과학조사

지리적 위치에 관계없이 모든 국가와 권한있는 국제기구는 제11부의 규정에 따라 심해저에서 해양과학조사를 수행할 권리를 가진다.

제 257 조 배타적경제수역 바깥 수역에서의 해양과학조사

지리적 위치에 관계없이 모든 국가와 권한있는 국제기구는 이 협약에 따라 배타적경제수역 바깥 수역에서 해양과학조사를 수행할 권리를 가진다.

제4절 해양환경 내의 과학조사시설이나 장비

제258조 설치와 사용

해양환경의 모든 수역에 있어서 모든 종류의 과학조사시설이나 장비의 설치 및 사용은 이러한 수역에서의 해양과학조사 수행에 관하여 이 협약에 규정된 것과 동일한 조건에 따른다.

제259조 법적지위

이 절에 언급된 시설이나 장비는 섬의 지위를 가지지 아니한다. 이들은 자체의 영해를 가지지 아니하며 또한 그 존재가 영해, 배타적경제수역 또는 대륙붕의 경계설정에 영향을 미치지 아니한다.

제260조 안전수역

이 협약의 관련규정에 따라 과학조사를 위한 시설의 주위에 500미터를 넘지 아니하는 합리적인 폭의 안전수역을 설정할 수 있다. 모든 국가는 자국의 선박이 이러한 안전수역을 준수하도록 보장한다.

제261조 해운항로 불가침

어떠한 종류의 과학조사시설이나 장비의 설치와 사용도 확립된 국제해운항로에 대한 장애가 되지 아니하여야 한다.

제262조 식별표지와 경고신호

이 절에 언급된 시설과 장비는 등록국이나 소속 국제기구를 나타내는 식별표지를 부착하며, 권한있는 국제기구에 의하여 설정된 규칙과 기준을 고려하여, 해상안전과 항공운항 안전을 보장하기 위하여 국제적으로 합의된 적절한 경고신호를 갖춘다.

제5절 책임

제263조 책임

1. 각국과 권한있는 국제기구는 그들이 수행하거나 그들을 대리하여 수행되는 해양과학조사가 이 협약에 따라 실시되도록 보장할 책임을 진다.
2. 각국과 권한있는 국제기구는 다른 국가나 그 국가의 자연인에 의하여 법인 또는 권한있는 국제기구에 의하여 수행되는 해양과학조사와 관련하여 이 협약을 위반하여 취한 조치에 대한 책임을 지며 이러한 조치로 인하여 초래된 손해를 보상하여야 한다.
3. 각국과 권한있는 국제기구는 그들이 수행하거나 그들을 대리하여 수행되는 해양과학조사로 해양환경오염으로 초래된 손해에 대하여 제235조에 따라 책임을 진다.

제6절 분쟁해결과 잠정조치

제264조 분쟁해결

해양과학조사에 관한 이 협약 규정의 해석이나 적용에 관한 분쟁은 제15부 제2절과 제3절에 따라 해결된다.

제 265 조 잠정조치

해양과학조사사업 수행을 승인받은 국가나 권한있는 국제기구는 제15부 제2절과 제3절에 따라 분쟁이 해결될 때까지 관계연안국의 명시적 동의없이는 조사활동을 개시하거나 계속할 수 없다.

제 14 부 해양기술의 개발과 이전

제 1 절 총칙

제 266 조 해양기술의 개발과 이전의 촉진

1. 각국은 공평하고 합리적인 조건에 따라 해양과학 및 해양기술의 개발과 이전을 적극 증진하기 위하여 직접 또는 권한있는 국제기구를 통하여 자국의 능력에 따라 협력한다.
2. 각국은 개발도상국의 사회적, 경제적 발전을 촉진하기 위하여 해양자원의 탐사·개발·보존 및 관리, 해양환경의 보호와 보전, 해양 환경내에서의 해양과학조사 및 이 협약과 양립하는 그 밖의 활동에 관하여 해양과학기술분야의 원조를 필요로 하고 이를 요청한 국가, 특히 내륙국과 지리적 불리국을 비롯한 개발도상국의 해양과학기술분야의 능력개발을 촉진한다.
3. 각국은 모든 당사자의 공평한 이익을 위하여 해양기술 이전에 유리한 경제적, 법률적 여건 조성에 노력한다.

제 267 조 적법한 이익의 보호

각국은, 제266조에 따른 협력을 증진함에 있어서, 특히 해양기술의 보유자, 제공자 및 수혜자의 권리와 이익을 비롯한 모든 적법한 이익을 적절히 고려한다.

제 268 조 기본목표

각국은 직접 또는 권한있는 국제기구를 통하여 다음을 증진한다.
   (a) 해양기술 지식의 획득·평가·보급 및 이러한 정보와 자료의 이용
   (b) 적절한 해양기술 개발
   (c) 해양기술이전을 용이하게 하기 위하여 필요한 기술적 기반의 개발
   (d) 개발도상국의 국민, 특히 최저개발국 국민의 훈련과 교육을 통한 인적자원 개발
   (e) 모든 수준, 특히 지역적·소지역적 및 양자차원을 비롯한 모든 차원에서의 국제협력

제 269 조 기본목표 달성을 위한 조치

각국은 제268조에 언급된 목적을 달성하기 위하여 직접 또는 권한있는 국제기구를 통하여 특히 다음을 위하여 노력한다.
   (a) 해양기술분야에서 기술원조를 필요로 하고 요청하는 국가, 특히 개발도상국과 지리적불리국에 대하여, 또한 해양과학과 해양자원의 탐사, 개발에 있어서 자국의 기술력을 확립, 발전시킬 수 없거나 그러한 기술의 기반을 발전시킬 수 없는 그 밖의 개발도상국에 대하여, 모든 종류의 해양기술을 효과적으로 이전하기 위한 기술협력계획의 수립
   (b) 협정, 계약 및 그 밖의 유사한 약정이 공평하고 합리적인 조건하에 체결될 수 있는 유리한 여건의 조장

(c) 과학·기술관련 주제, 특히 해양기술 이전을 위한 정책과 방법에 관한 회의, 세미나 및 심포지움의 개최
(d) 과학자, 기술자 및 그 밖의 전문가 교류의 증진
(e) 사업수행 및 합작사업과 그 밖의 형태의 양자협력 및 다자협력의 증진

제 2 절 국제협력

제 270 조 국제협력의 방법과 수단
해양기술의 개발과 이전을 위한 국제협력은, 적절하고 가능한 경우 해양과학조사, 특히 새로운 분야의 해양기술이전을 촉진하고 해양연구개발을 위한 적절한 국제기금 조성을 촉진하기 위하여, 기존의 양자적·지역적 또는 다자적 계획과 새로운 확대계획을 통하여 수행된다.

제 271 조 지침과 기준
각국은, 직접 또는 권한있는 국제조직을 통하여 특히 개발도상국의 이익과 필요를 고려하여 양자차원에서 또는 국제기구와 그 밖의 국제회의에서 일반적으로 수락된 해양기술이전의 지침과 기준의 수립을 촉진한다.

제 272 조 국제적 활동계획의 조정
각국은 해양기술이전 분야에서 개발도상국, 특히 내륙국과 지리적 불리국의 이익과 필요를 고려하여 권한있는 각 국제기구가 지역적·세계적 계획을 비롯한 각 국제기구의 활동을 조정하도록 보장하기 위하여 노력한다.

제 273 조 국제기구·해저기구와의 협력
각국은 심해저활동 관련 기능과 해양기술을 개발도상국과 그 국민, 심해저공사에 이전하도록 장려하고 촉진하기 위하여 권한있는 국제기구 및 해저기구와 적극적으로 협력한다.

제 274 조 해저기구의 목표
해저기구는 특히 기술의 보유자, 제공자 및 수혜자의 권리와 의무를 비롯한 모든 적법한 이익을 존중할 것을 조건으로, 심해저활동에 관하여 다음을 보장한다.
(a) 공평한 지리적배분의 원칙에 입각하여, 연안국, 내륙국 또는 지리적불리국 여부에 관계없이 개발도상국의 국민을 훈련목적상 해저기구의 사업을 위하여 구성되는 관리직원, 연구직원 및 기술직원으로 채용한다.
(b) 관련장비, 기계, 장치 및 공정에 관한 기술서류는 모든 국가, 특히 이 분야의 기술원조를 필요로 하고 요청하는 개발도상국이 이용할 수 있도록 한다.
(c) 해저기구는 해양기술분야의 기술원조를 필요로 하고 요청하는 국가, 특히 개발도상국에 의한 해양기술분야의 기술지원 획득을 용이하게 하고 그 국민이 직업훈련을 포함한 필요한 기능과 지식 획득을 용이하게 할 수 있도록 적절한 규정을 마련한다.
(d) 이 분야에서 기술원조를 필요로 하고 요청하는 국가, 특히 개발도상국은 이 협약에 규정된 재정상의 약정을 통하여 필요한 장비, 공정, 공장설비 및 그 밖의 기술지식의 획득을 위한 지원을 받는다.

제 3 절 　 국내·지역 해양과학기술연구소

제 275 조　국내연구소의 설립
1. 각국은, 직접 또는 권한있는 국제기구와 해저기구를 통하여, 개발도상연안국의 해양과학조사 실시를 장려·발전시키기 위하여, 또한 개발도상 연안국이 자국의 경제적 이익을 위하여 자국의 해양자원을 이용·보전하는 능력을 높일 수 있도록 하기 위하여, 특히 개발도상국 국내에 해양과학연구소가 설립되고 기존 국내연구소가 강화되도록 장려한다.
2. 각국은, 권한있는 국제기구와 해저기구를 통하여, 원조를 필요로 하고 요청하는 국가에게, 높은 수준의 훈련시설, 필요한 장비·기능과 기술지식 및 기술전문가를 제공하기 위하여 이러한 국내연구소의 설립·강화를 촉진하기 위한 적절한 지원을 한다.

제 276 조　지역연구소의 설립
1. 각국은 권한있는 국제기구, 해저기구 및 국내해양과학기술 연구기관과의 조정을 거쳐 개발도상국에 의한 해양과학조사의 실시를 장려, 촉진시키고 해양기술이전을 조장하기 위하여 특히 개발도상국내에 지역 해양과학기술연구소의 설립을 증진한다.
2. 역내 모든 국가는 지역연구소의 목적을 보다 효과적으로 달성하기 위하여 지역연구소와 협력한다.

제 277 조　지역연구소의 기능
이러한 지역연구소의 기능에는 특히 다음을 포함한다.
(a) 특히 생물자원의 보존과 관리를 포함한 해양생물학, 해양학, 수로학, 공학, 해저지질 탐사, 채광 및 탈염기술 등 해양과학기술연구의 여러 분야의 모든 수준에서의 훈련 및 교육계획
(b) 경영연구
(c) 해양환경의 보호·보존 및 오염의 방지·경감·통제에 관한 연구계획
(d) 지역회의, 세미나 및 심포지움의 조직
(e) 해양과학기술에 관한 자료와 정보의 획득·분석
(f) 해양과학기술조사 결과를 쉽게 이용할 수 있는 출판물에 의하여 신속히 보급
(g) 해양기술이전에 관한 국가정책의 공표와 그러한 정책의 체계적 비교연구
(h) 기술판매, 계약 및 특허에 관한 그 밖의 약정에 대한 정보의 수집과 체계화
(i) 역내 다른 국가와의 기술협력

제 4 절 　 국제기구간 협력

제 278 조　국제기구간 협력
이 부 및 제13부에 언급된 권한있는 국제기구는 직접적으로 또는 그 국제기구 서로간의 긴밀한 협력을 통하여 이 부에 따른 임무와 책임을 효과적으로 이행하기 위하여 모든 적절한 조치를 한다.

제15부 분쟁의 해결

제1절 총칙

제279조 평화적 수단에 의한 분쟁해결의무
당사국은 이 협약의 해석이나 적용에 관한 당사국 간의 모든 분쟁을 국제연합헌장 제2조 제3항의 규정에 따라 평화적 수단에 의하여 해결하여야 하고, 이를 위하여 헌장 제33조 제1항에 제시된 수단에 의한 해결을 추구한다.

제280조 당사자가 선택한 평화적 수단에 의한 분쟁해결
이 부의 어떠한 규정도 당사국이 언제라도 이 협약의 해석이나 적용에 관한 당사국 간의 분쟁을 스스로 선택하는 평화적 수단에 의하여 해결하기로 합의할 수 있는 권리를 침해하지 아니한다.

제281조 당사자 간 합의가 이루어지지 아니한 경우의 절차
1. 이 협약의 해석이나 적용에 관한 분쟁의 당사자인 당사국이 스스로 선택한 평화적 수단에 의한 분쟁해결을 추구하기로 합의한 경우, 이 부에 규정된 절차는 그 수단에 의하여 해결이 이루어지지 아니하고 당사자 간의 합의로 그 밖의 다른 절차를 배제하지 아니하는 경우에만 적용된다.
2. 당사자가 기한을 두기로 합의한 경우, 제1항은 그 기한이 만료한 때에 한하여 적용한다.

제282조 일반협정·지역협정·양자협정상의 의무
이 협약의 해석이나 적용에 관한 분쟁의 당사자인 당사국들이 일반협정·지역협정·양자협정을 통하여 또는 다른 방법으로 어느 한 분쟁당사자의 요청에 따라 구속력있는 결정을 초래하는 절차에 그 분쟁을 회부하기로 합의한 경우, 그 분쟁당사자가 달리 합의하지 아니하는 한, 이 부에 규정된 절차 대신 그 절차가 적용된다.

제283조 의견교환의무
1. 이 협약의 해석이나 적용에 관하여 당사국 간 분쟁이 일어나는 경우, 분쟁당사자는 교섭이나 그 밖의 평화적 수단에 의한 분쟁의 해결에 관한 의견을 신속히 교환한다.
2. 당사자는 이러한 분쟁의 해결절차에 의하여 해결에 도달하지 못하였거나 또는 해결에 도달하였으나 해결의 이행방식에 관한 협의를 필요로 하는 상황인 경우, 의견을 신속히 교환한다.

제284조 조정
1. 이 협약의 해석이나 적용에 관한 분쟁당사자인 당사국은 제5부속서 제1절에 규정된 절차나 그 밖의 조정절차에 따라 다른 당사자에게 그 분쟁을 조정에 회부하도록 요청할 수 있다.
2. 이러한 요청이 수락되고 당사자가 적용할 조정절차에 합의한 경우, 어느 당사자라도 그 분쟁을 조정절차에 회부할 수 있다.
3. 이러한 요청이 수락되지 아니하거나 당사자가 조정절차에 합의하지 아니하는 경우, 조정이 종료된 것으로 본다.

4. 당사자가 달리 합의하지 아니하는 한, 분쟁이 조정에 회부된 때에는 조정은 합의된 조정절차에 따라서만 종료될 수 있다.

제 285 조 제 11 부에 따라 회부된 분쟁에 대한 이 절의 적용

이 절은 제11부 제5절에 의거하여 이 부에 규정된 절차에 따라 해결하는 모든 분쟁에 적용한다. 국가가 아닌 주체가 이러한 분쟁의 당사자인 경우에도 이 절을 준용한다.

제 2 절 구속력 있는 결정을 수반하는 강제절차

제 286 조 이 절에 따른 절차의 적용

이 협약의 해석이나 적용에 관한 분쟁이 제1절에 따른 방법으로 해결이 이루어지지 아니하는 경우, 제3절에 따를 것을 조건으로, 어느 한 분쟁당사자의 요청이 있으면 이 절에 의하여 관할권을 가지는 재판소에 회부된다.

제 287 조 절차의 선택

1. 어떠한 국가도 이 협약의 서명, 비준, 가입시 또는 그 이후 언제라도, 서면 선언에 의하여 이 협약의 해석이나 적용에 관한 분쟁의 해결을 위하여 다음 수단 중의 어느 하나 또는 그 이상을 자유롭게 선택할 수 있다.
    (a) 제6부속서에 따라 설립된 국제해양법재판소
    (b) 국제사법재판소
    (c) 제7부속서에 따라 구성된 중재재판소
    (d) 제8부속서에 규정된 하나 또는 그 이상의 종류의 분쟁해결을 위하여 그 부속서에 따라 구성된 특별중재재판소
2. 제1항에 따라 행한 선언은 제11부 제5절에 규정된 범위와 방식에 따라 국제해양법재판소 해저분쟁재판부의 관할권을 수락하여야 하는 당사국의 의무에 영향을 미치지 아니하거나 또는 이로부터 영향을 받지 아니한다.
3. 유효한 선언에 포함되어 있지 아니한 분쟁의 당사자인 당사국은 제7부속서에 따른 중재를 수락한 것으로 본다.
4. 분쟁당사자가 그 분쟁에 관하여 동일한 분쟁해결절차를 수락한 경우, 당사자 간 달리 합의하지 아니하는 한, 그 분쟁은 그 절차에만 회부될 수 있다.
5. 분쟁당사자가 그 분쟁에 관하여 동일한 분쟁해결절차를 수락하지 아니한 경우, 당사자 간 달리 합의하지 아니하는 한, 그 분쟁은 제7부속서에 따른 중재에만 회부될 수 있다.
6. 제1항에 따라 행한 선언은 취소통고가 국제연합사무총장에게 기탁된 후 3개월까지 효력을 가진다.
7. 새로운 선언, 선언의 취소 또는 종료의 통고는 당사자 간 달리 합의하지 아니하는 한, 이 조에 따른 관할권을 가지는 재판소에 계류 중인 소송에 어떠한 영향도 미치지 아니한다.
8. 이 조에 언급된 선언과 통고는 국제연합사무총장에게 기탁되어야 하며, 사무총장은 그 사본을 당사국에 전달한다.

제 288 조 관할권

1. 제287조에 언급된 재판소는 이 부에 따라 재판소에 회부되는 이 협약의 해석이나 적용에 관한 분쟁에 대하여 관할권을 가진다.
2. 제287조에 언급된 재판소는 이 협약의 목적과 관련된 국제협정의 해석이나 적용에 관한 분쟁으로서 그 국제협정에 따라 재판소에 회부된 분쟁에 대하여 관할권을 가진다.
3. 제6부속서에 따라 설립된 국제해양법재판소 해저분쟁재판부와 제11부 제5절에 언급된 그 밖의 모든 재판부나 중재재판소는 제11부 제5절에 따라 회부된 모든 문제에 대하여 관할권을 가진다.
4. 재판소가 관할권을 가지는지 여부에 관한 분쟁이 있는 경우, 그 문제는 그 재판소의 결정에 의하여 해결한다.

제 289 조 전문가

과학·기술적 문제를 수반하는 분쟁에 있어서 이 절에 따라 관할권을 행사하는 재판소는 어느 한 분쟁당사자의 요청이나 재판소의 직권에 의하여 당사자와의 협의를 거쳐 우선적으로 제8부속서 제2조에 따라 준비된 관련 명부로부터 투표권 없이 재판에 참여하는 2인 이상의 과학·기술전문가를 선임할 수 있다.

제 290 조 잠정조치

1. 어느 재판소에 정당하게 회부된 분쟁에 대하여 그 재판소가 일응 이 부나 제11부 제5절에 따라 관할권을 가지는 것으로 판단하는 경우, 그 재판소는 최종 판결이 날 때까지 각 분쟁당사자의 이익을 보전하기 위하여 또는 해양환경에 대한 중대한 손상을 방지하기 위하여 그 상황에서 적절하다고 판단하는 잠정 조치를 명령할 수 있다.
2. 잠정조치는 이를 정당화하는 상황이 변화하거나 소멸하는 즉시 변경하거나 철회할 수 있다.
3. 잠정조치는 어느 한 분쟁당사자의 요청이 있는 경우에만 모든 당사자에게 진술의 기회를 준 후 이 조에 따라 명령·변경 또는 철회할 수 있다.
4. 재판소는 분쟁당사자와 재판소가 적절하다고 인정하는 그 밖의 당사국에게 잠정 조치의 명령, 변경 또는 철회를 즉시 통지한다.
5. 이 절에 따라 분쟁이 회부되는 중재재판소가 구성되는 동안 잠정조치의 요청이 있는 경우 당사자가 합의하는 재판소가, 만일 잠정조치의 요청이 있은 후 2주일 이내에 이러한 합의가 이루어지지 아니하는 경우에는 국제해양법재판소(또는 심해저활동에 관하여서는 해저분쟁재판부)가, 이 조에 따라 잠정조치를 명령, 변경 또는 철회할 수 있다. 다만, 이는 장차 구성될 중재재판소가 일응 관할권을 가지고 있고 상황이 긴급하여 필요하다고 인정된 경우에 한한다. 분쟁이 회부된 중재재판소는 구성 즉시 제1항부터 제4항까지에 따라 그 잠정조치를 변경, 철회 또는 확인할 수 있다.
6. 분쟁당사자는 이 조의 규정에 따라 명령된 잠정조치를 신속히 이행한다.

제 291 조 분쟁해결절차의 개방

1. 이 부에 규정된 모든 분쟁해결절차는 당사국에게 개방된다.
2. 이 부에 규정된 분쟁해결절차는 이 협약에 특별히 규정된 경우에만 당사국 이외의 주체에게 개방된다.

제 292 조 선박·선원의 신속한 석방

1. 어느 한 당사국의 당국이 다른 당사국의 국기를 게양한 선박을 억류하고 있고, 적정한 보석금이나 그 밖의 금융 보증이 예치되었음에도 불구하고 억류국이 선박이나 선원을 신속히 석방해야 할 이 협약상의 규정을 준수하지 아니하였다고 주장되는 경우, 당사국 간 달리 합의되지 아니하는 한, 억류로부터의 석방문제는 당사국 간 합의된 재판소에 회부될 수 있으며, 만일 그러한 합의가 억류일로부터 10일 이내에 이루어지지 아니하면 제287조에 따라 억류국이 수락한 재판소나 국제해양법재판소에 회부될 수 있다.
2. 석방신청은 선박의 기국에 의하여 또는 기국을 대리하여서만 할 수 있다.
3. 재판소는 지체 없이 석방신청을 처리하고, 선박과 그 소유자 또는 선원에 대한 적절한 국내법정에서의 사건의 심리에 영향을 미침이 없이 석방문제만을 처리한다. 억류국의 당국은 선박이나 승무원을 언제라도 석방할 수 있는 권한을 가진다.
4. 재판소가 결정한 보석금이나 그 밖의 금융 보증이 예치되는 즉시 억류국의 당국은 선박이나 선원들의 석방에 관한 재판소의 결정을 신속히 이행한다.

제 293 조 적용법규

1. 이 절에 따라 관할권을 가지는 재판소는 이 협약 및 이 협약과 상충되지 아니하는 그 밖의 국제법규칙을 적용한다.
2. 당사자가 합의한 경우, 제1항은 이 절에 따라 관할권을 가지는 재판소가 형평과 선에 기초하여 재판하는 권한을 침해하지 아니한다.

제 294 조 예비절차

1. 제287조에 규정된 재판소에 제297조에 언급된 분쟁에 관한 신청이 접수된 경우, 그 재판소는 어느 한 당사자의 요청에 따라 청구가 법적 절차의 남용에 해당되는 지의 여부나 청구에 일응 정당한 근거가 있는 지의 여부를 결정하여야 하며, 재판소의 직권으로 이를 결정할 수도 있다. 재판소는 청구가 법적 절차의 남용에 해당하거나 또는 일응 근거가 없다고 결정한 경우, 그 사건에 관하여 더 이상의 조치를 취할 수 없다.
2. 재판소는 신청을 접수한 즉시 다른 당사자에게 그 신청을 신속히 통지하여야 하며 다른 당사자가 제1항에 따라 재판소의 결정을 요청할 수 있는 합리적인 기한을 정한다.
3. 이 조의 어떠한 규정도 적용가능한 절차규칙에 따라 선결적 항변을 제기할 수 있는 분쟁당사자의 권리에 영향을 미치지 아니한다.

제 295 조 국내적 구제의 완료

이 협약의 해석이나 적용에 관한 당사국 간의 분쟁은 국제법상 국내적 구제가 완료되어야 하는 경우에는 이러한 절차를 완료한 후에만 규정된 절차에 회부될 수 있다.

제 296 조 판결의 종국성과 구속력

1. 이 절에 따라 관할권을 가지는 재판소의 판결은 종국적이며 분쟁당사자에 의하여 준수되어야 한다.
2. 어떠한 판결도 그 특정 분쟁과 당사자 외에는 구속력을 가지지 아니한다.

제 3 절 | 제2절 적용의 제한과 예외

제 297 조 제2절 적용의 제한

1. 이 협약에 규정된 연안국의 주권적 권리 또는 관할권 행사와 관련된 이 협약의 해석이나 적용에 관한 분쟁으로서 다음의 각 경우 제2절에 규정된 절차에 따른다.
   (a) 연안국이 항해·상공비행의 자유와 권리, 해저전선·해저관선 부설의 자유와 권리 또는 제58조에 명시된 그 밖의 국제적으로 적법한 해양이용권에 관한 이 협약의 규정에 위반되는 행위를 하였다고 주장되는 경우
   (b) 어느 한 국가가 앞에 언급된 자유, 권리 또는 이용권을 행사함에 있어서 이 협약 또는 이 협약 및 이 협약과 상충하지 아니하는 그 밖의 국제법규칙에 부합하여 연안국이 채택한 법령에 위반되는 행위를 하였다고 주장되는 경우
   (c) 연안국이 이 협약에 의하여 수립되었거나 또는 권한 있는 국제기구나 외교회의를 통하여 이 협약에 부합되게 수립되어 연안국에 적용되는 해양환경의 보호와 보전을 위한 특정의 규칙과 기준에 위반되는 행위를 하였다고 주장된 경우

2. (a) 해양과학조사와 관련한 이 협약의 규정의 해석이나 적용에 관한 분쟁은 제2절에 따라 해결된다. 다만, 연안국은 다음의 경우로부터 발생하는 분쟁에 대하여는 제2절에 규정된 절차에 회부할 것을 수락할 의무를 지지 아니한다.
      (ⅰ) 제246조에 따르는 연안국의 권리나 재량권의 행사
      (ⅱ) 제253조에 따르는 조사계획의 정지나 중지를 명령하는 연안국의 결정
   (b) 특정 조사계획에 관하여 연안국이 제246조와 제253조에 의한 권리를 이 협약과 양립하는 방식으로 행사하고 있지 않다고 조사국이 주장함으로써 발생하는 분쟁은 어느 한 당사국의 요청이 있는 경우, 제5부속서 제2절에 규정된 조정에 회부되어야 한다. 다만, 조정위원회는 제246조 제6항에 언급된 특정 지역을 지정할 수 있는 연안국의 재량권 행사나 제246조 제5항에 따라 동의를 거부할 수 있는 연안국의 재량권 행사를 문제삼지 아니하여야 한다.

3. (a) 어업과 관련된 이 협약 규정의 해석이나 적용에 관한 분쟁은 제2절에 따라 해결된다. 다만, 연안국은 배타적경제수역의 생물자원에 대한 자국의 주권적 권리 및 그 행사(허용어획량, 자국의 어획능력, 다른 국가에 대한 잉여량 할당 및 자국의 보존관리법에서 정하는 조건을 결정할 재량권 포함)에 관련된 분쟁을 그러한 해결절차에 회부할 것을 수락할 의무를 지지 아니한다.
   (b) 이 부 제1절에 의하여 해결되지 아니하는 분쟁은 다음과 같은 주장이 있는 경우, 어느 한 분쟁당사자의 요청이 있으면 제5부속서 제2절에 따른 조정에 회부된다.
      (ⅰ) 연안국이 적절한 보존·관리조치를 통하여 배타적경제수역의 생물자원의 유지가 심각하게 위협받지 아니하도록 보장할 의무를 명백히 이행하지 아니하였다는 주장
      (ⅱ) 연안국이 다른 국가의 어획에 관심을 가지고 있는 어종의 허용어획량과 자국의 생물자원 어획능력 결정을 그 다른 국가의 요청에도 불구하고 자의적으로 거부하였다는 주장
      (ⅲ) 연안국이 존재한다고 선언한 잉여분의 전부나 일부를 제62조, 제69조 및 제70조에 따라, 또한 연안국이 이 협약에 부합되게 정한 조건에 따라 다른 국가에게 할당할 것을 자의적으로 거부하였다는 주장

(c) 어떠한 경우에도 조정위원회는 그 재량권으로써 연안국의 재량권을 대체할 수 없다.
(d) 조정위원회의 보고서는 적절한 국제기구에 송부된다.
(e) 당사국은, 제69조와 제70조에 따라 협정을 교섭함에 있어, 달리 합의하지 아니하는 한, 협정의 해석이나 적용에 관한 의견 불일치의 가능성을 최소화하기 위한 조치에 관한 조항과 그럼에도 불구하고 발생하는 경우에 대처하기 위한 절차에 관한 조항을 포함시켜야 한다.

제 298 조 제2절 적용의 선택적 예외

1. 국가는 제1절에 의하여 발생하는 의무에 영향을 미침이 없이 이 협약 서명, 비준, 가입시 또는 그 이후 어느 때라도 다음 분쟁의 범주 중 어느 하나 또는 그 이상에 관하여 제2절에 규정된 절차 중 어느 하나 또는 그 이상을 수락하지 아니한다는 것을 서면선언할 수 있다.
   (a) (ⅰ) 해양경계획정과 관련된 제15조, 제74조 및 제83조의 해석이나 적용에 관한 분쟁 또는 역사적 만 및 권원과 관련된 분쟁. 다만, 이러한 분쟁이 이 협약 발효 후 발생하고 합리적 기간 내에 당사자 간의 교섭에 의하여 합의가 이루어지지 아니하는 경우, 어느 한 당사자의 요청이 있으면 이러한 선언을 행한 국가는 그 사건을 제5부속서 제2절에 따른 조정에 회부할 것을 수락하여야 하나, 육지영토 또는 도서영토에 대한 주권이나 그 밖의 권리에 관한 미해결분쟁이 반드시 함께 검토되어야 하는 분쟁은 이러한 회부로부터 제외된다.
   (ⅱ) 조정위원회가 보고서(그 근거가 되는 이유 명시)를 제출한 후, 당사자는 이러한 보고서를 기초로 합의에 이르기 위하여 교섭한다. 교섭이 합의에 이르지 못하는 경우, 당사자는, 달리 합의하지 아니하는 한, 상호 동의에 의해 제2절에 규정된 어느 한 절차에 그 문제를 회부한다.
   (ⅲ) 이 호는 당사자 간의 약정에 따라 종국적으로 해결된 해양경계분쟁, 또는 당사자를 구속하는 양자협정이나 다자협정에 따라 해결되어야 하는 어떠한 해양경계분쟁에도 적용되지 아니한다.
   (b) 군사활동(비상업용 업무를 수행 중인 정부 선박과 항공기에 의한 군사활동 포함)에 관한 분쟁 및 주권적 권리나 관할권의 행사와 관련된 법집행활동에 관한 분쟁으로서 제297조 제2항 또는 제3항에 따라 재판소의 관할권으로부터 제외된 분쟁
   (c) 국제연합안전보장이사회가 국제연합헌장에 따라 부여받은 권한을 수행하고 있는 분쟁. 다만, 안전보장이사회가 그 문제를 의제로부터 제외하기로 결정하는 경우 또는 당사국에게 이 협약에 규정된 수단에 따라 그 문제를 해결하도록 요청한 경우에는 그러하지 아니하다.
2. 제1항에 따른 선언을 행한 당사국은 언제라도 이를 철회할 수 있으며, 또한 그 선언에 따라 제외되는 분쟁을 이 협약에 규정된 절차에 회부하기로 합의할 수 있다.
3. 제1항에 따라 선언을 행한 당사국은 다른 당사국을 상대방으로 하는 분쟁으로서 제외된 분쟁의 범주에 속하는 분쟁을 그 다른 당사국의 동의없이 이 협약의 절차에 회부할 수 없다.
4. 어느 한 당사국이 제1항 (a)에 따라 선언을 행한 경우, 다른 모든 당사국은 제외된 범주에 속하는 분쟁을 선언당사국을 상대방으로 하여 그 선언에 명시된 절차에 회부할 수 있다.

5. 새로운 선언이나 선언의 철회는, 당사자가 달리 합의하지 아니하는 한, 이 조에 따라 재판소에 계류 중인 소송절차에 어떠한 영향도 미치지 아니한다.
6. 이 조에 따라 행한 선언이나 그 철회의 통지는 국제연합사무총장에게 기탁하며, 국제연합사무총장은 당사국에게 그 사본을 전달한다.

제 299 조 분쟁해결절차에 관하여 합의할 수 있는 당사국의 권리

1. 제297조에 따라 배제되거나 제298조에 따른 선언으로 제2절에 규정된 분쟁해결절차로부터 제외된 분쟁은 분쟁당사자 간의 합의에 의하여만 이러한 절차에 회부될 수 있다.
2. 이 절의 어떠한 규정도 이러한 분쟁의 해결을 위하여 다른 절차에 합의하거나 우호적 해결에 이를 수 있는 분쟁당사자의 권리를 침해하지 아니한다.

제 16 부 일반규정

제 300 조 신의성실과 권리남용

당사국은 이 협약에 따른 의무를 성실하게 이행하여야 하며, 이 협약이 인정하고 있는 권리, 관할권 및 자유를 권리남용에 해당되지 아니하도록 행사한다.

제 301 조 해양의 평화적 이용

이 협약에 따른 권리행사와 의무이행에 있어서 당사국은 다른 국가의 영토보전 또는 정치적 독립에 해가 되거나 또는 국제연합헌장에 구현된 국제법의 원칙에 부합되지 아니하는 방식에 의한 무력의 위협이나 행사를 삼가야 한다.

제 302 조 정보의 공개

이 협약에 규정된 분쟁해결절차를 이용할 수 있는 당사국의 권리를 침해하지 아니하고 이 협약의 어떠한 규정도 당사국이 이 협약상의 의무를 이행함에 있어서, 공개될 경우 자국의 중대한 안보 이익에 반하는 정보를 제공하도록 요구하는 것으로 보지 아니한다.

제 303 조 해양에서 발견된 고고학적·역사적 유물

1. 각국은 해양에서 발견된 고고학적·역사적 유물을 보호할 의무를 지며, 이를 위하여 서로 협력한다.
2. 이러한 유물의 거래를 통제하기 위하여 연안국은 제33조를 적용함에 있어서, 연안국의 승인없이 제33조에 규정된 수역의 해저로부터 유물을 반출하는 것을 제33조에 언급된 자국의 영토나 영해에서의 자국 법령 위반으로 추정할 수 있다.
3. 이 조의 어떠한 규정도 확인가능한 소유주의 권리, 해난구조법 또는 그 밖의 해사규칙, 또는 문화교류에 관한 법률과 관행에 영향을 미치지 아니한다.
4. 이 조는 고고학적·역사적 유물의 보호에 관한 그 밖의 국제협정과 국제법규칙을 침해하지 아니한다.

제 304 조 손해배상책임

손해배상책임에 관한 이 협약의 규정은 국제법상 책임에 관한 기존 규칙의 적용과 장래 이러한 규칙의 발전을 저해하지 아니한다.

제17부 최종조항

제 305 조 서명

1. 이 협약은 다음에 의한 서명을 위하여 개방된다.
   (a) 모든 국가
   (b) 국제연합나미비아위원회에 의하여 대표되는 나미비아
   (c) 국제연합총회 결의 제1514(XV)호에 따라 국제연합에 의하여 감독되고 승인되는 민족자결 행위로서 그 지위를 선택하고, 이 협약에 의하여 규율되는 사항에 관한 권한(그러한 사항에 관한 조약체결권 포함)을 가지는 모든 자치연합국
   (d) 각각의 연합문서에 따라 이 협약에 의해 규율되는 사항에 관한 권한(조약체결권 포함)을 가지는 모든 자치연합국
   (e) 완전한 국내자치를 누리고 있어 국제연합에 의하여 그러하게 승인되고 있으나, 국제연합총회 결의 제1514(XV)호에 따른 완전한 독립을 얻지 못하고, 이 협약에 의하여 규율되는 사항에 관한 권한(그러한 사항에 관한 조약체결권 포함)을 가지는 모든 영토
   (f) 제9부속서에 따른 국제기구
2. 이 협약은 1984년 12월 9일까지는 자마이카 외무부에서, 1983년 7월 1일부터 1984년 12월 9일까지 뉴욕에 있는 국제연합본부에서 서명을 위하여 개방된다.

제 306 조 비준과 공식확인

이 협약은 국가 및 제305조 제1항 (b), (c), (d), (e)에 언급된 그 밖의 주체에 의하여 비준되고 제305조 제1항 (f)에 언급된 주체에 의하여 제9부속서에 따라 공식확인되어야 한다. 비준서와 공식확인서는 국제연합사무총장에게 기탁된다.

제 307 조 가입

협약은 국가 및 제305조에 언급된 그 밖의 주체에 의한 가입을 위하여 개방된다. 제305조 제1항 (f)에 규정된 주체에 의한 가입은 제9부속서에 따른다. 가입서는 국제연합사무총장에게 기탁된다.

제 308 조 발효

1. 이 협약은 60번째 비준서나 가입서가 기탁된 날로부터 12개월 후 발효한다.
2. 이 협약은 60번째 비준서나 가입서가 기탁된 후 비준 또는 가입하는 국가에 대하여, 제1항의 규정을 따를 것을 조건으로, 비준서 또는 가입서 기탁후 30일째 발효한다.
3. 해저기구 총회는 이 협약의 발효일에 개최되며 해저기구 이사회의 이사국을 선출한다. 이사회 제1회기는 제161조의 규정을 엄격하게 적용할 수 없는 경우 제161조의 목적에 합치하는 방식으로 구성된다.
4. 준비위원회에 의하여 기초된 규칙, 규정 및 절차는 제11부에 따라 해저기구가 정식 채택할 때까지 잠정적으로 적용된다.
5. 해저기구와 그 기관은 선행투자와 관련한 제3차 국제연합해양법회의의 결의 Ⅱ와 그 결의에 따라 준비위원회가 내린 결정에 따라 행동한다.

제 309 조 유보와 예외

이 협약의 다른 조항에 의하여 명시적으로 허용되지 아니하는 한 이 협약에 대한 유보나 예외는 허용되지 아니한다.

제 310 조 선언과 성명

제309조는 어떠한 국가가 특히 자국의 국내법령을 이 협약의 규정과 조화시킬 목적으로 이 협약의 서명, 비준, 가입시 그 표현이나 명칭에 관계없이 선언이나 성명을 행하는 것을 배제하지 아니한다. 다만, 그러한 선언이나 성명은 그 당사국에 대하여 이 협약의 규정을 적용함에 있어서 협약규정의 법적효과를 배제하거나 변경시키려고 의도하지 아니하여야 한다.

제 311 조 다른 협약·국제협정과의 관계

1. 이 협약은 당사국 간에 있어 1958년 4월 29일자 해양법에 관한 제네바협약에 우선한다.
2. 이 협약은 이 협약과 양립가능한 다른 협정으로부터 발생하거나 또는 다른 당사국이 이 협약상의 권리를 행사하거나 의무를 이행함에 영향을 미치지 아니하는 당사국의 권리와 의무를 변경하지 아니한다.
3. 2개국 이상의 당사국은 오직 그들 상호관계에만 적용되는 협정으로서 이 협약의 규정의 적용을 변경하거나 정지시키는 협정을 체결할 수 있다. 다만, 이러한 협정은 이 협약의 목적과 대상의 효과적 이행과 양립하지 않는 조항 일탈에 관한 것이어서는 아니되며, 이 협약에 구현된 기본원칙의 적용에 영향을 미치지 아니하며, 그 협정의 규정이 이 협약상 다른 당사국의 권리행사나 의무이행에 영향을 미치지 아니하여야 한다.
4. 제3항에 언급된 협정을 체결하고자 하는 당사국은 이 협약의 수탁자를 통하여 협정체결의사 및 그 협정이 규정하고 있는 이 협약에 대한 변경이나 정지를 다른 모든 당사국에 통고하여야 한다.
5. 이 조는 이 협약의 다른 규정에 의하여 명시적으로 허용되거나 보장되어 있는 국제협정에 영향을 미치지 아니한다.
6. 당사국은 제136조에 규정된 인류공동유산에 관한 기본원칙에 대한 어떠한 개정도 있을 수 없으며, 이 기본원칙을 일탈하는 어떠한 협정의 당사국도 되지 아니한다는 데 합의한다.

제 312 조 개정

1. 당사국은 이 협약 발효일로부터 10년이 지난 후 국제연합사무총장에 대한 서면통보를 통하여 심해저활동 관련규정을 제외한 이 협약의 규정에 대한 개정안을 제안하고 그 개정안을 다룰 회의의 소집을 요청할 수 있다. 사무총장은 이러한 통보를 모든 당사국에 회람한다. 통보 회람일로부터 12개월 이내에 당사국의 1/2 이상이 요청에 긍정적인 답변을 한 경우 사무총장은 회의를 소집한다.
2. 개정회의에 적용하는 의사결정절차는 그 회의에서 달리 결정하지 아니하는 한, 제3차 국제연합해양법회의에 적용된 의사결정절차와 동일하다. 개정회의는 어떠한 개정안에 대하여서도 컨센서스에 의한 합의에 이르기 위한 모든 노력을 다하여야 하며, 컨센서스를 위한 모든 노력이 끝날 때까지 표결하지 아니한다.

제 313 조 약식절차에 의한 개정

1. 당사국은 국제연합사무총장에 대한 서면통보를 통하여 심해저활동 관련규정을 제외한 이 협약의 규정에 대한 개정안을 회의를 소집하지 아니하고 이 조에 규정하는 약식절차에 의하여 채택되도록 제안할 수 있다. 사무총장은 이러한 통보를 모든 당사국에 회람한다.
2. 이러한 통보가 회람된 후 12개월 이내에 어느 한 당사국이 개정안에 대하여 또는 약식절차를 통한 개정안 채택 제의에 대하여 반대하는 경우, 그 개정안은 기각된 것으로 본다. 사무총장은 모든 당사국에 즉시 이를 통고한다.
3. 이러한 통보가 회람된 후 12개월이 경과할 때까지 어떠한 당사국도 개정안에 대하여 또는 약식절차를 통한 개정안 채택 제안에 근거하여 반대하지 아니하는 경우, 그 개정안은 채택된 것으로 본다. 사무총장은 모든 당사국에게 개정안이 채택되었음을 통고한다.

제 314 조 심해저활동에만 관련된 규정의 개정

1. 당사국은 해저기구 사무총장에 대한 서면통보를 통하여 심해저활동에만 관련된 협약규정(제6부속서 제4절을 포함)에 대한 개정을 제안할 수 있다. 사무총장은 이러한 통보를 모든 당사국에 회람한다. 개정안은 이사회의 승인 후 총회의 승인을 받는다. 이러한 기관에서 당사국 대표는 제안된 개정안을 검토하고 승인할 전권을 가진다. 이사회와 총회에 의하여 승인된 개정안은 채택된 것으로 본다.
2. 제1항의 규정에 따라 개정안을 승인하기에 앞서 이사회와 총회는 그 개정안이 제155조에 따른 재검토회의 이전에는 심해저자원의 탐사·개발체제를 침해하지 아니하도록 보장한다.

<이행협정부속서 제4절 참조>

제 315 조 개정안의 서명·비준·가입과 정본

1. 이 협약에 따라 채택된 개정안은 개정안 자체에 달리 규정되지 아니하는 한, 당사국에 의한 서명을 위하여 채택일로부터 12개월 동안 뉴욕에 있는 국제연합본부에서 개방된다.
2. 제306조, 제307조 및 제320조는 이 협약에 대한 모든 개정에 적용된다.

제 316 조 개정의 발효

1. 제5항에 언급된 개정을 제외한 이 협약에 대한 개정은 당사국의 3분의 2 또는 60개 당사국 중 더 많은 수의 비준서 또는 가입서가 기탁된 후 30일째 되는 날에 이를 비준하거나 가입한 국가에 대하여 발효한다.
2. 개정은 그 효력발생을 위하여 이 조가 요구하는 것보다 더 많은 수의 비준·가입을 필요로 함을 규정할 수 있다.
3. 필요한 수의 비준서나 가입서가 기탁된 후 제1항에 규정된 개정에 비준하거나 가입하는 당사국에 대하여는, 개정은 비준서 또는 가입서가 기탁된 후 30일째 발효한다.
4. 제1항에 따른 개정의 발효이후 이 협약의 당사국이 된 국가는 그 국가에 의한 다른 의사표시가 없는 한,
   (a) 개정된 이 협약의 당사국으로 본다.

(b) 개정에 기속되지 아니한 협약당사국에 대하여는 개정되지 아니한 협약의 당사국으로 본다.
5. 심해저활동에만 관련된 개정과 제6부속서에 대한 개정은 당사국 4분의 3의 비준서나 가입서가 기탁된 후 1년이 되는 날부터 모든 당사국에게 발효한다.
6. 제5항에 따른 개정의 발효 후 이 협약의 당사국이 된 국가는 개정된 이 협약의 당사국으로 본다.

제 317 조 폐기

1. 당사국은 국제연합사무총장에 대한 서면통고를 통하여 이 협약을 폐기하고 그 이유를 명시할 수 있다. 폐기이유를 명시하지 아니하여도 폐기의 효력에 영향을 미치지 아니한다. 폐기는 통고서에 폐기일자를 더 늦게 지정하지 아니하는 한, 통고수령일 후 1년이 지난 날부터 유효한다.
2. 어떠한 당사국도 폐기를 이유로 당사국이었던 중에 발생한 재정적 의무와 계약상 의무로부터 면제되지 아니하며, 폐기는 이 협약이 그 국가에 대하여 종료되기 전에 이 협약의 시행을 통하여 발생한 그 당사국의 권리, 의무 또는 법적 상황에 영향을 미치지 아니한다.
3. 폐기는 이 협약에 구현된 의무로서 이 협약과는 관계없이 국제법에 따라 부과된 의무를 이행해야 할 당사국의 의무에 어떠한 영향도 미치지 아니한다.

제 318 조 부속서의 지위

부속서는 이 협약과 불가분의 일체를 이루며, 명시적으로 달리 규정되지 아니하는 한, 협약이나 협약의 각부에 대한 언급은 이와 관련된 부속서에 대한 언급을 포함한다.

제 319 조 수탁자

1. 국제연합사무총장은 이 협약과 이에 대한 개정의 수탁자가 된다.
2. 사무총장은 수탁자로서의 기능 이외에 다음을 수행한다.
   (a) 이 협약과 관련하여 발생한 일반적 성격의 문제를 모든 당사국, 해저기구 및 권한 있는 국제기구에 보고
   (b) 이 협약에 대한 비준, 공식확인, 가입, 개정 및 폐기에 관하여 해저기구에 통고
   (c) 제311조 제4항에 따른 협정을 당사국에 통고
   (d) 이 협약에 따라 채택된 개정의 비준이나 가입을 위하여 당사국에 회람
   (e) 이 협약에 따라 필요한 당사국회의의 소집
3. (a) 사무총장은 제156조에 언급된 옵서버에게 다음을 전달한다.
   (ⅰ) 제2항 (a)에 언급된 보고
   (ⅱ) 제2항 (b)와 (c)에 언급된 통고
   (ⅲ) 제2항 (d)에 언급된 개정문안
   (옵서버 참고용)
   (b) 사무총장은 이러한 옵서버를 제2항 (e)에 언급된 당사국회의에 옵서버로 참가하도록 초청한다.

제 320 조 정본

아랍어, 중국어, 영어, 불어, 노어 및 스페인어본을 동등하게 정본으로 하는 이 협약의 원본은 제305조 제2항에 따라 국제연합사무총장에게 기탁된다.

이상의 증거로서 다음의 전권대표들은 정당히 권한을 위임받아 이 협약에 서명하였다.

1982년 12월 10일

몬테고베이에서 작성되었다.

02 | 대한민국 정부와 중화인민공화국 정부 간의 어업에 관한 협정(2000채택/2001발효)

제 1 조
이 협정이 적용되는 수역(이하 "협정수역"이라 한다)은 대한민국의 배타적경제수역과 중화인민공화국의 배타적경제수역으로 한다.

제 2 조
1. 각 체약당사자는 이 협정과 자국의 관계법령의 규정에 따라, 자국의 배타적경제수역에서 타방체약당사자의 국민 및 어선이 어업활동을 하는 것을 허가한다.
2. 각 체약당사자의 권한있는 당국은 이 협정의 부속서 I 및 자국의 관계법령의 규정에 따라 타방체약당사자의 국민 및 어선에 대하여 입어허가증을 발급한다.

제 3 조
1. 각 체약당사자는 자국의 배타적경제수역에서 타방체약당사자의 국민 및 어선에게 허용하는 어획가능어종·어획할당량·조업기간·조업구역 및 기타 조업조건을 매년 결정하고, 이를 타방체약당사자에게 통보한다.
2. 각 체약당사자는 제1항에 정한 사항을 결정함에 있어서 자국의 배타적경제수역내 해양생물자원의 상태, 자국의 어획능력, 전통적 어업활동, 상호입어의 상황 및 기타 관련 요소를 고려하여야 하며, 제13조의 규정에 의하여 설치되는 한·중 어업공동위원회의 협의결과를 존중하여야 한다.

제 4 조
1. 일방체약당사자의 국민 및 어선은 타방체약당사자의 배타적경제수역에서 어업활동을 함에 있어서 이 협정과 타방체약당사자의 관계법령의 규정을 준수하여야 한다.
2. 각 체약당사자는 자국의 국민 및 어선이 타방체약당사자의 배타적경제수역에서 어업활동을 함에 있어서 타방체약당사자의 관계법령에 규정된 해양생물자원의 보존조치 및 기타 조건과 이 협정의 규정을 준수하도록 필요한 조치를 취하여야 한다.
3. 각 체약당사자는 자국의 관계법령에 규정된 해양생물자원의 보존조치와 기타 조건을 타방체약당사자에게 지체없이 통보하여야 한다.

제 5 조
1. 각 체약당사자는 자국의 관계법령에 규정된 해양생물자원의 보존조치와 기타 조건을 타방체약당사자의 국민 및 어선이 준수하도록 국제법에 따라 자국의 배타적경제수역에서 필요한 조치를 취할 수 있다.
2. 나포되거나 억류된 어선 또는 승무원은 적절한 보증금이나 기타 담보를 제공한 후에는 즉시 석방되어야 한다.
3. 일방체약당사자는 타방체약당사자의 어선 또는 승무원을 나포하거나 억류한 경우에는 취하여진 조치와 그 후에 부과된 처벌에 관하여 타방체약당사자에게 적절한 경로를 통하여 신속하게 통보하여야 한다.

제 6 조

제2조 내지 제5조의 규정은 협정수역중 제7조·제8조 및 제9조에서 지정한 수역을 제외한 부분에 대하여 적용한다.

제 7 조

1. 다음 각목의 점을 순차적으로 직선으로 연결하는 선에 의하여 둘러싸이는 수역(이하 "잠정조치수역"이라 한다)에 대하여는 제2항 및 제3항의 규정을 적용한다.

    가. 북위 37도 00분, 동경 123도 40분의 점 (A1)
    나. 북위 36도 22분 23초, 동경 123도 10분 52초의 점 (A2)
    다. 북위 35도 30분, 동경 122도 11분 54초의 점 (A3)
    라. 북위 35도 30분, 동경 122도 01분 54초의 점 (A4)
    마. 북위 34도 00분, 동경 122도 01분 54초의 점 (A5)
    바. 북위 34도 00분, 동경 122도 11분 54초의 점 (A6)
    사. 북위 33도 20분, 동경 122도 41분의 점 (A7)
    아. 북위 32도 20분, 동경 123도 45분의 점 (A8)
    자. 북위 32도 11분, 동경 123도 49분 30초의 점 (A9)
    차. 북위 32도 11분, 동경 125도 25분의 점 (A10)
    카. 북위 33도 20분, 동경 124도 08분의 점 (A11)
    타. 북위 34도 00분, 동경 124도 00분 30초의 점 (A12)
    파. 북위 35도 00분, 동경 124도 07분 30초의 점 (A13)
    하. 북위 35도 30분, 동경 124도 30분의 점 (A14)
    거. 북위 36도 45분, 동경 124도 30분의 점 (A15)
    너. 북위 37도 00분, 동경 124도 20분의 점 (A16)
    더. 북위 37도 00분, 동경 123도 40분의 점 (A17)

2. 양 체약당사자는 해양생물자원의 보존과 합리적 이용을 위하여, 제13조의 규정에 의하여 설치되는 한·중 어업공동위원회의 결정에 따라 잠정조치수역에서 공동의 보존조치 및 양적인 관리조치를 취하여야 한다.

3. 각 체약당사자는 잠정조치수역에서 어업활동을 하는 자국의 국민 및 어선에 대하여 관리 및 기타 필요한 조치를 취하고, 타방체약당사자의 국민 및 어선에 대하여는 관리 및 기타 조치를 취하지 아니한다. 일방체약당사자가 타방체약당사자의 국민 및 어선이 한·중 어업공동위원회의 결정을 위반하는 것을 발견한 경우, 그 사실에 대하여 해당 국민 및 어선의 주의를 환기시킬 수 있으며, 그 사실 및 관련 정황을 타방체약당사자에게 통보할 수 있다. 타방체약당사자는 그 통보를 존중하여야 하며, 필요한 조치를 취한 후 그 결과를 상대방에게 통보한다.

제 8 조

1. 이 협정이 발효한 날부터 4년까지 다음 (1) 및 (2)의 각 점을 순차적으로 직선으로 연결하는 선에 의하여 둘러싸이는 수역(이하 "과도수역"이라 한다)에 대하여는 제2항 내지 제4항의 규정을 적용한다.

    (1) 한국 측 과도수역 좌표
        가. 북위 35도 30분, 동경 124도 30분의 점 (K1)
        나. 북위 35도 00분, 동경 124도 07분 30초의 점 (K2)

다. 북위 34도 00분, 동경 124도 00분 30초의 점 (K3)
라. 북위 33도 20분, 동경 124도 08분의 점 (K4)
마. 북위 32도 11분, 동경 125도 25분의 점 (K5)
바. 북위 32도 11분, 동경 126도 45분의 점 (K6)
사. 북위 32도 40분, 동경 127도 00분의 점 (K7)
아. 북위 32도 24분 30초, 동경 126도 17분의 점 (K8)
자. 북위 32도 29분, 동경 125도 57분 30초의 점 (K9)
차. 북위 33도 20분, 동경 125도 28분의 점 (K10)
카. 북위 34도 00분, 동경 124도 35분의 점 (K11)
타. 북위 34도 25분, 동경 124도 33분의 점 (K12)
파. 북위 35도 30분, 동경 124도 48분의 점 (K13)
하. 북위 35도 30분, 동경 124도 30분의 점 (K14)

(2) 중국 측 과도수역 좌표
가. 북위 35도 30분, 동경 121도 55분의 점 (C1)
나. 북위 35도 00분, 동경 121도 30분의 점 (C2)
다. 북위 34도 00분, 동경 121도 30분의 점 (C3)
라. 북위 33도 20분, 동경 122도 00분의 점 (C4)
마. 북위 31도 50분, 동경 123도 00분의 점 (C5)
바. 북위 31도 50분, 동경 124도 00분의 점 (C6)
사. 북위 32도 20분, 동경 123도 45분의 점 (C7)
아. 북위 33도 20분, 동경 122도 41분의 점 (C8)
자. 북위 34도 00분, 동경 122도 11분 54초의 점 (C9)
차. 북위 34도 00분, 동경 122도 01분 54초의 점 (C10)
카. 북위 35도 30분, 동경 122도 01분 54초의 점 (C11)
타. 북위 35도 30분, 동경 121도 55분의 점 (C12)

2. 각 체약당사자는 과도수역에서 점진적으로 배타적경제수역 제도를 실시하기 위하여 적절한 조치를 취하여야 하며, 타방체약당사자측 과도수역에서 조업을 하는 자국의 국민 및 어선의 어업활동을 점진적으로 조정·감축하여 균형을 이루도록 노력한다.
3. 양 체약당사자는 과도수역에서 제7조제2항 및 제3항과 동일한 보존 및 관리조치를 취하여야 하고, 또한 공동승선·정선·승선검색 등을 포함한 공동감독검사 조치를 취할 수 있다.
4. 양 체약당사자는 각각 타방체약당사자측 과도수역에서 조업하는 자국 어선에게 허가증을 발급하고, 또한 그 어선의 명부를 상호 교환한다.
5. 이 협정이 발효한 날부터 4년이 경과한 후에는 과도수역에 대하여 제2조 내지 제5조의 규정이 적용된다.

제 9 조

양 체약당사자는 제7조제1항에 지정된 잠정조치수역의 북단이 위치한 위도선 이북의 일부수역과 제7조제1항에 지정된 잠정조치수역 및 제8조제1항에 지정된 과도수역 이남의 일부수역에서는 양 체약당사자간에 별도의 합의가 없는 한 현행 어업활동을 유지하며 어업에 관한 자국의 법령을 타방체약당사자의 국민과 어선에 대하여 적용하지 아니한다.

제 10 조

각 체약당사자는 항행 및 조업의 안전을 확보하고, 해상에서의 정상적인 조업질서를 유지하며, 해상사고를 원활하고 신속하게 처리하기 위하여 자국의 국민 및 어선에 대하여 지도 기타 필요한 조치를 취하여야 한다.

제 11 조

1. 일방체약당사자의 국민 및 어선이 타방체약당사자의 연안에서 해난이나 기타 긴급사태를 당한 경우, 타방체약당사자는 가능한 한 구조 및 보호를 제공함과 동시에 이에 관한 상황을 일방체약당사자의 관계당국에게 신속히 통보하여야 한다.
2. 일방체약당사자의 국민 및 어선은 악천후나 기타 긴급한 사태로 피난할 필요가 있을 때에는 이 협정의 부속서 Ⅱ의 규정에 따라 타방체약당사자의 관계당국에 연락을 취하고 타방체약당사자의 항구 등에 피난할 수 있다. 해당 국민 및 어선은 타방체약당사자의 관계법령을 준수하고 관계당국의 지시를 따라야 한다.

제 12 조

양 체약당사자는 해양생물자원의 보존과 합리적 이용에 관한 과학적 연구(필요한 자료교환을 포함한다)를 위하여 협력을 강화하여야 한다.

제 13 조

1. 양 체약당사자는 이 협정의 실시를 더욱 용이하게 하기 위하여 한·중 어업공동위원회(이하 "위원회"라 한다)를 실시한다. 위원회는 양 체약당사자가 각각 임명하는 1인의 대표 및 약간명의 위원으로 구성되며, 필요한 경우 전문분과위원회를 설치할 수 있다.
2. 위원회의 임무는 다음과 같다.
   (1) 아래 사항을 협의하고 양 체약당사자의 정부에게 권고한다.
      가. 제3조의 규정에 의하여 타방체약당사자의 국민 및 어선에게 허용하는 어획가능어종·어획할당량 기타 구체적 조업조건에 관한 사항
      나. 조업질서의 유지에 관한 사항
      다. 해양생물자원의 상태와 보존에 관한 사항
      라. 양국간 어업협력에 관한 사항
   (2) 필요한 경우, 이 협정의 부속서의 개정과 관련하여 양 체약당사자의 정부에게 권고할 수 있다.
   (3) 제7조 및 제8조의 규정에 관한 사항을 협의하고 결정한다.
   (4) 이 협정의 집행현황과 기타 이 협정과 관련된 사항을 연구한다.
3. 위원회의 모든 권고와 결정은 양 체약당사자 대표간의 합의에 의하여서만 이를 한다.
4. 양 체약당사자의 정부는 제2항 (1)의 권고를 존중하고, 제2항 (3)의 결정에 따라 필요한 조치를 취하여야 한다.
5. 위원회는 대한민국과 중화인민공화국에서 교대로 매년 한 차례씩 회의를 개최한다. 필요한 경우 양 체약당사자의 합의를 거쳐 임시회의를 개최할 수 있다.

제 14 조

이 협정의 어떠한 규정도 해양법상의 제반 사안에 관한 각 체약당사자의 입장을 저해하는 것으로 해석되어서는 아니된다.

제 15 조

이 협정의 부속서는 이 협정의 불가분의 일부를 구성한다.

제 16 조

1. 이 협정은 양 체약당사자가 각자 국내법상의 절차를 완료한 후, 이를 통보하는 공한을 서로 교환하는 날부터 그 효력이 발생한다.
2. 이 협정은 5년간 유효하며, 그 후에는 제3항의 규정에 따라 종료될 때까지 계속하여 유효하다.
3. 일방체약당사자는 타방체약당사자에게 1년전에 서면으로 통보하여 최초 5년 기한의 만료시 또는 그 후 언제라도 이 협정을 종료시킬 수 있다.

이상의 증거로서 아래 대표는 각자의 정부로부터 정당하게 권한을 위임받아 이 협정에 서명하였다.

2000년 8월 3일 북경에서 서명하였으며, 동등하게 정본인 한국어 및 중국어로 각 2부 작성하였다.

대한민국 정부를 위하여   중화인민공화국 정부를 위하여

03 | 대한민국과 일본국 간의 어업에 관한 협정 (1998채택/1999발효)

대한민국과 일본국은,
해양생물자원의 합리적인 보존·관리 및 최적이용의 중요성을 인식하고,
1965년 6월 22일 도쿄에서 서명된 "대한민국과 일본국 간의 어업에 관한 협정"을 기초로 유지되어 왔던 양국간 어업분야에 있어서의 협력관계의 전통을 상기하고, 양국이 1982년 12월 10일 작성된 "해양법에 관한 국제연합 협약"(이하 "국제연합해양법협약"이라 한다)의 당사국임을 유념하고, 국제연합 해양법 협약에 기초하여, 양국간 새로운 어업질서를 확립하고, 양국간에 어업분야에서의 협력관계를 더욱 발전시킬 것을 희망하여, 다음과 같이 합의하였다.

제 1 조
이 협정은 대한민국의 배타적 경제수역과 일본국의 배타적 경제수역(이하 "협정수역"이라 한다)에 적용한다.

제 2 조
각 체약국은 호혜의 원칙에 입각하여 이 협정 및 자국의 관계법령에 따라 자국의 배타적 경제수역에서 타방체약국 국민 및 어선이 어획하는 것을 허가한다.

제 3 조
1. 각 체약국은 자국의 배타적 경제수역에서의 타방체약국 국민 및 어선의 어획이 인정되는 어종·어획할당량·조업구역 및 기타 조업에 관한 구체적인 조건을 매년 결정하고, 이 결정을 타방체약국에 서면으로 통보한다.
2. 각 체약국은 제1항의 결정을 함에 있어서, 제12조의 규정에 의하여 설치되는 한·일어업공동위원회의 협의결과를 존중하고, 자국의 배타적 경제수역에서의 해양생물자원의 상태, 자국의 어획능력, 상호입어의 상황 및 기타 관련요소를 고려한다.

제 4 조
1. 각 체약국의 권한있는 당국은 타방체약국으로부터 제3조에서 규정하는 결정에 관하여 서면에 의한 통보를 받은 후, 타방체약국의 배타적 경제수역에서 어획하는 것을 희망하는 자국의 국민 및 어선에 대한 허가증 발급을 타방체약국의 권한있는 당국에 신청한다. 해당 타방체약국의 권한있는 당국은 이 협정 및 어업에 관한 자국의 관계법령에 따라 이 허가증을 발급한다.
2. 허가를 받은 어선은 허가증을 조타실의 보이기 쉬운 장소에 게시하고 어선의 표지를 명확히 표시하여 조업한다.
3. 각 체약국의 권한있는 당국은 허가증의 신청 및 발급, 어획실적에 관한 보고, 어선의 표지 및 조업일지의 기재에 관한 규칙을 포함한 절차규칙을 타방체약국의 권한있는 당국에 서면으로 통보한다.
4. 각 체약국의 권한있는 당국은 입어료 및 허가증 발급에 관한 타당한 요금을 징수할 수 있다.

제 5 조

1. 각 체약국의 국민 및 어선이 타방체약국의 배타적 경제수역에서 어획할 때에는 이 협정 및 어업에 관한 타방체약국의 관계법령을 준수한다.
2. 각 체약국은 자국의 국민 및 어선이 타방체약국의 배타적 경제수역에서 어획할 때에는 제3조의 규정에 따라 타방체약국이 결정하는 타방체약국의 배타적경제수역에서의 조업에 관한 구체적인 조건과 이 협정의 규정을 준수하도록 필요한 조치를 취한다. 이 조치는 타방체약국의 배타적 경제수역에서의 자국의 국민 및 어선에 대한 임검·정선 및 기타의 단속을 포함하지 아니한다.

제 6 조

1. 각 체약국은 타방체약국의 국민 및 어선이 자국의 배타적경제수역에서 어획할 때에는 제3조의 규정에 따라 자국이 결정하는 자국의 배타적경제수역에서의 조업에 관한 구체적인 조건과 이 협정의 규정을 준수하도록 국제법에 따라 자국의 배타적경제수역에서 필요한 조치를 취할 수 있다.
2. 각 체약국의 권한있는 당국은 제1항의 조치로서 타방체약국의 어선 및 그 승무원을 나포 또는 억류한 경우에는 취하여진 조치 및 그 후 부과된 벌에 관하여 외교경로를 통하여 타방체약국에 신속히 통보한다.
3. 나포 또는 억류된 어선 및 그 승무원은 적절한 담보금 또는 그 제공을 보증하는 서류를 제출한 후에는 신속히 석방된다.
4. 각 체약국은 어업에 관한 자국의 관계법령에서 정하는 해양생물자원의 보존조치 및 기타 조건을 타방체약국에 지체없이 통보한다.

제 7 조

1. 각 체약국은 다음 각목의 점을 순차적으로 직선으로 연결하는 선에 의한 자국측의 협정수역에서 어업에 관한 주권적 권리를 행사하며, 제2조 내지 제6조의 규정의 적용상 도 이 수역을 자국의 배타적경제수역으로 간주한다.
    가. 북위 32도 57.0분, 동경 127도 41.1분의 점
    나. 북위 32도 57.5분, 동경 127도 41.9분의 점
    다. 북위 33도 01.3분, 동경 127도 44.0분의 점
    라. 북위 33도 08.7분, 동경 127도 48.3분의 점
    마. 북위 33도 13.7분, 동경 127도 51.6분의 점
    바. 북위 33도 16.2분, 동경 127도 52.3분의 점
    사. 북위 33도 45.1분, 동경 128도 21.7분의 점
    아. 북위 33도 47.4분, 동경 128도 25.5분의 점
    자. 북위 33도 50.4분, 동경 128도 26.1분의 점
    차. 북위 34도 08.2분, 동경 128도 41.3분의 점
    카. 북위 34도 13.0분, 동경 128도 47.6분의 점
    타. 북위 34도 18.0분, 동경 128도 52.8분의 점
    파. 북위 34도 18.5분, 동경 128도 53.3분의 점
    하. 북위 34도 24.5분, 동경 128도 57.3분의 점
    거. 북위 34도 27.6분, 동경 128도 59.4분의 점
    너. 북위 34도 29.2분, 동경 129도 00.2분의 점

더. 북위 34도 32.1분, 동경 129도 00.8분의 점
러. 북위 34도 32.6분, 동경 129도 00.8분의 점
머. 북위 34도 40.3분, 동경 129도 03.1분의 점
버. 북위 34도 49.7분, 동경 129도 12.1분의 점
서. 북위 34도 50.6분, 동경 129도 13.0분의 점
어. 북위 34도 52.4분, 동경 129도 15.8분의 점
저. 북위 34도 54.3분, 동경 129도 18.4분의 점
처. 북위 34도 57.0분, 동경 129도 21.7분의 점
커. 북위 34도 57.6분, 동경 129도 22.6분의 점
터. 북위 34도 58.6분, 동경 129도 25.3분의 점
퍼. 북위 35도 01.2분, 동경 129도 32.9분의 점
허. 북위 35도 04.1분, 동경 129도 40.7분의 점
고. 북위 35도 06.8분, 동경 130도 07.5분의 점
노. 북위 35도 07.0분, 동경 130도 16.4분의 점
도. 북위 35도 18.2분, 동경 130도 23.3분의 점
로. 북위 35도 33.7분, 동경 130도 34.1분의 점
모. 북위 35도 42.3분, 동경 130도 42.7분의 점
보. 북위 36도 03.8분, 동경 131도 08.3분의 점
소. 북위 36도 10.0분, 동경 131도 15.9분의 점

2. 각 체약국은 제1항의 선에 의한 타방체약국측의 협정수역에서 어업에 관한 주권적 권리를 행사하지 아니하며, 제2조 내지 제6조의 규정의 적용상도 이 수역을 타방체약국의 배타적경제수역으로 간주한다.

제 8 조

제2조 내지 제6조의 규정은 협정수역중 다음 가목 및 나목의 수역에는 적용하지 아니한다.
가. 제9조제1항에서 정하는 수역
나. 제9조제2항에서 정하는 수역

제 9 조

1. 다음 각목의 점을 순차적으로 직선으로 연결하는 선에 의하여 둘러싸이는 수역에 있어서는 부속서 I 의 제2항의 규정을 적용한다.
   가. 북위 36도 10.0분, 동경 131도 15.9분의 점
   나. 북위 35도 33.75분, 동경 131도 46.5분의 점
   다. 북위 35도 59.5분, 동경 132도 13.7분의 점
   라. 북위 36도 18.5분, 동경 132도 13.7분의 점
   마. 북위 36도 56.2분, 동경 132도 55.8분의 점
   바. 북위 36도 56.2분, 동경 135도 30.0분의 점
   사. 북위 38도 37.0분, 동경 135도 30.0분의 점
   아. 북위 39도 51.75분, 동경 134도 11.5분의 점
   자. 북위 38도 37.0분, 동경 132도 59.8분의 점
   차. 북위 38도 37.0분, 동경 131도 40.0분의 점
   카. 북위 37도 25.5분, 동경 131도 40.0분의 점

타. 북위 37도 08.0분, 동경 131도 34.0분의 점
파. 북위 36도 52.0분, 동경 131도 10.0분의 점
하. 북위 36도 52.0분, 동경 130도 22.5분의 점
거. 북위 36도 10.0분, 동경 130도 22.5분의 점
너. 북위 36도 10.0분, 동경 131도 15.9분의 점

2. 다음 각목의 선에 의하여 둘러싸이는 수역중 대한민국의 배타적경제수역의 최남단의 위도선 이북의 수역에 있어서는 부속서Ⅰ의 제3항의 규정을 적용한다.

   가. 북위 32도 57.0분, 동경 127도 41.1분의 점과 북위 32도 34.0분, 동경 127도 9.0분의 점을 연결하는 직선
   나. 북위 32도 34.0분, 동경 127도 9.0분의 점과 북위 31도 0.0분, 동경 125도 51.5분의 점을 연결하는 직선
   다. 북위 31도 0.0분, 동경 125도 51.5분의 점에서 시작하여 북위 30도 56.0분, 동경 125도 52.0분의 점을 통과하는 직선
   라. 북위 32도 57.0분, 동경 127도 41.1분의 점과 북위 31도 20.0분, 동경 127도 13.0분의 점을 연결하는 직선
   마. 북위 31도 20.0분, 동경 127도 13.0분의 점에서 시작하여 북위 31도 0.0분, 동경 127도 5.0분의 점을 통과하는 직선

제 10 조

양 체약국은 협정수역에서의 해양생물자원의 합리적인 보존·관리 및 최적 이용에 관하여 상호 협력한다. 이 협력은 해당 해양생물자원의 통계학적 정보와 수산업 자료의 교환을 포함한다.

제 11 조

1. 양 체약국은 각각 자국의 국민과 어선에 대하여 항행에 관한 국제법규의 준수, 양 체약국 어선간 조업의 안전과 질서의 유지 및 해상에서의 양 체약국 어선간 사고의 원활하고 신속한 해결을 위하여 적절한 조치를 취한다.
2. 1항에 열거한 목적을 위하여 양 체약국의 관계당국은 가능한 한 긴밀하게 상호 연락하고 협력한다.

제 12 조

1. 양 체약국은 이 협정의 목적을 효율적으로 달성하기 위하여 한·일 어업공동위원회 (이하 "위원회"라 한다)를 설치한다.
2. <u>위원회는 양 체약국 정부가 각각 임명하는 1인의 대표 및 1인의 위원으로 구성되며, 필요한 경우 전문가로 구성되는 하부기구를 설치할 수 있다.</u>
3. 위원회는 매년 1회 양국에서 교대로 개최하고 양 체약국이 합의할 경우에는 임시로 개최할 수 있다. 제2항의 하부기구가 설치되는 경우에는 해당 하부기구는 위원회의 양 체약국 정부대표의 합의에 의하여 언제라도 개최할 수 있다.
4. <u>위원회는 다음 사항에 관하여 협의하고, 협의결과를 양 체약국에 권고한다. 양 체약국은 위원회의 권고를 존중한다.</u>
   가. 제3조에 규정하는 조업에 대한 구체적인 조건에 관한 사항
   나. 조업질서유지에 관한 사항
   다. 해양생물자원의 실태에 관한 사항

라. 양국간 어업분야에서의 협력에 관한 사항

마. 제9조제1항에서 정하는 수역에서의 해양생물자원의 보존·관리에 관한 사항

바. 기타 이 협정의 실시와 관련되는 사항

5. 위원회는 제9조제2항에서 정하는 수역에서의 해양생물자원의 보존·관리에 관한 사항에 관하여 협의하고 결정한다.

6. 위원회의 모든 권고 및 결정은 양 체약국 정부의 대표간의 합의에 의하여서만 이를 한다.

제 13 조

1. 이 협정의 해석이나 적용에 관한 양 체약국간의 분쟁은 먼저 협의에 의하여 해결한다.
2. 제1항에서 언급하는 분쟁이 협의에 의하여 해결되지 아니하는 경우에는 그러한 분쟁은 양 체약국의 동의에 의하여 다음에 정하는 절차에 따라 해결한다.

   가. 어느 일방체약국의 정부가 타방체약국의 정부로부터 분쟁의 원인이 기재된 당해 분쟁의 중재를 요청하는 공문을 받은 경우에 있어서 그 요청에 응하는 통보를 타방체약국 정부에 대하여 행할 때에는 그 분쟁은 그 통보를 받은 날부터 30일의 기간내에 각 체약국 정부가 임명하는 각 1인의 중재위원과 이와 같이 선정된 2인의 중재위원이 그 기간후 30일내에 합의하는 제3의 중재위원 또는 그 기간후 30일이내에 그 2인의 중재위원이 합의하는 제3국의 정부가 지명하는 제3의 중재위원과의 3인의 중재위원으로 구성된 중재위원회에 결정을 위하여 회부된다. 다만, 제3의 중재위원은 어느 일방체약국의 국민이어서는 아니된다.

   나. 어느 일방체약국의 정부가 가.에서 정하고 있는 기간내에 중재위원을 임명하지 못한 경우, 또는 제3의 중재위원 또는 제3국에 대하여 가.에서 정하고 있는 기간내에 합의되지 아니하는 경우, 중재위원회는 각 경우에 있어서의 가.에서 정하고 있는 기간후 30일이내에 각 체약국 정부가 선정하는 국가의 정부가 지명하는 각 1인의 중재위원과 이들 정부가 협의에 의하여 결정하는 제3국 정부가 지명하는 제3의 중재위원으로 구성된다.

   다. 각 체약국은 자국의 정부가 임명한 중재위원 또는 자국의 정부가 선정하는 국가의 정부가 지명하는 중재위원에 관한 비용 및 자국의 정부가 중재에 참가하는 비용을 각각 부담한다. 제3의 중재위원이 그 직무를 수행하기 위한 비용은 양 체약국이 절반씩 부담한다.

   라. 양 체약국 정부는 이 조의 규정에 의한 중재위원회의 다수결에 의한 결정에 따른다.

제 14 조

이 협정의 부속서 Ⅰ 및 부속서 Ⅱ는 이 협정의 불가분의 일부를 이룬다.

제 15 조

이 협정의 어떠한 규정도 어업에 관한 사항외의 국제법상 문제에 관한 각 체약국의 입장을 해하는 것으로 간주되어서는 아니된다.

제 16 조

1. 이 협정은 비준되어야 한다. 비준서는 가능한 한 신속히 서울에서 교환한다. 이 협정은 비준서를 교환하는 날부터 효력을 발생한다.

2. 이 협정은 효력이 발생하는 날부터 3년간 효력을 가진다. 그 이후에는 어느 일방체약국도 이 협정을 종료시킬 의사를 타방체약국에 서면으로 통고할 수 있으며, 이 협정은 그러한 통고가 있는 날부터 6월후에 종료하며, 그와 같이 종료하지 아니하는 한 계속 효력을 가진다.

제 17 조

1965년 6월 22일 도쿄에서 서명된 "대한민국과 일본국 간의 어업에 관한 협정"은 이 협정이 발효하는 날에 그 효력을 상실한다.

이상의 증거로 아래 대표는 각자의 정부로부터 정당한 위임을 받아 이 협정에 서명하였다. 1998년 11월 28일 가고시마에서 동등하게 정본인 한국어 및 일본어로 각 2부를 작성하였다.

04 | 국제해양법재판소 규정(1982채택/1994발효)

제1조 총칙

1. 국제해양법재판소는 이 협약과 이 규정에 따라 조직되고 임무를 수행한다.
2. 재판소의 소재지는 독일연방공화국의 한자자유시인 함부르크로 한다.
3. 재판소는 스스로 바람직하다고 판단하는 경우 다른 지역에 위치하여 그 임무를 수행할 수 있다.
4. 재판소에 대한 분쟁의 회부는 제11부와 제15부의 규정에 따라 규율된다.

제1절 재판소의 조직

제2조 구성

1. 재판소는 공정성과 성실성에 있어서 최고의 명성을 가지며 해양법분야에서 능력이 인정된 사람 가운데에서 선출된 21인의 독립적 재판관의 일단으로 구성된다.
2. 재판소는 전체적으로 세계의 주요한 법체계가 대표되고 지리적으로 공평하게 배분이 이루어지도록 한다.

제3조 재판관의 자격

1. 2인 이상의 재판관이 동일 국가의 국민이어서는 아니 된다. 재판소에서 재판관자격의 목적상 2개국 이상의 국민으로 볼 수 있는 사람은 그가 일상적으로 시민적·정치적 권리를 행사하는 국가의 국민으로 본다.
2. 국제연합총회가 설정한 각 지리적 그룹에서 적어도 3인 이상의 재판관이 선출된다.

제4조 지명과 선거

1. 각 당사국은 이 부속서 제2조에 규정된 자격을 가진 2인 이내의 사람을 지명할 수 있다. 재판관은 이렇게 지명된 사람의 명부에서 선출된다.
2. 제1차 선거의 경우는 국제연합사무총장이, 그 다음 선거부터는 재판소서기가, 적어도 선거일 3개월 전에 당사국에게 2개월 이내에 재판관에 대한 지명을 제출하도록 서면으로 요청한다. 국제연합사무총장과 서기는 이렇게 지명된 모든 사람의 명부를 그 지명을 행한 국가를 부기하여 알파벳 순으로 작성하고, 이를 각 선거일이 속하는 달의 전월의 제7일 이전에 당사국에게 제출한다.
3. 제1차 선거는 이 협약의 발효일로부터 6개월 이내에 실시된다.
4. 재판관은 비밀투표로 선출된다. 제1차 선거는 국제연합사무총장이 소집하는 당사국 회의에서, 제2차 이후의 선거는 당사국이 합의하는 절차에 따라 소집되는 당사국회의에서 한다. 이러한 회의에서 최다득표를 한 사람으로서 출석하여 투표하는 당사국의 2/3 이상의 다수의 표를 얻은 사람을 재판관으로 선출한다. 다만, 출석하여 투표하는 당사국의 2/3 이상의 다수에는 전체당사국의 과반수가 포함되어야 한다.

제 5 조   임기

1. 재판관의 임기는 9년이며 재선될 수 있다. 다만, 제1차 선거에서 선출된 재판관 중 7인의 임기는 3년 후에 끝나며 다른 7인의 임기는 6년 후에 끝난다.
2. 임기가 제1항에 규정된 바와 같이 최초의 3년과 6년에 끝나는 재판관은 제1차 선거 직후 국제연합사무총장이 추첨으로 선정한다.
3. 재판관은 후임자가 충원될 때까지 계속 직무를 수행한다. 재판관은 교체되는 경우에도 자신의 교체 이전에 착수한 소송절차를 끝맺어야 한다.
4. 재판관이 사임하는 경우 사직서는 재판소장에게 제출한다. 사직서가 접수되는 즉시 공석이 생긴다.

제 6 조   공석

1. 공석은 다음의 규정을 조건으로 하여 제1차 선거에 규정된 바와 동일한 방법으로 채워진다. 서기는 공석이 생긴 후 1개월 이내에 이 부속서 제4조에 규정된 요청서를 발송하며, 선거일은 당사국과 협의후 재판소장이 정한다.
2. 임기가 끝나지 아니한 재판관을 교체하기 위하여 선출된 재판관은 전임자 임기의 남은 기간을 재직한다.

제 7 조   직무상 금지활동

1. 재판관은 정치적이거나 행정적인 직무를 행하지 아니하고, 또한 해양이나 해저자원의 탐사나 개발 또는 해양이나 해저의 그 밖의 상업적 이용에 관한 기업의 활동과 적극적으로 관련을 가지거나 재정적 이해관계를 가지지 아니한다.
2. 재판관은 어떠한 사건에서도 당사자의 대리인, 변호인 또는 보좌인으로서 행동할 수 없다.
3. 이러한 점에 관한 의문은 출석한 다른 재판관 과반수의 결정에 의하여 해결된다.

제 8 조   제척과 기피

1. 재판관은 과거에 어느 한 당사자의 대리인, 변호인 또는 보좌인으로서, 국내재판소나 국제재판소의 재판관으로서, 또는 다른 어떠한 자격으로 참여한 사건의 결정에 참여할 수 없다.
2. 재판관이 어떠한 특별한 이유로 특정사건의 결정에 참여할 수 없다고 판단한 경우 이를 재판소장에게 알린다.
3. 재판소장은 어떠한 특별한 이유로 어느 재판관이 특정사건에 참여할 수 없다고 판단한 경우 이를 그 재판관에게 알린다.
4. 이러한 점에 관한 의문은 출석한 다른 재판관 과반수의 결정에 의하여 해결된다.

제 9 조   재판관의 자격상실

어느 재판관이 요구되는 조건을 충족시키지 못하였다고 다른 재판관들이 전원일치로 인정한 경우 재판소장은 그 자리가 공석이라고 선언한다.

제 10 조 특권과 면제

재판관은 재판소의 직무에 종사하는 동안 외교특권과 면제를 누린다.

제 11 조   선서

모든 재판관은 직무를 시작하기 전에 공정하고 양심적으로 자기의 권한을 행사할 것을 공개법정에서 선서한다.

제 12 조   재판소장, 부소장 및 서기

1. 재판소는 3년 임기의 소장과 부소장을 선출한다. 이들은 재선될 수 있다.
2. 재판소는 재판소서기를 임명하며, 필요한 경우 그 밖의 직원의 임명에 관하여 규정할 수 있다.
3. 재판소장과 서기는 재판소의 소재지에 거주한다.

제 13 조   정족수

1. 참여가능한 모든 재판관은 재판에 참가하며, 재판정을 구성하는 데 필요한 정족수는 11인이다.
2. 재판소는 이 부속서 제17조에 따를 것을 조건으로, 이 부속서 제14조와 제15조에 규정된 재판부가 효과적으로 임무를 수행할 수 있도록 특정한 분쟁을 검토하기 위한 재판정을 구성할 재판관을 결정한다.
3. 재판소는 재판소에 회부된 모든 분쟁과 신청을 처리하고 결정한다. 다만, 이 부속서 제14조가 적용되거나 당사자가 이 부속서 제15조에 따라 처리하여 주도록 요청하는 경우에는 그러하지 아니하다.

제 14 조   해저분쟁재판부

해저분쟁재판부는 이 부속서 제4절의 규정에 따라 설치된다. 해저분쟁재판부의 관할권, 권한 및 임무는 제11부 제5절에 규정된 바와 같다.

제 15 조   특별재판정

1. 재판소는 특정한 종류의 분쟁을 처리하기 위하여 필요하다고 인정하는 때에는 3인 이상의 재판관으로 구성되는 특별재판정을 설치할 수 있다.
2. 재판소는 당사자가 요청하는 경우, 재판소에 회부된 특정한 분쟁을 처리하기 위한 재판정을 구성한다. 이러한 재판정의 구성은 당사자의 승인을 얻어 재판소가 결정한다.
3. 재판소는 업무를 신속히 처리하기 위하여 약식절차에 따라 분쟁을 처리하고 결정할 수 있는 5인의 재판관으로 구성되는 재판정을 매년 구성한다. 특정한 소송절차에 참여할 수 없는 재판관과 교대하기 위하여 2인의 재판관이 선정된다.
4. 당사자가 요청하는 경우 분쟁은 이 조에서 규정된 재판정에 의하여 심리되고 결정된다.
5. 이 조와 이 부속서 제14조에 규정된 재판정이 내린 판결은 재판소가 내린 것으로 본다.

제 16 조   재판소의 규칙

재판소는 그 임무를 수행하기 위하여 규칙을 제정한다. 특히 재판소는 절차규칙을 정한다.

제 17 조   재판관의 국적

1. 분쟁당사자의 국적재판관은 재판관으로서 참여할 권리를 가진다.
2. 재판소가 분쟁 심리 중에 어느 한 당사자의 국적재판관을 포함시키는 경우, 다른 당사자도 재판관으로 참여할 1인을 선정할 수 있다.

3. 재판소가 분쟁 심리 중에 분쟁당사자의 국적재판관을 포함시키지 아니하는 경우, 각 당사자는 재판관으로 참여할 1인을 선정할 수 있다.
4. 이 조는 이 부속서 제14조와 제15조에 언급된 재판정에 적용된다. 이러한 경우, 재판소장은 분쟁당사자와의 협의후 재판정을 구성하는 재판관 중에서 필요한 인원의 재판관에 대하여 관계당사자의 국적을 가진 재판관에게 자리를 양보할 것을 요청하고, 그러한 국적을 가진 재판관이 없거나 출석할 수 없는 경우에는 당사자가 특별히 선정한 재판관에게 자리를 양보할 것을 요청한다.
5. 같은 이해관계를 가지는 다수의 당사자가 있는 경우 앞의 규정을 적용함에 있어 이들을 한 당사자로 본다. 이러한 점에 관한 의문은 재판소의 결정에 의하여 해결한다.
6. 제2항, 제3항 및 제4항에 따라 선정된 재판관은 이 부속서 제2조, 제8조 및 제11조가 요구하는 조건을 충족시켜야 한다. 그 재판관은 다른 재판관과 완전히 평등한 조건으로 재판에 참여한다.

제 18 조 재판관의 보수

1. 선출된 각 재판관은 연봉을 받으며, 그가 직무를 행하는 각일에 대한 직무수당을 받는다. 다만, 재판관에게 지급되는 직무수당 총액은 그의 연봉을 넘지 아니한다.
2. 재판소장은 특별수당을 받는다.
3. 재판소부소장은 재판소장으로 활동하는 각일에 대한 특별수당을 받는다.
4. 이 부속서 제17조에 따라 선정된 재판관으로서 재판소의 재판관이 아닌 사람은 직무를 수행하는 각일에 대한 보수를 받는다.
5. 봉급, 수당 및 보수는 재판소의 업무량을 고려하여 당사국회의에서 수시로 결정되며, 재판관의 임기 중 감액되지 아니한다.
6. 재판소서기의 연봉은 재판소의 제안으로 당사국회의에서 결정된다.
7. 당사국회의에서 채택되는 규정에는 재판소의 재판관과 서기에게 지급되는 퇴직연금의 조건과, 또한 이들에 대한 여행경비 환불조건을 결정한다.
8. 봉급, 수당 및 보수는 모든 과세로부터 면제된다.

제 19 조 재판소의 경비

1. 재판소의 경비는 당사국회의가 결정하는 기간과 방법에 따라 당사국과 해저기구가 부담한다.
2. 당사국이나 해저기구가 아닌 주체가 재판소에 회부한 분쟁의 당사자인 경우, 재판소는 그 당사자가 재판소경비로 부담할 금액을 결정한다.

제 2 절 권한

제 20 조 재판소의 이용

1. 재판소는 당사국에게 개방된다.
2. 재판소는 제11부에 명시적으로 규정된 사건의 경우이거나 모든 당사자가 수락한 관할권을 재판소에 부여하는 다른 협정에 따라서 회부된 사건의 경우 당사국 이외의 주체에게도 개방된다.

제 21 조 관할권

재판소의 관할권은 이 협약에 따라 재판소에 회부된 모든 분쟁과 신청 및 재판소에 관할권을 부여하는 다른 모든 협정에 특별히 규정된 모든 사항에 미친다.

제 22 조 다른 협정에 따른 분쟁의 회부

이 협약이 다루는 내용과 관련하여 발효 중인 조약이나 협약의 모든 당사국이 합의하는 경우, 이러한 조약이나 협약의 해석 또는 적용에 관한 어떠한 분쟁도 이러한 합의에 따라 재판소에 회부될 수 있다.

제 23 조 적용법규

재판소는 모든 분쟁과 신청을 제293조에 따라 재판한다.

제 3 절 절차

제 24 조 소송의 제기

1. 재판소에 대한 분쟁의 회부는 경우에 따라 재판소서기에게 특별한 합의를 통고하거나 서면신청을 제출함으로서 행하여진다. 어느 경우에도 분쟁의 주제와 당사자를 표시하여야 한다.
2. 서기는 특별한 합의나 신청을 모든 당사자에게 즉시 통고한다.
3. 서기는 또한 모든 당사국에게 통고한다.

제 25 조 잠정조치

1. 제290조에 따라 재판소와 해저분쟁재판부는 잠정조치를 정할 권한을 가진다.
2. 재판소가 개정하지 아니하였거나 정족수를 구성할 만큼 충분한 인원의 재판관이 참석하기 어려운 경우, 잠정조치는 이 부속서 제15조 제3항에 따라 구성되는 약식절차 재판부에 의하여 정하여진다. 이 부속서 제15조 제4항에도 불구하고 이러한 잠정조치는 분쟁당사자의 요청에 따라 채택될 수 있다. 잠정조치는 재판소에 의하여 재검토되고 수정될 수 있다.

제 26 조 심리

1. 심리는 재판소장이, 재판소장이 주재할 수 없는 경우에는 재판소부소장이 관할한다. 재판소장과 부소장이 모두 주재할 수 없는 경우에는 출석한 선임재판관이 주재한다.
2. 심리는 재판소가 달리 결정하거나 당사자가 비공개를 요구하지 아니하는 한 공개로 한다.

제 27 조 사건의 진행

재판소는 사건진행에 관한 명령을 발하고, 당사자가 자신의 주장을 종결하여야 할 형식과 시기를 결정하며, 또한 증거수집과 관련된 모든 조치를 취한다.

제 28 조 궐석재판

어느 한 당사자가 재판소에 나타나지 아니하거나 자신의 사건을 변호하지 아니하는 경우, 다른 당사자는 재판소에 대하여 소송절차를 진행하여 결정을 내릴 것을 요청할 수 있다. 어느 한 당사자가 궐석하거나 사건을 변호하지 아니하여도 소송절차 진행은 방해받지 아니한다. 재판소는 결정을 내리기 전에 재판소가 그 분쟁에 대하여 관할권을 가지며 청구가 사실상으로 또한 법률상으로 충분한 근거가 있음을 확인한다.

제 29 조 결정방식

1. 모든 문제는 출석한 재판관 과반수 의결로 결정한다.
2. 가부동수인 경우에는 재판소장이나 소장대행 재판관이 결정권을 가진다.

제 30 조 판결

1. 판결에는 그 기초가 된 이유가 제시된다.
2. 판결문에는 그 결정에 참여한 재판관의 이름이 포함된다.
3. 판결이 전체적으로 또는 부분적으로 재판관 전원의 일치된 견해를 반영하지 아니하는 경우, 어느 재판관이라도 개별의견을 진술할 수 있다.
4. 판결에는 재판소장과 서기가 서명한다. 판결은 분쟁당사자에게 적절하게 통지되고 공개법정에서 낭독된다.

제 31 조 소송참가 요청

1. 당사국이 어느 분쟁에 대한 결정에 의하여 자국이 영향을 받을 수 있는 법률적 성질의 이해관계를 가진다고 여기는 경우, 그 당사국은 재판소에 소송참가 허가를 요청할 수 있다.
2. 재판소는 이러한 요청에 대하여 결정한다.
3. 소송참가 요청이 허용되는 경우, 분쟁에 관한 재판소의 결정은 그 결정이 당사국의 소송참가에 관계된 사항과 관련을 가지는 범위에서만 소송에 참가한 당사국을 구속한다.

제 32 조 해석·적용문제에 대한 소송참가권

1. 이 협약의 해석이나 적용이 문제되는 경우, 재판소서기는 모든 당사국에게 이를 즉시 통고한다.
2. 이 부속서 제21조나 제22조에 따라 국제협정의 해석이나 적용이 문제되는 경우, 재판소서기는 그 국제협정의 모든 당사국에게 이를 통고한다.
3. 제1항과 제2항에 언급된 모든 당사자는 소송참가권을 가진다. 이러한 당사자가 그 권리를 행사할 경우, 판결에 의한 해석은 이러한 당사자를 구속한다.

제 33 조 결정의 종국성과 구속력

1. 재판소의 결정은 종국적이며 모든 당사자를 구속한다.
2. 결정은 특정한 분쟁의 당사자 간 이외에는 구속력을 가지지 아니한다.
3. 결정의 의미나 범위에 관한 분쟁이 있는 경우, 당사자의 요청에 따라 재판소는 이를 해석한다.

제 34 조   비용

재판소가 달리 결정하지 아니하는 한, 분쟁당사자는 각기 자체비용을 부담한다.

제 4 절   해저분쟁재판부

제 35 조   구성

1. 이 부속서 제14조에 규정된 해저분쟁재판부는 선출된 재판관들이 자신들 가운데에서 다수결로 뽑은 11인의 재판관으로 구성한다.
2. 해저분쟁재판부의 재판관선정에 있어서는 세계의 주요한 법체계가 대표되고 지리적으로 공평하게 배분이 이루어지도록 한다. 해저기구의 총회는 이와 관련된 일반적 성격의 권고를 채택할 수 있다.
3. 해저분쟁재판부의 재판관은 3년마다 선정되고 1회에 한하여 재선될 수 있다.
4. 해저분쟁재판부는 그 재판관 가운데에서 재판장을 선출하며, 재판장은 선정된 해저분쟁재판부가 존속하는 동안 재직한다.
5. 어떠한 소송절차가 해저분쟁재판소가 존속하는 3년의 기간이 지난 후에도 계속되는 경우 그 해저분쟁재판부의 본래 구성원이 그 절차를 완료한다.
6. 해저분쟁재판부에 공석이 생기는 경우, 재판소는 전임자의 잔여임기 동안 재직할 후임재판관을 재판소 재판관 가운데에서 선임한다.
7. 해저분쟁재판부를 구성하는데 필요한 재판관 정족수는 7인으로 한다.

제 36 조   특별재판정

1. 해저분쟁재판부는 제188조 제1항 (b)에 따라 회부된 특정분쟁을 다루기 위하여 해저분쟁재판부의 재판관 가운데에서 3인으로 특별재판정을 구성한다. 특별재판정의 구성은 당사자의 승인을 얻어 해저분쟁재판부가 결정한다.
2. 당사자가 특별재판정 구성에 동의하지 아니하는 경우 각 분쟁당사자는 재판관 1인씩을 선임하고 제3의 재판관은 분쟁당사자가 합의하여 선임한다. 분쟁당사자가 합의에 이르지 못하는 경우 또는 어떠한 당사자가 재판관을 선임하지 못하는 경우, 해저분쟁재판부의 재판장은 당사자와 협의를 거쳐 신속히 해저분쟁재판부의 재판관 가운데에서 재판관을 선임한다.
3. 특별재판정의 재판관은 분쟁당사자를 위하여 직무를 수행하거나 그 국민이 아니어야 한다.

제 37 조   이용

해저분쟁재판부는 제11부 제5절에 규정된 당사국, 해저기구 및 그 밖의 주체에 대하여 개방된다.

제 38 조   적용법규

해저분쟁재판부는 이 협약 제293조와 함께 다음을 적용한다.
(a) 이 협약에 따라 해저기구가 채택한 규칙, 규정 및 절차
(b) 심해저활동에 관한 계약과 관련된 사항에 대하여서는 그 계약의 조건

제 39 조 해저분쟁재판부 결정의 집행
해저분쟁재판부의 결정은 집행이 이루어져야 하는 당사국의 영역에서 그 당사국 최고 재판소의 판결이나 명령과 동일한 방법으로 집행될 수 있다.

제 40 조 이 부속서 다른 절의 적용
1. 이 절의 규정과 어긋나지 아니하는 이 부속서 다른 절은 해저분쟁재판부에 대하여 적용한다.
2. 해저분쟁재판부가 권고적 의견에 관한 임무를 수행함에 있어서 재판소의 절차에 관한 이 부속서의 규정을 스스로 적용가능하다고 판단하는 범위 안에서 그 지침으로 한다.

제 5 절 개정

제 41 조 개정
1. 이 부속서 제4절의 개정 이외의 이 부속서의 개정은 제313조에 따라 또는 이 협약에 따라 소집된 회의에서 컨센서스에 의하여서만 채택될 수 있다.
2. 제4절의 개정은 제314조에 의하여서만 채택될 수 있다.
3. 재판소는 필요하다고 인정하는 이 규정에 대한 개정안을 제1항과 제2항의 규정에 의한 당사국의 심의를 위하여 당사국에 대한 서면통고로써 제안할 수 있다.

05 | 중재재판소 규정(해양법협약 제7부속서) (1982채택/1994발효)

제 1 조 소송의 제기

제15부의 규정에 따를 것을 조건으로, 분쟁당사자는 하나 또는 그 이상의 다른 당사자에 대한 서면통고에 의하여 분쟁을 이 부속서에서 규정된 중재재판절차에 회부할 수 있다. 통고에는 청구 및 청구가 기초한 이유에 관한 진술을 포함한다.

제 2 조 중재재판관 명부

1. 중재재판관 명부는 국제연합사무총장이 작성하고 유지한다. 모든 당사국은 해사에 경험이 풍부하고 공정성, 능력 및 성실성에 있어서 최고의 명성을 가지는 4명의 중재재판관을 지명할 수 있다. 이렇게 지명된 사람의 이름을 명부에 기재한다.
2. 당사국이 이렇게 구성된 명부에 지명한 중재재판관이 4명 미만인 경우 그 당사국은 필요에 따라 추가로 지명을 할 수 있다.
3. 중재재판관 이름은 지명한 당사국이 철회할 때까지 명부에 유지된다. 다만, 그 중재재판관은 자신이 선임된 중재재판소의 소송절차가 끝날 때까지 그 중재재판소에 재직한다.

제 3 조 중재재판소의 구성

이 부속서의 규정에 의한 소송절차를 적용함에 있어서 중재재판소는 당사자들이 달리 합의하지 아니하는 한 다음과 같이 구성된다.

(a) (g)에 따를 것을 조건으로, 중재재판소는 5인의 중재재판관으로 구성된다.
(b) 소송을 제기한 당사자는 가능한 한 이 부속서 제2조에 언급된 명부로부터 1인을 선임하며, 자국민도 선임할 수 있다. 선임은 이 부속서 제1조에 언급된 통고에 포함된다.
(c) 분쟁의 다른 당사자는 이 부속서 제1조에 언급된 통고를 받은 후 30일 이내에 가능한 한 명부 안에서 1인을 선임하여야 하며 자국민도 선임할 수 있다. 선임이 그 기간 내에 이루어지지 아니하는 경우, 소송을 제기한 당사자는 그 기간이 끝난 후 2주일 이내에 (e)에 따라 선임이 이루어지도록 요청할 수 있다.
(d) 다른 3인의 중재재판관은 당사자 사이의 합의에 따라 선임한다. 가능한 한 그들은 명부 안에서 선출되어야 하며 당사자가 달리 합의하지 아니하는 한 제3국 국민이어야 한다. 분쟁당사자는 이 중재재판관 3인 가운데에서 중재 재판소소장을 선임한다. 이 부속서 제1조에 언급된 통고를 받은 후 60일 이내에 당사자가 합의하여 선임하는 1인 이상의 중재재판관 또는 소장의 선임에 관하여 합의에 이를 수 없는 경우, 남은 재판관의 임명은 어느 한 당사자의 요청에 의하여 (e)에 따라 이루어진다.
(e) 당사자가 선택한 사람이나 제3국에 의하여 (c) 또는 (d)에 따른 선임이 이루어지도록 당사자가 합의하지 아니하는 경우, 국제해양법재판소 소장이 필요한 선임을 행한다. 국제해양법재판소 소장이 이 호에 따라 행동할 수 없거나 어느 한 분쟁당사자의 국민일 경우, 선임은 분쟁당사자의 국민이 아니며 출정 가능한 국제해양법재판소의 다음 연장자에 의하여 이루진다. 이 호에 언급된 요청접수일로부터 30일 이내에 당사자와 협의하여 이 부속서 제2조에 언급된 명부 내에서 이루어진다. 이렇게 선임된 중재재판관은 서로 다른 국적이어야 하며 분쟁당사자를 위하여 일하거나 그 영토에 일상적으로 거주하거나 또는 그 국민이 아니어야 한다.

(f) 모든 공석은 최초 선임을 위하여 규정된 방식에 따라 보충된다.
(g) 같은 이해관계를 가지는 당사자는 합의에 따라 재판관 1인을 공동으로 지명할 수 있다. 개별적으로 이해관계가 다른 다수의 당사자가 있거나 또는 같은 이해관계를 가지는 지의 여부에 관하여 의견이 일치하지 아니하는 경우, 각 당사자는 중재재판관 1인을 선임한다. 당사자가 개별적으로 임명한 중재재판관의 수는 당사자가 공동으로 선임하는 중재재판관 인원보다 항상 1인이 적어야 한다.
(h) 둘 이상의 당사자와 관련된 분쟁에는 (a)에서 (f)까지의 규정이 가능한 한 최대한 적용된다.

제 4 조   중재재판소의 임무

이 부속서 제3조에 따라 구성된 중재재판소는 이 부속서와 이 협약의 다른 규정에 따라 활동한다.

제 5 조   절차

분쟁당사자 간 달리 합의하지 아니하는 한, 중재재판소는 각 당사자에게 진술하고 입장을 제시할 충분한 기회를 보장하는 자체의 절차를 결정한다.

제 6 조   분쟁당사국의 의무

분쟁당사자는 중재재판소의 업무에 협조하며 자국법에 따라 자신이 이용할 수 있는 모든 수단을 이용하여 특히 다음을 행한다.
(a) 모든 관련문서, 시설 및 정보를 중재재판소에 제공한다.
(b) 필요한 경우에는 중재재판소가 증인이나 전문가를 소환하고 그 증거를 수집하며 사건이 관계된 장소를 방문할 수 있도록 한다.

제 7 조   경비

중재재판소가 사건의 특별한 사정으로 인하여 달리 결정하지 아니하는 한 중재재판관의 보수를 포함한 중재재판소의 경비는 분쟁당사자가 동등하게 부담한다.

제 8 조   결정방식

중재재판소의 결정은 중재재판관의 다수결에 의하여 이루어진다. 중재재판관 과반수 미만의 궐석 또는 기권은 중재재판소가 결정에 이르는 데 지장을 주지 아니한다. 가부동수인 경우에는 소장이 결정권을 가진다.

제 9 조   궐석재판

어느 한 당사자가 중재재판소에 출정하지 아니하거나 사건을 변호하지 아니하는 경우, 다른 당사자는 소송절차를 진행하여 판정을 내리도록 중재재판소에 요청할 수 있다. 어느 한 당사자가 출정하지 아니하거나 사건을 변호하지 아니하여도 소송절차 진행은 방해받지 아니한다. 중재재판소는 판정을 내리기 전에 재판소가 그 분쟁에 대하여 관할권을 가지며 청구가 사실상으로 또한 법률상으로 충분한 근거가 있음을 확인한다.

제 10 조   판정

중재재판소의 판정은 분쟁의 중요사항에 국한되며 판정의 기초가 된 이유를 제시한다. 판정에는 이에 참여한 중재재판관의 이름과 판정일자가 포함된다. 중재재판관은 판정에 개별의견이나 반대의견을 첨부할 수 있다.

제11조 판정의 종국성

분쟁당사자가 미리 상소절차에 합의하지 아니하는 한, 판정은 종국적이며 상소할 수 없다. 분쟁당사자는 판정을 준수한다.

제12조 판정의 해석 또는 집행

1. 분쟁당사자 사이에서 판정의 해석이나 집행방법에 관하여 발생한 분쟁은 어느 한 당사자에 의하여 판정을 내린 중재재판소의 결정에 회부될 수 있다. 이 목적을 위하여 재판소안의 공석은 중재재판관을 선임하기 위한 최초방식에 따라 채워진다.
2. 이러한 분쟁은 모든 분쟁당사자 간의 합의에 의하여 제287조에 따라 다른 재판소나 재판정에 회부될 수 있다.

제13조 당사국 이외의 주체에 대한 적용

이 부속서의 규정은 당사국 이외의 주체와 관련된 분쟁에 준용한다.

06 | 기후변화에 관한 국제연합 기본협약
(1992채택/1994발효/1994한국발효)

제1조 정의
이 협약의 목적상,
1. "기후변화의 부정적 효과"라 함은 기후변화에 기인한 물리적 환경 또는 생물상의 변화로서 자연적 생태계 및 관리되는 생태계의 구성·회복력 또는 생산성, 사회경제체제의 운용 또는 인간의 건강과 복지에 대하여 현저히 해로운 효과를 야기하는 것을 말한다.
2. "기후변화"라 함은 인간활동에 직접 또는 간접으로 기인하여 지구대기의 구성을 변화시키는 상당한 기간 동안 관측된 자연적 기후 가변성에 추가하여 일어나는 기후의 변화를 말다.
3. "기후체계"라 함은 대기권, 수권, 생물권과 지리권 그리고 이들의 상호작용의 총체를 말한다.
4. "배출"이라 함은 특정지역에 특정기간 동안 온실가스 및/또는 그 전구물질을 대기 중으로 방출하는 것을 말한다.
5. "온실가스"라 함은 적외선을 흡수하여 재방출하는 천연 및 인공의 기체성의 대기 구성물을 말한다.
6. "지역경제통합기구"라 함은 이 협약 및 부속의정서가 규율하는 사항에 관하여 권한을 가지며, 또한 내부절차에 따라 정당하게 권한을 위임받아 관련문서에 서명·비준·수락·승인 또는 가입할 수 있는 특정지역의 주권국가들로 구성된 기구를 말한다.
7. "저장소"라 함은 온실가스 또는 그 전구물질이 저장되는 기후 체계의 하나 또는 그 이상의 구성요소들을 말한다.
8. "흡수원"이라 함은 대기로부터 온실가스, 그 연무질 또는 전구물질을 제거하는 모든 과정·활동 또는 체계를 말한다.
9. "배출원"이라 함은 대기 중으로 온실가스, 그 연무질 또는 전구물질을 방출하는 모든 과정 또는 활동을 말한다.

제2조 목적
이 협약과 당사자총회가 채택하는 모든 관련 법적문서의 궁극적 목적은, 협약의 관련규정에 따라, 기후체계가 위험한 인위적 간섭을 받지 않는 수준으로 대기 중 온실가스 농도의 안정화를 달성하는 것이다. 그러한 수준은 생태계가 자연적으로 기후변화에 적응하고 식량생산이 위협받지 않으며 경제개발이 지속가능한 방식으로 진행되도록 할 수 있기에 충분한 기간 내에 달성되어야 한다.

제3조 원칙
협약의 목적을 달성하고 그 규정을 이행하기 위한 행동에 있어서, 당사자는 무엇보다도 다음 원칙에 따른다.
1. 당사자는 형평에 입각하고 공통적이면서도 그 정도에 차이가 나는 책임과 각각의 능력에 따라 인류의 현재 및 미래 세대의 이익을 위하여 기후체계를 보호해야 한다. 따라서, 선진국인 당사자는 기후변화 및 그 부정적 효과에 대처하는 데 있어 선도적 역할을 해야 한다.

2. 기후변화의 부정적 효과에 특별히 취약한 국가 등 개발도상국인 당사자와, 개발도상국인 당사자를 포함하여 이 협약에 따라 불균형적이며 지나친 부담을 지게 되는 당사자의 특수한 필요와 특별한 상황은 충분히 고려되어야 한다.
3. 당사자는 기후변화의 원인을 예견·방지 및 최소화하고 그 부정적 효과를 완화하기 위한 예방조치를 취하여야 한다. 심각하거나 회복할 수 없는 손상의 위협이 있는 경우, 충분한 과학적 확실성이 없다는 이유로 이러한 조치를 연기하여서는 아니되며, 기후변화를 다루는 정책과 조치는 최저비용으로 세계적 이익을 보장할 수 있도록 비용효과적이어야 한다. 이 목적을 달성하기 위하여, 이러한 정책과 조치는 서로 다른 사회경제적 상황을 고려하여야 하고, 종합적이어야 하며, 온실가스의 모든 관련 배출원·흡수원 및 저장소 그리고 적응 조치를 포함하여야 하며, 모든 경제분야를 포괄하여야 한다. 기후변화에 대한 대응노력은 이해 당사자가 협동하여 수행할 수 있다.
4. 당사자는 지속가능한 발전을 증진할 권리를 보유하며 또한 증진하여야 한다. 경제발전이 기후변화에 대응하는 조치를 취하는 데 필수적임을 고려하여, 인간활동으로 야기된 기후변화로부터 기후체계를 보호하기 위한 정책과 조치는 각 당사자의 특수한 상황에 적절하여야 하며 국가개발계획과 통합되어야 한다.
5. 당사자는 모든 당사자, 특히 개발도상국인 당사자가 지속적 경제 성장과 발전을 이룩하고 그럼으로써 기후변화문제에 더 잘 대응할 수 있도록 하는 지지적이며 개방적인 국제경제체제를 촉진하기 위하여 협력한다. 일방적 조치를 포함하여 기후변화에 대처하기 위하여 취한 조치는 국제무역에 대한 자의적 또는 정당화할 수 없는 차별수단이나 위장된 제한수단이 되어서는 아니된다.

제 4 조   공약

1. 모든 당사자는 공통적이면서도 그 정도에 차이가 나는 책임과 자기나라의 특수한 국가적, 지역적 개발우선순위·목적 및 상황을 고려하여 다음 사항을 수행한다.
   (개) 당사자총회가 합의하는 비교가능한 방법론을 사용하여, 몬트리올의정서에 의하여 규제되지 않는 모든 온실가스의 배출원에 따른 인위적 배출과 흡수원에 따른 제거에 관한 국가통계를 제12조에 따라 작성, 정기적으로 갱신 및 공표하고 당사자총회에 통보한다.
   (내) 몬트리올의정서에 의하여 규제되지 않는 모든 온실가스의 배출원에 따른 인위적 배출의 방지와 흡수원에 따른 제거를 통하여 기후변화를 완화하는 조치와 기후변화에 충분한 적응을 용이하게 하는 조치를 포함한 국가적 및 적절한 경우 지역적 계획을 수립·실시·공표하고 정기적으로 갱신한다.
   (대) 에너지·수송·산업·농업·임업 그리고 폐기물관리분야를 포함한 모든 관련분야에서 몬트리올의정서에 의하여 규제되지 않는 온실가스의 인위적 배출을 규제·감축 또는 방지하는 기술·관행 및 공정을 개발·적용하고, 이전을 포함하여 확산시키는 것을 촉진하고 협력한다.
   (라) 생물자원·산림·해양과 그 밖의 육상·연안 및 해양 생태계 등 몬트리올의정서에 의하여 규제되지 않는 온실가스의 흡수원과 저장소의 지속가능한 관리를 촉진하고 또한 적절한 보존 및 강화를 촉진하며 이를 위해 협력한다.
   (마) 기후변화의 영향에 대한 적응을 준비하는 데 협력한다. 즉, 연안관리·수자원 및 농업을 위한 계획 그리고 특히 아프리카 등 가뭄·사막화 및 홍수에 의하여 영향받는 지역의 보호와 복구를 위한 적절한 통합계획을 개발하고 발전시킨다.

(바) 관련 사회·경제 및 환경정책과 조치에서 가능한 한 기후 변화를 고려하며, 기후변화를 완화하고 이에 적응하기 위하여 채택한 사업과 조치가 경제·공중보건 및 환경의 질에 미치는 부정적 효과를 최소화할 수 있도록, 예를 들어 영향평가와 같은, 국가적으로 입안되고 결정된 적절한 방법을 사용한다.

(사) 기후변화의 원인·결과·규모·시기 및 여러 대응전략의 경제적·사회적 결과에 관한 이해를 증진시키고 또한 이에 관한 잔존 불확실성을 축소·제거하기 위하여 기후체계와 관련된 과학적·기술적·기능적·사회경제적 및 그 밖의 조사, 체계적 관측 그리고 자료보관소의 설치를 촉진하고 협력한다.

(아) 기후체계와 기후변화, 그리고 여러 대응전략의 경제적·사회적 결과와 관련된 과학적·기술적·기능적·사회 경제적 및 법률적 정보의 포괄적, 공개적 그리고 신속한 교환을 촉진하고 협력한다.

(자) 기후변화에 관한 교육, 훈련 및 홍보를 촉진하고 협력하며, 이러한 과정에 비정부간 기구 등의 광범위한 참여를 장려한다.

(차) 제12조에 따라 이행관련 정보를 당사자총회에 통보한다.

2. 부속서 1에 포함된, 선진국인 당사자와 그 밖의 당사자는 특히 다음에 규정된 사항을 수행할 것에 합의한다.

(가) 당사자는 온실가스의 인위적 배출을 제한하고 온실가스의 흡수원과 저장소를 보호·강화함으로써 기후변화의 완화에 관한 국가정책을 채택하고 이에 상응하는 조치를 취한다. 이러한 정책과 조치를 취함으로써 선진국은 이 협약의 목적에 부합하도록 인위적 배출의 장기적 추세를 수정하는데 선도적 역할을 수행함을 증명한다. 선진국은 이러한 역할을 수행함에 있어 이산화탄소와 몬트리올의정서에 의하여 규제되지 않는 그 밖의 온실가스의 인위적 배출을 1990년대 말까지 종전 수준으로 회복시키는 것이 그러한 수정에 기여함을 인식하고 각 당사자의 출발점 및 접근 방법·경제구조 그리고 자원기반의 차이, 강력하고 지속 가능한 경제성장을 유지할 필요성, 가용기술 그리고 여타 개별적 상황, 아울러 이 목적에 대한 세계적 노력에 각 당사자가 공평하고 적절하게 기여할 필요성을 고려한다. 선진국인 당사자는 그 밖의 당사자와 이러한 정책과 조치를 공동으로 이행할 수 있으며, 또한 그 밖의 당사자가 협약의 목적, 특히 본 호의 목적을 달성하는데 기여하도록 지원할 수 있다.

(나) 이러한 목적달성을 촉진하기 위하여 당사자는 이산화탄소와 몬트리올의정서에 의하여 규제되지 않는 그 밖의 온실가스의 인위적 배출을 개별적 또는 공동으로 1990년 수준으로 회복시키기 위한 목적으로, (가)호에 언급된 정책 및 조치에 관한 상세한 정보와, (가)호에 언급된 기간 동안에 이러한 정책과 조치의 결과로 나타나는 몬트리올의 정서에 의하여 규제되지 않는 온실가스의 배출원에 따른 인위적 배출과 흡수원에 따른 제거에 관한 상세한 정보를 협약이 자기나라에 대하여 발효 후 6월 이내에, 또한 그 이후에는 정기적으로 제12조에 따라 통보한다. 당사자총회는 제7조에 따라 제1차 회기에서, 또한 그 이후에는 정기적으로 이러한 정보를 검토한다.

(다) (나)호의 목적상 온실가스의 배출원에 따른 배출과 흡수원에 따른 제거에 관한 계산은 흡수원의 유효용량 및 기후변화에 대한 가스종별 기여도를 포함하는 최대한으로 이용가능한 과학적 지식을 고려하여야 한다. 당사자총회는 제1차 회기에서 이러한 계산방식에 대해 심의, 합의하고 그 이후에는 정기적으로 이를 검토한다.

(라) 당사자총회는 제1차 회기에서 (가)호와 (나)호의 조치가 충분한 지를 검토한다. 이러한 검토는 기후변화와 그 영향에 대한 최대한으로 이용가능한 과학적 정보 및 평가와 아울러 관련 기술적·사회적 및 경제적 정보를 고려하여 수행한다. 이러한 검토에 입각하여 당사자총회는 적절한 조치를 취하며, 이에는 (가)호 및 (나)호의 공약에 대한 개정의 채택이 포함될 수 있다. 당사자총회는 제1차 회기에서 (가)호에 규정된 공동이행에 관한 기준을 또한 결정한다. (가)호와 (나)호에 대한 제2차 검토는 1998년 12월 31일 이전에 실시하며, 그 이후에는 이 협약의 목적이 달성될 때까지 당사자총회가 결정하는 일정한 간격으로 실시한다.

(마) 당사자는 다음을 수행한다.
   (i) 협약의 목적을 달성하기 위하여 개발된 관련 경제적 및 행정적 수단들을 적절히 그 밖의 당사자와 조정한다.
   (ii) 몬트리올의정서에 의하여 규제되지 않는 온실가스의 인위적 배출수준의 증가를 초래하는 활동을 조장하는 정책과 관행을 찾아내어 정기적으로 검토한다.

(바) 당사자총회는 관련 당사자의 승인을 얻어 부속서 1·2의 명단을 적절히 수정할지를 결정하기 위하여 1998년 12월 31일 이전에 이용 가능한 정보를 검토한다.

(사) 부속서 1에 포함되지 않은 당사자는 비준서·수락서·승인서 또는 가입서에서, 그리고 그 이후에는 언제든지 (가)호와 (나)호에 구속받고자 하는 의사를 수탁자에게 통고할 수 있다. 수탁자는 그러한 통고를 서명자 또는 당사자에게 통보한다.

3. 부속서 2에 포함된, 선진국인 당사자와 그 밖의 선진당사자는 개발도상국이 제12조 제1항에 따른 공약을 이행하는 데에서 부담하는 합의된 만큼의 모든 비용을 충족시키기 위하여 새로운 추가적 재원을 제공한다. 이러한 당사자는 또한 기술이전을 위한 비용을 포함하여, 본 조 제1항에 규정된 것으로서 개발도상국이 제11조에 언급된 국제기구 또는 국제기구들과 합의한 조치를 이행하는 데에서 발생하는, 합의된 만큼의 모든 부가비용을 충족시키기 위하여 제11조에 따라 개발도상국인 당사자가 필요로 하는 새로운 추가적 재원을 제공한다. 이러한 공약의 이행에는 자금 흐름의 충분성과 예측 가능성 및 선진국인 당사자 간의 적절한 부담배분의 중요성을 고려한다.

4. 부속서 2에 포함된, 선진국인 당사자와 그 밖의 선진당사자는 또한 기후변화의 부정적 효과에 특히 취약한 개발도상국인 당사자가 이러한 부정적 효과에 적응하는 비용을 부담할 수 있도록 지원한다.

5. 부속서 2에 포함된, 선진국인 당사자와 그 밖의 선진당사자는 다른 당사자, 특히 개발도상국인 당사자가 이 협약의 규정을 이행할 수 있도록 환경적으로 건전한 기술과 노하우의 이전 또는 이에 대한 접근을 적절히 증진·촉진하며, 그리고 이에 필요한 재원을 제공하기 위한 모든 실행 가능한 조치를 취한다. 이러한 과정에서 선진국인 당사자는 개발도상국인 당사자의 내생적 능력과 기술의 개발 및 향상을 지원한다. 지원할 수 있는 위치에 있는 그 밖의 당사자와 기구도 이러한 기술이전을 용이하게 하도록 지원할 수 있다.

6. 제2항의 공약을 이행하는 데 있어, 부속서 1에 포함된 당사자로서 시장경제로의 이행과정에 있는 당사자에 대해서는 기후변화에 대응하는 능력을 향상시키도록 당사자총회로부터 어느 정도의 융통성이 허용되며, 이에는 기준으로 선정된 몬트리올의정서에 의해 규제되지 않는 온실가스의 과거 인위적 배출수준에 관한 사항이 포함된다.

7. 개발도상국인 당사자의 협약에 따른 공약의 효과적 이행정도는 선진국인 당사자가 재원 및 기술이전에 관한 협약상의 공약을 얼마나 효과적으로 이행할 지에 달려있으며, 경제적·사회적 개발과 빈곤 퇴치가 개발도상국의 제1차적이며 가장 앞서는 우선순위임을 충분히 고려한다.
8. 본 조의 공약을 이행하는 데 있어, 당사자는 특히 다음에 열거한 각 지역에 대한 기후변화의 부정적 효과 그리고/또는 대응조치의 이행에 따른 영향으로부터 발생하는 개발도상국인 당사자의 특수한 필요와 관심을 충족시키기 위하여 재원제공, 보험 그리고 기술이전과 관련된 조치를 포함하여 이 협약에 따라 어떠한 조치가 필요한 지를 충분히 고려한다.
   (가) 소도서국가
   (나) 저지대 연안을 보유한 국가
   (다) 건조·반건조지역, 산림지역 및 산림황폐에 취약한 지역을 보유한 국가
   (라) 자연재해에 취약한 지역을 보유한 국가
   (마) 가뭄과 사막화에 취약한 지역을 보유한 국가
   (바) 도시대기가 고도로 오염된 지역을 보유한 국가
   (사) 산악 생태계를 포함하여 연약한 생태계 지역을 보유한 국가
   (아) 화석연료와 이에 연관된 에너지 집약적 생산품의 생산·가공 및 수출로부터 얻는 소득에, 그리고/또는 화석연료와 이에 연관된 에너지 집약적 생산품의 소비에 크게 의존하는 경제를 보유한 국가
   (자) 내륙국과 경유국
   또한, 당사자총회는 본 항과 관련하여 적절한 조치를 취할 수 있다.
9. 당사자는 재원제공 및 기술이전과 관련된 조치에서 최빈국의 특수한 필요와 특별한 상황을 충분히 고려한다.
10. 당사자는, 협약의 공약을 이행함에 있어, 기후변화에 대응하기 위한 조치의 이행에 따라 발생하는 부정적 효과에 취약한 경제를 가진 당사자, 특히 개발도상국인 당사자의 여건을 제10조에 따라 고려한다. 이는 화석연료와 이에 연관된 에너지 집약적 생산품의 생산·가공 및 수출로부터 발생하는 소득에 크게 의존하는, 그리고/또는 화석연료와 이에 연관된 에너지 집약적 생산품의 소비에 크게 의존하는, 그리고/또는 다른 대체에너지로 전환하는 데 심각한 어려움을 갖고 있어 화석 연료 사용에 크게 의존하는 경제를 보유한 당사자에게 특히 적용된다.

제 5 조 조사 및 체계적 관측

제4조 제1항 (사)호의 공약을 이행함에 있어, 당사자는 다음과 같이 한다.
(가) 노력의 중복을 최소화할 필요성을 고려하여 조사·자료 수집 및 체계적 관측에 관한 정의수립·실시·평가 및 경비지원을 목적으로 하는 국제적 및 정부 간 계획·조직 또는 기구를 적절히 지원하고 더욱 발전시킨다.
(나) 특히 개발도상국에 있어서 체계적 관측과 국가의 과학·기술 조사역량과 능력을 강화하며, 국가관할권 이원지역에서 획득된 자료 및 그 분석결과에의 접근 및 교환을 촉진하는 국제적 및 정부 간 노력을 지원한다.
(다) 개발도상국의 특별한 관심과 필요를 고려하며, (a)호 및 (b)호에 언급된 노력에 참여하기 위한 개발도상국의 내생적 역량과 능력을 향상시키는 데 협력한다.

제 6 조   교육, 훈련 및 홍보

제4조 제1항 ㈐호의 공약을 이행함에 있어, 당사자는 다음과 같이 한다.

㈎ 국내적 차원 및 적절한 경우 소지역적 및 지역적 차원에서 국내법령에 따라, 또한 각자의 능력 안에서 다음 사항을 촉진하고 장려한다.
   (ⅰ) 기후변화와 그 효과에 관한 교육 및 홍보계획의 개발과 실시
   (ⅱ) 기후변화와 그 효과에 관한 정보에의 공공의 접근
   (ⅲ) 기후변화와 그 효과에 대응하고 적절한 대응책을 개발하는 데 대한 공공의 참여
   (ⅳ) 과학·기술 및 관리요원의 양성

㈏ 국제적 차원에서 그리고 적절한 경우 기존기구를 이용하여 다음 사항에서 협력하고 이를 촉진한다.
   (ⅰ) 기후변화와 그 효과에 관한 교육 및 홍보 자료의 개발과 교환
   (ⅱ) 특히 개발도상국을 위하여 이 분야의 전문가를 양성할 국내기관의 강화와 요원의 교류 또는 파견을 포함하는 교육·훈련계획의 개발 및 실시

제 7 조   당사자총회

1. 당사자총회를 이에 설치한다.
2. 당사자총회는 협약의 최고기구로서 협약 및 당사자총회가 채택하는 관련 법적문서의 이행상황을 정기적으로 검토하며, 권한의 범위 안에서 협약의 효과적 이행 촉진에 필요한 결정을 한다. 이를 위하여 당사자총회는 다음을 수행한다.

   ㈎ 협약의 목적, 협약의 이행과정에서 얻은 경험 및 과학·기술지식의 발전에 비추어 협약에 따른 당사자의 공약과 제도적 장치를 정기적으로 검토한다.

   ㈏ 당사자의 서로 다른 여건·책임 및 능력과 협약상의 각자의 공약을 고려하여, 기후변화와 그 효과에 대응하기 위하여 당사자가 채택한 조치에 관한 정보의 교환을 촉진하고 용이하게 한다.

   ㈐ 둘 또는 그 이상의 당사자의 요청이 있는 경우, 당사자의 서로 다른 여건·책임 및 능력과 협약에 따른 각자의 공약을 고려하여, 기후변화 및 그 효과에 대응하기 위하여 당사자가 채택한 조치의 조정을 용이하게 한다.

   ㈑ 협약의 목적과 규정에 따라, 특히 온실가스의 배출원에 따른 배출 및 흡수원에 따른 제거에 관한 목록을 작성하고, 온실가스의 배출을 제한하고 제거를 강화하는 조치의 유효성을 평가하기 위한, 당사자총회에서 합의될 비교 가능한 방법론의 개발 및 정기적 개선을 촉진하고 지도한다.

   ㈒ 협약의 규정에 따라 제공된 모든 정보에 입각하여 당사자의 협약 이행상황, 협약에 따라 취한 조치의 전반적 효과, 특히 누적적 효과를 포함한 환경적·경제적·사회적 효과 및 협약의 목적 성취도를 평가한다.

   ㈓ 협약의 이행에 관한 정기보고서를 심의, 채택하고 공표한다.

   ㈔ 협약의 이행에 필요한 모든 사항에 대하여 권고한다.

   ㈕ 제4조 제3항·제4항·제5항 및 제11조에 따라 재원의 동원을 추구한다.

   ㈖ 협약의 이행에 필요하다고 판단되는 보조기관을 설치한다.

   ㈗ 보조기관이 제출하는 보고서를 검토하고 지침을 준다.

   ㈘ 총회 및 보조기관의 의사규칙 및 재정규칙을 콘센서스로 합의하여 채택한다.

   ㈙ 적절한 경우, 권한 있는 국제기구·정부 간 기구 및 비정부 간 기구의 지원과 협력 및 이들 기구에 의해 제공되는 정보를 입수하여 이용한다.

㈦ 협약에 따라 부여된 모든 기능과 협약의 목적달성을 위하여 요구되는 그 밖의 기능을 수행한다.

3. 당사자총회는 제1차 회기에서 총회 및 협약에 의하여 설치되는 보조기관의 의사규칙을 채택하며, 이 의사규칙은 협약에 규정된 의사 결정절차에서 다루지 않는 문제에 관한 의사결정절차를 포함한다. 이 절차에는 특별한 결정의 채택에 필요한 특정 의결정족수를 포함할 수 있다.
4. 당사자총회 제1차 회기는 제21조에 규정된 임시사무국이 소집하며 협약 발효 후 1년 이내에 개최한다. 그 이후에는 당사자총회가 달리 결정하지 아니하는 한, 당사자총회 정기회기는 매년 개최된다.
5. 당사자총회 특별회기는 총회가 필요하다고 인정하는 때에 또는 당사자의 서면요청에 의하여 개최한다. 다만, 이러한 서면요청은 사무국이 이를 당사자에게 통보한 후 6월 이내에 최소한 당사자 3분의 1의 지지를 받아야 한다.
6. 국제연합·국제연합전문기구·국제원자력기구 및 이들 기구의 회원국 또는 옵서버인 비당사자는 당사자총회 회기에 옵서버로 참석할 수 있다. 협약과 관련된 분야에서 자격을 갖춘 국내적 또는 국제적 기구나 기관 및 정부 간 또는 비정부 간 기구나 기관이 당사자총회 회기에 옵서버로서 참석할 희망을 사무국에 통보한 경우, 최소한 출석 당사자 3분의 1이 반대하지 아니하는 한 참석이 허용될 수 있다. 옵서버의 참석허용 및 회의참가는 당사자총회가 채택한 의사규칙에 따른다.

제 8 조   사무국

1. 사무국을 이에 설치한다.
2. 사무국의 기능은 다음과 같다.
   ㈎ 당사자총회 및 협약에 따라 설치되는 총회 보조기관의 회의준비와 이에 필요한 지원 제공
   ㈏ 사무국에 제출된 보고서의 취합 및 전달
   ㈐ 요청이 있을 경우, 당사자 특히 개발도상국인 당사자가 협약규정에 따라 요구되는 정보를 취합, 통보하는 데 있어 이에 대한 지원 촉진
   ㈑ 활동보고서의 작성 및 당사자총회에 대한 제출
   ㈒ 다른 유관 국제기구 사무국과의 필요한 협조 확보
   ㈓ 당사자총회의 전반적인 지침에 따라 효과적인 기능 수행에 필요한 행정적·계약적 약정 체결
   ㈔ 협약과 부속의정서에 규정된 그 밖의 사무국 기능과 당사자총회가 결정하는 그 밖의 기능 수행
3. 당사자총회는 제1차 회기에서 상설사무국을 지정하고 그 기능 수행에 필요한 준비를 한다.

제 9 조 · 과학 · 기술자문 보조기관

1. 당사자총회와 적절한 경우 그 밖의 보조기관에 협약과 관련된 과학·기술문제에 관한 시의적절한 정보와 자문을 제공하기 위하여 과학·기술자문 보조기관을 이에 설치한다. 이 기관은 모든 당사자의 참여에 개방되며 여러 전문분야로 이루어진다. 이 기관은 유관 전문 분야의 권한 있는 정부대표로 구성된다. 이 기관은 모든 작업상황에 관하여 당사자총회에 정기적으로 보고한다.

2. 당사자총회의 지침에 따라, 그리고 권한 있는 국제기구의 협력을 얻어 이 기관은 다음 사항을 수행한다.
   (가) 기후변화와 그 효과에 관한 과학지식의 현황에 대한 평가를 제공한다.
   (나) 협약의 이행과정에서 취한 조치의 효과에 대한 과학적 평가를 준비한다.
   (다) 혁신적·효율적인 첨단기술과 노하우를 파악하고 그러한 기술의 개발 및/또는 이전을 촉진하는 방법과 수단에 관하여 자문한다.
   (라) 기후변화와 관련된 과학계획 및 연구개발을 위한 국제협력에 관한 자문과 개발도상국의 내생적 역량 형성을 지원하는 방법 및 수단에 관한 자문을 제공한다.
   (마) 당사자총회와 그 보조기관이 제기하는 과학적·기술적 및 방법론적 질문에 답변한다.
3. 이 기관의 기능과 권한은 당사자총회에서 더 구체화할 수 있다.

제 10 조   이행을 위한 보조기관

1. 당사자총회가 협약의 효과적 이행상황을 평가하고 검토하는 것을 지원하기 위하여 이행을 위한 보조기관을 이에 설치한다. 이 기관은 모든 당사자의 참여에 개방되며 기후변화 분야의 전문가인 정부대표로 구성된다. 이 기관은 모든 작업상황에 관하여 당사자 총회에 정기적으로 보고한다.
2. 당사자총회의 지침에 따라, 이 기관은 다음 사항을 수행한다.
   (가) 당사자가 취한 조치의 전반적인 종합적 효과를 평가하기 위하여, 제12조 제1항에 따라 통보된 정보를 기후변화에 관한 최신의 과학적 평가에 비추어 심의한다.
   (나) 당사자총회가 제4조 제2항 (나)호에 규정된 검토를 수행하는 것을 지원하기 위하여, 제12조 제2항에 따라 통보된 정보를 심의한다.
   (다) 적절한 경우, 당사자총회가 결의를 준비하고 이행하는 데 있어 이를 지원한다.

제 11 조   재정지원체제

1. 기술이전을 포함하여 무상 또는 양허성 조건의 재원제공을 위한 지원체제를 이에 규정한다. 이 지원체제는 협약에 관련되는 정책, 계획의 우선순위 및 자격기준을 결정하는 당사자총회의 지침에 따라 기능을 수행하고 총회에 책임을 진다. 그 운영은 하나 또는 그 이상의 기존 국제기구에 위탁된다.
2. 재정지원체제는 투명한 관리제도 안에서 모든 당사자가 공평하고 균형있는 대표성을 갖는다.
3. 당사자총회와 재정지원체제의 운영을 위탁받은 기구는 상기 두 항에 효력을 부여하기 위하여 다음 사항을 포함하는 운영요령에 합의한다.
   (가) 기후변화를 다루기 위한 재원제공사업이 당사자총회가 마련한 정책, 계획의 우선 순위 및 자격기준에 부합하도록 보장하는 방식
   (나) 특정 재원제공 결정을 이러한 정책, 계획의 우선순위 및 자격기준에 비추어 재심의하는 방식
   (다) 제1항에 규정된 책임요건과 부합하게, 운영을 맡은 기구가 재원제공활동에 관한 정기보고서를 당사자총회에 제출하는 것
   (라) 예측 가능하고 확인 가능한 방식으로 협약이행에 필요한 이용 가능한 재원제공액을 결정하고, 이 금액을 정기적으로 검토하는 조건에 관해 결정하는 것

4. 당사자총회는 제21조 제3항에 언급된 임시조치를 검토, 심의하여 제1차 회기에서 상기 규정의 이행을 위한 준비를 하고 임시조치의 유지여부를 결정한다. 그로부터 4년 이내에 당사자총회는 재정지원체제에 대해 검토하고 적절한 조치를 취한다.
5. 선진국인 당사자는 또한 협약이행과 관련된 재원을 양자적, 지역적 및 그 밖의 다자적 경로를 통하여 제공하고, 개발도상국인 당사자는 이를 이용할 수 있다.

제 12 조 　 이행관련 정보의 통보

1. 제4조 제1항에 따라, 당사자는 사무국을 통하여 다음 사항의 정보를 당사자총회에 통보한다.
    (가) 당사자총회에서 지지·합의할 비교 가능한 방법론을 이용하여 능력이 허용하는 한도 내에서 작성한 몬트리올의정서에 의해 규제되지 않는 모든 온실가스의 배출원에 따른 인위적 배출과 흡수원에 따른 제거에 관한 국가통계
    (나) 협약이행을 위하여 당사자가 취했거나 계획 중인 조치의 일반적인 서술
    (다) 당사자가 협약 목적의 달성에 관련되고 통보에 포함시키는 것이 적합하다고 판단하는 그 밖의 정보. 이는 가능한 경우 세계적 배출추세 산출에 관련되는 자료를 포함함
2. 부속서 1에 포함된, 선진국인 당사자와 그 밖의 당사자는 통보에 다음 사항의 정보를 포함한다.
    (가) 제4조 제2항 (가)호·(나)호의 공약이행을 위하여 채택한 정책 및 조치의 상세한 서술
    (나) 상기 (가)호에 언급된 정책 및 조치가 제4조 제2항 (가)호에 언급된 기간 동안 온실가스의 배출원에 따른 인위적 배출 및 흡수원에 따른 제거에 미치는 효과에 대한 상세한 평가
3. 또한 부속서 2에 포함된, 선진국인 당사자와 그 밖의 선진 당사자는 제4조 제3항·제4항 및 제5항에 따라 취한 조치의 상세내용을 포함한다.
4. 개발도상국인 당사자는 자발적으로 사업이행에 필요한 특정 기술·재료·장비·공법 또는 관행을 포함하는 재원제공사업을 제안할 수 있으며, 이러한 제안에는 가능한 경우 모든 부가비용에 대한 견적, 온실가스의 배출저감 및 제거증가에 대한 견적, 그리고 이로 인한 이익에 대한 평가를 포함한다.
5. 부속서 1에 포함된, 선진국인 당사자와 그 밖의 당사자는 그 당사자에 대하여 협약이 발효한 후 6월 이내에 최초의 통보를 행한다. 그 밖의 당사자는 그 당사자에 대한 협약발효 후 3년 이내에, 또는 제4조 제3항에 따른 재원을 이용할 수 있는 때로부터 3년 이내에 최초의 통보를 행한다. 최빈국인 당사자는 자신의 재량에 따라 최초의 통보를 행한다. 모든 당사자의 그 후의 통보의 빈도는 당사자총회가 결정하며, 이에는 이 항에 규정된 차등적 일정을 고려한다.
6. 사무국은 본 조에 따라 당사자가 통보한 정보를 당사자총회와 유관 보조기관에 가급적 신속히 전달한다. 필요하다면, 당사자총회는 정보의 통보절차를 추가로 심의할 수 있다.
7. 당사자총회는 제1차 회기부터 개발도상국인 당사자가 본 조에 따라 정보를 취합 및 통보하고 제4조에 따른 제안사업 및 대응조치와 연관된 기술적·재정적 소요를 판단하는 데 필요한 기술·재정지원을 요청에 따라 개발도상국인 당사자에게 제공하는 것을 주선한다. 그 밖의 당사자, 권한 있는 국제기구 및 사무국은 적절한 경우 이러한 지원을 제공할 수 있다.

8. 당사자로 구성된 집단은 당사자총회가 채택한 지침에 따르고 당사자총회에 사전통고하는 조건으로, 본 조에 따른 공약을 이행하기 위하여 공동으로 통보를 행할 수 있다. 단, 이러한 통보에는 협약에 따른 각 당사자의 개별적 공약이행에 관한 정보가 포함되는 것을 조건으로 한다.
9. 사무국이 접수한 정보 중 당사자가 당사자총회에 의해 설정되는 기준에 따라 비밀로 지정한 정보는 정보통보와 검토에 관여하는 기관에 제공되기 전에 비밀보호를 위하여 사무국이 취합한다.
10. 제9항에 따를 것을 조건으로, 그리고 통보한 정보를 언제든지 공표할 수 있는 당사자의 능력에 영향을 미치지 아니하고, 사무국은 본 조에 따라 당사자가 통보한 정보가 당사자총회에 제출되는 시점에 공개적 이용이 가능하도록 한다.

제 13 조 이행관련 문제의 해결

당사자총회는 제1차 회기에서 이 협약의 이행관련 문제의 해결을 위하여, 당사자의 요청으로 이용가능한, 다자간 협의절차의 수립을 심의한다.

제 14 조 분쟁해결

1. 이 협약의 해석 또는 적용에 관하여 둘 또는 그 이상의 당사자 간에 분쟁이 있는 경우, 관련 당사자는 교섭 또는 스스로 선택하는 그 밖의 평화적 방법을 통하여 분쟁의 해결을 모색한다.
2. 이 협약의 비준·수락·승인 또는 가입시, 그리고 그 후 언제든지, 지역경제통합기구가 아닌 당사자는 협약의 해석이나 적용에 관한 분쟁에 있어서 동일한 의무를 수락하는 당사자와의 관계에서 다음을 특별한 합의없이, 선언하였다는 사실만으로, 의무적인 것으로 인정함을 수탁자에게 서면으로 선언할 수 있다.
    ㈎ 분쟁의 국제사법재판소 회부 그리고/또는
    ㈏ 당사자총회가 가능한 한 신속히 중재에 관한 부속서 형태로 채택할 절차에 따른 중재지역경제통합기구인 당사자는 ㈏호에서 언급된 절차에 따른 중재와 관련하여 유사한 효력을 가지는 선언을 행할 수 있다.
3. 제2항에 따라 행해진 선언은 선언의 조건에 따라 기한이 만료될 때까지, 또는 서면 철회통고가 수탁자에게 기탁된 후 3월까지 유효하다.
4. 새로운 선언, 선언의 철회통고 또는 선언의 기한만료는 분쟁당사자가 달리 합의하지 아니하는 한, 국제사법재판소 또는 중재재판소에서 진행 중인 소송에 대하여 어떠한 영향도 미치지 아니한다.
5. 제2항의 운용에 따를 것을 조건으로, 일방 당사자가 타방 당사자에게 그들 간에 분쟁이 존재하고 있음을 통고한 후 12월 동안 분쟁당사자가 제1항에 언급된 수단을 통하여 분쟁을 해결하지 못한 경우, 그 분쟁은 분쟁당사자 일방의 요청에 의하여 조정에 회부된다.
6. 조정위원회는 분쟁당사자 일방의 요청에 따라 설치된다. 위원회는 관련당사자 각각에 의하여 임명된 동수의 위원과 각 당사자에 의해 임명된 위원들이 공동으로 선출한 의장으로 구성된다. 위원회는 권고적 판정을 내리고, 당사자는 이를 성실히 고려한다.
7. 당사자총회는 가능한 한 신속히 조정에 관한 부속서 형태로 조정과 관련된 추가절차를 채택한다.

8. 본 조의 규정은 해당문서가 달리 규정하지 아니하는 한, 당사자총회가 채택하는 모든 관련 법적문서에 적용된다.

제 15 조 협약의 개정

1. 모든 당사자는 협약의 개정안을 제안할 수 있다.
2. 협약개정안은 당사자총회의 정기회기에서 채택된다. 사무국은 제안된 협약개정안을 늦어도 채택회의가 개최되기 6월 전에 당사자에게 통보한다. 또한 사무국은 제안된 개정안을 이 협약 서명자 그리고 참고로 수탁자에게도 통보한다.
3. 당사자는 제안된 협약 개정안이 콘센서스에 의하여 합의에 도달하도록 모든 노력을 다한다. 콘센서스를 위한 모든 노력을 다하였으나 합의에 도달하지 못한 경우, 개정안은 최종적으로 회의에 출석·투표한 당사자 4분의 3의 다수결로 채택된다. 사무국은 채택된 개정안을 수탁자에게 통보하며, 수탁자는 수락을 위하여 이를 모든 당사자에게 배포한다.
4. 개정안에 대한 수락서는 수탁자에게 기탁된다. 제3항에 따라 채택된 개정안은 최소한 협약당사자 4분의 3의 수락서가 수탁자에게 접수된 후 90일째 되는 날부터 수락한 당사자에 대하여 발효한다.
5. 그 밖의 당사자가 그 후에 수탁자에게 수락서를 기탁하는 경우, 개정안은 기탁일 후 90일째 되는 날부터 그 당사자에 대하여 발효한다.
6. 본 조의 목적상 "출석·투표한 당사자"라 함은 회의에 출석하여 찬성 또는 반대 투표를 한 당사자를 말한다.

제 16 조 부속서의 채택 및 개정

1. 협약의 부속서는 협약의 불가분의 일부를 구성하며, 협약이 언급되는 경우 명시적으로 달리 규정하지 아니하는 한, 이는 동시에 부속서도 언급하는 것으로 본다. 이러한 부속서는 제14조 제2항 (나)호 및 제7항의 규정에 영향을 미치지 아니하고, 목록·양식 및 과학적·기술적·절차적 또는 행정적 특성을 가진 서술적 성격의 그 밖의 자료에 제한된다.
2. 협약의 부속서는 제15조 제2항·제3항 및 제4항에 규정된 절차에 따라 제안되고 채택된다.
3. 제2항에 따라 채택된 부속서는, 수탁자가 부속서의 채택을 당사국에 통보한 날부터 6월 후에, 동 기간 내에 부속서를 수락하지 않음을 수탁자에게 서면으로 통고한 당사자를 제외한 모든 당사자에 대하여 발효한다. 부속서는 불수락 통고를 철회한 당사자에 대하여는 수탁자의 통고철회 접수일 후 90일째 되는 날부터 발효한다.
4. 협약 부속서의 개정안의 제안·채택 및 발효는 제2항 및 제3항에 따른 협약 부속서의 제안·채택 및 발효와 동일한 절차를 따른다.
5. 부속서 또는 부속서 개정안의 채택이 협약의 개정을 수반하는 경우, 협약의 개정안이 발효할 때까지 부속서 또는 부속서 개정안은 발효하지 아니한다.

제 17 조 의정서

1. 당사자총회는 정기회기에서 협약에 대한 의정서를 채택할 수 있다.
2. 사무국은 제안된 의정서의 문안을 늦어도 회기가 개최되기 6월 전에 당사자에게 통보한다.
3. 의정서의 발효요건은 그 문서에 규정한다.

4. 협약의 당사자만이 의정서의 당사자가 될 수 있다.
5. 의정서에 따른 결정은 관련 의정서의 당사자만이 할 수 있다.

제 18 조   투표권
1. 협약의 당사자는 제2항에 규정된 경우를 제외하고는 하나의 투표권을 가진다.
2. 지역경제통합기구는 그 기구의 권한사항에 대하여 협약의 당사자인 기구 회원국의 수와 동수의 투표권을 행사한다. 기구 회원국의 어느 한 나라도 투표권을 행사하는 경우, 기구는 투표권을 행사할 수 없으며 그 반대의 경우도 또한 같다.

제 19 조   수탁자
국제연합사무총장은 이 협약과 협약 제17조에 따라 채택되는 의정서의 수탁자가 된다.

제 20 조   서명
이 협약은 국제연합 환경개발회의 기간 중에는 리우데자네이로에서, 1992년 6월 20일부터 1993년 6월 19일까지는 뉴욕의 국제연합본부에서 국제연합 또는 그 전문기구의 회원국, 국제사법재판소 규정 당사자 및 지역경제통합기구의 서명을 위하여 개방된다.

제 21 조   임시조치
1. 제8조에 언급된 사무국의 기능은 당사자총회의 제1차 회기 종료시까지는 1990년 12월 21일 국제연합총회결의 45/212호에 의해 설립된 사무국에 의하여 임시로 수행된다.
2. 제1항에 언급된 임시사무국의 장은 기후변화에 관한 정부 간 협의체가 객관적인 과학적·기술적 자문의 요구에 따를 수 있도록 하기 위하여 협의체와 긴밀히 협력한다. 다른 관련 과학기구들과도 또한 협의할 수 있다.
3. 국제연합개발계획, 국제연합환경계획 및 국제부흥개발은행에 의하여 운영되고 있는 지구환경기금은 임시적으로 제11조에 언급된 재정지원체제의 운영을 위탁받는 국제기구가 된다. 이와 관련, 지구 환경기금은 제11조의 요건을 충족할 수 있도록 적절히 재구성되어야 하고 그 회원자격을 보편화하여야 한다.

제 22 조   비준·수락·승인 또는 가입
1. 협약은 국가 및 지역경제통합기구에 의해 비준·수락·승인 또는 가입된다. 협약은 서명기간이 종료된 다음 날부터 가입을 위하여 개방된다. 비준서·수락서·승인서 또는 가입서는 수탁자에게 기탁된다.
2. 협약의 당사자가 되는 지역경제통합기구는, 기구 회원국 중 어느 한 국가도 협약의 당사자가 아닌 경우, 협약에 따른 모든 의무에 구속된다. 기구의 하나 또는 그 이상의 회원국이 협약의 당사자인 경우, 기구와 기구 회원국은 협약에 따른 의무를 수행하기 위한 각각의 책임을 결정한다. 이러한 경우, 기구와 기구회원국은 협약에 따른 권리를 동시에 행사할 수는 없다.
3. 지역경제통합기구는 그 비준서·수락서·승인서 또는 가입서에 협약이 규율하는 사항에 관한 기구의 권한범위를 선언한다. 또한 기구는 권한범위의 실질적 변동에 관하여 수탁자에게 통보하며, 수탁자는 이를 당사자에게 통보한다.

제 23 조 발효

1. 협약은 50번째의 비준서·수락서·승인서 또는 가입서의 기탁일 후 90일째 되는 날부터 발효한다.
2. 50번째의 비준서·수락서·승인서 또는 가입서가 기탁된 후 협약을 비준·수락·승인 또는 가입하는 국가 또는 지역경제통합 기구에 대하여, 협약은 그 국가 또는 지역경제통합기구의 비준서·수락서·승인서 또는 가입서 기탁일 후 90일째 되는 날부터 발효한다.
3. 제1항 및 제2항의 목적상 지역경제통합기구가 기탁하는 문서는 기구 회원국이 기탁하는 문서에 추가되는 것으로 보지 아니한다.

제 24 조 유보

협약에 대하여는 어떤 유보도 행할 수 없다.

제 25 조 탈퇴

1. 당사자는 협약이 자기나라에 대하여 발효한 날부터 3년이 경과한 후에는 언제든지 수탁자에게 서면통고를 함으로써 협약으로부터 탈퇴할 수 있다.
2. 탈퇴는 수탁자가 탈퇴통고를 접수한 날부터 1년의 기한 만료일 또는 탈퇴통고서에 더 늦은 날짜가 명시된 경우에는 그 늦은 날에 발효한다.
3. 협약으로부터 탈퇴한 당사자는 당사자가 되어 있는 모든 의정서로부터도 탈퇴한 것으로 본다.

제 26 조 정본

아랍어·중국어·영어·불어·러시아어 및 서반아어본이 동등하게 정본인 이 협약의 원본은 국제연합사무총장에게 기탁된다.

이상의 증거로 정당하게 권한을 위임받은 아래 서명자가 협약에 서명하였다.

일천구백구십이년 오월 구일 뉴욕에서 작성하였다.

07 | 파리협정(2015채택/2016발효/2016한국발효)

제 1 조
이 협정의 목적상, 협약 제1조에 포함된 정의가 적용된다. 추가로,
- ㈎ "협약"이란 1992년 5월 9일 뉴욕에서 채택된 「기후변화에 관한 국제연합 기본협약」을 말한다.
- ㈏ "당사자총회"란 협약의 당사자총회를 말한다.
- ㈐ "당사자"란 이 협정의 당사자를 말한다.

제 2 조
1. 이 협정은, 협약의 목적을 포함하여 협약의 이행을 강화하는 데에, 지속가능한 발전과 빈곤 퇴치를 위한 노력의 맥락에서, 다음의 방법을 포함하여 기후변화의 위협에 대한 전지구적 대응을 강화하는 것을 목표로 한다.
   - ㈎ 기후변화의 위험 및 영향을 상당히 감소시킬 것이라는 인식하에, 산업화 전 수준 대비 지구 평균 기온 상승을 섭씨 2도 보다 현저히 낮은 수준으로 유지하는 것 및 산업화 전 수준 대비 지구 평균 기온 상승을 섭씨 1.5도로 제한하기 위한 노력의 추구
   - ㈏ 식량 생산을 위협하지 아니하는 방식으로, 기후변화의 부정적 영향에 적응하는 능력과 기후 회복력 및 온실가스 저배출 발전을 증진하는 능력의 증대, 그리고
   - ㈐ 온실가스 저배출 및 기후 회복적 발전이라는 방향에 부합하도록 하는 재정 흐름의 조성
2. 이 협정은 상이한 국내 여건에 비추어 형평 그리고 공통적이지만 그 정도에 차이가 나는 책임과 각자의 능력의 원칙을 반영하여 이행될 것이다.

제 3 조
기후변화에 전지구적으로 대응하기 위한 국가결정기여로서, 모든 당사자는 제2조에 규정된 이 협정의 목적을 달성하기 위하여 제4조, 제7조, 제9조, 제10조, 제11조 및 제13조에 규정된 바와 같이 의욕적인 노력을 수행하고 통보하여야 한다. 이 협정의 효과적인 이행을 위해서는 개발도상국 당사자에 대한 지원이 필요함을 인식하면서, 모든 당사자는 시간의 경과에 따라 진전되는 노력을 보여줄 것이다.

제 4 조
1. 형평에 기초하고 지속가능한 발전과 빈곤 퇴치를 위한 노력의 맥락에서, 제2조에 규정된 장기 기온 목표를 달성하기 위하여, 개발도상국 당사자에게는 온실가스 배출최대치 달성에 더욱 긴 시간이 걸릴 것임을 인식하면서, 당사자는 전지구적 온실가스 배출최대치를 가능한 한 조속히 달성할 것을 목표로 하고, 그 후에는 이용 가능한 최선의 과학에 따라 급속한 감축을 실시하는 것을 목표로 하여 금세기의 하반기에 온실가스의 배출원에 의한 인위적 배출과 흡수원에 의한 제거 간에 균형을 달성할 수 있도록 한다.

2. 각 당사자는 달성하고자 하는 차기 국가결정기여를 준비하고, 통보하며, 유지한다. 당사자는 그러한 국가결정기여의 목적을 달성하기 위하여 국내적 완화 조치를 추구한다.
3. 각 당사자의 차기 국가결정기여는 상이한 국내 여건에 비추어 공통적이지만 그 정도에 차이가 나는 책임과 각자의 능력을 반영하고, 당사자의 현재 국가결정기여보다 진전되는 노력을 시현할 것이며 가능한 한 가장 높은 의욕 수준을 반영할 것이다.
4. 선진국 당사자는 경제 전반에 걸친 절대량 배출 감축목표를 약속함으로써 주도적 역할을 지속하여야 한다. 개발도상국 당사자는 완화 노력을 계속 강화하여야 하며, 상이한 국내 여건에 비추어 시간의 경과에 따라 경제 전반의 배출 감축 또는 제한 목표로 나아갈 것이 장려된다.
5. 개발도상국 당사자에 대한 지원 강화를 통하여 그들이 보다 의욕적으로 행동할 수 있을 것임을 인식하면서, 개발도상국 당사자에게 이 조의 이행을 위하여 제9조, 제10조 및 제11조에 따라 지원이 제공된다.
6. 최빈개도국과 소도서 개발도상국은 그들의 특별한 사정을 반영하여 온실가스 저배출 발전을 위한 전략, 계획 및 행동을 준비하고 통보할 수 있다.
7. 당사자의 적응 행동 그리고/또는 경제 다변화 계획으로부터 발생하는 완화의 공통이익은 이 조에 따른 완화 성과에 기여할 수 있다.
8. 국가결정기여를 통보할 때, 모든 당사자는 결정 1/CP.21과 이 협정의 당사자회의 역할을 하는 당사자총회의 모든 관련 결정에 따라 명확성, 투명성 및 이해를 위하여 필요한 정보를 제공한다.
9. 각 당사자는 결정 1/CP.21과 이 협정의 당사자회의 역할을 하는 당사자총회의 모든 관련 결정에 따라 5년마다 국가결정기여를 통보하며, 각 당사자는 제14조에 언급된 전지구적 이행점검의 결과를 통지받는다.
10. 이 협정의 당사자회의 역할을 하는 당사자총회는 제1차 회기에서 국가결정기여를 위한 공통의 시간 계획에 대하여 고려한다.
11. 이 협정의 당사자회의 역할을 하는 당사자총회가 채택하는 지침에 따라, 당사자는 자신의 의욕 수준을 증진하기 위하여 기존의 국가결정기여를 언제든지 조정할 수 있다.
12. 당사자가 통보한 국가결정기여는 사무국이 유지하는 공공 등록부에 기록된다.
13. 당사자는 자신의 국가결정기여를 산정한다. 자신의 국가결정기여에 따른 인위적 배출과 제거를 산정할 때는, 당사자는 이 협정의 당사자회의 역할을 하는 당사자총회가 채택하는 지침에 따라, 환경적 건전성, 투명성, 정확성, 완전성, 비교가능성, 일관성을 촉진하며, 이중계산의 방지를 보장한다.
14. 국가결정기여의 맥락에서, 인위적 배출과 제거에 관한 완화 행동을 인식하고 이행할 때 당사자는, 이 조 제13항에 비추어, 협약상의 기존 방법론과 지침을 적절히 고려하여야 한다.
15. 당사자는 이 협정을 이행할 때, 대응조치의 영향으로 인하여 자국 경제가 가장 크게 영향을 받는 당사자, 특히 개발도상국 당사자의 우려사항을 고려한다.
16. 공동으로 이 조 제2항에 따라 행동할 것에 합의한 지역경제통합기구와 그 회원국을 포함하는 당사자는 자신의 국가결정기여를 통보할 때, 관련 기간 내에 각 당사자에 할당된 배출 수준을 포함하는 합의 내용을 사무국에 통고한다. 그 다음 순서로 사무국은 협약의 당사자 및 서명자에게 그 합의 내용을 통지한다.

17. 그러한 합의의 각 당사자는 이 조 제13항 및 제14항 그리고 제13조 및 제15조에 따라 이 조 제16항에서 언급된 합의에 규정된 배출 수준에 대하여 책임을 진다.
18. 공동으로 행동하는 당사자들이 이 협정의 당사자인 지역경제통합기구의 프레임워크 안에서 그리고 지역경제통합기구와 함께 공동으로 행동하는 경우, 그 지역경제통합기구의 각 회원국은 개별적으로 그리고 지역경제통합기구와 함께, 이 조 제13항 및 제14항 그리고 제13조 및 제15조에 따라 이 조 제16항에 따라 통보된 합의에서 명시된 배출 수준에 대하여 책임을 진다.
19. 모든 당사자는 상이한 국내 여건에 비추어, 공통적이지만 그 정도에 차이가 나는 책임과 각자의 능력을 고려하는 제2조를 유념하며 장기적인 온실가스 저배출 발전 전략을 수립하고 통보하기 위하여 노력하여야 한다.

제 5 조

1. 당사자는 협약 제4조 제1항 라목에 언급된 바와 같이, 산림을 포함한 온실가스 흡수원 및 저장고를 적절히 보전하고 증진하는 조치를 하여야 한다.
2. 당사자는, 협약하 이미 합의된 관련 지침과 결정에서 규정하고 있는 기존의 프레임워크인: 개발도상국에서의 산림 전용과 산림 황폐화로 인한 배출의 감축 관련 활동, 그리고 산림의 보전, 지속가능한 관리 및 산림 탄소 축적 증진 역할에 관한 정책적 접근 및 긍정적 유인과; 산림의 통합적이고 지속가능한 관리를 위한 완화 및 적응 공동 접근과 같은 대안적 정책 접근을, 이러한 접근과 연계된 비탄소 편익에 대하여 적절히 긍정적인 유인을 제공하는 것의 중요성을 재확인하면서, 결과기반지불 등의 방식을 통하여, 이행하고 지원하는 조치를 하도록 장려된다.

제 6 조

1. 당사자는 일부 당사자가 완화 및 적응 행동을 하는 데에 보다 높은 수준의 의욕을 가능하게 하고 지속가능한 발전과 환경적 건전성을 촉진하도록 하기 위하여, 국가결정기여 이행에서 자발적 협력 추구를 선택하는 것을 인정한다.
2. 국가결정기여를 위하여 당사자가 국제적으로 이전된 완화 성과의 사용을 수반하는 협력적 접근에 자발적으로 참여하는 경우, 당사자는 지속가능한 발전을 촉진하고 거버넌스 등에서 환경적 건전성과 투명성을 보장하며, 이 협정의 당사자회의 역할을 하는 당사자총회가 채택하는 지침에 따라, 특히 이중계산의 방지 등을 보장하기 위한 엄격한 계산을 적용한다.
3. 이 협정에 따라 국가결정기여를 달성하기 위하여 국제적으로 이전된 완화 성과는 자발적으로 사용되며, 참여하는 당사자에 의하여 승인된다.
4. 당사자가 자발적으로 사용할 수 있도록 온실가스 배출 완화에 기여하고 지속가능한 발전을 지원하는 메커니즘을 이 협정의 당사자회의 역할을 하는 당사자총회의 권한과 지침에 따라 설립한다. 이 메커니즘은 이 협정의 당사자회의 역할을 하는 당사자총회가 지정한 기구의 감독을 받으며, 다음을 목표로 한다.
    (가) 지속가능한 발전 증진 및 온실가스 배출의 완화 촉진
    (나) 당사자가 허가한 공공 및 민간 실체가 온실가스 배출 완화에 참여하도록 유인 제공 및 촉진

(다) 유치당사자 국내에서의 배출 수준 하락에 기여. 유치당사자는 배출 감축으로 이어질 완화 활동으로부터 이익을 얻을 것이며 그러한 배출 감축은 다른 당사자가 자신의 국가결정기여를 이행하는 데에도 사용될 수 있다. 그리고

(라) 전지구적 배출의 전반적 완화 달성

5. 이 조 제4항에 언급된 메커니즘으로부터 발생하는 배출 감축을 다른 당사자가 자신의 국가결정기여 달성을 증명하는 데 사용하는 경우, 그러한 배출 감축은 유치당사자의 국가결정기여 달성을 증명하는 데 사용되지 아니한다.

6. 이 협정의 당사자회의 역할을 하는 당사자총회는 이 조 제4항에 언급된 메커니즘에서의 활동 수익 중 일부가 행정 경비로 지불되고, 기후변화의 부정적 영향에 특별히 취약한 개발도상국 당사자의 적응 비용의 충당을 지원하는 데 사용되도록 보장한다.

7. 이 협정의 당사자회의 역할을 하는 당사자총회는 제1차 회기에서 이 조 제4항에 언급된 메커니즘을 위한 규칙, 방식 및 절차를 채택한다.

8. 당사자는 지속가능한 발전과 빈곤퇴치의 맥락에서, 특히 완화, 적응, 금융, 기술 이전 및 역량배양 등을 통하여 적절히 조율되고 효과적인 방식으로 국가결정기여의 이행을 지원하기 위하여 당사자가 이용 가능한 통합적이고, 전체적이며, 균형적인 비시장 접근의 중요성을 인식한다. 이러한 접근은 다음을 목표로 한다.

(가) 완화 및 적응 의욕 촉진

(나) 국가결정기여 이행에 공공 및 민간 부문의 참여 강화, 그리고

(다) 여러 기제 및 관련 제도적 장치 전반에서 조정의 기회를 마련

9. 지속가능한 발전에 대한 비시장 접근 프레임워크를 이 조 제8항에 언급된 비시장 접근을 촉진하기 위하여 정의한다.

제 7 조

1. 당사자는 지속가능한 발전에 기여하고 제2조에서 언급된 기온 목표의 맥락에서 적절한 적응 대응을 보장하기 위하여, 적응 역량 강화, 회복력 강화 그리고 기후변화에 대한 취약성 경감이라는 전지구적 적응목표를 수립한다.

2. <u>당사자는 기후변화의 부정적 영향에 특별히 취약한 개발도상국 당사자의 급박하고 즉각적인 요구를 고려하면서, 적응이 현지적, 지방적, 국가적, 지역적 및 국제적 차원에서 모두가 직면한 전지구적 과제라는 점과, 적응이 인간, 생계 및 생태계를 보호하기 위한 장기적이며 전지구적인 기후변화 대응의 핵심 요소이며 이에 기여한다는 점을 인식한다.</u>

3. 개발도상국 당사자의 적응 노력은 이 협정의 당사자회의 역할을 하는 당사자총회 제1차 회기에서 채택되는 방식에 따라 인정된다.

4. 당사자는 현재 적응에 대한 필요성이 상당하고, 더 높은 수준의 완화가 추가적인 적응 노력의 필요성을 줄일 수 있으며, 적응 필요성이 더 클수록 더 많은 적응 비용이 수반될 수 있다는 점을 인식한다.

5. 당사자는, 적절한 경우 적응을 관련 사회경제적 및 환경적 정책과 행동에 통합하기 위하여, 취약계층, 지역공동체 및 생태계를 고려하면서 적응 행동이 국가 주도적이고 성 인지적이며 참여적이고 전적으로 투명한 접근을 따라야 한다는 점과, 이용 가능한 최선의 과학, 그리고 적절히 전통 지식, 원주민 지식 및 지역 지식체계에 기반을 두고 따라야 한다는 점을 확인한다.

6. 당사자는 적응 노력에 대한 지원과 국제협력의 중요성을 인식하고, 개발도상국 당사자, 특히 기후변화의 부정적 영향에 특별히 취약한 국가의 요구를 고려하는 것의 중요성을 인식한다.
7. 당사자는 다음에 관한 것을 포함하여 '칸쿤 적응 프레임워크'를 고려하면서 적응 행동 강화를 위한 협력을 증진하여야 한다.
   (가) 적응 행동과 관련 있는 과학, 계획, 정책 및 이행에 관한 것을 적절히 포함하여, 정보, 모범관행, 경험 및 교훈의 공유
   (나) 관련 정보와 지식의 취합 및 당사자에 대한 기술적 지원 및 지침의 제공을 지원하기 위하여, 이 협정을 지원하는 협약상의 것을 포함한 제도적 장치의 강화
   (다) 기후 서비스에 정보를 제공하고 의사결정을 지원하는 방식으로, 연구, 기후체계에 관한 체계적 관측, 조기경보시스템 등을 포함하여 기후에 관한 과학적 지식의 강화
   (라) 개발도상국 당사자가 효과적인 적응 관행, 적응 요구, 우선순위, 적응 행동과 노력을 위하여 제공하고 제공받은 지원, 문제점과 격차를 파악할 수 있도록, 모범관행 장려에 부합하는 방식으로의 지원, 그리고
   (마) 적응 행동의 효과성 및 지속성 향상
8. 국제연합 전문기구 및 기관들은 이 조 제5항을 고려하면서 이 조 제7항에서 언급된 행동을 이행하기 위한 당사자의 노력을 지원하도록 장려된다.
9. 각 당사자는, 관련 계획, 정책 그리고/또는 기여의 개발 또는 강화를 포함하는 적응 계획 과정과 행동의 이행에 적절히 참여하며, 이는 다음을 포함할 수 있다.
   (가) 적응 행동, 조치, 그리고/또는 노력의 이행
   (나) 국가별 적응계획을 수립하고 이행하는 절차
   (다) 취약인구, 지역 및 생태계를 고려하면서, 국가별로 결정된 우선 행동을 정하기 위하여 기후변화 영향과 취약성 평가
   (라) 적응 계획, 정책, 프로그램 및 행동에 대한 모니터링, 평가 및 그로부터의 학습, 그리고
   (마) 경제 다변화와 천연자원의 지속가능한 관리 등의 방식을 통하여 사회경제적 그리고 생태계의 회복력 구축
10. 각 당사자는 개발도상국 당사자에게 어떤 추가적 부담도 발생시키지 아니하면서 적절히 적응 보고서를 정기적으로 제출하고 갱신하여야 하며, 이 보고서는 당사자의 우선순위, 이행 및 지원 필요성, 계획 및 행동을 포함할 수 있다.
11. 이 조 제10항에 언급된 적응 보고서는 국가별 적응계획, 제4조 제2항에 언급된 국가결정기여, 그리고/또는 국가별보고서를 포함하여 그 밖의 보고서나 문서의 일부로서 또는 이와 함께 정기적으로 적절히 제출되고 갱신된다.
12. 이 조 제10항에 언급된 적응 보고서는 사무국이 유지하는 공공 등록부에 기록된다.
13. 제9조, 제10조 및 제11조의 규정에 따라 이 조 제7항, 제9항, 제10항 및 제11항을 이행하기 위하여 지속적이고 강화된 국제적 지원이 개발도상국 당사자에게 제공된다.
14. 제14조에 언급된 전지구적 이행점검은 특히 다음의 역할을 한다.
    (가) 개발도상국 당사자의 적응 노력 인정
    (나) 이 조 제10항에 언급된 적응보고서를 고려하며 적응 행동의 이행 강화
    (다) 적응과 적응을 위하여 제공되는 지원의 적절성과 효과성 검토, 그리고
    (라) 이 조 제1항에 언급된 전지구적 적응목표를 달성하면서 나타난 전반적인 진전 검토

제8조

1. 당사자는 기상이변과 서서히 발생하는 현상을 포함한 기후변화의 부정적 영향과 관련된 손실 및 피해를 방지하고, 최소화하며, 해결해 나가는 것의 중요성, 그 손실과 피해의 위험을 줄이기 위한 지속가능한 발전의 역할을 인식한다.
2. 기후변화의 영향과 관련된 손실 및 피해에 관한 바르샤바 국제 메커니즘은 이 협정의 당사자회의 역할을 하는 당사자총회의 권한 및 지침을 따르며, 이 협정의 당사자회의 역할을 하는 당사자총회가 결정하는 바에 따라 증진되고 강화될 수 있다.
3. 당사자는 협력과 촉진을 기반으로, 적절한 경우 바르샤바 국제 메커니즘 등을 통하여 기후변화의 부정적 영향과 관련된 손실 및 피해에 관한 이해, 행동 및 지원을 강화하여야 한다.
4. 이에 따라, 이해, 행동 및 지원을 강화하기 위한 협력과 촉진 분야는 다음을 포함할 수 있다.
    - (가) 조기경보시스템
    - (나) 비상준비태세
    - (다) 서서히 발생하는 현상
    - (라) 돌이킬 수 없고 영구적인 손실과 피해를 수반할 수 있는 현상
    - (마) 종합적 위험 평가 및 관리
    - (바) 위험 보험 제도, 기후 위험 분산 그리고 그 밖의 보험 해결책
    - (사) 비경제적 손실, 그리고
    - (아) 공동체, 생계 및 생태계의 회복력
5. 바르샤바 국제 메커니즘은 이 협정상의 기존 기구 및 전문가그룹, 그리고 이 협정 밖에 있는 관련 기구 및 전문가 단체와 협력한다.

제9조

1. 선진국 당사자는 협약상의 자신의 기존 의무의 연속선상에서 완화 및 적응 모두와 관련하여 개발도상국 당사자를 지원하기 위하여 재원을 제공한다.
2. 그 밖의 당사자는 자발적으로 그러한 지원을 제공하거나 제공을 지속하도록 장려된다.
3. 전지구적 노력의 일환으로, 선진국 당사자는 다양한 행동을 통하여 국가 주도적 전략 지원을 포함한 공적 재원의 중요한 역할에 주목하고 개발도상국 당사자의 요구와 우선순위를 고려하면서, 다양한 재원, 기제 및 경로를 통하여 기후재원을 조성하는 데 주도적 역할을 지속하여야 한다. 그러한 기후재원 조성은 이전보다 진전되는 노력을 보여주어야 한다.
4. 확대된 재원의 제공은 적응을 위한 공적 증여기반 재원의 필요성을 고려하고, 국가 주도적 전략과 개발도상국, 특히, 최빈개도국, 소도서 개발도상국과 같이 기후변화의 부정적 영향에 특별히 취약하고 그 역량상 상당한 제약이 있는 개발도상국 당사자의 우선순위와 요구를 감안하면서 완화와 적응 간 균형 달성을 목표로 하여야 한다.
5. 선진국 당사자는 가능하다면 개발도상국 당사자에게 제공될 공적 재원의 예상 수준을 포함하여, 이 조 제1항 및 제3항과 관련된 예시적인 성격의 정성적·정량적 정보를 적용 가능한 범위에서 2년마다 통보한다. 재원을 제공하는 그 밖의 당사자는 그러한 정보를 자발적으로 2년마다 통보하도록 장려된다.

6. 제14조에 언급된 전지구적 이행점검은 기후재원 관련 노력에 관하여 선진국 당사자 그리고/또는 협정상의 기구가 제공하는 관련 정보를 고려한다.
7. 선진국 당사자는, 제13조 제13항에 명시된 바와 같이 이 협정의 당사자회의 역할을 하는 당사자총회 제1차 회기에서 채택되는 방식, 절차 및 지침에 따라, 공적 개입을 통하여 제공 및 조성된 개발도상국 당사자에 대한 지원에 관하여 투명하고 일관된 정보를 2년마다 제공한다. 그 밖의 당사자는 그와 같이 하도록 장려된다.
8. 운영 실체를 포함한 협약의 재정메커니즘은 이 협정의 재정메커니즘의 역할을 한다.
9. 협약의 재정메커니즘의 운영 실체를 포함하여 이 협정을 지원하는 기관은, 국가별 기후 전략과 계획의 맥락에서, 개발도상국 당사자, 특히 최빈개도국 및 소도서 개발도상국이 간소한 승인 절차 및 향상된 준비수준 지원을 통하여 재원에 효율적으로 접근하도록 보장하는 것을 목표로 한다.

제 10 조

1. 당사자는 기후변화에 대한 회복력을 개선하고 온실가스 배출을 감축하기 위하여 기술 개발 및 이전을 완전히 실현하는 것의 중요성에 대한 장기적 전망을 공유한다.
2. 당사자는, 이 협정상의 완화 및 적응 행동의 이행을 위한 기술의 중요성에 주목하고 기존의 효율적 기술 사용 및 확산 노력을 인식하면서, 기술의 개발 및 이전을 위한 협력적 행동을 강화한다.
3. 협약에 따라 설립된 기술메커니즘은 이 협정을 지원한다.
4. 이 조 제1항에 언급된 장기적 전망을 추구하면서, 이 협정의 이행을 지원하기 위하여 기술 개발 및 이전 행동 강화를 촉진하고 증진하는 데 기술메커니즘의 작업에 포괄적인 지침을 제공하도록 기술에 관한 프레임워크를 설립한다.
5. 혁신을 가속화하고 장려하고 가능하게 하는 것은 기후변화에 대한 효과적이고 장기적인 전지구적 대응과 경제 성장 및 지속가능한 발전을 촉진하는 데 매우 중요하다. 그러한 노력은, 연구개발에 대한 협업적 접근을 위하여 그리고 특히 기술 주기의 초기 단계에 개발도상국 당사자가 기술에 쉽게 접근할 수 있도록 하기 위하여, 기술메커니즘 등에 의하여, 그리고 재정적 수단을 통하여 협약의 재정메커니즘 등에 의하여 적절히 지원된다.
6. 이 조의 이행을 위하여 재정적 지원 등의 지원이 개발도상국 당사자에게 제공되며, 이에는 완화와 적응을 위한 지원 간의 균형을 이루기 위하여, 상이한 기술 주기 단계에서의 기술 개발 및 이전에 관한 협력 행동을 강화하기 위한 지원이 포함된다. 제14조에 언급된 전지구적 이행점검은 개발도상국 당사자를 위한 기술 개발 및 이전 지원 관련 노력에 대한 이용 가능한 정보를 고려한다.

제 11 조

1. 이 협정에 따른 역량배양은, 특히 적응 및 완화 행동의 이행을 포함한 효과적인 기후변화 행동을 위하여 최빈개도국과 같은 역량이 가장 부족한 개발도상국 및 소도서 개발도상국과 같은 기후변화의 부정적 효과에 특별히 취약한 개발도상국 당사자의 역량과 능력을 강화하여야 하고, 기술의 개발·확산 및 효과적 사용, 기후재원에 대한 접근, 교육·훈련 및 공중의 인식과 관련된 측면, 그리고 투명하고 시의적절하며 정확한 정보의 소통을 원활하게 하여야 한다.

2. 역량배양은 국가별 필요를 기반으로 반응하는 국가 주도적인 것이어야 하고, 국가적, 지방적 그리고 현지적 차원을 포함하여 당사자, 특히 개발도상국 당사자의 국가 주인 의식을 조성하여야 한다. 역량배양은 협약상의 역량배양 활동을 통한 교훈을 포함하여 습득한 교훈을 따라야 하고, 참여적이고 종합적이며 성 인지적인 효과적·반복적 과정이 되어야 한다.
3. 모든 당사자는 이 협정을 이행하는 개발도상국 당사자의 역량을 강화하기 위하여 협력하여야 한다. 선진국 당사자는 개발도상국에서의 역량배양 행동에 대한 지원을 강화하여야 한다.
4. 지역적·양자적 및 다자적 접근 등의 수단을 통하여 이 협정의 이행을 위한 개발도상국 당사자의 역량을 강화하는 모든 당사자는, 역량배양을 위한 그러한 행동이나 조치에 대하여 정기적으로 통보한다. 개발도상국 당사자는 이 협정의 이행을 위한 역량배양 계획, 정책, 행동이나 조치를 이행하면서 얻은 진전을 정기적으로 통보하여야 한다.
5. 역량배양 활동은, 협약에 따라 설립되어 이 협정을 지원하는 적절한 제도적 장치 등 이 협정의 이행을 지원하기 위한 적절한 제도적 장치를 통하여 강화된다. 이 협정의 당사자회의 역할을 하는 당사자총회는 제1차 회기에서 역량배양을 위한 최초의 제도적 장치에 관한 결정을 고려하고 채택한다.

제 12 조

당사자는 이 협정상에서의 행동 강화와 관련하여 기후변화 교육, 훈련, 공중의 인식, 공중의 참여 그리고 정보에 대한 공중의 접근을 강화하기 위한 적절한 조치의 중요성을 인식하면서, 이러한 조치를 할 때 서로 협력한다.

제 13 조

1. <u>상호 신뢰와 확신을 구축하고 효과적 이행을 촉진하기 위하여, 당사자의 상이한 역량을 고려하고 공동의 경험에서 비롯된 유연성을 내재하고 있는, 행동 및 지원을 위하여 강화된 투명성 프레임워크를 설립한다.</u>
2. 투명성 프레임워크는 각자의 역량에 비추어 유연성이 필요한 개발도상국 당사자가 이 조의 규정을 이행하는 데 유연성을 제공한다. 이 조 제13항에 언급된 방식, 절차 및 지침은 그러한 유연성을 반영한다.
3. 투명성 프레임워크는 최빈개도국과 소도서 개발도상국의 특수한 여건을 인식하면서 협약상의 투명성 장치를 기반으로 이를 강화하고, 국가주권을 존중하면서 촉진적·비침해적·비징벌적 방식으로 이행되며, 당사자에게 지나친 부담을 지우지 아니한다.
4. 국가별보고서, 격년보고서, 격년갱신보고서, 국제 평가 및 검토, 그리고 국제 협의 및 분석을 포함하는 협약상의 투명성 장치는 이 조 제13항에 따른 방식, 절차 및 지침을 개발하기 위하여 얻은 경험의 일부를 구성한다.
5. 행동의 투명성을 위한 프레임워크의 목적은, 제14조에 따른 전지구적 이행점검에 알려주기 위하여, 제4조에 따른 당사자의 국가결정기여와 모범관행·우선순위·필요·격차 등 제7조에 따른 당사자들의 적응 행동을 완수하도록 명확성 및 그 진전을 추적하는 것을 포함하여, 협약 제2조에 설정된 목적에 비추어 기후변화 행동에 대한 명확한 이해를 제공하는 것이다.

6. 지원의 투명성을 위한 프레임워크의 목적은, 제14조에 따른 전지구적 이행점검에 알려주기 위하여, 제4조, 제7조, 제9조, 제10조 및 제11조에 따른 기후변화 행동의 맥락에서 관련 개별 당사자가 제공하고 제공받은 지원과 관련하여 명확성을 제공하고, 제공된 총 재정지원의 전체적인 개관을 가능한 수준까지 제공하는 것이다.
7. 각 당사자는 다음의 정보를 정기적으로 제공한다.
    (가) 기후변화에 관한 정부 간 패널에서 수락되고 이 협정의 당사자회의 역할을 하는 당사자총회에서 합의된 모범관행 방법론을 사용하여 작성된 온실가스의 배출원에 의한 인위적 배출과 흡수원에 의한 제거에 관한 국가별 통계 보고서, 그리고
    (나) 제4조에 따른 국가결정기여를 이행하고 달성하는 데에서의 진전 추적에 필요한 정보
8. 각 당사자는 또한 제7조에 따라 기후변화의 영향과 적응에 관련된 정보를 적절히 제공하여야 한다.
9. 선진국 당사자는 제9조, 제10조 및 제11조에 따라 개발도상국 당사자에게 제공된 재정지원, 기술 이전 지원 및 역량배양 지원에 관한 정보를 제공하고, 지원을 제공하는 그 밖의 당사자는 이러한 정보를 제공하여야 한다.
10. 개발도상국 당사자는 제9조, 제10조 및 제11조에 따라 필요로 하고 제공받은 재정지원, 기술 이전 지원 및 역량배양 지원에 관한 정보를 제공하여야 한다.
11. 이 조 제7항과 제9항에 따라 각 당사자가 제출한 정보는 결정 1/CP.21에 따라 기술전문가의 검토를 받는다. 개발도상국 당사자의 역량에 비추어 필요한 경우 역량배양 필요를 파악하기 위한 지원을 검토 절차에 포함한다. 또한 각 당사자는 제9조에 따른 노력과 관련하여 그리고 국가결정기여에 대한 당사자 각자의 이행 및 달성과 관련하여 그 진전에 대한 촉진적·다자적 고려에 참여한다.
12. 이 항에 따른 기술 전문가의 검토는, 관련이 있을 경우 당사자가 제공한 지원에 대한 고려와, 국가결정기여의 이행 및 달성에 대한 고려로 구성된다. 또한 검토는 당사자를 위한 개선 분야를 파악하고, 이 조 제2항에 따라 당사자에 부여된 유연성을 고려하여 이 조 제13항에 언급된 방식·절차 및 지침과 제출된 정보 간 일관성에 대한 검토를 포함한다. 검토는 개발도상국 당사자 각자의 국가적 능력과 여건에 특별한 주의를 기울인다.
13. 이 협정의 당사자회의 역할을 하는 당사자총회는 제1차 회기에서 협약상의 투명성과 관련된 장치로부터 얻은 경험을 기반으로 이 조의 규정을 구체화하여, 행동과 지원의 투명성을 위한 공통의 방식, 절차 및 지침을 적절히 채택한다.
14. 이 조의 이행을 위하여 개발도상국에 지원이 제공된다.
15. 또한 개발도상국 당사자의 투명성 관련 역량배양을 위하여 지속적인 지원이 제공된다.

제 14 조

1. 이 협정의 당사자회의 역할을 하는 당사자총회는 이 협정의 목적과 그 장기적 목표의 달성을 위한 공동의 진전을 평가하기 위하여 이 협정의 이행을 정기적으로 점검(이하 "전지구적 이행점검"이라 한다)한다. 이는 완화, 적응 및 이행 수단과 지원 수단을 고려하면서, 형평과 이용 가능한 최선의 과학에 비추어 포괄적이고 촉진적인 방식으로 행하여진다.

2. 이 협정의 당사자회의 역할을 하는 당사자총회는 이 협정의 당사자회의 역할을 하는 당사자총회에서 달리 결정하는 경우가 아니면 2023년에 첫 번째 전지구적 이행점검을 실시하고 그 후 5년마다 이를 실시한다.
3. 전지구적 이행점검의 결과는, 이 협정의 관련 규정에 따라 당사자가 국내적으로 결정한 방식으로 행동과 지원을 갱신하고 강화하도록 또한 기후 행동을 위한 국제 협력을 강화하도록 당사자에게 알려준다.

제 15 조

1. 이 협정 규정의 이행을 원활하게 하고 그 준수를 촉진하기 위한 메커니즘을 설립한다.
2. 이 조 제1항에 언급된 메커니즘은 전문가를 기반으로 한 촉진적 성격의 위원회로 구성되고, 이 위원회는 투명하고 비대립적이며 비징벌적인 방식으로 기능한다. 위원회는 당사자 각자의 국가적 능력과 여건에 특별한 주의를 기울인다.
3. 위원회는 이 협정의 당사자회의 역할을 하는 당사자총회 제1차 회기에서 채택되는 방식 및 절차에 따라 운영되며, 매년 이 협정의 당사자회의 역할을 하는 당사자총회에 보고한다.

제 16 조

1. 협약의 최고기구인 당사자총회는 이 협정의 당사자회의 역할을 한다.
2. 이 협정의 당사자가 아닌 협약의 당사자는 이 협정의 당사자회의 역할을 하는 당사자총회의 모든 회기 절차에 옵서버로 참석할 수 있다. 당사자총회가 이 협정의 당사자회의 역할을 할 때, 이 협정에 따른 결정권은 이 협정의 당사자만이 갖는다
3. 당사자총회가 이 협정의 당사자회의 역할을 할 때, 당사자총회 의장단의 구성원으로서 해당 시점에 이 협정의 당사자가 아닌 협약의 당사자를 대표하는 자는 이 협정의 당사자들이 그들 중에서 선출한 추가 구성원으로 대체된다.
4. 이 협정의 당사자회의 역할을 하는 당사자총회는 이 협정의 이행상황을 정기적으로 검토하고, 그 권한의 범위에서 이 협정의 효과적 이행의 증진에 필요한 결정을 한다. 이 협정의 당사자회의 역할을 하는 당사자총회는 이 협정에 의하여 부여된 기능을 수행하며 다음을 한다.
   가. 이 협정의 이행에 필요하다고 간주되는 보조기구의 설립, 그리고
   나. 이 협정의 이행을 위하여 요구될 수 있는 그 밖의 기능의 수행
5. 이 협정의 당사자회의 역할을 하는 당사자총회가 만장일치로 달리 결정하는 경우를 제외하고는, 당사자총회의 절차규칙 및 협약에 따라 적용되는 재정 절차는 이 협정에 준용된다.
6. 이 협정의 당사자회의 역할을 하는 당사자총회의 제1차 회기는 이 협정의 발효일 후에 예정되어 있는 당사자총회의 제1차 회기와 함께 사무국에 의하여 소집된다. 이 협정의 당사자회의 역할을 하는 당사자총회의 후속 정기회기는, 이 협정의 당사자회의 역할을 하는 당사자총회가 달리 결정하는 경우가 아니면, 당사자총회의 정기회기와 함께 개최된다.
7. 이 협정의 당사자회의 역할을 하는 당사자총회의 특별회기는 이 협정의 당사자회의 역할을 하는 당사자총회에서 필요하다고 간주되는 다른 때에 또는 어느 당사자의 서면요청이 있는 때에 개최된다. 다만, 그러한 서면 요청은 사무국에 의하여 당사자들에게 통보된 후 6개월 이내에 최소한 당사자 3분의 1의 지지를 받아야 한다.

8. 국제연합, 국제연합 전문기구, 국제원자력기구 및 이들 기구의 회원국이나 옵서버인 협약의 비당사자는 이 협정의 당사자회의 역할을 하는 당사자총회의 회기에 옵서버로 참석할 수 있다. 이 협정이 다루는 문제와 관련하여 자격을 갖추고 이 협정의 당사자회의 역할을 하는 당사자총회의 회기에 옵서버로 참석하고자 하는 의사를 사무국에 통지한 기구나 기관은, 국내적 또는 국제적, 정부 간 또는 비정부 간인지를 불문하고, 출석당사자의 3분의 1 이상이 반대하는 경우가 아니면 참석이 승인될 수 있다. 옵서버의 승인 및 참석은 이 조 제5항에 언급된 절차규칙에 따른다.

제 17 조
1. 협약 제8조에 의하여 설립되는 사무국은 이 협정의 사무국 역할을 한다.
2. 사무국의 기능에 관한 협약 제8조 제2항 및 사무국의 기능 수행에 필요한 장치에 관한 협약 제8조 제3항은 이 협정에 준용된다. 또한 사무국은 이 협정에 따라 부여된 기능과 이 협정의 당사자회의 역할을 하는 당사자총회에 의하여 부여된 기능을 수행한다.

제 18 조
1. 협약 제9조 및 제10조에 의하여 설립된 과학기술자문 보조기구와 이행보조기구는 각각 이 협정의 과학기술자문 보조기구와 이행보조기구의 역할을 한다. 이들 두 기구의 기능 수행에 관한 협약 규정은 이 협정에 준용된다. 이 협정의 과학기술자문 보조기구와 이행보조기구 회의의 회기는 각각 협약의 과학기술 보조기구 및 이행보조기구의 회의와 함께 개최된다.
2. 이 협정의 당사자가 아닌 협약의 당사자는 그 보조기구의 모든 회기의 절차에 옵서버로 참석할 수 있다. 보조기구가 이 협정의 보조기구의 역할을 할 때, 이 협정에 따른 결정권은 이 협정의 당사자만 가진다.
3. 협약 제9조 및 제10조에 의하여 설립된 보조기구가 이 협정에 대한 문제와 관련하여 그 기능을 수행할 때, 보조기구 의장단의 구성원으로서 해당 시점에 이 협정의 당사자가 아닌 협약의 당사자를 대표하는 자는 이 협정의 당사자들이 그들 중에서 선출한 추가 구성원으로 대체된다.

제 19 조
1. 이 협정에서 언급되지 아니한, 협약에 의하여 또는 협약에 따라 설립된 보조기구나 그 밖의 제도적 장치는 이 협정의 당사자회의 역할을 하는 당사자총회의 결정에 따라 이 협정을 지원한다. 이 협정의 당사자회의 역할을 하는 당사자총회는 그러한 보조기구나 장치가 수행할 기능을 명확히 한다.
2. 이 협정의 당사자회의 역할을 하는 당사자총회는 그러한 보조기구와 제도적 장치에 추가적인 지침을 제공할 수 있다.

제 20 조
1. 이 협정은 협약의 당사자인 국가와 지역경제통합기구의 서명을 위하여 개방되며, 이들에 의한 비준, 수락 또는 승인을 조건으로 한다. 이 협정은 뉴욕의 국제연합본부에서 2016년 4월 22일부터 2017년 4월 21일까지 서명을 위하여 개방된다. 그 후 이 협정은 서명기간이 종료한 날의 다음 날부터 가입을 위하여 개방된다. 비준서, 수락서, 승인서 또는 가입서는 수탁자에게 기탁된다.

2. 그 회원국 중 어느 국가도 이 협정의 당사자가 아니면서 이 협정의 당사자가 되는 모든 지역경제통합기구는, 이 협정상의 모든 의무에 구속된다. 하나 또는 둘 이상의 회원국이 이 협정의 당사자인 지역경제통합기구의 경우, 그 기구와 그 회원국은 이 협정상의 의무를 이행하기 위한 각자의 책임에 관하여 결정한다. 그러한 경우, 그 기구와 그 회원국은 이 협정상의 권리를 동시에 행사하지 아니한다.
3. 지역경제통합기구는 그 비준서, 수락서, 승인서 또는 가입서에서 이 협정이 규율하는 문제에 관한 기구의 권한범위를 선언한다. 또한, 이러한 기구는 그 권한범위의 실질적 변동을 수탁자에게 통지하며, 수탁자는 이를 당사자에게 통지한다.

제 21 조

1. 이 협정은 지구 온실가스 총 배출량 중 최소한 55퍼센트를 차지하는 것으로 추정되는 55개 이상의 협약 당사자가 비준서, 수락서, 승인서 또는 가입서를 기탁한 날부터 30일 후에 발효한다.
2. 오직 이 조 제1항의 제한적 목적상, "지구 온실가스 총 배출량"이란 협약의 당사자가 이 협정의 채택일에 또는 그 전에 통보한 가장 최신의 배출량을 말한다.
3. 발효에 관한 이 조 제1항의 조건이 충족된 후 이 협정을 비준, 수락 또는 승인하거나 이에 가입하는 국가 또는 지역경제통합기구의 경우, 이 협정은 그러한 국가 또는 지역경제통합기구의 비준서, 수락서, 승인서 또는 가입서가 기탁된 날부터 30일 후에 발효한다.
4. 이 조 제1항의 목적상, 지역경제통합기구가 기탁하는 모든 문서는 그 기구의 회원국이 기탁하는 문서에 추가하여 계산되지 아니한다.

제 22 조

협약의 개정안 채택에 관한 협약 제15조는 이 협정에 준용된다.

제 23 조

1. 협약의 부속서 채택 및 개정에 관한 협약 제16조는 이 협정에 준용된다.
2. 이 협정의 부속서는 이 협정의 불가분의 일부를 구성하며, 명시적으로 달리 규정되는 경우가 아니면, 이 협정을 언급하는 것은 이 협정의 모든 부속서도 언급하는 것으로 본다. 그러한 부속서는 목록, 양식 및 과학적·기술적·절차적 또는 행정적 특성을 갖는 서술적 성격의 그 밖의 자료에 국한된다.

제 24 조

분쟁해결에 관한 협약 제14조는 이 협정에 준용된다.

제 25 조

1. 각 당사자는 이 조 제2항에 규정된 경우를 제외하고는 하나의 투표권을 가진다.
2. 지역경제통합기구는 자신의 권한 범위의 문제에서 이 협정의 당사자인 그 기구 회원국의 수와 같은 수만큼의 투표권을 행사한다. 기구 회원국 중 어느 한 국가라도 투표권을 행사하는 경우, 그러한 기구는 투표권을 행사하지 아니하며, 그 반대의 경우에서도 또한 같다.

제 26 조

국제연합 사무총장은 이 협정의 수탁자가 된다.

제 27 조

이 협정에 대해서는 어떤 유보도 할 수 없다.

제 28 조

1. 당사자는 이 협정이 자신에 대하여 발효한 날부터 3년 후에는 언제든지 수탁자에게 서면통고를 하여 이 협정에서 탈퇴할 수 있다.
2. 그러한 탈퇴는 수탁자가 탈퇴통고서를 접수한 날부터 1년이 경과한 날 또는 탈퇴통고서에 그보다 더 나중의 날짜가 명시된 경우에는 그 나중의 날에 효력이 발생한다.
3. 협약에서 탈퇴한 당사자는 이 협정에서도 탈퇴한 것으로 본다.

제 29 조

아랍어, 중국어, 영어, 프랑스어, 러시아어 및 스페인어본이 동등하게 정본인 이 협정의 원본은 국제연합 사무총장에게 기탁된다.

2015년 12월 12일에 파리에서 작성되었다.

이상의 증거로, 정당하게 권한을 위임받은 아래의 서명자들이 이 협정에 서명하였다.

해커스공무원 학원·인강
gosi.Hackers.com

VI

국제환경법

01 | 생물다양성에 관한 협약
02 | 바이오안전성에 관한 생물다양성협약의 카르타헤나의정서
03 | 유전자원에 대한 접근 및 그 이용으로부터 발생하는 이익의 공정하고 공평한 공유에 관한 생물다양성에 관한 협약 나고야 의정서
04 | 오존층 보호를 위한 비엔나협약
05 | 오존층 파괴물질에 관한 몬트리올 의정서
06 | 폐기물 및 그 밖의 물질의 투기에 의한 해양오염방지에 관한 협약
07 | 폐기물 및 그 밖의 물질의 투기에 의한 해양오염방지에 관한 1972년 협약에 대한 1996년 의정서
08 | 멸종위기에 처한 야생동식물종의 국제거래에 관한 협약(CITES)
09 | 핵사고의 조기통보에 관한 협약
10 | 핵사고 또는 방사능 긴급사태시 지원에 관한 협약

Ⅵ 국제환경법

01 | 생물다양성에 관한 협약 (1992채택/1993발효/1995한국발효)

체약당사자는, 생물다양성의 내재적인 가치와 생물다양성과 그 구성요소의 생태학적·유전학적·사회적·경제적·과학적·교육적·문화적·휴양적 및 미학적인 가치를 의식하고, 진화와 생물계의 생명유지체계의 유지를 위하여 생물다양성이 가진 중요성을 또한 의식하고, 생물다양성의 보전이 인류의 공통적인 관심사임을 확인하고, 국가는 자신의 생물자원에 대한 주권적 권리를 가지고 있음을 재확인하고, 또한 국가는 자신의 생물다양성을 보전하고 생물자원을 지속가능한 방식으로 이용할 책임이 있음을 재확인하고, 생물다양성이 인간의 특정 활동에 의하여 현저하게 감소되고 있음을 우려하고, 생물다양성에 관한 정보와 지식이 전반적으로 결핍되어 있음과 적절한 조치의 수립 및 시행의 기초가 되는 기본적인 이해를 제공할 과학적·기술적 및 제도적인 능력을 시급히 개발하는 것이 필요함을 인식하고, 원산지의 생물다양성이 현저하게 감소 또는 소실되는 원인을 예측·방지 및 제거하는 것이 필수적임을 유의하고, 또한 <u>생물다양성이 현저히 감소 또는 소실될 위협이 있는 경우, 완전한 과학적 확실성의 결여가 이러한 위협을 피하거나 최소화하는 대책을 지연시키는 구실이 되어서는 아니된다는 것을 또한 유의하고</u>, 나아가 생물다양성의 보전을 위하여 기본적으로 필요한 것은 생태계와 천연서식지의 현지내 보전과 자연환경 속에서의 종의 적정한 개체군의 유지 및 회복에 있음을 유의하고, 나아가 현지외 조치도 역시 중요한 역할을 하며 그 조치는 가급적 원산국 내에서 이루어지는 것이 바람직함을 유의하고, 전통적인 생활양식을 취하는 원주민사회 및 지역사회는 생물자원에 밀접하게 그리고 전통적으로 의존하고 있음을 인식하며 생물다양성의 보전 및 그 구성요소들의 지속가능한 이용과 관련된 전통적인 지식·기술혁신 및 관행의 이용에서 발생되는 이익을 공평하게 공유하는 것이 바람직함을 인식하고, 또한 생물다양성의 보전과 지속가능한 이용에 있어서의 여성의 중요한 역할을 인식하며, 생물다양성의 보전을 위한 정책결정 및 시행의 모든 단계에서의 여성의 완전한 참여의 필요성을 확인하고, 생물다양성의 보전과 그 구성요소의 지속가능한 이용을 위하여 국가·정부간기구 및 비정부 부문간의 국제적·지역적 및 범세계적 협력증진의 중요성과 필요성을 강조하고, 신규의 추가적인 재원의 제공과 관련기술에의 적절한 접근이 생물다양성의 소실을 막기 위한 세계의 능력을 실질적으로 제고할 것으로 기대될 수 있음을 인정하고, 나아가 개발도상국의 필요를 충족시키기 위하여 신규의 추가적인 재원의 제공과 관련 기술에의 적절한 접근을 포함하여 특별한 제공이 필요하다는 것을 인정하고, 이와 관련하여 최빈국과 군소도서국가의 특별한 사정을 유의하고, 생물다양성을 보전하기 위하여 상당한 투자가 필요하고 이러한 투자로부터 광범위한 환경적·경제적 및 사회적인 이익이 기대됨을 인정하고, 경제·사회개발 및 빈곤퇴치가 개발도상국의 최우선 과제임을 인식하고, 생물다양성의 보전과 지속가능한 이용은 증가하는 세계인구의 식량·건강 및 그 밖의 요구를 충족시키는 데 극히 중요하며 이를 위하여 유전자원 및 유전기술에의 접근과 공유가 긴요함을 인식하고, 궁극적으로 생물다양성의 보전과 지속가능한 이용이 국가간의 우호 관계를 강화하고 또한 인류의 평화에 공헌함에 유의하고, 생물다양성의 보전과 그 구성요소의 지속가능한 이용에 관한 기존의 국제적 합의를 강화·보완할 것을 희망하고, 현재세대와 미래세대의 이익을 위하여 생물다양성을 보전하고 지속가능하게 이용할 것을 결의하며, 다음과 같이 합의하였다.

제 1 조   목적

이 협약의 목적은 이 협약의 관련 규정에 따라 추구될 것인 바, 유전자원과 유전기술에 대한 모든 권리를 고려한 유전자원에 대한 적절한 접근, 관련기술의 적절한 이전 및 적절한 재원제공 등을 통하여 생물다양성을 보전하고, 그 구성요소를 지속가능하게 이용하며, 또한 유전자원의 이용으로부터 발생되는 이익을 공정하고 공평하게 공유하는 것이다.

제 2 조   용어의 사용

이 협약의 목적상,

"생물다양성"이라 함은 육상·해양 및 그 밖의 수중 생태계와 이들 생태계가 부분을 이루는 복합생태계 등 모든 분야의 생물체간의 변이성을 말한다. 이는 종내의 다양성, 종간의 다양성 및 생태계의 다양성을 포함한다.

"생물자원"이라 함은 인류를 위하여 실질적 또는 잠재적으로 사용되거나 가치가 있는 유전자원·생물체 또는 그 부분·개체군 또는 생태계의 그 밖의 생물적 구성요소를 포함한다.

"생명공학"이라 함은 특성용도를 위하여 제품이나 제조공정을 개발하거나 변형시키기 위하여 생물계·생물체 또는 그 파생물을 이용하는 기술적 응용을 말한다.

"유전자원 원산국"이라 함은 유전자원을 현지내 상태에서 보유하고 있는 국가를 말한다.

"유전자원 제공국"이라 함은 야생 또는 사육된 종의 개체군을 포함하여 현지내 출처에서 수집하였거나 그 국가가 원산국인지 여부에 관계없이 현지외 출처로부터 취득한 유전자원을 제공하는 국가를 말한다.

"사육 또는 배양종"이라 함은 인간의 필요를 충족시키기 위하여 진화과정에서 인위적인 영향을 받은 종을 말한다.

"생태계"라 함은 식물·동물 및 미생물 군락과 기능적인 단위로 상호작용하는 비생물적인 환경의 역동적인 복합체를 말한다.

"현지외 보전"이라 함은 생물다양성의 구성요소를 그 천연 서식지 외에서 보전하는 것을 말한다.

"유전물질"이라 함은 유전의 기능적 단위를 포함하는 식물·동물·미생물 또는 그 밖의 기원의 물질을 말한다.

"유전자원"이라 함은 실질적 또는 잠재적 가치를 가진 유전물질을 말한다.

"서식지"라 함은 생물체 또는 개체군이 자연적으로 발생하는 장소 또는 그 유형을 말한다.

"현지내 상태"라 함은 유전자원이 생태계 및 자연서식지에서 존재하는 상태를 말한다. 사육종 또는 배양종의 경우, 그들이 그들의 고유한 특성을 발전시킨 주위환경에 유전자원이 존재하는 상태를 말한다.

"현지내 보전"이라 함은 생태계 및 자연서식지의 보전과 자연환경에서의 종의 적정한 개체군의 유지 및 회복을 말한다. 사육종 또는 배양종의 경우, 그들이 그들의 고유한 특성을 발전시킨 주위환경에서의 보전·유지 및 회복을 말한다.

"보호구역"이라 함은 특정 보전목적을 달성하기 위하여 지정되거나 또는 규제되고 관리되는 지리적으로 한정된 지역을 말한다.

"지역경제통합기구"라 함은 일정한 역내의 주권국으로 구성된 기구로서 이 협약에 의하여 규율되는 문제에 대한 권한을 그 회원국으로부터 위임받고 그 내부절차에 따라 이 협약에 서명·비준·수락·승인 또는 가입하는 권한을 정당하게 위임받은 기구를 말한다.

"지속가능한 이용"이라 함은 장기적으로 생물다양성의 감소를 유발하지 아니하는 방식과 속도로 생물다양성의 구성요소를 이용함으로써 현재 세대와 미래 세대의 필요와 욕망을 충족시키기 위한 잠재력을 유지하는 것을 말한다.

"기술"은 생명공학을 포함한다.

제 3 조 원칙

국가는 국제연합헌장과 국제법의 원칙에 의거하여 자신의 환경정책에 따라 자신의 자원을 개발할 수 있는 주권적 권리를 가지며, 또한 자신의 관할 또는 통제지역 안에서의 활동으로 다른 국가의 환경 또는 자신의 관할권 이원지역의 환경에 피해가 발생하지 아니하도록 보장할 책임을 진다.

제 4 조 관할범위

다른 국가의 권리를 존중하는 것을 조건으로 그리고 이 협약에 달리 명시적으로 규정된 경우를 제외하고 이 협약의 규정이 각 체약당사자에 대하여 적용되는 범위는 다음과 같다.
가. 생물다양성의 구성요소의 경우, 자신의 국가관할권 안의 지역
나. 국가의 관할권 또는 통제권 하에서 수행된 과정 및 활동의 경우, 그 효과가 미치는 장소에 관계없이 그 국가의 관할지역 안 또는 관할권 이원지역

제 5 조 협력

각 체약당사자는 생물다양성의 보전과 지속가능한 이용을 위하여 국가 관할권 이원지역 및 그 밖의 공동 관심사에 대하여 다른 체약당사자와 직접 또는 적절한 경우 권한있는 국제기구를 통하여 가능한 한 그리고 적절히 협력한다.

제 6 조 보전 및 지속가능한 이용을 위한 일반적 조치

각 체약당사자는 자신의 특수한 상황 및 능력에 따라 다음과 같은 조치를 취한다.
가. 생물다양성의 보전과 지속가능한 이용을 위하여 국가전략·계획 및 프로그램을 개발하거나, 특히 이 협약에 명시된 해당 체약 당사자와 관련된 조치를 반영하는 기존의 전략·계획 또는 프로그램을 취지에 맞게 수정한다.
나. 생물다양성의 보전과 지속가능한 이용을 관련 개별분야별 또는 분야간별 계획·프로그램 및 정책에 가능한 한 그리고 적절히 통합한다.

제7조 확인 및 감시

각 체약당사자는 특히 제8조 내지 제10조의 목적을 위하여 가능한 한 그리고 적절히 다음과 같은 조치를 취한다.
가. 부속서 1에 규정된 범주의 예시적 목록을 고려하여 생물다양성의 보전과 지속가능한 이용에 중요한 생물다양성의 구성요소를 확인한다.

나. 긴급한 보전조치를 필요로 하거나 지속가능한 이용에 가장 큰 잠재력을 제공하는 생물다양성의 구성요소에 특별히 주목하면서 가호에 따라 확인된 구성요소를 표본조사 및 그 밖의 기법을 통하여 감시한다.
다. 생물다양성의 보전과 지속가능한 이용에 중대한 부정적 영향을 미치거나 미칠 우려가 있는 활동의 진행과정 및 범주를 확인하고, 그 효과를 표본조사 및 그 밖의 기법을 통하여 감시한다.
라. 가호 내지 다호에 따른 확인 및 감시활동을 통하여 취득한 정보를 체계적으로 유지·정리한다.

제 8 조   현지내 보전

각 체약당사자는 가능한 한 그리고 적절히 다음 조치를 취한다.
가. 생물다양성을 보전하기 위하여 보호지역제도 또는 특별조치 필요 지역제도를 수립한다.
나. 필요한 경우 생물다양성을 보전하기 위하여 보호지역 또는 특별조치가 필요한 지역을 선정·설정 및 관리하기 위한 지침을 개발한다.
다. 생물다양성의 보전과 지속가능한 이용을 보장하기 위하여 보호 지역내외에 관계없이 생물다양성의 보전에 중요한 생물자원을 규제 또는 관리한다.
라. 생태계 및 천연서식지의 보호와 자연환경에서의 종의 적정한 개체군의 유지를 촉진한다.
마. 보호지역에 대한 보호를 증진하기 위하여 보호지역의 인접지역에서의 환경적으로 건전하고 지속가능한 개발을 촉진한다.
바. 특히 계획 또는 그 밖의 관리전략의 개발과 시행을 통하여 악화된 생태계를 회복·복구시키며 위협받는 종의 회복을 촉진한다.
사. 인간의 건강에 대한 위험을 고려하여 생물다양성의 보전 및 지속가능한 이용에 환경적으로 부정적인 영향을 미칠 가능성이 있는 생명공학에 의한 생물변형체의 이용 및 방출에 연관된 위험을 규제·관리 또는 통제하는 방법을 수립 또는 유지한다.
아. 생태계·서식지 또는 종을 위협하는 외래종의 도입을 방지하고 이들 외래종을 통제·박멸한다.
자. 생물다양성과 그 구성요소에 대한 현재의 이용이 생물다양성의 보전 및 그 구성요소의 지속가능한 이용과 양립하는 데 필요한 조건을 제공하기 위하여 노력한다.
차. 국내입법에 따르는 것을 조건으로 생물다양성의 보전 및 지속가능한 이용에 적합한 전통적인 생활양식을 취하여 온 원주민 사회 및 현지사회의 지식·혁신적 기술 및 관행을 존중·보전 및 유지하고, 이러한 지식·기술 및 관행 보유자의 승인 및 참여 하에 이들의 보다 더 광범위한 적용을 촉진하며, 그 지식·기술 및 관행의 이용으로부터 발생되는 이익의 공평한 공유를 장려한다.
카. 멸종위기에 처한 종 및 개체군의 보호를 위한 입법 및/또는 그 밖의 규제적인 규정을 제정 또는 유지한다.
타. 제7조에 따라 생물다양성에 대한 심각한 부정적인 영향이 확인되는 경우, 활동의 관련 진행과정 및 유형을 규제 또는 관리한다.
파. 가호 내지 타호에 규정된 현지내 보전을 위하여 특히 개발도상국에 대하여 재정적 및 그 밖의 지원을 제공하는 데 협력한다.

제 9 조 현지외 보전

각 체약당사자는 주로 현지내 조치를 보완하기 위하여 가능한 한 그리고 적절히 다음과 같은 조치를 취한다.

가. 가급적 생물다양성의 구성요소의 원산국 안에서 그 구성요소의 현지외 보전을 위한 조치를 채택한다.

나. 가급적 유전자원의 원산국 안에서 식물·동물 및 미생물의 현지외 보전 및 연구를 위한 시설을 설립·유지한다.

다. 위협받는 종의 회복 및 복구를 위한 조치와 적절한 조건하에서 이들을 천연 서식지로 재반입하기 위한 조치를 채택한다.

라. 다호의 규정에 따라 임시로 특별한 현지외 조치가 필요한 경우를 제외하고, 생태계와 종의 현지내 개체군이 위협받지 아니하도록 현지외 보전목적을 위하여 천연 서식지로부터의 생물자원의 수집을 규제하고 관리한다.

마. 가호 내지 라호에 규정된 현지외 보전을 위한 재정적 및 그 밖의 지원을 제공하는 데 있어서 그리고 개발도상국에서의 현지외 보전 시설을 설치·관리하는 데 있어서 협력한다.

제 10 조 생물다양성 구성요소의 지속가능한 이용

각 체약당사자는 가능한 한 그리고 적절히 다음 조치를 취한다.

가. 생물자원의 보전과 지속가능한 이용에 대한 고려를 국가정책 결정에 통합한다.

나. 생물다양성에 미치는 부정적인 영향을 피하거나 최소화하기 위하여 생물자원의 이용에 관련된 조치를 채택한다.

다. 보전 또는 지속가능한 이용 요건에 부합되는 전통적인 문화적 관행에 따른 생물자원의 관습적인 이용을 보호하고 장려한다.

라. 생물다양성이 감소된 퇴화지역에서의 복구활동을 개발·시행하도록 현지주민을 지원한다.

마. 생물자원의 지속가능한 이용을 위한 방법을 개발하는 데 있어 정부기관과 민간부문 간의 협력을 장려한다.

제 11 조 유인 조치

각 체약당사자는 가능한 한 그리고 적절히 생물다양성의 구성요소의 보전 및 지속가능한 이용을 위한 유인요소로 작용할 경제적·사회적으로 건전한 조치를 취한다.

제 12 조 연구 및 훈련

각 체약당사자는 개발도상국의 특별한 필요를 고려하여 다음 조치를 취한다.

가. 생물다양성과 그 구성요소의 확인·보전 및 지속가능한 이용을 위한 조치에 관한 과학·기술교육계획 및 훈련계획을 수립·유지하며, 개발도상국의 특별한 필요를 위하여 이러한 교육 및 훈련을 위한 지원을 제공한다.

나. 무엇보다도 과학·기술 자문보조기관의 권고의 결과로 채택된 당사자총회의 결정에 따라 특히 개발도상국에서의 생물다양성의 보전과 지속가능한 이용에 기여하는 연구를 촉진·장려한다.

다. 제16조·제18조 및 제20조의 규정에 따라 생물자원의 보전과 지속가능한 이용을 위한 방법을 개발하는 데 있어 생물다양성 연구에서의 과학적 발전의 이용을 촉진·협력한다.

제 13 조 공공교육 및 홍보

각 체약당사자는 다음 조치를 취한다.
가. 생물다양성의 보전 및 이를 위하여 필요한 조치의 중요성에 대한 이해를 촉진·증진시키며, 언론매체를 통하여 이러한 이해를 전파시키고 이러한 주제사항들을 교육과정에 포함시키는 것을 촉진·장려한다.
나. 생물다양성의 보전과 지속가능한 이용에 대한 교육·홍보프로그램을 개발함에 있어 다른 국가 및 국제기구와 적절히 협력한다.

제 14 조 영향평가 및 부정적 영향의 최소화

1. 각 체약당사자는 가능한 한 그리고 적절히 다음 조치를 취한다.
   가. 생물다양성에 대한 영향을 피하거나 최소화하기 위하여 생물다양성에 중대한 부정적인 효과를 미칠 수 있는 제안된 사업에 대한 환경영향평가를 요구하는 적절한 절차를 도입하고 적절한 경우 이러한 절차에 공공의 참여를 허용한다.
   나. 생물다양성에 중대한 부정적인 영향을 미칠 수 있는 사업 계획 또는 정책의 환경에 대한 효과가 정당히 고려되도록 보장하는 적절한 조치를 도입한다.
   다. 적절히 양자·지역 또는 다자간 약정의 체결을 장려함으로써 상호주의 기초 위에서 다른 나라 또는 자신의 국가관할권 이원지역의 생물다양성에 심각한 부정적인 영향을 미칠 가능성이 있는 자기나라의 관할권 또는 통제 아래 있는 활동에 관한 통지·정보교환 및 협의를 촉진한다.
   라. 자기나라의 관할 또는 통제 아래 있는 지역에서 발생하는 위험 또는 피해로서 다른 나라의 관할지역 안 또는 자신의 국가관할권 이원지역의 생물다양성에 긴박하고 중대한 위험 또는 피해가 있는 경우, 영향을 받을 수 있는 국가에게 즉시 그러한 위험 또는 피해를 통고할 뿐만 아니라 이러한 위험 또는 피해를 방지하거나 최소화하기 위한 조치를 취한다.
   마. 자연 발생적이든 아니든 관계없이 생물다양성에 중대하고 긴박한 위험이 될 활동 또는 사건에 대한 긴급대처를 위한 국가조치를 증진하며, 그러한 국가 노력을 보완하고, 적절한 경우 그리고 국가 또는 지역경제통합기구가 합의하는 경우, 공동비상계획을 수립하기 위한 국제협력을 촉진한다.
2. 당사자총회는 수행된 연구결과를 토대로 생물다양성의 피해에 대한 복구 및 보상을 포함한 책임과 배상문제를 검토한다. 다만, 이러한 책임이 전적으로 국내문제인 경우에는 제외한다.

제 15 조 유전자원에 대한 접근

1. 국가가 자신의 천연자원에 대한 주권적 권리를 가지고 있음에 비추어 유전자원에 대한 접근을 결정하는 권한은 해당 국가의 정부에 있으며 유전자원에 대한 접근은 국가입법에 따른다.
2. 각 체약당사자는 다른 체약당사자의 환경적으로 건전한 이용을 위하여 유전자원에 대한 접근을 촉진하는 여건을 조성하고 이 협약의 목적에 반하는 제한을 부과하지 아니하도록 노력한다.

3. 이 협약의 목적상 이 조와 제16조 및 제19조에 언급된 체약당사자가 제공하는 유전자원은 그 자원의 원산국인 체약당사자 또는 이 협약에 따라 유전자원을 획득한 당사자가 제공하는 것만을 의미한다.
4. 유전자원에 대한 접근이 허용된 경우, 그 접근은 상호 합의된 조건과 이 조의 규정에 따른다.
5. 유전자원에 대한 접근은 그 자원을 제공하는 체약당사자가 달리 결정하지 아니하는 한, 그 체약당사자의 사전통고승인을 받는 경우에 한한다.
6. 각 체약당사자는 다른 체약당사자가 제공한 유전자원에 기초한 과학적 연구를 그 체약당사자의 완전한 참여와 가능한 경우 그 체약당사자의 영토 안에서 개발·수행하도록 노력한다.
7. 각 체약당사자는 연구·개발의 결과와 유전자원의 상업적 및 그 밖의 이용으로 발생하는 이익을 그 자원을 제공하는 국가와 공정하고 공평하게 공유하기 위하여 적절히 그리고 제16조 및 제19조에 따라 그리고 필요한 경우에는 제20조 및 제21조에 의하여 설치된 재정체계를 통하여 입법적·행정적 또는 정책적 조치를 취한다. 이러한 공유는 상호 합의된 조건에 따른다.

제16조 기술에의 접근 및 기술이전

1. 각 체약당사자는 기술에는 생명공학이 포함되며 체약당사자간의 기술에의 접근과 이전이 이 협약의 목적달성에 필수적인 요소임을 인정하여 이 조의 규정에 따라 생물다양성의 보전과 지속가능한 이용과 관련되거나, 유전자원을 이용하는 기술로서 환경에 심각한 피해를 끼치지 아니하는 기술에 대한 다른 체약당사자의 접근 및 이들에 대한 기술이전을 제공 및/또는 촉진한다.
2. 제1항에 언급된 개발도상국에 대한 기술접근 및 이전은 상호 합의되는 경우 양허적이고 특혜적인 조건을 포함하여 공정하고 최혜적인 조건으로 그리고 필요한 경우 제20조 및 제21조에 따라 설치된 재정 체계에 따라 제공 및/또는 촉진된다. 특허 및 그 밖의 지적소유권의 적용을 받는 기술의 경우, 지적소유권의 적절하고 효과적인 보호를 인정하고 그에 합치되는 조건으로 이러한 기술접근 및 이전이 제공된다. 이 항은 제3항·제4항 및 제5항에 합치되게 적용된다.
3. 각 체약당사자는 유전자원을 제공하는 체약당사자, 특히 개발도상국인 체약당사자가 상호합의된 조건하에 또는 필요한 경우 제20조 및 제21조의 규정을 통하여 그리고 국제법에 따르고 제4항 및 제5항에 합치되게 특허 및 그 밖의 지적재산권으로 보호된 기술을 포함하여 그 자원을 이용하는 기술에 접근하거나 이전받을 수 있도록 적절히 입법적·행정적 또는 정책적 조치를 취한다.
4. 각 체약당사자는 민간부문이 개발도상국의 정부기관 및 민간부문의 이익을 위하여 제1항에 언급된 기술에의 접근·공동개발 및 이전을 촉진하도록 하기 위하여 적절히 입법적·행정적 또는 정책적 조치를 취하며, 이와 관련하여 제1항·제2항 및 제3항에 포함된 의무사항을 준수한다.
5. 체약당사자는 특허권 및 그 밖의 지적소유권이 이 협약의 이행에 영향을 미칠 수 있음을 인정하고, 이러한 권리가 이 협약의 목적을 지원하고 이 협약의 목적에 반하지 아니하도록 보장하기 위하여 국내입법 및 국제법에 따라 협력한다.

제 17 조　정보교환

1. 체약당사자는 개발도상국의 특별한 필요를 고려하여 생물다양성의 보전 및 지속가능한 이용과 관련하여 공개적으로 이용가능한 모든 정보의 교환을 촉진한다.
2. 이러한 정보의 교환은 기술적·과학적 및 사회·경제적 연구결과의 교환 뿐만아니라 훈련 및 조사프로그램·전문지식·현지의 전통적 지식에 관한 정보 그 자체 그리고 이들이 제16조제1항에 언급된 기술과 연계된 정보의 교환을 포함한다. 또한 정보교환은 타당한 경우 정보의 회송을 포함한다.

제 18 조　기술·과학협력

1. 체약당사자는 필요한 경우 적절한 국제기관 및 국내기관을 통하여 생물다양성의 보전과 지속가능한 이용분야에서 국제적인 기술·과학협력을 증진한다.
2. 각 체약당사자는 이 협약을 이행함에 있어 무엇보다도 국가정책의 개발 및 이행을 통하여 다른 체약당사자 특히 개발도상국인 체약당사자와 기술·과학협력을 증진한다. 이러한 협력을 증진함에 있어 인적자원의 개발 및 제도구축을 통한 국가 능력의 개발과 강화에 특별한 관심이 주어져야 한다.
3. 당사자총회는 제1차 회의에서 기술·과학협력의 증진 및 촉진을 위하여 자료교환기구 체제의 설치방안을 결정한다.
4. 체약당사자는 이 협약의 목적을 추구함에 있어 국내입법과 정책에 따라 현지 기술 및 전통적 기술을 포함한 기술의 개발 및 이용을 위한 협력방안을 장려하고 개발한다. 이를 위하여 체약당사자는 인력양성과 전문가의 교류에 대한 협력을 증진한다.
5. 체약당사자는 상호 합의 조건하에 이 협약의 목적과 관련된 기술 개발을 위한 공동연구프로그램 및 합작투자의 수립을 증진한다.

제 19 조　생명공학의 관리 및 그 이익의 배분

1. 각 체약당사자는 생명공학의 연구활동을 위하여 유전자원을 제공하는 당사자, 특히 개발도상국인 당사자가 그러한 연구활동에 효과적으로 참여하고 가능한 경우 유전자원 제공국안에서 참여할 수 있도록 적절히 입법적·행정적 또는 정책적 조치를 취한다.
2. 각 체약당사자는 다른 체약당사자 특히 개발도상국인 체약당사자가 제공한 유전자원에 근거한 생명공학으로부터 발생하는 결과 및 이익에 대하여 공정하고 공평한 기초 위에서 그러한 당사자의 우선적인 접근을 증진하고 촉진하기 위하여 모든 실행 가능한 조치를 취한다. 이러한 접근은 상호 합의된 조건에 따른다.
3. 당사자는 생물다양성의 보전과 지속가능한 이용에 부정적인 효과를 미칠 수 있는 생명공학에 기인한 변형된 생물체의 안전한 이전·취급 및 사용의 분야에서 특히 사전통고동의 등을 포함한 적절한 절차를 명시하는 의정서의 필요성과 그 양식을 검토한다.
4. 각 체약당사자는 직접 또는 제3항에 언급된 생물체를 제공하는 자신의 관할아래 있는 자연인 또는 법인에 요구하여 그 생물체를 도입하는 체약당사자가 생물체를 다루는 데 필요로 하는 사용 및 안전규정에 관한 모든 가능한 정보뿐만 아니라 이러한 생물체를 도입하는 체약당사자에게 관계되는 특정 생물체의 잠재적이고 부정적인 영향에 관한 모든 가능한 정보를 제공한다.

제 20 조 재원

1. 각 체약당사자는 자신의 국가계획·우선순위 및 사업계획에 따라 이 협약의 목적을 성취하기 위한 국내활동에 대하여 자신의 능력에 따라 재정적 지원 및 유인조치를 제공할 것을 약속한다.
2. 선진국인 당사자는 개발도상국인 당사자가 이 협약의 의무를 이행하는 조치를 취하는 데 따르는 합의된 만큼의 총 부가비용에 충당할 수 있도록 그리고 협약의 규정에 따라 혜택을 받을수 있도록 신규의 추가적인 재원을 제공한다. 이러한 부가비용은 당사자총회가 정하는 정책·전략·사업 우선순위·적격성 기준 및 예시적 부가비용 목록에 따라 개발도상국인 당사자와 제21조에 언급된 제도적 조직간에 합의된다.

    시장경제로의 전환 과정을 겪고 있는 국가들을 포함한 그 밖의 당사자는 자발적으로 선진국인 당사자의 의무를 이행할 수 있다. 이 조의 목적상 당사자총회는 제1차 회의에서 선진국인 당사자와 선진국인 당사자의 의무사항을 자발적으로 이행하는 그 밖의 당사자의 목록을 작성한다. 당사자총회는 이 목록을 정기적으로 검토하며 필요한 경우 목록을 수정한다. 또한 그 밖의 국가 및 자금원으로부터의 자발적인 기여금은 장려된다.

    이러한 공약의 이행은 기금의 적정성·예측성 및 유입의 적기성에 대한 필요성과 목록에 포함된 기여 당사자간의 책임분담의 중요성을 고려한다.
3. 선진국인 당사자는 또한 이 협약의 이행과 관련된 재원을 양자적·지역적 그리고 그 밖의 다자적 경로를 통하여 제공할 수 있고, 개도국인 당사자는 이를 이용할 수 있다.
4. 개발도상국인 당사자의 협약에 따른 공약의 효과적인 이행정도는 선진국인 당사자가 재원 및 기술이전에 관한 이 협약상의 공약을 얼마나 효과적으로 이행할 지에 달려 있으며 경제·사회개발과 빈곤의 퇴치가 개발도상국인 당사자의 제1차적이며 최우선순위임을 충분히 고려한다.
5. 당사자는 재원제공 및 기술이전과 관련된 조치에서 최빈국의 특수한 필요와 특별한 사정을 충분히 고려한다.
6. 체약당사자는 개발도상국인 당사자, 특히 군소도서국가 안에서의 생물다양성에 대한 의존, 생물다양성의 분포 및 생물다양성의 소재지에서 기인하는 특별한 여건을 고려한다.
7. 건조·준건조지대, 해안지대 및 산악지대 등 환경적으로 매우 취약한 지역에 있는 국가를 포함한 개발도상국의 특별한 사정도 고려된다.

제 21 조 재정체계

1. 이 협약의 목적을 위하여 개발도상국인 당사자에 대한 무상 또는 양허성의 재원을 제공하기 위한 재정체계가 설치되며, 이 체계의 필수요소를 이 조에 정한다. 이 체계는 이 협약의 목적을 위하여 당사자총회의 권한과 지침에 따라 기능하며 당사자총회에 책임을 진다. 이 체계의 운영은 당사자총회 제1차 회의에서 결정되는 제도적 조직에 의하여 수행된다. 이 협약의 목적을 위하여 당사자총회는 이러한 재원에의 접근 및 재원의 이용과 관련된 정책·전략·사업우선순위 및 적격성 기준을 결정한다.

    기여금은 당사자총회에서 주기적으로 정하게 될 소요재원의 규모에 따라 제20조에 언급된 기금의 예측가능성·적정성 및 적기공급 등의 필요와 제20조제2항에 언급된 목록에 포함된 기여 당사자간의 책임분담의 중요성을 고려한다. 자발적 기여금은 또한 선진국인 당사자와 그 밖의 국가 및 자금원에 의하여 조성된다. 이 체계는 민주적이고 투명한 관리 체계안에서 운영된다.

2. 이 협약의 목적에 따라 당사자총회는 제1차 회의에서 정책·전략 및 사업계획 우선순위뿐만 아니라 재원의 이용에 대한 정기적인 감시 및 평가를 포함하여 재원에의 접근 및 이용의 적격성을 위한 상세한 기준과 지침을 결정한다. 당사자총회는 재정체계의 운영을 위탁받은 제도적 조직과 협의 후 제1항을 실행하기 위한 조치를 결정한다.
3. 당사자총회는 이 협약 발효 후 2년 이내에 그리고 그 이후는 정기적으로 제2항에 언급된 기준 및 지침을 포함하여 이 조에 의하여 설립된 체계의 효율성을 검토한다. 이 검토를 토대로 필요한 경우 이 체계의 효율성을 증진하기 위한 적절한 조치를 취한다.
4. 체약당사자는 생물다양성의 보전과 지속가능한 이용을 위한 재원을 제공하기 위하여 기존의 재정체계의 강화를 고려한다.

제 22 조 다른 국제협약과의 관계

1. 이 협약의 규정은 기존의 국제협정에서 유래하는 체약당사자의 권리 및 의무에 영향을 미치지 아니한다. 다만, 이러한 권리 및 의무의 행사가 생물다양성에 심각한 피해 또는 위협을 초래할 경우에는 예외로 한다.
2. 체약당사자는 해양환경에 대하여 해양법에 따른 국가의 권리 및 의무와 합치되게 이 협약을 이행한다.

제 23 조 당사자총회

1. 이에 따라 당사자총회를 설치한다. 당사자총회 제1차 회의는 유엔환경계획 사무총장이 이 협약 발효 후 1년 이내에 소집한다. 그 후로는 당사자총회 정기회의는 당사자총회 제1차 회의에서 결정되는 일정한 간격으로 개최된다.
2. 당사자총회 특별회의는 당사자총회가 필요하다고 인정하는 때에 또는 당사자의 서면요청에 의하여 개최된다. 다만, 이러한 서면요청은 사무국이 그 요청을 당사자에게 통보한 후 6월 이내에 최소한 당사자 3분의 1로부터 지지를 받는 것을 조건으로 한다.
3. 당사자총회는 당사자총회의 의사규칙 및 당사자총회가 설치하는 보조기관의 의사규칙뿐만 아니라 사무국의 경비를 규율하는 재정규칙을 컨센서스로 합의·채택한다. 당사자총회는 각 정기회의에서 차기 정기회의까지의 회계기간에 대한 예산을 채택한다.
4. 당사자총회는 이 협약의 이행상태를 검토하고, 이를 위하여 다음 사항을 수행한다.
   가. 제26조에 따라 제출될 정보를 전달하기 위한 형식 및 간격을 정하고 이러한 정보와 보조기구가 제출한 보고서를 검토한다.
   나. 제25조에 따라 제공되는 생물다양성에 관한 과학·기술·공학적 자문의견을 검토한다.
   다. 필요한 경우 제28조에 따라 의정서를 심의·채택한다.
   라. 필요한 경우 제29조 및 제30조에 따라 이 협약 및 부속서의 개정안을 심의·채택한다.
   마. 의정서 및 그 부속서의 개정안을 심의하고 개정이 결정되는 경우 해당 의정서의 당사자에게 이 개정의 채택을 권고한다.
   바. 필요한 경우 제30조에 따라 이 협약의 추가부속서를 심의·채택한다.
   사. 이 협약의 이행을 위하여 필요하다고 판단되는, 특히 과학·기술자문을 제공하기 위한 보조기구를 설치한다.
   아. 이 협약에 포함된 사항을 다루는 다른 협약들의 집행기구와 적절한 협력방식을 설정하기 위하여 사무국을 통하여 이들 집행기구와 접촉한다.

자. 협약운영과정에서 얻은 경험에 비추어 이 협약의 목적달성을 위하여 필요한 추가적인조치를 검토·시행한다.
5. 국제연합·국제연합 전문기구·국제원자력기구 및 이 협약의 비당사자인 국가는 당사자총회의 회의에 옵저버로 참석할 수 있다. 생물다양성의 보전과 지속가능한 이용과 관련된 분야에서 자격을 갖춘 정부간 또는 비정부간 기구나 기관이 당사자총회의 회의에 옵저버로 참가할 의사를 사무국에 통보한 경우, 최소한 출석 당사자 3분의 1이 반대하지 아니하는 한 참가가 허가될 수 있다. 옵저버의 참가허가 및 회의참석은 당사자총회가 채택한 의사규칙에 따른다.

제 24 조 사무국

1. 이 협약에 의하여 사무국이 설치되며, 사무국의 기능은 다음과 같다.
   가. 제23조에 규정된 당사자총회 회의를 준비·지원하는 것
   나. 의정서가 부여한 기능을 수행하는 것
   다. 이 협약에 따른 기능수행에 관한 보고서를 작성하고 이를 당사자총회에 제출하는 것
   라. 다른 관련 국제기구와 협조하고 특히 사무국 기능의 효과적인 수행에 필요한 행정약정 또는 계약을 체결하는 것
   마. 당사자총회가 결정하는 기능을 수행하는 것
2. 당사자총회는 제1차 정기회의에서 이 협약에 따른 사무국의 기능을 수행할 의사를 표명한기존의 관련 국제기구 중에서 사무국을 지정한다.

제 25 조 과학·기술자문 보조기구

1. 당사자총회 그리고 적절한 경우 다른 보조기구에 이 협약의 이행과 관련된 시의적절한 자문을 제공하기 위하여 과학·기술자문의 제공을 위한 보조기구를 이에 따라 설치한다. 이 기구는 모든 당사자의 참여에 개방되며 수개의 전문분야로 구성된다. 이 기구는 관련 전문분야의 권한 있는 정부대표로 구성된다. 이 기구는 모든 활동상황을 당사자총회에 정기적으로 보고한다.
2. 당사자총회의 권한하에 그리고 당사자총회가 정한 지침에 따라 당사자총회의 요청이 있을 경우 이 기구는 다음 사항을 수행한다.
   가. 생물다양성의 현황에 대한 과학적·기술적 평가를 제공한다.
   나. 이 협약의 규정에 따라 취한 조치유형별 효과에 대한 과학적·기술적 평가를 준비한다.
   다. 생물다양성의 보전과 지속가능한 이용과 관련된 혁신적·효율적·최신의 기술 및 노하우를 확인하고 이러한 기술의 개발 및/또는 이전을 촉진하는 방법에 관하여 자문한다.
   라. 생물다양성의 보전 및 지속가능한 이용과 관련된 연구·개발 분야에서의 과학프로그램 및 국제협력에 관한 자문을 제공한다.
   마. 당사자총회 및 그 보조기구가 제기할 수 있는 과학적·기술적 및 방법론적 질의에 답한다.
3. 이 기구의 기능·권한·조직 및 운영에 관한 사항은 당사자총회에서 더 구체화될 수 있다.

제 26 조　보고

각 체약당사자는 당사자총회가 정한 간격에 따라 이 협약의 규정을 이행하기 위하여 취한 조치와 이 협약의 목적을 달성하는 데 있어서의 그 조치의 유효성에 관한 보고서를 당사자총회에 제출한다.

제 27 조　분쟁의 해결

1. 이 협약의 해석 또는 적용에 관하여 체약당사자간에 분쟁이 있는 경우, 관련 당사자는 교섭을 통하여 해결책을 모색한다.
2. 관련 당사자가 교섭에 의하여 합의에 도달할 수 없는 경우, 공동으로 제3자의 주선을 모색하거나 또는 제3자에 의한 조정을 요청할 수 있다.
3. 이 협약을 비준·수락·승인하거나 이 협약에 가입할 때 또는 그 후 언제든지 국가 또는 지역경제통합기구는 제1항 또는 제2항에 따라 해결되지 아니한 분쟁에 대하여 다음의 분쟁해결 방안중 하나 또는 모두를 강제적인 것으로 수락함을 수탁자에게 서면으로 선언할 수 있다.
    가. 부속서 2의 제1부에 규정된 절차에 따른 중재
    나. 분쟁의 국제사법재판소 회부
4. 분쟁당사자가 제3항에 따라 동일한 절차나 어느 절차를 수락하지 아니하는 경우, 당사자가 달리 합의하지 아니하는 한 부속서 2의 제2부에 따라 조정에 회부된다.
5. 이 조의 규정은 해당 의정서가 달리 규정하지 아니하는 한 모든 의정서에 대하여 적용된다.

제 28 조　의정서 채택

1. 체약당사자는 이 협약의 의정서를 작성·채택하는 데 협력한다.
2. 의정서는 당사자총회의 회의에서 채택한다.
3. 사무국은 제안된 의정서의 문안을 최소한 이러한 회의가 개최되기 6월 이전에 체약당사자에게 전달한다.

제 29 조　협약 또는 의정서의 개정

1. 체약당사자는 협약의 개정안을 제출할 수 있다. 의정서의 개정안은 의정서의 당사자가 제출할 수 있다.
2. 협약의 개정안은 당사자총회의 회의에서 채택된다. 의정서의 개정안은 해당 의정서의 당사자회의에서 채택된다. 의정서가 달리 규정하고 있는 경우를 제외하고 사무국은 이 협약 또는 의정서 개정안의 문안을 늦어도 개정안이 채택될 회의가 개최되기 6월 이전에 해당 당사자에게 전달한다. 또한 사무국은 제안된 개정안을 이 협약의 서명자에게 참고로 전달한다.
3. 당사자는 이 협약 또는 의정서의 개정안이 콘센서스에 의하여 합의에 도달하도록 모든 노력을 다한다. 콘센서스를 위하여 모든 노력을 다하였으나 합의에 도달하지 못한 경우, 개정안은 최종적으로 회의에 출석·투표한 해당 당사자 3분의 2의 다수결로 채택하며, 수탁자는 비준·수락 또는 승인을 위하여 이를 모든 당사자에게 송부한다.
4. 개정안의 비준·수락 또는 승인은 수탁자에게 서면으로 통지한다. 제3항에 따라 채택된 개정안은 해당 의정서에 달리 규정된 경우를 제외하고 이 협약의 체약당사자 또는 해당 의정서 당사자의 최소한 3분의 2로부터 비준서·수락서 또는 승인서가 기탁된

날로부터 90일째 되는 날 개정안을 수락한 당사자간에 발효한다. 그 밖의 당사자가 그 이후에 개정안의 비준서·수락서 또는 승인서를 기탁하는 경우, 개정안은 기탁일로부터 90일째 되는 날 그 당사자에 대하여 발효한다.
5. 이 조의 목적상 "출석·투표한 당사자"라 함은 회의에 출석하여 찬성 또는 반대 투표를 한당사자를 말한다.

제 30 조　부속서의 채택 및 개정
1. 이 협약 또는 의정서의 부속서는 이 협약 또는 그 의정서의 불가분의 일부를 구성하며, 이 협약 또는 협약의 의정서가 언급되는 경우 명시적으로 달리 규정하지 아니하는 한 이는 동시에 관련 부속서를 언급하는 것으로 본다. 이러한 부속서는 절차적·과학적·기술적 및 행정적 사항에 한정한다.
2. 의정서가 부속서에 관하여 달리 규정하는 경우를 제외하고 이 협약의 추가부속서 또는 의정서 부속서의 제안·채택 및 발효에 대하여 다음 절차가 적용된다.
   가. 이 협약 또는 의정서의 부속서는 제29조에 규정된 절차에 따라 제안·채택된다.
   나. 이 협약의 추가부속서 또는 자신이 당사자로 되어 있는 의정서의 부속서를 승인할 수없는 당사자는 수탁자로부터 채택을 통보받은 날로부터 1년 이내에 이를 수탁자에게 서면으로 통지한다. 수탁자는 접수된 통지를 지체없이 모든 당사자에게 통지한다. 당사자는 언제든지 이전의 반대선언을 철회할 수 있으며, 이 경우 그 부속서는 다호에 따라 그 때부터 그 당사자에 대하여 발효한다.
   다. 부속서는 수탁자가 채택을 통지한 날로부터 1년의 기한이 만료하는 날 나호의 규정에 따라 통지서를 제출하지 아니한 이 협약의 모든 당사자 또는 해당의정서의 모든 당사자에 대하여 발효한다.
3. 이 협약의 부속서 또는 의정서의 부속서에 대한 개정안의 제출·채택 및 발효는 협약의 부속서 또는 의정서의 부속서의 제출·채택 및 발효와 동일한 절차에 따른다.
4. 추가부속서 또는 부속서의 개정이 이 협약 또는 의정서의 개정과 관련되는 경우, 추가부속서 또는 개정부속서는 이 협약 또는 관련 의정서의 개정안이 발효할 때까지 발효하지 아니한다.

제 31 조　투표권
1. 제2항에 규정된 경우를 제외하고 이 협약 또는 의정서의 체약당사자는 하나의 투표권을 가진다.
2. 지역경제통합기구는 기구의 권한내의 사항에 대하여 협약 또는 의정서의 당사자가 되어 있는 기구의 회원국의 수와 동수의 투표권을 행사한다. 기구의 회원국이 투표권을 행사하는 경우 기구는 투표권을 행사하지 아니하며, 그 반대의 경우도 또한 같다.

제 32 조　협약과 의정서의 관계
1. <u>국가 또는 지역경제통합기구는 자신이 이 협약의 체약당사자가 아닌 경우 또는 동시에 이 협약의 체약당사자가 되지 아니하는 경우 의정서의 당사자가 될 수 없다.</u>
2. 의정서에 따른 결정은 해당 의정서의 당사자만이 할 수 있다. 의정서를 비준·수락 또는 승인하지 아니한 당사자도 모든 의정서 당사자회의에 옵저버로 참가할 수 있다.

제33조 서명

이 협약은 1992년 6월 5일부터 6월 14일까지 리우 데 자네이로에서, 1992년 6월 15일부터 1993년 6월 4일까지 뉴욕의 국제연합본부에서 모든 국가와 지역경제통합기구의 서명을 위하여 개방된다.

제34조 비준·수락 또는 승인

1. 이 협약과 의정서는 국가 및 지역경제통합기구의 비준·수락 또는 승인을 받아야 한다. 비준서·수락서 또는 승인서는 수탁자에게 기탁된다.
2. 제1항에 언급된 기구로서 이 협약 또는 의정서의 당사자가 되어 있는 기구는 그 기구의 회원국 중 어느 한 국가도 체약당사자가 아닌 경우, 협약 또는 의정서에 따른 모든 의무에 구속된다. 기구의 하나 또는 그 이상의 회원국이 협약 또는 관련 의정서의 체약당사자인 경우, 기구와 기구의회원국은 이 협약 또는 의정서에 따른 의무를 이행하기 위하여 각각의 책임범위를 결정한다. 이러한 경우에 기구와 기구의 회원국은 협약 또는 관련 의정서에 따른 권리를 동시에 행사할 수 없다.
3. 제1항에 언급된 기구는 비준서·수락서 또는 승인서에서 협약 또는 관련 의정서가 규율하는 사항에 대한 기구의 권한범위를 선언한다. 이 기구는 또한 그의 권한범위에 있어서의 관련 변동사항을 수탁자에게 통보한다.

제35조 가입

1. 이 협약 및 의정서는 협약 또는 동 의정서에 대한 서명이 마감된 날부터 국가 및 지역경제통합기구의 가입을 위하여 개방된다. 가입서는 수탁자에게 기탁한다.
2. 제1항에 규정된 기구는 가입서에서 협약 또는 관련 의정서가 규율하는 사항에 대한 기구의 권한범위를 선언한다. 또한 기구는 그의 권한 범위에 있어서의 관련 변동사항을 수탁자에게 통보한다.
3. 제34조제2항의 규정은 이 협약 또는 의정서에 가입하는 지역경제통합기구에 적용된다.

제36조 발효

1. 이 협약은 30번째의 비준서·수락서·승인서 또는 가입서가 기탁된 날로부터 90일째 되는 날 발효한다.
2. 의정서는 그 의정서에 명시된 숫자의 비준서·수락서·승인서 또는 가입서가 기탁된 날로부터 90일째 되는 날 발효한다.
3. 30번째의 비준서·수락서·승인서 또는 가입서가 기탁된 후에 이 협약을 비준·수락 또는 승인하는 또는 협약에 가입하는 각 체약당사자에 대하여 협약은 이러한 체약당사자가 비준서·수락서·승인서 또는 가입서를 기탁한 날로부터 90일째 되는 날 발효한다.
4. 의정서는 해당 의정서에 달리 규정되어 있는 경우를 제외하고 의정서가 제2항에 따라 발효한 후에 그 의정서를 비준·수락·승인하거나 또는 그 의정서에 가입하는 체약당사자에 대하여 그체약당사자가 비준서·수락서·승인서 또는 가입서를 기탁한 날로부터 90일째 되는 날 또는 이 협약이 그 체약당사자에 대하여 발효하는 날 중에서 더 늦은 날에 발효한다.
5. 제1항 및 제2항의 목적상 지역경제통합기구가 기탁한 문서는 이러한 기구의 회원국이 기탁한 문서에 추가적인 것으로 계산되지 아니한다.

제 37 조 유보
이 협약에 대하여는 어떠한 유보도 할 수 없다.

제 38 조 탈퇴
1. 체약당사자는 협약이 자신에 대하여 발효한 날로부터 2년 후에는 언제든지 수탁자에게 서면통지를 함으로써 협약으로부터 탈퇴할 수 있다.
2. 이러한 탈퇴는 수탁자의 탈퇴통지 접수일로부터 1년의 기한이 만료되는 날 또는 탈퇴통지서에 그 보다 더 늦은 날짜가 명시되는 경우에는 늦은 날짜에 발효한다.
3. 이 협약으로부터 탈퇴하는 당사자는 그가 당사자로 되어 있는 모든 의정서로부터 탈퇴한 것으로 간주된다.

제 39 조 임시 재정 조치
유엔개발계획·유엔환경계획 및 국제부흥개발은행의 지구환경금융은 제21조의 요건에 따라 완전히 개편되는 것을 조건으로 하여 이 협약의 발효일부터 당사자총회 제1차 회의가 개최될 때까지 또는 당사자총회가 제21조에 따라 어느 제도적 조직을 지정할 때까지 잠정적으로 제21조에 언급된 제도적 조직이 된다.

제 40 조 임시사무국
유엔환경계획 사무총장이 제공하는 사무국은 이 협약의 발효일부터 당사자총회 제1차 회의가 개최될 때까지 잠정적으로 제24조제2항에 언급된 사무국이 된다.

제 41 조 수탁자
국제연합 사무총장은 이 협약과 의정서의 수탁자 기능을 수행한다.

제 42 조 정본
아랍어·중국어·영어·불어·러시아어 및 스페인어본이 동등하게 정본인 이 협약의 원본은 국제연합 사무총장에게 기탁된다.

이상의 증거로 정당하게 권한을 위임받은 아래의 서명자가 이 협약에 서명하였다.
1992년 6월 5일 리우 데 자네이로에서 작성되었다.

02 | 바이오안전성에 관한 생물다양성협약의 카르타헤나의정서(2000채택/2003발효/2008한국발효)

이 의정서의 당사국은,
이하 "협약"으로 지칭되는 "생물다양성에 관한 협약"의 당사국으로서,
협약 제19조제3항·제4항, 제8조 사호 및 제17조를 상기하고,
생물다양성의 보전 및 지속적 이용에 부정적 영향을 미칠 수 있는 현대생명공학기술을 사용하여 만든 모든 유전자변형생물체의 국가간 이동에 초점을 두고, 특히 사전통보합의와 관련된 적절한 절차를 고려하여 바이오안전성에 관한 의정서에 대한 논의를 진행시키도록 한 협약당사국 총회의 1995년 11월 17일 결정 Ⅱ/5를 상기하며,
환경과 개발에 관한 리우선언의 제15원칙에 포함된 사전주의 접근방식을 재확인하고,
현대생명공학기술이 급속히 확산되고 있으며 현대생명공학기술이 인체건강에 미치는 위해도 감안하여 생물다양성에 잠재적으로 미칠 수 있는 부정적 영향에 대한 공공의 우려가 증가하고 있음을 인식하며,
현대생명공학기술이 환경과 인체건강을 위한 적절한 안전조치와 병행하여 개발되고 이용된다면 인류복지에 크게 기여할 잠재력이 있음을 인정하고,
기원 중심지 및 유전자다양성 중심지가 인류에게 매우 중요함을 또한 인정하며,
유전자변형생물체와 관련하여 알려져 있거나 잠재되어 있는 위해성의 성격과 규모에 대처할 수 있는 특히 개발도상국을 비롯한 많은 국가들의 제한된 능력을 고려하고,
무역과 환경에 관한 협정들이 지속가능한 개발을 달성함에 있어 상호 지지적이 되어야 함을 인정하며,
이 의정서가 기존의 국제협정에 따른 당사국의 권리와 의무를 변경하는 의미로 해석되지 아니함을 강조하고,
상기 기술(記述)이 이 의정서를 다른 국제협정에 종속시킬 의도가 아니라고 이해하면서,
다음과 같이 합의하였다.

제 1 조   목적
이 의정서는 환경과 개발에 관한 리우선언의 제15원칙에 포함된 사전주의적 접근방식에 따라 인체건강에 미치는 위해를 고려하고 특히 국가간 이동에 초점을 두면서 생물다양성의 보전 및 지속가능한 이용에 부정적 영향을 미칠 수 있는 현대생명공학기술로부터 나온 유전자변형생물체의 안전한 이동, 취급 및 이용에 있어 적절한 보호수준을 보장하는 데에 기여하는 것을 목적으로 한다.

제 2 조   일반 규정
1. 각 당사국은 이 의정서상의 의무를 이행하는 데에 필요하고 적절한 법적·행정적 및 그 밖의 조치를 취한다.
2. 당사국은 유전자변형생물체의 개발·취급·운송·이용·이전 및 방출이 인체건강에 미치는 위해도 감안하여 생물다양성에 미칠 수 있는 위해를 예방하거나 감소시키는 방법으로 이루어지도록 보장한다.

3. 이 의정서의 어떠한 조항도 국제법상 확립된 영해에 대한 국가의 주권, 국제법상 국가가 자신의 배타적 경제수역 및 대륙붕에서 지니는 주권적 권리 및 관할권, 그리고 국제법에 규정되어 있고 관련 국제적 문서에 반영되어 있는 모든 국가의 선박 및 항공기의 항행의 권리 및 자유의 행사에 어떠한 영향도 미치지 아니한다.
4. 이 의정서의 어떠한 조항도 생물다양성의 보전과 지속가능한 이용을 위하여 이 의정서에서 요구되는 것보다 더욱 보호적인 조치를 취하는 당사국의 권리를 제한하는 것으로 해석되지 아니한다. 다만, 그러한 조치는 이 의정서의 목적 및 규정 그리고 그 당사국이 국제법상 부담하는 그 밖의 의무에 합치되어야 한다.
5. 당사국은 인체건강에 대한 위해분야에서 권능을 지닌 국제적 포럼에서 채택된 이용가능한 전문적 지식, 문서 및 작업결과를 적절하게 고려할 것이 장려된다.

제 3 조   용어의 사용

이 의정서의 목적상,

가. "당사국 총회"라 함은 협약 당사국 총회를 말한다.
나. "밀폐사용"이라 함은 유전자변형생물체와 외부환경의 접촉, 유전자변형생물체가 외부환경에 미치는 영향 등을 효과적으로 제한하는 특정한 조치에 의하여 통제되는 유전자변형생물체와 관련하여 시설·장치 또는 그 밖의 물리적 구조물 안에서 이루어지는 제반 작업을 말한다.
다. "수출"이라 함은 어느 한쪽 당사국에서 다른 당사국으로의 의도적 국가간 이동을 말한다.
라. "수출자"라 함은 수출당사국 관할 하에서 유전자변형생물체를 수출하는 조치를 취하는 법인 또는 자연인을 말한다.
마. "수입"이라 함은 다른 당사국에서 어느 한쪽 당사국으로의 의도적 국가간 이동을 말한다.
바. "수입자"라 함은 수입당사국 관할 하에 유전자변형생물체를 수입하는 조치를 취하는 법인 또는 자연인을 말한다.
사. "유전자변형생물체"라 함은 현대생명공학기술을 이용하여 얻어진 새롭게 조합된 유전물질을 포함하고 있는 모든 생물체를 말한다.
아. "생물체"라 함은 유전물질을 전달하거나 복제할 수 있는 모든 생물학적 존재를 말하며, 생식능력이 없는 유기체, 바이러스 및 바이로이드를 포함한다.
자. "현대생명공학기술"이라 함은 전통적인 교배 및 선발에서 사용되는 기술이 아니며, 자연 상태의 생리적 증식이나 재조합의 장벽을 넘어서는 다음 중 하나의 적용을 말한다.
　ㄱ. 유전자재조합 기술, 핵산을 세포 또는 세포내 소기관으로 직접 주입하는 기술을 포함한 시험관내 핵산기술
　ㄴ. 분류학에 의한 과의 범위를 넘는 세포융합기술
차. "지역경제통합기구"라 함은 해당 지역의 주권국가들로 구성되고, 회원국들로부터 이 의정서가 적용되는 사항과 관련된 권한을 위임받았으며, 자체 내부절차에 따라 이 의정서의 서명·비준·수락·승인 또는 가입을 할 수 있는 권한이 정당하게 부여된 기구를 말한다.

카. "국가간 이동"이라 함은 유전자변형생물체가 한 당사국에서 다른 당사국으로 이동하는 것을 말한다. 다만, 제17조와 제24조의 목적상 국가간 이동이 당사국과 비당사국 간의 이동에 확대되는 경우를 제외한다.

제 4 조 적용 범위

이 의정서는 인체건강에 미치는 위해도 감안하여 생물다양성의 보전과 지속가능한 이용에 부정적 영향을 미칠 수 있는 모든 유전자변형생물체의 국가간 이동·경유·취급 및 이용에 적용된다.

제 5 조 의약품

제4조에도 불구하고 그리고 수입결정 전에 모든 유전자변형생물체에 대하여 위해성 평가를 요구할 수 있는 당사국의 권리를 해하지 아니하면서, 이 의정서는 다른 관련 국제협정이나 기구에서 다루고 있는 인체의약품인 유전자변형생물체의 국가간 이동에는 적용되지 아니한다.

제 6 조 경유 및 밀폐사용

1. 제4조에도 불구하고 그리고 경유 당사국이 자국의 영토를 통과하는 유전자변형생물체의 운송을 규제하고 특정 유전자변형생물체의 자국영토통과에 대하여 제2조제3항에 따를 것을 조건으로 내린 모든 결정을 바이오안전성정보센터에 통보할 수 있는 권리를 침해하지 아니하면서, 사전통보합의 절차에 관한 이 의정서의 규정은 경유 중인 유전자변형생물체에는 적용되지 아니한다.
2. 제4조에도 불구하고 그리고 모든 유전자변형생물체에 대하여 수입결정 전에 위해성 평가를 거칠 것을 요구하고 자국 관할 안의 밀폐사용의 기준을 설정할 수 있는 당사국의 권리를 침해하지 아니하면서, 사전통보합의 절차에 관한 이 의정서의 규정은 수입국의 기준에 따라 이루어지는 밀폐사용을 목적으로 하는 유전자변형생물체의 국가간 이동에는 적용되지 아니한다.

제 7 조 사전통보합의 절차의 적용

1. 제5조 및 제6조에 따를 것을 조건으로 제8조 내지 제10조 및 제12조의 사전통보합의 절차는 수입 당사국의 환경으로의 의도적 방출이 이루어지는 유전자변형생물체의 최초의 의도적 국가간 이동에 선행하여 적용된다.
2. 위 제1항의 "환경으로의 의도적 방출"에는 식품이나 사료로 직접 이용되거나 가공을 목적으로 하는 유전자변형생물체는 포함되지 아니한다.
3. 제11조는 식품이나 사료로 직접 이용되거나 가공을 목적으로 하는 유전자변형생물체의 최초의 국가간 이동에 선행하여 적용된다.
4. 사전통보합의 절차는 이 의정서 당사국 회의의 역할을 수행하는 당사국 총회의 결정에서 인체건강에 미치는 위해도 감안하여 생물다양성의 보전과 지속가능한 이용에 부정적인 영향을 미칠 수 없다고 확인한 유전자변형생물체의 의도적 국가간 이동에는 적용되지 아니한다.

제 8 조 통보

1. 수출당사국은 제7조제1항의 범주에 속하는 유전자변형생물체의 의도적 국가간 이동 전에 수입당사국의 국가책임기관에 서면통보하거나 수출자에게 반드시 서면으로 통보하도록 요구한다. 통보문에는 최소한 부속서 I에 명시된 정보가 포함된다.
2. 수출당사국은 수출자가 제공한 정보의 정확성을 법적으로 요구하도록 보장한다.

제 9 조 통보문 접수의 확인

1. 수입당사국은 통보문 접수 후 90일 이내에 통보자에게 그 접수사실을 서면으로 확인하여 준다.
2. 통보문 접수의 확인에는 다음 사항을 기재한다.
   가. 통보문 접수일
   나. 통보문에 제8조에서 언급된 정보가 명백히 포함되었는지 여부
   다. 수입당사국의 국내규제체제에 따라 이후의 절차를 진행할 것인지 또는 제10조에 명시된 절차에 따라 진행할 것인지 여부
3. 위 제2항 다호에 명시된 국내규제체제는 이 의정서에 합치하여야 한다.
4. 수입당사국이 통보문 접수사실을 확인하지 아니하였다고 하여도 그것이 의도적 국가간 이동에 대한 동의를 의미하지는 아니한다.

제 10 조 결정 절차

1. 수입당사국의 결정은 제15조에 따라 이루어진다.
2. 수입당사국은 아래 절차 중 어느 절차를 택하여 의도적 국가간 이동 절차를 진행할 것인지에 대하여 제9조에 명시된 기간 내에 통보자에게 서면으로 알려준다.
   가. 수입당사국이 서면동의를 한 후에만 다음 절차 진행
   나. 추후의 서면동의가 없더라도 90일 이상 경과한 이후에 다음 절차 진행
3. 수입당사국은 통보문 접수일부터 270일 이내에 통보자 및 바이오안전성정보센터에 위 제2항 가호에 관하여 다음과 같은 결정사항 중의 하나를 서면으로 전달한다.
   가. 동일 유전자변형생물체가 추후에 수입될 경우에 당해 결정을 어떻게 적용할 것인지를 포함하는 조건부 또는 무조건부 수입승인
   나. 수입금지
   다. 국내규제체제 또는 부속서 I에 따른 추가적인 관련정보의 요청(수입 당사국의 응답기간을 계산함에 있어서 추가적인 관련정보를 기다려야 하는 날짜는 포함되지 아니한다)
   라. 이 항에 규정된 기간이 적시한 기간만큼 연장됨을 통보자에게 고지
4. 무조건부 수입승인의 경우를 제외하고는 위 제3항에 따른 결정에는 그 근거가 제시된다.
5. 수입당사국이 통보 접수일로부터 270일 이내에 결정의 고지를 하지 아니하였다는 것이 의도적 국가간 이동에 대한 동의를 의미하지는 아니한다.
6. 유전자변형생물체가 인체건강에 미치는 위해도 감안하여 생물다양성의 보전과 지속가능한 이용에 미칠 수 있는 잠재적인 부정적 영향의 정도에 관한 과학적 정보와 지식이 불충분하여 과학적 확실성이 결여되었다고 하더라도, 수입당사국이 그러한 잠재적인 부정적 영향을 피하거나 최소화하기 위하여 위 제3항에 따른 절차에 의하여 해당 유전자변형생물체의 수입에 대하여 적절한 결정을 내리는 것을 막지 못한다.

7. 의정서 당사국회의의 역할을 수행하는 당사국 총회는 제1차 회의에서 수입당사국의 원활한 의사결정을 위한 적절한 절차 및 메커니즘에 관한 결정을 내린다.

제 11 조 식품·사료로 직접 이용되거나 가공을 목적으로 하는 유전자변형생물체에 대한 절차

1. 식품·사료로 직접 이용되거나 가공을 목적으로 국가간에 이동할 가능성이 있는 유전자변형생물체의 국내 이용(시장 출시를 포함한다)에 대하여 최종적인 결정을 내리는 당사국은 최종 결정 이후 15일 이내에 바이오안전성정보센터를 통하여 당사국들에게 관련 정보를 알려준다. 이 정보에는 최소한 부속서 Ⅱ에 명시된 정보가 포함된다. 상기 당사국은 바이오안전성정보센터를 이용할 수 없음을 미리 사무국에 통보한 각 당사국의 국가연락기관에 서면으로 상기 정보의 사본을 제공한다. 이 항은 현장 실험에 관한 결정에는 적용되지 아니한다.
2. 제1항에 따라 결정을 취하는 당사국은 신청자에 의하여 제공된 정보의 정확성에 관한 법률상 의무가 있다는 것을 보장한다.
3. 모든 당사국은 부속서 Ⅱ의 나항에 명시된 기관에게 추가적인 정보를 요청할 수 있다.
4. 당사국은 이 의정서의 목적에 합치하는 자국의 규제체제에 따라 식품·사료로 직접 이용되거나 가공을 목적으로 하는 유전자변형생물체의 수입에 관한 결정을 내릴 수 있다.
5. 각 당사국은 식품·사료로 직접 이용되거나 가공을 목적으로 하는 유전자변형생물체의 수입에 적용될 수 있는 모든 국내 법령·규정 및 지침의 사본을, 가능한 경우 바이오안전성정보센터에 제공한다.
6. 위의 제4항에 따른 국내규제체제는 없으나 국내관할권을 행사하여 식품·사료로 직접 이용되거나 가공을 목적으로 하는 유전자변형생물체(관련 정보가 바이오안전성정보센터에 이미 제공되어 있는)의 수입 여부를 결정할 개발도상당사국이나 경제체제전환당사국은 해당 유전자변형생물체의 최초 수입 이전에 다음에 따라 결정이 내려질 것임을 바이오안전성정보센터를 통하여 선언할 수 있다.
   가. 부속서 Ⅲ에 의한 위해성 평가
   나. 예측 가능한 시간적 범위에서, 270일을 초과하지 아니하는 기간 내의 결정
7. 당사국이 위 제6항에 따른 결정을 전달하지 아니하였다고 하더라도, 그 당사국이 달리 특정하지 아니하는 한, 그것이 식품·사료로 직접 이용되거나 가공을 목적으로 하는 유전자변형생물체의 수입에 대한 동의나 거절을 의미하지는 아니한다.
8. 유전자변형생물체가 인체건강에 미치는 위해도 감안하여, 물론 생물다양성의 보전 및 지속가능한 이용에 대하여 미칠 수 있는 잠재적인 부정적 영향의 정도에 관한 과학적 정보와 지식이 불충분하여 과학적 확실성이 결여되었다고 하더라도, 수입당사국이 그러한 잠재적인 부정적 영향을 피하거나 최소화하기 위하여 식품·사료로 직접 이용하거나 가공을 목적으로 하는 유전자변형생물체의 수입에 대하여 적절한 결정을 내리는 것을 막지 못한다.
9. 당사국은 식품·사료로 직접 이용되거나 가공을 목적으로 하는 유전자변형생물체와 관련된 재정적·기술적 지원 및 능력배양이 필요함을 표명할 수 있다. 당사국들은 제22조 및 제28조에 따라 이와 같은 필요사항을 수용하는 데에 협력한다.

제 12 조 결정의 재검토

1. 인체건강에 미치는 위해도 감안하여 생물다양성의 보전과 지속가능한 이용에 미치는 잠재적인 부정적 영향에 대한 새로운 과학적 정보를 근거로 수입당사국은 언제든지 유전자변형생물체의 의도적 국가간 이동에 관한 결정을 재검토하고 변경할 수 있다. 이 경우 해당 당사국은 30일 이내에 바이오안전성정보센터는 물론 그 결정에서 언급한 유전자변형생물체의 이동에 대하여 이전에 통보하였던 통보자에게 알리고 그 결정 사유를 제시한다.
2. 수출당사국 또는 통보자는 다음의 사유 중 하나가 발생한 것으로 판단하는 경우에는 수입당사국에게 제10조에 따라 내린 결정을 재검토하여 줄 것을 요청할 수 있다.
    가. 결정 근거가 된 위해성 평가의 결과에 영향을 줄 정도의 사정변경이 발생한 경우
    나. 결정과 관련된 추가적인 과학적 또는 기술적 정보의 이용이 가능하게 된 경우
3. 수입당사국은 상기 요청에 대하여 90일 이내에 서면으로 응답하고 그 결정 사유를 제시한다.
4. 수입당사국은 재량으로 추후의 수입에 대하여 위해성 평가를 요구할 수 있다.

제 13 조 약식절차

1. 수입당사국은 사전에 다음의 경우를 특정하여 바이오안전성정보센터에 알릴 수 있다. 다만, 이 의정서의 목적에 따라 유전자변형생물체의 안전한 의도적 국가간 이동이 보장될 수 있도록 적절한 조치가 취하여지는 것을 조건으로 한다.
    가. 수입당사국에 대한 통보와 동시에 의도적 국가간 이동이 이루어질 수 있는 경우
    나. 사전통보합의 절차가 면제된 유전자변형생물체의 수입
    상기 가호의 통보는 동일한 당사국으로의 추후의 유사한 이동에도 적용될 수 있다.
2. 의도적 국가간 이동과 관련하여 상기 제1항 가호에 언급된 통보에서 제공되어야 하는 정보는 부속서 I에 명시된 정보이다.

제 14 조 양자간·지역간·다자간 협정 및 약정

1. 당사국은 유전자변형생물체의 의도적 국가간 이동에 관련하여 의정서의 목적에 부합하는 양자간·지역간·다자간 협정 및 약정을 체결할 수 있다. 다만, 이러한 협정 및 약정의 보호수준이 의정서의 수준보다 낮은 결과를 초래하여서는 아니 된다.
2. 당사국은 이 의정서의 발효일 전후에 체결한 모든 양자간·지역간·다자간 협정 및 약정에 대하여 바이오안전성정보센터를 통하여 서로 알린다.
3. 이 의정서의 규정은 그러한 협정 및 약정에 따라 그 협정이나 약정의 당사국 간에 이루어지는 의도적 국가간 이동에 대하여 영향을 미치지 아니한다.
4. 모든 당사국은 자국으로의 특정한 수입에 대하여 자국의 국내규정이 적용되도록 결정할 수 있으며, 그 결정을 바이오안전성정보센터에 통보한다.

제 15 조 위해성 평가

1. 이 의정서에 따라 수행되는 위해성 평가는 부속서 III에 따라 또한 공인된 위해성 평가 기술을 참작하여 과학적으로 건전한 방식으로 수행된다. 그러한 위해성 평가는 유전자변형생물체가 인체건강에 미치는 위해도 감안하여 생물다양성의 보전 및 지속가능한 이용에 미칠 수 있는 부정적 영향을 식별하고 계측하기 위하여 최소한 제8조에 따라 제공된 정보와 그 밖의 이용 가능한 과학적 증거에 근거한다.

2. 수입당사국은 제10조에 따른 결정을 위하여 위해성 평가가 수행되도록 보장한다. 수입당사국은 수출자로 하여금 위해성 평가를 수행하도록 요구할 수 있다.
3. 위해성 평가의 비용은 수입당사국이 요구하는 경우 통보자가 부담한다.

제 16 조   위해성 관리

1. 당사국은 협약 제8조 사호를 고려하여 유전자변형생물체의 사용·취급 및 국가간 이동과 관련하여 이 의정서의 위해성 평가 조항에서 확인된 위해성을 규제·관리·감독할 수 있는 적절한 기구·조치 및 전략을 수립하고 유지한다.
2. 위해성 평가에 근거한 조치는 수입당사국의 영토 안에서 유전자변형생물체가 인체건강에 미치는 위해도 감안하여 생물다양성의 보전 및 지속가능한 이용에 미치는 부정적인 영향을 예방하는 데 필요한 정도까지 취하여진다.
3. 각 당사국은 유전자변형생물체의 최초 방출 이전에 위해성 평가가 수행되도록 요구하는 조치를 포함하여 유전자변형생물체의 비의도적 국가간 이동을 예방하는데 적절한 조치를 취한다.
4. 상기 제2항을 침해하지 아니하면서 각 당사국은 수입되었거나 국내에서 개발되었거나 상관없이 모든 유전자변형생물체를 의도된 목적으로 이용하기 전에 라이프사이클 또는 한 세대에 상응하는 적절한 기간 동안 관찰할 수 있는 시간을 보장하도록 노력한다.
5. 당사국은 다음 사항을 위하여 협력한다.
   가. 인체건강에 미치는 위해도 감안하여 생물다양성의 보전 및 지속가능한 이용에 부정적 영향을 미칠 우려가 있는 유전자변형생물체 또는 그 특정 형질에 대한 식별
   나. 상기 유전자변형생물체 또는 특정 형질의 취급과 관련한 적절한 조치

제 17 조   비의도적 국가간 이동 및 비상조치

1. 각 당사국은 인체건강에 미치는 위해도 감안하여 생물다양성의 보전 및 지속가능한 이용에 심각한 부정적 영향을 미칠 가능성이 있는 유전자변형생물체의 비의도적 국가간 이동을 초래하거나 그러할 가능성이 있는 방출이 자국 관할구역 안에서 발생한 것을 인지하였을 때에는 그 영향을 받거나 그러할 가능성이 있는 국가, 바이오안전성정보센터 그리고 적절한 경우에는 관련 국제기구에 통보하는 적절한 조치를 취한다. 통보는 해당 당사국이 위와 같은 상황을 인지하자마자 이루어져야 한다.
2. 각 당사국은 자국에 대하여 이 의정서가 발효되기 전에 이 조에 규정된 통보를 접수하기 위한 연락처 관련 상세정보를 바이오안전성정보센터에 제출한다.
3. 상기 제1항의 통보에는 다음 사항이 포함되어야 한다.
   가. 유전자변형생물체의 추정량, 관련 특성 및/또는 형질에 대한 이용 가능한 관련 정보
   나. 방출 당시의 상황 및 방출 추정일자, 방출이 이루어진 당사국 안에서의 해당 유전자변형생물체의 용도에 관한 정보
   다. 인체건강에 미치는 위해도 감안하여 생물다양성의 보전 및 지속가능한 이용에 미칠 가능성이 있는 부정적 영향에 대한 이용 가능한 모든 정보 및 가능한 위해성 관리 조치에 대한 이용 가능한 정보
   라. 그 밖의 모든 관련 정보
   마. 추가 정보를 위한 연락처

4. 인체건강에 대한 위해도 감안하여 생물다양성의 보전 및 지속가능한 이용에 대한 모든 심각한 부정적 영향을 최소화하기 위하여 각 당사국은 자국의 관할구역 안에서 위 제1항에 기술된 유전자변형생물체의 방출이 발생할 경우에 영향을 받거나 받을 가능성이 있는 국가들과 즉시 협의하여 그들이 적절한 대응책을 결정하고 비상조치를 비롯하여 필요한 행동을 취할 수 있도록 한다.

제18조 취급·운송·포장 및 식별

1. 인체건강에 미치는 위해도 감안하여 생물다양성의 보전 및 지속가능한 이용에 미치는 부정적 영향을 피하기 위하여 각 당사국은 이 의정서의 적용 범위 안에서 의도적 국가간 이동이 이루어지는 유전자변형생물체가 관련 국제적 규칙 및 기준을 고려하여 안전한 상태에서 취급·포장·운송이 이루어지게 요구하는 필요한 조치를 취한다.
2. 각 당사국은 동반하는 서류에 다음 사항을 포함할 것을 요구하는 조치를 취한다.
    가. 식품·사료로 직접 이용되거나 가공을 목적으로 하는 유전자변형생물체는 유전자변형생물체를 "포함할 가능성"과 의도적 환경방출 목적이 없음을 명백히 표시하며, 추가정보를 위한 연락처를 표시한다. 이 의정서의 당사국 회의의 역할을 수행하는 당사국 총회는 이 의정서가 발효된 날부터 2년 이내에 위 목적에 부합하는 세부요건을 정하여야 하며, 이러한 요건에는 유전자변형생물체를 식별할 수 있는 방법과 여하한 특별 식별방법이 포함된다.
    나. 밀폐사용을 목적으로 하는 유전자변형생물체는 유전자변형생물임을 명확히 표시하고, 안전한 취급·운송·이용을 위한 필요사항과 추가정보를 위한 연락처 그리고 해당 유전자변형생물체의 수하인 개인과 기관의 이름 및 주소를 명기한다.
    다. 수입당사국 환경에의 의도적 방출이 목적인 유전자변형생물체와 이 의정서의 범위 안에 있는 그 밖의 모든 유전자변형생물체는 유전자변형생물체임을 명확히 표시하고, 신원 및 관련 형질 그리고/또는 특성, 안전한 취급·저장·운송 및 이용을 위한 필요사항, 적절한 경우 수입자와 수출자의 이름 및 주소를 명기하며, 해당 유전자변형생물체의 이동시 이 의정서에서 수출자에게 요구하고 있는 사항을 준수하고 있다는 진술서를 포함한다.
3. 이 의정서의 당사국 회의의 역할을 수행하는 당사국 총회는 다른 관련 국제기구와 협의하여 식별·취급·포장·운송에 관한 기준을 개발할 필요성 및 세부원칙을 고려한다.

제19조 국가책임기관 및 국가연락기관

1. 각 당사국은 사무국과의 연락업무를 책임질 하나의 국가연락기관을 지정한다. 각 당사국은 또한 하나 이상의 국가책임기관을 지정하고, 국가책임기관은 이 의정서가 요구하는 행정적인 기능을 수행하며, 그러한 기능과 관련하여 당사국을 대신해서 행동할 수 있는 권한을 부여받는다. 당사국은 국가책임기관과 국가연락기관의 역할을 동시에 수행할 단일 기관을 지정할 수 있다.
2. 각 당사국은 이 의정서가 자국에 대하여 발효되기 이전에 국가연락기관과 국가책임기관의 명칭 및 주소를 사무국에 통보한다. 당사국이 하나 이상의 국가책임기관을 지정한 경우에는 각각의 국가책임기관이 담당할 책임분야에 관한 정보도 사무국에 전달하며, 이 정보에는 최소한 각 국가책임기관이 담당하는 유전자변형생물체의 종류가 명시된다. 각 당사국은 국가연락기관의 지정에 관한 변동사항이나 국가책임기관의 명칭·주소 또는 책임분야에 관한 변동사항을 즉시 사무국에 통보한다.

3. 사무국은 상기 제2항에 따라 접수하는 통지사항을 당사국에게 즉시 알리며, 또한 그러한 정보가 바이오안전성정보센터를 통하여 이용 가능하도록 한다.

제 20 조 정보공유 및 바이오안전성정보센터

1. 바이오안전성정보센터는 협약 제18조제3항에 근거한 자료교환기구 체제의 일환으로 이 의정서에 의하여 설립되며, 그 목적은 다음과 같다.
    가. 유전자변형생물체에 관한 과학적·기술적·환경적·법률적 정보 및 경험의 교류 촉진
    나. 기원 중심국 및 유전자 다양성 중심국뿐만 아니라 특히 최저개발 및 군소도서 개발도상국, 그리고 경제전환국을 비롯한 개발도상국의 특별한 필요사항을 고려하여 당사국의 의정서 이행 지원
2. 바이오안전성정보센터는 제1항의 목적을 위하여 정보의 이용이 가능하도록 하는 수단으로서의 역할을 수행한다. 또한 의정서의 이행과 관련하여 당사국이 제공한 정보에 대한 접근통로를 제공한다. 그리고 가능한 경우 바이오안전성과 관련된 그 밖의 국제적 정보교환체제에 대한 접근통로를 제공한다.
3. 각 당사국은 비밀정보의 보호를 침해하지 아니하는 한, 이 의정서에 따라 바이오안전성정보센터에 제공하도록 요구되는 다음 정보를 바이오안전성정보센터에 제공한다.
    가. 의정서의 이행을 목적으로 하는 모든 현행 법령·규정 및 지침 그리고 사전통보합의 절차에 따라 요구되는 정보
    나. 모든 양자간·지역간·다자간 협정 및 약정
    다. 자국의 규제절차 및 제15조에 따라 수행된 유전자변형생물체의 위해성 평가나 환경영향검토에 관한 요약문(적절한 경우, 현대생명공학기술을 이용하여 획득되어진 것으로서 복제능력이 있는 유전물질의 검출이 가능한 신조합체를 포함하고 있는 유전자변형생물체로부터 유래한 가공물질 및 그 제품에 관한 정보를 포함한다)
    라. 유전자변형생물체의 수입이나 방출과 관련된 최종결정
    마. 사전통보합의 절차의 이행에 관한 보고를 포함하여 제33조에 의하여 제출되는 보고서
4. 바이오안전성정보센터의 활동보고를 포함한 바이오안전성정보센터의 운영에 관한 세부원칙은 이 의정서의 당사국 회의의 역할을 수행하는 당사국 총회에 의하여 제1차 회의에서 심의·결정되며 그 후에도 지속적으로 재검토된다.

제 21 조 비밀정보

1. 이 의정서의 절차에 따라 제출되었거나 의정서 사전통보합의 절차의 일환으로서 수입당사국이 요구하였던 정보를 통보자가 비밀정보로 취급하려고 할 경우 수입당사국은 이를 허가한다. 그러한 경우 요청이 있으면 비밀정보 지정의 근거가 제시되어야 한다.
2. 수입당사국은 통보자가 비밀로 지정한 정보가 비밀로 취급될 자격이 없다고 결정하는 경우에는 통보자와 협의하고, 통보자에게 공개에 앞서 자신의 결정을 알리며, 요청이 있는 경우에는 그에 대한 이유를 제시한다. 또한, 공개에 앞서 통보자에게 협의할 기회와 결정을 내부적으로 재검토할 기회를 준다.

3. 각 당사국은 이 의정서의 사전통보합의 절차과정에서 획득한 비밀정보를 비롯하여 이 의정서에 의하여 얻어진 모든 비밀정보를 보호한다. 각 당사국은 이러한 비밀정보를 보호하는 절차를 구비하도록 보장하고, 그러한 비밀정보에 대한 보호는 자국에서 생산된 유전자변형생물체와 관련된 비밀정보의 취급보다 낮은 수준의 것이어서는 아니 된다.
4. 수입당사국은 통보자의 서면동의가 있는 경우를 제외하고 이러한 비밀정보를 상업적 목적으로 이용하여서는 아니 된다.
5. 통보자가 통보를 철회하거나 이미 철회한 경우에 수입당사국은 수입당사국과 통보자가 그 비밀성에 대하여 합의하지 못한 정보는 물론 연구 및 개발 정보를 포함하여 상업적·산업적 정보의 비밀성을 존중한다.
6. 상기 제5항을 해하지 아니하면서 다음 정보는 비밀로 간주되지 아니한다.
    가. 통보자의 이름 및 주소
    나. 유전자변형생물체에 대한 일반적인 기술(記述)
    다. 인체건강에 대한 위해를 감안하여 생물다양성의 보전 및 지속가능한 이용에 미칠 수 있는 위해성 평가의 요약문
    라. 비상조치의 방법 및 계획

제 22 조   능력형성

1. 당사국은 특히 최저개발 및 군소도서 개발도상국 및 경제체제전환 당사국을 비롯한 개발도상국이 이 의정서를 효과적으로 이행할 수 있도록 현재 운영되고 있는 국제적·지역적·소지역적 및 국가적 기관과 기구를 이용하고, 적절한 경우 민간부문의 참여를 촉진하여 바이오안전성 측면에서 필요한 수준의 생명공학기술을 비롯한 인적·제도적 능력을 개발하고/하거나 강화하는 데에 협력한다.
2. 위 제1항의 이행을 목적으로 협력과 관련하여서는 바이오안전성 관련 능력을 형성하기 위하여 협약의 관련규정에 따른 기술·노하우의 접근·이전 및 재원에 대한 특히 최저개발 및 군소도서 개발도상국을 비롯한 개발도상국의 필요가 충분히 고려된다. 각 당사국의 상이한 상황·능력 및 필요성에 입각하여 능력형성을 위한 협력에는 생명공학기술의 적절하고 안전한 관리 및 바이오안전성을 위한 위해성 평가·관리에 대한 과학적·전문적 교육훈련, 바이오안전성에 대한 전문적·제도적 능력의 향상이 포함된다. 또한 바이오안전성 능력형성에 있어 경제체제전환 당사국의 필요가 충분히 고려된다.

제 23 조   공공인식과 참여

1. 당사국은,
    가. 인체건강에 미치는 위해도 감안하여 생물다양성의 보전 및 지속가능한 이용을 위한 유전자변형생물체의 안전한 이동·취급 및 이용에 관한 공공의 인식·교육 및 참여를 장려하고 촉진한다. 당사국은 이를 이행하는 데 있어서 다른 국가 및 국제기구와 적절히 협력한다.
    나. 공공인식 및 교육을 통하여 수입가능성이 있는 유전자변형생물체에 대하여 이 의정서에 따라 확인되어진 정보에 접근할 수 있도록 보장하기 위하여 노력한다.

2. 당사국은 유전자변형생물체와 관련된 의사결정과정에서 자국의 법령에 따라 공중과 협의하고, 공중이 그러한 결정의 결과를 이용할 수 있도록 한다. 다만, 제21조에 의한 비밀정보는 보호한다.
3. 각 당사국은 바이오안전성정보센터에의 공개적 접근방법에 관하여 공중에게 알리기 위하여 노력한다.

제 24 조 비당사국

1. 당사국과 비당사국간의 유전자변형생물체의 국가간 이동은 이 의정서의 목적에 합치하여야 한다. 당사국은 그러한 국가간 이동에 관하여 비당사국과 양자간·지역간·다자간 협정 및 약정을 체결할 수 있다.
2. 당사국은 비당사국에게 이 의정서에 가입하고 그 관할지역 안에서 방출되거나 그 지역 안팎으로 이동하는 유전자변형생물체에 대한 적절한 정보를 바이오안전성정보센터에 제공하도록 촉구한다.

제 25 조 불법적인 국가간 이동

1. 각 당사국은 이 의정서를 이행하기 위한 자국의 국내조치를 위반하여 이루어지는 유전자변형생물체의 국가간 이동을 예방하고, 적절한 경우 그것을 처벌하기 위한 적절한 국내조치를 채택한다. 그러한 이동은 불법적인 국가간 이동으로 간주된다.
2. 불법적인 국가간 이동이 이루어진 경우, 피해당사국은 원산국에게 문제가 된 유전자변형생물체를 자신의 비용으로 적절히 반송하거나 파괴처리 하도록 요청할 수 있다.
3. 각 당사국은 자국과 관련된 불법적인 국가간 이동의 사례에 관한 정보를 바이오안전성정보센터에 제공한다.

제 26 조 사회·경제적 고려

1. 당사국이 이 의정서에 의하여 또는 의정서의 이행을 위한 국내조치에 의하여 수입여부를 결정하는 경우 유전자변형생물체가 생물다양성의 보존과 지속가능한 이용에 미치는 영향, 특히 생물다양성이 토착·지역사회에서 갖는 가치에 미치는 영향으로부터 발생하는 사회·경제적 고려사항을 당사국의 국제적 의무와 합치되게 참작할 수 있다.
2. 당사국은 유전자변형생물체가 미치는 사회·경제적 영향, 특히 토착·지역사회에 미치는 사회·경제적 영향에 대한 연구 및 정보교환에 있어서 협력할 것이 촉구된다.

제 27 조 책임 및 손해배상

이 의정서의 당사국 회의의 역할을 수행하는 당사국 총회는 현재 진행되고 있는 국제법상의 절차를 분석하고 고려하여 유전자변형생물체의 국가간 이동에 의하여 초래되는 손해에 대한 책임 및 배상분야에서 적절한 국제 규칙과 절차를 숙고하기 위한 논의절차를 제1차 회의에서 채택하며, 이러한 논의절차가 4년 이내에 완성될 수 있도록 노력한다.

제 28 조 재정체계 및 재원

1. 당사국은 이 의정서를 이행하기 위한 재원을 고려함에 있어 협약 제20조의 조항들을 참작한다.
2. 협약 제21조에서 규정하는 재정체계는 그 운영이 위임된 제도적 구조를 통하여 이 의정서의 재정체계에 적용된다.

3. 이 의정서의 제22조에 언급된 능력형성과 관련하여 이 의정서의 당사국회의의 역할을 수행하는 당사국총회는 위 제2항에서 언급된 재정체계에 관한 지침을 제공함에 있어 특히 최저개발국 및 군소도서 개발도상국을 비롯한 개발도상국의 재원에 대한 요구사항을 고려한다.
4. 상기 제1항의 범위 안에서 당사국은 이 의정서의 이행을 위한 능력형성에 필요한 사항을 점검하고 이행하는 데 있어 특히 최저개발국 및 군소도서 개발도상국의 요구사항과 경제체제전환 당사국을 비롯한 개발도상국의 요구사항을 또한 고려한다.
5. 이 의정서의 채택 전에 합의된 사항을 포함한 당사국 총회의 관련결정에 의한 협약 재정체계지침은 이 조의 규정에 대하여 준용된다.
6. 선진 당사국은 양자간·지역간·다자간 경로를 통하여 이 의정서 규정의 이행에 필요한 재정·기술 자원을 제공할 수 있고, 개발도상 당사국 및 경제체제전환 당사국은 그것을 이용한다.

제 29 조 이 의정서의 당사국 회의의 역할을 수행하는 당사국 총회

1. 당사국 총회는 이 의정서의 당사국 회의의 역할을 수행한다.
2. 이 의정서의 비당사국인 협약 당사국은 이 의정서의 당사국 회의의 역할을 수행하는 당사국 총회의 진행에 옵서버로 참여할 수 있다. 당사국 총회가 이 의정서의 당사국 회의의 역할을 수행하는 경우에는 이 의정서에 관한 결정은 이 의정서의 당사국에 의하여서만 내려질 수 있다.
3. 당사국 총회가 이 의정서의 당사국 회의의 역할을 수행할 때, 협약 당사국들을 대표하는 당사국 총회 임원국 중에 이 의정서의 비당사국이 있는 경우, 의정서 당사국들이 자신들 중에서 선출한 국가로 당사국 총회 임원국을 대체한다.
4. 이 의정서의 당사국 회의의 역할을 수행하는 당사국 총회는 이 의정서의 이행을 정기적으로 점검하고 그 위임된 권한 안에서 의정서의 효과적인 이행을 촉진하기 위하여 필요한 결정을 내린다. 이러한 당사국 총회는 이 의정서에 의하여 부여된 기능을 수행하며, 또한 다음의 기능을 수행한다.
   가. 이 의정서의 이행에 필요한 사항에 대한 권고
   나. 이 의정서의 이행에 필요하다고 보이는 보조기관의 설립
   다. 적절한 경우 권한 있는 국제기구 및 정부간·비정부간 기구들이 제공하는 정보와 그들과의 협력 및 용역을 요청하고 활용하는 것
   라. 이 의정서 제33조에 따라 제출될 정보의 전송을 위한 양식과 주기를 결정하고 그러한 정보 및 보조기관이 제출한 보고서를 심의하는 것
   마. 요구되는 경우 이 의정서의 이행에 필요하다고 보이는 이 의정서와 부속서의 개정 및 이 의정서의 추가 부속서를 심의하고 채택하는 것
   바. 이 의정서의 이행에 요구될 수 있는 그 밖의 기능 수행
5. 당사국 총회의 의사규칙 및 협약의 재정규칙은 이 의정서의 당사국 회의의 역할을 수행하는 당사국 총회에서 총의에 의하여 달리 결정되지 아니하는 한 이 의정서 하에서도 준용된다.

6. 이 의정서의 당사국 회의의 역할을 수행하는 당사국 총회의 제1차 회의는 의정서 발효일 이후 계획되어 있는 제1차 당사국 총회와 함께 사무국에 의하여 소집된다. 이 의정서의 당사국 회의의 역할을 수행하는 당사국 총회의 추후의 정기회의는 이 의정서의 당사국 회의의 역할을 수행하는 당사국 총회에 의하여 달리 결정되지 아니하는 한 당사국 총회의 정기회의와 함께 개최된다.
7. 이 의정서의 당사국 회의의 역할을 수행하는 당사국 총회의 특별회의는 그 당사국 총회에서 필요하다고 판단하는 다른 시기에 또는 당사국의 서면요청이 있고 그 요청을 사무국이 당사국들에게 회람시킨 때부터 6월 이내에 당사국 중 3분의 1 이상에 의하여 지지를 받은 경우에 개최된다.
8. 국제연합과 그 전문기구, 국제원자력기구 및 협약 당사국이 아닌 상기 기구의 회원국 또는 옵서버는 이 의정서의 당사국 회의의 역할을 수행하는 당사국 총회의 회의에 옵서버로서 참석할 수 있다. 모든 국내·국제·정부간·비정부간 기구 또는 기관은 이 의정서의 사안을 다룰 자격이 있는 경우 또한 이 의정서의 당사국 회의의 역할을 수행하는 당사국 총회의 회의에 옵서버로서 참가할 의사를 사무국에 통보한 경우에는 출석한 당사국 중 3분의 1 이상이 반대하지 아니하는 한 참가가 허용될 수 있다. 옵서버의 허가 및 참석은 이 조항에서 달리 규정하고 있는 경우를 제외하고는 상기 제5항에서 언급된 의사규칙에 따른다.

제 30 조   보조기관

1. 협약에 의하거나 그에 따라 설립된 모든 보조기관은 이 의정서의 당사국 회의의 역할을 수행하는 당사국 총회의 결정에 의거하여 의정서의 보조기관으로서 기능할 수 있다. 이 경우 당사국 회의에서 해당 보조기구가 수행하는 기능을 정한다.
2. 이 의정서의 당사국이 아닌 협약의 당사국은 이러한 보조기관의 모든 회의진행에 옵서버로 참여할 수 있다. 협약의 보조기관이 이 의정서의 보조기관으로서의 역할을 수행하는 경우 의정서와 관련된 결정은 의정서의 당사국에 의하여서만 이루어질 수 있다.
3. 협약의 보조기관이 이 의정서의 업무와 관련된 기능을 수행하는 경우, 협약의 당사국을 대표하는 그 보조기관의 임원국 중에 의정서의 비당사국은 의정서의 당사국들이 그들 중에서 선출한 임원국으로 대체된다.

제 31 조   사무국

1. 협약 제24조에 의하여 설립된 사무국이 이 의정서의 사무국의 역할을 수행한다.
2. 사무국의 기능에 관한 협약 제24조제1항은 이 의정서에 준용한다.
3. 이 의정서를 위한 사무국 서비스의 비용은 그것이 명확히 구별되는 범위에서 이 의정서의 당사국에 의하여 충당된다. 이 의정서의 당사국 회의의 역할을 수행하는 당사국 총회는 제1차 회의에서 위와 같은 목적을 위하여 필요한 예산상의 조치를 결정한다.

제 32 조   협약과의 관계

이 의정서에서 달리 규정하지 아니하는 한 의정서와 관련된 협약의 제 규정은 이 의정서에도 적용된다.

제 33 조 감시 및 보고

각 당사국은 이 의정서에 따른 의무의 이행을 감시하며 의정서를 이행하고자 자국이 취한 조치에 대하여 이 의정서의 당사국 회의의 역할을 수행하는 당사국 총회에 정기적으로 보고하며, 그 주기는 이 의정서의 당사국 회의의 역할을 수행하는 당사국 총회에서 결정한다.

제 34 조 의무의 준수

이 의정서의 당사국 회의의 역할을 수행하는 당사국 총회는 제1차 회의에서 이 의정서 규정의 준수를 촉진하고 비준수 사례를 다루기 위한 협력절차와 제도적 장치를 고려하고 승인한다. 적절한 경우, 이러한 절차와 장치에는 조언이나 지원을 제공하는 규정이 포함된다. 이러한 절차와 장치는 협약 제27조에 의하여 확립된 분쟁해결절차 및 제도와는 별개이며 이를 해하지 아니한다.

제 35 조 평가 및 재검토

이 의정서의 당사국 회의의 역할을 수행하는 당사국 총회는 의정서가 발효된 후 5년 그리고 그 후에는 최소한 5년마다 의정서의 절차 및 부속서에 대한 평가를 포함하여 이 의정서의 효율성에 대한 평가를 수행한다.

제 36 조 서명

이 의정서는 2000년 5월 15일부터 26일까지는 나이로비에 있는 국제연합사무소에서 또한 2000년 6월 5일부터 2001년 6월 4일까지는 뉴욕에 있는 국제연합본부에서 국가 및 지역경제통합기구의 서명을 위하여 개방된다.

제 37 조 발효

1. 이 의정서는 협약의 당사국인 국가나 지역경제통합기구의 50번째 비준서·수락서·승인서 또는 가입서가 기탁된 날부터 90일째 되는 날에 발효한다.
2. 이 의정서는 상기 제1항에 따라 의정서가 발효된 날 이후에 의정서를 비준·수락 또는 승인하거나 이 의정서에 가입하는 국가나 지역경제통합기구에 대해서는 그 국가나 지역경제통합기구가 비준서·수락서·승인서 또는 가입서를 기탁한 날부터 90일째 되는 날이나 그 국가나 지역경제통합기구에 대하여 협약이 발효되는 날 중에서 늦은 날짜에 발효한다.
3. 상기 제1항 및 제2항의 목적상, 지역경제통합기구가 기탁한 문서는 그러한 기구의 회원국이 기탁한 문서에 추가되어 계산되지 아니한다.

제 38 조 유보

의정서에 대하여는 어떠한 유보도 할 수 없다.

제39조 탈퇴

1. 의정서가 당사국에 대하여 발효한 날부터 2년이 지난 후에는 언제든지 그 당사국은 기탁처에 서면통보를 함으로써 의정서로부터 탈퇴할 수 있다.
2. 이러한 탈퇴는 기탁처가 통보를 접수한 날부터 1년이 지난 후에 또는 탈퇴 통보에 더 늦은 날짜가 명시되어 있는 경우에는 그 날짜에 효력을 발생한다.

제 40 조 정본
아랍어·중국어·영어·프랑스어·러시아어 및 스페인어본이 동등하게 정본인이 의정서의 원본은 국제연합사무총장에게 기탁된다.
이상의 증거로서, 정당하게 권한을 위임받아 이 의정서에 서명하였다.
2000년 1월 29일 몬트리올에서 작성되었다.

[부속서 생략]

03 | 유전자원에 대한 접근 및 그 이용으로부터 발생하는 이익의 공정하고 공평한 공유에 관한 생물다양성에 관한 협약 나고야 의정서(2010채택/2014발효/2017한국발효)

이 의정서의 당사자는,

이하 "협약"이라고 지칭되는 「생물다양성에 관한 협약」의 당사자로서,

유전자원의 이용으로부터 발생하는 이익의 공정하고 공평한 공유가 협약의 3대 핵심 목적 중 하나라는 점을 상기하고, 이 의정서가 협약의 범위에서 이 목적의 이행을 추구한다는 점을 인식하며,

협약 규정에 따라 자국의 자연 자원에 대한 국가의 주권적 권리를 재확인하고,

아울러 협약 제15조를 상기하며,

협약 제16조와 제19조에 따라, 개발도상국 내 유전자원에 가치를 더하는 연구 및 혁신 역량 강화를 위한 기술 이전과 협력이 지속가능한 발전에 중요하게 기여한다는 점을 인식하고,

생태계 및 생물다양성의 경제적 가치에 대한 대중의 인식과 이러한 경제적 가치를 생물다양성의 관리자와 공정하고 공평하게 공유하는 것이 생물다양성 보전 및 그 구성요소의 지속가능한 이용을 위한 핵심 유인이 된다는 점을 인식하며,

접근 및 이익 공유가 생물다양성 보전 및 지속가능한 이용, 빈곤 퇴치, 환경의 지속가능성에 기여하며, 이를 통하여 새천년개발목표 달성에 기여하는 잠재적 역할을 가졌음을 인정하고,

유전자원에 대한 접근과 해당 유전자원의 이용으로부터 발생하는 이익의 공정하고 공평한 공유 간의 연계성을 인정하며,

유전자원에 대한 접근 및 그 이용으로부터 발생하는 이익의 공정하고 공평한 공유에 관하여 법적 확실성을 제공하는 것이 중요함을 인식하고,

아울러 유전자원 제공자와 이용자 간의 상호 합의된 조건 협상에서 형평성과 공정성을 촉진하는 것이 중요함을 인식하며,

또한 접근 및 이익 공유에서 여성이 담당하는 중요한 역할을 인식하고, 생물다양성 보전을 위한 정책 수립 및 이행의 모든 단계에서 여성의 완전한 참여가 필요함을 확인하고,

협약의 접근 및 이익 공유 관련 규정의 효과적 이행을 더욱 지원할 것을 다짐하며,

월경(越境)성 상황에서 발생하거나 사전통고승인을 부여하거나 취득하는 것이 불가능한 유전자원 및 유전자원 관련 전통지식의 이용으로부터 발생하는 이익을 공정하고 공평하게 공유하기 위하여 혁신적인 해법이 요구된다는 점을 인식하고,

식량 안보, 공중 보건, 생물다양성 보전, 그리고 기후 변화 완화 및 적응에서 유전자원의 중요성을 인식하며,

농업 생물다양성의 특별한 성격, 독특한 특징, 그리고 특수한 해법이 요구되는 농업 생물다양성의 문제를 인식하고,

빈곤 완화 및 기후 변화의 맥락에서 전 세계적 식량 안보의 달성 및 농업의 지속가능한 발전과 관련하여 유전자원이 갖는 특별한 성격 및 중요성뿐만 아니라 식량과 농업을 위한 유전자원과 관련하여 모든 국가의 상호의존성을 인식하고, 이러한 점에서 「식량 및 농업을 위한 식물 유전자원에 관한 국제조약」과 국제연합식량농업기구 식량농업유전자원위원회의 기본적 역할을 인식하며,

세계보건기구의 「국제보건규칙(2005)」과 공중 보건 준비태세 및 대응 목적으로 인체 병원균에 대한 접근을 보장하는 것이 중요함을 유념하고,

접근 및 이익 공유와 관련하여 다른 국제 포럼에서 진행 중인 작업을 인정하며,

협약과 조화를 이루어 채택된 「식량 및 농업을 위한 식물 유전자원에 관한 국제조약」에 따라 확립된 접근 및 이익 공유를 위한 다자시스템을 상기하고,

접근 및 이익 공유와 관련한 국제 문서들이 협약 목적의 달성을 위하여 상호보완적이어야 함을 인식하며,

협약 제8조차호가 유전자원과 관련된 전통지식 및 그러한 지식의 이용으로부터 발생하는 이익의 공정하고 공평한 공유와 관계된다는 점에서 그 중요성을 상기하고,

유전자원과 전통지식 간 상호연관성, 토착지역공동체에 대한 양자 간의 불가분적 속성, 생물다양성 보전 및 그 구성요소의 지속가능한 이용과 이들 공동체의 지속가능한 생활을 위한 전통지식의 중요성에 주목하며,

유전자원 관련 전통지식을 토착지역공동체가 보유 또는 소유하는 상황이 다양함을 인식하고,

토착지역공동체 내에서 그들의 유전자원 관련 전통지식의 정당한 보유자를 확인하는 것은 토착지역공동체의 권리임을 유념하며,

아울러 유전자원에 관련된 전통지식이, 생물다양성의 보전 및 지속가능한 이용에 관련된 풍부한 문화유산을 반영하여, 구전·문서 또는 그 밖의 형태로 각국에 보유되어 있는 특수한 상황임을 인식하고,

「토착민 권리에 관한 국제연합선언」을 주목하며, 그리고

이 의정서의 어떠한 규정도 토착지역공동체의 현존하는 권리를 축소하거나 소멸시키는 것으로 해석되지 아니함을 확인하면서,

아래와 같이 합의하였다.

제 1 조   목적

이 의정서는, 유전자원에 대한 적절한 접근 및 관련 기술의 적절한 이전 등의 방법을 통하여, 그러한 자원 및 기술에 대한 모든 권리를 고려하면서, 그리고 적절한 재원조달을 통하여 유전자원의 이용으로부터 발생하는 이익을 공정하고 공평하게 공유하고, 그럼으로써 생물다양성의 보전 및 그 구성요소의 지속가능한 이용에 기여하는 것을 목적으로 한다.

제 2 조   용어 사용

협약 제2조에 정의된 용어가 이 의정서에 적용된다. 이에 더하여, 이 의정서의 목적상,

가. "당사자총회"란 협약 당사자총회를 말한다.

나. "협약"이란 「생물다양성에 관한 협약」을 말한다.

다. "유전자원의 이용"이란, 협약 제2조에 정의된 생명공학기술의 적용 등의 방법으로, 유전자원의 유전적 그리고/또는 생화학적 구성에 관한 연구·개발을 수행하는 것을 말한다.

라. "생명공학기술"이란, 협약 제2조에 정의된 바와 같이, 특정 용도를 위하여 제품이나 제조공정을 개발하거나 변형시키기 위하여 생물학적 체계, 살아있는 유기체, 또는 그 파생물을 이용하는 모든 기술적 응용을 말한다.

마. "파생물"이란 유전의 기능적 단위를 포함하지 아니하더라도 생물자원 또는 유전자원의 유전자 발현 또는 대사작용으로부터 자연적으로 생성된 생화학적 합성물을 말한다.

제 3 조 범위

이 의정서는 협약 제15조 범위 내의 유전자원과 해당 자원의 이용으로부터 발생하는 이익에 적용된다. 또한 이 의정서는 협약 범위 내의 유전자원 관련 전통지식과 해당 지식의 이용으로부터 발생하는 이익에 적용된다.

제 4 조 국제 협정 및 국제 문서와의 관계

1. 이 의정서의 규정은, 현존하는 국제 협정에서 발생하는 당사자의 권리 및 의무의 행사가 생물다양성에 심각한 피해나 위협을 초래하는 경우를 제외하고는, 그 당사자의 권리 및 의무에 영향을 미치지 아니한다. 이 항은 이 의정서와 다른 국제 문서들 간의 상하관계 창설을 의도하지 아니한다.
2. 이 의정서의 어떠한 것도 당사자가 접근 및 이익 공유에 관한 다른 특별 협정을 포함하여 그 밖의 관련 국제 협정을 도입·이행하는 것을 금지하지 아니한다. 단, 그러한 국제 협정은 협약과 이 의정서의 목적을 지지하여야 하며 이에 배치되어서는 아니 된다.
3. 이 의정서는 이 의정서와 관련이 있는 다른 국제 문서와 상호보완적인 방식으로 이행된다. 협약과 이 의정서의 목적을 지지하고 이에 배치되지 아니한다면, 그러한 국제 문서에 따라, 그리고 관련 국제기구하의 유용하고 관련성 있는 진행 중 작업 또는 관행에 대하여 충분한 주의를 기울여야 한다.
4. 이 의정서는 협약상의 접근 및 이익 공유 규정의 이행을 위한 문서이다. 접근 및 이익 공유에 관한 특별 국제 문서가 적용되고 그 문서가 협약과 이 의정서의 목적에 부합하고 배치되지 아니하는 것일 경우, 그 특별 국제 문서에 의하여 그리고 그 특별 국제 문서의 목적상 다루어지는 특정 유전자원과 관련하여, 이 의정서는 해당 특별 문서의 당사자(들)에게 적용되지 아니한다.

제 5 조 공정하고 공평한 이익 공유

1. 협약 제15조제3항 및 제7항에 따라, 유전자원의 이용과 후속 활용 및 상업화로부터 발생하는 이익은 그 자원의 원산지 국가로서 그 자원을 제공하는 당사자 또는 협약에 따라 유전자원을 획득한 당사자와 공정하고 공평한 방식으로 공유된다. 그러한 공유는 상호 합의된 조건에 따른다.
2. 각 당사자는 토착지역공동체가 보유한 유전자원에 대한 토착지역공동체의 확립된 권리에 관한 국내 입법에 따라, 토착지역공동체가 보유한 유전자원의 이용으로부터 발생하는 이익이 상호 합의된 조건에 근거하여 해당 공동체와 공정하고 공평하게 공유될 수 있도록 입법적, 행정적 또는 정책적 조치를 적절히 한다.
3. 각 당사자는 위 제1항을 이행하기 위하여 입법적, 행정적 또는 정책적 조치를 적절히 한다.
4. 이익은 금전적·비금전적 이익을 포함할 수 있으며, 부속서에 열거된 것들을 포함하나 이에 한정되지 아니한다.
5. 각 당사자는 유전자원 관련 전통지식의 이용으로부터 발생하는 이익이 그러한 지식을 보유하는 토착지역공동체와 공정하고 공평하게 공유되도록 입법적, 행정적 또는 정책적 조치를 적절히 한다. 그러한 공유는 상호 합의된 조건에 따른다.

제 6 조   유전자원에 대한 접근

1. 자연자원에 대한 주권적 권리를 행사하는 데에, 그리고 접근 및 이익 공유에 관한 국내 입법 또는 규제상 요건에 따를 것을 조건으로, 유전자원의 이용을 목적으로 하는 유전자원에 대한 접근은 해당 당사자가 달리 결정하는 경우를 제외하고는 그러한 자원의 원산지 국가로서 그러한 자원을 제공하는 당사자 또는 협약에 따라 유전자원을 획득한 당사자의 사전통고승인에 따른다.
2. 토착지역공동체가 유전자원에 대한 접근을 부여할 확립된 권리를 가진 경우, 각 당사자는 국내법에 따라 그러한 유전자원에 대한 접근을 위하여 토착지역공동체의 사전통고승인 또는 토착지역공동체의 승낙과 참여 확보를 위한 조치를 적절히 한다.
3. 위 제1항에 따라, 사전통고승인을 요구하는 각 당사자는 다음 각 호를 위하여 필요한 입법적, 행정적 또는 정책적 조치를 적절히 한다.
   가. 접근 및 이익 공유에 관한 국내 입법 또는 규제상 요건의 법적 확실성, 명확성, 그리고 투명성 확보
   나. 유전자원 접근에 관한 공정하고 비자의적인 규칙과 절차 확보
   다. 사전통고승인 신청 방법에 관한 정보의 제공
   라. 비용효과적인 방법으로 그리고 합리적인 기간 내에 국가책임기관에 의한 명확하고 투명한 서면 결정 보장
   마. 사전통고승인 부여 결정과 상호 합의된 조건 확립의 증거로서 유전자원에 대한 접근 시 허가증이나 이에 상응하는 것의 발급 및 적절히 접근 및 이익공유 정보 공유체계에 대하여 통보
   바. 적용 가능한 경우, 그리고 국내 입법에 따라, 유전자원에 대한 접근을 위한 토착지역공동체의 사전통고승인 또는 승낙과 참여를 얻기 위한 기준 그리고/또는 절차의 설정, 그리고
   사. 상호 합의된 조건의 요구 및 확립을 위한 명확한 규칙과 절차의 수립. 그러한 조건은 서면으로 작성되고, 그중에서도 특히 다음 각 목을 포함할 수 있다.
      1) 분쟁 해결 조항
      2) 지식재산권 관련 사항을 포함한 이익 공유에 관한 조건
      3) 제3자의 후속 이용에 관한 조건이 있을 경우, 그 조건, 그리고
      4) 적용 가능한 경우, 의도 변경에 관한 조건

제 7 조   유전자원 관련 전통지식에 대한 접근

국내법에 따라, 각 당사자는 토착지역공동체가 보유하는 유전자원 관련 전통지식이 해당 토착지역공동체의 사전에 그리고 통고된 승인 또는 해당 토착지역공동체의 승낙과 참여에 따라 접근되고, 상호 합의된 조건이 확립되었다는 것을 보장하기 위하여 적절한 조치를 한다.

제 8 조   특별 고려사항

접근 및 이익 공유 관련 입법 또는 규제상 요건의 도입 및 이행에서 각 당사자는
가. 연구 의도 변경에 대한 대처 필요성을 고려하여, 비상업적 연구 목적의 접근을 위한 조치 간소화 등의 방법으로, 특히 개발도상국에서 생물다양성의 보전 및 지속가능한 이용에 기여하는 연구를 촉진하고 장려하기 위한 여건을 조성한다.

나. 국내적 또는 국제적으로 결정된 바에 따라, 인간, 동물 또는 식물의 건강을 위협하거나 해치는 것으로서 현존하거나 임박한 비상사태에 적절한 주의를 기울인다. 당사자는, 유전자원에 대한 신속한 접근의 필요성과 특히 개발도상국에서 어려운 처지에 있는 사람들이 적당한 가격으로 치료제에 접근하게 할 수 있는 등 유전자원의 이용으로부터 발생하는 이익을 신속히 공정하고 공평하게 공유할 필요성을 고려할 수 있다.
다. 식량과 농업을 위한 유전자원의 중요성 그리고 식량 안보에서의 유전자원의 특별한 역할을 고려한다.

제 9 조   보전 및 지속가능한 이용에 대한 기여

당사자는 이용자와 제공자가 유전자원의 이용으로부터 발생하는 이익을 생물다양성의 보전과 그 구성요소의 지속가능한 이용에 사용하도록 장려한다.

제 10 조   전 세계 다자간 이익 공유 체제

당사자는 월경성 상황에서 발생하거나 사전통고승인의 부여 또는 취득이 불가능한 유전자원 및 유전자원과 관련된 전통지식의 이용으로부터 발생하는 이익의 공정하고 공평한 공유 문제를 해결하기 위한 전 세계적인 다자간 이익 공유 체제의 필요성과 그 방식을 고려한다. 이러한 체제를 통하여 유전자원 및 유전자원 관련 전통지식의 이용자가 공유하는 이익은 생물다양성 보전 및 그 구성요소의 지속가능한 이용을 전 세계적으로 지원하는 데 사용된다.

제 11 조   월경성 협력

1. 동일한 유전자원이 둘 이상의 당사자 영역 내에서 현지 내 상태로 발견되는 경우, 이 당사자들은 이 의정서를 이행하기 위하여 가능할 경우 관련 토착지역공동체를 참여시키면서 적절히 협력하도록 노력한다.
2. 유전자원과 관련된 동일한 전통지식을 복수의 당사자 국내에 위치한 하나 이상의 토착지역공동체가 공유하는 경우, 이 당사자들은 이 의정서의 목적을 이행하기 위하여 해당 토착지역공동체를 참여시키면서 적절히 협력하도록 노력한다.

제 12 조   유전자원 관련 전통지식

1. 이 의정서에 따른 의무를 이행하는 데에, 당사자는 해당될 경우 유전자원 관련 전통지식과 관련된 토착지역공동체의 관습법, 공동체 규약 및 절차를 국내법에 따라 고려한다.
2. 당사자는, 해당 토착지역공동체의 실효적인 참여와 함께, 유전자원과 관련된 전통지식의 잠재적 이용자에게, 그러한 지식에 대한 접근 및 그 지식의 이용으로부터 발생하는 이익의 공정하고 공평한 공유를 위한 접근 및 이익공유 정보공유체계를 통하여 이용할 수 있는 조치 등 이용자의 의무를 통지하는 체제를 수립한다.
3. 당사자는 공동체 내 여성을 포함하여 토착지역공동체가 다음 각 호를 개발하는 데 적절히 지원하도록 노력한다.
    가. 유전자원 관련 전통지식에 대한 접근 및 그러한 지식의 이용으로부터 발생하는 이익의 공정하고 공평한 공유에 관한 공동체 규약
    나. 유전자원 관련 전통지식의 이용으로부터 발생하는 이익의 공정하고 공평한 공유를 확보하기 위한 상호 합의된 조건의 최소 요건, 그리고
    다. 유전자원 관련 전통지식의 이용으로부터 발생하는 이익 공유에 관한 표준계약조항

4. 당사자는 이 의정서의 이행에서 협약의 목적에 따라 토착지역공동체 내 또는 토착지역공동체 간 유전자원 및 유전자원 관련 전통지식의 관습적 이용 및 교환을 가능한 한 제한하지 아니한다.

제 13 조 국가연락기관 및 국가책임기관

1. 각 당사자는 접근 및 이익공유에 관한 국가연락기관을 지정한다. 국가연락기관은 다음 각 호의 정보를 제공한다.
    가. 유전자원에 대한 접근 신청자를 위해서는, 사전통고승인 취득, 그리고 이익공유를 포함한 상호 합의된 조건 확립을 위한 절차에 관한 정보
    나. 가능한 경우, 유전자원과 관련된 전통지식에 대한 접근 신청자를 위해서는, 토착지역공동체의 사전통고승인을 취득하거나, 적절한 경우, 토착지역공동체의 승인과 참여를 얻는 절차, 그리고 이익공유를 포함한 상호 합의된 조건을 확립하기 위한 절차에 관한 정보, 그리고
    다. 국가책임기관, 관련 토착지역공동체, 그리고 관련 이해관계자에 관한 정보
    국가연락기관은 사무국과의 연락을 책임진다.
2. 각 당사자는 접근 및 이익공유에 대한 하나 이상의 국가책임기관을 지정한다. 적용 가능한 입법적, 행정적 또는 정책적 국내 조치에 따라, 국가책임기관은 접근을 부여하거나 가능할 경우 접근 요건이 충족되었다는 서면 증서를 발급할 책임이 있고, 사전통고승인 취득 및 상호 합의된 조건 체결 시 적용 가능한 절차 및 요건에 대하여 자문할 책임이 있다.
3. 당사자는 국가연락기관 및 국가책임기관 모두의 기능을 수행할 단일 기관을 지정할 수 있다.
4. 각 당사자는 늦어도 이 의정서의 발효일까지 국가연락기관 및 국가책임기관의 연락처를 사무국에 통지하여야 한다. 둘 이상의 국가책임기관을 지정한 경우 당사자는 각 기관의 책임에 관한 관련 정보를 사무국에 통지한다. 적용 가능한 경우, 최소한 그러한 정보는 대상 유전자원을 관할하는 책임기관을 특정한다. 각 당사자는 국가연락기관 지정이나 국가책임기관의 연락처 또는 책임에 변경 사항이 있을 경우 이를 즉시 사무국에 통지한다.
5. 사무국은 위 제4항에 따라 접수된 정보를 접근 및 이익공유 정보공유체계를 통하여 공개한다.

제 14 조 접근 및 이익공유 정보공유체계와 정보공유

1. 협약 제18조제3항에 따른 정보공유체제의 일환으로 접근 및 이익공유 정보공유체계가 이로써 설치된다. 이 체계는 접근 및 이익 공유와 관련된 정보를 공유하는 역할을 수행한다. 특히, 이 체계는 이 의정서의 이행과 관련하여 각 당사자가 공개하는 정보에 대한 접근을 제공한다.
2. 비밀정보 보호를 저해하지 아니하면서, 각 당사자는 이 의정서에 의하여 요구되는 모든 정보와 이 의정서의 당사자회의 역할을 하는 당사자총회의 결정에 따라 요구되는 정보를 접근 및 이익공유 정보공유체계에 제공한다. 그러한 정보는 다음 각 호를 포함한다.
    가. 접근 및 이익공유에 관한 입법적, 행정적, 그리고 정책적 조치
    나. 국가연락기관 및 국가책임기관에 관한 정보, 그리고

다. 접근 시 사전통고승인 부여 결정과 상호 합의된 조건 확립의 증거로서 발급된 허가증이나 이에 상응하는 것
3. 가능하고 적절한 경우, 추가 정보는 다음 각 호를 포함할 수 있다:
   가. 토착지역공동체의 관련 책임기관, 그리고 추가 정보로 결정된 정보
   나. 표준계약조항
   다. 유전자원 감시를 위하여 개발된 방법 및 수단, 그리고
   라. 행동규범 및 모범관행
4. 접근 및 이익공유 정보공유체계의 활동 보고서를 포함한 운영 방식은 이 의정서의 당사자회의 역할을 하는 당사자총회의 제1차 회의에서 심의되고 결정되며, 이후에도 계속 검토된다.

제 15 조 접근 및 이익공유에 관한 국내 입법 또는 규제상 요건의 준수

1. 각 당사자는, 다른 당사자의 접근 및 이익공유에 관한 국내 입법 또는 규제상 요건이 요구하는 바에 따라, 자신의 관할 영역 내에서 이용되는 유전자원이 사전통고승인에 따라 접근되었고, 상호 합의된 조건이 확립되도록 규정하는 적절하고 실효적이며 비례적인 입법적, 행정적 또는 정책적 조치를 한다.
2. 당사자는 위 제1항에 따라 채택한 조치의 비준수상황에 대처하기 위한 적절하고 실효적이며 비례적인 조치를 한다.
3. 당사자는 위 제1항에 언급된 접근 및 이익공유에 관한 국내 입법 또는 규제상 요건 위반이 의심되는 사례에 대하여 가능한 한 그리고 적절히 협력한다.

제 16 조 유전자원 관련 전통지식에 대한 접근 및 이익공유에 관한 국내 입법 또는 규제상 요건의 준수

1. 각 당사자는, 토착지역공동체가 소재한 다른 당사자의 접근 및 이익공유에 관한 국내 입법 또는 규제상 요건이 요구하는 바에 따라, 자신의 관할 영역 내에서 이용되는 유전자원 관련 전통지식이 토착지역공동체의 사전통고승인 또는 토착지역공동체의 승낙 및 참여에 따라 접근되었고, 상호 합의된 조건이 확립되도록 규정하는 적절하고 실효적이며 비례적인 입법적, 행정적 또는 정책적 조치를 한다.
2. 각 당사자는 위 제1항에 따라 채택한 조치의 비준수상황에 대처하기 위한 적절하고 실효적이며 비례적인 조치를 한다.
3. 당사자는 위 제1항에 언급된 접근 및 이익공유에 관한 국내 입법 또는 규제상 요건 위반이 의심되는 사례에 대하여 가능한 한 그리고 적절히 협력한다.

제 17 조 유전자원의 이용 감시

1. 의무준수를 지원하기 위하여, 각 당사자는 유전자원의 이용에 대한 투명성을 감시하고 강화하기 위한 조치를 적절히 한다. 그러한 조치는 다음 각 호를 포함한다.
   가. 다음 각 목에 따라 하나 또는 그 이상의 점검기관 지정
      1) 지정된 점검기관은, 적절하게, 사전통고승인, 유전자원의 출처, 상호 합의된 조건의 확립, 그리고/또는 유전자원의 이용과 관련한 정보를 적절히 수집하거나 접수한다.

2) 각 당사자는, 적절히 그리고 지정된 점검기관의 고유한 특징에 따라, 유전자원의 이용자에게 위 제1목에 명시된 정보를 지정된 점검기관에 제공할 것을 요구한다. 각 당사자는 비준수상황에 대처하기 위한 적절하고 실효적이며 비례적인 조치를 한다.

3) 국제적으로 인정되는 의무준수 인증서가 있는 경우 이러한 인증서의 내용 등의 정보는, 비밀정보 보호를 저해하지 아니하면서, 관련 국내 기관, 사전통고승인을 제공하는 당사자 그리고 접근 및 이익공유 정보공유체계에 적절히 제공된다.

4) 점검기관은 효과적이어야 하며 이 항 가호의 이행과 관련한 기능을 수행하여야 한다. 점검기관의 기능은 유전자원의 이용이나 특히 연구, 개발, 혁신, 상업화 전 또는 상업화의 각 단계에서 관련된 정보의 수집과 관련이 있어야 한다.

나. 유전자원의 이용자와 제공자가, 보고 요건 등의 방법으로, 상호 합의된 조건의 내용에 그러한 조건의 이행에 대한 정보를 공유하기 위한 조항을 포함시키도록 장려, 그리고

다. 비용효과적인 의사소통 수단 및 체계의 활용 장려

2. 제6조제3항마호에 따라 발급되고 접근 및 이익공유 정보공유체계에 제공된 허가증 또는 그에 상응하는 문서는 국제적으로 인정되는 의무준수 인증서를 구성한다.

3. 국제적으로 인정되는 의무준수 인증서는, 사전통고승인을 제공하는 당사자의 접근 및 이익공유에 관한 국내 입법 또는 규제상 요건이 요구하는 바에 따라 해당 인증서가 대상으로 하고 있는 유전자원이 사전통고승인에 따라 접근되었고 상호 합의된 조건이 확립되었다는 증거 역할을 한다.

4. 국제적으로 인정되는 의무준수 인증서는 다음의 정보가 기밀 정보가 아닌 경우 최소한 다음 각 호의 정보를 포함한다.

가. 발급 기관
나. 발급일
다. 제공자
라. 인증서 고유 식별 표시
마. 사전통고승인이 부여된 자 또는 기관
바. 인증서가 대상으로 하고 있는 사안 또는 유전자원
사. 상호 합의된 조건이 확립되었다는 확인
아. 사전통고승인이 취득되었다는 확인, 그리고
자. 상업적 그리고/또는 비상업적 이용 여부

제 18 조 상호 합의된 조건의 준수

1. 제6조제3항사호제1목과 제7조를 이행하는 데에, 적절한 경우, 각 당사자는 유전자원 그리고/또는 유전자원 관련 전통지식의 제공자 및 이용자가 다음 각 호를 포함하는 분쟁해결을 다루는 조항을 상호 합의된 조건에 포함시키도록 권장한다.

가. 모든 분쟁해결절차에서 제공자 및 이용자가 귀속될 관할권
나. 적용 가능한 법률, 그리고/또는
다. 조정 또는 중재와 같은 대안적 분쟁해결책

2. 각 당사자는 상호 합의된 조건에서 비롯되는 분쟁의 경우, 적용 가능한 관할 요건에 따라 당사자의 법률 체계하에서 소구할 수 있는 기회를 보장한다.

3. 적절한 경우, 각 당사자는 다음 각 호에 관하여 실효적인 조치를 한다.
   가. 사법제도에 대한 접근, 그리고
   나. 외국의 판결 및 중재판정의 상호 승인과 집행에 관한 체제의 이용
4. 이 조의 실효성은 이 의정서의 당사자회의 역할을 하는 당사자총회가 이 의정서 제31조에 따라 검토한다.

제 19 조 표준계약조항
1. 각 당사자는 적절한 경우, 상호 합의된 조건을 위한 부문별 및 부문 간 표준계약조항의 도입, 갱신 및 이용을 권장한다.
2. 이 의정서의 당사자회의 역할을 하는 당사자총회는 주기적으로 부문별 및 부문 간 표준계약조항의 이용현황을 조사한다.

제 20 조 행동규범, 지침 및 모범관행 그리고/또는 기준
1. 각 당사자는 적절한 경우, 접근 및 이익공유와 관련한 자발적 행동규범, 지침, 모범관행 그리고/또는 기준의 도입, 갱신 및 이용을 권장한다.
2. 이 의정서의 당사자회의 역할을 하는 당사자총회는 자발적 행동규범, 지침, 모범관행 그리고/또는 기준의 이용현황을 정기적으로 조사하고, 구체적인 행동규범, 지침, 모범관행 그리고/또는 기준의 채택을 심의한다.

제 21 조 인식 제고
각 당사자는 유전자원 및 유전자원 관련 전통지식의 중요성과, 이와 관련한 접근 및 이익 공유 사안들에 대한 인식을 제고하는 조치를 한다. 그러한 조치에는 특히 다음 각 호의 사항들이 포함될 수 있다.
가. 의정서의 목적을 포함하여 이 의정서에 대한 홍보
나. 토착지역공동체 및 관련 이해당사자가 참여하는 회의 조직
다. 토착지역공동체 및 관련 이해관계자를 위한 지원창구의 설치 및 운영
라. 국가 정보공유체계를 통한 정보 전파
마. 토착지역공동체 및 관련 이해당사자와의 협의를 바탕으로 하는 자발적 행동규범, 지침, 모범관행 그리고/또는 기준의 홍보
바. 적절한 경우, 국내적·지역적·국제적 수준에서 경험공유의 촉진
사. 유전자원과 유전자원 관련 전통지식의 이용자 및 제공자를 대상으로 접근 및 이익 공유 의무에 관한 교육 및 훈련
아. 토착지역공동체 및 관련 이해당사자의 의정서 이행에의 참여, 그리고
자. 토착지역공동체의 공동체 규약 및 절차에 대한 인식 제고

제 22 조 역량
1. <u>당사자는 특히 최빈개도국과 소도서 개발도상국, 그리고 경제전환기에 있는 당사자를 포함하는 개발도상국 당사자 국내에서 이 의정서를 효과적으로 이행하기 위하여 기존의 세계적, 지역적, 소(小)지역적, 국내 기관 및 기구를 통하는 등의 방법으로 역량강화, 역량개발, 인적자원 및 제도적 역량의 강화를 위하여 협력한다. 이러한 맥락에서 당사자는 비정부기구 및 민간부문을 포함하여 토착지역공동체와 관련 이해당사자의 참여를 촉진하여야 한다.</u>

2. 이 의정서의 이행을 위한 역량강화 및 역량개발에서, 협약의 관련 규정에 따른 재정 자원에 대한 개발도상국의 수요, 특히 최빈개도국, 소도서 개발도상국 그리고 경제전환기에 있는 당사자의 수요를 충분히 고려한다.
3. 이 의정서의 이행에 관한 적절한 조치의 토대로서, 개발도상국 당사자, 특히 최빈개도국, 소도서 개발도상국 그리고 경제전환기에 있는 당사자는 국가역량 자체평가를 통하여 자국의 국가역량 관련 필요사항과 우선순위를 파악하여야 한다. 그 과정에서 해당 당사자는 여성의 역량 관련 필요사항과 우선순위에 중점을 두면서, 토착지역공동체 및 관련 이해당사자가 파악한 역량 관련 필요사항과 우선순위를 지원하여야 한다.
4. 이 의정서의 이행을 지원하면서, 역량강화 및 개발은 특히 다음 각 호와 같은 핵심 분야를 다룰 수 있다.
    가. 이 의정서의 이행 및 의무 준수 역량
    나. 상호 합의된 조건의 협상 역량
    다. 접근 및 이익공유에 관한 입법적, 행정적, 또는 정책적 국내 조치의 도입, 이행 및 집행 역량, 그리고
    라. 자국의 유전자원에 가치를 더할 수 있는 내생적 연구 능력을 개발하는 각국의 역량
5. 위 제1항부터 제4항까지에 따른 조치는 특히 다음 각 호를 포함할 수 있다.
    가. 법적 발전 및 제도적 발전
    나. 상호 합의된 조건의 협상을 위한 훈련 등 협상에서의 형평성 및 공정성 촉진
    다. 의무준수 감시 및 집행
    라. 접근 및 이익공유 활동을 위하여 적용 가능한 최적의 의사소통 수단 및 인터넷 기반 체계 이용
    마. 평가 방법의 개발 및 이용
    바. 생물자원탐사, 관련 연구 및 분류학적 연구
    사. 기술 이전, 그리고 그러한 기술 이전을 지속가능하게 하기 위한 기반과 기술 역량
    아. 생물다양성 보전 및 그 구성요소의 지속가능한 이용에 대한 접근 및 이익 공유 활동의 기여도 향상
    자. 접근 및 이익공유와 관련하여 관련 이해당사자의 역량을 제고하기 위한 특별 조치, 그리고
    차. 유전자원 그리고/또는 유전자원 관련 전통지식에 대한 접근과 관련하여 공동체 내 여성의 역량 제고에 중점을 두고 토착지역공동체들의 역량을 강화하기 위한 특별 조치
6. 위 제1항부터 제5항까지에 따라 수행되는 국가적, 지역적 및 국제적 차원의 역량강화 및 개발 계획에 대한 정보는 접근 및 이익공유를 위한 역량강화 및 개발에서 시너지 및 조율을 촉진하기 위하여 접근 및 이익공유 정보공유체계에 제공되어야 한다.

제 23 조 기술 이전, 협업 및 협력

협약 제15조, 제16조, 제18조 및 제19조에 따라 당사자는 이 의정서의 목적 달성을 위한 수단으로서 생명공학기술적 연구 활동을 포함하여 과학기술 연구 및 개발 프로그램에서 협업하고 협력한다. 당사자는 협약 및 이 의정서의 목적 달성을 위한 견실하고 타당성 있는 기술적 및 과학적 토대의 개발과 강화를 가능하게 하기 위하여 개발도상국 당사자, 특히 최빈개도국과 소도서 개발도상국, 그리고 경제전환기에 있는 당사자의 기술접근 및 이들 당사자에 대한 기술 이전의 촉진과 장려를 약속한다. 가능하고 적절할 경우, 그러한 협업 활동은 해당 자원의 원산국인 유전자원 제공 당사자 또는 협약에 따라 유전자원을 획득한 당사자 국내에서 그리고 이들과 함께 진행된다.

제 24 조 비당사자

당사자는 비당사자가 이 의정서를 준수하고 접근 및 이익공유 정보공유체계에 적절한 정보를 제공하도록 장려한다.

제 25 조 재정 지원 체제 및 자원

1. 이 의정서의 이행을 위한 재정적 자원을 고려하는 데에, 각 당사자는 협약 제20조를 고려한다.
2. 협약의 재정 지원 체제는 이 의정서의 재정 지원 체제이다.
3. 이 의정서 제22조에 언급된 역량강화 및 개발과 관련하여, 이 의정서의 당사자회의 역할을 하는 당사자총회는, 위 제2항에 언급된 재정 지원 체제에 관한 지침이 당사자총회의 심의를 위하여 제출될 시, 개발도상국 당사자, 특히 최빈개도국, 소도서 개발도상국, 그리고 경제전환기에 있는 당사자의 재정자원에 대한 수요와, 공동체 내의 여성을 포함하여 토착지역공동체의 역량 관련 필요사항 및 우선순위를 고려한다.
4. 위 제1항의 맥락에서, 이 의정서를 이행하기 위한 목적으로 자국의 역량강화 및 개발에 필요한 요건을 파악하고 이행하려는 노력에서도 당사자는 개발도상국인 당사자, 특히 최빈개도국, 소도서 개발도상국, 경제전환기에 있는 당사자의 필요사항을 고려한다.
5. 이 의정서의 채택 전에 합의된 사항을 포함하여, 당사자총회의 관련 결정에 포함된 협약의 재정 지원 체제에 대한 지침은 이 조에 준용된다.
6. 선진국 당사자는 또한 양자 간 경로, 지역적 경로 및 다자간 경로를 통하여 이 의정서 규정의 이행을 위한 재정자원과 그 밖의 자원을 제공할 수 있고, 개발도상국 당사자와 경제전환기에 있는 당사자는 이를 이용할 수 있다.

제 26 조 이 의정서의 당사자회의 역할을 하는 당사자총회

1. 당사자총회는 이 의정서의 당사자회의 역할을 한다.
2. 이 의정서의 당사자가 아닌 협약 당사자는 이 의정서의 당사자회의 역할을 하는 당사자총회의 모든 회의 절차에 옵서버로 참여할 수 있다. 당사자총회가 이 의정서의 당사자회의 역할을 할 때, 이 의정서에 따른 결정은 이 의정서의 당사자들에 의해서만 이루어진다.
3. 당사자총회가 이 의정서의 당사자회의 역할을 할 때, 그 당시 이 의정서의 당사자가 아닌 협약 당사자를 대표하는 자가 당사자총회 의장단의 구성원일 때, 이 구성원은 의정서 당사자들이 그들 중에서 선출한 구성원으로 대체된다.

4. 이 의정서의 당사자회의 역할을 하는 당사자총회는 이 의정서의 이행을 정기적으로 검토하며, 그 권한의 범위에서 이 의정서의 효과적인 이행을 촉진하는 데 필요한 결정을 한다. 당사자총회는 이 의정서에 의하여 부여된 기능을 수행하며 다음 각 호의 사항을 수행한다.

    가. 이 의정서의 이행에 필요한 모든 사항들에 관하여 권고
    나. 이 의정서의 이행에 필요한 것으로 판단되는 부속기구의 설치
    다. 적절할 경우, 책임 있는 국제기구, 정부 간 기구 및 비정부기구가 제공하는 지원 및 협력과 이들 기구가 제공하는 정보의 탐색 및 이용
    라. 이 의정서 제29조에 따라 제출되는 정보의 전송 형식 및 주기의 결정과 이러한 정보와 모든 부속기구가 제출하는 보고서의 심의
    마. 필요한 경우 이 의정서의 이행에 필요한 것으로 간주되는 의정서 및 그 부속서의 개정과 이 의정서의 추가적인 부속서의 심의 및 채택, 그리고
    바. 이 의정서의 이행에 필요할 수 있는 그 밖의 기능의 수행

5. 이 의정서의 당사자회의 역할을 하는 당사자총회의 총의로 달리 결정하는 경우를 제외하고, 당사자총회 의사규칙과 협약의 재정규칙이 이 의정서에 따라 준용된다.

6. 이 의정서의 당사자회의 역할을 하는 당사자총회의 첫 회의는 사무국이 소집하며, 이 의정서 발효일 이후 예정된 첫 당사자총회와 동시에 개최된다. 이 의정서의 당사자회의 역할을 하는 당사자총회의 그 후속 정례 회의는 이 의정서의 당사자회의 역할을 하는 당사자총회가 달리 결정하는 경우를 제외하고는 당사자총회 정례 회의와 동시에 개최된다.

7. 이 의정서의 당사자회의 역할을 하는 당사자총회의 특별 회의는 이 의정서의 당사자회의 역할을 하는 당사자총회에서 필요하다고 판단하거나 당사자가 서면으로 요청하는 때에 개최한다. 다만, 당사자의 서면 요청에 의하는 경우에는 사무국이 그러한 요청을 당사자들에게 전달한 시점부터 6개월 이내에 당사자 3분의 1 이상의 찬성을 얻어야 한다.

8. 국제연합, 국제연합 전문기구, 국제원자력기구와 협약 당사자가 아닌 이들 기구의 모든 회원국 또는 옵서버는 이 의정서의 당사자회의 역할을 하는 당사자총회에 옵서버로서 참석할 수 있다. 국내 또는 국제, 정부 또는 비정부 기구나 기관을 불문하고, 모든 기구 또는 기관은, 이 의정서가 다루는 사안과 관련하여 자격이 있고 이 의정서의 당사자회의 역할을 하는 당사자총회에 옵서버로서 참석할 의사를 사무국에 통보한 경우, 출석한 당사자의 3분의 1 이상이 반대하는 경우를 제외하고는 참석할 수 있다. 옵서버의 참가 허가 및 회의 참석은 이 조에서 달리 규정하는 경우를 제외하고 위 제5항에 언급된 당사자총회 의사규칙에 따른다.

제 27 조 부속기구

1. 협약에 의하여 또는 협약에 따라 설치된 모든 부속기구는, 의정서의 당사자회의 역할을 하는 당사자총회의 결정이 있는 경우를 포함하여, 이 의정서를 지원할 수 있다. 그러한 모든 결정은 부속기구가 수행해야 할 업무를 명시한다.

2. 이 의정서의 당사자가 아닌 협약 당사자는 그러한 모든 부속기구의 모든 회의절차에 옵서버로서 참여할 수 있다. 협약 부속기구가 의정서 부속기구로 기능하는 경우, 이 의정서에 따른 결정은 이 의정서의 당사자에 의해서만 이루어진다.

3. 협약 부속기구가 이 의정서에 관한 사안에 관련된 기능을 수행하는 경우, 그 당시 이 의정서의 당사자가 아닌 협약 당사자를 대표하는 자가 부속기구 의장단의 구성원인 때에는, 이 구성원은 의정서 당사자들이 그들 중에서 선출한 구성원으로 대체된다.

제 28 조 사무국

1. 협약 제24조에 의하여 설치된 사무국은 이 의정서의 사무국 역할을 한다.
2. 사무국의 기능에 관한 협약 제24조제1항은 이 의정서에 준용한다.
3. 이 의정서를 위한 사무국의 업무 비용은 사무국 업무 수행을 위한 비용임이 명확한 범위에서 이 의정서의 당사자에 의하여 충당된다. 이 의정서의 당사자회의 역할을 하는 당사자총회는 제1차 회의에서 이러한 목적을 위하여 필요한 예산상의 조치에 대하여 결정한다.

제 29 조 점검과 보고

각 당사자는 이 의정서에 따른 각자의 의무 이행을 점검하며, 이 의정서의 당사자회의 역할을 하는 당사자총회가 결정하는 주기와 형식에 따라, 이 의정서의 이행을 위하여 해당 당사자가 한 조치에 관하여 이 의정서의 당사자회의 역할을 하는 당사자총회에 보고한다.

제 30 조 이 의정서의 준수를 촉진하기 위한 절차와 체제

이 의정서의 당사자회의 역할을 하는 당사자총회는 제1차 회의에서 이 의정서 규정의 준수를 촉진하고 비준수 사례에 대처하기 위한 협력 절차 및 제도적 체제를 심의하고 승인한다. 이러한 절차와 체제는 적절히, 자문 또는 지원 제공을 위한 규정을 포함한다. 이러한 절차와 체제는 협약 제27조에 따른 분쟁해결절차 및 체제와 구별되며 이를 저해하지 아니한다.

제 31 조 평가 및 검토

이 의정서의 당사자회의 역할을 하는 당사자총회는 이 의정서의 발효로부터 4년 후, 그리고 그 후 이 의정서의 당사자회의 역할을 하는 당사자총회가 정하는 주기에 따라 이 의정서의 실효성에 관한 평가를 수행한다.

제 32 조 서명

이 의정서는 2011년 2월 2일부터 2012년 2월 1일까지 뉴욕 국제연합본부에서 협약 당사자의 서명을 위하여 개방된다.

제 33 조 발효

1. 이 의정서는 협약 당사자인 국가나 지역경제통합기구의 50번째 비준서, 수락서, 승인서 또는 가입서가 기탁된 날부터 90일 후에 발효한다.
2. 이 의정서는 위 제1항에 따라 50번째 문서가 기탁된 후에 이 의정서를 비준·수락 또는 승인하거나 이 의정서에 가입하는 국가 또는 지역경제통합기구에 대해서는 그 국가나 지역경제통합기구가 비준서, 수락서, 승인서 또는 가입서를 기탁한 날부터 90일 후, 또는 그 국가나 지역경제통합기구에 대하여 협약이 발효되는 날 중에서 더 나중의 날짜에 발효한다.

3. 위 제1항 및 제2항의 목적상, 지역경제통합기구가 기탁하는 모든 문서는 해당 기구의 회원국이 기탁하는 문서에 추가되는 것으로 보지 아니한다.

제 34 조 유보
이 의정서에 대해서는 어떠한 유보도 할 수 없다.

제 35 조 탈퇴
1. 당사자는 의정서가 자국에 대하여 발효한 날부터 2년이 경과한 후에는 언제든지 수탁자에게 서면으로 통지함으로써 이 의정서로부터 탈퇴할 수 있다.
2. 이러한 탈퇴는 수탁자가 탈퇴 통지를 접수한 날부터 1년이 경과한 때에 효력이 발생하거나, 또는 탈퇴 통지에 그보다 더 늦은 날이 명시된 경우에는 그 날에 효력이 발생한다.

제 36 조 정본
아랍어·중국어·영어·프랑스어·러시아어 및 스페인어본이 동등하게 정본인 이 의정서의 원본은 국제연합 사무총장에게 기탁된다.

이상의 증거로, 아래의 서명자는 그러한 취지로 정당하게 권한을 위임받아 표기된 날짜에 이 의정서에 서명하였다.
2010년 10월 29일 나고야에서 체결되었다.

부속서   금전적 이익과 비금전적 이익
1. 금전적 이익은 다음 각 호를 포함하나 이에 한정되지 아니한다.
    가. 수집되었거나 그 밖의 방법으로 획득한 표본에 대한 접근료/표본당 접근료
    나. 선급금
    다. 이행 단계에 따른 중도금
    라. 로열티 지급액
    마. 상용화의 경우 면허료
    바. 생물다양성의 보전 및 지속가능한 이용을 지원하는 신탁기금에 지급하는 특별 부담금
    사. 상호 합의된 봉급 및 우대 조건
    아. 연구 지원금
    자. 합작투자
    차. 관련 지식재산권 공동소유
2. 비금전적 이익은 다음 각 호를 포함하나 이에 한정되지 아니한다.
    가. 연구 개발 결과의 공유
    나. 가능할 경우, 유전자원을 제공하는 당사자 내에서, 과학 연구 개발 프로그램, 특히 생명공학기술 연구활동에서의 협업, 협력 및 기여
    다. 제품 개발 참여
    라. 교육 및 훈련에서의 협업, 협력 및 기여
    마. 현지 외 유전자원 시설 출입 및 데이터베이스 접근

바. 합의된 양해 및 우대 조건에 의한 것들을 포함하여, 공정하고 가장 유리한 조건으로 유전자원의 제공자에 대한 지식 및 기술의 이전. 특히 생명공학기술을 포함하여, 유전자원을 이용하는 지식과 기술 또는 생물다양성의 보전 및 지속가능한 이용과 관련 있는 지식과 기술의 이전
사. 기술 이전을 위한 역량 증진
아. 제도적 역량강화
자. 접근 규정의 운용 및 집행 역량을 강화하기 위한 인적 및 물적 자원
차. 유전자원 제공 국가가 전면적으로 참여하는, 그리고 가능한 경우 그러한 국가에서 열리는 유전자원 관련 훈련
카. 생물학적 목록 및 분류학적 연구를 포함하여 생물다양성의 보전 및 지속가능한 이용과 관련한 과학 정보에 대한 접근
타. 지역경제에 대한 기여
파. 유전자원 제공 당사자 국내에서의 유전자원 이용을 고려하여 보건 및 식량 안보 등 최우선적 필요에 초점을 맞춘 연구
하. 접근 및 이익공유 합의 및 후속 협업 활동에서 발생할 수 있는 제도적 및 전문적 관계
거. 식량 안보 및 생계유지의 혜택
너. 사회적 인식
더. 관련 지식재산권의 공동소유

04 | 오존층 보호를 위한 비엔나협약 (1985채택/1988발효/1992한국발효)

제1조 정의

이 협약의 목적상,
1. "오존층"이라 함은 지구경계층 상부의 대기오존층을 말한다.
2. "역효과"라 함은 인간의 건강 또는 자연생태계와 관리생태계의 조성·복원력 및 생산성 또는 인류에게 유용한 물질에 현저히 해로운 영향을 미치는 기후변화를 포함한 물리적 환경 또는 생물계의 변화를 말한다.
3. "대체기술 또는 대체장비"라 함은 오존층에 대하여 역효과를 미치는 또는 미칠 수 있는 물질의 배출 감소나 효율적 제거에 사용되는 기술이나 장비를 말한다.
4. "대체물질"이라 함은 오존층에 대한 역효과를 감소·제거 또는 회피하는 물질을 말한다.
5. "당사자"라 함은 본문에 달리 표시하지 아니하는 한 이 협약의 당사자를 말한다.
6. "지역경제통합기구"라 함은 이 협약이나 의정서가 규율하는 사항에 관하여 권한을 가지며 또는 내부 절차에 따라 정당하게 권한을 위임받아 관련문서에 서명·비준·수락·승인 또는 가입을 할 수 있는 특정지역 주권국가들에 의하여 창설된 기구를 말한다.
7. "의정서"라 함은 이 협약의 의정서를 말한다.

제2조 일반적 의무

1. 당사자는 이 협약의 규정과 현재 발효중이며 당사자가 되어 있는 의정서의 규정에 따라 오존층을 변화시키거나 변화시킬 수 있는 인간활동 때문에 초래되거나 초래될 수 있는 역효과로부터 인간의 건강과 환경을 보호하기 위하여 적절한 조치를 취한다.
2. 이 목적을 위하여, 당사자는 가능한 수단과 능력에 따라 다음과 같이 한다.
   가. 인간활동의 오존층에 대한 영향 및 오존층의 변화가 인간의 건강과 환경에 미치는 영향을 보다 잘 이해하고 평가하기 위하여 체계적인 관측·연구 및 정보교환을 통하여 협력한다.
   나. 인간활동이 오존층의 변화나 오존층의 가능한 변화 때문에 역효과를 유발하거나 또는 유발할 수 있다고 판명되는 경우, 당사자의 관할이나 통제를 받는 인간 활동을 규제·제한·감소 또는 방지하기 위하여 적절한 입법 또는 행정조치를 채택하고 적절한 정책의 조화에 협력한다.
   다. 의정서 및 부속서를 채택할 목적으로 이 협약의 이행을 위한 조치·절차 및 기준의 합의·작성에 협력한다.
   라. 이 협약과 당사자가 되어 있는 의정서의 효과적 이행을 위하여 권한있는 국제기구와 협력한다.
3. 이 협약의 규정은 국제법에 따라 제1항 및 제2항에 규정된 조치에 추가하여 국내조치를 취할수 있는 당사자의 권리와 특정 당사자가 이미 취한 추가적 국내조치를 침해하지 아니한다. 다만, 이러한 조치는 이 협약 상의 의무와 양립하여야 한다.
4. 이 조는 과학적·기술적 관련요소에 기초하여 적용된다.

제 3 조   연구 및 체계적 관측

1. 당사자는 적절한 경우 직접적으로 또는 권한 있는 국제기구를 통하여 다음 사항에 대한 연구 및 과학적 평가를 수행하고, 이에 협력한다.
   가. 오존층에 영향을 미칠 수 있는 물리적·화학적 작용
   나. 오존층의 변화 때문에 초래되는 인간의 건강에 대한 영향과 다른 생물학적 영향, 특히 생물학적 작용을 하는 태양자외선 (UV-B)의 변화로 초래되는 영향
   다. 오존층의 변화 때문에 초래되는 기후에 대한 영향
   라. 오존층의 변화와 그에 따른 태양자외선(UV-B)의 변화가 인류에게 유용한 천연물질 및 합성물질에 미치는 영향
   마. 오존층에 영향을 미칠 수 있는 물질·관행·작용 및 활동과 이들의 누적효과
   바. 대체물질 및 대체기술
   사. 사회 경제적 관련사항
   그 밖에 부속서 1과 2에 상술된 사항
2. 당사자는 적절한 경우 직접적으로 또는 권한있는 국제기구를 통하여 그리고 국내입법과 국내적·국제적 차원에서 진행 중인 관련 활동을 충분히 고려하여, 부속서 1에 상술된 대로 오존층의 상태 및 다른 변수의 체계적 관측을 위한 공동 또는 보완 계획을 촉진 또는 수립한다.
3. 당사자는 적절한 세계자료센터를 거쳐 연구 및 관측자료를 정기적으로 그리고 적기에 수집·확인 및 전달하도록 보장하기 위하여 직접적으로 또는 권한 있는 국제기구를 통하여 협력한다.

제 4 조   법률·과학 및 기술 분야 협력

1. 당사자는 부속서 2에 상술된 대로 이 협약과 관련된 과학·기술·사회경제·상업 및 법률 정보의 교환을 촉진하고 장려한다. 이러한 정보는 당사자가 합의한 기구에 제공된다. 정보제공 당사자가 비밀로 간주하는 정보를 접수한 기구는 이러한 정보가 공개되지 아니하도록 보장하며, 모든 당사자에게 이용이 허용될 때까지 비밀보호를 위하여 정보를 집중 관리한다.
2. 당사자는 국내법·규칙 및 관행에 따르고 개발도상국의 필요를 특별히 고려하여, 직접적으로 또는 권한있는 국제기구를 통하여 기술과 지식의 개발 및 이전을 증진하는데 협력한다. 이러한 협력은 특히 다음과 같이 수행된다.
   가. 다른 당사자에 의한 대체기술의 습득 촉진
   나. 대체기술 및 대체장비에 관한 정보와 전문적인 설명책자나 안내서의 제공
   다. 연구 및 체계적 관측을 위하여 필요한 장비 및 설비의 제공
   라. 과학·기술인력의 적절한 훈련

제 5 조   자료제출

당사자는 이 협약과 당사자가 되어 있는 의정서의 이행을 위하여 채택된 조치에 관한 자료를 관련문서의 당사자 회의가 결정하는 형식과 기간에 따라 사무국을 통하여 제6조에 의하여 설치되는 당사자총회에 제출한다.

제 6 조 당사자총회

1. 당사자총회를 이에 설치한다. 당사자총회 제1차 회의는 이 협약 발효후 1년 안에 제7조에 의하여 임시로 지정된 사무국이 소집한다. 그후 당사자총회 정기회의는 총회 제1차 회의의 결정에 따라 정기적으로 개최된다.
2. 당사자총회 특별회의는 총회가 필요하다고 인정하는 때에는 당사자의 서면요청에 의하여 개최된다. 다만, 이러한 서면 요청은 사무국이 이를 당사자에게 통보한 후 6월안에 최소한 당사자 3분의 1로부터 지지를 받아야 한다.
3. 당사자총회는 사무국의 기능을 규율하는 재정규정과 총회와 총회가 설치하는 보조기관의 의사규칙 및 재정규칙을 콘센서스로 합의·채택한다.
4. 당사자총회는 이 협약의 이행상황을 지속적으로 검토하며 다음 사항을 수행한다.
    가. 제5조에 따라 제출되는 자료전달의 형식과 기간설정 및 이러한 자료와 보조기관이 제출한 보고서의 심의
    나. 오존층과 오존층의 가능한 변화 그리고 이러한 변화가 미칠 수 있는 영향에 관한 과학적 정보의 검토
    다. 제2조에 따라 오존층의 변화를 일으키거나 일으킬 수 있는 물질의 배출을 최소화하기 위한 적절한 정책·전략·조치의 조화 촉진 및 이 협약과 관련된 그 밖의 조치에 관한 권고
    라. 제3조 및 제4조에 따라 연구·체계적 관측·과학 및 기술협력·정보교환·기술 및 지식이전 등을 위한 계획의 채택
    마. 필요한 경우 제9조 및 제10조에 따라 이 협약 및 협약 부속서 개정안의 심의·채택
    바. 의정서 및 의정서 부속서 개정안의 심의와 권고결정이 이루어진 경우, 관련 의정서 당사자에 대한 개정안의 채택·권고
    사. 필요한 경우 제10조에 따라 이 협약 추가부속서의 심의·채택
    아. 필요한 경우 제8조에 따라 의정서의 심의·채택
    자. 이 협약의 이행을 위하여 필요하다고 인정되는 보조기관의 설치
    차. 이 협약의 목표와 관련된 과학적 연구·체계적 관측 및 그 밖의 활동에 있어서, 적절한 경우 권한있는 국제기구 및 과학위원회 특히 오존층에 관한 조정위원회·세계기상기구 및 세계보건 기구에 대한 협조요청과 이러한 기구 및 위원회 정보의 적절한 이용
    카. 이 협약의 목적 달성에 필요한 추가 조치의 심의·수행
5. 이 협약의 비당사자인 국가와 국제연합·국제연합전문기구 및 국제원자력기구는 당사자 총회 회의에 옵서버로 참석할 수 있다. 오존층 보호와 관련된 분야에서 자격을 갖춘 국내적 또는 국제적 기구나 기관· 정부간 또는 비정부간 기구나 기관이 당사자 총회 회의에 옵서버로서 참가할 의사를 사무국에 통보한 경우, 최소한 출석 당사자 3분의 1이 반대하지 아니하는 한 참가를 허가할 수 있다. 옵서버의 참가허가 및 회의 참가는 당사자총회가 채택한 의사규칙에 의한다.

제 7 조 사무국

1. 사무국의 기능은 다음과 같다.
    가. 제6조·제8조·제9조 및 제10조에 규정된 회의의 준비·지원
    나. 제6조에 따라 설치된 보조기관의 회의자료와 제4조 및 제5조에 따라 접수한 자료에 기초한 보고서의 작성·제출

다. 의정서에 의하여 부여된 기능의 수행
라. 이 협약에 따른 사무국의 기능을 이행하기 위하여 수행된 활동에 관한 보고서의 작성 및 당사자총회에의 제출
마. 다른 관련 국제기구와의 필요한 조정의 확보, 특히 사무국 기능의 효과적 수행에 필요한 행정약정 또는 계약의 체결
바. 당사자총회가 결정하는 그 밖의 기능 수행
2. 사무국의 기능은 제6조에 따라 개최되는 당사자총회 제1차 정기 회의가 종료될 때까지 국제연합환경계획이 잠정적으로 수행한다. 당사자총회는 제1차 정기회의에서 이 협약 사무국의 기능을 수행할 의사를 표명한 기존의 권한있는 국제기구 중에서 사무국을 지정한다.

제 8 조　의정서 채택

1. 당사자총회는 회의에서 제2조에 따라 의정서를 채택할 수 있다.
2. 사무국은 제안된 의정서의 문안을 최소한 회의 개최 6월 전에 당사자에게 통보한다.

제 9 조　협약 또는 의정서의 개정

1. 당사자는 협약 또는 의정서의 개정안을 제안할 수 있다. 이러한 개정안은 특히 과학적·기술적 관련요소를 적절히 고려한다.
2. 이 협약의 개정안은 당사자총회 회의에서 채택된다. 의정서 개정안은 해당 의정서의 당사자회의에서 채택된다. 의정서가 달리 규정하고 있는 경우를 제외하고, 사무국은 이 협약 또는 의정서의 개정안을 개정안이 채택될 당사자 회의 개최 6월 전에 당사자에게 통보한다. 또한 사무국은 제안된 개정안을 이 협약 서명자에게도 참고로 통보한다.
3. 당사자는 이 협약의 개정안이 콘센서스에 의하여 합의에 도달하도록 모든 노력을 한다. 콘센서스를 위하여 모든 노력을 하였으나 합의에 도달하지 못하는 경우, 개정안은 최종적으로 회의에 출석·투표한 당사자 4분의 3 다수결로 채택되며, 수탁자는 비준·승인 및 수락을 위하여 이를 모든 당사자에게 제출한다.
4. 제3항에 규정된 절차는 의정서 개정안에도 적용된다. 다만, 회의에 출석·투표한 의정서 당사자의 3분의 2 다수결로 개정안 채택이 충분한 경우에는 예외로 한다.
5. 개정안의 비준·승인 또는 수락은 수탁자에게 서면으로 통고한다. 제3항 또는 제4항에 따라 채택된 개정안은 관련 의정서에 달리 규정된 경우를 제외하고, 수탁자가 이 협약 당사자 중 최소한 4분의 3 또는 의정서 당사자 중 최소한 3분의 2로부터 비준·승인 또는 수락 통고를 접수한 후 90일부터 개정안을 수락한 당사자 간에 발효한다. 그 밖의 당사자가 그 후에 개정안의 비준서·승인서 또는 수락서를 기탁하는 경우, 개정안은 기탁 후 90일부터 그 당사자에 대하여 발효한다.
6. 이 조의 목적상 "출석·투표한 당사자"라 함은 회의에 출석하여 찬성 또는 반대 투표를 한 당사자를 말한다.

제 10 조　부속서의 채택 및 개정

1. 이 협약의 부속서 또는 의정서의 부속서는 이 협약 또는 의정서의 불가분의 일부를 구성하며, 이 협약 또는 의정서가 언급되는 경우 명시적으로 달리 규정하지 아니하는 한 이는 동시에 관련부속서도 포함하는 것으로 본다. 이러한 부속서는 과학적·기술적 및 행정적 사항에 한한다.

2. 의정서가 부속서에 관하여 달리 규정하는 경우를 제외하고, 이 협약의 추가부속서 또는 의정서 부속서의 제안·채택·발효에 대하여는 다음 절차가 적용된다.
    가. 이 협약의 부속서는 제9조제2항 및 제3항에 규정된 절차에 따라 제안·채택되나, 의정서의 부속서는 제9조제2항 및 제4항에 규정된 절차에 따라 제안·채택된다.
    나. 이 협약의 추가부속서 또는 당사자가 되어있는 의정서의 부속서를 승인할 수 없는 당사자는 수탁자로부터 부속서 채택을 통보 받은 날부터 6월 내에 승인할 수 없음을 수탁자에게 서면으로 통고한다. 수탁자는 접수된 통고를 지체없이 모든 당사자에게 통고한다. 당사자는 언제든지 이전의 반대 선언을 대체하는 수락을 할 수 있으며, 부속서는 그때부터 그 당사자에 대하여 발효한다.
    다. 수탁자가 채택통보를 회람한 날부터 6월이 경과하는 즉시, 부속서는 나호의 규정에 따라 통고서를 제출하지 아니한 이 협약 또는 관련 의정서의 모든 당사자에 대하여 발효한다.
3. 이 협약의 부속서 또는 의정서 부속서에 대한 개정안의 제출·채택 및 발효는 협약의 부속서 또는 의정서 부속서의 제출·채택 및 발효와 동일한 절차에 준한다. 부속서 및 부속서 개정안은 특히 과학적·기술적 관련 요소를 적절히 고려한다.
4. 추가부속서 또는 부속서의 개정이 이 협약 또는 의정서의 개정을 수반하는 경우, 이 협약 또는 관련 의정서의 개정안이 발효할 때까지 추가부속서 또는 개정부속서는 발효하지 아니한다.

제 11 조 분쟁의 해결

1. 이 협약의 해석 또는 적용에 관하여 당사자 간에 분쟁이 있는 경우, 관련 당사자는 교섭을 통하여 해결책을 모색한다.
2. 관련 당사자가 교섭을 통하여 합의에 도달할 수 없는 경우, 공동으로 제3자의 주선을 모색하거나 또는 중개를 요청할 수 있다.
3. 국가 또는 지역경제통합기구는 제1항 및 제2항에 따라 분쟁이 해결되지 아니한 경우, 아래 분쟁해결 방안 중 하나 또는 양자를 의무적인 것으로 수락함을 수탁자에게 서면으로 선언할 수 있다.
    가. 당사자총회 제1차 회의에서 채택되는 절차에 따른 중재
    나. 분쟁의 국제사법재판소 회부
4. 당사자가 제3항에 따른 동일한 절차나 다른 절차를 수락하지 아니한 경우, 당사자가 달리 합의하지 아니하는 한, 분쟁은 제5항에 따라 조정에 회부된다.
5. 조정위원회는 분쟁당사자 일방의 요청에 따라 설치된다. 위원회는 관련 당사자 각각에 의하여 임명된 동수의 위원과 이 위원들이 공동으로 선출한 의장으로 구성된다. 위원회는 최종적이며 권고적인 판정을 내리고, 당사자는 이를 성실히 존중한다.
6. 이 조의 규정은 관련 의정서가 달리 규정하지 아니하는 한 모든 의정서에 적용된다.

제 12 조 서명

이 협약은 1985년 3월 22일부터 1985년 9월 21일까지는 비엔나의 오스트리아공화국의 연방외무부에서, 1985년 9월 22일부터 1986년 3월 21일까지는 뉴욕의 국제연합본부에서 국가 및 지역경제통합기구의 서명을 위하여 개방된다.

제 13 조　비준·수락 또는 승인

1. 이 협약과 의정서는 국가 및 지역경제통합기구의 비준·수락 또는 승인을 받아야 한다. 비준서·수락서 또는 승인서는 수탁자에게 기탁된다.
2. 제1항에 규정된 기구로서 이 협약 또는 의정서의 당사자가 되어 있는 기구는 이 기구 회원국이 당사자가 아닌 경우에도 협약 또는 의정서에 따른 모든 의무에 구속된다. 이 기구의 하나 또는 그 이상의 회원국이 협약 또는 관련 의정서의 당사자가 되어 있는 경우, 기구와 기구의 회원국은 경우에 따라 이 협약 또는 의정서에 따른 의무를 이행하기 위하여 각각의 책임범위를 결정한다. 이러한 경우에 기구와 기구의 회원국은 이 협약 또는 관련 의정서에 따른 권리를 동시에 행사할 수 없다.
3. 제1항에 규정된 기구는 이 협약 또는 관련 의정서가 규율하는 사항에 관하여 비준서·수락서 또는 승인서에서 기구의 권한범위를 선언한다. 또한 기구는 권한범위의 실질적 변동에 관하여 수탁자에게 통보한다.

제 14 조　가입

1. 이 협약 및 의정서는 협약 또는 관련 의정서에 대한 서명이 마감된 날부터 국가 및 지역경제통합기구의 가입을 위하여 개방된다. 가입서는 수탁자에게 기탁된다.
2. 제1항에 규정된 기구는 협약 또는 관련 의정서가 규율하는 사항에 관하여 가입서에서 기구의 권한범위를 선언한다. 또한 기구는 권한범위의 실질적 변동에 관하여 수탁자에게 통보한다.
3. 제13조 제2항의 규정은 이 협약 또는 의정서에 가입하는 지역 경제통합기구에 적용된다.

제 15 조　투표권

1. 이 협약 또는 의정서의 당사자는 하나의 투표권을 가진다.
2. 제1항에 규정된 경우를 제외하고, 지역경제통합기구는 기구의 권한 사항에 대하여 협약 또는 관련 의정서의 당사자가 되어있는 기구 회원국의 수와 동수의 투표권을 행사한다. 기구회원국이 투표권을 행사하는 경우, 기구는 투표권을 행사하지 아니하며, 그 반대의 경우도 또한 같다.

제 16 조　협약과 의정서의 관계

1. 국가 또는 지역경제통합기구는 협약의 당사자가 아니거나, 동시에 당사자가 되지 아니하는 경우 의정서의 당사자가 될 수 없다.
2. 의정서에 관한 결정은 관련 의정서의 당사자만이 할 수 있다.

제 17 조　발효

1. 이 협약은 20번째 비준서·수락서·승인서 또는 가입서의 기탁일 후 90일부터 발효한다.
2. 의정서는 의정서가 달리 규정하는 경우를 제외하고 11번째 비준서·수락서·승인서 또는 가입서의 기탁일 후 90일부터 발효한다.
3. 20번째의 비준서·수락서·승인서 또는 가입서 기탁후 이 협약을 비준·수락·승인 또는 가입하는 당사자에 대하여, 협약은 그 당사자의 비준서·수락서·승인서 또는 가입서 기탁일 후 90일부터 발효한다.

4. 의정서는 의정서가 달리 규정하고 있는 경우를 제외하고, 제2항에 따라 의정서 발효 후에 의정서를 비준·수락·승인 또는 가입하는 당사자에 대하여, 비준서·수락서·승인서 또는 가입서 기탁일 후 90일부터 또는 그 당사자에 대하여 협약이 발효하는 날 가운데 더 늦은 날부터 발효한다.
5. 제1항 및 제2항의 목적상 지역경제통합기구가 기탁하는 문서는 기구의 회원국이 기탁하는 문서에 추가되는 것으로 보지 아니한다.

제 18 조   유보
이 협약에 대하여는 어떤 유보도 할 수 없다.

제 19 조   탈퇴
1. 당사자는 협약이 그 당사자에 대하여 발효한 날부터 4년 후에는 언제든지 수탁자에게 서면통고를 함으로써 협약으로부터 탈퇴할 수 있다.
2. 의정서 당사자는 의정서가 달리 규정하고 있는 경우를 제외하고, 그 당사자에 대하여 의정서가 발효한 날부터 4년 후에는 언제든지 수탁자에게 서면통고를 함으로써 의정서로부터 탈퇴할 수 있다.
3. 탈퇴는 수탁자의 탈퇴통고 접수일 후 1년이 경과하는 즉시 또는 탈퇴통고에 그 이후의 날이 정해진 경우 그 날부터 효력을 발생한다.
4. 협약으로부터 탈퇴한 당사자는 당사자가 되어 있는 모든 의정서로부터도 탈퇴한 것으로 본다.

제 20 조   수탁자
1. 국제연합사무총장은 이 협약과 의정서의 수탁자 기능을 수행한다.
2. 수탁자는 당사자에게 특히 다음 사항을 통보한다.
    가. 이 협약 및 의정서에 대한 서명과 제13조 및 제14조에 따른 비준서·수락서·승인서 및 가입서의 기탁
    나. 제17조에 따른 협약 및 의정서의 발효일
    다. 제19조에 따른 탈퇴 통고
    라. 제9조에 따른 협약 및 의정서의 채택개정안과 당사자의 개정안 수락 및 개정안 발효일
    마. 제10조에 따른 부속서의 채택·승인 및 부속서의 개정안에 관련된 모든 통보사항
    바. 이 협약 및 의정서가 규율하는 사항에 관한 지역경제통합기구의 권한범위 및 그 범위의 변동에 관한 통고
    사. 제11조 제3항에 따른 선언

제 21 조   정본
아랍어·중국어·영어·불어·러시아어 및 서반아어본이 동등하게 정본인 이 협약의 원본은 국제연합사무총장에게 기탁된다.

이상의 증거로 정당하게 권한을 위임받은 아래 서명자가 이 협약에 서명하였다.
비엔나에서 1985년 3월 22일 작성되었다.

05 | 오존층 파괴물질에 관한 몬트리올 의정서 (1987채택/1989발효/1992한국발효)

이 의정서의 당사자는,

오존층 보호를 위한 비엔나 협약의 당사자로서,

오존층을 변화시키거나 변화시킬 수 있는 인간활동 때문에 초래되거나 초래될 수 있는 역효과로부터 인간의 건강과 환경을 보호하기 위하여 적절한 조치를 취하여야 할 협약상의 의무를 유념하며,

특정 물질의 범세계적 배출이 인간의 건강과 환경에 역효과를 초래할 정도로 오존층을 현저히 파괴시키거나 변화시킬 수 있음을 인정하고,

이러한 물질의 배출이 기후에 잠재적으로 영향을 미침을 의식하며,

오존층을 파괴로부터 보호하기 위하여 취하는 조치는 기술적·경제적 요소를 고려하여 과학적 관련지식에 기초하여야 함을 인식하고,

기술적·경제적 요소를 고려하여, 과학적 지식 발전의 기초위에 오존층 파괴물질의 궁극적 제거를 목표로 오존층 파괴물질의 범세계적 배출총량을 공평하게 규제할 예방조치를 취함으로써 오존층을 보호하기로 결의하며,

이러한 물질에 대한 개발도상국의 수요를 충족시키기 위하여 특별규정이 필요함을 인정하고,

국가적·지역적 차원에서 취하여진 특정 염화불화탄소의 배출을 규제하기 위한 예방조치에 주목하며,

특히 개발도상국의 수요를 유념하여, 오존층 파괴물질의 배출 규제 및 배출 감축과 관련된 과학·기술을 연구·개발하기 위한 국제협력 증진의 중요성을 고려하면서,

다음과 같이 합의하였다.

제 1 조 정의

이 의정서의 목적상,
1. "협약"이라 함은 1985년 3월 22일 채택된 오존층 보호를 위한 비엔나 협약을 말한다.
2. "당사자"라 함은 본문에 달리 표시하지 아니하는 한 이 의정서의 당사자를 말한다.
3. "사무국"이라 함은 협약의 사무국을 말한다.
4. "규제물질"이라 함은 단독으로 존재하든 또는 혼합상태로 존재하든 이 의정서 부속서 가에 열거된 물질을 말한다. 다만, 열거된 물질의 운반용 또는 저장용 용기외의 제품에 함유된 물질 또는 혼합물은 제외한다.
5. "생산량"이라 함은 규제물질의 생산량에서 당사자가 승인한 기술로 파괴한 수량을 뺀 수량을 말한다.
6. "소비량"이라 함은 규제물질 생산량에 수입량을 더하여 수출량을 뺀 수량을 말한다.
7. 생산량·수입량·수출량 및 소비량의 "산정치"라 함은 제3조에 따라 결정된 수치를 말한다.
8. "산업합리화"라 함은 경제효율을 달성하거나 공장폐쇄 결과로 예측되는 공급부족에 대응할 목적으로, 한 당사자의 생산량 산정치의 전부 또는 일부를 다른 당사자에게로 이전하는 것을 말한다.

제 2 조   규제조치

1. 제2조의가로 대체
2. 제2조의나로 대체
3. 제2조의가로 대체
4. 제2조의가로 대체
5. 부속서 가 그룹 1에서 정한 규제물질의 1986년도 생산량 산정치가 25,000톤 미만인 당사자는 산업합리화를 목적으로 제1항·제3항 및 제4항에 규정된 한도를 초과한 생산량을 다른 당사자에게 이전하거나, 다른 당사자로부터 이전받을 수 있다. 다만, 이 경우 관련 당사자의 생산량 산정치 총합계는 이 조에 규정된 생산량 한도를 초과하지 못한다. 이전되는 초과 생산량은 이전 전에 사무국에 통보한다.
6. 제5조의 적용을 받지 아니하는 당사국으로서 1987년 9월 16일 전에 건설 중이거나 건설계약이 체결된, 그리고 1987년 1월 1일전 국내 입법에도 규정된 규제물질 생산시설을 보유한 당사자는 1986년도 생산량 산정치를 결정하기 위하여 이러한 시설에서 생산되는 생산량을 1986년도 규제물질 생산량에 추가할 수 있다. 다만, 이러한 시설은 1990년 12월 31일까지 완공되어야 하며, 이러한 생산량이 그 당사자의 규제물질 소비량 산정치를 연간 1인당 0.5킬로그램 이상으로 증가시키지 못한다.
7. 제5항에 따른 생산량의 이전이나 제6항에 따른 생산량의 추가는 이전 또는 추가 전에 사무국에 통고한다.
8. 가. 협약 제1조제6항에 정의된 지역경제통합기구의 회원국인 당사자는 이 조에 따른 소비량과 관련된 의무의 공동 이행에 합의할 수 있다. 다만, 이 당사자 전체의 소비량 산정치 총합계는 이 조에 규정된 수준을 초과하지 못한다.
   나. 이러한 합의의 당사자는 합의에 따른 소비량의 감축개시일 전에 합의조건을 사무국에 통보한다.
   다. 이러한 합의는 지역경제통합기구의 모든 회원국과 관련 기구가 의정서의 당사자로서 이행방식을 사무국에 통고한 경우에만 유효하다.
9. 가. 제6조에 따른 평가에 기초하여, 당사자는 다음 사항을 결정할 수 있다.
      (1) 부속서 가에 정하여진 오존파괴지수의 조정여부 및 조정의 내용
      (2) 1986년도 규제물질의 생산량 또는 소비량의 추가조정·감축여부 그리고 추가 조정·감축의 범위·수량 및 시기
   나. 이러한 조정제안을 채택할 당사자 회의가 개최되기 최소한 6월 전에 사무국은 이를 당사자에게 통보한다.
   다. 이러한 결정을 함에 있어서, 당사자는 콘센서스에 의하여 합의에 도달하도록 모든 노력을 한다. 콘센서스를 위하여 모든 노력을 하였으나 합의에 도달하지 못하는 경우, 이러한 결정은 최종적으로 당사자 전체의 규제물질 총 소비량 중 최소한 50퍼센트이상을 점유하면서 출석·투표한 당사자 3분의 2 다수결로 채택된다.
   라. 이 결정은 당사자를 구속하며, 수탁자는 이를 당사자에게 즉시 통보한다. 이 결정이 달리 규정하지 아니하는 한, 결정은 수탁자가 통보를 회람한 날부터 6월 후에 발효한다.
10. 가. 이 의정서 제6조에 따른 평가에 기초하고, 협약 제9조에 규정된 절차에 따라 당사자는 다음 사항을 결정할 수 있다.
      (1) 이 의정서의 어느 부속서에 어떤 물질을 추가 또는 삭제할 것인지 여부
      (2) 이러한 물질에 적용되는 규제조치의 메카니즘·범위 및 시기

나. 이러한 결정은 출석·투표한 당사자 3분의 2가 다수결로 수락하는 경우에 발효한다.
11. 이 조의 규정에 불구하고, 당사자는 이 조에서 정한 규제 조치 보다 더 엄격한 조치를 취할 수 있다.

제2조의가 씨에프씨(CFCs)

1. 당사자는 이 의정서의 발효일 후 일곱번째 되는 달의 첫날부터, 그 후에는 12월의 기간마다 부속서 가의 그룹 1에 속하는 규제물질의 소비량 산청치가 1986년도 소비량 산정치를 초과하지 아니하도록 보장한다. 하나 또는 그이상의 규제물질을 생산하는 당사자는 매 기간이 종료할 때마다 규제물질의 생산량 산정치가 1986년도 생산량 산정치를 초과하지 아니 하도록 보장한다. 다만, 생산량 산정치는 1986년도 생산량 산정치의 10퍼센트 안에서 증가할 수 있다. 이러한 증가는 제5조의 적용을 받는 당사자의 기본적 국내수요 충족과 당사자간 산업합리화 목적에 한하여 허용된다.

2. 당사자는 1991년 7월 1일부터 1992년 12월 31일까지 기간동안 부속서 가의 그룹 1에 속하는 규제물질의 소비량 및 생산량 산정치가 1986년도 소비량 및 생산량 산정치의 150퍼센트를 초과하지 아니하도록 보장한다. 1993년 1월 1일부터 이러한 규제 물질에 대한 12월의 규제기간은 매년 1월 1일부터 12월 31일까지로 한다.

3. 당사자는 1995년 1월 1일부터 12월의 기간동안, 그 후에는 12월의 기간마다 부속서 가의 그룹 1에 속하는 규제물질의 소비량 산정치가 연간 1986년도 소비량 산정치의 50퍼센트를 초과하지 아니하도록 보장한다. 하나 또는 그 이상의 규제물질을 생산하는 당사자는 이들 기간마다 규제물질의 생산량 산정치가 연간 1986년도 생산량 산정치의 50퍼센트를 초과하지 아니하도록 보장한다. 다만, 당사자의 생산량 산정치는 제5조 제1항을 적용받는 당사자의 기본적 국내수요를 충족시키기 위하여 1986년도 생산량 산정치의 10퍼센트 한도까지 초과할 수 있다.

4. 당사자는 1997년 1월 1일부터 12월의 기간동안, 그 후에는 12월의 기간마다 부속서 가의 그룹 1에 속하는 규제물질의 소비량 산정치가 연간 1986년도 소비량 산정치의 15퍼센트를 초과하지 아니하도록 보장한다. 하나 또는 그 이상의 규제물질을 생산하는 당사자는 이들 기간마다 규제 물질의 생산량 산정치가 연간 1986년도 생산량 산정치의 15퍼센트를 초과하지 아니하도록 보장한다. 다만, 당사자의 생산량 산정치는 제5조 제1항을 적용받는 당사자의 기본적 국내수요를 충족시키기 위하여 1986년도 생산량 산정치의 10퍼센트 한도까지 초과할 수 있다.

5. 당사자는 2000년 1월 1일부터 12월의 기간동안, 그 후에는 12월의 기간마다 부속서 가의 그룹 1에 속하는 규제물질의 소비량 산정치가 0을 초과하지 아니하도록 보장한다. 하나 또는 그 이상의 규제물질을 생산하는 당사자는 이들 기간마다 규제물질의 생산량 산정치가 0을 초과하지 아니 하도록 보장한다. 다만, 당사자의 생산량 산정치는 제5조 제1항을 적용받는 당사자의 기본적 국내수요를 충족시키기 위하여 1986년도 생산량 산정치의 15퍼센트 한도까지 초과할 수 있다.

6. 당사자는 1992년에 감축일정을 촉진할 목적으로 상황을 검토한다.

제2조의나   할론

1. 당사자는 1992년 1월 1일부터 12월 동안, 그 후에는 12월의 기간 마다 부속서 가의 그룹 2에 속하는 규제물질의 소비량 산정치가 1986년도 소비량 산정치를 초과하지 아니하도록 보장한다. 하나 또는 그 이상의 규제물질을 생산하는 당사자는 이들 기간마다 규제물질의 생산량 산정치가 1986년도 생산량 산정치를 초과하지 아니하도록 보장한다. 다만, 당사자의 생산량 산정치는 제5조 제1항을 적용받는 당사자의 기본적 국내수요를 충족시키기 위하여 1986년도 생산량 산정치의 10퍼센트 한도까지 초과할 수 있다.

2. 당사자는 1995년 1월 1일부터 12월의 기간동안, 그 후에는 12월의 기간마다 부속서 가의 그룹 2에 속하는 규제물질의 소비량 산정치가 연간 1986년도 소비량 산정치의 50퍼센트를 초과하지 아니하도록 보장한다. 하나 또는 그 이상의 규제물질을 생산하는 당사자는 이들 기간마다 규제물질의 생산량 산정치가 연간 1986년도 생산량 산정치의 50퍼센트를 초과하지 아니하도록 보장한다. 다만, 당사자의 생산량 산정치는 제5조 제1항을 적용받는 당사자의 기본적 국내수요를 충족시키기 위하여, 1986년도 생산량 산정치의 10퍼센트 한도까지 초과할 수 있다. 이 항은 적절한 대체물질을 얻을 수는 없으나 용도가 필수적인 경우를 충족시키기 위하여 당사자가 허용하기로 결정한 필요생산량 또는 소비량의 한도에는 적용하지 아니한다.

3. 당사자는 2000년 1월 1일부터 12월의 기간동안, 그 후에는 12월의 기간마다 부속서 가의 그룹 2에 속하는 규제물질의 소비량 산정치가 0을 초과하지 아니 하도록 보장한다. 하나 또는 그 이상의 규제물질을 생산하는 당사자는 이들 기간마다 규제물질의 생산량 산정치가 0을 초과하지 아니하도록 보장한다. 다만, 생산량 산정치는 제5조 제1항을 적용받는 당사자의 기본적 국내수요를 충족시키기 위하여 1986년도 생산량 산정치의 15퍼센트 한도까지 초과할 수 있다. 이 항은 적절한 대체물질을 얻을 수는 없으나 용도가 필수적인 경우를 충족시키기 위하여 당사자가 허용하기로 결정한 필요생산량 또는 소비량의 한도에는 적용하지 아니한다.

4. 당사자는 제2항 및 제3항의 목적상 1993년 1월 1일까지 필수적 용도를 확인하는 결정을 채택한다. 이 결정은 당사자의 후속 회의에서 검토된다.

제 3 조   규제치의 산정

제2조 및 제5조의 목적상 당사자는 부속서 가의 각 그룹별 규제물질의 산정치를 다음과 같이 결정한다.

가. 생산량 산정치는,
　　(1) 각 규제물질의 연간 생산량에 부속서 가에 정해진 오존파괴 지수를 곱하고,
　　(2) 그 결과로 얻은 수치를 각 그룹별로 합산한다.
나. 수입량 및 수출량 산정치는 각각 필요한 변경을 가하여 가호에 규정된 절차에 따른다.
다. 소비량 산정치는 가호 및 나호에 따라 결정된 생산량 산정치와 수입량 산정치를 더한 후에, 수출량 산정치를 뺀다. 다만, 1993년 1월 1일부터 비당사자에 대한 규제물질 수출량은 수출 당사자의 소비량 산정치 산출시에 빼지 못한다.

제 4 조   비당사자와의 무역규제

1. 당사자는 이 의정서 발효 후 1년 안에 이 의정서의 당사자가 아닌 국가로부터 규제물질의 수입을 금지한다.
2. 1993년 1월 1일부터 제5조 제1항을 적용받는 당사자는 이 의정서의 당사자가 아닌 국가에게 규제물질을 수출할 수 없다.
3. 당사자는 이 의정서 발효일부터 3년 안에 협약 제10조의 절차에 따라 규제물질이 함유된 제품의 목록을 부속서에 상술한다. 이러한 절차에 따른 부속서에 이의를 제기하지 아니한 당사자는 부속서 발효 후 1년 안에 이 의정서의 당사자가 아닌 국가로부터 제품의 수입을 금지한다.
4. 당사자는 이 의정서 발효 후 5년 안에 이 의정서의 당사자가 아닌 국가로부터 규제물질을 함유하지는 아니하였으나 이를 사용하여 생산된 제품의 수입 금지나 제한에 관하여 타당성을 결정한다. 타당하다고 결정하는 경우, 당사자는 협약 제10조의 절차에 따라 이러한 제품의 목록을 부속서에 상술한다. 이러한 절차에 따른 부속서에 이의를 제기하지 아니한 당사자는 부속서 발효 후 1년 안에 이 의정서의 당사자가 아닌 국가로부터 이러한 제품의 수입을 금지 또는 제한한다.
5. 당사자는 이 의정서의 당사자가 아닌 국가에 대하여 규제물질의 생산기술 및 이용기술의 수출을 억제한다.
6. 당사자는 규제물질의 생산을 촉진할 제품·장비·공장 또는 기술의 이 의정서의 당사자가 아닌 국가에 대한 수출을 위하여 새로운 보조금·원조·신용·보증 또는 보험의 제공을 자제한다.
7. 제5항 및 제6항은 규제물질의 보관·회수·재활용 또는 파괴 방법을 개선하고, 대체물질의 개발 촉진이나 규제물질의 배출 감소에 기여하는 제품·장비·공장 또는 기술에 대하여는 적용하지 아니한다.
8. 이 조의 규정에 불구하고, 이 의정서의 당사자가 아닌 국가로부터 제1항·제3항 및 제4항에 규정된 수입이 허용될 수 있다. 다만, 당사자 회의에서 그 국가가 이 조와 제2조를 철저히 준수하고 있음이 확인되고 제7조에 정하여진 자료를 그 국가가 제출하여야 한다.

제 5 조   개발도상국의 특수사정

1. 개발도상국인 당사자는 자기나라에 대한 의정서 발효일 또는 그 후 의정서 발효일부터 10년이 될 때까지는 언제든지, 규제물질의 1인당 연간 소비량 산정치가 0.3킬로그램 미만인 경우 기본적 국내 수요를 충족시키기 위하여 제2조제1항 내지 제4항이 규정한 규제조치의 준수를 이 조항 들이 정한 연도로부터 10년까지 연기할 수 있다. 다만, 이러한 당사자의 1인당 연간 소비량 산정치는 0.3킬로그램을 초과하지 못한다. 이러한 당사자는 1995년부터 1997년 기간동안의 연평균 소비량 산정치와 1인당 소비량 산정치 0.3킬로그램 중 보다 낮은 수치를 규제조치 준수의 기준으로 사용할 수 있다.
2. 당사자는 개발도상국인 당사자의 환경적으로 안전한 대체물질 및 대체기술에 대한 접근을 촉진하고 개발도상국인 당사자가 이러한 대체물질 및 대체기술을 신속히 이용하도록 지원한다.
3. 당사자는 개발도상국인 당사자가 대체기술 및 대체제품을 이용할 수 있도록 보조금·원조·신용·보증 또는 보험의 공여를 양자적 또는 다자적 차원에서 촉진한다.

제 6 조   규제조치의 평가 및 검토

당사자는 1990년에 그 후에는 최소한 4년마다, 이용 가능한 과학·환경·기술 및 경제 정보에 기초하여 제2조에 규정된 규제조치를 평가한다. 당사자는 매 평가실시 최소한 1년 전에 정하여진 분야에서 자격을 갖춘 적절한 전문가 위원회를 소집하여 위원회의 구성 및 위임사항을 결정한다. 위원회는 소집후 1년안에 평가결과를 사무국을 통하여 당사자에게 보고한다.

제 7 조   자료의 보고

1. 각 당사자는 당사자가 된 후 3월안에 각 규제물질의 1986년도 생산량·수입량 및 수출량에 관한 통계자료를 사무국에 제출하며, 실제 자료가 없는 경우에는 가능한 최선의 추정자료를 제출한다.
2. 각 당사자는 당사자가 된 연도와 그 후에는 매년, 규제물질의 연간 생산량(당사자들이 승인하는 기술로 파괴한 수량에 관한 별도 자료 포함)·수입량 그리고 당사자 및 비당사자에 대한 수출량에 관한 각각 통계자료를 사무국에 제출한다. 당사자는 자료가 관련된 연도의 종료 후 9월 안에 이 자료를 제출한다.

제 8 조   위반

당사자는 제1차 회의에서 이 의정서 규정의 위반여부를 결정할 절차 및 제도적 장치와 위반사실이 드러난 당사자의 처리절차 및 제도적 장치를 심의·승인한다.

제 9 조   연구·개발·홍보 및 정보교환

1. 당사자는 국내법·규칙 및 관행에 따르고, 특히 개발도상국의 수요를 고려하여, 다음 사항에 관한 연구·개발 및 정보교환을 촉진함에 있어서 직접적으로 또는 권한있는 국제기구를 통하여 협력한다.
    가. 규제물질의 보관·회수·재활용 또는 파괴 방법을 개선하거나 배출을 감소시키는 최선의 기술
    나. 규제물질·규제물질을 함유한 제품 및 규제물질로 제조된 제품에 대한 가능한 대체품
    다. 관련 규제전략의 비용 및 이익
2. 당사자는 개별적 또는 공동으로 또는 권한있는 국제기구를 통하여 오존층을 파괴하는 규제물질과 그 밖의 물질의 배출이 환경에 미치는 영향을 홍보하는 데 협력한다.
3. 당사자는 이 의정서 발효 후 2년 안에, 그 후에는 2년 마다 이 조에 따라 수행한 활동의 개요를 사무국에 제출한다.

제 10 조   기술지원

1. 당사자는 협약 제4조의 규정과 관련하여 특히 개발도상국의 수요를 고려하면서, 이 의정서 참여와 이행을 촉진하기 위하여 기술지원 증대에 협력한다.
2. 이 의정서의 당사자 또는 서명자는 의정서의 이행 또는 참여를 위하여 기술지원 요청서를 사무국에 제출할 수 있다.
3. 당사자는 제1차 회의에서 작업계획 준비를 포함하여 제9조, 이 조 제1항 및 제2항에 규정된 의무의 이행수단에 관하여 심의를 시작한다. 이러한 작업계획은 개발도상국의 수요와 사정에 특히 유의한다. 의정서의 당사자가 아닌 국가 및 지역경제통합기구도 이러한 작업계획이 정한 활동에 참여하도록 권장된다.

제 11 조 당사자 회의

1. 당사자는 정기적으로 회의를 개최한다. 사무국은 이 의정서의 발효 일부터 1년 안에 제1차 당사자 회의를 소집하며, 이 기간에 협약 당사자 총회 회의가 예정된 경우에는 협약 총회 회의와 함께 개최한다.
2. 당사자가 달리 결정하지 아니하는 한, 후속 정기 당사자 회의는 협약 당사자 총회 회의와 함께 개최한다. 당사자 특별회의는 당사자 회의가 필요하다고 인정하는 때에 또는 당사자의 서면요청에 의하여 개최한다. 다만, 이러한 서면요청은 사무국이 이를 당사자에게 통보한 후 6월 안에 최소한 당사자 3분의 1로부터 지지를 받아야 한다.
3. 제1차 당사자 회의는 다음 사항을 수행한다.

    가. 콘센서스에 의한 당사자 회의 의사규칙의 채택

    나. 콘센서스에 의한 제13조제2항에 규정된 재정규칙의 채택

    다. 제6조에 규정된 평가위원회의 설치 및 위임사항의 결정

    라. 제8조에 정하여진 절차 및 제도적 장치의 심의·승인

    마. 제10조제3항에 따른 작업계획 준비 시작
4. 당사자 회의의 기능은 다음과 같다.

    가. 이 의정서 이행상황의 검토

    나. 제2조제9항에 규정된 조정 또는 감축에 관한 결정

    다. 제2조제10항에 따른 규제물질의 부속서 추가·삽입·삭제에 관한 결정 및 관련 규제조치에 관한 결정

    라. 필요한 경우 제7조 및 제9조제3항에 규정된 자료 보고를 위한 지침 또는 절차의 확정

    마. 제10조제2항에 따라 제출된 기술지원 요청서의 검토

    바. 제12조다호에 따라 사무국이 준비한 보고서의 검토

    사. 제6조에 따라 제2조에 규정된 규제조치의 평가

    아. 필요한 경우 이 의정서 또는 부속서의 개정제안 및 새로운 부속서 제정제안의 심의·채택

    자. 이 의정서 이행을 위한 예산안의 심의·채택

    차. 이 의정서의 목적 달성에 필요한 추가조치의 심의·수행
5. 이 의정서의 비당사자인 국가와 국제연합·국제연합전문기구 및 국제원자력기구는 당사자 회의에 옵서버로 참석할 수 있다. 오존층 보호에 관련된 분야에서 자격을 갖춘 국내적 또는 국제적 기구나 기관·정부간 또는 비정부간 기구나 기관이 당사자 회의에 옵서버로서 참가할 의사를 사무국에 통보한 경우, 최소한 출석 당사자 3분의 1이 반대하지 아니하는 한 참가를 허가할 수 있다. 옵서버의 참가허가 및 회의참가는 당사자가 채택한 의사규칙에 의한다.

제 12 조 사무국

이 의정서의 목적상 사무국의 기능은 다음과 같다.

가. 제11조에 규정된 당사자 회의의 준비·지원

나. 당사자 요청시 제7조에 따라 제출된 자료의 접수·제공

다. 제7조 및 제9조에 따라 접수된 자료에 기초한 정기적인 보고서 작성 및 당사자에 대한 배포

라. 기술지원 제공을 촉진하기 위하여 제10조에 따라 접수된 기술지원 요청서의 당사자에 대한 통고
마. 비당사자에 대하여 옵서버로서 당사자 회의 참석 및 의정서 규정의 준수 장려
바. 적절한 경우 비당사자 옵서버에 대한 다호 및 라호에 규정된 자료와 요청서 제공
사. 이 의정서의 목적달성을 위하여 당사자가 부여하는 다른 기능의 수행

제13조 재정규정

1. 의정서와 관련된 사무국의 기능 수행에 필요한 자금을 포함, 이 의정서의 시행을 위한 자금은 전적으로 당사자의 분담금에서 충당한다.
2. 당사자는 제1차 회의에서 의정서 시행을 위한 재정규칙을 콘센서스로 채택한다.

제14조 의정서와 협약과의 관계

의정서에 관한 협약 규정은 이 의정서에 달리 규정되어 있는 경우를 제외하고는 이 의정서에 적용한다.

제15조 서명

이 의정서는 1987년 9월 16일에는 몬트리올에서, 1987년 9월 17일부터 1988년 1월 16일까지는 오타와에서, 그리고 1988년 1월 17일부터 1988년 9월 15일까지는 뉴욕의 국제연합본부에서 국가 및 지역 경제통합기구의 서명을 위하여 개방된다.

제16조 발효

1. 이 의정서는 1989년 1월 1일부터 발효한다. 다만, 이를 위하여는 1986년도 전세계 규제물질 추정소비량의 최소한 3분의 2를 점유하는 국가나 지역경제통합기구로부터 최소한 11개의 비준서·수락서·승인서 또는 가입서가 기탁되고, 협약 제17조제1항의 규정이 충족되어야 한다. 이러한 조건이 1989년 1월 1일까지 충족되지 아니하는 경우, 의정서는 이 조건의 충족일 후 90일부터 발효한다.
2. 제1항의 목적상 지역경제통합기구가 기탁하는 문서는 기구의 회원국이 기탁하는 문서에 추가되는 것으로 보지 아니한다.
3. 이 의정서의 발효후 국가 또는 지역경제통합기구는 비준서·수락서·승인서 또는 가입서 기탁일 후 90일부터 당사자가 된다.

제17조 발효 후 참가하는 당사자

제5조에 따르는 것을 조건으로, 이 의정서 발효일 후에 당사자가 되는 국가 또는 지역경제통합기구는 이 의정서 발효일에 당사자가 된 국가 또는 지역경제통합기구에게 발효일자에 적용되는 제2조 및 제4조에 따른 모든 의무를 즉시 이행한다.

제18조 유보

이 의정서에 대하여는 어떤 유보도 할 수 없다.

제 19 조 탈퇴

탈퇴에 관한 협약 제19조의 규정은 이 의정서의 목적상 제5조제1항에 규정된 당사자를 제외하고 적용한다. 이러한 당사자는 제2조제1항 내지 제4항에 정하여진 의무를 4년간 부담한 후에는 언제든지 수탁자에게 서면 통고를 함으로써 이 의정서로부터 탈퇴할 수 있다. 이러한 탈퇴는 수탁자의 탈퇴통고 접수일 후 1년이 경과하는 즉시 또는 탈퇴통고에 그 이후의 날이 정하여진 경우 그 날부터 효력을 발생한다.

제 20 조 정본

아랍어·중국어·영어·불어·러시아어 및 서반아어본이 동등하게 정본인 이 의정서의 원본은 국제연합사무총장에게 기탁된다.

이상의 증거로 정당하게 권한을 위임받아 아래 서명자가 이 의정서에 서명하였다.
일천 구백 팔십 칠년 구월 십육일 몬트리올에서 작성되었다.

부속서 가 규제물질 생략

06 | 폐기물 및 그 밖의 물질의 투기에 의한 해양오염방지에 관한 협약 (1972채택/1975발효/1994한국발효)

이 협약의 체약당사국은,

해양환경과 해양에서 서식하는 생물체가 인류에게 지극히 중요하며, 모든 인류가 해양환경의 질과 자원이 손상되지 아니하도록 관리하는데 이해관계를 가지고 있음을 인정하고, 폐기물을 동화하여 무해하게 하는 해양의 용량과 천연자원을 재생시키는 해양의 능력은 무한한 것이 아님을 인정하고,

국가는 국제연합헌장과 국제법의 원칙에 따라 고유의 환경정책에 입각하여 자기나라의 자원을 개발할 주권적 권리를 가지며, 자기나라의 관할 또는 통제지역 안의 활동때문에 다른 국가나 관할권 이원지역의 환경에 피해가 발생하지 아니하도록 보장할 책임이 있음을 인정하고,

국가관할권의 이원의 해저, 대양저 및 하층토를 규율하는 원칙에 관한 국제연합 총회결의 제2749호(25)를 상기하고,

해양오염은 대기·하천·하구·배출구 및 파이프라인을 통한 투기·배출 등과 같이 여러 오염원에서 발생하며, 국가는 이러한 오염을 방지하기 위하여 실행가능한 최선의 수단을 이용하고 또한 처리할 유해폐기물량을 감소시키는 제품 및 공정 개발이 중요함을 유의하고, 투기에 의한 해양오염을 규제하기 위한 국제적인 조치를 지체없이 취할 수 있고 취하여야 하나, 이 조치로 말미암아 그 밖의 다른 해양오염원을 가능한 한 신속히 규제하기 위한 조치에 대한 논의가 배제되어서는 아니됨을 확신하고,

특정한 지역에 공통이해를 가진 국가들이 이 협약을 보완하는 적절한 협정을 체결하도록 권장함으로써 해양환경 보호를 증진하기를 희망하여,

다음과 같이 합의하였다.

제 1 조

체약당사국은 개별적으로 또한 집단적으로 해양환경의 모든 오염원에 대한 효과적인 규제를 촉진하여야 하며, 특히 인간의 건강에 위해를 야기하고, 생물자원과 해양생물에 해를 끼치며, 생활의 편의에 손상을 주거나 해양의 합법적인 이용을 저해할 우려가 있는 폐기물 및 그 밖의 물질의 투기에 의한 해양오염을 방지하기 위하여 실행 가능한 모든 조치를 취할 것을 서약한다.

제 2 조

체약당사국은 다음의 조항에 규정된 바와 같이, 투기에 의한 해양오염을 방지하기 위하여 각자의 과학적·기술적 및 경제적 능력에 따라 개별적으로 그리고 집단적으로 효과적인 조치를 취하며 이와 관련한 국가간 정책을 조화시킨다.

제 3 조

1. 이 협약상,
    (가) "투기"라 함은 다음을 의미한다.
        (1) 선박·항공기·플랫폼 또는 그 밖의 인공해양 구조물로부터 폐기물이나 그 밖의 물질의 고의적인 해상폐기

                (2) 선박·항공기·플랫폼 또는 그 밖의 인공해양 구조물의 고의적인 해상폐기
        ㈏ "투기"는 다음을 포함하지 아니한다.
                (1) 선박·항공기·플랫폼 또는 그 밖의 인공해양구조물 및 그 부속설비의 통상적인 운용에 수반되거나 그로부터 파생되는 폐기물이나 그 밖의 물질의 해상 폐기. 다만, 이러한 물질의 처리를 목적으로 운용되는 선박·항공기·플랫폼 또는 그 밖의 인공해양 구조물에 의해 운송되거나 이들에게 운송된 폐기물이나 그 밖의 물질, 또한 선박·항공기·플랫폼 또는 그 밖의 인공해양 구조물에서 이러한 폐기물이나 그 밖의 물질을 처리함에 따라 파생되는 폐기물이나 그 밖의 물질은 제외함.
                (2) 폐기가 아닌 다른 목적을 위한 물질의 배치. 다만, 이러한 배치는 이 협약의 목적에 위반하지 아니하여야 함.
        ㈐ 해저광물자원의 탐사·개발 및 이에 따른 해상 가공으로부터 직접적으로 발생하거나 또는 그와 관련된 폐기물이나 그 밖의 물질의 처리는 이 협약의 규정을 적용받지 아니한다.
2. "선박 및 항공기"라 함은 모든 유형의 수상운송 또는 공중 운송 장치를 말한다. 이는 자체추진 여부에 관계없이 공기부양선 및 부선을 포함한다.
3. "해양"이라 함은 국가의 내수를 제외한 모든 수역을 말한다.
4. "폐기물이나 그 밖의 물질"이라 함은 모든 종류, 형태 또는 부류의 재료 및 물질을 말한다.
5. "특별허가"라 함은 사전신청에 따라 부속서 2 및 부속서 3에 따라 특별히 부여되는 허가를 말한다.
6. "일반허가"라 함은 사전에 부속서 3에 따라서 부여되는 허가를 말한다.
7. "기구"라 함은 제14조제2항에 따라서 체약당사국이 지정하는 기구를 말한다.

제 4 조

1. 이 협약의 규정에 따라서, 체약당사국은 다음과 같이 달리 규정한 경우를 제외하고는 어떠한 형태 또는 상태의 폐기물이나 그 밖의 물질의 투기를 금지한다.
        ㈎ 부속서 1에 열거된 폐기물이나 그 밖의 물질의 투기는 금지된다.
        ㈏ 부속서 2에 열거된 폐기물이나 그 밖의 물질의 투기는 사전의 특별허가증을 요한다.
        ㈐ 그 밖의 다른 모든 폐기물이나 물질의 투기는 사전의 일반허가증을 요한다.
2. 모든 허가는 부속서 3의 나항 및 다항에서 규정하고 있는 투기장소의 특성에 대한 사전연구를 포함하여 부속서 3에서 규정하고 있는 모든 요소를 신중히 검토한 후 발급한다.
3. 이 협약의 어떠한 규정도 어느 체약당사국이 자기나라에 대하여 부속서 1에 열거되지 아니한 폐기물이나 그 밖의 물질의 투기를 금지하는 것을 저지하는 것으로 해석되지 아니한다. 이러한 당사국은 그러한 조치를 기구에 통고한다.

제 5 조

1. 제4조의 규정은 악천후에 기인하는 불가항력의 경우이거나, 인명에 대한 위험이나 선박·항공기·플랫폼 또는 그 밖의 인공해상 구조물에 절박한 위협이 있는 경우에 인명의 안전이나 선박·항공기·플랫폼 또는 그 밖의 인공해양구조물의 안전을 확보하기 위하여 필요한 경우에는 적용하지 아니한다. 다만, 그러한 투기가 위협을 회피하는 유일한 방법이며 투기로 인한 피해가 투기하지 아니한 경우 발생하는 피해에 비하여 적다는 확실성이 있어야 한다. 이와 같은 투기는 인간 및 해양생물에 대한 피해 가능성을 최소화시키도록 행하며 즉시 기구에 통보한다.
2. 체약당사국은 인간의 건강과 관련하여 수용할 수 없는 위험을 야기하며 달리 실행가능한 해결책이 없는 비상시에 제4조제1항(가)호에 대한 예외로서 특별허가증을 발급할 수 있다. 특별허가증 발급에 앞서 이러한 당사국은 영향을 받을 가능성이 있는 다른 나라 및 기구와 협의하며 기구는 다른 당사국 및 필요시 국제기구와 협의한 후 제14조에 따라 가장 적절한 조치를 취하도록 그 당사국에게 신속히 권고한다. 그 당사국은 조치를 취하여야 할 시간을 고려하며 또한 해양환경에 대한 피해를 회피하여야 할 일반적 의무에 합치되도록 최대한 가능한 범위 안에서 권고를 따르며 자기나라가 취하는 조치를 기구에 통지한다. 당사국은 이러한 상황에서 서로 지원하기로 서약한다.
3. 체약당사국은 이 협약의 비준·가입시에 또는 그 후에 제2항에 따른 권리를 포기할 수 있다.

제 6 조

1. 체약당사국은 다음의 업무를 수행하기 위한 적절한 당국을 지정한다.
    (가) 부속서 2에 열거된 물질의 투기를 위하여 사전에 필요한, 또는 제5조제2항에 규정된 상황에서 필요로 하는 특별허가증의 발급
    (나) 그 밖의 모든 물질의 투기를 위하여 사전에 필요로 하는 일반허가증의 발급
    (다) 투기가 허용되는 모든 물질의 성분과 양, 투기의 장소·시간 및 방법에 관한 기록의 유지
    (라) 개별적으로 또는 다른 당사국 및 권한있는 국제기구와 협력하여 이 협약의 목적을 위한 해양상태의 관찰
2. 체약당사국의 적절한 당국은 투기하려고하는 다음 물질에 대하여 제1항에 의해 사전에 특별허가증 또는 일반허가증을 발행한다.
    (가) 자기나라의 영토 안에서 선적된 물질
    (나) 선적이 이 협약의 당사국이 아닌 국가의 영토 내에서 이루어지는 경우에는 자기나라 영토 안에 등록되어 있거나 또는 자기나라의 국기를 게양하고 있는 선박 또는 항공기에 의하여 선적된 물질
3. 제1항(가)호 및 (나)호에 의거하여 허가증을 발급함에 있어서 적절한 당국은 부속서 3을 준수하며 또한 적절하다고 판단하는 추가적인 기준·조치 및 요건에 따른다.
4. 체약당사국은 직접적으로 또는 지역협정에 따라 설치된 사무국을 통하여 제1항(다)호 및 (라)호에 규정된 정보와 제3항에 따라 자기나라가 채택하는 기준·조치 및 요건을 기구 및 다른 당사국에 통보한다. 관련절차 및 이러한 보고의 내용은 당사국 간에 협의하여 합의한다.

제 7 조

1. 체약당사국은 다음의 모든 것에 대하여 이 협약을 이행하기 위하여 필요한 조치를 취한다.
   - (개) 자기나라의 영토 안에 등록되어 있거나 또는 자기나라의 국기를 게양하고 있는 선박과 항공기
   - (내) 투기되어질 물질을 자기나라의 영토 또는 영해에서 선적하는 선박과 항공기
   - (대) 투기에 개입되어 있다고 믿어지는 자기나라의 관할권 하에 있는 선박과 항공기, 그리고 고정되어 있거나 부유하는 플랫폼
2. 당사국은 자기나라의 영토 안에서 이 협약 규정에 대한 위반 행위를 방지하고 처벌하기 위한 적절한 조치를 취한다.
3. 당사국은 특히 공해상에서 이 협약의 효과적인 적용을 위한 절차를 개발함에 있어 협조하기로 합의하며, 이러한 절차에는 이 협약에 위반하여 투기를 하고 있는 것으로 관찰된 선박과 항공기에 대해 보고하는 절차가 포함된다.
4. 이 협약은 국제법에 따라 주권면제가 부여되는 선박 및 항공기에 대하여는 적용하지 아니한다. 다만 당사국은 적절한 조치를 채택함으로써 자기나라가 소유하거나 또는 운영하는 선박 및 항공기가 이 협약의 목적과 의도에 부합되게 행동하도록 보장하여야 하며, 이러한 조치사항을 기구에 통보한다.
5. 이 협약의 어떠한 규정도 당사국이 국제법의 원칙에 따라서 해상투기를 방지하기 위한 다른 조치를 취할 권리에 영향을 주지 아니한다.

제 8 조

이 협약의 목표달성을 촉진하기 위하여, 일정한 지역 안의 해양 환경 보호에 대하여 공통된 이해관계를 가진 체약당사국은, 특유한 지역적 특성을 참작하여, 특히 투기에 의한 오염의 방지를 위하여 이 협약에 부합하는 지역협정을 체결하도록 노력한다. 이러한 지역협정은 기구에 의하여 체약당사국에게 통보되며, 이 협약의 당사국은 지역협정의 목표와 규정에 부합하여 행동하도록 노력한다. 체약당사국은 다른 관련 협약들의 당사국이 준수해야 할 통일된 절차를 개발하기 위하여 지역협정 당사국과의 협조를 모색한다. 감시 및 과학적 연구 분야에서의 협조에 특별한 관심을 기울인다.

제 9 조

체약당사국은 기구와 다른 국제기구와 협력하여, 다음 각 호에 대한 지원을 요청하는 당사국에 대한 지원을 증진한다.
- (개) 과학 및 기술요원의 훈련
- (내) 연구 및 감시에 필요한 장비와 시설의 공급
- (대) 폐기물의 처리와 취급, 투기에 의하여 야기되는 오염을 방지 또는 경감하기 위한 그 밖의 조치

이와 같은 지원은 가급적 관련 국가 내에서 제공함으로써 협약의 목표와 목적을 촉진한다.

제 10 조

폐기물과 그 밖의 모든 종류의 물질의 투기에 의하여 다른 국가의 환경 또는 다른 환경 분야에 미치는 피해의 국가책임에 관한 국제법의 원칙에 따라, 체약당사국은 투기에 관한 책임의 조사 및 분쟁해결을 위한 절차를 개발한다.

제 11 조

체약당사국은 제1차 협의 회의에서 이 협약의 해석과 적용에 관한 분쟁해결을 위한 절차를 검토한다.

제 12 조

체약당사국은 권한있는 전문기관 및 다른 국제기구에서, 다음에 의하여 야기되는 오염으로부터 해양환경을 보호하기 위한 조치를 증진하기로 서약한다.
- (개) 기름을 포함한 탄화수소 및 그 폐기물
- (내) 투기 이외의 목적으로 선박에 의하여 운송되는 그 밖의 유독물질 또는 유해물질
- (대) 선박·항공기·플랫폼 및 그 밖의 인공해양구조물의 운용 과정에서 발생하는 폐기물
- (래) 선박을 포함한 모든 원천으로부터 나오는 방사성 오염 물질
- (매) 화학전 및 생물학전의 작용제
- (배) 해저광물자원의 탐사·개발 및 이에 따른 해상가공으로부터 직접적으로 발생하거나 그와 관련된 폐기물 또는 그 밖의 물질 당사국은 또한 적절한 국제기구에서 투기에 종사하는 선박이 사용할 신호의 규정화를 촉진한다.

제 13 조

이 협약의 어떠한 규정도 국제연합 총회결의 제2750호(25)에 따라서 소집되는 국제연합 해양법 회의에 의한 해양법의 성문화 및 발전을 저해하지 아니하며, 해양법 및 연안국과 기국의 관할권의 성격과 범위에 관한 어느 국가의 현재 혹은 장래의 권리주장 및 법적 견해에 영향을 주지 아니한다. 체약당사국은 연안과 인접하는 지역에 이 협약을 적용하는 연안국의 권리 및 책임의 성격과 범위를 규정하기 위하여 해양법회의 이후에 그러나 1976년 이전에 기구가 소집하는 회의에서 협의하기로 합의한다.

제 14 조

1. 영국정부는 수탁자로서 이 협약이 효력을 발생한 후 3월 이내에 조직에 관한 사항을 결정하기 위한 체약당사국 회의를 소집한다.
2. 체약당사국은 그 회의 당시 현존하는 권한있는 기구로 하여금 이 협약에 관련된 사무국의 임무를 담당하도록 지정한다. 이 기구의 회원국이 아닌 협약당사국은 이 임무를 수행함에 있어서 기구가 지출한 경비에 적절한 기여금을 부담한다.
3. 기구의 사무국으로서 임무는 다음 사항을 포함한다.
   - (개) 적어도 2년에 한번씩 개최되는 체약당사국 협의회의 및 당사국의 3분의 2의 요청에 따라 수시로 개최되는 특별회의를 소집함.
   - (내) 당사국 및 적절한 국제기구와 협의하여 제4항(마)호에 규정된 절차의 개발과 이행을 준비하고 지원함.
   - (대) 체약당사국에 의한 질의 및 체약당사국으로부터 얻은 정보를 심의하고 당사국 및 관련 국제기구와 협의하며, 또한 협약에 관련되나 협약이 명시적으로 다루고 있지 않은 문제에 관하여 당사국에 권고함.
   - (래) 제4조제3항, 제5조제1항 및 제2항, 제6조제4항, 제15조, 제20조 그리고 제21조에 따라 기구가 접수한 모든 관련 통지사항을 당사국에게 전달함. 기구가 지정되기 이전에는 이러한 기능은, 필요한 경우, 수탁자가 수행하여야 하며 이 목적을 위한 수탁자는 영국정부이다.

4. 체약당사국의 협의회의 또는 특별회의에서는 이 협약의 이행을 계속하여 검토하며, 특히 다음 사항을 행할 수 있다.
   (가) 제15조에 따라 이 협약과 부속서의 개정을 검토하고 채택함.
   (나) 적합한 과학단체를 초청, 특히 부속서의 내용을 포함한 이 협약과 관련된 과학적·기술적 사항에 대하여 당사국이나 기구와 협력하고 이들에게 조언하도록 함.
   (다) 제6조제4항에 따라 이루어지는 보고서를 접수하고 심의함.
   (라) 해양오염방지에 관계되는 지역기구와의 협력과 이러한 지역기구 간의 협력을 촉진함.
   (마) 적절한 국제기구와 협의하여, 예외적이고 긴급한 사태를 결정하는 기본적 기준을 포함한 제5조제2항에 언급된 절차, 그리고 적절한 투기구역의 지정을 포함하여 그러한 상황 하에서의 자문적 조언과 물질의 안전한 처분을 위한 절차를 개발하거나 채택하고 그에 따라 권고함.
   (바) 추가적으로 필요한 조치사항을 심의함.
5. 체약당사국은 제1차 협의회의에서 필요한 의사규칙을 마련한다.

제 15 조

1. (가) 이 협약에 대한 개정안은 제14조에 따라서 소집되는 체약 당사국 회의에서 출석자의 3분의 2의 다수결에 의하여 채택될 수 있다. 개정안은 3분의 2의 당사국이 개정안의 수락서를 기구에 기탁한 후 60일째 되는 날에 수락한 당사국에 대하여 효력을 발생한다. 그 이후에는 어느 당사국이 개정안에 대한 수락서를 기탁한 날로부터 30일 후에 그 당사국에 대하여 효력을 발생한다.
   (나) 기구는 제14조에 의거한 특별회의 개최 요청과 당사국 회의에서 채택된 개정안과 그 개정안이 각 당사국에 대하여 효력을 발생하는 일자를 모든 체약당사국에게 통보한다.
2. 부속서에 대한 개정은 과학적인 또는 기술적인 고려에 의거한다. 제14조에 따라서 소집되는 회의에서 출석한 당사국의 3분의 2의 다수결에 의하여 승인된 부속서의 개정안은 그의 수락을 기구에 통보하는 당사국에 대하여는 즉시 효력을 발생하며 그 밖의 모든 당사국에 대하여는 회의가 개정안을 승인한 날로부터 100일 후에 효력을 발생한다. 다만 100일이 경과하기 전에 그 시점에 있어서 개정안을 수락할 수 없음을 선언한 당사국에 대하여는 그러하지 아니하다. 당사국은 회의에서 개정이 승인된 후 가능한 한 신속하게 개정에 대한 그의 수락을 기구에 통보하도록 노력한다. 당사국은 언제든지 이전의 반대 선언을 수락으로 대체할 수 있으며, 이전에 반대하였던 개정은 그때로부터 그 당사국에 대하여 효력을 발생한다.
3. 이 조에 따른 수락 또는 반대선언은 기구에 문서를 기탁함으로써 이루어진다. 기구는 모든 체약당사국에게 그러한 문서의 접수를 통보한다.
4. 기구가 지정되기 이전에 이 협약상 기구에 속하는 사무국의 기능은 이 협약 수탁자의 하나인 영국정부가 임시로 수행한다.

제 16 조

이 협약은 1972년 12월 29일부터 1973년 12월 31일까지 런던, 멕시코 시티, 모스크바 및 워싱턴에서 모든 국가의 서명을 위하여 개방된다.

제 17 조
이 협약은 비준되어야 한다. 비준서는 멕시코, 소련, 영국 및 미국정부에 기탁한다.

제 18 조
1973년 12월 31일 이후 이 협약은 모든 국가의 가입을 위하여 개방된다. 가입서는 멕시코, 소련, 영국 및 미국정부에 기탁한다.

제 19 조
1. 이 협약은 제15번째 비준서 또는 가입서가 기탁된 후 30일째 되는 날 발효한다.
2. 제15번째 비준서 또는 가입서가 기탁된 후에 협약을 비준하거나 또는 가입하는 체약당사국에 대하여 협약은 그 당사국이 비준서 또는 가입서를 기탁한 후 30일째 되는 날에 발효한다.

제 20 조
수탁자는 다음 사항을 체약당사국에 통보한다.
㈎ 제16조, 제17조, 제18조 및 제21조에 따른 이 협약에 대한 서명 및 비준서, 가입서 또는 탈퇴서의 기탁
㈏ 제19조에 따라서 이 협약이 발효하는 일자

제 21 조
체약당사국은 수탁자에게 문서로 6월 전에 통보함으로써 이 협약으로부터 탈퇴할 수 있으며, 수탁자는 그러한 통보를 모든 당사국에게 신속하게 통보한다.

제 22 조
동등하게 정본인 영어, 불어, 러시아어 및 서반아어로 된 이 협약의 원본은 멕시코, 소련, 영국 및 미국정부에 기탁되며 이들 정부는 인증등본을 모든 국가에 송부한다.

이상의 증거로서 각각의 정부로부터 정당하게 권한을 위임받은 아래 전권위원이 이 협약에 서명하였다.
일천구백칠십이년 십이월 이십구일 런던, 멕시코시티, 모스크바 및 워싱턴에서 4부가 작성되었다.

부속서 1

1. 유기할로겐화합물
2. 수은과 수은화합물
3. 카드뮴과 카드뮴화합물
4. 지속성 플래스틱류 및 그 밖의 지속성 합성물, 예를 들면, 어망과 로프 등 어업, 항해 또는 그 밖의 해양의 합법적인 이용을 실질적으로 방해하는 형태로 해양에서 부유하거나 혹은 수중에 떠있는 것
5. 원유와 그 폐기물, 정제된 석유제품, 석유증류 찌꺼기 및 이러한 물질을 함유하는 그 밖의 혼합물로서 투기할 목적으로 선적되어 있는 것

6. 이 분야의 권한있는 국제기구, 현재로서는 국제원자력기구가 공중보건이거나 생물학적 또는 그 밖의 이유로 해양투기가 적합하지 않다고 규정한 고준위의 방사성 폐기물 또는 그 밖의 고준위의 방사성 물질

7. 어떠한 형태로든지 (예를 들면 고체, 액체, 반액체, 기체 또는 살아있는 상태) 생물학전 및 화학전을 위하여 생산된 물질

8. 이 부속서 앞의 조항들은 바다에서 물리적·화학적 또는 생물학적 과정에 의하여 급속하게 무해한 것으로 되는 물질에 대하여는 적용하지 아니한다. 다만 이러한 물질이
   (가) 식용의 해양생물을 맛이 없게 만드는 것이 아니어야 하며,
   (나) 사람의 건강 또는 가축의 건강에 위해를 주지 않아야 한다.
   당사국은 그 물질의 무해성에 대하여 의문이 있는 경우 제14조의 규정에 의한 협의 절차에 따른다.

9. 이 부속서는 위의 1항 내지 5항에 규정한 물질을 미량으로 함유하는 폐기물이나 그 밖의 물질(예를 들면 하수오니 및 준설한 물질)에 대하여는 적용하지 아니한다. 이러한 폐기물은 부속서 2 및 부속서 3의 규정에 적절히 따른다.

10. 이 부속서 1항과 5항은 이들 조항에서 규정하는 폐기물 및 그 밖의 물질을 해상에서 소각처분하는 경우에는 적용하지 아니한다. 이와 같은 폐기물이나 그 밖의 물질의 해상소각은 사전에 특별허가를 요한다. 소각을 위한 특별허가증을 발행하는데 있어서 체약당사국은 이 부속서의 부록(이 부속서의 불가분의 일부를 구성함)에 있는 해상에서의 폐기물 및 그밖의 물질의 소각을 관리하기 위한 규칙을 적용하고, 당사국이 협의하여 채택한 해상에서의 폐기물 및 그 밖의 물질의 소각을 관리하기 위한 기술지침을 충분히 고려한다.

부속서 1의 부록 해상에서의 폐기물 및 그밖의 기타물질의 소각을 관리하기 위한 규칙

☐ 제1편

제1규칙 정의
이 부록의 목적상,
(1) "해상소각설비"라 함은 해상에서의 소각을 목적으로 운용하는 선박·플랫폼 또는 그 밖의 인공구조물을 말한다.
(2) "해상에서의 소각"이라 함은 폐기물 및 그 밖의 물질을 열을 이용하여 파괴할 목적으로 해상소각설비에서 이를 의도적으로 연소시키는 것을 말한다. 선박·플랫폼 또는 그 밖의 인공 구조물의 통상적인 운용에 수반되는 행위는 이 범위에서 제외된다.

제2규칙 적용
(1) 이 규칙의 제2편은 다음의 폐기물이나 그 밖의 물질에 적용된다.
   (가) 부속서 1의 1항에 언급된 것
   (나) 부속서 1에 규정되어 있지 않은 살충제 및 그 부산물

(2) 체약당사국은 이 규칙에 따라 해상에서의 소각을 위한 허가증을 발행하기 전에 육상에서 처리·폐기 또는 제거하는 방법이나 폐기물이나 그 밖의 물질을 덜 해롭게 만드는 방법이 실질적으로 있는지를 먼저 고려한다. 해상에서의 소각은 새로운 기술의 개발을 포함하여 환경적으로 더 나은 해결책을 발전시키는 것을 위축시키는 것으로 해석되어서는 안된다.
(3) 이 규칙의 (1)항에 언급된 것이 아닌 부속서 1의 10항과 부속서 2의 마항에 언급된 폐기물이나 그 밖의 물질의 해상에서의 소각은 특별허가증을 발행하는 체약당사국을 만족시키는 수준에서 관리되어야 한다.
(4) 이 규칙의 (1)항 및 (3)항에서 언급되지 않은 폐기물이나 그 밖의 물질의 해상에서의 소각은 일반허가에 따른다.
(5) 이 규칙의 (3)항 및 (4)항에 언급된 허가증을 발행하는데 있어서 체약당사국은 소각 대상의 폐기물에 따라 이 규칙과 해상에서의 폐기물 및 그밖의 물질의 소각을 관리하기 위한 기술 지침서의 모든 적용가능한 규정을 충분히 고려한다.

제2편

제3규칙 소각장치의 승인 및 검사

(1) 제안된 모든 해상소각설비에 설치된 소각장치는 아래에 규정된 검사를 받는다. 협약의 제7조제1항에 따라서, 소각허가증을 발행코자 하는 체약당사국은 사용예정인 해상소각설비의 검사가 완료되고 소각장치가 이 규칙의 규정에 부합되도록 보장한다. 만일 최초 검사가 체약당사국의 감독에 따라 실행되었다면, 당사국은 시험요건을 열거하고 있는 특별허가증을 발행한다. 각 검사의 결과는 검사보고서에 기록한다.

㈎ 최초 검사는 폐기물 및 그 밖의 물질이 소각되는 동안에 연소 및 파괴효율이 99.9 퍼센트를 초과하는 것을 보장하도록 실시된다.

㈏ 검사를 감독하는 국가는 최초 검사의 일부로서 다음 사항을 이행한다.
  (1) 온도측정기의 설치장소, 형식 및 사용방법을 승인하는 것
  (2) 검사위치, 분석장치 및 기록방법을 포함한 가스시료 채취방식을 승인하는 것
  (3) 온도가 승인된 최저온도이하로 떨어지는 경우 소각로에 폐기물의 공급을 자동적으로 중단시키기 위하여 승인된 장치가 설치되도록 보장하는 것
  (4) 통상운용 중에는 소각로에 의한 것을 제외하고는 해상소각설비로부터 폐기물이나 그 밖의 물질을 처분하는 방법이 없음을 보장하는 것
  (5) 폐기물과 연료의 투입율을 조절하고 기록하는 장치를 승인하는 것
  (6) 전형적으로 소각될 폐기물을 사용하여 O_2, CO, CO_2, 유기할로겐물 및 총 탄화 수소물을 측정하는 것을 포함하는 집중적 연돌감시방법으로 검사하여 소각장치의 성능을 확인하는 것

㈐ 소각장치는 소각로가 이 규칙에 계속 부합되는지 보장하도록 최소한 매 2년 마다 검사되어야 한다. 이 2년 마다의 검사 범위는 이전 2년 동안의 작업데이터와 수리 기록의 평가를 기초로 하여 이루어져야 한다.

(2) 충분한 검사를 마친 다음 소각장치가 이 규칙에 합당하다고 판단되면 체약당사국은 일정한 양식의 승인서를 발행한다. 검사보고서의 사본을 승인서에 첨부한다. 체약당사국이 발행한 승인서는 소각장치가 이 규칙에 합당하지 않다고 믿을만한 명확한 근거가 없는 한 다른 체약당사국도 이를 인정한다. 승인서와 검사보고서의 사본을 기구에 제출한다.

(3) 어떠한 검사가 완료된 후에는 승인서를 발행한 체약당사국의 승인없이는 소각장치의 성능에 영향을 줄 수 있는 중대한 변경을 하여서는 안된다.

제4규칙 특별연구를 요하는 폐기물

(1) 체약당사국이 소각하려는 폐기물이나 그 밖의 물질의 열에 의한 파괴가능성에 대하여 의문이 있는 경우에는 실험규모의 검사를 실시한다.

(2) 체약당사국이 소각효율에 대하여 의문이 있는 폐기물이나 그 밖의 물질의 소각을 허가할 경우에는 소각장치는 최초 소각장치 검사시와 동일한 집중적 연돌감시방법에 따라 검사된다. 폐기물의 고체내용물을 참작하여 미립자의 시료 채취에 유의한다.

(3) 해상소각설비에 대한 검사결과 필요한 연소 및 파괴효율이 더 낮은 온도에서 얻어질 수 있다고 나타난 경우 이외에는, 승인된 최저화염 온도는 제5규칙의 규정에 의한다.

(4) 이 규칙 제(1)항, 제(2)항 및 제(3)항에 의한 특별연구의 결과는 기록되고 검사보고서에 첨부된다. 그 사본을 기구에 전달한다.

제5규칙 운용요건

(1) 소각장치의 운용은 제4규칙에서 규정된 경우를 제외하고는 폐기물 또는 그 밖의 물질의 소각이 섭씨 1250°미만의 화염 온도에서 이루어지지 않도록 통제한다.

(2) 연소효율은 다음에 근거하여 최소한 99.95±0.05 퍼센트로 한다.

$$\text{연소효율} = \frac{C_{CO_2} - C_{CO}}{C_{CO_2}} \times 100$$

여기서, C_{CO_2} = 연소가스에서 이산화탄소의 농도
C_{CO} = 연소가스에서 일산화탄소의 농도

(3) 연돌면 위로 검은 연기나 화염의 확산이 없어야 한다.

(4) 해상소각설비는 소각중 항상 무선호출에 신속히 응답한다.

제6규칙 기록장치 및 기록

(1) 해상소각설비는 제3규칙에 따라 승인된 기록장치나 방법을 사용한다. 소각작업시마다 최소한 다음의 자료를 기록하고, 허가증을 발행한 체약당사국의 검사를 위해 보관한다.

　(가) 승인된 온도측정장치에 의한 계속적인 온도측정
　(나) 소각일시 및 소각된 폐기물의 기록
　(다) 적절한 항해수단에 의한 선박위치
　(라) 폐기물 및 연료의 투입율. 액체폐기물과 연료에 대해서는 그 유입율이 계속적으로 기록되어야 함. 후자의 요건은 1979년 1월 1일이나 그 이전에 운용되는 선박에는 적용되지 않음.
　(마) 연소가스에서 CO 및 CO_2농도
　(바) 선박의 항로 및 속도

(2) 발행된 승인서, 제3규칙에 따라 작성된 검사보고서의 사본 및 체약당사국이 폐기물 또는 그 밖의 물질을 소각설비에서 소각할 수 있도록 발행한 소각허가증의 사본은 해상소각설비에 보관한다.

제7규칙 소각된 폐기물의 특성에 대한 관리
해상에서의 폐기물 또는 그 밖의 물질의 소각에 대한 허가신청서에는 제9규칙의 요건을 준수하기에 충분한 폐기물이나 그 밖의 물질의 특성에 대한 정보가 포함되어야 한다.

제8규칙 소각장소
(1) 소각장소의 선택을 결정하는 기준을 수립하는데 고려되어야 할 규정에는 이 협약 부속서 3에 열거된 것 이외에 다음 사항을 포함한다.
　㈎ 풍속과 풍향, 대기안정성, 대기역전 및 안개의 빈도, 강수형태와 강수량, 습도를 포함한 그 지역의 대기확산 특성(오염물질의 연안지역으로의 대기이동가능성에 특히 유의하여 해상소각시설로부터 방출된 오염물질의 주위 환경에 대한 잠재적 영향을 결정하기 위한 것임)
　㈏ 연기기둥과 해수면의 상호작용에 의한 잠재적 영향을 평가하기 위한 그 지역의 해양확산특성
　㈐ 항행보조기구의 구비여부
(2) 지정된 상설 소각구역의 좌표는 광범위하게 홍보하고 기구에 통보한다.

제9규칙 통보
체약당사국은 당사국들이 협의하여 채택한 통보절차에 따른다.

부속서 2

제6조제1항(가)호의 목적을 위하여 특별한 주의를 요하는 물질을 다음과 같이 열거하였다.
가. 아래에 열거된 물질을 다량으로 함유하고 있는 폐기물

　비소 ┐
　납　 │
　　　 ├ 및 그 화합물
　구리 │
　아연 ┘
　유기실리콘 화합물
　시안화물
　불화물

　부속서 1에 들어있지 아니하는 살충제 및 그 부산물
나. 대량의 산 및 알칼리의 투기에 대한 허가증을 발행함에 있어서는 가항에 열거된 물질이 이러한 폐기물에 존재할 가능성과 아래에 추가하는 물질을 참작한다.

　베리륨 ┐
　크롬　 │
　　　　 ├ 및 그 화합물
　니켈　 │
　바나듐 ┘

다. 컨테이너, 철편 및 그 밖의 부피가 큰 폐기물로서 해저에 가라앉아 어업 또는 항해에 중대한 장애를 일으킬 수 있는 것
라. 부속서 1에 포함되지 아니하는 방사성 폐기물이나 그 밖의 방사성 물질. 이러한 물질의 투기에 대하여 허가증을 발행함에 있어서 체약당사국은 이 분야의 권한있는 국제기구, 즉 현재로서는 국제원자력기구의 권고를 충분히 참작함.
마. 이 부속서에 열거된 물질의 소각을 위한 특별허가증을 발행함에 있어서 체약당사국은 부속서 1의 부록에 있는 폐기물 및 그 밖의 물질의 해상에서의 소각을 관리하기 위한 규정에 따라야 하며, 당사국과 협의하여 채택된 해상에서의 폐기물 및 그밖의 물질의 소각을 관리하기 위한 기술지 침서를 고려하되, 이 규정과 지침서에 명시된 범위까지로 함.
바. 독성이 없음에도 불구하고 투기되는 양에 따라 해롭게 되거나 생활의 편의를 심각하게 감소시킬 우려가 있는 물질

부속서 3

물질의 해양투기에 대한 허가증의 발행을 결정하는 기준을 수립함에 있어서 고려해야 할 규정은 제4조제2항을 참작하여 다음 사항을 포함한다.

가. 물질의 특성 및 성분
  (1) 투기되는 물질의 총량과 평균적 성분(예: 년간)
  (2) 형태, 예를 들면, 고체, 오니, 액체 또는 기체
  (3) 속성: 물리적(예: 가용성 및 밀도), 화학적 및 생화학적(예: 산소요구량, 영양염) 그리고 생물학적(예: 바이러스, 박테리아, 효모, 기생물의 존재)
  (4) 독성
  (5) 지속성: 물리적, 화학적 및 생물학적
  (6) 생물학적인 물질 또는 침전물의 축적과 생물변이
  (7) 물리적, 화학적 및 생화학적 변화에 대한 감수성 및 수중환경에 있어서 다른 용해된 유기물과 무기물과의 상호작용
  (8) 자원(어류, 패류 등)의 시장성을 감소시키는 오염 또는 그 밖의 변화를 일으킬 가능성
  (9) 투기허가증을 발급하는 경우, 체약당사국은 해양생물 및 인간건강에 대한 물질의 영향을 평가하기에 충분한 투기되는 물질의 특성 및 성분에 관한 과학적 근거가 있는지를 고려한다.
나. 투기장소의 특성과 처분방법
  (1) 위치(예: 투기구역의 좌표, 깊이 및 해안으로부터의 거리), 다른 구역과 관련된 위치(예: 유원지, 산란장, 양식장 및 어장 그리고 개발가능한 자원)
  (2) 일정기간당 처분율(예: 매일, 매주, 매월분의 양)
  (3) 포장 및 밀봉되었을 경우, 그 방법
  (4) 계획된 방출방법에 의하여 달성되는 초기의 희석도
  (5) 분산하는 특성(예: 수평이동과 수직혼합에 대한 해류, 조류 및 바람의 영향)
  (6) 물의 특성(예: 온도, 수소이온농도, 염도, 성층화, 오염의 산소지수-용존산소(DO), 화학적 산소요구량(COD), 생물화학적 산소요구량(BOD)-암모니아를 포함한 유기성 및 무기성 형태의 질소, 부유물, 그 밖의 영양염 및 생산성)

(7) 해저의 특성(예: 지형구조, 지구화학 및 지질학적 특성과 생물학적 생산성)
(8) 투기구역에 행하여진 다른 투기의 존재여부와 영향(예: 중금속의 배경판독 및 유기탄소성분)
(9) 투기허가증을 발급하는 경우, 체약당사국은 계절적 변화를 감안하여 그러한 투기의 결과를 이 부속서에 규정된 바와 같이 평가하기에 충분한 과학적 근거가 있는지를 고려한다.

다. 일반적인 고려사항과 조건
(1) 생활의 편의에 대하여 미칠수 있는 영향(예: 부유하거나 해변에 얹혀진 물질의 존재, 탁도, 불쾌한 냄새, 변색 및 거품의 형성)
(2) 해양생물, 어류 및 패류의 양식, 어군 및 어업, 해초의 수확 및 양식에 미칠 수 있는 영향
(3) 해양의 그 밖의 이용에 미칠 수 있는 영향(예: 공업용 수질의 손상, 구조물의 수면하의 부식, 부유물로 인한 선박운항에 대한 방해, 폐기물 또는 고체물의 해저상 퇴적을 통한 어업 또는 항해에 대한 방해, 과학적 혹은 보존목적에 특별히 중요한 구역의 보호)
(4) 대안으로 육상에서 처리, 폐기, 제거하는 방법 또는 그 물질을 해양에 투기할 경우 덜 유해하도록 처리하는 방법의 실제적인 이용 가능성

07 | 폐기물 및 그 밖의 물질의 투기에 의한 해양오염방지에 관한 1972년 협약에 대한 1996년 의정서(1996채택/2006발효/2009한국발효)

이 의정서의 체약당사국은,

해양환경을 보호하고 해양자원의 지속가능한 이용과 보존을 촉진하여야 할 필요성을 강조하고,

이러한 점에서, 폐기물 및 그 밖의 물질의 투기에 의한 해양오염방지에 관한 1972년 협약 체제 내에서 이룩된 성과, 그리고 특히 사전주의 및 예방에 기초한 접근방식으로의 진전에 주목하며,

또한 지역 및 개별 국가의 특수 상황과 수요를 고려하고, 해양환경 보호를 목표로 하는 지역적, 국가적 보완 기구들의 기여에 주목하고,

이러한 문제 해결을 위한 전 세계적 접근이 가지는 가치와 특히 협약과 의정서를 이행하는 데에 있어서 당사국 간 지속적 협력 및 협조의 중요성을 재확인하며,

해양 투기로 인한 해양 환경의 오염을 방지하고 제거하는데 있어서, 국제 협약이나 다른 전 세계적 범위의 협정에 규정된 것보다 더 엄격한 조치를 국가적 또는 지역적 차원에서 채택하는 것이 바람직할 수 있다는 것을 인식하고,

관련 국제 협정과 조치, 특히 1982년 해양법에 관한 국제연합 협약과 환경과 개발에 관한 리우 선언 및 의제 21 등을 고려하며,

또한, 개발도상국, 특히 소도서 개발도상국의 이해관계 및 역량을 인식하고,

투기로 인한 해양 오염을 방지하고 감소시키며, 가능한 한 제거하기 위한 추가적인 국제적 조치가 해양환경을 보호 및 보존하고, 해양 생태계가 해양의 합법적인 사용을 계속 유지하고 현재와 미래 세대의 수요를 지속적으로 충족시킬 수 있는 방식으로 인간의 활동을 관리하기 위하여 지체 없이 취하여질 수 있고, 또한, 취하여져야 한다는 것을 확신하며,

다음과 같이 합의하였다.

제 1 조 정의

이 의정서의 목적상,
1. "협약"이란 개정된 폐기물 및 그 밖의 물질의 투기에 의한 해양 오염방지에 관한 1972년 협약을 말한다.
2. "기구"란 국제해사기구를 말한다.
3. "사무총장"이란 기구의 사무총장을 말한다.
4. 1. "투기"란 다음을 말한다.
    1. 선박·항공기·플랫폼 또는 그 밖의 해양인공구조물로부터 폐기물이나 그 밖의 물질의 고의적인 해양 폐기
    2. 선박·항공기·플랫폼 또는 그 밖의 해양인공구조물의 고의적인 해양 폐기
    3. 선박·항공기·플랫폼 또는 그 밖의 해양인공구조물로부터 폐기물이나 그 밖의 물질의 해저와 그 하층토 내 저장
    4. 고의적인 폐기만을 위한 플랫폼이나 그 밖의 해양인공구조물의 유기 또는 그 자리에서 쓰러뜨림

4. 2. "투기"는 다음을 포함하지 아니한다.
    1. 선박·항공기·플랫폼 또는 그 밖의 인공해양구조물 및 그 부속설비의 통상적인 운용에 수반되거나 그로부터 파생되는 폐기물이나 그 밖의 물질의 해양 폐기. 다만, 이러한 물질의 처리를 목적으로 운용되는 선박·항공기·플랫폼 또는 그 밖의 인공해양구조물에 의하여 운송되거나 이들에게 운송된 폐기물이나 그 밖의 물질, 또는 선박·항공기·플랫폼 또는 그 밖의 인공해양구조물에서 이러한 폐기물이나 그 밖의 물질을 처리함에 따라 파생되는 그 밖의 물질은 제외함.
    2. 폐기가 아닌 다른 목적을 위한 물질의 배치. 다만, 이러한 배치는 이 의정서의 목적에 반하지 아니 하여야 함.
    3. 제4항제1호제4목의 규정에도 불구하고, 폐기가 아닌 다른 목적으로 배치된 물질 (예: 케이블, 파이프라인, 해양조사 장비)의 해양 방치
4. 3. 해저광물자원의 탐사·개발 및 이에 따른 해상 가공으로부터 직접적으로 발생하거나 또는 그와 관련된 폐기물이나 그 밖의 물질의 처리 또는 저장은 이 의정서의 규정을 적용받지 아니한다.
5. 1. "해상소각"이란 선박·플랫폼 또는 그 밖의 인공해양구조물상에서 열적 파괴에 의한 의도적인 폐기를 목적으로 하는 연소를 말한다.
    2. 해상소각은 선박·플랫폼 또는 그 밖의 인공해양구조물상에서 이러한 구조물의 통상적 운영에서 발생되는 폐기물이나 그 밖의 물질의 소각은 포함하지 아니한다.
6. "선박 및 항공기"란 모든 유형의 수상 운송 또는 공중 운송 장치를 말한다. 이는 자체 추진 여부와 관계없이 공기부양선 및 부선을 포함한다.
7. "해양"이란 국가의 내수를 제외한 모든 해양 수역과 그 해저와 하층토를 말하며, 육지로부터만 접근이 가능한 해저면 하부 저장소는 포함하지 아니한다.
8. "폐기물이나 그 밖의 물질"이란 모든 종류, 형태 또는 부류의 재료와 물질을 말한다.
9. "허가"란 사전에 그리고 제4조제1항제2호 또는 제8조제2항에 따라 채택된 관련 조치대로 부여되는 허가를 말한다.
10. "오염"이란 생물자원과 해양 생태계에 악영향을 미치거나 그럴 우려가 있고, 인간의 건강에 해가 되며, 어업 및 적법한 해양의 이용을 포함한 해양 활동을 방해하고, 해수 이용의 질을 저하시키며 쾌적성을 감소시키는, 직접적 또는 간접적인 인간 활동에 따른 폐기물이나 그 밖의 물질의 해양 투입을 말한다.

제 2 조   목적

체약당사국은 개별적으로 또는 집단적으로 모든 오염원으로부터 해양환경을 보호하고 보존하며, 그들의 과학적, 기술적, 경제적 능력에 따라, 폐기물이나 그 밖의 물질의 해상 투기나 소각에 의한 오염을 방지, 감축, 가능한 경우 제거하기 위한 효과적인 조치를 취한다. 그들은 이러한 측면에서 필요시 그들의 정책들이 조화를 이루도록 한다.

제 3 조   포괄적 의무

1. 이 의정서를 이행하는데 있어 체약당사국은 해양에 투입된 폐기물이나 그 밖의 물질이 위해를 초래할 가능성이 있는 경우, 투입된 물질과 그 영향 간의 인과관계를 증명하는 결정적인 증거가 없더라도 폐기물이나 그 밖의 물질의 투기로 인한 환경 보호를 위하여 적절한 사전조치를 취하는 예방적 접근방식을 적용한다.

2. 오염자가 원칙적으로 오염의 비용을 부담하는 접근방식을 고려하고, 각 체약당사국은 공익을 적절히 고려하여 투기 또는 해양소각을 위임한 자가 위임 받은 행위에 관한 오염 방지와 제어 요건을 충족시키는 비용을 부담하는 관행을 증진하기 위하여 노력한다.
3. 이 의정서상의 규정을 시행하는데 있어, 체약당사국은 피해 또는 피해가능성을 환경의 한 부분에서 다른 부분으로 직·간접적으로 이동시키거나, 오염의 한 형태를 다른 형태로 전환하지 아니하도록 행동한다.
4. 이 의정서상의 어떠한 조항도, 체약당사국이 개별적으로 또는 공동으로 오염을 방지, 감소 그리고 가능하면 제거하는 것에 관한 국제법에 따라 보다 더 엄격한 조치를 취하는 것을 막는 것으로 해석되지 아니한다.

제 4 조   폐기물이나 그 밖의 물질의 투기

1. 1. 체약당사국은 부속서 1에 열거된 물질을 제외한 모든 폐기물이나 그 밖의 물질의 투기를 금지한다.
1. 2. 부속서 1에 열거된 물질의 투기는 허가가 필요하다. 체약당사국은 허가 및 허가 조건이 부속서 2의 조항들을 준수하도록 행정적·법적 조치를 수립한다. 특히 환경적으로 선호되는 대안을 위하여 투기를 피할 수 있는 기회에 주목한다.
2. 이 의정서의 어떠한 조항도, 그 체약당사국과 관련되는 한, 체약당사국이 부속서 1에 언급된 폐기물이나 그 밖의 물질의 투기를 금지하는 것으로 해석되지 아니한다. 그 체약당사국은 기구에 그와 같은 조치사항을 통지한다.

제 5 조   해상소각

체약당사국은 폐기물이나 그 밖의 물질의 해상소각을 금지한다.

제 6 조   폐기물이나 그 밖의 물질의 수출

체약당사국은 폐기물이나 그 밖의 물질을 투기 또는 해상소각을 하기 위하여 다른 국가에 수출하는 것을 허용하지 아니한다.

제 7 조   내수(內水)

1. 이 의정서의 다른 모든 규정에도 불구하고, 이 의정서는 다음 제2항 및 제3항에 규정된 범위의 내수와만 관련이 있다.
2. 체약당사국은 그 재량으로, 제1조가 의미하는 해양에서의 투기 및 소각에 해당하는 폐기물이나 그 밖의 물질의 고의적 폐기를 규제하기 위하여, 이 의정서의 규정을 적용하거나 그 외의 효과적인 허가와 규제 조치를 채택한다.
3. 각 체약당사국은 내수에서의 이행·준수·집행에 관한 법적·제도적 장치들을 기구에 보고한다. 체약당사국은 내수에 투기된 물질의 유형과 특성에 관한 요약 보고서를 자발적으로 제공하기 위하여 최선의 노력을 한다.

제 8 조 예외

1. 제4조제1항과 제5조의 규정은 악천후로 인한 불가항력의 경우 또는 인명에 대한 위험이나 선박·항공기·플랫폼이나 그 밖의 해양 인공구조물에 절박한 위협이 있는 경우에, 인명의 안전이나 선박·항공기·플랫폼이나 그 밖의 해양 인공구조물의 안전을 확보하기 위하여 필요할 때 해양에서의 투기나 소각이 그 위험을 막을 수 있는 유일한 방법이며 투기나 소각으로 인한 피해가 그러하지 아니한 경우보다 적다는 확실성이 있는 경우에 적용되지 아니한다. 이러한 해양에서의 투기나 소각은 인간 및 해양생물에 대한 피해 가능성을 최소화 하도록 시행하고 기구에 즉시 보고한다.
2. 체약당사국은 제4조제1항과 제5조에 대한 예외로서, 인간 건강·안전 또는 해양환경이 수용할 수 없는 위험을 야기하며, 달리 실행가능한 해결책이 없는 비상시에 허가증을 발급할 수 있다. 허가증 발급에 앞서 체약당사국은 영향을 받을 가능성이 있는 다른 국가 및 기구와 협의하며, 기구는 다른 체약당사국 및 필요시 권한 있는 국제기구들과 협의한 후, 제18조제6항에 따라 가장 적절한 조치를 취하도록 그 체약당사국에게 신속히 권고한다. 그 체약당사국은 조치를 취하는 시간을 고려하여 해양환경에 대한 피해를 방지해야 할 일반적 의무에 합치하도록 최대한 가능한 범위 내에서 권고를 따르며 자국이 취하는 조치를 기구에 통지한다. 체약당사국은 이러한 상황에서 서로 지원하기로 서약한다.
3. 체약당사국은 이 의정서의 비준 또는 가입할 당시나 그 이후에 제2항에 따른 권리를 포기할 수 있다.

제 9 조 허가증의 발급 및 보고

1. 각 체약당사국은 다음 업무를 수행할 적절한 당국 또는 당국들을 지정한다.
    1. 이 의정서에 따른 허가증의 발급
    2. 투기 허가증이 발급된 모든 폐기물이나 그 밖의 물질의 특성과 용량, 가능한 경우 실제로 투기된 용량, 투기 장소, 시간 및 방법에 대한 기록
    3. 개별적으로 또는 다른 체약당사국 및 권한 있는 국제기구들과 협력하여 이 의정서의 목적을 위한 해양 상태 감시
2. 체약당사국의 적절한 당국 또는 당국들은 제8조제2항에 따라 투기 또는 해상소각 할 예정인 다음 폐기물이나 그 밖의 물질에 관하여 이 의정서에 따라 허가증을 발급한다.
    1. 자국 영토 내에서 선적된 물질
    2. 선적이 이 의정서의 체약당사국이 아닌 국가의 영토 내에서 이루어지는 경우에는 자국 영토 내에 등록되어 있거나 자국 국기를 게양하고 있는 선박 또는 항공기에 선적된 물질
3. 허가증을 발급하는데 있어서, 적절한 당국 또는 당국들은 제4조의 규정과 함께 적절하다고 판단되는 추가적인 기준, 조치 및 요건을 따른다.
4. 각 체약당사국은 직접적으로 또는 지역협정에 따라 설치된 사무국을 통하여, 다음 각 호를 기구 및 적절한 경우 다른 체약당사국에게 보고한다.
    1. 제1항제2호 및 제1항제3호에 명시된 정보
    2. 집행조치에 대한 요약 및 이 의정서의 규정을 이행하기 위해 취해진 행정·입법 조치
    3. 제4항제2호에 언급된 조치의 유효성 및 그 적용시 발생하는 문제

   제1항제2호 및 같은 항 제3호에 언급된 정보는 매년 제출한다.

제4항제2호와 같은 항 제3호에 언급된 정보는 정기적으로 제출한다.
5. 제4항제2호 및 같은 항 제3호에 따라 제출되는 보고서는 체약당사국 회의가 결정한 적절한 보조기구에서 평가한다. 이 기구는 평가 결과를 적절한 체약당사국 회의 또는 특별회의에 보고한다.

제 10 조 적용 및 집행

1. 각 체약당사국은 다음의 모든 것에 대하여 이 의정서를 적용하기 위하여 필요한 조치를 한다.
   1. 자국 영토 내에 등록되었거나 자국의 국기를 게양한 선박 및 항공기
   2. 자국 영토 내에서 투기되거나 해상소각 될 폐기물이나 그 밖의 물질을 선적하는 선박 및 항공기
   3. 국제법상 자국 관할권 범위 내의 해양에서 투기나 소각에 종사하는 것으로 믿어지는 선박·항공기·플랫폼 또는 그 밖의 인공구조물
2. 각 체약당사국은 국제법에 따라 이 의정서의 조항에 반하는 행위를 방지하거나 필요 시 처벌하기 위하여 적절한 조치를 취한다.
3. 각 체약당사국은 이 의정서를 위반하여 해양에서 투기나 소각을 하는 선박과 항공기의 보고를 위한 절차를 포함하여, 모든 국가의 관할권 밖의 해역에서 이 의정서의 효과적인 적용을 위한 절차를 개발하는데 협력하기로 합의한다.
4. 이 의정서는 국제법에 따라 주권면제가 부여되는 선박 및 항공기에 대하여는 적용하지 아니한다. 다만, 각 체약당사국은 적절한 조치를 채택함으로써 자국이 소유하거나 운영하는 그러한 선박 및 항공기가 이 협약의 목적과 의도에 부합되게 행동하도록 보장하며, 그러한 조치사항을 기구에 통보한다.
5. 국가는 이 의정서에 기속적인 동의를 표시 할 때 또는 그 이후 언제라도, 해당 국가만이 집행권을 가진다는 것을 인식하여, 이 의정서 조항을 제4항에 언급된 선박 및 항공기에도 적용한다고 선언할 수 있다.

제 11 조 준수 절차

1. 이 의정서의 발효 후 2년 이내에, 체약당사국 회의는 이 의정서에 대한 준수를 평가하고 촉진하기 위하여 필요한 절차와 장치를 마련한다. 이러한 절차와 장치는 정보의 전면적이고 공개적인 교환을 할 수 있도록 건설적인 방법으로 개발된다.
2. 체약당사국 회의는 이 의정서에 따라 제출된 정보 및 제1항에 의하여 설치된 절차나 장치에 따라 제안된 모든 권고 사항을 충분히 검토한 후, 체약당사국 회의는 체약당사국 및 비체약당사국에게 조언, 지원 및 협력을 제공할 수 있다.

제 12 조 지역 협력

이 의정서의 목적을 촉진하기 위하여, 특정 지역 내의 해양환경 보호에 공통된 이해관계를 가진 체약당사국들은 독특한 지역적 특성을 고려하여 폐기물이나 그 밖의 물질의 해양 투기나 소각으로 인한 오염을 방지, 감축 그리고 가능한 경우 제거하기 위하여 이 의정서에 부합하는 지역적 협정 체결을 포함, 지역적 협력을 증진하기 위하여 노력한다. 체약당사국들은 다른 관련 협약의 당사국이 준수할 통일된 절차를 개발하기 위하여 지역협정 당사국들과 협력을 모색한다.

제 13 조 기술 협력 및 지원

1. 체약당사국은 기구 내에서의 협력과 다른 권한 있는 국제기구와의 협조를 통하여, 이 의정서에 규정된 투기로 인한 오염을 방지, 감축 그리고 가능한 경우 제거하기 위하여 다음 각 호의 사항을 요청한 체약당사국에게 양자 및 다자간 지원을 증진한다.
   1. 국가 역량 신장을 위한 적절한 장비 및 시설 제공을 포함하여, 연구·감시·집행을 위한 과학 및 기술 인력 훈련
   2. 이 의정서의 집행에 관한 조언
   3. 폐기물의 최소화 및 청정 생산 과정에 관련된 정보 및 기술 협력
   4. 폐기물의 처분 및 처리 관련 정보 및 기술 협력과 투기로 인한 오염의 방지, 감축 그리고 가능한 경우 제거하기 위한 그 밖의 조치
   5. 환경 친화적인 기술과 관련 전문 지식에 대한 접근 및 기술이전, 특히 개발도상국과 시장경제체제로 전환 중인 국가에게는 지적 재산권의 보호 및 이들 국가들의 특별한 필요성을 고려하여 상호 합의 하에 무상 및 우대를 포함한 유리한 조건으로 제공
2. 기구는 다음 기능을 수행한다.
   1. 어떤 체약당사국으로부터 받은 기술적 협력 요청을 그 체약당사국의 기술적 역량과 같은 요소를 고려하여 다른 체약당사국에게 전달
   2. 적절한 경우, 지원 요청사항에 대한 다른 권한 있는 국제기구와의 조율
   3. 충분한 재원의 이용가능성을 조건으로, 이 의정서의 체약당사국이 될 의사를 선언한 개발도상국과 시장경제체제로 전환 중인 국가들이 이 의정서를 전면적으로 이행하는데 필요한 수단을 검토하는 것에 대한 지원

제 14 조 과학적·기술적 연구

1. 체약당사국은 이 의정서와 관련된 투기와 그 밖의 해양오염원에 의한 오염의 방지, 감축 및 가능한 경우 제거하는 것에 관한 과학적·기술적 연구를 촉진하고 용이하게 하는 적절한 조치들을 취한다. 특히 이러한 연구는 과학적 방법에 의한 오염의 관측·측정·평가·분석을 포함한다.
2. 체약당사국은 이 의정서의 목적을 달성하기 위하여, 다음을 요청한 다른 체약당사국에게 관련 정보를 이용할 수 있도록 증진한다.
   1. 이 의정서에 따라 취해진 과학적·기술적 활동 및 조치
   2. 해양 과학적·기술적 계획 및 그 목적
   3. 제9조제1항제3호에 따라 행해진 감시 및 평가에서 관측된 영향

제 15 조 책임 및 위험 책임

다른 국가의 환경 또는 환경의 다른 모든 부문에 미치는 손해에 대한 국가책임에 관한 국제법의 원칙에 따라, 체약당사국은 폐기물이나 그 밖의 물질의 투기 또는 해상소각으로 인한 위험 책임에 관한 절차를 개발한다.

제 16 조 분쟁의 해결

1. 이 의정서의 해석 및 적용에 관한 모든 분쟁은 우선, 분쟁 당사국이 선택하는 협상·중개·조정이나 그 밖의 평화적 방법으로 해결한다.

2. 일방 체약당사국이 다른 체약당사국에게 그들 사이에 분쟁이 있음을 통지한 후 12개월 이내에 분쟁이 해결되지 아니하면, 분쟁 당사국이 1982년 해양법에 관한 국제연합 협약 제287조제1항에 규정된 절차 중의 하나를 이용하는 것에 합의하는 경우를 제외하고는, 분쟁의 일방 당사국의 요청에 의하여 부속서 3에 명시된 중재절차에 따라 분쟁을 해결한다. 분쟁 당사국은 1982년 해양법에 관한 국제연합 협약의 체약당사국인지 여부에 관계없이 그렇게 합의할 수 있다.
3. 1982년 해양법에 관한 국제연합 협약 제287조제1항에 규정된 절차 중의 하나를 이용하기로 합의한 경우, 선택한 절차에 관련된 협약 제15부에 규정된 조항이 준용될 수 있다.
4. 제2항에 규정된 12개월은 관련 체약당사국 간 합의에 의하여 12개월 더 연장될 수 있다.
5. 제2항에도 불구하고, 모든 국가는 이 의정서에 구속됨을 동의한다는 의사를 밝힐 때, 그 국가가 제3조제1항이나 제3조제2항의 해석 및 적용에 관한 분쟁 당사국인 경우, 그 분쟁이 부속서 3의 중재 절차에 따라 해결되기 전에 자국의 동의가 필요하다는 것을 사무총장에게 통지할 수 있다.

제 17 조   국제 협력
체약당사국은 권한 있는 국제기구들 내에서 이 의정서의 목적을 증진한다.

제 18 조   체약당사국 회의
1. 체약당사국 회의 또는 체약당사국 특별회의는 이 의정서의 이행을 지속적으로 검토하며, 폐기물의 투기 및 해상소각으로 인하여 야기되는 오염을 방지, 감소 그리고 가능한 경우 제거하기 위한 조치를 강화할 수단을 규명하기 위하여 그 유효성을 평가한다. 이를 위하여 체약당사국 회의 또는 체약당사국 특별회의는 다음을 수행할 수 있다.
    1. 제21조 및 제22조에 따른 이 의정서의 개정 검토와 채택
    2. 필요시 이 의정서의 효과적 이행을 용이하게 하기 위하여 모든 문제를 심의할 부속기구의 설치
    3. 이 의정서에 관련된 문제에 관하여 체약당사국이나 기구에게 조언을 제공할 적절한 전문기구 초청
    4. 오염의 방지 및 제어에 관한 권한 있는 국제기구와의 협력 증진
    5. 제9조제4항에 따라 이용 가능한 정보의 고려
    6. 권한 있는 국제기구와 협의하여, 예외적이고 위급한 상황을 결정하는 기본 기준을 포함한 제8조제2항에 언급된 절차와 그러한 상황에서 자문 조언과 물질의 안전한 해양 폐기를 위한 절차의 개발 또는 채택
    7. 결의안의 심의 및 채택
    8. 그 밖에 필요한 조치들의 심의
2. 체약당사국은 제1차 체약당사국 회의에서 필요한 의사규칙을 수립한다.

제 19 조   기구의 의무
1. 기구는 이 의정서와 관련한 사무국 업무를 담당한다. 이 기구의 회원국이 아닌 이 의정서의 체약당사국은 이러한 임무를 수행하는데 있어 기구에 의하여 발생된 경비를 적절히 부담한다.

2. 이 의정서의 운영에 필요한 사무국의 업무는 다음 각 호를 포함한다.
   1. 체약당사국이 달리 결정하지 아니하는 한 매년 체약당사국 회의를 소집하고, 체약당사국 3분의 2의 요청에 따라 수시로 체약당사국 특별회의 소집
   2. 요청에 따라 이 의정서의 이행 및 그에 따라 개발된 지침 및 절차에 관한 조언 제공
   3. 체약당사국으로부터의 질의 및 제공받은 정보를 심의하고, 체약당사국 및 권한 있는 국제기구와 협의하며, 또한 이 의정서와 관련되나 의정서에서 명시적으로 다루지 아니한 문제에 관하여 체약당사국에게 권고 제공
   4. 체약당사국 및 권한 있는 국제기구와 협의하여, 제18조제6항에 언급된 절차의 개발과 이행을 위한 준비 및 지원
   5. 이 의정서에 따라 기구에 접수된 모든 통지사항을 관련 체약 당사국에게 전달
   6. 매 2년 마다 모든 체약당사국에게 배포될 이 의정서의 운영에 관한 예산 및 재정 보고서 준비
3. 기구는 제13조제2항제3호에 명시된 의무에 추가하여, 이용가능한 재원의 범위에서 다음 각 호의 업무를 수행한다.
   1. 해양 환경 상태의 평가를 위한 협력
   2. 오염의 방지 및 제어에 관한 권한 있는 국제기구와의 협력

제 20 조 부속서

이 의정서의 부속서는 이 의정서와 불가분의 일체를 이룬다.

제 21 조 의정서의 개정

1. 모든 체약당사국은 이 의정서 조항에 대한 개정을 제안할 수 있다. 제안된 개정안의 본문은 체약당사국 회의 또는 체약당사국 특별 회의에서 심의하기 최소한 6개월 전에 기구를 통하여 각 체약당사국에게 전달된다.
2. 이 의정서 조항에 대한 개정은 체약당사국 회의 또는 개정안 심의를 위하여 소집된 특별회의에 출석하고 투표한 체약당사국 3분의 2 이상의 다수결에 의하여 채택된다.
3. 개정은 체약당사국의 3분의 2가 개정 수락서를 기구에 기탁한지 60일째 되는 날에 개정을 수락한 체약당사국에 대하여 효력이 발생된다. 그 이후 다른 모든 체약당사국에 있어서 개정은 체약당사국이 수락서를 기탁한 후 60일째 되는 날에 그 체약당사국에 대하여 효력이 발생된다.
4. 사무총장은 체약당사국 회의에서 채택된 개정과 그 개정안이 일반적으로 그리고 각 체약당사국에 대하여 효력을 발생하는 일자를 체약당사국에게 알린다.
5. 이 의정서에 대한 개정이 효력을 발생한 후, 이 의정서의 체약당사국인 국가는, 체약당사국 회의 또는 체약당사국 특별회의에 출석하고 투표한 체약당사국의 3분의 2가 달리 합의하지 아니하는 한, 개정된 의정서의 체약당사국이 된다.

제 22 조 부속서의 개정

1. 모든 체약당사국은 의정서의 부속서에 대한 개정을 제안할 수 있다. 제안된 개정안의 본문은 체약당사국 회의 또는 체약당사국 특별회의에서 심의하기 최소한 6개월 전에 기구를 통하여 체약당사국에 전달된다.

2. 부속서 3을 제외한 부속서에 대한 개정은 과학적 또는 기술적 심의에 근거하고 적절한 법률적, 사회적, 경제적 요소들을 고려한다. 그러한 개정안은 체약당사국 회의 또는 심의를 위하여 소집된 체약당사국 특별회의에 출석하고 투표하는 체약당사국의 3분의 2이상의 다수결에 의하여 채택된다.
3. 기구는 체약당사국 회의 또는 체약당사국 특별회의에서 채택된 부속서의 개정을 지체 없이 체약당사국에게 전달한다.
4. 제7항에 규정된 경우를 제외하고, 부속서의 개정은 각 체약당사국이 이에 대한 수락을 기구에 통보한 즉시, 또는 체약당사국 회의에서 개정안이 채택된 후 100일째 되는 날이 더 늦다면 그 날에 효력이 발생된다. 다만 100일이 경과되기 이전에, 그 시점에 개정을 수락할 수 없다고 선언한 체약당사국에 대해서는 적용되지 않는다. 체약당사국은 언제든지 이전의 반대선언을 수락으로 대체할 수 있으며, 이전에 반대하였던 개정은 그때부터 그 체약당사국에 대하여 효력이 발생된다.
5. 사무총장은 기구에 기탁된 수락서 또는 반대문서를 지체 없이 체약당사국에 통지한다.
6. 새로운 부속서나 이 의정서의 조항에 대한 개정과 관련된 부속서의 개정은 이 의정서 조항에 대한 개정이 발효될 때까지 발효되지 아니한다.
7. 중재절차에 관한 부속서 3의 개정과 새로운 부속서의 채택 및 발효에 관하여는 이 의정서 조항에 대한 개정절차가 적용된다.

제 23 조 의정서와 협약의 관계

이 의정서는 협약 당사국이면서 동시에 이 의정서의 체약당사국 사이에서 협약을 대체한다.

제 24 조 서명, 비준, 수락, 승인 및 가입

1. 이 의정서는 1997년 4월 1일부터 1998년 3월 31일까지 기구의 본부에서 모든 국가의 서명을 위하여 개방되며, 그 이후에도 국가의 가입을 위하여 계속 개방된다.
2. 국가는 다음 각 호에 따라 이 의정서의 체약당사국이 될 수 있다.
    1. 비준·수락 또는 승인을 조건으로 하지 않는 서명
    2. 비준·수락 또는 승인을 조건으로 하는 서명의 경우, 비준·수락 또는 승인
    3. 가입
3. 비준·수락·승인 또는 가입은 사무총장에게 같은 취지의 문서를 기탁함으로써 이루어진다.

제 25 조 발효

1. 이 의정서는 다음 각 호의 어느 하나가 발생한지 30일째 되는 날에 발효된다.
    1. 최소 26개국이 제24조에 따라 이 의정서에 기속될 의사를 표시하고
    2. 최소 15개 협약의 체약당사국이 제1항제1호에 언급된 국가 수에 포함될 때
2. 제1항에 언급된 날짜 이후에 제24조에 따라, 이 의정서에 기속될 의사를 표시한 국가에 대하여는 이 의정서는 의사를 표시한 날로부터 30일째 되는 날에 발효된다.

제 26 조 유예기간

1. 1996년 12월 31일 이전에 협약의 체약당사국이 아니었고 이 의정서 발효 이전 또는 발효 후 5년 내에 이 의정서에의 기속적 동의를 표시한 국가는 동의를 표시할 때, 제4항에 명시된 기간을 초과하지 아니하는 유예기간 동안 통지문에 설명된 이유 때문에 제2항에 규정된 것을 제외한 의정서의 특정 규정을 준수할 수 없음을 사무총장에게 통지할 수 있다.
2. 제1항에 따른 어떠한 통지도 방사성 폐기물이나 그 밖의 방사성 물질의 해상소각 또는 투기에 관하여 이 의정서의 체약당사국에 부여되는 의무에 영향을 미치지 못한다.
3. 제1항에 따라, 명시된 유예기간동안 제4조제1항 및 제9조를 부분적으로 또는 전적으로 준수할 수 없다고 통지한 이 의정서의 체약당사국은, 그럼에도 불구하고 그 기간 동안 허가를 받지 아니한 폐기물이나 그 밖의 물질의 투기를 금지하고, 허가증 발급 및 허가조건이 부속서 2의 조항을 준수하도록 보장하는 행정적, 입법적 조치를 취하는데 최선을 다하며, 발급된 모든 허가증을 사무총장에게 통지한다.
4. 제1항에 따라 작성된 통지서에 명시된 어떠한 유예기간도 그 통지서가 제출된 후 5년 이상 연장될 수 없다.
5. 제1항에 따라 통지한 체약당사국은 그 체약당사국이 비준서·수락서·승인서 또는 가입서 기탁 후 첫 번째 체약당사국 회의에, 이 의정서 제13조에 따라 적절한 기술 협력 및 지원 요청과 함께 이 의정서의 전면적인 준수를 위한 계획 및 계획표를 제출한다.
6. 제1항에 따라 통지한 체약당사국은 이 의정서의 전면적인 준수를 위하여 고안해 제출한 계획을 유예기간동안 이행하고 감시하는 절차 및 장치를 수립한다. 준수에 대한 경과보고서가 적절한 조치를 위하여 유예기간 중 개최되는 각 체약당사국 회의에 제출되어야 한다.

제 27 조 탈퇴

1. 모든 체약당사국은 그 체약당사국에 대하여 이 의정서가 발효된 날부터 2년이 지난 후 언제든지 이 의정서를 탈퇴할 수 있다.
2. 탈퇴는 사무총장에게 탈퇴서를 기탁함으로써 효력이 발생된다.
3. 탈퇴는 사무총장이 탈퇴서를 접수한 날부터 1년이 경과한 후 또는 탈퇴서에 명시된 기간이 더 긴 경우 동 기간이 경과한 후에 효력이 발생된다.

제 28 조 수탁자

1. 이 의정서는 사무총장에 기탁된다.
2. 제10조제5항, 제16조제5항, 제21조제4항, 제22조제5항 및 제26조제5항에 명시된 역할 외에도 사무총장은 다음 각 호의 임무를 수행한다.
   1. 이 의정서에 서명하거나 가입한 모든 국가에 다음을 통보한다.
      1. 신규 서명 또는 비준·승낙·승인 및 가입서의 기탁과 그 날짜
      2. 이 의정서의 발효일
      3. 이 의정서의 탈퇴서 기탁 및 동 탈퇴서의 접수일과 효력 발생일
   2. 이 의정서의 인증등본을 이 의정서에 서명 또는 가입한 모든 국가에 송부한다.
3. 이 의정서 발효 즉시, 사무총장은 국제연합 헌장 제102조에 따라 등록하고 공표하기 위하여 이 의정서의 인증등본을 국제연합 사무총장에게 송부한다.

제29조 정본

이 의정서는 단일한 원본으로서 아랍어, 중국어, 영어, 불어, 러시아어 및 스페인어로 작성되고, 각 원본은 동등하게 정본이다.

이상의 증거로, 아래 서명자들은 그들 각자의 정부로부터 정당하게 권한을 위임 받아 이 의정서에 서명하였다.
1996년 11월 7일 런던에서 작성되었다.

부속서 1 투기를 고려할 수 있는 폐기물이나 그 밖의 물질

1. 이 의정서 제2조와 제3조에 따른 목적과 포괄적 의무사항을 유념하면서, 다음 폐기물이나 그 밖의 물질은 투기를 위하여 고려될 수 있다.
    1. 준설물질
    2. 하수오니
    3. 생선폐기물이나 산업적 생선가공공정에서 발생되는 물질
    4. 선박 및 플랫폼 또는 그 밖의 인공해양구조물
    5. 불활성 무기지질물질
    6. 천연기원의 유기물질
    7. 주로 강철, 철, 콘크리트 및 이와 유사한 무해한 물질로 구성된 부피가 큰 물질로서 물리적 영향이 고려되고, 그러한 폐기물이 작은 섬과 같은 고립된 공동체에서 발생하여 투기 이외의 다른 실질적인 처분 방법이 없는 경우
    8. 격리 목적의 이산화탄소 포집 공정으로부터 발생한 이산화탄소 스트림
2. 제1항제4호 및 제7호에 열거된 폐기물이나 그 밖의 물질은, 부유물질을 발생시키거나 해양 환경의 오염을 유발할 수 있는 물질이 최대한 제거되고, 투기된 물질이 어업이나 항해에 심각한 장애를 주지 아니하는 경우에 투기를 위하여 고려될 수 있다.
3. <u>위 규정에도 불구하고, 제1항제1호부터 제8호까지 열거된 물질 중, 국제원자력기구가 정의하고 체약당사국이 채택한 최소치(면제)농도 이상의 방사능을 포함한 것은 투기할 수 없다.</u> 단, 1994년 2월 20일로부터 25년 이내, 그리고 그 후 매 25년마다 체약당사국들은 적절하다고 판단되는 그 밖의 요인을 고려하여 고준위 방사성 폐기물이나 물질을 제외한 모든 방사성 폐기물과 그 밖의 방사성 물질에 대한 과학적인 연구를 완수하며, 제22조의 절차에 따라 그러한 물질의 투기 금지를 검토한다.
4. 제1항제8호에 언급된 이산화탄소 스트림은 다음의 경우에만 투기를 고려할 수 있다.
    1. 해저 지질 구조 내에 처리되는 경우, 그리고
    2. 압도적으로 이산화탄소로 구성되는 경우. 원료물질과 포집·격리 공정 이용에서 기인한 관련 부수물질이 포함될 수 있다. 그리고
    3. 폐기물이나 그 밖의 물질이 그러한 폐기물이나 그 밖의 물질의 처리를 목적으로 추가되지 않는 경우

부속서 2 투기를 고려할 수 있는 폐기물이나 그 밖의 물질에 대한 평가

일반
1. 특정 상황에서의 투기 용인은 투기의 필요성을 추가적으로 감축하는 이 부속서상의 의무를 제거하지 아니한다.

폐기물 방지 감사
2. 투기에 대한 대안을 평가하는 초기단계는 적절한 경우 다음 항목들을 포함한다.
    1. 발생된 폐기물의 유형, 분량 및 관련 위험
    2. 생산 공정 상세 및 그 공정 내 폐기물 출처
    3. 다음 폐기물 감축/방지 기술의 실행가능성
        1. 생산품 재구성
        2. 청정 생산 기술
        3. 공정 수정
        4. 투입물 대체
        5. 현장 폐기물 재활용
3. 일반적으로, 요청된 감사에서 폐기물 발생을 원천적으로 방지할 수 있는 방법이 있다고 밝혀진 경우, 신청자는 관련된 지방 및 국가 기관과의 협력을 통하여 특정 폐기물 감축 목표와 이 목표의 달성을 보장할 추가적인 폐기물 방지 감사에 대한 규정을 포함한 폐기물 방지전략을 수립하고 시행한다. 허가증 발급이나 갱신 판정은 모든 폐기물 감축과 방지 요건들의 준수를 보장한다.
4. 준설물질 및 하수오니에 대한 폐기물관리 목표는 오염원을 파악하고 제어하는 것이다. 이는 폐기물 방지 전략의 이행을 통하여 달성 되고, 고정 오염원과 이동 오염원의 규제를 관할하는 지방 및 국가 기관 간 협력이 필요하다. 이러한 목표가 달성될 때까지는 오염된 준설물질 문제는 육상이나 해양에서 처분관리기술을 사용하여 다루어질 수 있다.

폐기물 관리 방안 심의
5. 폐기물이나 그 밖의 물질의 투기 신청서는 환경영향이 커지는 순서대로 나열한 다음의 폐기물 관리 방안에 대한 적절한 검토가 이루어졌음을 증명한다.
    1. 재사용
    2. 현장외부 재활용
    3. 유해성분의 파괴
    4. 유해성분의 감축 또는 제거를 위한 처리
    5. 육상·대기 및 해양 폐기
6. 폐기물이나 그 밖의 물질의 투기에 대한 허가는 허가증 발급 기관이 인간건강 및 환경에 대한 과도한 위험을 초래하거나 불균형한 비용 부담 없이 폐기물을 재사용하거나 재활용 또는 처리할 적절한 기회가 존재한다고 판단된 경우 기각된다. 다른 처분 수단의 실제적인 이용가능성은 투기와 그 대안 둘 모두에 관한 상대적 위험 평가의 관점에서 심의된다.

화학적·물리적 및 생물학적 특성

7. 해당 폐기물에 대한 상세한 설명 및 특성 규명은 대안 심의를 위한 필수 전제 조건이며 폐기물 투기 가능 여부를 결정하는 근거이다. 만약 폐기물의 특성 규명이 불충분하게 이루어져 인간건강과 환경에 대한 잠재적 영향에 대하여 적정한 평가가 이루어질 수 없다면, 그 폐기물은 투기되어서는 아니 된다.
8. 폐기물과 그 성분에 대한 특성 규명은 다음 사항을 고려한다.
   1. 출처, 총량, 형태 및 평균 조성
   2. 물리적, 화학적, 생화학적 및 생물학적 특성
   3. 독성
   4. 물리적, 화학적 및 생물학적 지속성
   5. 생체 물질이나 퇴적물에 대한 축적 및 생체 내 변화

행동목록

9. 각 체약당사국은 인간건강 및 해양환경에 미치는 잠재적 영향에 근거하여 대상 폐기물과 그 성분을 선별하기 위한 장치를 제공 하도록 국가별 행동목록을 개발한다. 행동목록에 포함할 물질을 선정하는 데 있어, 우선적으로 인위적 기원에서 비롯한 독성이 있고 지속적이며 생체 내에 축적이 되는 물질을 고려한다(예: 카드뮴, 수은, 유기 할로겐 화합물, 광유류, 그리고 관련되는 경우 비소, 납, 구리, 아연, 베릴륨, 크롬, 니켈, 바나듐, 유기 규소 화합물, 시안 화합물, 불소화합물, 유기할로겐 이외의 살충제나 그 부산물). 행동목록은 추가적인 폐기물 방지 심의를 위한 유인 장치로도 사용될 수 있다.
10. 행동목록은 상위 등급을 두어야 하고 하위 등급 역시 명시할 수 있다. 상위 등급은 인간건강 또는 해양 생태계를 대표하는 민감한 해양 생물에 대한 급성 또는 만성적 영향을 피하도록 설정된다. 행동목록을 적용하면 폐기물은 3가지 범주로 분류될 수 있다.
    1. 명시된 물질을 포함하거나 생물학적 반응을 일으키며 상위 등급을 초과하는 폐기물은, 관리 기술이나 공정을 거쳐 투기에 적합하지 아니하는 한 투기되지 아니한다.
    2. 명시된 물질을 포함하거나 생물학적 반응을 일으키며 하위 등급 미만인 폐기물은 투기 관련 환경적 우려가 거의 없다고 간주된다.
    3. 명시된 물질을 포함하거나 생물학적 반응을 일으키며 상위 등급 미만 하위 등급 이상인 폐기물은 투기 적합성을 판정하기 전에 보다 세부적인 평가가 필요하다.

투기장 선정

11. 투기장 선정에 필요한 정보는 다음을 포함한다.
    1. 수주와 해저의 물리적, 화학적, 생물학적 특성
    2. 고려 중인 지역 내 위락 시설의 위치, 해양의 가치 및 다른 용도
    3. 투기로 인한 성분의 유동을 해양환경 내 물질의 기존 유동과 비교하여 평가
    4. 경제성 및 운용상의 실행 가능성

잠재적 영향 평가

12. 잠재적 영향의 평가는 해양이나 육상 폐기 방안에 따라 예상되는 결과에 대한 간결한 진술, 즉 "영향가설"을 도출한다. 이것은 제안된 처분방안의 승인 여부를 판정하고 환경 감시 요건들을 규정하는 데 근거를 제공한다.
13. 투기에 대한 평가는 폐기물 특성, 제안된 투기장(들)의 여건, 유동, 제안된 처분 기술에 관한 정보를 통합하고 인간 건강, 생물자원, 위락시설과 그 밖의 해양의 적법한 사용에 대한 잠재적 영향을 명확히 한다. 평가는 합리적이고 보수적인 가정을 기초로 예상되는 영향의 특성, 시간적·공간적 규모와 지속성을 규정한다.
14. 각 처분 방안별 분석은 인간건강에 대한 위험, 환경 비용, 위험(사고 포함), 경제성과 향후 이용의 배제 등의 관심사에 대한 상대 평가의 관점에서 심의된다. 만약 이 평가 결과가 제안된 처분 방안으로 야기될 수 있는 영향을 판단할 만큼 정보가 충분하지 아니함이 드러나면, 이 방안은 더 이상 고려되지 아니한다. 또한 상대평가 결과 투기방안이 덜 바람직한 것으로 나타나면, 투기 허가증은 발급되지 아니한다.
15. 각 평가는 투기를 허가하거나 기각하는 판정을 지원하는 진술로 종결된다.

감시

16. 감시는 허가 조건을 충족하고(준수 감시), 허가 발급 검토 과정 및 투기장 선정 과정에서 수립한 가정이 환경과 인간건강을 보호하기에 적합하고 충분한지를 검증하기(현장 감시) 위하여 실시된다. 이러한 감시 계획은 명확히 규정된 목적이 필요하다.

허가증과 허가요건

17. 허가증 발급 판정은 모든 영향평가가 완료되고 감시 요건들이 결정된 경우에만 이루어진다. 허가증 발급 규정은 가능한 한 환경 교란 및 손해의 최소화와 이익의 최대화를 보장한다. 발급된 모든 허가증은 다음을 상술하는 자료와 정보를 포함한다.
    1. 투기될 물질의 유형과 출처
    2. 투기장의 위치
    3. 투기 방법
    4. 감시와 보고 요건
18. 허가증은 감시 결과 및 감시 계획의 목적을 고려하여 정기적으로 재검토 된다. 감시 결과의 재검토는 현장 계획의 지속·개정 또는 종료의 필요 여부를 나타내고, 허가의 지속·변경 또는 취소에 관하여 정보에 근거한 판정을 내리는 데 기여한다. 이는 인간건강과 해양 환경 보호를 위한 중요한 반응 장치를 제공한다.

부속서 3 중재 절차

제 1 조

1. 중재재판부(이하 재판부)는 이 의정서 제16조를 적용하여, 어떤 체약당사국이 다른 체약당사국에 제기한 요청에 따라 설치된다. 중재 요청은 그 사건에 대한 진술시와 증거서류로 구성된다.

2. 요청한 체약당사국은 다음 사항을 사무총장에게 통지한다.
   1. 중재 요청
   2. 해석 또는 적용에 대한 의견 차이가 있다고 해당 체약당사국이 판단하는 이 의정서의 조항
   3. 사무총장은 이 정보를 모든 체약당사국에게 알린다.

제 2 조

1. 재판부는 중재 요청을 접수한 날부터 30일 내에 그 분쟁 체약 당사국간 합의하는 경우 단독 중재재판관으로 구성된다.
2. 중재재판관의 사망, 심신장애 또는 결석의 경우, 분쟁 체약당사국들은 사망, 심신장애 또는 결석의 발생일부터 30일 내에 중재인의 교체를 합의할 수 있다.

제 3 조

1. 분쟁 체약당사국이 이 부속서 제2조에 따른 재판부에 합의하지 아니하는 경우, 재판부는 다음 3명의 중재재판관으로 구성된다.
   1. 각 분쟁 체약당사국이 지명하는 중재재판관 1명
   2. 이들 두 중재인의 합의에 의하여 지명되어 재판장으로 역할을 수행할 제3의 중재재판관
2. 재판부의 재판장이 두 번째 중재재판관이 지명된 날부터 30일 내에 지명되지 아니할 경우, 분쟁 체약당사국은 일방 당사자의 요청에 따라 그 후 30일 내에 사무총장에게 합의된 적격자의 명단을 제출한다. 사무총장은 가능한 한 빨리 그 명단에서 재판장을 선정한다. 사무총장은 분쟁상대국이 찬성하지 아니하는 한 일방 체약당사국의 국민이거나 국민이었던 자를 재판장으로 선정해서는 아니 된다.
3. 분쟁의 일방 체약당사국이 제1항제1호에 따라 중재요청이 접수된 날부터 60일 이내에 중재재판관을 지명하지 못한 경우, 상대 체약당사국은 그 후 30일 이내에 합의된 적격자 명단을 사무총장에게 제출할 것을 요청할 수 있다. 사무총장은 가능한 한 빨리 그 명단에서 재판부 재판장을 선출하고, 선출된 재판장은 중재재판관을 지명하지 아니한 체약당사국에게 지명토록 요청한다. 요청을 받은 체약당사국이 15일 이내에 중재인을 지명하지 아니한 경우, 사무총장은 재판장의 요청에 따라 합의된 적격자 명단에서 중재재판관을 지명한다.
4. 중재재판관의 사망, 심신장애 또는 결석의 경우, 그 중재재판관을 임명한 분쟁 체약당사국은 그러한 사망, 심신장애 또는 결석 발생일부터 30일 이내에 후임자를 지명한다. 만일 그 체약당사국이 후임자를 지명하지 아니한 경우, 남은 중재재판관들이 중재를 진행한다. 재판장의 사망, 심신장애 또는 결석의 경우, 이러한 발생일부터 90일 이내에 제1항 제2호 및 제2항에 따라 후임자가 지명된다.
5. 중재재판관 명단은 사무총장이 보유하며 체약당사국에 의하여 지명된 적격자로 구성된다. 각 체약당사국은 자국민의 여부에 관계없이 4명을 중재재판관 명단에 포함시킬 수 있다. 만일 분쟁 체약당사국이 제2항, 제3항 및 제4항에 따라 정하여진 기간 내에 합의된 적격자 명단을 사무총장에게 제출하지 못할 경우, 사무총장은 그가 보유하고 있는 명단에서 중재재판관을 선정한다.

제 4 조
재판부는 소송대상에서 직접적으로 발생하는 반대의견을 심리하고 판결을 내릴 수 있다.

제 5 조
그 분쟁의 각 체약당사국은 자신의 소송 준비에 소요된 비용을 부담한다. 재판부 구성원의 보수 및 중재에 소요된 모든 일반 경비는 분쟁 체약당사국이 균등하게 분담한다. 재판부는 모든 경비를 기록에 남기고 경비에 대한 최종명세서를 그 체약당사국에게 제출한다.

제 6 조
분쟁의 판결로 영향을 받을 수 있는 법률적 이해관계를 가지는 체약당사국은 그 절차를 개시한 분쟁 체약당사국들에 서면으로 통보한 후 재판부의 동의를 얻어 자비로 중재 절차에 참가할 수 있다. 이러한 참가 국가는 이 부속서 제7조의 절차에 따라 참가하게 된 문제에 대하여 증거 및 소송 사건 적요서를 제출하고 구두 변론을 할 권한을 가질 수 있으나 재판부 구성에 관한 권한은 가질 수 없다.

제 7 조
이 부속서에 따라 설립된 재판부는 자신의 의사규칙을 결정한다.

제 8 조
1. 재판부가 단독 중재재판관으로 구성되어 있지 아니하는 한, 절차, 회의 장소 및 회부된 분쟁에 관련된 모든 문제에 관한 결정은 다수결에 의한다. 그러나 분쟁 체약당사국에 의하여 지명된 재판부 구성원의 결석 또는 기권이 재판부가 판정에 도달하는 데 장애가 되어서는 안 된다. 가부 동수의 경우에는 재판장의 투표로 결정된다.
2. 분쟁 체약당사국은 재판부의 운영이 원활하도록 하고 자국의 법령에 따라, 또한 가능한 모든 수단을 이용하여 특히 다음 각 호의 사항을 시행한다.
   1. 필요한 모든 문서 및 정보의 재판부 제공
   2. 재판부의 체약당사국 영토 내 입국, 증인이나 전문가 심문 및 현장 방문 허용
   3. 분쟁의 한 당사국이 제2항을 준수하지 아니한 것이 재판부의 판결 도달 및 판정 언도를 방해하여서는 아니 된다.

제 9 조
재판부는 5개월을 초과하지 아니한 기간만큼 시한을 연장할 필요가 없는 한, 재판부가 구성된 날부터 5개월 이내에 판정을 내려야 한다. 재판서의 판정에는 판결에 대한 사유서가 첨부된다. 판정은 최종적이고 상소할 수 없으며 사무총장에게 통지되고 사무총장은 모든 당사국에 이를 통지한다. 분쟁 당사국들은 즉시 이 판정을 따라야 한다.

08 | 멸종위기에 처한 야생동식물종의 국제거래에 관한 협약(CITES) (1973채택/1975발효/1993한국가입)

체약당사국은, 아름답고 다양한 형태의 야생 동식물이 현세대 및 후세대를 위하여 보호받아야 하는 지구 자연계의 대체할 수 없는 부분임을 인정하고, 미적·과학적·문화적·여가적 및 경제적측면에서 야생 동식물의 점증하는 가치를 의식하며, 국민과 국가가 야생 동식물의 최선의 보호자이고 또한 보호자여야 함을 인정하고, 국제무역을 통한 과도한 개발로부터 특정 야생 동식물의 종을 보호 하기 위하여는 국제협력이 필수적임을 인정하며, 이러한 목적을 위하여 적절한 조치를 취하여야 할 긴급성을 확신하고, 다음과 같이 합의하였다.

제 1 조   정의
이 협약의 목적상, 문맥에서 달리 요구되지 아니하는 한,
가. "종"이라 함은 종, 아종 또는 지리적으로 격리된 개체군을 말한다.
나. "표본"이라 함은 다음을 말한다.
   (1) 살아있거나 죽은 동·식물
   (2) 동물의 경우
      - 부속서 I 및 II에 포함된 종에 대하여는 쉽게 식별할 수 있는 부분 또는 그 파생물
      - 부속서 III에 포함된 종에 대하여는, 종과 관련하여 부속서 III에 규정된 쉽게 식별할 수 있는 부분 또는 그 파생물
   (3) 식물의 경우
      - 부속서 I에 포함된 종에 대하여는 쉽게 식별할 수 있는 부분 또는 그 파생물
      - 부속서 II 및 III에 포함된 종에 대하여는, 종과 관련하여 부속서 II 및 III에 규정된 쉽게 식별할 수 있는 부분 또는 그 파생물
다. "거래"라 함은 수출·재수출·수입 및 해상으로부터 반입을 말한다.
라. "재수출"이라 함은 이전에 수입되었던 표본의 수출을 말한다.
마. "해상으로부터 반입"이라 함은 어느 국가의 관할권에도 속하지 아니하는 해양환경에서 획득된 종의 표본을 특정국가로 운반하는 것을 말한다.
바. "과학당국"이라 함은 제9조에 따라 지정된 국가의 과학당국을 말한다.
사. "관리당국"이라 함은 제9조에 따라 지정된 국가의 관리당국을 말한다.
아. "당사국"이라 함은 이 협약이 발효하고 있는 국가를 말한다.

제 2 조   기본원칙
1. 부속서 I은 거래로 영향을 받거나 받을 수 있는 멸종위기에 처한 모든 종을 포함한다. 이러한 종의 표본의 거래는 종의 생존이 더 이상 위협을 받지 아니하도록 특별히 엄격한 규제를 받아야 하며, 예외적인 상황에서만 허가되어야 한다.
2. 부속서 II는 다음 종을 포함한다.
   가. 현재 반드시 멸종위기에 처해 있지는 아니하나 생존을 위협하는 이용을 회피할 목적으로 표본의 거래를 엄격하게 규제하지 아니하면 멸종위기에 처할 수 있는 종

나. 가호에 규정된 일부 종의 표본의 거래를 효과적으로 통제하기 위하여 규제를 하여야 하는 그 밖의 종
3. 부속서Ⅲ은 당사국이 이용을 방지 또는 제한할 목적으로 자기 나라의 관할권 안에서 규제를 받아야 하는 종으로 확인하고 또한 거래 통제를 위하여 다른 당사국의 협력이 필요한 것으로 확인한 종을 포함한다.
4. 당사국은 이 협약의 규정에 따른 경우를 제외하고 부속서Ⅰ, Ⅱ 및 Ⅲ에 포함된 종의 표본의 거래를 허용하지 아니한다.

제 3 조　　부속서Ⅰ에 포함된 종의 표본의 거래에 대한 규제

1. 부속서Ⅰ에 포함된 종의 표본의 거래는 이 조의 규정에 따른다.
2. 부속서Ⅰ에 포함된 종의 표본을 수출하기 위하여는 수출허가서를 사전에 발급받아 제출하여야 한다. 수출허가서는 다음과 같은 경우에만 발급한다.
    가. 수출국의 과학당국에서 표본의 수출이 종의 생존에 해롭지 아니하다는 의견을 제시한 경우
    나. 수출국의 관리당국에서 표본이 동식물 보호에 관한 수출국의 법을 위반하지 아니하고 획득되었다고 인정한 경우
    다. 수출국의 관리당국에서 살아있는 표본이 상해·건강에 대한 피해 또는 학대의 위험이 최소화하도록 준비되어 선적될 것으로 인정한 경우
    라. 수출국의 관리당국에서 표본에 대한 수입허가서가 발급되었다고 인정한 경우
3. 부속서Ⅰ에 포함된 종의 표본을 수입하기 위하여는 수입허가서와 수출허가서 또는 수입허가서와 재수출증명서를 사전에 발급받아 제출하여야 한다. 수입허가서는 다음과 같은 경우에만 발급된다.
    가. 수입국의 과학당국에서 표본의 수입이 관련 종의 생존에 해롭지 아니한 목적을 위한 것이라는 의견을 제시한 경우
    나. 수입국의 과학당국에서 살아있는 표본의 수령 예정자가 표본을 수용하고 보호할 적절한 시설을 갖추고 있다고 인정한 경우
    다. 수입국의 관리당국에서 표본이 주로 상업적인 목적으로 이용되지 아니할 것이라고 인정한 경우
4. 부속서Ⅰ에 포함된 종의 표본을 재수출하기 위하여는 재수출 증명서를 사전에 발급받아 제출하여야 한다. 재수출증명서는 다음과 같은 경우에만 발급된다.
    가. 재수출국의 관리당국에서 표본이 이 협약의 규정에 따라 재수출국으로 수입되었다고 인정한 경우
    나. 재수출국의 관리당국에서 살아있는 표본이 상해·건강에 대한 피해 또는 학대의 위험이 최소화되도록 준비되어 선적될 것으로 인정한 경우
    다. 재수출국의 관리당국에서 수입허가서가 살아있는 표본에 대하여 발급되었다고 인정한 경우
5. 부속서Ⅰ에 포함된 종의 표본을 해상으로부터 반입하기 위하여는 반입국의 관리당국으로부터 증명서를 사전에 발급받아야 한다. 증명서는 다음과 같은 경우에만 발급된다.
    가. 반입국의 과학당국에서 반입이 종의 생존에 해롭지 아니하다는 의견을 제시한 경우

나. 반입국의 관리당국에서 살아있는 표본의 수령 예정자가 표본을 수용하고 보호할 적절한 시설을 갖추고 있다고 인정한 경우

다. 반입국의 관리당국에서 표본이 주로 상업적인 목적으로 이용되지 아니할 것이라고 인정한 경우

제 4 조 부속서 Ⅱ에 포함된 종의 표본의 거래에 대한 규제

1. 부속서 Ⅱ에 포함된 종의 표본의 거래는 이 조의 규정에 따른다.
2. 부속서 Ⅱ에 포함된 종의 표본을 수출하기 위하여는 수출허가서를 사전에 발급받아 제출하여야 한다. 수출허가서는 다음과 같은 경우에만 발급된다.

    가. 수출국의 과학당국에서 표본의 수출이 종의 생존에 해롭지 아니하다는 의견을 제시한 경우

    나. 수출국의 관리당국에서 표본이 동식물 보호에 관한 수출국의 법을 위반하지 아니하고 획득되었다고 인정한 경우

    다. 수출국의 관리당국에서 살아있는 표본이 상해·건강에 대한 피해 또는 학대의 위험이 최소화되도록 준비되어 선적될 것으로 인정한 경우

3. 당사국의 과학당국은 부속서 Ⅱ에 포함된 종의 표본에 대하여 자기나라가 발급한 수출허가서와 표본의 실제 수출을 감시한다. 이러한 종이 분포지역의 생태계 안에서 역할에 부합하는 수준으로 또한 부속서 Ⅰ에 포함되는 수준 이상으로 유지되도록 하기 위하여 종의 표본의 수출을 제한하여야 한다고 과학당국에서 결정하는 경우에는 언제든지, 과학당국은 종의 표본에 대한 수출허가서 발급을 제한하기 위하여 취하여야 할 적절한 조치를 적절한 관리당국에 조언한다.

4. 부속서 Ⅱ에 포함된 종의 표본을 수입하기 위하여는 수출허가서 또는 재수출증명서를 사전에 제출하여야 한다.

5. 부속서 Ⅱ에 포함된 종의 표본을 재수출하기 위하여는 재수출 증명서를 사전에 발급받아 제출하여야 한다. 재수출증명서는 다음과 같은 경우에만 발급된다.

    가. 재수출국의 관리당국에서 표본이 이 협약의 규정에 따라 재수출국으로 수입되었다고 인정한 경우

    나. 재수출국의 관리당국에서 살아있는 표본이 상해·건강에 대해 피해 또는 학대의 위험이 최소화되도록 준비되어 선적될 것으로 인정한 경우

6. 부속서 Ⅱ에 포함된 종의 표본을 해상으로부터 반입하기 위하여는 반입국의 관리당국으로부터 증명서를 사전에 발급받아야 한다. 증명서는 다음과 같은 경우에만 발급된다.

    가. 반입국의 과학당국에서 반입이 종의 생존에 해롭지 아니하다는 의견을 제시한 경우

    나. 반입국의 관리당국에서 살아있는 표본이 상해·건강에 대한 피해 또는 학대의 위험이 최소화되도록 취급될 것으로 인정한 경우

7. 제6항에 규정된 증명서는 국내의 다른 과학기관 또는 적절한 경우 국제적 과학기관과 협의하여 과학당국의 자문에 따라 발급될 수 있다. 다만, 이 경우 전체수의 표본을 반입하는 데 소요되는 기간은 1년을 초과하지 못한다.

제 5 조 부속서Ⅲ에 포함된 종의 표본의 거래에 대한 규제

1. 부속서Ⅲ에 포함된 종의 표본의 거래는 이 조의 규정에 따른다.
2. 부속서Ⅲ에 포함된 종의 표본을 종을 부속서Ⅲ에 포함시킨 국가로부터 수출하기 위하여는 수출허가서를 사전에 발급받아 제출하여야 한다. 수출허가서는 다음과 같은 경우에만 발급된다.
    가. 수출국의 관리당국에서 표본이 동식물 보호에 관한 수출국의 법을 위반하지 아니하고 획득되었다고 인정한 경우
    나. 수출국의 관리당국에서 살아있는 표본이 상해·건강에 대한 피해 또는 학대의 위험이 최소화되도록 준비되어 선적될 것으로 인정한 경우
3. 제4항이 적용되는 경우를 제외하고, 부속서Ⅲ에 포함된 종의 표본을 수입하기 위하여는 원산지증명서를 사전에 제출하여야 하며, 종을 부속서Ⅲ에 포함시킨 국가로부터 수입하는 경우에는 수출허가서를 사전에 제출하여야 한다.
4. 재수출의 경우, 재수출 국가에서 가공되었거나 재수출되는 것이라고 재수출국의 관리당국에서 증명서를 발급하면 수입국은 이를 해당 표본에 관하여 이 협약의 규정이 준수되었다는 증거로 인정한다.

제 6 조 허가서 및 증명

1. 제3조·제4조 및 제5조의 규정에 따라 발급되는 허가서와 증명서는 이 조의 규정에 따른다.
2. 수출허가서는 부속서Ⅳ의 양식에 명시된 사항을 포함하며, 발급된 날부터 6월 안에 수출되는 경우에만 사용할 수 있다.
3. 허가서 또는 증명서에는 이 협약의 명칭, 이러한 서류를 발급하는 관리당국의 명칭·날인 및 관리당국이 부여하는 통제번호가 포함된다.
4. 관리당국이 발급하는 허가서 또는 증명서의 사본에는 사본임을 명시하고, 이 사본을 원본에 갈음하여 사용하고자 하는 경우에는 사본에 정해진 범위로 한정한다.
5. 표본의 각 탁송화물에 대하여는 별도의 허가서 또는 증명서를 발급받아야 한다.
6. 표본 수입국의 관리당국은 표본의 수입을 위하여 제출된 수출 허가서 또는 재수출증명서와 이에 상응하는 수입허가서를 실효시킨 후 보관한다.
7. 적절하고 가능한 경우, 관리당국은 표본을 용이하게 식별하기 위하여 표본에 표지를 부착할 수 있다. 이러한 목적을 위하여 "표지"라 함은 권한이 없는 자가 모방할 수 없도록 고안된 지워지지 아니하는 압인·날인 또는 표본을 확인하기 위한 그 밖의 적절한 수단을 말한다.

제 7 조 거래 관련 면제 및 그 밖의 특별 규정

1. 표본이 세관의 관할을 받으면서 당사국의 영토를 통과하거나 영토 안에서 경유 또는 환적될 경우에 제3조·제4조 및 제5조의 규정은 적용되지 아니한다.
2. 수출국 또는 재수출국의 관리당국에서 이 협약의 규정이 표본에 대하여 적용되기 전에 표본이 획득되었음을 인정하고 이러한 취지의 증명서를 발급하는 경우, 제3조·제4조 및 제5조의 규정은 이러한 표본에 적용되지 아니한다.
3. 제3조·제4조 및 제5조의 규정은 개인 소지품이거나 가재도구인 표본에는 적용되지 아니한다. 이러한 면제는 관리당국에서 이 협약의 규정이 표본에 적용되기 전에 표본이 획득되었다고 인정하지 아니하는 한 다음의 경우에는 적용되지 아니한다.

가. 부속서 I에 포함된 종의 표본이 소유자의 상주국 밖에서 획득 되어 상주국으로 수입된 경우
　　　나. 부속서 II에 포함된 종의 표본의 경우에
　　　　(1) 소유자가 상주국 밖의 국가에서 야생상태로부터 분리된 표본을 획득한 경우
　　　　(2) 표본이 소유자의 상주국으로 수입된 경우
　　　　(3) 야생상태에서 표본이 분리된 국가에서 표본 수출에 악서 수출허가서의 사전발급을 요구하는 경우
4. 부속서 I에 포함된 동물 종의 표본으로서 상업적 목적으로 사육되어 번식된 표본 또는 부속서 I에 포함된 식물 종의 표본으로서 상업적 목적으로 인공번식된 표본은 부속서 II에 포함된 종의 표본으로 간주한다.
5. 수출국의 관리당국에서 동물 종의 표본이 사육·번식되었다고 또는 식물 종의 표본이 인공번식되었다고 또는 이러한 동·식물의 부분 또는 파생물이라고 인정하는 경우, 이러한 관리당국이 이와 같은 취지로 발급하는 증명서는 제3조·제4조 또는 제5조의 규정에 따라 요구되는 허가나 증명서에 갈음하여 수락된다.
6. 제3조·제4조 및 제5조의 규정은 석엽표본, 보존·건조 또는 포매된 그 밖의 박물관용 표본 및 관리당국이 발급·승인한 표지를 부착한 살아있는 식물이 관리당국에 등록된 과학자 또는 과학기관 사이에 비상업적으로 대여·증여 또는 교환되는 경우에는 적용되지 아니한다.
7. 관리당국은 다음의 경우에 제3조·제4조 및 제5조의 요건을 면제하고 허가서나 증명서 없이 이동동물원·곡예단·유랑동물원·식물전시회 또는 그 밖의 이동전시회를 구성하는 표본의 이동을 허가할 수 있다.
　　가. 수출·입자가 표본의 상세를 관리당국에 등록하는 경우
　　나. 표본이 제2항 또는 제5항에 명시된 범주에 속하는 경우
　　다. 관리당국에서 살아있는 표본이 상해·건강에 대한 피해 또는 학대의 위험이 최소화되도록 수송되고 보호될 것임을 인정한 경우

제8조　당사국의 조치

1. 당사국은 이 협약의 규정을 시행하고 이를 위반하는 표본의 거래를 금지하기 위하여 적절한 조치를 취한다. 이러한 조치에는 다음 사항이 포함된다.
　　가. 표본의 거래 또는 소지에 대한 처벌 또는 양자 모두에 대한 처벌
　　나. 표본의 몰수 또는 수출국으로 반송 규정
2. 제1항에 따른 조치에 추가하여, 당사국은 필요하다고 판단하는 경우 이 협약 규정의 적용조치를 위반하고 거래된 표본의 몰수 때문에 발생한 비용의 국내적 변상방법을 규정할 수 있다.
3. 당사국은 표본의 거래에 필요한 절차가 가능한 한 신속히 이루어지도록 보장한다. 당사국은 신속한 절차를 촉진하기 위하여 표본이 통관되는 출·입국항을 지정할 수 있다. 또한 당사국은 살아있는 표본이 통과·보관 또는 선적 기간 중에 상해·건강에 대한 피해 또는 학대의 위험이 최소화되도록 적절히 보호될 것임을 보장한다.
4. 살아있는 표본이 제1항에 규정된 조치에 따라 몰수될 경우 다음과 같이 조치한다.
　　가. 표본은 몰수국의 관리당국에 인도된다.

나. 관리당국은 수출국과 협의한 후 표본을 수출국의 부담으로 수출국에 반송하거나, 보호센터 또는 관리당국이 이 협약의 목적과 부합하며 적절하다고 인정하는 그 밖의 장소로 반송한다.

다. 관리당국은 보호센터 또는 그 밖의 장소 선택을 포함하여 나호에 따른 결정을 촉진하기 위하여, 과학당국의 자문을 구하거나 또는 바람직하다고 인정하는 경우에는 언제든지 사무국과 협의할 수 있다.

5. 제4항에 규정된 보호센터는 살아있는 표본 특히 몰수된 표본의 건강상태를 보호하기 위하여 관리당국이 지정한 기관을 말한다.

6. 당사국은 부속서 I, II 및 III에 포함된 종의 표본의 무역과 관련, 다음 사항에 관한 기록을 유지한다.

가. 수출·입자의 성명 및 주소

나. 발급된 허가서와 증명서의 숫자 및 종류, 거래상대국, 표본의 숫자 또는 양과 종류, 부속서 I, II 및 III에 포함된 종의 명칭, 가능한 경우 해당 표본의 크기 및 성별

7. 당사국은 이 협약의 이행에 관하여 다음과 같은 정기보고서를 준비하여 사무국에 제출한다.

가. 제6항 나호에 명시된 자료의 개요를 포함하는 연례보고서

나. 이 협약의 규정을 시행하기 위하여 취한 입법·규제·행정조치에 관한 격년보고서

8. 제7항에 규정된 자료는 관련 당사국의 국내법과 저촉되지 아니하는 한 공개된다.

제 9 조   관리당국 및 과학당국

1. 당사국은 이 협약의 목적상 다음의 당국을 지정한다.

가. 당사국을 대표하여 허가서 또는 증명서를 발급할 권한을 가진 하나 또는 그 이상의 관리당국

나. 하나 또는 그 이상의 과학당국

2. 비준서·수락서·승인서 또는 가입서를 기탁하는 국가는 동시에 다른 당사국 및 사무국과 연락할 권한이 부여된 관리당국의 명칭과 주소를 수탁정부에 통지한다.

3. 이 조의 규정에 따른 지정 또는 권한사항에 변동이 있는 경우, 당사국은 이를 모든 다른 당사국에 전달될 수 있도록 사무국에 통보한다.

4. 제2항에 규정된 관리당국은 사무국 또는 그 밖의 당사국의 관리 당국으로부터 요청이 있는 경우, 허가서 또는 증명서를 인증하기 위하여 사용된 인장·관인 또는 그 밖의 도구를 통보한다.

제 10 조   협약 비당사국과의 거래

이 협약의 비당사국과 수출·재수출 또는 수입이 이루어지는 경우, 비당사국의 권한있는 당국에서 이 협약상 허가서 및 증명서의 요건과 실질적으로 일치되도록 발급한 문서는 당사국이 허가서 및 증명서에 갈음하여 수락할 수 있다.

제 11 조   당사국 총회

1. 사무국은 이 협약이 발효한 후 2년 안에 당사국 총회를 소집한다.

2. 사무국은 총회에서 달리 결정하지 아니하는 한 그 후에 최소한 2년에 1회 정기회의를 소집하며, 당사국 3분의 1이상의 서면 요청이 있을 때는 언제든지 임시회의를 소집한다.

3. 당사국은 정기 또는 임시회의에서 이 협약의 이행상황을 검토하며, 다음 사항을 수행할 수 있다.
    가. 사무국의 임무 수행에 필요한 규정의 작성
    나. 제15조에 따른 부속서 I 및 II에 대한 개정안의 심의·채택
    다. 부속서 I, II 및 III에 포함된 종의 회복·보전에 관한 진전사항 검토
    라. 사무국 또는 당사국이 제출한 보고서의 접수·심의
    마. 적절한 경우 이 협약의 효율성을 증진시키기 위한 권고
4. 당사국은 정기회의에서 제2항의 규정에 따라 개최되는 다음 정기 회의의 시기 및 장소를 결정할 수 있다.
5. 당사국은 어느 회의든 회의의 의사규칙을 결정하고 채택할 수 있다.
6. 국제연합·국제연합 전문기구·국제원자력기구 및 이 협약의 비당사국은 옵서버로 당사국회의에 참석할 수 있으나 투표권은 가지지 아니한다.
7. 야생 동식물의 보호·보존·관리에 관한 전문기술을 가지고 있는 다음의 기관 또는 단체로서 총회의 회의에 옵서버로 참석하고자 하는 희망을 사무국에 통지한 기관 또는 단체는 출석한 당사국의 최소한 3분의 1이 반대하지 아니하는 한 옵서버로 참석이 허용된다.
    가. 정부간 또는 비정부간 국제기관·단체 및 국내 정부기관·단체
    나. 국내 비정부 기관·단체로서 그 소재국이 회의참석을 승인한 기관·단체 이러한 옵서버의 참석이 허용되는 경우, 옵서버는 투표권이 없이 참석 한다.

제 12 조 사무국

1. 이 협약이 발효하는 경우 국제연합환경계획 사무총장은 사무국을 제공한다. 사무총장은 야생 동식물의 보호·보존·관리에 관한 전문기술을 가진 적절한 정부간·비정부간의 국제·국내기관 및 단체로부터 그가 적절하다고 인정하는 범위 안에서 조력을 받을 수 있다.
2. 사무국의 기능은 다음과 같다.
    가. 당사국회의의 준비·지원
    나. 이 협약의 제15조 및 제16조의 규정에 따라 위임된 기능의 수행
    다. 살아있는 표본의 적절한 준비·선적기준과 표본의 식별 방법에 관한 연구를 포함하여 당사국 총회에서 승인된 계획에 따라 이 협약의 이행에 기여하는 과학적·기술적 연구의 수행
    라. 당사국의 보고서 검토 및 이 협약의 이행보장을 위하여 필요하다고 인정되는 보고서와 관련된 추가 자료의 당사국에 대한 요청
    마. 이 협약의 목적과 관련된 사항에 대한 당사국의 주의 환기
    바. 부속서 I, II 및 III의 최신 개정판과 부속서에 포함된 종의 표본의 식별을 용이하게 하는 자료의 정기적 발간 및 당사국에 대한 배포
    사. 사무국의 활동 및 협약의 이행에 관한 연례보고서와 당사국 회의가 요청하는 그 밖의 보고서의 준비
    아. 과학적·기술적 성격의 자료 교환을 포함하여 이 협약의 목적과 규정을 이행하기 위한 권고
    자. 당사국이 위임하는 그 밖의 기능 수행

제13조 국제적 조치

1. 사무국은 접수된 자료에 비추어 부속서Ⅰ 또는 부속서Ⅱ에 포함된 종이 종의 표본의 거래 때문에 부정적 영향을 받거나 이 협약의 규정이 효과적으로 이행되지 아니한다고 인정하는 경우, 이러한 자료를 관련 당사국의 권한있는 관리당국에 통보한다.
2. 당사국이 제1항에 따라 통보를 받는 경우, 당사국은 자기 나라의 법이 허용하는 범위 안에서 가능한 한 신속히 관련사실을 사무국에 통지하며, 적절한 경우 시정조치를 제안한다. 당사국이 조사가 바람직하다고 인정하는 경우, 이러한 조사는 당사국이 명시적으로 승인한 하나 또는 그 이상의 자가 수행할 수 있다.
3. 당사국이 제공한 자료 또는 제2항에 규정된 조사결과 자료는 다음 당사국 총회에서 검토되며 당사국 총회는 적절하다고 판단하는 어떠한 권고도 할 수 있다.

제14조 국내입법 및 국제협약에 대한 영향

1. 이 협약의 규정은 다음과 같은 국내조치를 채택할 당사국의 권리에 영향을 미치지 아니한다.
    가. 부속서Ⅰ, Ⅱ 및 Ⅲ에 포함된 종의 표본의 거래·포획 채취·소지 또는 운송 조건에 관한 더욱 엄격한 국내조치, 또는 이의 완전한 금지
    나. 부속서Ⅰ, Ⅱ 또는 Ⅲ에 포함되지 아니한 종의 거래·포획채취·소지 또는 운송을 제한하거나 금지하는 국내조치
2. 이 협약의 규정은 표본의 거래·포획채취·소지 또는 운송 등 그 밖의 측면과 관련되어 있으며, 또한 당사국에 대하여 발효 중이거나 또는 추후 발효하게 될 조약·협약 또는 국제협정에 기초한 국내조치의 규정 또는 당사국의 의무에 영향을 미치지 아니하며, 이러한 조치에는 세관·공중보건·수의학·식물검역분야에 관한 조치가 포함된다.
3. 공동대외관세규제를 설립·유지하고 관세규제를 철폐하는 관세 동맹 또는 역내무역협정의 당사국 사이에 체결되었거나 체결될 조약·협약 또는 국제협정의 규정 또는 이로부터 발생하는 의무가 관세동맹 또는 무역 협정 회원국 사이의 거래에 관련되는 경우, 이 협약의 규정은 이와 같은 규정 또는 이로부터 발생하는 의무에 영향을 미치지 아니한다.
4. 관련 규정에 따라 부속서Ⅱ에 포함된 해양 종에 대하여 보호를 부여하고 있으며, 이 협약의 발효 시점에 발효 중인 조약·협약 또는 국제 협정의 당사국인 이 협약의 당사국은 자기나라에 등록된 선박이 이러한 조약·협약 또는 국제협정의 규정에 따라 포획채취한 부속서Ⅱ에 포함된 종의 표본의 거래와 관련하여, 이 협약에 따라 부과되는 의무로부터 면제된다.
5. 제3조·제4조 및 제5조의 규정에 불구하고, 제4항에 따라 포획 채취된 표본을 수출하기 위하여는 이 표본이 관련 조약·협약 또는 국제 협정의 규정에 따라 포획채취되었다는 취지로 반입국의 관리당국에서 발급한 증명서가 있어야 한다.
6. 이 협약의 어떤 규정도 국제연합총회 결의 2750(XXV)에 따라 소집된 국제연합해양법회의의 해양법 법전화 및 발전을 해하지 아니하며, 해양법과 연안국 및 기국 관할권의 성격에 관한 어떤 국가의 현재 또는 장래의 주장 및 법적 견해를 해하지 아니한다.

제15조 부속서 Ⅰ 및 Ⅱ의 개정

1. 당사국 총회 회의에서 부속서 Ⅰ 및 부속서 Ⅱ에 대하여 개정을 할 경우에는 다음의 규정을 적용한다.
   가. 당사국은 다음 회의에서 심의될 부속서 Ⅰ 및 부속서 Ⅱ에 대한 개정안을 제안할 수 있다. 개정안은 최소한 회의 개최 150일 전까지 사무국에 통보된다. 사무국은 제2항 나호 및 다호의 규정에 따라 개정안에 관하여 다른 당사국 및 관련단체와 협의하고, 늦어도 회의개최 30일 전까지 이에 관한 회신을 모든 당사국에 통보한다.
   나. 개정안은 회의에 출석·투표한 당사국의 3분의 2 다수결로 채택된다. 이러한 목적을 위하여 "출석·투표한 당사국"이라 함은 출석하여 찬성 또는 반대투표를 한 당사국을 말한다. 투표에서 기권한 당사국은 개정안의 채택에 필요한 3분의 2에 계산하지 아니한다.
   다. 회의에서 채택된 개정안은 회의 후 90일부터 제3항에 따라 유보 한 당사국을 제외한 그 밖의 모든 당사국에 대하여 발효한다.

2. 당사국 총회의 회기와 회기 사이에 부속서 Ⅰ 및 부속서 Ⅱ에 대한 개정을 할 경우에는 다음의 규정을 적용한다.
   가. 당사국은 당사국 총회의 회기와 회기사이에 검토를 위하여 이 항에 규정된 우편 절차에 따라 부속서 Ⅰ 또는 Ⅱ에 대한 개정안을 제안할 수 있다.
   나. 사무국은 해양 종에 관한 개정안을 접수하는 즉시 이를 당사국에 통보한다. 또한 사무국은 종과 관련된 기능을 수행하는 정부간 단체가 제공할 수 있는 자료를 획득하고 이러한 단체가 실시하는 보존조치를 조정하기 위하여 이러한 단체와 협의한다. 사무국은 이러한 단체가 표명한 견해, 제공한 자료, 사무국 자체의 조사 결과 및 권고를 가능한 한 신속히 당사국에 통보한다.
   다. 사무국은 해양 종 이외의 종에 관한 개정안을 접수하는 즉시 이를 당사국에 통보하고, 가능한 한 신속히 사무국 자체의 권고를 통보한다.
   라. 사무국이 나호 및 다호에 따라 사무국 자체의 권고를 당사국에 통보한 후 60일 안에, 당사국은 관련 과학 자료·정보와 함께 개정안에 대한 의견을 사무국에 전달할 수 있다.
   마. 사무국은 접수된 회신을 사무국 자체의 권고와 함께 가능한 한 신속히 당사국에 통보한다.
   바. 마호의 규정에 따라 회신 및 권고가 통보된 후 사무국이 30일 안에 개정안에 대하여 이의를 접수하지 아니하는 경우, 개정안은 제3항에 따라 유보를 한 당사국을 제외한 그 밖의 모든 당사국에 대하여 90일 후에 발효한다.
   사. 사무국이 당사국으로부터 이의를 접수하는 경우, 개정안은 아호·자호 및 차호의 규정에 따라 우편투표에 회부된다.
   아. 사무국은 이의통고가 접수되었음을 당사국에게 통고한다.
   자. 사무국이 아호에 따른 통고 후 60일 안에 최소한 당사국 과반수로부터 찬성·반대 또는 기권투표를 접수하지 못하는 경우, 개정안은 추후 검토를 위하여 총회의 다음 회의에 회부된다.
   차. 당사국 과반수로부터 투표가 접수된 경우, 개정안은 찬성 또는 반대투표를 한 당사국 3분의 2 다수결로 채택된다.
   카. 사무국은 투표결과를 모든 당사국에 통고한다.

타. 개정안이 채택된 경우, 개정안은 사무국이 개정안이 수락되었음을 통보한 날부터 90일 후에 제3항에 따라 유보를 한 당사국을 제외한 그 밖의 모든 당사국에 대하여 발효한다.
3. 당사국은 제1항다호 또는 제2항 타호에 규정된 90일 기간동안 수탁정부에 대한 서면 통고로써 개정안에 대하여 유보를 할 수 있다. 유보를 한 당사국은 유보를 철회할 때까지 관련 종의 거래와 관련하여 이 협약의 비당사국으로 취급된다.

제 16 조 부속서 Ⅲ 및 그 개정

1. 당사국은 제2조제3항에 규정된 목적을 위하여 자기나라의 관할권 안에서 규제를 받아야 할 대상으로 확인한 종의 목록을 언제든지 사무국에 제출할 수 있다. 부속서 Ⅲ은 이에 포함될 종을 제출한 당사국의 명칭, 제출된 종의 학명 및 제1조나호의 목적상 종과 관련하여 명시된 관련 동·식물의 부분 또는 파생물을 포함한다.
2. 사무국은 제1항의 규정에 따라 제출된 각 목록을 가능한 한 신속히 당사국에 통보한다. 이 목록은 통보일부터 90일 후에 부속서 Ⅲ의 일부로서 발효한다. 당사국은 이 목록이 통보된 후 언제든지 수탁정부에 대한 서면 통고로써 종·종의 부분 또는 파생물에 대하여 유보를 할 수 있으며, 이러한 유보를 철회할 때까지 관련 종·종의 부분 또는 파생물의 거래와 관련하여 이 협약의 비당사국으로 취급된다.
3. 부속서 Ⅲ에 포함시킬 종의 목록을 제출한 당사국은 사무국에 대한 통고로써 언제든지 종의 포함을 철회할 수 있으며, 사무국은 이를 모든 당사국에 통보한다. 철회는 통보일부터 30일 후에 발효한다.
4. 제1항의 규정에 따라 목록을 제출한 당사국은 종의 보호를 위하여 적용되는 모든 국내법규의 사본을, 당사국이 적절하다고 인정하거나 사무국이 요청한 해석과 함께 사무국에 제출한다. 이러한 당사국은 표본이 부속서 Ⅲ에 포함되어 있는 동안 관련 국내법규의 개정사항 또는 개정 법규에 대한 새로운 해석을 제출한다.

제 17 조 협약의 개정

1. 최소한 당사국 3분의 1이 서면으로 요청하는 경우, 사무국은 이 협약의 개정안을 검토·채택하기 위한 당사국 임시총회를 소집한다. 개정안은 출석·투표한 당사국 3분의 2의 다수결로 채택된다. 이러한 목적을 위하여 "출석·투표한 당사국"이라 함은 출석하여 찬성 또는 반대 투표를 한 당사국을 말한다. 투표에서 기권한 당사국은 개정안의 채택을 위하여 필요한 3분의 2에 계산하지 아니한다.
2. 사무국은 개정안을 최소한 회의개최 90일 전까지 모든 당사국에 통보한다.
3. 개정은 당사국의 3분의 2가 개정수락서를 수탁정부에 기탁한 날부터 60일 후에 이를 수락한 국가에 대하여 발효한다. 그 후 그 밖의 당사국에 대하여 개정은 당사국이 개정수락서를 기탁한 날부터 60일 후에 그 당사국에 대하여 발효한다.

제 18 조 분쟁의 해결

1. 이 협약 규정의 해석 또는 적용과 관련하여 둘 또는 그 이상의 당사국 사이에 발생하는 분쟁은 분쟁당사국 사이의 교섭에 따른다.
2. 분쟁이 제1항에 따라 해결되지 아니하는 경우, 당사국은 상호 합의로 분쟁을 중재에 회부할 수 있으며 특히 헤이그 상설중재재판소의 중재에 회부할 수 있다. 분쟁을 중재에 회부한 당사국은 중재재판의 결정에 따른다.

제 19 조 서명

이 협약은 1973년 4월 30일까지 워싱턴에서 서명을 위하여 개방되며 그 후 1974년 12월 31일까지 베른에서 개방된다.

제 20 조 비준·수락·승인

이 협약은 비준·수락 또는 승인을 받아야 한다. 비준서·수락서 또는 승인서는 수탁정부인 스위스 연방정부에 기탁된다.

제 21 조 가입

이 협약은 가입을 위하여 무기한 개방된다. 가입서는 수탁정부에 기탁된다.

이 협약은 그 회원국으로부터 기구에 이전된 사안 및 이 협약에 의하여 다루어지는 사안에 있어서 국제협약의 교섭, 체결, 이행에 관한 권한을 가지는 주권국가들로 구성된 지역적 경제통합기구의 가입을 위하여 개방된다.

가입서에서 그러한 기구들은 이 협약에 의해 규율되는 사안들에 관한 그들의 권한 범위를 선언하여야 한다. 또한 이 기구들은 또한 수탁정부에게 그들의 권한 범위의 실질적 변경을 통지하여야 한다. 협약에 의해 규율되는 사안에 관한 지역경제통합기구들의 통지는 수탁정부에 의해 당사국들에게 배포된다.

그러한 지역 경제 통합 기구들은 그들의 권한 내에 있는 사안들에 있어서 동 협약이 협약 당사국인 회원국들에게 부여한 의무들을 완수하고 권리들을 행사한다. 이러한 경우, 기구의 회원국들은 개별적으로 이러한 권리를 행사할 자격이 없다.

지역 경제 통합 기구들은 그들의 권한 내에 있는 분야에 있어서 이 협약의 당사국인 회원국들의 수와 동등한 투표수만큼의 투표권을 행사한다. 그러한 기구들은 회원국들이 직접 투표권을 행사할 경우 투표권을 행사할 수 없으며, 그 반대의 경우 또한 마찬가지이다.

이 협약 제1조(아)호에서 사용된 "당사국", 협약의 "국가(들)", 또는 협약의 "당사국(들)"에 대한 언급은 이 협약에 의하여 다루어지는 사안들에 있어서 국제협약의 교섭, 체결 및 적용에 관한 권한을 지닌 지역 경제 통합 기구들의 언급을 포함하는 것으로 해석된다.

제 22 조 발효

1. 이 협약은 열번째의 비준서·수락서·승인서 또는 가입서가 수탁정부에 기탁된 날부터 90일 후에 발효한다.
2. 열번째의 비준서·수락서·승인서 또는 가입서가 기탁된 후에 비준·수락·승인 또는 가입하는 국가에 대하여 이 협약은 이 국가가 비준서·수락서·승인서 또는 가입서를 기탁한 날부터 90일 후에 발효한다.

제 23 조 유보

1. 이 협약의 규정은 일반적 유보의 대상이 되지 아니한다. 개별적 유보는 이 조·제15조 및 제16조의 규정에 따라 행하여질 수 있다.
2. 국가는 비준서·수락서·승인서 또는 가입서를 기탁할 때 다음에 대하여 개별적 유보를 행할 수 있다.
    가. 부속서 I, II 또는 III에 포함된 종
    나. 부속서III에 포함된 종과 관련하여 부속서III에 규정된 부분 또는 파생물
3. 이 조의 규정에 따라 행한 유보를 철회할 때까지 당사국은 유보에 규정된 특정 종·부분 또는 파생물의 거래와 관련하여 이 협약의 비당사국으로 취급된다.

제 24 조   폐기

당사국은 언제든지 수탁정부에 대한 서면통고로써 이 협약을 폐기할 수 있다. 폐기는 수탁정부가 통고를 접수한 날부터 12월 후에 발효한다.

제 25 조   수탁자

1. 중국어·영어·불어·러시아어 및 서반아어로 된 이 협약의 원본은 동등하게 정본으로 수탁정부에 기탁되며, 수탁정부는 인증등본을 협약에 서명한 국가 또는 가입서를 기탁한 국가에 송부한다.
2. 수탁정부는 서명국, 가입국 및 사무국에 서명, 비준서·수락서·승인서 또는 가입서의 기탁, 이 협약의 발효, 협약의 개정, 유보의 시행·철회 및 폐기통고를 통지한다.
3. 수탁정부는 이 협약이 발효하는 대로 국제연합헌장 제102조에 따른 등록 및 공표를 위하여 인증등본을 국제연합사무국에 송부한다.

이상의 증거로 아래의 전권대표들이 정당하게 권한을 위임받아 이 협약에 서명하였다. 일천구백칠십삼년 삼월 삼일 워싱턴에서 작성되었다.

09 | 핵사고의 조기통보에 관한 협약
(1986채택/1986발효/1990한국발효)

이 협약의 당사국은,
핵활동이 많은 국가에서 수행되고 있음을 인식하고,
핵사고를 방지하고, 핵사고의 발생시 그러한 사고의 영향을 최소화할 목적으로 핵활동에 있어 고도의 안전을 확보하기 위한 포괄적인 조치가 취하여져 왔고 또 취하여지고 있음에 유의하며,
핵에너지의 안전한 개발과 사용에 있어 국제협력을 보다 강화하기를 희망하며,
국경을 넘어가는 방사능의 영향을 최소화하기 위하여 각국이 핵사고에 관한 관련 정보를 가능한 한 조속히 제공하여야 할 필요성을 확신하며,
이 분야에 있어 정보교환에 관한 양자 및 다자간 약정이 유용함에 유의하여,
다음과 같이 합의하였다.

제 1 조 적용범위

1. 이 협약은 그로부터 방사능 물질이 방출되거나 방출될 가능성이 있고 그 결과 타국의 방사능 안전에 심각한 영향을 미칠 수 있으며, 국제적으로 국경을 넘어 방출을 초래하거나 초래할 수 있는, 아래 제2항에 언급된 당사국 또는 그의 관할이나 통제 하에 있는 인 또는 법인체의 시설이나 활동을 포함한 모든 사고의 경우에 적용된다.
2. 제1항에 언급된 시설 및 활동은 다음과 같다.
   (a) 위치 여부에 관계없이 모든 원자로
   (b) 모든 핵 원료 주기 시설
   (c) 모든 방사능 폐기물 관리 시설
   (d) 핵연료 또는 방사능 폐기물의 수송 및 저장
   (e) 농업, 산업, 의학, 관련과학 및 인구 연구목적을 위한 방사성 동위 원소의 생산, 사용, 저장, 처리 및 수송
   (f) 우주물체에 있어 동력 발생을 위한 방사성 동위원소의 사용

제 2 조 통보 및 정보

제1조에 명시된 사고(이하 "핵사고"라 한다)의 경우, 동조에 언급된 당사국은
(a) 직접 또는 국제원자력기구(이하 "기구"라 한다)를 통하여 제1조에 명시된 바와 같이 물리적 영향을 받거나 또는 받을 수 있는 국가 및 기구에 핵사고 발생사실과 그 성질, 발생 시간 및 적절한 경우 정확한 위치를 즉시 통보하여야 하며,
(b) 직접 또는 기구를 통하여 (a)항에 언급된 국가 및 기구에 그 국가에서의 방사능의 영향을 최소화하기 위하여 제 5조에 명시된 바와 같은 유용한 관련정보를 신속히 제공하여야 한다.

제 3 조 기타 핵사고

방사능의 영향을 최소화하기 위하여 당사국은 제1조에 명시된 것 이외의 핵사고의 경우에도 통보할 수 있다.

제 4 조 기구의 기능

기구는

(a) 당사국, 회원국, 제1조에 명시된 물리적 영향을 받거나 받을 수 있는 기타 국가 및 관련 정부간 국제기구(이하 "국제기구"라 함)에 제2조(a)항에 따라 접수된 통보를 즉시 알려야 하며,

(b) 요청이 있는대로 당사국, 회원국 또는 관련 국제기구에 제2조(b)항에 따라 접수된 정보를 신속히 제공하여야 한다.

제 5 조 제공될 정보

1. 제2조(b)항에 따라 제공될 정보는 통보당사국이 당시 입수할 수 있는 다음 자료를 포함한다.
   (a) 핵사고의 시간, 적절한 경우 정확한 위치 및 성질
   (b) 관련시설 또는 활동
   (c) 방사능 물질의 국경을 넘어선 방출과 관련한 핵사고의 추정된 또는 확인된 원인 및 예상되는 진전상황
   (d) 가능하고 적절한 경우 방사능 방출의 성질, 예상되는 물질적 화학적 형태와 양, 성분 및 유효 고도를 포함한 방사능 방출의 일반적 특성
   (e) 방사능 물질의 국경을 넘어선 방출의 예측에 필요한 현재 및 예측된 기상학적 및 수리학적 조건에 관한 정보
   (f) 방사능 물질의 국경을 넘어선 방출에 관련된 환경감시의 결과
   (g) 조치되거나 계획된 주변지역 방호조치
   (h) 방사능 방출의 시간에 따른 예상되는 행태
2. 그러한 정보는 예상되는 또는 사실상의 종료를 포함한 긴급사태의 전개에 관한 추가 관련 정보에 의하여 적절한 간격으로 보완되어야 한다.
3. 제2조(b)항에 따라 접수된 정보는 그러한 정보가 통보당사국에 의하여 비밀로 제공된 때를 제외하고는 제한없이 사용될 수 있다.

제 6 조 협의

제2조(b)항에 따라 정보를 제공하는 당사국은 합리적으로 가능한 한, 자국에서의 방사능의 영향을 최소화 할 목적으로 피해 당사국에 의한 추가정보 또는 협의 요청에 신속히 응하여야 한다.

제 7 조 주무당국 및 연락처

1. 각 당사국은 직접 또는 기구를 통하여 제2조에 언급된 통보 및 정보를 발송하고 접수할 책임이 있는 주무당국 및 연락처를 기구와 다른 당사국에 공표한다. 그러한 당사국의 연락처 및 기구 내 연락처는 계속적으로 이용가능 하여야 한다.
2. 각 당사국은 제1항에 언급된 정보에서 발생할 수 있는 어떠한 변도도 신속히 기구에 통지하여야 한다.
3. 기구는 관련 국제기구의 연락처 뿐만 아니라 국가별 주무당국 및 연락처의 최신목록을 유지하고 그것을 당사국, 회원국 및 관련 국제기구에 제공하여야 한다.

제 8 조 당사국에의 지원

기구는 기구의 헌장에 따라, 그리고 자신은 핵활동을 하지 아니하나 활발한 핵계획을 가지고 있는 비당사국과 접경하고 있는 당사국의 요청에 따라 이 협약의 목표의 성취를 용이하게 하기 위하여 적절한 방사능 감시체제의 타당성 및 확립에 대한 조사를 하여야 한다.

제 9 조 양자 및 다자약정

상호 이익의 증진을 위하여 적절하다고 생각되는 경우 당사국은 이 협약의 주제에 관한 양자 또는 다자약정의 체결을 고려할 수 있다.

제 10 조 기타 국제협정과의 관계

이 협약은 이 협약에 의하여 다루어진 사항과 관련있는 기존의 국제협정 또는 이 협약의 목적과 취지에 따라 체결될 향후의 국제협정에 따른 당사국 상호간의 권리와 의무에 영향을 미치지 아니한다.

제 11 조 분쟁의 해결

1. 이 협약의 해석 또는 적용에 관한 당사국들간 또는 당사국과 기구간의 분쟁의 경우, 분쟁당사국은 분쟁의 해결을 위하여 교섭에 의하여 또는 그들이 수락할 수 있는 기타 평화적인 분쟁해결 방법에 의하여 협의하여야 한다.
2. 제1항에 따른 협의 요청으로부터 1년 이내에 당사국들 사이에 해결될 수 없는 성격의 분쟁은 그러한 분쟁의 어느 당사국의 요청에 의하여 결정을 위하여 중재에 회부되거나 국제사법재판소에 부탁된다. 분쟁이 중재에 회부되어 요청일로부터 6월 이내에 분쟁당사국이 중재의 구성에 합의할 수 없는 경우, 일방당사국은 국제사법재판소장 또는 국제연합사무총장에게 1인 또는 수인의 중재인을 임명하도록 요청할 수 있다. 분쟁당사자에 의한 요청이 경합할 경우에는 국제연합사무총장에 대한 요청이 우선한다.
3. 이 협약의 서명, 비준, 수락, 승인 또는 가입시 국가는 제2항에 규정된 분쟁해결 절차의 어느 한편 또는 양자에 기속되지 아니함을 선언할 수 있다. 기타 당사국은 그러한 선언을 행한 당사국에 대하여 제2항에 규정된 분쟁해결 절차에 의하여 기속되지 아니한다.
4. 제3항에 따라 선언을 행한 당사국은 수탁자에 대한 통고로써 언제든지 그 선언을 철회할 수 있다.

제 12 조 발효

1. 이 협약은 비엔나의 국제원자력기구 본부 및 뉴욕의 국제연합본부에서 각각 1986년 9월 26일 및 1986년 10월 6일부터 협약 발효시까지 또는 12월 동안 어느 것이든 더 긴 기간까지 모든 국가 및 국제연합 나미비아 위원회에 의하여 대표되는 나미비아에 의한 서명을 위하여 개방된다.
2. 국가 및 국제연합 나미비아 위원회에 의하여 대표되는 나미비아는 서명에 의하거나 또는 비준, 수락 또는 승인을 조건으로 행한 서명후 비준서, 수락서 또는 승인서를 기탁하거나 또는 가입서를 기탁하여 이 협약에 대한 기속적 동의를 표명할 수 있다. 비준서, 수락서, 승인서 또는 가입서는 수탁자에 기탁된다.
3. 이 협약은 3개 국가가 기속적 동의를 표명한 날로부터 30일 후에 발효한다.

4. 이 협약 발효후 이 협약에 의하여 기속적 동의를 표명하는 각 국가에 대하여는 이 협약은 동의 표명일로부터 30일 후에 그 국가에 대하여 효력을 발생한다.
5. (a) 이 협약은 이 협약에서 다루어지는 사항에 있어 국제협정의 교섭, 체결 및 적용에 관한 권한을 가지는 국제기구 및 주권국가로 구성되는 지역 간 통합기구에 의한 가입을 위하여 본조에 규정된바와 같이 개방된다.
   (b) 그들의 권한 내의 문제 있어 그러한 기구들은 그들 자신을 위하여 이 협약에 의하여 당사국에 귀속되는 권리를 행사하고 의무를 이행한다.
   (c) 가입서를 기탁할 때 그러한 기구는 이 협약에 의하여 다루어진 사항과 관련하여 그 권한의 범위를 나타내는 선언을 수탁자에 통고한다.
   (d) 그러한 기구는 그 회원국의 투표권 외에 어떠한 추가적인 투표권도 가지지 아니한다.

제 13 조 잠정적용
국가는 서명시 또는 이 협약의 자국에 대한 발효 전 어느 때라도 이 협약을 잠정적으로 적용할 것을 선언할 수 있다.

제 14 조 개정
1. 당사국은 이 협약에 대한 개정을 제안할 수 있다. 제안된 개정은 수탁자에 제출되어야 하며, 수탁자는 그것을 기타 모든 당사국에 즉시 배포하여야 한다.
2. 당사국의 과반수가 제안된 개정을 심의하기 위하여 회의를 개최할 것을 수탁자에 요청할 경우, 수탁자는 조정장의 발송일보부터 빨라도 30일 후에 시삭될 회의에 참석하도록 모든 당사국을 초청한다. 동 회의에서 모든 당사국의 3분의 2의 다수결에 의하여 채택된 개정은 의정서로 작성되며, 동 의정서는 모든 당사국에 의한 서명을 위하여 비엔나와 뉴욕에서 개방된다.
3. 동 의정서는 3개국에 의한 기속적 동의가 표명된 날로부터 30일 후에 발효한다. 발효 후 의정서에 대한 기속적 동의를 표명한 각국에 대하여는 의정서는 동의 표명일로부터 30일 후에 동 국가에 대하여 발효한다.

제 15 조 폐기
1. 당사국은 수탁자에 대한 서면 통고로써 이 협약을 폐기할 수 있다.
2. 폐기는 수탁자에 의하여 통고가 접수된 날로부터 1년 후에 효력을 발생한다.

제 16 조 수탁자
1. 기구의 사무총장은 이 협약의 수탁자가 된다.
2. 기구의 사무총장은 당사국 및 모든 기타 국가에 다음 사항을 신속히 통보한다.
   (a) 이 협약 또는 개정의정서에 대한 서명
   (b) 이 협약 또는 개정의정서에 대한 비준서, 수락서, 승인서 또는 가입서의 기탁
   (c) 제11조에 따른 선언 또는 철회
   (d) 제13조에 따른 이 협약의 잠정 적용 선언
   (e) 이 협약 및 협약에 대한 개정의 발효
   (f) 제15조에 의한 폐기

제 17 조 정본 및 인증등본

아랍어, 중국어, 영어, 불어, 러시아어 및 스페인어본이 동등히 정본인 이 협약의 원본은 국제원자력기구의 사무총장에 기탁되며, 그는 인증등본을 당사국 및 기타 모든 국가에 송부한다.

이상의 증거로, 아래 서명자는 정당히 권한을 위임받아 제12조 제1항에 규정된 서명을 위하여 개방된 이 협약에 서명하였다.

1986년 9월 26일 비엔나에서 국제원자력기구 특별총회에 의하여 채택되었다.

10 | 핵사고 또는 방사능 긴급사태시 지원에 관한 협약(1986채택/1987발효/1990한국발효)

이 협약의 당사국은,
핵활동이 많은 국가에서 수행되고 있음을 인식하고,
핵사고를 방지하고, 핵사고의 발생시 그러한 사고의 영향을 최소화 할 목적으로 핵활동에 있어 고도의 안전을 확보하기 위한 포괄적인 조치가 취하여져 왔고 또 취하여지고 있음에 유의하며,
핵에너지의 안전한 개발과 사용에 있어 국제협력을 보다 강화하기를 희망하며,
핵사고 또는 방사능 긴급사태시 그 영향을 경감시킬 신속한 지원제공을 용이하게 할 국제체제에 대한 필요성을 확신하며,
이 분야에 있어 상호지원에 관한 양자 및 다자간 약정이 유용함에 유의하며,
핵사고 또는 방사능 긴급사태와 관련하여 상호 긴급지원 약정에 대한 지침을 개발하는 데 있어서의 국제원자력기구의 활동에 유의하여,
다음과 같이 합의하였다.

제 1 조   일반규정

1. 당사국은 핵사고 또는 방사능 긴급사태시 방사능 방출결과로 인한 영향을 최소화하고 인명, 재산 및 환경을 보호하기 위하여 신속한 지원을 용이하게 할 수 있도록 이 협약의 규정에 따라 당사국들간에 그리고 국제원자력기구(이하 "기구"라 함)와 협력하여야 한다.
2. 이러한 협력을 용이하게 하기 위하여 당사국은 핵사고 또는 방사능 긴급사태시 초래될 수 있는 피해와 손상을 방지하거나 최소화하기 위한 양자간 또는 다자간 약정, 또는 적절한 경우 양측을 모두 체결할 수 있다.
3. 당사국은 기구가 그 헌장의 체계 내에서 이 협약에 규정된 당사국간의 협력을 촉진하고 용이하게 하며 또한 이를 지원하기 위하여 이 협약의 규정에 따라 최선의 노력을 경주할 것을 요청한다.

제 2 조   지원조항

1. 만일 당사국이 핵사고 또는 방사능 긴급사태시 지원을 필요로 할 경우 그러한 사고나 긴급사태가 그의 영토, 관할 또는 통제하에서 발생하였거나 그렇지 아니하거나를 불문하고, 당사국은 직접 또는 기구를 통하여 어떤 다른 당사국 및 기구 또는 적절하다면 기타 정부간 국제기구(이하 "국제기구"라 함)로부터 그러한 지원을 요청할 수 있다.
2. 지원 요청한 당사국은 필요한 지원의 범위 및 형태를 명기하여야 하며, 가능한 경우 지원측이 요청에 부응할 수 있는 범위를 결정하는데 필요한 정보를 지원국에 제공하여야 한다. 요청 당사국이 필요한 지원의 범위 및 형태를 명기하는 것이 불가능한 경우에는 요청 당사국 및 지원국은 협의하여 필요한 지원의 범위 및 형태를 결정하여야 한다.
3. 이러한 지원요청을 받은 각 당사국은 요청받은 지원의 제공가능성 여부, 제공할 지원의 범위 및 조건을 신속히 결정, 직접 또는 기구를 통하여 요청당사국에 통보하여야 한다.

4. 당사국은 그들의 능력 범위 안에서 핵사고 또는 방사선 긴급사태시 제공될 지원의 조건, 특히 재정에 관한 것뿐만 아니라 다른 당사국에 제공할 수 있는 전문가, 장비 및 물자를 확인 및 기구에 통하여야 한다.
5. 어떠한 당사국이라도 핵사고 또는 방사능 긴급사태에 관련된 인원들에 대한 의학적 치료 또는 다른 당사국 영토내에의 임시수용과 관련한 지원을 요청할 수 있다.
6. 기구는 기구의 헌장 및 협약의 규정에 따라 핵사고 또는 방사능 긴급사태시 요청당사국 또는 회원국의 지원 요청에 대하여 다음과 같이 응하여야 한다.
    (a) 이 목적을 위하여 할당된 적절한 재원을 사용함
    (b) 기구의 정보에 따라 필요한 재원을 보유하고 있을 기타 국가 및 국제기구에 신속히 요청을 전달함
    (c) 요청국이 요청할 경우 가능한 지원을 국제적으로 조정함

제 3 조　지원의 지휘 및 통제

달리 합의되지 아니하는 한,
(a) <u>지원에 관한 전반적인 지휘, 통제, 조정 및 감독을 요청국이 그 영토 내에서 책임을 진다. 지원국은 지원이 인력을 포함할 경우 지원국에 의하여 제공될 인력 및 장비의 현장감독을 책임지고 유지할 사람을 요청국과 협의하여 지명한다. 지명된 사람은 요청국의 적절한 당국과 협력하여 그러한 감독을 행하여야 한다.</u>
(b) 요청국은 그 능력의 범위내에서 지원을 적절하고 효과적으로 운영하기 위한 현지시설 및 용역을 제공하여야 한다. 또한 그러한 목적을 위하여 지원 당사자에 의하여 또는 그의 대행으로 요청국 영토에 반입된 인력, 장비 및 물자를 보호하여야 한다.
(c) 지원기간동안 어느 일방에 의하여 제공된 장비 및 물자의 소유권에는 변동이 없으며 그들의 반환이 보장되어야 한다.
(d) 제2조제5항에 따라 요청에 부응하여 지원을 제공한 당사국은 그의 영토 내에서 지원을 조정하여야 한다.

제 4 조　주무당국 및 연락처

1. 각 당사국은 직접 또는 기구를 통하여 지원요청을 접수하고 지원 제공을 수락할 권한이 있는 주무당국 및 연락처를 기구 및 다른 당사국에 공표한다. 그러한 당사국의 연락처 및 기구 내 연락처는 계속적으로 이용 가능하여야 한다.
2. 각 당사국은 제1항에 언급된 정보에서 발생할 수 있는 어떠한 변경도 신속히 기구에 통지하여야 한다.
3. 기구는 제1항 및 제2항에 언급된 정보를 당사국, 회원국 및 관련 국제기구에 정기적으로 신속히 제공하여야 한다.

제 5 조　기구의 기능

당사국은 제1조제3항에 따라 그리고 이 협약의 기타 규정에 영향을 미치지 아니하고 기구에 다음을 요청한다.
(a) 다음에 관한 정보를 수집, 당사국 및 회원국에 배포함.
    (1) 핵사고 또는 방사능 긴급사태시 이용 가능한 전문가, 장비 및 물자
    (2) 핵사고 또는 방사능 긴급사태의 대응에 관한 방법, 기술 및 이용 가능한 연구결과

(b) 다음과 같은 또는 기타 적절한 사항에 관하여 요청을 받은 경우 당사국 또는 회원국을 지원함.
   (1) 핵사고 및 방사능 긴급사태시 비상계획 및 적절한 입법 준비
   (2) 핵사고 및 방사능 긴급사태를 처리할 요원에 대한 적절한 훈련계획 개발
   (3) 핵사고 또는 방사능 긴급사태시 지원 및 관련정보에 대한 요청의 전달
   (4) 적절한 방사능 감시계획, 절차 및 기준의 개발
   (5) 적절한 방사능 감시체제 수립의 타당성 조사
(c) 핵사고 또는 방사능 긴급사태시 지원을 요청하는 당사국 또는 회원국에게 사고 또는 긴급사태의 최초 평가 실시 목적으로 할당된 적절한 재원을 이용하게 함.
(d) 핵사고 또는 방사능 긴급사태시 당사국 및 회원국에 중재를 제공함.
(e) 관련정보 및 자료를 입수하고 교환할 목적으로 관련 국제기구와 연락관계를 수립, 유지하고 당사국, 회원국 및 위에 언급한 기구에 그러한 조직의 목록을 이용가능하도록 함.

제 6 조 비밀보호 및 공개

1. 요청국 및 지원당사자는 핵사고 또는 방사능 긴급사태시의 지원과 관련하여 어느 일 방당사국이 지득하게 되는 어떠한 비밀정보에 대하여도 그 기밀을 보호하여야 한다.
2. 지원당사자는 핵사고 또는 방사능 긴급사태와 관련하여 제공된 지원에 관한 정보를 공개하기 전에 요청국과 조정하기 위하여 모든 노력을 다하여야 한다.

제 7 조 경비의 보상

1. 지원당사자는 요청국에 무상으로 지원을 제공할 수 있다. 그러한 조건의 지원 제공 여부를 고려할 때에 지원당사자는 다음을 고려하여야 한다.
   (a) 핵사고 또는 방사능 긴급사태의 성질
   (b) 핵사고 또는 방사능 긴급사태의 발생 장소
   (c) 개발도상국의 필요
   (d) 핵시설이 없는 국가의 특별한 필요
   (e) 기타 관련 요소
2. 지원의 전부 또는 일부가 유상으로 제공될 때에는 요청국은 지원 당사자를 대행하는 요원이나 기관에 의하여 제공된 용역에 대하여 발생한 경비 및 요청국에 의하여 직접 지불되지 아니한 지원과 관련된 모든 경비를 지원 당사자에 보상하여야 한다. 달리 합의되지 아니하는 한, 보상은 지원당사자가 보상청구를 제시한 후 즉시 제공되어야 하며, 현지 경비 이외의 경비에 관하여는 자유로이 양도 가능하여야 한다.
3. 제2항에도 불구하고 지원당사자는 언제라도 경비의 전부 또는 일부에 대한 보상을 포기하거나 지불연기에 합의할 수 있다. 그러한 포기 또는 연기를 고려함에 있어 지원당사자는 개발도상국의 필요에 대하여 적절한 고려를 하여야 한다.

제 8 조 특권, 면책 및 편의

1. 요청국은 지원당사자의 요원 및 그를 대행하는 요원에 대하여 지원 기능 수행에 필요한 특권, 면책 및 편의를 부여한다.
2. 요청국은 적절히 통보되고 수락된 지원당사자의 요원 또는 그를 대행하는 요원에 대하여 다음의 특권 및 면책을 부여하여야 한다.
   (a) 그들의 임무수행에 있어서의 작위 또는 부작위에 관하여 체포, 구금 또는 형사, 민사 및 행정관할권을 포함한 요청국의 법적 절차로부터의 면책

(b) 그들의 지원기능 수행과 관련하여 상품의 가격에 일반적으로 부여되는 또는 제공된 용역에 일반적으로 지불되는 것을 제외한 세금, 관세 및 기타 부과금의 면제
3. 요청국은
   (a) 지원을 목적으로 지원당사자에 의하여 요청국의 영토에 반입된 장비 및 재산에 대한 세금, 관세 또는 기타 부과금의 면제를 부여하여야 한다.
   (b) 이러한 장비 및 재산의 압수, 압류 또는 징발로부터의 면제를 부여하여야 한다.
4. 요청국은 이러한 장비 및 재산의 반환을 보장하여야 한다. 만일 지원당사자가 요청할 경우 요청국은 가능한 범위 내에서 반환전에 지원에 동원된 회복 가능한 장비의 필요한 정화를 위하여 주선하여야 한다.
5. 요청국은 제2항에 의거하여 통보된 요원 및 지원에 동원된 장비 및 재산의 자국 영토내 입국, 체류 및 출국을 용이하게 하여야 한다.
6. 본조에 언급한 어느 것도 요청국이 그의 국민이나 영주권자에게 상기 항들에서 제공된 특권과 면책을 제공할 것을 요구할 수 없다.
7. 특권 및 면책에는 영향을 미치지 아니하나, 본 조에 의하여 특권 및 면책을 향유하는 자는 요청국의 법령을 존중할 의무를 가지며, 또한 요청국의 국내문제에 간섭하지 아니할 의무를 가진다.
8. 본조에 언급한 어느 것도 기타 국제협정 또는 국제관습법상의 규정에 따라 부여된 특권 및 면책에 대한 권리와 의무에 영향을 미치지 아니한다.
9. 이 협약의 서명, 비준, 수락, 승인 또는 가입시 국가는 제2항 및 제3항의 전부 또는 일부에 기속되지 아니함을 선언할 수 있다.
10. 제9항에 따라 선언을 행한 당사국은 수탁자에 대한 통고로써 언제든지 그 선언을 철회할 수 있다.

제 9 조　　요원, 장비 및 재산의 통과

각 당사국은 요청국 또는 지원당사자의 요청에 따라 적절히 통보된 요원, 장비 및 재산의 요청국으로 또는 요청국으로부터의 자국영토 통과를 용이하도록 하여야 한다.

제 10 조　청구 및 배상

1. 당사국은 본 조에 의한 법적 소송 및 청구의 해결을 용이하게 하기 위하여 긴밀히 협력하여야 한다.
2. 달리 합의되지 아니하는 한, 요청국은 요청된 지원을 제공하는 과정에서 그의 영토 또는 기타 그의 관할 또는 통제하에 있는 기타 지역 내에서 야기된 인명의 사망이나 상해, 재산의 손상이나 손실 또는 환경의 손상에 대하여,
   (a) 지원당사자 또는 그를 대행하는 요원이나 법인체에 대하여 어떠한 법적인 소송도 제기하지 아니한다.
   (b) 제3국이 지원당사자에 대하여 또는 그를 대행하는 요원 또는 기타 법인체에 대하여 제기한 법적 소송 및 청구를 처리할 책임을 진다.
   (c) (b)항에 언급된 법적 소송 및 청구에 대하여 지원당사자 또는 그를 대행하는 요원 또는 법인체에게 손해를 입히지 아니하도록 한다.
   (d) 지원당사자 또는 그를 대행하는 요원 또는 기타 법인체에 다음에 대하여 보상한다.
      (1) 지원당사자의 요원 또는 그를 대행하는 요원의 사망이나 상해

(2) 지원에 관련된 비소모성 장비 또는 물자의 손실이나 손상

단, 사망, 상해, 손실 또는 손상을 야기한 자의 고의적인 잘못으로 인한 경우는 제외한다.
3. 본 조는 적용가능한 국제협정 또는 어느 국가의 국내법상 가능한 보상이나 배상을 저해하지 아니한다.
4. 본 조에 언급한 어느 것도 요청국에 제 2항의 전부 또는 일부를 그 국민이나 영주권자에게 적용하도록 요구하지 아니한다.
5. 이 협약의 서명, 비준, 수락, 승인 또는 가입시 국가는 다음을 선언할 수 있다.
   (a) 제2항의 전부 또는 일부에 의하여 기속되지 아니함.
   (b) 사망, 상해, 손실 또는 손상을 야기한 자의 중과실로 인한 경우에는 제2항의 전부 또는 일부를 적용하지 아니함.
6. 제5항에 따라 선언을 향한 당사국은 수탁자에 대한 통고로써 언제든지 그 선언을 철회할 수 있다.

제 11 조   지원의 종료

요청국이나 지원당사자는 적절한 협의를 거쳐 서면 통고로 이 협약에 따라 접수 또는 제공된 지원의 종료를 언제라도 요청할 수 있다. 일단 이러한 요청이 있으면 관계 당사자는 지원의 적절한 종료를 위하여 서로 협의하여야 한다.

제 12 조   기타 국제협정과의 관계

이 협약은 이 협약에 의하여 나투어신 사항과 관련있는 기존의 국세협정 또는 이 협악의 목적과 취지에 따라 체결될 향후의 국제협정에 따른 당사국 상호간의 권리와 의무에 영향을 미치지 아니한다.

제 13 조   분쟁의 해결

1. 이 협약의 해석 또는 적용에 관한 당사국들간 또는 당사국과 기구간의 분쟁의 경우, 분쟁당사국은 분쟁의 해결을 위하여 교섭에 의하여 또는 그들이 수락할 수 있는 기타 평화적인 분쟁해결 방법에 의하여 협의하여야 한다.
2. 제1항에 따른 협의 요청으로부터 1년 이내에 당사국들 사이에 해결될 수 없는 성격의 분쟁은 그러한 분쟁의 어느 당사국의 요청에 의하여 결정을 위하여 중재에 회부되거나 국제사법재판소에 부탁된다. 분쟁이 중재에 회부되어 요청일로부터 6월 이내에 분쟁당사국이 중재의 구성에 합의할 수 없는 경우, 일방당사국은 국제사법재판소장 또는 국제연합 사무총장에게 1인 또는 수인의 중재인을 임명하도록 요청할 수 있다. 분쟁당사자에 의한 요청이 경합할 경우에는 국제연합사무총장에 대한 요청이 우선한다.
3. 이 협약의 서명, 비준, 수락, 승인 또는 가입시 국가는 제2항에 규정된 분쟁해결 절차의 어느 한편 또는 양자에 기속되지 아니함을 선언할 수 있다. 기타 당사국은 그러한 선언을 행한 당사국에 대하여 제2항에 규정된 분쟁해결 절차에 의하여 기속되지 아니한다.
4. 제3항에 따라 선언을 행한 당사국은 수탁자에 대한 통고로써 언제든지 그 선언을 철회할 수 있다.

제14조 발효

1. 이 협약은 비엔나의 국제원자력기구본부 및 뉴욕의 국제연합본부에서 각각 1986년 9월 26일 및 1986년 10월 6일부터 협약 발효시까지 또는 12월 동안 어느 것이든 더 긴 기간까지 모든 국가 및 국제연합 나미비아 위원회에 의하여 대표되는 나미비아에 의한 서명을 위하여 개방된다.
2. 국가 및 국제연합 나미비아 위원회에 의하여 대표되는 나미비아는 서명에 의하거나 또는 비준, 수락 또는 승인을 조건으로 행한 서명후 비준서, 수탁서 또는 승인서를 기탁하거나 또는 가입서를 기탁하여 이 협약에 대한 기속적 동의를 표명할 수 있다. 비준서, 수락서, 승인서 또는 가입서는 수탁자에 기탁된다.
3. 이 협약은 3개 국가가 기속적 동의를 표명한 날로부터 30일 후에 발효한다.
4. 이 협약의 발효 후 이 협약에 의하여 기속적 동의를 표명하는 각 국가에 대하여는 이 협약은 동의 표명일로부터 30일 후에 그 국가에 대하여 효력을 발생한다.
5. (a) 이 협약은 이 협약에서 다루어지는 사항에 있어 국제협정의 교섭, 체결 및 적용에 관한 권한을 가지는 국제기구 및 주권국가로 구성되는 지역간 통합기구에 의한 가입을 위하여 본조에 규정된 바와 같이 개방된다.
   (b) 그들의 권한 내의 문제에 있어 그러한 기구들은 그들 자신을 위하여 이 협약에 의하여 당사국에 귀속되는 권리를 행사하고 의무를 이행한다.
   (c) 가입서를 기탁할 때 그러한 기구는 이 협약에 의하여 다루어진 사항과 관련하여 그 권한의 범위를 나타내는 선언을 수탁자에 통고한다.
   (d) 그러한 기구는 회원국의 투표권외에 어떠한 추가적인 투표권도 가지지 아니한다.

제15조 잠정적용

국가는 서명시 또는 이 협약의 자국에 대한 발효 전 어느 때라도 이 협약을 잠정적으로 적용할 것을 선언할 수 있다.

제16조 개정

1. 당사국은 이 협약에 대한 개정을 제안할 수 있다. 제안된 개정은 수탁자에 제출되어야 하며, 수탁자는 그것을 기타 모든 당사국에 즉시 배포하여야 한다.
2. 당사국의 과반수가 제안된 개정을 심의하기 위하여 회의를 개최할 것을 수탁자에 요청할 경우, 수탁자는 초청장의 발송일로부터 빨라도 30일 후에 시작될 회의에 참석하도록 모든 당사국을 초청한다. 동 회의에서 모든 당사국의 3분의 2의 다수결에 의하여 채택된 개정은 의정서로 작성되며, 동 의정서는 모든 당사국에 의한 서명을 위하여 비엔나와 뉴욕에서 개방된다.
3. 동 의정서는 3개국에 의한 기속적 동의가 표명된 날로부터 30일 후에 발효한다. 발효 후 의정서에 대한 기속적동의를 표명한 각국에 대하여는 의정서는 동의 표명일로부터 30일 후에 동 국가에 대하여 발효한다.

제17조 폐기

1. 당사국은 수탁자에 대한 서면 통고로써 이 협약을 폐기할 수 있다.
2. 폐기는 수탁자에 의하여 통고가 접수된 날로부터 1년 후에 효력을 발생한다.

제 18 조 수탁자
1. 기구의 사무총장은 이 협약의 수탁자가 된다.
2. 기구의 사무총장은 당사국 및 모든 기타 국가에 다음 사항을 신속히 통보한다.
    (a) 이 협약 또는 개정의정서에 대한 서명
    (b) 이 협약 또는 개정의정서에 대한 비준서, 수락서, 승인서 또는 가입서의 기탁
    (c) 제8조, 제10조, 제13조에 따른 선언 또는 철회
    (d) 제15조에 따른 이 협약의 잠정 적용 선언
    (e) 이 협약 및 협약에 대한 개정의 발효
    (f) 제17조에 의한 폐기

제 19 조 정본 및 인증등본
아랍어, 중국어, 영어, 불어, 러시아어 및 스페인어본이 동등히 정본인 이 협약의 원본은 국제원자력기구의 사무총장에 기탁되며, 그는 인증등본을 당사국 및 기타 모든국가에 송부한다.

이상의 증거로 아래 서명자는 정당히 권한을 위임받아 제14조제1항에 규정된 서명을 위하여 개방된 이 협약에 송부한다.

1986년 9월 26일 비엔나에서 국제원자력기구 특별총회에 의하여 채택되었다.

해커스공무원 학원·인강
gosi.Hackers.com

VII

영공/우주공간/극지방

01 | 국제민간항공협약
02 | 달과 기타 천체를 포함한 외기권의 탐색과 이용에 있어서의 국가 활동을 규율하는 원칙에 관한 조약
03 | 우주물체에 의하여 발생한 손해에 대한 국제책임에 관한 협약
04 | 외기권에 발사된 물체의 등록에 관한 협약
05 | 우주항공사의 구조, 우주항공사의 귀환 및 외기권에 발사된 물체의 회수에 관한 협정
06 | 남극협약
07 | 남극해양생물자원보존에 관한 협약

VII 영공/우주공간/극지방

01 국제민간항공협약(1944채택/1952발효/1952 한국발효)

[전문 생략]

제1부 항공

제1장 협약의 일반원칙과 적용

제1조 주권
체약국은 각국이 그 영역상의 공간에 있어서 완전하고 배타적인 주권을 보유한다는 것을 승인한다.

제2조 영역
본 협약의 적용상 국가의 영역이라 함은 그 나라의 주권, 종주권보호 또는 위임통치하에 있는 육지와 그에 인접하는 영수를 말한다.

제3조 민간항공기 및 국가항공기
(a) 본 협약은 민간 항공기에 한하여 적용하고 국가의 항공기에는 적용하지 아니한다.
(b) 군, 세관과 경찰업무에 사용하는 항공기는 국가의 항공기로 간주한다.
(c) 어떠한 체약국의 국가 항공기도 특별협정 또는 기타방법에 의한 허가를 받고 또한 그 조건에 따르지 아니하고는 타국의 영역의 상공을 비행하거나 또는 그 영역에 착륙하여서는 아니 된다.
(d) 체약국은 자국의 국가항공기에 관한 규칙을 제정하는 때에는 민간항공기의 항행의 안전을 위하여 타당한 고려를 할 것을 약속한다.

제4조 민간항공의 남용
각 체약국은, 본 협약의 목적과 양립하지 아니하는 목적을 위하여 민간항공을 사용하지 아니할 것을 동의한다.

제 2 장 체약국영역 상공의 비행

제 5 조   부정기비행의 권리

각 체약국은, 타 체약국의 모든 항공기로서 정기 국제항공업무에 종사하지 아니하는 항공기가 사전의 허가를 받을 필요 없이 피비행국의 착륙요구권에 따를 것을 조건으로, 체약국의 영역 내에의 비행 또는 그 영역을 무착륙으로 횡단비행하는 권리와 또 운수 이외의 목적으로서 착륙하는 권리를 본협약의 조항을 준수하는 것을 조건으로 향유하는 것에 동의한다. 단 각 체약국은 비행의 안전을 위하여, 접근하기 곤란하거나 또는 적당한 항공보안시설이 없는 지역의 상공의 비행을 희망하는 항공기에 대하여 소정의 항로를 비행할 것 또는 이러한 비행을 위하여 특별한 허가를 받을 것을 요구하는 권리를 보류한다. 전기의 항공기는 정기 국제항공업무로서가 아니고 유상 또는 대체로서 여객화물 또는 우편물의 운수에 종사하는 경우에도 제7조의 규정에 의할 것을 조건으로, 여객, 화물, 또는 우편물의 적재와 하재를 하는 권리를 향유한다. 단 적재 또는 하재가 실행되는 국가는 그가 필요하다고 인정하는 규칙, 조건 또는 제한을 설정하는 권리를 향유한다.

제 6 조   정기 항공업무

정기 국제항공업무는 체약국의 특별한 허가 또는 타의 인가를 받고 그 허가 또는 인가의 조건에 따르는 경우를 제외하고 그 체약국의 영역의 상공을 비행하거나 또는 그 영역에 비입할 수 없다.

제 7 조   국내영업

각 체약국은, 자국영역 내에서 유상 또는 대체의 목적으로 타지점으로 향하는 여객, 우편물, 화물을 적재하는 허가를 타 체약국의 항공기에 대하여 거부하는 권리를 향유한다. 각 체약국은 타국 또는 타국의 항공기업에 대하여 배타적인 기초위에 전기의 특권을 특별히 부여하는 협약을 하지 아니하고 또 타국으로부터 전기의 배타적인 특권을 취득하지도 아니할 것을 약속한다.

제 8 조   무조종자 항공기

조종자 없이 비행할 수 있는 항공기는 체약국의 특별한 허가 없이 또 그 허가의 조건에 따르지 아니하고는 체약국의 영역의 상공을 조종자 없이 비행하여서는 아니 된다. 각 체약국은 민간 항공기에 개방되어 있는 지역에 있어서 전기 무조종자항공기의 비행이 민간 항공기에 미치는 위험을 예방하도록 통제하는 것을 보장하는데 약속한다.

제 9 조   금지구역

(a) 각 체약국은 타국의 항공기가 자국의 영역 내의 일정한 구역의 상공을 비행하는 것을 군사상의 필요 또는 공공의 안전의 이유에 의하여 일률적으로 제한하고 또는 금지할 수 있다. 단, 이에 관하여서는 그 영역소속국의 항공기로서 국제정기 항공업무에 종사하는 항공기와 타 체약국의 항공기로서 우와 동양의 업무에 종사하는 항공기간에 차별을 두어서는 아니 된다. 전기 금지구역은 항공을 불필요하게 방해하지 아니하는 적당한 범위와 위치로 한다. 체약국의 영역 내에 있는 이 금지구역의 명세와 그 후의 변경은 가능한 한 조속히 타 체약국과 국제민간항공기구에 통보한다.

(b) 각 체약국은 특별사태 혹은 비상시기에 있어서 또는 공공의 안전을 위하여, 즉각적으로 그 영역의 전부 또는 일부의 상공비행을 일시적으로 제한하고 또는 금지하는 권리를 보류한다. 단, 이 제한 또는 금지는 타의 모든 국가의 항공기에 대하여 국적의 여하를 불문하고 적용하는 것이라는 것을 조건으로 한다.

(c) 각 체약국은 동국이 정하는 규칙에 의거하여 전기 (a) 또는 (b)에 정한 구역에 들어가는 항공기에 대하여 그 후 가급적 속히 그 영역 내 어느 지정한 공항에 착륙하도록 요구할 수가 있다.

제 10 조 세관공항에의 착륙

항공기가 본 협약 또는 특별한 허가조항에 의하여 체약국의 영역을 무착륙 횡단하는 것이 허용되어 있는 경우를 제외하고 체약국의 영역에 입국하는 모든 항공기는 그 체약국의 규칙이 요구할 때에는 세관 기타의 검사를 받기 위하여 동국이 지정한 공항에 착륙한다. 체약국의 영역으로부터 출발할 때 전기의 항공기는 동양으로 지정된 세관공항으로부터 출발한다. 지정된 모든 세관공항의 상세는 그 체약국이 발표하고 또 모든 타 체약국에 통보하기 위하여 본 협약의 제2부에 의하여 설립된 국제민간항공기구에 전달한다.

제 11 조 항공에 관한 규제의 적용

국제항공에 종사하는 항공기의 체약국 영역에의 입국 혹은 그 영역으로부터의 출국에 관한 또는 그 항공기의 동영역 내에 있어서의 운항과 항행에 관한 체약국의 법률과 규칙은 본 협약의 규정에 따를 것을 조건으로 하여 국적의 여하를 불문하고 모든 체약국의 항공기에 적용되고 또 체약국의 영역에의 입국 혹은 그 영역으로부터의 출국시 또는 체약국의 영역 내에 있는 동안은 전기의 항공기에 의하여 준수된다.

제 12 조 항공규칙

각 체약국은 그 영역의 상공을 비행 또는 동 영역 내에서 동작하는 모든 항공기와 그 소재의 여하를 불문하고 그 국적표지를 게시하는 모든 항공기가 당해지에 시행되고 있는 항공기의 비행 또는 동작에 관한 법규와 규칙에 따르는 것을 보장하는 조치를 취하는 것을 약속한다. 각 체약국은 이에 관한 자국의 규칙을 가능한 한 광범위하게 본 협약에 의하여 수시 설정되는 규칙에 일치하게 하는 것을 약속한다. 공해의 상공에서 시행되는 법규는 본 협약에 의하여 설정된 것으로 한다. 각 체약국은 적용되는 규칙에 위반한 모든 자의 소추를 보증하는 것을 약속한다.

제 13 조 입국 및 출국에 관한 규칙

항공기의 여객 승무원 또는 화물의 체약국 영역에의 입국 또는 그 영역으로부터의 출국에 관한 동국의 법률과 규칙, 예를 들면 입국, 출국, 이민, 여권, 세관과 검역에 관한 규칙은 동국영역에의 입국 혹은 그 영역으로부터 출국을 할 때 또는 그 영역에 있는 동안 항공기의 여객, 승무원 또는 화물이 스스로 준수하든지 또는 이들의 명의에서 준수되어야 한다.

제 14 조 병역의 만연의 방지

각 체약국은 콜레라, 티프스, 천연두, 황열, 흑사병과 체약국이 수시 지정을 결정하는 타의 전염병의 항공에 의한 만연을 방지하는 효과적인 조치를 취하는 것에 동의하고 이 목적으로서 체약국은 항공기에 대하여 적용할 위생상의 조치에 관하여 국제적 규칙에 관계가 있는 기관과 항시 긴밀한 협의를 한다. 이 협의는 체약국이 이 문제에 대한 현재국제조약의 당사국으로 있는 경우에는 그 적용을 방해하지 아니한다.

제 15 조 공항의 사용료 및 기타의 사용요금

체약국 내의 공항으로서 동국 항공기 일반의 사용에 공개되어 있는 것은 제86조의 규정에 따를 것을 조건으로, 모든 타 체약국이 항공기에 대하여 동일한 균등 조건하에 공개한다.

동일한 균등 조건은 무선전신과 기상의 업무를 포함한 모든 항공 보안시설로 항공의 안전과 신속화를 위하여 공공용에 제공되는 것을 각 체약국의 항공기가 사용하는 경우에 적용한다.

타 체약국의 항공기가 이 공항과 항공보안시설을 사용하는 경우에 체약국으로서 부과하고 또는 부과하는 것을 허여하는 요금은 다음의 것보다 고액이 되어서는 안 된다.

(a) 국제정기항공업무에 종사하지 아니하는 항공기에 관하여서는 동양의 운행에 종사하고 있는 자국의 동급의 항공기가 지불하는 것.

(b) 국제정기항공업무에 종사하고 있는 항공기에 관하여는 동양의 국제항공기업무에 종사하고 있는 자국의 항공기가 지불하는 것.

전기의 요금은 모두 공표하고 국제민간항공기구에 통보한다. 단, 관계체약국의 신입이 있을 때에는 공항과 타 시설의 사용에 대하여 부과된 요금은 이사회의 심사를 받고 이사회는 관계국 또는 관계제국에 의한 심의를 위하여 이에 관하여 보고하고 또 권고한다. 어느 체약국이라도 체약국의 항공기 또는 동양상의 인 혹은 재산이 자국의 영역의 상공의 통과, 동영역에의 입국 또는 영역으로부터의 출국을 하는 권리에 관한 것에 대해서만은 수수료, 세 또는 타의 요금을 부과하여서는 아니 된다.

제 16 조 항공기의 검사

각 체약국의 당해 관헌은 부당히 지체하는 일 없이, 착륙 또는 출발시에 타 체약국의 항공기를 검사하고 또 본 협약에 의하여 규정된 증명서와 타서류를 검열하는 권리를 향유한다.

제 3 장 항공기의 국적

제 17 조 항공기의 국적

항공기는 등록국의 국적을 보유한다.

제 18 조 이중등록

항공기는 일개이상의 국가에 유효히 등록할 수 없다. 단, 그 등록은 일국으로부터 타국으로 변경할 수는 있다.

제 19 조 등록에 관한 국내법
체약국에 있어서 항공기의 등록 또는 등록의 변경은 그 국가의 법률과 규칙에 의하여 시행한다.

제 20 조 기호의 표시
국제항공에 종사하는 모든 항공기는 그 적당한 국적과 등록의 표지를 게시한다.

제 21 조 등록의 보고
각 체약국은 자국에서 등록된 특정한 항공기의 등록과 소유권에 관한 정보를, 요구가 있을 때에는, 타 체약국 또는 국제민간항공기구에 제공할 것을 약속한다. 또 각 체약국은 국제민간항공기구에 대하여 동기구가 규정하는 규칙에 의하여 자국에서 등록되고 또 항상 국제항공에 종사하고 있는 항공기의 소유권과 관리에 관한 입수가능한 관계자료를 게시한 보고서를 제공한다. 국제민간항공기구는 이와 같이 입수한 자료를 타 체약국이 청구할 때에는 이용시킨다.

제 4 장 운항을 용이케 하는 조치

제 22 조 수적의 간이화
각 체약국은 체약국 영역간에 있어서 항공기의 항행을 용이하게 하고 신속하게 하기 위하여 또 특히 입국항검역, 세관과 출국에 관한 법률의 적용에 있어서 발생하는 항공기 승무원 여객 및 화물의 불필요한 지연을 방지하기 위하여 특별한 규칙의 제정 또는 타 방법으로 모든 실행 가능한 조치를 취하는 것에 동의한다.

제 23 조 세관 및 출입국의 수속
각 체약국은, 실행 가능하다고 인정하는 한 본협약에 의하여 수시 인정되고 권고되는 방식에 따라 국제항공에 관한 세관 및 출입국절차를 설정할 것을 약속한다. 본 조약의 여하한 규정도 자유공항의 설치를 방해하는 것이라고 해석되어서는 아니 된다.

제 24 조 관세
(a) 타 체약국의 영역을 향하여, 그 영역으로부터 또는 그 영역을 횡단하고 비행하는 항공기는, 그 국가의 세관규정에 따를 것을 조건으로, 잠정적으로 관세의 면제가 인정된다. 체약국의 항공기가 타 체약국의 영역에 도착할 때에 동항공기상에 있는 연료, 윤활유, 예비부분품 및 항공기저장품으로서 그 체약국으로부터 출발하는 때에 기상에 적재하고 있는 것은 관세, 검사, 수수료등 국가 혹은 지방세와 과금이 면제된다. 이 면제는 항공기로부터, 내려진 양 또는 물품에는 적용하지 아니한다. 단, 동량 또는 물품을 세관의 감시하에 두는 것을 요구하는 그 국가의 세과규칙에 따르는 경우에는 제외한다.
(b) 국제항공에 종사하는 타 체약국의 항공기에 부가하거나 또는 그 항공기가 사용하기 위하여 체약국의 영역에 수입된 예비부분품과 기기는 그 물품을 세관의 감시와 관리하에 두는 것을 규정한 관계국의 규칙에 따를 것을 조건으로 관세의 면세가 인정된다.

제 25 조 조난 항공기

각 체약국은 그 영역 내에서 조난한 항공기에 대하여 실행 가능하다고 인정되는 구호조치를 취할 것을 약속하고 또 동항공기의 소유자 또는 동항공기의 등록국의 관헌이 상황에 따라 필요한 구호조치를 취하는 것을, 그 체약국의 관헌의 감독에 따르는 것을 조건으로, 허가할 것을 약속한다. 각 체약국은 행방불명의 항공기의 수색에 종사하는 경우에 있어서는 본 협약에 따라 수시 권고되는 공동조치에 협력한다.

제 26 조 사고의 조사

체약국의 항공기가 타 체약국의 영역에서 사고를 발생시키고 또 그 사고가 사망 혹은 중상을 포함하든가 또는 항공기 또는 항공보안시설의 중대한 기술적 결함을 표시하는 경우에는 사고가 발생한 국가는 자국의 법률이 허용하는 한 국제민간항공기구가 권고하는 절차에 따라 사고의 진상 조사를 개시한다. 그 항공기의 등록국에는 조사에 임석할 입회인을 파견할 기회를 준다. 조사를 하는 국가는 등록 국가에 대하여 그 사항에 관한 보고와 소견을 통보하여야 한다.

제 27 조 특허권에 의하여 청구된 차압의 면제

(a) 국제항공에 종사하고 있는 한 체약국의 항공기가 타 체약국의 영역에의 허가된 입국, 착륙 혹은 무착륙으로 동 영역의 허가된 횡단을 함에 있어서는, 항공기의 구조, 기계장치, 부분품, 부속품 또는 항공기의 운항이, 동항공기가 입국한 영역 소속국에서 합법적으로 허여되고 또는 등록된 발명특허, 의장 또는 모형을 침해한다는 이유로 전기의 국가 또는 동국내에 있는 국민에 의하던가 또는 차등의 명의에 의하여 항공기의 차압 혹은 억류항공기의 소유자 혹은 운항자에 대한 청구 또는 항공기에 대한 타의 간섭을 하여서는 아니된다. 항공기의 차압 또는 억류로부터 전기의 면제에 관한 보증금의 공탁은 그 항공기가 입국한 국가에서는 여하한 경우에 있어서라도 요구되지 아니하는 것으로 한다.
(b) 본조 (a)항의 규정은, 체약국의 항공기를 위하여 예비부분품과 예비 기기를 타 체약국의 영역내에 보관하는 것에 대하여 또 체약국의 항공기를 타 체약국의 영역 내에서 수리하는 경우에 전기의 물품을 사용하고 또 장치하는 권리에 대하여 적용한다. 단, 이와 같이 보관되는 어떠한 특허부분품 또는 특허 기기라도 항공기가 입국하는 체약국에서 국내적으로 판매하고 혹은 배부하고 또는 그 체약국으로부터 상업의 목적으로서 수출하여서는 아니 된다.
(c) 본 조의 이익은 본 협약의 당사국으로서, (1) 공업 소유권 보호에 관한 국제협약과 그 개정의 당사국인 국가 또는 (2) 본 협약의 타 당사국 국민에 의한 증명을 승인하고 또 이에 적당한 보호를 부여하는 특허법을 제정한 국가에 한하여 적용한다.

제 28 조 항공시설 및 표준양식

각 체약국은, 실행 가능하다고 인정하는 한, 다음 사항을 약속한다.
(a) 본 협약에 의하여 수시 권고되고 또는 설정되는 표준과 방식에 따라, 영역내에 공항, 무선업무, 기상업무와 국제항공을 용이하게 하는 타의 항공보안시설을 설정하는 것
(b) 통신수속, 부호, 기호, 신호, 조명의 적당한 표준양식 또는 타의 운항상의 방식과 규칙으로서 본협약에 의하여 수시 권고되고 또는 설정되는 것을 채택하여 실시하는 것
(c) 본협약에 의하여 수시 권고되고 또는 설정되는 표준에 따라, 항공지도와 항공지도의 간행을 확실하게 하기 위한 국제적 조치에 협력하는 것

제 5 장　항공기에 관하여 이행시킬 요건

제 29 조　항공기가 휴대하는 서류
국제항공에 종사하는 체약당사국의 모든 항공기는, 본 협약에 정한 조건에 따라 다음의 서류를 휴대하여야 한다.
(a) 등록증명서
(b) 내항증명서
(c) 각 승무원의 적당한 면허장
(d) 항공일지
(e) 무선전신장치를 장비할 때에는 항공기무선전신국면허장
(f) 여객을 수송할 때는 그 성명 및 승지와 목적지의 표시
(g) 화물을 운송할 때는 적하목록과 화물의 세목신고서

제 30 조　항공기의 무선장비
(a) 각 체약국의 항공기는, 그 등록국의 적당한 관헌으로부터, 무선송신기를 장비하고 또 운용하는 면허장을 받은 때에 한하여, 타 체약국의 영역내에서 또는 그 영역의 상공에서 전기의 송신기를 휴행할 수 있다. 피 비행 체약국의 영역에서의 무선송신기의 사용은 동국이 정하는 규칙에 따라야 한다.
(b) 무선송신기의 사용은 항공기등록국의 적당한 관헌에 의하여 발급된 그 목적을 위한 특별한 면허장을 소지하는 항공기 승무원에 한한다.

제 31 조　내항증명서
국제항공에 종사하는 모든 항공기는 그 등록국이 발급하거나 또는 유효하다고 인정한 내항증명서를 비치한다.

제 32 조　항공종사자의 면허장
(a) 국제항공에 종사하는 모든 항공기의 조종자와 기타의 운항승무원은 그 항공기의 등록국이 발급하거나 또는 유효하다고 인정한 기능증명서와 면허장을 소지한다.
(b) 각 체약국은 자국민에 대하여 타 체약국이 부여한 기능증명서와 면허장을 자국영역의 상공 비행에 있어서 인정하지 아니하는 권리를 보류한다.

제 33 조　증명서 및 면허장의 승인
항공기의 등록국이 발급하거나 또는 유효하다고 인정한 내항증명서, 기능증명서 및 면허장은 타 체약국도 이를 유효한 것으로 인정하여야 한다. 단, 전기의 증명서 또는 면허장을 발급하거나 또는 유효하다고 인정한 요건은 본 협약에 따라 수시 설정되는 최저 표준과 그 이상이라는 것을 요한다.

제 34 조　항공일지
국제항공에 종사하는 모든 항공기에 관하여서는 본협약에 따라 수시 특정하게 되는 형식으로 그 항공기 승무원과 각항공의 세목을 기입한 항공일지를 보지 한다.

제 35 조　화물의 제한

(a) 군수품 또는 군용기재는 체약국의 영역내 또는 상공을 그 국가의 허가 없이 국가항공에 종사하는 항공기로 운송하여서는 아니 된다. 각국은 통일성을 부여하기 위하여 국제민간항공기구가 수시로 하는 권고에 대하여 타당한 고려를 하여 본조에 군수품 또는 군용기재가 무엇이라는 것은 규칙으로서 결정한다.

(b) 각 체약국은 공중의 질서와 안전을 위하여 (a)항에 게시된 이외의 물품에 관하여 그 영역내 또는 그 영역의 상공운송을 제한하고 또는 금지하는 권리를 보류한다. 단, 이에 관하여서는 국제항공에 종사하는 자국의 항공기와 타 체약국의 동양의 항공기관에 차별을 두어서는 아니되며, 또한 항공기의 운항 혹은 항행 또는 직원 혹은 여객의 안전을 위하여 필요한 장치의 휴행과 기상사용을 방해하는 제한을 하여서는 아니 된다.

제 36 조　사진기

각 체약국은 그 영역의 상공을 비행하는 항공기에서 사진기를 사용하는 것을 금지하거나 또는 제한할 수 있다.

제 6 장　국제표준과 권고관행

제 37 조　국제표준 및 수속의 채택

각 체약국은, 항공기직원, 항공로 및 부속업무에 관한 규칙, 표준, 수속과 조직에 있어서의 실행 가능한 최고도의 통일성을 확보하는 데에 협력할 것을 약속하여, 이와 같은 통일성으로 운항이 촉진되고 개선되도록 한다.

이 목적으로서 국제민간항공기구는 다음의 사항에 관한 국제표준 및 권고되는 방식과 수속을 필요에 응하여 수시 채택하고 개정한다.

(a) 통신조직과 항공 보안시설(지상표지를 포함)
(b) 공항과 이착륙의 성질
(c) 항공규칙과 항공 교통관리방식
(d) 운항관계 및 정비관계 종사자의 면허
(e) 항공기의 내항성
(f) 항공기의 등록과 식별
(g) 기상정보의 수집과 교환
(h) 항공일지
(i) 항공지도 및 항공도
(j) 세관과 출입국의 수속
(k) 조난 항공기 및 사고의 조사

또한 항공의 안전, 정확 및 능률에 관계가 있는 타의 사항으로서 수시 적당하다고 인정하는 것

제 38 조   국제표준 및 수속의 배제

모든 점에 관하여 국제표준 혹은 수속에 추종하며, 또는 국제표준 혹은 수속의 개정후 자국의 규칙 혹은 방식을 이에 완전히 일치하게 하는 것이 불가능하다고 인정하는 국가, 혹은 국제표준에 의하여 설정된 것과 특정한 점에 있어 차이가 있는 규칙 또는 방식을 채용하는 것이 필요하다고 인정하는 국가는, 자국의 방식과 국제표준에 의하여 설정된 방식간의 차이를 직시로 국제민간항공기구에 통고한다. 국제표준의 개정이 있을 경우에, 자국의 규칙 또는 방식에 적당한 개정을 가하지 아니하는 국가는, 국제표준의 개정의 채택으로부터 60일 이내에 이사회에 통지하든가 또는 자국이 취하는 조치를 명시하여야 한다.

이 경우에 있어서 이사회는 국제표준의 특이점과 이에 대응하는 국가의 국내 방식간에 있는 차이를 직시로 타의 모든 국가에 통고하여야 한다.

제 39 조   증명서 및 면허장의 이서

(a) 내항성 또는 성능의 국제표준이 존재하는 항공기 또는 부분품으로서 증명서에 어떤 점에 있어 그 표준에 합치하지 못한 것은 그 합치하지 못한 점에 관한 완전한 명세를 그 내항증명서에 이서하든가 또는 첨부하여야 한다.

제 40 조   이서된 증명서 및 면허장의 효력

전기와 같이 보증된 증명서 또는 면허장을 소지하는 항공기 또는 직원은 입국하는 영역의 국가의 허가 없이 국제항공에 종사하여서는 아니 된다. 전기의 항공기 또는 증명을 받은 항공기 부분품으로서 최초에 증명을 받은 국가 이외의 국가에 있어서의 등록 또는 사용은 그 항공기 또는 부분품을 수입하는 국가가 임의로 정한다.

제 41 조   내항성의 현행표준의 승인

본 장의 규정은 항공기기로서 그 기기에 대한 내항성의 국제표준을 채택한 일시후 3년을 경과하기 전에 그 원형이 적당한 국내 관헌에게 증명을 받기 위하여 제출된 형식의 항공기와 항공기 기기에는 적용하지 아니한다.

제 42 조   항공종사자의 기능에 관한 현행표준의 승인

본 장의 규정은 항공종사자에 대한 자격증명서의 국제표준을 최초로 채택한 후 1년을 경과하기 전에 면허장이 최초로 발급되는 직원에게는 적용하지 아니한다. 그러나 전기의 표준을 채택한 일자 후 5년을 경과하고 상금 유효한 면허장을 소지하는 모든 항공종사자에게는 어떠한 경우에 있어서도 적용한다.

제 2 부 국제민간항공기구

제 7 장 기구

제 43 조   명칭 및 구성

본 협약에 의하여 국제민간항공기구라는 기구를 조직한다. 본 기구는 총회, 이사회 및 필요한 타의 기관으로 구성된다.

제 44 조　목적

본 기구의 목적은 다음의 사항을 위하여 국제항공의 원칙과 기술을 발달시키고 또한 국제항공수송의 계획과 발달을 조장하는 것에 있다.

(a) 세계를 통하여 국제민간항공의 안전하고도 정연한 발전을 보장하는 것
(b) 평화적 목적을 위하여 항공기의 설계와 운항의 기술을 장려하는 것
(c) 국제민간항공을 위한 항공로, 공항과 항공 보안시설의 발달을 장려하는 것
(d) 안전하고 정확하며 능률적인 그리고 경제적인 항공수송에 대한 세계제인민의 요구에 응하는 것
(e) 불합리한 경쟁으로 발생하는 경제적 낭비를 방지하는 것
(f) 체약국의 권리가 충분히 존중될 것과 체약국이 모든 국제항공 기업을 운영하는 공정한 기회를 갖도록 보장하는 것
(g) 체약국간의 차별대우를 피하는 것
(h) 국제항공에 있어서 비행의 안전을 증진하는 것
(i) 국제민간항공의 모든 부문의 발달을 일반적으로 촉진하는 것

제 45 조　항구적 소재지

본 기구의 항구적 소재지는 1944년 12월 7일 시카고에서 서명된 국제민간항공에 관한 중간협정에 의하여 설립된 임시 국제민간항공기구의 중간총회의 최종회합에서 결정되는 장소로 한다. 이 소재지는 이사회의 결정에 의하여 일시적으로 타의 장소에 또한 총회의 결정에 의하여 일시적이 아니 타의 장소로 이전할 수 있다. 이러한 총회의 결정은 총회가 정하는 표수에 의하여 취하여져야 한다. 총회가 정하는 표수는 체약국의 총수의 5분의3 미만이어서는 아니 된다.

제 46 조　총회의 제1차 회합

총회의 제1차 회합은 전기의 임시기구의 중간이사회가 결정하는 시일과 장소에서 회합하도록 본협약의 효력발생후 직시 중간이사회가 소집한다.

제 47 조　법률상의 행위능력

기구는, 각 체약국의 영역내에서 임무의 수행에 필요한 법률상의 행위능력을 향유한다. 완전한 법인격은 관계국의 헌법과 법률에 양립하는 경우에 부여된다.

제 8 장　총회

제 48 조　총회의 회합 및 표결

(a) 총회는 적어도 매 3년에 1회 회합하고 적당한 시일과 장소에서 이사회가 소집한다. 임시총회는 이사회의 소집 또는 사무장에게 발송된 10개 체약국의 요청이 있을 때 하시라도 개최할 수 있다.
(b) 모든 체약국은 총회의 회합에 대표를 파견할 평등한 권리를 향유하고, 각 체약국은 일개의 투표권을 보유한다. 체약국을 대표하는 대표는 회합에는 참가할 수 있으나 투표권을 보유하지 아니하는 기술고문의 원조력을 받을 수 있다.
(c) 총회의 정족수를 구성하기 위하여서는 체약국의 과반수를 필요로 한다. 본 협약에 별단의 규정이 없는 한, 총회의 결정은 투표의 과반수에 의하여 성립된다.

제 49 조   총회의 권한 및 임무

총회의 권한과 임무는 다음과 같다.
(a) 매 회합시에 의장 및 기타 역원을 선출하는 것
(b) 제9장의 규정에 의하여 이사회에 대표자를 파견할 체약국을 선출하는 것
(c) 이사회의 보고를 심사하고 적당한 조치를 취할 것과 이사로부터 총회에 위탁한 사항을 결정하는 것
(d) 자체의 의사규칙을 결정하고 필요하다고 인정하는 보조위원회를 설립하는 것
(e) 제12장의 규정에 의하여 기구의 연도예산을 표결하고 재정상의 분배를 결정하는 것
(f) 기구의 지출을 검사하고 결산보고를 승인하는 것
(g) 그 활동범위내의 사항을 이사회, 보조위원회 또는 타 기관에 임의로 위탁하는 것
(h) 기구의 임무를 이행하기 위하여 필요한 또는 희구되는 권능과 권한을 이사회에 위탁하고 전기의 권한의 위탁을 하시라도 취소 또는 변경하는 것
(i) 제13장의 적당한 규정을 실행하는 것
(j) 본협약의 규정의 변경 또는 개정을 위한 제안을 심의하고 동제안을 승인한 경우에는 제21장의 규정에 의하여 이를 체약국에 권고하는 것
(k) 기구의 활동 범위내의 사항에서 특히 이사회의 임무로 되지 아니한 것을 처리하는 것

제 9 장   이사회

제 50 조   이사회의 구성 및 선거

(a) 이사회는 총회에 대하여 책임을 지는 상설기관이 된다. 이사회는 총회가 선거한 27개국의 체약국으로서 구성된다. 선거는 총회의 제1차 회합에서 또 그 후는 매3년에 행하고 또 이와 같이 선거된 이사회의 구성원은 차기의 선거까지 재임한다.
(b) 이사회의 구성원을 선거함에 있어서, 총회는, (1) 항공운송에 있어 가장 중요한 국가 (2) 타점에서 포함되지 아니하나 국제민간항공을 위한 시설의 설치에 최대의 공헌을 하는 국가 (3) 타점에서는 포함되지 아니하나 그 국가를 지명함으로써 세계의 모든 중요한 지리적 지역이 이사회에 확실히 대표되는 국가를 적당히 대표가 되도록 한다. 이사회의 공석은 총회가 가급적 속히 보충하여야 한다. 이와 같이 이사회에 선거된 체약국은 전임자의 잔임기간중 재임한다.
(c) 이사회에 있어서 체약국의 대표자는, 국제항공업무의 운영에 적극적으로 참여하거나 또는 그 업무에 재정적으로 관계하여서는 아니 된다.

제 51 조   이사회의 의장

이사회는 그 의장을 3년의 임기로서 선거한다. 의장은 재선할 수 있다. 의장은 투표권을 보유하지 아니한다. 이사회는 그 구성원 중에서 1인 또는 2인 이상의 부의장을 선거한다. 부의장은 의장대리가 되는 때라도 투표권을 보지한다. 의장은 이사회의 구성원의 대표자 중에서 선거할 필요는 없지만 대표자가 선거된 경우에는 그 의석은 공석으로 간주하고 그 대표자가 대표하는 국가에서 보충한다. 의장의 임무는 다음과 같다.
(a) 이사회, 항공운송위원회 및 항공위원회의 회합을 소집하는 것
(b) 이사회의 대표자가 되는 것
(c) 이사회가 지정하는 임무를 이사회를 대리하여 수행하는 것

제 52 조   이사회에 있어서의 표결

이사회의 결정은 그 구성원의 과반수의 승인을 필요로 한다. 이사회는 특정의 사항에 관한 권한을 그 구성원으로서 구성되는 위원회에 위탁할 수 있다. 이사회와 위원회의 결정에 관하여서는 이해관계가 있는 체약국이 이사회에 소송할 수 있다.

제 53 조   투표권 없는 참석

체약국은 그 이해에 특히 영향이 미치는 문제에 관한 이사회 또는 그 위원회와 전문위원회의 심의에 투표권 없이 참가할 수 있다. 이사회의 구성원은 자국이 당사국이 되는 분쟁에 관한 이사회의 심의에 있어 투표할 수 없다.

제 54 조   이사회의 수임기능

이사회는 다음 사항을 장악한다.
(a) 총회에 연차보고를 제출하는 것
(b) 총회의 지령을 수행하고 본협약이 부과한 임무와 의무를 이행하는 것
(c) 이사회의 조직과 의사규칙을 결정하는 것
(d) 항공운송위원회를 임명하고 그 임무를 규정하는 것. 동 위원회는 이사회의 구성원의 대표자중에서 선거되고 또 이사회에 대하여 책임을 진다.
(e) 제10장의 규정에 의하여 항공위원회를 설립하는 것
(f) 제12장과 제15장의 규정에 의하여 기구의 재정을 관리하는 것
(g) 이사회 의장의 보수를 결정하는 것
(h) 제11장의 규정에 의하여 사무총장이라 칭하는 수석 행정관을 임명하고 필요한 타직원의 임명에 관한 규정을 작성하는 것
(i) 항공의 진보와 국제항공업무의 운영에 관한 정보를 요청, 수집, 심사 그리고 공표하는 것. 이 정보에는 운영의 비용에 관한 것과 공공 자금으로부터 항공기업에 지불된 보조금의 명세에 관한 것을 포함함.
(j) 본 협약의 위반과 이사회의 권고 또는 결정의 불이행을 체약국에 통보하는 것
(k) 본 협약의 위반을 통고한 후, 상당한 기한내에 체약국이 적당한 조치를 취하지 아니하였을 경우에는 그 위반을 총회에 보고하는 것
(l) 국제표준과 권고되는 방식을, 본 협약 제6장의 규정에 의하여, 채택하여 편의상 이를 본협약의 부속서로 하고 또한 취한 조치를 모든 체약국에 통고하는 것
(m) 부속서의 개정에 대한 항공위원회의 권고를 심의하고, 제20장의 규정에 의하여 조치를 취하는 것
(n) 체약국이 위탁한 본협약에 관한 문제를 심의하는 것

제 55 조   이사회의 임의기능

이사회는 다음의 사항을 행할 수 있다.
(a) 적당한 경우와 경험에 의하여 필요성을 인정하는 때에는 지역적 또는 타의 기초에 의한 항공운송소위원회를 창설할 것과 국가 또는 항공기업의 집합 범위를 정하여 이와 함께 또는 이를 통하여 본 협약의 목적수행을 용이하게 하도록 하는 것
(b) 본 협약에 정한 임무에 추가된 임무를 항공위원회에 위탁하고 그 권한위탁을 하시든지 취소하거나 또는 변경하는 것

(c) 국제적 중요성을 보유하는 항공운송과 항공의 모든 부문에 관하여 조사를 하는 것, 그 조사의 결과를 체약국에 통보하고 항공운송과 항공상의 문제에 관한 체약국간의 정보교환을 용이하게 하는 것
(d) 국제간선항공업무의 국제적인 소유 및 운영을 포함하는 국제항공운송의 조직과 운영에 영향을 미치는 문제를 연구하고 이에 관한 계획을 총회에 제출하는 것
(e) 피할 수 있는 장해가 국제항공의 발달을 방해한다고 인정하는 사태를 체약국의 요청에 의하여 조사하고 그 조사후 필요하다고 인정하는 보고를 발표하는 것

제10장 항공위원회

제 56 조 위원의 지명 및 임명

항공위원회는 이사회가 체약국이 지명한 자중에서 임명된 12인의 위원으로서 구성한다. 이들은 항공의 이론과 실제에 관하여 적당한 자격과 경험을 가지고 있어야 한다. 이사회는 모든 체약국에 지명의 제출을 요청한다. 항공위원회의 위원장은 이사회가 임명된다.

제 57 조 위원회의 의무

항공위원회는 다음의 사항을 관장한다.
(a) 본 협약의 부속서의 변경을 심의하고 그 채택을 이사회에 권고하는 것
(b) 희망된다고 인정되는 경우에는 어떠한 체약국이라도 대표자를 파견할 수 있는 전문소위원회를 설치하는 것
(c) 항공의 진보에 필요하고 또한 유용하다고 인정하는 모든 정보의 수집과 그 정보의 체약국에의 통보에 관하여 이사회에 조언하는 것

제11장 직원

제 58 조 직원의 임명

총회가 정한 규칙과 본협약의 규정에 따를 것을 조건으로, 이사회는 사무총장과 기구의 타직원의 임명과 임기종료의 방법, 훈련, 제수당 및 근무조건을 결정하고 또 체약국의 국민을 고용하거나 또는 그 역무를 이용할 수 있다.

제 59 조 직원의 국제적 성질

이사회의 의장, 사무총장 및 타 직원은 그 책임의 이행에 있어 기구외의 권위자로부터 훈령을 요구하거나 또는 수락하여서는 아니 된다. 각 체약국은 직원의 책임의 국제적인 성질을 충분히 존중할 것과 자국민이 그 책임을 이행함에 있어서 이들에게 영향을 미치지 아니할 것을 약속한다.

제 60 조 직원의 면제 및 특권

각 체약국은, 그 헌법상의 절차에 의하여 가능한 한도 내에서, 이사회의 의장, 사무총장 및 기구의 타직원에 대하여 타의 공적 국제기관이 상당하는 직원에 부여되는 면제와 특권을 부여할 것을 약속한다. 국제적 공무원의 면제와 특권에 관한 일반 국제 협정이 체결된 경우에는, 의장, 사무총장 및 기구의 타 직원에 부여하는 면제와 특권은 그 일반 국제협정에 의하여 부여하는 것으로 한다.

제12장 재정

제61조 예산 및 경비의 할당
이사회는 연차예산, 연차 결산서 및 모든 수입에 관한 개산을 총회에 제출한다. 총회는 적당하다고 인정하는 수정을 가하여 예산을 표결하고 또 제15장에 의한 동의국에의 할당금을 제외하고 기구의 경비를 총회가 수시 결정하는 기초에 의하여 체약국간에 할당한다.

제62조 투표권의 정지
총회는 기구에 대한 재정상의 의무를 상당한 기간내에 이행하지 아니한 체약국의 총회와 이사회에 있어서의 투표권을 정지할 수 있다.

제63조 대표단 및 기타대표자의 경비
각 체약국은 총회에의 자국 대표단의 경비, 이사회 근무를 명한 자 및 기구의 보조적인 위원회 또는 전문 위원회 또는 전문 위원회에 대한 지명자 또는 대표자의 보수, 여비 및 기타 경비를 부담한다.

제13장 기타 국제약정

제64조 안전보장 약정
기구는 그 권한내에 있는 항공문세로서 세계의 안전보장에 직집으로 영향을 미치는 것에 관하여 세계의 제국이 평화를 유지하기 위하여 설립한 일반기구와 총회의 표결에 의하여 상당한 협정을 할 수 있다.

제65조 타 국제단체와의 약정
이사회는, 공동업무의 유지 및 직원에 관한 공동의 조정을 위하여, 그 기구를 대표하여, 타 국제단체와 협정을 체결할 수 있고 또한 총회의 승인을 얻어, 기구의 사업을 용이하게 하는 타의 협정을 체결할 수 있다.

제66조 타 협정에 관한 기능
(a) 기구는 또 1944년 12월 7일 시카고에서 작성된 국제항공업무통과협정과 국제항공운송협정에 의하여 부과된 임무를 이 협약에 정한 조항과 조건에 따라 수행한다.
(b) 총회 및 이사회의 구성원으로서 1944년 12월 7일 시카고에서 작성된 국제항공업무통과협정 또는 국제항공운송협정을 수락하지 아니한 구성원은 관계협정의 규정에 의하여 총회 또는 이사회에 기탁된 사항에 대하여서는 투표권을 보유하지 아니한다.

제3부 국제항공운송

제14장 정보와 보고

제67조 이사회에 대한 보고제출
각 체약국은, 그 국제항공기업이 교통보고, 지출통계 및 재정상의 보고서로서 모든 수입과 그 원천을 표시하는 것을, 이사회가 정한 요건에 따라 이사회에 제출할 것을 약속한다.

제 15 장 공과 타의 항공보안시설

제 68 조   항로 및 공항의 지정
각 체약국은, 본협약의 규정을 따를 것을 조건으로, 국제항공업무가 그 영역 내에서 종사할 공로와 그 업무가 사용할 수 있는 공항을 지정할 수 있다.

제 69 조   항공시설의 개선
이사회는, 무선전신과 기상의 업무를 포함하는 체약국의 공항 또는 타의 항공보안시설이 현존 또는 계획 중의 국제항공업무의 안전하고 정확하며, 또 능률적이고 경제적인 운영을 기하기 위하여 합리적으로 고찰하여 적당하지 아니한 경우에는 그 사태를 구제할 방법을 발견하기 위하여 직접 관계국과 영향을 받은 타국과 협의하고 또 이 목적을 위하여 권고를 할 수 있다. 체약국은 이 권고를 실행하지 아니한 경우라도 본협약의 위반의 책임은 없다.

제 70 조   항공시설비용의 부담
체약국은 제69조의 규정에 의하여 생기는 사정하에 전기의 권고를 실시하기 위하여 이사회와 협정을 할 수 있다. 동 체약국은 전기의 협정에 포함된 모든 비용을 부담할 수 있다. 동국이 이를 부담하지 아니할 경우에 이사회는 동국의 요청에 의하여 비용의 전부 또는 일부의 제공에 대하여 동의할 수 있다.

제 71 조   이사회에 의한 시설의 설치 및 유지
체약국이 요청하는 경우에는, 이사회는 무선전신과 기상의 업무를 포함한 공항과 기타 항공보안시설의 일부 또는 전부로서 타 체약국의 국제항공업무의 안전하고 정확하며, 또 능률적이고 경제적인 운영을 위하여 영역내에서 필요하다고 하는 것에 설치, 배원, 유지 및 관리를 하는 것에 동의하고 또 설치된 시설의 사용에 대하여 정당하고 합리적인 요금을 정할 수 있다.

제 72 조   토지의 취득 및 사용
체약국의 요청에 의하여 이사회가 전면적으로 또는 부분적으로 출자하는 시설을 위하여 토지가 필요한 경우에는, 그 국가는 그가 희망하는 때에는 소유권을 보류하고 토지 그 자체를 제공하든가 또는 이사회가 정당하고 합리적인 조건으로 또 당해국의 법률에 의하여 토지를 사용할 것을 용이하게 한다.

제 73 조   자금의 지출 및 할당
이사회는, 총회가 제12장에 의하여 이사회의 사용에 제공하는 자금의 한도내에서, 기구의 일반자금으로부터 본장의 목적을 위하여 경상적 지출을 할 수 있다. 이사회는 본장의 목적을 위하여 필요한 시설자금을 상당한 기간에 선하여 사전에 협정한 율로서 시설을 이용하는 항공기업에 속하는 체약국에서 동의한 자에게 할당한다. 이사회는 필요한 운영자금을 동의하는 국가에 할당할 수 있다.

제 74 조 기술원조 및 수입의 이용

체약국의 요청에 의하여, 이사회가 자금을 전불하든가 또는 항공 혹은 타 시설을 전면적으로 혹은 부분적으로 설치하는 경우에, 그 협정은, 그 국가의 동의를 얻어, 그 공항과 타 시설의 감독과 운영에 관하여 기술적 원조를 부여할 것을 규정하고 또 그 공항과 타 시설의 운영비와 이자 그리고 할부상환비를 그 공항과 타 시설의 운영에 의하여 생긴 수입으로부터 지불할 것을 규정할 수 있다.

제 75 조 이사회로부터의 시설의 인계

체약국은, 하시라도 그 상황에 따라 합리적이라고 이사회가 인정하는 액을 이사회에 지불하는 것에 의하여, 제70조에 의하여 부담한 채무를 이행하고 또 이사회가 제71조와 제72조의 규정에 의하여 자국의 영역내에 설치한 공항과 타 시설을 인수할 수 있다. 체약국은, 이사회가 정한 액이 부당하다고 인정하는 경우에는, 이사회의 결정에 대하여 총회에 이의를 제기할 수 있다. 총회는 이사회의 결정을 확인하거나 또는 수정할 수 있다.

제 76 조 자금의 반제

이사회가 제55조에 의한 변제 또는 제74조에 의한 이자와 할부상환금의 수령으로부터 얻은 자금은, 제73조에 의하여 체약국이 최초에 전불금을 출자하고 있을 경우에는, 최초에 출자가 할당된 그 할당시에 이사회가 결정한 율로서 반제한다.

제 16 장 공동운영조직과 공동계산업무

제 77 조 공동운영조직의 허가

본 협약은 두 개 이상의 체약국이 공동의 항공운송운영조직 또는 국제운영기관을 조직하는 것과 어느 공로 또는 지역에서 항공 업무를 공동 계산하는 것을 방해하지 아니한다. 단, 그 조직 또는 기관과 그 공동 계산업무는 협정의 이사회에의 대 등록에 관한 규정을 포함하는 본 협약의 모든 규정에 따라야 한다. 이사회는 국제운영기관이 운영하는 항공기의 국적에 관한 본 협약의 규정을 여하한 방식으로 적용할 것인가를 결정한다.

제 78 조 이사회의 기능

이사회는 어느 공로 또는 지역에 있어 항공업무를 운영하기 위하여 공동 조직을 설치할 것을 관계 체약국에 제의할 수 있다.

제 79 조 운영조직에의 참가

국가는 자국정부를 통하여 또는 자국정부가 지정한 1 또는 2이상의 항공회사를 통하여 공동운영조직 또는 공동 계산협정에 참가할 수 있다. 그 항공 회사는 관계국의 단독적인 재량으로 국유 또는 일부국유 또는 사유로 할 수 있다.

제 4 부 최종규정

제 17 장 타항공협정의 항공약정

제 80 조 파리협약 및 하바나협약

체약국은, 1919년 10월 13일 파리에서 서명된 항공법규에 관한 조약 또는 1928년 2월 20일 하바나에서 서명된 상업 항공에 관한 협약중 어느 하나의 당사국인 경우에는, 그 폐기를 본 협약의 효력 발생후 즉시 통보할 것을 약속한다. 체약국간에 있어 본 협약은 전기 파리협약과 하바나 협약에 대치한다.

제 81 조 현존협정의 등록

본 협약의 효력발생시에 존재하는 모든 항공협정으로서 체약국과 타국간 또는 체약국의 항공기업과 타국 혹은 타국의 항공기업간의 협정은 직시로 이사회에 등록되어야 한다.

제 82 조 양립할 수 없는 협정의 폐지

체약국은, 본 협약이 본 협약의 조항과 양립하지 아니하는 상호간의 모든 의무와 양해를 폐지한다는 것을 승인하고 또한 이러한 의무와 양해를 성립시키지 아니할 것을 약속한다. 기구의 가맹국이 되기 전에 본 협약의 조항과 양립하지 아니하는 의무를 비체약국 혹은 비체약국의 국민에 대하여 약속한 체약국은 그 의무를 면제하는 조치를 즉시 그 조치를 취하여야 한다.

제 83 조 신 협정의 등록

체약국은 전조의 규정에 의할 것을 조건으로, 본 협약의 규정과 양립하는 협정을 체결할 수 있다. 그 협정은 직시 이사회에 등록하게 되고 이사회는 가급적 속히 이를 공표한다.

제 18 장 분쟁과 위약

제 84 조 분쟁의 해결

본 협약과 부속서의 해석 또는 적용에 관하여 둘 이상의 체약국간의 의견의 상위가 교섭에 의하여 해결되지 아니하는 경우에는, 그 의견의 상위는 관계 국가의 신청이 있을 때 이사회가 해결한다. 이사회의 구성원은 자국이 당사국이 되는 분쟁에 관하여 이사회의 심리중에는 투표하여서는 아니 된다. 어느 체약국도 제85조에 의할 것을 조건으로, 이사회의 결정에 대하여 타의 분쟁 당사국과 합의한 중재재판 또는 상설국제사법재판소에 제소할 수 있다. 그 제소는 이사회의 결정통고의 접수로부터 60일 이내에 이사회에 통고한다.

제 85 조 중재절차

이사회의 결정이 제소되어 있는 분쟁에 대한 당사국인 어느 체약국이 상설 국제사법재판소 규정을 수락하지 아니하고 또 분쟁 당사국인 체약국이 중재재판소의 선정에 대하여 동의할 수 없는 경우에는 분쟁 당사국인 각 체약국은 일인의 재판위원을 지명하는 일인의 중재위원을 지명한다. 그 분쟁 당사국인 어느 체약국의 제소의 일자로부터 3개월의 기간내에 중재위원을 지정하지 아니할 경우에는 중재위원도 이사회가 조치하고 있는 유자격자의 현재원 명부중에서 이사회의 의장이 그 국가를 대리하여 지명한다. 중재위원이 중재재판장에 대하여 30일 이내에 동의할 수 없는 경우에는 이사회의 의장은 그 명부중에서 중재재판장을 지명한다. 중재의원과 중재재판장은 중재재판소를 공동으로 구성한다. 본조 또는 전조에 의하여 설치된 중재재판소는 그 절차를 정하고 또 다수결에 의하여 결정을 행한다. 단 이사회는 절차문제를 심산 지연이 있다고 인정하는 경우에는 스스로 결정할 수 있다.

제 86 조 이의신청

이사회가 별도로 정하는 경우를 제외하고, 국제항공기업이 본 협약의 규정에 따라서 운영되고 있는 가의 여부에 관한 이사회의 결정은, 이의신입에 의하여 파기되지 아니하는 한, 계속하여 유효로 한다. 타의 사항에 관한 이사회의 결정은, 이의신청이 있는 경우에는, 그 이의신청이 결정되기까지 정지된다. 상설국제사법재판소와 중재재판소의 결정은 최종적이고 구속력을 가진다.

제 87 조 항공기업의 위반에 대한 제재

각 체약국은 자국의 영토상의 공간을 통과하는 체약국의 항공기업의 운영을 당해항공기업이 전조에 의하여 표시된 최종결정에 위반하고 있다고 이사회가 결정한 경우에는 허가하지 아니할 것을 약속한다.

제 88 조 국가의 위반에 대한 제재

총회는 본장의 규정에 의하여 위약국으로 인정된 체약국에 대하여 총회 및 이사회에 있어서의 투표권을 정지하여야 한다.

제 19 장 전쟁

제 89 조 전쟁 및 긴급사태

전쟁의 경우에, 본 협약의 규정은, 교전국 또는 중립국으로서 영향을 받는 체약국의 행동 자유에 영향을 미치지 아니한다. 이러한 원칙은 국가긴급사태를 선언하고 그 사실을 이사회에 통고한 체약국의 경우에도 적용한다.

제20장 부속서

제90조 부속서의 채택 및 개정
(a) 제54조에 언급된 이사회에 의한 부속서의 채택은 그 목적으로 소집된 회합에 있어 이사회의 3분의 2의 찬성투표를 필요로 하고, 다음에 이사회가 각 체약국에 송부한다. 이 부속서 또는 그 개정은 각 체약국에의 송달후 3개월 이내, 또는 이사회가 정하는 그 이상의 기간의 종료시에 효력을 발생한다. 단, 체약국의 과반수가 그 기간내에 그 불승인을 이사회에 계출한 경우에는 차한에 부재한다.
(b) 이사회는 부속서 또는 그 개정의 효력 발생을 모든 체약국에 직시 통고한다.

제21장 비준, 가입, 개정과 폐기

제91조 협약의 비준
(a) 본 협약은 서명국에 의하여 비준을 받을 것을 요한다. 비준서는 미합중국정부의 기록 보관소에 기탁된다. 동국 정부는 각 서명국과 가입국에 기탁일을 통고한다.
(b) 본 협약은 26개국이 비준하거나 또는 가입한 때 제26번의 문서의 기탁후 30일에 이들 국가간에 대하여 효력을 발생한다. 본협약은 그 후 비준하는 각국에 대하여서는 그 비준서의 기탁후 30일에 효력을 발생한다.
(c) 본 협약이 효력을 발생한 일을 각 서명국과 가입국의 정부에 통고하는 것은 미합중국 정부의 임무로 한다.

제92조 협약에의 가입
(a) 본 협약은 연합국과 이들 국가와 연합하고 있는 국가 및 금차 세계전쟁중 중립이었던 국가의 가입을 위하여 개방된다.
(b) 가입은 미합중국정부에 송달하는 통고에 의하여 행하고 또 미합중국정부가 통고를 수령후 30일부터 효력을 발생한다. 동국정부는 모든 체약국에 통고한다.

제93조 기타 국가의 가입승인
제91조와 제92조(a)에 규정한 국가 이외의 국가는, 세계의 제국이 평화를 유지하기 위하여 설립하는 일반적 국제기구의 승인을 받을 것을 조건으로, 총회의 5분의 4의 찬성투표에 의하여 또 총회가 정하는 조건에 의하여 본 협약에 참가할 것이 용인된다. 단, 각 경우에 있어 용인을 요구하는 국가에 의하여 금차 전쟁중에 침략되고 또는 공격된 국가의 동의를 필요로 한다.

제94조 협약의 개정
(a) 본 협약의 개정안은 총회의 3분의 2의 찬성투표에 의하여 승인되어야 하고 또 총회가 정하는 수의 체약국이 비준한 때에 그 개정을 비준한 국가에 대하여 효력을 발생한다. 총회의 정하는 수는 체약국의 총수의 3분의 2의 미만이 되어서는 아니 된다.
(b) 총회는 전항의 개정이 성질상 정당하다고 인정되는 경우에는, 채택을 권고하는 결의에 있어 개정의 효력 발생후 소정의 기간내에 비준하지 아니하는 국가는 직시 기구의 구성원과 본 협약의 당사국의 지위를 상실하게 된다는 것을 규정할 수 있다.

제 95 조　협약의 폐기

(a) 체약국은 이 협약의 효력 발생의 3년후에 미합중국정부에 보낸 통고에 의하여서 이 협약의 폐기를 통고할 수 있다. 동국정부는 직시 각 체약국에 통보한다.
(b) 폐기는 통고의 수령일로부터 1년후에 효력을 발생하고 또 폐기를 행한 국가에 대하여서만 유효하다.

제 22 장　정의

제 96 조　본 협약의 적용상

(a) 「항공업무」라 함은 여객, 우편물 또는 화물의 일반수송을 위하여 항공기로서 행하는 정기항공업무를 말한다.
(b) 「국제항공업무」라 함은 2이상의 국가의 영역상의 공간을 통과하는 항공업무를 말한다.
(c) 「항공기업」이라 함은 국제항공업무를 제공하거나 또는 운영하는 항공수송기업을 말한다.
(d) 「운수이외의 목적으로서의 착륙」이라 함은 여객, 화물 또는 우편물의 적재 또는 하재 이외의 목적으로서의 착륙을 말한다.

협약의 서명

이상의 증거로서 하명의 전권위원은, 정당한 권한을 위임받아, 각자의 정부를 대표하여 그 서명의 반대편에 기재된 일자에 본 협약에 서명한다.
1944년 12월 7일 시카고에서 영어로서 본문을 작성한다. 영어, 불란서어와 서반아어로서 기술한 본문 1통을 각어와 같이 동등한 정문으로 하고 워싱턴 D.C.에서 서명을 위하여 공개한다. 양 본문은 미합중국정부의 기록보관소에 기탁되고 인증등본은 동국 정부가 본 협약에 서명하거나 또는 가입한 모든 국가의 정부에 송달한다.

02 | 달과 기타 천체를 포함한 외기권의 탐색과 이용에 있어서의 국가 활동을 규율하는 원칙에 관한 조약(1966채택/1967발효/1967한국발효)

이 조약의 당사국은,

외기권에 대한 인간의 진입으로써 인류앞에 전개된 위대한 전망에 고취되고, 평화적 목적을 위한 외기권의 탐색과 이용의 발전에 대한 모든 인류의 공동이익을 인정하고,

외기권의 탐색과 이용은 그들의 경제적 또는 과학적 발달의 정도에 관계없이 전인류의 이익을 위하여 수행되어야 한다고 믿고,

평화적 목적을 위한 외기권의 탐색과 이용의 과학적 및 법적 분야에 있어서 광범한 국제적 협조에 기여하기를 열망하고,

이러한 협조가 국가와 인민간의 상호 이해증진과 우호적인 관계를 강화하는데 기여할 것임을 믿고, 1963년 12월 13일에 국제연합 총회에서 만장일치로 채택된 "외기권의 탐색과 이용에 있어서의 국가의 활동을 규율하는 법적 원칙의 선언"이라는 표제의 결의 1962(ⅩⅤⅢ)를 상기하고,

1963년 10월 17일 국제연합 총회에서 만장일치로 채택되고, 국가에 대하여 핵무기 또는 기타 모든 종류의 대량파괴 무기를 가지는 어떠한 물체도 지구주변의 궤도에 설치하는 것을 금지하고,

또는 천체에 이러한 무기를 장치하는 것을 금지하도록 요구한 결의 1884(ⅩⅤⅢ)를 상기하고,

평화에 대한 모든 위협, 평화의 파괴 또는 침략행위를 도발 또는 고취하기 위하여 또는 도발 또는 고취할 가능성이 있는 선전을 비난한 1947년 11월 3일의 국제연합총회결의 110(Ⅱ)을 고려하고 또한 상기 결의가 외기권에도 적용됨을 고려하고,

달과 기타 천체를 포함한 외기권의 탐색과 이용에 있어서의 국가 활동을 규율하는 원칙에 관한 조약이 국제연합헌장의 목적과 원칙을 증진시킬 것임을 확신하여,

아래와 같이 합의하였다.

제 1 조

달과 기타 천체를 포함한 외기권의 탐색과 이용은 그들의 경제적 또는 과학적 발달의 정도에 관계없이 모든 국가의 이익을 위하여 수행되어야 하며 모든 인류의 활동 범위이어야 한다.

달과 기타 천체를 포함한 외기권은 종류의 차별없이 평등의 원칙에 의하여 국제법에 따라 모든 국가가 자유로이 탐색하고 이용하며 천체의 모든 영역에 대한 출입을 개방한다. 달과 기타 천체를 포함한 외기권에 있어서의 과학적 조사의 자유가 있으며 국가는 이러한 조사에 있어서 국제적인 협조를 용이하게 하고 장려한다.

제 2 조

달과 기타 천체를 포함한 외기권은 주권의 주장에 의하여 또는 이용과 점유에 의하여 또는 기타 모든 수단에 의한 국가 전용의 대상이 되지 아니한다.

제 3 조

본 조약의 당사국은 외기권의 탐색과 이용에 있어서의 활동을 국제연합헌장을 포함한 국제법에 따라 국제평화와 안전의 유지를 위하여 그리고 국제적 협조와 이해를 증진하기 위하여 수행하여야 한다.

제 4 조

본 조약의 당사국은 지구주변의 궤도에 핵무기 또는 기타 모든 종류의 대량파괴 무기를 설치하지 않으며, 천체에 이러한 무기를 장치하거나 기타 어떠한 방법으로든지 이러한 무기를 외기권에 배치하지 아니할 것을 약속한다.

달과 천체는 본 조약의 모든 당사국에 오직 평화적 목적을 위하여서만 이용되어야 한다. 천체에 있어서의 군사기지, 군사시설 및 군사요새의 설치, 모든 형태의 무기의 실험 그리고 군사연습의 실시는 금지되어야 한다. 과학적 조사 또는 기타 모든 평화적 목적을 위하여 군인을 이용하는 것은 금지되지 아니한다. 달과 기타 천체의 평화적 탐색에 필요한 어떠한 장비 또는 시설의 사용도 금지되지 아니한다.

제 5 조

본 조약의 당사국은 우주인을 외기권에 있어서의 인류의 사절로 간주하며 사고나 조난의 경우 또는 다른 당사국의 영역이나 공해상에 비상착륙한 경우에는 그들에게 모든 가능한 원조를 제공하여야 한다. 우주인이 이러한 착륙을 한 경우에는, 그들은 그들의 우주선의 등록국에 안전하고도 신속하게 송환되어야 한다.

외기권과 천체에서의 활동을 수행함에 있어서 한 당사국의 우주인은 다른 당사국의 우주인에 대하여 모든 가능한 원조를 제공하여야 한다.

본 조약의 당사국은 본 조약의 다른 당사국 또는 국제연합 사무총장에 대하여 그들이 달과 기타 천체를 포함한 외기권에서 발견한 우주인의 생명과 건강에 위험을 조성할 수 있는 모든 현상에 관하여 즉시 보고하여야 한다.

제 6 조

본 조약의 당사국은 달과 기타 천체를 포함한 외기권에 있어서 그 활동을 정부기관이 행한 경우나 비정부 주체가 행한 경우를 막론하고, 국가활동에 관하여 그리고 본 조약에서 규정한 조항에 따라서 국가활동을 수행할 것을 보증함에 관하여 국제적 책임을 져야 한다. 달과 기타 천체를 포함한 외기권에 있어서의 비정부 주체의 활동은 본 조약의 관계 당사국에 의한 인증과 계속적인 감독을 요한다. 달과 기타 천체를 포함한 외기권에 있어서 국제기구가 활동을 행한 경우에는, 본 조약에 의한 책임은 동 국제기구와 이 기구에 가입하고 있는 본 조약의 당사국들이 공동으로 부담한다.

제 7 조

달과 기타 천체를 포함한 외기권에 물체를 발사하거나 또는 그 물체를 발사하여 궤도에 진입케 한 본 조약의 각 당사국과 그 영역 또는 시설로부터 물체를 발사한 각 당사국은 지상, 공간 또는 달과 기타 천체를 포함한 외기권에 있는 이러한 물체 또는 동 물체의 구성부분에 의하여 본 조약의 다른 당사국 또는 그 자연인 또는 법인에게 가한 손해에 대하여 국제적 책임을 진다.

제 8 조

외기권에 발사된 물체의 등록국인 본 조약의 당사국은 동 물체가 외기권 또는 천체에 있는 동안, 동 물체 및 동 물체의 인원에 대한 관할권 및 통제권을 보유한다. 천체에 착륙 또는 건설된 물체와 그 물체의 구성부분을 포함한 외기권에 발사된 물체의 소유권은 동 물체가 외기권에 있거나 천체에 있거나 또는 지구에 귀환하였거나에 따라 영향을 받지 아니한다. 이러한 물체 또는 구성부분이 그 등록국인 본 조약 당사국의 영역 밖에서 발견된 것은 동 당사국에 반환되며 동 당사국은 요청이 있는 경우 그 물체 및 구성부분의 반환에 앞서 동일물체라는 자료를 제공하여야 한다.

제 9 조

달과 기타 천체를 포함한 외기권의 탐색과 이용에 있어서 본 조약의 당사국은 협조와 상호 원조의 원칙에 따라야 하며, 본 조약의 다른 당사국의 상응한 이익을 충분히 고려하면서 달과 기타 천체를 포함한 외기권에 있어서의 그들의 활동을 수행하여야 한다. 본 조약의 당사국은 유해한 오염을 회피하고 또한 지구대권외적 물질의 도입으로부터 야기되는 지구 주변에 불리한 변화를 가져오는 것을 회피하는 방법으로 달과 천체를 포함한 외기권의 연구를 수행하고, 이들의 탐색을 행하며필요한 경우에는 이 목적을 위하여 적절한 조치를 채택하여야 한다. 만약, 달과 기타 천체를 포함한 외기권에서 국가 또는 그 국민이 계획한 활동 또는 실험이 달과 기타 천체를 포함한 외기권의 평화적 탐색과 이용에 있어서 다른 당사국의 활동에 잠재적으로 유해한 방해를 가져올 것이라고 믿을 만한 이유를 가지고 있는 본 조약의 당사국은 이러한 활동과 실험을 행하기 전에 적절한 국제적 협의를 가져야 한다. 달과 기타 천체를 포함한 외기권에서 다른 당사국이 계획한 활동 또는 실험이 달과 기타 천체를 포함한 외기권의 평화적 탐색과 이용에 잠재적으로 유해한 방해를 가져올 것이라고 믿을만한 이유를 가지고 있는 본 조약의 당사국은 동 활동 또는 실험에 관하여 협의를 요청할 수 있다.

제 10 조

달과 기타 천체를 포함한 외기권의 탐색과 이용에 있어서 본 조약의 목적에 합치하는 국제적 협조를 증진하기 위하여 본 조약의 당사국은 이들 국가가 발사한 우주 물체의 비행을 관찰할 기회가 부여되어야 한다는 본 조약의 다른 당사국의 요청을 평등의 원칙하에 고려하여야 한다.
관찰을 위한 이러한 기회의 성질과 기회가 부여될 수 있는 조건은 관계국가간의 합의에 의하여 결정되어야 한다.

제 11 조

외기권의 평화적 탐색과 이용에 있어서의 국제적 협조를 증진하기 위하여 달과 기타 천체를 포함한 외기권에서 활동을 하는 본 조약의 당사국은 동 활동의 성질, 수행, 위치 및 결과를 실행 가능한 최대한도로 일반 대중 및 국제적 과학단체 뿐만 아니라 국제연합 사무총장에 대하여 통보하는데 동의한다. 동 정보를 접수한 국제연합 사무총장은 이를 즉각적으로 그리고 효과적으로 유포하도록 하여야 한다.

제 12 조

달과 기타 천체상의 모든 배치소, 시설, 장비 및 우주선은 호혜주의 원칙하에 본 조약의 다른 당사국대표에게 개방되어야 한다. 그러한 대표들에 대하여 안전을 보장하기 위하여 그리고 방문할 설비의 정상적인 운영에 대한 방해를 피하기 위한 적절한 협의를 행할 수 있도록 하고 또한 최대한의 예방수단을 취할 수 있도록 하기 위하여 방문 예정에 관하여, 합리적인 사전통고가 부여되어야 한다.

제 13 조

본 조약의 규정은 본 조약의 단일 당사국에 의하여 행해진 활동이나 또는 국제적 정부간 기구의 테두리내에서 행해진 경우를 포함한 기타 국가와 공동으로 행해진 활동을 막론하고, 달과 기타 천체를 포함한 외기권의 탐색과 이용에 있어서의 본 조약 당사국의 활동에 적용된다. 달과 기타 천체를 포함한 외기권의 탐색과 이용에 있어서 국제적 정부간 기구가 행한 활동에 관련하여 야기되는 모든 실제적 문제는 본 조약의 당사국이 적절한 국제기구나 또는 본 조약의 당사국인 동 국제기구의 1 또는 2이상의 회원국가와 함께 해결하여야 한다.

제 14 조

1. 본 조약은 서명을 위하여 모든 국가에 개방된다. 본 조 제3항에 따라 본 조약 발효이전에 본 조약에 서명하지 아니한 국가는 언제든지 본 조약에 가입할 수 있다.
2. 본 조약은 서명국가에 의하여 비준되어야 한다. 비준서와 가입서는 기탁국 정부로 지정된 아메리카합중국 정부, 대영연합왕국 정부 및 소비에트 사회주의 연방공화국 정부에 기탁되어야 한다.
3. 본 조약은 본 조약에 의하여 기탁국 정부로 지정된 정부를 포함한 5개국 정부의 비준서 기탁으로써 발효한다.
4. 본 조약의 발효후에 비준서 또는 가입서를 기탁한 국가에 대하여는 그들의 비준서 또는 가입서의 기탁일자에 본 조약이 발효한다.
5. 기탁국 정부는 본 조약의 각 서명일자, 각 비준서 및 가입서의 기탁일자, 본 조약의 발효일자 및 기타 통고를 모든 서명국 및 가입국에 대하여 즉시 통고한다.
6. 본 조약은 국제연합헌장 제102조에 따라 기탁국 정부에 의하여 등록되어야 한다.

제 15 조

본 조약의 당사국은 본 조약에 대한 개정을 제의할 수 있다. 개정은 본 조약 당사국의 과반수가 수락한 때에 개정을 수락한 본 조약의 각 당사국에 대하여 효력을 발생한다. 그 이후에는 본 조약을 나머지 각 당사국에 대하여 동 당사국의 수락일자에 발효한다.

제 16 조

본 조약의 모든 당사국은 본 조약 발효 1년 후에 기탁국 정부에 대한 서면통고로써 본 조약으로부터의 탈퇴통고를 할 수 있다. 이러한 탈퇴는 탈퇴통고의 접수일자로부터 1년 후에 효력을 발생한다.

제 17 조

영어, 노어, 불어, 서반아어 및 중국어본이 동등히 정본인 본 조약은 기탁국 정부의 보관소에 기탁되어야 한다. 본 조약의 인증등본은 기탁국 정부에 의하여 서명국 정부 및 가입국 정부에 전달되어야 한다.

이상의 증거로 정당하게 권한을 위임받은 아래 서명자가 이 조약에 서명하였다.
1967년 1월 27일 워싱턴, 런던 및 모스코바에서 3통을 작성하였다.

03 | 우주물체에 의하여 발생한 손해에 대한 국제책임에 관한 협약(1972채택/1972발효/1980한국발효)

이 협약의 당사국은,
평화적 목적을 위한 외기권의 탐색과 이용을 촉진하는데 있어 모든 인류의 공동 이익을 인정하고,
달과 기타 전체를 포함한 외기권의 탐색과 이용에 있어서의 국가 활동을 규율하는 원칙에 관한 조약을 상기하며,
우주물체 발사에 관계된 국가 및 정부간 국제 기구가 예방조치를 취하고 있음에도 불구하고,
그러한 물체에 의한 손해가 경우에 따라 발생할 가능성이 있음을 고려하며,
우주물체에 의하여 발생한 손해에 대한 책임에 관한 효과적인 국제적 규칙과 절차를 설정할 필요성과 특히 이 협약의 조항에 따라 그러한 손해의 희생자에 대한 충분하고 공평한 보상의 신속한 지불을 보장하기 위한 필요성을 인정하며,
그러한 규칙과 절차를 설정함이 평화적 목적을 위한 외기권의 탐색 및 이용면에서 국제협력을 강화하는데 기여할 것임을 확신하여,
아래와 같이 합의하였다.

제 1 조

이 협약의 목적상
(a) "손해"라 함은 인명의 손실, 인체의 상해 또는 기타 건강의 손상 또는 국가나 개인의 재산, 자연인이나 법인의 재산 또는 정부간 국제기구의 재산의 손실 또는 손해를 말한다.
(b) "발사"라 함은 발사 시도를 포함한다.
(c) "발사국"이라 함은
　(ⅰ) 우주 물체를 발사하거나 또는 우주 물체의 발사를 야기하는 국가
　(ⅱ) 우주 물체가 발사되는 지역 또는 시설의 소속국을 의미한다.
(d) "우주 물체"라 함은 우주 물체의 구성 부분 및 우주선 발사기, 발사기의 구성 부분을 공히 포함한다.

제 2 조

발사국은 자국 우주물체가 지구 표면에 또는 비행중의 항공기에 끼친 손해에 대하여 보상을 지불할 절대적인 책임을 진다.

제 3 조

지구 표면 이외의 영역에서 발사국의 우주 물체 또는 동 우주 물체상의 인체 또는 재산이 타 발사국의 우주 물체에 의하여 손해를 입었을 경우, 후자는 손해가 후자의 과실 또는 후자가 책임져야 할 사람의 과실로 인한 경우에만 책임을 진다.

제 4 조

1. 지구 표면 이외의 영역에서 1개 발사국의 우주 물체 또는 동 우주 물체상의 인체 또는 재산이 타 발사국의 우주 물체에 의하여 손해를 입었을 경우, 그리고 그로 인하여 제3국 또는 제3국의 자연인이나 법인이 손해를 입었을 경우, 전기 2개의 국가는 공동으로 그리고 개별적으로 제3국에 대하여 아래의 한도내에서 책임을 진다.
   (a) 제3국의 지상에 또는 비행중인 항공기에 손해가 발생하였을 경우, 제3국에 대한 전기 양국의 책임은 절대적이다.
   (b) 지구 표면 이외의 영역에서 제3국의 우주 물체 또는 동 우주 물체상의 인체 또는 재산에 손해가 발생하였을 경우, 제3국에 대한 전기 2개국의 책임은 2개국 중 어느 하나의 과실, 혹은 2개국 중 어느 하나가 책임져야 할 사람의 과실에 기인한다.
2. 본조 1항에 언급된 공동 및 개별 책임의 모든 경우, 손해에 대한 보상 부담은 이들의 과실 정도에 따라 전기 2개국 사이에 분할된다. 만일 이들 국가의 과실 한계가 설정될 수 없을 경우, 보상 부담은 이들간에 균등히 분할된다. 이러한 분할은 공동으로 그리고 개별적으로 책임져야 할 발사국들의 하나 또는 전부로부터 이 협약에 의거 당연히 완전한 보상을 받으려 하는 제3국의 권리를 침해하지 않는다.

제 5 조

1. 2개 또는 그 이상의 국가가 공동으로 우주 물체를 발사할 때에는 그들은 발생한 손해에 대하여 공동으로 그리고 개별적으로 책임을 진다.
2. 손해에 대하여 보상을 지불한 바 있는 발사국은 공동 발사의 타참가국에 대하여 구상권을 보유한다. 공동 발사참가국들은 그들이 공동으로 그리고 개별적으로 책임져야 할 재정적인 의무의 할당에 관한 협정을 체결할 수 있다. 그러한 협정은 공동으로 그리고 개별적으로 책임져야 할 발사국중의 하나 또는 전부로부터 이 협약에 의거 완전한 보상을 받으려 하는 손해를 입은 국가의 권리를 침해하지 않는다.
3. 우주 물체가 발사된 지역 또는 시설의 소속국은 공동 발사의 참가국으로 간주된다.

제 6 조

1. 본조 제2항의 규정을 따를 것으로 하여 발사국측의 절대 책임의 면제는 손해를 입히려는 의도하에 행하여진 청구국 또는 청구국이 대표하는 자연인 및 법인측의 작위나 부작위 또는 중대한 부주의로 인하여 전적으로 혹은 부분적으로 손해가 발생하였다고 발사국이 입증하는 한도까지 인정된다.
2. 특히 유엔헌장 및 달과 기타 천체를 포함한 외기권의 탐색과 이용에 있어서의 국가 활동을 규율하는 원칙에 관한 조약을 포함한 국제법과 일치하지 않는 발사국에 의하여 행하여진 활동으로부터 손해가 발생한 경우에는 어떠한 면책도 인정되지 않는다.

제 7 조

이 협약의 규정은 발사국의 우주 물체에 의하여 발생한 아래에 대한 손해에는 적용되지 않는다.
(a) 발사국의 국민
(b) 발사기 또는 발사시 이후 어느 시기로부터 하강할 때까지의 단계에서 그 우주 물체의 작동에 참여하는 동안, 또는 발사국의 초청을 받아 발사 또는 회수 예정 지역의 인접지에 있는 동안의 외국인

제 8 조

1. 손해를 입은 국가 또는 자국의 자연인 또는 법인이 손해를 입은 국가는 발사국에 대하여 그러한 손해에 대하여 보상을 청구할 수 있다.
2. 손해를 입은 국민의 국적국이 보상을 청구하지 않는 경우, 타국가는 어느 자연인 또는 법인이 자국의 영역내에서 입은 손해에 대하여 발사국에 보상을 청구할 수 있다.
3. 손해의 국적 또는 손해 발생 지역국이 손해 배상을 청구하지 않거나 또는 청구의사를 통고하지 않을 경우, 제3국은 자국의 영주권자가 입은 손해에 대하여 발사국에 보상을 청구할 수 있다.

제 9 조

손해에 대한 보상청구는 외교 경로를 통하여 발사국에 제시되어야 한다. 당해 발사국과 외교 관계를 유지하고 있지 않는 국가는 제3국에 대하여 발사국에 청구하도록 요청하거나 또는 기타의 방법으로 이 협약에 따라 자국의 이익을 대표하도록 요구할 수 있다. 또는 청구국과 발사국이 공히 국제연합의 회원국일 경우, 청구국은 국제연합 사무총장을 통하여 청구할 수 있다.

제 10 조

1. 손해에 대한 보상청구는 손해의 발생일 또는 책임져야 할 발사국이 확인한 일자 이후 1년 이내에 발사국에 제시될 수 있다.
2. 만일 손해의 발생을 알지 못하거나 또는 책임져야 할 발사국을 확인할 수 없을 경우, 전기 사실을 알았던 일자 이후 1년 이내에 청구를 제시할 수 있다. 그러나 이 기간은 태만하지 않았다면 알 수 있을 것으로 합리적으로 기대되는 날로부터 1년을 어느 경우에도 초과할 수 없다.
3. 본조 1항 및 2항에 명시된 시한은 손해의 전체가 밝혀지지 않았다 하더라도 적용된다. 그러나 이러한 경우, 청구국은 청구를 수정할 수 있는 권리와 그러한 시한의 만료 이후라도 손해의 전체가 밝혀진 이후 1년까지 추가 자료를 제출할 수 있는 권리를 가진다.

제 11 조

1. 이 협약에 의거 발사국에 대한 손해 보상 청구의 제시는 청구국 또는 청구국이 대표하고 있는 자연인 및 법인이 이용할 수 있는 사전 어떠한 국내적 구제의 완료를 요구하지 않는다.
2. 이 협약상의 어떠한 규정도 국가 또는 그 국가가 대표하고 있는 자연인이나 법인이 발사국의 법원 또는 행정 재판소 또는 기관에 보상 청구를 제기하는 것을 방해하지 않는다. 그러나 국가는 청구가 발사국의 법원 또는 행정 재판소 또는 기관에 제기되어 있거나 또는 관련 국가를 기속하고 있는 타 국제협정에 의거 제기되어 있는 동일한 손해에 관하여는 이 협약에 의거 청구를 제시할 권리를 가지지 않는다.

제12조

발사국이 이 협약에 의거 책임지고 지불하여야 할 손해에 대한 보상은 손해가 발생하지 않았을 경우에 예상되는 상태대로 자연인, 법인, 국가 또는 국제기구가 입은 손해가 보상될 수 있도록 국제법 및 정의와 형평의 원칙에 따라 결정되어야 한다.

제 13 조

이 협약에 의거 청구국과 보상 지불국이 다른 보상 방식에 합의하지 못할 경우, 보상은 청구국의 통화로 지불되며, 만일 청구국이 요구하면 보상 지불국의 통화로 지불된다.

제 14 조

청구국이 청구 자료를 제출하였다는 사실을 발사국에게 통고한 일자로부터 1년이내에 제9조에 규정된 대로 외교적 교섭을 통하여 보상 청구가 해결되지 않을 경우, 관련당사국은 어느 1당사국의 요청에 따라 청구위원회를 설치한다.

제 15 조

1. 청구위원회는 3인으로 구성된다. 청구국과 발사국이 각각 1명씩 임명하며, 의장이 되는 제3의 인은 양당사국에 의하여 공동으로 선정된다. 각 당사국은 청구위원회 설치 요구 2개월 이내에 각기 위원을 임명하여야 한다.
2. 위원회 설치요구 4개월 이내에 의장 선정에 관하여 합의에 이르지 못할 경우, 어느 1당사국은 국제연합 사무총장에게 2개월의 추천 기간내에 의장을 임명하도록 요청할 수 있다.

제 16 조

1. 일방 당사국이 규정된 기간내에 위원을 임명하지 않을 경우, 의장은 타방 당사국의 요구에 따라 단일 위원 청구위원회를 구성한다.
2. 어떠한 이유로든지 위원회에 발생한 결원은 최초 임명시 채택된 절차에 따라 충원된다.
3. 위원회는 그 자신의 절차를 결정한다.
4. 위원회는 위원회가 개최될 장소 및 기타 모든 행정적인 사항을 결정한다.
5. 단일 위원 위원회의 결정과 판정의 경우를 제외하고, 위원회의 모든 결정과 판정은 다수결에 의한다.

제 17 조

청구위원회의 위원수는 위원회에 제기된 소송에 2 혹은 그 이상의 청구국 또는 발사국이 개입되어 있다는 이유로 증가되지 않는다. 그렇게 개입된 청구국들은 단일 청구국의 경우에 있어서와 동일한 방법과 동일한 조건에 따라 위원회의 위원 1명을 공동으로 지명한다. 2개 또는 그 이상의 발사국들이 개입된 경우에도 동일한 방법으로 위원회의 위원 1명을 공동으로 지명한다. 청구국들 또는 발사국들이 규정기간내에 위원을 임명하지 않을 경우, 의장은 단일 위원 위원회를 구성한다.

제 18 조

청구위원회는 보상 청구의 타당성 여부를 결정하고 타당할 경우, 지불하여야 할 보상액을 확정한다.

제 19 조

1. 청구위원회는 제12조의 규정에 따라 행동한다.
2. 위원회의 결정은 당사국이 동의한 경우 최종적이며 기속력이 있다. 당사국이 동의하지 않는 경우, 위원회는 최종적이며 권고적인 판정을 내리되 당사국은 이를 성실히 고려하여야 한다. 위원회는 그 결정 또는 판정에 대하여 이유를 설명하여야 한다.

3. 위원회가 결정 기관의 연장이 필요하다고 판단하지 않을 경우, 위원회는 가능한 신속히 그리고 위원회 설치일자로부터 1년이내에 결정 또는 판정을 내려야 한다.
4. 위원회는 그의 결정 또는 판정을 공포한다. 위원회는 결정 또는 판정의 인증등본을 각 당사국과 국제연합 사무총장에게 송부하여야 한다.

제 20 조
청구위원회에 관한 경비는 위원회가 달리 결정하지 아니하는 한, 당사국이 균등하게 부담한다.

제 21 조
우주 물체에 의하여 발생한 손해가 인간의 생명에 광범한 위험을 주게 되거나 또는 주민의 생활 조건이나 중요 중심부의 기능을 심각하게 저해하게 되는 경우, 당사국 특히 발사국은 손해를 입은 국가의 요청이 있을 경우 그 국가에 대해 신속 적절한 원조 제공 가능성을 검토하여야 한다. 그러나 본조의 어떠한 규정도 이 협약상의 당사국의 권리 또는 의무에 영향을 미치지 않는다.

제 22 조
1. 제24조로부터 제27조의 규정을 제외하고 이 협약에서 국가에 대해 언급된 사항은 우주 활동을 행하는 어느 정부간 국제기구에도 적용되는 것으로 간주된다. 이는 기구가 이 협약에 규정된 권리와 의무의 수락을 선언하고 또한 기구의 대다수의 회원국이 이 협약 및 '달과 기타 천체를 포함한 외기권의 탐색과 이용에 있어서의 국가 활동을 규율하는 원칙에 관한 조약'의 당사국인 경우에 한한다.
2. 이 협약의 당사국인 상기 기구의 회원국은 기구가 전항에 따른 선언을 행하도록 적절한 모든 조치를 취하여야 한다.
3. 어느 정부간 국제기구가 이 협약의 규정에 의거 손해에 대한 책임을 지게될 경우, 그 기구와 이 협약의 당사국인 동 기구의 회원국인 국가는 아래의 경우 공동으로 그리고 개별적으로 책임을 진다.
    (a) 그러한 손해에 대한 보상 청구가 기구에 맨 처음 제기된 경우
    (b) 기구가 6개월이내에, 그러한 손해에 대한 보상으로서 동의 또는 결정된 금액을 지불하지 않았을 때 한해서 청구국이 이 협약의 당사국인 회원국에 대하여 전기 금액의 지불 책임을 요구할 경우
4. 본조1항에 따라 선언을 행한 기구가 입은 손해에 대하여 이 협약의 규정에 따른 보상 청구는 이 협약의 당사국인 기구의 회원국에 의하여 제기되어야 한다.

제 23 조
1. 이 협약의 규정은 기타 국제협정 당사국간의 관계가 관련되는 한 발효중인 그러한 협정에 영향을 미치지 않는다.
2. 이 협약의 어떤 규정도 국가가 협약의 규정을 확인, 보충 또는 확대시키는 국제협정을 체결하는 것을 방해하지 않는다.

제 24 조
1. 이 협약은 서명을 위하여 모든 국가에 개방된다. 본조3항에 따라 이 협약의 발효 전에 이 협약에 서명하지 아니한 국가는 언제든지 이 협약에 가입할 수 있다.
2. 이 협약은 서명국에 의하여 비준되어야 한다. 비준서나 가입서는 기탁국 정부로 지정된 영국, 소련 및 미국정부에 기탁되어야 한다.
3. 이 협약은 5번째 비준서의 기탁으로써 발효한다.
4. 이 협약의 발효후에 비준서 또는 가입서를 기탁한 국가에 대하여는 그들의 비준서 또는 가입서의 기탁일자에 이 협약이 발효한다.
5. 기탁국 정부는 이 협약의 각 서명일자, 각 비준서 및 가입서의 기탁일자, 이 협약의 발효일자 및 기타 통고를 모든 서명국 및 가입국에 대하여 즉시 통보한다.
6. 이 협약은 국제연합헌장 제102조에 따라 기탁국 정부에 의하여 등록되어야 한다.

제 25 조
이 협약의 당사국은 이 협약에 대한 개정을 제의할 수 있다. 개정은 이 협약 당사국의 과반수가 수락한 때에 개정을 수락한 이 협약의 각 당사국에 대하여 발효하며, 그 이후 이 협약의 각 나머지 당사국에 대하여는 동 당사국의 개정 수락일자에 발효한다.

제 26 조
이 협약의 발효 10년 후, 이 협약의 지난 10년간 적용에 비추어 협약의 수정 여부를 심의하기 위한 협약 재검토 문제가 국제연합 총회의 의제에 포함되어야 한다. 그러나 이 협약 발효 5년 후에는 어느 때라도 협약 당사국의 3분의 1의 요청과 당사국의 과반수의 동의가 있으면 이 협약 재검토를 위한 당사국 회의를 개최한다.

제 27 조
이 협약의 당사국은 협약 발효 1년 후 기탁국 정부에 대한 서면 통고로써 이 협약으로부터의 탈퇴를 통고할 수 있다. 그러나 탈퇴는 이러한 통고접수일자로부터 1년 후에 발효한다.

제 28 조
영어, 노어, 불어, 서반아어 및 중국어가 동등히 정본인 이 협약은 기탁국 정부의 문서 보관소에 기탁되어야 한다. 이 협약의 인증등본은 기탁국 정부에 의하여 서명국 및 가입국 정부에 전달되어야 한다.

04 | 외기권에 발사된 물체의 등록에 관한 협약
(1974채택/1976발효/1981한국발효)

본 협약의 당사국은, 외기권의 평화적 목적을 위한 탐사 및 이용을 확대하는데 대한 전 인류의 공동 이해를 인정하고, 1967년 1월 27일의 달과 기타 천체를 포함한 외기권의 탐색과 이용에 있어서의 국가 활동을 규율하는 원칙에 관한 조약이 외기권에서의 그들 국가의 행위에 대하여 국가가 국제 책임을 져야 함을 확인하고, 외기권에 발사된 물체의 등록을 한 국가에 언급하고 있음을 상기하고, 1968년 4월 22일의 우주 항공사의 구조, 우주 항공사의 귀환 및 외기권에 발사된 물체의 회수에 관한 협정이 발사 당국이 그 영토적 한계를 넘어서 발견된 외기권에 발사한 물체의 회수 이전에, 요구에 따라 확인 자료를 제공해야 함을 규정하고 있음을 또한 상기하고, 1972년 3월 29일의 우주 물체에 의하여 발생한 손해에 대한 국제 책임에 관한 협약이 우주 물체의 의해 발생하는 손해에 대한 발사국의 책임에 관하여 국제 규칙 및 소송 절차를 확립하고 있음을 나아가 상기하며, 달과 기타 천체를 포함한 외기권의 탐색과 이용에 있어서의 국가 활동을 규율하는 원칙에 관한 조약에 비추어 외기권에 발사된 우주 물체의 발사국에 의한 국가등록을 위한 규정을 제정하기를 희망하며, 외기권에 발사된 물체의 중앙 등록부는 지속적 근거하에 국제 연합 사무총장에 의해 작성되고 유지될 것을 나아가 희망하며, 당사국에 우주 물체의 정체 확인을 도울 추가 수단 및 절차를 제공할 것을 또한 희망하고, 외기권에 발사된 물체의 등록에 관한 지속적 체제가 특히 그들의 정체 학인에 도움이 되며, 외기권에 탐색 및 사용을 규율하는 국제법의 응용 및 발달에 이바지함을 믿으며, 다음과 같이 합의하였다.

제 1 조
본 협약의 목적을 위하여,
(a) 용어 "발사국"이라 함은,
   (ⅰ) 우주 물체를 발사하거나, 발사를 구매한 국가
   (ⅱ) 그 영토 또는 시설로부터 우주 물체가 발사된 국가를 의미한다.
(b) 용어 "우주 물체"라 함은 우주 물체의 복합 부품과 동 발사 운반체 및 그 부품을 포함한다.
(c) 용어 "등록국"이라 함은 제2조에 따라 우주 물체의 등록이 행하여진 발사국을 의미한다.

제 2 조
1. 우주 물체가 지구 궤도 또는 그 이원에 발사되었을 때, 발사국은 유지하여야 하는 적절한 등록부에 등재하므로써 우주 물체를 등록하여야 한다. 각 발사국은 동 등록의 확정을 국제 연합 사무총장에게 통보하여야 한다.
2. 그러한 여하한 우주 물체와 관련하여 발사국이 둘 또는 그 이상일 경우, 그들은 달과 기타 천체를 포함하여 외기권의 탐색 및 사용에 관한 국가의 활동을 규율하는 원칙에 관한 조약 제8조의 규정에 유의하고, 우주 물체 및 동 승무원에의 관할권 및 통제에 관하여 발사국 사이에 체결되고 장래 체결될 적절한 협정을 저해함이 없이, 그들 중의 일국이 본 조 제1항에 따라 동 물체의 등록을 하여야 함을 공동으로 결정하여야 한다.

3. 각 등록의 내용 및 그것이 유지되는 조건은 관련 등록국에 의하여 결정되어야 한다.

제 3 조

1. 국제연합 사무총장은 제4조에 따라 제공된 정보가 기록되어야 하는 등록부를 유지하여야 한다.
2. 본 등록부상의 정보에 대한 완전하고도 개방된 접근이 가능하여야 한다.

제 4 조

1. 각 등록국은 등록부상 등재된 각 우주 물체에 관련한 다음 정보를 실행가능한 한 신속히 국제연합 사무총장에게 제공하여야 한다.
   (a) 발사국 및 복수 발사국명
   (b) 우주 물체의 적절한 기탁자 또는 동 등록 번호
   (c) 발사 일시 및 발사 지역 또는 위치
   (d) 다음을 포함한 기본 궤도 요소
      (ⅰ) 노들주기
      (ⅱ) 궤도 경사각
      (ⅲ) 원지점
      (ⅳ) 근지점
   (e) 우주 물체의 일반적 기능
2. 각 등록국은 때때로 등록이 행해진 우주 물체에 관련된 추가 정보를 국제연합 사무총장에게 제공할 수 있다.
3. 각 등록국은 이전에 정보를 전달하였으나 지구 궤도상에 존재하지 않는 관련 우주 물체에 대해서도 가능한 한 최대로, 또한 실행 가능한 한 신속히 국제연합 사무총장에게 통보하여야 한다.

제 5 조

지구 궤도 또는 그 이원에 발사된 우주 물체가 제4조1항 (b)에 언급된 기탁자 또는 등록 번호 또는 그 양자로서 표시되었을 때마다 등록국은 제4조에 따라 우주 물체에 관한 정보를 제출할 시 동 사실을 사무총장에게 통고하여야 한다. 그러한 경우에 국제연합 사무총장은 등록부에 이 통고를 기재하여야 한다.

제 6 조

본 협약 제 조항의 적용으로 당사국이 또는 그 자연인 또는 법인에 손해를 야기하거나 또는 위험하거나 해로운 성질일지도 모르는 우주 물체를 식별할 수 없을 경우에는, 우주 탐지 및 추적 시설을 소유한 특정 국가를 포함하여 여타 당사국은 그 당사국의 요청에 따라 또는 대신 사무총장을 통하여 전달된 요청에 따라 그 물체의 정체 파악에 상응하고 합리적인 조건하에 가능한 최대한도로 원조를 하여야 한다. 그러한 요청을 한 당사국은 그러한 요청을 발생케 한 사건의 일시, 성격 및 정황에 관한 정보를 가능한 한 최대한 제출하여야 한다. 그러한 원조가 부여되어야 하는 약정은 관계 당사국 사이의 합의에 의한다.

제 7 조

1. 제8조에서 제12조까지 조항들을 제외하고 본 협약상 국가에 대한 언급은 우주 활동을 수행하는 어떠한 정부간 국제 기구가 본 협약상 규정된 권리 의무의 수락을 선언하고 해당 기구의 다수 회원국이 본 협약 및 달과 기타 전체를 포함하는 외기권의 탐색 및 사용에 있어 국가 활동을 규율하는 원칙에 관한 조약의 당사국일 경우 당해 정부간 국제 기구에도 해당 되는 것으로 간주된다.
2. 본 협약의 당사국인 그러한 어떠한 기구의 회원국도 본 조 제1항에 따라 해당 기구가 선언하도록 함을 확보하기 위하여 모든 적절한 조치를 취하여야 한다.

제 8 조

1. 본 협약은 뉴욕의 국제 연합 본부에 모든 국가의 서명을 위하여 개방된다. 본 조 제3항에 따라 발효 이전에 본 협약에 서명하지 못한 어떠한 국가도 언제라도 동 협약에 가입할 수 있다.
2. 본 협약은 서명국의 비준에 의한다. 비준서 및 가입서는 국제연합 사무총장에게 기탁되어야 한다.
3. 본 협약은 국제연합 사무총장에게 다섯번째 비준서를 기탁한 일자로부터 비준서를 기탁한 국가 사이에 발효한다.
4. 본 협약 발효 이후 그 비준서나 가입서를 기탁한 국가에 대하여는 그 비준서나 가입서를 기탁한 일자에 발효한다.
5. 사무총장은 모든 서명국 및 가입국에 각 서명일자, 본 협약의 각 비준서 기탁일 및 가입서 기탁일, 동 발효일자 및 기타 공지사항을 즉각 통보하여야 한다.

제 9 조

본 협약의 어느 당사국도 협약의 개정을 제의할 수 있다. 개정은 협약의 과반수 당사국에 의해 수락되는 일자에 개정을 수락한 협약 당사국에 대하여 발효하며, 그 이후에 각 잔존 협약 당사국에 대하여는 동 국에 의해 수락된 일자에 발효한다.

제 10 조

본 협약의 발효 후 10년이 경과하였을 시, 협약의 과거 적용에 비추어 개정을 요하느냐를 고려하기 위하여 협약 심사 문제가 국제연합 총회의 잠정 의제에 포함되어야 한다. 그러나, 협약이 발효된 후 5년이 경과한 후에는 언제라도 협약 당사국 3분의 1의 요구에 의하여, 그리고 당사국의 과반수의 합의에 의하여 본 협약을 심사하기 위한 당사국 회의를 개최할 수 있다. 그러한 심사에는 우주 물체의 정체 확인에 관련된 것을 포함하여 어떠한 관련 기술적 발달도 특히 고려에 넣어야 한다.

제 11 조

본 협약의 어느 당사국도 발효 후 1년이 경과할 시에는 국제연합 사무총장에 대한 서면 통지로서 협약에의 탈퇴를 통고할 수 있다. 그러한 탈퇴는 이 통고의 수령일로부터 1년이 경과하였을 시 효력이 있다.

제 12 조

본 협약의 원본인 아랍어, 중국어, 영어, 불어, 노어 및 서반어본은 동등히 정본이며, 국제연합 사무총장에 기탁되며, 사무총장은 원본의 인증등본을 전 서명국 및 가입국에 송부하여야 한다.

이상의 증거로서, 각 정부에 의하여 정당히 권한이 주어진 하기 서명자들은 1975년 1월 14일 뉴욕에서 서명을 위하여 개방된 본 협약에 서명하였다.

05 | 우주항공사의 구조, 우주항공사의 귀환 및 외기권에 발사된 물체의 회수에 관한 협정 (1968채택/1969발효/1969한국발효)

체약국은, 사고, 조난 또는 비상착륙의 경우에 우주항공사에 대한 가능한 모든 원조의 제공, 우주항공사의 신속하고 안전한 귀환 및 외기권에 발사된 물체의 회수를 요구하고 있는 "달과 기타 천체를 포함한 외기권의 탐색과 이용에 있어서의 국가 활동을 규율하는 원칙에 관한 조약"의 지대한 중요성을 인정하고, 이러한 의무를 발전시키며, 또한 보다 구체적으로 표현할 것을 요구하고, 외기권의 평화적 탐색과 이용에 있어서의 국제협력을 증진할 것을 희망하고, 인도적 감정에 촉구되어, 다음과 같이 합의하였다.

제1조

우주선원이 사고를 당하였거나 또는 조난상태를 당하고 있거나 또는 체약국의 관할권 하에 있는 영역 또는 공해, 또는 어느 국가 관할권에도 속하지 않는 기타 장소에 비상 또는 불의의 착륙을 하였다는 정보를 입수하거나 또는 이러한 사실을 발견한 각 체약국은 즉각,

(a) 발사당국에 통보하거나, 또는 발사당국을 확인할 수 없어 동 당국과 교신할 수 없는 경우에는 즉각 동 체약국의 처분 하에 있는 모든 적합한 통신수단으로 공개 발표를 하여야 하며, 또한,

(b) 국제연합 사무총장에게 통보하여야 한다. 동 사무총장은 지체없이 그의 처분 하에 있는 모든 적합한 통신수단으로 동 정보를 널리 보급하여야 한다.

제2조

우주선원이 사고, 조난, 비상 또는 불의의 착륙으로 인하여, 체약국의 관할권 하에 있는 영역에 착륙한 경우, 동 체약국은 즉시 동 우주선원을 구조하기 위한 모든 가능한 조치를 취하여야 하며 또한 이들에 대하여 모든 필요한 원조를 제공하여야 한다. 동 체약국은 동국이 취하고 있는 조치 및 동 조치의 진전에 관하여 발사당국 및 국제연합 사무총장에게 통고하여야 한다. 발사당국에 의한 원조가 신속한 구조를 달성하는데 도움이 되거나 또는 효과적인 탐색활동 및 구조작업에 실질적으로 공헌하는 경우에는, 발사당국은 효과적인 탐색활동 및 구조작업을 위하여 동 체약국과 협력하여야 한다. 여사한 작업은 동 체약국의 지시 및 통제에 따라야 하며, 또한 동 체약국은 발사당국과 긴밀하고 계속적인 협의 하에 행동하여야 한다.

제3조

우주선원이 공해상이나 또는 어느 국가의 관할권에도 속하지 않는 기타 장소에 하강하였다는 정보를 입수하거나 또는 이러한 사실을 발견한 경우, 우주선원의 신속한 구조를 보장하기 위하여 동 선원의 탐색 및 구조작업에 원조를 제공할 수 있는 위치에 있는 체약국은, 필요한 경우에는, 여사한 원조를 제공하여야 한다. 동 체약국은 동국이 취하고 있는 조치 및 동 조치의 진전을 발사당국 및 국제연합 사무총장에게 통보하여야 한다.

제 4 조

우주선원이 사고, 조난, 비상 또는 불의의 착륙으로 인하여, 체약국의 관할권 하에 있는 영역에 착륙하거나, 공해 또는 어느 국가의 관할권에도 속하지 않는 기타 어떤 장소에서 발견되었을 경우에는, 동 우주선원은 안전하고 신속하게 발사당국의 대표에게 인도되어야 한다.

제 5 조

1. 대기권에 발사된 물체 또는 그 구성부분품이 체약국의 관할권 하에 있는 영역 내의 지구상, 공해, 또는 어느 국가의 관할권에도 속하지 않는 기타 어떤 장소에 귀환하였다는 정보를 입수하거나 또는 여사한 사실을 발견한 체약국은 발사당국 및 국제연합 사무총장에게 이 사실을 통보하여야 한다.
2. 대기권에 발사된 물체 또는 그 구성부분품이 발견된 영역상에 관할권을 보유하는 각 체약국은, 발사당국의 요청에 따라, 그리고 또한 발사당국의 요청을 받은 경우에는 동 당국으로부터의 원조를 받아, 동 물체 또는 그 구성부분품을 회수하기 위하여 시행할 수 있다고 생각하는 조치를 취하여야 한다.
3. 발사당국의 영역 한계 외에서 발견된 대기권에 발사된 물체 또는 동 구성부분품은, 발사당국의 요청에 따라, 발사당국의 대표에게 반환되거나 또는 동 대표의 처분 하에 보관되어야 한다. 발사당국은 요청을 받은 경우에는 동 물체 및 그 구성부분품이 반환되기 전에 그 물체가 동일 물체임을 확인하는 자료를 제공하여야 한다.
4. 본 조 제2항 및 제3항의 규정에도 불구하고, 체약국의 관할권 하에 있는 영역에서 발견되거나 또는 체약국이 기타 다른 장소에서 회수한 대기권에 발사된 물체 및 그 구성부분품이 위험성이 있거나 또는 이와 유사한 성질의 것이라고 믿을만한 이유가 있는 경우, 동 체약국은 여사한 사실을 발사당국에 통보할 수 있다. 발사당국은, 전기 체약국의 지시와 통제하에서, 유해 위험성을 제거하기 위한 가능한 효과적인 조치를 즉시 취하여야 한다.
5. 본 조 제2항 및 제3항에 따라 물체 또는 그 구성부분품을 회수 및 반환하기위한 임무를 수행함에 있어서 발생하는 경비는 발사국이 부담하여야 한다.

제 6 조

본 협정의 적용을 위하여, "발사당국"이라 함은 발사에 대하여 책임을 지는 국가, 또는 정부간 국제기구가 발사에 대하여 책임을 지는 경우에는 동 기구를 말한다. 단 동 기구는 본 협정에 규정된 권리 의무의 승락을 선언하고 또한 동 기구의 회원국의 과반수가 본 협정 및 "달과 기타 천체를 포함한 외기권의 탐색과 이용에 있어서의 국가 활동을 규율하는 원칙에 관한 조약"의 체약국임을 조건으로 한다.

제 7 조

1. 본 협정은 서명을 위하여 모든 국가에 개방된다. 본 조 제3항에 따라 본 협정 발효 이전에 본 협정에 서명하지 아니한 국가는 언제든지 본 협정에 가입할 수 있다.
2. 본 협정은 서명국가에 의하여 비준되어야 한다. 비준서나 가입서는 기탁국 정부로부터 지정된 아메리카 합중국 정부, 대영연합왕국 및 소비에트 사회주의 연방공화국 정부에 기탁되어야 한다.

3. 본 협정은 본 협정에 의하여 기탁국 정부로 지정된 정부를 포함한 5개국 정부의 비준서 기탁으로써 발효한다.
4. 본 협정의 발효후에 비준서 또는 가입서를 기탁한 국가에 대하여는, 본 협정은 그들이 비준서 또는 가입서를 기탁한 일자에 발효한다.
5. 기탁국 정부는 본 협정의 각 서명일자, 각 비준서 및 가입서의 기탁일자, 본 협정 발효일자 및 기타 통고를 모든 서명국 및 가입국에 대하여 즉시 통보하여야 한다.
6. 본 협정은 국제연합 헌장 제102조에 따라 기탁국 정부에 의하여 등록되어야 한다.

제 8 조

본 협정의 당사국은 본 협정에 대한 개정을 제의할 수 있다. 개정은 본 협정 당사국의 과반수가 수락할 때, 개정을 수락한 본 협정 당사국에 대하여 효력을 발생한다. 그 이후에 있어서는 본 협정의 나머지 각 당사국에 대하여 동 당사국이 수락한 일자에 발효한다.

제 9 조

본 협정의 모든 당사국은 본 협정 발효 1년 후에 기탁국 정부에 대한 서면 통고로써 본 협정으로부터의 탈퇴 통고를 할 수 있다. 이러한 탈퇴 통고는 탈퇴 통고의 접수일자로부터 1년 후에 효력을 발생한다.

제 10 조

중국어, 영어, 불어, 노어 및 서반아어본이 동등히 정본인 본 협정은 기탁국정부의 문서보관소에 기탁되어야 한다. 본 협정의 인증등본은 기탁국 정부에 의하여 서명국 정부에 전달되어야 한다.

이상의 증거로서, 정당한 권한을 위임받은 하기 서명자는 본 협정에 서명하였다.
1968년 4월 22일 런던, 모스코바 및 워싱턴에서 본서 3통을 작성하였다.

06 | 남극협약(1959채택/1961발효/1986한국발효)

제 1 조

1. 남극지역은 평화적 목적을 위하여서만 이용된다. 특히, 군사기지와 방비시설의 설치, 어떠한 형태의 무기실험 및 군사훈련의 시행과 같은 군사적 성격의 조치는 금지된다.
2. 이 조약은 과학적 연구를 위하거나 또는 기타 평화적 목적을 위하여 군의 요원 또는 장비를 사용하는 것을 금하지 아니한다.

제 2 조

국제지구관측년 동안 적용되었던 바와 같은, 남극지역에서의 과학적 조사의 자유와 그러한 목적을 위한 협력은 이 조약의 제규정에 따를 것을 조건으로 계속된다.

제 3 조

1. 이 조약의 제2조에 규정된 바와 같이 남극지역에서의 과학적 조사에 관한 국제협력을 증진시키기 위하여, 체약당사국은 아래 사항을 최대한 실현가능하도록 할 것에 합의한다.
   (a) 남극지역에서의 과학적 계획을 가장 경제적이고 능률적으로 실시할 수 있도록 하기 위하여 그 계획에 관한 정보를 교환함
   (b) 남극지역에서 탐험대 및 기지 간에 과학요원을 교환함
   (c) 남극지역으로부터의 과학적 관측 및 결과를 교환하고 자유로이 이용할 수 있도록 함
2. 이 조를 실시함에 있어서 남극지역에 과학적 또는 기술적 관심을 가지고 있는 국제연합의 전문기구 및 기타 국제기구와 협조적인 업무관계를 설정하는 것이 모든 방법으로 장려된다.

제 4 조

1. 이 조약의 어떠한 규정도 다음과 같이 해석되지 아니한다.
   (a) 어느 체약당사국이 종전에 주장한 바 있는 남극지역에서의 영토주권 또는 영토에 관한 청구권을 포기하는 것
   (b) 어느 체약당사국이 남극지역에서의 그 국가의 활동 또는 그 국민의 활동의 결과 또는 기타의 결과로서 가지고 있는 남극지역의 영토주권에 관한 청구권의 근거를 포기하는 것 또는 감소시키는 것
   (c) 남극지역에서의 타국의 영토주권, 영토주권에 관한 청구권 또는 그 청구권의 근거를 승인하거나 또는 승인하지 않는 것에 관하여 어느 체약당사국의 입장을 손상하는 것
2. 이 조약의 발효 중에 발생하는 여하한 행위 또는 활동도 남극지역에서의 영토주권에 관한 청구권을 주장하거나 지지하거나 또는 부인하기 위한 근거가 되지 아니하며, 또한 남극지역에서의 어떠한 주권적 권리도 설정하지 아니한다. 이 조약의 발효 중에는 남극지역에서의 영토주권에 관한 새로운 청구권 또는 기존 청구권의 확대를 주장할 수 없다.

제 5 조

1. 남극지역에서의 모든 핵폭발과 방사선 폐기물의 동 지역에서의 처분은 금지된다.
2. 핵폭발과 방사선 폐기물의 처분을 포함하는 핵에너지의 이용에 관한 국제협정이 체결되고, 제9조에 규정된 회의에 대표를 참가시킬 권리를 가지는 모든 체약당사국이 동 협정의 당사국일 경우, 그러한 협정에 따라 정해진 규칙은 남극지역에 적용된다.

제 6 조

이 조약의 제규정은 모든 빙산을 포함하여 남위 60도 이남의 지역에 적용된다. 그러나 이 조약의 어떠한 규정도 동 지역내의 공해에 관한 국제법상의 어느 국가의 권리 또는 권리의 행사를 침해하거나 또는 어떠한 방법으로도 동 권리 또는 동 권리의 행사에 영향을 미치지 아니한다.

제 7 조

1. 이 조약의 목적을 증진하고, 또한 이 조약의 제규정의 준수를 확보하기 위하여 이 조약의 제9조에 언급된 회의에 대표를 참가시킬 권리를 가지는 각 체약당사국은 이 조에 규정된 조사를 행할 감시원을 지명할 권리를 가진다. 감시원은 그를 지명하는 체약당사국의 국민이어야 한다. 감시원의 이름은 감시원을 지명할 권리를 가지는 다른 모든 체약당사국에게 통보되며, 또한 그들의 임명의 종료에 관하여도 똑같이 통고된다.
2. 이 조 제1항의 규정에 따라 지명된 각 감시원은 남극지역의 어느 지역 또는 모든 지역에 언제든지 접근할 완전한 자유를 가진다.
3. 남극지역 내의 모든 기지, 시설 및 장비와 남극지역에서 화물 또는 사람의 양륙 또는 적재지점의 모든 선박과 항공기를 포함하여 남극지역의 모든 지역은 이 제1항에 따라 지명된 감시원에 의한 조사를 위하여 언제든지 개방된다.
4. 감시원을 지명할 권리를 가지는 어느 체약당사국도 남극지역의 어느 지역 또는 모든 지역에 대한 공중감시를 언제든지 행할 수 있다.
5. 각 체약당사국은 이 조약이 자국에 대하여 발효할 때 다른 당사국에게 아래사항을 통보하고, 그 이후에도 사전에 통고한다.
    (a) 자국의 선박 또는 국민이 참가하는 남극지역을 향한, 또는 남극지역 내에서의 모든 탐험대 및 자국의 영역 내에서 조직되거나 또는 자국의 영역으로부터 출발하는 남극지역을 향한 모든 탐험대
    (b) 자국의 국민이 점거하는 남극지역에서의 모든 기지 및
    (c) 이 조약 제1조 제2항에 규정된 조건에 따라 남극지역에 들어가게 될 군의요원 또는 장비

제 8 조

1. 이 조약 제7조 제1항에 따라 지명된 감시원과 제3조 제1항 (b)에 따라 교환된 과학요원 및 그러한 사람을 동행하는 직원은, 이 조약에 따른 자기의 임무의 수행을 용이하게 하기 위하여, 남극지역에서의 모든 사람에 대한 관할권에 관한 체약당사국의 각자 입장을 침해함이 없이, 남극지역에 있는 동안 자기의 임무를 수행할 목적으로 행하는 모든 작위 또는 부작위에 대하여 그들의 국적국인 체약당사국의 관할권에만 복종한다.

2. 남극지역에서의 관할권의 행사에 관한 분쟁에 관계된 체약당사국은 이 조 제1항의 규정을 침해하지 않고, 제9조 제1항 (e)에 따른 조치가 채택될 때까지 상호 수락할 만한 해결에 도달하기 위하여 즉시 서로 협의하여야 한다.

제 9 조

1. 이 조약의 전문에 명시된 체약당사국의 대표는 정보를 교환하고, 남극지역에 관한 공동관심사항에 관하여 협의하고, 아래 사항에 관한 조치를 포함하여 이 조약의 원칙과 목적을 조장하는 조치를 입안하고, 심의하고, 각자의 정부에 권고하기 위하여 이 조약의 발효 후 2개월 이내에 캔버라시에서, 그 이후에는 적당한 간격을 두어 적당한 장소에서 회합한다.
   (a) 남극지역을 평화적 목적을 위하여서만 이용하는 것
   (b) 남극지역에서의 과학적 연구를 용이하게 하는 것
   (c) 남극지역에서의 국제적 과학협력을 용이하게 하는 것
   (d) 이 조약 제7조에 규정된 조사권의 행사를 용이하게 하는 것
   (e) 남극지역에서의 관할권의 행사에 관한 문제
   (f) 남극지역에서 생물자원을 보존하는 것
2. 제13조에 따른 가입에 의하여 이 조약의 당사국이 된 각 체약당사국은 과학기지의 설치 또는 과학탐험대의 파견과 같은 남극지역에서 실질적인 과학적 연구활동을 행함으로써 남극지역에 대한 자국의 관심을 표명하는 동안, 이 조 제1항에 언급된 회의에 참가할 대표를 임명할 권리를 가진다.
3. 이 조약의 제7조에 언급된 감시원으로부터의 보고는 이 조 제1항에 언급된 회의에 참가하는 체약당사국의 대표에게 전달된다.
4. 이 조 제1항에 언급된 조치는 그 조치를 심의하기 위하여 개최되는 회의에 대표를 참가시킬 권리를 가지는 모든 체약당사국이 승인하였을 때에 효력을 발생한다.
5. 이 조약에서 설정된 어느 권리 또는 모든 권리는 이 조에 규정된 바에 따라 그러한 권리의 행사를 용이하게 하는 어떠한 조치가 제안되었거나 심의되었거나 또는 승인되었는지의 여부에 관계없이 이 조약의 발효일자로부터 행사될 수 있다.

제 10 조

각 체약당사국은 어느 누구도 남극지역에서 이 조약의 원칙 또는 목적에 반대되는 어떠한 활동에 종사하지 않도록 하기 위하여 국제연합헌장에 따른 적절한 노력을 경주할 것을 약속한다.

제 11 조

1. 이 조약의 해석 또는 적용에 관하여 둘 이상의 체약당사국 간에 분쟁이 발생할 경우, 동 체약당사국은 교섭, 심사, 중개, 조정, 중재, 사법적 해결 또는 그들이 선택하는 다른 평화적 수단에 의하여 분쟁을 해결하기 위하여 그들 상호 간에 협의하여야 한다.
2. 위에 따라 해결되지 않는 상기와 같은 성격의 분쟁은, 각각의 경우에 모든 분쟁당사국의 동의를 얻어 국제사법재판소에서 해결하도록 회부되어야 한다. 그러나 분쟁당사국은 국제사법재판소에 회부하는 일에 대하여 합의에 도달하지 못한 경우에도 이 조 제1항에 언급된 평화적 수단 중 어느 것에 의하여 분쟁을 해결하도록 계속 노력할 책임을 면하지 못한다.

제 12 조

1. (a) 이 조약은 제9조에 규정된 회의에 대표를 참가시킬 권리를 가지는 체약당사국의 일치된 합의에 의하여 언제든지 수정 또는 개정될 수 있다. 그러나 수정 또는 개정은 수탁국 정부가 전기한 모든 체약당사국으로부터 그것을 비준하였다는 통고를 접수한 때에 발효한다.
   (b) 그 이후의 그러한 수정 또는 개정은 수탁국 정부가 다른 체약당사국으로부터 비준하였다는 통고를 접수한 때에 다른 체약당사국에 대하여 발효한다. 다른 체약당사국 중 이 조 제1항 (a)의 규정에 따라 수정 또는 개정의 발효일자로부터 2년의 기간 내에 비준통고가 접수되지 않은 국가는 동 기간의 만료일자에 이 조약으로부터 탈퇴한 것으로 간주된다.
2. (a) 이 조약의 발효일자로부터 30년이 경과한 후, 제9조에 규정된 회의에 대표를 참가시킬 권리를 가지는 어느 체약당사국이 수탁국 정부에 대한 통보에 의하여 요청할 경우, 이 조약의 운영을 재검토하기 위한 모든 체약당사국회의가 될 수 있는 한 조속히 개최된다.
   (b) 상기 회의에서 제9조에 규정된 회의에 대표를 참가시킬 권리를 가지는 체약당사국의 과반수를 포함하여, 그 회의에 참가한 체약당사국의 과반수에 의하여 승인된 이 조약의 수정 또는 개정은 회의종료 즉시 수탁국 정부에 의하여 모든 체약당사국에 통보되고, 또한 이 조 제1항의 규정에 따라 발효한다.
   (c) 위와 같은 수정 또는 개정이 모든 체약당사국에 통보된 일자로부터 2년의 기간 이내에 이 조 제1항 (a)의 규정에 따라 발효하지 않을 경우, 어느 체약당사국도 동기간의 만료 후 언제든지 수탁국 정부에게 이 조약으로부터의 탈퇴를 통고할 수 있으며, 이러한 탈퇴는 수탁국 정부가 통고를 접수한 2년 후에 발효한다.

제 13 조

1. 이 조약은 서명국에 의하여 비준되어야 한다. 이 조약은 국제연합회원국 또는 이 조약 제9조에 규정된 회의에 대표를 참가시킬 권리를 가지는 모든 체약당사국의 동의를 얻어 이 조약에 가입하도록 초청받은 다른 국가에 의한 가입을 위하여 개방된다.
2. 이 조약의 비준 또는 가입은 각국이 그 헌법절차에 따라 행한다.
3. 비준서 및 가입서는 이 조약에서 수탁국 정부로 지정된 미합중국 정부에 기탁된다.
4. 수탁국 정부는 모든 서명국 및 가입국에 대하여 각 비준서 또는 가입서의 기탁일자 및 이 조약의 발효일자와 조약의 수정 또는 개정의 발효일자를 통보한다.
5. 이 조약은 모든 서명국이 비준서를 기탁한 때에 그들 국가 및 가입서를 기탁한 국가에 대하여 발효한다. 그 이후 이 조약은 어느 가입국이 가입서를 기탁한 때에 그 가입국에 대하여 발효한다.
6. 이 조약은 국제연합헌장 제102조에 따라 수탁국 정부에 의하여 등록된다.

제 14 조

이 조약은 영어, 불어, 러시아어 및 서반아어본이 동등히 정본이며, 미합중국정부 기록보존소에 기탁된다. 미합중국정부는 서명국 정부 및 가입국 정부에게 이 조약의 인증등본을 송부한다.

07 | 남극해양생물자원보존에 관한 협약 (1980채택/1982발효/1985한국발효)

[전문 생략]

제 1 조

1. 이 협약은 남위 60도 이남지역에 있어서 남극해양생물자원 및 남위 60도와 남극수렴선 사이의 지역에 있어서의 남극해양생태계에 속하는 남극해양생물자원에 대하여 적용한다.
2. 남극해양생물자원이라 함은 남극수렴선 이남에서 발견되는 지느러미 있는 어류, 연체동물, 갑각류동물 및 조류를 포함한 기타 모든 종류의 생물자원을 말한다.
3. 남극해양생태계라 함은 남극해양생물자원 상호의 관계 및 동자원과 이들 자원을 포함하는 자연환경과의 관계가 복합되어 있는 상태를 말한다.
4. 남극수렴선이라 함은 위도선과 자오선에 따라 다음의 점을 연결한 선을 말한다. 남위 50도·경도 0도, 남위 50도·동경 30도, 남위 45도·동경 30도, 남위 45도·동경 80도, 남위 55도·동경 80도, 남위 55도·동경 150도, 남위 60도·동경 150도, 남위 60도·서경 50도, 남위 50도·서경 50도, 남위 50도·경도 0도

제 2 조

1. 이 협약의 목적은 남극해양생물자원의 보존에 있다.
2. 이 협약의 적용상 "보존"이라는 용어는 합리적 이용을 포함한다.
3. 이 협약이 적용되는 지역에서의 어떠한 어획이나 관련활동은 이 협약의 제 규정과 다음의 보존원칙에 따라 행하여져야 한다.
   (a) 어획되는 자원에 대하여 그 규모가 당해 자원의 안정적인 보충을 확보하는 수준이하로 감소되는 것을 방지할 것, 이를 위하여 그 규모가 최대의 연 순증식량을 확보하는 수준에 가까운 수준이하로 저하되도록 허용되어서는 아니됨.
   (b) 남극해양생물자원중 어획되는 자원, 그에 의존하는 자원 및 관계가 있는 자원간의 생태학적 관계를 유지할 것과 고갈된 자원에 대하여 그 규모를 상기 (a)항에 규정된 수준으로 회복시킬 것.
   (c) 남극해양생물자원의 지속적 보존을 가능하게 하기 위하여 어획에 따른 직접 및 간접적 영향, 외래종의 도입이 미치는 영향, 연관활동이 해양생태계에 미치는 영향에 관하여 이용가능한 지식의 형편을 고려하여, 20년 또는 30년에 걸쳐 잠재적으로 회복될 수 없는 해양생태계에 있어서의 변화를 방지하거나 또는 변화 위험성을 최소화할 것.

제 3 조

체약당사국은, 남극조약의 당사국 여부를 불문하고, 남극조약지역에서 동 조약의 원칙과 목적에 반하는 어떠한 활동도 행하지 아니할 것과, 그들의 상호관계에 있어서 남극조약 제1조 및 제5조에서 정한 의무를 따를 것을 동의한다.

제 4 조

1. 남극조약지역과 관련하여 모든 체약당사국은 남극조약의 당사국 여부를 불문하고 그들의 상호관계에 있어서 남극조약 제4조 및 제6조에 따른다.
2. 이 협약의 어떠한 규정이나 이 협약의 발효 중에 이루어지는 어떠한 행위나 활동도
   (a) 남극조약지역에서 영토에 관한 청구권을 주장하거나, 지지하거나 부인하기 위한 근거를 이루거나, 남극조약 지역에서 어떠한 주권도 설정하지 아니한다.
   (b) 이 협약이 적용되는 지역에서 국제법에 따라 연안국의 관할권을 행사하는 권리 또는 당해 관할권을 행사할 청구권 또는 청구권의 근거를 어떠한 체약당사국에 대하여 포기시키거나 축소시키거나 또는 그러한 권리, 청구권 또는 청구권의 근거를 손상하는 것으로 해석되지 아니한다.
   (c) 그러한 권리·청구권 또는 청구권의 근거를 승인하거나 또는 부인하는 것에 관한 체약당사국의 입장을 손상하는 것으로 해석되지 아니한다.
   (d) 남극조약의 발효 중에는 남극지역에서 영토에 대한 새로운 청구권 또는 기존 청구권의 확대를 주장하여서는 아니 된다는 남극조약 제4조2항의 규정에 영향을 미치지 아니한다.

제 5 조

1. 남극조약의 당사국이 아닌 체약당사국은 남극조약지역의 환경보호 및 보존을 위한 남극조약협의당사국의 특별한 의무와 책임을 인정한다.
2. 남극조약의 당사국이 아닌 체약당사국은 남극조약 지역에서의 활동에 있어서 적당하다고 인정할 때에는 남극의 동물군과 식물군의 보존을 위한 합의조치 및 남극조약협의당사국이 모든 형태의 해로운 인간의 개입으로부터 남극환경을 보호하기 위한 책임을 완수하기 위하여 권고한 기타 조치를 준수할 것을 동의한다.
3. 이 협약의 적용상 남극조약협의당사국이라 함은 남극조약 제9조에 의한 회의에 그 대표가 참가하는 남극조약의 체약당사국을 말한다.

제 6 조

이 협약의 어떠한 규정도 체약당사국의 국제포경규제협약과 남극물개보존에 관한 협약에 따른 권리와 의무를 훼손하지 아니한다.

제 7 조

1. 체약당사국은 이에 남극해양생물자원보존위원회(이하 "위원회"라 한다)를 설치하고, 이를 유지할 것을 합의한다.
2. 위원회의 회원국 자격은 다음과 같다.
   (a) 이 협약이 채택된 회의에 참가한 각 체약당사국은 위원회의 회원국이 된다.
   (b) 제29조에 따라 이 협약에 가입한 각국은 당해 가입국이 이 협약이 적용되는 해양생물자원과 관련된 조사 또는 어획활동에 종사하는 기간동안 위원회의 회원국이 될 자격이 있다.
   (c) 제29조에 따라 이 협약에 가입한 각 지역경제통합기구는 동 기구의 회원국이 그러한 자격이 있는 동안 위원회의 회원국이 될 자격이 있다.

(d) 상기 (b), (c)항에 따라 위원회의 작업에 참여하고자 하는 체약당사국은 위원회의 회원국이 되고자 하는 근거와 발효 중인 보존조치의 수락의사수탁자에게 통고하여야 한다. 수탁자는 그러한 통고와 관련정보를 위원회의 각 회원국에게 통보하여야 한다. 수탁자로부터 그러한 통보를 접수한 후 2개월 이내에, 위원회의 어떠한 회원국도 이 문제를 검토하기 위하여 위원회의 특별회의를 개최할 것을 요구할 수 있다. 그러한 요구를 접수하는 즉시 수탁자는 특별회의를 소집하여야 한다. 회의 요구가 없으면, 통고를 행한 체약당사국은 위원회의 회원자격에 필요한 요건을 충족한 것으로 간주된다.

3. 위원회의 각 회원국은 교체대표와 자문위원을 동반할 수 있는 1인의 대표에 의하여 대표된다.

제 8 조

위원회는 법인격을 가지며, 각 당사국의 영토에서 그 임무를 수행하고, 이 협약의 목적을 달성하기 위하여 필요한 법률상의 능력을 향유한다. 당사국의 영토에서 위원회와 그 직원이 향유할 특권과 면제는 위원회와 당해 당사국간의 합의에 의하여 결정된다.

제 9 조

1. 위원회의 임무는 이 협약 제2조에 규정된 목적과 원칙을 실시하는 것이다. 이를 위하여 위원회는,
    (a) 남극해양생물자원과 남극해양생태계에 관한 조사 및 포괄적인 연구를 촉진하고,
    (b) 남극해양생물자원량의 상태와 변화에 관한 자료 및 어획종과 이들에 의존하거나 또는 관계가 있는 종 또는 개체군의 분포, 풍요도 및 생산성에 영향을 미치는 요소에 관한 자료를 수집하고,
    (c) 어획자원에 대한 어획량 및 어획노력량에 관한 통계의 입수를 확보하고,
    (d) 상기 (b), (c)항에 언급된 정보와 과학위원회의 보고서를 분석 보급, 간행하고,
    (e) 보존 필요성을 확인하고, 보존조치의 효율성을 분석하고,
    (f) 이 조 제5항의 규정에 따를 것을 조건으로 하여 이용가능한 최선의 과학적 증거에 기초하여 보존조치를 작성, 채택, 수정하고,
    (g) 이 협약 제24조에 따라 설치된 감시 및 검사제도를 실시하고,
    (h) 이 협약의 목적을 달성하기 위하여 필요한 기타 활동을 수행한다.
2. 상기 제1항(f)에 언급된 보존조치는 다음을 포함한다.
    (a) 이 협약이 적용되는 지역에서 어획될 수 있는 종별의 양을 지정하는 것.
    (b) 남극해양생물자원의 개체군의 분포에 기초한 구역 및 소구역을 지정하는 것.
    (c) 구역 및 소구역의 개체군으로부터 어획될 수 있는 양을 지정하는 것.
    (d) 보호생물종을 지정하는 것.
    (e) 어획될 수 있는 종의 체장, 연령 및 적절한 경우 성별을 지정하는 것.
    (f) 어기 및 금어기를 지정하는 것.
    (g) 보호 및 과학적 연구를 위한 특별지역을 포함하여 과학적 연구 또는 보존을 위한 지역, 구역 및 소구역의 조업 및 금어를 지정하는 것.
    (h) 어떠한 구역이나 소구역에서의 지나친 어획 집중을 특히 피하기 위하여 어구를 포함한 어획 노력량 및 어획방법을 규제하는 것.

(i) 어획 및 연관활동이 어획된 개체군 이외의 해양생태계의 구성요소에 미치는 영향에 관한 조치를 포함하여 이 협약의 목적달성을 위하여 필요하다고 위원회가 인정하는 기타 보존조치를 채택하는 것.
3. 위원회는 발효 중인 모든 보존조치에 관한 기록을 발간하고 유지한다.
4. 위원회는 상기 1항의 임무를 수행함에 있어서 과학위원회의 권고와 자문을 충분히 고려하여야 한다.
5. 위원회는 남극조약 제9조에 따른 협의회의 또는 이 협약이 적용되는 지역으로 들어올 수 있는 종에 대하여 책임있는 기존 어업위원회가 작성하거나 또는 권고 관련조치 또는 규칙에 따른 체약당사국의 권리·의무와 위원회가 채택하는 보존조치에 따른 체약당사국의 권리·의무가 저촉이 되지 않도록 하기 위하여 이들 관련조치 또는 규칙을 충분히 고려하여야 한다.
6. 위원회의 위원국은 이 협약에 따라 위원회가 채택한 보존조치를 다음과 같은 방법으로 실시한다.
   (a) 위원회는 위원회의 모든 회원국에게 보존조치에 관하여 통보하여야 한다.
   (b) 보존조치는 아래 (c), (d)항에 규정된 경우를 제외하고, 그러한 통고 후 180일이 경과하면 위원회의 모든 회원국에 대하여 구속력을 발생한다.
   (c) 위원회의 어느 회원국이 (a)항에 규정된 통고 후 90일 이내에 보존조치의 전체 또는 일부를 수락할 수 없음을 위원회에 통고하는 경우 동회원국은 통고에 의하여 표명된 범위내에서 동 보존조치에 구속되지 아니한다.
   (d) 위원회의 어느 회원국이 상기 (c)항에 규정된 절차를 원용한 경우, 위원회 어떠한 회원의 요청에 따라서도 보존조치를 재검토하기 위하여 회합하여야 한다. 그러한 회합시 또는 회합 후 30일 이내에 위원회의 어떠한 회원국도 동 보존조치를 더 이상 수락할 수 없음을 선언할 권리를 가지며, 이 경우 그 회원국은 그러한 조치에 더 이상 구속되지 아니한다.

제 10 조

1. 위원회는 이 협약의 당사국이 아닌 국가의 국민 또는 선박에 의하여 취해진 활동이 이 협약의 목적수행에 영향을 미친다고 판단되는 경우, 동 국가의 주의를 환기하여야 한다.
2. 위원회는 모든 체약당사국에 대하여, 체약당사국에 의한 이 협약의 목적 수행 또는 이 협약에 따른 동 체약당사국의 의무이행에 영향을 끼친다고 위원회가 판단하는 체약당사국의 여하한 활동에 대하여도 주의를 환기하여야 한다.

제 11 조

위원회는 이 협약이 적용되는 지역과 동 지역에 인접한 해역에서 다같이 발생하는 종 또는 이와 밀접한 관계가 있는 종의 계군의 보존과 관련하여 그러한 계군에 관하여 채택된 보존조치와 조화를 기하기 위하여 이 협약이 적용되는 지역에 인접한 해역에서 관할권을 행사하는 체약당사국과 협력하도록 노력하여야 한다.

제 12 조

1. 실질문제에 관한 위원회의 결정은 의견의 일치로 행한다. 어떤 문제가 실질문제인지 여부에 관한 문제는 실질문제로 취급한다.

2. 상기 1항에 언급된 문제 이외의 문제에 대한 결정은 출석하여 투표하는 위원회 회원국의 단순과반수에 의한 의결로 행한다.
3. 결정을 요하는 사항에 대한 위원회의 심의에 있어서, 지역경제통합기구가 그 결정을 행하는데 참가할 것인지 여부 및 참가하는 경우, 그 기구의 어느 회원국이 또한 참가할 것인지 여부를 명확히 하여야 한다. 상기에 따라 참가하는 체약당사국의 수는 위원회의 회원국인 지역경제통합기구의 회원국의 수를 초과할 수 없다.
4. 이 조에 따라 결정을 행함에 있어서 지역경제통합기구는 1개의 투표권만을 가진다.

제 13 조

1. 위원회의 본부는 호주의 타스마니아주 호바트에 둔다.
2. 위원회는 정기 연례회의를 개최한다. 기타 회의는 회원국의 3분의 1의 요청에 의하거나 이 협약이 달리 정하는 바에 따라 개최한다. 위원회의 제1차회의는, 체약당사국 중에서 이 협약이 적용되는 지역내에서 어획활동을 행하고 있는 국가가 최소한 2개국이 될 것을 조건으로, 이 협약 발효 후 3개월 이내에 개최된다. 제1차 회의는 어떠한 경우에는 이 협약 발효 후 1년 이내에는 개최되어야 한다. 수탁자는 위원회의 실효적인 운영을 위하여 가능한 한 많은 서명국이 위원회에 대표되는 것이 필요함을 고려하여 위원회의 제1차 회의에 관하여 서명국과 협의하여야 한다.
3. 수탁자는 위원회의 본부에서 위원회의 제1차 회의를 소집한다. 그 후 위원회의 회의는, 위원회가 달리 결정하지 아니하는 한, 위원회의 본부에서 개최된다.
4. 위원회는 회원국의 대표중에서 의장과 부의장을 선출하며, 임기는 각각 2년으로 하고, 1차에 한하여 연임할 수 있다. 단, 초대의장은 최초의 임기를 3년으로 하여 선출된다. 의장과 부의장은 동일 체약당사국의 대표이어서는 아니된다.
5. 위원회는 이 협약 제12조에서 규정하는 문제에 관한 것을 제외하고, 회의의 운영에 관한 절차규칙을 채택하고 필요에 따라 개정한다.
6. 위원회는 그 임무수행에 필요한 보조기관을 설치할 수 있다.

제 14 조

1. 체약당사국은 이에 위원회의 자문기관으로 남극해양생물자원보존과학위원회(이하 "과학위원회"라 한다)를 설립한다. 과학위원회가 달리 결정하지 아니하는 한, 과학위원회는 위원회의 본부에서 보통 회합한다.
2. 위원회의 각 회원국은 과학위원회의 회원국이 되며, 적절한 과학적 자격을 갖춘 1명의 대표를 임명한다. 동 대표는 다른 전문가와 자문위원을 동반할 수 있다.
3. 과학위원회는 필요에 따라 특별히 다른 과학자와 전문가의 자문을 구할 수 있다.

제 15 조

1. 과학위원회는 이 협약이 적용되는 해양생물자원에 관한 정보의 수집, 연구 및 교환과 관련된 협의와 협력을 위하여 공개토론회의를 마련하여야 한다. 과학위원회는 남극해양생태계의 해양생물자원에 관한 지식을 넓히기 위하여 과학적인 조사분야에 있어서 협력을 장려하고 촉진하여야 한다.
2. 과학위원회는 위원회가 이 협약의 목적을 달성하기 위하여 지시하는 활동 및 다음의 활동을 수행한다.
    (a) 이 협약 제9조에 언급된 보존조치에 관한 결정을 위하여 적용될 기준과 방법을 제정하는 것.

(b) 남극해양생물자원의 양의 상태와 경향을 정기적으로 평가하는 것.
(c) 어획이 남극해양생물자원의 개체군에 대하여 미치는 직접, 간적적 영향에 관한 자료를 분석하는 것.
(d) 어획의 방법 또는 규모에 관하여 제안된 변경과 제안된 보존조치의 효과를 평가하는 것.
(e) 이 협약의 목적을 달성하기 위한 조치 및 조사에 관하여, 요청에 따라 또는 자기의 발의에 의하여 평가, 분석, 보고 및 권고를 위원회에 전달하는 것.
(f) 남극해양생물자원에 관한 국제적 및 국가적 조사계획의 시행을 위한 제안을 작성하는 것.
3. 과학위원회는 그 임무를 수행함에 있어서, 기타 관련된 기술적·과학적 기구 작업과 남극조약의 테두리 내에서 행해지는 과학적 활동을 고려하여야 한다.

제 16 조

1. 과학위원회의 제1차 회의는 위원회의 제1차 회의후 3개월 이내에 개최된다. 과학위원회는 그 이후 임무를 수행하기 위하여 필요에 따라 수시로 회합한다.
2. 과학위원회는 그 절차규칙을 채택하고 필요에 따라 개정한다. 규칙과 그 개정은 위원회에 의하여 승인되어야 한다. 동 규칙은 소수의견보고서의 제출에 관한 절차를 포함한다.
3. 과학위원회는 위원회의 승인을 얻어 그 임무수행에 필요한 보조기관을 설치할 수 있다.

제 17 조

1. 위원회는 위원회가 정하는 절차 및 조건에 따라 위원회와 과학위원회의 업무를 수행하기 위하여 사무국장을 임명한다. 사무국장의 임기는 4년이며, 연임될 수 있다.
2. 위원회는 필요한 사무국의 직원조직을 인정하고, 사무국장은 위원회가 정하는 규칙, 절차 및 조건에 따라 사무국의 직원을 임명, 지휘 감독한다.
3. 사무국장과 사무국은 위원회가 위임하는 업무를 수행한다.

제 18 조

위원회 및 과학위원회의 공용어는 영어, 불어, 러시아어, 서반아어로 한다.

제 19 조

1. 매 연례회의에서 위원회는 위원회 및 과학위원회의 예산을 의견의 일치로 채택한다.
2. 위원회, 과학위원회 및 보조기관의 예산안은 사무국장이 작성하여 적어도 위원회의 연례회의 개최 60일 이전에 위원회의 회원국에게 송부되어야 한다.
3. 위원회의 각 회원국은 예산을 분담하여야 한다. 이 협약 발효후 5년이 경과하기까지는 위원회의 각 회원국의 분담금은 동일하다. 그 이후의 분담금 어획량과 위원회의 모든 회원국간의 균등분담원칙의 두 가지 기준에 따라 결정된다. 위원회는 이 두가지 기준이 적용되는 비율을 의견의 일치로 결정하여야 한다.
4. 위원회 및 과학위원회의 새정활동은 위원회가 채택한 개정규칙에 따라 수행되어야 하고, 위원회가 선임한 외부 회계사에 의하여 연례감사를 받아야 한다.
5. 위원회의 각 회원국은 위원회 및 과학위원회의 회의 참석에 따른 자국의 경비를 부담하여야 한다.

6. 계속하여 2년간 분담금을 지불하지 못하는 위원회의 회원국은 지불불이행 기간동안 위원회의 결정에 참가할 권리를 가지지 못한다.

제 20 조

1. 위원회의 회원국은 위원회와 과학위원회가 각기의 임무를 수행하기 위하여 필요한 통계적·생물학적 및 기타 자료와 정보를 가능한 한 최대한 매년 위원회와 과학위원회에 제공하여야 한다.
2. 위원회의 회원국은 신뢰할만한 어획량과 어획 노력량에 관한 통계가 수집될 수 있도록 하기 위하여 조업지역 및 선박을 포함하여 자국의 어획활동에 관한 정보를 정해진 방법과 기간에 따라 제출하여야 한다.
3. 위원회의 회원국은 위원회가 채택한 보존조치를 이행하기 위하여 취해진 조치에 관한 정보를 정해진 기간에 따라 위원회에 제출하여야 한다.
4. 위원회의 회원국은 어획의 영향을 평가하기 위하여 필요한 자료를 자국의 어획활동을 이용하여 수집할 것을 동의한다.

제 21 조

1. 각 체약당사국은 이 협약의 제 규정과 이 협약 제9조에 따라 당사국이 따라야 하는 위원회가 채택한 보존 조치의 준수를 확보하기 위하여 그 권한내에서 적절한 조치를 취하여야 한다.
2. 각 체약당사국은 위반에 대한 제재부과를 포함하여 상기 1항에 따라 취해진 조치에 관한 정보를 위원회에 송부하여야 한다.

제 22 조

1. 각 체약당사국은 어느 누구도 이 협약의 목적에 반하는 어떠한 활동에도 종사하지 아니하도록 하기 위하여 국제연합헌장에 따른 적절한 노력을 할 것을 약속한다.
2. 각 체약당사국은 자국이 인지한 이 협약의 목적에 반하는 어떠한 활동에 관하여서도 위원회에 통고하여야 한다.

제 23 조

1. 위원회와 과학위원회는 남극조약협의당사국의 권한 내에 있는 사항에 관하여 남극조약협의당사국과 협력하여야 한다.
2. 위원회와 과학위원회는 적당한 경우에는 국제연합식량농업기구 및 기타 전문기구와 협력하여야 한다.
3. 위원회와 과학위원회는 적당한 경우에는 남극연구과학위원회 해양연구과학위원회 및 국제포경위원회를 포함하여 그들의 작업에 기여할 수 있는 정부간 및 비정부간 국제기구와 협조적인 업무관계를 발전시키기 위하여 노력하여야 한다.
4. 위원회는 이 조에서 언급된 기구 및 적당한 경우에는 기타 기구와 협정을 체결할 수 있다. 위원회와 과학위원회는 그러한 기구에 대하여 위원회, 과학위원회 및 이들의 보조기관의 회의에 옵서버를 파견하도록 초청할 수 있다.

제 24 조

1. 이 협약의 목적을 추진하고, 이 협약의 제 규정의 준수를 확보하기 위하여 체약당사국은 감시 및 검사제도를 수립할 것을 합의한다.
2. 감시 및 검사제도는 다음의 원칙을 토대로 위원회가 작성한다.
   (a) 체약당사국은 현존 국제관행을 고려하고, 감시 및 검사제도의 효과적인 실시를 확보하기 위하여 상호 협력하여야 한다. 이 제도는 특히 위원회의 회원국에 의하여 지명된 감시원 및 검사원의 승선과 검사에 관한 절차와 승선 및 검사로부터 나오는 증거를 기초로 한 기국의 소추 및 제재에 관한 절차를 포함한다. 그러한 소추 및 부과된 제재에 관한 보고는 이 협약 제21조에 규정된 정보에 포함되어야 한다.
   (b) 이 협약에 따라 채택된 조치의 준수를 확인하기 위하여 감시 및 검사는 위원회의 회원국에 의하여 지명된 감시원 및 검사원이 위원회가 정한 조건에 따라 이 협약이 적용되는 지역에서 해양생물자원의 과학적 조사 또는 어획에 종사하는 선박에 승선하여 실시한다.
   (c) 지명된 감시원 및 검사원은 그들의 국적국인 체약당사국의 관할권에 종속된다. 그들은 그들을 지명한 위원회의 회원국에게 보고하여야 하며, 동 회원국은 이를 위원회에 보고하여야 한다.
3. 감시 및 검사제도의 수립시까지 위원회의 회원국은 감시원 및 검사원을 지명하기 위한 잠정적 조치를 취하기 위하여 노력하여야 하며, 이와 같이 지명된 감시원 및 검사원은 상기 2항에 규정된 제원칙에 따라 검사를 실시할 권한 주어진다.

제 25 조

1. 이 협약의 해석 또는 적용에 관하여 둘이상의 체약당사국간에 분쟁이 발생할 경우, 동 체약당사국은 교섭, 심사, 중개, 조정, 중재, 사법적 해결 또는 그들이 선택하는 기타의 평화적 수단에 의하여 분쟁을 해결하기 위하여 그들 상호간에 협의하여야 한다.
2. 위에 따라 해결되지 아니한 상기와 같은 성격의 분쟁은 각각의 경우에 모든 분쟁당사국의 동의를 얻어 해결을 위하여 국제사법재판소 또는 중재에 부탁되어야 한다. 분쟁당사국은 국제사법재판소 또는 중재에 부탁하는 것에 대하여 합의에 도달하지 못하는 경우에도 상기 1항에 언급된 여러 가지 평화적 수단중 어느 것에 의하여 분쟁을 해결하도록 계속 노력할 책임을 면하지 못한다.
3. 분쟁이 중재에 부탁되는 경우, 중재재판소는 이 협약 부칙에 규정된 바에 따라 구성된다.

제 26 조

1. 이 협약은 1980년 5월 7일부터 5월 20일까지 캔버라에서 개최된 남극 해양생물자원 보존에 관한 회의에 참가한 국가들의 서명을 위하여 1980년 8월 1일부터 12월 31일까지 캔버라에서 개방된다.
2. 위와 같이 서명한 국가는 이 협약의 원 서명국이 된다.

제 27 조

1. 이 협약은 서명국에 의하여 비준, 수락 또는 승인되어야 한다.
2. 비준서, 수락서 또는 승인서는 이 협약에서 수탁자로 지정된 호주정부에 기탁된다.

제 28 조

1. 이 협약은 제26조1항에 언급된 국가들이 8번째의 비준서, 수락서 또는 승인서를 기탁한 날로부터 30일 후에 발효한다.
2. 이 협약 발효후에 비준서, 수락서, 승인서 또는 가입서를 기탁하는 국가 또는 지역경제통합기구에 대하여 이 협약은 그 기탁으로부터 30일 후에 발효한다.

제 29 조

1. 이 협약은 이 협약이 적용되는 해양생물자원에 관한 조사 또 어획활동에 관심이 있는 국가에 의한 가입을 위하여 개방된다.
2. 이 협약은 그 기구의 일개국 이상의 회원국이 위원회의 회원국이며 그 기구 회원국이 이 협약이 규율하고 있는 사항에 대한 권한의 전부 또는 일부를 그 기구에 위임하고 있는 주권국가로 구성된 지역경제통합기구의 가입을 위하여 개방된다. 그러한 지역경제통합기구의 가입은 위원회의 회원국간의 협의의 대상이 된다.

제 30 조

1. 이 협약은 언제든지 개정될 수 있다.
2. 위원회의 회원국의 3분의 1이 개정안의 토의를 위한 회의 소집을 요청하는 경우, 수탁자는 동 회의를 소집하여야 한다.
3. 개정은 수탁자가 위원회의 모든 회원국으로부터 그에 대한 비준서, 수락서 또는 승인서를 접수한 때에 발효한다.
4. 동 개정은 그후 수탁자가 기타 체약당사국으로부터 비준, 수탁 또는 승인의 통고를 접수하였을 때 그 당사국에 대하여 발효한다. 상기 3항에 따라 개정이 발효된 날로부터 1년 이내에 기타 체약당사국이 아무런 통고도 하지 않는 경우 그 당사국은 이 협약으로부터 탈퇴한 것으로 간주된다.

제 31 조

1. 어느 체약당사국도 어느 해의 1월 1일 이전에 수탁자에게 서면통고를 함으로써 동년 6월 30일에 이 협약으로부터 탈퇴할 수 있으며 수탁자는 그러한 통고 접수시 여타 체약당사국에게 동 사실을 통고하여야 한다.
2. 여타의 체약당사국도 수탁자로부터 그러한 통고의 사본을 접수한 후 60일 이내에 수탁자에게 서면으로 탈퇴 통고를 할 수 있으며, 이 경우 이 협약은 그러한 통고를 한 체약당사국에 대하여 동년 6월 30일에 실효한다.
3. 위원회의 회원국에 의한 이 협약으로부터의 탈퇴는 이 협약에 따른 동 회원국의 재정적 의무에 영향을 미치지 아니한다.

제 32 조

수탁자는 모든 체약당사국에게 다음 사항을 통보한다.
(a) 이 협약의 서명 및 비준서, 수락서, 승인서 또는 가입서의 기탁
(b) 이 협약의 발효일자와 개정의 발효일자

제 33 조

1. 영어, 불어, 러시아어 및 서반아어본이 동등히 정본인 이 협약은 호주 정부에 기탁되며, 호주 정부는 모든 서명국 및 가입국에게 이 협약의 인증등본을 송부한다.
2. 이 협약은 국제연합헌장 제102조에 따라 수탁자가 등록한다. 1980년 5월 20일 캔버라에서 작성되었다.

이상의 증거로 하기 서명자는 정당히 권한을 위임받아 이 협약에 서명하였다.

해커스공무원 학원·인강
gosi.Hackers.com

VIII

국제범죄 및 국제안보

01 | 항공기 내에서 범한 범죄 및 기타 행위에 관한 협약(동경협약)
02 | 항공기 불법납치 억제를 위한 헤이그협약
03 | 민간항공의 안전에 대한 불법적 행위의 억제를 위한 협약(몬트리올협약)
04 | 국제민간항공 관련 불법행위의 억제에 관한 협약(베이징협약)
05 | 핵무기의 비확산에 관한 조약(NPT)

VIII. 국제범죄 및 국제안보

01 | 항공기 내에서 범한 범죄 및 기타 행위에 관한 협약(동경협약) (1963채택/1969발효/1972 한국발효)

제1장 협약의 범위

제 1 조
1. 본 협약은 다음 사항에 대하여 적용된다.
   (a) 형사법에 위반하는 범죄
   (b) 범죄의 구성여부를 불문하고 항공기와 기내의 인명 및 재산의 안전을 위태롭게 할 수 있거나 하는 행위 또는 기내의 질서 및 규율을 위협하는 행위
2. 제3장에 규정된 바를 제외하고는 본 협약은 체약국에 등록된 항공기가 비행 중이거나 공해 수면상에 있거나 또는 어느 국가의 영토에도 속하지 않는 지역의 표면에 있을 때에 동 항공기에 탑승한 자가 범한 범죄 또는 행위에 관하여 적용된다.
3. 본 협약의 적용상 항공기는 이륙의 목적을 위하여 시동이 된 순간부터 착륙 활주가 끝난 순간까지를 비행 중인 것으로 간주한다.
4. 본 협약은 군용, 세관용, 경찰용 업무에 사용되는 항공기에는 적용되지 아니한다.

제 2 조
제4조의 규정에도 불구하고, 또한 항공기와 기내의 인명 및 재산의 안전이 요청하는 경우를 제외하고는 본 협약의 어떠한 규정도 형사법에 위반하는 정치적 성격의 범죄나 또는 인종 및 종교적 차별에 기인하는 범죄에 관하여 어떠한 조치를 허용하거나 요구하는 것으로 해석되지 아니한다.

제2장 재판관할권

제 3 조
1. 항공기의 등록국은 동 항공기 내에서 범하여진 범죄나 행위에 대한 재판관할권을 행사할 권한을 가진다.
2. 각 체약국은 자국에 등록된 항공기 내에서 범하여진 범죄에 대하여 등록국으로서의 재판관할권을 확립하기 위하여 필요한 조치를 취하여야 한다.
3. 본 협약은 국내법에 따라 행사하는 어떠한 형사재판관할권도 배제하지 아니한다.

제 4 조

체약국으로서 등록국이 아닌 국가는 다음의 경우를 제외하고는 기내에서의 범죄에 관한 형사재판관할권의 행사를 위하여 비행 중의 항공기에 간섭하지 아니하여야 한다.
(a) 범죄가 상기 국가의 영역에 영향을 미칠 경우,
(b) 상기 국가의 국민이나 또는 영주자에 의하여 또는 이들에 대하여 범죄가 범하여진 경우,
(c) 범죄가 상기 국가의 안전에 반하는 경우,
(d) 상기 국가에서 효력을 발생하고 있는 비행 및 항공기의 조종에 관한 규칙이나 법규를 위반한 범죄가 범하여진 경우,
(e) 상기 국가가 다변적인 국제협정하에 부담하고 있는 의무의 이행을 보장함에 있어서 재판관할권의 행사가 요구되는 경우

제 3 장 항공기 기장의 권한

제 5 조

1. 본 장의 규정들은 최종 이륙지점이나 차기 착륙예정지점이 등록국 이외의 국가에 위치하거나 또는 범인이 탑승한 채로 동 항공기가 등록국 이외 국가의 공역으로 계속적으로 비행하는 경우를 제외하고는 등록국의 공역이나 공해상공 또는 어느 국가의 영역에도 속하지 아니하는 지역 상공을 비행하는 중에 항공기에 탑승한 자가 범하였거나 범하려고 하는 범죄 및 행위에는 적용되지 아니한다.
2. 제1조 제3항에 관계없이 본장의 적용상 항공기는 승객의 탑승 이후 외부로 통하는 모든 문이 폐쇄된 순간부터 승객이 내리기 위하여 상기 문들이 개방되는 순간까지를 비행 중인 것으로 간주한다. 불시착의 경우에는 본장의 규정은 당해국의 관계당국이 항공기 및 기내의 탑승자와 재산에 대한 책임을 인수할 때까지 기내에서 범하여진 범죄와 행위에 관하여 계속 적용된다.

제 6 조

1. 항공기 기장은 항공기 내에서 어떤 자가 제1조 제1항에 규정된 범죄나 행위를 범하였거나 범하려고 한다는 것을 믿을만한 상당한 이유가 있는 경우에는 그 자에 대하여 다음을 위하여 요구되는 감금을 포함한 필요한 조치를 부과할 수 있다.
   (a) 항공기와 기내의 인명 및 재산의 안전의 보호
   (b) 기내의 질서와 규율의 유지
   (c) 본 장의 규정에 따라 상기 자를 관계당국에 인도하거나 또는 항공기에서 하기조치(Disembarkation)를 취할 수 있는 기장의 권한 확보
2. 항공기 기장은 자기가 감금할 권한이 있는 자를 감금하기 위하여 다른 승무원의 원조를 요구하거나 권한을 부여할 수 있으며, 승객의 원조를 요청하거나 권한을 부여할 수 있으나 이를 요구할 수는 없다. 승무원이나 승객도 누구를 막론하고 항공기와 기내의 인명 및 재산의 안전을 보호하기 위하여 합리적인 예방조치가 필요하다고 믿을만한 상당한 이유가 있는 경우에는 기장의 권한부여가 없어도 즉각적으로 상기 조치를 취할 수 있다.

제 7 조

1. 제6조에 따라서 특정인에게 가하여진 감금조치는 다음 경우를 제외하고는 항공기가 착륙하는 지점을 넘어서까지 계속되어서는 아니된다.
   (a) 착륙지점이 비체약국의 영토 내에 있으며, 동 국가의 당국이 상기특정인의 상륙을 불허하거나, 제6조 제1항 (c)에 따라서 관계당국에 대한 동인의 인도를 가능하게 하기 위하여 이와 같은 조치가 취하여진 경우, (b) 항공기가 불시착하여 기장이 상기 특정인을 관계당국에 인도할 수 없는 경우, (c) 동 특정인이 감금상태하에서 계속 비행에 동의하는 경우.
2. 항공기 기장은 제6조의 규정에 따라 기내에 특정인을 감금한 채로 착륙하는 경우 가급적 조속히 그리고 가능하면 착륙 이전에 기내에 특정인이 감금되어 있다는 사실과 그 사유를 당해국의 당국에 통보하여야 한다.

제 8 조

1. 항공기 기장은 제6조 제1항의 (a) 또는 (b)의 목적을 위하여 필요한 경우에는 기내에서 제1조 제1항(b)의 행위를 범하였거나 범하려고 한다는 믿을만한 상당한 이유가 있는 자에 대하여 누구임을 막론하고 항공기가 착륙하는 국가의 영토에 그 자를 하기시킬 수 있다.
2. 항공기 기장은 본 조에 따라서 특정인을 하기시킨 국가의 당국에 대하여 특정인을 하기시킨 사실과 그 사유를 통보하여야 한다.

제 9 조

1. 항공기 기장은 자신의 판단에 따라 항공기의 등록국의 형사법에 규정된 중대한 범죄를 기내에서 범하였다고 믿을만한 상당한 이유가 있는 자에 대하여 누구임을 막론하고 항공기가 착륙하는 영토국인 체약국의 관계당국에 그 자를 인도할 수 있다.
2. 항공기 기장은 전항의 규정에 따라 인도하려고 하는 자를 탑승시킨 채로 착륙하는 경우 가급적 조속히 그리고 가능하면 착륙 이전에 동 특정인을 인도하겠다는 의도와 그 사유를 동 체약국의 관계당국에 통보하여야 한다.
3. 항공기 기장은 본 조의 규정에 따라 범죄인 혐의자를 인수하는 당국에게 항공기등록국의 법률에 따라 기장이 합법적으로 소지하는 증거와 정보를 제공하여야 한다.

제 10 조

본 협약에 따라서 제기되는 소송에 있어서 항공기 기장이나 기타 승무원, 승객, 항공기의 소유자나 운항자는 물론 비행의 이용자는 피소된 자가 받은 처우로 인하여 어떠한 소송상의 책임도 부담하지 아니한다.

제 4 장 항공기의 불법점유

제 11 조
1. 기내에 탑승한 자가 폭행 또는 협박에 의하여 비행 중인 항공기를 방해하거나 점유하는 행위 또는 기타 항공기의 조종을 부당하게 행사하는 행위를 불법적으로 범하였거나 또는 이와 같은 행위가 범하여지려고 하는 경우에는 체약국은 동 항공기가 합법적인 기장의 통제하에 들어가고, 그가 항공기의 통제를 유지할 수 있도록 모든 적절한 조치를 취하여야 한다.
2. 전항에 규정된 사태가 야기되는 경우 항공기가 착륙하는 체약국은 승객과 승무원이 가급적 조속히 여행을 계속하도록 허가하여야 하며, 또한 항공기와 화물을 각각 합법적인 소유자에게 반환하여야 한다.

제 5 장 체약국의 권한과 의무

제 12 조
체약국은 어느 국가를 막론하고 타 체약국에 등록된 항공기의 기장에게 제8조 제1항에 따른 특정인의 하기조치를 인정하여야 한다.

제 13 조
1. 체약국은 제9조 제1항에 따라 항공기 기장이 인도하는 자를 인수하여야 한다.
2. 사정이 그렇게 함을 정당화한다고 확신하는 경우에는 체약국은 제11조 제1항에 규정된 행위를 범한 피의자와 동국이 인수한 자의 신병을 확보하기 위하여 구금 또는 기타 조치를 취하여야 한다. 동 구금과 기타 조치는 동국의 법률이 규정한 바에 따라야 하나, 형사적 절차와 범죄인 인도에 따른 절차의 착수를 가능하게 하는 데에 합리적으로 필요한 시기까지에만 계속되어야 한다.
3. 전항에 따라 구금된 자는 동인의 국적국의 가장 가까이 소재하고 있는 적절한 대표와 즉시 연락을 취할 수 있도록 도움을 받아야 한다.
4. 제9조 제1항에 따라 특정인을 인수하거나 또는 제11조 제1항에 규정된 행위가 범하여진 후 항공기가 착륙하는 영토국인 체약국은 사실에 대한 예비조사를 즉각 취하여야 한다.
5. 본 조에 따라 특정인을 구금한 국가는 항공기의 등록국 및 피구금자의 국적국과 타당하다고 사료할 경우에는 이해관계를 가진 기타 국가에 대하여 특정인이 구금되고 있으며 그의 구금을 정당화하는 상황 등에 관한 사실을 즉시 통보하여야 한다. 본 조 제4항에 따라 예비조사를 취하는 국가는 조사의 결과와 재판권을 행사할 의사가 있는가의 여부에 대하여 상기 국가들에게 즉시 통보하여야 한다.

제 14 조

1. 제8조 제1항에 따라 특정인이 하기조치를 당하였거나 또는 제9조 제1항에 따라 인도되었거나 제11조 제1항에 규정된 행위를 범한 후 항공기에서 하기조치를 당하였을 경우, 또한 동인이 여행을 계속할 수 없거나 계속할 의사가 없는 경우에 항공기가 착륙한 국가가 그의 입국을 허가하지 아니할 때에는 동인이 착륙국가의 국민이거나 영주자가 아니라면 착륙국가는 동인이 국적을 가졌거나 영주권을 가진 국가의 영토에 송환하거나 동인이 항공여행을 시작한 국가의 영토에 송환할 수 있다.
2. 특정인의 상륙, 인도 및 제13조 제2항에 규정된 구금 또는 기타 조치나 동인의 송환은 당해 체약국의 입국관리에 관한 법률의 적용에 따라 동국 영토에 입국이 허가된 것으로 간주되지 아니하며, 본 협약의 어떠한 규정도 자국 영토로부터의 추방을 규정한 법률에 영향을 미치지 아니한다.

제 15 조

1. 제14조의 규정에도 불구하고 제8조 제1항에 따라 항공기에서 하기조치를 당하였거나, 제9조 제1항에 따라 인도되었거나, 제11조 제1항에 규정된 행위를 범한 후 항공기에서 내린 자가 여행을 계속할 것을 원하는 경우에는 범죄인 인도나 형사적 절차를 위하여 착륙국의 법률이 그의 신병확보를 요구하지 않는 한 그가 선택하는 목적지로 향발할 수 있도록 가급적 조속히 자유롭게 행동할 수 있게 하여야 한다.
2. 입국관리와 자국 영토로부터의 추방 및 범죄인 인도에 관한 법률에도 불구하고, 제8조 제1항에 따라 특정인이 하기조치를 당하였거나 제9조 제1항에 따라 인도되었거나 제11조 제1항에 규정된 행위를 범한 것으로 간주된 자가 항공기에서 내린 경우에는 체약국은 동인의 보호와 안전에 있어 동국이 유사한 상황하에서 자국민에게 부여하는 대우보다 불리하지 않는 대우를 부여하여야 한다.

제 6 장 기타 규정

제 16 조

1. 체약국에서 등록된 항공기 내에서 범하여진 범행은 범죄인 인도에 있어서는 범죄가 실제로 발생한 장소에서 뿐만 아니라 항공기 등록국의 영토에서 발생한 것과 같이 취급되어야 한다.
2. 전항의 규정에도 불구하고 본 협약의 어떠한 규정도 범죄인 인도를 허용하는 의무를 창설하는 것으로 간주되지 아니한다.

제 17 조

항공기 내에서 범하여진 범죄와 관련하여 수사 또는 체포 조치를 취하거나 재판권을 행사함에 있어서 체약국은 비행의 안전과 이에 관련된 기타 권익에 대하여 상당한 배려를 하여야 하며 항공기, 승객, 승무원 및 화물의 불필요한 지연을 피하도록 노력하여야 한다.

제 18 조

여러 체약국들이 이들 중 어느 한 국가에도 등록되지 아니한 항공기를 운항하는 공동 항공운송 운영기구나 국제적인 운영기구를 설치할 경우에는 이들 체약국은 그때 그때의 상황에 따라서 본 협약의 적용상 등록국으로 간주될 국가를 그들 중에서 지정하여야 하며, 이 사실을 국제민간항공기구에 통보하여 본 협약의 모든 당사국에게 통보하도록 하여야 한다.

제 7 장 최종 조항

제 19 조

제21조에 따라 효력을 발생하는 날까지 본 협약은 서명시에 국제연합 회원국이거나 또는 전문기구의 회원국인 모든 국가에게 서명을 위하여 개방된다.

제 20 조

1. 본 협약은 각국의 헌법절차에 따라서 서명국이 비준하여야 한다.
2. 비준서는 국제민간항공기구에 기탁된다.

제 21 조

1. 12개의 서명국이 본 협약에 대한 비준서를 기탁한 후 본 협약은 12번째의 비준서 기탁일부터 90일이 되는 날에 동 기구들 간에 발효한다. 이후 본 협약은 이를 비준하는 국가에 대하여 비준서 기탁이후 90일이 되는 날에 발효한다.
2. 본 협약이 발효하면 국제민간항공기구는 본 협약을 국제연합사무총장에게 등록한다.

제 22 조

1. 본 협약은 효력 발생후 국제연합 회원국이나 전문기구의 회원국이 가입할 수 있도록 개방된다.
2. 상기 국가의 가입은 국제민간항공기구에 가입서를 기탁함으로써 효력을 발생하며, 동 기탁이후 90일이 되는 날에 동국에 대하여 발효한다.

제 23 조

1. 체약국은 국제민간항공기구 앞으로 된 통고로서 본 협약을 폐기할 수 있다.
2. 상기 폐기는 국제민간항공기구 앞으로 된 폐기통고가 접수된 날로부터 6개월 이후에 효력을 발생한다.

제 24 조

1. 본 협약의 해석이나 적용에 있어서 둘 또는 그 이상의 체약국 간에 협상을 통한 해결을 볼 수 없는 분쟁이 있을 경우에는 이 중 어느 국가이든지 중재회부를 요청할 수 있다. 중재요청의 날로부터 6개월 이내에 당사자들이 중재기구에 관한 합의에 도달하지 못하는 경우에는 이 중 어느 당사자든지 국제사법재판소의 규정에 따른 요청으로 동 분쟁을 국제사법재판소에 제소할 수 있다.
2. 각국은 본 협약에 대한 서명, 비준 또는 가입시에 자국이 전항에 구속되지 아니한다는 바를 선언할 수 있다. 기타 체약국은 상기와 같은 유보를 선언한 체약국과의 관계에서는 전항에 구속되지 아니한다.
3. 전항에 따라 유보를 선언한 체약국은 언제든지 국제민간항공기구에 대한 통고로서 동 유보를 철회할 수 있다.

제 25 조

제24조에 규정한 이외에는 본 협약에 대한 유보를 할 수 없다.

제 26 조

국제민간항공기구는 모든 국제연합 회원국과 전문기구의 회원국에 대하여 다음 사항을 통보한다.
(a) 본 협약에 대한 서명과 그 일자
(b) 비준서 또는 가입서의 기탁과 그 일자
(c) 제21조 제1항에 따른 본 협약의 발효 일자
(d) 폐기통고의 접수와 그 일자
(e) 제24조에 따른 선언 또는 통고의 접수와 그 일자

이상의 증거로서 하기 전권위원은 정당히 권한을 위임받고 본 협약에 서명하였다. 1963년 9월 14일 토오쿄오에서 동등히 정본인 영어, 불어 및 서반아어본의 3부를 작성하였다. 본 협약은 국제민간항공기구에 기탁되고 제19조에 따라 서명이 개방되며, 동 기구는 모든 국제연합 회원국과 전문기구의 회원국에게 협약의 인증등본을 송부하여야 한다.

02 | 항공기 불법납치 억제를 위한 헤이그협약
(1970채택/1971발효/1973한국발효)

제 1 조
비행 중에 있는 항공기에 탑승한 여하한 자도
(가) 폭력 또는 그 위협에 의하여 또는 그 밖의 어떠한 다른 형태의 협박에 의하여 불법적으로 항공기를 납치 또는 점거하거나 또는 그와 같은 행위를 하고자 시도하는 경우, 또는
(나) 그와 같은 행위를 하거나 하고자 시도하는 자의 공범자인 경우에는 죄(이하 "범죄"라 한다)를 범한 것으로 한다.

제 2 조
각 체약국은 범죄를 엄중한 형벌로 처벌할 수 있도록 할 의무를 진다.

제 3 조
1. 본 협약의 목적을 위하여 항공기는 탑승 후 모든 외부의 문이 닫힌 순간으로부터 하기를 위하여 그와 같은 문이 열려지는 순간까지의 어떠한 시간에도 비행 중에 있는 것으로 본다. 강제착륙의 경우, 비행은 관계당국이 항공기와 기상의 인원 및 재산에 대한 책임을 인수할 때까지 계속하는 것으로 본다.
2. 본 협약은 군사, 세관 또는 경찰업무에 사용되는 항공기에는 적용하지 아니한다.
3. 본 협약은 기상에서 범죄가 행하여지고 있는 항공기의 이륙장소 또는 실제의 착륙장소가 그 항공기의 등록국가의 영토외에 위치한 경우에만 적용되며, 그 항공기가 국제 혹은 국내 항행에 종사하는지 여부는 가리지 아니한다.
4. 제5조에서 언급된 경우에 있어서 본 협약은 기상에서 범죄가 행하여지고 있는 항공기의 이륙장소 및 실제의 착륙장소가 동조에 언급된 국가 중의 하나에 해당하는 국가의 영토 내에 위치한 경우에는 적용하지 아니한다.
5. 본 조 제3 및 제4항에 불구하고, 만약 범인 또는 범죄혐의자가 그 항공기의 등록국가 이외의 국가의 영토 내에서 발견된 경우에는 그 항공기의 이륙장소 또는 실제의 착륙장소 여하를 불문하고 제6조, 제7조, 제8조 및 제10조가 적용된다.

제 4 조
1. 각 체약국은 범죄 및 범죄와 관련하여 승객 또는 승무원에 대하여 범죄혐의자가 행한 기타 폭력행위에 관하여 다음과 같은 경우에 있어서 관할권을 확립하기 위하여 필요한 제반 조치를 취하여야 한다.
    (가) 범죄가 당해국에 등록된 항공기 기상에서 행하여진 경우
    (나) 기상에서 범죄가 행하여진 항공기가 아직 기상에 있는 범죄혐의자를 싣고 그 영토 내에 착륙한 경우
    (다) 범죄가 주된 사업장소 또는 그와 같은 사업장소를 가지지 않은 경우에는 주소를 그 국가에 가진 임차인에게 승무원없이 임대된 항공기 기상에서 행하여진 경우

2. 각 체약국은 또한 범죄혐의자가 그 영토 내에 존재하고 있으며, 제8조에 따라 본 조 제1항에서 언급된 어떠한 국가에도 그를 인도하지 않는 경우에 있어서 범죄에 관한 관할권을 확립하기 위하여 필요한 제반 조치를 취하여야 한다.
3. 본 협약은 국내법에 의거하여 행사되는 어떠한 형사 관할권도 배제하지 아니한다.

제 5 조

공동 또는 국제등록에 따라 항공기를 운영하는 공동 항공운수 운영기구 또는 국제운영기관을 설치한 체약국들은 적절한 방법에 따라 각 항공기에 대하여 관할권을 행사하고 본 협약이 목적을 위하여 등록국가의 자격을 가지는 국가를 당해국 중에서 지명하여야 하며, 또한 국제민간항공기구에 그에 관한 통고를 하여야 하며, 동 기구는 본 협약의 전 체약국에 동 통고를 전달하여야 한다.

제 6 조

1. 사정이 그와 같이 허용한다고 인정한 경우, 범인 및 범죄혐의자가 그 영토 내에 존재하고 있는 체약국은 그를 구치하거나 그의 신병확보를 위한 기타 조치를 취하여야 한다. 동 구치 및 기타 조치는 그 국가의 국내법에 규정된 바에 따라야 하나, 형사 또는 인도절차를 취함에 필요한 시간 동안만 계속될 수 있다.
2. 그러한 국가는 사실에 대한 예비조사를 즉시 행하여야 한다.
3. 본 조 제1항에 따라 구치 중에 있는 어떠한 자도 최근거리에 있는 본국의 적절한 대표와 즉시 연락을 취하는데 도움을 받아야 한다.
4. 본 조에 의거하여 체약국이 어떠한 자를 구치하였을 때, 그 국가는 항공기의 등록국가, 제4조 제1항 ㈜에 언급된 국가, 피구치자가 국적을 가진 국가 및 타당하다고 생각할 경우 기타 관계국가에 대하여 그와 같은 자가 구치되어 있다는 사실과 그의 구치를 정당화하는 사정을 즉시 통고하여야 한다. 본 조 제2항에 규정된 예비조사를 행한 국가는 전기 국가에 대하여 그 조사결과를 즉시 보고하여야 하며 그 관할권을 행사할 의도가 있는지 여부를 명시하여야 한다.

제 7 조

그 영토 내에서 범죄혐의자가 발견된 체약국은 만약 동인을 인도하지 않을 경우에는, 예외없이, 또한 그 영토 내에서 범죄가 행하여진 것인지 여부를 불문하고 소추를 하기 위하여 권한 있는 당국에 동 사건을 회부하여야 한다. 그러한 당국은 그 국가의 법률상 중대한 성질의 일반적인 범죄의 경우에 있어서와 같은 방법으로 결정을 내려야 한다.

제 8 조

1. 범죄는 체약국들 간에 현존하는 인도조약상의 인도범죄에 포함되는 것으로 간주된다. 체약국들은 범죄를 그들 사이에 체결될 모든 인도조약에 인도범죄로서 포함할 의무를 진다.
2. 인도에 관하여 조약의 존재를 조건으로 하는 체약국이 상호 인도조약을 체결하지 않은 타 체약국으로부터 인도 요청을 받은 경우에는, 그 선택에 따라 본 협약을 범죄에 관한 인도를 위한 법적인 근거로서 간주할 수 있다. 인도는 피요청국의 법률에 규정된 기타 제조건에 따라야 한다.
3. 인도에 관하여 조약의 존재를 조건으로 하지 않는 체약국들은 피요청국의 법률에 규정된 제조건에 따를 것을 조건으로 범죄를 동 국가들 간의 인도범죄로 인정하여야 한다.

4. 범죄는, 체약국 간의 인도목적을 위하여, 그것이 발생한 장소에서뿐만 아니라 제4조 제1항에 따라 관할권을 확립하도록 되어 있는 국가들의 영토 내에서 행하여진 것과 같이 다루어진다.

제 9 조

1. 제1조 ㈎에서 언급된 어떠한 행위가 발생하였거나 또는 발생하려고 하는 경우 체약국은 항공기에 대한 통제를 적법한 기장에게 회복시키거나 또는 그의 항공기에 대한 통제를 보전시키기 위하여 적절한 모든 조치를 취하여야 한다.
2. 전항에 규정된 경우에 있어서 항공기, 그 승객 또는 승무원이 자국 내에 소재하고 있는 어떠한 체약국도 실행이 가능한 한 조속히 승객 및 승무원의 여행의 계속을 용이하게 하여야 하며, 항공기 및 그 화물을 정당한 점유권자에게 지체 없이 반환하여야 한다.

제 10 조

1. 체약국들은 범죄 및 제4조에 언급된 기타 행위와 관련하여 제기된 형사소송절차에 관하여 상호간 최대의 협조를 제공하여야 한다. 피요청국의 법률은 모든 경우에 있어서 적용된다.
2. 본 조 제1항의 규정은 형사문제에 있어서 전반적 또는 부분적인 상호협조를 규정하거나 또는 규정할 그 밖의 어떠한 양자 또는 다자조약상의 의무에도 영향을 미치지 아니한다.

제 11 조

각 체약국은 그 국내법에 의거하여 국제민간항공기구이사회에 그 국가가 소유하고 있는 다음에 관한 어떠한 관계 정보도 가능한 한 조속히 보고하여야 한다.
㈎ 범죄의 상황
㈏ 제9조에 의거하여 취하여진 조치
㈐ 범인 또는 범죄혐의자에 대하여 취하여진 조치, 또한 특히 인도절차 또는 기타 법적 절차의 결과

제 12 조

1. 협상을 통하여 해결될 수 없는 본 협약의 해석 또는 적용에 관한 2개국 또는 그 이상의 체약국들 간의 어떠한 분쟁도 그들 중 일 국가의 요청에 의하여 중재에 회부된다. 중재 요청일로부터 6개월 이내에 체약국들이 중재 구성에 합의하지 못할 경우에는, 그들 당사국 중의 어느 일국가가 국제사법재판소에 동 재판소규정에 따라 분쟁을 부탁할 수 있다.
2. 각 체약국은 본 협약의 서명 또는 비준, 또는 가입시에 자국이 전항규정에 구속되지 아니하는 것으로 본다는 것을 선언할 수 있다. 타방체약국들은 그러한 유보를 행한 체약국에 관하여 전항규정에 의한 구속을 받지 아니한다.
3. 전항규정에 의거하여 유보를 행한 어떠한 체약국도 기탁정부에 대한 통고로써 동 유보를 언제든지 철회할 수 있다.

제 13 조

1. 본 협약은 1970년 12월 1일부터 16일까지 헤이그에서 개최된 항공법에 관한 국제회의(이하 "헤이그회의"라 한다)에 참가한 국가들에 대하여 1970년 12월 16일 헤이그에서 서명을 위하여 개방된다. 1970년 12월 31일 이후 협약은 모스크바, 런던 및 워싱톤에서 서명을 위하여 모든 국가에 개방된다. 본 조 제3항에 따른 발효이전에 본 협약에 서명하지 않은 어떠한 국가도 언제든지 본 협약에 가입할 수 있다.
2. 본 협약은 서명국에 의한 비준을 받아야 한다. 비준서 및 가입서는 이에 기탁정부로 지정된 소련, 영국 및 미국정부에 기탁되어야 한다.
3. 본 협약은 헤이그회의에 참석한 본 협약의 10개 서명국에 의한 비준서 기탁일 후 30일에 효력을 발생한다.
4. 기타 국가들에 대하여, 본 협약은 본 조 제3항에 따른 본 협약의 발효일자 또는 당해국의 비준서 또는 가입서를 기탁한 일자 후 30일 중에서 나중의 일자에 효력을 발생한다.
5. 기탁 정부들은 모든 서명 및 가입국에 대하여 매 서명일자, 매 비준서 또는 가입서의 기탁일자, 본 협약의 발효일자 및 기타 통고를 즉시 통보하여야 한다.
6. 본 협약은 발효하는 즉시 국제연합헌장 제102조에 따라, 또한 국제민간항공협약(시카고, 1944) 제83조에 따라 기탁정부들에 의하여 등록되어야 한다.

제 14 조

1. 어떠한 체약국도 기탁정부들에 대한 서면통고로써 본 협약을 폐기할 수 있다.
2. 폐기는 기탁정부들에 의하여 통고가 접수된 일자의 6개월 후에 효력을 발생한다.

이상의 증거로써 하기 전권 대표들은, 그들 정부로부터 정당히 권한을 위임받아 본 협정에 서명하였다.

일천구백칠십년 십이월 십육일, 각기 영어, 불어, 노어 및 서반아어로 공정히 작성된 원본 3부로 작성하였다.

03 | 민간항공의 안전에 대한 불법적 행위의 억제를 위한 협약(몬트리올협약) (1971채택/1973발효/1973한국발효)

제 1 조
1. 여하한 자도 불법적으로 그리고 고의적으로:
   (가) 비행 중인 항공기에 탑승한자에 대하여 폭력 행위를 행하고 그 행위가 그 항공기의 안전에 위해를 가할 가능성이 있는 경우, 또는
   (나) 운항 중인 항공기를 파괴하는 경우 또는 그러한 비행기를 훼손하여 비행을 불가능하게 하거나 또는 비행의 안전에 위해를 줄 가능성이 있는 경우, 또는
   (다) 여하한 방법에 의하여서라도, 운항 중인 항공기상에 그 항공기를 파괴할 가능성이 있거나 또는 그 항공기를 훼손하여 비행을 불가능하게 할 가능성이 있거나 또는 그 항공기를 훼손하여 비행의 안전에 위해를 줄 가능성이 있는 장치나 물질을 설치하거나 또는 설치되도록 하는 경우, 또는
   (라) 항공시설을 파괴 혹은 손상하거나 또는 그 운용을 방해하고 그러한 행위가 비행 중인 항공기의 안전에 위해를 줄 가능성이 있는 경우, 또는
   (마) 그가 허위임을 아는 정보를 교신하여, 그에 의하여 비행 중인 항공기의 안전에 위해를 주는 경우에는 범죄를 범한 것으로 한다.
2. 여하한 자도:
   (가) 본 조 1항에 규정된 범죄를 범하려고 시도한 경우, 또는
   (나) 그러한 범죄를 범하거나 또는 범하려고 시도하는 자의 공범자인 경우에도 또한 범죄를 범한 것으로 한다.

제 2 조
본 협약의 목적을 위하여:
(가) 항공기는 탑승 후 모든 외부의 문이 닫힌 순간으로부터 하기를 위하여 그러한 문이 열려지는 순간까지의 어떠한 시간에도 비행 중에 있는 것으로 본다. 강제착륙의 경우, 비행은 관계당국이 항공기와 기상의 인원 및 재산에 대한 책임을 인수할 때까지 계속하는 것으로 본다.
(나) 항공기는 일정 비행을 위하여 지상원 혹은 승무원에 의하여 항공기의 비행 전 준비가 시작된 때부터 착륙 후 24시간까지 운항 중에 있는 것으로 본다. 운항의 기간은, 어떠한 경우에도, 항공기가 본 조 1항에 규정된 비행 중에 있는 전 기간 동안 계속된다.

제 3 조
각 체약국은 제1조에 규정된 범죄를 엄중한 형벌로 처벌할 수 있도록 할 의무를 진다.

제 4 조
1. 본 협약은 군사, 세관 또는 경찰 업무에 사용되는 항공기에는 적용되지 아니한다.
2. 제1조 1항의 세항 (가), (나), (다) 및 (마)에 규정된 경우에 있어서, 본 협약은 항공기가 국제 또는 국내선에 종사하는지를 불문하고:
   (가) 항공기의 실제 또는 예정된 이륙 또는 착륙 장소가 그 항공기의 등록국가의 영토 외에 위치한 경우, 또는

(나) 범죄가 그 항공기 등록국가 이외의 국가 영토 내에서 범하여진 경우에만 적용된다.
3. 본 조 2항에 불구하고 제1조 1항 세항 (가), (나), (다) 및 (마)에 규정된 경우에 있어서, 본 협약은 범인 및 범죄혐의자가 항공기 등록국가 이외의 국가 영토 내에서 발견된 경우에도 적용된다.
4. 제9조에 언급된 국가와 관련하여 또한 제1조 1항 세항 (가), (나), (다) 및 (마)에 언급된 경우에 있어서, 본 협약은 본 조 2항 세항 (가)에 규정된 장소들이 제9조에 규정된 국가의 하나에 해당하는 국가의 영토 내에 위치한 경우에는, 그 국가 이외의 국가 영토 내에서 범죄가 범하여지거나 또는 범인이나 범죄혐의자가 발견되지 아니하는 한, 적용되지 아니한다.
5. 제1조 1항 세항 (라)에 언급된 경우에 있어서, 본 협약은 항공시설이 국제 항공에 사용되는 경우에만 적용된다.
6. 본 조 2항, 3항, 4항 및 5항의 규정들은 제1조 2항에 언급된 경우에도 적용된다.

제 5 조

1. 각 체약국은 다음과 같은 경우에 있어서 범죄에 대한 관할권을 확립하기 위하여 필요한 제반 조치를 취하여야 한다.
   (가) 범죄가 그 국가의 영토 내에서 범하여진 경우
   (나) 범죄가 그 국가에 등록된 항공기에 대하여 또는 기상에서 범하여진 경우
   (다) 범죄가 기상에서 범하여지고 있는 항공기가 아직 기상에 있는 범죄혐의자와 함께 그 영토 내에 착륙한 경우
   (라) 범죄가 주된 사업장소 또는 그러한 사업장소를 가지지 않은 경우에는 영구 주소를 그 국가 내에 가진 임차인에게 승무원 없이 임대된 항공기에 대하여 또는 기상에서 범하여진 경우
2. 각 체약국은 범죄혐의자가 그 영토 내에 소재하고 있으며, 그를 제8조에 따라 본 조 1항에 언급된 어떠한 국가에도 인도하지 않는 경우에 있어서, 제1조 1항 (가), (나) 및 (다)에 언급된 범죄에 관하여 또한 제1조 2항에 언급된 범죄에 관하여, 동조가 그러한 범죄에 효력을 미치는 한, 그 관할권을 확립하기 위하여 필요한 제반조치를 또한 취하여야 한다.
3. 본 협약은 국내법에 따라 행사되는 어떠한 형사 관할권도 배제하지 아니한다.

제 6 조

1. 사정이 그와 같이 허용한다고 인정한 경우, 범인 및 범죄혐의자가 그 영토 내에 소재하고 있는 체약국은 그를 구치하거나 그의 신병확보를 위한 기타 조치를 취하여야 한다. 동구치 및 기타 조치는 그 국가의 국내법에 규정된 바에 따라야 하나, 형사 또는 인도 절차를 취함에 필요한 시간 동안만 계속될 수 있다.
2. 그러한 국가는 사실에 대한 예비 조사를 즉시 행하여야 한다.
3. 본 조 1항에 따라 구치 중에 있는 어떠한 자도 최근거리에 있는 그 본국의 적절한 대표와 즉시 연락을 취하는데 도움을 받아야 한다.

4. 본 조에 의거하여 체약국이 어떠한 자를 구치하였을 때, 그 국가는 제5조 1항에 언급된 국가, 피구치자가 국적을 가진 국가 및 타당하다고 생각할 경우 기타 관계국가에 대하여 그와 같은 자가 구치되어 있다는 사실과 그의 구치를 정당화하는 사정을 즉시 통고하여야 한다. 본 조 2항에 규정된 예비조사를 행한 국가는 전기 국가에 대하여 그 조사 결과를 즉시 보고 하여야 하며, 그 관할권을 행사할 의도가 있는지의 여부를 명시하여야 한다.

제 7 조

그 영토 내에서 범죄혐의자가 발견된 체약국은 만약 동인을 인도하지 않은 경우, 예외 없이 또한 그 영토 내에서 범죄가 범하여진 것인지 여부를 불문하고, 소추를 하기 위하여 권한 있는 당국에 동 사건을 회부하여야 한다. 그러한 당국은 그 국가의 법률상 중대한 성질의 일반 범죄의 경우에 있어서와 같은 방법으로 그 결정을 내려야 한다.

제 8 조

1. 범죄는 체약국 간에 현존하는 인도 조약상의 인도 범죄에 포함되는 것으로 간주된다. 체약국은 범죄를 그들 사이에 체결될 모든 인도 조약에 인도 범죄로 포함할 의무를 진다.
2. 인도에 관하여 조약의 존재를 조건으로 하는 체약국이 상호 인도조약을 체결하지 않은 타 체약국으로부터 인도 요청을 받은 경우에는, 그 선택에 따라 본 협약을 범죄에 관한 인도를 위한 법적인 근거로서 간주할 수 있다. 인도는 피요청국의 법률에 규정된 기타 제 조건에 따라야 한다.
3. 인도에 관하여 조약의 존재를 조건으로 하지 않는 체약국들은 피요청국의 법률에 규정된 제조건에 따를 것을 조건으로 범죄를 동 국가들 간의 인도범죄로 인정하여야 한다.
4. 각 범죄는, 체약국 간의 인도 목적을 위하여, 그것이 발생한 장소에서뿐만 아니라 제5조 1항 (나), (다) 및 (라)에 의거하여 그 관할권을 확립하도록 되어 있는 국가의 영토 내에서 범하여진 것처럼 취급된다.

제 9 조

공동 또는 국제 등록에 따라 항공기를 운영하는 공동 항공운수 운영기구 또는 국제운영기관을 설치한 체약국들은 적절한 방법에 따라 각 항공기에 대하여 관할권을 행사하고 본 협약의 목적을 위하여 등록국가의 자격을 가지는 국가는 당해국 중에서 지명하여야 하며 또한 국제민간항공기구에 그에 관한 통고를 하여야 하며, 동 기구는 본 협약의 전 체약국에 동 통고를 전달하여야 한다.

제 10 조

1. 체약국은, 국제법 및 국내법에 따라, 제1조에 언급된 범죄를 방지하기 위한 모든 실행 가능한 조치를 취하도록 노력하여야 한다.
2. 제1조에 언급된 범죄의 하나를 범함으로써, 비행이 지연되거나 또는 중단된 경우, 항공기, 승객 또는 승무원이 자국 내에 소재하고 있는 어떠한 체약국도 실행이 가능한 한 조속히 승객 및 승무원의 여행의 계속을 용이하게 하여야 하며, 항공기 및 그 화물을 정당한 점유권자에게 지체 없이 반환하여야 한다.

제 11 조

1. 체약국들은 범죄와 관련하여 제기된 형사 소송절차에 관하여 상호간 최대의 협조를 제공하여야 한다. 피요청국의 법률은 모든 경우에 있어서 적용된다.
2. 본 조 1항의 규정은 형사문제에 있어서 전반적 또는 부분적인 상호 협조를 규정하거나 또는 규정할 그 밖의 어떠한 양자 또는 다자조약상의 의무에 영향을 미치지 아니한다.

제 12 조

제1조에 언급된 범죄의 하나가 범하여질 것이라는 것을 믿게 할만한 이유를 가지고 있는 어떠한 체약국도, 그 국내법에 따라 제5조 1항에 언급된 국가에 해당한다고 믿어지는 국가들에게 그 소유하고 있는 관계정보를 제공하여야 한다.

제 13 조

각 체약국은 그 국내법에 의거하여 국제민간항공기구 이사회에 그 국가가 소유하고 있는 다음에 관한 어떠한 관계 정보도 가능한 한 조속히 보고하여야 한다.
(가) 범죄의 상황
(나) 제10조 2항에 의거하여 취하여진 조치
(다) 범인 또는 범죄혐의자에 대하여 취하여진 조치, 또한 특히 인도절차 기타 법적 절차의 결과

제 14 조

1. 협상을 통하여 해결될 수 없는 본 협약의 해석 또는 적용에 관한 2개국 또는 그 이상의 체약국들 간의 어떠한 분쟁도 그들 중 일국가의 요청에 의하여 중재에 회부된다. 중재 요청일로부터 6개월 이내에 체약국들이 중재구성에 합의하지 못할 경우에는, 그들 당사국 중의 어느 일국가가 국제사법재판소에 동 재판소 규정에 따라 분쟁을 부탁할 수 있다.
2. 각 체약국은 본 협약의 서명, 비준, 또는 가입 시에 자국이 전항 규정에 구속되지 아니한 것으로 본다는 것을 선언할 수 있다. 타방 체약국들은 그러한 유보를 행한 체약국에 관하여 전항 규정에 의한 구속을 받지 아니한다.
3. 전항 규정에 의거하여 유보를 행한 어떠한 체약국도 수탁정부에 대한 통고로써 동 유보를 언제든지 철회할 수 있다.

제 15 조

1. 본 협약은 1971년 9월 8일부터 23일까지 몬트리올에서 개최된 항공법에 관한 국제회의(이하 몬트리올 회의라 한다)에 참가한 국가들에 대하여 1971년 9월 23일 몬트리올에서 서명을 위하여 개방된다. 1971년 10월 10일 이후 본 협약은 모스크바, 런던 및 워싱턴에서 서명을 위하여 모든 국가에 개방된다. 본 조 3항에 따른 발효 이전에 본 협약에 서명하지 않은 어떠한 국가도 언제든지 본 협약에 가입할 수 있다.
2. 본 협약은 서명국에 의한 비준을 받아야 한다. 비준서 및 가입서는 이에 수탁정부로 지정된 소련, 영국 및 미국 정부에 기탁되어야 한다.
3. 본 협약은 몬트리올 회의에 참석한 본 협약의 10개 서명국에 의한 비준서 기탁일로부터 30일 후에 효력을 발생한다.

4. 기타 국가들에 대하여, 본 협약은 본 조 3항에 따른 본 협약의 발효일자 또는 당해국의 비준서 또는 가입서 기탁일자 후 30일 중에서 나중의 일자에 효력을 발생한다.
5. 수탁정부들은 모든 서명 및 가입국에 대하여 서명일자, 비준서 또는 가입서의 기탁일자, 본 협약의 발효일자 및 기타 통고를 즉시 통보하여야 한다.
6. 본 협약은 발효하는 즉시 국제연합 헌장 제102조에 따라, 또한 국제민간항공협약(시카고, 1944) 제83조에 따라 수탁정부들에 의하여 등록되어야 한다.

제 16 조

1. 어떠한 체약국도 수탁정부들에 대한 서면통고로써 본 협약을 폐기할 수 있다.
2. 폐기는 수탁정부들에 의하여 통고가 접수된 일자로부터 6개월 후에 효력을 발생한다.

이상의 증거로써 하기 전권대표들은, 그들 정부로부터 정당히 권한을 위임받아 본 협약에 서명하였다.

일천구백칠십일년 구월 이십삼일, 각기 영어, 불어, 로어 및 서반아어로 공정히 작성된 원본 3부로 작성하였다.

04 | 국제민간항공 관련 불법행위의 억제에 관한 협약(베이징협약) (2010채택/2018발효/한국 미가입)

제 1 조

1. 여하한 자도 불법적으로 그리고 고의적으로
    (가) 비행 중인 항공기에 탑승한 자에 대하여 폭력행위를 행하고 그 행위가 그 항공기의 안전에 위해를 가할 가능성 있는 경우, 또는
    (나) 운항 중인 항공기를 파괴하는 경우 또는 그러한 비행기를 훼손하여 비행을 불가능하게 하거나 또는 비행의 안전에 위해를 줄 가능성이 있는 경우, 또는
    (다) 여하한 방법에 의하여서라도, 운항 중인 항공기상에 그 항공기를 파괴할 가능성이 있거나 또는 그 항공기를 훼손하여 비행의 안전에 위해를 줄 가능성이 있는 장치나 물질을 설치하거나 또는 설치되도록 하는 경우, 또는
    (라) 항공시설을 파괴 혹은 손상하거나 또는 그 운용을 방해하고 그러한 행위가 비행 중인 항공기의 안전에 위해를 줄 가능성이 있는 경우, 또는
    (마) 자신이 허위임을 아는 정보를 교신하여, 그에 의하여 비행 중인 항공기의 안전에 위해를 주는 경우, 또는
    (바) 사망, 중대한 신체적 상해 또는 재산이나 환경에 중대한 피해를 야기할 목적으로 운항 중인 항공기를 사용하는 경우, 또는
    (사) 운항 중인 항공기로부터 여하한 생물·화학·핵무기 또는 폭발성, 방사성 또는 유사한 물질을 투하 또는 방출하여 사망, 중대한 신체적 상해 또는 재산이나 환경에 중대한 피해를 야기하거나 야기할 가능성이 있는 경우, 또는
    (아) 운항 중인 항공기에 대하여 또는 운항 중인 항공기상에서 여하한 생물·화학·핵무기 또는 폭발성, 방사성 또는 유사한 물질을 사용하여 사망, 중대한 신체적 상해 또는 재산이나 환경에 중대한 피해를 야기하거나 야기할 가능성이 있는 경우, 또는
    (자) 항공기로 아래에 규정된 것을 운송하거나 운송되도록 하거나 또는 운송을 용이하게 하는 경우
        (i) 여하한 폭발성 또는 방사성 물질. 단, 그것이 사람을 위협하거나 정부·국제기구로 하여금 어떤 행위를 하도록 또는 하지 않도록 강제하기 위한 목적으로 사망이나 중상해 또는 피해를 국내법에 규정된 바에 따라 조건부 또는 무조건부로 야기하거나 야기하려는 위협에 사용된다는 것을 인식하는 경우, 또는
        (ii) 여하한 생물·화학·핵무기. 단, 그것이 제2조에 규정된 생물·화학·핵무기임을 인식하는 경우, 또는
        (iii) 여하한 원료물질, 특수핵분열성물질, 또는 특수핵분열성물질의 가공, 사용이나 생산을 위해 특별히 고안되거나 준비된 장비 또는 물질. 단, 그것이 국제원자력기구와의 안전조치 협정에 따른 안전조치 하에 있지 않는 핵폭발성활동이나 그 밖의 여하한 핵활동에 사용될 예정이라는 것을 인식하는 경우, 또는
        (iv) 적법한 허가없이 생물·화학·핵무기의 설계, 생산 또는 인도에 크게 기여하는 여하한 장비, 물질, 소프트웨어 또는 관련 기술. 단, 그것이 그러한 목적을 위해 사용될 것이라는 의도가 있을 것에는 범죄를 범한 것으로 한다.

단, 당사국의 허가를 받은 자연인이나 법인에 의해 취해진 활동을 포함하여 당사국과 관련된 활동의 경우, 만약 그러한 품목이나 물질의 운송이 제7조에 언급된 조약들을 포함하여 그 국가가 당사국인 적용가능한 다자간 비확산조약상 자국의 권리, 책임 및 의무와 일치하거나 또는 일치하는 사용이나 활동을 위한 것이라면 그것은 (iii)과 (iv) 하의 범죄가 아니다.

2. 여하한 자도 여하한 장치, 물질 또는 무기를 사용하여 불법적으로 그리고 고의적으로
   ㈎ 국제민간항공에 이용되는 공항에 소재한 자에 대하여 중대한 상해나 사망을 야기하거나 야기할 가능성이 있는 폭력행위를 행한 경우, 또는
   ㈏ 국제민간항공에 이용되는 공항의 시설 또는 그러한 공항에 소재하고 있으며 운항 중이지 않은 항공기를 파괴하거나 중대한 손상을 입히는 경우 또는 공항의 업무를 방해하는 경우
   그러한 행위가 동 공항에서의 안전을 위태롭게 하거나 위태롭게 할 가능성이 있으면, 범죄를 범한 것으로 한다.

3. 여하한 자도
   ㈎ 본 조 1항 ㈎, ㈏, ㈐, ㈑, ㈒, ㈓ 및 ㈔ 또는 2항의 범죄를 범하려고 위협하는 경우, 또는
   ㈏ 불법적으로 그리고 고의적으로 어떠한 자가 그러한 위협을 받도록 하는 경우, 그 위협이 신빙성이 있음을 보여주는 상황하에서는, 또한 범죄를 범한 것으로 한다.

4. 여하한 자도
   ㈎ 본 조 1항 또는 2항에 규정된 범죄를 범하려고 시도한 경우, 또는
   ㈏ 본 조 1항, 2항, 3항 또는 4항㈎에 규정된 범죄를 범하도록 타인들을 조직하거나 지시하는 경우, 또는
   ㈐ 본 조 1항, 2항, 3항 또는 4항㈎에 규정된 범죄에 공범으로서 참여하는 경우, 또는
   ㈑ 다른 사람이 본 조 1항, 2항, 3항, 4항 ㈎, 4항 ㈏ 또는 4항 ㈐에 규정된 범죄행위를 범했다는 것을 알면서 또는 그 자가 그러한 범죄를 이유로 법집행기관의 형사소추를 위해 수배 중이라는 것 또는 그러한 범죄를 이유로 형을 선고받았다는 것을 알면서, 그 자가 조사, 기소 또는 처벌을 피하도록 불법적으로 그리고 고의적으로 도운 경우에도 또한 범죄를 범한 것으로 한다.

5. 각 당사국은 또한 다음의 행위 중 하나 또는 모두 고의적으로 범해진 경우에는 본 조 1항, 2항 또는 3항에 규정된 범죄가 실제로 범해졌거나 시도되었는지에 상관없이 범죄로 규정하여야 한다.
   ㈎ 본 조 1항, 2항 또는 3항에 규정된 범죄를 범하기로 하나 또는 그 이상의 타인들과 합의하는 경우 그리고 국내법상 요구되는 경우에는 그 합의를 추진하기 위하여 참가자 중 한 명에 의해 취해진 행위를 포함하는 경우
   ㈏ 공동의 목적을 가지고 행동하는 자들의 집단이 본 조 1항, 2항 또는 3항에 규정된 범죄들 중 하나 또는 그 이상을 수행하는데 기타 여하한 방법으로 기여하며 그러한 기여가
   (i) 그 집단의 일반적인 범죄활동 또는 범죄목적을 진작시킬 목적으로 행하여진 경우. 단, 그런 활동이나 목적은 본 조 1항, 2항 또는 3항에 규정된 범죄의 수행을 포함하여야 한다. 또는
   (ii) 본 조 1항, 2항 또는 3항에 규정된 범죄를 범하려는 그 집단의 의도를 인지하면서 행하여진 경우

제 2 조

본 협약의 목적을 위하여

(가) 항공기는 탑승 후 모든 외부의 문이 닫힌 순간으로부터 하기를 위하여 그러한 문이 열려지는 순간까지의 어떠한 시간에도 비행 중에 있는 것으로 본다. 강제착륙의 경우, 비행은 관계당국이 항공기와 항공기상의 인원 및 재산에 대한 책임을 인수할 때까지 계속하는 것으로 본다.

(나) 항공기는 특정한 비행을 위하여 지상요원 혹은 승무원에 의하여 항공기의 비행 전 준비가 시작된 때부터 착륙 후 24시간까지 운항 중에 있는 것으로 본다. 운항의 기간은, 어떠한 경우에도, 항공기가 본 조 (가)항에 규정된 비행 중에 있는 전 기간 동안 계속된다.

(다) "항공시설"은 항공기와 운항을 위해 필요한 신호, 데이터, 정보 또는 시스템을 포함한다.

(라) "독성화학물질"은 생명과정에 대한 화학작용을 통해서 사망, 일시적 무능화 또는 영구적 상해를 인간 또는 동물에게 유발시킬 수 있는 모든 화학물질을 의미한다. 이것은 화학물질의 근원이나 생산방법에 상관없이 그리고 화학물질이 생산시설, 탄약 내 또는 그 밖의 장소에서 생산되었는지에 상관없이 모든 그러한 화학물질을 포함한다.

(마) "방사성 물질"은 자발적 붕괴(하나 또는 그 이상 유형의 알파선, 베타선, 중성자 및 감마선같은 이온화 방사선의 방출이 수반되는 과정)를 거치며, 그 방사성 또는 분열성 때문에 사망, 중대한 신체적 상해 또는 재산이나 환경에 상당한 피해를 야기할 수 있는 핵물질 및 기타 방사성 물질을 의미한다.

(바) "핵물질"은 동위원소 농축도 80% 이상인 플루토늄 238을 제외한 플루토늄, 우라늄 233, 동위원소 235 또는 233의 농축 우라늄, 원광 또는 원광 찌꺼기의 형태가 아닌 천연상태에서 동위원소 혼합물을 함유하고 있는 우라늄, 또는 전술한 것의 하나 또는 그 이상을 함유하는 기타 물질을 의미한다.

(사) "동위원소 235 또는 233의 농축 우라늄"이라 함은 동위원소 235 또는 233 또는 그 두 가지를 함유하는 우라늄으로서, 그 양에 있어서 이들 동위원소의 합계의 동위원소 238에 대한 함유비율이 천연 동위원소 235가 천연 상태에서 존재하는 동위원소~238에 대한 비율보다 큰 것을 말한다.

(아) "생물·화학·핵무기"는 다음을 의미한다.

　(ㄱ) "생물무기"는 다음과 같다.
　　(i) 원천이나 생산방식에 상관없이 형태나 양으로 보아 질병예방, 보호 또는 기타 평화적 목적으로 정당화되지 아니하는 미생물 또는 기타 세균 또는 독소 또는
　　(ii) 적대 목적이나 무력 충돌시 그러한 세균이나 독소를 사용하기 위하여 고안된 무기, 설비 또는 수송수단

　(ㄴ) "화학무기"는 다음 각 호의 하나 또는 전체이다.
　　(i) 다음의 목적을 위한 것을 제외한 독성화학물질 및 그 선구물질
　　　(a) 산업, 농업, 연구, 의학, 약학 또는 기타 평화적 목적, 또는
　　　(b) 보호목적, 즉 독성화학물질로부터 보호와 화학무기로부터 보호에 직접 관련된 목적, 또는

(c) 화학무기의 사용과 관련되지 않고 전쟁수단으로서 화학물질의 독성의 사용에 의존하지 않는 군사적 목적, 또는
(d) 국내폭동진압 목적을 포함한 법집행
단, 형태와 양이 그러한 목적과 일치하여야 한다.
(ii) 그 사용결과로서 방출되는 (ㄴ)(ⅰ)호에 규정된 독성화학물질의 독성을 통해서 사망 또는 그 밖의 상해를 일으키도록 특수하게 설계된 탄약 및 장치
(iii) (ㄴ)(ⅱ)호에 규정된 탄약 및 장치의 사용과 직접 관련된 용도를 위하여 특수하게 설계된 모든 장비
(ㄷ) 핵무기와 기타 핵폭발장치
(차) "선구물질"은 방법 여하에 상관없이 독성화학물질의 생산단계에 투입되는 모든 화학반응물. 여기에는 이성분 또는 다성분 화학체계의 모든 핵심성분이 포함된다.
(카) "원료물질"과 "특수핵분열성물질"은 1956년 10월 26일 뉴욕에서 작성된 국제원자력기구협약상의 정의와 같다.

제 3 조

각 당사국은 제1조에 규정된 범죄를 엄중한 형벌로 처벌할 수 있도록 할 의무를 진다.

제 4 조

1. 각 당사국은 자국 영토에 위치하거나 자국법하에서 설립된 법인의 경영 또는 감독에 책임있는 자가 그 자격으로 제1조에 규정된 범죄를 범하였을 경우 그 법인이 책임질 수 있도록 필요한 조치를 자국법원직에 따라서 취할 수 있다.
2. 그러한 책임은 범죄를 저지른 개인의 형사책임을 침해함이 없이 발생한다.
3. 당사국이 본 조 1항에 따라서 법인이 책임지도록 필요한 조치를 취하는 경우, 적용가능한 형사적, 민사적 또는 행정적 제재가 실효적이고 비례적이며 억지력이 있도록 노력하여야 한다. 그러한 제재는 금전적 제재를 포함할 수 있다.

제 5 조

1. 본 협약은 군사, 세관 또는 경찰 업무에 사용되는 항공기에는 적용되지 아니한다.
2. 제1조 1항의 세항 (가), (나), (다), (마), (바), (사), (아) 및 (자)에 규정된 경우에 있어서 본 협약은 항공기가 국제선 또는 국내선에 취항하는지를 불문하고
   (가) 항공기의 실제 또는 예정된 이륙 또는 착륙 장소가 그 항공기의 등록국가의 영토 외에 위치한 경우 또는
   (나) 범죄가 그 항공기 등록국가 이외의 국가 영토 내에서 범하여진 경우에만 적용된다.
3. 본 조 2항에 불구하고 제1조 조항의 세항 (가), (나), (다), (마), (바), (사), (아) 및 (자)에 규정된 경우에 있어서, 본 협약은 범인 및 범죄혐의자가 항공기 등록국가 이외의 국가 영토 내에서 발견된 경우에도 적용된다.
4. 제15조에 언급된 당사국과 관련하여 그리고 제1조 1항의 세항 (가), (나), (다), (마), (바), (사), (아) 및 (자)에 언급된 경우에 있어서, 본 협약은 본 조 2항 세항 (가)에 규정된 장소들이 제15조에 규정된 국가의 하나에 해당하는 국가의 영토 내에 위치한 경우에는, 그 국가 이외의 국가 영토 내에서 범죄가 범하여지거나 또는 범인이나 범죄혐의자가 발견되지 아니하는 한, 적용되지 아니한다.

5. 제1조 1항 세항 ㈑에 언급된 경우에 있어서, 본 협약은 항공시설이 국제 항공에 사용되는 경우에만 적용된다.
6. 본 조 2항, 3항, 4항 및 5항의 규정들은 제1조 4항에 언급된 경우에도 적용된다.

제 6 조

1. 본 협약의 어떠한 규정도 국제법, 특히 국제연합헌장의 목적과 원칙, 국제민간항공협약 그리고 국제인도법상 국가와 개인의 그 밖의 권리, 의무 및 책임에 영향을 미치지 않는다.
2. 국제인도법의 규율대상인 무력 충돌시 무장병력의 활동은 그러한 용어가 국제인도법상에서 이해되는 대로 이 협약의 규율대상이 아니며, 공적 임무의 수행을 위하여 국가의 군대에 의하여 취해진 활동은 국제법의 다른 규범의 규율대상인 한 이 협약에 의하여 규율되지 아니한다.
3. 본 조 2항의 규정들은 불법적 행위를 사면하거나 합법화시키는 것으로서 또는 다른 법에 따른 기소를 배제하는 것으로서 해석되지 않는다.

제 7 조

본 협약의 어떠한 규정도 1968년 7월 1일 런던, 모스크바 및 워싱턴에서 서명된 핵무기의 비확산에 관한 조약, 1972년 4월 10일 런던, 모스크바 및 워싱턴에서 서명된 세균무기(생물무기) 및 독소무기의 개발·생산 및 비축의 금지와 그 폐기에 관한 협약 또는 1993년 1월3일 파리에서 서명된 화학무기의 개발·생산·비축 및 사용금지와 그 폐기에 관한 협약하에서 그러한 협약의 당사국의 권리, 의무 및 책임에 영향을 미치지 않는다.

제 8 조

1. 각 당사국은 다음과 같은 경우에 있어서 제1조에 규정된 범죄에 대한 관할권을 확립하기 위하여 필요한 제반 조치를 취하여야 한다.
   ㈎ 범죄가 그 국가의 영토 내에서 범하여진 경우
   ㈏ 범죄가 그 국가에 등록된 항공기에 대하여 또는 항공기상에서 범하여진 경우
   ㈐ 범죄가 그 안에서 범하여진 항공기가 아직 항공기상에 있는 범죄혐의자와 함께 그 영토 내에 착륙한 경우
   ㈑ 범죄가 주된 사업장소 또는 그러한 사업장소를 가지지 않은 경우에는 영구 주소를 그 국가 내에 가진 임차인에게 승무원 없이 임대된 항공기에 대하여 또는 항공기상에서 범하여진 경우
   ㈒ 범죄가 그 국가의 국민에 의해 범하여진 경우
2. 각 당사국은 또한 다음과 같은 경우에 있어서 어떠한 그런 범죄에 대해서도 관할권을 확립할 수 있다.
   ㈎ 범죄가 그 국가의 국민에 대하여 범하여진 경우
   ㈏ 범죄가 그 국가의 영토 내에 상거소를 가진 무국적자에 의해 범하여진 경우
3. 각 당사국은 범죄혐의자가 자국 영토 내에 소재하고 있으며, 제1조에 규정된 범죄와 관련하여 본 조의 적용가능한 조항에 따라서 관할권을 확립한 어떠한 당사국에게도 제12조에 따라서 그를 인도하지 않은 경우, 그 범죄에 대한 관할권을 확립하기 위하여 필요한 제반 조치를 또한 취하여야 한다.
4. 본 협약은 국내법에 따라 행사되는 어떠한 형사관할권도 배제하지 아니한다.

제 9 조

1. 사정이 그와 같이 허용한다고 인정한 경우, 범인 또는 범죄혐의자가 그 영토 내에 소재하고 있는 당사국은 그를 구치하거나 그의 신병확보를 위한 기타 조치를 취하여야 한다. 구치 및 기타 조치는 그 국가의 국내법에 규정된 바에 따라야 하나, 형사 또는 인도 절차를 취함에 필요한 시간 동안만 계속될 수 있다.
2. 그러한 국가는 사실에 대한 예비 조사를 즉시 행하여야 한다.
3. 본 조 1항에 따라 구치 중에 있는 어떠한 자도 최근거리에 있는 그 본국의 적절한 대표와 즉시 연락을 취하는데 도움을 받아야 한다.
4. 본 조에 의거하여 당사국이 어떤 자를 구치하였을 경우, 그 국가는 제8조 1항하에서 관할권을 확립한 당사국과 제21조 4항 (가)하에서 관할권을 확립하고 수락자에게 통고한 국가 그리고 타당하다고 생각할 경우 기타 이해관계 국가에게 그와 같은 자가 구치되어 있다는 사실과 그의 구치를 정당화하는 사정을 즉시 통고하여야 한다. 본 조 2항에 규정된 예비조사를 행한 국가는 상기 국가에게 그 조사 결과를 즉시 보고하여야 하며, 관할권을 행사할 의도가 있는지 여부를 명시하여야 한다.

제 10 조

그 영토 내에서 범죄혐의자가 발견된 당사국은 만약 그 자를 인도하지 않는 경우, 예외 없이 그리고 그 영토 내에서 범죄가 범하여졌는지 여부를 불문하고, 소추를 위하여 자국의 권한 있는 당국에 동 사건을 회부하여야 한다. 그러한 당국은 그 국가의 법률상 중대한 성질의 일반 범죄의 경우에 있어서와 같은 방식으로 그 결정을 내려야 한다.

제 11 조

이 협약에 따라 구금되거나 그 밖의 조치가 행하여지거나 사법절차의 대상이 되는 자는 그 자가 소재하는 국가의 국내법과 국제인권법을 포함하여 적용가능한 국제법의 규정에 부합되게 모든 권리 및 보증의 향유를 포함한 공정한 대우를 보장받는다.

제 12 조

1. 제1조에 규정된 범죄는 당사국 간에 현존하는 범죄인인도 조약상의 인도 범죄에 포함되는 것으로 간주된다. 당사국은 그 범죄를 그들 사이에 체결될 모든 범죄인 인도 조약에 인도 범죄로 포함할 의무를 진다.
2. 범죄인인도에 관하여 조약의 존재를 조건으로 하는 당사국이 상호 범죄인인도조약을 체결하지 않은 타 당사국으로부터 인도 요청을 받은 경우, 그 선택에 따라서 본 협약을 제1조에 규정된 범죄에 관하여 인도를 위한 법적 근거로서 간주할 수 있다. 범죄인 인도는 피요청국의 법률에 규정된 기타 제 조건에 따라야 한다.
3. 범죄인인도에 관하여 조약의 존재를 조건으로 하지 않는 당사국들은 피요청국의 법률에 규정된 제 조건에 따를 것을 조건으로 제1조에 규정된 범죄를 동 국가들 간의 인도범죄로 인정하여야 한다.
4. 당사국 간의 인도 목적을 위하여 각 범죄는 그것이 발생한 장소에서뿐만 아니라 제8조 1항 (나), (다), (라) 및 (마)에 따라서 관할권을 확립하도록 되어 있는 당사국 그리고 제8조 2항에 따라서 관할권을 확립한 당사국의 영토 내에서도 범하여진 것처럼 취급된다.
5. 제1조 5항 (가)와 (나)에 규정된 범죄는 당사국 간의 범죄인인도 목적상 동일한 것으로 취급된다.

제 13 조

제1조에 규정된 범죄들 중 어느 것도 범죄인인도나 사법공조의 목적상 정치범, 정치범과 연관된 범죄 또는 정치적 동기에 의해 유발된 범죄로 간주되지 않는다. 따라서, 그러한 범죄에 근거한 범죄인인도 또는 사법공조 요청은 그것이 정치범, 정치범과 연관된 범죄 또는 정치적 동기에 의해 유발된 범죄에 관한 것이라는 이유만으로 거부될 수는 없다.

제 14 조

피요청국이 제1조에 규정된 범죄에 대한 범죄인인도 요청이나 그러한 범죄에 대한 사법공조 요청이 어떤 자의 인종, 종교, 국적, 종족, 정치적 신념 또는 성별을 이유로 그 자를 기소 또는 처벌하기 위한 목적으로 만들어졌거나 또는 그 요청의 수락이 이 중 어떠한 것을 이유로 그 자의 지위에 침해를 야기할 것이라고 믿을 만한 상당한 근거를 가진 경우, 본 협약의 어떠한 규정도 범죄인인도 의무나 사법공조제공 의무를 부과하는 것으로 해석되지 않는다.

제 15 조

공동 또는 국제 등록에 따라 항공기를 운영하는 공동 항공운수 운영기구 또는 국제 운영기관을 설치한 당사국들은 각 항공기에 대하여 관할권을 행사하고 본 협약의 목적을 위하여 등록국가의 자격을 가지는 국가를 그들 중에서 적절한 방법에 의해 지명하여야 하며 또한 국제민간항공기구 사무총장에게 그에 관한 통고를 하여야 하며, 사무총장은 본 협약의 모든 당사국에게 동 통고를 전달하여야 한다.

제 16 조

1. 당사국은 제1조에 규정된 범죄를 방지하기 위한 모든 실행 가능한 조치를 취하도록 국제법 및 국내법에 따라서 노력하여야 한다.
2. 제1조에 규정된 범죄들 중 하나를 범함으로써 비행이 지연되거나 또는 중단된 경우, 항공기 승객 또는 승무원이 자국 내에 소재하고 있는 어떠한 당사국도 실행이 가능한 한 조속히 승객 및 승무원의 여행의 계속을 용이하게 하여야 하며, 항공기 및 그 화물을 적법한 소유자에게 지체 없이 반환하여야 한다.

제 17 조

1. 당사국들은 제1조에 규정된 범죄와 관련하여 제기된 형사소송절차에 관하여 상호간 최대의 협조를 제공하여야 한다, 피요청국의 법률은 모든 경우에 있어서 적용된다.
2. 본 조 1항의 규정은 형사문제에 있어서 전반적 또는 부분적인 상호 협조를 규정하거나 또는 규정할 그 밖의 어떠한 양자 또는 다자조약상의 의무에 영향을 미치지 아니한다.

제 18 조

제1조에 규정된 범죄 중 하나가 범하여질 것이라고 믿을만한 이유를 가지고 있는 어떠한 당사국도 제8조 1항과 2항에 규정된 국가에 해당한다고 믿어지는 국가들에게 자국이 소유하고 있는 모든 관련정보를 자국법에 따라서 제공하여야 한다.

제 19 조

각 당사국은 국제민간항공기구 이사회에 자국이 소유하고 있는 다음에 관한 어떠한 관련 정보도 가능한 한 조속히 자국법에 따라서 보고하여야 한다.

㈎ 범죄의 상황

㈏ 제16조 2항에 의거하여 취하여진 조치

㈐ 범인 또는 범죄혐의자에 대하여 취하여진 조치 그리고 특히 범죄인인도절차나 기타 법적 절차의 결과

제 20 조

1. 협상을 통하여 해결될 수 없는 본 협약의 해석 또는 적용에 관한 2개국 또는 그 이상의 당사국들 간의 어떠한 분쟁도 그들 중 일국가의 요청에 의하여 중재에 회부된다. 중재 요청일로부터 6개월 이내에 당사자들이 중재구성에 합의하지 못할 경우, 그들 당사자 중의 어느 일방이 국제사법재판소에 동 재판소 규정에 따라 분쟁을 회부할 수 있다.

2. 각국은 본 협약의 서명, 비준, 수락 또는 승인이나 가입시 자국이 전항 규정에 구속된다고 생각하지 아니한다고 선언할 수 있다. 타방 당사국들은 그러한 유보를 행한 어떠한 당사국에 관하여도 전항 규정에 의한 구속을 받지 아니한다.

3. 전항 규정에 따라서 유보를 행한 어떠한 당사국도 수탁자에 대한 통고로써 동 유보를 언제든지 철회할 수 있다.

제 21 조

1. 본 협약은 2010년 8월 30일부터 9월 10일까지 베이징에서 개최된 항공안전에 관한 외교회의에 참가한 국가들에 의한 서명을 위하여 2010년 9월 10일 베이징에서 개방된다. 2010년 9월 27일 이후 본 협약은 제22조에 따라서 발효할 때까지 몬트리올에 위치한 국제민간항공기구 본부에서 서명을 위해 모든 국가에게 개방된다.

2. 본 협약은 비준, 수락 또는 승인을 받아야 한다. 비준서, 수락서 또는 승인서는 이에 수탁자로 지정된 국제민간항공기구 사무총장에게 기탁되어야 한다.

3. 본 조 2항에 따라서 본 협약을 비준, 수락 또는 승인하지 않은 모든 국가는 언제든지 동 협약에 가입할 수 있다. 가입서는 수탁자에게 기탁되어야 한다.

4. 본 협약의 비준, 수락, 승인 또는 가입시 각 당사국은

㈎ 제8조 2항에 의하여 자국법상 확립한 관할권을 수탁자에게 통고하여야 하며, 어떠한 변경도 또한 수탁자에게 즉시 통고하여야 한다. 그리고

㈏ 자국은 제1조 4항 세항 ㈐의 규정을 친족면책에 관한 자국 형법원칙에 따라서 적용한다고 선언할 수 있다.

제 22 조

1. 본 협약은 22번째 비준서, 수락서, 승인서 또는 가입서의 기탁일로부터 두 번째 달의 첫째 날 발효한다.

2. 22번째 비준서, 수락서, 승인서 또는 가입서의 기탁 후 본 협약을 비준, 수락, 승인 또는 가입하는 각 국가의 경우, 본 협약은 그러한 국가의 비준서, 수락서, 승인서 또는 가입서의 기탁일로부터 두 번째 달의 첫째 날 발효한다.

3. 본 협약은 발효하는 즉시 수탁자에 의하여 국제연합에 등록되어야 한다.

제 23 조

1. 어떠한 체약국도 수탁자에 대한 서면통고로써 본 협약을 폐기할 수 있다.
2. 폐기는 수탁자에 의하여 통고가 접수된 일자로부터 1년 후에 효력을 발생한다.

제 24 조

당사국 간에 있어서 본 협약은 다음 조약들에 우선한다.
⑺ 1971년 9월 23일 몬트리올에서 서명된 민간항공의 안전에 대한 불법적 행위의 억제를 위한 협약 그리고
⑻ 1971년 9월 23일 몬트리올에서 채택된 민간항공의 안전에 대한 불법적 행위의 억제를 위한 협약을 보충하는, 1988년 2월 24일 몬트리올에서 서명된 국제민간항공에 이용되는 공항에서의 불법적 폭력행위의 억제를 위한 의정서

제 25 조

수탁자는 본 협약의 모든 당사국 그리고 모든 서명국 또는 가입국에 대하여 각 서명일자, 각 비준서, 승인서, 수락서 또는 가입서의 기탁일자, 본 협약의 발효일자 및 기타 관련 정보를 즉시 통보하여야 한다.

이상의 증거로써 하기 전권대표들은 정당히 권한을 위임받아 본 협약에 서명하였다.

2010년 9월 10일 베이징에서 동등히 정본인 영어, 아랍어, 중국어, 불어, 러시아어 및 스페인어로 작성되었으며, 그 진정성은 본 회의 의장의 위임 하에 본 회의 서기가 각 정본의 상호일치를 90일 이내에 확인하면 효력을 발생한다. 본 협약은 국제민간항공기구 문서보관소에 기탁되며, 수탁자는 그 인증사본을 본 협약의 모든 체약국에게 송부한다.

05 | 핵무기의 비확산에 관한 조약(NPT)
(1968채택/1970발효/1975한국발효)

제 1 조
핵무기보유 조약당사국은 여하한 핵무기 또는 기타의 핵폭발장치 또는 그러한 무기 또는 폭발장치에 대한 관리를 직접적으로 또는 간접적으로 어떠한 수령자에 대하여도 양도하지 않을 것을 약속하며, 또한 핵무기 비보유국이 핵무기 또는 기타의 핵폭발장치를 제조하거나 획득하며 또는 그러한 무기 또는 핵폭발장치를 관리하는 것을 여하한 방법으로도 원조, 장려 또는 권유하지 않을 것을 약속한다.

제 2 조
핵무기 비보유 조약당사국은 여하한 핵무기 또는 기타의 핵폭발장치 또는 그러한 무기 또는 폭발장치의 관리를 직접적으로 또는 간접적으로 어떠한 양도자로부터도 양도받지 않을 것과, 핵무기 또는 기타의 핵폭발장치를 제조하거나 또는 다른 방법으로 획득하지 않을 것과 또한 핵무기 또는 기타의 핵폭발장치를 제조함에 있어서 어떠한 원조를 구하거나 또는 받지 않을 것을 약속한다.

제 3 조
1. 핵무기 비보유 조약당사국은 원자력을, 평화적 이용으로부터 핵무기 또는 기타의 핵폭발장치로 전용하는 것을 방지하기 위하여 본 조약에 따라 부담하는 의무이행의 검증을 위한 전속적 목적으로 국제원자력기구규정 및 동 기구의 안전조치제도에 따라 국제원자력기구와 교섭하여 체결할 합의사항에 열거된 안전조치를 수락하기로 약속한다. 본 조에 의하여 요구되는 안전조치의 절차는 선원물질 또는 특수분열성물질이 주요원자력시설 내에서 생산처리 또는 사용되고 있는가 또는 그러한 시설 외에서 그렇게 되고 있는가를 불문하고, 동 물질에 관하여 적용되어야 한다. 본 조에 의하여 요구되는 안전조치는 전기당사국 영역 내에서나 그 관할권하에서나 또는 기타의 장소에서 동 국가의 통제하에 행하여지는 모든 평화적 원자력 활동에 있어서의 모든 선원물질 또는 특수분열성물질에 적용되어야 한다.
2. 본 조약 당사국은, 선원물질 또는 특수분열성물질이 본 조에 의하여 요구되고 있는 안전조치에 따르지 아니하는 한,
   (가) 선원물질 또는 특수분열성물질 또는
   (나) 특수분열성물질의 처리사용 또는 생산을 위하여 특별히 설계되거나 또는 준비되는 장비 또는 물질을 평화적 목적을 위해서 여하한 핵무기보유국에 제공하지 아니하기로 약속한다.
3. 본 조에 의하여 요구되는 안전조치는, 본 조약 제4조에 부응하는 방법으로, 또한 본 조의 규정과 본 조약 전문에 규정된 안전조치 적용원칙에 따른 평화적 목적을 위한 핵물질의 처리사용 또는 생산을 위한 핵물질과 장비의 국제적 교환을 포함하여 평화적 원자력 활동분야에 있어서의 조약당사국의 경제적 또는 기술적 개발 또는 국제협력에 대한 방해를 회피하는 방법으로 시행되어야 한다.
4. 핵무기비보유 조약당사국은 국제원자력기구규정에 따라 본 조의 요건을 충족하기 위하여 개별적으로 또는 다른 국가와 공동으로 국제원자력기구와 협정을 체결한다. 동

협정의 교섭은 본 조약의 최초 발효일로부터 180일 이내에 개시되어야 한다. 전기의 180일 후에 비준서 또는 가입서를 기탁하는 국가에 대해서는 동 협정의 교섭이 동 기탁일자 이전에 개시되어야 한다. 동 협정은 교섭개시일로부터 18개월 이내에 발효하여야 한다.

제 4 조
1. 본 조약의 어떠한 규정도 차별없이 또한 본 조약 제1조 및 제2조에 의거한 평화적 목적을 위한 원자력의 연구생산 및 사용을 개발시킬 수 있는 모든 조약당사국의 불가양의 권리에 영향을 주는 것으로 해석되어서는 아니된다.
2. 모든 조약당사국은 원자력의 평화적 이용을 위한 장비 물질 및 과학기술적 정보의 가능한 한 최대한의 교환을 용이하게 하기로 약속하고, 또한 동 교환에 참여할 수 있는 권리를 가진다. 상기의 위치에 처해 있는 조약당사국은, 개발도상지역의 필요성을 적절히 고려하여, 특히 핵무기비보유 조약당사국의 영역 내에서, 평화적 목적을 위한 원자력 응용을 더욱 개발하는데 단독으로 또는 다른 국가 및 국제기구와 공동으로 기여하도록 협력한다.

제 5 조
본 조약 당사국은 본 조약에 의거하여 적절한 국제감시하에 또한 적절한 국제적 절차를 통하여 핵폭발의 평화적 응용으로부터 발생하는 잠재적 이익이 무차별의 기초 위에 핵무기비보유 조약당사국에 제공되어야 하며, 또한 사용된 폭발장치에 대하여 핵무기비보유 조약당사국이 부담하는 비용은 가능한 한 저렴할 것과 연구 및 개발을 위한 어떠한 비용도 제외할 것을 보장하기 위한 적절한 조치를 취하기로 약속한다. 핵무기비보유 조약당사국은 핵무기비보유국을 적절히 대표하는 적당한 국제기관을 통하여 특별한 국제협정에 따라 그러한 이익을 획득할 수 있어야 한다. 이 문제에 관한 교섭은 본 조약이 발효한 후 가능한 한 조속히 개시되어야 한다. 핵무기비보유 조약당사국이 원하는 경우에는 양자협정에 따라 그러한 이익을 획득할 수 있다.

제 6 조
조약당사국은 조속한 일자 내에 핵무기 경쟁중지 및 핵군비 축소를 위한 효과적 조치에 관한 교섭과 엄격하고 효과적인 국제적 통제하의 일반적 및 완전한 군축에 관한 조약 체결을 위한 교섭을 성실히 추구하기로 약속한다.

제 7 조
본 조약의 어떠한 규정도 국가의 집단이 각자의 영역 내에서 핵무기의 전면적 부재를 보장하기 위하여 지역적 조약을 체결할 수 있는 권리에 영향을 주지 아니한다.

제 8 조
1. 조약당사국은 어느 국가나 본 조약에 대한 개정안을 제의할 수 있다. 제의된 개정문안은 기탁국 정부에 제출되며 기탁국 정부는 이를 모든 조약당사국에 배부한다. 동 개정안에 대하여 조약당사국의 3분의 1 또는 그 이상의 요청이 있을 경우에, 기탁국 정부는 동 개정안을 심의하기 위하여 모든 조약당사국을 초청하는 회의를 소집하여야 한다.
2. 본 조약에 대한 개정안은, 모든 핵무기보유 조약당사국과 동 개정안이 배부된 당시의 국제원자력기구 이사국인 조약당사국 전체의 찬성을 포함한 모든 조약당사국의 과반

수의 찬성투표로써 승인되어야 한다. 동 개정안은 개정안에 대한 비준서를 기탁하는 당사국에 대하여, 모든 핵무기보유 조약당사국과 동 개정안이 배부된 당시의 국제원자력기구 이사국인 조약당사국 전체의 비준서를 포함한 모든 조약당사국 과반수의 비준서가 기탁된 일자에 효력을 발생한다. 그 이후에는 동 개정안에 대한 비준서를 기탁하는 일자에 동 당사국에 대하여 효력을 발생한다.

3. 본 조약의 발효일로부터 5년이 경과한 후에 조약당사국회의가 본 조약 전문의 목적과 조약규정이 실현되고 있음을 보증할 목적으로 본 조약의 실시를 검토하기 위하여 스위스 제네바에서 개최된다. 그 이후에는 5년마다 조약당사국 과반수가 동일한 취지로 기탁국 정부에 제의함으로써 본 조약의 실시를 검토하기 위해 동일한 목적의 추후 회의를 소집할 수 있다.

제 9 조

1. 본 조약은 서명을 위하여 모든 국가에 개방된다. 본 조 3항에 의거하여 본 조약의 발효전에 본 조약에 서명하지 아니한 국가는 언제든지 본 조약에 가입할 수 있다.
2. 본 조약은 서명국에 의하여 비준되어야 한다. 비준서 및 가입서는 기탁국 정부로 지정된 미합중국, 영국 및 소련 정부에 기탁된다.
3. 본 조약은 본 조약의 기탁국 정부로 지정된 국가 및 본 조약의 다른 40개 서명국에 의한 비준과 동 제국에 의한 비준서 기탁일자에 발효한다. 본 조약상 핵무기 보유국이라 함은 1967년 1월 1일 이전에 핵무기 또는 기타의 핵폭발장치를 제조하고 폭발한 국가를 말한다.
4. 본 조약의 발효후에 비준서 또는 가입서를 기탁하는 국가에 대해서는 동 국가의 비준서 또는 가입서 기탁일자에 발효한다.
5. 기탁국 정부는 본 조약에 대한 서명일자, 비준서 또는 가입서 기탁일자, 본 조약의 발효일자 및 회의소집 요청 또는 기타의 통고접수일자를 모든 서명국 및 가입국에 즉시 통보하여야 한다.
6. 본 조약은 국제연합헌장 제102조에 따라 기탁국 정부에 의하여 등록된다.

제 10 조

1. 각 당사국은, 당사국의 주권을 행사함에 있어서, 본 조약상의 문제에 관련되는 비상사태가 자국의 지상이익을 위태롭게 하고 있음을 결정하는 경우에는 본 조약으로부터 탈퇴할 수 있는 권리를 가진다. 각 당사국은 동 탈퇴 통고를 3개월전에 모든 조약당사국과 국제연합 안전보장이사회에 행한다. 동 통고에는 동 국가의 지상이익을 위태롭게 하고 있는 것으로 그 국가가 간주하는 비상사태에 관한 설명이 포함되어야 한다.
2. 본 조약의 발효일로부터 25년이 경과한 후에 본 조약이 무기한으로 효력을 지속할 것인가 또는 추후의 일정기간동안 연장될 것인가를 결정하기 위하여 회의를 소집한다. 동 결정은 조약당사국 과반수의 찬성에 의한다.

제 11 조

동등히 정본인 영어, 노어, 불어, 서반아어 및 중국어로 된 본 조약은 기탁국 정부의 문서보관소에 기탁된다. 본 조약의 인증등본은 기탁국 정부에 의하여 서명국과 가입국 정부에 전달된다.

이상의 증거로서 정당히 권한을 위임받은 하기 서명자는 본 조약에 서명하였다.

1968년 7월 1일 워싱턴, 런던 및 모스크바에서 본 협정문 3부를 작성하였다.

해커스공무원 학원·인강
gosi.Hackers.com

IX

국제경제법

01 | WTO설립협정
02 | 분쟁해결절차 및 규칙에 관한 양해(DSU)
03 | GATT 1994

IX 국제경제법

01 | WTO설립협정(1994채택/1995발효/1995한국발효)

제 1 조   기구의 설립
이 협정에 따라 세계무역기구가 설립된다.

제 2 조   세계무역기구의 범위
1. 세계무역기구는 이 협정의 부속서에 포함된 협정 및 관련 법적문서와 관련된 사항에 있어서 회원국 간의 무역관계의 수행을 위한 공동의 제도적인 틀을 제공한다.
2. 부속서 1, 2 및 3에 포함된 협정 및 관련 법적 문서(이하 "다자간무역협정"이라 한다)는 이 협정의 불가분의 일부를 구성하며, 모든 회원국에 대하여 구속력을 갖는다.
3. 또한 부속서 4에 포함된 협정 및 관련 법적 문서(이하 "복수국 간 무역협정"이라 한다)는 이를 수락한 회원국에 대하여 이 협정의 일부를 구성하며 이를 수락한 회원국에 대하여 구속력을 갖는다. 복수국 간 무역협정은 이를 수락하지 아니한 회원국에게 의무를 지우거나 권리를 부여하지 아니한다.
4. 부속서 1가에 명시된 1994년도 관세 및 무역에 관한 일반협정(이하 "1994년도 GATT"라 한다)은 국제연합 무역과 고용회의 준비위원회 제2차회의 종결시 채택된 최종의정서에 부속된 1947년 10월 30일자 관세 및 무역에 관한 일반협정이 그 이후 정정, 개정 또는 수정된 일반협정(이하 "1947년도 GATT"라 한다)과 법적으로 구별된다.

제 3 조   세계무역기구의 기능
1. 세계무역기구는 이 협정 및 다자간무역협정의 이행, 관리 및 운영을 촉진하고 그 목적을 증진하며 또한 복수국 간 무역협정의 이행, 관리 및 운영을 위한 틀을 제공한다.
2. 세계무역기구는 이 협정의 부속서에 포함된 협정에서 다루어지는 사안과 관련된 회원국 간의 다자간무역관계에 관하여 그들 간의 협상을 위한 장을 제공한다. 세계무역기구는 또한 각료회의에 의하여 결정되는 바에 따라 회원국 간의 다자간무역관계에 관한 추가적인 협상을 위한 토론의 장 및 이러한 협상결과의 이행을 위한 틀을 제공한다.
3. 세계무역기구는 이 협정 부속서 2의 분쟁해결 규칙 및 절차에 관한 양해(이하 "분쟁해결양해"라 한다)를 시행한다.
4. 세계무역기구는 이 협정 부속서 3에 규정된 무역정책검토제도를 시행한다.
5. 세계무역기구는 세계경제 정책결정에 있어서의 일관성 제고를 위하여 적절히 국제통화기금과 국제부흥개발은행 및 관련 산하기구들과 협력한다.

제 4 조   세계무역기구의 구조

1. 모든 회원국 대표로 구성되며 최소 2년에 1회 개최되는 각료회의가 설치된다. 각료회의는 세계무역기구의 기능을 수행하며 이를 위하여 필요한 조치를 취한다. 각료회의는 회원국이 요청하는 경우, 이 협정과 다자간무역협정의 구체적인 의사결정 요건에 따라 다자간무역협정의 모든 사항에 대하여 결정을 내릴 권한을 갖는다.
2. 모든 회원국 대표로 구성되며 필요에 따라 개최되는 일반이사회가 설치된다. 일반이사회는 각료회의 비회기 중에 각료회의의 기능을 수행한다. 일반이사회는 또한 이 협정에 의하여 부여된 기능을 수행한다. 일반이사회는 자체적인 의사규칙을 제정하고 제7항에 규정된 위원회의 의사규칙을 승인한다.
3. 일반이사회는 분쟁해결양해에 규정된 분쟁해결기구의 임무를 이행하기 위하여 적절히 개최된다. 분쟁해결기구는 자체적인 의장을 둘 수 있으며 동 임무이행을 위하여 필요하다고 판단하는 의사규칙을 제정한다.
4. 일반이사회는 무역정책검토제도에 규정된 무역정책검토기구의 임무를 이행하기 위하여 적절히 개최된다. 무역정책검토기구는 자체적인 의장을 둘 수 있으며 동 임무 이행을 위하여 필요하다고 판단되는 의사규칙을 제정한다.
5. 일반이사회의 일반적인 지도에 따라 운영되는 상품무역이사회, 서비스무역이사회 및 무역관련지적 재산권이사회가 설치된다. 상품무역이사회는 부속서 1가의 다자간무역협정의 운영을 감독한다. 서비스무역이사회는 서비스무역에 관한 일반협정의 운영을 감독한다. 무역관련 지적재산권이사회는 무역관련 지적재산권에 관한협정의 운영을 감독한다. 이들 이사회는 각각의 협정과 일반이사회에 의하여 부여된 기능을 수행한다. 이들 이사회는 일반이사회의 승인에 따라 각각의 의사규칙을 제정한다. 이들 이사회에의 가입은 모든 회원국 대표에게 개방된다. 이들 이사회는 자신의 기능을 수행하기 위하여 필요할 때마다 회합한다.
6. 상품무역이사회, 서비스무역이사회 및 무역관련 지적재산권이사회는 필요에 따라 보조기구를 설치한다. 이들 보조기구는 각각의 이사회의 승인에 따라 각각의 의사규칙을 제정한다.
7. 각료회의는 무역개발위원회, 국제수지제한위원회 및 예산·재정·관리위원회를 설치하며 이들은 이 협정 및 다자간무역협정에 의하여 자신에게 부여된 기능 및 일반이사회가 자신에게 부여하는 추가적인 기능을 수행하며, 적절하다고 판단되는 기능을 갖는 추가적인 위원회를 설치할 수 있다. 무역개발 위원회는 자신의 기능의 일부로서 최빈개도국 회원국을 위한 다자간무역협정의 특별조항을 정기적으로 검토하고 적절한 조치를 위하여 일반이사회에 보고한다. 이러한 위원회에의 가입은 모든 회원국에게 개방된다.
8. 복수국 간 무역협정에 규정된 기구는 동 협정에 의하여 자신에게 부여되는 기능을 수행하며 세계 무역 기구의 제도적인 틀 안에서 운용된다. 이들 기구는 일반이사회에 자신의 활동상황을 정기적으로 통보한다.

제 5 조   그 밖의 국제기구와의 관계

1. 일반이사회는 세계무역기구의 책임과 관련된 책임을 갖는 그 밖의 정부 간 기구와의 효과적인 협력을 위하여 적절한 조치를 취한다.
2. 일반이사회는 세계무역기구의 소관사항과 관련된 사항과 관계가 있는 비정부 간 기구와의 협의 및 협력을 위하여 적절한 조치를 취할 수 있다.

제6조 사무국

1. 사무총장을 최고책임자로 하는 세계무역기구 사무국(이하 "사무국"이라 한다)이 설치된다.
2. 각료회의는 사무총장을 임명하고 사무총장의 권한, 의무, 근무조건 및 임기를 명시하는 규정을 채택한다.
3. 사무총장은 각료회의가 채택하는 규정에 따라 사무국 직원을 임명하고 이들의 의무와 근무조건을 결정한다.
4. 사무총장 및 사무국 직원의 임무는 전적으로 국제적인 성격을 갖는다. 사무총장과 사무국 직원은 자신의 의무를 수행하는데 있어서 어떠한 정부나 세계무역기구 밖의 당국으로부터 지시를 구하거나 받아서는 아니된다. 이들은 국제관리로서 자신의 지위를 손상시킬 어떠한 행위도 삼가한다. 세계무역기구 회원국은 사무총장 및 사무국 직원의 임무의 국제적인 성격을 존중하며, 이들이 의무를 수행하는데 있어서 영향력을 행사하려고 하지 아니한다.

제7조 예산 및 분담금

1. 사무총장은 예산·재정·관리위원회에 세계무역기구의 연간예산안 및 재정보고서를 제출한다. 예산·재정·관리위원회는 사무총장이 제출하는 연간예산안 및 재정보고서를 검토하고 이에 대하여 일반이사회에 권고한다. 연간예산안은 일반이사회의 승인을 받아야 한다.
2. 예산·재정·관리위원회는 아래 사항을 포함하는 재정규정을 일반이사회에 제안한다.
   (가) 세계무역기구의 지출경비를 회원국 간에 배분하는 분담금의 비율, 그리고
   (나) 분담금 체납회원국에 대하여 취하여야 할 조치
   재정규정은 실행 가능한 한 1947년도 GATT의 규정 및 관행에 기초한다.
3. 일반이사회는 재정규정 및 연간예산안을 세계무역기구 회원국의 반 이상을 포함하는 3분의 2 다수결에 의하여 채택한다.
4. 회원국은 일반이사회에서 채택되는 재정규정에 따라 세계무역기구의 지출경비 중 자기 나라의 분담금을 세계무역기구에 신속하게 납부한다.

제8조 세계무역기구의 지위

1. 세계무역기구는 법인격을 가지며 각 회원국은 세계무역기구에 대하여 이 기구가 자신의 기능을 수행하는 데 필요한 법적 능력을 부여한다.
2. 각 회원국은 세계무역기구에 대하여 이 기구가 자신의 기능을 수행하는 데 필요한 특권과 면제를 부여한다.
3. 각 회원국은 또한 세계무역기구의 관리와 이 기구의 회원국 대표에 대하여도 이들이 세계무역기구와 관련하여 자신의 기능을 독자적으로 수행하는 데 필요한 특권과 면제를 부여한다.
4. 회원국이 세계무역기구, 이 기구의 관리 및 이 기구 회원국 대표에게 부여하는 특권과 면제는 1947년 11월 21일 국제연합 총회에서 승인된 전문기구의 특권과 면제에 관한 협약에 규정된 특권과 면제와 유사하여야 한다.
5. 세계무역기구는 본부 협정을 체결할 수 있다.

제 9 조 의사 결정

1. 세계무역기구는 1947년도 GATT에서 지켜졌던 컨센서스에 의한 결정의 관행을 계속 유지한다.(Re.1) 달리 규정되지 아니하는 한, 컨센서스에 의하여 결정이 이루어지지 아니하는 경우에는 문제가 된 사안은 표결에 의한다. 각료회의와 일반이사회에서 세계무역기구 각 회원국은 하나의 투표권을 갖는다. 구주공동체가 투표권을 행사할 때는, 세계무역기구의 회원국인 구주공동체 회원국 수와 동일한 수의 투표권을 갖는다.(Re.2) 이 협정 또는 다자간무역협정에 달리 규정되어 있는 경우를 제외하고는, 각료회의와 일반이사회의 결정은 투표과반수에 의한다.(Re.3)

    Remark 1 • 관련 기구는 결정을 하는 회의에 참석한 회원국 중 어느 회원국도 공식적으로 반대 하지 않는 한 검토를 위하여 제출된 사항에 대하여 컨센서스에 의하여 결정되었다고 간주된다.

    Remark 2 • 구주공동체와 그 회원국의 투표수는 어떠한 경우에도 구주공동체의 회원국 수를 초과할 수 없다.

    Remark 3 • 분쟁해결기구로서 개최된 일반이사회의 결정은 분쟁해결양해 제2조 제4항에 따라서만 이루어진다.

2. 각료회의와 일반이사회는 이 협정과 다자간무역협정의 해석을 채택하는 독점적인 권한을 갖는다. 부속서 1의 다자간무역협정의 해석의 경우 이들은 동 협정의 운영을 감독하는 이사회의 권고사항에 기초하여 자신의 권한을 행사한다. 해석의 채택에 대한 결정은 회원국 4분의 3 다수결에 의한다. 이 항은 제10조의 개정규정을 저해하는 방법으로 사용되지 아니한다.

3. 예외적인 상황에서 각료회의는 이 협정이나 다자간무역협정이 회원국에게 지우는 의무를 면제하기로 결정할 수 있다. 다만, 이러한 결정은 이 항에 달리 규정되어 있는 경우를 제외하고는 세계무역기구 회원국 4분의 3 다수결에 의한다.(Re.4)

    Remark 4 • 과도기간이나 단계별 이행기간을 조건으로 하는 의무로서 의무면제 요청회원국이 관련 기간의 종료시까지 이행하지 못한 의무에 대한 면제 부여는 컨센서스에 의하여서만 결정된다.

    (가) 이 협정과 관련한 면제요청은 컨센서스에 의한 결정의 관행에 따라 각료회의에 검토를 위하여 제출한다. 각료회의는 동 요청을 검토하기 위하여 90일을 초과하지 아니하는 기간을 설정한다. 동 기간 동안 컨센서스가 도출되지 아니하는 경우, 면제부여는 회원국의 4분의 3 다수결로 결정한다.

    (나) 부속서 1가, 1나 또는 1다의 다자간무역협정과 그들의 부속서와 관련한 면제요청은 90일 이내의 기간 동안의 검토를 위하여 상품무역이사회, 서비스무역이사회 또는 무역관련지적재산권이사회에 각각 제출된다. 동 기간의 만료시 관련이사회는 각료회의에 보고서를 제출한다.

4. 면제를 부여하는 각료회의의 결정은 동 결정을 정당화하는 예외적인 상황, 면제의 적용을 규율하는 제반조건 및 면제 종료일자를 명시한다. 1년보다 긴 기간 동안 부여되는 면제의 경우 각료회의는 면제 부여 후 1년 이내 및 그 이후 면제 종료시까지 매년 면제를 검토한다. 각료회의는 매 검토시마다 의무면제 부여를 정당화하는 예외적인 상황이 계속 존재하는지 여부 및 면제에 첨부된 조건이 충족되었는지 여부를 조사한다. 각료회의는 연례검토를 기초로 면제를 연장, 수정 또는 종료할 수 있다.

5. 해석 및 면제에 관한 모든 결정을 포함하여, 복수국 간 무역협정에 의한 결정은 동 협정의 규정에 따른다.

제 10 조 개정

1. 세계무역기구 회원국은 각료회의에 개정안을 제출함으로써 이 협정 또는 부속서 1의 다자간무역협정에 대한 개정을 발의할 수 있다. 제4조 제5항에 열거된 이사회도 자신이 그 운영을 감독하는 부속서 1의 다자간무역협정의 규정에 대한 개정안을 각료회의에 제출할 수 있다. 각료회의가 보다 긴 기간을 결정하지 아니하는 한, 각료회의에 개정안이 공식적으로 상정된 날로부터 90일 동안에 각료회의는 개정안을 회원국의 수락을 위하여 회원국에게 제출할 것인지 여부에 관하여 컨센서스에 의하여 결정한다. 제2항, 제5항 또는 제6항이 적용되지 아니하는 경우, 동 결정은 제3항 또는 제4항의 규정 중 어느 것이 적용될 것인지 명시한다. 컨센서스가 이루어지는 경우, 각료회의는 즉시 동 개정안을 회원국의 수락을 위하여 회원국에게 제출한다. 정해진 기간 내에 각료회의에서 컨센서스가 이루어지지 아니할 경우, 각료회의는 동 개정안을 회원국의 수락을 위하여 회원국에게 제출할 것인지 여부를 회원국 3분의 2 다수결로 결정한다. 각료회의가 회원국 4분의 3 다수결로 제4항의 규정이 적용된다고 결정하지 아니하는 한, 제2항, 제5항 및 제6항에 규정된 경우를 제외하고는 제3항의 규정이 동 개정안에 적용된다.

2. 이 규정과 아래 열거된 규정에 대한 개정은 모든 회원국이 수락하는 경우에만 발효한다.
   이 협정 제9조,
   1994년도 GATT 제1조 및 제2조,
   서비스무역에관한일반협정 제2조 제1항,
   무역관련지적재산권에관한협정 제4조

3. 제2항 및 제6항에 열거된 규정을 제외하고, 이 협정이나 부속서 1가 및 부속서 1다의 다자간무역협정의 규정에 대한 개정으로서 회원국의 권리와 의무를 변경시키는 성격의 개정은 회원국 3분의 2 수락으로 수락회원국에 대하여만 발효하며, 그 이후 수락하는 회원국에 대하여는 수락한 때부터 발효한다. 각료회의는 이 항에 따라 발효된 개정의 성격상 각료회의가 각각의 경우에 명시한 기간 내에 이를 수락하지 아니한 회원국이 자유로이 세계무역기구를 탈퇴하거나 또는 각료회의의 동의를 얻어 회원국으로 남아 있을 수 있다고 회원국 4분의 3 다수결로 결정할 수 있다.

4. 제2항 및 제6항에 열거된 규정을 제외하고 이 협정이나 부속서 1가 및 1다의 다자간무역협정의 규정에 대한 개정으로서 회원국의 권리와 의무를 변경시키지 아니하는 성격의 개정은 회원국 3분의 2 수락으로 모든 회원국에 대하여 발효한다.

5. 제2항에 규정된 것을 제외하고, 서비스무역에관한일반협정의 제1부, 제2부 및 제3부와 각 부속서에 대한 개정은 회원국 3분의 2 수락으로 수락회원국에 대하여만 발효하며, 그 이후 수락하는 회원국에 대하여는 수락한 때부터 발효한다. 각료회의는 선행규정에 따라 발효된 개정의 성격상 각료회의가 각각의 경우에 명시한 기간 내에 이를 수락하지 아니한 회원국이 자유로이 세계무역기구를 탈퇴하거나 또는 각료회의의 동의를 얻어 회원국으로 남아 있을 수 있다고 회원국 4분의 3 다수결로 결정할 수 있다. 서비스무역에관한일반협정 제4부, 제5부 및 제6부와 각 부속서에 대한 개정은 회원국 3분의 2 수락으로 모든 회원국에 대하여 발효한다.

6. 이 조의 그 밖의 규정에도 불구하고, 무역관련지적재산권에관한협정에 대한 개정은 동 협정 제71조 제2항의 요건에 합치하는 경우 추가적인 공식 수락절차없이 각료회의에서 채택될 수 있다.

7. 이 협정 또는 부속서 1의 다자간무역협정에 대한 개정을 수락하는 회원국은 각료회의가 명시한 수락기간 내에 세계무역기구 사무총장에게 수락서를 기탁한다.
8. 세계무역기구 회원국은 각료회의에 개정안을 제출함으로써 부속서 2와 3의 다자간무역협정에 대한 개정을 발의할 수 있다. 부속서 2의 다자간무역협정에 대한 개정의 승인은 컨센서스에 의하여 결정되며, 이러한 개정은 각료회의의 승인에 따라 모든 회원국에 대하여 발효한다. 부속서3의 다자간무역협정에 대한 개정의 승인결정은 각료회의의 승인에 따라 모든 회원국에 대하여 발효한다.
9. 각료회의는 특정 무역협정의 당사자인 회원국들의 요청에 따라 전적으로 컨센서스에 의해서만 동 협정을 부속서 4에 추가하도록 결정할 수 있다. 각료회의는 복수국가 간 무역협정의 당사자인 회원국들의 요청에 따라 동 협정을 부속서 4로부터 삭제할 수 있다.
10. 복수국가 간 무역협정에 대한 개정은 동 협정의 규정에 따른다.

제 11 조 원회원국

1. 이 협정 및 다자간무역협정을 수락하고, 자기나라의 양허 및 약속표가 1994년도 GATT에 부속되며 서비스무역에 관한 일반협정에 자기나라의 구체적 약속표가 부속된 국가로서 이 협정 발효일 당시 1947년도 GATT 체약당사자와 구주공동체는 세계무역기구의 원회원국이 된다.
2. 국제연합이 최빈개도국으로 인정한 국가는 자기나라의 개별적인 개발, 금융 및 무역의 필요나 행정 및 제도적인 능력에 합치하는 범위 내에서 약속 및 양허를 하도록 요구된다.

제 12 조 가입

1. 국가 또는 자신의 대외무역관계 및 이 협정과 다자간무역협정에 규정된 그 밖의 사항을 수행하는 데에 있어서 완전한 자치권을 보유하는 독자적 관세영역은 자신과 세계무역기구 사이에 합의되는 조건에 따라 이 협정에 가입할 수 있다. 이러한 가입은 이 협정 및 이 협정에 부속된 다자간무역협정에 대하여 적용된다.
2. 가입은 각료회의가 결정한다. 각료회의는 세계무역기구 회원국 3분의 2 다수결에 의하여 가입조건에 관한 합의를 승인한다.
3. 복수국간무역협정에의 가입은 동 협정의 규정에 따른다.

제 13 조 특정 회원국 간의 다자간무역협정 비적용

1. 특정 회원국이 세계무역기구 회원국이 되는 때에 다른 특정 회원국에 대한 적용에 동의하지 아니하는 경우, 이 협정 및 부속서 1과 2의 다자간무역협정은 이들 양회원국 간에 적용되지 아니한다.
2. 제1항은 1947년도 GATT 체약당사자였던 세계무역기구의 원회원국 간에 있어서는 1947년도 GATT 제35조가 이미 원용되었고, 또한 이 협정 발효시에 동 체약당사자에게 효력이 있었던 경우에 한하여 원용될 수 있다.
3. 특정 회원국과 제12조에 따라 가입한 다른 회원국 간의 관계에 있어서 제1항은 적용에 동의하지 않는 회원국이 각료회의가 가입조건에 관한 합의사항을 승인하기 이전에 각료회의에 협정 비적용 의사를 통보한 경우에만 적용된다.

4. 각료회의는 회원국의 요청에 따라 특수한 경우에 있어서 이 조의 운영을 검토하고 적절한 권고를 할 수 있다.
5. 복수국 간 무역협정의 당사자 간의 동 협정 비적용은 동 협정의 규정에 따른다.

제14조 수락, 발효 및 기탁

1. 이 협정은 서명 또는 다른 방법에 의하여 이 협정 제11조에 따라 세계무역기구의 원회원국이 될 자격이 있는 1947년도 GATT 체약당사자 및 구주공동체의 수락을 위하여 개방된다. 이러한 수락은 이 협정 및 이 협정에 부속된 다자간무역협정에 적용된다. 이 협정과 이 협정에 부속된 다자간무역협정은 우루과이 라운드 다자간무역협상 결과를 구현하는 최종의정서 제3항에 따라 각료들이 결정하는 날 발효하며, 각료들이 달리 결정하지 아니하는 한 그날로부터 2년의 기간 동안 수락을 위하여 개방된다. 이 협정 발효 이후의 수락은 수락한 날로부터 30일째 되는 날 발효한다.
2. 이 협정 발효 이후 이 협정을 수락하는 회원국은 이 협정 발효와 함께 개시되는 기간에 걸쳐 이행하여야 하는 다자간무역협정의 양허 및 의무를 이 협정 발효일에 이 협정을 수락한 것처럼 이행한다.
3. 이 협정 발효시까지 이 협정문 및 다자간무역협정은 1947년도 GATT 체약당사자단의 사무총장에게 기탁된다. 동 사무총장은 신속하게 이 협정 및 다자간무역협정의 인증등본 및 각 수락 통보문을 이 협정을 수락한 각국 정부와 구주공동체에 송부한다. 이 협정 및 다자간무역협정과 이에 대한 모든 개정은 이 협정 발효시 세계무역기구 사무총장에게 기탁된다.
4. 복수국 간무역협정의 수락 및 발효는 동 협정의 규정에 따른다. 이러한 협정은 1947년도 GATT 체약당사자단의 사무총장에게 기탁된다. 이러한 협정은 이 협정 발효시 세계무역기구 사무총장에게 기탁된다.

제15조 탈퇴

1. 회원국은 이 협정으로부터 탈퇴할 수 있다. 이러한 탈퇴는 이 협정 및 다자간무역협정에 대하여 적용되며, 서면 탈퇴통보가 세계무역기구 사무총장에게 접수된 날로부터 6월이 경과한 날 발효한다.
2. 복수국 간 무역협정으로부터의 탈퇴는 동 협정의 규정에 따른다.

제16조 기타 조항

1. 이 협정 또는 다자간무역협정에 달리 규정되지 아니하는 한, 세계무역기구는 1947년도 GATT 체약국단 및 1947년도 GATT의 틀 내에서 설립된 기구의 결정, 절차 및 통상적인 관행에 따른다.
2. 실행 가능한 범위 내에서, 1947년도 GATT 사무국이 세계무역기구의 사무국이 되며 이 협정 제6조 제2항에 따라 각료회의가 사무총장을 임명할 때까지 1947년도 GATT 사무총장이 세계무역기구 사무총장이 된다.
3. 이 협정의 규정과 다자간무역협정의 규정이 상충하는 경우 상충의 범위 내에서 이 협정의 규정이 우선한다.
4. 각 회원국은 자기나라의 법률, 규정 및 행정절차가 부속 협정에 규정된 자기나라의 의무에 합치될 것을 보장한다.

5. 이 협정의 어느 규정에 대하여서도 유보를 할 수 없다. 다자간무역협정의 규정에 대한 유보는 동 협정에 명시된 범위 내에서만 할 수 있다. 복수국 간 무역협정의 규정에 대한 유보는 동 협정의 규정에 따른다.
6. 이 협정은 국제연합헌장 제102조의 규정에 따라 등록된다.
   1994년 4월 15일 마라케쉬에서 동등하게 정본인 영어, 불어 및 스페인어로 각 한부씩 작성하였다.

주석

이 협정과 다자간무역협정에 사용된 "국가"나 "국가들"은 세계무역기구의 독자적 관세영역 회원국을 포함하는 것으로 양해된다.

세계무역기구의 독자적 관세영역 회원국의 경우, 이 협정이나 다자간무역협정에서의 표현이 "국가"라는 용어로 수식되는 경우 이는 특별히 달리 명시되어 있지 않는 한 동 관세영역에 관한 것으로 해석되어야 한다.

02 | 분쟁해결절차 및 규칙에 관한 양해(DSU)

제1조 대상범위 및 적용

1. 이 양해의 규칙 및 절차는 이 양해의 부록 1에 연결된 협정(이하 "대상협정"이라 한다)의 협의 및 분쟁해결규정에 따라 제기된 분쟁에 적용된다. 또한 이 양해의 규칙 및 절차는 세계무역기구설립을 위한협정(이하 "세계무역기구협정"이라 한다) 및 이 양해만을 고려하거나 동 협정 및 양해를 다른 대상협정과 함께 고려하여 세계무역기구협정 및 이 양해의 규정에 따른 회원국의 권리·의무에 관한 회원국 간의 협의 및 분쟁해결에 적용된다.

2. 이 양해의 규칙 및 절차는 이 양해의 부록 2에 명시된 대상협정에 포함된 분쟁해결에 관한 특별 또는 추가적인 규칙과 절차에 따를 것을 조건으로 하여 적용된다. 이 양해의 규칙 및 절차가 부록 2에 명시된 대상협정의 특별 또는 추가적인 규칙 및 절차와 상이한 경우 부록 2의 특별 또는 추가적인 규칙 및 절차가 우선한다. 2개 이상의 대상협정상의 규칙 및 절차가 관련되는 분쟁에 있어서, 검토대상이 되고 있는 이러한 대상협정들의 특별 또는 추가적인 규칙 및 절차가 서로 상충하고, 분쟁당사자가 패널 설치로부터 20일 이내에 적용할 규칙 및 절차에 대하여 합의에 이르지 못하는 경우, 제2조 제1항에 규정된 분쟁해결기구의 의장은 분쟁당사자와 협의하여 일방 분쟁당사자의 요청후 10일 이내에 적용할 규칙 및 절차를 확정한다. 분쟁해결기구 의장은 가능한 한 특별 또는 추가적인 규칙 및 절차를 이용해야 하며, 이 양해의 규칙 및 절차는 상충을 피하기 위하여 필요한 범위 안에서 이용해야 한다는 원칙에 따른다.

제2조 실시

1. 이 규칙과 절차를 실시하기 위하여, 그리고 대상협정에 달리 규정되어 있지 아니하는 한, 대상협정의 협의 및 분쟁해결규정을 실시하기 위하여 분쟁해결기구가 설치된다. 이에 따라 분쟁해결기구는 패널을 설치하고, 패널 및 상소기구보고서를 채택하며, 판정 및 권고의 이행상황을 감독하고, 대상협정에 따른 양허 및 그 밖의 의무의 정지를 허가하는 권한을 갖는다. 복수국 간 무역협정인 대상협정에 따라 발생하는 분쟁과 관련, 이 양해에서 회원국이라는 용어는 당해 복수국 간 무역협정의 당사자인 회원국만을 지칭한다. 분쟁해결기구가 복수국 간 무역협정의 분쟁해결규정을 집행하는 경우 오직 그 협정의 당사자인 회원국만이 그 분쟁에 관하여 분쟁해결기구가 취하는 결정이나 조치에 참여할 수 있다.

2. 분쟁해결기구는 세계무역기구의 관련 이사회 및 위원회에 각각의 소관 대상협정의 규정과 관련된 분쟁의 진전상황을 통보한다.

3. 분쟁해결기구는 이 양해에 규정된 시한 내에 자신의 기능을 수행하기 위하여 필요할 때마다 회의를 개최한다.

4. 이 양해의 규칙 및 절차에 따라 분쟁해결기구가 결정을 하여야 하는 경우 컨센서스에 의한다.(Re.1)

    Remark 1 • 결정 채택시 분쟁해결기구 회의에 참석한 회원국 중 어떠한 회원국도 그 결정에 대하여 공식적인 반대를 하지 않을 경우, 분쟁해결기구는 검토를 위해 제출된 사안에 대하여 컨센서스로 결정하였다고 간주된다.

제 3 조　　일반 규정

1. 회원국은 지금까지 1947년도 관세 및 무역에 관한 일반협정 제22조와 제23조에 따라 적용되어 온 분쟁관리원칙과 이 양해에 의하여 더욱 발전되고 수정된 규칙 및 절차를 준수할 것을 확인한다.
2. 세계무역기구의 분쟁해결제도는 다자간무역체제에 안전과 예견가능성을 부여하는데 있어서 중심적인 요소이다. 세계무역기구의 회원국은 이 제도가 대상협정에 따른 회원국의 권리와 의무를 보호하고 국제공법의 해석에 관한 관례적인 규칙에 따라 대상협정의 현존 조항을 명확히 하는 데 기여함을 인정한다. 분쟁해결기구의 권고와 판정은 대상협정에 규정된 권리와 의무를 증가시키거나 축소시킬 수 없다.
3. 회원국이 대상협정에 따라 직접적 또는 간접적으로 자신에게 발생하는 이익이 다른 회원국의 조치로 인하여 침해되고 있다고 간주하는 상황을 신속히 해결하는 것이 세계무역기구의 효과적인 기능수행과 회원국의 권리와 의무간의 적절한 균형의 유지에 필수적이다.
4. 분쟁해결기구의 권고나 판정은 이 양해 및 대상협정상의 권리와 의무에 따라 사안의 만족스러운 해결을 달성하는 것을 목표로 한다.
5. 중재판정을 포함하여 대상협정의 협의 및 분쟁해결규정에 따라 공식적으로 제기된 사안에 대한 모든 해결책은 그 대상협정에 합치되어야 하며, 그 협정에 따라 회원국에게 발생하는 이익을 무효화 또는 침해하거나 그 협정의 목적달성을 저해하여서는 아니된다.
6. 대상협정의 협의 및 분쟁해결규정에 따라 공식적으로 제기된 사안에 대하여 상호 합의된 해결책은 분쟁해결기구, 관련 이사회 및 위원회에 통지되며, 여기에서 회원국은 그 해결책과 관련된 문제점을 제기할 수 있다.
7. 제소하기 전에 회원국은 이 절차에 따른 제소가 유익할 것인 지에 대하여 스스로 판단한다. 분쟁해결제도의 목표는 분쟁에 대한 긍정적인 해결책을 확보하는 것이다. 분쟁당사자가 상호 수락할 수 있으며 대상협정과 합치하는 해결책이 명백히 선호되어야 한다. 상호 합의된 해결책이 없을 때에는 분쟁해결제도의 첫 번째 목표는 통상 그 조치가 대상협정에 대한 위반으로 판정이 내려진 경우 동 조치의 철회를 확보하는 것이다. 그러한 조치의 즉각적인 철회가 비현실적일 경우에만 대상협정에 대한 위반조치의 철회시까지 잠정조치로서 보상의 제공에 의지할 수 있다. 이 양해가 분쟁해결절차에 호소하는 회원국에게 부여하는 최후의 구제수단은 분쟁해결기구의 승인에 따르는 것을 조건으로 다른 회원국에 대하여 차별적으로 대상협정상의 양허 또는 그 밖의 의무의 적용을 정지할 수 있다는 것이다.
8. 대상협정에 따라 부담해야 하는 의무에 대한 위반이 있는 경우, 이러한 행위는 일견 명백한 무효화 또는 침해 사례를 구성하는 것으로 간주된다. 이는 일반적으로 규칙위반이 동 대상협정의 당사국인 다른 회원국에 대하여 부정적인 영향을 미친다고 추정됨을 의미하며, 이 경우 피소국이 제소국의 협정의무 위반주장에 대하여 반박하여야 한다.
9. 이 양해의 규정은 세계무역기구협정 또는 복수국 간 무역협정인 대상협정에 따른 결정을 통하여 대상협정의 규정에 대한 유권해석을 구할 수 있는 회원국의 권리를 저해하지 아니한다.

10. 조정의 요청 및 분쟁해결절차의 활용이 투쟁적인 행위로 의도되거나 간주되어서는 아니되며, 또한 분쟁이 발생하는 경우 모든 회원국은 분쟁해결을 위하여 성실하게 이 절차에 참여하는 것으로 양해된다. 또한 별개의 사안에 대한 제소 및 반소는 연계되어서는 아니 되는 것으로 양해된다.
11. 이 양해는 대상협정의 협의규정에 따라 세계무역기구협정의 발효일 또는 그 이후에 이루어진 새로운 협의요청에 대해서만 적용된다. 세계무역기구협정의 발효일이전에 1947년도 관세 및 무역에 관한 일반협정이나 대상협정의 선행협정에 따라 협의요청이 이루어진 분쟁의 경우 세계무역기구협정의 발효일 직전에 유효한 관련 분쟁해결 규칙 및 절차가 계속 적용된다.(Re.2)

    Remark 2・ 이 항은 그 분쟁에 대한 패널보고서가 채택되지 못하거나 완전히 집행되지 못한 분쟁에도 적용된다.

12. 제11항에도 불구하고 대상협정에 기초하여 개발도상회원국이 선진국회원국에 대하여 제소하는 경우, 이러한 제소국은 이 양해의 제4조, 제5조, 제6조, 및 제12조에 포함된 규정대신 1966년 4월 5일자 결정(BISD 14S/18)의 상응하는 규정에 호소할 수 있는 권리를 갖는다. 다만, 패널이 그 결정 제7항에 규정된 시한이 보고서를 마련하는데 부족하다고 판단하고 또한 제소국과 합의된 경우 그 시한은 연장될 수 있다. 제4조, 제5조, 제6조 및 제12조의 규칙 및 절차와 동 결정의 상응하는 규칙 및 절차간에 차이가 있는 경우 후자가 우선한다.

제 4 조　협의

1. 회원국은 회원국이 활용하는 협의절차의 효율성을 강화하고 개선하려는 결의를 확인한다.
2. 각 회원국은 자기나라의 영토 안에서 취하여진 조치로서 대상협정의 운영에 영향을 미치는 조치에 관하여 다른 회원국이 표명한 입장에 대하여 호의적인 고려를 할 것과 적절한 협의기회를 부여할 것을 약속한다.(Re.3)

    Remark 3・ 회원국의 영토 안에서 지역 또는 지방정부나 당국에 의하여 취해진 조치와 관련하여 다른 대상협정의 규정이 이 항의 규정과 상이한 규정을 포함하고 있는 경우, 그러한 다른 대상협정의 규정이 우선한다.

3. 협의요청이 대상협정에 따라 이루어지는 경우 그 요청을 접수한 회원국은 달리 상호 합의하지 아니하는 한 요청접수일로부터 10일 이내에 답변하며, 요청접수일로부터 30일 이내의 기간내에 상호 만족할 만한 해결책에 도달하기 위하여 성실하게 협의에 응한다. 회원국이 요청접수일로부터 10일 내에 답변하지 아니하거나 30일 이내의 기간 내에 또는 달리 상호합의 한 기간 내에 협의에 응하지 아니하는 경우, 협의개최를 요청한 회원국은 직접 패널의 설치를 요구 할 수 있다.
4. 이러한 모든 협의요청은 협의요청회원국에 의하여 분쟁해결기구 및 관련 이사회와 위원회에 통보된다. 모든 협의요청은 서면으로 제출되며, 협의요청시 문제가 되고 있는 조치의 명시 및 제소에 대한 법적 근거의 제시를 포함한 협의요청사유를 제시한다.
5. 대상협정의 규정에 따른 협의과정에서 이 양해에 의거하여 다음 단계의 조치를 취하기 전에 회원국은 사안의 만족할 만한 조정을 시도하여야 한다.
6. 협의는 비공개이며 다음 단계에서의 당사국의 권리를 저해하지 아니한다.

7. 협의요청접수일로부터 60일 이내에 협의를 통한 분쟁해결에 실패하는 경우, 제소국은 패널의 설치를 요청할 수 있다. 협의당사자가 협의를 통한 분쟁해결에 실패했다고 공동으로 간주하는 경우, 제소국은 위의 60일 기간 중에 패널의 설치를 요청할 수 있다.
8. 부패성 상품에 관한 분쟁을 포함하여 긴급한 경우, 회원국은 요청접수일로부터 10일 이내에 협의를 개시한다. 협의요청접수일로부터 20일 이내에 협의를 통하여 분쟁이 해결되지 아니하는 경우 제소국은 패널의 설치를 요청할 수 있다.
9. 부패성 상품에 관한 분쟁을 포함하여 긴급한 경우, 분쟁당사자와 패널 및 상소기구는 가능한 한 최대한 절차의 진행을 가속화하기 위하여 모든 노력을 기울인다.
10. 협의과정에서 회원국은 개발도상회원국의 특별한 문제점과 이익에 대하여 특별한 고려를 하여야 한다.
11. 협의회원국이 아닌 회원국이 1994년 GATT 제22조 제1항, 서비스무역에관한일반협정 제22조 제1항 또는 그 밖의 대상협정의 상응하는 규정에 따라 개최되는 협의에 대하여 실질적인 무역상의 이해관계를 갖고 있다고 간주하는 경우, 그러한 회원국은 위의 조항에 따른 협의요청 문서가 배포된 날로부터 10일 이내에 협의회원국 및 분쟁해결기구에 협의에 참여할 의사를 통보할 수 있다. 이러한 회원국은, 협의요청을 받은 회원국이 실질적인 이해관계에 대한 주장에 충분한 근거가 있다고 동의하는 경우, 협의에 동참한다. 이 경우 이들은 동 사실을 분쟁해결기구에 통보한다. 협의에 동참하기 위한 요청이 수락되지 아니하는 경우, 협의참여를 요청한 회원국은 1994년도 GATT 제22조 제1항 또는 제23조 제1항, 서비스무역에관한일반협정 제22조 제1항 또는 제23조 제1항, 또는 그 밖의 대상협정의 상응하는 규정에 따라 협의를 요청할 수 있다.

제 5 조 주선, 조정 및 중개

1. 주선, 조정 및 중개는 분쟁당사자가 합의하는 경우 자발적으로 취해지는 절차이다.
2. 주선, 조정 및 중개의 절차, 특히 이러한 절차의 과정에서 분쟁당사자가 취한 입장은 공개되지 아니하며, 이러한 절차에 따른 다음 단계의 과정에서의 분쟁당사자의 권리를 저해하지 아니한다.
3. 분쟁당사자는 언제든지 주선, 조정 또는 중개를 요청할 수 있다. 주선, 조정 또는 중개는 언제든지 개시되고 종료될 수 있다. 일단 주선, 조정 또는 중개절차가 종료되면 제소국은 패널의 설치를 요청할 수 있다.
4. 협의요청접수일로부터 60일 이내에 주선, 조정 또는 중개절차가 개시되는 경우, 제소국은 협의요청 접수일로부터 60일의 기간을 허용한 후에 패널의 설치를 요청할 수 있다. 분쟁당사자가 공동으로 주선, 조정 또는 중개과정이 분쟁을 해결하는데 실패하였다고 판단하는 경우, 제소국은 위의 60일의 기간 중에 패널의 설치를 요청할 수 있다.
5. 분쟁당사자가 합의하는 경우, 주선, 조정 또는 중개절차는 패널과정이 진행되는 동안 계속될 수 있다.
6. 사무총장은 회원국이 분쟁을 해결하는 것을 돕기 위하여 직권으로 주선, 조정 또는 중개를 제공할 수 있다.

제 6 조　패널설치

1. 제소국이 요청하는 경우, 패널설치요청이 의제로 상정되는 첫 번째 분쟁해결기구 회의에서 컨센서스로 패널을 설치하지 아니하기로 결정하지 아니하는 한, 늦어도 그 분쟁해결기구 회의의 다음번에 개최되는 분쟁해결기구 회의에서 패널이 설치된다.(Re.4)

   Remark 4 · 제소국이 요청시, 최소한 10일의 사전공고 후, 요청으로부터 15일 이내에 분쟁해결기구 회의가 동 목적을 위하여 개최된다.

2. 패널설치는 서면으로 요청된다. 이러한 요청은 협의가 개최되었는지 여부를 명시하고, 문제가 된 특정 조치를 명시하며, 문제를 분명하게 제시하는 데 충분한 제소의 법적 근거에 대한 간략한 요약문을 제시한다. 제소국이 표준위임사항과 상이한 위임사항을 갖는 패널의 설치를 요청하는 경우, 서면 요청서에는 제안하고자 하는 특별위임사항의 문안이 포함한다.

제 7 조　패널의 위임사항

1. 패널은 분쟁당사자가 패널설치로부터 20일 이내에 달리 합의하지 아니하는 한, 다음의 위임사항을 부여받는다.

   "(분쟁당사자가 인용하는 대상협정명)의 관련 규정에 따라 (당사자 국명)이 문서번호 …… 으로 분쟁해결기구에 제기한 문제를 조사하고, 분쟁해결기구가 동 협정에 규정된 권고나 판정을 내리는 데 도움이 되는 조사결과를 작성한다."

2. 패널은 분쟁당사자가 인용하는 모든 대상협정의 관련 규정을 검토한다.

3. 패널설치시 분쟁해결기구는 분쟁해결기구 의장에게 제1항의 규정에 따를 것을 조건으로 분쟁당사자와의 협의를 거쳐 패널의 위임사항을 작성하는 권한을 부여할 수 있다. 이와같이 작성된 패널의 위임사항은 모든 회원국에게 배포된다. 표준위임사항이 아닌 다른 위임사항에 대한 합의가 이루어지는 경우, 회원국은 분쟁해결기구에서 이와 관련된 모든 문제를 제기할 수 있다.

제 8 조　패널구성

1. 패널은 패널에서 일한 경력이 있거나 패널에 자기나라의 입장을 개진한 경력이 있는 자, 세계무역기구 회원국의 대표나 1947년도 GATT 체약당사자의 대표로 근무한 경력이 있는 자, 또는 대상협정이나 그 협정의 선행협정의 이사회나 위원회에서 대표로 근무한 경력이 있는 자, 사무국에서 근무한 경력이 있는자, 국제무역법이나 국제무역정책에 대하여 가르치거나 저술한 경력이 있는 자, 또는 회원국의 고위급 무역정책 관리로서 근무한 경력이 있는 자 등 충분한 자격을 갖춘 정부 및/또는 비정부 인사로 구성된다.

2. 패널위원은 패널위원의 독립성과 충분히 다양한 배경 및 광범위한 경험이 확보될 수 있도록 선정되어야 한다.

3. 자기나라 정부가 분쟁당사자인(Re.5) 회원국의 국민 또는 제10조 제2항에 규정된 제3자의 국민은 분쟁당사자가 달리 합의하지 아니하는 한 그 분쟁을 담당하는 패널의 위원이되지 아니한다.

   Remark 5 · 관세동맹이나 공동시장이 분쟁의 일방 당사자인 경우, 이 조항은 관세동맹이나 공동시장의 모든 회원국의 국민에게 적용된다.

4. 패널위원의 선정을 돕기 위하여 사무국은 제1항에 기술된 자격요건을 갖춘 정부 및 비정부인사의 명부를 유지하며, 동 명부로부터 적절히 패널위원이 선정될 수 있다. 명부는 1984년 11월 30일 작성된 비정부패널위원명부(BISD 31S/9) 및 대상협정에 따라 작성된 그 밖의 명부 및 목록을 포함하며, 세계무역기구협정의 발효시의 명부 및 목록에 등재된 인사들의 이름을 유지한다. 회원국은 명부에 포함시킬 정부 및 비정부인사의 이름을 이들의 국제무역에 대한 지식 및 대상협정의 분야 또는 주제에 대한 지식에 관한 정보와 함께 정기적으로 제시할 수 있으며, 이들의 이름은 분쟁해결기구의 승인을 얻은 후 명부에 추가로 등재된다. 명부에는 등재된 각 인사별로 구체적인 경험분야 또는 대상협정의 분야나 주제에 관한 전문지식이 명시된다.
5. 패널은 분쟁당사자가 패널설치로부터 10일 이내에 5인의 패널위원으로 패널을 구성하는 데 합의하지 아니하는 한 3인의 패널위원으로 구성된다. 패널구성은 회원국에게 신속히 통보된다.
6. 사무국은 분쟁당사자에게 패널위원 후보자를 제의한다. 분쟁당사자는 불가피한 사유를 제외하고는 동 패널위원 후보자를 거부하지 아니하다.
7. 패널설치일로부터 20일 이내에 패널위원 구성에 대한 합의가 이루어지지 아니하는 경우, 사무총장은 일방 분쟁당사자의 요청에 따라 분쟁해결기구 의장 및 관련 위원회 또는 이사회의 의장과의 협의를 거쳐 분쟁에서 문제가 되고 있는 대상협정의 특별 또는 추가적인 규칙이나 절차에 따라 분쟁당사국과 협의 후 가장 적합하다고 생각되는 패널위원을 임명함으로써 패널의 구성을 확정한다. 분쟁해결기구 의장은 이러한 요청을 받은 날로부터 10일 이내에 회원국에게 이와 같이 이루어진 패널의 구성을 통보한다.
8. 회원국은 일반적으로 자기나라의 관리가 패널위원으로 임명되는 것을 허가할 것을 약속한다.
9. 패널위원은 정부대표나 기구대표가 아닌 개인자격으로 임무를 수행한다. 따라서 회원국은 패널에 계류 중인 사안과 관련하여 패널위원에게 지시를 내리지 아니하며, 개인자격인 패널위원에 대하여 영향력을 행사하지 아니한다.
10. 선진국회원국과 개발도상회원국 간의 분쟁 시 개발도상회원국이 요청하는 경우, 패널위원 중 적어도 1인은 개발도상회원국의 인사를 포함하여야 한다.
11. 여행경비 및 일당을 포함한 패널위원의 경비는 세계무역기구 일반이사회가 예산, 재정 및 관리위원회의 권고에 기초하여 채택한 기준에 따라 세계무역기구의 예산으로 충당된다.

제 9 조 복수제소자를 위한 절차

1. 2개 이상의 회원국이 동일한 사안과 관련된 패널의 설치를 요청하는 경우, 이러한 복수의 제소내용을 조사하기 위하여 모든 관련 회원국의 권리를 고려하여 단일 패널을 설치할 수 있다. 이러한 복수의 제소내용을 조사하기 위하여 가능할 경우에는 언제나 단일 패널이 설치되어야 한다.
2. 단일 패널은 별도의 패널이 설치되어 제소내용을 조사하였을 경우에 분쟁당사국이 향유하였을 권리가 침해되지 아니하도록 조사작업을 체계화하고 조사결과를 분쟁해결기구에 제시한다. 일방 분쟁당사자가 요청하는 경우, 패널은 관련 분쟁에 관한 별도의 보고서를 제출한다. 각 제소국은 다른 제소국의 서면입장을 입수할 수 있으며, 각 제소국은 다른 제소국이 패널에 자기나라의 입장을 제시하는 때 참석할 권리를 갖는다.

3. 동일한 사안과 관련된 복수의 제소내용을 조사하기 위하여 2개 이상의 패널이 구성되는 경우, 가능한 한 최대한도로 동일한 패널위원이 각각의 패널에서 패널위원이 되며 이러한 분쟁에서의 패널과정을 위한 일정은 조화된다.

제 10 조 제3자

1. 분쟁당사자의 이해관계와 분쟁에서 문제가 되고 있는 대상협정상의 다른 회원국의 이해관계는 패널과정에서 충분히 고려된다.
2. 패널에 회부된 사안에 실질적인 이해관계를 갖고 있으며 자기나라의 이해관계를 분쟁해결기구에 통보한 회원국(이하 "제3자"라 한다)은 패널에 대하여 자신의 입장을 개진하고 서면입장을 패널에 제출할 기회를 갖는다. 이러한 서면입장은 분쟁당사자에게 전달되며 패널보고서에 반영된다.
3. 제3자는 제1차 패널회의에 제출되는 분쟁당사자의 서면입장을 입수한다.
4. 만일 제3자가 이미 패널과정의 대상이 되는 조치로 인하여 대상협정에 따라 자기나라에 발생하는 이익이 무효화 또는 침해되었다고 간주하는 경우, 그 회원국은 이 양해에 따른 정상적인 분쟁해결절차에 호소할 수 있다. 이러한 분쟁은 가능할 경우에는 언제나 원패널에 회부된다.

제 11 조 패널의 기능

패널의 기능은 분쟁해결기구가 이 양해 및 대상협정에 따른 책임을 수행하는 것을 지원하는 것이다. 따라서 패널은 분쟁의 사실부분에 대한 객관적인 평가, 관련 대상협정의 적용가능성 및 그 협정과의 합치성을 포함하여 자신에게 회부된 사안에 대하여 객관적인 평가를 내려야 하며, 분쟁해결기구가 대상협정에 규정되어 있는 권고를 행하거나 판정을 내리는 데 도움이 되는 그 밖의 조사결과를 작성한다. 패널은 분쟁당사자와 정기적으로 협의하고 분쟁당사자에게 상호 만족할 만한 해결책을 찾기 위한 적절한 기회를 제공하여야 한다.

제 12 조 패널절차

1. 패널은 분쟁당사자와의 협의 후 달리 결정하지 아니하는 한 부록 3의 작업절차를 따른다.
2. 패널절차는 패널과정을 부당하게 지연시키지 아니하면서 질이 높은 패널보고서를 보장할 수 있도록 충분한 융통성을 부여하여야 한다.
3. 분쟁당사자와의 협의 후 패널위원은 현실적으로 가장 빠른 시일 내에, 그리고 가능한 언제나 패널의 구성 및 위임사항에 대하여 합의가 이루어진 후로부터 일주일 이내에 관련이 있는 경우 제4조 제9항의 규정을 고려하여 패널과정에 관한 일정을 확정한다.
4. 패널과정에 관한 일정 결정시 패널은 분쟁당사자에게 자신의 입장을 준비하는 데 필요한 충분한 시간을 부여한다.
5. 패널은 분쟁당사자가 서면입장을 제출하여야 하는 정확한 마감시한을 설정해야 하며, 분쟁당사자는 동 마감시한을 준수하여야 한다.

6. 각 분쟁당사자는 패널과 그 밖의 분쟁당사자에게 즉시 전달되도록 자기나라의 서면 입장을 사무국에 제출한다. 패널이 제3항에 언급된 일정 확정시 분쟁당사자와 협의 후 분쟁당사자가 제1차 서면입장을 동시에 제출하여야 한다고 결정하지 아니하는 한 제소국은 피소국보다 먼저 제1차 서면입장을 제출한다. 제1차 서면입장을 순차적으로 기탁하기로 한 경우, 패널은 피소국의 입장 접수시한을 확고하게 설정한다. 그 후에 제출되는 모든 서면입장은 동시에 제출된다.

7. 분쟁당사자가 상호 만족할 만한 해결책을 강구하는 데 실패하는 경우, 패널은 서면보고서 형식으로 자신의 조사결과를 분쟁해결기구에 제출한다. 이 경우 패널보고서는 사실에 관한 조사결과, 관련 규정의 적용가능성 및 자신이 내린 조사결과와 권고에 대한 근본적인 이유를 명시하여야 한다. 분쟁당사자 간에 해결책이 발견된 경우 패널보고서는 사안의 간략한 서술과 해결책이 도달되었다는 사실을 보고하는 데 국한된다.

8. 절차를 보다 더 효율적으로 하기 위하여, 패널의 구성 및 위임사항에 대하여 합의가 이루어진 날로부터 최종보고서가 분쟁당사자에게 제시되는 날까지의 패널이 자신의 검토를 수행하는 기간은 일반적인 규칙으로서 6월을 초과하지 아니한다. 부패성 상품에 관한 분쟁을 포함하여 긴급한 경우, 패널은 3월 이내에 패널보고서를 분쟁당사자에게 제시하는 것을 목표로 한다.

9. 패널이 6월 이내에 또는 긴급한 경우 3월 이내에 자신의 보고서를 제출하지 못할 것이라고 간주하는 경우, 패널은 지연사유를 패널보고서를 제출할 때까지 소요될 것으로 예상되는 기간과 함께 분쟁해결기구에 서면으로 통보한다. 어떠한 경우에도 패널설치로부터 회원국에게 보고서를 배포할 때까지의 기간이 9월을 초과하여서는 아니된다.

10. 개발도상회원국이 취한 조치와 관련된 협의의 경우 분쟁당사자는 제4조 제7항 및 제8항에 설정된 기간을 연장하는 데 합의할 수 있다. 만일 관련기간이 경과한 후에도 협의당사자가 협의종료에 대하여 합의할 수 없는 경우, 분쟁해결기구 의장은 분쟁당사자와의 협의 후 관련 기간을 연장할 것인 지 여부 및 연장할 경우 얼마만큼 연장할 것인 지를 결정한다. 또한 개발도상회원국에 대한 제소를 검토하는 데 있어서, 패널은 동 개발도상회원국이 자기나라의 논거를 준비하고 제시하는 데 충분한 시간을 부여한다. 제20조 제1항 및 제21조 제4항의 규정은 이항에 따른 어떠한 조치에 의해서도 영향을 받지 아니한다.

11. 하나 또는 둘 이상의 당사자가 개발도상회원국인 경우, 패널보고서는 분쟁해결절차의 과정에서 개발도상회원국이 제기한 대상협정의 일부를 구성하는 개발도상회원국을 위한 차등적이고 보다 유리한 대우에 관한 관련 규정을 어떤 형태로 고려하였는지를 명시적으로 적시한다.

12. 패널은 제소국이 요청하는 경우 언제라도 12월을 초과하지 아니하는 기간 동안 자신의 작업을 정지할 수 있다. 이와같이 정지하는 경우, 이 조의 제8항 및 제9항, 제20조 제1항 및 제21조 제4항에 명시된 시한은 작업이 정지되는 기간만큼 연장된다. 패널의 작업이 12월 이상 정지되는 경우에는 동 패널설치 권한이 소멸된다.

제13조 정보요청권리

1. 각 패널은 자신이 적절하다고 판단하는 모든 개인 또는 기관으로부터 정보 및 기술적 자문을 구할 권리를 갖는다. 그러나 패널은 회원국의 관할권 아래에 있는 개인이나 기관으로부터 이러한 정보나 자문을 구하기 전에 동 회원국의 당국에 통보한다. 패널이 필요하고 적절하다고 간주하는 정보를 요청하는 경우, 회원국은 언제나 신속히 그리고 충실하게 이에 응하여야 한다. 비밀정보가 제공되는 경우, 동 정보는 이를 제공하는 회원국의 개인, 기관 또는 당국으로부터의 공식적인 승인 없이는 공개되지 아니한다.
2. 패널은 모든 관련 출처로부터 정보를 구할 수 있으며, 사안의 특정 측면에 대한 의견을 구하기 위하여 전문가와 협의할 수 있다. 패널은 일방 분쟁당사자가 제기하는 과학적 또는 그 밖의 기술적 사항과 관련된 사실문제에 관하여 전문가검토단에게 서면 자문보고서를 요청할 수 있다. 이러한 검토단의 설치에 관한 규칙 및 검토단의 절차는 부록 4에 규정되어 있다.

제14조 비공개성

1. 패널의 심의는 공개되지 아니한다.
2. 패널보고서는 제공된 정보 및 행하여진 진술내용에 비추어 분쟁당사자의 참석없이 작성된다.
3. 개별 패널위원이 패널보고서에서 표명한 의견은 익명으로 한다.

제15조 잠정검토단계

1. 패널은 반박 서면입장 및 구두주장을 심리한 후 자신의 보고서 초안 중 서술적인 부분(사실 및 주장)을 분쟁당사자에게 제시한다. 패널이 설정한 기간 내에 분쟁당사자는 서면으로 논평을 제출한다.
2. 분쟁당사자로부터 논평을 접수하기 위하여 정해진 기간이 경과한 후 패널은 서술부분과 패널의 조사결과 및 결론을 모두 포함하는 잠정보고서를 분쟁당사자에게 제시한다. 분쟁당사자는 패널이 정한 기간 내에 잠정보고서의 특정 부분을 최종보고서가 회원국에게 배포되기 전에 잠정검토하여 줄 것을 서면으로 요청할 수 있다. 일방 분쟁당사자가 요청하는 경우, 패널은 분쟁당사자와 서면 논평에 명시된 문제에 관하여 추가적인 회의를 개최한다. 논평기간 내에 어떤 분쟁당사자도 논평을 제출하지 아니하는 경우 잠정보고서는 최종 패널보고서로 간주되며 신속히 회원국에게 배포된다.
3. 최종 패널보고서의 조사결과는 잠정검토단계에서 이루어진 주장에 대한 토의를 포함한다. 잠정검토단계는 제12조 제8항에 명시된 기간 내에서 진행된다.

제16조 패널보고서의 채택

1. 회원국에게 패널보고서를 검토할 충분한 시간을 부여하기 위하여 동 보고서는 회원국에게 배포된 날로부터 20일 이내에는 분쟁해결기구에서 채택을 위한 심의의 대상이 되지 아니한다.
2. 패널보고서에 이의가 있는 회원국은 적어도 동 패널보고서가 심의되는 분쟁해결기구 회의가 개최되기 10일 이전에 회원국에게 배포되도록 자신의 이의를 설명하는 이유를 서면으로 제출한다.

3. 분쟁당사자는 분쟁해결기구의 패널보고서에 대한 심의과정에 충분히 참여할 권리를 가지며 그들의 견해는 충실히 기록된다.
4. 일방 분쟁당사자가 정식으로 분쟁해결기구에 자기나라의 상소결정을 통지하지 아니하거나, 분쟁해결기구가 컨센서스로 패널보고서를 채택하지 아니하기로 결정하지 아니하는 한, 패널보고서는 회원국에게 배포된 날로부터 60일 이내에 분쟁해결기구 회의(Re.6)에서 채택된다. 일방 분쟁당사자가 자기나라의 상소결정을 통지하는 경우, 패널보고서는 상소절차 종료 후까지 분쟁해결기구에서 채택을 위한 논의의 대상이 되지 아니한다. 이러한 채택절차는 회원국이 패널보고서에 대하여 자기나라의 견해를 표명할 수 있는 권리에 아무런 영향을 미치지 아니한다.

Remark 6 • 분쟁해결기구의 회의가 이 기간 내에 제16조 제1항 및 제4항의 요건을 충족시킬 수 있는 시기에 계획 되어 있지 아니한 경우, 분쟁해결기구의 회의가 동 목적을 위하여 소집된다.

제 17 조 상소심의

상설상소기구

1. 분쟁해결기구는 상설상소기구를 설치한다. 상소기구는 패널사안으로부터의 상소를 심의한다. 동 기구는 7인으로 구성되며, 이들 중 3인이 하나의 사건을 담당한다. 상소기구 위원은 교대로 업무를 담당한다. 이러한 교대는 상소기구의 작업절차에 정해진다.
2. 분쟁해결기구는 4년 임기의 상소기구위원을 임명하며 각 상소기구위원은 1차에 한하여 연임할 수 있다. 다만, 세계무역기구협정 발효직후 임명되는 7인 중 3인의 임기는 2년 후 만료되며, 이는 추첨으로 결정한다. 결원은 발생할 때마다 충원된다. 임기가 만료되지 아니한 상소기구위원을 교체하기 위하여 임명된 위원은 전임자의 잔여 임기동안 상소기구위원의 직을 수행한다.
3. 상소기구는 법률, 국제무역 및 대상협정 전반의 주제에 대하여 입증된 전문지식을 갖춘 인정된 권위자로 구성된다. 상소기구위원은 어느 정부와도 연관되지 아니한다. 상소기구위원은 세계무역기구 회원국을 폭넓게 대표한다. 모든 상소기구위원은 어느 때라도 단기간의 통지로 이용가능 해야 하며 세계무역기구의 분쟁해결활동 및 그 밖의 관련 활동을 계속 숙지하고 있어야 한다. 상소기구위원은 직접 또는 간접적인 이해의 충돌을 야기할 수 있는 분쟁의 심의에 참여하지 아니한다.
4. 분쟁당사자만이 패널보고서에 대하여 상소할 수 있으며 제3자는 상소할 수 없다. 제10조 제2항에 따라 사안에 대한 실질적인 이해관계가 있음을 분쟁해결기구에 통지한 제3자는 상소기구에 서면입장을 제출하고 상소기구에서 자신의 입장을 개진할 기회를 가질 수 있다.
5. 일반적으로 일방 분쟁당사자가 자기나라의 상소결정을 공식적으로 통지한 날로부터 상소기구가 자신의 보고서를 배포하는 날까지의 절차는 60일을 초과하지 아니한다. 자신의 일정 확정시 상소기구는 관련되는 경우 제4조 제9항의 규정을 고려한다. 상소기구는 60일 이내에 자신의 보고서를 제출하지 못할 것이라고 간주하는 경우, 지연사유를 보고서 제출에 소요될 것으로 예상되는 기간과 함께 서면으로 분쟁해결기구에 통보한다. 어떠한 경우에도 그 절차는 90일을 초과할 수 없다.
6. 상소는 패널보고서에서 다루어진 법률문제 및 패널이 행한 법률해석에만 국한된다.
7. 상소기구는 자신이 필요로 하는 적절한 행정적 및 법률적 지원을 제공받는다.

8. 여행경비 및 수당을 포함하여 상소기구위원이 업무를 수행하는 데 소요되는 비용은 예산·재정 및 관리위원회의 권고에 근거하여 일반이사회가 채택하는 기준에 따라 세계무역기구의 예산으로 충당한다.

상소절차
9. 상소기구는 분쟁해결기구 의장 및 사무총장과의 협의를 거쳐 작업절차를 작성하며, 동 작업절차는 회원국들이 알 수 있도록 통보된다.
10. 상소기구의 심의과정은 공개되지 아니한다. 상소기구보고서는 제공된 정보 및 행하여진 진술내용에 비추어 분쟁당사자의 참석 없이 작성된다.
11. 상소기구보고서에 표명된 개별상소기구위원의 견해는 익명으로 한다.
12. 상소기구는 제6항에 따라 제기된 각각의 문제를 상소심의과정에서 검토한다.
13. 상소기구는 패널의 법률적인 조사결과와 결론을 확정, 변경 또는 파기할 수 있다.

상소기구보고서의 채택
14. 상소기구보고서가 회원국에게 배포된 후 30일 이내에 분쟁해결기구가 컨센서스로 동 보고서를 채택하지 아니하기로 결정하지 아니하는 한, 분쟁해결기구는 이를 채택하며 분쟁당사자는 동 보고서를 무조건 수락한다. 동 채택절차는 회원국이 상소기구보고서에 대하여 자기나라의 견해를 표명할 수 있는 권리를 저해하지 아니한다.

제 18 조 패널 또는 상소기구와의 의사소통

1. 패널 또는 상소기구가 심의 중인 사안과 관련하여 패널 또는 상소기구와 일방 분쟁당사자만의 의사소통이 있어서는 아니된다.
2. 패널이나 상소기구에 제출되는 서면입장은 비밀로서 취급되나 분쟁당사자는 이를 입수할 수 있다. 이 양해의 어느 규정도 분쟁당사자가 자기나라의 입장에 관한 진술을 공개하는 것을 금지하지 아니한다. 회원국은 다른 회원국이 패널이나 상소기구에 제출한 정보로서 비밀이라고 지정한 경우 이를 비밀로 취급한다. 또한 분쟁당사자는 회원국이 요청하는 경우 서면입장에 포함된 공개가능한 정보의 평문요약문을 제공한다.

제 19 조 패널 및 상소기구의 권고

1. 패널 또는 상소기구는 조치가 대상협정에 일치하지 않는다고 결론짓는 경우, 관련 회원국(Re.7)에게 동 조치를 동 대상협정에 합치시키도록 권고한다.(Re.8) 자신의 권고에 추가하여 패널 또는 상소기구는 관련 회원국이 권고를 이행할 수 있는 방법을 제시할 수 있다.
   Remark 7 · "관련 회원국"은 패널이나 상소기구 권고의 대상이 되는 분쟁당사국이다.
   Remark 8 · 1994년도 GATT 또는 다른 대상협정의 위반을 수반하지 아니하는 사건에 대한 권고에 대하여는 제26조를 참조바람
2. 제3조 제2항에 따라 패널과 상소기구는 자신의 조사결과와 권고에서 대상협정에 규정된 권리와 의무를 증가 또는 감소시킬 수 없다.

제 20 조 분쟁해결기구의 결정시한

분쟁당사자가 달리 합의하지 아니하는 한, 일반적으로 분쟁해결기구가 패널을 설치한 날로부터 패널 또는 상소보고서의 채택을 심의하는 날까지의 기간은 패널보고서에 대하여 상소를 제기하지 아니한 경우는 9월을, 상소를 제기한 경우에는 12월을 초과하지 아니한다. 패널이나 상소기구가 제12조 제9항 또는 제17조 제5항에 따라 보고서의 제출 기간을 연장하기로 한 경우, 추가로 소요된 시간은 동 기간에 합산된다.

제 21 조 권고 및 판정의 이행에 대한 감독

1. 분쟁해결기구의 권고 또는 판정을 신속하게 이행하는 것이 모든 회원국에게 이익이 되도록 분쟁의 효과적인 해결을 확보하는 데 필수적이다.
2. 분쟁해결의 대상이 된 조치와 관련하여 개발도상회원국의 이해관계에 영향을 미치는 문제에 대하여 특별한 주의를 기울여야 한다.
3. 패널 또는 상소보고서가 채택된 날로부터 30일 이내에 개최되는 분쟁해결기구 회의에서 관련 회원국은 분쟁해결기구의 권고 및 판정의 이행에 대한 자기나라의 입장을 분쟁해결기구에 통보한다. 권고 및 판정의 즉각적인 준수가 실현불가능한 경우, 관련 회원국은 준수를 위한 합리적인 기간을 부여받는다. 합리적인 기간은 다음과 같다.
    (가) 분쟁해결기구의 승인을 받는 것을 조건으로, 관련 회원국이 제의하는 기간. 또는 이러한 승인이 없는 경우에는,
    (나) 권고 및 판정이 채택된 날로부터 45일 이내에 분쟁당사자가 상호 합의하는 기간. 또는 이러한 합의가 없을 때에는,
    (다) 권고 및 판정이 채택된 날로부터 90일 이내에 기속적인 중재를 통하여 확정되는 기간.(Re.9) 이러한 중재에 있어서 중재인(Re.10)을 위한 지침은 패널 또는 상소기구권고 이행을 위한 합리적인 기간이 패널 또는 상소기구보고서가 채택된 날로부터 15월을 초과하지 아니하여야 한다는 것이다. 그러나 특별한 사정에 따라 동 기간은 단축 되거나 연장될 수 있다.

      Remark 9 • 사안을 중재에 회부한 날로부터 10일 이내에 분쟁당사자가 중재인에 합의하지 못하는 경우, 사무총장은 당사국과 협의한 후 10일 이내에 중재인을 임명한다.

      Remark 10 • "중재인"이라는 표현은 개인 혹은 집단을 지칭하는 것으로 해석된다.

4. 패널 또는 상소기구가 제12조 제9항 또는 제17조 제5항에 따라 보고서의 제출기간을 연장한 경우를 제외하고는, 분쟁해결기구가 패널을 설치한 날로부터 합리적인 기간 확정일까지의 기간은 분쟁당사자가 달리 합의하지 아니하는 한 15월을 초과하지 아니한다. 패널 또는 상소기구가 보고서 제출기간을 연장하기로 한 경우, 추가적으로 소요된 기간은 동 15월의 기간에 합산된다. 다만, 분쟁당사자가 예외적인 사정이 존재한다고 합의하지 아니하는 한 총 기간은 18월을 초과하지 아니한다.
5. 권고 및 판정의 준수를 위한 조치가 취해지고 있는 지 여부 또는 동 조치가 대상협정에 합치하는지 여부에 대하여 의견이 일치하지 아니하는 경우, 이러한 분쟁은 가능한 한 원패널에 회부하는 것을 포함하여 이러한 분쟁해결절차의 이용을 통하여 결정된다. 패널은 사안이 회부된 날로부터 90일 이내에 보고서를 배포한다. 패널이 동 시한 내에 보고서를 제출할 수 없다고 판단하는 경우, 지연사유를 패널보고서 제출에 필요하다고 예상되는 기간과 함께 서면으로 분쟁해결기구에 통보한다.

6. 분쟁해결기구는 채택된 권고 또는 판정의 이행상황을 지속적으로 감시한다. 모든 회원국은 권고 또는 판정이 채택된 후 언제라도 그 이행문제를 분쟁해결기구에 제기할 수 있다. 분쟁해결기구가 달리 결정하지 아니하는 한, 권고나 판정의 이행문제는 제21조 제3항에 따라 합리적 이행기간이 확정된 날로부터 6월 이후에 분쟁해결기구 회의의 의제에 상정되며, 동 문제가 해결될 때까지 계속 분쟁해결기구의 의제에 남는다. 이러한 분쟁해결기구 회의가 개최되기 최소한 10일 전까지 관련 회원국은 권고 또는 판정의 이행에 있어서의 진전상황에 관한 서면보고서를 분쟁해결기구에 제출한다.
7. 개발도상회원국이 제소국인 경우, 분쟁해결기구는 상황에 비추어 적절한 어떠한 추가적인 조치를 취할 것인지를 검토한다.
8. 개발도상회원국이 제소국인 경우, 분쟁해결기구는 어떠한 적절한 조치를 취할 것인지를 고려할 때 제소대상조치가 무역에 있어서 차지하는 비중뿐만 아니라 동 조치가 관련 개발도상회원국의 경제에 미치는 영향도 고려한다.

제22조 보상 및 양허의 정지

1. 보상 및 양허 또는 그 밖의 의무의 정지는 권고 및 판정이 합리적인 기간 내에 이행되지 아니하는 경우 취할 수 있는 잠정적인 조치이다. 그러나 보상이나 양허 또는 그 밖의 의무의 정지는 관련 조치를 대상협정에 합치시키도록 하는 권고의 완전한 이행에 우선하지 아니한다. 보상은 자발적인 성격을 띠며, 이를 행하는 경우 대상협정과 합치하여야 한다.
2. 관련 회원국이 제21조 제3항에 의거하여 확정된 합리적인 기간 내에 대상협정위반으로 판정이 난 조치를 동 협정에 합치시키지 아니하거나 달리 권고 및 판정을 이행하지 아니하는 경우, 동 회원국은 요청을 받는 경우 합리적인 기간이 종료되기 전에 분쟁해결절차에 호소한 분쟁당사자와 상호 수락할 수 있는 보상의 마련을 위하여 협상을 개시한다. 합리적인 기간이 종료된 날로부터 20일 이내에 만족할 만한 보상에 대하여 합의가 이루어지지 아니하는 경우, 분쟁해결절차에 호소한 분쟁당사자는 대상협정에 따른 양허 또는 그 밖의 의무를 관련 회원국에 대해 적용을 정지하기 위한 승인을 분쟁해결기구에 요청할 수 있다.
3. 어떠한 양허 또는 그 밖의 의무를 정지할 것인지를 검토하는 데 있어서 제소국은 다음의 원칙과 절차를 적용한다.
    (가) 일반적인 원칙은 제소국은 패널 또는 상소기구가 위반 또는 그 밖의 무효화 또는 침해가 있었다고 판정을 내린 분야와 동일한 분야에서의 양허 또는 그 밖의 의무의 정지를 우선 추구하여야 한다는 것이다.
    (나) 동 제소국이 동일 분야에서 양허 또는 그 밖의 의무를 정지하는 것이 비현실적 또는 비효과적이라고 간주하는 경우, 동일 협정상의 다른 분야에서의 양허 또는 그 밖의 의무의 정지를 추구할 수 있다.
    (다) 동 제소국이 동일 협정상의 다른 분야에서의 양허 또는 그 밖의 의무를 정지하는 것이 비현실적 또는 비효과적이며 상황이 충분히 심각하다고 간주하는 경우, 다른 대상협정상의 양허 또는 그 밖의 의무의 정지를 추구할 수 있다.
    (라) 위의 원칙을 적용하는 데 있어서 동 제소국은 다음 사항을 고려한다.
        (1) 패널 또는 상소기구가 위반 또는 그 밖의 무효화 또는 침해가 있었다고 판정을 내린 분야 또는 협정상의 무역, 그리고 동 무역이 제소국에서 차지하는 중요성

(2) 무효화 또는 침해에 관련된 보다 더 광범위한 경제적 요소와 양허 또는 그 밖의 의무의 정지가 초래할 보다 더 광범위한 경제적 파급효과

㈑ 동 제소국이 나호 또는 다호에 따라 양허 또는 그 밖의 의무를 정지하기 위한 승인을 요청하기로 결정하는 경우, 요청서에 그 사유를 명시한다. 분쟁해결기구에 요청서를 제출함과 동시에 제소국은 관련 이사회, 그리고 또한 나호에 따른 요청의 경우에는 관련 분야기구에도 요청서를 송부한다.

㈒ 이 항의 목적상 "분야"란 다음을 의미한다.
  (1) 상품과 관련, 모든 상품
  (2) 서비스와 관련, 주요 분야를 명시하고 있는 현행 "서비스분야별분류표"에 명시된 이러한 분야(Re.11)
      Remark 11 · MTN.GNS/W/120 문서상의 목록은 11개 분야를 명시하고 있다.
  (3) 무역관련 지적재산권과 관련, 무역관련 지적재산권에 관한 협정 제2부 제1절, 또는 제2절, 또는 제3절, 또는 제4절, 또는 제5절, 또는 제6절, 또는 제7절에 규정된 각 지적재산권의 범주, 또는 제3부 또는 제4부상의 의무

4. 분쟁해결기구가 승인하는 양허 또는 그 밖의 의무의 정지의 수준은 무효화 또는 침해의 수준에 상응한다.

5. 분쟁해결기구는 대상협정이 양허 또는 그 밖의 의무의 정지를 금지하는 경우, 이를 승인하지 아니한다.

6. 제2항에 규정된 상황이 발생할 때에 분쟁해결기구는 요청이 있는 경우, 분쟁해결기구가 콘센서스로 동 요청을 거부하기로 결정하지 아니하는 한, 합리적 기간의 종료로부터 30일 이내에 양허 또는 그 밖의 의무의 정지를 승인한다. 그러나 관련 당사국이 제안된 정지의 수준에 대하여 이의를 제기하거나, 제소국이 제3항 나호 또는 다호에 따라 양허 또는 그 밖의 의무의 정지에 대한 승인을 요청했을 때 제3항에 명시된 원칙 및 절차가 준수되지 아니하였다고 주장하는 경우, 동 사안은 중재에 회부된다. 이러한 중재는 원패널위원의 소집이 가능한 경우 원패널, 또는 사무총장이 임명하는 중재인에 의하여 수행되며 합리적인 기간의 만료일로부터 60일 이내에 완결된다. 양허 또는 그 밖의 의무는 중재의 진행 중에는 정지되지 아니한다.

7. 제6항에 따라 행동하는 중재인은(Re.12) 정지의 대상인 양허 또는 그 밖의 의무의 성격을 검토하지 아니하며, 이러한 정지의 수준이 무효화 또는 침해의 수준에 상응하는지를 판정한다. 중재인은 또한 제안된 양허 또는 그 밖의 의무의 정지가 대상협정에 따라 허용되는지 여부를 판정할 수 있다. 그러나 중재에 회부된 사안이 제3항에 명시된 원칙 및 절차가 준수되지 아니하였다는 주장을 포함하는 경우, 중재인은 동 주장을 검토한다. 중재인이 동 원칙 및 절차가 준수되지 아니하였다고 판정하는 경우, 제소국은 제3항에 합치하도록 동 원칙 및 절차를 적용한다. 당사국은 중재인의 판정을 최종적인 것으로 수락하며, 관련 당사자는 제2차 중재를 추구하지 아니한다. 분쟁해결기구는 중재인의 판정을 조속히 통보받으며, 요청이 있는 경우 그 요청이 중재인의 판정에 합치하면 분쟁해결기구가 컨센서스로 동 요청을 거부하기로 결정하기 아니하는 한 양허 또는 그 밖의 의무의 정지를 승인한다.

Remark 12 · "중재인"이라는 표현은 개인 또는 집단, 또는 원패널이 중재인 역할을 맡은 경우 동 패널의 구성원을 지칭하는 것으로 해석된다.

8. 양허 또는 그 밖의 의무의 정지는 잠정적이며, 대상협정 위반 판정을 받은 조치가 철폐되거나 권고 또는 판정을 이행하여야 하는 회원국이 이익의 무효화 또는 침해에 대한 해결책을 제시하거나 상호 만족할 만한 해결에 도달하는 등의 시점까지만 적용된다. 제21조 제6항에 따라 분쟁해결기구는 보상이 제공되었거나 양허 또는 그 밖의 의무가 정지되었으나 조치를 대상협정에 합치시키도록 한 권고가 이행되지 아니한 경우를 포함하여 채택된 권고 또는 판정의 이행을 계속해서 감독한다.

9. 대상협정의 분쟁해결규정은 회원국 영토 안의 지역 또는 지방 정부나 당국이 취한 조치로서 대상협정의 준수에 영향을 미치는 조치에 대하여 호소될 수 있다. 분쟁해결기구가 대상협정의 규정이 준수되지 아니하였다고 판정을 내리는 경우, 이에 대한 책임이 있는 회원국은 협정준수를 확보하기 위하여 취할 수 있는 합리적인 조치를 취한다. 보상 및 양허 또는 그 밖의 의무의 정지에 관한 대상협정 및 이 양해의 규정은 이러한 준수를 확보하는 것이 불가능한 경우에 적용된다.(Re.13)

Remark 13 · 회원국의 영토 안의 지역 또는 지방 정부나 당국이 취한 조치와 관련된 대상협정의 규정이 이 항의 규정과 상이한 규정을 포함하고 있는 경우, 대상협정의 규정이 우선 적용된다.

제 23 조 다자간체제의 강화

1. 회원국은 대상협정상의 의무위반, 이익의 무효화 또는 침해, 또는 대상협정의 목적달성에 대한 장애의 시정을 추구하는 경우 이 양해의 규칙 및 절차에 호소하고 또한 이를 준수한다.

2. 이러한 경우 회원국은 다음과 같이 한다.

    (가) 이 협정의 규칙 및 절차에 따른 분쟁해결에 호소하지 아니하고는 위반이 발생하였다거나 이익이 무효화 또는 침해되었다거나 대상협정의 목적달성이 저해되었다는 취지의 판정을 내리지 아니하며, 분쟁해결기구가 채택한 패널보고서나 상소기구보고서에 포함된 조사결과 또는 이 양해에 따라 내려진 중재판정에 합치되도록 그러한 판정을 내린다.

    (나) 관련 회원국이 권고 및 판정을 이행하기 위한 합리적인 기간을 확정하는 데 있어서 제21조에 명시된 절차를 따른다.

    (다) 관련 회원국이 합리적인 기간 내에 권고 및 판정을 이행하지 아니하는 데 대한 대응으로서 대상협정상의 양허 또는 그 밖의 의무를 정지하기 전에 양허 또는 그 밖의 의무의 정지의 수준을 정하는 데 있어서 제22조에 명시된 절차를 따르며 동 절차에 따라 분쟁해결기구의 승인을 얻는다.

제 24 조 최빈개도국회원국에 대한 특별절차

1. 최빈개도국회원국이 관련된 분쟁의 원인판정 및 분쟁해결절차의 모든 단계에서 최빈개도국 회원국의 특수사정이 특별히 고려된다. 이와 관련하여 회원국은 최빈개도국회원국이 관련되는 분쟁의 해결절차에 따라 문제를 제기함에 있어서 적절히 자제한다. 무효화 또는 침해가 최빈개도국회원국의 조치에 의하여 초래된 것으로 판정이 내려지는 경우, 제소국은 동 절차에 따라 보상을 요청하거나 양허 또는 그 밖의 의무를 정지시키기 위한 승인을 추구함에 있어서 적절히 자제한다.

2. 최빈개도국회원국이 관련된 분쟁의 해결에 있어서 만족할 만한 해결책이 협의과정에서 발견되지 아니하는 경우, 사무총장 또는 분쟁해결기구 의장은 최빈개도국회원국이 요청하는 때에는 당사자가 문제를 해결하는 것을 지원하기 위하여 패널설치요청이 이루어지기 전에 주선, 조정 및 중재를 제의한다. 사무총장 또는 분쟁해결기구 의장은 이러한 지원을 제공함에 있어서 자신이 적절하다고 판단하는 어떠한 출처와도 협의할 수 있다.

제25조 중재

1. 분쟁해결의 대체적 수단으로서 세계무역기구 안에서의 신속한 중재는 쌍방 당사자가 명백하게 규정한 문제와 관련된 특정 분쟁의 해결을 촉진할 수 있다.
2. 이 양해에 달리 규정되어 있는 경우를 제외하고는, 중재에의 회부는 당사자의 상호합의에 따르며, 이 경우 당사자는 따라야 할 절차에 합의한다. 중재에 회부하기로 한 합의사항은 중재절차가 실제로 개시되기 전에 충분한 시간을 두고 모든 회원국에게 통지된다.
3. 다른 회원국은 중재에 회부하기로 합의한 당사자의 동의를 얻은 경우에만 중재절차의 당사자가 될 수 있다. 중재절차의 당사자는 중재판정을 준수하기로 합의한다. 중재판정은 분쟁해결기구 및 관련 협정의 이사회 또는 위원회에 통보되며, 회원국은 분쟁해결기구, 이사회 또는 위원회에서 중재판정에 관련된 어떠한 문제도 제기할 수 있다.
4. 이 양해 제21조 및 제22조는 중재판정에 준용된다.

제26조

1. 1994년도 GATT 제23조 제1항 (b)에 규정된 형태의 비위반 제소

    1994년도 GATT 제23조 제1항 (b)의 규정이 특정 대상협정에 적용될 수 있는 경우, 패널 또는 상소기구는 일방 분쟁당사자가 특정 회원국의 조치의 결과로 인하여 동 조치의 특정 대상협정의 규정에 대한 위반여부에 관계없이, 특정 대상협정에 따라 직접적 또는 간접적으로 자기나라에 발생하는 이익이 무효화 또는 침해되고 있다고 간주하거나 동 대상협정의 목적달성이 저해되고 있다고 간주하는 경우에만 판정 및 권고를 내릴 수 있다. 이러한 당사자가 특정 사안이 1994년도 GATT 제23조 제1항 (b)의 규정이 적용될 수 있는 대상협정의 규정과 상충하지 아니하는 조치에 관한 것이라고 간주하고, 또한 패널이나 상소기구가 그렇게 판정하는 경우에 이 양해의 절차가 다음에 따를 것을 조건으로 적용된다.

    ㈎ 제소국은 관련 대상협정과 상충하지 아니하는 조치에 관한 제소를 변호하는 상세한 정당한 사유를 제시한다.
    ㈏ 특정 조치가 관련 대상협정을 위반하지 아니하면서 동 협정에 따른 이익을 무효화 또는 침해하거나 동 협정의 목적달성을 저해한다고 판정이 내려지는 경우, 동 조치를 철회할 의무는 없다. 그러나 이러한 경우 패널 또는 상소기구는 관련 회원국에게 상호 만족할 만한 조정을 행하도록 권고한다.
    ㈐ 제21조의 규정에도 불구하고 제21조 제3항에 규정된 중재는 일방 당사자의 요청이 있는 경우 무효화 또는 침해된 이익의 수준에 대한 결정을 포함할 수 있으며, 또한 상호 만족할 만한 조정에 이르기 위한 수단 및 방법을 제의할 수 있다. 이러한 제의는 분쟁당사자에 대하여 구속력을 갖지 아니한다.

(라) 제22조 제1항의 규정에도 불구하고 보상은 분쟁의 최종적인 해결로서의 상호 만족 할 만한 조정의 일부가 될 수 있다.
2. 1994년도 GATT 제23조 제1항 (c)에 규정된 형태의 제소
1994년도 GATT 제23조 제1항 (c)의 규정이 대상협정에 적용될 수 있는 경우, 패널은 1994년도 GATT 제23조 제1항 (a) 및 (b)가 적용될 수 있는 상황과 상이한 상황이 존재하는 결과로 인하여 일방 분쟁당사국이 대상협정에 따라 직접적 또는 간접적으로 자기나라에 발생하는 이익이 무효화 또는 침해되고 있다고 간주하거나 동 협정의 목적 달성이 저해되고 있다고 간주하는 경우에만 판정 및 권고를 내릴 수 있다. 이러한 일방 분쟁당사자가 그 사안이 이 항의 적용을 받는다고 간주하고 패널이 그렇게 판정을 내리는 경우에 한하여 이 양해의 절차는 패널보고서가 회원국에게 배포되는 시점을 포함하여 배포된 시점까지 적용된다. 1989년 4월 12일자 결정(BISD 36S/61-67)에 포함된 분쟁해결규칙 및 절차는 보고서의 채택을 위한 논의와 권고와 판정의 감독 및 이행에 적용된다. 아울러 다음 사항이 적용된다.
(가) 제소국은 이 항의 적용대상이 되는 사안에 관하여 행하여진 논거를 변호하는 상세한 정당한 사유를 제시한다.
(나) 이 항의 적용대상이 되는 사안이 관련된 분쟁에 있어서, 패널이 그 분쟁에 이 항의 적용대상이 되는 분쟁해결사항 이외의 사항이 포함되어 있다고 판정을 내리는 경우, 패널은 이러한 사항을 다루는 보고서와 이 항의 적용대상이 되는 사안에 관한 별도의 보고서를 분쟁해결기구에 배포한다.

제 27 조 사무국의 책임

1. 사무국은 특히 패널이 다루는 사안의 법적, 역사적 및 절차적 측면에 관하여 패널을 지원할 책임을 지며, 또한 사무 및 기술지원을 제공할 책임을 진다.
2. 사무국이 회원국의 요청에 따라 분쟁해결에 관하여 회원국을 지원하는 것과 별도로 개발도상회원국에게 분쟁해결과 관련한 추가적인 법률자문 및 지원을 제공할 필요성이 있을 수 있다. 이를 위하여 사무국은 지원을 요청하는 개발도상회원국에게 세계무역기구의 기술협력부서의 유자격 법률전문가의 이용이 가능하도록 한다. 동 전문가는 사무국의 계속적인 불편부당성을 확보하는 방법으로 개발도상회원국을 지원한다.
3. 사무국은 회원국의 전문가가 분쟁해결절차 및 관행을 보다 더 잘 알 수 있도록 하기 위하여 관심 있는 회원국을 위해 이에 관한 특별 연수과정을 실시한다.

03 | GATT 1994

제1부

제1조　일반적 최혜국 대우

1. 수입 또는 수출에 대하여 그리고 수입 또는 수출과 관련하여 부과되거나 또는 수입 또는 수출에 대한 지불의 국제적 이전에 대하여 부과되는 관세 및 모든 종류의 과징금에 관하여, 그리고 이러한 관세 및 과징금의 부과방법에 관하여, 그리고 수입과 수출에 관련한 모든 규칙 및 절차에 관하여, 그리고 제3조 제2항과 제4항에 기재된 모든 사항에 관하여, 체약국이 타국의 원산품 또는 타국에 적송되는 산품에 대하여 허여하는 이익, 특전, 특권 또는 면제는 모든 다른 체약국 영역의 동종 원산품 또는 이러한 영역에 적송되는 동종 산품에 대하여 즉시 그리고 무조건 부여되어야 한다.
2. 본 조 제1항의 규정은 수입세 또는 수입과징금에 관한 특혜로서 본 조 제4항에서 규정한 한도를 초과하지 아니하고 또한 다음 각호에 해당하는 것의 폐지를 요구하는 것은 아니다.
   (a) 부속서 A에 기재된 2개 또는 그 이상의 지역간에만 유효한 특혜, 다만, 동 부속서에 규정된 조건에 따를 것을 조건으로 한다.
   (b) 1939년 7월 1일 현재 공동의 주권 또는 보호관계, 또는 종주권 관계에 의하여 결합되었으며 부속서 B, C 및 D에 기재된 2 또는 그 이상의 영역 간에만 유효한 특혜, 다만, 전기 부속서에 규정된 조건에 따를 것을 조건으로 한다.
   (c) 미 합중국과 큐바공화국 간에만 유효한 특혜,
   (d) 부속서 E 및 F에 기재된 인접국가에만 유효한 특혜
3. 제1항의 규정은 전에 오토만 제국의 일부이었으며, 1923년 7월 24일에 동 제국으로부터 분리된 국가 상호 간의 특혜에는 적용되지 아니한다. 다만, 이러한 특혜는 이 점에 관하여 제29조 제1항에 비추어 적용되는 제25조 제5항 (a)에 의하여 승인되는 경우에 한한다.
4. 본 조 제2항에 의하여 허여된 산품에 대한 특혜의 폭은 본 협정에 부속된 해당 양허표에 특혜의 최고한도가 구체적으로 명시되지 아니한 경우에는 다음의 한도를 초과할 수 없다.
   (a) 전기 양허표에 기재된 산품에 대한 관세 또는 과징금에 관하여서는 동 양허표에 정하여진 최혜국 세율과 특혜 세율과의 차이, 특혜세율이 규정되어 있지 아니한 경우의 특혜세율은 본 항의 적용상 1947년 4월 10일 현재 유효한 것으로 하며 또한 최혜국 세율이 규정되어 있지 아니한 경우의 동 한도는 1947년 4월 10일 현재 최혜국 세율과 특혜세율 간의 차율을 초과할 수 없다.
   (b) 해당 양허표에 기재되어 있지 아니한 산품에 대한 관세 또는 과징금에 관하여는 1947년 4월 10일 현재 존재하는 최혜국 세율과 특혜세율의 차율
   부속서 G에 기재된 체약국의 경우에는, 본 항 (a) 및 (b)에서 언급한 1947년 4월 10일이라는 일자는 동 부속서에 규정된 각 일자로 대치한다.

제 2 조 양허표

1. (a) 각 체약국은 다른 체약국의 통상에 대하여 본 협정에 부속된 해당 양허표의 해당 부에 규정된 것보다 불리하지 아니한 대우를 부여하여야 한다.

    (b) 어느 체약국에 관한 양허표 제1부에 기재된 산품으로서 다른 체약국 영역의 산품은 동 양허표에 관련된 영역에 수입될 때에는 동 양허표에 규정된 조건 또는 제한에 따라 동 양허표에 규정된 관세를 초과하는 통상의 관세로부터 면제된다. 이러한 산품은 또한 수입에 대하여 또는 수입에 관련하여 부과되는 기타 모든 관세 또는 과징금이 본 협정일자에 부과되는 것 또는 동 일자 현재에 수입 영역에서의 유효한 법률에 의하여 그후 직접적이며, 의무적으로 부과가 요구되는 것을 초과하는 것으로부터 면제된다.

    (c) 체약국에 관한 양허표 제2부에 기재된 산품으로서 제1조에 의하여 동 양허표에 관련된 영역에 수입될 경우에는 특혜 대우를 받을 권리가 부여된 영역의 산품은 동 영역에의 수입에 있어서 동 양허표에 규정된 조건 또는 제한에 따라 동 양허표 제2부에 규정된 관세를 초과하는 통상의 관세로부터 면제된다. 본 조의 어떠한 규정도 특혜세율에 의한 물품의 수입적격성에 관하여 체약국이 본 협정일자에 존재하는 요건을 유지하는 것을 방해하지 아니한다.

2. 본 조의 어떠한 규정도 체약국이 상품의 수입에 있어서 다음의 것을 수시로 부과하는 것을 방해하지 아니한다.

    (a) 동종의 국내산품에 관하여 또는 당해수입산품의 전부 또는 일부가 그것으로부터 제조 또는 생산된 물품에 관하여 제3조 제2항의 규정에 합치하여 부과하는 내국세에 상당하는 과징금,

    (b) 제6조의 규정에 합치하여 부과되는 "덤핑"방지세 또는 상쇄관세,

    (c) 제공된 용역의 비용에 상당하는 수수료 및 기타 과징금

3. 체약국은 관세가격의 결정방법 또는 통화환산방법을 본 협정에 부속된 해당 양허표에 규정된 양허의 가치를 감하도록 변경하여서는아니된다.

4. 체약국이, 정식으로 또는 사실상으로, 본 협정에 부속된 당해 양허표에 기재된 산품수입의 독점을 설정, 유지 또는 인가할 때에는, 이러한 독점은 동 양허표에 규정한 경우 또는 해당 양허를 최초로 교섭한 당사국 간에 별도의 합의가 있는 경우를 제외하고는 평균하여 동 양허표에 규정된 보호량을 초과한 보호를 부여하도록 운영하여서는 아니된다. 본 항의 규정은 체약국이 본 협정의 다른 규정에 의하여 허용된 모든 형태의 원조를 국내 생산자에게 부여하는 것을 제한하지 아니한다.

5. 체약국은 어떠한 산품이 본 협정에 부속된 해당 양허표에 규정된 양허에 의하여 의도되었다고 믿는 대우를 다른 체약국으로부터 받지 아니하고 있다고 생각할 때에는 동 문제에 관하여 직접 다른 체약국의 주의를 환기하여야 한다. 주의를 환기받은 체약국이 의도된 대우가 주의를 환기한 체약국이 요구한 대우라는 점에는 동의하나 동 체약국의 관세법상 본 협정에 의도된 대우를 허용하도록 해당 산품을 분류할 수 없다고 법원 또는 기타 해당기관이 재정하였기 때문에 그 대우를 부여할 수 없다고 선언하는 경우에는 이들 두 체약국은 실질적인 이해관계가 있는 다른 체약국과 함께 동 문제의 보상 조정을 목적으로 하는 교섭을 즉시 개시하여야 한다.

6. (a) 국제통화기금의 가입국인 체약국에 관한 양허표에 포함된 종량세 및 종량과징금과 동 체약국이 유지하는 종량세 및 종량과징금에 관한 특혜의 한도는 본 협정일자에 동 기금이 수락하거나 또는 잠정적으로 승인한 평가에 의하여 해당 통화로 표시한다. 따라서 동 평가가 국제통화기금 협정에 따라 20% 이상 인하될 경우에는 이러한 종량세 및 종량과징금과 특혜의 한도는 동 인하를 고려하여 조정할 수 있다. 다만, 체약국단(제25조의 규정에 의하여 공동으로 행동하는 체약국을 말함)이 이러한 조정의 필요성 또는 긴요성에 영향을 줄지 모를 모든 요인을 고려하고 이러한 조정이 해당 양허표 또는 본 협정의 다른 부분에서 규정한 양허의 가치를 감하지 아니한다는데 의견의 일치를 보는 것을 조건으로 한다.
   (b) 동 기금의 가입국이 아닌 체약국에 대하여는, 동 체약국이 동기금의 가입국이 되는 일자 또는 동 체약국이 제15조에 따라 특별 외환협정을 체결하는 일자로부터 동일한 규정이 적용된다.
7. 본 협정에 부속된 양허표는 이로써 본 협정 제1부의 불가분의 일부가 된다.

제2부

제 3 조 내국과세 및 규칙에 관한 내국민대우

1. 체약국은 내국세, 기타 내국과징금과 산품의 국내판매, 판매를 위한 제공, 구매, 수송, 분배 또는 사용에 영향을 주는 법률, 규칙 및 요건, 그리고 특정한 수량 또는 비율의 산품의 혼합, 가공 또는 사용을 요구하는 내국의 수량적 규칙은 국내생산을 보호하기 위하여 수입산품 또는 국내산품에 대하여 적용하여서는 아니된다는 것을 인정한다.
2. 다른 체약국의 영역 내에 수입된 체약국 영역의 산품에 대하여는 동종의 내국산품에 직접 또는 간접으로 부과되는 내국세 또는 기타 모든 종류의 내국과징금을 초과하는 내국세 또는 기타 모든 종류의 내국과징금을 직접 또는 간접으로 부과하여서는 아니된다. 또한, 체약국은 본 조 제1항에 규정된 원칙에 위배되는 방법으로 내국세 또는 기타 내국과징금을 수입산품 또는 국내산품에 부과하여서는 아니된다.
3. 제2항의 규정에는 위배되지만 1947년 4월 10일에 유효하며 또한 과세산품에 대한 수입세의 인상을 금지하는 무역협정에 의하여 특별히 인정되고 있는 현존 내국세에 관하여 이를 부과하는 체약국은 동 내국세의 보호적 요소를 철폐하는 대가로서 필요한 한도까지 동 수입세를 인상할 수 있도록 하기 위하여 동 무역협정상의 의무로부터 해제될 때까지 동 내국세에 대한 제2항의 규정의 적용을 연기할 수 있다.
4. 체약국 영역의 산품으로서 다른 체약국의 영역에 수입된 산품은 동 국내에서의 판매, 판매를 위한 제공, 구입, 수송, 분배 또는 사용에 관한 모든 법률, 규칙 및 요건에 관하여 국내 원산의 동종 산품에 부여하고 있는 대우보다 불리하지 아니한 대우를 부여하여야 한다. 본 항의 규정은 교통수단의 경제적 운영에 전적으로 입각하였으며 산품의 원산국을 기초로 하지 아니한 차별적 국내 운송요금의 적용을 방해하지 아니한다.
5. 체약국은 특정한 수량 또는 비율에 의한 산품의 혼합, 가공 또는 사용에 관한 내국의 수량적 규칙으로서 그 적용을 받는 산품의 특정한 수량 또는 비율을 국내의 공급원으로부터 공급하여야 함을 직접 또는 간접으로 요구하는 규칙을 설정 또는 유지하여서는 아니된다. 그 외에도, 체약국은 제1항에 규정된 규칙에 위배되는 방법으로 내국의 수량적 규칙을 적용하여서는 아니된다.

6. 제5항의 규정은, 체약국의 선택에 따라 1939년 7월 1일, 1947년 4월 10일 또는 1948년 3월 24일에 체약국영역에서 유효하였던 내국의 수량적 규칙에는 적용되지 아니한다. 다만, 이러한 규칙으로서 제5항의 규정에 위배되는 것은, 수입의 장애가 되도록 수정되어서는 아니되며 또한 교섭의 목적을 위하여서는 관세로서 취급된다.
7. 특정한 수량 또는 비율에 의한 산품의 혼합, 가공 또는 사용에 관한 내국의 수량적 규칙은 동 수량 또는 비율을 국외의 공급원 간에 할당하는 방법으로서 적용하여서는 아니된다.
8. (a) 본 조의 규정은 상업적 재판매를 위하여서나 상업적 판매를 위한 재화의 생산에 사용하지 아니하고 정부기관이 정부용으로 구매하는 산품의 조달을 규제하는 법률, 규칙, 또는 요건에는 적용되지 아니한다.
   (b) 본 조의 규정은 본 조의 규정에 합치하여 부과하는 내국세 또는 내국과징금에 의한 수입과 국내상품의 정부구매에 의하여 생기는 보조를 포함하여 국내 생산업자에 한하여 보조금을 지불함을 방해하지 아니한다.
9. 체약국은 내국의 최고가격 통제조치가 본 조 다른 규정에 합치하더라도 수입산품을 공급하는 체약국의 이익에 불리한 영향을 미칠 수 있다는 사실을 인정한다. 따라서 이러한 조치를 취하는 체약국은 이러한 불리한 영향을 최대한도로 회피하기 위하여 수출체약국의 이익을 고려하여야 한다.
10. 본 조의 규정은 체약국이 노출영화 필름에 관한 내국의 수량적 규칙으로서 제4조의 요건을 충족하는 규칙을 설정 또는 유지하는 것을 방해하지 아니한다.

제 4 조　　영화필름에 관한 특별규정

체약국이 노출영화 필름에 관한 내국의 수량적 규칙을 설정 또는 유지할 때에는 동 규칙은 다음의 요건에 합치하는 영사시간 할당 형식을 취하여야 한다.
(a) 영사시간 할당은 원산지를 불문한 모든 필름에 대하여 1년 이상의 일정기간 상업적 상영에 실제로 사용된 총 영사시간의 최소한의 일정비율 시간의 국산 영화 필름의 상영을 요구할 수 있으며 또한 극장당 연간 영사시간 또는 이에 상당하는 기준에 의하여 계산되어야 한다.
(b) 영사시간 할당에 의하여 국산필름을 위하여 유보된 영사시간을 제외하고는 국산필름을 위하여 유보된 영사시간 중 행정조치에 의하여 해제된 부분을 포함한 영사시간을 정식으로 또는 사실상으로 공급원 간에 할당하여서는 아니된다.
(c) 본 조 (b)의 규정에 불구하고, 체약국은 본 조 (a)의 요건에 합치하는 것으로서 이러한 영사시간 할당을 과하는 체약국 이외의 특정 원산지의 필름에 대하여 최소한도 비율의 영사시간을 유보하는 할당제를 유지할 수 있다. 다만, 영사시간의 최소한도 비율은 1947년 4월 10일 현재의 수준을 초과할 수 없다.
(d) 영사시간 할당은 그 제한, 자유화 또는 폐지를 하기 위하여는 교섭을 행하여야 한다.

제 5 조　　통과의 자유

1. 화물(수하물을 포함)과 선박 및 기타 수송수단은, 체약국 영역을 횡단하는 통과가 환적, 입고, 화물의 분할 또는 수송방법의 변경의 수반여부를 불문하고 동 체약국의 국경 외에서 시작하여 국경 외에서 끝나는 전 여정의 일부에 불과할 때에는 동 영역을 통과하는 것으로 간주한다. 이와 같은 수송을 본 조에서는 "통과운송"이라고 칭한다.

2. 다른 체약국의 영역으로의 또는 다른 체약국의 영역으로 부터의 통과운송에 대하여는 국제통과에 가장 편리한 경로에 따라 각 체약국의 영역을 통과하는 자유가 부과되어야 한다. 선박의 국적, 원산지, 출발지, 입국지 또는 행선지를 기준으로 하거나 또는 화물, 선박 또는 기타의 운송수단의 소유권을 기준으로 차별을 설정하여서는 아니된다.
3. 체약국은 자국의 영역을 경유하는 통과운송에 대하여 해당 세관에서 소정의 수속을 취하도록 요구할 수 있으나, 관계 관세법규를 준수하지 아니하는 경우를 제외하고는 다른 체약국의 영역에서 오거나 영역으로 향하는 통과 운송을 불필요하게 지연 또는 제한하여서는 아니되며, 또한 동 통과 운송에 대하여는 수송요금, 통과에 수반하는 행정적 경비 또는 제공된 용역비용에 상당하는 과징금을 제외하고는 관세, 통과세 또는 기타 통과에 관하여 부과되는 기타 과징금을 면제하여야 한다.
4. 다른 체약국의 영역으로의 또는 영역으로 부터의 통과운송에 관하여 체약국이 과하는 모든 과징금과 규칙은 운송조건을 고려한 합리적인 것이어야 한다.
5. 각 체약국은 통과에 관련된 모든 과징금, 규칙 및 절차에 관하여 다른 체약국의 영역으로의 또는 영역으로 부터의 통과운송에 대하여 제3국으로의 또는 제3국으로부터의 통과운송에 대하여 부여하는 대우보다 불리하지 아니한 대우를 부여하여야 한다.
6. 각 체약국은 다른 체약국의 영역을 통과하여 온 산품에 대하여 동산품이 해당영역을 통과하지 아니하고 원산지에서 목적지에 수송되는 경우에 부여하는 대우보다 불리하지 아니한 대우를 부여하여야 한다. 다만, 체약국은 직접운송이 특혜세율에 의한 화물의 수입자격의 필요 요건으로 되거나 또는 과세상 체약국의 특정평가 방법과 관련이 있는 화물에 관하여서는 본 협정일자에 존재하는 직접 운송의 요건을 유지할 수 있다.
7. 본 조의 규정은 항공기의 통과항해에는 적용하지 아니하나 화물(수화물을 포함)의 공로에 의한 통과에는 적용한다.

제 6 조 덤핑방지세 및 상쇄관세

1. 체약국은 일국의 산품을 정상적인 가격 이하로 타국의 상업에 도입하는 덤핑이 체약국 영역에 있어서 확립된 산업에 실질적인 손해를 주거나 또는 손해를 줄 우려가 있고 또는 국내 산업의 확립을 실질적으로 지연시킬 때에는 이 덤핑이 비난되어야 한다는 사실을 인정한다. 본 조의 적용상, 일국에서 타국으로 수출되는 산품의 가격이 다음의 어느 가격보다 낮을 때에는 동 산품은 정상가격보다 낮은 가격으로 수입국의 상업에 도입된 것으로 간주한다.
   (a) 수출국에서 소비되는 동종 산품의 통상적인 상거래에서 비교 가능한 가격, 또는,
   (b) 전기한 국내가격이 없을 경우에는
      (i) 제3국에 수출되는 동종 산품의 통상 상거래에 있어서 비교 가능한 최고가격,
      (ii) 원산국에서의 산품의 생산비에 판매경비 및 이윤을 타당하게 가산한 액
      판매조건의 차이, 과세상의 차이 및 가격의 비교에 영향을 주는 기타의 차이에 대하여서도 각각 타당한 고려를 하여야 한다.
2. 체약국은, 덤핑을 상쇄 또는 방지하기 위하여, 덤핑된 산품에 대하여 동산품에 관한 덤핑의 폭을 초과하지 아니하는 금액의 덤핑방지세를 부과할 수 있다. 본 조의 적용상 덤핑의 폭이라 함은 제1항의 규정에 따라 결정되는 가격차를 말한다.

3. 어느 체약국 영역의 산품으로서 다른 체약국의 영역에 수입된 것에 대하여는 특정산품 운송에 대한 특별보조금을 포함한 원산국 또는 수출국에 있어서 그 산품의 제조, 생산 또는 수출에 직접 또는 간접으로 교부되었다고 확정된 장려금 또는 보조금의 추정액과 동일한 금액을 초과하는 상쇄관세를 부가하여서는 아니된다. "상쇄관세"라 함은 상품의 제조, 생산 또는 수출에 대하여 직접 또는 간접으로 부여하는 장려금 또는 보조금을 상쇄할 목적으로 부과되는 특별관세를 의미하는 것으로 양해한다.

4. 어느 체약국 영역의 산품이 다른 체약국 영역에 수입된 것에 대하여는 동 산품이 원산국 또는 수출국에서 소비되는 동종 산품에 부과되는 관세 또는 조세가 면제되는 것을 이유로 또는 이러한 관세 또는 조세가 반환된다는 것을 이유로 덤핑방지세 또는 상쇄관세를 부과하여서는 아니된다.

5. 어느 체약국 영역의 산품이 다른 체약국 영역에 수입된 것에 대하여는, 덤핑 또는 수출보조로부터 발생하는 동일한 사태를 보상하기 위하여 덤핑방지세와 상쇄관세를 병과하여서는 아니된다.

6. (a) 체약국은 다른 체약국의 덤핑 또는 보조금의 영향이, 경우에 따라, 자국의 확립된 국내 산업에 실질적인 손해를 주거나 손해를 줄 우려가 있고 또한 자국의 국내산업의 확립을 실질적으로 지연시킨다는 것을 결정한 경우를 제외하고는 다른 체약국 영역의 산품수입에 대하여 덤핑방지세 또는 상쇄관세를 부과하여서는 아니된다.

    (b) 체약국단은 체약국이 수입체약국의 영역에 해당 산품을 수출하는 다른 체약국 영역의 산업에 실질적인 손해를 주거나 또는 손해를 줄 우려가 있는 덤핑 또는 보조금의 교부를 상쇄하기 위하여, 어느 산품의 수입에 있어서 덤핑방지세 또는 상쇄관세를 부과할 수 있도록 본 항(a)의 요건을 면제할 수 있다. 체약국단은 보조금이 수입체약국의 영역에 해당산품을 수출하는 다른 체약국 영역의 산업에 실질적인 손해를 주거나 또는 손해를 줄 우려가 있다는 것을 인정한 경우에는, 상쇄관세를 부과할 수 있도록 본 항(a)의 요건을 면제하여야 한다.

    (c) 그러나, 지연되면 회복하기 어려운 손해를 초래할지 모를 특별한 경우에는, 체약국은 본 항(b)에서 언급한 목적을 위하여 체약국단의 사전승인 없이 상쇄관세를 부과할 수 있다. 다만, 동 조치는 즉시 체약국단에 보고되어야 하며 또한 체약국단이 승인하지 아니할 때에는 상쇄관세는 즉시 철회되어야 한다.

7. 수출가격의 변동에는 관계없이 일차산품의 국내가격 또는 국내 생산자의 소득을 안정시키기 위한 제도로서, 수시로 국내시장의 구매자가 동종 산품에 대하여 부담하는 비교 가능한 가격보다 낮은 가격으로 그 상품을 수출용으로 판매하게 되는 경우에는, 해당 상품과 실질적인 이해관계가 있는 체약국 간의 협의에 의하여 다음 사항이 결정되었을 때에는 제6항에서 의미하는 실질적인 손해를 미치지 않는 것으로 간주한다.

    (a) 동 제도가, 또한 국내시장의 구매자가 동종의 상품에 대하여 부담하는 비교 가능한 가격보다 높은 가격으로 그 상품을 수출용으로 판매하는 결과를 초래하는 것, 그리고

    (b) 동 제도가, 실효적인 생산규제 또는 기타 원인 때문에, 수출을 부당하게 촉진하거나 또는 기타의 방법으로 다른 체약국의 이익에 중대한 손해를 주지 아니하도록 운영되고 있을 것

제 7 조 관세상의 평가

1. 체약국은 본 조의 다음 각 항에 규정된 평가의 일반원칙이 타당하다는 것을 인정하며 또한 수입 및 수출에 대한 관세, 기타의 과징금 또는 제한을 과함에 있어 가액에 의하거나 또한 어떠한 방법으로 가액에 의하여 규제되는 모든 산품에 관하여 이러한 원칙을 실시할 것을 약속한다. 또한 체약국은 다른 체약국의 요청이 있을 때에는 관세상 가액에 관한 법률과 규칙의 운영을 전기한 원칙에 비추어 검토하여야 한다. 체약국단은 본 조의 규정에 따라 체약국이 취한 조치에 관하여 보고를 제출하도록 해당 체약국에 요청할 수 있다.

2. (a) 수입상품의 관세상 가액은 관세가 부과되는 수입 상품 또는 동종 상품의 실제가액에 따라야 하며, 국내원산의 상품가액, 임의가액 또는 가공적 가액에 따라서는 아니된다.
   (b) "실질가액"이라 함은 수입국의 법령에서 정한 시간과 장소에서 동 상품 또는 동종의 상품이 통상적인 상거래에 있어서 완전한 경쟁적 조건하에서 판매되거나 판매를 위하여 제공된 가격을 말한다.

   동 상품 또는 동종 상품의 가격이 특정한 거래에 있어서 수량에 의하여 규제되는 한 고려되어야 할 가격은 (1) 비교 가능한 수량, 또는 (2) 수출국과 수입국 간의 상거래에 있어서 보다 다량의 상품이 판매되는 경우의 수량보다 수입업자에게 불리하지 아니한 수량과 일률적으로 관련시켜야 한다.
   (c) 실제의 가액을 본 항(b)에 따라서 확정할 수 없을 때에는 관세상의 가액은 동 가액에 가장 가까운 산당액으로 확정할 수 있는 것에 의하여야 한다.

3. 수입산품의 관세상의 가액에는 원산국 또한 수출국에서 적용되는 내국세로서 해당 수입산품에 면제된 것 또는 상환에 의하여 경감되었거나 경감될 금액을 포함하여서는 아니된다.

4. (a) 본 항에 별도로 규정되어 있는 경우를 제외하고는, 본 조 제2항의 적용상 체약국이 타국의 통화로 표시된 가격을 자국통화로 환산할 필요가 있을 때 사용할 환산율은 각 관계 통화에 대하여 국제통화기금 협정의 규정에 따라 설정된 평가 또는 동 기금에서 인정한 환율 또는 본 협정 제15조의 규정에 의하여 체결된 특별외환협정에 따라 설정된 평가에 따라야 한다.
   (b) 전기한 설정된 평가 또는 인정된 환산율이 존재하지 아니하는 경우에는, 환산율은 상거래에서 해당통화의 시세를 실질적으로 반영하는 것이어야 한다.
   (c) 체약국단은, 국제통화기금과의 합의하에 국제통화기금 협정의 규정에 합치되는 복수환율이 유지되고 있는 외국통화에 관하여 체약국이 행하는 환산을 규제하는 규칙을 정하여야 한다. 체약국은 이러한 외국통화에 대하여 본 조 제2항의 적용상 평가를 기초로 하는 대신에 이러한 규칙을 적용할 수 있다. 체약국, 단 이 이러한 규칙을 채택하기까지는 체약국은 이러한 외국통화에 대하여 상거래에 있어서 이러한 외국통화의 가치를 실질적으로 반영하기 위하여 마련된 교환규칙을 적용할 수 있다.
   (d) 본 항의 규정은 본 협정일자에 체약국의 영역에서 적용되고 있는 관세상의 통화환산방법의 변경이 관세지불액을 일반적으로 증가하는 효과를 초래할 경우에는, 체약국에 대하여 환산방법을 변경하도록 요구하는 것으로 해석되어서는 아니된다.

5. 가액을 기준으로 하여 또는 어떠한 방법으로든지 가액에 의하여 규제되는 관세, 기타 과징금 또는 제한의 대상이 되는 산품의 가액을 결정하는 기초와 방법은 안정되어야 하며 무역업자가 상당한 확정성을 가지고 관세상의 가액을 추정할 수 있도록 충분히 공표되어야 한다.

제 8 조 수입과 수출에 관한 수수료 및 절차

1. (a) 성질여하를 불문하고, 체약국이 수입, 수출 또는 이에 관련하여 부과하는 모든 수수료 및 과징금(수입세, 수출세 및 제 3조에 규정된 조세를 제외)은 제공된 용역에 대한 개산비용에 그 액수를 한정시켜야 하며, 또한 국내 산품에 대한 간접적인 보호나 수입 또는 수출에 대한 재정상의 목적을 위한 과세가 되어서는 아니된다.
   (b) 체약국은 (a)에 언급된 수수료 및 과징금의 수와 종류를 감소할 필요성을 인정한다.
   (c) 체약국은 또한 수입 및 수출절차의 범위와 복잡성을 최소한으로 할 필요성과 수입 및 수출의 소요서류를 감소하고 간소화할 필요성을 인정한다.
2. 체약국은, 다른 체약국 또는 체약국단의 요청이 있을 경우에는, 본 조의 규정에 따라 자국법률 및 규칙의 운영을 검토하여야 한다.
3. 체약국은 세관규칙 또는 절차상의 요건의 경미한 위반에 대하여 중벌을 과하여서는 아니된다. 특히, 세관서류의 누락 또는 오기로서 용이하게 정정할 수 있으며 또한 부정의 의도 또한 심한 태만에 의하지 아니한 것에 대한 처벌에 단순한 경고로서 역할함에 필요한 정도를 넘어서는 아니된다.
4. 본 조의 규정은 다음 사항에 관한 것을 포함하여 수입 및 수출에 관련하여 정부기관이 과하는 수수료, 과징금, 절차 및 요건에도 적용된다.
   (a) 영사송장 및 영사증명서 등의 영사사무,
   (b) 수량제한,
   (c) 허가,
   (d) 외환관리,
   (e) 통계사무,
   (f) 서류작성 및 증명,
   (g) 분석 및 검사, 그리고
   (h) 검역, 위생검사 및 소독

제 9 조 원산지 표시

1. 각 체약국은 표시요건에 관하여 다른 체약국영역의 산품에 대하여 제3국의 동종 산품에 부여하는 대우보다 불리하지 아니한 대우를 부여하여야 한다.
2. 체약국은, 원산지 표시에 관한 법률 및 규칙의 제정 또는 실시에 있어서, 허위의 표시 또는 오해의 우려가 있는 표시로부터 소비자를 보호하기 위하여 적절한 고려를 한 후, 이러한 조치가 수출국의 상업과 산업에 미칠지 모를 곤란과 불편을 최소한으로 감소하여야 함을 인정한다.
3. 체약국은, 행정상 실행이 가능한 경우에는, 항상 소정의 원산지 표시를 수입 시에 붙이는 것도 허가하여야 한다.
4. 수입산품의 표시에 관한 체약국의 법률 및 규칙은 산품의 현저한 손상이나 그 가치의 실질적인 감소, 또는 그 비용의 부당한 증대없이 이행할 수 있는 것이어야 한다.

5. 체약국은 수입 전에 표시요건을 이행하지 아니한데 대하여 정정의 표시가 부당하게 지연되거나 허위의 표시가 붙여졌거나 또는 소정의 표시가 고의적으로 누락된 경우를 제외하고는, 일반원칙으로 특별세 또는 처벌을 과할 수 없다.
6. 체약국은 다른 체약국의 영역의 산품의 특수한 지역적 또는 지리적 명칭으로서 그 법령에 의하여 보호되어 있는 것을 침해하지 아니 하도록, 산품의 진정한 원산지를 오인하게 하는 방법으로서의 상호의 사용을 방지할 목적으로 상호 간에 협력하여야 한다. 각 체약국은 다른 체약국이 자국에 통고한 산품의 명칭에 대한 전기 조항에서 규정한 약속의 적용에 관하여 동 체약국이 행하는 요청 또는 사정의 설명에 대하여 충분하고 또한 호의적인 고려를 하여야 한다.

제 10 조 무역규칙의 공표 및 시행

1. 체약국이 실시하고 있는 일반적으로 적용되는 법률, 규칙, 사법상의 판결 및 행정상의 결정으로서 산품의 관세상의 목적을 위한 분류 또는 평가에 관한 것, 관세, 조세 또는 기타 과징금의 율에 관한 것, 수입, 수출 또는 이를 위한 지불 이전에 관한 요건, 제한 또는 금지에 관한 것 또는 산품의 판매, 분배, 수송, 보험, 창고보관, 검사, 진열, 가공, 혼합 또는 기타 사용에 영향을 주는 것은 각 정부 및 무역업자가 지실할 수 있는 방법으로 신속히 공표하여야 한다. 국제 무역정책에 영향을 주는 협정으로서 체약국 정부 또는 정부기관과 다른 체약국 정부 또는 정부기관 간에 효력을 가지는 것도 공표하여야 한다. 본 항의 규정은 체약국에 대하여 법률의 시행을 저해하며 기타 방법으로 공익에 반하거나, 공적 또는 사적인 특정기업의 정당한 상업상의 이익을 침해하게 되는 비밀정보의 발표를 요구하는 것은 아니다.
2. 체약국이 취한 일반적으로 적용되는 조치로서, 확립된 통일적 관행에 의하여 수입에 부과되는 관세율 또는 기타 과징금율을 증가하거나 수입 또는 수입을 위한 지불이전에 대하여 새로운 또는 더 엄격한 요건, 제한 또는 금지를 과하는 것은 이러한 조치가 정식적으로 공표되기 전에 실시하여서는 아니된다.
3. (a) 각 체약국은 본 조 제1항에 열거한 종류의 자국의 모든 법률, 규칙, 판결 및 결정을 일률적이고 공평하고 합리적인 방법으로 실시하여야 한다.
   (b) 각 체약국은 특히 관세사항에 관한 행정상의 조치를 즉시 검토하고 시정하기 위하여, 법원, 중재재판소 또는 행정재판소 또는 동 목적 달성을 위한 절차를 유지하고 또한 가능한 한 신속히 이를 설정하여야 한다. 이러한 재판소 또는 절차는 행정상의 실시를 담당하는 기관과 독립되어야 하며 그 판결은 수입업자가 공소를 위하여 정하여진 기간 내에 상급의 재판권을 가지는 재판소에 공소를 제기하지 아니하는 한, 전기 기관에 의하여 실시되며 또한 전기 기관의 행위를 규률한다. 다만, 동 기관의 중앙행정관청은 그 결정이 확립된 법의 원칙 또는 사실과 일치하지 아니한다고 믿을만한 충분한 이유가 있을 때에는, 다른 절차에 의하여 동 문제의 심사를 받기 위한 조치를 취할 수 있다.
   (c) 본 항(b)의 규정은 본 협정일자에 체약국의 영역에서 유효한 절차로서 행정상의 실시를 담당하는 기관에서 완전히 또는 정식으로 독립되어 있지 아니 하더라도 행정상의 조치의 목적과 공평한 심사를 사실상 규정하고 있는 절차의 폐지 또는 대체를 요구하는 것은 아니다. 이러한 절차를 적용하는 체약국은 요청이 있는 경우에는, 이러한 절차가 본 (c)의 요건에 합치하는지의 여부를 체약국이 결정할 수 있도록 동 절차에 관한 완전한 정보를 체약국단에 제공하여야 한다.

제 11 조 수량제한의 일반적 폐지

1. 체약국은 다른 체약국 영역의 산품의 수입에 대하여 또는 다른 체약국 영역으로 향하는 산품의 수출 또는 수출을 위한 판매에 대하여, 할당제나 수입허가 또는 수출허가 또는 기타 조치에 의거하거나를 불문하고 관세, 조세 또는 기타 과징금을 제외한 금지 또는 제한을 설정하거나 유지하여서는 아니된다.

2. 본 조 제1항의 규정은 다음의 경우에는 적용되지 아니한다.
   (a) 식료품 또는 수출 체약국에 불가결한 산품의 위급한 부족을 방지하거나 완화하기 위하여 일시적으로 적용한 수출금지 또는 제한,
   (b) 국제무역에 있어서 상품의 분류, 등급 또는 판매에 관한 기준 또는 규칙의 적용을 위하여 필요한 수입 및 수출의 금지 또는 제한,
   (c) 농업 또는 어업 산품에 대하여 수입형식의 여하를 불문한 수입제한으로서 다음 목적을 위한 정부조치의 실시에 필요한 경우,
      (ⅰ) 시장판매 또는 생산이 허가된 동종 국내산품의 수량 또는 동종 산품의 실질적인 국내생산이 없는 경우에, 동 수입산품으로 직접적으로 대체할 수 있는 국내산품의 수량을 제한하는 것, 또는
      (ⅱ) 동종 국내산품의 일시적인 과잉상태 또는 동종 산품의 실질적인 국내생산이 없는 경우에 수입산품으로 직접 대체할 수 있는 국내산품의 일시적인 과잉상태를 무상 또는 당시의 시장가격보다 낮은 가격으로 일정한 국내소비자의 집단에 제공함으로써 제거하는 것, 또는
      (ⅲ) 산품의 국내생산이 비교적 근소할 경우에, 생산의 전부 또는 대부분을 수입산품에 직접적으로 의존하는 동물성 산품에 있어서 동생산허용량을 제한하는 것. 본 항 (c)에 따라 산품의 수입을 제한하고 있는 체약국은 장차 특정한 기간 중에 수입을 허용할 산품의 총수량 또는 총가액과 이러한 수량 또는 가액의 변경을 공고하여야 한다. 또한 전기(ⅰ)에 의하여 과한 제한은, 제한이 없는 경우 양자 간에 성립될 것으로 합리적으로 기대되는 비율보다 수입총계와 국내생산총계 간의 비율을 감소하는 것이어서는 아니된다. 체약국은, 동 비율을 결정함에 있어서 과거의 대표적인 기간에 존재하였던 비율과 해당 산품의 거래에 영향을 주었거나 또는 영향을 줄지도 모를 특수요인에 대하여 타당한 고려를 하여야 한다.

제 12 조 국제수지의 보호를 위한 제한

1. 제11조 제1항의 규정에도 불구하고, 체약국은 자국의 대외 자금사정과 국제수지를 보호하기 위하여, 본 조의 다음 항의 규정에 따를 것을 조건으로 수입허가 상품의 수량 또는 가액을 제한할 수 있다.

2. (a) 본 조에 따라 체약국이 설정, 유지 또는 강화하는 수입제한은 다음의 목적을 위하여 필요한 한도를 초과하여서는 아니된다.
      (ⅰ) 자국의 통화준비의 현저한 감소라는 급박한 위협을 예방하거나, 또는 저지하는 것, 또는
      (ⅱ) 극히 소액의 통화준비를 가진 체약국의 경우, 동 통화준비의 합리적인 율에 의한 증가를 성취하는 것

전기의 어느 경우에 있어서도, 외국의 특별신용 또는 기타 자금을 이용할 수 있는 경우에는 동 신용 또는 자금의 적절한 사용을 위한 준비의 필요성을 포함하여, 당해 체약국의 통화준비 또는 통화준비의 필요성에 영향을 미칠 수 있는 특수 요인에 대하여 타당한 고려를 하여야 한다.

(b) 본 항 (a)의 규정에 따라 제한을 과하고 있는 체약국은, (a)에 규정한 상태가 그 제한을 과하는 것을 정당화할 수 있는 한도 내에서만 그 제한을 계속할 수 있으며, 그 상태가 개선됨에 따라 동 제한을 점차 완화하여야 한다. 또는 동 체약국은 (a)에 의한 제한의 신설이나 계속을 더 이상 정당화할 수 없는 상태에 이르렀을 때에는 그 제한을 폐지하여야 한다.

3. (a) 체약국은, 국내정책을 수행함에 있어, 자국의 국제수지의 균형을 건전하고도 영속적인 기초위에 유지하거나 또는 회복할 필요성에 대하여 그리고 생산 자원의 비경제적 이용을 방지하는 것이 소망된다는 것에 대하여 타당한 고려를 할 것을 약속한다. 체약국은 이와 같은 목적을 달성하기 위하여 국제무역을 축소하기 보다 오히려 확대를 위한 조치를 가능한 한 채택한다는 것이 소망됨을 인정한다.

(b) 본 조에 따라 제한을 과하는 체약국은 보다 긴요한 산품의 수입에 우선권을 부여하도록 산품별 또는 산품의 종류별로 수입에 대한 제한의 범위를 결정할 수 있다.

(c) 본 조에 따라 제한을 과하는 체약국은 다음의 사항을 약속한다.
  (ⅰ) 다른 체약국의 상업상 또는 경제상의 이익에 대한 불필요한 손해를 피하는 것,
  (ⅱ) 어느 종류의 재화의 상업상의 최소한의 수량의 수입으로서 이를 제외하면 정상적인 무역을 저해하게 되는 것을 부당하게 방해하는 제한을 과하지 아니할 것, 그리고
  (ⅲ) 상업상의 견본의 수입을 방해하거나 또는 특허권, 상표권, 저작권 또는 기타 유사한 절차의 이행을 방해하는 제한을 과하지 아니할 것

(d) 체약국은, 완전하고 생산적인 고용의 달성과 유지를 위하여 또는 경제자원의 개발을 위하여 행하는 국내정책의 결과로서, 어떤 체약국에서 본 조 제2항 (a)에서 언급한 종류의 통화준비에 대한 위협을 초래하는 고수준의 수입수요가 발생할 수 있다는 것을 인정한다. 따라서, 본 조의 규정에 따르고 있는 체약국은 이들 정책의 변경이 본 조의 규정에 따라 자국이 과하고 있는 제한이 불필요하게 될 것이라는 이유로서 제한을 철회하거나 또는 수정하도록 요구되지 아니한다.

4. (a) 새로운 제한을 과하거나 또는 본 조의 규정에 따라 적용하고 있는 조치를 실질적으로 강화함으로써 자국의 현행 제한의 전반적인 수준을 인상하는 체약국은, 동 제한을 신설하거나 강화한 직후에 (또는 사전협의가 실제 가능한 경우에는, 동 제한을 신설하거나 강화하기 전)에 자국의 국제수지상의 애로의 성질, 가능한 대체적인 시정조치와 동 제한조치가 다른 체약국의 경제에 미칠 영향에 대하여 체약국단과 협의하여야 한다.

(b) 체약국단은 그들이 정하는 일자에 본 조의 규정에 의하여 그 일자에 과하여지고 있는 모든 제한을 검토하여야 한다. 본 조의 규정에 따라 수입제한을 과하고 있는 체약국은 전기의 일자로부터 1년 후부터 매년 본 항 (a)에 규정된 형태의 협의를 체약국단과 행하여야 한다.

(c) (ⅰ) 체약국단은, 전기 (a) 또는 (b)의 규정에 따른 체약국과의 협의 과정에서 제한이 본 조 또는 제13조의 규정(제14조의 규정을 조건으로)에 합치하지 아니한다고 인정할 경우에는, 그 불일치의 성질을 지적하여야 하며 또는 동 제한을 적절히 수정하도록 권고할 수 있다.

(ⅱ) 그러나, 체약국단이, 협의의 결과, 그 제한이 본 조 또는 제13조의 규정(제14조의 규정을 조건으로)에 현저한 모순을 포함하는 방법으로 과하여지고 있으며 그로 말미암아 어느 체약국의 무역에 손해를 주거나 손해를 줄 우려가 있다고 결정할 때에는, 동 제한을 과하고 있는 체약국에 대하여 그 뜻을 통고하고 또한 동 체약국이 특정한 기간 내에 전기 규정에 따르도록 하기 위하여 적절한 권고를 하여야 한다. 만약 동 체약국이 특정한 기간 내에 전기의 권고에 따르지 아니하는 경우에는, 체약국단은 동 제한으로 인하여 무역에 악영향을 받은 체약국에 대하여 동 제한을 과하고 있는 체약국에 대하여, 그 체약국이 지고 있는 본 협정상의 의무로서 체약국단이 상황에 따라 적당하다고 결정하는 의무를 면제할 수 있다.

(d) 체약국단은 본 조의 규정에 따라 제한을 과하고 있는 체약국에 대하여 동 제한이 본 조 또는 제13조(제14조의 규정을 조건으로)에 반하며, 또한 이로 인하여 자국의 무역이 악영향을 받았다는 것을 일별하여 명백히 입증할 수 있는 다른 체약국의 요청이 있는 경우에는 체약국단과 협의하도록 촉구하여야 한다. 그러나, 이러한 촉구는 관계 체약국 간의 직접적인 토의가 성공하지 못하였다고 체약국단이 확인한 경우를 제외하고는 행할 수 없다. 만약 체약국단과의 협의결과, 합의에 도달하지 못하였으며 또한 동 제한이 전기 규정에 반하여 과하여지고 있으며 또한 이로 인하여 절차를 시작한 체약국의 무역에 손해를 주었거나 또는 줄 우려가 있다는 것을 체약국단이 결정하는 경우에는 체약국단은 동 제한의 철회 또는 수정을 권고하여야 한다. 체약국단이 정하는 기간 내에 동 제한이 철회 또는 수정되지 아니한 경우에는, 체약국단은 동 절차를 시작한 체약국에 대하여, 동 제한을 과하고 있는 체약국에 대한 본 협정상의 의무로서, 체약국단이 상황에 따라 적당하다고 결정하는 의무를 면제할 수 있다.

(e) 체약국단은, 본 항의 규정에 따라 절차를 취함에 있어서, 제한을 과하고 있는 체약국의 수출무역에 악영향을 주는 특별한 외적요인에 대하여 타당한 고려를 하여야 한다.

(f) 본 항의 규정에 의한 결정은 신속히 하여야 하며, 가능하다면, 협의 개시일부터 60일 이내에 하여야 한다.

5. 본 조의 규정에 의한 수출제한이 지속적이며 광범하게 실시되고 있으며 국제무역을 제한하는 전반적인 불균형이 존재함을 시현하고 있는 경우에는, 체약국단은, 불균형의 근본적인 원인을 제거하기 위하여 국제수지가 역조상태에 있거나 또는 예외적으로 호전되어 가고 있는 체약국 또는 적절한 정부 간 기관이 다른 조치를 취할 수 있을 것인가를 검토하기 위하여 협의를 시작하여야 한다. 체약국은 체약국단의 초청을 받은 경우에는 이러한 토의에 참가하여야 한다.

제 13 조 수량제한의 무차별 적용

1. 체약국은 다른 체약국 영역 산품의 수입 또는 다른 체약국영역에로의 산품의 수출에 대하여 모든 제3국의 동종 산품의 수입 또는 모든 제3국에 대한 동종산품의 수출이 다 같이 금지되거나 또는 제한된 경우를 제외하고는 어떠한 금지나 제한을 과할 수 없다.
2. 체약국은 산품에 대한 수입제한을 과함에 있어서 이러한 제한이 없는 경우에 각 체약국이 차지할 수 있을 것으로 기대하는 몫이 가능한 한 근사하도록 동 산품의 무역량을 분배할 것을 목표로 하여야 하며 또한 이를 위하여 다음의 제규정을 준수하여야 한다.
   (a) 실행이 가능할 경우에는, 수입허가품의 총량을 표시하는 할당량(공급국 간에 할당 여부를 불문하고)을 규정하고 동 총량을 본 조 제3항 (b)에 따라 공고하여야 한다.
   (b) 할당량의 결정이 실행 불가능한 경우에는, 할당량을 정하지 않고 수입면허 또는 허가에 의하여 제한을 과할 수 있다.
   (c) 체약국은, 본 항 (d)에 따라 배정하는 할당량을 실시하는 경우를 제외하고는, 해당 산품을 특정국가 또는 공급원으로부터 수입하기 위하여 수입면허 또는 허가를 이용할 것을 요구할 수 없다.
   (d) 공급국 간에 할당량이 배정된 경우에는 제한을 과하고 있는 체약국은 할당량의 배정에 관하여 해당산품의 공급에 실질적인 이해관계를 가진 모든 다른 체약국과 협약할 수 있다. 동 방법을 합리적으로 실행할 수 없는 경우에는 관계체약국은 동 산품의 공급에 실질적인 이해관계를 가진 체약국에 대하여 동 산품의 무역에 영향을 주었거나 또는 주고 있는 특수요인에 대하여 타당한 고려를 하고 과거의 대표적인 기간 중에 동 체약국이 공급한 산품수입의 총량 또는 총액에 대한 비율에 입각하여 할당하여야 한다. 어느 체약국이 전기의 총수량 또는 총가액 중 자국에 배정된 할당량의 전부를 사용하는 것을 방해하는 조건 또는 절차를 과하여서는 아니 된다. 다만, 해당 할당량이 관계되는 소정기간 내에 수입이 행하여질 것을 조건으로 한다.
3. (a) 수입제한과 관련하여 수입허가가 발급되는 경우에는 제한을 과하고 있는 체약국은, 해당산품의 교역에 이해관계를 가진 체약국의 요청이 있을 때에는 동 제한의 실시, 최근 기간 중에 승인된 수입 허가 및 공급국별 간에 이들 허가의 배정에 관한 모든 관계정보를 제공하여야 한다. 다만, 수입 또는 공급기업체의 명칭에 관한 정보를 제공할 의무는 없다.
   (b) 할당량의 결정을 수반하는 수입제한의 경우에는, 제한을 과하는 체약국은 장차 특정한 기간 중에 수입이 허가될 산품의 총수량 또는 총가액과 총수량 또는 총가액의 변경을 공고하여야 한다. 공고당시에 수송도중에 있는 해당산품의 수입은 거부할 수 없다. 다만, 시행이 가능한 범위 내에서 해당기간 중에 수입이 허용되는 수량으로부터 이를 공제할 수 있으며 또한 필요한 경우에는 차기 1내지 2 이상의 기간 중에 수입이 허가되는 수량에서 이를 공제할 수 있으며 어느 체약국이 공고일로부터 30일 이내에 소비를 위하여 수입하였거나 또는 보세창고에서 출고한 산품을 관습적으로 전기의 제한에서 면제하는 경우에는 동 관습은 본 (b)의 규정에 완전히 합치하는 것으로 인정되어야 한다.
   (c) 공급국 간에 할당량을 배정하는 경우에는, 제한을 과하고 있는 체약국은 해당산품의 공급에 이해관계를 가진 모든 다른 각 체약국에 대하여 당시에 공급국 간에 배정한 할당량의 수량 또는 가액을 즉시 통고하여야 하며 또한 이를 공고하여야 한다.

4. 본 조 제2항 (d)에 따라 또는 제11조 제2항 (c)에 근거하여 과하여지는 제한에 관하여, 어느 산품에 대한 대표적기간의 선정 및 산품의 무역에 영향을 주는 특수요인의 평가는 당해 제한을 과하는 체약국이 최초로 행하여야 한다. 다만, 동 체약국은 동 산품의 공급에 실질적인 이해 관계를 가진 다른 체약국 또는 체약국단의 요청이 있을 때에는 결정한 비율 또는 선정한 기준기간의 조정의 필요성 또는 관계 특별요인의 재평가의 필요성 또는 적절한 할당량의 배정 또는 동 배정량의 무제한 사용에 관하여 일방적으로 설정한 조건, 절차 또는 기타 규정의 폐지의 필요성에 관하여 다른 체약국 또는 체약국단과 즉시 협의하여야 한다.
5. 본 조의 규정은 체약국이 설정하거나 유지하는 모든 관세할당에 적용되며 본 조의 원칙은 적용 가능한 한, 수출제한에도 적용되어야 한다.

제14조 무차별원칙에 대한 예외

1. 제12조 또는 제18조 B절의 규정에 따라 제한을 과하는 체약국은, 동 제한을 과함에 있어서, 국제통화기금 협정 제8조 또는 제14조의 규정에 근거하여 또는 본 협정 제15조 제6항에 의하여 체결한 특별외환협정의 유사한 규정에 근거하여 동 체약국이 당시에 국제거래를 위한 지불 및 이전에 대하여 과할 수 있는 제한과 동등한 효과를 가지는 방법으로 제13조의 규정으로부터 이탈할 수 있다.
2. 제12조 또는 제18조 B절의 규정에 따라 수입제한을 과하는 체약국은, 자국의 대외무역의 소부분에 관하여 관계 체약국이 받는 이익이 다른 체약국의 무역에 미칠지 모를 손해보다 실질적으로 클 경우에는 체약국단이 동의를 얻어 일시적으로 제13조의 규정으로부터 이탈할 수 있다.
3. 제13조의 규정은 국제통화기금에 있어서 공동할당량을 가진 영역 군이 상호간의 수입이 아니고 타국으로 부터의 수입에 대하여 제12조 또는 제18조 B절의 규정에 따라 제한을 과하는 것을 방해하지 아니한다. 다만, 이러한 제한은 기타의 모든 면에서 제13조의 규정과 합치하여야 한다.
4. 제12조 또는 제18조 B절의 규정에 따라 수입제한을 과하는 체약국은 제13조의 규정으로부터 이탈하지 않고, 사용할 수 있는 통화의 획득을 증가하도록 자국의 수출을 유도하는 조치를 실시함에 있어서, 본 협정 제11조부터 제15조까지의 규정 또는 제18조의 B절의 규정에 의한 방해를 받지 아니한다.
5. 체약국은 다음의 수량제한을 과함에 있어, 본 협정 제11조부터 제15조까지의 규정 또는 제18조의 B절의 규정에 의한 방해를 받지 아니한다.
   (a) 국제통화기금협정 제7조 제3항 (b)의 규정에 따라 허가된 외환 제한과 동등한 효과를 가지는 수량제한, 또는
   (b) 본 협정의 부속서 A에서 언급한 교섭이 성립할 때까지의 기간 중, 동 부속서에 규정한 특혜약정에 따른 수량제한

제15조 외환약정

1. 체약국단은, 국제통화기금의 권한 내의 외환상의 문제와 체약국단의 권한 내의 수량제한의 문제 및 기타 무역상의 조치에 관하여 체약국단과 기금이 조정된 정책을 수행할 수 있도록 하기 위하여, 동 기금과 협력하여야 한다.

2. 체약국단이 통화준비, 국제수지 또는 외환약정에 관한 문제를 고려하거나 처리하도록 요구된 경우에는 그들은 국제통화기금과 충분히 협의하여야 한다. 동 협의에 있어서 체약국단은 외환, 통화준비 및 국제수지에 관하여, 동 기금이 제시하는 통계 및 기타의 사실에 관한 모든 판정을 수락하여야 하며 또한 외환문제에 관한 체약국의 조치가 국제통화기금협정 또는 해당체약국과 체약국단 간의 특별 외환약정의 조항에 합치되는지의 여부에 관한 동 기금의 결정을 수락하여야 한다. 체약국단은, 제12조 제2항 (a) 또는 제18조 제9항에서 정한 기준에 관한 경우 최종적인 결정에 도달함에 있어서, 체약국의 통화준비의 격심한 감소, 통화준비의 극히 낮은 수준 또는 그 통화준비의 합리적인 증가율을 발생시키는 요인이 무엇인가에 관하여, 그리고 이러한 경우에 있어서 협의의 대상이 되는 기타 사항의 금융면에 관하여 동 기금의 결정을 수락하여야 한다.
3. 체약국단은 본 조 제2항에 따른 협의 절차에 관하여 국제통화기금과의 약정을 추구하여야 한다.
4. 체약국은 외환조치에 의하여 본 협정 규정의 취지를 좌절시키거나 무역상의 조치에 의하여 국제통화기금 협정의 규정의 취지를 좌절시켜서는 아니된다.
5. 체약국단은 어느 체약국이 수량제한에 관하여 본 협정에서 규정한 예외에 반하는 방법으로 수입에 관련한 지불 및 이전에 관한 외환제한을 과하고 있다고 인정한 경우에는 언제든지 이 문제에 대하여 국제통화기금에 보고하여야 한다.
6. 국제통화기금의 가입국이 아닌 체약국은, 체약국단이 동 기금과의 협의 후 결정하는 기간 내에 동 기금의 가입국이 되든지 또는 가입이 안되는 경우에는, 체약국단과 특별 외환협정을 체결하여야 한다. 동 기금에서 탈퇴한 체약국은 즉시 체약국단과 특별 외환협정을 체결하여야 한다. 본 항에 따라 체약국이 체결한 특별 외환협정은 그 체결시에, 동 체약국의 본 협정에 의한 의무의 일부가 된다.
7. (a) 본 조 제6항에 따른 체약국과 체약국단 간의 특별외환협정은 동 체약국의 외환 문제에 관한 조치의 결과, 본 협정의 목적이 좌절지지 아니할 것이라는데 대하여 체약국단이 만족하도록 규정하여야 한다.
   (b) 이러한 협정의 조항은 외환문제에 있어서 국제통화기금 협정의 조항에 의하여 동 기금가입국에과하는 의무보다 일반적으로 더 엄격한 의무를 체약국에 과하여서는 아니된다.
8. 국제통화기금의 가입국이 아닌 체약국은 국제통화기금 협정규정 제8조 제5항의 일반적 범위 내의 정보로서 체약국단이 본 협정에 의한 그들의 임무수행을 위하여 요구하는 것을 제공하여야 한다.
9. 본 협정의 어떠한 규정도 다음의 것을 방해하지 아니한다.
   (a) 체약국이 국제통화기금 협정에 따라 또는 체약국단과의 특별 외환협정에 따라 외환관리 또는 외환제한을 실시하는 것
   (b) 체약국이 제11조, 제12조, 제13조 및 제14조에 따라 허가된 효과에 부가하여 동 외환관리 또는 외환제한을 실효화하는 효과만을 가진 수입 또는 수출의 제한 또는 통제를 실시하는 것

제 16 조 보조금

A절 보조금 일반

1. 체약국이, 어떠한 형식에 의한 소득 또는 가격지원을 포함하는 보조금으로서, 직접 또는 간접으로 자국의 영역으로부터의 산품의 수출을 증가시키거나 또는 자국의 영역으로의 산품의 수입을 감소시키는 것을 허여하고 또는 유지할 경우에는 동 체약국은 동 보조금의 범위와 성격, 자국의 영역으로 수입되거나 또는 자국의 영역으로부터 수출되는 산품의 수량에 동 보조금이 미칠 것으로 추정되는 효과와 동 보조금을 필요로 하는 사정에 대하여 서면으로 체약국단에 통보하여야 한다. 이러한 보조금이 다른 체약국의 이익에 중대한 손실을 주거나 손해를 줄 우려가 있다고 결정될 때에는 보조금의 허여하고 있는 체약국은, 요청이 있는 경우, 동 보조금을 제한하는 가능성에 대하여 다른 관계체약국 또는 체약국단과 협의하여야 한다.

B절 수출보조금에 관한 추가규정

2. 체약국단은 체약국에 의한 어느 산품에 대한 수출보조금의 허여가 다른 수입체약국과 수출체약국에 유해한 영향을 주고 이러한 체약국의 정상적인 상업이익에 부당한 장해를 야기시키며, 본 협정의 목적 달성을 저해할 수 있음을 인정한다.

3. 따라서 체약국은 일차산품의 수출에 대한 보조금의 허여를 피하도록 노력하여야 한다. 다만, 체약국이 자국영역으로 부터의 일차산품의 수출을 증가시키는 어떤 형태의 보조금을 직접 또는 간접으로 허여하는 경우에는 과거의 대표적인 기간 동안 해당산품의 세계수출무역에서 동국이 차지한 몫과 이러한 무역에 영향을 주었거나, 영향을 주고 있는 모든 특별요인을 감안하여, 동 산품의 세계수출무역에 있어서 동 체약국이 차지하는 공정한 몫을 초과하는 방법으로 전기 보조금을 적용하여서는 아니된다.

4. 또한 체약국은 1958년 1월 1일부터 또는 그 이후에는 가급적 조속한 시일로부터 일차산품 이외의 산품의 수출에 대하여 국내시장의 구매자가 부담하는 동종 산품의 비교 가능한 가격보다 낮은 가격으로 당해산품의 수출을 위하여 판매하게 되는 어떠한 형태의 보조금도 직접 또는 간접을 불문하고 허여하는 것을 중단하여야 한다. 또한 체약국은 1957년 12월 31일 까지의 기간주 보조금을 신설하거나 현행 보조금을 확대함으로써 보조금의 허여범위를 1955년 1월 1일 현재의 범위 이상으로 확대하여서는 아니된다.

5. 체약국단은 본 협정의 목적을 증진하고 체약국의 무역 또는 이익에 중대한 손해를 주는 보조금 허여를 회피함에 있어서, 본 조의 규정의 유효성을 실제 경험에 비추어 심사하기 위하여 본 규정의 운영을 수시로 검토하여야 한다.

제 17 조 국가 무역 기업

1. (a) 각 체약국은 소재지의 여하를 불문하고 국가 기업을 설립 또는 유지하거나 어떤 기업에 대하여 배타적이거나 특별한 특권을 공식적으로나 또는 사실상으로 허여하는 경우에는, 동 기업이 수입 또는 수출에 수반하는 구매 또는 판매에 있어서, 민간 무역업자의 수입 또는 수출에 영향을 주는 정부조치에 대하여 본 협정에 규정한 무차별 대우의 일반 원칙에 합치하는 방법으로 행동하게 할 것을 약속한다.

   (b) 본 항 (a)의 규정은 이러한 기업이 본 협정의 다른 규정을 적절히 고려한 가격, 품질, 입수가능성, 시장성, 수송 및 기타 구매 또는 판매조건을 포함한 상업적 고려에 따라서만 전기한 구매 또는 판매를 행하여야 하며, 또한 다른 체약국의 기업에 대하여 통상적인 상관습에 따라서 전기 구매 또는 판매에 경쟁적으로 참가할 수 있는 충분한 기회를 부여하여야 하는 것으로 양해한다.

(c) 체약국은 자국의 관할하에 있는 기업(본 항 (a)에 규정된 기업여부를 불문)이 본 항 (a) 및 (b)의 원칙에 따라 행동하는 것을 방해하여서는 아니된다.
2. 본 조 제1항의 규정은 재판매를 위하거나 또는 판매를 위한 물품의 생산에 사용하기 위한 것이 아니고 정부가 직접 또는 최종적으로 소비하기 위한 산품의 수입에 대하여는 적용하지 아니한다. 각 체약국은, 이러한 산품의 수입에 관하여 다른 체약국의 무역에 대하여 공정하고 정당한 대우를 부여하여야 한다.
3. 체약국은, 본 조 제1항 (a)에 규정된 종류의 기업이 무역에 중대한 장애를 조성하도록 운용될 가능성이 있으며, 따라서 이러한 장애를 제한 또는 감소하기 위한 호혜적이며 상호적인 기초에 의한 교섭이 국제무역의 확대를 위하여 중요한 것임을 인정한다.
4. (a) 체약국은 본 조 제1항 (a)에 규정된 종류의 기업에 의하여 자국의 영역에 수입되거나 또는 자국영역으로부터 수출되는 산품을 체약국단에 통고하여야 한다.
  (b) 제2조에 따라 양허의 대상이 되지 아니하는 산품에 대하여 수입 독점을 설정, 유지 또는 인가하는 체약국은 동 산품의 실질적인 무역량을 차지하는 다른 체약국의 요청이 있는 경우에는, 최근의 대표적인 기간 중 동 산품의 수입차익을 체약국단에 통고하여야 하며, 통고가 불가능한 경우에는 당해산품의 재판매 가격에 관하여 통고하여야 한다.
  (c) 체약국단은, 본 협정에 따라 보장된 자국의 이익이 제1항 (a)에 규정된 종류의 기업의 운영에 의하여 악영향을 받고 있다고 믿을 근거를 가지고 있는 체약국의 요청이 있는 경우에는, 동 기업을 설치, 유지 또는 인가하고 있는 체약국에 대하여 본 협정 규정의 실시에 관련된 동 기업의 운영에 관한 정보를 제출하도록 요청할 수 있다.
  (d) 본 항의 규정은 체약국에 대하여 법령의 실시를 방해하고, 공공의 이익에 반하거나 또는 특정기업의 합법적인 상업상 이익을 침해하게 될 비밀 정보의 공개를 요구하는 것은 아니다.

제 18 조   경제개발에 대한 정부의 원조

1. 체약국은 본 협정의 목적달성이 체약국, 특히 경제가 저생활 수준을 유지하는데 불과하고 개발의 초기단계에 있는 체약국의 경제를 점진적으로 개발함으로서 촉진된 것임을 인정한다.
2. 또한 체약국은 전기 여러 체약국이 자국민에 일반적 생활수준을 향상시키기 위한 경제개발의 계획 및 정책을 수행하기 위하여, 수입에 영향을 주는 보호조치 또는 기타 조치를 취할 필요가 있을 것임을 인정하며 또한 이러한 조치가 본 협정의 목적달성을 촉진하는 한 동 조치는 정당한 것임을 인정한다. 따라서, 체약국은 전기한 체약국이
  (a) 특정사업의 설립에 필요한 관세상의 보호를 허여할 수 있도록 자국의 관계 구조에 충분한 탄력성을 유지하고,
  (b) 자국 경제개발계획에 의하여 초래될지 모를 계속적인 고도의 수입 수요를 충분히 고려하여 국제수지목적을 위한 수량제한을 과하는 것을 가능하게 하기 위하여 추가적인 편의를 향유하는데 동의한다.

3. 체약국은 끝으로 본 조 A절 및 B절에 규정된 추가편의를 가짐으로서 본 협정의 규정이 체약국의 경제개발의 요건을 충족하기에 통상적으로 충분하다는 것을 인정한다. 그러나 체약국은 경제개발도상에 있는 체약국이 자국민의 일반적 생활수준의 향상을 목적으로 하는 특정산업의 설립을 증진함에 필요한 정부의 원조를 허여하기 위하여는 전기 A절 및 B절의 규정에 합치되는 어떠한 조치도 실행이 불가능할 사정이 있을 수도 있다는데 동의한다. 이러한 사정에 대처하기 위하여 특별절차가 본 조 C절 및 D절에 규정되어 있다.

4. (a) 따라서, 그 경제가 단지 저생활수준을 유지할 수 있을 뿐이고 또한 개발의 초기단계에 있는 체약국은 본 조 A절, B절 및 C절에 규정된 바에 따라 본 협정의 다른 조항의 규정으로부터 일시적으로 이탈할 수 있다.

    (b) 그 경제가 개발도상에 있으나 전기 (a) 규정의 범주 내에 속하지 아니하는 체약국은 체약국단에 대하여 본 조 D절의 규정에 따른 신청을 행할 수 있다.

5. 체약국은, 그 경제가 제4항 (a) 및 (b)에 규정된 형태에 속하며 또한 소수의 일차상품의 수출에 의존하고 있는 체약국의 수출수입은, 동 상품의 판매의 저하로 인하여 현저히 감소될 수 있을 것임을 인정한다. 따라서, 동 체약국에 의한 일차산품의 수출이 다른 체약국이 취한 조치로 인하여 현저한 영향을 받았을 경우에는, 동 체약국은 본 협정 제22조의 협의 규정을 원용할 수 있다.

6. 체약국단은 본 조 C절 및 D절의 규정에 따라 실시되는 모든 조치를 매년 검토하여야 한다.

A절

7. (a) 본 조 제4항 (a)의 범주에 속하는 체약국이 자국민의 일반적 생활수준을 향상시킬 목적으로 특정산업의 설립을 증진시키기 위하여, 본협정에 부속된 해당 양허표에 포함된 양허를 수정 또는 철회하는 것이 유익하다고 생각할 때에는, 동 체약국은 그 취지를 체약국단에 통고하여야 하며 동 양허에 관하여 최초로 교섭한 체약국 및 동 양허에 상당한 이해관계를 가지고 있다고 체약국단이 결정하는 기타 모든 체약국과 교섭하여야 한다. 이러한 관계 체약국단 간에 합의가 성립된 경우에는 체약국은 관계되는 모든 보상조정을 포함한 동 합의사항을 실행하기 위하여 본 협정의 해당표에 따른 양허를 수정 또는 철회할 수 있다.

    (b) 전기 (a)에 규정된 통고일 후 60일 이내에 합의에 도달하지 못할 경우에는, 양허의 수정 또는 철회를 제의한 체약국은 이 문제를 체약국단에 의뢰할 수 있으며, 체약국단은 동 문제를 즉시 심사하여야 한다. 양허의 수정 또는 철회를 제외한 체약국이 합의에 도달하기 위하여 모든 노력을 다하였으며, 동 체약국이 제의한 보상조정이 적당한 것이라고 체약국단이 인정하는 경우에는, 동 체약국은 동시에 동 보상조정을 실시할 것을 조건으로, 전기 양허를 수정 또는 철회할 수 있다. 체약국단이, 양허의 수정 또는 철회를 제안한 체약국의 보상이 적당한 것은 아니지만 동 체약국이 적당한 보상을 제안하기 위하여 모든 합리적인 노력을 다하였다고 인정한 경우에는, 동 체약국은 전기 양허를 수정 또는 철회할 수 있다. 이러한 조치가 취해지면 전기 (a)에 언급된 기타 모든 체약국도, 동 조치를 취한 체약국과 최초로 교섭한 양허와 실질적으로 동 가입의 양허를 수정 또는 철회할 수 있다.

B절

8. 체약국은 본 조 제4항 (a)의 범주에 속하는 체약국이 급속한 개발도상에 있을 때에는, 자국의 국내시장을 확대하기 위한 노력으로부터 그리고 교역의 불안정으로 인하여 주로 야기되는 국제 수지상의 곤란에 당면하게 될 것임을 인정한다.

9. 본 조 제4항 (a)의 범주에 속하는 체약국은, 자국에 대외 자금사정의 보호와 경제개발계획의 실시에 충분한 수준의 통화준비금을 확보하기 위하여 제10항에서 12항까지의 규정에 따라 수입허가상품의 수량 또는 가액을 제한함으로서 전반적인 수입 수준을 통제할 수 있다. 다만, 이와 같이 설정, 유지 또는 강화된 수입제한은 다음의 목적을 위하여 필요한 한도를 초과하여서는 아니된다.
   (a) 자국의 통화준비의 현저한 감소의 위협에 대한 예방 또는 이러한 감소의 저지
   (b) 충분한 통화준비를 보유하지 아니한 체약국의 경우에는 통화준비의 합리적인 율에 의한 증가

   전기의 어느 경우에 있어서도, 해외특별신용 또는 기타 자금을 이용할 수 있는 경우에는 동 신용 또는 자금을 적절히 사용하기 위한 준비의 필요성을 포함하여 체약국의 통화준비의 필요성에 영향을 줄 수 있는 특별요인에 대하여 적절한 배려를 하여야 한다.

10. 체약국은 전기한 제한을 과함에 있어서, 자국의 경제개발 정책에 비추어 보다 중요한 산품의 수입에 우선권을 주도록 산품별로 또는 산품의 종류별로 수입에 대한 제한 범위를 결정할 수 있다. 다만, 동 제한은 다른 체약국의 상업상 또는 경제적 이익에 대한 불필요한 손해를 피하고 또한 어떤 종류의 물품의 상업상의 최소한도의 수량의 수입으로서 이것을 배제하면 무역을 저해하게 되는 것을 부당히 방해하지 아니하도록 과하여야 하며, 또한 동 제한은 상업용 견본의 수입을 방해하거나 또는 특허권, 상표권, 저작원에 관한 절차 또는 이와 유사한 절차를 방해하지 아니하도록 과하여야 한다.

11. 체약국은, 국내정책을 수행함에 있어서, 건전하고 영속적인 기반위에 자국의 국제수지의 균형을 회복할 필요성과 생산자원의 경제적 이용을 확보할 필요성에 대하여 적절한 배려를 하여야 한다. 체약국은 본 절의 규정에 따라, 실시하는 제한을 본 조 제9항의 조건에 따라 필요로 하는 범위 내에서만 유지하고, 사정이 개선됨에 따라 점차 완화하여야 하며, 또한 동 제한의 계속유지를 더 이상 정당화하지 아니하는 상태가 된 경우에는, 동 조치를 폐지하여야 한다. 다만, 체약국은 자국의 개발정책의 변경이 본 B절의 규정에 따라 실시하고 있는 제한을 불필요하게 할 것이라는 이유로서 제한을 철회 또는 수정하도록 요구되지 아니한다.

12. (a) 새로운 제한을 과하거나 본 절의 규정에 따라 과하고 있는 조치를 실질적으로 강화함으로서 자국의 현행 제한의 전반적인 수준을 인상하는 체약국은 동 제한을 신설 또는 강화한 직후에 (또는 사전협의가 가능한 경우에는 동 제한을 신설 또는 강화하기 전에) 자국의 국제수지상의 애로의 성격, 실시가능한 대체할 수 있는 시정조치 및 동 제한이 다른 체약국의 경제에 미치는 영향에 관하여 체약국단과 협의하여야 한다.

(b) 체약국단은 그들이 정하는 일자에, 본 절의 규정에 따라 그 일자에 과하여지고 있는 모든 제한에 관하여 검토하여야 한다. 본 절의 규정에 따라 제한을 과하는 체약국은 전기 일자로부터 2년 후부터 체약국단이 매년 작성하는 계획에 따라 약 2년마다, 그러나 2년보다 짧은 간격을 두지않고 전기 (a)에 규정된 형태의 협의를 하여야 한다. 다만, 본 (b)의 규정에 따른 협의는 본 항의 다른 규정에 따른 일반적 성격의 협의가 종결된 후 2년 이내에 행하여서는 아니된다.

(c) (i) 체약국단은, 본 항 (a) 또는 (b)의 규정에 따라 체약국과 협의하는 과정에서, 동국이 취하는 제한이 본 절의 규정 또는 제13조의 규정(제14조의 규정을 조건으로)에 합치되지 아니한다고 인정할 경우에는 그 불일치의 성격을 지적하여야 하며 동 제한을 적절히 수정하도록 권고할 수 있다.

(ii) 그러나 체약국단은, 협의의 결과, 전기 제한이 본 절 또는 제13조의 규정(제14조 규정을 조건으로)에 현저히 위배되는 방법으로 적용되고 있으며 동 제한이 다른 체약국의 무역에 손해를 주거나 손해를 줄 우려가 있다고 결정하는 경우에는, 동 제한을 적용하고 있는 체약국에 대하여 그 취지를 통고하고 또한 특정 기간 내에 전기의 규정에 따르게 하기 위한 적절한 권고를 하여야 한다. 동 체약국이 특정기간 내에 전기 권고에 불응하는 경우에는, 체약국단은 전기 제한에 따라 무역에 악영향을 받는 체약국에 대하여, 동 제한을 과하고 있는 체약국에 대한 본 협정상의 의무로서 체약국단이 상황에 따라 적당하다고 결정하는 의무를 면제할 수 있다.

(d) 체약국단은 본 절의 규정에 따라 제한을 과하고 있는 체약국에 대하여 동 제한이 본 절의 규정 또는 제13조(제14조의 규정을 조건으로)의 규정에 반하며, 또한 이로 인하여 자국의 무역이 악영향을 받았다는 것을 일견하여 명백히 입증할 수 있는 다른 체약국의 요청이 있는 경우에는, 체약국단과 협의하도록 초청하여야 한다. 다만, 이러한 초청은 관계 체약국 간의 직접적인 토의가 성공하지 못하였다고 체약국단이 확인한 경우를 제외하고는 행할 수 없다. 만약, 체약국단과의 협의결과 합의에 도달하지 못하였으며, 또한 동 제한이 전기 규정에 반하여 과하여지고 있으며 또한 이로 인하여 절차를 시작한 체약국의 무역에 손해를 주었거나 또는 줄 우려가 있는 것을 체약국단이 결정한 경우에는, 체약국단은 동 제한의 철회 또는 수정을 권고하여야 한다. 체약국단이 정하는 기간 내에 동 제한이 철회 또는 수정되지 아니하는 경우에는, 체약국단은 동 절차를 시작한 체약국에 대하여 동 제한을 과하고 있는 체약국에 대하여 동 제한을 과하고 있는 체약국에 대한 본 협정상의 의문으로서 체약국단이 상황에 따라 적당하다고 결정하는 의무를 면제할 수 있다.

(e) 본 조 제12항 (c) (ii) 또한 (d)의 최종문장의 결정에 따라 취하여진 조치를 받는 체약국이, 체약국단이 허가한 의무의 면제로 인하여 자국의 경제개발계획 및 정책의 운영에 악영향을 받았다고 인정하는 경우에는, 전기 조치가 취하여진 후 60일 이내에 체약국단의 사무국장에게 본 협정에서의 탈퇴의사를 서면으로 통고할 수 있으며, 이러한 탈퇴는 사무국장이 탈퇴통고를 접수한 날자로부터 60일 후에 발표한다.

(f) 체약국은, 본 항의 규정에 따른 절차를 취함에 있어서, 본 조 제2항의 규정에 다른 결정은, 신속히 가능하면 협의 개시일로부터 60일 이내에 행하여야 한다.

C절

13. 본 조 제4항 (a) 규정의 범주에 속하는 체약국이, 자국민의 일반적 생활수준의 향상을 위한 특정산의 설립을 증진시키기 위하여 정부지원이 필요하나, 이 목적을 달성하기 위하여 본 협정의 다른 규정에 합치하는 어떠한 조치도 실행이 불가능하다고인정하는 경우 동 체약국은 본 절의 규정과 절차를 원용할 수 있다.

14. 관계 체약국은 본 조 제13항에 규정된 목적을 달성함에 있어 당면하는 특별한 애로를 체약국단에 통고하여야 하며 이러한 애로를 제거하기 위하여 자국이 실시하고자 제의하는 특별조치로서 수입에 영향을 주는 것을 표시하여야 한다. 동 체약국은 전기 조치를 경우에 따라 제15항 또는 제17항에 규정된 해당기간의 만료 전에, 또는 전기 조치가 본 협정에 부속된 해당 양허표에 포함된 양허의 대상이 되는 산품의 수입에 영향을 주는 경우에는, 제18항의 규정에 따른 체약국단의 동의를 얻지 아니하는 한, 실시하여서는 아니된다. 다만, 원조를 받고있는 산업이 이미 생산을 시작하였을 경우에는 체약국은, 체약국단에 통고한 후, 해당산품의 수입이 통상수준을 초과하여 실질적으로 증가하는 것을 방지하기 위하여 필요한 조치를 그 기간 중에 실시할 수 있다.

15. 전기 조치의 통고일 후 30일 이내에, 체약국단이 관계 체약국에 대하여 체약국과 협의할 것을 요청하지 아니하는 경우에는, 동 체약국은 제의한 조치를 실시하는데 필요한 범위 내에서 본 협정의 관계조항의 규정에서 이탈할 수 있다.

16. 체약국단의 요청을 받은 경우에는, 당해 체약국은 제의한 조치의 목적, 본 협정에 따라 적용할 수 있는 대치조치 및 제의된 조치가 다른 체약국의 상업상 및 경제적 이익에 미칠 영향에 관하여 체약국단과 협의하여야 한다. 이러한 협의결과, 체약국단이 본 협정의 다른 조항에 합치되는 어떠한 조치로서도 제13항에 규정된 목적을 달성하기 위하여 실시 가능한 것이 없다는 데 동의하고 또한 제의된 조치에 동의하는 경우에는, 당해 체약국은 동 조치를 실시하는데 필요한 범위 내에서 본 협정의 다른 조항의 관계규정에 따른 의무로부터 면제된다.

17. 본 조 제14항에 따라 제의된 조치의 통고일 후 90일 이내에, 체약국단이 이러한 조치에 대하여 동의하지 아니하는 경우에는, 당해 체약국은 체약국단에 통고한 후, 동 조치를 실시할 수 있다.

18. 제의된 조치가 본 협정에 부속된 해당 양허표에 포함된 양허의 대상이 되는 산품에 영향을 주는 경우에는, 당해 체약국은, 동 양허에 관하여 최초에 교섭한 다른 체약국 및 동 양허에 실질적인 이해관계를 가지고 있다고 체약국단에 결정하는 다른 체약국과 협의하여야 한다. 체약국단은 본 협정의 다른 조항에 합치되는 어떠한 조치로서도 본 조 제13항에 규정한 목적을 달성하기 위하여 실행가능한 것이 없다는데 동의하고 다음 조건이 충족되었다고 인정하는 경우에는 전기조에 동의하여야 한다.
    (a) 전기한 협의 결과, 전기한 다른 체약국과 합의에 도달하였을 것
    (b) 체약국단이 제14항에 규정된 통고를 접수일 60일 이내에 합의에 도달하지 아니한 경우에는, 본 절의 규정을 원용하고 있는 체약국이 합의에 도달하기 위하여 모든 합리적인 노력을 다하였다는 것과 다른 체약국의 이익이 적절히 보장되었을 것

본 절의 규정을 원용하는 체약국은 전기 조치를 실시하기 위하여 허용된 필요한 범위 내에서 본 협정의 다른 조항의 관계 규정에 따른 의무로부터 면제된다.

19. 본 조 제13항의 규정에 따른 형태의 제의된 조치가, 본 협정의 관계 조항에 따라 관계 체약국이 국제수지상의 목적으로 부과한 제한으로 인한 부수적 보호조치에 의하여 그 설립이 초기에 촉진된 산업과 관련되는 경우에는, 동 체약국은 본 절의 규정과 절차를 원용할 수 있다. 다만, 동 체약국은 체약국단의 동의없이 제의한 조치를 실시하여서는 아니된다.
20. 본 절의 전기 각 항의 어떠한 규정도 본 협정 제1조, 제2조 및 제13조의 규정으로 부터의 이탈을 인정하는 것은 아니다. 본 조 제10항의 단서는 본 절의 규정에 따른 모든 제한에도 적용된다.
21. 본 조 제17항에 따른 조치를 실시하고 있는 동안은 언제든지, 동 조치에 의하여 실질적인 영향을 받는 체약국은 본 절의 규정을 원용하고 있는 체약국의 무역에 대하여, 본 협정에 따라 실질적으로 동등한 양허 또는 기타의 의무로서 그적용의 정지를 체약국단이 부인하지 아니하는 것의 적용을 정지할 수 있다. 다만, 영향을 받는 체약국에 대하여 실질적으로 불이익이 되는 전기 조치가 시행되었거나 또는 변경된 후 6개월 이내의 동 정지에 관한 60일의 사전통고를 체약국단에 대하여 행하여야 한다. 이러한 체약국은 본 협정 제22조의 규정에 따른 협의를 위한 충분한 기회를 부여하여야 한다.

D절

22. 본 조 4항의 (b)의 규정범위에 속하는 체약국이, 자국의 경제의 개발을 위하여 특정산업의 설립에 관하여 본 조 제13항에 규정된 형태의 조치를 취하고자 하는 경우에는, 동 조치에 관한 승인을 얻기 위하여 체약국단에 신청할 수 있다. 체약국단은 동 체약국과 즉시 협의하여야 하며, 또한 결정을 함에 있어서는, 제16항에 규정된 사항에 관하여 배려하여야 한다. 체약국단이 제의된 조치에 동의할 때에는 관계 체약국은 동 조치를 취하는데 필요한 범위 내에서 본 협정의 다른 조항의 관계규정에 따른 의무로부터 면제된다. 제안된 조치가, 본 협정에 부속된 해당양허표에 기재된 양허의 대상이되는 산품에 영향을 주는 경우에는 제18항의 규정이 적용된다.
23. 본 절에 따라 적용되는 조치는 본 조 제20항의 규정에 합치되어야 한다.

제 19 조 특정산품의 수입에 대한 긴급조치

1. (a) 체약국은 예측하지 못한 사태의 발전과 관세양허를 포함한 본협정에 따라 체약국이 부담하는 의무의 효과로 인하여 어느 산품의 자국 영역 내에서 동종산품 또는 직접적 경쟁산품의 국내생산자에 대하여 중대한 손해를 주거나 손해를 줄 우려가 있을 정도로 증가된 수량 및 조건으로 체약국의 영역에로 수입되고 있을 때에는, 동 체약국은 동 산품에 대한 전기 손해를 방지 또는 구제하는데 필요한 한도 및 기간 동안 동 의무의 전부 또는 일부를 정지하거나 또는 양허를 철회 또는 수정할 수 있다.
   (b) 특혜양허의 대상인 산품이 본 항 (a)에서 규정된 사정하에 체약국이 영역에로 수입됨으로서 동 특혜를 받거나 또는 받아온 체약국의 영역 내에서 동종산품 또는 직접적 경쟁산품의 국내생산자에 대하여 중대한 손해를 주거나 손해를 줄 우려가 있을 경우에는 수입체약국은 전기 기타 체약국의 요청이 있을 때에는, 전기 손해를 방지 또는 구제하는데 필요한 한도 및 기간 동안 관계의무의 전부 또는 일부를 정지하거나 또는 동 산품에 관한 양허를 철회 또는 수정할 수 있다.

2. 체약국은, 본 조 제1항의 규정에 따라 조치를 취하기 전에 실행가능한 한 미리 서면으로 체약국단에 통고하여야 하며 또한 체약국단 및 해당산품 수출국으로서 실질적인 이해관계가 있는 체약국에 제의된 조치에 관하여 자국과 협의할 기회를 부여하여야 한다. 특혜양허에 관하여 이러한 통고가 있는 때에는, 동 통고는 조치를 요청한 체약국명을 지정하여야 한다. 지연되면 회복하기 곤란한 손해를 줄 지 모를 중대한 사태하에서는, 본 조 제1항에 따른 조치는 동 조치를 취한후 즉시 협의를 행할 것이라는 조건하에 사전 협의 없이 잠정적으로 취하여 질 수 있다.
3. (a) 전기 조치에 관하여 관계체약국 간에 합의에 도달하지 못한 경우에도, 동 조치를 취하거나 또는 계속할 것을 제의한 체약국은 동 조치를 취하거나 계속할 수 있다. 또한 동 조치가 취하였거나 계속될 때에는, 영향을 받는 체약국은 동 조치가 취하여진 후 90일 이내에 그리고 체약국단이 정지 통고서를 접수한 날로부터 30일이 경과한 때에 동 조치를 취하고 있는 체약국의 무역에 대하여 또는 본 조 제1항 (b)에 규정된 경우에는 동 조치를 요청하고 있는 체약국의 무역에 대하여, 본 협정에 따라 실질적으로 동등한 양허 또는 기타의 의무로서 체약국단이 부인하지 아니하는 것의 적용을 정지할 수 있다.
  (b) 본 항 (a)의 규정에 불구하고, 사전협의 없이 본 조 제2항에 따른 조치가 취하여지고 또한 동 조치에 의하여 체약국내에서 영향을 받는 산품의 국내생산자에 대하여 중대한 손해를 주거나 손해를 주게 될 우려가 있는 경우에, 지연되면 회복하기 곤란한 손해를 줄지 모를 우려가 있을 때에는, 체약국은 동 조치를 취할 때와 그후의 협의기간을 통하여, 손해를 방지 또는 구제하는데 필요한 양허 또는 기타의 의무를 정지할 수 있다.

제 20 조   일반적 예외

본 협정의 어떠한 규정도 체약국이 다음의 조치를 채택하거나 실시하는 것을 방해하는 것으로 해석되어서는 아니된다. 다만, 그러한 조치를 동일한 조건하에 있는 국가 간에 임의적이며 불공평한 차별의 수단 또는 국제무역에 있어서의 위장된 제한을 과하는 방법으로 적용하지 아니할 것을 조건으로 한다.
(a) 공중도덕을 보호하기 위하여 필요한 조치,
(b) 인간, 동물 또는 식물의 생명 또는 건강을 보호하기 위하여 필요한 조치,
(c) 금 또는 은의 수입 또는 수출에 관한 조치,
(d) 관세의 실시, 제2조 제4항 및 제17조에 따라 운영되는 독점의 실시, 특허권, 상표권 및 저작권의 호 그리고 사기적인 관습의 방지에 관한 법률과 규칙을 포함하여 본 협정의 규정에 반하지 아니하는 법률 또는 규칙의 준수를 확보하기 위하여 필요한 조치,
(e) 교도소 노동산품에 관한 조치,
(f) 미술적 가치, 역사적 가치 또는 고고학적 가치가 있는 국보의 보호를 위하여 적용되는 조치,
(g) 유한 천연자원의 보존에 관한 조치, 다만 동 조치가 국내의 생산 또는 소비에 대한 제한과 관련하여 유효한 경우에 한한다.
(h) 체약국단에 제출되어 부인되지 아니한 기준에 합치하는 정부 간 상품협정 또는 체약국단에 제출되어 부인되지 아니한 정부 간 상품협정에 의한 의무에 따라 취하는 조치,

(i) 국내원료의 국내가격이 정부의 안정계획의 일부로서 국제가격보다 저가격으로 유지되고 있는 기간 중, 국내 가공산업에 필수적인 수량의 원료를 확보하는데 필요한 국내원료의 수출에 제한을 과하는 조치. 다만, 동 제한은 이러한 국내산업의 산품의 수출을 증가시키거나 또는 이러한 국내산업에 주어진 부호를 증대하도록 운영되어서는 아니되며, 또한 무차별대우에 관한 본 협정의 규정으로부터 이탈하여서는 아니된다.

(j) 일반적으로 또는 지역적으로 공급이 부족한 산품의 획득 또는 분배를 위하여 불가결한 조치, 다만 이러한 조치는, 전 체약국이 해당산품의 국제적 공급에 있어서 정당한 몫을 공급받을 권리를 가진다는 원칙에 합치하여야 하며, 또한 본 협정의 다른 규정에 반하는 이러한 조치는 이를 야기한 조건이 존재하지 아니하는 때에는, 즉시 정지하여야 한다. 체약국단은 1960년 6월 30일 이전에 본 규정의 필요성에 관하여 검토하여야 한다.

제 21 조　안전보장을 위한 예외

본 협정의 어떠한 규정도 다음과 같이 해석되어서는 아니된다.

(a) 체약국에 대하여, 발표하면, 자국의 안전보장상 중대한 이익에 반한다고 인정하는 정보의 제공을 요구하는 것

(b) 체약국이 자국의 안전보장상 중대한 이익을 보호하기 위하여 필요하다고 인정되는 다음의 어느 조치를 취하는 것을 방해하는 것

　(ⅰ) 핵분열성물질 또는 이로부터 유출된 물질에 관한 조치,

　(ⅱ) 무기, 탄약 및 전쟁기재의 거래 및 군사시설에 공급하기 위하여 직접 또는 간접으로 행하여지는 기타의 물품 및 원료의 거래에 관한 조치,

　(ⅲ) 전시 또는 기타 국제관계에 있어서의 긴급시에 취하는 조치,

(c) 체약국이 국제평화와 안전의 유지를 위하여 국제연합 헌장에 의한 의무에 따라 조치를 취하는 것을 방해하는 것

제 22 조　협의

1. 각 체약국은, 본 협정의 운영에 영향을 미치는 모든 사항에 관하여, 다른 체약국이 행하는 사정의 설명에 대하여 호의적인 고려를 하여야 하며 또한 동 사정 설명에 관한 협의를 위하여 적당한 기회를 부여하여야 한다.
2. 체약국단은, 체약국의 요청이 있는 경우에는, 제1항에 따른 협의를 통하여 만족한 해결을 보지못한 모든 사항에 관하여 체약국 또는 체약국들과 협의할 수 있다.

제 23 조　무효 또는 침해

1. 체약국은
   (a) 다른 체약국이 본 협정에 따른 의무의 이행을 태만히 한 결과,
   (b) 다른 체약국이, 본 협정의 조항에 저촉여부를 불문하고, 어떤 조치를 적용한 결과 또는
   (c) 기타 다른 어떤 사태가 존재하는 결과로서, 본 협정에 따라, 직접 또는 간접으로 자국에 부여된 모든 이익이 무효 또는 침해되거나, 본 협정의 목적 달성이 저해되고 있다고 인정할 때에는, 동 문제의 만족한 조정을 위하여 관계가 있다고 동 체약국이 인정하는 다른 체약국 또는 체약국들에 대하여 서면으로 사정의 설명 또는 제안을 할 수 있다. 동 사정의 설명 또는 제안을 받은 체약국은 사정의 설명 또는 제안에 대하여 호의적인 고려를 하여야 한다.

2. 합리적인 기간 내에 관계 체약국 간에 만족할만한 조정이 이루어지지 아니한 경우, 또는 그 애로가 본 조 제1항 (c)에 규정된 형태에 해당하는 경우에는, 동 문제를 체약국단에 의뢰할 수 있다. 체약국단은 의뢰된 문제를 신속히 조사하여야 하며 관계가 있다고 인정되는 체약국에 대하여 적당한 권고를 하여야 하며 또는 동 문제에 관하여 적당한 결정을 하여야 한다. 체약국단은, 협의가 필요하다고 인정할 때에는, 체약국, 국제연합 경제사회이사회 및 적당한 정부 간 기관과 협의할 수 있다. 체약국단은, 사태가 중대하기 때문에 이와 같은 조치가 정당하고 인정할 경우에는, 체약국 또는 체약국들에 대하여, 동 사태하에서 체약국단이 적당하다고 결정하는 본 협정에 따른 양허 또는 기타의 의무의 적용을 정지하는 것을 허가할 수 있다. 어느 체약국에 대한 양허 또는 기타 의무의 적용이 사실상 정지되는 경우에는, 그 체약국은 정지조치가 취하여진 후 60일 이내에 본 협정으로부터 탈퇴할 의사를 서면으로 체약국단의 사무국장에게 통고할 수 있으며, 동 탈퇴는 사무국장이 통고를 접수한 일자로부터 60일 후에 효력을 발생한다.

제3부

제 24 조   적용영역, 국경무역, 관세동맹 및 자유무역 지역

1. 본 협정의 규정은 체약국의 본토 관세영역에, 그리고 제26조에 따라 본 협정이 수락되었거나 제33조 또는 잠정적 적용에 관한 의정서에 따라 본 협정이 적용되고 있는 기타의 관세용역에 적용된다. 이러한 관세영역은, 오직 본 협정의 영역적 적용의 목적을 위하여서만, 각기 1개의 체약국으로 취급한다. 다만, 본 항의 규정은 단일체약국이 제26조에 의하여 본 협정을 수락하였거나 제33조 또는 잠정적 적용에 관한 의정서에 따라 본 협정을 적용하고 있는 2개 이상의 관세영역간에 어떠한 권리 또는 의무를 발생시키는 것으로 해석되어서는 아니된다.
2. 본 협정의 목적을 위하여 관세영역은 해당영역과 기타 영역간의 무역의 실질적인 부분에 대하여 독립관세 또는 기타 통상규칙을 유지하고 있는 영역이라고 양해한다.
3. 본 협정의 규정은 다음 각 호에 규정된 사항을 저해하는 것으로 해석되어서는 아니된다.
    (a) 체약국이 국경무역을 용이하게 하기 위하여 인접국에 부여하는 이익
    (b) 트리에스트 자유영역의 인접국이 동 영역과의 무역에 부여하는 이익. 다만, 이 이익이 제2차 세계대전의 결과 체결된 평화조약에 저촉되어서는 아니된다.
4. 체약국은 자발적인 협정을 통하여 협정 당사국의 경제간에 보다 더 긴밀한 통합을 발전시켜 무역의 자유를 증대하는 것이 요망된다는 점을 인정한다. 체약국은 또한 관세동맹 또는 자유무역지역의 목적이 동 구성영역간의 무역을 촉진하는데 있어야 하며 그와 같은 영역과 기타 체약국 간의 무역에 대한 장벽을 높히는 것이 아니어야 한다는 사실을 인정한다.
5. 따라서, 본 협정의 규정은 체약국 영역간에 관세동맹 또는 자유무역지역을 형성하거나 또는 관세동맹 또는 자유무역지역의 형성에 필요한 잠정협정의 체결을 방해하지 아니한다. 다만, 이는 다음의 제 규정을 조건으로 한다.

(a) 관세동맹 또는 관세동맹의 협정을 위한 잠정협정에 관하여는, 동 동맹이나 협정의 당사자가 아닌 체약국과의 무역에 대하여 동 동맹의 창립 또는 동 잠정협정의 체결시 부과되는 관세와 기타 통상규칙이 전체적으로 동 관세동맹의 협정이나 동 잠정협정의 채택이전에 동 구성 영역 내에서 적용하여온 관세의 전반적 수준과 통상규칙보다 각각 높거나 제한적인 것이어서는 아니된다.

(b) 자유무역지역 또는 자유무역지역의 형성을 위한 잠정협정에 관하여는, 각 구성영역에서 유지되고 또한 동 자유무역지역의 형성 또는 동 잠정협정의 체결시에 이러한 지역에 포함되지 않은 체약국 또는 협정의 당사자가 아닌 체약국과의 무역에 적용되는 관세 또는 기타 통상규칙은 자유무역지역이나 또는 잠정협정의 형성 이전에 동 구성영역에 존재하였던 해당관세 기타 통상규칙보다 각기 높거나 또는 제한적인 것이어서는 아니된다.

(c) (a)와 (b)항에 언급된 잠정협정에는 적당한 기간 내에 관세동맹 또는 자유무역지역을 조직하기 위한 계획 및 일정표를 포함하여야 한다.

6. 제5항 (a)의 요건을 이행하는데 있어서 본 협정의 당사자가 제2조의 규정에 반하여 세율을 인상할 것을 제안할 때에는 제28조에 규정된 절차가 적용된다. 보상적 조정을 결정하는데 있어서는 관세동맹의 타구성국의 해당관세의 인하로 인하여 이미 부여된 보상에 대하여 적절한 고려를 행하여야 한다.

7. (a) 관세동맹 또는 자유무역지역이나 관세동맹 또는 자유무역지역의 형성을 위한 잠정협정에 가담하기로 결정한 체약국은 즉시 체약국단에 통고하여야 하며 아울러 체약국단으로 하여금 그들이 적당하다고 인정하는 보고 및 권고를 체약국들에게 행할 수 있도록 동 동맹 또는 지역에 관한 정보를 체약국단에 제공하여야 한다.

(b) 체약국단은 제5항에 규정된 잠정협정에 포함된 계획 및 일정을 동 협정의 당사국과 협의하여 검토하고 또한 (a)항의 규정에 의하여 제공된 정보를 적절히 고려한 다음에 동 협정의 당사국이 의도하는 기간 내에 관세동맹 또는 자유무역지역이 형성될 가능성이 없거나 동 기간이 타당하지 아니하다고 인정하는 때에는 동 협정의 당사국에 대하여 권고하여야 한다. 당사국은 권고에 따라 잠정협정을 수정할 용의가 없을 때에는 동 협정을 각기 유지하거나 실시하여서는 아니된다.

(c) 제5항 (c)에 언급된 계획 또는 일정의 실질적인 변경을 체약국단에 통보되어야 하며, 체약국단은 동 변경이 관세동맹 또는 자유무역지역의 형성을 위협하거나 또는 부당히 지연시킨다고 인정하는 때에는 관계체약국에 대하여 체약국단과 협의하도록 요청할 수 있다.

8. 본 협정의 적용상:

(a) 관세동맹은 다음의 결과가 발생할 수 있도록 2개 이상의 관세영역을 단일 관세영역으로 대체한 것이라고 양해한다.

(ⅰ) 관세 및 기타 제한적 통상 규칙(필요한 경우에는 제11조, 제12조, 제13조, 제14조, 제15조 및 제20조에 의하여 허용되는 경우를 제외하고)은 관세동맹의 구성영역간의 실질상 모든 무역에, 또는 최소한 영역의 원산품의 실질상 모든 무역에 관하여 폐지된다.

(ⅱ) 제9항의 규정에 따를 것을 조건으로 하여 관세동맹의 구성국은 동 동맹에 포함되지 아니한 영역에 대한 무역에 실질적으로 동일한 관세와 기타 통상 규칙이 적용된다.

(b) 자유무역지역은 관세와 기타의 제한적 통상규칙(필요한 경우에는 제11조, 제12조, 제13조, 제14조, 제15조 및 제20조에 의하여 허용되는 경우를 제외하고)이 동 구성영역의 원산품의 구성영역간의 실질상 모든 무역에 관하여 폐지되는 2개 이상의 관세영역의 집단이라고 양해한다.

9. 제1조 제2항에 규정된 특혜는 관세동맹 또는 자유무역지역의 형성에 의하여 영향을 받지 아니하지만 영향을 받는 체약국과의 교섭에 의하여 폐지 또는 조정될 수 있다. 영향을 받는 체약국과의 교섭 절차는 특히 제8항 (a) (i)과 제8항 (b)의 규정에 부합할 것이 요구되는 특혜의 폐지에 적용된다.
10. 체약국단은 제5항부터 제9항까지의 요건에 완전히 부합하지 아니하는 제안을 3분의 2 다수로서 승인할 수 있다. 다만 이 제안은 본 조에서 뜻하는 관세동맹 또는 자유무역지역의 형성을 위하는 것이어야 한다.
11. 체약국은, 인도와 파키스탄이 독립국가를 수립함으로서 야기된 예외적인 사정을 고려하고 또한 양국은 오랫동안 단일 경제단위를 구성하여 온 사실을 인정하여, 양국 간의 무역관계가 확정적인 기초 위에 확립될 때까지 양국의 양국 간의 무역에 관하여 특별한 약정을 체결하는 것을 방해하지 아니한다는 것에 동의한다.
12. 각 체약국은 각국의 영역 내에서 지역적 및 지방적 정부와 기관에 의한 본 협정의 규정의 준수를 보상하기 위하여 허용 가능한 합리적인 조치를 취하여야 한다.

제 25 조 체약국에 의한 공동행동

1. 체약국의 대표는 공동행동을 포함하는 본 협정의 규정을 실시하고 또한 일반적으로 본 협정의 운용을 용이하게 하고 본 협정의 목적을 증진하기 위하여 수시로 회합하여야 한다. 공동으로 행동하는 체약국을 본 협정에서 언급할 때에는 이를 체약국단이라고 칭한다.
2. 국제연합 사무총장이 체약국단의 제1차 회의를 소집할 것을 요청하며 동 회의는 1948년 3월 1일 이전에 개최되어야 한다.
3. 각 체약국은 모든 체약국단 회의에서 1개의 투표권을 가진다.
4. 본 협정에 달리 규정하는 경우를 제외하고는, 체약국단의 결정은 투표된 표수의 과반수로서 취하여 진다.
5. 본 협정에 달리 규정되지 아니한 예외적인 사정하에서는 체약국단은 본 협정에 의하여 체약국에 부과한 의무를 포기할 수 있다. 다만 이 결정은 투표된 표수의 3분의 2 이상의 다수에 의하여 승인되어야 하며 또한 이러한 다수는 체약국수의 과반수를 포함하여야 한다. 또한 체약국단은 이러한 표결방식으로 다음의 사항을 결정할 수 있다.
   (i) 의무의 포기가 적용될 기타의 투표요건이 적용되는 예외적 사정의 특정한 범위를 한정하고,
   (ii) 본 항의 적용에 필요한 기준을 규정할 수 있다.

제 26 조 수락, 효력발생 및 등록

1. 본 협정의 일자는 1947년 10월 30일로 한다.
2. 본 협정은 1955년 3월 1일에 본 협정의 체약국이었거나 또는 본 협정에 가입을 교섭하고 있었던 체약국의 수락을 위하여 개방된다.
3. 본 협정은 동등히 정본인 영어본 1통과 불어본 1통을 작성하여 국제연합 사무총장에게 기탁되며 사무총장은 동 인증등본을 모든 관계 정부에 송부하여야 한다.

4. 본 협정을 수락한 각 정부는 수락서를 체약국단의 사무총장에게 기탁하여야 하며 동 사무총장은 각 수락서의 기탁일과 본 협정의 본 조 제6항의 규정에 의하여 효력이 발생하는 일자를 모든 관계 정부에 통고하여야 한다.
5. (a) 본 협정을 수락하는 각 정부는 본토 영역과 동 정부가 국제적 책임을 지는 기타 영역에 대하여 본 협정을 수락한다. 다만, 수락시에 체약국단의 사무총장에게 통고해야 하는 독립의 관세영역은 제외한다.
    (b) 본 항 (a)의 예외규정에 의하여 체약국단의 사무총장에게 전기한 통고를 행한 정부는 제외되었던 전기 독립의 관세영역에 관하여도 동국의 수락이 적용된다는 통고를 언제든지 동 사무총장에게 행할 수 있으며 동 통고는 사무총장이 이를 접수한 일자부터 30일 후에 효력을 발생한다.
    (c) 어떤 관세영역으로서 체약국이 그 영역에 대하여 본 협정을 수락한 관세영역이, 그 대외통상관계와 본 협정에 규정된 기타사항의 처리에 관하여 완전한 자치권을 보유하거나 또는 취득하는 경우에는 책임있는 체약국이 상기 사실을 확정하는 선언을 통한 제의에 의하여 동 영역은 하나의 체약국으로 간주된다.
6. 본 협정은 부속서 H에 표시된 해당란의 백분율에 따라 산출하여 동 부속서에 기재된 정부영역의 대외무역총액의 85%를 점하는 영역의 정부에 의하여 수락서가 체약국단의 사무총장에게 기탁된 일자로부터 30일 후에 본 협정을 수락한 정부 간에 효력을 발생한다. 각개 정부의 수락서는 동 수락서가 기탁된 일자로부터 30일 후에 효력을 발생한다.
7. 국제연합은 본 협정이 효력을 발생하는 즉시 등록의 효과를 발생시킬 권한을 가진다.

제 27 조 양허의 정지 또는 철회

체약국은 본 협정에 부속된 양허표에 규정된 양허로서, 체약국이 되지 아니한 또한 탈퇴한 정부와 최초로 교섭했던 양허하고 결정한 양허에 대하여는 언제든지 그 전부 또는 1부를 정지하거나 철회할 자유를 가진다. 동 조치를 취하는 체약국은 이를 체약국단에 통고하여야 하며 또한 요청이 있으면 당해 산품에 실질적인 이해관계가 있는 체약국과 협의하여야 한다.

제 28 조 양허표의 수정

1. 체약국(이하 본 조에서는 "신청체약국"이라 칭한다)은 본 협정에 부속된 해당 양허표에 포함된 양허에 대하여 최초로 교섭한 체약국, 주요 공급국으로서의 이해관계가 있다고 체약국단이 결정한 타체약국(이러한 두 종류의 체약국은 상기 신청 체약국과 함께 이하 본 조에서는 "주요 관계 체약국"이라 칭한다)과 교섭하여 합의하므로써, 그리고 동 양허에 의하여 실질적인 이해관계가 있다고 체약국단이 결정한 기타 체약국과 협의하는 것을 조건으로, 1958년 1월 1일부터 시작하는 각기 3년 기간의 최초일(또는 전체 체약국의 3분의 2 다수로 가결한 기타 기간의 최초일)에 수정하거나 철회할 수 있다.
2. 기타 산품에 관한 보상적 조정의 규정을 포함할 수 있는 상기의 교섭과 합의에 있어서 관계체약국은 동 교섭전에 본 협정에 규정된 수준보다 무역에 불리하지 아니한 상호적이며 호혜적인 일반적 수준을 유지하도록 노력하여야 한다.

3. (a) 1958년 1월 1일 이전 또는 본 조 제1항에 언급한 기간의 만료 이전에 주요 관계체약국 간에 합의가 성립되지 않을 경우에는 전기 양허의 수정과 철회를 제안하는 체약국은 이 사실에 불구하고 동 수정 또는 철회를 취할 수 있다. 만약 이러한 조치가 취하여진 경우에는 동 양허에 관하여 최초로 교섭한 체약국과 본 조 제1항의 규정에 따라 주요공급국으로서 이해 관계가 있다고 결정된 체약국은, 동 조치가 취하여진 후 6개월 이내에 체약국단이 동 철회의 서면통고를 접수한 후 30일이 만료하면 신청체약국과 최초로 교섭한 것과 실질적으로 동등한 양허를 철회할 자유를 가진다.

(b) 주요관계 체약국가에 합의가 성립되었으나 본 조 제1항에 따라 실질적인 이해관계가 있다고 결정된 기타 체약국이 만족하지 않을 경우에는, 상기 조치가 취하여 진 후 6개월을 초과하지 아니하는 기일 내에서는, 체약국단의 동 철회의 서면통고를 접수한 후 30일이 만료하면 동 기타 체약국은 신청체약국과 최초로 교섭한 것과 실질적으로 동등한 양허를 철회할 자유를 가진다.

4. 체약국단은 특별한 사정이 있을 때에는 언제든지 다음의 절차와 조건에 따를 것을 조건으로 하여 체약국이 본 협정에 부속된 양허표에 포함된 양허의 수정 또는 철회를 위한 교섭에 참가하는 것을 인정할 수 있다.

(a) 동 교섭과 이와 관련되는 협의는 본 조 제1항 및 제2항의 규정에 따라 수행되어야 한다.

(b) 만약 교섭을 통하여 주요 관계체약국 간에 합의가 도달되면 본 조 제3항 (b)의 규정이 적용된다.

(c) 만약 교섭이 인정된 이후 60일 이내 또는 체약국단이 지시한 것보다 긴 기간 이내에 주요 관계체약국 간에 합의가 도달되지 못하면 신청체약국은 동 문제를 체약국단에 의뢰할 수 있다.

(d) 체약국단이 전기한 의뢰를 받으면 동 문제의 해결을 위하여 즉시 이를 검토하고그 견해를 주요 체약국단에 제시하여야 한다. 만약 해결이 되면 주요 체약국 간에 합의가 도달되었을 경우처럼 제3항 (b)의 규정이 적용된다. 만약 주요 관계 체약국 간에 해결이 되지 아니하면 신청 체약국이 적절한 보상을 부당하게 제공하지 못하였다고 체약국단이 결정하지 아니하는 한, 신청체약국은 양허를 수정 또는 철회를 행할 자유를 가진다. 만약 이러한 조치가 취하여지면, 양허에 관하여 최초로 교섭한 체약국, 제4항 (a)의 규정에 따라 주요 공급국의 이해관계를 가졌다고 결정된 체약국 및 제4항 (a)의 규정에 따라 실질적인 이해관계를 가졌다고 결정된 체약국은, 동 조치가 취하여진 후 6개월 이내에는 체약국단이 철회의 서면통고를 접수한 후 30일이 만료되면 신청체약국과 최초로 교섭한 것과 실질적으로 동등한 양허를 수정 또는 철회할 수 있다.

5. 1958년 1월 1일 이전 또는 본 조 제1항에 규정된 기간이 끝나기 전에는 체약국은 체약국단에 권리를 유보할 것을 통고함으로서 차기 기간 중에 제1항에서 제3항까지에서 정한 절차에 따라 양허표를 수정할 권리를 가질 수 있다. 만약 어떤 체약국이 이러한 권리를 가질 때에는 기타의 체약국은 동 기간 중에 동일한 절차에 따라 동 체약국과 최초로 교섭한 양허를 수정하거나 철회할 권리를 가진다.

제28조의2 관세교섭

1. 체약국은 관세가 때로는 무역에 대한 중대한 장애가 된다는 사실을 인정한다. 이리하여 수출입에 대한 과세 및 과징금의 일반적 수준의 실질적인 인하 특히 최소한도의 수량의 수입까지도 억제하는 고관세율의 인하를 지향함과 아울러 본 협정의 목적과 각 체약국의 상이한 필요에 적절한 고려를 행하여 수행되는 상호적 및 호혜적 교섭은 국제무역의 확장에 중대한 의의를 가진다. 따라서 체약국단은 이러한 교섭을 수시로 주관(최)할 수 있다.
2. (a) 본 조에 따른 교섭은 선택적인 산품별로 또는 관계 체약국이 수락하는 다각적인 절차를 적용하여 수행될 수 있다. 이러한 교섭은 관세의 인하, 당시 시행되는 관세수준의 거치 또는 각 개의 관세나 또는 특정한 산품의 범주에 대한 평균관세가 특정의 수준을 초과하지 아니한다는 약속을 지향하여 행하여질 수 있다. 저율관세나 무세대우의 인상을 방지하는 거치는 그 가치에 있어서 고율관세의 인하와 동등한 양허로 인정된다.
   (b) 체약국은 일반적으로 다각적 교섭의 성공은 그들의 상호간의 대외무역의 상당한 부분을 점하고 있는 전 체약국의 참가에 의존하고 있음을 인정한다.
3. 교섭은 다음의 사항을 고려할 적절한 기회를 부여하는 기초위에서 수행되어야 한다.
   (a) 각 체약국 및 각 산업의 필요,
   (b) 저개발국이 그들의 산업개발을 조장하기 위하여 관세보호를 일층 탄력성 있게 이용할 필요 및 이러한 국가가 국가세입의 목적으로 관세를 유지할 특별한 필요,
   (c) 관계당사국의 재정상, 경제발전상, 전략상 및 기타의 필요를 포함하는 기타 관련된 모든 사정

제 29 조 본협정과 "하바나"헌장과의 관계

1. 체약국은 자국의 헌법상의 절차에 따라 "하바나"헌장을 수락할 때까지 동 헌장 제1장부터 제6장까지와 제9장의 일반적인 원칙을 행정상의 권한의 최대한도까지 준수할 것을 약속한다.
2. 본 협정의 제2부는 "하바나"헌장이 효력을 발생하는 일자에 그 효력이 정지된다.
3. 1949년 9월 30일까지 "하바나"헌장이 효력을 발생하지 못할 경우에는 체약국은 본 협정의 개정 보충 또는 유지 여부에 관하여 합의하기 위하여 1949년 12월 31일 이전에 회합하여야 한다.
4. "하바나"헌장이 효력을 상실하는 경우에는 체약국단은 본 협정의 보충, 개정 또는 유지 여부에 관하여 합의하기 위하여 그후 가급적 조속한 시일 내에 회합하여야 한다. 이러한 합의가 이루어질 때까지는 본 협정의 제2부는 다시 효력을 발생한다. 다만 제23조 이외의 제2부의 규정은 필요한 수정을 가하여 "하바나"헌장에 규정된 형태로 대체되어야 하며, 또한 체약국은 "하바나"헌장이 효력을 상실한 당시에 동국을 구속하지 아니하던 규정에 의하여 구속을 받지 아니한다.
5. "하바나"헌장이 효력을 발생하는 일자까지 "하바나"헌장을 수락하지 아니한 체약국이 있을 경우에는 체약국단은 본 협정이 동 체약국과 기타의 체약국 간의 관계에 영향을 주는 한 본 협정의 보충 또는 개정여부와 그 방법을 합의하기 위하여 협의하여야 한다. 이러한 합의가 이루어질 때까지는 본 협정의 제2부의 규정은 본 조 제2항의 규정에 불구하고 전기의 체약국과 기타 체약국 간에 계속 적용된다.

6. 국제무역기구의 가맹국인 체약국은 "하바나"헌장의 규정의 시행을 방해하기 위하여 본 협정의 규정을 원용하지 못한다. 국제무역기구의 가맹국이 아닌 체약국에 대한 본 항의 원칙의 적용은 본 조 제5항에 따른 합의에 의한다.

제 30 조   개정

1. 본 협정에서 수정에 관하여 별도로 규정되어 있는 경우를 제외하고는 본 협정 제1부와 제29조 및 본 조의 규정의 개정은 모든 체약국의 수락으로 효력이 발생하며, 본 협정의 기타 규정은 체약국의 3분의 2가 수락할 때 이를 수락한 국가에 관하여서만 효력이 발생하고, 그 이후에는 각개의 체약국이 수락한 때 동 체약국에 대하여 효력이 발생한다.
2. 본 협정의 개정을 수락하는 체약국은 체약국단이 정하는 특정한 기간 내에 국제 연합 사무총장에게 수락서를 기탁하여야 한다. 체약국단은 본 조에 의하여 효력을 발생한 개정이 체약국단이 정하는 기간 내에 그것을 수락하지 않은 체약국이 본 협정에서 탈퇴할 자유를 가지는 것인지 아니면 체약국단의 동의를 얻어 머물러 있을 수 있는 성질의 것인지를 결정할 수 있다.

제 31 조   탈퇴

체약국은 제18조 제12항, 제23조 또는 제30조 제2항의 규정에 저촉됨이 없이 본 협정으로부터 탈퇴할 수 있으며, 또는 자국이 국제적 책임을 지고 있으나 동시에 대외 통상관계와 본 협정에서 정하는 기타 사항 처리에 관하여 완전한 자치권을 가지고 있는 독립된 관세영역을 위하여 별도로 탈퇴할 수 있다. 탈퇴는 국제연합 사무총장이 탈퇴통고서를 접수한 일자로부터 6개월이 만료되면 효력을 발생한다.

제 32 조   체약국

1. 본 협정의 체약국이라 함은 제26조 또는 제33조에 의하거나 또는 잠정적 적용에 관한 의정서에 따라 본 협정의 규정을 적용하고 있는 정부를 말하는 것으로 양해된다.
2. 제26조 제4항에 따라 본 협정을 수락한 체약국은 제26조 제6항에 따라 본 협정이 효력을 발생한 후에는 언제든지 본 협정을 수락하지 아니한 체약국은 체약국이 아닌 것으로 결정할 수 있다.

제 33 조   가입

본 협정의 당사자가 아닌 정부 또는 대외통상관계와 본 협정에서 정하는 기타 사항의 처리에 관하여 완전한 자치권을 가진 독립된 관세영역을 위하여 활동하는 정부는 동 정부 자체 또는 동 관세영역을 위하여 동 정부와 체약국단 간에 합의된 조건에 따라 본 협정에 가입할 수 있다. 본 항에 따른 체약국단의 결정은 3분의 2 다수로서 행한다.

제 34 조   부속서

본 협정의 부속서는 본 협정의 불가분의 일부가 된다.

제35조 특별 체약국 간의 협정의 부(비)적용

1. 본 협정 또는 본 협정의 제2조는 다음과 같은 경우에는 어느 체약국과 기타 체약국 간에는 적용되지 아니한다.
   (a) 양 체약국이 상호간에 관세교섭을 개시하지 아니하였으며, 그리고
   (b) 양국 중의 1체약국이 체약국이 된 때에는 양국 중의 1체약국이 그 적용에 동의하지 않을 때
2. 체약국단은 체약국의 요청이 있는 경우에는 경우에 있어서의 본 조의 운용을 검토하고 아울러 적절한 권고를 행할 수 있다.

제4부 무역 및 개발

제36조 원칙 및 목적

1. 체약국은
   (a) 본 협정의 기본 목적이 모든 체약국의 생활수준의 향상과 경제의 점진적 발전을 포함하고 있음을 상기하고, 이 목적의 달성이 저개발체약국에 대하여는 특별히 긴급한 것임을 고려하고,
   (b) 저개발체약국의 수출수입이 그들의 경제적 개발에 결정적인 역할을 할 수 있음과 아울러 그 기여도는 저개발체약국이 불가결한 수입에 대하여 지불하는 가격, 그들의 수출수량 및 이러한 수출에 대하여 받는 가격에 좌우된다는 점을 고려하고,
   (c) 저개발국과 기타 국가와의 생활수준간에는 현저한 격차가 있음에 유의하고,
   (d) 저개발체약국의 경제개발을 증진하고 이들 국가에 있어서 생활수준의 급속한 향상을 초래하기 위하여 개별적 및 공동활동이 필요불가결한 것임을 인정하고
   (e) 경제적 및 사회적 향상을 달성하는 수단으로서의 국제무역은 본 조에 규정된 목적에 부합하는 규칙과 절차 그리고 이러한 규칙과 절차에 일치하는 조치에 의하여 규제되어야 할 것임을 인정하고,
   (f) 체약국단은 저개발체약국으로 하여금 그들의 무역과 개발을 촉진하기 위하여 특별한 조치를 취하도록 할 수 있음을 유의하여,
   다음과 같이 합의한다.
2. 저개발체약국의 수출수입의 급속하고도 지속적인 증대가 필요하다.
3. 저개발체약국으로 하여금 그들의 경제 개발의 필요에 상응하는 국제무역의 성장에 있어서의 몫을 확보하게 할 적극적인 노력이 필요하다.
4. 많은 저개발체약국이 한정된 범위의 일차산품의 수출에 계속 의존하고 있으므로 가능한 한 최대한도로 이러한 산품이 세계 시장에 진출하는데 보다 유리하고 만족할만한 조건을 마련할 필요가 있으며, 또한 적절한 경우에는 언제든지 저개발체약국의 경제적 발전에 증대된 자원을 제공하기 위하여 세계무역과 수요의 확대와 아울러 저개발체약국의 실질 수출수입의 부단하고 착실한 증대를 가능케 하도록, 특히 안정되고 정당하고 채산이 맞는 가격을 확보하는 조치를 포함하여 이들 산품에 관한 세계시장조건의 안정 및 개선을 의도한 조치를 강구하는 것이 필요하다.

5. 저개발체약국의 경제의 급속한 확대는 그들의 경제구조의 다양화와 아울러 일차산품의 수출에 대한 과도한 의존을 회피하므로서 용이하게 될 것이다. 따라서 현재 또는 잠재적으로 저개발체약국에 대하여 특별한 수출상의 관심의 대상이 되는 가공품과 제품을 가능한 한 최대한의 방법으로 유리한 조건하에서 시장에 진출시키는 것을 증진할 필요가 있다.
6. 저개발체약국에는 수출수입과 기타 외환수입의 만성적 부족 때문에 무역과 개발을 위한 재정적 원조간에는 중요한 상호 연관성이 존재한다. 따라서 체약국단과 국제적인 융자기관은 저개발 체약국이 그들의 경제개발을 위하여 지는 부담을 경감시키기 위하여 가장 효과적으로 공헌할 수 있도록 상호간에 긴밀하고 계속적인 협력을 할 필요가 있다.
7. 체약국단과 저개발국의 무역과 경제적 개발에 관련되는 활동을 하는 기타 정부 간 기구 및 국제연합 체제하의 각 원조기구 간에는 적절한 협력이 필요하다.
8. 개발된 체약국은 무역 협상에 있어서 저개발체약국의 무역에 대한 관세나 기타 장애를 경감하거나 제거하기 위한 그들의 약속에 대하여 상호주의를 기대하지 아니한다.
9. 이들 원칙과 목적을 실현하기 위한 조치의 채택은 체약국이 개별적으로나 공동적으로 취할 의식적이고 또한 목적있는 노력의 과제이어야 한다.

제 37 조 약속

1. 개발된 체약국은 가능한 한 최대한 즉, 법적인 이유를 포함하여 부득이한 이유에 의하여 불가능한 경우를 제외하고는, 다음의 제 규정을 실시하여야 한다.
   (a) 저개발체약국이 현재에 또는 잠재적으로 특별한 수출상의 관심을 가지고 있는 산품에 대하여, 원래의 형태와 가공된 형태와 산품간에 부당한 차별을 과하는 관세나 기타 제한을 포함한 장애를 경감하거나 폐지하는데 높은 우선권을 부여할 것
   (b) 저개발 체약국이 현재에 또는 잠재적으로 특별한 수출상의 관심을 가지고 있는 산품에 대한 관세나 비관세수입 장애를 도입하거나 강화하는 것을 삼가할 것
   (c) 전부 또는 대부분이 저개발체약국의 영역 내에서 생산되는 원료나 또는 가공형태의 일차산품의 소비 증대를 현저히 저해하는 것으로서 특별히 이러한 산품에만 적용되는 재정적 조치에 관하여,
   (i) 새로운 재정적 조치를 과하는 것을 삼가할 것, 그리고
   (ii) 재정 정책의 조정에 있어서는 이러한 재정적 조치의 경감과 폐지에 높은 우선권을 부여할 것
2. (a) 제1항의 (a), (b) 또는 (c)항의 규정이 실시되고 있지 아니하다고 인정될 때에는 이 문제는 당해 규정을 실시하고 있지 아니하는 체약국 또는 이해관계가 있는 체약국에 의하여 체약국단에 보고되어야 한다.
   (b) (i) 체약국단은 이해관계가 있는 체약국의 요청이 있으면, 제36조에 규정된 목적을 조장하기 위하여, 모든 관계 체약국에게 만족할만한 해결에 도달할 목적으로, 시도될 수도 있는 쌍무협의를 방해함이 없이, 동 문제에 관하여 관계체약국 및 모든 이해관계가 있는 체약국과 협의하여야 한다. 이와 같은 협의의 과정에서 제1항 (a), (b) 또는 (c)항의 규정이 실시되지 아니한 경우에는 제시된 이유가 검토되어야 한다.
   (ii) 개별체약국에 의한 제1항의 (a), (b) 또는 (c)항의 규정의 이행은 때로는 다른 개발된 체약국과 공동으로 함으로써 보다 용이하게 달성될 수도 있으므로 적당한 경우에는 전기한 협의는 이 목적을 위하여 행할 수 있다.

(iii) 체약국단에 의한 협의는 또한, 적당한 경우에는, 제25조 제1항에 규정된 본 협정의 목적을 조장시키기 위한 공동 행동에 관한 합의를 위하여 행할 수 있다.
3. 개발된 체약국은,
   (a) 저개발체약국의 영역 내에서 전부 또는 대부분이 생산되는 산품의 재판매가격을 정부가 직접 또는 간접으로 결정하는 경우에는 무역 이익을 정당한 수준으로 유지하기 위하여 모든 노력을 하여야 한다.
   (b) 저개발체약국으로부터의 수입증진에 보다 큰 여지를 제공하기 위한 기타 조치를 취할 것을 적극적으로 고려하고 아울러 이 목적을 위하여 적절한 국제적 활동을 하는데 있어서 협력하여야 한다.
   (c) 특정문제를 해결하기 위하여 본 협정에 의하여 허용된 기타 조치의 적용을 고려할 때에는 저개발 체약국의 무역상의 이익에 특별한 고려를 하여야 하며 아울러 동 조치가 이러한 체약국의 중대한 이익에 영향을 미칠 때에는 이 조치를 적용하기 전에 가능한 모든 건설적인 구제조치를 모색하여야 한다.
4. 저개발체약국은 제4부의 규정을 실시함에 있어서 과거의 무역 추이 및 저개발체약국 전체의 무역상의 이익을 고려하여, 현재 및 미래에 있어서 자국의 개발상, 재정상, 무역상의 필요에 합치하는 한 기타의 저개발체약국의 무역상 이익을 위하여 적절한 조치를 취하는데 동의한다.
5. 각 체약국은, 제1항부터 제4항까지에 규정된 약속을 실시함에 있어서 야기되는 문제 또는 난점에 관하여, 본 협정의 정상적인 절차에 따른 협의를 위하여 이해관계가 있는 기타 체약국 또는 체약국들에게 충분한 기회를 부하여야 한다.

제 38 조 공동 행동

1. 체약국은 제36조에 규정된 목적을 증진하기 위하여 본 협정의 범위 내에서 또는 적당한 경우에는 기타 방법으로 공동으로 협조하여야 한다.
2. 특히 체약국단은,
   (a) 적당한 경우에는, 저개발체약국이 특별한 관심을 가진 일차산품에 대하여 세계시장의 진출을 위한 개선되고 만족할 만한 조건을 제공하며 아울러 이러한 산품에 대한 안정되고 정당하며 채산이 맞는 수출가격을 확보하는 조치를 포함하여 이러한 산품의 세계시장 조건을 안정시키고 개선하기 위한 조치를 강구할 목적으로 국제적 약정을 통한 활동을 포함한 조치를 취하여야 한다.
   (b) 무역 및 개발정책 문제에 관하여는 국제연합과 국제연합 통상 및 개발회의의 권고에 따라 설립되는 기관을 포함한 국제연합의 기관 또는 산하기구와 적절한 협력을 하여야 한다.
   (c) 개별적인 저개발체약국의 개발계획 및 정책을 분석하고, 잠재적인 수출능력의 개발을 촉진하며 그리하여 개발된 산업의 산품을 위한 수출시장 진출을 용이하게 하게 위한 구체적 조치를 강구할 목적으로 무역과 원조의 관계를 검토하고, 이와 관련하여 잠재적인 수출 능력, 시장 전망 및 기타 필요한 조치의 명료한 분석을 얻기 위한 목적으로, 개별적인 저개발체약국에 있어서의 무역과 원조관계의 체계적인 연구를 행함에 있어 각국 정부와 국제기구 특히 경제개발을 위한 자금상의 원조에 관하여 권한 있는 기구와 적절한 협력을 하여야 한다.

(d) 저개발체약국의 무역성장율에 특별한 고려를 하여 세계무역의 추이를 계속적으로 검토하고 체약국에 대하여 그 상황에 따라 적당하다고 인정되는 권고를 행하여야 한다.
(e) 각국의 국내정책과 법규의 국제적 조화와 조정, 생산, 운송 및 시장판매에 관련되는 기술적 및 상업적 기준, 그리고 무역에 관한 정보교환의 증대와 시장조사의 발전을 위한 시설의 설치에 의한 수출의 증진 등을 통하여 경제개발을 위하여 무역을 확대함에 있어서 가능한 방법을 모색하는데 협력하여야 한다. 그리고
(f) 제36조에 규정한 목적을 증진하고 본 제4부의 규정을 실시하기 위하여 필요한 제도를 설립하여야 한다.

부속서 1 주석 및 보충규정

제 3 조에 관하여

내국세, 내국과징금 또는 제1항에 열거한 종류의 법률, 규정 또는 요건으로서 수입산품 및 동종의 국내산품에 적용되고 또한 수입산품인 경우에는 수입시 또는 수입지점에서 징수 또는 실시되는 것은 내국세 및 내국과징금 또는 제1항에 열거한 종류의 법률, 규칙 또는 요건으로 간주하며 따라서 제3조의 규정을 적용한다.

제 1 항

체약국 영역 내의 지방정부와 지방기관에 의하여 부과되는 내국세에 대한 제1항의 적용은 제24조 최종항의 규정의 적용을 받는다. 동 최종항에서 "합리적인 조치"라 함은 예를 들면, 비록 형식적으로는 제3조의 자구에 합치되지는 않지만 실제에 있어서는 그 정신에 합치하는 내국세를 과하는 권한을 지방정부에게 부여한 현행의 국내 법률의 폐지가 관계 지방정부 또는 지방기관에 대하여 중대한 재정적 난점을 초래할 경우에는, 그 폐지를 요구하지 아니한다. 지방정부 또는 지방기관이 과하는 내국세로서 제3조의 자구뿐만 아니라 정신에도 합치하지 아니하는 내국세에 관하여 "합리적 조치"라 함은 급격한 조치가 행정상 및 재정상에 중대한 난점을 야기시킬 경우에 체약국이 과도기 중에 그러한 모순되는 세금의 부과를 점차 폐지하는 것을 허용한다.

제 2 항

제2항의 최초의 문장의 요건에 합치하는 조세는 과세된 산품을 일방으로, 유사한 방법으로 과세되지 아니한 직접적 경쟁산품 또는 대체산품을 타방으로 하여 양자 간에 경쟁이 있는 경우에 한하여 제2의 문장의 규정에 모순되는 것으로 간주한다.

제 5 항

제5항의 최초의 문장의 규정에 합치하는 규칙은 동 규칙의 적용을 받는 모든 산품이 실질적인 수량에 있어서 국내에서 생산되는 경우에는 둘째의 문장의 규정에 위배되는 것으로 인정되지 아니한다. 여하한 규칙도 그 적용을 받은 각 산품에 할당된 비율 또는 수량이 수입산품과 국내산품간에 정당한 관계를 형성한다는 것을 이유로 둘째의 문장의 규정과 합치되는 것으로 정당화될 수 없다.

제 5 조에 관하여

제 5 항

수송요금에 관하여 제5항에 규정된 원칙은 같은 조건하에 같은 경로로 수송된 동종의 산품에 관계된다.

해커스공무원 학원·인강
gosi.Hackers.com

X

우리나라 관련 규범

01 | 한미상호방위조약
02 | 영해 및 접속수역법
03 | 범죄인 인도법
04 | 배타적 경제수역 및 대륙붕에 관한 법률
05 | 난민법
06 | 국제연합 평화유지활동 참여에 관한 법률
07 | 공공외교법
08 | 국제개발협력기본법

X | 우리나라 관련 규범

01 | 한미상호방위조약(1953채택/1954발효)

본 조약의 당사국은 모든 국민과 모든 정부와 평화적으로 생활하고자 하는 희망을 재인식하며 또한 태평양지역에 있어서의 평화기구를 공고히 할 것을 희망하고 당사국 중 어느 일방이 태평양지역에 있어서 고립하여 있다는 환각을 어떠한 잠재적 침략자도 가지지 않도록 외부로부터의 무력공격에 대하여 그들 자신을 방위하고자 하는 공통의 결의를 공공연히 또한 정식으로 선언할 것을 희망하고 또한 태평양지역에 있어서 더욱 포괄적이고 효과적인 지역적 안전보장 조직이 발생될 때까지 평화와 안전을 유지하고자 집단적 방위를 위한 노력을 공고히 할 것을 희망하여 다음과 같이 합의한다.

제 1 조
당사국은 관련될지도 모르는 어떠한 국제적 분쟁이라도 국제적 평화와 안전과 정의를 위태롭게 하지 않는 방법으로 평화적 수단에 의하여 해결하고 또한 국제관계에 있어서 국제연합의 목적이나 당사국이 국제연합에 대하여 부담한 의무에 배치되는 방법으로 무력에 의한 위협이나 무력의 행사를 삼가할 것을 약속한다.

제 2 조
당사국 중 어느 일방의 정치적 독립 또는 안정이 외부로부터의 무력침공에 의하여 위협을 받고 있다고 어느 당사국이든지 인정할 때에는 언제든지 당사국은 서로 협의한다. 당사국은 단독적으로나 공동으로나 자조와 상호원조에 의하여 무력공격을 방지하기 위한 적절한 수단을 지속하여 강화시킬 것이며, 본 조약을 실행하고 그 목적을 추진할 적절한 조치를 협의와 합의하에 취할 것이다.

제 3 조
각 당사국은 타 당사국의 행정관리하에 있는 영토 또한 금후 각 당사국이 타 당사국의 행정관리하에 합법적으로 들어갔다고 인정하는 영토에 있어서 타 당사국에 대한 태평양지역에 있어서의 무력공격을 자국의 평화와 안전을 위태롭게 하는 것이라고 인정하고 공통한 위험에 대처하기 위하여 각자의 헌법상의 수속에 따라 행동할 것을 선언한다.

제 4 조
상호합의에 의하여 결정된 바에 따라 미합중국의 육군, 해군과 공군을 대한민국의 영토 내와 그 주변에 배치하는 권리를 대한민국은 이를 허용(許與)하고 미합중국은 이를 수락한다.

제 5 조

본 조약은 대한민국과 미합중국에 의하여 각자의 헌법상의 절차에 따라 비준되어야 하며, 그 비준서가 양국에 의하여 워싱턴에서 교환되었을 때에 효력을 발생한다.

제 6 조

본 조약은 무기한으로 유효하다. 어느 당사국이든지 타 당사국에 통고한 일년 후에 본 조약을 종지시킬 수 있다.

이상의 증거로서 하기 전권위원은 본 조약에 서명하였다.

본 조약은 1953년 10월 1일 워싱턴에서 한국문과 영문의 2통으로 작성되었다.

대한민국을 위하여 변 영 태

미합중국을 위하여 존 포스터 델레스

02 | 영해 및 접속수역법(1977제정)

제 1 조 영해의 범위
대한민국의 영해는 기선으로부터 측정하여 그 바깥쪽 12해리의 선까지에 이르는 수역으로 한다. 다만, 대통령령이 정하는 바에 따라 일정수역에 있어서는 12해리 이내에서 영해의 범위를 따로 정할 수 있다.

제 2 조 기선
① 영해의 폭을 측정하기 위한 통상의 기선은 대한민국이 공식적으로 인정한 대축척해도에 표시된 해안의 저조선으로 한다.
② 지리적 특수사정이 있는 수역의 경우에는 대통령령으로 정하는 기점을 연결하는 직선을 기선으로 할 수 있다.

제 3 조 내수
영해의 폭을 측정하기 위한 기선으로부터 육지쪽에 있는 수역은 내수로 한다.

제3조의2 접속수역의 범위
대한민국의 접속수역은 기선으로부터 측정하여 그 바깥쪽 24해리의 선까지에 이르는 수역에서 대한민국의 영해를 제외한 수역으로 한다. 다만, 대통령령이 정하는 바에 따라 일정수역의 경우에는 기선으로부터 24해리 이내에서 접속수역의 범위를 따로 정할 수 있다.

제 4 조 인접 또는 대향국과의 경계선
대한민국과 인접하거나 대향하고 있는 국가와의 영해 및 접속수역의 경계선은 관계국과의 별도의 합의가 없는 한 두 나라가 각자 영해의 폭을 측정하는 기선상의 가장 가까운 지점으로부터 같은 거리에 있는 모든 점을 연결하는 중간선으로 한다.

제 5 조 외국선박의 통항
① 외국선박은 대한민국의 평화·공공질서 또는 안전보장을 해치지 아니하는 한 대한민국의 영해를 무해통항할 수 있다. 외국의 군함 또는 비상업용 정부선박이 영해를 통항하려는 경우에는 대통령령이 정하는 바에 따라 관계 당국에 미리 알려야 한다.
② 외국선박이 그 통항할 때 다음 각호의 행위를 하는 경우에는 대한민국의 평화·공공질서 또는 안전보장을 해치는 것으로 본다. 다만, 제2호부터 제5호까지, 제11호 및 제13호의 행위로서 관계 당국의 허가·승인 또는 동의를 얻은 경우에는 그러하지 아니하다.
  1. 대한민국의 주권·영토보전 또는 독립에 대한 어떠한 힘의 위협이나 행사, 그 밖에 국제연합헌장에 구현된 국제법원칙을 위반한 방법으로 행하는 어떠한 힘의 위협이나 행사
  2. 무기를 사용하여 하는 훈련 또는 연습
  3. 항공기의 이함·착함 또는 탑재
  4. 군사기기의 발진·착함 또는 탑재
  5. 잠수항행
  6. 대한민국의 안전보장에 유해한 정보를 수집

7. 대한민국의 안전보장에 유해한 선전·선동
8. 대한민국의 관세·재정·출입국관리 또는 보건·위생에 관한 법규에 위반되는 물품이나 통화의 양하·적하 또는 사람의 승선·하선
9. 대통령령이 정하는 기준을 초과하는 오염물질의 배출
10. 어로
11. 조사 또는 측량
12. 대한민국 통신체제의 방해 또는 설비 및 시설물의 훼손
13. 통항과 직접 관련 없는 행위로서 대통령령이 정하는 것

③ 대한민국의 안전보장을 위하여 필요하다고 인정되는 경우에는 대통령령이 정하는 바에 따라 일정수역을 정하여 외국선박의 무해통항을 일시적으로 정지시킬 수 있다.

제 6 조 정선 등

외국선박(외국의 군함 및 비상업용정부선박을 제외한다. 이하 같다)이 제5조의 규정을 위반한 혐의가 있다고 인정되는 때에는 관계당국은 정선·검색·나포 기타 필요한 명령이나 조치를 할 수 있다.

제6조의2 접속수역에서의 관계 당국의 권한

대한민국의 접속수역에서 관계 당국은 다음 각호의 목적에 필요한 범위 안에서 법령이 정하는 바에 따라 그 직무권한을 행사할 수 있다.
1. 대한민국의 영토 또는 영해에서 관세·재정·출입국관리 또는 보건·위생에 관한 대한민국의 법규를 위반하는 행위의 방지
2. 대한민국의 영토 또는 영해에서 관세·재정·출입국관리 또는 보건·위생에 관한 대한민국의 법규를 위반한 행위의 제재

제 7 조 조약 등과의 관계

대한민국의 영해 및 접속수역과 관련하여 이 법에서 규정하지 아니한 사항에 관하여는 헌법에 의하여 체결·공포된 조약이나 일반적으로 승인된 국제법규에 따른다.

제 8 조 벌칙

① 제5조 제2항 또는 제3항의 규정을 위반한 외국선박의 승무원이나 그 밖의 승선자는 5년 이하의 징역 또는 3억원 이하의 벌금에 처하고 정상을 고려하여 필요할 때에는 해당 선박·기재·채포물 기타 위반물품을 몰수할 수 있다.
② 제6조에 따른 명령이나 조치를 거부·방해 또는 기피한 외국선박의 승무원이나 그 밖의 승선자는 2년 이하의 징역 또는 1억원 이하의 벌금에 처한다.
③ 제1항 및 제2항의 경우 징역형과 벌금형은 이를 병과할 수 있다.
④ 이 조를 적용할 때 그 행위가 이 법 외의 다른 법률에 규정된 죄에 해당하는 경우에는 그 중 가장 무거운 형으로 처벌한다.

제 9 조 군함 등에 대한 특례

외국의 군함이나 비상업용 정부선박 또는 그 승무원이나 그 밖의 승선자가 이 법이나 그 밖의 다른 법령을 위반한 때에는 이의 시정이나 영해로부터의 퇴거을 요구할 수 있다.
부칙 <법률 제15429호, 2018.3.13>
이 법은 공포 후 3개월이 경과한 날부터 시행한다.

03 | 범죄인 인도법(1988제정)

제1장 총칙

제1조 목적
이 법은 범죄인 인도에 관하여 그 범위와 절차 등을 정함으로써 범죄 진압 과정에서의 국제적인 협력을 증진함을 목적으로 한다.

제2조 정의
이 법에서 사용하는 용어의 뜻은 다음과 같다.
1. "인도조약"이란 대한민국과 외국 간에 체결된 범죄인의 인도에 관한 조약·협정 등의 합의를 말한다.
2. "청구국"이란 범죄인의 인도를 청구한 국가를 말한다.
3. "인도범죄"란 범죄인의 인도를 청구할 때 그 대상이 되는 범죄를 말한다.
4. "범죄인"이란 인도범죄에 관하여 청구국에서 수사나 재판을 받고 있는 자 또는 유죄의 재판을 받은 사람을 말한다.
5. "긴급인도구속"이란 도망할 염려가 있는 경우 등 긴급하게 범죄인을 체포·구금하여야 할 필요가 있는 경우 범죄인 인도청구가 뒤따를 것을 전제로 하여 범죄인을 체포·구금하는 것을 말한다.

제3조 범죄인 인도사건의 전속관할
이 법에 규정된 범죄인의 인도심사 및 그 청구와 관련된 사건은 서울고등법원과 서울고등검찰청의 전속관할로 한다.

제3조의2 인도조약과의 관계
범죄인 인도에 관하여 인도조약에 이 법과 다른 규정이 있는 경우에는 그 규정에 따른다.

제4조 상호주의
인도조약이 체결되어 있지 아니한 경우에도 범죄인의 인도를 청구하는 국가가 동종의 또는 유사한 인도범죄에 대한 대한민국의 범죄인 인도청구에 응한다는 보증이 있는 경우에는 이 법을 적용한다.

제2장 외국으로의 범죄인 인도

제1절 인도사유와 인도의 제한

제5조 인도에 관한 원칙
대한민국 영역에 있는 범죄인은 이 법이 정하는 바에 따라 청구국의 인도청구에 의하여 소추, 재판 또는 형의 집행을 위하여 청구국에 인도할 수 있다.

제 6 조 　 인도범죄

대한민국과 청구국의 법률에 따라 인도범죄가 사형·무기징역·무기금고·장기 1년 이상의 징역 또는 금고에 해당하는 경우에만 범죄인을 인도할 수 있다.

제 7 조 　 절대적 인도거절 사유

다음 각 호의 어느 하나에 해당하는 경우에는 범죄인을 인도하여서는 아니된다.
1. 대한민국 또는 청구국의 법률에 따라 인도범죄에 관한 공소시효 또는 형의 시효가 완성된 경우
2. 인도범죄에 관하여 대한민국 법원에서 재판이 계속 중이거나 재판이 확정된 경우
3. 범죄인이 인도범죄를 범하였다고 의심할만한 상당한 이유가 없는 경우. 다만, 인도범죄에 관하여 청구국에서 유죄의 재판이 있는 경우는 제외한다.
4. 범죄인이 인종·종교·국적·성별·정치적 신념 또는 특정 사회단체에 속한 것 등을 이유로 처벌되거나 그 밖의 불리한 처분을 받을 염려가 있다고 인정되는 경우

제 8 조 　 정치적 성격을 지닌 범죄 등의 인도거절

① 인도범죄가 정치적 성격을 지닌 범죄이거나 그와 관련된 범죄인 경우에는 범죄인을 인도하여서는 아니된다. 다만, 인도범죄가 다음 각 호의 어느 하나에 해당하는 경우에는 그러하지 아니하다.
　1. 국가원수·정부수반 또는 그 가족의 생명·신체를 침해하거나 위협하는 범죄
　2. 다자간 조약에 의하여 대한민국이 범죄인에 대하여 재판권을 행사하거나 범죄인을 인도할 의무를 부담하고 있는 범죄
　3. 여러 사람의 생명·신체를 침해·위협하거나 이에 대한 위험을 발생시키는 범죄
② 인도청구가 범죄인이 범한 정치적 성격을 지닌 다른 범죄에 대하여 재판을 하거나 그러한 범죄에 대하여 이미 확정된 형을 집행할 목적으로 행하여진 것이라고 인정되는 경우에는 범죄인을 인도하여서는 아니된다.

제 9 조 　 임의적 인도거절 사유

다음 각 호의 어느 하나에 해당하는 경우에는 범죄인을 인도하지 아니할 수 있다.
1. 범죄인이 대한민국 국민인 경우
2. 인도범죄의 전부 또는 일부가 대한민국 영역에서 범한 것인 경우
3. 범죄인이 인도범죄 외의 범죄에 관하여 대한민국 법원에 재판이 계속 중인 경우 또는 형의 선고를 받고 그 집행이 끝나지 아니하거나 면제받지 아니한 경우
4. 범죄인이 인도범죄에 관하여 제3국(청구국이 아닌 외국을 말한다. 이하 같다)에서 재판을 받고 처벌되었거나 처벌받지 아니하기로 확정된 경우
5. 인도범죄의 성격과 범죄인이 처한 환경 등에 비추어 범죄인을 인도하는 것이 비인도적이라고 인정되는 경우

제 10 조 　 인도가 허용된 범죄 외의 처벌금지에 관한 보증

인도된 범죄인이 다음 각 호의 어느 하나에 해당하는 경우를 제외하고는 인도가 허용된 범죄 외의 범죄로 처벌받지 아니하고 제3국에 인도되지 아니한다는 청구국의 보증이 없는 경우에는 범죄인을 인도하여서는 아니된다.
1. 인도가 허용된 범죄사실의 범위에서 유죄로 인정될 수 있는 범죄 또는 인도된 후에 범한 범죄로 범죄인을 처벌하는 경우

2. 범죄인이 인도된 후 청구국의 영역을 떠났다가 자발적으로 청구국에 재입국한 경우
3. 범죄인이 자유롭게 청구국을 떠날 수 있게 된 후 45일 이내에 청구국의 영역을 떠나지 아니한 경우
4. 대한민국이 동의하는 경우

제10조의2 동의 요청에 대한 법무부장관의 조치
법무부장관은 범죄인을 인도받은 청구국으로부터 인도가 허용된 범죄 외의 범죄로 처벌하거나 범죄인을 제3국으로 다시 인도하는 것에 관한 동의 요청을 받은 경우 그 요청에 타당한 이유가 있다고 인정될 때에는 이를 승인할 수 있다. 다만, 청구국이나 제3국에서 처벌하려는 범죄가 제7조 각 호 또는 제8조에 해당되는 경우에는 이를 승인하여서는 아니된다.

제 2 절 인도심사 절차

제 11 조 인도청구를 받은 외교부장관의 조치
외교부장관은 청구국으로부터 범죄인의 인도청구를 받았을 때에는 인도청구서와 관련자료를 법무부장관에게 송부하여야 한다.

제 12 조 법무부장관의 인도심사청구명령
① 법무부장관은 외교부장관으로부터 제11조에 따른 인도청구서 등을 받은 때에는 이를 서울고등검찰청검사장에게 송부하고 소속 검사로 하여금 서울고등법원(이하 "법원"이라 한다)에 범죄인의 인도허가 여부에 관한 심사(이하 "인도심사"라 한다)를 청구하도록 명하여야 한다. 다만, 인도조약 또는 이 법에 따라 범죄인을 인도할 수 없거나 인도하지 아니하는 것이 타당하다고 인정되는 경우에는 그러하지 아니하다.
② 법무부장관은 제1항 단서에 따라 인도심사청구명령을 하지 아니하는 경우에는 그 사실을 외교부장관에게 통지하여야 한다.

제 13 조 인도심사청구
① 검사는 제12조 제1항의 규정에 의한 법무부장관의 인도심사청구명령이 있는 때에는 지체없이 법원에 인도심사를 청구하여야 한다. 다만, 범죄인의 소재를 알 수 없는 경우에는 그러하지 아니하다.
② 범죄인이 제20조에 따른 인도구속영장에 의하여 구속되었을 때에는 구속된 날로부터 3일 이내에 인도심사를 청구하여야 한다.
③ 인도심사의 청구는 관계 자료를 첨부하여 서면으로 하여야 한다.
④ 검사는 인도심사를 청구하였을 때에는 그 청구서의 부본을 범죄인에게 송부하여야 한다.

제 14 조 법원의 인도심사
① 법원은 제13조에 따른 인도심사의 청구를 받았을 때에는 지체 없이 인도심사를 시작하여야 한다.
② 법원은 범죄인이 인도구속영장에 의하여 구속 중인 경우에는 구속된 날로부터 2월 이내에 인도심사에 관한 결정을 하여야 한다.

③ 범죄인은 인도심사에 관하여 변호인의 조력을 받을 수 있다.
④ 제3항의 경우에는 「형사소송법」 제33조를 준용한다.
⑤ 법원은 인도심사에 관한 결정을 하기 전에 범죄인과 그의 변호인에게 의견을 진술할 기회를 주어야 한다. 다만, 인도심사청구 각하결정 또는 인도거절 결정을 하는 경우에는 그러하지 아니하다.
⑥ 법원은 인도심사를 하면서 필요하다고 인정할 때에는 증인을 신문할 수 있고, 감정·통역 또는 번역을 명할 수 있다.
⑦ 제6항의 경우에는 심사청구의 성질에 반하지 아니하는 범위에서 「형사소송법」 제1편 제12장부터 제14장 및 제16장을 준용한다.

제 15 조 법원의 결정

① 법원은 인도심사의 청구에 대하여 다음의 구분에 따라 결정을 하여야 한다.
  1. 인도심사의 청구가 적법하지 아니하거나 취소된 경우: 인도심사청구각하결정
  2. 범죄인을 인도할 수 없다고 인정되는 경우: 인도거절 결정
  3. 범죄인을 인도할 수 있다고 인정되는 경우: 인도허가 결정
② 제1항에 따른 결정에는 그 이유를 구체적으로 밝혀야 한다.
③ 제1항에 따른 결정은 그 주문을 검사에게 통지함으로써 효력이 발생한다.
④ 법원은 제1항에 따른 결정을 하였을 때에는 지체 없이 검사 및 범죄인에게 결정서의 등본을 송달하고, 검사에게 관계 서류를 반환하여야 한다.

제15조의2 범죄인의 인도 동의

① 범죄인이 청구국으로 인도되는 것에 동의하는 경우 법원은 신속하게 제15조에 따른 결정을 하여야 한다. 이 경우 제9조에 해당한다는 이유로 인도거절 결정을 할 수 없다.
② 제1항에 따른 동의는 서면으로 법원에 제출되어야 하며, 법원은 범죄인의 진의 여부를 직접 확인하여야 한다.
③ 제1항에 따른 결정이 있는 경우 법무부장관은 제34조 제1항의 규정에 의한 명령 여부를 신속하게 결정하여야 한다.

제 16 조 인도청구의 경합

① 법무부장관은 둘 이상의 국가로부터 동일 또는 상이한 범죄에 관하여 동일한 범죄인에 대한 인도청구를 받은 경우 범죄인을 인도할 국가를 결정하여야 하며, 필요한 경우 외교부장관과 협의할 수 있다.
② 제1항에 따른 결정을 할 때에는 인도범죄의 발생일시·장소·중요성, 인도청구일자, 범죄인의 국적 및 거주지 등을 참작하여야 한다.

제 17 조 물건의 양도

① 법원은 인도범죄로 인하여 생겼거나 인도범죄로 인하여 취득한 물건 또는 인도범죄에 관한 증거로 사용될 수 있는 물건 중 대한민국영역에서 발견된 것은 검사의 청구에 의하여 청구국에 양도할 것을 허가할 수 있다. 범죄인의 사망 또는 도망으로 인하여 범죄인 인도가 불가능한 경우에도 또한 같다.
② 제1항에 따라 청구국에 양도할 물건에 대한 압수·수색은 검사의 청구로 서울고등법원 판사(이하 "판사"라 한다)가 발부하는 압수·수색영장에 의하여 한다.

③ 제2항의 경우에는 그 성질에 반하지 아니하는 범위에서 「형사소송법」 제1편 제10장을 준용한다.

제 18 조 인도심사청구명령의 취소

① 외교부장관은 제11조에 따른 서류를 송부한 후에 청구국으로부터 범죄인의 인도청구를 철회한다는 통지를 받았을 때에는 그 사실을 법무부장관에게 통지하여야 한다.
② 법무부장관은 제12조 제1항 본문의 규정에 의한 인도심사청구명령을 한 후에 외교부장관으로부터 제1항에 따른 통지를 받거나 제12조 제1항 단서에 해당하게 되었을 때에는 인도심사청구명령을 취소하여야 한다.
③ 검사는 제13조 제1항에 따른 인도심사청구를 한 후에 인도심사청구명령이 취소되었을 때에는 지체 없이 인도심사청구를 취소하고 범죄인에게 그 내용을 통지하여야 한다.
④ 제3항의 규정에 의한 인도심사청구의 취소는 서면으로 하여야 한다.

제 3 절 범죄인의 인도구속

제 19 조 인도구속영장의 발부

① 검사는 제12조 제1항의 규정에 의한 법무부장관의 인도심사청구명령이 있을 때에는 인도구속영장에 의하여 범죄인을 구속하여야 한다. 다만, 범죄인이 주거가 일정하고 도망할 염려가 없다고 인정되는 때에는 그러하지 아니하다.
② 인도구속영장은 검사의 청구에 의하여 판사가 발부한다.
③ 인도구속영장에는 다음 각 호의 사항을 적고 판사가 서명날인하여야 한다.
  1. 범죄인의 성명·주거·국적
  2. 청구국의 국명
  3. 인도범죄명
  4. 인도범죄 사실의 요지
  5. 인치구금 할 장소
  6. 영장 발부일 및 그 유효기간과 그 기간이 지나면 집행에 착수하지 못하며 영장을 반환하여야 한다는 취지

제 20 조 인도구속영장의 집행

① 인도구속영장은 검사의 지휘에 의하여 사법경찰관리가 집행한다.
② 검사는 범죄인이 군복무 중인 경우에는 군검사에게 인도구속영장의 집행을 촉탁할 수 있다. 이 경우 인도구속영장은 군검사의 지휘에 의하여 군사법경찰관리가 집행한다.
③ 인도구속영장을 집행할 때에는 반드시 범죄인에게 이를 제시하여야 한다.
④ 사법경찰관리 등이 범죄인을 구속할 때에는 구속의 이유와 변호인을 선임할 수 있음을 알려주고 신속히 범죄인 소재지를 관할하는 지방검찰청 또는 지청 소속 검사에게 인치하여야 한다.
⑤ 인도구속영장에 의한 구속에 관하여는 「형사소송법」 제83조, 제85조 제3항·제4항, 제86조, 제87조, 제89조, 제90조, 제137조 및 제138조를 준용한다.

제21조 교도소 등에의 구금

검사는 인도구속영장에 의하여 구속된 범죄인을 인치받으면 인도구속영장에 기재된 사람과 동일인인지를 확인한 후 지체 없이 교도소, 구치소 또는 그 밖에 인도구속영장에 기재된 장소에 구금하여야 한다.

제22조 인도구속의 적부심사

① 인도구속영장에 의하여 구속된 범죄인 또는 그 변호인, 법정대리인, 배우자, 직계친족, 형제자매, 가족이나 동거인 또는 고용주는 법원에 구속의 적부심사를 청구할 수 있다.
② 인도구속의 적부심사에 관하여는 그 성질에 반하지 아니하는 범위 안에서 「형사소송법」 제214조의2 제2항부터 제14항까지, 제214조의3 및 제214조의4의 규정을 준용한다.

제23조 인도구속의 집행정지와 효력 상실

① 검사는 타당한 이유가 있는 때에는 인도구속영장에 의하여 구속된 범죄인을 친족, 보호단체 또는 그 밖의 적당한 자에게 맡기거나 범죄인의 주거를 제한하여 구속의 집행을 정지할 수 있다.
② 검사는 범죄인이 다음 각 호의 어느 하나에 해당할 때에는 구속의 집행정지를 취소할 수 있다.
  1. 도망하였을 때
  2. 도망할 염려가 있다고 믿을 만한 충분한 이유가 있을 때
  3. 주거의 제한이나 그 밖에 검사가 정한 조건을 위반하였을 때
③ 검사는 법무부장관으로부터 범죄인에 대하여 제36조의 규정에 의한 인도장이 발부되었을 때에는 지체 없이 구속의 집행정지를 취소하여야 한다.
④ 검사는 제2항 또는 제3항에 따라 구속의 집행정지를 취소하였을 때에는 사법경찰관리로 하여금 범죄인을 구속하게 하여야 한다.
⑤ 검사는 제3항의 규정에 따른 구속의 집행정지의 취소로 인하여 범죄인을 구속하였을 때에는 법무부장관에게 그 내용을 보고하여야 한다.
⑥ 다음 각호의 어느 하나에 해당하는 경우에는 인도구속영장은 효력을 잃는다.
  1. 제15조 제1항 제1호 또는 제2호에 따라 인도심사청구각하결정 또는 인도거절결정이 있는 경우
  2. 제18조 제3항에 따라 인도심사청구가 취소된 경우
  3. 제34조 제3항에 따라 통지가 있는 경우

제24조 긴급인도구속의 청구를 받은 외교부장관의 조치

외교부장관은 청구국으로부터 범죄인의 긴급인도구속을 청구 받았을 때에는 긴급인도구속청구서와 관련 자료를 법무부장관에게 송부하여야 한다.

제25조 긴급인도구속에 관한 법무부장관의 조치

법무부장관은 제24조에 따른 서류를 송부받은 경우에 범죄인을 긴급인도구속하는 것이 타당하다고 인정할 때에는 그 서류를 서울고등검찰청 검사장에게 송부하고 소속 검사로 하여금 범죄인을 긴급인도구속하도록 명하여야 한다. 다만, 다음 각 호의 어느 하나에 해당하는 경우에는 긴급인도구속을 명할 수 없다.

1. 청구국에서 범죄인을 구속하여야 할 뜻의 영장이 발부되었거나 또는 형의 선고가 있었다고 믿을 만한 상당한 이유가 없는 경우
2. 청구국에서 범죄인의 인도청구를 하겠다는 뜻의 보증이 있다고 믿을 만한 상당한 이유가 없는 경우

제 26 조　긴급인도구속영장에 의한 구속
① 검사는 제25조의 규정에 따른 법무부장관의 긴급인도구속명령이 있는 때에는 긴급인도구속영장에 의하여 범죄인을 구속하여야 한다.
② 긴급인도구속영장의 발부 및 그 영장에 의한 구속에 대하여는 제19조 제2항·제3항, 제20조부터 제22조까지 및 제23조 제1항부터 제4항까지의 규정을 준용한다.

제 27 조　긴급인도구속된 범죄인의 석방
① 법무부장관은 긴급인도구속영장에 의하여 구속된 범죄인에 대하여 제12조 제1항 단서에 따라 인도심사청구명령을 하지 아니하는 경우에는 서울고등검찰청 검사장에게 소속 검사로 하여금 범죄인을 석방하도록 명함과 동시에 외교부장관에게 그 사실을 통지하여야 한다.
② 검사는 제1항에 따른 법무부장관의 석방명령이 있는 때에는 지체 없이 범죄인에게 그 내용을 통지하고 그를 석방하여야 한다.

제 28 조　범죄인에 대한 통지
① 검사는 긴급인도구속영장에 의하여 구속된 범죄인에 대하여 제12조 제1항에 따른 법무부장관의 인도심사청구명령을 받았을 때에는 지체 없이 범죄인에 대하여 그 사실을 서면으로 통지하여야 한다.
② 긴급인도구속영장에 의하여 구속된 범죄인에 대하여 제1항에 따른 통지가 있은 때에는 그 구속은 인도구속영장에 의한 구속으로 보고, 제13조 제2항 및 제14조 제2항의 규정을 적용할 때에는 그 통지가 있은 때에 인도구속영장에 의하여 범죄인이 구속된 것으로 본다.

제 29 조　인도 불청구 통지시의 석방
① 외교부장관은 제24조에 따른 서류를 송부한 후에 청구국으로부터 범죄인의 인도청구를 하지 아니한다는 통지를 받았을 때에는 지체 없이 법무부장관에게 그 사실을 통지하여야 한다.
② 법무부장관은 제1항에 따른 통지를 받았을 때에는 서울고등검찰청 검사장에게 소속 검사로 하여금 범죄인을 석방하도록 명하여야 한다.
③ 검사는 제2항의 규정에 의한 법무부장관의 석방명령이 있을 때에는 지체 없이 범죄인에게 그 내용을 통지하고 그를 석방하여야 한다.

제 30 조　검사의 조치사항
검사는 긴급인도구속영장에 의하여 구속된 범죄인에 대하여 그가 구속된 날로부터 2월 이내에 법무부장관의 인도심사청구명령이 없을 때에는 범죄인을 석방하고, 법무부장관에게 그 내용을 보고하여야 한다.

제 31 조　긴급인도구속에 대한 인도구속의 준용

① 긴급인도구속영장에 의하여 구속된 후 집행이 정지된 범죄인에 대하여 제28조 제1항에 따른 통지가 있는 경우에 긴급인도구속영장에 의한 구속의 집행정지는 제23조 제1항의 규정에 의한 구속의 집행정지로 본다.
② 다음 각호의 어느 하나에 해당되는 경우에는 긴급인도구속영장은 효력을 잃는다.
　1. 범죄인에 대하여 제27조 제2항 또는 제29조 제3항에 따른 통지가 있는 경우
　2. 범죄인이 긴급인도구속영장에 의하여 구속된 날부터 2월 이내에 제28조 제1항에 따른 통지가 없는 경우

제 4 절　범죄인의 인도

제 32 조　범죄인의 석방

① 검사는 다음 각 호의 어느 하나에 해당하는 경우에는 지체 없이 구속 중인 범죄인을 석방하고, 법무부장관에게 그 내용을 보고하여야 한다.
　1. 제18조 제2항에 따라 법무부장관의 인도심사청구명령의 취소가 있는 경우
　2. 법원의 인도심사청구 각하결정이 있는 경우
　3. 법원의 인도거절 결정이 있는 경우
② 법무부장관은 제1항의 규정에 의하여 범죄인이 석방되었을 때에는 외교부장관에게 그 사실을 통지하여야 한다.

제 33 조　결정서 등본 등의 송부

검사는 제15조 제4항에 따른 결정서 등본을 송달받았을 때에는 지체 없이 그 결정서 등본에 관계 서류를 첨부하여 법무부장관에게 송부하여야 한다.

제 34 조　인도에 관한 법무부장관의 명령 등

① 법무부장관은 제15조 제1항 제3호에 따른 인도허가결정이 있는 경우에는 서울고등검찰청 검사장에게 소속 검사로 하여금 범죄인을 인도하도록 명하여야 한다. 다만, 청구국이 인도청구를 철회하였거나 대한민국의 이익 보호를 위하여 범죄인의 인도가 특히 부적당하다고 인정되는 경우에는 그러하지 아니하다.
② 법무부장관은 제1항 단서에 따라 범죄인을 인도하지 아니하는 경우에는 서울고등검찰청 검사장에게 소속 검사로 하여금 구속 중인 범죄인을 석방하도록 명함과 동시에 외교부장관에게 그 사실을 통지하여야 한다.
③ 검사는 제2항에 따른 법무부장관의 석방명령이 있을 때에는 지체 없이 범죄인에게 그 내용을 통지하고 그를 석방하여야 한다.
④ 법무부장관은 제3항의 규정에 따른 통지가 있은 후에는 해당 인도청구에 대한 범죄인의 인도를 명할 수 없다. 다만, 제9조 제3호의 경우에 관하여 인도조약에 특별한 규정이 있는 경우에 대한민국에서 인도범죄 외의 사건에 관한 재판 또는 형의 집행이 끝나지 아니하였음을 이유로 범죄인 불인도 통지를 한 후에 그에 해당하지 아니하게 되었을 경우에는 그러하지 아니하다.

제 35 조 인도장소와 인도기한

① 법무부장관의 인도명령에 따른 범죄인의 인도는 범죄인이 구속되어 있는 교도소·구치소 기타 법무부장관이 지정하는 장소에서 한다.
② 인도기한은 인도명령을 한 날로부터 30일로 한다.
③ 제2항에도 불구하고 인도명령을 할 당시 범죄인이 구속되어 있지 아니한 경우의 인도기한은 범죄인이 인도집행장에 의하여 구속되었거나 구속의 집행정지 취소에 의하여 다시 구속된 날부터 30일로 한다.

제 36 조 인도장과 인수허가장의 송부

① 법무부장관은 제34조 제1항의 규정에 의한 인도명령을 할 때에는 인도장을 발부하여 서울고등검찰청 검사장에게 송부하고, 인수허가장을 발부하여 외교부장관에게 송부하여야 한다.
② 인도장과 인수허가장에는 다음 각 호의 사항을 적고, 법무부장관이 서명날인하여야 한다.
  1. 범죄인의 성명·주거·국적
  2. 청구국의 국명
  3. 인도범죄명
  4. 인도범죄 사실의 요지
  5. 인도장소
  6. 인도기한
  7. 발부날짜

제 37 조 인도를 위한 구속

① 검사는 법무부장관으로부터 제36조에 따른 인도장을 받았을 때에는 범죄인이 구속되어 있거나 구속의 집행이 정지될 때까지 구속되어 있던 교도소·구치소 기타 인도구속영장에 기재된 구금장소의 장에게 인도장을 교부하고 범죄인을 인도할 것을 지휘하여야 한다.
② 제1항의 경우 범죄인이 구속되어 있지 아니하면 검사는 인도집행장을 발부하여 범죄인을 구속하여야 한다.
③ 인도집행장에는 다음 각 호의 사항을 적고, 검사가 서명날인하여야 한다.
  1. 범죄인의 성명·주거·국적
  2. 청구국의 국명
  3. 인도범죄명
  4. 인도범죄 사실의 요지
  5. 인치구금할 장소
  6. 발부날짜
④ 인도집행장에 의한 범죄인의 구속에 관하여는 제20조와 제21조를 준용한다.
⑤ 검사는 범죄인이 인도집행장에 의하여 교도소·구치소 기타 인도집행장에 기재된 구금장소에 구속되었을 때에는 지체 없이 그 교도소 등의 장에게 인도장을 교부하여 범죄인을 인도할 것을 지휘하고 법무부장관에게 그 내용을 보고하여야 한다.

제 38 조 법무부장관의 통지

법무부장관은 제23조 제5항 또는 제37조 제5항에 따른 보고를 받았을 때에는 지체 없이 외교부장관에게 범죄인을 인도할 장소에 구속하였다는 사실과 인도할 기한을 통지하여야 한다.

제 39 조 청구국에의 통지

① 외교부장관은 법무부장관으로부터 제36조에 따른 인수허가장을 송부받았을 때에는 지체 없이 청구국에 이를 송부하여야 한다.
② 외교부장관은 법무부장관으로부터 제38조에 따른 통지를 받았을 때에는 지체 없이 그 내용을 청구국에 통지하여야 한다.

제 40 조 교도소장 등의 인도

① 제37조 제1항 또는 제5항에 따라 범죄인의 인도 지휘를 받은 교도소·구치소 등 인도구속영장 또는 인도집행장에 기재된 구금장소의 장은 청구국의 공무원으로부터 인수허가장를 제시하면서 범죄인 인도를 요청하는 경우에는 범죄인을 인도하여야 한다.
② 검사는 범죄인의 인도기한까지 제1항에 따른 인도요청이 없는 경우에는 범죄인을 석방하고, 법무부장관에게 그 내용을 보고하여야 한다.

제 41 조 청구국의 범죄인 호송

제40조 제1항에 따라 범죄인을 인도받은 청구국의 공무원은 지체 없이 범죄인을 청구국으로 호송하여야 한다.

제 3 장 외국에 대한 범죄인 인도청구

제 42 조 법무부장관의 인도청구 등

① 법무부장관은 대한민국 법률을 위반한 범죄인이 외국에 소재하는 경우 그 외국에 대하여 범죄인 인도 또는 긴급인도구속을 청구할 수 있다.
② 법무부장관은 외국에 대한 범죄인 인도청구 또는 긴급인도구속청구 등과 관련하여 필요하다고 판단하는 때에는 적절하다고 인정되는 검사장·지청장 또는 고위공직자범죄수사처장 등에게 필요한 조치를 명하거나 요구할 수 있다.

제42조의2 검사장 등의 조치

① 제42조 제2항에 따른 명령 또는 요구를 받은 검사장·지청장 또는 고위공직자범죄수사처장 등은 소속 검사에게 관련 자료의 검토·작성·보완 등 필요한 조치를 취하도록 명하여야 한다.
② 제1항에 따른 명령을 받은 검사는 이를 신속히 이행하고 관련 자료를 첨부하여 그 결과를 법무부장관에게 보고하여야 한다.

제42조의3 검사의 범죄인 인도청구 등의 건의

① 검사 또는 고위공직자범죄수사처장은 외국에 대한 범죄인 인도청구 또는 긴급인도구속청구가 타당하다고 판단할 때에는 법무부장관에게 외국에 대한 범죄인 인도청구 또는 긴급인도구속청구를 건의 또는 요청할 수 있다.

② 제1항의 경우 검사는 인도조약 및 법무부장관이 지정한 사항을 적은 서면과 관련 자료를 첨부하여야 한다.

제42조의4 외국에 대한 동의요청
① 법무부장관은 외국으로부터 인도받은 범죄인을 인도가 허용된 범죄 외의 범죄로도 처벌할 필요가 있다고 판단하는 경우에는 그 외국에 대하여 처벌에 대한 동의를 요청할 수 있다.
② 검사 또는 고위공직자범죄수사처장은 제1항에 따른 동의 요청이 필요하다고 판단하는 경우에는 법무부장관에게 동의 요청을 건의 또는 요청할 수 있다. 이 경우 제42조의3 제2항의 규정을 준용한다.

제43조 인도청구서 등의 송부
법무부장관은 제42조 및 제42조의4에 따라 범죄인 인도청구·긴급인도구속청구·동의 요청 등을 결정한 경우에는 인도청구서 등과 관계 자료를 외교부장관에게 송부하여야 한다.

제44조 외교부장관의 조치
외교부장관은 법무부장관으로부터 제43조의 규정에 의한 인도청구서 등을 송부받았을 때에는 이를 해당 국가에 송부하여야 한다.

제4장 보칙

제45조 통과호송 승인
① 법무부장관은 외국으로부터 외교기관을 거쳐 그 외국의 공무원이 다른 외국으로부터 인도받은 자를 대한민국 영역안을 통과하여 호송하기 위한 승인을 요청하는 경우에 그 요청에 타당한 이유가 있다고 인정되는 경우에는 이를 승인할 수 있다. 다만, 다음 각호의 어느 하나에 해당되는 경우에는 이를 승인하여서는 아니된다.
  1. 청구대상자의 인도 원인이 된 행위가 대한민국의 법률에 따라 죄가 되지 아니하는 경우
  2. 청구대상자의 인도 원인이 된 범죄가 정치적 성격을 지닌 경우 또는 인도청구가 청구대상자가 행한 정치적 성격을 지닌 다른 범죄에 관하여 재판을 하거나 또는 그러한 범죄에 대하여 이미 확정된 형을 집행할 목적으로 행하여진 것이라고 인정되는 경우
  3. 청구가 인도조약에 의하지 아니한 경우에 청구대상자가 대한민국 국민인 경우
② 법무부장관은 제1항에 따른 승인을 할 것인지의 여부에 관하여 미리 외교부장관과 협의하여야 한다.

제45조의2 통과호송 승인 요청
① 법무부장관은 외국으로부터 국내로 범죄인을 호송하는데 있어 제3국의 영토를 경유하여야 할 필요가 있는 경우에는 그 제3국에 대하여 통과호송에 관한 승인을 요청할 수 있다.
② 제1항의 승인요청에 관하여는 제43조와 제44조를 준용한다.

제46조 비용

범죄인의 인도에 드는 비용에 관하여 청구국과 특별한 약정이 없는 경우에는 청구국의 공무원에게 범죄인을 인도할 때까지 범죄인의 구속 등으로 인하여 대한민국의 영역에서 발생하는 비용은 대한민국이 부담하고, 청구국의 공무원이 범죄인을 대한민국으로부터 인도받은 후에 발생하는 비용은 청구국이 이를 부담한다.

제47조 검찰총장 경유

이 법에 따라 법무부장관이 검사장 등에게 하는 명령과 검사장·지청장 또는 검사가 법무부장관에게 하는 건의·보고 또는 서류송부는 검찰총장을 거쳐야 한다. 다만, 고위공직자범죄수사처장 또는 그 소속 검사의 경우에는 그러지 아니하다.

제48조 인도조약 효력발생 전의 범죄에 관한 인도청구

인도조약에 특별한 규정이 없는 경우에는 인도조약의 효력 발생 전에 범한 범죄에 관한 범죄인의 인도청구에 대하여도 이 법을 적용한다.

제49조 대법원규칙

법원의 인도심사 절차와 인도구속영장 및 긴급인도구속영장의 발부 절차 등에 관하여 필요한 사항은 대법원규칙으로 정한다.

제50조 시행령

제49조에 따라 대법원규칙으로 정하는 사항 외에 이 법 시행에 필요한 사항은 대통령령으로 정한다.

제51조 출입국에 관한 특칙

① 법무부장관은 범죄인이 유효한 여권을 소지하지 아니하거나 제시하지 아니하는 등의 경우에 범죄인 인도의 목적을 달성하기 위하여 특히 필요하다고 판단될 때에는 「출입국관리법」 제3조·제6조 제1항·제7조·제12조·제13조 및 제28조에도 불구하고 이 법 제36조에 따른 인도장·인수허가장 또는 외국정부가 발행한 범죄인 인도명령장 등 범죄인 인도 관련 서류로 출입국심사를 하고 입국 또는 출국하게 할 수 있다.

② 법무부장관은 외국으로 인도할 범죄인이 대한민국 국민으로서 「병역법」 제70조에 따른 국외여행 허가대상 병역의무자인 경우에는 제1항의 출국조치를 하기 전에 국방부장관과 협의하여야 한다.

04 | 배타적 경제수역 및 대륙붕에 관한 법률 (2017제정)

제1조 목적
이 법은 「해양법에 관한 국제연합 협약」(이하 "협약"이라 한다)에 따라 배타적 경제수역과 대륙붕에 관하여 대한민국이 행사하는 주권적 권리와 관할권 등을 규정하여 대한민국의 해양권익을 보호하고 국제해양질서 확립에 기여함을 목적으로 한다.

제2조 배타적 경제수역과 대륙붕의 범위
① 대한민국의 배타적 경제수역은 협약에 따라 「영해 및 접속수역법」 제2조에 따른 기선(基線)(이하 "기선"이라 한다)으로부터 그 바깥쪽 200해리의 선까지에 이르는 수역 중 대한민국의 영해를 제외한 수역으로 한다.
② 대한민국의 대륙붕은 협약에 따라 영해 밖으로 영토의 자연적 연장에 따른 대륙변계(大陸邊界)의 바깥 끝까지 또는 대륙변계의 바깥 끝이 200해리에 미치지 아니하는 경우에는 기선으로부터 200해리까지의 해저지역의 해저와 그 하층토로 이루어진다. 다만, 대륙변계가 기선으로부터 200해리 밖까지 확장되는 곳에서는 협약에 따라 정한다.
③ 대한민국과 마주 보고 있거나 인접하고 있는 국가(이하 "관계국"이라 한다) 간의 배타적 경제수역과 대륙붕의 경계는 제1항 및 제2항에도 불구하고 국제법을 기초로 관계국과의 합의에 따라 획정한다.

제3조 배타적 경제수역과 대륙붕에서의 권리
① 대한민국은 협약에 따라 배타적 경제수역에서 다음 각 호의 권리를 가진다.
  1. 해저의 상부 수역, 해저 및 그 하층토(下層土)에 있는 생물이나 무생물 등 천연자원의 탐사·개발·보존 및 관리를 목적으로 하는 주권적 권리와 해수(海水), 해류 및 해풍(海風)을 이용한 에너지 생산 등 경제적 개발 및 탐사를 위한 그 밖의 활동에 관한 주권적 권리
  2. 다음 각 목의 사항에 관하여 협약에 규정된 관할권
      가. 인공섬·시설 및 구조물의 설치·사용
      나. 해양과학 조사
      다. 해양환경의 보호 및 보전
  3. 협약에 규정된 그 밖의 권리
② 대한민국은 협약에 따라 대륙붕에서 다음 각 호의 권리를 가진다.
  1. 대륙붕의 탐사를 위한 주권적 권리
  2. 해저와 하층토의 광물, 그 밖의 무생물자원 및 정착성 어종에 속하는 생물체(협약 제77조 제4항에 규정된 정착성 어종에 속하는 생물체를 말한다)의 개발을 위한 주권적 권리
  3. 협약에 규정된 그 밖의 권리

제 4 조   외국 또는 외국인의 권리 및 의무

① 외국 또는 외국인은 협약의 관련 규정에 따를 것을 조건으로 대한민국의 배타적 경제수역과 대륙붕에서 항행(航行) 또는 상공 비행의 자유, 해저 전선(電線) 또는 관선(管線) 부설의 자유 및 그 자유와 관련되는 것으로서 국제적으로 적법한 그 밖의 해양 이용에 관한 자유를 누린다.

② 외국 또는 외국인은 대한민국의 배타적 경제수역과 대륙붕에서 권리를 행사하고 의무를 이행할 때에는 대한민국의 권리와 의무를 적절히 고려하고 대한민국의 법령을 준수하여야 한다.

제 5 조   대한민국의 권리 행사 등

① 외국과의 협정으로 달리 정하는 경우를 제외하고 대한민국의 배타적 경제수역과 대륙붕에서는 제3조에 따른 권리를 행사하거나 보호하기 위하여 대한민국의 법령을 적용한다. 배타적 경제수역과 대륙붕의 인공섬·시설 및 구조물에서의 법률관계에 대하여도 또한 같다.

② 제3조에 따른 대한민국의 배타적 경제수역에서의 권리는 대한민국과 관계국 간에 별도의 합의가 없는 경우 대한민국과 관계국의 중간선 바깥쪽 수역에서는 행사하지 아니한다. 이 경우 "중간선"이란 그 선상(線上)의 각 점으로부터 대한민국의 기선상의 가장 가까운 점까지의 직선거리와 관계국의 기선상의 가장 가까운 점까지의 직선거리가 같게 되는 선을 말한다.

③ 대한민국의 배타적 경제수역과 대륙붕에서 제3조에 따른 권리를 침해하거나 그 배타적 경제수역과 대륙붕에 적용되는 대한민국의 법령을 위반한 혐의가 있다고 인정되는 자에 대하여 관계 기관은 협약 제111조에 따른 추적권(追跡權)의 행사, 정선(停船)·승선·검색·나포 및 사법절차를 포함하여 필요한 조치를 할 수 있다.

05 | 난민법(2012제정)

제1장 총칙

제1조 목적

이 법은 「난민의 지위에 관한 1951년 협약」(이하 "난민협약"이라 한다) 및 「난민의 지위에 관한 1967년 의정서」(이하 "난민의정서"라 한다) 등에 따라 난민의 지위와 처우 등에 관한 사항을 정함을 목적으로 한다.

제2조 정의

이 법에서 사용하는 용어의 뜻은 다음과 같다.
1. "난민"이란 인종, 종교, 국적, 특정 사회집단의 구성원인 신분 또는 정치적 견해를 이유로 박해를 받을 수 있다고 인정할 충분한 근거가 있는 공포로 인하여 국적국의 보호를 받을 수 없거나 보호받기를 원하지 아니하는 외국인 또는 그러한 공포로 인하여 대한민국에 입국하기 전에 거주한 국가(이하 "상주국"이라 한다)로 돌아갈 수 없거나 돌아가기를 원하지 아니하는 무국적자인 외국인을 말한다.
2. "난민으로 인정된 사람"(이하 "난민인정자"라 한다)이란 이 법에 따라 난민으로 인정을 받은 외국인을 말한다.
3. "인도적 체류 허가를 받은 사람"(이하 "인도적체류자"라 한다)이란 제1호에는 해당하지 아니하지만 고문 등의 비인도적인 처우나 처벌 또는 그 밖의 상황으로 인하여 생명이나 신체의 자유 등을 현저히 침해당할 수 있다고 인정할 만한 합리적인 근거가 있는 사람으로서 대통령령으로 정하는 바에 따라 법무부장관으로부터 체류허가를 받은 외국인을 말한다.
4. "난민인정을 신청한 사람"(이하 "난민신청자"라 한다)이란 대한민국에 난민인정을 신청한 외국인으로서 다음 각 목의 어느 하나에 해당하는 사람을 말한다.
   가. 난민인정 신청에 대한 심사가 진행 중인 사람
   나. 난민불인정결정이나 난민불인정결정에 대한 이의신청의 기각결정을 받고 이의신청의 제기기간이나 행정심판 또는 행정소송의 제기기간이 지나지 아니한 사람
   다. 난민불인정결정에 대한 행정심판 또는 행정소송이 진행 중인 사람
5. "재정착희망난민"이란 대한민국 밖에 있는 난민 중 대한민국에서 정착을 희망하는 외국인을 말한다.
6. "외국인"이란 대한민국의 국적을 가지지 아니한 사람을 말한다.

제3조 강제송환의 금지

난민인정자와 인도적체류자 및 난민신청자는 난민협약 제33조 및 「고문 및 그 밖의 잔혹하거나 비인도적 또는 굴욕적인 대우나 처벌의 방지에 관한 협약」 제3조에 따라 본인의 의사에 반하여 강제로 송환되지 아니한다.

제4조 다른 법률의 적용

난민인정자와 인도적체류자 및 난민신청자의 지위와 처우에 관하여 이 법에서 정하지 아니한 사항은 「출입국관리법」을 적용한다.

제2장 난민인정 신청과 심사 등

제5조 난민인정 신청
① 대한민국 안에 있는 외국인으로서 난민인정을 받으려는 사람은 법무부장관에게 난민인정 신청을 할 수 있다. 이 경우 외국인은 난민인정신청서를 지방출입국·외국인관서의 장에게 제출하여야 한다.
② 제1항에 따른 신청을 하는 때에는 다음 각 호에 해당하는 서류를 제시하여야 한다.
  1. 여권 또는 외국인등록증. 다만, 이를 제시할 수 없는 경우에는 그 사유서
  2. 난민인정 심사에 참고할 문서 등 자료가 있는 경우 그 자료
③ 난민인정 신청은 서면으로 하여야 한다. 다만, 신청자가 글을 쓸 줄 모르거나 장애 등의 사유로 인하여 신청서를 작성할 수 없는 경우에는 접수하는 공무원이 신청서를 작성하고 신청자와 함께 서명 또는 기명날인하여야 한다.
④ 출입국관리공무원은 난민인정 신청에 관하여 문의하거나 신청 의사를 밝히는 외국인이 있으면 적극적으로 도와야 한다.
⑤ 법무부장관은 난민인정 신청을 받은 때에는 즉시 신청자에게 접수증을 교부하여야 한다.
⑥ 난민신청자는 난민인정 여부에 관한 결정이 확정될 때까지(난민불인정결정에 대한 행정심판이나 행정소송이 진행 중인 경우에는 그 절차가 종결될 때까지) 대한민국에 체류할 수 있다.
⑦ 제1항부터 제6항까지 정한 사항 외에 난민인정 신청의 구체적인 방법과 절차 등 필요한 사항은 법무부령으로 정한다.

제6조 출입국항에서 하는 신청
① 외국인이 입국심사를 받는 때에 난민인정 신청을 하려면 「출입국관리법」에 따른 출입국항을 관할하는 지방출입국·외국인관서의 장에게 난민인정신청서를 제출하여야 한다.
② 지방출입국·외국인관서의 장은 제1항에 따라 출입국항에서 난민인정신청서를 제출한 사람에 대하여 7일의 범위에서 출입국항에 있는 일정한 장소에 머무르게 할 수 있다.
③ 법무부장관은 제1항에 따라 난민인정신청서를 제출한 사람에 대하여는 그 신청서가 제출된 날부터 7일 이내에 난민인정 심사에 회부할 것인지를 결정하여야 하며, 그 기간 안에 결정하지 못하면 그 신청자의 입국을 허가하여야 한다.
④ 출입국항에서의 난민신청자에 대하여는 대통령령으로 정하는 바에 따라 제2항의 기간 동안 기본적인 의식주를 제공하여야 한다.
⑤ 제1항부터 제4항까지 정한 사항 외에 출입국항에서 하는 난민인정 신청의 절차 등 필요한 사항은 대통령령으로 정한다.

제7조 난민인정 신청에 필요한 사항의 게시
① 지방출입국·외국인관서의 장은 지방출입국·외국인관서 및 관할 출입국항에 난민인정 신청에 필요한 서류를 비치하고 이 법에 따른 접수방법 및 난민신청자의 권리 등 필요한 사항을 게시(인터넷 등 전자적 방법을 통한 게시를 포함한다)하여 누구나 열람할 수 있도록 하여야 한다.
② 제1항에 따른 서류의 비치 및 게시의 구체적인 방법은 법무부령으로 정한다.

제 8 조 　 난민인정 심사

① 제5조에 따른 난민인정신청서를 제출받은 지방출입국·외국인관서의 장은 지체 없이 난민신청자에 대하여 면접을 실시하고 사실조사를 한 다음 그 결과를 난민인정신청서에 첨부하여 법무부장관에게 보고하여야 한다.
② 난민신청자의 요청이 있는 경우 같은 성(性)의 공무원이 면접을 하여야 한다.
③ 지방출입국·외국인관서의 장은 필요하다고 인정하는 경우 면접과정을 녹음 또는 녹화할 수 있다. 다만, 난민신청자의 요청이 있는 경우에는 녹음 또는 녹화를 거부하여서는 아니 된다.
④ 법무부장관은 지방출입국·외국인관서에 면접과 사실조사 등을 전담하는 난민심사관을 둔다. 난민심사관의 자격과 업무수행에 관한 사항은 대통령령으로 정한다.
⑤ 법무부장관은 다음 각 호의 어느 하나에 해당하는 난민신청자에 대하여는 제1항에 따른 심사절차의 일부를 생략할 수 있다.
　1. 거짓 서류의 제출이나 거짓 진술을 하는 등 사실을 은폐하여 난민인정 신청을 한 경우
　2. 난민인정을 받지 못한 사람 또는 제22조에 따라 난민인정이 취소된 사람이 중대한 사정의 변경 없이 다시 난민인정을 신청한 경우
　3. 대한민국에서 1년 이상 체류하고 있는 외국인이 체류기간 만료일에 임박하여 난민인정 신청을 하거나 강제퇴거 대상 외국인이 그 집행을 지연시킬 목적으로 난민인정 신청을 한 경우
⑥ 난민신청자는 난민심사에 성실하게 응하여야 한다. 법무부장관은 난민신청자가 면접 등을 위한 출석요구에도 불구하고 3회 이상 연속하여 출석하지 아니하는 경우에는 난민인정 심사를 종료할 수 있다.

제 9 조 　 난민신청자에게 유리한 자료의 수집

법무부장관은 난민신청자에게 유리한 자료도 적극적으로 수집하여 심사 자료로 활용하여야 한다.

제 10 조 　 사실조사

① 법무부장관은 난민의 인정 또는 제22조에 따른 난민인정의 취소·철회 여부를 결정하기 위하여 필요하면 법무부 내 난민전담공무원 또는 지방출입국·외국인관서의 난민심사관으로 하여금 그 사실을 조사하게 할 수 있다.
② 제1항에 따른 조사를 하기 위하여 필요한 경우 난민신청자, 그 밖에 관계인을 출석하게 하여 질문을 하거나 문서 등 자료의 제출을 요구할 수 있다.
③ 법무부 내 난민전담부서의 장 또는 지방출입국·외국인관서의 장은 난민전담공무원 또는 난민심사관이 제1항에 따라 난민의 인정 또는 난민인정의 취소나 철회 등에 관한 사실조사를 마친 때에는 지체 없이 그 내용을 법무부장관에게 보고하여야 한다.

제 11 조 　 관계 행정기관 등의 협조

① 법무부장관은 난민인정 심사에 필요한 경우 관계 행정기관의 장이나 지방자치단체의 장(이하 "관계 기관의 장"이라 한다) 또는 관련 단체의 장에게 자료제출 또는 사실조사 등의 협조를 요청할 수 있다.

② 제1항에 따라 협조를 요청받은 관계 기관의 장이나 관련 단체의 장은 정당한 사유 없이 이를 거부하여서는 아니 된다.

제 12 조   변호사의 조력을 받을 권리
난민신청자는 변호사의 조력을 받을 권리를 가진다.

제 13 조   신뢰관계 있는 사람의 동석
난민심사관은 난민신청자의 신청이 있는 때에는 면접의 공정성에 지장을 초래하지 아니하는 범위에서 신뢰관계 있는 사람의 동석을 허용할 수 있다.

제 14 조   통역
법무부장관은 난민신청자가 한국어로 충분한 의사표현을 할 수 없는 경우에는 면접 과정에서 대통령령으로 정하는 일정한 자격을 갖춘 통역인으로 하여금 통역하게 하여야 한다.

제 15 조   난민면접조서의 확인
난민심사관은 난민신청자가 난민면접조서에 기재된 내용을 이해하지 못하는 경우 난민면접을 종료한 후 난민신청자가 이해할 수 있는 언어로 통역 또는 번역을 하여 그 내용을 확인할 수 있도록 하여야 한다.

제 16 조   자료 등의 열람·복사
① 난민신청자는 본인이 제출한 자료, 난민면접조서의 열람이나 복사를 요청할 수 있다.
② 출입국관리공무원은 제1항에 따른 열람이나 복사의 요청이 있는 경우 지체 없이 이에 응하여야 한다. 다만, 심사의 공정성에 현저한 지장을 초래한다고 인정할 만한 명백한 이유가 있는 경우에는 열람이나 복사를 제한할 수 있다.
③ 제1항에 따른 열람과 복사의 구체적인 방법과 절차는 대통령령으로 정한다.

제 17 조   인적사항 등의 공개 금지
① 누구든지 난민신청자와 제13조에 따라 면접에 동석하는 사람의 주소·성명·연령·직업·용모, 그 밖에 그 난민신청자 등을 특정하여 파악할 수 있게 하는 인적사항과 사진 등을 공개하거나 타인에게 누설하여서는 아니 된다. 다만, 본인의 동의가 있는 경우는 예외로 한다.
② 누구든지 제1항에 따른 난민신청자 등의 인적사항과 사진 등을 난민신청자 등의 동의를 받지 아니하고 출판물에 게재하거나 방송매체 또는 정보통신망을 이용하여 공개하여서는 아니 된다.
③ 난민인정 신청에 대한 어떠한 정보도 출신국에 제공되어서는 아니 된다.

제 18 조   난민의 인정 등
① 법무부장관은 난민인정 신청이 이유 있다고 인정할 때에는 난민임을 인정하는 결정을 하고 난민인정증명서를 난민신청자에게 교부한다.
② <u>법무부장관은 난민인정 신청에 대하여 난민에 해당하지 아니한다고 결정하는 경우에는 난민신청자에게 그 사유와 30일 이내에 이의신청을 제기할 수 있다는 뜻을 적은 난민불인정결정통지서를 교부한다.</u>
③ 제2항에 따른 난민불인정결정통지서에는 결정의 이유(난민신청자의 사실 주장 및 법적 주장에 대한 판단을 포함한다)와 이의신청의 기한 및 방법 등을 명시하여야 한다.

④ 제1항 또는 제2항에 따른 난민인정 등의 결정은 난민인정신청서를 접수한 날부터 6개월 안에 하여야 한다. 다만, 부득이한 경우에는 6개월의 범위에서 기간을 정하여 연장할 수 있다.
⑤ 제4항 단서에 따라 기간을 연장한 때에는 종전의 기간이 만료되기 7일 전까지 난민신청자에게 통지하여야 한다.
⑥ 제1항에 따른 난민인정증명서 및 제2항에 따른 난민불인정결정통지서는 지방출입국·외국인관서의 장을 거쳐 난민신청자나 그 대리인에게 교부하거나 「행정절차법」 제14조에 따라 송달한다.

제19조 난민인정의 제한

법무부장관은 난민신청자가 난민에 해당한다고 인정하는 경우에도 다음 각 호의 어느 하나에 해당된다고 인정할만한 상당한 이유가 있는 경우에는 제18조 제1항에도 불구하고 난민불인정결정을 할 수 있다.
1. 유엔난민기구 외에 유엔의 다른 기구 또는 기관으로부터 보호 또는 원조를 현재 받고 있는 경우. 다만, 그러한 보호 또는 원조를 현재 받고 있는 사람의 지위가 국제연합총회에 의하여 채택된 관련 결의문에 따라 최종적으로 해결됨이 없이 그러한 보호 또는 원조의 부여가 어떠한 이유로 중지되는 경우는 제외한다.
2. 국제조약 또는 일반적으로 승인된 국제법규에서 정하는 세계평화에 반하는 범죄, 전쟁범죄 또는 인도주의에 반하는 범죄를 저지른 경우
3. 대한민국에 입국하기 전에 대한민국 밖에서 중대한 비정치적 범죄를 저지른 경우
4. 국제연합의 목적과 원칙에 반하는 행위를 한 경우

제20조 신원확인을 위한 보호

① 출입국관리공무원은 난민신청자가 자신의 신원을 은폐하여 난민의 인정을 받을 목적으로 여권 등 신분증을 고의로 파기하였거나 거짓의 신분증을 행사하였음이 명백한 경우 그 신원을 확인하기 위하여 「출입국관리법」 제51조에 따라 지방출입국·외국인관서의 장으로부터 보호명령서를 발급받아 보호할 수 있다.
② 제1항에 따라 보호된 사람에 대하여는 그 신원이 확인되거나 10일 이내에 신원을 확인할 수 없는 경우 즉시 보호를 해제하여야 한다. 다만, 부득이한 사정으로 신원 확인이 지체되는 경우 지방출입국·외국인관서의 장은 10일의 범위에서 보호를 연장할 수 있다.

제21조 이의신청

① 제18조 제2항 또는 제19조에 따라 난민불인정결정을 받은 사람 또는 제22조에 따라 난민인정이 취소 또는 철회된 사람은 그 통지를 받은 날부터 30일 이내에 법무부장관에게 이의신청을 할 수 있다. 이 경우 이의신청서에 이의의 사유를 소명하는 자료를 첨부하여 지방출입국·외국인관서의 장에게 제출하여야 한다.
② 제1항에 따른 이의신청을 한 경우에는 「행정심판법」에 따른 행정심판을 청구할 수 없다.
③ 법무부장관은 제1항에 따라 이의신청서를 접수하면 지체 없이 제25조에 따른 난민위원회에 회부하여야 한다.
④ 제25조에 따른 난민위원회는 직접 또는 제27조에 따른 난민조사관을 통하여 사실조사를 할 수 있다.

⑤ 그 밖에 난민위원회의 심의절차에 대한 구체적인 사항은 대통령령으로 정한다.
⑥ 법무부장관은 난민위원회의 심의를 거쳐 제18조에 따라 난민인정 여부를 결정한다.
⑦ 법무부장관은 이의신청서를 접수한 날부터 6개월 이내에 이의신청에 대한 결정을 하여야 한다. 다만, 부득이한 사정으로 그 기간 안에 이의신청에 대한 결정을 할 수 없는 경우에는 6개월의 범위에서 기간을 정하여 연장할 수 있다.
⑧ 제7항 단서에 따라 이의신청의 심사기간을 연장한 때에는 그 기간이 만료되기 7일 전까지 난민신청자에게 이를 통지하여야 한다.

제 22 조 난민인정결정의 취소 등

① 법무부장관은 난민인정결정이 거짓 서류의 제출이나 거짓 진술 또는 사실의 은폐에 따른 것으로 밝혀진 경우에는 난민인정을 취소할 수 있다.
② 법무부장관은 난민인정자가 다음 각 호의 어느 하나에 해당하는 경우에는 난민인정결정을 철회할 수 있다.
  1. 자발적으로 국적국의 보호를 다시 받고 있는 경우
  2. 국적을 상실한 후 자발적으로 국적을 회복한 경우
  3. 새로운 국적을 취득하여 그 국적국의 보호를 받고 있는 경우
  4. 박해를 받을 것이라는 우려 때문에 거주하고 있는 국가를 떠나거나 또는 그 국가 밖에서 체류하고 있다가 자유로운 의사로 그 국가에 재정착한 경우
  5. 난민인정결정의 주된 근거가 된 사유가 소멸하여 더 이상 국적국의 보호를 받는 것을 거부할 수 없게 된 경우
  6. 무국적자로서 난민으로 인정된 사유가 소멸되어 종전의 상주국으로 돌아갈 수 있는 경우
③ 법무부장관은 제1항 또는 제2항에 따라 난민인정결정을 취소 또는 철회한 때에는 그 사유와 30일 이내에 이의신청을 할 수 있다는 뜻을 기재한 난민인정취소통지서 또는 난민인정철회통지서로 그 사실을 통지하여야 한다. 이 경우 통지의 방법은 제18조 제6항을 준용한다.

제 23 조 심리의 비공개

난민위원회나 법원은 난민신청자나 그 가족 등의 안전을 위하여 필요하다고 인정하면 난민신청자의 신청에 따라 또는 직권으로 심의 또는 심리를 공개하지 아니하는 결정을 할 수 있다.

제 24 조 재정착희망난민의 수용

① 법무부장관은 재정착희망난민의 수용 여부와 규모 및 출신지역 등 주요 사항에 관하여 「재한외국인 처우 기본법」 제8조에 따른 외국인정책위원회의 심의를 거쳐 재정착희망난민의 국내 정착을 허가할 수 있다. 이 경우 정착허가는 제18조 제1항에 따른 난민인정으로 본다.
② 제1항에 따른 국내정착 허가의 요건과 절차 등 구체적인 사항은 대통령령으로 정한다.

제3장 난민위원회 등

제25조 난민위원회의 설치 및 구성
① 제21조에 따른 이의신청에 대한 심의를 하기 위하여 법무부에 난민위원회(이하 "위원회"라 한다)를 둔다.
② 위원회는 위원장 1명을 포함한 15명 이하의 위원으로 구성한다.
③ 위원회에 분과위원회를 둘 수 있다.

제26조 위원의 임명
① 위원은 다음 각 호의 어느 하나에 해당하는 사람 중에서 법무부장관이 임명 또는 위촉한다.
  1. 변호사의 자격이 있는 사람
  2. 「고등교육법」 제2조 제1호 또는 제3호에 따른 학교에서 법률학 등을 가르치는 부교수 이상의 직에 있거나 있었던 사람
  3. 난민 관련 업무를 담당하는 4급 이상 공무원이거나 이었던 사람
  4. 그 밖에 난민에 관하여 전문적인 지식과 경험이 있는 사람
② 위원장은 위원 중에서 법무부장관이 임명한다.
③ 위원의 임기는 3년으로 하고, 연임할 수 있다.

제27조 난민조사관
① 위원회에 난민조사관을 둔다.
② 난민조사관은 위원장의 명을 받아 이의신청에 대한 조사 및 그 밖에 위원회의 사무를 처리한다.

제28조 난민위원회의 운영
제25조부터 제27조까지에서 규정한 사항 외에 위원회의 운영 등에 필요한 사항은 법무부령으로 정한다.

제29조 유엔난민기구와의 교류·협력
① 법무부장관은 유엔난민기구가 다음 각 호의 사항에 대하여 통계 등의 자료를 요청하는 경우 협력하여야 한다.
  1. 난민인정자 및 난민신청자의 상황
  2. 난민협약 및 난민의정서의 이행 상황
  3. 난민 관계 법령(입법예고를 한 경우를 포함한다)
② 법무부장관은 유엔난민기구나 난민신청자의 요청이 있는 경우 유엔난민기구가 다음 각 호의 행위를 할 수 있도록 협력하여야 한다.
  1. 난민신청자 면담
  2. 난민신청자에 대한 면접 참여
  3. 난민인정 신청 또는 이의신청에 대한 심사에 관한 의견 제시
③ 법무부장관 및 난민위원회는 유엔난민기구가 난민협약 및 난민의정서의 이행상황을 점검하는 임무를 원활하게 수행할 수 있도록 편의를 제공하여야 한다.

제4장 난민인정자 등의 처우

제1절 난민인정자의 처우

제30조 난민인정자의 처우
① 대한민국에 체류하는 난민인정자는 다른 법률에도 불구하고 난민협약에 따른 처우를 받는다.
② 국가와 지방자치단체는 난민의 처우에 관한 정책의 수립·시행, 관계 법령의 정비, 관계 부처 등에 대한 지원, 그 밖에 필요한 조치를 하여야 한다.

제31조 사회보장
난민으로 인정되어 국내에 체류하는 외국인은 「사회보장기본법」 제8조 등에도 불구하고 대한민국 국민과 같은 수준의 사회보장을 받는다.

제32조 기초생활보장
난민으로 인정되어 국내에 체류하는 외국인은 「국민기초생활 보장법」 제5조의2에도 불구하고 본인의 신청에 따라 같은 법 제7조부터 제15조까지에 따른 보호를 받는다.

제33조 교육의 보장
① 난민인정자나 그 자녀가 「민법」에 따라 미성년자인 경우에는 국민과 동일하게 초등교육과 중등교육을 받는다.
② 법무부장관은 난민인정자에 대하여 대통령령으로 정하는 바에 따라 그의 연령과 수학능력 및 교육여건 등을 고려하여 필요한 교육을 받을 수 있도록 지원할 수 있다.

제34조 사회적응교육 등
① 법무부장관은 난민인정자에 대하여 대통령령으로 정하는 바에 따라 한국어 교육 등 사회적응교육을 실시할 수 있다.
② 법무부장관은 난민인정자가 원하는 경우 대통령령으로 정하는 바에 따라 직업훈련을 받을 수 있도록 지원할 수 있다.

제35조 학력인정
난민인정자는 대통령령으로 정하는 바에 따라 외국에서 이수한 학교교육의 정도에 상응하는 학력을 인정받을 수 있다.

제36조 자격인정
난민인정자는 관계 법령에서 정하는 바에 따라 외국에서 취득한 자격에 상응하는 자격 또는 그 자격의 일부를 인정받을 수 있다.

제37조 배우자 등의 입국허가
① 법무부장관은 난민인정자의 배우자 또는 미성년자인 자녀가 입국을 신청하는 경우 「출입국관리법」 제11조에 해당하는 경우가 아니면 입국을 허가하여야 한다.
② 제1항에 따른 배우자 및 미성년자의 범위는 「민법」에 따른다.

제 38 조　난민인정자에 대한 상호주의 적용의 배제
난민인정자에 대하여는 다른 법률에도 불구하고 상호주의를 적용하지 아니한다.

제 2 절　인도적체류자의 처우

제 39 조　인도적체류자의 처우
법무부장관은 인도적체류자에 대하여 취업활동 허가를 할 수 있다.

제 3 절　난민신청자의 처우

제 40 조　생계비 등 지원
① 법무부장관은 대통령령으로 정하는 바에 따라 난민신청자에게 생계비 등을 지원할 수 있다.
② 법무부장관은 난민인정 신청일부터 6개월이 지난 경우에는 대통령령으로 정하는 바에 따라 난민신청자에게 취업을 허가할 수 있다.

제 41 조　주거시설의 지원
① 법무부장관은 대통령령으로 정하는 바에 따라 난민신청자가 거주할 주거시설을 설치하여 운영할 수 있다.
② 제1항에 따른 주거시설의 운영 등에 필요한 사항은 대통령령으로 정한다.

제 42 조　의료지원
법무부장관은 대통령령으로 정하는 바에 따라 난민신청자에게 의료지원을 할 수 있다.

제 43 조　교육의 보장
난민신청자 및 그 가족 중 미성년자인 외국인은 국민과 같은 수준의 초등교육 및 중등교육을 받을 수 있다.

제 44 조　특정 난민신청자의 처우 제한
제2조 제4호 다목이나 제8조 제5항 제2호 또는 제3호에 해당하는 난민신청자의 경우에는 대통령령으로 정하는 바에 따라 제40조 제1항 및 제41조부터 제43조까지에서 정한 처우를 일부 제한할 수 있다.

제 5 장　보칙

제 45 조　난민지원시설의 운영 등
① 법무부장관은 제34조, 제41조 및 제42조에서 정하는 업무 등을 효율적으로 수행하기 위하여 난민지원시설을 설치하여 운영할 수 있다.
② 법무부장관은 필요하다고 인정하면 제1항에 따른 업무의 일부를 민간에게 위탁할 수 있다.

③ 난민지원시설의 이용대상, 운영 및 관리, 민간위탁 등에 필요한 사항은 대통령령으로 정한다.

제 46 조 권한의 위임
법무부장관은 이 법에 따른 권한의 일부를 대통령령으로 정하는 바에 따라 지방출입국·외국인관서의 장에게 위임할 수 있다.

제46조의2 벌칙 적용에서 공무원 의제
제25조에 규정된 난민위원회(분과위원회를 포함한다)의 위원 중 공무원이 아닌 위원은 「형법」제127조 및 제129조부터 제132조까지의 규정을 적용할 때에는 공무원으로 본다.

제 6 장 벌칙

제 47 조 벌칙
다음 각 호의 어느 하나에 해당하는 자는 1년 이하의 징역 또는 1천만원 이하의 벌금에 처한다.
1. 제17조를 위반한 자
2. 거짓 서류의 제출이나 거짓 진술 또는 사실의 은폐로 난민으로 인정되거나 인도적 체류 허가를 받은 사람

부칙
이 법은 공포한 날부터 시행한다.

06 | 국제연합 평화유지활동 참여에 관한 법률(2010제정)

제1조 목적
이 법은 국제연합 평화유지활동에 참여할 파견부대와 참여요원의 파견 및 철수 등에 관한 사항을 규정함으로써 대한민국이 국제연합 평화유지활동에 보다 신속하고 적극적으로 참여하여 국제평화의 유지와 조성에 기여함을 목적으로 한다.

제2조 정의
이 법에서 사용하는 용어의 정의는 다음과 같다.
1. "국제연합 평화유지활동"(이하 "평화유지활동"이라 한다)이란 국제연합의 안전보장이사회가 채택한 결의에 따라 국제연합 사무총장이 임명하는 사령관의 지휘하에 국제연합의 재정부담으로 특정 국가(또는 지역) 내에서 수행되는 평화협정 이행 지원, 정전 감시, 치안 및 안정 유지, 선거 지원, 인도적 구호, 복구·재건 및 개발 지원 등을 비롯한 제반활동을 말한다. 다만, 개별 또는 집단의 국가가 국제연합의 승인을 받아 독립적으로 수행하는 평화유지 또는 그 밖의 군사적 활동은 포함하지 아니한다.
2. "파견부대"란 평화유지활동에 참여하기 위하여 해외에 파견되는 국군부대(개인 단위로 활동하는 군인들의 결합이나 연합은 제외한다)를 말한다.
3. "참여요원"이란 평화유지활동에 참여하기 위하여 해외에 파견된 군인(파견부대에 속한 군인은 제외한다), 경찰, 그 밖의 공무원 또는 민간인을 말한다.
4. "재해"란 「재난 및 안전관리기본법」 제3조 제1호에 따른 재난(테러행위를 포함한다)으로 인하여 발생하는 피해를 말한다.
5. "물자협력"이란 평화유지활동 및 그에 필수적으로 수반되는 업무와 파견부대의 안전보장, 파견부대 소속 군인 및 참여요원의 신변안전 보호, 사고예방 및 재해방지에 필요한 물자를 외국의 정부·군대에 지원·양도하거나 외국의 정부·군대로부터 지원받거나 양수하는 활동을 말한다.

제3조 상비부대의 설치·운영
① 정부는 평화유지활동에의 참여를 위하여 상시적으로 해외파견을 준비하는 국군부대(이하 "상비부대"라 한다)를 설치·운영할 수 있다.
② 제1항의 상비부대의 설치 및 운영에 관한 사항은 대통령령으로 정한다.

제4조 임무수행의 기본원칙
파견부대 및 참여요원은 국제법을 준수하고 국제연합이 부여하는 권한과 지침의 범위 내에서 성실히 임무를 수행하여야 한다.

제5조 평화유지활동 참여의 결정
① 국제연합이 평화유지활동에 대한민국의 참여를 요청하면 외교부장관은 이를 국방부장관에게 통보하고 상비부대 등의 파견에 관한 사항을 협의하여야 한다.
② 정부는 상비부대 등의 파견을 위하여 해당 국가 또는 지역에 조사단을 파견하여 현지 정세, 안전 상황 등 현지의 전반적인 여건을 파악하고 이에 대한 보고서(이하 "조사활동보고서"라 한다)를 작성하여야 한다.

③ 정부는 국무회의의 심의와 대통령의 재가를 거쳐 국제연합이 요청한 평화유지활동에 국군부대를 파견할 것인지 여부, 파견 목적·규모·기간·임무 등에 대하여 결정한다.

제 6 조   국군부대 파견의 국회 동의

① 정부가 평화유지활동 참여를 위하여 국군부대를 해외에 파견하고자 할 때에는 사전에 국회의 동의를 받아야 한다.
② 정부는 제1항에 따라 국회에 파견동의안을 제출할 때에는 다음 각 호의 사항을 첨부하여야 한다.
  1. 조사활동보고서
  2. 파견지
  3. 국군부대 파견의 필요성
  4. 파견부대의 규모
  5. 파견기간
  6. 파견부대의 임무
  7. 파견부대의 안전보장, 파견부대 소속 군인 및 참여요원의 신변안전 보호, 사고예방 및 재해방지를 위한 대책
  8. 그 밖에 국군부대 파견과 관련된 자료로서 대통령령으로 정하는 것
③ 정부는 병력 규모 1천명 범위(이미 파견한 병력규모를 포함한다)에서 다음 각 호의 요건을 모두 충족하는 평화유지활동에 국군부대를 파견하기 위하여 제2항 각 호의 사항에 관하여 국제연합과 잠정적으로 합의할 수 있다.
  1. 해당 평화유지활동이 접수국의 동의를 받은 경우
  2. 파견기간이 1년 이내인 경우
  3. 인도적 지원, 재건 지원 등 비군사적 임무를 수행하거나, 임무 수행 중 전투행위와의 직접적인 연계 또는 무력사용의 가능성이 낮다고 판단하는 경우
  4. 국제연합이 신속한 파견을 요청하는 경우

제 7 조   국군부대의 파견

① 정부는 제6조의 동의를 받아 평화유지활동에 국군부대를 파견하는 경우 국제연합 및 관련국 정부 등과 긴밀히 협의하여 상비부대 등의 파견이 신속하게 이루어지도록 노력한다.
② 외교부장관은 국방부장관과 협의하여 제1항에 따른 협의를 추진하고 관련 국제협정을 체결한다.
③ 국방부장관은 평화유지활동 파견부대의 형태와 규모를 판단하고 파병업무에 관한 세부 지침 및 절차를 마련하여 시행한다.

제 8 조   파견기간의 연장

① 정부가 파견부대의 파견기간을 연장하고자 하는 경우에는 사전에 국회의 동의를 받아야 한다.
② 제1항에 따른 연장기간은 1년을 원칙으로 하고, 파견연장 동의안의 제출에 관하여는 제6조 제2항을 준용한다.
③ 정부는 제1항에 따른 파견연장 동의안을 파견부대의 파견 종료 2개월 전까지 국회에 제출하여야 한다. 다만, 제9조에 따른 정부의 파견 종료 결정 이후에 국제연합으로부터 파견연장 요청이 있는 경우에는 그러하지 아니하다.

제 9 조 파견의 종료
정부는 다음 각 호의 어느 하나에 해당하는 경우 파견부대의 파견을 종료할 수 있다.
1. 파견부대가 그 임무를 완수한 경우
2. 파견기간 종료 전에 파견부대를 더 이상 유지할 필요가 없다고 판단하는 경우

제 10 조 파견의 종료 요구
① 국회는 파견부대의 임무나 파견기간이 종료되기 전이라도 의결을 통하여 정부에 대하여 파견의 종료를 요구할 수 있다.
② 정부는 특별한 사유가 없는 한 제1항에 따른 국회의 파견 종료 요구에 따라야 한다.

제 11 조 국회에의 보고 등
① 정부는 매년 정기국회에 파견부대의 구체적인 활동성과, 활동상황, 임무 종료 및 철수 등 변동사항을 보고하여야 한다.
② 정부는 파견 종료 후 3개월 이내에 활동결과보고서를 작성하여 국회에 제출하여야 한다.
③ 정부는 다음 각 호의 어느 하나에 해당하는 경우에는 국회에 해당 사실을 보고하여야 한다.
   1. 국제연합으로부터 평화유지활동에 대한 참여 요청이 있는 경우
   2. 파견부대 임무의 내용을 변경하려는 경우

제 12 조 교육 및 훈련
각 중앙행정기관의 장은 평화유지활동에 참여할 소속 공무원이 참여요원으로서의 소양과 자질을 갖추는 데 필요한 교육 및 훈련을 받을 수 있도록 관련 국내외 기관에 위탁 또는 파견할 수 있다.

제 13 조 불이익 처분의 금지 및 신분 보장
① 누구든지 참여요원 또는 참여요원이었던 자에게 평화유지활동 참여를 이유로 불이익한 처분을 하여서는 아니 된다.
② 평화유지활동에 참여하는 공무원(현역 군인 및 경찰을 포함한다)은 파견기간 중 평화유지활동 참여요원으로서의 신분과 대한민국 공무원으로서의 신분을 동시에 보유하는 것으로 본다.
③ 평화유지활동에 참여하는 대한민국 국적의 민간인은 국제평화 안전유지요원으로서의 신분과 대한민국 국민으로서의 신분을 동시에 보유하며, 국제법상 가능한 모든 보호를 받는다.

제 14 조 수당 등의 지급
정부는 평화유지활동 참여요원에 대하여 파견지역의 근무 환경과 수행 임무를 고려하여 관계 법령에서 정하는 바에 따라 수당을 지급할 수 있다.

제 15 조 사고예방 및 재해방지
정부는 파견부대 소속 군인 및 참여요원의 신변안전 보호 및 사고예방을 위한 종합대책과 재해방지대책을 마련하여 시행하여야 한다.

제 16 조 평화유지활동 정책협의회의 설치 및 운영

① 평화유지활동에 관한 정부 정책의 효과적인 집행, 관계 부처 간의 협력 및 조정을 위하여 외교부에 평화유지활동 정책협의회(이하 "정책협의회"라 한다)를 둔다.
② 정책협의회는 의장 1명을 포함한 10명 이내의 위원으로 구성하며, 외교부장관이 의장이 된다.
③ 정책협의회에 관련 중앙행정기관의 고위공무원으로 구성되는 실무위원회를 두고, 외교부차관이 실무위원회의 장이 된다.
④ 그 밖에 정책협의회와 실무위원회의 구성 및 운영에 관한 사항은 대통령령으로 정한다.

제 17 조 물자협력

① 정부는 평화유지활동에 필요하다고 인정되는 범위에서 물자협력을 할 수 있다.
② 물자협력의 구체적인 규모, 절차 및 그 밖에 필요한 사항은 대통령령으로 정한다.

제 18 조 기념사업 등

① 국가는 대한민국의 평화유지활동 참여와 관련된 다음 각 호의 사업을 할 수 있다.
  1. 기념관 건립 등 기념사업
  2. 역사적 자료의 수집·보존·관리·전시 및 조사·연구
  3. 교육·홍보 및 학술활동
  4. 국제교류, 공동조사 등 국내외 활동
  5. 제1호부터 제4호까지의 사업에 딸린 사업
② 제1항에 따른 사업을 수행하기 위하여 필요한 사항은 대통령령으로 정한다.

부칙

제 1 조 시행일
이 법은 공포 후 6개월이 경과한 날부터 시행한다.

제 2 조 국군부대 파견의 국회 동의에 관한 적용례
제6조 제2항의 개정규정은 이 법 시행 후 최초로 파견동의안(파견연장 동의안을 포함한다)을 제출하는 경우부터 적용한다.

07 | 공공외교법(2016제정)

제 1 조 　 목적
이 법은 공공외교 활동에 필요한 사항을 규정하여 공공외교 강화 및 효율성 제고의 기반을 조성함으로써 국제사회에서 대한민국의 국가이미지 및 위상 제고에 이바지하는 것을 목적으로 한다.

제 2 조 　 정의
이 법에서 "공공외교"란 국가가 직접 또는 지방자치단체 및 민간부문과 협력하여 문화, 지식, 정책 등을 통하여 대한민국에 대한 외국 국민들의 이해와 신뢰를 증진시키는 외교활동을 말한다.

제 3 조 　 공공외교의 기본원칙
① 공공외교는 인류의 보편적 가치와 대한민국 고유의 특성을 조화롭게 반영하여 추진되어야 한다.
② 공공외교 정책은 국제사회와의 지속가능한 우호협력 증진에 중점을 두어야 한다.
③ 공공외교 활동은 특정 지역이나 국가에 편중되지 아니하여야 한다.

제 4 조 　 국가의 책무
① 국가는 공공외교 강화 및 효율성 제고를 위하여 종합적이고 체계적인 전략과 정책을 수립하고 이를 추진하여야 한다.
② 국가는 제1항에 따른 전략과 정책의 효율적 수립 및 수행에 필요한 행정적·재정적 지원방안을 마련하여야 한다.
③ 국가는 공공외교를 효율적으로 수행하기 위하여 지방자치단체 및 민간부문과 협력체계를 구축하는 등 필요한 노력을 하여야 한다.
④ 국가는 공공외교의 중요성에 대한 사회적 공감대를 형성하고 국민의 참여를 증진하기 위하여 교육 및 홍보 등 필요한 노력을 하여야 한다.

제 5 조 　 다른 법률과의 관계
① 공공외교에 관하여 다른 법률에 특별한 규정이 있는 경우를 제외하고는 이 법에서 정하는 바에 따른다.
② 공공외교에 관하여 다른 법률을 제정하거나 개정하는 경우에는 이 법에 부합하도록 하여야 한다.

제 6 조 　 공공외교 기본계획의 수립
① 외교부장관은 관계 중앙행정기관의 장 및 특별시장·광역시장·특별자치시장·도지사·특별자치도지사(이하 "시·도지사"라 한다)와 협의하여 공공외교 기본계획(이하 "기본계획"이라 한다)을 5년마다 수립하여야 한다.
② 기본계획에는 다음 각 호의 사항이 포함되어야 한다.
　1. 공공외교 활동의 정책방향 및 추진목표
　2. 공공외교를 위한 주요 정책의 수립·조정에 관한 사항
　3. 공공외교를 위한 재원 조달 및 운용에 관한 사항

4. 공공외교에 관한 기반조성, 제도개선 및 평가에 관한 사항
5. 공공외교를 위한 지방자치단체에 대한 지원방안
6. 공공외교를 위한 민간부문에 대한 지원방안
7. 그 밖에 공공외교 활동에 필요한 사항

③ 기본계획은 제8조에 따른 공공외교위원회의 심의를 거쳐 확정한다. 이 경우 외교부장관은 확정된 기본계획을 관계 중앙행정기관의 장 및 시·도지사에게 통보하여야 한다.

제 7 조   공공외교 시행계획 등의 수립

① 관계 중앙행정기관의 장 및 시·도지사는 기본계획에 따라 매년 공공외교 활동의 시행계획(이하 "시행계획"이라 한다)을 수립·시행하고, 외교부장관에게 시행계획과 추진실적을 제출하여야 한다.
② 외교부장관은 기본계획에 따라 제1항의 시행계획과 외교부 자체의 시행계획을 통합한 종합적인 시행계획(이하 "종합시행계획"이라 한다)을 매년 수립·시행한다.
③ 재외공관의 장은 종합시행계획에 따라 관할지역의 재외공관과 「공공기관의 운영에 관한 법률」에 따른 공공기관(이하 "공공기관"이라 한다)의 활동을 포함하는 공공외교 활동계획을 매년 수립·시행하여야 한다.
④ 제1항부터 제3항까지의 규정에 따른 계획을 수립·시행함에 있어 사업의 유사·중복을 지양하여야 하며, 특히 지역별·국가별 현지특성을 고려하여 수립·시행되도록 관계 기관 간에 긴밀히 협의하여야 한다.
⑤ 외교부장관은 종합시행계획과 제3항에 따른 재외공관 관할지역에 대한 활동계획의 내용 및 결과를 관계 중앙행정기관의 장과 시·도지사에게 통보하여야 한다.
⑥ 그 밖에 시행계획 및 종합시행계획의 수립·시행에 필요한 사항은 대통령령으로 정한다.

제 8 조   공공외교위원회

① 공공외교 정책의 종합적·체계적 추진을 위한 주요사항을 심의·조정하기 위하여 외교부장관 소속으로 공공외교위원회(이하 "위원회"라 한다)를 둔다.
② 위원회는 다음 각 호의 사항을 심의·조정한다.
   1. 기본계획의 수립, 변경 및 추진에 관한 사항
   2. 종합시행계획의 수립 및 평가에 관한 사항
   3. 공공외교 업무의 부처 간 협조 및 조정에 관한 사항
   4. 공공외교와 관련하여 국민 참여 및 민·관 협력 등에 관한 사항
   5. 그 밖에 공공외교와 관련하여 위원장이 회의에 부치는 사항
③ 위원회는 위원장을 포함하여 20명 이내의 위원으로 구성하되, 위원장은 외교부장관이 되고, 위원은 관계 중앙행정기관의 차관 또는 차관급 공무원 및 공공외교에 관한 전문지식과 경험이 풍부한 사람 중에서 대통령령으로 정하는 바에 따라 외교부장관이 임명 또는 위촉한다.
④ 그 밖에 위원회의 구성 및 운영 등에 필요한 사항은 대통령령으로 정한다.

제 9 조 지방자치단체 및 민간부문에 대한 지원

① 국가는 지방자치단체가 공공외교 활동을 위하여 협력을 요청하는 경우에 필요한 지원을 할 수 있다.
② 국가는 민간부문의 공공외교 참여를 활성화하기 위하여 필요한 경우 예산의 범위에서 경비의 전부 또는 일부를 보조하거나 업무수행에 필요한 행정적 지원을 할 수 있다.
③ 제1항 및 제2항에 따른 지원에 필요한 사항은 대통령령으로 정한다.

제 10 조 실태조사

① 외교부장관은 공공외교 정책의 수립·시행을 위하여 공공외교의 현황에 관한 실태조사를 실시할 수 있다.
② 제1항에 따른 실태조사의 대상·방법 등에 필요한 사항은 대통령령으로 정한다.

제 11 조 공공외교 종합정보시스템 구축·운영

① 외교부장관은 공공외교를 체계적·효율적으로 추진하고 관계 기관 등에게 유용한 정보를 제공하기 위하여 공공외교 종합정보시스템을 구축·운영할 수 있다.
② 외교부장관은 공공외교 종합정보시스템의 구축·운영을 위하여 필요한 경우에는 관계 중앙행정기관의 장, 시·도지사, 공공기관의 장 등에게 필요한 자료의 제공을 요청할 수 있다. 이 경우 자료제출을 요청받은 관계 중앙행정기관의 장 등은 특별한 사정이 없으면 이에 따라야 한다.

제 12 조 공공외교 추진기관의 지정 등

① 외교부장관은 공공외교의 추진에 필요한 사업을 효율적으로 수행하기 위하여 공공외교 추진기관(이하 "추진기관"이라 한다)을 지정할 수 있다.
② 추진기관은 다음 각 호의 사업을 한다.
    1. 종합시행계획 및 시행계획 수립 지원
    2. 국내외 공공외교 추진 관련 기관·단체 등과 협력체계 구축
    3. 공공외교 종합정보시스템의 구축 및 운영
    4. 공공외교 활동을 위한 교육, 상담, 홍보 등 지원사업의 실시
    5. 공공외교 활동을 위한 전문인력의 양성
    6. 공공외교의 실태조사 및 통계의 작성
    7. 그 밖에 추진기관의 지정 목적을 달성하는 데 필요한 사업
③ 외교부장관은 추진기관의 운영 등에 필요한 경비를 지원할 수 있다.
④ 추진기관의 지정 및 운영 등에 필요한 사항은 대통령령으로 정한다.

제 13 조 국회 보고

정부는 매년 정기국회 개회 전까지 기본계획 및 종합시행계획의 추진상황 등에 관한 보고서를 작성하여 국회에 제출하여야 한다.

부칙

이 법은 공포 후 6개월이 경과한 날부터 시행한다.

08 | 국제개발협력기본법(2010제정)

제 1 조 목적
이 법은 국제개발협력에 관한 기본적인 사항을 규정하여 국제개발협력정책의 적정성과 집행의 효율성을 제고하고 국제개발협력의 정책목표를 효과적으로 달성하게 함으로써 국제개발협력을 통한 인류의 공동번영과 세계평화의 증진에 기여함을 목적으로 한다.

제 2 조 정의
이 법에서 사용하는 용어의 뜻은 다음과 같다.
1. "국제개발협력"이란 국가·지방자치단체 또는 공공기관이 개발도상국의 발전과 복지증진을 위하여 개발도상국에 직접 또는 간접적으로 제공하는 무상 또는 유상의 개발협력(이하 "양자간 개발협력"이라 한다)과 국제기구를 통하여 제공하는 다자간 개발협력을 말한다.
2. "개발도상국"이란 경제협력개발기구 개발원조위원회가 정한 공적개발원조 대상국(지역을 포함한다)을 말한다.
3. "국제기구"란 경제협력개발기구 개발원조위원회가 정한 개발관련 국제기구(비정부간기구를 포함한다)를 말한다.
4. 양자간 개발협력 중 "무상협력"이란 개발도상국에 대하여 현금·현물·인력·기술협력 등의 형태로 제공하는 것으로서 긴급재난구호를 포함하며 상환의무가 없는 것을 말한다.
5. 양자간 개발협력 중 "유상협력"이란 이자율·상환기간 및 거치기간 등에 있어서 개발도상국이 국제 자본시장에서 자금을 상업적 조건으로 차입할 수 있는 것보다 유리한 조건으로 개발도상국에 제공하는 현금 또는 현물 등으로서 상환의무가 있는 것을 말한다.
6. "다자간 개발협력"이란 국제기구에 대한 출연·출자 및 양허성 차관 등을 통하여 개발도상국에게 간접적으로 제공하는 국제개발협력을 말한다.
7. "주관기관"이란 제12조에 따라 소관 분야의 국제개발협력과 관련된 정책의 수립 및 사업의 추진에 관한 사항을 총괄하는 중앙행정기관을 말한다.
8. "시행기관"이란 국제개발협력과 관련한 사업을 실시하는 중앙행정기관, 지방자치단체 및 공공기관을 말한다.

제 3 조 기본정신 및 목표
① 국제개발협력은 개발도상국의 빈곤감소, 여성·아동·장애인·청소년의 인권향상, 성평등 실현, 지속가능한 발전 및 인도주의를 실현하고 개발도상국과의 경제협력관계를 증진하며 국제사회의 평화와 번영을 추구하는 것을 기본정신으로 한다.
② 국제개발협력은 제1항의 기본정신을 추구하기 위하여 다음 각 호의 사항을 달성하는 것을 목표로 한다.
  1. 개발도상국의 빈곤감소 및 삶의 질 향상
  2. 개발도상국의 발전 및 이를 위한 제반 제도·조건의 개선
  3. 개발도상국과의 우호협력관계 및 상호교류 증진
  4. 국제개발협력과 관련된 범지구적 문제 해결에 대한 기여

5. 국제적으로 합의된 지속가능발전과 관련된 목표(2015년 9월 유엔개발정상회의에서 채택된 2030 지속가능개발의제 등을 말한다)의 달성에 대한 기여
6. 그 밖에 제1항의 기본정신을 달성하기 위하여 필요하다고 인정되는 사항

제 4 조　기본원칙

① 국가, 지방자치단체, 그 밖의 시행기관(이하 "국가등"이라 한다)은 국제개발협력을 실시하는 경우 다음 각 호의 원칙과 우리나라의 대외정책을 종합적으로 고려하여 추진하여야 한다.
　1. 국제연합헌장의 제반 원칙 존중
　2. 개발도상국의 자조노력 및 능력 지원
　3. 개발도상국의 개발 필요 존중
　4. 개발경험 공유의 확대
　5. 국제사회와의 상호조화 및 협력 증진
② 국가등은 양자간 개발협력과 다자간 개발협력 간의 연계성과 무상협력과 유상협력 간의 연계성을 강화하고, 국제개발협력정책을 일관성 있게 추진함으로써 국제개발협력의 효과가 극대화되도록 노력하여야 한다.

제 5 조　국가등의 책무

① 국가등은 제1조의 목적과 제3조의 기본정신 및 목표 등을 고려하여 국제개발협력 사업을 추진하여야 한다.
② 국가등은 개발도상국의 빈곤퇴치 및 지속가능한 발전을 위한 국제사회의 노력에 동참하고 이를 위하여 적극적인 역할을 수행한다.
③ 국가등은 관련 민간단체 등과 협력하여 국제개발협력 사업을 체계적으로 추진함으로써 국제개발협력 사업의 효과가 향상되도록 노력한다.
④ 국가등은 국제개발협력의 투명성을 증진시키기 위하여 노력하여야 한다.

제 6 조　다른 법률과의 관계

국제개발협력에 관한 다른 법률을 제정 또는 개정하는 경우에는 이 법의 목적과 기본정신에 맞도록 하여야 한다.

제 7 조　국제개발협력위원회

① 국제개발협력에 관한 계획·전략 및 정책이 종합적·체계적으로 추진될 수 있도록 주요 사항을 조정 및 심사·의결하기 위하여 국무총리 소속으로 국제개발협력위원회(이하 "위원회"라 한다)를 둔다.
② 위원회는 위원장 1명을 포함한 30명 이내의 위원으로 구성한다. 이 경우 위원장이 위촉하는 위원은 특정 성별이 위원 수의 10분의 6을 초과하지 아니하도록 하여야 한다.
③ 위원장은 국무총리가 되고, 위원은 기획재정부장관, 외교부장관, 국무조정실장과 대통령령으로 정하는 중앙행정기관 및 관계 기관·단체의 장과 학식과 경험이 풍부한 사람 중에서 위원장이 위촉한 사람으로 한다.
④ 위원회는 다음 각 호의 사항을 조정 및 심사·의결한다.
　1. 제11조에 따른 국제개발협력 종합기본계획 수립·수정에 관한 사항
　2. 제14조에 따른 국제개발협력 종합시행계획 수립·수정에 관한 사항

3. 제15조에 따른 중점협력대상국 선정 및 해당 국가에 대한 중기지원전략 수립에 관한 사항
　　4. 제16조에 따른 국제개발협력에 대한 평가에 관한 사항
　　5. 제22조에 따른 국제개발협력 사업에 대한 점검 및 지원에 관한 사항
　　6. 국제개발협력과 관련된 정책 중 정부 차원의 조정이 필요한 사항
　　7. 그 밖에 위원장이 중요하다고 판단하여 회의에 부치는 사항
⑤ 위원회가 회의에 부칠 안건에 관하여 사전에 협의·조정하고 위원회가 위임한 사항을 처리하게 하기 위하여 위원회에 국제개발협력 실무위원회(이하 "실무위원회"라 한다)를 둔다.
⑥ 제1항부터 제5항까지에서 정한 사항 외에 위원회 및 실무위원회의 구성·운영 등에 필요한 사항은 대통령령으로 정한다.

제 8 조　　위원의 해촉

위원장은 위원회의 위원 중 제7조제3항에 따라 위원장이 위촉한 위원이 다음 각 호의 어느 하나에 해당하는 경우에는 해당 위원을 해촉할 수 있다.
1. 심신장애로 인하여 직무를 수행할 수 없게 된 경우
2. 직무와 관련된 비위사실이 있는 경우
3. 직무태만, 품위손상이나 그 밖의 사유로 인하여 위원으로 적합하지 아니하다고 인정되는 경우
4. 위원 스스로 직무를 수행하는 것이 곤란하다고 의사를 밝히는 경우

제 9 조　　사무기구의 설치

① 위원회의 업무처리와 원활한 운영을 위하여 위원회에 사무기구를 둔다.
② 사무기구의 조직과 업무 및 운영에 필요한 사항은 대통령령으로 정한다.

제 10 조　　조사·연구의 의뢰

① 위원회는 업무 수행을 위하여 필요한 경우에는 관계 기관, 단체 또는 전문가 등에게 조사·연구를 의뢰할 수 있다.
② 위원회는 제1항에 따라 조사·연구를 의뢰하였을 때에는 예산의 범위에서 그에 필요한 경비를 지급할 수 있다.

제 11 조　　국제개발협력 종합기본계획의 수립 등

① 위원회는 국제개발협력을 효과적으로 추진하기 위하여 국제개발협력 종합기본계획(이하 "종합기본계획"이라 한다)을 5년마다 심사·의결하여야 한다.
② 종합기본계획에는 다음 각 호의 사항이 포함되어야 한다.
　　1. 국제개발협력 정책의 기본방향
　　2. 국내외 국제개발협력 환경 분석
　　3. 국제개발협력의 규모 및 운용계획
　　4. 국제개발협력의 투명성 증진을 위한 계획
　　5. 지역별·주요 분야별 추진방향
　　6. 대외정책 목표 달성을 위한 국제개발협력 추진전략
　　7. 제17조에 따른 민간국제개발협력단체 등에 대한 지원의 기본방향

8. 국제개발협력 관련 기관·단체 등의 역량 강화 및 제19조에 따른 전문 인력 양성 기본방향
9. 그 밖에 국제개발협력과 관련하여 필요하다고 인정하는 사항

③ 주관기관은 5년마다 소관 분야의 기본계획안(이하 "분야별 기본계획안"이라 한다)을 작성하여 위원회에 제출하여야 한다.
④ 위원회는 제3항에 따라 제출된 분야별 기본계획안 등을 조정·심사하여 종합기본계획을 의결·확정한다.
⑤ 제4항에도 불구하고 분야별 기본계획안 중 위원회가 중요하다고 판단하는 사항은 국무회의의 심의를 거쳐 대통령이 확정할 수 있다.
⑥ 위원회는 필요하다고 판단하는 경우에는 위원회의 조정 및 심사·의결을 거쳐 제4항 및 제5항에 따라 확정된 종합기본계획을 수정할 수 있다.
⑦ 위원회는 종합기본계획을 확정하거나 수정하는 경우에는 지체 없이 국회에 보고하여야 한다.
⑧ 제1항부터 제7항까지에서 정한 사항 외에 종합기본계획의 수립 절차 및 국회 보고에 필요한 사항은 대통령령으로 정한다.

제 12 조 국제개발협력 주관기관

① 양자 간 개발협력 중 유상협력은 기획재정부장관이, 무상협력은 외교부장관이 각각 주관한다.
② 다자 간 개발협력 중 「국제금융기구에의 가입조치에 관한 법률」에 따른 국제금융기구 및 「녹색기후기금의 운영지원에 관한 법률」에 따른 녹색기후기금과의 협력은 기획재정부장관이, 그 밖의 기구와의 협력은 외교부장관이 각각 주관한다.

제 13 조 국제개발협력 주관기관의 역할 및 기능

① 주관기관은 다음 각 호의 역할 및 기능을 수행한다.
1. 소관 분야의 국제개발협력 정책 및 전략의 수립
2. 분야별 기본계획안과 제14조 제4항에 따른 분야별 시행계획안의 작성 및 위원회 제출
3. 소관 분야의 국제개발협력 사업의 심사 및 조정
4. 위원회가 위임하는 소관 분야의 국제개발협력에 관한 평가
5. 제14조 제1항에 따른 국제개발협력 종합시행계획의 이행 점검
6. 제22조에 따른 국제개발협력 사업의 발굴, 추진 및 평가를 위한 점검 및 지원
7. 소관 분야의 종합기본계획 및 제14조 제1항에 따른 종합시행계획의 홍보
8. 그 밖에 위원회가 필요하다고 판단하여 부여하는 역할 및 기능

② 주관기관은 개별 시행기관이 소관 분야에서 전문성을 가지고 국제개발협력을 효율적으로 추진할 수 있도록 필요한 지원을 하여야 한다.
③ 주관기관은 소관 분야의 업무를 체계적·통합적·효율적으로 이행하기 위하여 주관기관 소속으로 분야별 개발협력전략회의(이하 "전략회의"라 한다)를 둘 수 있다.
④ 전략회의의 구성과 운영에 필요한 사항은 대통령령으로 정한다.

제 14 조   국제개발협력 종합시행계획의 수립 등
① 위원회는 종합기본계획에 따라 국제개발협력 추진전략과 사업계획 등이 포함된 국제개발협력 종합시행계획(이하 "종합시행계획"이라 한다)을 매년 심사·의결하여 확정한다.
② 시행기관은 연간 국제개발협력 시행계획안을 종합기본계획에 부합하도록 작성하여 주관기관에 제출하여야 한다. 이 경우 시행기관은 전략회의가 심의·조정한 주요 사항을 연간 국제개발협력 시행계획안의 작성에 반영하여야 한다.
③ 주관기관은 제2항에 따라 시행기관이 제출한 연간 국제개발협력 시행계획안이 종합기본계획에 부합하지 아니하거나 국제개발협력을 종합적·체계적·전략적으로 추진하는 데 필요한 경우에는 시행기관과 협의하여 이를 조정할 수 있다. 이 경우 주관기관은 전략회의가 심의·조정한 주요 사항을 연간 국제개발협력 시행계획안에 반영되도록 조정하여야 한다.
④ 주관기관은 제2항에 따라 제출된 연간 국제개발협력 시행계획안을 종합·검토하여 각각 소관 분야의 연간 국제개발협력 추진전략이 포함된 시행계획안(이하 "분야별 시행계획안"이라 한다)을 작성하여 위원회에 제출하여야 한다.
⑤ 위원회는 제4항에 따라 제출된 분야별 시행계획안을 조정 및 심사하여 종합시행계획을 의결한다.
⑥ 기획재정부장관은 다음 연도 예산을 편성할 때에는 제5항에 따라 의결된 종합시행계획을 존중하여야 한다.
⑦ 위원회는 다음 연도 예산이 국회에서 의결되는 경우 이를 반영하여 종합시행계획을 확정한다. 이 경우 주관기관은 제5항에 따른 종합시행계획 의결 후 변경된 사정을 종합시행계획에 반영하도록 위원회에 요청할 수 있다.
⑧ 위원회는 필요하다고 판단하는 경우에는 제7항 전단에 따라 확정된 종합시행계획을 조정 및 심사·의결을 거쳐 수정할 수 있다.
⑨ 위원회는 제7항 및 제8항에 따라 종합시행계획을 확정 또는 수정하는 경우에는 지체 없이 국회에 보고하여야 한다.
⑩ 제1항부터 제9항까지에서 정한 사항 외에 종합시행계획의 수립·시행 절차 및 국회 보고 등에 필요한 사항은 대통령령으로 정한다.

제 15 조   중점협력대상국의 선정 및 전략 수립
① 위원회는 종합기본계획 등을 고려하고 국제연합이 선정한 최저개발국을 포함하여 중점적으로 국제개발협력을 할 대상국(이하 "중점협력대상국"이라 한다)을 주관기관과 협의하여 선정할 수 있다. 이 경우 위원회는 주관기관에 중점협력대상국의 선정에 필요한 자료 제출을 요청할 수 있다.
② 위원회는 주관기관으로 하여금 중점협력대상국에 대한 중기지원전략안을 작성하도록 하고, 이를 조정·심사하여 중기지원전략을 확정한다.
③ 위원회는 필요하다고 판단하거나 주관기관의 요청이 있는 경우 위원회의 의결을 거쳐 제1항에 따라 선정된 중점협력대상국을 변경할 수 있다.
④ 주관기관은 국회 소관 상임위원회의 요구가 있는 경우 제1항 후단에 따라 위원회에 제출한 자료를 대통령령으로 정하는 바에 따라 국회 소관 상임위원회에 제출하여야 한다. 다만, 외교관계에 관한 사항으로서 공개될 경우 국가의 이익을 해칠 우려가 있다고 인정되는 정보는 비공개로 제출할 수 있다.

⑤ 제1항에 따른 중점협력대상국 선정 및 제2항에 따른 중기지원전략 수립 절차 등에 관하여 필요한 사항은 대통령령으로 정한다.

제 16 조 국제개발협력에 대한 평가
① 위원회는 국제개발협력 사업의 성과에 대한 국민의 이해와 국제개발협력 사업 시행의 투명성을 제고하기 위하여 국제개발협력 평가지침을 마련하고, 관련 정책 및 사업을 평가한다.
② 시행기관은 제1항의 평가지침에 따라 매년 자체평가 계획을 수립하여 위원회에 제출하고, 이에 따른 사업의 추진실적 및 성과를 평가한 후 그 결과를 위원회에 제출하여야 한다. 다만, 제1항의 평가지침으로 정하는 소규모 사업 등에 대해서는 평가시기를 조정할 수 있다.
③ 시행기관은 제2항에 따른 사업의 추진실적 및 성과를 평가할 때 외부전문가를 포함할 수 있다.
④ 위원회는 제1항에 따른 국제개발협력 정책 및 사업에 대한 평가 결과 및 제2항에 따른 자체평가 결과를 다음 종합기본계획 및 종합시행계획을 심사·의결할 때 고려하여야 한다.
⑤ 위원회는 제1항 및 제2항에 따른 국제개발협력에 대한 평가 결과를 공개하고, 제1항의 평가 결과는 매년 6월 30일까지 국회에 보고하여야 한다.
⑥ 위원회는 시행기관이 제2항에 따른 자체평가를 수행하지 아니하거나 제1항에 따른 평가지침을 위반하였다고 판단하는 경우에는 시행기관에 대하여 자체평가의 실시 또는 보완을 요구할 수 있다.
⑦ 제1항 및 제2항에 따른 평가의 기준·시기·방법, 제4항에 따른 평가 결과의 환류와 제5항에 따른 평가 결과 공개 및 국회 보고 등에 필요한 사항은 대통령령으로 정한다.

제 17 조 민간국제개발협력단체 등에 대한 지원
① 국가등은 이 법에 따른 국제개발협력의 기본정신 및 목표 등에 부합하는 활동을 하는 민간국제개발협력단체 또는 그 단체의 연합체에 대하여 주관기관과 협의하여 필요한 지원을 할 수 있다.
② 국가등은 제1항의 지원을 제공하는 경우 사업의 효과성을 높이기 위하여 적절한 조건을 부과할 수 있다.

제 18 조 국민 참여를 위한 홍보 등
① 국가등은 국제개발협력의 필요성에 관한 국민의 지지를 확보하고 국민 참여를 확대하기 위하여 다양한 대국민 홍보 및 인식제고 방안을 마련하여 시행한다.
② 주관기관은 제1항에 따른 국민 참여를 확대하기 위하여 국민이 일상생활에서 쉽게 접근할 수 있도록 다양한 프로그램을 종합적·체계적으로 계획·운영한다.
③ 국가등은 국제개발협력의 방향과 주요 실적(제17조에 따른 민간국제개발협력단체의 실적을 포함한다)을 다양한 방법을 통하여 공개한다. 이 경우 공개의 대상·범위 및 기준 등에 관하여 필요한 사항은 대통령령으로 정한다.
④ 국가는 국제개발협력 사업의 투명성, 효율성 및 국민의 정보접근성 향상을 위하여 국제개발협력 사업에 관한 종합정보 제공체계를 구축하여 운영한다.

제19조 전문 인력의 양성

① 국가는 국제개발협력의 분야별 전문 인력을 양성하기 위하여 노력한다.
② 국가는 국제개발협력의 분야별 전문 인력을 양성하기 위하여 관계 시행기관 등으로 구성된 협의체를 구성·운영할 수 있다.
③ 국가는 국제개발협력 사업의 원활한 추진과 분야별 전문 인력의 효율적인 관리를 위하여 시행기관이 관리하는 분야별 전문 인력에 관한 정보를 공유할 수 있는 체계를 구축하여 운영할 수 있다.

제20조 국제교류 및 협력의 강화

국가등은 국제기구, 외국의 정부 및 단체 등과 국제개발협력과 관련된 정보교환, 공동 조사·연구 및 행사의 개최 등 국제교류·협력의 추진 및 강화를 위하여 노력한다.

제21조 국제개발협력 통계 관련 정보

① 위원회는 국제개발협력 통계 관련 정보의 효율적 관리 및 활용을 위하여 전자정보시스템을 운영한다.
② 시행기관은 국제개발협력 통계 관련 정보를 주관기관과의 협의를 거쳐 위원회에 제출하여야 한다.
③ 주관기관은 소관 분야의 국제개발협력 통계 관련 정보를 작성·분석·관리·활용한다.
④ 위원회는 국회가 요구하는 경우 제2항에 따른 통계 관련 정보를 제출하여야 한다.
⑤ 위원회는 제2항에 따라 시행기관이 통계 관련 정보를 성실히 제출하도록 주관기관과 협력하여 점검 및 지원할 수 있다.
⑥ 제1항에 따른 전자정보시스템 운영, 제2항 및 제4항에 따른 통계 관련 정보의 제출 및 제5항에 따른 점검 및 지원에 필요한 사항은 대통령령으로 정한다.

제22조 국제개발협력 사업에 대한 점검 및 지원

① 주관기관은 소관 분야별 국제개발협력 사업이 종합기본계획, 종합시행계획 및 제15조에 따른 중기지원전략에 따라 체계적으로 발굴, 추진 및 평가될 수 있도록 필요한 점검을 실시하고, 위원회에 그 결과를 보고하거나 필요한 지원을 요청할 수 있다.
② 주관기관은 제1항에 따른 활동에 필요한 자료를 시행기관에 요청할 수 있다.
③ 위원회는 필요한 경우 제1항에 따른 주관기관의 점검과 지원에 관한 사항을 조정할 수 있다.

제23조 재외공관의 역할

① 재외공관(「대한민국 재외공관 설치법」에 따른 대한민국 재외공관을 말한다. 이하 같다)은 국제개발협력 사업의 발굴, 추진 및 평가 등 사업시행 과정에 참여하여야 한다.
② 시행기관은 국제개발협력 사업의 원활한 추진을 위하여 사업시행 과정에서 외교부를 통하여 재외공관과 협의하여야 하며 필요한 지원을 받을 수 있다.
③ 재외공관은 제1항에 따른 활동에 필요한 자료를 외교부를 통하여 시행기관에 요청할 수 있다.

제24조 권한의 위임·위탁

이 법에 따른 주관기관의 권한은 대통령령으로 정하는 바에 따라 그 일부를 시행기관에 위임하거나 위탁할 수 있다.

MEMO

해커스공무원
패권 국제법 조약집

개정 4판 1쇄 발행 2023년 9월 1일

지은이	이상구 편저
펴낸곳	해커스패스
펴낸이	해커스공무원 출판팀
주소	서울특별시 강남구 강남대로 428 해커스공무원
고객센터	1588-4055
교재 관련 문의	gosi@hackerspass.com
	해커스공무원 사이트(gosi.Hackers.com) 교재 Q&A 게시판
	카카오톡 플러스 친구 [해커스공무원 노량진캠퍼스]
학원 강의 및 동영상강의	gosi.Hackers.com
ISBN	979-11-6999-450-7 (13360)
Serial Number	04-01-01

저작권자 ⓒ 2023, 이상구

이 책의 모든 내용, 이미지, 디자인, 편집 형태는 저작권법에 의해 보호받고 있습니다.
서면에 의한 저자와 출판사의 허락 없이 내용의 일부 혹은 전부를 인용, 발췌하거나 복제, 배포할 수 없습니다.

공무원 교육 1위,
해커스공무원 gosi.Hackers.com

☆ 해커스공무원

· **해커스공무원 학원 및 인강**(교재 내 인강 할인쿠폰 수록)
· 해커스 스타강사의 **공무원 국제법 무료 동영상강의**
· 정확한 성적 분석으로 약점 극복이 가능한 **합격예측 모의고사**(교재 내 응시권 및 해설강의 수강권 수록)

한경비즈니스 선정 2020 한국소비자만족지수 교육(공무원) 부문 1위